Hans-Joachim Kracht

ADOLPH KOLPING

Herrn
Krankenhauspfarrer i. R.
Jakob Hermanspahn
mit den besten Wünschen
aus Anlaß des 94. Geburtstages
überreicht.

Mit freundlichen Grüßen

Ihr Herbert [illegible]

HANS-JOACHIM KRACHT

ADOLPH KOLPING

Priester, Pädagoge, Publizist
im Dienst christlicher Sozialreform

Leben und Werk
aus den Quellen dargestellt

HERDER
FREIBURG · BASEL · WIEN

Herstellung: Druckerei F. X. Stückle, Ettenheim
ISBN 3-451-21327-3

FAMILIAE AMICISQUE

Vorwort

Dieses Buch hätte nicht entstehen können ohne die Ermunterung und Förderung des verstorbenen Joseph Kardinal Höffner, dem „Kolping" wissenschaftliches und pastorales Anliegen war. Ihm gilt mein Dank über das Grab hinaus.

Vielen habe ich zu danken, die nicht alle namentlich genannt werden können. Besonderer Dank gilt Prof. DDr. Eduard Hegel, Bonn, Prof. Dr. Paul Röhrig, Köln, Prof. Dr. Ambrosius Eszer OP, Rom, und Herrn Ludwig Gierse, Köln, für viele Gespräche. Dem von fruchtbarer Kritik begleiteten Gedankenaustausch mit ihnen verdanke ich viel.

Dank für gute Arbeitsbedingungen und wohlwollende Unterstützung gebührt dem Direktor des Historischen Archivs des Erzbistums Köln, Prof. Dr. Toni Diederich, und allen Kollegen sowie dem Direktor der Erzbischöflichen Diözesan- und Dombibliothek, Köln, Dr. Juan Cervello-Margalef, und seinen Mitarbeitern für die Beschaffung oft weit verstreuter Literatur.

Der Generalpräses des Internationalen Kolpingwerkes, Prälat Heinrich Festing, und seine heutigen und früheren Mitarbeiter(innen) Rosa Copelovici, Monika Müller, Franz Lüttgen und Theo Rempe haben mit Rat und Tat gern geholfen.

Das mühevolle Lesen der Korrekturen besorgten Dr. Johannes Güsgen, Brühl, sowie Susanne und Wolfgang Schmitz, Bad Honnef. Die Register erstellte Josef van Elten, Köln. Ihnen sage ich herzlichen Dank.

Besonderen Dank schulde ich meiner Frau und unseren Kindern. Sie haben ein gerütteltes Maß an Verständnis aufgebracht und damit auch zur Bewältigung widriger Umstände beigetragen.

Köln/Rom, im Januar 1993 *Hans-Joachim Kracht*

Inhalt

ANHANG

Verzeichnis der Abbildungen

Einleitung

Menschen wie Adolph Kolping sind – wenn man sich mit ihnen beschäftigt und nicht althergebrachte Klischees einfach übernimmt – eine Provokation für Kirche und Staat, für Christen wie Nichtchristen. Sein Konzept der Lebensnähe (Volksnähe) und der Schluß daraus, (Teil-)Identifikationen für die Menschen zu schaffen, waren mitentscheidend für seinen Erfolg.

Kolping war Priester aus Berufung, aber kein wissenschaftlicher Theologe, auch wenn er das gerne geworden wäre; Kolping war Pädagoge mit Leib und Seele, aber kein Erziehungswissenschaftler; Kolping war Publizist nicht aus Neigung sondern aus Überzeugung, aber kein Zeitungswissenschaftler. In allen hier genannten Bereichen hatte er überdurchschnittlichen nachprüfbaren Erfolg. Diese Erfolge bereiteten und bereiten Verlegenheit – damals wie heute. Adolph Kolping genoß schon zu seinen Lebzeiten überregionales Ansehen, schichtenübergreifende Popularität und übte schon dadurch einen Einfluß aus, wie es für einen katholischen Priester im Deutschland des 19. Jahrhunderts ohne Beispiel war und bis heute blieb. Sein ungewöhnliches Leben verlief in seinen wesentlichen Stationen im engeren Rheinland, vom Studium in München und den vielen Reisen einmal abgesehen. Den größten Teil seines Lebens verbrachte er in Köln im Schatten der Domtürme. Dieser Lebensraum bestimmte sein Wirken entscheidend mit, das bei wachsender Bedeutung unterschiedliche Bereiche umfaßte: Gesellenverein, Pressearbeit, Erwachsenenbildung und Berufserziehung. Alle Arbeit aber blieb einem Ziel untergeordnet: Seelsorge am Einzelnen und an jungen, von der sich verändernden Arbeitswelt betroffenen und geprägten Handwerkern.

Zu Lebzeiten Kolpings waren bereits biographische Skizzen in Handbüchern und Zeitschriften von Joseph Kehrrein, Johann August Moritz Brühl und die umfangreichste von einem Bekannten Kolpings, dem Koblenzer Theodor Stumpf, erschienen[1]. Sebastian Georg Schäffer, Biograph und Nachfolger Adolph Kolpings im Amt des Generalpräses, hat ihn in seinen Stärken und Schwächen gekannt[2]. Er begann vierzehn Jahre nach Kolpings Tode mit den Arbeiten an einer Biographie seines Vorgängers. Der Autor hatte in seiner Bonner Studienzeit 1849 Kolping kennengelernt und konnte als 52jähriger noch eine ganze Reihe von Zeit- und Lebensgenossen mündlich und schriftlich über den Darzustellenden befragen. In seiner Biographie weist er gelegentlich auf solche Beiträge genannter und ungenannter Zeugen hin. Schäffer veröffentlichte seine Arbeit zunächst in einer Artikelreihe in den „Rheinischen Volksblättern" 1879/80[3]. Das hatte für ihn Vorteile. Er konnte fortlaufend arbeiten, die Aufsatzfolge brachte ihm Ergänzungen von Zeitzeugen und hielt Leser bei der Stange. Im Jahre 1880 erschien die Buchfassung unter dem Titel „Adolph Kolping der Gesellenvater" im Verlag Schöningh in Paderborn[4]. Die aufgrund von Befragungen weiterer Zeitzeugen vorgenommenen Änderungen sind inhaltlich nicht folgenschwer, sie zeigen aber das ernsthafte Bemühen um Wahrheitsfindung. „Dieses Lebensbild will nach der Ansicht des Verfassers nicht ein bloßes Geschichts-, sondern ein Lehr- und Lernbuch für wirkliche und künftige Präsides sein. Daß dasselbe diesen Zweck erreicht, bezeugen zahlreiche sachkundige Urteile"[5]. Ergänzungen und Verbesserungen berücksichtigte die 1880 erschienene Buchfassung, die fünf Auflagen erlebte. Das vor 110 Jahren erstmals erschienene blieb grundlegend für alle späteren Lebensbeschreibungen. An der Glaubwürdigkeit Schäffers bestehen keine Zweifel.

Seine Aussagen werden auch von Quellen gestützt, die Schäffer selbst nicht gekannt hat. Dabei verfügte er auch über mündliche und schriftliche Informationen, die heute nicht mehr nachprüfbar sind. Die Tatsache, daß ein guter Kenner die Lebensbeschreibung Kolpings verfaßte, birgt selbstverständlich Vor- und Nachteile. Intime Kenntnisse und teilweise Mitbeteiligung an den Geschehnissen werden besonders in der engagierten Darstellung deutlich. Aber ein enger Freund Kolpings, Kardinal Gruscha von Wien[6], konnte aus eigener Kenntnis der Persönlichkeit Kolpings das Werk von Schäffer empfehlen: „Die von ... Generalpräses Sebastian Schäffer verfaßte Biographie Kolpings hat nicht bloß ein treues, tief ergreifendes Lebensbild dieses apostolischen Priesters entworfen, sondern bildet meines Erachtens auch eine Grundlage, auf der ein kanonischer Prozeß aufgebaut werden könnte"[7].

Die panegyrische Lebensbeschreibung wurde aber von späteren Herausgebern und Bearbeitern – was die rein biographischen Teile der Arbeit angeht – nicht immer verbessert[8].

Kolpings Leben und Wirken fand seiner Bedeutung, seiner Vielfalt und seiner Reichweite wegen in der Literatur eine Fülle von Darstellungen. So wurde er „vereinnahmt" als „Gesellenvater", als „Sozialpädagoge", als „Volksmann vom Rhein", als „deutscher Student" und „Apostel des Handwerks". Die Reihe ließe sich durchaus verlängern. Nun bedeutet eine solche Okkupation aber bei weitem nicht, daß damit der Dargestellte auch wirklich „begriffen" und „erfaßt" wurde. Oft sind es Würdigungen und Zuweisungen, die eher der Tendenzliteratur zuzuordnen sind[9].

Einen breiten Raum nimmt die Verbandsliteratur ein. Das gilt besonders für Festschriften einzelner Gesellenvereine und für Veröffentlichungen der Kölner Verbandszentrale zu besonderen Gedenktagen. Die Fülle der verbandsinternen Produktionen allein ist schon erdrückend.

In den Arbeiten lassen sich verschiedene Interpretationsphasen des Kolpingschen Wirkens erkennen. Es findet sich eine volksbildnerische, eine antikapitalistische und eine frühere antisozialistische Periode. In der Zeit des Nationalsozialismus lassen sich dann auch „deutsche" und „volkstümliche" Akzente erkennen. Um eine Öffnung des verengten Kolpingbildes als Gesellenvater hat sich besonders Wilhelm Schwer[10] verdient gemacht. Er war zeitweise Mitarbeiter im Generalsekretariat der katholischen Gesellenvereine, wurde Professor für christliche Soziallehre und hat sich mit der Problematik der Beziehung von Sozialarbeit und Seelsorge befaßt. Er betonte in seinen Arbeiten vor allem die erzieherische Wirkung Kolpings. „Der enge Rahmen des Gesellenvereins will sein Gesamtbild nicht mehr fassen, aus dem ‚Gesellenvater', wie er den Mitlebenden vor Augen stand, wird im Lichte der geschichtlichen Betrachtung der Vorkämpfer für ein christliches Gemeinschaftsleben, eine christliche Volkserziehung und eine christliche Wirtschaftsreform. Aus dem Christentum hat er seine Ideen, aus der Überzeugung, daß er bei dieser Arbeit auf einem Boden steht, den kein Zeitenwechsel ins Wanken bringen kann, schöpft er allen Mut, alle Arbeitsfreudigkeit"[11].

Es gilt zunächst zurückzustellen, was die Kolping-Interpretation in ihren verschiedenen Phasen bis heute weniger oder mehr herausgestellt hat. Wir wollen im Auge behalten, was seinen Zeitgenossen zugänglich war, was sie über ihn Lesen oder hören konnten. Mit dem von Johann Gregor Breuer vorgelegten Plan und dem daraus von Kolping entwickelten Konzept: „Der Gesellenverein. Eine Beherzigung für alle, die es mit dem wahren Volkswohl gut meinen", mit der Unterstützung von Weihbischof Baudri und der Tolerierung von Kardinal Geissel sowie mit der zupackenden Hilfe seines Studienfreundes Ketteler und seines Wiener Freundes Gruscha konnte aus ihm der werden, als den ihn schon seine Zeitgenossen benannten: „Gesellenvater". Daß er diese Arbeit leisten konnte und sich dieses Attribut zu Recht erwarb, verdankte er seinem überdurchschnittlichen Arbeitseifer und Fleiß, der Mitarbeit vieler Präsides und den beachtlichen Einkünften aus seiner schriftstellerischen Tätigkeit. Teilbereiche von Kolpings Wirken wurden immer wieder aufgegriffen. Thematisch begrenzte Arbeiten von Brauer, Pfülf, Schwer, Nattermann, Wothe und – am bedeutendsten – in neuerer Zeit von Conzemius und Schmolke, erbrachten wirklich neue Forschungsergebnisse und nicht nur neue Interpretationen.

Eine umfassende, auf Quellen basierende Darstellung des über den kirchlichen Raum hinaus bekannten Priesters Adolph Kolping gibt es bisher nicht. Dabei sind heute Quellen ermittelt, die Schäffer nicht gekannt hat.

Der 1933 aufgenommene Prozeß der Kanonisation brachte neue Kenntnisse über wichtige Lebensabschnitte Kolpings.

Seit 1975 gibt das Kolpingswerk in Köln die Schriften seines Gründers in einer mehrbändigen Kölner Ausgabe heraus. Sechs Bände liegen inzwischen vor. Der erste enthält Dokumente, Tagebücher und Gedichte, der zweite Kolpings Briefe an Bekannte, Freunde und Mitarbeiter. Die drei nächsten Bände bringen die Arbeiten, die sich mit der sozialen Fragen und dem Gesellenverein befassen. Der bisher letzte Band enthält eine Artikelreihe „Bilder aus Rom", in der Kolping den Lesern seiner „Rheinischen Volksblätter" die Erlebnisse eines mehrwöchigen Romaufenthaltes schilderte. Für diese Arbeit konnte die 2. Auflage von Kolping, Schriften Bd. 2 leider nicht mehr herangezogen werden. Hinweise auf den größten Teil der neu aufgenommenen Briefe erhielten die Herausgeber vom Verfasser dieser Arbeit.

Weil die vielen zeitbedingten Interpretationen ein verschleiertes Kolpingbild immer wieder tradiert haben, werden möglichst viele Quellen wiedergegeben, um dem Leser ein eigenes Urteil besser zu ermöglichen. Schon der Kolpingkenner Theodor Brauer[12] hatte festgestellt, daß Kolpings Sprache so eigentümlich sei, daß sie nur schwer zusammenzufassen bzw. zu übertragen wäre: „Auf ausführliche Auszüge ist aber deswegen Wert gelegt, weil Kolping nur in *seiner eigenen Sprache* ganz lebendig wird, bloße Hinweise auf seine Auffassungen ihn daher dem Leser niemals in vollem Umfange nahebringen würden"[13].

In der vorliegenden Arbeit werden alle Zitate aus Quellen und Literatur in moderner Schreibweise wiedergegeben, weil nur so Einheitlichkeit zu erreichen war, die der Lesbarkeit zugute kommt.

Kolping hat außer zwei Broschüren keine zusammenhängenden systematischen Schriften publiziert. Alle seine Arbeiten sind zweckgebunden oder unter Zeitdruck verfaßt. Kolping hinterließ kein System und keine Theorie. Er hatte und hat noch heute eine wachsende Gefolgschaft, für die seine Person und sein praktiziertes Christentum Vorbildcharakter hat. Darum lag es bei der Darstellung seines Lebensweges nahe, um seinem Wachsen und Werden, seinen Erfolgen und seinem Versagen besser auf der Spur bleiben zu können, chronologisch vorzugehen.

Aus den genannten Gründen gab es nur einen Weg zur Erarbeitung: Die Personen aufzuspüren und ihnen nachzugehen, die in Kolpings Leben Bedeutung hatten, ihn prägten und unterstützten, weil er, wie er selbst sagt, überwiegend durch persönliche Beziehungen auf Lebens- und Wissensinhalte sowie Sachfragen hingewiesen wurde.

Auch wenn Kolping in weiten Bereichen Einzelkämpfer war, blieb oder sich so fühlte, ist sein Erfolg nicht zuletzt von Mitarbeitern und Freunden mitgetragen bzw. miterwirtschaftet.

Die vorliegende Arbeit versucht, die vielfältigen Arbeits- und Wirkungsbereiche des Priesters, Pädagogen, Publizisten und selbstverständlich des „Gesellenvaters“ in seinem persönlichen und sozialen Umfeld darzustellen. Daß auch hier nicht erschöpfend allen noch so berechtigten Fragen nachgegangen werden kann, versteht sich bei der Fülle des Materials von selbst.

Die Bibliographie hat das Ziel, ein möglichst umfassendes Spektrum der Literatur über Kolping und sein Wirken zusammenzustellen, so weit das (heute) überhaupt (noch) möglich ist.

Ein Kolping-Biogramm mit den wichtigsten Quellen-Belegen und eine Liste der zu Lebzeiten Kolpings gegründeten Gesellenvereine gestatten einen schnellen Zugriff auf gesuchte Daten.

Anmerkungen

[1] Kehrrein, Handbuch deutscher Prosa, Bd. 2, S. 621f. – Brühl, Geschichte der katholischen Literatur, S. 674. – Stumpf, Kolping, S. 291–294.

Joseph Kehrrein, *20. 10. 1808 Heidesheim – †21. 3. 1876 Montabaur – Pädagoge und Schriftsteller – 1855 Leiter des Schullehrerseminars in Montabaur.

Kosch, Kath. Deutschland, Sp. 2047f. – C. Kappus, Joseph Kehrein (1808–1876), in: Vaupel, R. v. (Hg.), Nassauische Lebensbilder, Bd. 1, Wiesbaden 1940, S. 137–144. – Deutsches Literatur-Lexikon Bd. 8 (1981), Sp. 999f.

Johann August Moritz Brühl, *27. 7. 1819 Düsseldorf – †13. 1. 1877 Wien – Literaturhistoriker und Schriftsteller.

Deutsches Literatur-Lexikon, Bd. 2, Bern/München 1969, Sp. 148f.

Theodor Stumpf, *13. 6. 1831 Soest – †25. 7. 1873 Koblenz – Schriftsteller und Publizist – Mitarbeiter an der „Kölnischen Volkszeitung“ – 1854 Gymnasiallehrer in Koblenz – Mitarbeit im Koblenzer Gesellenverein.

Reusch, in: ADB 36 (1893), S. 756f.

[2] Sebastian Georg Schäffer, *16. 4. 1828 Koblenz – †19. 11. 1901 Köln – 28. 8. 1852 Priesterweihe – Kaplan Trier – 1855 Religionslehrer – 1853–1860 Präses des GV Trier – 1858–1866 Diözesanpräses Trier – 18. 2. 1866 Wahl zum Generalpräses als Nachfolger Adolph Kolpings – 1891 Domkapitular Köln.

Kosch, Kath. Deutschland, Sp. 4195. – V. Koch, Sebastian Georg Schäffer, Festschrift zum 25jährigen Jubiläum als Generalpräses der katholischen Gesellenvereine, Paderborn 1891. – A. Thomas, Der Weltklerus der Diözese Trier seit 1800, Trier 1941, S. 290 und 433. – Ridder, Männer, S. 69–82. – Steimel, Kölner Köpfe, Sp. 351. – KS Bd. 2, S. 388; Bd. 4, S. 151f.; Bd. 5, S. 332f. u. 343.

3 Schäffer, Kolping, in: RV 25 (1879) und 27 (1880). – Zitiert als: Schäffer, Kolping I.

4 Schäffer, Adolph Kolping, der Gesellenvater, Soest 1880. – Zitiert als: Schäffer, Kolping II.

5 Schäffer an Krementz, Juli 1894, in: E. Gatz (Hg.) Akten der Fuldaer Bischofskonferenz, Bd. II, 1888–1899 (Veröffentlichungen der Kommission für Zeitgeschichte, Reihe A, Quellen Bd. 27), Mainz 1979, S. 314.

6 Anton Joseph Gruscha, *3. 11. 1820 Wien – †5. 8. 1911 auf Schloß Kranichberg; PW 4. 5. 1843 Wien, 1851 Religionslehrer am Gymnasium Theresianum Wien, 1852 wird er mit Kolping bekannt und Präses des Wiener Vereins, 1855–71 Domprediger an St. Stephan Wien, 1863 Prof. für Pastoraltheologie, 1878 Apostolischer Feldvikar, 24. 1. 1890 Fürsterzbischof Wien, 1891 Kardinal.
M. Liebmann, in: Bischöfe, S. 269–272. – (Lit.) – Schäffer, Kolping II, S. 139. – Ridder, Männer, S. 37–53. – KS Bde. 1–6, passim.

7 Gruscha an Fischer, 8. 8. 1906, in: AEK, CR 22.17,2. Neuester Abdruck in: H. Festing, Was Adolph Kolping für uns bedeutet, Freiburg 1985, S. 214–219, hier S. 214f.

8 Siehe dazu: Schmolke, Kolping als Publizist, S. 47f.

9 Ein Musterbeispiel voreingenommener unkritischer Kolpingdarstellungen sind die Arbeiten von Albert Franz, der bemüht war, „seinem" Kolping im Sozialen und Politischen Katholizismus einen Platz zuzuweisen.

10 Wilhelm Schwer, *29. 4. 1876 Monschau – †25. 11. 1949 Bonn – 31. 4. 1900 Priesterweihe – Kaplan Krefeld St. Dionysius – 1904 Dr. theol. Münster – Generalsekretär der Katholischen Gesellenvereine – 1921 Prof. f. Christliche Gesellschaftslehre Bonn.
AEK, Totenzettel. – Hecker, Chronik, S. 248f.

11 Schwer, Kolping und seine Zeit, S. 6.

12 Theodor Brauer, *16. 1. 1880 Kleve – †19. 3. 1942 St. Paul/Min. – Gymnasialstudien ohne Abschluß – kaufmännische Tätigkeit – 1907 Mitarbeit im Volksverein für das katholische Deutschland – 1918 Abitur am Humanistischen Gymnasium Brühl – 1920 Promotion – Vorbereitung der Habilitation – 1923 Prof. für Volkswirtschaftslehre Karlsruhe – 1928 Prof. und Institutsdirektor Köln – 1937 Prof. St. Paul/Min.
L. H. A. Geck/B. Ridder, (Hg.), Theodor Brauer. Ein sozialer Kämpfer. Gedenkschrift zur 10. Wiederkehr seines Todestages, Köln 1952.

13 Brauer, Kolping (1923), S. 22.

1. Kindheit und Jugend (1813–1826)

Das Leben Adolph Kolpings umfaßte gut die erste Hälfte des 19. Jahrhunderts. Die Lebensformen dieser Zeit waren noch mehr denen des Mittelalters verbunden als den heutigen. Darum soll zunächst ein knappes Bild dieser Zeit und der besonderen Lebensumstände skizziert werden, mit denen Kolping in Berührung kam und von denen er geprägt wurde[1].

Zeit

Das 19. Jahrhundert ist ohne die Umwälzungen der Französischen Revolution nicht zu verstehen. Mit ihren Forderungen Freiheit, Gleichheit und Brüderlichkeit löste sie nicht nur einen geistesgeschichtlichen, sondern auch einen politischen Umbruch mit schwerwiegenden Folgen aus. Die rheinische Heimat Kolpings blieb von diesen weitreichenden Veränderungen nicht verschont[2].

Der „Reichsdeputationshauptschluß" und die Säkularisation bedeuteten für das Gebiet des ehemaligen deutschen Reiches das Ende der konfessionell einheitlichen Staaten. Fürstbistümer wurden aufgehoben bzw. enteignet. Das Vermögen aufgelöster Klöster und Stifte fiel an den Staat. Die Befreiungskriege und der Wiener Kongreß brachten die politische Neuordnung Europas.

Im Oktober 1813 mußte Napoleon I. in der Völkerschlacht bei Leipzig die entscheidende Niederlage hinnehmen. Frankreich kapitulierte, und der Kaiser wurde nach Elba verbannt. Der Wiener Kongreß hatte das Rheinland Preußen zugesprochen. Der damals gegründete Deutsche Bund, ein loser Zusammenschluß von mehr als dreißig Staaten, war kein wirkungsvoller Ersatz für eine angestrebte nationale Einheit. Am 5. April 1815 nahm König Friedrich Wilhelm III. das Gebiet, das vom Niederrhein bis an die Saar reichte und dessen Bevölkerung überwiegend katholisch war, in preußischen Besitz. Der protestantische Regent sicherte seinen neuen Untertanen schützendes Militär, ordentliche Verwaltung und geordnete Rechtsprechung zu und forderte dafür den geschuldeten staatsbürgerlichen Gehorsam. Die Rheinländer nahmen die neue Regierung mit gemischten Gefühlen auf. Zurückhaltung und Skepsis überwogen.

Die folgende Epoche stand ganz im Zeichen der Restauration, des fragwürdigen Versuchs, die politischen und geistig-kulturellen Zustände vor der Napoleonischen Ära wiederherzustellen. Restaurative und fortschrittliche Kräfte rangen in allen Bereichen miteinander um die Gestaltung der Zukunft. Als Grundlage für die kirchliche Neuordnung wurde 1821 die Bulle „De salute animarum" erlassen. Köln wurde damit als Erzbistum restituiert. Die Zirkumskriptionsbulle erhielt auch staatlich Gesetzeskraft; festgelegte Dotationen für die Bistümer blieben aber aus[3].

Seit der Wiedererrichtung des Erzbistums Köln hatten im Rheinland „ultramontane" Kleriker und Laien im Katholizismus durch neue Formen und Inhalte der Frömmigkeit und durch sozial-karitative Aktivitäten zunehmend Einfluß unter der rheinischen Bevölkerung gewinnen können. Im rheinischen „Ultramontanismus" entwikkelte sich aus vielerlei Gründen eine spürbare, aber noch nicht offen zu Tage tretende Abneigung gegen Preußen. In der Rheinprovinz herrschte zunächst Verstimmung über die Protektion protestantischer Nichtrheinländer bei der Besetzung höherer Stellen in Verwaltung und Militär. Neid und Mißgunst entstanden gegenüber protestantischen Unternehmern, die sich auch in überwiegend katholischen Städten und Gemeinden niederlassen konnten und bald zu wirtschaftlichem Wohlstand und gesellschaftlichem Einfluß gelangten.

Schon vor Kolpings Geburt hatten sich wirtschaftliche Veränderungen angekündigt, die im Verlauf des 19. Jahrhunderts in Europa und besonders auch in Deutschland zu weit verbreiteten neuen Produktionsformen und damit auch zu veränderten Lebensbedingungen für die Menschen führten. Die Nutzung der Dampfkraft machte dieses Jahrhundert zum Zeitalter der Maschinen und Fabriken. Industrialisierung und Wirtschaftsliberalismus brachten strukturelle Veränderungen mit sich, die sich auf den Lebensalltag der Menschen stark auswirkten. War das Privatleben bisher überwiegend nach persönlichen Bedürfnissen eingerichtet – Arbeitsplatz und Wohnung waren identisch oder zumindest räumlich überschaubar –, so setzten sich in diesem Bereich besonders einschneidende Änderungen durch. Rasches Bevölkerungswachstum, Landflucht und Mißernten förderten Arbeitslosigkeit und Verelendung besonders der unteren Bevölkerungsschichten[4]. Berufliche Mobilität brachte räumliche Trennung von Familiengemeinschaft und angestammtem Lebensraum mit sich.

Die kulturelle Umwelt wird mit der romantisierenden Bezeichnung „Biedermeier" belegt. Nach Goethes Tod und dem Ende der Romantik ist es die Zeit des Übergangs zu einer realistischen Bürgerkultur. Auch in Dichtung und Kunst ist die Zeit gekennzeichnet durch einen Rückbezug auf Sicherheit und Ordnung, Haus und Herd. Es entstand eine Haus- und Familienkultur, die – in Bild und Wort als „Idylle" dargestellt – auch das Bildungswesen im 19. Jahrhundert beeinflußte.

Die gewaltigen Veränderungen, von denen auch der katholisch geprägte ländliche Raum nach und nach betroffen wurde, sollten den Verlauf des 19. Jahrhunderts mitbestimmen. Auch Adolph Kolping konnte sich ihnen nicht entziehen, wenn er auch zumindest in seiner Kindheit noch eine heile Welt erlebte.

Heimat

Kerpen, die Geburtsstadt Kolpings, lag auf halbem Weg an der Straße zwischen Köln und Düren, die über Aachen nach Maastricht führte.

Im Jahre 800 als Königshof genannt, gehörte der Ort 871 zum Reichsgut. Im Laufe seiner wechselvollen Geschichte hatte Kerpen verschiedene Landesherren. Zu Anfang des 12. Jahrhunderts bestand dort eine Reichsburg. Die Herrschaft Kerpen-Lommer sum erhielt 1288 der Herzog von Brabant als Lehen. 1404 ging das Territorium an das Haus Burgund. Von 1522 bis 1710 war die Herrschaft eine Provinz der spanischen Niederlande. 1638 erhielt Kerpen Stadtrechte und war als Marktort in der Umgebung bekannt. Unter den Herren von Schaesberg wurde das Gebiet im Jahre 1712 Reichsgrafschaft[5]. Diese Position behielt es, bis im Oktober 1794 französische Truppen die Stadt besetzten. Das Gebiet wurde nach dem französischen System neu geordnet und eingeteilt. Im Nordteil des Landes entstanden das Roer-Département mit der Hauptstadt Aachen, im Süden das Rhein- und Mosel-Département mit dem Verwaltungssitz in Trier[6]. Die Bevölkerung Kerpens mußte die Versorgung durchziehender Truppen übernehmen. Kriegsfolgen und Zwangsversorgung des Militärs hatten die wirtschaftliche Situation in Kerpen so verschlechtert, daß die Kommunalpolitiker die Evakuierung der Bevölkerung bereits in Erwägung zogen[7]. Kerpen wurde Kantonshauptstadt im neu geschaffenen Roer-Département.

1816 gliederte Preußen das Rheinland in zwei Provinzen: im Norden die Provinz Jülich-Kleve-Berg unter einem Oberpräsidenten in Köln, im Süden die Provinz Niederrhein mit dem Oberpräsidenten in Koblenz. 1822 wurden die beiden Provinzen vereinigt. Der Oberpräsident erhielt Koblenz als Amtssitz[8].

Im Jahre 1815 kam auch die Geburtsstadt Kolpings zu Preußen. Zu dieser Zeit hatte der Ort 2100 Einwohner. Bei einer Zählung gab der Bürgermeister 847 Männer, 897 Frauen und 356 Kinder im schulfähigen Alter an[9].

Familie – Großeltern, Eltern und Geschwister

In den Kirchenbüchern der Pfarrei St. Martinus in Kerpen taucht der Name der Familie in unterschiedlicher Schreibweise auf: Culping, Cülping(s), Cölping, Kolbing und schließlich Kolping[10].

Die Eltern Adolph Kolpings, Peter Kolping und Anna Maria Zurheiden, entstammten beide seit Generationen in Kerpen ansässigen katholischen Familien. Über die Familie Zurheiden ist nur bekannt, daß Vater und Sohn von Beruf Schneider waren. Peter Kolping und Anna Maria Zurheiden waren am gleichen Tag geboren und in der Pfarrkirche St. Martinus getauft worden[11]. Auf schulische oder berufliche Ausbildung der beiden finden sich keine Hinweise. Am 10. August 1806 traute Pfarrer Johann Franz Heyd die schon nicht mehr ganz jungen Leute in der Pfarrkirche ihrer Heimat. Acht Tage zuvor hatten sie nach gültigem französischem Recht standesamtlich geheiratet[12]. Trauzeugen waren Johann Meuser und ein Bruder der Braut, Wilhelm Zurheiden.

Das Ehepaar verdiente seinen Lebensunterhalt in der Landwirtschaft. Peter Kolping übte den Beruf des Schäfers und Ackerers aus. Er besaß eine kleine Schafherde, ein bescheidenes Haus mit Garten und einige Stückchen Land aus dem Erbe seiner Vorfahren[13].

Der Vater Peter Kolpings, Adolph Marianus Kolping, lebte bis zu seinem Tode als fast 90jähriger in der neu gegründeten Familie.

Er entstammte einer wohlhabenden Mühlenbesitzerfamilie, deren Mitglieder ihn bei der Vermögensverteilung stark übervorteilt hatten. Seinen Humor soll er sich jedenfalls erhalten haben[14].

Den Eheleuten Kolping wurden in den Jahren 1807 bis 1817 fünf Kinder geboren: Wilhelm Kolping war der älteste. Er wurde wie sein Vater Landwirt in Kerpen und überlebte alle seine Geschwister. Das zweite Kind war die Tochter Margarethe, die im Alter von 29 Jahren unverheiratet in Kerpen starb. Als drittes Kind wurde Anna Katharina geboren, die ihrem jüngeren Bruder Adolph besonders verbunden war, ihm zeitweise in Elberfeld den Haushalt führte und dort im Alter von 36 Jahren eine schwere Krankheit nicht überlebte. Die jüngste Tochter Anna Maria wurde nur drei Jahre alt. Im Jahre 1833 verlor die Familie die Mutter im Alter von 59 Jahren. Der Vater starb in der Nacht zum 13. April 1845, dem Tag der Priesterweihe seines Sohnes.

Geburt und Taufe

Adolph Kolping erblickte am 8. Dezember 1813 als viertes Kind nachmittags um 3.0C Uhr das Licht der Welt. Seine Eltern hatten das 40. Lebensjahr schon erreicht. Die Geburtsurkunde in französischer Sprache weist auf die besonderen politischen Zeitumstände hin[15]. Bei seiner Geburt französischer Staatsbürger, war er ohne eigenes Zutun zwei Jahre später Preuße geworden. Am 9. Dezember 1813 meldete der Vater, der selbst nicht schreiben konnte, den Neugeborenen in Gegenwart von zwei Zeugen, seinen Schwägern Michael Birrenkott und Wilhelm Zurheiden, beim Beauftragten des Bürgermeisters von Kerpen, Hubert Joseph Herresdorf, an. Am gleichen Tag spendete Pfarrer Heyd dem neuen Erdenbürger in der Kerpener Pfarrkirche das Sakrament der Taufe[16]. Als Taufpaten fungierten der Großvater, Adolph Kolping, dessen Vornamen das Kind auch erhielt, und die Tante Johanna Dorothea Axer. Namenspatron Kolpings wurde der heilige Bischof Adolph, der im 8. Jahrhundert in Lüttich oder Maastricht wirkte und dessen Fest die Kirche am 17. Juni begeht[17].

Bis zur Säkularisation, die die Auflösung von Klöstern und Stiften sowie die Enteignung der Kirchengüter zur Folge hatte, war das kirchliche Leben in Kerpen durch das Chorherrenstift St. Martinus stark geprägt worden. Die einstige Stiftskirche war seit dem Pfarrkirche. Statt eines Kollegiums von Kanonikern bestimmte nun der schon genannte Pfarrer Heyd, selbst ein gebürtiger Kerpener, das religiöse Leben in der kleinen Stadt. Einige ehemalige Chorherren blieben in Kerpen wohnhaft und halfen schließlich in der Seelsorge aus.

Von der im 12. Jahrhundert errichteten dreischiffigen Kirche ist heute nur noch das Querschiff erhalten. Brände, Zerstörungen und Kriege legten Teile der Kirche mehrfach in Schutt und Asche. Von früheren Bauteilen blieben nur das Querhaus des 12. und der Turm vom Ende des 15. Jahrhunderts erhalten[18].

Elternhaus und Kindheit

Adolph Kolping verbrachte seine Kindheit und einen Teil seiner Jugend in seinem Elternhaus in Kerpen[19]. Das Haus lag am Stadtrand, an der Obermühle Nr. 21, und wurde noch zu Kolpings Lebzeiten abgerissen. Nach dem Tode seiner jüngeren Schwester im Jahre 1821 war er als Siebenjähriger jüngstes Familienmitglied. Vate und Mutter blieben ihm zeitlebens in guter Erinnerung als prägende Kräfte eines harmonischen Familienlebens.

„Ich bin in allerlei Verhältnissen gewesen, aber ich war niemals glücklicher, d.h., was den irdischen Menschen betrifft, als wenn ich bei meinem alten, steinalten Großvater saß, die Mutter neben ihm mit dem Spinnrad, der Vater, der den Tag über tüchtig schaffen mußte, hinter dem Ofen saß, sein Pfeifchen rauchte, meine Geschwister um mich herum spielten und der alte Großvater Stückchen und Märchen erzählte. Damals war ich so glücklich, daß ich seitdem ein solch irdisches Glück nicht mehr gefunden habe. Das war ein armes, aber ein frommes und zufriedenes, darum glückliches Familienleben."[20] In seinen Schriften erhielten die Angehörigen bisweilen sogar verklärte Charakterzüge[21].

Die Bindung an Heimat und Elternhaus waren für Kolping durch sein ganzes Leben tragfähige Erlebnisse:

„Im elterlichen Hause daheim aber galt eine recht alte, ganz christliche Weisheit im Leben, ein Brauch und Sitte, wie der Kalendermann später in der großen Welt, selbst auf hohen Schulen und in gelehrten Häusern, keine bessere empfangen hat. Wenn z.B. die Mutter, Gott habe sie selig, die Kinderschar um sich herum, wieder nach einem frischen Brote griff, um uns das ‚Mark der Nahrung' auszuteilen, dann schnitt sie nicht ohne weiteres in die braune Kruste hinein, sondern hob den Brotleib erst in die Höhe, zog mit dem wuchtigen Brotmesser erst ein Kreuz über die untere Platte des Brotes, ‚Gott walt's!' sagte sie ferner, und dann erst fielen die duftigen Schnitten nieder. ... Darin bestand eben die tiefe christliche Weisheit von daheim, welche Vater und Mutter so sorglich übten, daß man gewöhnt war, alles, das Kleine wie das Große im Leben, mit Gott zu beginnen, damit es auf rechten Wegen bleibe und der rechte Segen nicht fehle ..."[22]. Häufiger schilderte er das Leben in seiner Familie und dachte an die glücklichen Tage seiner Kindheit, an denen er, mit seinen Geschwistern um den Großvater geschart, das Abendgebet sprach[23]. Der gelebte Glaube war die Basis der Erziehung der Kinder im Hause Kolping. Vater und Mutter mußten hart arbeiten, um den Lebensunterhalt für die Familie zu erwirtschaften. Ob der Vater in seinem Beruf auch für einen benachbarten Gutsherren tätig war, ist nicht sicher auszumachen[24]. Die älteren Geschwister wurden zur Mitarbeit im Hause herangezogen, während der Jüngste – wegen körperlicher Schwäche – davon befreit war[25]. Die Situation in der Landwirtschaft war in dieser Zeit nicht besonders rosig. Gerade im Winter 1816/17 kam es zu erheblichen Versorgungsschwierigkeiten für die Bevölkerung. Ursachen dafür waren wachsende Bevölkerung auf dem Lande und sinkende Preise für die Agrarprodukte. „Meine Eltern waren stille, ehrbare Leute, deren ganzes Vermögen in einer zahlreichen Familie bestand, deren Unterhalt ihnen vollauf zu tun gab. Die Schafherde meines Vaters, ein Häuschen mit Garten und einige Stückchen Land bilden noch heute das treu bewahrte Erbe unserer Ahnen"[26].

Mit seinen Geschwistern wuchs er in einem gesunden Familienklima auf, das von Einfachheit, Fleiß und Sparsamkeit geprägt war.

Der Vater war ein stiller, aber energischer und vor allem arbeitsamer Mann.

Die Mutter zeichnete sich durch Frömmigkeit und Gottvertrauen aus. Sie ging auf im Dienste der Familie. Ein gern gesehener Gast im Hause war Michael Birrenkott, der – ebenfalls Landwirt in Kerpen – mit einer Schwester des Vaters, Margaretha Kolping, verheiratet war.

Besonders beeindruckt hatte den jungen Kolping auch ein Landarbeiter, der als Märchenerzähler in Kerpen bei jung und alt geschätzt war. „Da saß zur Winterszeit der lange Franz, ein Tagelöhner, aber ein gar phantasiereicher Kopf, bei uns oder in der Nachbarschaft hinter dem Ofen und erzählte jahraus jahrein eine ganze Welt von Märchen der aufhorchenden Jugend und selbst den Alten"[27]. Gefühls- und Herzensbildung hatten in der Familie einen hohen Stellenwert. Die Gründe dafür waren sicher vielschichtig, lagen aber wohl auch in der fehlenden Schulausbildung der Eltern und den sich daraus ergebenden bescheidenen Bildungsangeboten[28]. Neben Gebetbuch und Kalender waren die Heiligenlegenden wohl die einzige regelmäßige Lektüre. So war „die Lebenswelt des in sich geschlossenen häuslichen Kreises ... als Erlebniswelt durch christliche Sitte und christliches Brauchtum bestimmt.", „... Da die unangefochtene Welt des überkommenen Hauses neben dem häuslich-ständischen nur den geistig-kirchlichen, aber keinen geistig-kulturellen Bereich" kannte[29].

Die Erfahrung einer zufriedenen Familie und das Erlebnis eines harmonischen Elternhauses in einer überschaubar dörflichen Umgebung haben Kolping nachhaltig geprägt. Daß die Familie später auch in Kolpings pädagogischem Denken eine so zentrale Rolle spielte, wurde im Elternhaus grundgelegt.

„Das Erste, was der Mensch im Leben vorfindet, und das Letzte, wonach er die Hand ausstreckt, und das Kostbarste im Leben, was er besitzt, auch wenn er es nicht achtet, ist das Familienleben"[30].

Die drei Charakteristika, von denen Kolping in der Erinnerung an sein Elternhaus und seine Jugend immer wieder sprach und die für ihn lebensprägend wurden, waren die selbstverständliche religiöse Grundhaltung, die harte körperliche Arbeit und seine Lernbereitschaft.

Volksschule in Kerpen

Die Franzosen hatten im Rheinland dem Bildungswesen – besonders aber den Elementarschulen – keine besondere Beachtung geschenkt. Bei der Übernahme der Rheinlande durch Preußen waren nahezu 75% der Bewohner Analphabeten. Beim Aufbau eines flächendeckenden Schulwesens hatte sich die preußische Regierung besonders hervorgetan und auch die Lehrerbildung nach Kräften gefördert. Die Verantwortung für das Schulwesen übernahm in weiten Bereichen wieder der Klerus[31].

Kolping besuchte mehrere Jahre die einklassige koedukative Volksschule in Kerpen[32], die der Aufsicht des Ortspfarrers Heyd unterstand. Der Umzug in das im April 1826 vollendete neue Schulgebäude fiel bereits in Kolpings letztes Schuljahr[33]. Kolping ging eigentlich noch freiwillig in die Schule, denn von der von Friedrich Wilhelm III. am 14. Mai 1825 eingeführten Schulpflicht war er schon nicht mehr betroffen[34].

Aber auch nach diesem Erlaß war regelmäßiger Schulbesuch noch keine Selbstverständlichkeit. In Kerpen besuchten von ca. 360 schulfähigen Kindern ca. 130 die Schule[35], also etwa 37%. Gründe für das Fernbleiben von der Schule waren in der Regel

Adolph Kolping. Gemälde von Johannes Diekmann

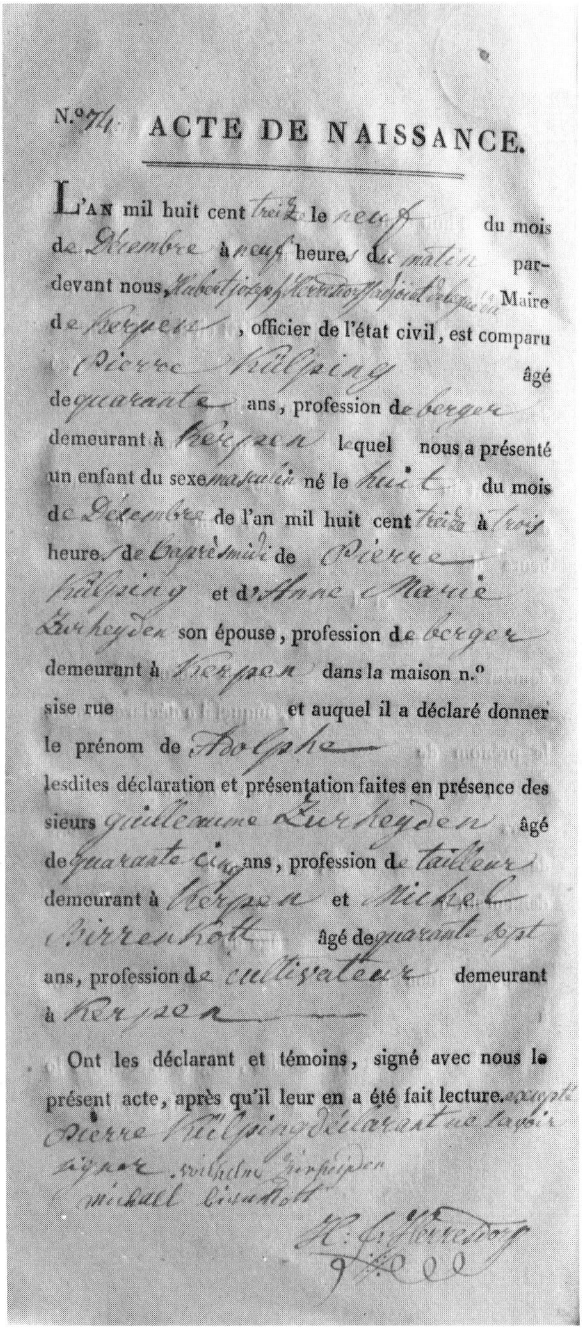

N.° 74. ACTE DE NAISSANCE.

L'AN mil huit cent treize le neuf du mois de Décembre à neuf heures du matin par-devant nous, Hubert Joseph Herrestorf adjoint délégué du Maire de Kerpen, officier de l'état civil, est comparu Pierre Kölping âgé de quarante ans, profession de berger demeurant à Kerpen lequel nous a présenté un enfant du sexe masculin né le huit du mois de Décembre de l'an mil huit cent treize à trois heures de l'après midi de Pierre Kölping et d'Anne Marie Zurheyden son épouse, profession de berger demeurant à Kerpen dans la maison n.° sise rue et auquel il a déclaré donner le prénom de Adolphe lesdites déclaration et présentation faites en présence des sieurs Guillaume Zurheyden âgé de quarante cinq ans, profession de tailleur demeurant à Kerpen et Michel Birrenkott âgé de quarante sept ans, profession de cultivateur demeurant à Kerpen

Ont les déclarant et témoins, signé avec nous le présent acte, après qu'il leur en a été fait lecture. excepté Pierre Kölping déclarant ne savoir signer. Wilhelm Zurheyden
michael Birrenkott

H. J. Herrestorf

Geburtsurkunde Kolpings

Das sogenannte Geburtshaus Kolpings

Der Gesellen-Verein.

Zur Beherzigung für Alle, die es mit dem wahren Volkswohl gut meinen.

Motto: Thätige Liebe heilt alle Wunden, bloße Worte mehren nur den Schmerz.

Von

Adolph Kolping,
Kaplan und Religionslehrer in Elberfeld.

Zum Besten der Vereine.

Cöln und Neuß.
L. Schwann'sche Verlagshandlung.
1849.

Titelblatt des Originals „Der Gesellen-Verein“

FAMILIE KOLPING

ph Marianus Kolping ⚭ Anna Sybilla Schmitz
2. 1741 Kerpen
1. 1831 Kerpen

Anna Sybilla Schmitz
* 17. 12. 1736 Kerpen
† vor 19. 8. 1806

Peter Zurheiden ⚭ Anna Maria Ellers
* 1715
† 8. 5. 1779 Kerpen

Anna Maria Ellers
* 23. 7. 1729 Ahren b. Lechenich
† 21. 12. 1798 Kerpen

Peter Kolping ⚭ 10. 8. 1806 Anna Maria Zurheiden

Peter Kolping
* 28. 10. 1773 Kerpen
† 13. 4. 1845 Kerpen

Anna Maria Zurheiden
* 28. 10. 1773 Kerpen
† 4. 7. 1833 Kerpen

Wilhelm Kolping ⚭ 11. 10. 1836 Christine Schönenberg

Wilhelm Kolping
* 21. 6. 1807 Kerpen
† 28. 4. 1882 Kerpen

Christine Schönenberg
* 18. 6. 1808 Rath-Wissersheim
† 23. 9. 1871 Kerpen

Maria Margarethe Kolping
* 4. 4. 1808 Kerpen
† 17. 10. 1838 Kerpen

Anna Katharina Kolping
* 13. 3. 1811 Kerpen
† 21. 9. 1847 Elberfeld

Adolph Kolping
* 8. 12. 1813 Kerpen
† 4. 12. 1865 Köln

Anna Maria Kolping
* 18. 4. 1817 Kerpen
† 17. 1. 1821 Kerpen

Peter Joseph Kolping
* 30. 12. 1838 Rath-Wissersheim
† 23. 9. 1900 Kerpen

Anna Katharina Kolping
* 1. 9. 1841 Kerpen
† 10. 2. 1914 Kerpen

Aloisius Kolping
* 6. 10. 1843 Kerpen
† 14. 5. 1890 Kerpen

Anna Maria Kolping
* 1846 Kerpen
† 1846 Kerpen

Anna Maria Kolping
* 18. 8. 1849 Kerpen
† 19. 3. 1923 Kerpen

Peter Kolping
* 9. 10. 1852 Kerpen
† 21. 6. 1853 Kerpen

Mitarbeit in der Landwirtschaft, schlechter Gesundheitszustand, große Entfernung vom Elternhaus und fehlende Finanzmittel. Auch Kolpings Eltern mußten ein monatliches Schulgeld als Beitrag für den Unterhalt des Lehrers zahlen[36].

Vielleicht achteten die Eltern wegen dieser finanziellen Belastung auf den regelmäßigen Schulbesuch ihrer Kinder. Die Überzeugung, daß schulische Ausbildung die Lebenschancen der Kinder verbesserten, wird jedoch überwogen haben. „Worauf aber doch meine Eltern mit emsiger Sorge acht hatten, war die Erziehung ihrer Kinder; den Unterricht durften diese um keinen Preis verabsäumen. Dies kam mir als dem Jüngsten noch besonders gut zustatten, da die übrigen Geschwister bereits den Eltern in den häuslichen Verrichtungen aushelfen konnten, ich aber nur auf die Schule hingewiesen war“[37].

Die Kerpener Volksschule erreichte ein Leistungsniveau, das weit über dem damaligen Durchschnitt lag. Es wurde Unterricht in Religion, biblischer Geschichte, Schön- und Rechtschreiben sowie Arithmetik und Kopfrechnen erteilt. Zur Schuldisziplin trug der gezielte und differenzierte Einsatz von Belohnungen und Strafen bei[38].

Lehrer

Der Lehrer Jakob Wilhelm Statz leitete seit 1802 diese Kerpener Schule. Er hatte die Begabung des jungen Kolping erkannt und entfachte seinen Lerneifer. „Aber auch schon frühe regte sich eine große Lernbegierde in mir, die mein Lehrer, ein in jeder Hinsicht ausgezeichneter Mann, wohl zu wecken und anzufeuern verstand. Die glücklichsten Stunden meines Lebens habe ich unter seinen Augen zugebracht, wenn er mit der Liebe eines Vaters seinen aufhorchenden Schülern die Lebensgeschichten großer Männer erzählte oder ihnen Kenntnisse mitteilte, die, wenn sie auch außer dem Kreise einer gewöhnlichen Landschule lagen, doch dem wißbegierigen Knaben so willkommen waren. Aber gerade dadurch wurde jener Trieb nach einer höheren Ausbildung in meine Seele gepflanzt, den ich später nicht mehr unterdrücken konnte“[39].

Kolping schätzte an seinem Lehrer besonders dessen umfassende Bildung, seinen weltanschaulich gefestigten Standpunkt, seine große Geduld und die Liebe zum ausgeübten Beruf. Aber nicht nur der Schüler beurteilte die Leistungen seines Lehrers in der Erinnerung positiv. Die geistlichen Vorgesetzten des Lehrers, die Schulpfleger Heyd aus Kerpen und Zimmermann aus Hemmersbach, stellten ihm die besten Zeugnisse aus. „Dieser Lehrer, von seiner ersten Jugend an sorgfältig und wohlerzogen und gebildet, führt noch jetzt fort, sich für alle Zweige des Schulamtes immer fähiger und geschickter zu machen; so daß man ihm das Prädikat eines guten Erziehers beilegen kann, als das eines tüchtigen Lehrers, der nicht aufs Geratewohl, sondern planmäßig zu Werke geht“[40]. Zimmermann bestätigte diese Beurteilung. „Sein Betragen ist musterhaft, seine Kenntnisse ausgedehnt und in jeder Hinsicht hinreichend. Er besitzt eine vorzügliche Geschicklichkeit im Unterrichten und Erziehen und ist unverdrossen und rastlos im Arbeiten. Eltern und Kinder ehren und lieben ihn und sind ihm vorzüglich zugetan“[41]. Lange bezeichnete Statz als einen „der tüchtigsten Lehrer, die im Kreis Bergheim zu Beginn des 19. Jahrhunderts unterrichteten“[42].

Neben der Familie prägte diese Dorfschule des Lehrers Statz die Entwicklung des jungen Kolping in besonderer Weise, weil er auch private Kontakte zu seinem Lehrer und dessen Familie intensiv und über längere Zeit pflegte. So wird er auch von einer Diskussion zwischen Behörden und Bevölkerung gehört haben, in Kerpen eine Abendschule für Erwachsene einzurichten, um wenigstens einen Ausgleich für fehlende Schulbildung zu schaffen[43]. Kolping erinnerte sich stets dankbar an seinen Lehrer und verlieh seiner Verehrung für ihn sogar in Gedichten besonderen Ausdruck[44]. In seinem Tagebuch notierte er:

„Ich habe schon oben bemerkt, daß ich in meiner frühen Jugend schon eine sonderbar große Verehrung für ‚gelehrte Leute' (mit dem Kindesbegriff) hegte. Wo ich jemanden sah, von dem man sagte, er sei gelehrt, da glaubte ich einen Menschen von ganz außergewöhnlichen Eigenschaften und Vorzügen vor mir zu haben. ... Ich urteilte zuerst nach denjenigen, die mehr die Sache unterscheiden mußten als ich, und da findet sich denn die Achtung für das Wissen unter jeder Menschenklasse, unter denen aber am meisten, die nichts oder doch nicht viel wissen... .Wie ich größer wurde, hin und wieder einen Begriff über einige Gegenstände der Wissenschaften auffing, Geschichte las und sich in mir ein Gefühl hervordrängte, welches mich zum Studium selbst trieb, so verringerte dies sicher die hohe Meinung nicht, die ich für Männer hegte, denen ich meine schönsten Genüsse verdankte"[45].

Kolping war ein strebsamer Schüler, eine Freude für seinen Volksschullehrer, der sein verehrtes Vorbild blieb. Wirken und Ausstrahlungskraft dieses Mannes mögen Kolping mehr beeinflußt haben, als die Quellen aussagen.

Die Liebe zur Mutter und die Verehrung für den Lehrer waren wohl die formenden Kräfte in Kolpings Jugend.

Erstkommunion

Gegen Ende seiner Schulzeit im Jahre 1826 ging Kolping in seiner Heimatpfarrei zur Erstkommunion.

An diesem Tage soll Pfarrer Heyd den Jungen an sein Krankenbett gerufen und ihm gesagt haben: „Ich segne dich, mein Kind, Gott scheint dich zu großen Dingen berufen zu wollen"[46]. Ein besonderer Grund für diesen Segen und die prophetischen Worte ist nicht überliefert. Kolping jedoch erinnerte sich an diesen Tag, der auch sonst im Leben junger Menschen besondere Bedeutung hat[47], mit innerer Bewegung. Fünfzehn Jahre später notierte er in sein Tagebuch: „An diesem oder jenem Tage bin ich zur ersten heil(igen) Kommunion gegangen, und der ganze Himmel dieser Jugendfreude öffnet sich wieder, wenn der merkwürdige Tag wiederkehrt"[48].

Lektüre

Empfehlende Hinweise auf geeignete und erreichbare Lektüre muß Kolping in der Schule, vom Klerus oder in der Familie seines Lehrers erhalten haben. Es wird jedenfalls berichtet, daß er neben seinen schulischen Verpflichtungen die Bücher las, die er in seiner Umgebung auftreiben konnte[49]. Zunächst war die Lektüre noch mitbestimmt von der harmonischen Situation des Familienlebens, Gefühls- und Herzensbildung standen im Mittelpunkt. „In einem Stübchen, worin zehn Menschen anfingen die Fliegen an den Wänden zu hindern, saßen sieben, acht oder neun ziemlich dicht und traulich beieinander; der alte Großvater im Lehnstuhl hinter dem Ofen, Mutter und Schwestern beim Spinnrad, Onkel Michael aus der Nachbarschaft beim Vater in der Ecke, sein Pfeifchen rauchend, ich mit dem Eulenspiegel oder den vier Heimonskindern zunächst an der Lampe, alle höchst vergnügt, daß ich jetzt noch oft davon träume. Es war aber auch eine selige, glückliche Zeit damals in der Jugend im Schoß einer Familie, worin man, ohne auch nur den Namen zu nennen, die lauterste Liebe in vollen Zügen trank"[50]. Den Inhalt dieser Lektüre beurteilte Kolping später kritischer. „Wir Jungen aber gingen in die Schule, lasen bald ‚Schmidt's Jugendschriften' und ähnliche hausbackene Büchlein. Mit dem Zauber der Märchen und alter wundervoller Heldengeschichten war es bald aus. Allzufrüh leider ward der Verstand ernüchtert. Moralischere Bücher wurden gelesen, wir aber wurden um nichts fröhlicher"[51].

Auch wenn man die politischen Wirren, die manchmal schlechte Ernährungssituation der Bevölkerung und die beginnende soziale Umstrukturierung berücksichtigt, hat Adolph Kolping seine Kindheit in einer zwar armen und bescheidenen, aber doch harmonischen, psychisch gesunden Umwelt erlebt. Er erfuhr seine Familie als eine von Gott zugewiesene Lebensgemeinschaft. In dieser Gemeinschaft hatte jeder einen festen Platz und einen genau umschriebenen Aufgabenbereich. Diese Einstellung erlebte er nicht nur in der Familie, sondern auch im sozialen Umfeld seines Heimatortes. Pfarrer und Lehrer waren hier geachtete Führungspersönlichkeiten. Eine Förderung durch sie wurde darum auch von der Gemeinschaft als Auszeichnung empfunden. Die persönliche Begegnung mit seinem Lehrer hat sicher nicht nur die Lernmotivation bestimmt, sondern darüber hinaus auch ein besonderes Gefühl der Achtung für diesen Berufsstand vermittelt. Seine späteren Lehrer beurteilt er jedenfalls nicht mehr so kritiklos wie den von ihm verehrten Lehrer Statz.

Anmerkungen

1 Siehe dazu: G. A. Craig, Geschichte Europas 1815–1980. Vom Wiener Kongreß bis zur Gegenwart, München 1983. – Nipperdey, Deutsche Geschichte. – Mann, Deutsche Geschichte.

2 Vgl. Petri / Dröge, Rheinische Geschichte Bd. 2.

3 Vgl. Jedin, Kirchengeschichte Bd. 6. – Schnabel, Deutsche Geschichte Bd. 4. – Hegel, Erzbistum Köln Bd. 5.

4 Vgl. Aubin / Zorn, Wirtschafts- und Sozialgeschichte, Bd. 2. – Treue, Gesellschaft, Wirtschaft und Technik. – Gall, Liberalismus. – Wehler, Sozialgeschichte.

5 Siehe dazu: F. Petri, Im Zeitalter der Glaubenskämpfe (1500–1648), in: Petri/Droege, Rheinische Geschichte Bd. 2, S. 1–218.

6 Siehe dazu: M. Braubach, Vom Westfälischen Frieden bis zum Wiener Kongreß (1648–1815), in: Petri / Droege, Rheinische Geschichte Bd. 2, S. 227–364.

7 Siehe dazu: H. Höhner, in: Stadt Kerpen (Hg.), Geschichte, S. 141.

8 Siehe dazu: H. Lademacher, Die nördlichen Rheinlande von der Rheinprovinz bis zur Bildung des Landschaftsverbandes Rheinland (1815–1953), in: Petri / Droege, Rheinische Geschichte Bd. 2, S. 483–866.

[9] Vgl. Lange, Elementarschulen, S. 367.

[10] Die erhaltenen Kirchenbücher von Kerpen befinden sich in AEK und PSA. Aus Reichenspergers Tagebuch geht hervor, daß die Familie Kolping aus der Normandie eingewandert war. Reichensperger, Gesellenvater, S. 10. – Siehe dazu die Erzählung: Kolping, Was Gott thut, das ist wohlgethan, in: KV 1857, S. 49–121. – Es sprechen gute Gründe dafür, daß er die Geschichte der eigenen Familie mit geänderten Namen hier erzählerisch dargestellt hat. – Zur Familiengeschichte Kolpings siehe: J. Stöber, Studien zur Familie des Adolph Kolping, 3 Teile, Köln 1991, Manuskript im AEK.

[11] Vgl. AEK, Kirchenbuch Kerpen 1, S. 323 und Kerpen 5, S. 87.
Peter Kolping, * 28. 10. 1773 Kerpen – † 13. 4. 1845 Kerpen – ⚭ 10. 8. 1806 Anna Maria Zurheiden – Begräbnis 16. 4. 1845.
AEK, Kirchenbuch Kerpen 1, S. 323; 2, S. 16; 4, S. 215 u. 5, S. 87.
Anna Maria Zurheiden, * 28. 10. 1773 Kerpen – † 4. 7. 1833 Kerpen – 7. 7. 1833 Begräbnis, ebd.
AEK, Kirchenbuch Kerpen 2, S. 16; 4, S. 145 u. 5, S. 87.

[12] Vgl. AEK, Kirchenbuch Kerpen 2, S. 16 und Heiratsurkunde Nr. 13 / 1806 Standesamt Kerpen, PSA.
Johann Meuser, * 8. 12. 1777 Kerpen – Todesdatum bisher nicht zu ermitteln. –
AEK, Kirchenbuch Kerpen 5, S. 102.
Wilhelm Zurheiden, * 22. 5. 1766 Kerpen – † 12. 12. 1831 Kerpen – Schneider – verheiratet mit Dorothea Axer – Onkel Kolpings.
AEK, Kirchenbuch Kerpen 4, S. 141 u. 5, S. 64.

[13] Vgl. Curriculum Vitae, in: KS Bd. 1, S. 9–16 – Vgl. dazu: Schäffer, Kolping II, S. 1–3 und Pfülf, Kolping, S. 672 f.
Bei der Viehhaltung nahm die Schafzucht in Preußen von 1800 bis zur Mitte des Jahrhunderts die erste Stelle ein. Vgl. G. Franz, Landwirtschaft 1800–1850, in: Aubin / Zorn (Hg.), Wirtschafts- und Sozialgeschichte Bd. 2, S. 291 f. und 310.

[14] Vgl. Reichensperger, Gesellenvater S. 10. – Über die Ahnenreihe Adolph Kolpings, die aus den Kirchenbüchern Kerpen nicht zweifelsfrei zu klären ist, siehe: J. Stöber, Studien zur Familie des Adolph Kolping. – Von seinen Großeltern hat Kolping nur seinen Großvater väterlicherseits Adolph Marianus Kolping, persönlich gekannt.
Adolph Marianus Kolping (Culping), * 9. 2. 1741 Kerpen – † 30. 1. 1831 Kerpen – Heirat: Anna Maria Sybilla Schmitz – Eltern Otto Kolping u. Maria Magdalena Elsens.
AEK, Kirchenbuch Kerpen 4, S. 139 u. 5, S. 5.
Wilhelm Kolping, * 21. 6. 1807 Kerpen – † 28. 4. 1882 Kerpen – Heirat: Christine Schönenberg.
AEK, Kirchenbuch Kerpen 5, S. 221. – PSA.
Margarete (Maria) Kolping, * 4. 4. 1809 Kerpen – † 17. 10. 1838 Kerpen.
AEK, Kirchenbuch Kerpen 4, S. 170 u. 5, S. 234.
Anna Katharina Kolping, * 13. 3. 1811 Kerpen – † 21. 9. 1847 Elberfeld – Grab: Friedhof Hochstr. – Grabstein 1945 zerstört – 1839 schenkte Kolping ihr ein Gebetbuch – In Elberfeld führte sie dem Bruder den Haushalt.
AEK, Kirchenbuch Kerpen 5, S. 249; ADK, Totenzettel, Kolping an Mittweg, 13. 3. 1862, in: KS Bd. 2, S. 374 f.
Anna Maria Kolping, * 18. 4. 1817 Kerpen – † 17. 1. 1821 Kerpen.
AEK, Kirchenbuch Kerpen 4, S. 105 u. 5, S. 299.

[15] Vgl. Geburtsurkunde in: KS Bd. 1, S. 1 und 305.

[16] Vgl. AEK, Kirchenbuch Kerpen 5, S. 271.
Johann Franz Heyd, * 4. 10. 1770 Kerpen – † 8. 5. 1826 Kerpen – Priesterweihe 20. 12. 1794 – Vikar am Stift und an der Pfarrkirche Kerpen – 30. 1. 1797 Pfarrer Kerpen.
Über ihn zuletzt: H. Höhner, Die Kerpener Altchronisten Heyd und Dethier, in: Stadt Kerpen (Hg.), Kerpen in Geschichte und Gegenwart, S. 165–175.
Michael Birrenkott, * 19. 5. 1867 Kerpen – † 13. 10. 1837 Kerpen. 1. ⚭ Anna Sophia Schieffer, 2. ⚭ 23. 10. 1810 Anna Margaretha Kolping, Landwirt Kerpen, Onkel Adolph Kolping.
KS Bd. 1, S. 1; AEK, Kirchenbuch Kerpen 5, S. 67; 4, S. 165 u. 2 S. 26 f.
Johanna Dorothea Axer, * 1771 Maubag – † 14. 8. 1836 Kerpen – ⚭ 17. 1. 1809 Wilhelm Zurheiden.
AEK, Kirchenbuch Kerpen 2, S. 22 u. 4, S. 159.

[17] Siehe dazu: F. v. Sales Doyé, Heilige und Selige der römisch-katholischen Kirche, Leipzig 1929, 2 Bde., hier Bd. 1, S. 17. – Im Brief an Müller bezeichnet Kolping irrigerweise seinen Namenstag als den 17. Juli.

(KS Bd. 2, S. 65). – Er feierte seinen Namenstag aber am 17. Juni. Siehe dazu: RV 9 (1862) S. 460.

18 Siehe dazu: W. Zimmermann, in: Stadt Kerpen (Hg.), Geschichte, S. 159–163.

19 Vgl. Curriculum Vitae, in: KS Bd. 1, S. 6f. – Siehe dazu auch: Ph. Aries, Geschichte der Kindheit, München / Wien 1975 und besonders das Vorwort von Hartmut von Hentig. – Das Haus wurde 1913 vom Kolpingwerk erworben. 1963 errichtete man in einem Anbau ein Kolping-Museum. Siehe dazu: Der museale Gedenkraum am Geburtshaus, in: Kerpener Heimatblätter 7. Jg. (1969), Heft 2, S. 420. – Im Jahre 1990 wurde eine Umgestaltung der Räume vorgenommen.

20 Rede am 9. 10. 1851 in Mainz, Nachdruck, in: KS Bd. 3, S. 266f. – Über die Mutter siehe ferner das erste Gedicht Kolpings „Am Grabe meiner geliebten Mutter 1833“, in: KS Bd. 1, S. 212–215 und Kolping, Über weibliche Erziehung, in: RV 4 (1857) S. 247f. – Vgl. dazu: Schäffer, Kolping II, S. 5f. – Siehe dazu auch: Pfülf, Kolping, S. 712.

21 Vgl. dazu: Nattermann, Kolping II, S. 25f. und Wothe, Kolping, S. 26f. – In Elberfeld hat Kolping selbst den Gesellen vor allem von der Strenge und der Pünktlichkeit seines Vaters erzählt. – Grus, Geschichte, S. 8.

22 Kolping, in: VK 1862, S. 3f. – Göbels, Kolping-Schriften, S. 196, vermutet nicht zu Unrecht, daß Kolping in der Erzählung „Um Pfingsten“, in: RV 1 (1854) S. 145–150, das Familienleben in der eigenen Familie in Kerpen darstellt.

23 Vgl. Tagebucheintragung, in: KS Bd. 1, S. 183. – Siehe dazu auch: Kolping, Um Pfingsten, in: RV 1 (1854) S. 145–150.

24 Vgl. Müller, Kolping, S. 128.

25 Vgl. Schäffer, Kalender, S. 9. – Ders., Kolping I, S. 50. – Pfülf, Kolping, S. 672.

26 Curriculum Vitae, in: KS Bd. 1, S. 9 – Zum Vater siehe auch:
KS Bd. 1, S. 1, 5–8, 304; Bd. 2, S. 33 u. 44.
Zur Mutter siehe:
KS Bd. 1, S. 1, 212–215, 263, 304; Bd. 3, S. 263.
Zu Bruder Wilhelm siehe:
KS Bd. 1, S. 98; KS Bd. 2, 50, 54, 67.
Zu Schwester Anna Katharina siehe:
KS Bd. 1, S. 4, 94, 98, 263, 278; KS Bd. 2, S. 9, 12, 44, 51, 374f.
Zu Schwester Margarethe siehe:
KS Bd. 1, S. 263.

27 Kolping, Ländliche Sittengerichte aus vergangener Zeit, in: VK 1850, S. 121–141, hier: S. 121. – Siehe dazu: B. Bettelheim, Kinder brauchen Märchen, München 1980, bes. S. 9–27. – Ferner: RV 12 (1865) S. 770 und Stumpf, Kolping, S. 291.

28 Nach Aussage der Geburtsurkunde Kolpings konnte der Vater nicht schreiben. – Wothe, Kolping, S. 29, behauptet, daß Vater und Mutter schreiben konnten. – In der Tat fällt auf, daß die Gymnasialzeugnisse aus den Jahren 1838 bis 1840 jeweils die Unterschrift Peter Kolpings tragen.

29 Vgl. W. Roessler, Die Entstehung des modernen Erziehungswesens in Deutschland, Stuttgart 1961, S. 36.

30 VK 1851, S. 46.

31 Siehe dazu: K. Düwell, Das Schul- und Hochschulwesen, in: Petri / Droege, Rheinische Geschichte Bd. 3, S. 471–552, bes. S. 471–473. – Ferner: Wothe, Kolping, S. 29–32 und Zimmermann, Lehrerbildungs- und Volksschulwesen, S. 9–22 und bes. S. 307f.

32 Siehe dazu: Schäffer, Kolping I, S. 50f. und Lange, Elementarschulen, S. 367 + 373. – Die erste Mädchenschule im Kreise Bergheim wurde erst 1825 in Kerpen eingerichtet.

33 Vgl. Lange, Elementarschulen, S. 370f.

34 Vgl. Die Kabinettsorder betr. die Schulzucht vom 14. 5. 1825, in: L. Froese / W. Krawietz, (Hg.), Deutsche Schulgesetzgebung, Bd. 1, (Kleine pädagogische Texte Bd. 37), Weinheim 1968, S. 152.

35 Vgl. Lange, Elementarschulen, S. 370. – Zum Vergleich: Im Jahre 1823 besuchten in Köln von 9000 Kindern 3000 keine Schule. – Vgl. Zimmermann, Lehrerbildungs- und Volksschulwesen, S. 294.

36 Vgl. Lange, Elementarschulen, S. 370 und Schäffer, Kolping II, S. 2f.

37 Curriculum Vitae, in: KS Bd. 1, S. 9.

38 Vgl. Lange, Elementarschulen, S. 369 + 373. – Der Landdechant Zimmermann beurteilt 1827 die Kerpener Volksschule als „die beste des Kreises“. – AEK, Gen. 17.9.

39 Curriculum Vitae, in: KS Bd. 1, S. 9f. – Jakob Wilhelm Statz, * 20. 4. 1783 Hemmersbach – † 17. 6. 1860 Kerpen. KS Bd. 1, S. 229–232, S. 247f. u. KS Bd. 2, S. 49. – Lange, Elementarschulen, S. 366–374.

[40] Lange, Elementarschulen, S. 367.
[41] AEK, Gen. 26.26., Schulwesen im Kreise Bergheim. – Hier auch die Liste der benutzten Schulbücher.
[42] Lange, Elementarschulen, S. 366.
[43] Vgl. dazu: AEK, Gen. 26.26.
[44] Siehe dazu: KS Bd. 1, S. 9f., 79, 95, 98, 123, 229–232, 247f.; KS Bd. 2, S. 3, 6, 16, 19, 29f., 49, 58, 245.
[45] Tagebuch, 20. 12. 1837, in: KS Bd. 1, S. 71f.
[46] Schäffer, Kolping I, S. 67 und Schäffer, Kolping II, S. 111. – Da Pfarrer Heyd am 8. 5. 1826 starb, kommt als Kolpings Erstkommunionstag nur der 4. 5. 1826 (Christi Himmelfahrt) in Frage. Nachfolger Heyds wurde Gerhard von Wahnem, dem Kolping später in Bonn wiederbegegnete. – H. J. Kracht, Seelsorge, Gottesdienst und äußerer Zustand der katholischen Pfarrgemeinde St. Martinus zu Kerpen im Jahre 1828; in: Kerpener Heimatblätter 24. Jg. (1986), Heft 1, S. 16–24.
[47] Siehe dazu: A. Wrede, Rheinische Volkskunde, Leipzig 1919, S. 118f. – Ferner: Gedichte Kolpings für Kerpener Kommunionkinder, in: KS Bd. 1, S. 241f. u. 243.
[48] Tagebuch, 20. 5. 1841, in: KS Bd. 1, S. 85.
[49] Vgl. Stumpf, Kolping, S. 291. – „Unglücklicherweise konnte ich nur höchst mittelmäßige, oft sogar nur schlechte Volksbücher auftreiben". Curriculum Vitae, in: KS Bd. 1, S. 10.
[50] Kolping, Ein alter Schulkamerad, in: RV 1 (1854) S. 114. – Historien Tyll Eulenspiegels, Reutlingen o. J. (Fleischhauer). Vier Heymons Kinder, Cölln 1808. – Die Titel der verschiedenen „Eulenspiegel" verzeichnet: M. Schneider, Deutsches Titelbuch, Neudruck der 2. Aufl., Berlin 1927, S. 172. – Die Geschichte von den Heymons Kindern, in: L. Tieck, Schriften, Bd. 13, Berlin 1829, S. 5–66.
[51] Kolping, Ländliche Sittengerichte aus alter Zeit, in: VK 1850, S. 121. – Johann Nepomuk Christoph Friedrich von Schmid (1768–1854). Sehr bekannt wurde seine „Biblische Geschichte für Kinder", München 1801 u. öfter – R. Adamski, in: LThK 9 (^{2}1964) Sp. 432f. – F. Brutscher, Christoph von Schmid als Pädagoge und Jugend-Schriftsteller, München 1917. (phil. Diss.); textgleich mit: Christoph von Schmid. Eine pädagogisch-literarische Studie, München 1917. – E. Dreesen, Das Verhältnis Christoph von Schmids zu Johann Michael Sailer in pädagogischer Hinsicht, Bonn 1926 (phil. Diss.).
Siehe dazu auch: R. Schenda, Volk ohne Buch. Studien zur Sozialgeschichte populärer Lesestoffe 1770–1910, Frankfurt 1970.

2. Schusterlehre, Berufstätigkeit und Vorbereitung auf den Besuch des Gymnasiums (1826–1837)

Die Entscheidung, einen handwerklichen Beruf zu erlernen, war für Kolping mehr durch Sachzwänge mitbestimmt als frei gewählt oder aus Neigung gefällt.

Lehre

Trotz guter Begabung konnte Kolping, in erster Linie wegen der finanziellen Lage seines Elternhauses, dann aber auch wegen des noch unzureichenden Ausbaus des höheren Schulwesens seinen Wunsch, ein Gymnasium zu besuchen, zunächst nicht verwirklichen.

Die Umstände zwangen ihn dazu, im Jahre 1826 bei dem der Familie bekannten Schuhmacher Peter Joseph Meuser eine Lehre zu beginnen. „Mit dem vollendeten zwölften Jahre aber begannen meine Eltern zu ratschlagen, was nun künftig meine Bestimmung sein sollte, denn die letzte Klasse meiner Schule war durchgemacht und für mich also da nichts mehr zu tun. Wohl hätte ich gern mein Studium fortgesetzt, aber dazu konnten sich meine Eltern nicht entschließen, denn woher sollten sie die Mittel nehmen, einen solchen Plan auszuführen? ... Ich entschloß mich also, wenn auch mit schwerem Herzen, das Schuhmacher-Handwerk zu erlernen. Bald war ein Meister in meiner Heimat gefunden, und ich trat, noch nicht volle 13 Jahre alt, meine Lehre an. Aber während derselben zeigte sich, wonach der Geist am meisten verlangte, denn die einzigen Verweise meines Lehrmeisters erhielt ich nur wegen meiner Leselust, die ich in jedem freien Augenblicke zu befriedigen suchte. Dabei hegte ich doch immer eine große Meinung von meinem Stande, und mein ernstliches Bestreben ging dahin, mich in diesem von niemandem übertreffen zu lassen“[1].

Ob Kolping schon in seiner Schulzeit oder erst als Berufstätiger die Werke von Martin von Cochem und Abraham a Santa Clara gelesen hat, ist nicht sicher auszumachen. Dessen Schrift „Judas der Erzschelm“ hat ihn jedenfalls nachhaltig beeinflußt[2]. Das Erscheinungsdatum der Gesamtwerke von Abraham a Santa Clara und die Verweise, die ihm sein Meister erteilte, als er ihn während der Arbeitszeit mit einem Buch antraf, lassen eher vermuten, daß diese Lektüre in die Zeit beruflicher Ausbildung und Tätigkeit fällt.

Nach Abschluß der Lehre arbeitete der frischgebackene Geselle in verschiedenen Werkstätten der benachbarten Ortschaften Sindorf, Düren, Lechenich und schließlich in Köln[3].

„Ich bin mit dreizehn Jahren (als ein unerfahrenes Kind) ans Handwerk gekommen und habe mich auf den Schuhmacherstuhl gesetzt, habe bis zum dreiundzwanzigsten Jahre da fortgesessen, bin von Werkstätte zu Werkstätte gewandert und habe allerlei Leute, schreckliche Gestalten neben mir gehabt; alle Fluten des Bösen sind um mich geschlagen (und hätten mich auffressen mögen und verderben bis auf den Grund). Ein falscher Ehrgeiz, in meinem Handwerk etwas Tüchtiges zu werden, hat mich zu allen großen Werkstätten getrieben“[4]. Die Tätigkeit in verschiedenen Handwerksbetrieben der näheren Umgebung seiner Heimat und später in Köln ist sicher nicht als berufliche Wanderschaft in dem Sinne zu verstehen, daß er in der Fremde ganz auf sich allein gestellt war[5]. Kontakte zur Familie und zu den Freunden in seinem Heimatort haben jedenfalls während dieser Zeit bestanden. Kolping selbst überbewertete wohl diese Zeit ein wenig, wenn er schrieb: „Acht Jahre lang bin ich von einer Stadt zur anderen gewandert, habe in mancher Werkstätte gearbeitet, viele Menschen kennengelernt, das Leben von guten und bösen Seiten angeschaut, und am Ende, als ich über alles mir genaue Kunde verschafft hatte, fand ich mich selbst tief in ein Verhältnis verwickelt, das mir nur zu deutlich zeigte, wie unglücklich ich geworden war“[6].

Von seinem Meister Johann Michael Schwister aus Lechenich ist noch ein Zeugnis erhalten, das über den achtzehnjährigen berichtet, er sei von mittlerer Statur und habe blondes Haar. Von außergewöhnlichen beruflichen Leistungen berichtet es nicht[7]. Dazu passen zunächst auch die Nachrichten, daß er von einem Meister Rügen einstecken mußte, weil er zuviel las und als junger Geselle seinem Vater ein paar zu klein geratene Stiefel angefertigt hat[8]. „Mein Wissen genügte mir nicht, meine Fertigkeiten in meinem Fache schienen mir nach der Vorstellung, die ich davon hatte, nicht hinzureichen, des Dorflebens wurde ich überdrüssig, weil ich mich in jeder Hinsicht gehindert glaubte: also entschloß ich mich, die Städte in der Umgegend zu besuchen, um auf größeren Werkstätten vollkommenere Arbeit, gebildetere Menschen zu suchen, um wenigstens den Studien nahe zu sein, die ich im Grunde des Herzens über alles liebte“[9]. Schon während seiner Schulzeit in Kerpen hatte Kolping davon geträumt, eine höhere Schule zu besuchen. In seinen Gesellenjahren als Schuster erlebte er nun das moralische und soziale Elend seiner Altersgenossen, und der Wunsch nach weiteren Studien wurde immer mächtiger. Eine Möglichkeit, diesen Wunsch zu realisieren, bot sich jedoch zunächst nicht.

„Ich selbst habe einen Meister gehabt, dessen Jugendzeit in den Anfang dieses Jahrhunderts fiel, und der lange Jahre auf den ersten Werkstätten mancher Städte herumgesessen. Derselbe Meister kannte aus der dort empfangenen Tradition ... die meisten jener hohlen, erbärmlichen Einwürfe gegen die Religion, womit das 18. Jahrhundert prahlte, wußte eine Menge Anekdoten aus dem Leben frivoler Reicher und hatte eine merkwürdige Kunde von allem Skandal, der seit einem Menschenalter in seiner, ziemlich weit gespannten, Umgebung vorgefallen war, und zwar bei geistlich und weltlich. Derselbe Meister war eingeweiht in die Geheimnisse der Liederlichkeit, daß sich die menschliche Natur darob entsetzte, und schilderte das Leben seiner Handwerksgenossen auf den Werkstätten, den Herbergen und sonstwo, daß es mir damals vorkam und noch deucht, die Heidenwelt habe kaum ärgere Greuel aufweisen können"[10].

In dieser Zeit der Berufstätigkeit und der Suche nach weiteren Ausbildungsmöglichkeiten verliert Kolping im Sommer 1833 seine Mutter. Dieser Tod hat ihm mehr z schaffen gemacht, als er zunächst zugeben wollte. Er hatte sich wohl von ihr weiter Hilfe auf dem Wege zu dem angestrebten Ziele erhofft. In seinem ersten Gedicht, da uns erhalten ist, „Am Grabe meiner geliebten Mutter", wird spürbar, wie er de schmerzlichen Verlust verarbeitet[11]. Fast zwanzig Jahre später widmete er seiner verstorbenen Mutter noch einmal eine wirkungsvolle Erinnerung. „Ich habe eine Mutte gehabt, eine arme Mutter, deren Nennung schon mein Herz bis in seine Tiefen hinei aufrührt. Seht, von dieser Mutter habe ich nie etwas gesehen, das ich nicht verehre Wenn die Versuchung mir ans Herz kam, habe ich an meine Mutter gedacht, und ic hätte nie gewagt, ihr ins Auge zu blicken, wenn ich etwas getan hätte, was nicht rech gewesen. Und als sie starb, habe ich erst rechten Respekt vor ihr gekriegt; denn sie is gestorben mit einem rechten Glauben wie eine Heilige. Und sie war eine einfach Frau, die nie ihre Wünsche über den Kreis ihres Hauswesens hinausgetragen. Als si tot war, wurde es mir recht ernst; denn ich dachte bei mir: Das hat Gott vom Himme herabgeschickt auf deine Wege, wie willst du tun, was nicht recht ist? Und daß ic hier stehe, das verdanke ich ihr auch, und daß ich Gottes Ehre fördern möchte in alle Welt"[12].

Während seiner Kölner Gesellenzeit arbeitete Kolping bei Schuhmachermeiste Heinrich Beck in der Glockengasse, in dessen Hause auch ein katholischer Priester al Mieter wohnte. Von ihm wissen wir, daß er den jungen Gesellen „unzählige Male" i der Abenddämmerung vor dem Gnadenbild der Muttergottes in der Kupfergasse getroffen hat.

„Adolph schilderte mir nun sein Verlangen von Jugend auf, zu studieren, um Priester zu werden, dann nannte er mir auch seine Freunde und Gönner, primo loco sein Mutter; „täglich schicke ich ihr meinen Gruß hinüber und küsse dankbar ihre welk Hand"[13].

Kolpings Bemühen um fachliche Tüchtigkeit und praktische Berufserfahrung i verschiedenen Werkstätten haben ihn schließlich so befähigt, daß er sogar in eine sehr bekannten Werkstatt in Köln eine Anstellung fand. „Kölns erste Werkstatt hatt ich erreicht, saß in einem Kreise, nach dem sich so viele vergeblich bewarben; abe noch erbebt mein Inneres, wenn ich an die schrecklichen Tage gedenke, die ich dor mitten unter der Liederlichkeit und Versunkenheit von Deutschlands Handwerks Gesellen zugebracht habe"[14].

Die Übersiedlung vom ländlich geprägten rheinisch-katholischen Lebensraum i die Stadt Köln bereitete Kolping keine größeren Schwierigkeiten. Kolping hat dies Stadt und ihre Bewohner gemocht, gelegentlich aber auch unter ihnen gelitten. Hat e doch die meiste Zeit seines Lebens im Schatten der Domtürme als Geselle, als Schüle und später als Priester verbracht. „Durch Gottes Fügung gehört der Herausgeber den Rheinländischen Volke an, und es ist ihm gar nicht leid darum. Unser Herrgott ha nämlich dem Rheinländischen Volke außer mancher guten Gabe etwas mitgegeben das ist ein gar guter Zehrpfennig ins Leben hinein und hat schon vielfach draußen i der Welt glücklich durchgeholfen, wenn auch das Geld im Beutel fehlte: ein ehrliches, offenes Gesicht, ein frommes, treues Herz und einen fröhlichen Mut dazu, der nun einmal nicht duldet, daß so ein rheinländisches Kind lang sauer und griesgrämlich in die Welt sehen kann"[15]. Als Kolping seine Berufstätigkeit in Köln auf nahm,waren die durch die französische Besetzung der Stadt geschaffenen Fakten noch längst nicht alle beseitigt; aber seit die Stadt 1815 preußisch geworden war, setzte eine rasche Aufwärtsentwicklung in vielen Bereichen ein. Köln wurde zu einer starken preußischen Festung ausgebaut und durch die Ansiedlung mehrerer Behörden zum Verwaltungszentrum der Rheinlande. Eingriffe der Berliner Regierung in die städtische Selbstverwaltung und eine Personalpolitik, die die rheinischen konfessionellen Interessen zu wenig berücksichtigten, führten allerdings immer wieder zu Spannungen zwischen Bevölkerung und Regierung. Niederlassungen von Banken, Versicherungen und größeren Handelsfirmen machten Köln auch zu einem bedeutenden Handelszentrum[16].

Die mehrjährige Berufserfahrung hat nicht nur die aufgeschlossene Verhaltensweise zu seiner späteren Umwelt mitgeprägt, sondern auch zu der Erkenntnis geführt, daß eine Verbesserung seiner Bildung in diesem Berufsstand unmöglich war. Erweiterung der fachspezifischen Berufskenntnisse und Streben nach besserer Allgemeinbildung schlossen sich aus. Seine Unausgeglichenheit und Unzufriedenheit mit seiner Lage teilte er mit vielen Standesgenossen.

In den Jahren der Berufstätigkeit lebte Kolping in ständigen Konflikten. Ein Sachzwang war die Notwendigkeit, einen Beruf zu erlernen und ihn auszuüben, um auf eigenen Füßen stehen und die Familie unterstützen bzw. entlasten zu können. Sein Wunsch war aber, sich weiterzubilden und durch höhere Bildung aus seinem Stand auszubrechen. Darum investierte Kolping seine ganze Energie und Freizeit in private Studien. „Bildung war mein Augenmerk, als ich wohlgemut durch die Tore einer benachbarten Stadt hindurchschritt, und anstatt in meiner Umgebung auf Bildung zu treffen, fand ich nur krasse Unwissenheit, zwar eine äußere Abgeschliffenheit, aber dafür die geistige Erbärmlichkeit auch über die Maßen groß .... Das Bewußtsein meiner unglücklichen Lage wurde noch schmerzlicher, als ich durch die Leserei, der ich mich nie entwöhnen konnte, ganz andere Begriffe über den Menschen, seine Bestimmung, über die Würde einer höheren Bildung erlangte. Ich fand mich vereinsamt mitten unter meinen Standesgenossen, ... Ich war nahe 22 Jahre alt, hatte die Grundlage zu meinem äußern Fortkommen gelegt, schon freuten sich die Eltern, mich bald versorgt zu sehen, und ich war rat- und hilflos. Unter dieser Volkshefe konnte ich nicht sitzen bleiben, nicht mein ganzes Leben unter den obwaltenden Umständen verkümmern lassen; und aus dem Verhältnisse heraustreten, von neuem eine andere, nur mehr zusagende Lebensweise beginnen, war ein Unternehmen, das ebenso gewagt als gefährlich war"[17].

Motive für eine Berufsentscheidung sind gewöhnlich vielfältig. Motive, die aus Wort und Tat bei einer jeden Wahl erkennbar werden, stellen ein Bündel dar, das Außenstehende nur schwer erfassen und bewerten können. Erst recht ist das bei der Beurteilung einer Berufung zum Priestertum nach theologischem Verständnis unmöglich.

Auch auf Grund der Quellenlage läßt sich nicht sicher feststellen, ob zunächst der Bildungsdrang im Vordergrund stand oder der Wunsch, einmal Priester zu werden.

Seinen Bildungswunsch konnte Kolping in der Kerpener Jugendzeit auch im vertrauten Kreise äußern, den nach einem Theologiestudium sicherlich noch nicht. Wir wissen nur, daß das Erlernen des Schusterhandwerks für ihn eine Notlösung war.

Der Erklärungsversuch, der Abscheu vor dem Elend und der Sittenlosigkeit seiner Standesgenossen und ihrer Umwelt allein habe Kolping veranlaßt, seinen Beruf zu wechseln, ist sicher zu einfach.

Schon sehr bald ergab sich eine Situation, die dem tüchtigen Gesellen einen Ausweg aus seiner schwierigen Situation geboten hätte. Ein Meister, bei dem er tätig war, schätzte den Mitarbeiter wegen seines fachlichen Könnens und seiner sympathischen und ehrlichen Art. Er verband damit aber auch den Wunsch, der junge Geselle möge die einzige Tochter heiraten und das Geschäft übernehmen. „Der Meister war wie Vater über mich, er meinte, daß er zwei Kinder habe, und wenn er wüßte, daß ich immer in seinem Hause bliebe, dann werde er ruhig sterben. Solcherlei Gedanken wurden eine Zeitlang öfter ausgesprochen und trat der Sinn immer deutlicher hervor, so daß ich eigentlich von Stroh hätte sein müssen, wenn ich nicht hätte merken können, wohin solche Unterredungen zielen sollten. – Als eines Tages nun abermals die Rede um diesen Punkt sich drehte und man sich zu verwundern schien, daß ich nicht mit beiden Händen das zugeworfene Glück aufgriff, ging ich auf mein Zimmer; denn eine Geisteskraft von zehn Menschen hätte nicht genügt, um diesen Leuten zu sagen: Ich gehe. Auf meinem Zimmer weinte ich mich aus und, mit dem Crucifix in der Hand erneuerte ich meinen Vorsatz, Priester zu werden, und bat um Hilfe. Ich fühlte mich wunderbar gestärkt, kam in die Werkstatt zurück, und kaum saß ich dem Meister gegenüber, sagte ich: ‚Meister ich suche mir eine andere Werkstatt' "[18].

Die Entscheidung zur Einheirat in ein gutgehendes Geschäft hätte Kolping fraglos in eine bessere Situation gebracht.

Kolping hatte offensichtlich das Ziel fest im Auge, über den einzuschlagenden Weg war er sich aber bei weitem noch nicht sicher. So wechselte er den Arbeitsplatz und suchte sich eine andere Werkstatt. Seine letzte Arbeitsstelle – wohl bei dem Schuhmacher Mathias Burger in Köln – hat Kolping „haarklein" in einer Erzählung im Volkskalender festgehalten: „Stoffel allein war bereits in der Frühe aufgestanden, hatte sich unvermerkt aus dem Hause geschlichen und war, wie er es zu Hause gewohnt gewesen, in die Kirche gegangen. Bei seiner Rückkunft begegnete er dem Meister auf der Treppe, der ihm mit höchst verdrießlichem Gesichte den Morgengruß erwiderte, und als er auf seine Frage, wo Stoffel dann schon gewesen, von der Kirche hörte, das Lachen nicht unterdrücken konnte. Bald nachher wurde Stoffel zum Meister beschieden, um neue Arbeit in Empfang zu nehmen. Der hat ihn hart ins Gebet genommen. Was das Kirchenlaufen beträf, sei davon noch keiner ein tüchtiger Gesell geworden. Er selbst sei in allen seinen Gesellenjahren selten, und während der Zeit, die er in Paris zugebracht, nie in die Kirche gekommen und wisse noch heute nicht, was ihm das geschadet. An Stoffels Arbeit von der vorigen Woche hatte er aber so viel auszusetzen und machte sie so schlecht, daß es dem armen Stoffel eiskalt über den Rücken lief und er wahrhaftig meinte, jetzt gleich werde ‚Herr Schlick' ihn fortschicken. Das geschah indes doch nicht, denn neue Arbeit lag für ihn da, die er mit der knappen Weisung erhielt, dafür zu sorgen, daß sie besser ausfalle. ... Daß seine Kameraden nichts nach der Religion fragten, hatte er zwar in den jüngsten Tagen zur Genüge erfahren und sich nicht wenig darüber geärgert, aber still für sich; daß aber der Meister so verächtlich darüber hergefahren, war ihm so neu und überraschend, drückte ihn so eigentümlich zusammen, daß er eine gute Weile in Gedanken auf seinem Stuhle saß und wie sinnlos vor sich hinblickte. ... Aber seine Religion wollte er doch halten, trotz den Gesellen und dem Meister; das nahm er sich fest vor, das hatte er an demselben Morgen ja auch Gott dem Herrn in der Kirche noch gelobt. Er begann gerade seine Arbeit, als die Nebengesellen, einer nach dem andern, kaum halbbekleidet, fluchend und schimpfend auf Meister und Arbeit in die Werkstätte traten. Der Frankfurter maß erst mit großen Schritten die Werkstätte, besah sich stumm seine neue Arbeit, legte sie wieder nieder und fixierte dann mit spöttischem Lächeln den Stoffel, der nicht aufzublicken wagte. ‚Was ist so ein Taglöhner doch ein glücklicher Mensch', sagte er in sarkastischem Tone, ‚er hat immer Arbeit zuerst und den Verdienst!' Als Stoffel schwieg, achtete er ihn keines Blickes mehr wert und setzte sich an den Werktisch, indem er sich die Arbeit zurecht legte"[19].

Kolping wurde im Jahre 1833 für den Wehrdienst gemustert unter der Nummer 1174. Bei der Losung zog er die Nummer 861 für das Jahr 1833. Im Frühjahr 1836 erkrankte er und kehrte ins Elternhaus nach Kerpen für einige Wochen zurück. Aus dieser Zeit – nämlich vom 9. 4. 1836 – stammt auch die endgültige Zurückstellung vom Wehrdienst, da er bis zu diesem Zeitpunkt wegen zu hoher Losungsnummer immer noch nicht eingezogen war[20].

Berufswechsel

Im Frühjahr des gleichen Jahres zwang den jungen Mann eine nicht näher bezeichnete Krankheit, für einige Zeit seine Berufstätigkeit auszusetzen und sich im Elternhaus zu erholen. „Angestrengte Arbeiten, Nachtwachen und mein ruheloser Gemütszustand hatten im Frühjahr 1836 mir eine Krankheit zugezogen, zu deren Heilung ich nach dem Rate des Arztes auf einige Zeit meine Arbeit beiseite legen und die frische Landluft genießen sollte. Ich ging nach Hause, besorgt, was die Meinen über meine Lage sagen möchten; denn ich hatte mich entschlossen, ihnen alles offen zu erklären"[21]. So ging er zum Pfarrer von Kerpen, Leonhard Anton Joecken, und erklärte ihm, er wolle studieren und Priester werden. Nach Schäffer soll der Geistliche darauf kurz und knapp erklärt haben: „Schuster, bleib bei deinem Leisten!"[22] Kolping ließ sich so schnell nicht entmutigen, wenn er auch über die barsche Abfuhr des Pfarrers enttäuscht war. Sein Vater respektierte nämlich den Wunsch des Sohnes und unterstützte ihn nach Kräften. Der Vater hatte jedoch außer ideeller Unterstützung und motivierendem Zuspruch keine weitere Hilfe anzubieten: „... und selbst mein alter Vater meinte, wenn ich mit meinem Stande nicht zufrieden wäre, so sollte ich nur nach meinem Gutdünken mich nach einem andern umsehen, seine Zustimmung hätte ich, da er überzeugt sei, daß mich Gott zum Besten leiten würde"[23].

Dem Pfarrer Leonhard Lauffs des Nachbarortes Blatzheim, auf den Kolping durch die Lektüre eines seiner Bücher aufmerksam geworden war, und der sich aufgeschlossen für das Bildungsstreben junger Leute zeigte[24], vertraute er sich an. Der Priester gab ihm zunächst Studienhinweise, später erteilte er ihm auch mehrere Monate Privatunterricht in der lateinischen Sprache. Besonderes pädagogisches Geschick scheint er nicht an den Tag gelegt zu haben, denn er wollte mit seinem Schüler bereits nach sechs Wochen Ovid lesen[25]. Schon bald mußte der Pfarrer eine neue Pfarrstelle in Nideggen übernehmen. Kolping war enttäuscht. „Da störte ein Befehl der geistlichen Oberbehörde, die den geistlichen Freund nach einer entfernteren Pfarrei versetzte, meine Pläne wieder. Dadurch wurden meine Studien zerrissen, und ich war wieder in eine bedrängte Lage geraten. Mit dem Freunde ziehen konnte ich nicht, hatte er doch selbst kaum sein Auskommen“[26].

Inwieweit Pfarrer Lauffs, dessen religionspädagogischen und literarischen Schriften weithin bekannt waren, und der noch am Anfang des Berufungsweges seines Schülers den Sprachunterricht erteilte, zur Berufsklärung beitrug, läßt sich nur vermuten.

Auf Empfehlung des scheidenden Pfarrers übernahm der junge Vikar Theodor Wollersheim die weitere Vorbereitung Kolpings für die Aufnahme ins Gymnasium. Er hatte selbst vor knapp zehn Jahren das Gymnasium in Düren als bester Abiturient verlassen[27]. Er erteilte Kolping den erforderlichen Unterricht „unentgeltlich, gern und mit der redlichsten Gewissenhaftigkeit ... nach dem Plane des Gymnasiums“[28]. Diese Bemühungen waren schon bald von Erfolg gekrönt. Wohl auch darum widmete Kolping später eine nicht vollständige handschriftliche Auswahl seiner Gedichte unter dem Titel „Mußestunden“ „seinem Freunde Theodor Wollersheim ... diese Jugendblüten mit dankbarem Herzen ...“[29]. Geistliche Kontakte mit diesem Priesterfreund sind auch für die spätere Zeit verbürgt.

Nach den ersten Studienerfolgen begab Kolping sich erneut zu seinem Ortspfarrer und erklärte ihm, er habe trotz dessen Warnung Sprachstudien betrieben und bat um eine Prüfung seiner Kenntnisse. Aufgrund des Ergebnisses soll der Pfarrer seine Meinung geändert und gesagt haben: „Gut, Du sollst Geistlicher werden, wenn Du fest bleibst und Beruf zeigst“[30]. Die zehnjährige Berufstätigkeit als Schuster hatte Kolping die harte Realität der Arbeitswelt vermittelt und ihn gezwungen, Verantwortung für sich selbst und andere zu übernehmen. Er hatte seine weitreichende Entscheidung sorgfältig vorbereitet, selbständig gefällt und mit Hilfe von einigen wichtigen Freunden und Förderern schließlich das angestrebte Zwischenziel auch erreicht.

Kolping war in seiner Umgebung nicht der einzige, der als Spätberufener das Priestertum anstrebte. Sein Freund Franz Adam Frinken, der von 1832 bis 1840 als Lehrer in Sindorf bei Kerpen tätig war, hatte sich auch entschlossen, Theologie zu studieren und Priester zu werden. Da er aber wegen fehlenden Abiturs an einer preußischen Universität nicht studieren konnte, begab er sich nach Belgien und empfing die Priesterweihe in Mecheln[31].

Anmerkungen

1 Curriculum Vitae, in: KS Bd. 1, S. 10 – Peter Joseph Meuser, * 15. 10. 1780 Kerpen – † 4. 8. 1830 Kerpen – Schuhmacher – Lehrherr Kolpings.

Siehe dazu: B. Höhner, Adolph Kolpings Lehrwerkstatt in Kerpen, in: Kerpener Heimatblätter 27. Jg (1989), Heft 3, S. 299–302.

2 Vgl. Stumpf, Kolping, S. 291. – Kolping schätzte diesen Volkserzieher aus dem bayerisch-österreichischen Raum, dessen Werke seit 1834 in 21 Bänden wieder erschienen. In den RV 6 (1859), S. 190 f. übernahm er au

seinen Werken „Etwas für Alle." – Zu Abraham a Santa Clara (Megerle, Johann Ulrich 1644–1709), siehe: K. Vancza, in: LThK 1 (^{2}1957), Sp. 64f. – Ausführlich: F. Maurer, Der Volkserzieher Abraham a Santa Clara und sein Bildwerk „Huy! und Pfuy! der Welt". Studien zur Geschichte des moralpädagogischen Bilderbuches im Barock. (Anthropologie und Erziehung), Heidelberg 1968.
Zu Martin von Cochem (1634–1712) siehe: E. Mossmair, in: LThK 7 (^{2}1962), Sp. 116. – Siehe dazu: A. Schmitt, Die deutsche Heiligenlegende von Martin von Cochem bis Alban Stolz, Freiburg 1932.

3 Vgl. dazu: Schäffer, Kolping I, S. 51f. – Schäffer II, S. 5–13. – Zur Situation des Schuhmacherhandwerkes: W. Schröder, Arbeitergeschichte und Arbeiterbewegung.
Industriearbeit und Organisationsverhalten im 19. und frühen 20. Jahrhundert, Frankfurt/New York 1978, S. 87–100. – Werkzeuge und Schusterschemel befinden sich im Kolping-Museum in Kerpen, siehe dazu: W. Hemmersbach, Bemerkungen zur Echtheit einzelner Inventarstücke im Geburtshause Adolph Kolpings unter Berücksichtigung gezielter Angaben zur Familie seines Bruders Wilhelm, in: Kerpener Heimatblätter 26. Jg. (1988), Heft 2, S. 194–200.

4 Kolping, Rede in Mainz, 8. 10. 1851, in: KS Bd. 3, S. 263.

5 Vgl. Bopp, Handwerksgesellentum.

6 Curriculum Vitae, in: KS Bd. 1, S. 10f.

7 Vgl. Zeugnis vom 26. 3. 1832, in: KS Bd. 1, S. 2. – Siehe dazu auch: Pfülf, Kolping, S. 673f.
Johann Michael Schwister, * 30. 6. 1784 Lechenich – † 10. 1. 1839 Lechenich – Schuhmachermeister Lechenich. – KS Bd. 1, S. 2; PSA; Taufbuch Lechenich, S. 41.

8 Vgl. Schäffer, Kolping I, S. 52. – Schäffer, Kolping II, S. 4.

9 Curriculum Vitae, in: KS Bd. 1, S. 10.

10 Kolping, Gesellenhospitium, in: KS Bd. 4, S. 5.

11 Vgl. KS Bd. 1, S. 212–215. – Dazu vermerkt Kolping: „Ich habe die nachfolgenden Verse hier aufgenommen, weil sie die ersten sind, die ich überhaupt geschrieben habe, und weil ich meiner verewigten Mutter dieses wenn auch mangelhafte Denkmal schuldig zu sein glaubte."

12 Rede am 8. 10. 1851 in Mainz, in: KS Bd. 3, S. 263.

13 Pfr. St. in H., Eine Mitteilung über Kolping, in: RV 27 (1880) S. 450. – Die Abkürzungen für den Autor konnten nicht aufgelöst werden. – Eine Kapelle für das Gnadenbild der Schwarzen Muttergottes hatte sich bereits im 17. Jahrhundert an dieser Stelle befunden. Sie wurde von 1705 bis 1715 von einer Kirche umbaut und nach Auflösung des angeschlossenen Karmelitessenklosters im Jahre 1803 Pfarrkirche. – Siehe dazu: Verbeek, Kölner Kirchen, S. 54. – Wegen des im zweiten Weltkrieg vernichteten Pfarrarchivs immer noch wichtig: L.H. Grubenbecher, Die lauretanische Gnadenkapelle in der Pfarrkirche zur hl. Maria in der Kupfergasse, Köln 1894. – Zur Marienverehrung Kolpings siehe ferner: Notiz über Marienpredigt von Rammoser, in: KS Bd. 1, S. 103 und KS Bd. 4, S. 54f., 169, 375; Bd. 6, S. 90f., 119, 143. – FS 2 (1852) S. 105f. – RV 3 (1856) S. 420, 451, 536f.

14 Curriculum Vitae, in: KS Bd. 1, S. 12.

15 Kolping, Einleitung, in: RV 1 (1854), S. 5f. – Siehe dazu: Schwering, Kolping und Köln. – H. Lützeler, Philosophie des Kölner Humors, Hanau/Honnef ^{15}1965. – Ferner: Tagebuch vom 27. 8. 1841, in: KS Bd. 1, S. 113, Tagebuch vom 3. 9. 1841, in: KS Bd. 1, S. 128. – Kolping, 11. 5. 1856, in: KS Bd. 2, S. 204. „Ich bleibe, will's Gott, in Köln bei den Meinigen. Mein Herz ist am Rhein doch immer."

16 Siehe dazu: v. Eyll, Wirtschaftsgeschichte Kölns, S. 163–266.

17 Curriculum Vitae, in: KS Bd. 1, S. 11.

18 Pfr. St. in H, Eine Mitteilung über Kolping, in: RV 27 (1880), S. 449–453. – Einzelheiten bietet ein Artikel (ohne Verfasserangabe): Schuhmachers Töchterlein, in: Kolpingblatt 38 (1938) S. 78–80. – Nach Grus, Geschichte, S. 9, erzählte Kolping den Elberfelder Gesellen diese Geschichte selbst.
Heinrich Beck, * ca. 1777 Köln – † 1842 Köln – ⚭ Maria Josephine Pückler, – Schuhmachermeister in Köln, Glockengasse. – KS Bd. 1, S. 12.
Josefine Maria Helene Beck, * 1815 Köln – † 1896 Köln – Tochter des Schuhmachermeisters Beck. – Kolpingblatt 38 (1938), S. 78–80.

19 Kolping, Stoffels Schicksale, in: VK 1851, S. 107–153, hier: S. 108–135. – „Außer Stoffels etwas dem Zweck angepaßter Persönlichkeit ist **alles** nur zu wahr!" Kolping an Döllinger, 5. 1. 1851, in: KS Bd. 2, S. 121. – Vor seinem Eintritt ins Marzellengymnasium arbeitete und wohnte Kolping in Köln bei den Schuhmachermeistern Heinrich Beck in der Glockengasse und Mathias Burger, St.-Apern-Straße 39.
Vgl. dazu: Ridder, Kolping, S. 30. – Ein Kölner Mitgeselle Kolpings, Heinrich Rick (1815–1894), berichtet, daß Kolping einem anderen Mitgesellen seine Sonntagskleider zum Meßbesuch auslieh, dieser aber erst am

Montagmorgen zurückkehrte. Kolping war gezwungen, den Sonntag zu Hause zu verbringen. – Festschrift KF Euskirchen 1954, S. 50.
Mathias Burger, Schuhmacher in Köln, St.-Apern-Str. 39. – Noch am 19. 12. 1840 wohnte Kolping bei ihm. – KS, Bd. 1, S. 305.

20 Vgl. Losungsschein für Adolph Kolping vom 9. 4. 1836, in: KS Bd. 1, S. 2f.
Zum preußischen Militärwesen siehe: G. A. Craig, Die preußisch-deutsche Armee 1640–1945. Staat im Staate, Düsseldorf 1960.

21 Curriculum Vitae, in: KS Bd. 1, S. 12.

22 Schäffer, Kolping I, S. 67. – Ferner siehe: KS Bd. 1, S. 99, Bd. 2, S. 44.
Leonhard Anton Joecken, * 16. 7. 1791 Bracheln – † 5. 3. 1853 Kerpen – Priesterweihe 21. 9. 1816 – 1825 Pfr. Frechen – 1835 Pfr. Kerpen u. Dechant.
KS Bd. 2, S. 44. – Schäffer, Kolping II, S. 11. – AEK, Totenzettel.

23 Curriculum Vitae, in: KS Bd. 1, S. 12f.

24 Vgl. Curriculum Vitae, in: KS Bd. 1, S. 13.
Leonhard Lauffs, * 25. 1. 1797 Aachen – † 10. 8. 1876 Saeffeln – Priesterweihe 9. 9. 1821 – Pfr. Verw. Gräfrath – 1828 Pfr. Blatzheim – 1836 Pfr. Nideggen – 1843 Pfr. Saeffeln – Kolping widmete Lauffs 1837 ein Gedicht – 1840 gab es Unstimmigkeiten zwischen den Freunden, die sich aber wieder ausräumen ließen. Siehe dazu: Brief Kolpings an Statz vom 3. 2. 1840, in: KS Bd. 2, S. 23. – Vgl. Brief Kolpings an Gruscha, 3. 12. 1857, in: KS Bd. 2, S. 232f. – KS Bd. 1, S. 13, 97f., 109, 217ff.
KS Bd. 2, S. 23, 36, 44, 53, 73f. – H.E. Onnau, Leonhard Joseph Lauffs. Pfarrer, Schriftsteller und Poet, in: Harke-Schmidt/Hemmersbach, (Hg.), Kerpener Köpfe. S. 163–170.
Lauffs war auch der Förderer des Pädagogen Karl Wilhelm Eduard Mager (1810–1858) gewesen. – Vgl. dazu: H. Kronen, Das Prinzip der Genese und der genetischen Methode, in: Pädagogik, Didaktik, Scholastik (Schultheorie) bei Karl Wilhelm Eduard Mager (1810–1859), Ratingen 1968, S. 22. – Folgende Schriften Lauffs kommen als Kolpings Lektüre in Frage:
1) Der Engel des Trostes. Eine Erzählung zur Erhebung der Trauernden und zur Stärkung aller Christen im Glauben, Geduld und Vertrauen, Köln 1830.
2) Christliche Erzählungen. Aachen, (Cremersche Buchh.) 1833; 2. Bd.; Neue Sammlung christlicher Erzählungen. 1835.
3) Anton, der gute Familienvater. Ein Büchlein für das christliche Volk. Köln, (J. G. Schmitz) 1834.
4) Isidor, der tugendsame Landmann. Ein Büchlein für das liebe Landvolk. Köln, (J. G. Schmitz) 1834. – 2. Aufl. 1838.
5) Therese, die fromme Arbeiterin. Ein Büchlein für die weibliche Jugend, Köln, (J. G. Schmitz) 1835.

25 Vgl. Stumpf, Kolping, S. 291.

26 Curriculum Vitae, in: KS Bd. 1, S. 13f.

27 Vgl. Geschichte des Gymnasiums in Düren. Festschrift, Düren 1926, S. 343.

28 Curriculum Vitae, in: KS Bd. 1, S. 14. –
Theodor Wollersheim, * 16. 2. 1806 Nideggen – † 3. 2. 1865 Jüchen – Priesterweihe 16. 9. 1831 – Kaplan Kerpen – Förderer Kolpings – 1839 Rektor Mödrath – 1843 Pfarrer Jüchen. AEK, Priesterkartei. – Kolping widmete ihm einen handschriftlichen Band seiner Gedichte: Mußestunden, in: KS Bd. 1, S. 212–282. – KS Bd. 1, S. 58, 94, 212; Bd. 2, S. 38ff., 74, 233, 467. – Die Publikationen von Theodor Wollersheim:
1) Theoretisch-praktische Anweisung zur Erlernung des gregorianischen Choralgesanges, Elberfeld 1838, Paderborn [3]1865.
2) Wilhelm Nakatenus, Der himmlische Palmgarten, übersetzt und bearbeitet, Köln 1850.
3) Das Leben der ekstatischen und stigmatisierten Jungfrau Christina von Stommeln, Köln 1859.
4) Die Reform des Gregorianischen Gesanges, Paderborn 1861.

29 KS Bd. 1, S. 212–282.

30 Schäffer, Kolping I, S. 67.

31 Franz Adam Frinken, * 21. 11. 1810 Düsseldorf – † 24. 4. 1894 – 1832/40 Lehrer in Sindorf – 1843 besorgte Kolping für ihn Bücher – Priesterweihe 11. 4. 1847 in Mecheln – Deservitor Hackenbroich – Kpl. Köln Maria i. Kap. – 1857 Pfr. Manheim / Buir.
AEK, Totenzettel. – KS Bd. 1, S. 15, 96, 107; Bd. 2, S. 28, 31, 50. – Schäffer, Kolping II, S. 23 verdankte ihm die Vorlage zum Abdruck des Gedichtes „Walter und sein Sohn“. – Vgl. dazu: KS Bd. 1, S. 254.

3. Gymnasialzeit in Köln (1837–1841)

Nach der Aufgabe seiner Berufstätigkeit wohnte Kolping auch weiter im Hause seines letzten Meisters Mathias Burger in der St. Apernstraße in der Kölner Innenstadt. Da Wohnungssuche und Einleben in eine neue Umgebung entfielen, konnte der dreiundzwanzigjährige Tertianer noch einen Besuch bei seinem Förderer Leonhard Lauffs, nunmehr Pfarrer in Nideggen, machen[1]. Da Köln für Kolping zur zweiten Heimat wurde, ist es notwendig, über das Leben dieser Stadt einen kurzen Überblick zu geben.

Stadt

Die Folgen der französischen Besetzung waren nachhaltig gewesen. Die Stadt hatte ihre Reichsfreiheit verloren. Handel und Gewerbe erholten sich erst langsam. Die Universität war aufgelöst und viele Kirchen nach der Säkularisation dem Erdboden gleichgemacht. Seit 1815 war auch Köln preußisch und erlebte trotz aller geäußerten Skepsis einen beachtlichen Aufschwung. Es wurde ein Zentrum der preußischen Verwaltung.

Im Jahre 1837 hatte Köln ca. 72000 Einwohner. Als Kolping 1849 Domvikar wurde, war die Bevölkerungszahl bereits auf 94000 angestiegen, und als er 1865 starb, lebten weit über 100000 Menschen in der Stadt[2].

Seit 1827 verkehrten dampfbetriebene Holzschiffe zwischen Köln und Mainz. 1838/39 gab es die ersten gewerblichen Droschkenfahrten in der Stadt. Gasbeleuchtung wurde erst nach Kolpings Abitur im Jahre 1841 eingeführt. Den 2. August 1839, einen Freitag, hat Kolping in seinem Leben sicher nicht vergessen, auch wenn er nicht darüber berichtete. An diesem Tag fuhr zum ersten Mal die neuerrichtete Eisenbahn von Köln in das sieben Kilometer entfernt liegende Müngersdorf[3]. Der Zug legte die Strecke in zehn Minuten zurück. Das ist ein Beispiel für wissenschaftliche und technische Entwicklungen in dieser Zeit, die bis dahin nicht vorstellbare tiefgreifende Veränderungen für den Lebensalltag mitbrachten. Diese Entwicklungen machen auch verständlich, daß ein Fortschrittsglaube Einzug halten konnte, der viele Menschen unsicher machte, weil ihr Lebens- und Berufsalltag weit hinter den Erwartungen zurückblieb. 1843 fuhren die Züge bereits bis nach Belgien, und als Kolping im Kölner Priesterseminar studierte, verkehrten Züge auch schon auf der Strecke von Köln nach Bonn. Zwanzig Jahre später wurde der Hauptbahnhof gebaut, die Stadt war Eisenbahnknotenpunkt am Rhein geworden, nachdem im gleichen Jahr die erste feste

Brücke über den Fluß führte. Ein Schnellzug benötigte für die fünfhundert Kilometer von Köln nach Basel dreizehn Stunden.

Den 4. Dezember 1838 erlebte Kolping als aufsehenerregenden Tag. Eine aktuelle Tagebuchnotiz berichtete von der Verhaftung und späteren Freilassung des Pfarrers Johannes Bartholomäus Beckers von St. Ursula, einem treuen Anhänger des Erzbischofs Clemens August.

„Ich muß ihm das Zeugnis geben, daß ich ihn vorzüglich hochschätzte und nichts in seinen Predigten gefunden habe, was unrecht und unwahr in jeder Beziehung gewesen wäre. Ehre dem Märtyrer der Wahrheit!!!"[4].

Über die Gefangennahme des Erzbischofs Clemens August Droste zu Vischering verliert Kolping dagegen im Jahre zuvor kein Wort. Dabei waren die Ursachen, die 1837 zum „Kölner Ereignis" führten, für einen jungen Mann, der sich auf das Abitur vorbereitete, eigentlich Anlaß genug, um sich mit ihnen auseinanderzusetzen. Der Mischehenstreit erhitzte die Gemüter. Die Katholiken waren im Gewissen verpflichtet, ihre Kinder katholisch zu erziehen. Das mußte im Rheinland nach der Übernahme durch die Preußen zu Konflikten führen. Protestantische Beamte und Soldaten heirateten katholische Mädchen aus dem Rheinland. Eine preußische Verordnung schrieb vor, daß bei Mischehen die Konfession des Vaters selbstverständlich auch die des Kindes bestimme. Der Erzbischof lehnte diese Forderung rigoros ab. Daraufhin forderte die Regierung ihn zum Rücktritt auf. Clemens August erklärte dagegen, er werde nur der Gewalt weichen. Er wurde verhaftet und auf die Festung Minden gebracht. Diese Maßnahme der Regierung löste in der Kölner Bevölkerung eine Welle der Sympathie für den Erzbischof aus. Das Ereignis veranlaßte Josef Görres, seine berühmte Verteidigungsschrift „Athanasius" für den Kölner Erzbischof zu schreiben. Diese erste Programmschrift des deutschen Katholizismus hat Kolping später während seiner Münchener Studienzeit gelesen[5].

Marzellengymnasium

Das Kölner Marzellengymnasium ist aus der im Jahre 1450 gegründeten Bursa Curcana entstanden und hat sich unter dem Namen „Gymnasium Tricoronatum" (Dreikönigs-Gymnasium) aus bescheidenen Anfängen als erste deutsche Jesuitenschule im Laufe der Geschichte zu einer großen und bedeutenden Lehranstalt am Rhein entwikkelt. Durch die Artisten-Fakultät war die Schule eng mit der Kölner Universität bis zu deren Auflösung verbunden. Der Bau war 1728 von Johann Konrad Schlaun, dem Architekten des Brühler Schlosses, errichtet worden.[6] Als Kolping Schüler dieses Gymnasiums wurde, waren noch keine zehn Jahre vergangen, seit Georg Simon Ohm (1789–1854) als Physiklehrer dieser Anstalt das nach ihm benannte physikalische Gesetz der Elektrizitätsleitung entdeckt hatte.

Aufgrund der privaten Vorbereitungen konnte Kolping im Herbst 1837 in die Tertia des Gymnasiums aufgenommen werden. „Ich wäre wahrscheinlich in die Sekunda aufgenommen worden, wenn Herr Prof. Kreuser nicht griechische Akzentforderungen gemacht hätte, denen ich nicht genügen konnte"[7].

Kolping hatte nun regulär noch fünf Jahre Gymnasialstudium vor sich. Es gelang ihm aber, indem er dreimal einen Jahreskursus in einem halben Jahr schaffte, in dreieinhalb Jahren das Ziel der Schule zu erreichen[8].

Lehrplan des Gymnasiums

Der Lehrplan für die Gymnasien in Preußen war durch einen Erlaß geregelt: „Die Lehrgegenstände in den Gymnasien, namentlich die deutsche, lateinische und griechische Sprache, die Religionslehre, die philosophische Propädeutik, die Mathematik nebst Physik und Naturbeschreibung, die Geschichte und Geographie, ... und zwar in der ordnungsmäßigen, dem jugendlichen Alter angemessenen Stufenfolge und in dem Verhältnisse, worin sie in den verschiedenen Klassen gelehrt werden, machen die Grundlage jeder höheren Bildung aus und stehen zu dem Zwecke der Gymnasien in einem ebenso natürlichen als notwendigen Zusammenhang“[9]. Aus den Zeugnissen Kolpings erfahren wir, daß er in folgenden Sprachen Unterricht erhielt: Latein, Griechisch, Hebräisch, Deutsch und Französisch. Andere Unterrichtsfächer waren: Religion, Geographie und Geschichte sowie Mathematik und Naturwissenschaft[10].

Leitung und Lehrer des Gymnasiums

Den Geist einer Schule bestimmt nicht allein der Lehrplan, weit größere Bedeutung haben die Lehrer. Der Direktor des Gymnasiums war zur Zeit Kolpings Eugen Jakob Maria Birnbaum, der aus Bamberg stammte und sein altphilologisches Studium in München und Heidelberg absolviert hatte. Er hatte die Leitung der Schule am 7. Mai 1824 übernommen, zeichnete sich durch gründliche Kenntnisse der griechischen Sprache aus und galt als begeisterter Verehrer des klassischen Altertums. Vorzugsweise in den Oberklassen übernahm er den Unterricht im Griechischen und gab dabei den Schülern eine Einführung in die Philosophie. Als Kernfächer des humanistischen Gymnasiums galten ihm die alten Sprachen und die Mathematik. Er war der Überzeugung, daß diese Schulform es „nur mit dem rein Menschlichen zu tun hat und in den Knaben zunächst den veredelten Menschen entwickeln und heranbilden muß“[11]. In der Erinnerung seiner Schüler lebte Birnbaum als „eine ungemein imposante Persönlichkeit“[12]. Etwas kritischer urteilte der Religionslehrer des Gymnasiums, der Kolping in dessen letztem Schuljahr unterrichtete und nur ein gutes Jahr älter als sein Schüler war, der spätere Paderborner Bischof Konrad Martin, seinen Direktor: „Es war so ziemlich allgemein angenommen, daß er nicht den richtigen religiösen Standpunkt einnehme, daß er sich vielmehr gegen Religion und Kirche, wenn auch nicht geradezu feindlich, doch gleichgültig verhalte ... Dieses ungünstige Urteil der öffentlichen Meinung über ihn hatte ich zu dem meinigen gemacht. Ich hegte gegen ihn den Verdacht, daß er meinem Wirken als Religionslehrer nicht nur nicht die nötige Unterstützung angedeihen lasse, sondern daß er im geheimen mir entgegen arbeite und daß er die religiöse Erziehung der Zöglinge des Gymnasiums mehr hindere und schädige als befördere. Doch kam es, wenn auch nicht das rechte gegenseitige

Vertrauen unter uns waltete, nie zwischen uns zu einem wirklichen Bruch. Vielleicht habe ich auch über ihn, der sonst mit manchen vortrefflichen Eigenschaften begabt und namentlich ein Mann von feiner klassischer Bildung war, ein zu strenges Gericht gefällt“[13].

Kolpings erster Klassenlehrer in der Tertia, Dr. Nikolaus Saal, nur drei Jahre älter als sein Schüler, hat ihm den Einstieg sicher erleichtert. Das ist belegt durch ein mit „Danksagung“ betiteltes Gedicht, welches das gleiche Datum trägt wie das gute Versetzungszeugnis in die Untersekunda[14]. In dieser Klasse 1838/39 war Johann Franz Ley als Mathematik-Lehrer auch der Ordinarius. Mit ihm hatte Kolping keine größeren Schwierigkeiten.

Der Religionslehrer Konrad Martin charakterisierte diesen Kollegen: „Im Verkehre mit Freunden warm aufzulodern oder sein Herz zu ergießen, war nicht seine Art, und wenn man ihn nicht näher kannte, hätte man ihn für eine mehr kalte, in sich abgeschlossene Natur gehalten. Er war aber ein durchaus biederer, rechtlicher, gerader und offener Charakter und dabei ein durchaus gläubiger Christ“[15].

Seinem Klassenlehrer in den letzten Schuljahren, Karl Josef Grysar, einem passionierten Altphilologen, stand Kolping kritisch gegenüber: „Soll ich das Leben noch sehr lange so fortsetzen, so werde ich erst recht dumm. Du wirst lachen, aber es ist sicher wahr. In unserm grammatikalischen Regelwesen wird man zur ordentlichen Maschine, und das übrige Zeug macht das Gedächtnis zur Tabelle. Da es aber nun nicht anders ist, so arbeitet man als immer drauf los, wenn auch zum eigenen Schaden. Nicht alles ist nützlich, was die Herren dafür ansehen. So preist unser Ordinarius das Studium der Philologie, der Alten usw. und spricht von der alten Wissenschaft mit einer Ehrfurcht, daß es zum Erstaunen ist; selbst keucht er, und der ganze Mensch zeigt an, daß gerade dieses übermäßige Studium seinen eigenen Geschmack ganz verdorben, seine Gesundheit ruiniert und ihn, ich will’s kühn behaupten, nicht klüger gemacht hat. Größtenteils gibt’s in dieser Beziehung nur glänzende Vorurteile, die man nur nicht öffentlich angreifen darf“[16]. Konrad Martin berichtete über ihn, er sei „von einer etwas empfindlichen und leicht verletzlichen Natur, ich möchte sagen: ein Nolimetangere (berühre mich nicht)“[17].

Neben den Genannten förderte der Altphilologe und Kunstkenner Johann Peter Balthasar Kreuser den Gymnasiasten Kolping. Er unterrichtete vierzig Jahre am Marzellengymnasium und war ein ausgesprochenes Kölner Original. Auch im Kölner Gesellenverein zeichnete er sich später durch engagierte Mitarbeit aus[18]. Kreuser gehörte wie seine Kollegen zu den Befürwortern einer humanistischen Bildung. In seiner Studienzeit und zu Beginn seiner beruflichen Tätigkeit war er den Ideen der Aufklärung zugetan. Er galt als eifriges Mitglied der Kölner Freimaurerloge.

Kreuser wurde nach 1837 bewußter Katholik und setzte sich für die Belange der Kirche intensiv ein. Zum Gegner der Aufklärung geworden, wandte er sich den Romantikern zu und begann auch mit dichterischen Arbeiten. Dabei bediente er sich vornehmlich der Form der Ballade und des Sonetts. Gern griff er lokalgeschichtliche Themen auf. „Sein Ideal war die große Zeit des Mittelalters, das auch für die Kunst die herrlichsten Früchte gezeigt hat. Er empfand deutsch und betätigte diese Gesinnung bei der Erziehung der Jugend. Deshalb wurde bei seinem Ausscheiden aus dem Amte von berufener Stelle hervorgehoben, daß er zu den Männern gehört habe, die nach

Befreiung des Rheinlandes von der Fremdherrschaft zur Herstellung und Förderung deutschen Wesens und deutscher Bildung tätig waren"[19].

Wichtigste Veröffentlichungen aus seinem Fachgebiet waren Arbeiten über Homer und eine griechische Formenlehre. Bekannter wurde er durch seine Arbeiten zur Kirchen- und Kunstgeschichte. Sein Biograph sagt von ihm: „Er war vielleicht zu gelehrt, um ein entsprechend erfolgreicher Lehrer zu sein!"[20] Sein Kollege Martin beschrieb Kreuser als einen „Mann von Geist, von leichter und schneller Auffassung, von einem wirklich staunenswerten Gedächtnisse und von einem sehr ausgebreiteten Wissen ... Sonst war er ein eigener, ich möchte sagen, ein wunderlicher Mann. Besonders hatte er, was man so nennt, ein böses Maul, womit er nach rechts und links Hiebe austeilte und jeden, mit dem er zu schaffen hatte, derb abfertigte. Dabei war er aber nichts weniger als vorsätzlich beleidigend, gehässig, oder nachtragend. Er hatte vielmehr, was man so sagt, sein Herz immer auf der Zunge, und bedachte meist nicht, was er sprach. Überhaupt war er eine rasch auflodernde Natur und sehr stark von der augenblicklichen Laune beherrscht. ... Er hat die Ergebnisse dieser seiner theologischen und kunstgeschichtlichen Studien in verschiedenen Schriften veröffentlicht, wovon unter andern sein ‚Meßopfer' eine ziemliche Anerkennung und Verbreitung gefunden hat"[21].

Später stellte sich Kreuser selbst als Förderer Kolpings dar, der ihn zum Stadium motiviert habe. Dem widersprach Kolping heftig, bestätigte aber, daß sie beide „später bis auf einen gewissen Grad gut Freund wurden, er mir auch Privatunterricht im Griechischen gratis gegeben, soll seinen Wert behalten"[22]. Die Begeisterung, mit der Kolping von Sokrates als erzieherischem Vorbild sprach, geht möglicherweise auf Kreusers Einfluß zurück[23].

Sokrates vertrat die Auffassung, daß richtiges Erkennen in jedem Menschen verborgen vorhanden sei und nur ans Licht gebracht werden muß. Rechtes Wissen setzte er gleich mit ethisch richtigem Handeln, anders formuliert: Tugend ist lehrbar. Übereinstimmung von Denken, Reden und Handeln war für ihn Lebensmaxime[24].

In der Oberprima erteilte der schon genannte Konrad Martin den Religionsunterricht. Er hatte eine solide theologische Ausbildung an den Universitäten München, Würzburg und Münster absolviert und seinem Schüler Kolping möglicherweise zum Studium in München geraten. Pastorale Fragen hatten für ihn als Lehrer, Professor und Bischof eindeutigen Vorrang. Das schlug sich auch in seiner Beurteilung über Kolping nieder. „Ihm (steht) eine gewisse Fülle religiöser Gedanken und Erkenntnisse zu Gebote, von denen auch sein Herz ergriffen scheint"[25].

Tagebuch – Reflexion der persönlichen Lebensgestaltung

Wenige Wochen nach Eintritt ins Gymnasium begann Kolping ein Tagebuch zu führen[26]. Wahrscheinlich hatte der Kerpener Kaplan Theo Wollersheim seinem Schüler bei seiner Studienförderung und seiner geistlichen Beratung empfohlen, sich in einem Tagebuch Gedanken über seine Berufsvorstellung und seinen Lebensplan zu machen. Kolping hat dieses Tagebuch nicht chronologisch, sondern nach besonderen Themenkreisen geschrieben, Hinweise auf persönliche Beziehungen und besondere Ereignisse in seiner Umgebung fehlen fast ganz. Nicht einmal der Tod seiner Schwester Margarethe findet Erwähnung. Vorrangiges Ziel ist für ihn, sich Klarheit über die Grundfragen seines Lebens zu verschaffen[27]. Die erste Eintragung am 4. 11. 1837 beginnt mit dem Bekenntnis: „Erst will ich mich bestreben, Mensch zu sein, die hohe Bestimmung desselben begreifen lernen, zu der er geboren ward; die Pflichten des Menschen erkennen und erfüllen lernen, die ihn gerecht machen, unter seinen Brüdern zu leben und für sie zu wirken; dann, nachdem ich erkannt habe die Wege, die zur Vollendung führen, dann will ich mit festem Fuße sie betreten, will die erkannte Wahrheit festhalten und sie verteidigen, mit freier, offner Stirn bekennen, was in meiner Seele vorgeht, der Wahrheit ein Zeuge, dem Mitmenschen ein Bruder sein. Zufriedenheit will ich in dem Gedanken suchen, alles getan zu haben, was meine Kräfte und mein Wirkungskreis verlangte, außer diesem gibt es auch keine wahre Zufriedenheit, keine Ruhe für mich“[28].

Christus ist sein Ideal. Ihm will er nachfolgen. Kolping schließt diesen Aufsatz mit einem Gebet, das eine erste persönliche Mitteilung über die Berufung zum Priestertum beinhaltet: „So belebe dann ferner, Allheiliger, meinen Glauben und die Liebe zur Wahrheit, die Du in mir wecktest; laß mich ganz das werden, was ich soll, oder laß lieber mein Auge sich dem Lichte des Lebens schließen, eh' daß ich jenen hohen, heiligen Stand schände und nicht ausfülle, den zu erringen ich schon in meiner frühen Jugend träumte. Doch, Herr, im Vertrauen auf Dich verließ ich jene Stätte, wo so oft Seufzer um Erlösung meinem gepreßten Herzen entstiegen, wo so oft ich meine Blikke zu Dir wandte und in der Hoffnung auf Deine Allmacht wieder neuen Mut gewann. Du warst mein doppelter Retter, Du wirst mein Begleiter sein, bis daß ich an den Stufen Deines Altars niedersinke und mit überströmendem Dankgefühle rufe: Dank dem Allheiligen. Amen“[29].

Der nächste Aufsatz beschäftigte sich mit weltanschaulichen Fragen. Die auf dem Gymnasium gelehrte Evolutionslehre widersprach seiner innersten Überzeugung: „Ich ... glaube fest und unverbrüchlich, was die Kirche sagt, und folglich auch, daß Gott auf sein Allmachtswort die Welt in sechs Tagen erschaffen hat; daß Er sie ordnet, lenkt und regiert mit unendlicher Weisheit und Güte; daß Er derjenige ist, der sie nach seinem Wohlgefallen schmückt und versorgt; daß Er im Himmel ist als anzubetender Schöpfer Himmels und der Erde, und daß wir Menschen wohl Ihn anbeten und seine Werke anstaunen und bewundern können, aber keineswegs über das judizieren können, was mit Wunderkraft aus seiner allmächtigen Hand hervorging“[30].

Er lehnte diese modernen Lehrsysteme wegen ihrer nachteiligen Folgen für die Religiosität der Menschen ab. Eine wissenschaftliche Auseinandersetzung zwischen Naturwissenschaften und Theologie bahnte sich zu dieser Zeit erst an. Bisher gab hier die Polemik den Ton an. Kolping weist ausdrücklich darauf hin, daß er bei seiner Beurteilung allein die verderblichen wissenschaftlichen Systeme im Auge gehabt habe und nicht den zuständigen Lehrer persönlich treffen wollte.

Die Tagebucheintragung vom 10. 12. 1837 ist eine Darstellung und Erinnerung an die Festoktav im Oktober 1837 aus Anlaß des 1600. Todestages der hl. Ursula, der Stadtpatronin Kölns. Kolping berichtet, er habe durch die Teilnahme an diesen Feierlichkeiten einen ungeahnten Trost empfunden, katholischer Christ zu sein. Dabei vermerkt er, daß die Mehrzahl der Teilnehmer an Gottesdienst und Prozession mehr aus Neugier als aus echter religiöser Anteilnahme gekommen sei und rührt bereits ein Thema seines Lebens an: den Kampf gegen die Säkularisierung der Gesellschaft[31].

Im nächsten Aufsatz macht er sich Gedanken über die Rolle der Gebildeten in der Gesellschaft: „Mit gewissen wissenschaftlichen Leuten kann man es halten wie mit der arbeitenden Klasse; die eigentlichen Triebfedern beider sind im Grunde dieselben, der zerstörte Lebensplan, die nämlichen Leidenschaften, die Abhängigkeit von drükkenden Umständen, herbeigeführt durch drangegebene Überzeugungen, finden sich leider so oft unter Menschen, die sich wunders über den Haufen erhaben dünken, daß die Parallele, die man zwischen beiden ziehen kann, fast ineinanderfließt"[32]. Nach seiner Meinung wurde das öffentliche Leben wesentlich von den Gebildeten beeinflußt, sei es im guten, sei es im schlechten. Sie sollten dem Volk die Wahrheit sagen und seine Mängel aufzeigen, ihm die Mittel zur Besserung an die Hand geben. Für ihn waren viele Gebildete Volksverführer, statt Volkslehrer. „Gebildete" waren für ihn Menschen, „die an Kenntnissen sich über den Haufen erheben, die ihr Leben dem Forschen nach immer größerer Intelligenz widmen, die handeln sollen, nicht nur der Form der Tat zu genügen, sondern um zu zeigen, daß sie mit Bewußtsein, mit einer Überzeugung handeln, die so und nicht anders zu handeln bestimmt. Ihre Rede muß der Ausdruck der denkenden, scharf unterscheidenden Seele sein, eine Unwahrheit sei ihnen ebenso hassenswert wie eine Falschheit im Handeln. Der Gebildete denkt weniger an sich als an den Beruf, den er zu erfüllen hat, er berechnet den Umfang seines Wirkens, die Obliegenheit, welche seine Fähigkeiten heischen, wie das Wort, das aus seinem Munde geht, das fortgepflanzt wird und lebt, je nachdem es Wert hat"[33]. Früher geäußerte Kritik an Lehrern im allgemeinen geht darauf zurück, daß sie zu den Gebildeten gehörten und damit großen Einfluß ausübten. So wie er als Kind eine zu große Achtung vor den Gebildeten hatte, so ist er ihnen gegenüber jetzt oft überkritisch. Entscheidend aber ist, daß er die Position eines Lehrers des Volkes in seiner Bedeutung erkannt hat. „Aber Volkslehrer sein, das ist etwas Großes, etwas sehr Großes; man wird sich's wohl nicht zu groß vorstellen. Eine Stellung einnehmen, auf die der große Haufe blickt, nach deren Angabe er den Ton der Stimme modelt, gleichsam den Zügel in den Händen haben, durch welchen die Menge gelenkt wird, ist etwas, was entweder zur höchsten Geistesanstrengung begeistern oder den Geist des Menschen zur tiefsten Stufe der Schmeichelei hinabziehen muß"[34]. Kolpings Ringen um die Idee der Bildung führte zur Bewußtwerdung seines seelsorgerischen Bildungsbegriffs. Er besaß die seelische Veranlagung zum Volksbildner und ist der Typ des religiös-kontemplativen, sozial-aktiven Menschen[35].

Es folgt im Tagebuch eine längere Pause. Von fremder Hand ist später eingetragen: „Pause, weil Kolping die Blattern hatte"[36]. In der kurzen Eintragung vom 31. Mai 1838 berichtet er von seiner ernsten Krankheit.

Krankheiten

Kolping präzisierte diese gravierenden gesundheitlichen Beschwerden: „Da lag ich eines Nachts, es war vom Dienstag auf Mittwoch, in leichtem Schlummer im Bette, die schwüle Luft meines Zimmers lag wie eine Felsenlast auf mir und preßte mir den

Schweiß in Strömen aus; das Blut rollte mit verdoppelter Hast durch meine Adern – der ganze Blutumlauf nur ein Pulsschlag, dessen Gewalt mich aus dem Schlummer aufweckte; schon stieg das Blut wieder in der Brust in die Höhe, und die dasselbe gewöhnlich begleitende Angst regte schon jede Fiber meines Körpers an. Kaum hatte ich Zeit, den Spucknapf zur Hand zu setzen, da drang es auch schon aus Nase und Mund hervor, und die Natur schien sich in diesem Ergusse Genüge zu tun; dann öffnete ich das Fenster, und die einströmende Luft hatte mir Linderung verschafft, und halb betäubt falle ich zurück ins Bett. Bald kehrte die Besinnung zurück. ... Jetzt hatte ich Muße, die ganze Größe der Gefahr und den zerrütteten Lebensplan zu überdenken, der mir aus dem noch frischen Vorgange klar zu werden schien. Mit welchen Gedanken ich die übrigen Stunden der Nacht zubrachte, könnte man leicht erraten. ... Was würde ich da aufzuweisen haben, das mir ein Anrecht verschaffte, mit fröhlichem Mute in den Tod zu gehen?"[37]. Dieser heftige Bluthusten bereitete ihm später noch Schwierigkeiten.

Im Frühjahr 1839 pflegte Kolping einen Schustergesellen, der an den Blattern erkrankt, einsam und verlassen auf dem Sterbebett lag. Man machte ihm Vorwürfe, weil er sich der Gefahr der Ansteckung aussetze, sein Studium und die Erreichung seines Zieles gefährde. Darauf soll Kolping geantwortet haben, seine Hilfe sei notwendig und Gott werde für alles weitere sorgen[38]. Kolping hatte sich bei dem Kranken angesteckt, und in den Osterferien brachen auch bei ihm die Blattern aus, die sein Gesicht lebenslang zeichneten. Er wurde bald wieder gesund, sein Studium war jedoch ein wenig beeinträchtigt. Im gleichen Jahr wiederholte sich der quälende Bluthusten.

Neben seinem schwachen Gesundheitszustand bereitete ihm ständiger Geldmangel ernste Sorgen. Da mag es eine wirkungsvolle Hilfe gewesen sein, daß er im Herbst 1838 und um Pfingsten 1839 einige Ferientage in Nideggen bei Pfarrer Lauffs verbringen konnte[39].

Finanzierung des Lebensunterhaltes

Die Finanzierung des Lebensunterhaltes war für den Gymnasiasten eine zusätzliche Belastung. Von seinem Elternhaus konnte er außer Lebensmitteln keine Unterstützung erwarten[40]. Die Schulleitung hatte wohl Einsicht in diese besondere Situation. „Von Hause aus aber durfte und konnte ich aus leicht erklärbaren Gründen nichts erwarten, würde auch nichts genommen haben, und war folglich auf mich selbst und die Güte eines Verwaltungsrates der Stiftungsfonds hingewiesen. Von diesem erhielt ich im Jahre 1838 eine Stiftung von 52 Talern, und da die Güte meiner Lehrer mir auch das freie Schulgeld zukommen ließ, so war die Erschwingung der übrigen Kosten doch noch immer möglich, wenn ich auch darüber manches andere, vielleicht wesentlich Notwendige, verlor"[41].

Mitte des folgenden Jahres wurde die Schulgeldfreiheit aufgehoben und das Stipendium nicht erneuert. Obwohl die finanziellen Unterstützungen von Freunden und das regelmäßige Erteilen von Nachhilfestunden die notwendigen finanziellen Mittel einbrachten, erforderte diese Situation große Anstrengungen, um auf eigenen Füßen stehen zu können[42].

Schulzeugnisse

Unter diesen erschwerten Umständen sind die erhaltenen Schulzeugnisse besonders aussagekräftig[43]. Am 16. September 1838 erhielt Kolping ein gutes Zeugnis, das ihn als geeignet auswies. Er wurde in die Untersekunda versetzt. Das folgende Zeugnis vom 23. März 1839 bestätigte diese Leistung. Der regelmäßige Kirchenbesuch wird besonders gelobt. Die folgenden Zeugnisse zeigen, daß Kolping im Jahre 1839 zweimal vorzeitig versetzt wurde, Ostern in die Obersekunda und im Herbst in die Unterprima. Das Überspringen zweier Klassen, finanzielle Sorgen und seine angeschlagene Gesundheit sind wohl als Ursachen für die geringfügig sinkende Schulleistung anzusehen. Er mußte die gewonnene Schulzeit durch vermehrtes Studium aufholen, dafür blieben nur die Abend- und Nachtstunden. Am 14. September 1840 erhielt er das Zeugnis für das 2. Halbjahr der Unterprima. Er war ein guter Schüler und wurde selbstverständlich in die Oberprima versetzt. Sein Betragen gegen Lehrer und Mitschüler, auch außerhalb der Schule, wurde durchgängig als gut bezeichnet. Im zweiten Halbjahr der Unterprima, im Jahre 1840, wurde dem 26jährigen bescheinigt, daß er 16 Stunden mit und 4 Stunden ohne Entschuldigung dem Unterricht ferngeblieben sei[44]. Die Zensuren in den einzelnen Unterrichtsfächern sind in den letzten Zeugnissen im allgemeinen etwas schlechter, wohl auch Folge der vorzeitigen Versetzungen. Allerdings ist die Wertung der Zensuren unsicher; denn es gab in den sechs Zeugnissen des Gymnasiums nicht weniger als vierzehn verschiedene Zensurbezeichnungen. Festzuhalten bleibt jedenfalls, daß Kolping während der gesamten Gymnasialzeit zu den besten Schülern seiner jeweiligen Klasse gehörte.

Seine Stärken lagen schon auf dem Gymnasium im geisteswissenschaftlichen und sprachlichen Bereich. Mathematik und die naturwissenschaftlichen Fächer behagten ihm weniger, wenn er auch mit emsigem Fleiß die gestellten Anforderungen erfüllen konnte.

Freundschaft mit Karl Statz

Karl Andreas Statz war Sohn des schon genannten Kerpener Lehrers Jakob Wilhelm Statz. Sieben Jahre jünger als Adolph Kolping, bereitete er sich am Seminar in Brühl auf den Lehrerberuf vor[45]. Zur Familie Statz hatte Kolping über viele Jahre hinweg freundschaftliche Verbindungen. Die beiden jungen Männer werden sich auch deshalb in Freundschaft verbunden gewesen sein, weil sie beide eine Ausbildung betrieben, die für ihre Kerpener Altersgenossen ungewöhnlich war.

Einen guten Einblick in Denken und Verhalten Kolpings während seiner Gymnasialzeit geben die erhaltenen Briefe an seinen Freund Karl Statz[46]. Der Wert der Freundschaft und die Bedeutung des Leh rerstandes wurden in diesen Briefen immer wieder aufgefrischt. „Dein Stand ist ein ehrwürdiger, ja, und Euer Herr Inspektor hat recht, wenn er ihn zu heben sucht; aber worauf anders soll er sein Ansehen gründen als auf eine tüchtige Bildung, die nicht nur das Gebiet des Brotstudiums, sondern auch manches andere in sich begreift, was damit nicht gerade zusammenhängt. Zwei Jahre in Brühl können wohl die Grundlage zu einer notdürftigen Bildung legen, den Bau selbst aber nicht ausführen, das ist nicht möglich. Das kann überhaupt gar keine Anstalt, da dies Sache des eigenen tätigen Geistes ist“[47].

Kolping bemühte sich, pädagogisch auf seinen Freund einzuwirken. Er erteilte ihm Ratschläge und munterte ihn auf. Die von ihm ausgesprochene Warnung vor einer unüberlegten Liebschaft scheint wohl Erfolg gehabt zu haben. „Ich glaube, Dein schöner Traum wird ebenso leicht zerrinnen wie er entstand. Du solltest zum Beispiel ‚die fragliche‘ erblicken einmal des Morgens im Negligé, ungewaschen, ungekämmt! Nun, es gehört sich schon eine ziemliche Dosis von Abhärtung dazu, sie dann nur anzusehen!“[48]. Nicht immer sind die gutgemeinten Empfehlungen so überzeugend formuliert; durchgehend findet sich ein oberlehrerhafter, wenig sympathischer Stil. Die dem Freund gewidmeten Gedichte[49] greifen die Thematik von Liebe und Freundschaft aus den Briefen wieder auf; sie muten reichlich gefühlvoll und pathetisch an. Kolping hatte seinen Freund gebeten, diese Briefe aufzubewahren[50]. Für die Darstellung der Gymnasialzeit sind sie eine willkommene Ergänzung des Tagebuches.

Einstellung zum Gymnasium

Es ist einleuchtend, daß die von Kolping gemachte bisherige Lebenserfahrung auch seine Einstellung zum Gymnasium mitbestimmte. Vom Vater seines Freundes Karl Statz brachte er Vorstellungen über den Lehrerberuf mit, an denen er seine späteren Lehrer maß.

„Es gibt nichts Erbärmlicheres, Unheilbringenderes auf der Welt, als einen Lehrer, gleichviel in welchem Fache, der nicht religiös ist und seine Lehre, welche er täglich im Munde führt, nicht in der Tat ausführt“[51].

Kolping gehörte während seiner Gymnasialzeit immer zu den ältesten Schülern seiner Klasse. Im Schnitt war er fünf Jahre älter als seine Klassenkameraden, doch gab es an der Anstalt mehrere Schüler, die erst später mit der Ausbildung begannen. Die Lehr- und Unterrichtsformen waren dem jungen Erwachsenen nicht angemessen, anders ist seine Kritik nicht zu erklären. „Da sitze ich Tage und Nächtelang an einfältigem läppischem Zeuge, vertrödele meine Zeit, und bin heute so klug wie morgen. Alles geht schrecklich langsam vonstatten, und in mir nagt und drängt es, und ich muß alles überhören und den Schneckenpfad gymnasiastischer Pädagogik kriechen wie die andern und – noch lustig dabei sein. Zuzeiten bin ichs doch, aber bei weitem nicht mehr so fröhlich wie in den Ferien“[52]. Schon früher hatte er in seinem Tagebuch Kritik an den Inhalten der Ausbildung des Gymnasiums geübt. Wie bereits erwähnt, skizzierte er die Evolutionslehre als eine Gefahr für den Glauben und bedauerte die mangelnde Herzensbildung der Studenten[53]. Noch drei Jahre später kritisierte er: „Was hilft uns auch der gelehrte Kram, ... wenn er uns nicht besser macht ... unsere Allseitigkeit in den Wissenschaften wirkt nicht vorteilhaft auf unsere Religiösität, der Hochmut steckt den 18jährigen Gelehrten schon gewaltig im Kopf, und es gesellt sich so gerne eine anmaßende Dreistigkeit dazu, die besonders in Sachen der Moral und der Religion oft bis zur empörenden Höhe getrieben wird“[54].

Bei der Beurteilung der Haltung Kolpings zum Gymnasium ist zu bedenken, daß diese kritischen Äußerungen in die Zeit der Bewältigung einer persönlichen Krise fallen. Der Grund für sein Verhalten ist in der starken Belastung des Jahres 1839 zu suchen, die sich auch psychisch auswirkte[55].

Erste Liebe – Margarethe Statz

Eine mündliche Überlieferung berichtet, Kolping habe eine besondere Zuneigung zu Anna Kläre Margarethe Statz, der Tochter seines Lehrers Jakob Wilhelm Statz und der Schwester seines Freundes Karl, empfunden[56]. Diese Freundschaft entstand schon während der Gesellenjahre. Die beiden hatten sich in ihren Begegnungen Zurückhaltung auferlegt, so daß ihre Umgebung die Innigkeit der persönlichen Beziehung kaum erahnen konnte. Margarethe Statz war auf dem Berufsweg für Kolping eine Stütze und hat seinen Wunsch, Priester zu werden, gefördert und durch persönlichen Verzicht bestärkt. Die Briefe an Karl Statz, einige Tagebucheintragungen sowie Gedichte aus dieser Zeit lassen Wachsen und Verzicht dieser Liebe erahnen[57]. Noch in den letzten beiden Gymnasialjahren machte Kolping diese herzliche Beziehung zu schaffen, konnte seinen Wunsch, Priester zu werden, aber nicht ernsthaft in Frage stellen. „Den Kranz, den ich mir um die Schläfe winden wollte, habe ich am heiligen Altare aufgehängt, dort mag er verwelken. Aber das Herz will dem ohngeachtet nicht immer schweigen. Zulange hat es festgehangen an seiner Liebe, es verdankt ihr zuviel, als es ihrer so leicht vergessen könnte. Ist sie doch im rauhesten Pfad des Lebens mitgewandelt, stets treu geblieben in Freud und Leid, hat mich stets nach oben gewiesen, wenn Leidenschaften mich zur Erde hinabziehen wollten. Ja, hat sie nicht den ernsten Entschluß zur Reife gebracht, der mich dem Altare weihete, wenn sie selbst auch dabei jede Freude des Lebens opfern mußte? ... Des Herzens Regungen kann und werde ich nicht verleugnen, so lange ich sie mit meiner Stellung verträglich finde“[58]. Er sah diese Liebe als einen notwendigen Läuterungsprozeß an und brachte seinen Schmerz über den Liebesverzicht in einem Gedicht zum Ausdruck:

„Die Liebe
In Stürmen des Lebens,
Da hofft nicht vergebens,
Wer Liebe empfand.
Dem reicht sie im Leide,
Mit inniger Freude,
Die helfende Hand.
Und wanket er oft auf der schwindelnden Bahn,
Sie führet ihn schirmend zum Ziele hinan.

Was immer im Leben
Die Himmlischen geben,
Der Mensch sich erzieht;
Was heiß Du erstritten,
Geduldet, gelitten,
Gar bald es entflieht.

Doch flieht nicht die Liebe, die treu Du verehrt,
Am Rande des Grabes, da zeigt sich ihr Wert.

Doch rein muß die Seele
Von jeglicher Fehle
Die Liebe umfahn,
Soll treu sie Dich leiten,
Dir Freuden bereiten
Auf irdischer Bahn.
Sie stammt von den ewigen, himmlischen Höh'n,
Und will auch noch droben zur Seite Dir stehn"[59].

Margarethe Statz trat am 28. Februar 1848 als Schwester Gabriele bei den Ursulinen auf dem Calvarienberg bei Ahrweiler ein und legte nach zwei Jahren ihre Profeß ab.

Außer Tagebuch, Briefen und Gedichten gibt es keine weiteren Anhaltspunkte, die Auskunft über diese Liebesbeziehung geben. Es ist jedenfalls nicht bekannt, daß Kolping darüber später jemals gesprochen hätte.

Sorge um den Nächsten

Christusnachfolge war im Leben Kolpings ein immer wiederkehrendes Thema. Hinweise für die geistliche Aufarbeitung dieses Lebenszieles und die praktische Umsetzung finden sich häufig im Tagebuch, in Briefen, Gedichten und Predigten[60]. Als Beispiel sei aus dem Jahre 1840 ein Gedicht angeführt:

„Sprüche in Thomas von Kempis
I.
Willst vollkommen Du werden schon hier: dann lese dies Büchlein!
Wenn auch auf dornigtem Pfad, führt es dich sicher zu Gott.
II.
Wie hier die Seele erscheint, so bete mit gläubiger Andacht,
Antwort findest Du dann selber vom göttlichen Freund.
III.
Nehme das Buch und lies es mit redlichem Sinne, du findest:
Immer des Heilands Bild, immer des Christen Gesetz"[61].

Am Abend des 18. Dezember 1840 wurde Kolping an das Bett eines Sterbenden gerufen. Es war Bertram Josef Calker, ein ehemaliger Theologiestudent, der wegen Trunksucht sein Studium aufgeben mußte. Er war zeitweise Hauslehrer in der Familie des Gutspächters Meller, für den Kolpings Vater als Schäfer tätig war, mußte dort aber aus gleichem Grund entlassen werden. Die Tochter des Hauses, Maria Helen Meller, die zu dem jungen Mann eine herzliche Zuneigung hegte, bat Kolping, den Sterbenden beizustehen und für ein christliches Begräbnis zu sorgen. Sie übergab ihm die notwendigen Geldmittel und reiste unverzüglich nach Hause zurück. Der Schwer kranke starb noch in der gleichen Nacht. Kolping erledigte alles, worum Fräulein Meller ihn gebeten hatte. Im „Totenregister der Stadtunbekannten“ von 1840 sind die Einzelheiten genau festgehalten[62].

Im Jahre 1841 findet sich eine Notiz im Tagebuch: „Gestern mittag erhielt ich einen inhaltschweren Brief, den ich nicht erwartet. Auch da habe ich wieder empfunden, daß Gott mein Gebet erhört hat, wenn auch gerade diese Erhörung dem sinnlichen Menschen sehr schmerzlich vorkommt. Gottes Wille geschehe! Der Friede einer mir sehr werten Familie ist gerettet.“[63]

Reifeprüfung

Im Jahre 1837 war eine neue Schulordnung für das Gymnasium verabschiedet worden. Seit diesem Zeitpunkt konnte in Preußen nur studieren, wer das Reifezeugnis eines Gymnasiums besaß. Im Abitur wurden von den späteren Studenten sieben schriftliche Arbeiten verlangt, im mündlichen Teil waren elf Prüfungen gefordert. Es gab als Abschlußurteil nur zwei Möglichkeiten: reif oder unreif[64].

Dem Gesuch um Zulassung zur Reifeprüfung mußte jeder Schüler einen Lebenslauf beifügen. Darin sollte der Lebensweg des Abiturienten kurz geschildert, der Berufswunsch angegeben und begründet werden. Dieses Curriculum vitae vollendete Kolping am 25. Februar 1841. Es war wesentlich umfangreicher als normalerweise üblich[65]. Darum entschuldigte er sich für die Länge dieses Lebenslaufes mit den nicht alltäglichen Erfahrungen, die er während seines bisherigen Lebens gemacht habe.

Bei dem langwierigen Prüfungsverfahren – über eine Woche jeden Tag eine schriftliche Arbeit und nach einer Pause von fast zehn Tagen die mündlichen Prüfungen alle an einem Tag – blieb auch bei Kolping „das eigentümliche Gefühl, welches wohl jeden vor einem Examen von dem soviel abhängt, beschleicht“, nicht aus[66].

Die schriftliche Prüfung verlief gut, doch fanden sich in einem lateinischen Aufsatz zwei Fehler. Auch die mündlichen Prüfungen nahmen einen guten Verlauf. Der Vorsitzende der Prüfungskommission – ein Staatskommissar – sah sich wegen dieser beiden Fehler trotz der anderen guten Prüfungsleistungen veranlaßt, die Entscheidung einer höheren Schulbehörde zu überlassen, weil er selbst diese Verantwortung nicht übernehmen könne. Kolping war verärgert, zumal er glaubte, die Lehrer des Gymnasiums, mit Ausnahme von Dr. Johann Franz Ley, hätten ihm wenig Beistand geleistet. Er konnte sich diese Vorgehensweise gegen ihn nicht erklären und glaubte, die Gründe dafür lägen in der Sprache seines Lebenslaufes oder in der Tatsache, daß er den Herren nicht servil genug begegnet sei. Darum kommentierte er dieses Geschehen: „So unverhofft wie einfältig und beschränkt war dies Urteil, da wohl nie einer ein Examen in der Weise gemacht hat, worin sich nicht der eine oder andere Fehler hätte vorgefunden.“[67]

Die Antwort der höheren Schulbehörde fiel positiv aus, und so hatte Kolping nach dreieinhalb Jahren Gymnasialzeit sein Abitur bestanden. Das Zeugnis[68] trägt das Datum vom 3. April 1841. Es bescheinigt dem 27jährigen Abiturienten zufriedenstellende Kenntnisse in den verschiedenen Fächern, berichtet einiges über seinen Charakter und die Energie, mit der er seine Ausbildung betrieben habe: „Ein entschiedener

Trieb zu wissenschaftlicher Bildung hat ihn die großen Schwierigkeiten, mit denen er zu kämpfen hatte, glücklich und auf eine ehrenwerte Weise überwinden lassen. Die Lücken, die bei dem eiligen Gange seiner Vorbildung hin und wieder geblieben sind, wird er bei fortgesetztem Streben leicht ergänzen ... die unterzeichnete Prüfungskommission hat ihm demnach, da er jetzt das Gymnasium verläßt, um in Bonn Theologie zu studieren, das Zeugnis der Reife erteilt, und entläßt ihn ... mit den besten Wünschen, daß er sein mit solchem Ernste und so vielen Entbehrungen erstrebtes Ziel möglichst erreichen und den Segen an sich selbst erfahren möge, den er anderen zu wirken berufen werden wird.“[69] Möglicherweise stammt diese Beurteilung von Konrad Martin, der ihn noch auf weiteren Stationen seines Lebensweges förderte. Übrigens war Kolping nicht der einzige aus seiner Klasse, der Theologie studierte; von den siebzehn Abiturienten des Jahrgangs 1841 des Kölner Marzellengymnasiums sind acht später Priester geworden[70].

Wenige Tage vor dem Abitur hatte Fräulein Meller Kolping in Kerpen besucht und ihm mitgeteilt, sie habe in Erinnerung an den verstorbenen Bertram Josef Calker das Gelübde gemacht, einem hilfsbedürftigen Theologiestudenten das Studium zu bezahlen. Sie bat ihn inständig, die Erfüllung dieses Versprechens anzunehmen. Kolping war überrascht und erbat sich eine Bedenkzeit von drei Wochen. Nach Ablauf der Frist erklärte er sich bereit, das Angebot unter der Bedingung anzunehmen, daß seine Unabhängigkeit, insbesondere im Hinblick auf seine zukünftige Stellung als Priester, gewahrt bliebe. Das wurde ihm zugesagt. Damit war die Finanzierung des Universitätsstudiums gesichert und Kolping von großen Sorgen befreit[71]. Er erhielt daraufhin eine Jahresrente von 300 Talern[72].

Gedichte

Von Adolph Kolping sind über siebzig Gedichte erhalten, von denen der größere Teil während der Kölner Gymnasialzeit entstanden ist. Das erste Gedicht verfaßte er als 20jähriger mit dem Titel: „Am Grabe meiner geliebten Mutter“. Dieses Gedicht nahm er auch in die Sammlung „Mußestunden“ auf, die seinem Freunde Theodor Wollersheim gewidmet war. Er bemerkte dazu: „Ich habe die nachfolgenden Verse hier aufgenommen, weil sie die ersten sind, die ich überhaupt geschrieben habe, und weil ich meiner verewigten Mutter dieses, wenn auch mangelhafte, Denkmal kindlicher Liebe hier ihr schuldig zu sein glaube“[73]. Ob Kolping diese Gedichtsammlung seinem Freund jemals überreicht hat, ist zweifelhaft, da er selbst 1862 noch Eintragungen in diesem Band vornahm.

Die Beschäftigung mit eigenen Dichtungen erstreckte sich dann über einen längeren Zeitraum, einige sind persönliche Widmungen, andere Gelegenheitsgedichte zu besonderen Anlässen. Man kann aber sicher annehmen, daß das Schreiben dieser Gedichte auch eine Art von Freizeitbeschäftigung darstellte, in der Fragen und Probleme angesprochen wurden, die dem Schüler im Gymnasialalltag zu kurz kamen.

Vor seinem Eintritt ins Gymnasium war Kolping begeisterter Schillerverehrer. In einem Gedicht „An Schiller“ aus dem Jahre 1836 heißt es. „Ja, ich liebe Dich! Du wecktest, ja, Du lehrtest mich, mein Herz dem Edlen aufzuschließen“[74]. Nach einem

Gedicht über „Die Dichtkunst“[75] widmete er abermals Schiller ein Gedicht, dem er 1839 den beziehungsreichen Untertitel „Eine Aufgabe der Schule“ gab. In der fünften Strophe wird erste Kritik deutlich:

„Aber jede Deiner Zeilen trage
Denn ein strenger Richter auf die Waage,
Ob sie für das Ganze nützlich sei;
Ob sie, während sie den Sinn entzückte,
Nicht zugleich den Geist berückte
Mit verführerischer Schmeichelei“[76].

Dabei läßt sich die durch die Schule geförderte Entwicklung bei Kolping selbst in der kritischeren Sichtweise der Schillerverehrung erkennen[77]. Er sah später in Schiller einen modernen Propheten „jungheidnischer ‚Humanität‘“[78].

In einem Gedicht, das er zum Jahreswechsel 1839/40 seinen Wohltätern widmete, feierte er besonders Homer, Vergil, Horaz und Cicero[79]. Hier werden die Einflüsse der humanistischen Ausbildung deutlich; vielleicht wollte Kolping seinen Förderern auch ein wenig imponieren. Bei aller Freude an seinen bescheidenen dichterischen Fähigkeiten blieb er skeptisch: „Hin und wieder werde ich noch oft so begeistert für die Dichtkunst, aber ich sehe, es kommt nicht viel dabei heraus, und deshalb werde ich ihr wohl den Laufpaß geben.“[80]

Zu seinem Gedicht „Die Bergreise. (Eine Allegorie)“ schrieb Kolping eine bedeutsame Erklärung seines Lebenszieles: „Allerdings ist das Ganze nichts weniger als eine Reise nach glänzenden Gebirgshöhen, ist, um es deutlich zu sagen, das Streben nach einem Ziele, das man mißverstanden hat. In meiner Umgebung hatte ich oft Gelegenheit, dieses zu erkennen, und die üblen Folgen haben mich mehr wie einmal erschreckt. Nur hüte man sich, es dahin zu deuten, als ob ich mich selber damit gemeint habe; mein Ziel ist keine kahle, nackte Höhe des Ruhms, sondern ein fruchtbares Feld der Tätigkeit, wo mir die Liebe, wie ich denke, nicht ermangeln soll.“[81]

Er beurteilte seine poetischen Produktionen kritisch[82]. Die Frage nach einem literarischen Vorbild stellt sich also nicht. Als Anreger käme am ehesten der vielseitige Lehrer Kreuser in Frage, der übrigens auch unter dem Namen Hans Wohlgemuth publizierte und dem die Beschäftigung mit allen Gebieten der Kunst ein besonderes Anliegen war.

Familie

Als der frischgebackene Abiturient im April für wenige Wochen nach Kerpen kam, war nach seiner Mutter auch seine nicht verheiratete Schwester Margarethe als knapp Dreißigjährige verstorben. Sein Bruder Wilhelm war seit 1838 mit Christine Schönenberg verheiratet und wohnte mit seiner jungen Familie im elterlichen Haus[83].

Seiner Schwester Anna Katharina hat er 1839 ein Gebetbuch mit persönlicher Widmung „aus Dankbarkeit für so viele Beweise schwesterlicher Liebe“ geschenkt[84]. Der Vater erhielt ein von Ferdinand Müller gezeichnetes Porträt seines Sohnes Adolph[85].

Für seine Familie, seine Angehörigen und deren Probleme hatte er ein offenes Ohr. Er leistete Hilfe bei der Arbeitsplatzsuche und bei der Lösung von Konflikten[86].

Adolph Kolping war inzwischen auch Onkel geworden. Über Adolph Zurheiden, einen Verwandten aus der Familie seiner Mutter, hatte er die Patenschaft übernommen[87].

Aus dem Kerpener Umfeld gehörten Aloisius Kolping, ein Sohn seines Bruders, und Adolph Wilhelm Müller, Sohn seines Freundes Ferdinand und späterer Rektor des Germanikums in Rom, zu seinen Patenkindern[88].

Förderer und Freunde

Außer von den schon genannten Priestern Lauffs und Wollersheim sowie seinen Angehörigen in Kerpen erfuhr Kolping gezielte Förderung von dem aus Düren stammenden Rainer Wilhelm Ludwig Wallraf[89]. Ihm und seiner Familie blieb Kolping zeit seines Lebens eng verbunden. Ob die Bekanntschaft schon auf die Dürener Gesellenzeit zurückgeht, ist nicht sicher auszumachen, aber wahrscheinlich. Lose Briefkontakte bestehen erst später. Sein Tagebuch über die Tirol- und Italienreise wollte er Wallraf zur Lektüre schicken. Während seiner Tätigkeit als Domvikar war Kolping häufiger Gast im Hause Wallraf. Die Tochter Karoline (Lilli) bezeichnete Kolping als sein „Schoßkind" und Sohn Max, später prominenter Politiker seiner Heimatstadt, war sein Patenkind. Wallraf wurde auch Mitglied des Schutzvorstandes des Kölner Gesellenvereins. Bei Rechtsproblemen erteilte der Advokatsanwalt am Apellationsgericht in Köln bereitwillige Hilfe. Aus dem Nachlaß Kolpings erhielt er ein besonderes Andenken.

Zwei Freunde aus der Kölner Schulzeit sind hervorzuheben, weil auch sie später im Kölner Verein mitarbeiteten. Wilhelm Effenberger, einige Jahre jünger als Kolping, stammte aus der Eifel; der (später) bekanntere war Johann Michael Benger[90]. Effenberger arbeitete an der von Kolping herausgegebenen Zeitschrift mit, erteilte im Gesellenverein Unterricht in der deutschen Sprache und machte die Gesellen mit Gedichten vertraut. Auch Benger war bei der Kölner Gründung engagiert. Er wurde Geheimsekretär des Kölner Erzbischofs und Professor am Priesterseminar.

Zum Kreis der Kerpener Freunde und Förderer sind die Mitglieder der Familien Statz und Ooms zu zählen sowie die in Kerpen wohnenden oder tätigen Priester Breuer, Garzweiler und die Brüder Joecken[91]. Christian Lussem, sieben Jahre jünger als Kolping, wurde später ebenfalls Priester[92]. Der Maler Ferdinand Müller und Kolping verbrachten 1840 gemeinsame Ferien in der Eifel[93].

Erste Anregungen zur Beschäftigung mit Fragen religiöser Kunst mag Kolping von seinem Heimatpfarrer Leonhard Joecken erhalten haben. Dieser hatte ihm ein Muttergottesbild vermacht, an dem der Christliche Kunstverein sich interessiert zeigte[94].

Anmerkungen

1 Siehe dazu: KS Bd. 1, S. 219 u. 306.

2 Dazu und zum folgenden siehe: v. Eyll, Wirtschaftsgeschichte, S. 167. – Ferner immer noch nützlich: E. Gothein, Verfassungs- und Wirtschaftsgeschichte der Stadt Köln vom Untergang der Reichsfreiheit bis zur

Errichtung des Deutschen Reiches, in: Die Stadt Cöln im ersten Jahrhundert unter preußischer Herrschaft, hrsg. von der Stadt Cöln, Cöln 1916.
Zur kirchlichen Situation siehe: E. Hegel, Der Einfluß der städtebaulichen, wirtschaftlichen und verkehrsmäßigen Entwicklung auf die soziologische Schichtung und das kirchliche Leben der Kölner Innenstadtpfarreien seit Beginn des 19. Jahrhunderts, In: JKGV 25 (1950), S. 180–208. – Schwering, Kolping.

3 Siehe dazu: L.-H. Meyer, 150 Jahre Eisenbahnen im Rheinland, (Beiträge zu den Bau- und Kunstdenkmälern im Rheinland), Bd. 30, Köln 1989. – W. Steitz, Die Entstehung der Köln-Mindener Eisenbahn, Köln 1974.

4 KS Bd. 1, S. 77.
Batholomäus Johannes Beckers, * 14. 4. 1800 Köln – † 5. 6. 1869; Priesterweihe 8. 9. 1824 Köln – Vik. Köln St. Kolumba – 1. 10. 1831 Pfr. Köln St. Ursula – 16. 10. 1840 Pfr. Erp – 13. 11. 1846 Pfr. Gustorf – 28. 11. 1853 Pfr. Friesdorf – 19. 2. 1857 Pfr. Fischeln.
AEK, Priesterkartei.

5 Zum Kölner Ergebnis siehe: Hegel, Erzbistum Köln, Bd. 5, S. 57–66 u. 472–480 (Lit.).
Clemens August Freiherr von Droste zu Vischering, * 21. 1. 1773 Münster – † 19. 10. 1845 Münster – 1798 Priesterweihe – 1827 Weihbischof in Münster – 1835 Erzbischof von Köln.
E. Hegel, in: Gatz (Hg.), Bischöfe, S. 145–148. – F. Keinemann, Das Kölner Ereignis, sein Widerhall in der Rheinprovinz und in Westfalen, 2 Bde., Münster 1974.
Siehe auch: KS Bd. 2, S. 77f., 93, 430, 433; Bd. 5, S. 188, 239.

6 Zur Situation der Gymnasien in Preußen und zu dieser Schule siehe: K. Küwell, Das Schul- und Hochschulwesen, in: Petri / Droege, Rheinische Geschichte Bd. 3, S. 471–552, bes. 486–489 und F. Moldenhauer, Geschichte des Höheren Schulwesens der Rheinprovinz unter preußischer Regierung, Köln 1895. – Ferner: Klinkenberg, Marzellen-Gymnasium, S. 215–213. – J. Kuckhoff, Die Geschichte des Gymnasium Tricoronatum, Köln 1931. – Leinper, Dreikönigsgymnasium, S. 49–78. – Gerhartz / Wedekind, Marzellengymnasium.

7 Kolping an Gruscha, 3. 12. 1857, in: KS Bd. 2, S. 233.

8 Vgl. Scheidt, Schüler des Marzellengymnasiums, S. 37–45, 55–58, 68–71, 82–87, 103–108. – Vgl. dazu auch: Schäffer II, S. 13–39 und Wothe, Kolping, S. 40–42.

9 Der Lehrplan für die Gymnasien von 1837, in: G. Giese (Hg.), Quellen zur deutschen Schulgeschichte seit 1800 (Quellensammlung zur Kulturgeschichte), Bd. 15, Göttingen 1961, S. 117–129, hier: S. 119f. – Siehe dazu auch: L. C'Beyle, Klassische Bildung und soziale Struktur in Deutschland zwischen 1800 und 1848, in: HZ 207 (1968), S. 584–608.

10 Siehe: KS Bd. 1, S. 3–8.

11 Limper, Dreikönigsgymnasium, hier: S. 64ff.
Eugen Jakob Maria Birnbaum, * 28. 3. 1788 Bamberg – † 3. 3. 1855 Köln – Studium in München u. Heidelberg – Altphilologe – 1812 Gymnasiallehrer Regensburg – 1818 Gymnasiallehrer Trier – 7. 5. 1824 Direktor Köln, Marzellengymnasium.

12 A. Schnütgen, Kölner Erinnerungen, Köln 1919, S. 19.

13 Martin, Zeitbilder, S. 165.
KS Bd. 1, S. 4–8; Bd. 2, S. 9 u. 31.
Konrad Martin, * 18. 5. 1812 Geismar – † 16. 7. 1879 Mont St. Guibert (Belgien) – 27. 2. 1836 Priesterweihe – 1836 Rekt. Wipperfürth, Lateinschule – 1840 Rel. L. Köln, Marzellengymnasium – 1844 Prof. Bonn Moral- u. Pastoraltheologie – 17. 8. 1856 Bischof Paderborn – 1874/75 im Kulturkampf inhaftiert – 1875 Flucht nach Belgien.
E. Gatz, in: Gatz, (Hg.), Bischöfe, S. 478–481. – Über Martin u. Kolping siehe auch: Steinke, Kolping, S. 132–140.

14 Siehe: KS Bd. 1, S. 305 und KS Bd. 1, S. 3f.
Nikolaus Saal, * 26. 8. 1810 Trier – † 1. 2. 1876 – Altphilologe – 1837–1875 Lehrer Köln, Marzellengymnasium. – Gerhartz / Wedekind, Marzellengymnasium S. 55.

15 Martin, Zeitbilder, S. 161f.
Josef Franz Ley, * 14. 6. 1803 Irmgarteichen / Siegen – † 26. 7. 1868 Erpel – Mathematiker – 1826 Gymnasiallehrer Köln Marzellengymnasium – 1855 kommissarischer Schulleiter. – Gerhartz / Wedekind, Marzellengymnasium, S. 55.

16 Kolping an Statz, 23. 3. 1840, in: KS Bd. 2, S. 26.
Karl Josef Grysar, * 2. 1. 1801 Lendersdorf – † 3. 4. 1856 Wien – Altphilologe – 1824 Gymnasiallehrer

Köln, Marzellengymnasium – 1850 Prof. Wien – Verfasser mehrerer Lehr- und Handbücher zum altsprachlichen Unterricht. – Gerhartz / Wedekind, Marzellengymnasium, S. 55.

17 Martin, Zeitbilder, S. 161.

18 Johann Peter Balthasar Kreuser, * 4. 8. 1795 Köln – † 18. 10. 1870 Köln – 1814 Lehrer Köln – 1817–1830 Universitätsstudium Berlin – ab 1820 Griechischlehrer Marzellengymnasium Köln – Okt. 1860 i.R., zugl. Titel „Professor" – 1850 Vorstandsmitglied GV Köln – Lehrer für Geschichte u. Geographie im GV Köln.
A. Kreuser, in: Klinkenberg, Marzellen-Gymnasium, S. 186–196. – J.J. Merlo, in: ADB 17 (1883) S. 143. – Deutsches Literatur-Lexikon 9 (1984) Sp. 462f.

19 Kreuser, in: Klinkenberg, Marzellen-Gymnasium, S. 189.

20 Ebd.

21 Martin, Zeitbilder, S. 163f. – 1844 erschien das Buch: „Das heilige Meßopfer historisch erklärt." 1860/61 „Der christliche Kirchenbau", 2 Bde.

22 Kolping an Gruscha, 3. 12. 1857, in: KS Bd. 2, S. 233.

23 Siehe: KS Bd. 1, S. 58f.

24 Über Sokrates und seine Lehre siehe: H. Kuhn, in: LThK 9 (^{2}1964) Sp. 858f.

25 KS Bd. 1, S. 17.

26 Vgl. KS Bd. 1, S. 58–77. – Siehe dazu: Pfülf, Kolping S. 690 – Wothe, Kolping, S. 38–42.

27 Siehe dazu: Scheidt, Schüler des Marzellengymnasiums, S. 55–58.

28 KS Bd. 1, S. 58.

29 KS Bd. 1, S. 62.

30 KS Bd. 1, S. 63.

31 Vgl. KS Bd. 1, S. 66–69. – Siehe dazu:
J. Klersch, Volkstum und Volksleben in Köln, Bd. 1, Köln 1965, S. 249f. – F. Keinemann, Die Unruhen bei der Feier des Ursulafestes 1838 in Köln, in: AHVN 174 (1972) S. 138–147.

32 KS Bd. 1, S. 69f. – Siehe dazu: H. Blankertz, Bildung. – Kolping griff ein Thema auf, das geradezu in der Luft lag. Julius Fröbel (1805–1893), Neffe des Pädagogen Friedrich Fröbel, hatte in einer berühmt gewordenen Rede von 1837 in Anknüpfung an Johann Heinrich Pestalozzi (1746–1827) gefordert, der Volkserzieher müsse sich über den Gegenstand „Volksbildung" Rechenschaft ablegen, er müsse den „Volksgeist" und das „Volksleben" berücksichtigen und in seiner Arbeit an den „Bildungszustand" anknüpfen.
Siehe dazu: J. Fröbel, Über das Wesen der Bildung überhaupt, und ins Besondere der Volksbildung, in: Programm der Zürcherischen Cantonsschule zur Eröffnung des neuen mit dem 7. April 1837 beginnenden Schuljahrs, Zürich 1837, S. 3–19.

33 KS Bd. 1, S. 71.

34 KS Bd. 1, S. 72.

35 Vgl. von den Driesch, Kolping, S. 7–14.

36 KS Bd. 1, S. 77.

37 Kolping an Statz, 11. 5. 1838, in: KS Bd. 2, S. 5f.

38 Vgl. Schäffer, Kolping I, S. 21. – Siehe dazu auch: Curriculum vitae, in: KS Bd. 1, S. 14f.
Der Ausbruch der Blattern ist wohl auch auf die damals häufige Tuberkulose, an der auch Kolping litt, und die allgemeine Körperschwäche zurückzuführen.

39 Vgl. KS Bd. 1, S. 109 u. 222.

40 Vgl. Kolping an Statz, 25. 11. 1838, in: KS Bd. 2, S. 13.

41 Curriculum vitae, in: KS Bd. 1, S. 14f.

42 Vgl. Kolping an Statz vom 3. 2. 1840, in: KS Bd. 2, S. 22.
Reichensperger, Gesellenvater, S. 10.

43 Vgl. KS Bd. 1, S. 3–8. – Die Bezeichnungen I bzw. II in den Zeugnissen bedeuten in einer dreistufigen Beurteilungsskala „geeignet" bzw. „bedingt geeignet."

44 Vgl. KS Bd. 1, S. 8.

45 Karl Andreas Statz, * 17. 5. 1821 Kerpen – † 14. 8. 1890 Metz – Jugendfreund Kolpings – Lehrer in Köln und Kerpen – 1871 Kreisschulinspektor Metz – 1886 Mitglied des Gemeinderates. – Frdl. Auskunft Stadtarchiv Metz, 31. 3. 1981. – Die Briefe Kolpings an ihn sind gedruckt in: KS Bd. 2, S. 1–99.
AEK, Kirchenbuch Kerpen 5, S. 336. – Siehe auch: KS Bd. 1, S. 88, 95f., 106, 248, 296f. – Zum Lehrerseminar Brühl siehe: Zimmermann, Lehrerbildungs- und Volksschulwesen, S. 228–239.

46 Vgl. Kolping an Statz, 29. 11. 1837 bis zum 25. 3. 1841, in: KS Bd. 2, S. 1–31.

47 Kolping an Statz, 30. 3. 1842, in: KS Bd. 2, S. 56.
48 KS Bd. 2, S. 4.
49 Diese befinden sich: KS Bd. 1, S. 248 u. 296–298.
50 Vgl. KS Bd. 2, S. 9.
51 Kolping an Statz, 1. 11. 1839, in: KS Bd. 2, S. 20.
52 Kolping an Statz, 6. 12. 1839, in: KS Bd. 2, S. 21.
53 Vgl. KS Bd. 1, S. 62–66 und KS Bd. 2, S. 3.
54 KS Bd. 2, S. 24.
55 Vgl. KS Bd. 2, S. 16–22 u. Wothe, Kolping, S. 42.
56 Vgl. Nattermann, Sozialpädagoge S. 27. – Belege bietet er nicht. –
Anna Kläre Margarete Statz, * 13. 12. 1815 Kerpen – † 4. 8. 1857 Calvarienberg-Ahrweiler – 28. 2. 1848 Einkleidung Calvarienberg – 16. 5. 1850 Profeß.
Frdl. Auskunft Archiv Ursulinenkloser Calvarienberg, Schwester Teresa Freyaldenhoven vom 23. 6. 1990.
AEK, Kirchenbuch Kerpen 5, S. 290.
KS Bd. 1, S. 223, KS Bd. 2, S. 3, 16–18, 22, 49.
57 Folgende Gedichte können als Hinweise gewertet werden: „Meinen Wohltätern", in: KS Bd. 1, S. 290 ff. – „Meinen verehrten Wohltätern zum neuen Jahr", in: KS Bd. 1, S. 294 f. – „Das Grabmal im herrschaftlichen Garten zu Liblar", in: KS Bd. 1, S. 220 f. – „Sehnsucht", in: KS Bd. 1, S. 223 f. – „Ich stand an Rheines Ufer", in: KS Bd. 1, S. 235 f. – „Euer Bekannten ins Stammbuch", in: KS Bd. 1, S. 262 – „Der Freundin", in: KS Bd. 1, S. 293.
58 Tagebuch, 13. 5. 1841, in: KS Bd. 1, S. 83. – Zu der Problematik der Berufung zum Priester siehe auch das Gedicht: „Bei einer ersten heiligen Kinderkommunion", in: KS Bd. 1, S. 241 f.
59 KS Bd. 1, S. 297 f.
60 Siehe z.B. Tagebuch, 4. 11. 1837, in: KS Bd. 1, S. 61 f. – Tagebuch, 19. 3. 1842, in: KS Bd. 1, S. 100. – Schäffer, Kolping II, S. 65 und KS Bd. 2, S. 397.
61 KS Bd. 1, S. 242.
Die Thomas von Kempen (1379–1471) zugeschriebene „Nachfolge Christi" war als deutsche Übersetzung von Johann Michael Sailer 1794 in München erschienen und wurde zu einem Volksbuch im deutschen Sprachgebiet. Kolping hat dieses Erbauungsbuch zeitlebens sehr geschätzt.
Über Thomas von Kempen siehe: J. Sudbrack, in: LThK 10 (²1965) Sp. 144 f. – Zu Sailer: G. Schwaiger, in: Fries / Schwaiger, Kath. Theologen Bd. 1, S. 55–93. – Zur Nachfolge Christi: E. Iserloh, in: LThK 7 (²1962) Sp. 763 ff. – Kolping an v. Olfers 20. 1. 1863, in KS Bd. 2, S. 397.
62 Vgl. KS Bd. 1, S. 305 f. – Siehe dazu: Schäffer, Kolping II S. 35–35 und Winkler, Volksmann, S. 49 bis 53.
Maria Helena Meller, * 16. 4. 1809 – Fingerhof – † 19. 5. 1878 – Wissersheim – Tochter eines Gutsbesitzers in der Nähe von Kerpen – ermöglichte Kolping das Universitätsstudium – 1863 sorgte Kolping für Rechtsbeistand.
KS Bd. 1, S. 15, 94, 98, 123 f.; KS Bd. 2, S. 31, 66 f.
63 Tagebuch, 8. 8. 1841, in: KS Bd. 1, S. 98.
64 Siehe dazu: H.-J. Apel, Das preußische Gymnasium in den Rheinlanden und Westfalen 1814–1848. Die Modernisierung der traditionellen Gelehrtenschulen durch die preußische Unterrichtsverwaltung (= Studien und Dokumentationen zur deutschen Bildungsgeschichte 25), Köln / Wien 1984.
65 Vgl. KS Bd. 1, S. 9–16.
66 Vgl. Kolping an Statz, 25. 3. 1841, in: KS Bd. 2, S. 32.
67 Ebd.
68 Siehe: KS Bd. 1, S. 16 f.
69 Ebd.
70 Vgl. Gerhartz / Wedekind, Marzellengymnasium, S. 6.
71 Vgl. Schäffer, Kolping I, S. 37–39. – Siehe dazu auch Tagebuch, 31. 8. 1841, in: KS Bd. 1, S. 124 und, 5. 9. 1841, in: KS Bd. 1, S. 133.
72 Vgl. Reichensperger, Gesellenvater, S. 10.
73 KS Bd. 1, S. 212–304, hier: 212. – Siehe dazu auch: Pfülf, Kolping, S. 710–714. – Ferner: KS Bd. 2, S. 23, 54 u. 109.
74 Vgl. KS Bd. 1, S. 215. – Über Schiller siehe dazu: K. Lazarowicz, in: LThK 5 (²1964) Sp. 402 f.
75 KS Bd. 1, S. 225. – Siehe dazu auch: „Dichtergefühle", in: KS Bd. 1, S. 261.

[76] KS Bd. 1, S. 226f. – Hier: KS Bd. 1, S. 227. – Später wird Schillers „Glocke" im Kölner Gesellenverein rezitiert, wohl wegen inhaltlicher Beziehung zu Handwerk und Gewerbe, sicher aber auch, weil das Gedicht die bürgerlichen Tugenden feiert. Siehe dazu: FS 2 (1852) S. 159. – Aber Kolping rückte noch weiter von Schiller ab: „Der gewöhnlichste schwäbische Bauer, ... hat doch wenigsten den Namen des Dichters gehört, obschon ihn Gott verwahren möge, daß er nicht in dessen philosophische Schule gerät." RV 10 (1863), S. 436. – Siehe dazu auch: RV 6 (1859), S. 743–746.

[77] Siehe dazu: Schmolke, Kolping als Publizist, S. 58 u. 82f.

[78] Kolping, Phrasen. Humanität, in: KS Bd. 5, S. 99.

[79] Vgl. KS Bd. 1, S. 232–234.

[80] Kolping an Statz, 3. 2. 1840, in: KS Bd. 2, S. 22.

[81] KS Bd. 1, S. 250.

[82] So kommentierte Kolping selbst: „Olim! me fateor stultum fuisse" (Einst! ich bekenne, stolz gewesen zu sein), in: KS Bd. 1, S. 235 – „Barer Unsinn!", in: KS Bd. 1, S. 256.

[83] Christine Schönenberg, * 18. 6. 1808 Rath-Wissersheim – † 23. 9. 1871 Kerpen – ⚭ 11. 10. 1836 Wilhelm Kolping.
Siehe dazu: J. Stöber, Studien zur Familie Adolph Kolpings im AEK.
Peter Joseph Kolping, * 30. 12. 1838 Rath-Wissersheim – † 23. 9. 1906 Kerpen – ⚭ 10. 11. 1866 Gertrud Schäfer – Eltern: Wilhelm Kolping – Christine Schönenberg – erbt 100 Taler (ADK, Testament Kolpings).
AEK, Kirchenbuch Kerpen 2, S. 278.
Anna Catherina Kolping (Trinchen), * 2. 9. 1841 Kerpen – † 10. 2. 1914 Köln-Bayenthal – ⚭ 26. 8. 1868 Peter Beyer (in der Minoritenkirche von Schäffer getraut) – Eltern: Wilhelm Kolping – Christina Schönenberg – Paten: Johann Adam Zurheiden – Katharina Esser – seit 1855 Haushilfe Kolpings in Köln – erbt 300 Taler (ADK, Testament Kolpings).
9. 6. 1866 Protokollbuch GV Köln. – AEK, Kirchenbuch Kerpen 2, S. 291 u. 5, S. 476.
Aloisius Kolping, * 6. 10. 1843 Kerpen – † 14. 5. 1890 Kerpen – ⚭ 1. 10. 1884 Maria Köertgen aus Kerpen – Eltern: Wilhelm Kolping – Christine Schönenberg – Paten: Adolph Kolping Apolonia Meller ex Ving – Patenkind Adolph Kolpings – erbt 300 Taler (ADK, Testament Kolpings).
AEK, Kirchenbuch Kerpen 5, S. 496.
Anna Maria Kolping, * 17. 2. 1846 Kerpen – † 21. 11. 1846 Kerpen – Eltern: Wilhelm Kolping – Christine Schönenberg – Paten: Adolph Birrenkott – Katharina Kolping.
AEK, Kirchenbuch Kerpen 4, S. 226 u. 5, S. 525.
Anna Maria Kolping, * 18. 8. 1849 Kerpen – † 19. 3. 1923 Kerpen – ⚭ Engelbert Schmoll aus Kerpen – Eltern: Wilhelm Kolping – Christina Schönenberg – Paten: Heinrich Schönenberg – Anna Maria Schiffer.
AEK, Kirchenbuch Kerpen 5, S. 563.

[84] Vgl. KS Bd. 1, S. 4.

[85] Vgl. Kolping an Statz, 25. 3. 1841, in: KS Bd. 2, S. 33.

[86] Vgl. Kolping an Schneider, 15. 11. 1864, in: KS Bd. 2, S. 454.

[87] Adolph Zurheiden, * 9. 2. 1837 Kerpen – Eltern: Adam Zurheiden und Anna Katharina Schiffers – Patenkind Kolpings.
AEK, Kirchenbuch Kerpen 5, S. 433.

[88] Ferdinand Müller, * 10. 5. 1817 Blatzheim – † 18. 2. 1894 Lipp – ⚭ 12. 11. 1846 Anna Katharina Klein – 1841–42 Studium Kunstakademien Düsseldorf u. München – 1863 Lehrer Bedburg Ritterakademie.
E. Vaessen, Maler Ferdinand Müller. Ein Beitrag zur Kunst und Familiengeschichte des Erftlandes, in: An Erft und Gilbach. Heimatblätter für den Kreis Bergheim. Beilage der Kölnischen Rundschau Nr. 5, Dezember 1947, S. 2f.
F. Hemmersbach, Die Briefe der Münchener Studienfreunde Adolph Kolpings an den Blatzheimer Maler Ferdinand Müller während seines Aufenthaltes in Fügen im Zillertal im Jahre 1842, in: Kerpener Heimatblätter 18 Jg. (1980), Heft 3, S. 368–385.
KS Bd. 1, S. 95, 97ff., 110f., 114, 116, 120, 122f., 125ff., 128ff., 132ff., 145, 165, 173, 176; KS Bd. 2, S. 24f., 33–37, 45f., 51, 53f., 55, 58, 62, 67, 69, 71–74.
Adolf Wilhelm Müller, * 7. 3. 1853 Paffendorf – † 8. 9. 1939 Essen – Eltern: Ferdinand Müller und Anna Katharina Klein – Patenkind Adolph Kolpings – 27. 5. 1877 Priesterweihe Rom – 10. 10. 1879 Eintritt in Jesuitenorden – 1886 Prof. Priesterseminar Bombay / Indien – 1894 Prof. Gregoriana Rom – Observator der Vatikan. Sternwarte – 1909 Rektor Germanikum Rom – 1914 Seelsorger Trier, Godesberg und Essen.

L. Koch, Jesuiten-Lexikon, Paderborn 1934, Sp. 1249. – Mitteilungen aus den deutschen Provinzen der Gesellschaft Jesu, 17. Bd., Heft 3, 1955, S. 321 f. (als Manuskript gedruckt).

[89] Rainer Wilhelm Ludwig Wallraf, * 28. 4. 1812 Düren – † 1890 Köln Justizrat und Advokat-Anwalt – ⚭ Klara Wilhelmine, geb. Berghaus.
Kinder:
Marie, * 23. 3. 1846 Köln – † 7. 5. 1916 Köln.
Emilie Klara Johanna, * 11. 5. 1849 Köln – † 28. 5. 1911 Köln.
Karoline Eugenie, * 25. 2. 1852 Köln.
Ludwig Theodor Ferdinand Max, * 18. 9. 1859 Köln – † 6. 9. 1941 Köln – Jurist – 1903 – 1907 Oberpräsident der Rheinprovinz – 1907 – 1917 Oberbürgermeister von Köln – 1921 – 1924 Mitgl. des Landtages – 1924 – 1930 Mitglied des Reichstages.
HAStK, Sammlung Bayer-Steimel, Kölner Köpfe, Sp. 426 – M. Wallraf, Aus einem rheinischen Leben, Hamburg 1926.
Siehe auch: KS Bd. 1, S. 94, 98, 110, 227, 257; Bd. 2, S. 52, 71, 108, 208, 399 u. 476.

[90] Michael Johann Benger, * 17. 8. 1822 Verberg b. Krefeld – † 27. 2. 1870 Vilsbiburg/Niederbayern – 13. 4. 1845 Priesterweihe Köln zusammen mit Kolping – 1845 Kpl. Esch – 1846 Erzb. Kpl. Köln – 23. 1. 1847 Domvikar – 27. 4. 1848 Prof. Priesterseminar – 8. 5. 1854 Eintritt in den Redemptoristenorden – 15. 1. 1855 Studienpräfekt Vilsbiburg – 1859 Superior u. Novizenmeister Altötting – 1868 Rektor des Kollegs Altötting – 1841 Konabiturient Kolpings – 1843 Studienkollege Kolpings in Bonn – 1843 Kolping beschaffte Bücher für ihn – schenkt 50 Taler für das Hospiz.
AEK, Totenzettel. – Hecker, Chronik, S. 173 – 175.
Siehe auch: KS Bd. 1, 24, 95, 106 f., 306; Bd. 2, S. 52.
Wilhelm Effenberger, * 1. 1. 1821 Elisabethhütte / Kommern – † 28. 12. 1903 Krefeld – ⚭ 1859 Ida Geswein – 1839 – 41 Mitschüler Kolpings auf dem Marzellengymnasium – 1841 Steuerbeamter – 1850 Vorstandsmitglied GV Köln – 1857 Veröffentlichung: Deklamationssaal, eine Auswahl nieder- und hochdeutscher Gedichte, Köln 1857, Verlag Bollig.
H. P. Jansen, Ein rheinischer Zweig der Effenberger aus Böhmen, in: Mitteilungen der Westdeutschen Gesellschaft für Familienkunde 20 (1962), S. 167 – 180.
Siehe auch: KS Bd. 1, S. 94, 98; Bd. 2, S. 51, 139, 243 f.

[91] Johann Franz Xaver Statz, * 22. 7. 1814 Kerpen – † 17. 12. 1889 Aachen – Jurastudium Bonn – 1842 Advokatanwalt Aachen – 1873 Mitglied Preuß. Landtags – Mitglied Schutzvorstand Gesellenverein Aachen.
AEK, Kirchenbuch Kerpen 5, S. 276. – Todesmeldung in RV 36 (1889) S. 822. – E. Arenz / W. L. Janssen, Geschichte des Club Aachener Casino, Aachen ^{2}1964, S. 328. –
KS Bd. 2, S. 16, 30, 49, 56.
Wilhelm Joseph Statz, * 28. 11. 1822 Kerpen.
AEK, Kirchenbuch Kerpen 5, S. 350.
KS Bd. 2, S. 49 f., 56.
Helene Statz, * 17. 7. 1825 Kerpen.
AEK, Kirchenbuch Kerpen 5, S. 373.
Anna Gertrud Statz, * 4. 8. 1826 Kerpen,
AEK, Kirchenbuch Kerpen 5, S. 379.
Anton Ooms, * 25. 10. 1766 Lommel / Belgien – † 30. 1. 1819 Kerpen – ⚭ 11. 7. 1804 Klara Kalscheur – E. Heeg, Das Oom'sche Grabdenkmal in Kerpen, in: Kerpener Heimatblätter 25. Jg. (1987), Heft 3, S. 134 – 144.
Klara Kalscheuer, * 15. 6. 1774 Kerpen – † 14. 9. 1855 – ⚭ 11. 7. 1804 Anton Ooms.
ADK, Totenzettel. – KS Bd. 1, S. 79, 97 u. KS Bd. 2, S. 44 u. 49.
Kinder:
Heinrich Ooms, * 14. 1. 1811 Kerpen – † 23. 2. 1869 Kerpen (anders: 1864) – ⚭ 23. 3. 1845 Maria Magdalena Horyon.
AEK, Kirchenbuch Kerpen 5, S. 246.
Anna Elisabeth Ooms, * 18. 5. 1813 Kerpen – † 29. 12. 1844 Münstereifel – Lehrerin Gleuel.
AEK, Kirchenbuch Kerpen 5, S. 270. – KS Bd. 1, S. 247.
HAStK – Totenzettel.
Anna Maria Ooms, * 28. 2. 1815 Kerpen – † 11. 10. 1858 Kerpen.

AEK, Kirchenbuch Kerpen 4, S. 304 u. 5, S. 282.
Johann Andreas Breuer, * 11. 9. 1794 Waffelbach – † 3. 2. 1867 Niederbachem – 22. 9. 1829 Priesterweihe – Vikar Embken – Junkersdorf – Kerpen – 26. 11. 1846 Pfarrer Niederbachem.
AEK, Totenzettel. – KS Bd. 1, S. 107; Bd. 2, S. 44.
Martin Franz Lambert Gartzweiler, * 1768 Aachen – † 12. 5. 1846 Kerpen – ehemaliger Kanoniker Xanten.
AEK, Kirchenbuch Kerpen 4, S. 221. – H. Engelskirchen, Die Inhaber der letzten Kanonikatspräbenden in Xanten, in: AHVN 127 (1935) S. 100f. – KS Bd. 2, S. 44.
Wilhelm Aloisius Joecken, * 8. 3. 1774 Bracheln – † 7. 8. 1852 Kerpen – ehem. Karthäuser Weddern / Dülmen – Frühmessner Kerpen – Bruder des Pfarrers von Kerpen.
AEK, Kirchenbuch Kerpen 4, S. 274. – AEK, Priesterkartei. – KS Bd. 2, S. 44.

92 Christian Lussem, * 8. 12. 1820 Kerpen – † 28. 11. 1907 – 1858 Priesterweihe – Vikar Bourheim – 1860 Vikar Wahn – Pfarrer Egen – Pfarrer Lucherberg – 1896 Pfarrverwalter Hambach.
AEK, Priesterkartei. – KS Bd. 2, S. 50.

93 Vgl. KS Bd. 1, S. 112.
Weitere Freunde und Bekannte waren: Julius, wohl zu der in Kerpen ansässigen Familie Wolff gehörend – Josef Brinkmann – G. von Imhof, der nicht mit einem genannten Gustav identisch sein muß. Über sie waren (bisher) nähere Angaben nicht zu ermitteln.

94 Siehe dazu: Bericht vom 21. 6. 1854 von J. J. Langen, in: Schriftverkehr Museum und Kunstverein 1854 bis 1905, II, 26, in: Diözesanmuseum Köln.

4. Studium in München (1841–1842)

Wahl des Studienortes

Bereits seit Herbst 1840 beschäftigte sich Kolping mit der Frage, an welcher Universität er das Theologiestudium absolvieren könnte[1]. In der Stadt Köln bestand zu dieser Zeit keine Universität, als mögliche Studienorte boten sich Bonn, Rom und München an. Das Elternhaus verfügte nicht über die Mittel, ihn überhaupt studieren zu lassen. Schon als Gymnasiast war Kolping gezwungen gewesen, Geld durch Nachhilfeunterricht zu einem nur zeitweise gewährten Stipendium hinzuzuverdienen. Obwohl das Abiturzeugnis vom 3. April 1841 Bonn als Studienort angibt[2], war zu diesem Zeitpunkt bereits klar, daß Kolping an dieser Universität sein Studium nicht beginnen wollte. Zwar war die theologische Fakultät der Universität Bonn der von der Regierung empfohlene Studienort für Priesteramtskandidaten des Erzbistums Köln, aber die dort vertretene Theologie der Hermesianer sagte ihm nicht zu.

Der mit Kolping befreundete Lehrer Franz Adam Frincken, der seit 1840 im belgischen Mecheln Theologie studierte, hatte ihm angeboten, über seine Kontakte eine Freistelle für ihn an der Universität der Propaganda-Kongregation in Rom zu beschaffen. Von diesem Angebot war Kolping zunächst begeistert. Als sich die Sache dann aber immer mehr in die Länge zog, kam Kolping, wie schon berichtet, an ein Stipendium, das ihm eine schnellere Entscheidung ermöglichte. Seinem Freund konnte er mitteilen, er reise nicht nach Rom, sondern gehe nach München. Finanzielle Schwierigkeiten habe er nun nicht mehr.

„So Gott will, geht's in der Woche nach Ostern so, meine Weisung lautet vorläufig auf – München. Von Rom aus noch keine Antwort erhalten, glaube auch nicht, daß ich da ankommen kann, wenigstens für jetzt nicht; also einen anderen Plan vorgeschoben, bis sich der erste verwirklichen läßt"[3].

Universität München

Am 15. Mai 1841 wurde Kolping als 27jähriger an der Universität München immatrikuliert und studierte dort für drei Semester[4]. Die Residenzstadt von König Ludwig I. und ihr besonderes Fluidum zogen Kolping ganz in ihren Bann. Die Begeisterung für München und besonders das religiöse und kulturelle Leben dieser Stadt findet ihren deutlichen Niederschlag in den Tagebüchern und Briefen aus dieser Zeit[5]. In den Studienjahren von 1840 bis 1842 lag die Höchstzahl der Studenten bei 1 377, die Zahl der Theologiestudierenden schwankte zwischen 114 und 170. Von der Gesamtzahl der

Studierenden waren 114 bzw. 122 Ausländer, das heißt Studierende ohne bayerische Staatsangehörigkeit[6]. Das sich bei diesem Zahlenverhältnis die rheinländischen und preußischen Studenten des gleichen Studienfaches zusammenfanden und zum Teil ihre Freizeit gemeinsam verbrachten, ergab sich wie von selbst.

Die 1472 in Ingolstadt gegründete und 1800 bis 1802 nach Landshut verlegte Universität öffnete 1826 in München ihre Pforten und trug wesentlich dazu bei, daß die Stadt ein Mittelpunkt der deutschen und europäischen Kultur und Wissenschaft im 19. Jahrhundert wurde[7].

Bedeutende Gelehrte wie der Philosoph Franz von Baader, der Theologe Johann Adam Möhler und der Pastoraltheologe Johann Michael von Sailer[8] weilten zwar nicht mehr unter den Lebenden, hatten der Universität aber ihre Stempel aufgedrückt. Auf indirekte Einflüsse der Sozietätsphilosophie Baaders auf Kolping, hat zuerst Nattermann aufmerksam gemacht[9].

Bezüge sind nicht zu übersehen, wenn auch Belege weiterhin fehlen. In Baaders Schrift „Über das dermalige Mißverhältnis der Vermögenlosen oder Proletairs zu den vermögenbesitzenden Klassen der Sozietät in betreff ihres Auskommens, sowohl in materieller als in intellektueller Hinsicht aus dem Standpunkte des Rechts betrachtet.“, die 1835 in München erschien, wurde auf die „Klasse der Proletairs“ besonders verwiesen, und zwar nicht im Hinblick auf Revolution und Klassenkampf, sondern gezielt auf christliche Versöhnung.

„Die Priester sollten die Rechtsvertretung der noch unterprivilegierten Arbeiter in den Parlamenten übernehmen, dadurch jenen sozialpolitischen Auftrag zurückerhalten, der ihnen schon damals nach Meinung Baaders entglitt. Die Proletarier sollten ‚dem verderblichen Einflusse der Demagogen oder auch streitsüchtiger Rechtsanwälte‘ entzogen und der ‚bis schier zur sozialen Nullität herabgekommene Klerus dem primitiven Amt des Diakonats‘ wieder gegeben werden. … Nicht bloß Philosophie und Theologie erschienen reformbedürftig, noch viel mehr schienen es die christlichen Kirchen zu sein, denn sie alle litten unter der konfessionellen Spaltung und widersprachen damit, ohnehin im Zustande der Auflösung, dem Auftrage Christi“[10].

Eine ganze Generation von Theologen und Pädagogen war durch die Schule Johann Michael von Sailers gegangen und von ihr geprägt. Diesen Männern begegnete Kolping in München: Döllinger, Phillips, Görres und einigen Sailer-Schülern. Sie gaben ein neues Priesterbild weiter, das sich durch Gläubigkeit, Zeitaufgeschlossenheit und Volksverbundenheit auszeichnete.

Für Kolpings spätere Tätigkeit war die Wahl des Studienortes von einschneidender Bedeutung. In der bayrischen Metropole traf er auf führende Vertreter der katholischen Erneuerungsbewegung und der ausklingenden Romantik. Das war die Stadt, in der er sich wohlfühlte.

„Vielmehr suchte ich eine gute katholische Universität, auf der ich mich zu meinem zukünftigen Berufe tauglich heranbilden könne. Was ich in dieser Hinsicht suchte habe ich gefunden“[11].

„Die theologische Fakultät der Universität München wurde durch ihre wissenschaftlichen Leistungen und durch das zunehmende Ansehen als theologische Bildungsstätte zur richtunggebenden Zentrale in der Zeit der kirchlichen Erneuerung in Bayern“[12].

So konnte Kolping zwanzig Jahre später guten Gewissens behaupten, München sei ihm „eine Art geistiger Heimat geworden“[13].

Leben in München

Das Einleben in die neue Umgebung und in den Studienbetrieb bereitete Kolping keine größeren Schwierigkeiten. Eine Umstellung war es schon. Aber er wurde damit fertig.

„Da bin ich in der Hauptstadt Bayerns, kenne keinen Menschen und soll doch hier meine tätigen Studien beginnen. Ein sonderbares Unternehmen, ... geht man aber weiter, so wird man finden, daß Gott es war, der mich hiehin[!] leitete, daß Er mir die Mittel bot, dies Unternehmen ausführen zu können; und da ich schon so vielfache Beweise seiner gütigen Fürsorge empfangen habe, so darf ich gewiß mich seiner künftigen Leitung getrost überlassen“[14].

Kolping wohnte in München in der Karlsvorstadt, Veterinärstraße 2. Er vergißt nie zu bemerken, daß ein Besucher „zwei Stiegen hoch“ zu steigen habe[15]. Mitbewohner im gleichen Hause waren die beiden aus Düsseldorf stammenden Theologiestudenten Joseph Gussone und Franz Schweden[16].

Besinnlich notierte er ins Tagebuch: „Allmählich bekomme ich eine Idee von der Stadt und ihren Bewohnern, doch ist mir noch alles sehr neu. Auch nichts, gar nichts erinnert an die Heimat. Sitten, Trachten, Haltung, häusliche Einrichtungen, alles ist neu und sonderbar. Nur die gütige Natur ist fast dieselbe, wenn sie auch diese Gegenden nicht so reichlich bedacht wie die Heimat. Schon bin ich eingemietet, habe ein ruhiges, freundliches Zimmer nahe bei der Universität und nahe bei dem königlichen Park, habe aus meinem Fenster eine herrliche Aussicht nach Norden hin, weit, weit hinaus über Berg und Tal nach der Heimat hin“[17].

Die Darstellung von Land und Leuten in Briefen und Tagebüchern zeigen eine genaue Beobachtungsgabe, Talent zum flotten Schreiben, sind aber von Klischees und Vorurteilen nicht frei[18]. Zwei Beispiele mögen genügen:

„Mit München stehe ich noch in ziemlich gutem Vernehmen, ich glaube gar, daß ich es endlich noch liebgewinne. Den Bayern und Bayerinnen aber eine liebenswürdige Seite abzugewinnen, wird schwer halten. Machen sie von außen auch noch so sehr eine hübsche Figur und wissen sie diese auch durch ihre Kleidung noch zu heben, so dürfen sie nur den Mund auftun und man hat’s satt. Dicke Worte wie ihre Nudeln, dabei eine barbarische Wortstellung, wodurch der Gedanke selbst etwas Unbehülfliches, Plumpes erhält“[19].

„Dabei sind die Bayern überhaupt trägen Geistes und dumpfen Verstandes, der nur bei wenigen glänzend hervorleuchtet“[20].

Der siebenundzwanzigjährige Kolping trug in den ersten Wochen seines Aufenthaltes in der Fremde noch schwer an der Trennung von seiner Freundin in Kerpen. Meist sind diese Erinnerungen, Empfindungen und Träume recht gefühlvoll, manchmal auch als Heimweh in Tagebuch und Briefe eingeflossen. Enge Bindungen an sein Elternhaus und den Kerpener Freundeskreis sind dadurch bestens verbürgt.

„An die Heimat denk' ich indes noch immer. An die Liebe dort, besonders am Abend, wenn ich, des Schauens und Studierens müde, mich ans Fenster setze und meinen Blick über die weit ausgebreitete Ebene hinstreifen lasse. Was mögen die Meinen denken? Welche Sorgen mögen sie meinetwegen haben? Doch, meine Lieben, ich sitze recht wohlgeborgen da und freue mich des herrlichen Himmels“[21].

Auffallend bei seinen Beobachtungen der Menschen und ihrer Umgebung ist die stets auftauchende Verbindung zu Sitte und Religion.

„Die Leute sehen zu gesund und lebensfroh aus. Auf diesen blühenden Gesichtern kann das Laster nicht wohnen. Doch muß ich das einer längern Erfahrung aufsparen. Ich habe gesunde Sinne mitgebracht und werde schon um mich schauen. Schon jetzt kann ich die Stadt nicht näher beschreiben, wieviel Herrliches ich auch gesehen habe; eine längere Bekanntschaft kann erst in dieser Hinsicht mein Urteil sicher stellen“[22].

Zwanzig Jahre später faßte Kolping seine Erfahrungen und Erlebnisse im ihm lieb gewordenen Bayern und besonders München anschaulich zusammen.

„Da ist zuerst und zunächst das alte, bayerische München mit seinen deftigen Bürgerhäusern, seinen gewaltigen Brauhäusern, seinen Madonnen und Heiligenbildern an den Außenwänden der Häuser, seinen ‚Lauben' am Markt, seinem alten Rathause ... und der Muttergottessäule mitten auf dem Markte, woran ‚die frommen Beter nie fehlen,' sagte mir ein Münchener Bürger ...

Da herum liegen die alten Kirchen und Kirchlein, die dartun, daß ehemals das München eine verhältnismäßig dünne Bevölkerung mußte gehabt haben. Nur ein paar große und in ihrer Art prächtige Kirchen umsäumen gleichsam die Nordseite des alten Münchens. ‚Unter lieb Frauen,' der Dom Münchens mit seinen zwei respektablen Türmen. ... St. Michael und St. Cajetan, zwischen denen und an sie anschließend sich die alten Herzogsburgen erstreckten. ... Das München ist nun zwar das alte München noch, und es ist's auch ... vielfach nicht mehr. Der Münchener Bürger im Ganzen und Großen ist noch ungefähr derselbe, wie vor zwanzig Jahren. Das Bier ist noch wie ehemals das fünfte bayerische Lebenselement, ohne welches man sich Münchener Leben und Dasein gar nicht denken kann. Noch eben so einfach, wenn man will frugal und ungeniert, sitzt Alles, Hoch und Niedrig ‚beim Bier' zusammen und in der bayerischen Küche hat sich auch schwerlich etwas seither geändert. ... Die Bayern wären ja gar nicht mehr richtige Bayern, wenn sie nicht mehr so lebten und ihr Leben äußerten, wie durchweg, also in den Hauptsachen, ihre Väter getan. Und Bayern müssen sie ja doch bleiben, ganz eigentümliche, tüchtige Bayern, Stammesart und Eigenheit bewahren, wenn auch manches daran zu veredeln sein mag wie andern deutschen Stämmen auch. ... Der Bayer, der rechte, landeseingesessene Bayer, ist eine fast vertrackte zähe und eigenwillige Natur, mit einer Reaktionskraft gegen Unliebsames begabt, wie sie kaum stärker ein anderer deutscher Stamm besitzt. Patriot ist er auch, und zwar mit Leib und Seele. Der läßt sich so leicht nicht ‚umsetzen'“[23].

Studium

Neben der Beschäftigung mit der neuen Umgebung legte Kolping größten Wert auf einen geregelten Studienablauf. Das war schließlich der Grund seines Aufenthaltes in München. Am 13. Mai 1841 schreibt er in sein Tagebuch:

„Jetzt ist meine Tages- und Studienordnung bestimmt, und zwar auf folgende Weise: Morgens früh aufstehen und das Frühstück zurechtmachen, um sechs Uhr werden hebräische Altertümer bis 7 studiert, Dogmatik bis 8, dann ins Kolleg bis 10, höre dort zuerst hebräische Altertümer, dann Dogmatik, gehe um 10 Uhr nach Hause, studiere Neues Testament bis 11, gehe dann in die Hofkapelle zur Messe, von da essen und bin um ein Uhr wieder zu Hause. Bis 3 Uhr Kirchengeschichte, dann ins Kolleg bis 4, höre dort kirchliche Literatur oder Religionsphilosophie, von 4 bis 5 zu Hause etwas Angenehmes, um 5 Uhr wieder ins Kolleg und höre Kirchengeschichte bis 6 Uhr. Von da an gehen wir Rheinländer, 6 an der Zahl, spazieren, essen etwas zu Nacht und dann jeder gewöhnlich nach Hause. An dieser Ordnung wird selten was geändert“[24].

Das Studium machte ihm Freude, er hörte regelmäßig seine Vorlesungen, fertigte Materialsammlungen an, die leider nicht erhalten sind, und bewältigte einen umfangreichen Lesestoff, von dem später zu berichten ist. Sein künftiger Beruf stand nun an erster Stelle seines Studienalltags.

Eine ähnliche Studienmotivation beflügelte seinen Kommilitonen von Emmanuel von Ketteler.

„Mit Gott wird es nicht der nutzloseste Winter meines Lebens werden … Meine Collegien sind interessant, meine Lehrer vortrefflich und der Geist, mit dem jetzt diese Wissenschaften vorgetragen werden, ist der der Frömmigkeit. Eine tüchtig benutzte Kniebank ist mir bei einem Professor, namentlich der Dogmatik, von größerem Wert wie einige Folianten mehr im Kopfe“[25].

Studienberater und Beichtvater

Kolping hatte sich von seinem früheren Heimatpfarrer von Wahnem, Oberpfarrer in Bonn und eifriger Ultramontaner, an Windischmann empfehlen lassen. Wenn dessen Schreiben auch nicht (pünktlich) eintraf, wurde er doch wohlwollend aufgenommen[26]. Kolping wählte ihn zum Berater seiner Studien und zum Beichtvater. Keinem verdankte er für seine persönliche Entwicklung mehr als diesem nur zwei Jahre älteren Priester. Er verehrte ihn als „einen guten, tätigen Freund, einen wachsamen, umsichtigen Beichtvater“, der für die Studenten aus dem Rheinland alles tue, „was in seinen Kräften steht“[27].

Für Kolpings persönliches und religiöses Leben wurde die Begegnung mit Friedrich Windischmann wegweisend. Er war Sohn des Bonner Mediziners und Philosophen Karl Josef Windischmann, führend im Bonner Romantikerkreis tätig, in dessen Haus Guido Görres während seiner Bonner Studentenzeit wohnte[28]. Mit seinem Vater hatte er in den Jahren 1834/35 für die römischen Zensurbehörden ein Gutachten über die Schriften von Hermes verfaßt, das dessen Verurteilung förderte[29]. Windischmann hatte in Bonn Philosophie, Philologie und Sanskrit studiert und zum Doktor phil. promoviert. Danach nahm er noch in Bonn das Studium der Theologie auf, das er in München fortsetzte und im Jahre der Priesterweihe 1836 mit der theologischen Promotion abschloß. Die Primizpredigt hielt ihm sein Freund Ignaz von Döllinger. Eine akademische Lehrtätigkeit in der Neutestamentlichen Exegese und im Kirchenrecht übte er nur kurz aus, da er Anfang 1840 durch König Ludwig I. ins Münchener Domkapitel berufen wurde[30].

Kolping hat Windischmann als Universitätsprofessor also nicht erlebt. Dafür wurde er durch persönlichen Kontakt zu Windischmann, der auch als Nachfolger des Kölner Erzbischofs im Gespräch war, und dessen Umgebung reichlich entschädigt. Nach dem Tod des Vaters waren Mutter und Schwester des etablierten Familienmitglieds zu ihm nach München gezogen. Das gastfreundliche Haus zählte zahlreiche bekannte Besucher: Görres, Phillips, Döllinger, Reithmayer, Haneberg und Ringseis. Freundschaft verband den gebildeten Mann mit dem Publizisten Jarcke[31]. Aber nicht nur Prominenten standen die Türen des Hauses offen. Lorinser berichtet von einem exegetischen Arbeitskreis bei Windischmann, der sich besonders ausländischer Studierender annahm. „Wir ... saßen auf Stühlen in seiner Wohnung um sein Sofa herum, ... und hörten aus seinem Munde jenen herrlichen Kommentar zum Galaterbrief, den er später drucken ließ und der auf diese Weise entstanden ist“[32]. Auch Ketteler gedachte gern der persönlichen Förderung durch Windischmann: „Überhaupt gehört Windischmann gewiß zu den Männern, für deren Umgang wir Gott ganz besonders zu Dank verpflichtet sind. Er ist für alle jungen Leute vom Rhein und Westfalen der Mittelpunkt, um den sich ihr Leben dreht und von dem sie alle scheiden wie von ihrem geistlichen Vater. Seine jetzige Stellung als Sekretär oder Geistlicher Rat des Erzbischofs zwingt ihn übrigens, sein reiches Talent in Aktenverhandlungen aufzuzehren. So nützlich er auch hier wirken mag, so ist er dort dem unmittelbaren Verkehr mit jungen Leuten, worin die eigentliche Kraft seines Wirkens besteht, sehr, und wenn ich die Rheinländer und uns ausnehme, ganz entzogen“[33].

Windischmanns soziale Einstellung zeigte sich nicht nur im Umgang mit Studenten, mit denen er gemeinsam eine Tirolreise durchführte, sondern auch in seiner Sorge um Bevölkerungsgruppen, die bisher eher vernachlässigt waren[34]. Daraus läßt sich der Schluß ziehen, daß Kolping in methodisch-seelsorglicher Hinsicht mehr von Windischmann profitiert hat als aus theologischen Studien.

Als Priester besaß er Kolpings „unbegrenztes Vertrauen“; seinen Rat betrachtete der Student „stets als einen Wink von oben“[35]. Darum gab er auch seinen ursprünglichen Plan auf, das Studium nach drei Semestern in München weiter zu betreiben und ging nach Bonn. Kolpings Antihermesaonismus hat in München seine Wurzeln und ist durch Windischmann – wenn nicht geweckt – zumindest gefördert worden.

Beim Abschied von München erfüllte ihn die Trennung von seinem geistlichen Freund mit Dank und Wehmut: „Wo finde ich den Geist Windischmanns wieder? Und doch möcht' ich alle Kräfte dransetzen, den an mir selbst auszubilden und in andern zu erwecken. ... Als heilender Arzt pflegt Windischmann den noch Schwachen er, dessen überreiches Herz keine Grenze kennt, der irdische Schutzgeist dessen, der sich einmal an ihn angeschlossen. Ich gehe also nun weg ... und wenn ich etwas zu wünschen habe, so ist es nur, daß Gott mir Gnade gebe, meine Seelenruhe zu bewahren und die Keime, die Windischmanns freundlicher Geist in meine Seele gepflanzt gedeihen und Früchte tragen zu lassen für die Ewigkeit“[36].

Als Windischmanns Kommentar zum Galaterbrief in Buchform erschien, hat Kolping ihn sofort erworben und auch für Verbreitung gesorgt. Er erhielt von einer Mainzer Buchhandlung achtzehn Exemplare, die er an Mitstudenten verteilte[37]. 184

kam Windischmann zu einem Besuch ins Rheinland und besuchte die Theologiestudenten in Bonn, die er während ihres Münchener Aufenthaltes betreut hatte[38]. Neben dienstlichen Verpflichtungen mögen auch private Gründe für die Reise ins Rheinland eine Rolle gespielt haben: Eine Schwester Windischmanns war mit dem Bonner Juristen Ferdinand Walter in Bonn, eine andere mit dem Legationsrat Moritz Lieber in Limburg verheiratet.

Briefe Kolpings an Windischmann sind nicht erhalten, nach Aussage eines Biographen vernichtete er sie aus Sorge um Indiskretionen[39].

Am 7. Oktober 1846 wurde Windischmann von Erzbischof Reisach zum Generalvikar des Erzbistums München-Freising berufen.

Vor der Gründung des Münchener Gesellenvereins konsultierte Kolping seinen früheren Seelenführer und ließ sich bei der Auswahl eines geeigneten Präses beraten. Bei der Einweihung des Münchener Gesellenhauses hielt Windischmann das Festhochamt[40]. Aus Briefen Kolpings an Münchener Bekannte geht hervor, daß seine Kontakte zu seinem ehemaligen Beichtvater nicht abgebrochen waren, denn noch 1855 war er bereit, dessen frühere Einladung anzunehmen. Im gleichen Jahre sandte er ihm seinen „Kalender für das katholische Volk“[41].

Seit 1847 stand er unter dem Einfluß der krankhaften Seherin Louise Beck in Altötting, die er zunächst wegen seiner großen Verschuldung, in die er durch seine grenzenlose Hilfsbereitschaft, aber auch durch die Zahlung zwielichtiger Schweigegelder geraten war, konsultiert hatte. Von dieser Frau ließ er sich in Fragen der Bistumsleitung und der Kirchenpolitik beraten[42].

Kolping hat in diese Beziehungen keinen Einblick gehabt, er bewahrte während seines ganzen Lebens die Erinnerung an den geistlichen Freund. Davon zeugt nicht zuletzt der in seinem Brevier aufgehobene Totenzettel des Verstorbenen[43].

Akademische Lehrer

Bedeutendster akademischer Lehrer Kolpings während der Münchener Studienzeit war Ignaz von Döllinger. Kolping hörte bei ihm Vorlesungen über Religionsphilosophie, kirchliche Literatur, Kirchengeschichte und eine spezielle: dogmatisch-liturgische Abhandlungen über das heilige Meßopfer. Für alle besuchten Veranstaltungen bestätigte der Professor ausgezeichneten Fleiß[44].

Bald verband die beiden nicht nur ein akademisches Lehrer-Schüler-Verhältnis. Kolping schrieb in seiner Freizeit für den Lehrer Manuskripte ab und erhielt von ihm mehrere Bücher zum Geschenk[45]. Neben dem Lehrbuch der Kirchengeschichte las Kolping auch dessen Buch über die Lehre von der Eucharistie. Die intensivere Beschäftigung mit dem Konzil von Trient und die Lektüre der Historiker und Theologen Friedrich von Hurter, Johann Adam Möhler, Kaspar Riffel und Jakob Ruckenstock gehen auf Empfehlungen Döllingers zurück[46].

Damit hatte Kolping sich eine solide Kenntnis der Kirchen- und Dogmengeschichte angeeignet. Diese beiden Fächer verstand Döllinger nicht allein als theologische Disziplinen, sondern auch als intellektuelles Bemühen um grundlegende Glaubenswahrheiten. Nicht nur wissenschaftliche Leistungen des Lehrers, auch seine menschlich gewinnende Art, strebsamen Studenten individuelle Förderung zukommen zu lassen, beeindruckte ihn stark[47].

„Seine angestrengten Studien haben seine Gesundheit schon ganz untergraben. Sein Vortrag ist ruhig, aber eindringlich und zeugt von hartem Verstande. Seine Gesinnung ist durchaus katholisch. Er ist eine Hauptstütze der katholischen Fakultät"[48]. Das bestätigte auch sein Kommilitone Lorinser: „Der ungemeine Scharfsinn und die Klarheit seiner Expositionen zog mich im hohen Grade an, sowie auch meinen Mitschüler, neben dem ich in seinen Vorlesungen regelmäßig saß, dem Baron von Ketteler"[49]. Kolping arbeitet fast täglich in Döllingers Bibliothek und ließ aus Bewunderung für ihn ein Porträt anfertigen, das er in München und im Rheinland unter Studenten abzusetzen gedachte[50]. Seine Begeisterung galt nicht allein der Person, vielmehr den Lehrinhalten und den Methoden. „Mit Wort und Schrift kämpfte Döllinger in vorderster Reihe gegen ein beengendes Staatskirchentum, gegen jede rationalistische Verwässerung der Religion und gegen die Übermacht des Protestantismus in Deutschland. Der junge Professor der Kirchengeschichte kannte nach seinen eigenen Worten in diesen Jahren keinen erhabeneren Beruf als den, ‚mündlich und schriftlich dazu beizutragen, daß die Wahrheit und Alleingültigkeit der katholischen Religion immer mehr erkannt und besonders der Vorwurf der Veränderlichkeit im Glauben, der ihr von protestantischen Theologen so oft gemacht wird', abgewiesen werde. Kirchengeschichte und Patrologie waren es, die ihm den wissenschaftlichen Raum für diese Absichten bieten sollten"[51].

Sicher war Döllinger Vermittler der theologischen Lehre seines Freundes, des vormaligen Tübinger Professors Johann Adam Möhler, dessen Werke Athanasius und Symbolik in Kolpings Leselisten auftauchen[52]. Seinen Einfluß auf Studenten wird man sich nicht groß genug vorstellen können. Lorinser berichtete in seinem Tagebuch: „Das nämlich hier erstens Döllinger, zweitens Döllinger und drittens Döllinger sei (was die hiesigen theologischen Universitätsprofessoren betrifft)"[53]. Und Kolping urteilte noch fast 10 Jahre später: „Die freundlichen Erinnerungen meines Lebens knüpften sich ja auch an jene unvergeßliche Zeit, die ich dort und namentlich bei ihnen zugebracht, die erste kummerlose, ich möchte sagen harmlose Zeit meines Lebens, in der mir zuerst eine Liebe zuteil ward, nach der ich so lange ungestilltes Verlangen getragen"[54].

Döllinger riet Kolping auf dessen Nachfrage, den Koadjutor des Erzbistums Köln um Erlaubnis zu bitten, länger in München studieren zu dürfen. Der Bischof erteilte die Genehmigung, aber Kolping ging auf Weisung seines Beichtvaters Windischmann im Wintersemester 1842 nach Bonn[55]. Noch als Kaplan in Elberfeld hoffte er, Döllinger das Manuskript einer wissenschaftlichen Arbeit aus der Sakramentenlehre vorlegen zu können. Vielleicht hatte er eine Promotion als Ziel vor Augen[56]. Das Vorhaben zerschlug sich, doch die Kontakte zwischen Lehrer und Schüler brachen nicht ab[57]. Döllinger war „geneigt, Auserwählte in die lichten Hallen einer allgemeinen Bildung nach der hohen Auffassung, wie er sie verstand, zu geleiten und zu orientieren. Er tat es nicht in der feierlichen Haltung des Meisters, sondern weckte im vertrauten Verkehre das Selbststudium und lenkte es auf das fruchtverheißende Feld. In dieser Art von Schülern fand und liebte er die Reflexe seines eigenen Wesens. So entstanden und verknüpften sich von selbst die Empfindungen des Bildners und Freundes"[58].

Die „Geneigtheit“ seines Lehrers war für Kolping jedenfalls „eines der schönsten Kleinode“ ..., die er „aus der Schatzkammer Münchens nach Hause getragen“[59]. Inwieweit Döllinger pädagogisches Vorbild für den Studenten wurde, läßt sich nicht festlegen.

Neben seinen wissenschaftlichen Arbeiten fand der Gelehrte noch die Zeit, auch publizistisch und kirchenpolitisch tätig zu werden. Außer Görres hatte auch er entschieden das Verhalten des Kölner Erzbischofs im Mischehenstreit von 1837 gerechtfertigt. Bei der Vorbereitung der Versammlung der deutschen Bischöfe und der Generalversammlung der katholischen Vereine 1848 trat Döllinger als beratender Theologe entschieden für die Freiheit der Kirche ein. Auch die Bemühungen zur Gründung des Bonifatius-Vereins im Jahre 1849 gingen auf den Münchener Gelehrten zurück. Zudem stand Döllinger in enger Verbindung zu den Führern des sozialen Katholizismus in Frankreich. So konnte Kolping erwarten, daß sein Lehrer auch an seinen Aktivitäten interessiert war, die er ihm nicht nur in Briefen darstellte. Er schickte Döllinger seine Erstlingsschrift „Der Gesellenverein“ und seinen Volkskalender[60].

Döllinger schrieb seinem Schüler: „Und erst kürzlich habe ich von Ihrer dortigen Wirksamkeit gehört und mich von Herzen darüber gefreut“[61].

Nach 1860 beschäftigte der Gelehrte sich in wissenschaftlichen Arbeiten und öffentlichen Vorträgen besonders mit dem Papsttum und seiner Geschichte. Er wurde zum Gegner des Dogmas von der Unfehlbarkeit des Papstes, und es kam zum Bruch mit der Kirche, ohne sich freilich dem Altkatholizismus anzuschließen. Diese Entwicklung hat Kolping nicht mehr erlebt.

Bei dem zwei Jahre jüngeren Daniel Bonifaz Haneberg[62], Schüler Döllingers und Windischmanns und außerordentlichem Professor für Altes Testament, hörte Kolping eine Vorlesung über die biblische Archäologie und die Exegese des Buches der Weisheit. In den folgenden Semestern belegte er Einleitung in das Alte Testament sowie die Exegese des Jesaja und der Psalmen. Für diese Vorlesungen wird ihm bestätigt, er habe sie „ausgezeichnet fleißig besucht“[63]. Der Student berichtete, Haneberg „ist noch ein junger Mann, soll aber außerordentliche Kenntnisse besitzen. Im Vortrag ist er noch etwas schüchtern“[64]. Begleitend zu den alttestamentlichen Lehrveranstaltungen las er die Arbeiten von Leopold Ackermann, Joseph Heinrich Alois Gügler und von Johann Heinrich Kalthoff[65]. Er konnte zu dieser Zeit noch nicht ahnen, daß er seinem Lehrer des Alten Testamentes, der sich auch in Erziehung und Missionsvereinen engagierte, bei der Gründung des Münchener Gesellenvereins und der Einweihung des Gesellenhauses wiederbegegnen würde[66].

1854 wurde Haneberg zum Abt von St. Bonifaz gewählt. Vier Jahre vorher war er unter Beibehaltung seiner Professur in diese Benediktinerabtei eingetreten. 1863 war er Gastgeber der ersten Versammlung deutscher katholischer Gelehrter, bei der es zu Differenzen über die beiden Richtungen in der deutschen Theologie kam, die auch Döllinger nur vorübergehend ausschalten konnte[67].

Als Exeget hat sich der sprachenkundige Haneberg ebenso einen Namen gemacht wie als beliebter Prediger. Die historisch-kritische Methode in der Exegese lehnte er scharf ab.

Drei Semester besuchte Kolping das Kolleg von Professor Johann Baptist Herb über spezielle Dogmatik, der ihm „ausgezeichneten Fleiß“ bestätigte[68]. Windischmann hatte ihm die Teilnahme empfohlen. Kolping beurteilte ihn: „Professor Herb ist gar nicht schlecht, und wenn er auch den seligen Klee nicht aufwiegt, so finde ich doch ein gründliches Studium bei ihm, das bei Liebermann, Klee und dem Katechismus Romanus nicht stehen bleibt. Allerdings liegen diese seinen Vorträgen zugrunde, er baut aber weiter, und seine spekulativen Bemerkungen und Entwicklungen gefallen mir ungemein"[69]. Er las auch die einzige wissenschaftliche Veröffentlichung des Dogmatikers[70].

Bei dem Moraltheologen Max von Stadlbaur, Schüler von Baader, Görres und Döllinger, der 1840 Professor in München geworden war, hörte Kolping Moraltheologie sowie ein Kolleg über Pädagogik. Für beides wird ihm ausgezeichneter Fleiß attestiert[71]. Hier findet sich der erste Hinweis, daß Kolping auch mit der Pädagogik Sailers vertraut war[72]. Wenn Stadlbaur wissenschaftlich keine Bedeutung erreichte, so machte er viele Studenten zum ersten Mal mit pädagogischen Fragestellungen aus der Sicht des Theoretikers bekannt.

Bei Professor Franz Xaver Reithmayr studierte Kolping seit dem Wintersemester 1841/42. Er besuchte die Kollegien Einleitung ins Neue Testament, Exegese des Johannes-Evangeliums und über den Lehrbegriff des heiligen Apostels Paulus sowie die Exegese des Kolosser und Philipper-Briefes. Auch dafür wurde ihm ausgezeichneter und rühmlichster Fleiß bescheinigt[73]. Auch Reithmayr war ein Freund Möhlers gewesen und Vermittler seiner Theologie. In der Fakultät nahm er „nur eine sehr bescheidene und untergeordnete Stelle"[74] ein. Seine Vorlesungen waren für Kolping „zum Einschlafen"[75]. Zu Ende der 60er Jahre hat Reithmayr Bedeutung durch die Herausgabe der Bibliothek der Kirchenväter im Kösel-Verlag in Kempten erlangt. Als Studienbücher benutzte Kolping die Einleitung des Neutestamentlers Johann Leonhard Hug und den bekannten Evangelienkommentar von Juan Maldonado[76]. Den neuesten Forschungsstand der Exegese und sich anbahnende Probleme der Textkritik lernte Kolping hier kennen; er verfügte über eine solide Kenntnis der Heiligen Schrift. Das Neue Testament hat er im griechischen Originaltext studiert.

Der bedeutende Philosoph und Publizist Johann Joseph von Görres, dessen Vorlesungen im Normalfall nicht zum Studiengebiet katholischer Theologen gehörten, hat Adolph Kolping für den weiteren Lebensweg entscheidende Impulse mitgegeben[77]. Zunächst berichtete er etwas enttäuscht an seinen Freund Ferdinand Müller: „Görres ist wieder hier, wird aber den Sommer noch schwerlich lesen. Es ist das sehr ärgerlich"[78]. Mitte Juni begann Görres doch noch eine Vorlesung über Mythologie, über die Kolping an seinen Förderer Wollersheim schrieb: „Da gab's Spektakel, das einzige Mal, daß ich das in München gehört habe. Der Hörsaal war gedrängt voll. Er kommt, und als er den Lehrstuhl besteigt, schallt ein dreifaches Hoch, daß man glauben sollte, die Decke berste. Ich hätte ihm auch gerne im Namen der Rheinländer eins zugerufen, aber die andren wollten nicht recht dran. Über seinen Vortrag kann ich Sie lieber Freund, kurz belehren. Man nehme ein Buch von ihm in die Hand, stelle sich einen ältlichen Mann mit runzligen, aber geistreichen Zügen vor, die Haare etwas kraus um den Kopf und die Stirne hängend, ein paar blitzende Augen, ein bewegliches Muskelspiel, ohne Heft und Buch etwas über das Pult gebeugt, und die Sprache, wie sie im Buche steht, tönt Ihnen wie der Sang eines Priesters geheimer Gottheiten entgegen, die ihm soeben die mystischen Worte zuflüstern. Er ist der einzige Görres, das Non

Adolph Kolping als Student. Gemälde von Ferdinand Müller

Maria Helena Meller

Johann Anton Friedrich Baudri

Johann Anton Gruscha

Antonie Mittweg

Ignaz von Döllinger

Franz Xaver Dieringer

August Reichensperger

Franz Mandelartz

Jesus! Maria! Joseph! Johannes!

„Diejenigen, die in der Gerechtigkeit viele unterweisen, werden leuchten wie die Sterne immer und ewig." Dan. 12. 3.

✝

Zur frommen Erinnerung

an den wohlachtbaren Herrn

Johann Gregor Breuer,

ehemals Hauptlehrer der kath. Mädchenschule zu Elberfeld,

welcher zu San Remo am 2. April 1897, Abends 6 Uhr, wohlvorbereitet durch die Heilsmittel unserer Kirche sanft und gottergeben im Herrn entschlafen ist.

Geboren zu Neuß am 26. November 1820, trat der Verstorbene 1838 als Hülfslehrer in Elberfeld ein, wurde 1845 Hauptlehrer der Mädchenschule dortselbst, und wirkte in dieser Eigenschaft unermüdlich bis zu seiner im Jahre 1881 erfolgten Pensionierung.

Im Januar 1847 vermählte er sich mit Gertrud Sibylla Kesseler, welche ihm nach einer 34jährigen glücklichen Ehe in die Ewigkeit voranging. Von sieben Kindern, womit diese Ehe gesegnet worden, nahm der liebe Gott fünf wieder zu sich in den Himmel. —

In seinem schönen Berufe hielt der nun Verewigte es für seine höchste Aufgabe, die Herzen der ihm anvertrauten Kinder zu Gott zu erheben.

Von sichtbarem Segen begleitet war seine Thätigkeit auf dem Gebiete des katholischen Vereinslebens. Die Gesellschaft Parlament, der kath. Mädchen-, der Jungfrauen-, der Frauen-, der Gesellen-, der St. Josephs Spar- und Darlehns-Verein, das St. Joseph-Hospital an der Bergstraße und viele andere gemeinnützige Schöpfungen verdanken ihm ihre Entstehung oder thatkräftige Förderung. Mit Recht konnte der sel. Pastor Friderici s. Zt. von dem Entschlafenen sagen: „Es gibt in unserer Gemeinde kein gutes, irgendwie nennenswertes Werk, das nicht ihm seine Entstehung vorzugsweise verdankt und dem er nicht seine ganze Aufmerksamkeit und Teilnahme gewidmet hat und noch widmet."

Er war ein frommer katholischer Christ, mild und nachsichtig in seinem Urteile über fremde Schwächen, voll Liebe und Duldung gegen Andersgläubige.

Jedem Hülfesuchenden stand sein Haus offen, und wohl niemals ist ein Unglücklicher ungetröstet von ihm gegangen. Im Herbste 1896 verzog er nach Höchst a. M., woselbst er im Hause seines Sohnes so oft Erholung gesucht und gefunden hatte. Hier fing eine innere Krankheit an, seine Kräfte zu verzehren. Mit seinem Sohne, begleitet von einem Krankenbruder, reiste er im Febr. 1897 nach San Remo in der stillen Hoffnung, dort Genesung zu finden. Gott hatte es anders beschlossen. Sein Zustand verschlimmerte sich. In kindlicher Frömmigkeit, durch Gebet und durch öfteren Empfang der hl. Sakramente bereitete er sich auf den Tod vor. In rührenden Briefen, die er nach der Heimat sandte, bat er um Verzeihung, wenn er vielleicht hier und da Einem wehe gethan, und nahm wehmütig Abschied von denen, denen er im Leben näher gestanden hatte.

Es war ihm schmerzlich, fern von der Heimat sterben zu müssen. Aber Gott hatte ihm noch einen besonderen Trost und eine letzte Freude beschieden. Zwei Stunden vor seinem Hinscheiden traf sein Sohn ein, er sah ihn, und sanft und friedlich entschlief er in seinen Armen.

Die sterblichen Überreste wurden nach dem Wunsche des Verstorbenen nach Elberfeld geführt, und dort ruht er auf dem alten Friedhofe neben dem Grabe seiner Gattin.

Ein Sohn, eine Tochter, zwei Schwiegersöhne und 20 Enkel des Heimgegangenen beweinen seinen Verlust, und mit ihnen vereint sich die gesamte kath. Gemeinde zu Elberfeld in stiller Trauer. Sein Andenken bleibe in Segen!

„Ich bitte euch, bei unserem Herrn Jesus Christus und bei der Liebe des heiligen Geistes, daß ihr mir helfet bei Gott mit euren Gebeten für mich." (Röm. 15, 30.)

plus-ultra der neuen Meisterschaft, wofür man ihn hier gern ansieht. Seine Sprache ist ein ewiger Sprudel von Gedanken, Blumen und Wendungen, so daß man nur Ohr sein darf, um alles aufzufassen. Inwieweit sich dieses Urteil sich in der Folge bestätigt, werden wir sehen"[79]. Dies im Wintersemester 1841/42 gehaltene Kolleg von Görres über die „Enzyklopädie und Methodologie des akademischen Unterrichtes"[80] hat Kolping wegen der Teilnahme an der Lehrveranstaltung von Döllinger nicht belegen und auch nicht regelmäßig hören können. 1842 bescheinigte Görres dem Studenten, er habe die Vorlesung Philosophie der Geschichte „mit dem lobenswürdigsten Fleiß und größter Aufmerksamkeit" besucht[81].

Ob Kolping, wie sein Studienfreund Lorinser, auch privater Gast im Haus Görres war, läßt sich nicht sicher entscheiden, ist aber wahrscheinlich[82]. Dieser berichtete von einem solchen Besuch: „Die herzliche Freundlichkeit, mit der er mich aufnahm, tat mir unendlich wohl; ich ... habe dort stets die größte Liebe und Ermunterung in meinem damaligen studentischen Leben erfahren. Man brauchte sich bei Görres in keiner Weise zu genieren, dort war alles so einfach und herzlich, wie das wohl selten bei einem Universitätsprofessor in Deutschland vorgekommen sein möchte; ich wurde eingeladen, jederzeit auch unangemeldet einzutreten; ... fand aber jedesmal, wenn ich erschien, eine höchst interessante und distinguierte Gesellschaft vor"[83]. Ein direkter publizistischer Einfluß des Gelehrten Görres auf Kolping ist nicht nachzuweisen[84].

Görres Lebenswerk zeigt, daß er sich für christlich-konservative politische Grundsätze engagierte und sie vehement verteidigte. Das galt besonders für den Despotismus, aus welcher Richtung er auch immer kommen mochte. Diese Anliegen prägten auch Methodik und Didaktik seiner Reden und Schriften und scheuten darum vor Polemik nicht zurück. Bei einer solch faszinierenden Persönlichkeit liegt es für Hörer wie Leser nahe, Inhalte aufzunehmen, die im einzelnen schwer oder gar nicht nachweisbar sind.

Anregungen von Joseph von Görres und dem Münchener Kreis blieben für die spätere Arbeit Kolpings in Seelsorge, Journalismus und Gesellenverein prägend. Hier erhielt er Hinweise auf Verknüpfung und Abhängigkeit von Religion und Volkstum, von Kirche und Staat, von Arbeit, Leben und Frömmigkeit, die ihn immer wieder beschäftigten und auch zu kritischen Stellungnahmen veranlaßten[85].

Folgende Schriften von Görres hat Kolping jedenfalls gelesen: „Bruder Klaus", „Das Narrenhaus", „Christliche Mystik", „Die Triarier", „Kirche und Staat nach Ablauf der Kölner Irrungen"[86]. „Die christliche Mystik", in der Görres Gegensätze von Naturwissenschaft und Theologie durch eine Lehre von leiblich-geistiger Harmonie aufzulösen versuchte, hat Kolping offensichtlich so begeistert, daß er es auch seinem Freund Theodor Wollersheim übersandte[87].

Förderer

In diesen Kreisen lernte Kolping auch die „Historisch-politischen Blätter" kennen, die der Sohn des berühmten Gelehrten, Guido Görres, gemeinsam mit Georg Phillips herausgab. Diese Zeitschrift war das tonangebende katholische Organ, das auch Kolping später abonnierte und das über den Gesellenverein gelegentlich berichtete[88].

Hier hatte Kolping Anschluß an die katholische Erneuerungsbewegung gefunden und erste Erkenntnisse für eine christliche Reformbewegung gewonnen.

„Die Hauptprobleme der ‚sozialen Frage' erkannten die Historisch-Politischen Blätter in den unmenschlichen Arbeitsverhältnissen und in der Massenarmut, die zu einem leiblichen und geistig-seelischen Niedergang breiter Volksschichten führten, sowie in der sozialen Zweiteilung des Volkes und dem daraus entstehenden Klassenkampf. Die Schuld an diesen Zuständen gaben sie jedoch nicht dem technisch-wirtschaftlichen Fortschritt an sich, was bei der in konservativen Kreisen weitverbreiteten Industriefeindschaft nicht selbstverständlich war, sondern sie stellten als Ursachen vielmehr das Verschwinden der alten Ständeordnung, die ‚Entchristlichung der Gesellschaft', die Vorherrschaft der materiellen Interessen sowie das Streben nach unbegrenzter Kapitalvermehrung und die monopolistische Vermachtung der Wirtschaft heraus. Damit hatten die Historisch-Politischen Blätter zu Beginn der zweiten Jahrhunderthälfte und vor Lassalle, Marx, Engels und auch Ketteler das innerste Lebensgesetz und den eigentlichen Grund der ‚sozialen Frage' ihrer Zeit bloßgelegt"[89].

Der 1828 in Berlin zur katholischen Kirche konvertierte Phillips, an den Kolping durch persönliche Vermittlung verwiesen war, setzte sich für den Studenten ein und verschaffte ihm bei einigen Kollegen den Nachlaß des Hörergeldes. Der in München seit 1834 zunächst für Geschichte, dann für Kirchenrecht tätige Professor, seit 1835 korrespondierendes Mitglied der dänischen Gesellschaft für Altertumskunde, war 1840 aus Gesundheitsgründen und wegen einer Englandreise beurlaubt. Die Bildungswelt Dänemarks und die beginnende Industrialisierung in England kannte er zumindest in Ansätzen.

Der Umgang im Hause Phillips, der „zu den liebsten Erinnerungen"[90] Kettelers gehörte, hat auch auf Kolping bleibenden Eindruck gemacht. Kolpings Kommilitone Lorinser, der über Windischmann Kontakte zu Phillips hatte, beschreibt ihn: „Der liebe Phillips, dessen kleine Körpergröße trotz seiner quecksilberartigen Beweglichkeit, es ihm zur Not nur ermöglichte, die Klinke der kollossalen Tür des Hörsaales in der neuen Universität bequem zu erreichen, war auch in seinem Vortrag höchst originell. Die Größe der Katheder ... gab ihm Gelegenheit, bei seinem Vortrage auf dem Katheder beständig auf- und abzulaufen; stillzustehen, war ihm bei seinen Vorträgen kaum möglich"[91]. Der Romantik verpflichtet, galt er als ein Vorkämpfer des kirchlichen Bewußtseins im 19. Jahrhundert. „Seine damalige politische Richtung dürfte ein Artikel in den Historisch-politischen Blättern von 1848 umreißen, der vermutlich aus seiner Feder stammt, in dem er nachdrücklich für Deutschlands Größe eintritt, an welcher ‚die deutschen Katholiken und die deutschen Protestanten' ein völlig gleiches Interesse hätten. Um dieses Ziel zu erreichen, gelte es, das deutsche Grundübel zu beseitigen, ‚daß die religiöse Spaltung bis auf den heutigen Tag zu politischen Zwecken ausgebeutet worden ist, das ist der Wurm, der an unserem deutschen Leben nagt, und dieser muß getötet werden'"[92].

Solche Überzeugungen, die in seinem Hause gern gewährte Gastfreundschaft und die originelle und erquickende Vortragsweise mögen Kolpings Beziehung zu Phillips vertieft haben. Als Mitglied der Frankfurter Nationalversammlung und an der Vorbereitung der ersten Bischofskonferenz gemeinsam mit Döllinger maßgeblich beteiligt, gewann er überregionales Ansehen. Die Beziehungen zu Kolping hatten auch über die Münchener Zeit hinaus Bestand. Über Döllinger ließ Kolping Phillips seine Broschüre „Der Gesellenverein“ zustellen, mit der Bitte an ihn und Guido Görres, sie in den „Historisch-politischen Blättern“ anzuzeigen[93].

Seit 1851 wirkte er als Professor in Wien. Kolping hat bei seinen Aufenthalten in dieser Stadt wohl die Verbindung zu seinem Förderer der Studentenzeit aufrecht erhalten, denn 1861 waren die beiden gemeinsam zur Kur in Ostende und haben sich auf den Katholikentagen in Aachen und Würzburg getroffen[94].

Die Rechte der Kirche ganz entschieden zu vertreten, war sein Lebensziel, denn für Phillips ist „die Kirche das einzige von Gott gegründete Reich, kann keinem Staat untertänig sein; so wenig als Kunst und Wissenschaft durch eine Territorialgrenze sich absperren lassen, ebenso wenig kann die Kirche mit ihrer göttlichen Lehre und mit ihren auf dieser beruhenden Rechten sich dem in der Welt geltenden Recht unterordnen“[95].

Nach seiner Vorstellung ist alle Gewalt einzig und ungeteilt von Gott verliehen. Sie wirkt wie die drei Ämter Christi als Lehr-, Weihe- und Hirtengewalt. Staat und Kirche sind zur gemeinschaftlichen Regierung bestellt unter dem Prinzip der gegenseitigen Hilfeleistung.

Der Papst war für Phillips der Mittelpunkt der Kirche, die Unfehlbarkeit bereits 1846 logische Konsequenz aus seinem Kirchenverständnis. Den Kirchenstaat bezeichnete er „als das Fundament des monarchischen Prinzips“[96].

Förderung erhielt Kolping auch von dem Münchener Gymnasiallehrer und Kanoniker von St. Kajetan, Johann Baptist Schwarz, einem „trefflichen Freund“[97], der ihn in Geschichte und Kultur der Stadt sowie in das bayrische Volksleben einführte und dessen Bibliothek er benutzen durfte. Für diese Hilfen war Kolping so dankbar, daß er seinem Förderer ein Reiseandenken aus Tirol mitbrachte[98].

Ähnliche Hilfen beim Einleben in die neue Umgebung leistete ein weit jüngerer Mann, der aus dem Rheinland stammende Maler Wilhelm Asselborn[99]. Er war mit Kolpings Freund Ferdinand Müller bekannt und studierte seit 1838 an der Akademie der Bildenden Künste. Kolping fand zu ihm schnell guten Kontakt. „Er ist ein schlichter, guter Mensch, den ich gern um mich sehe“[100]. Asselborn führte ihn „in das Verständnis der Kunst“ ein und die beiden verlebten „viele angenehme Stunden“[101]. Diese in München geknüpfte Freundschaft bewährte sich auch im späteren Leben.

Kunst

Kulturelles Interesse Kolpings zeigen Besuche von Museen und Theater. Die Beschäftigung mit christlicher Kunst und Architektur rundet das fächerübergreifende Studium ab.

„Heute habe ich drei Hauptteile Münchens in Augenschein genommen. Diesen Morgen eine prächtige Kirche, hörte dort eine noch schönere Predigt von Eberhard über den Glauben, deren ich nie eine eindringlichere und gewaltigere hörte, ging dann mit Schüller nach der Pinakothek, eines der schönsten Gebäude Münchens, das einen ungeheuren Kunstwert in sich faßt, und studierte dort die verschiedenen Malerschulen. ... In einem fortwährenden Sinnenrausche wandelt man von einem Bilde zum andern, von einem Meister zum andern. Hier lernt man erst die Kunst in ihrer vollen, schönen Bedeutung kennen und spürt die gewaltige Kraft, die sie auf den Menschen ausübt. Jahrelang, möcht' ich sagen, könnte man durch diese Säle wandeln und schauen und nachdenken, so lang und so weit die menschliche Seele es vermag. Nächstens und bei näherer Bekanntschaft werde ich nach meiner Weise über die einzelnen Kunstwerke sprechen. Heute abend besuchte ich das königliche Theater. Goethes Faust wurde gegeben. Die Darstellung gefiel sehr, das Theater ist übrigens nicht sonderlich prächtig"[102].

Von den italienischen Malern beeindruckte Raffael den Studenten Kolping am meisten. Beschäftigt hat er sich auch mit Kunstwerken der italienischen Künstler Corregio, Tizian und Reni. Von den Niederländern kannte er Arbeiten von Goes und Rubens[103]. „Wie ganz anders verhält es sich dagegen mit den Bildwerken der alten deutschen Schule, mit der italienischen, auch mit der neuern, wie sie bei Cornelius, Hess etc., wenn auch in geringerem Grade, hervortritt. Selbst bei den steifen, übelgezeichneten altdeutscshen Bildern verweilt man noch immer gern. Ihr tiefreligiöser Sinn, ihre reine, herzliche Gemütlichkeit, eine Frömmigkeit, die sich fast bis zum Heiligen hebt, spricht das christliche Herz so mächtig an, tut dem innern, bessern Gefühl so wohl, daß man die übrigen Fehler dabei leicht übersieht. Verwandtschaftliche Regungen entstehen im Innern und wohltuend und erquickend wirken sie noch lange nachher. Die Italiener, Raffael, Guido Reni, Coreggio etc., haben hier das Größte geleistet. Diese dachten christlich, waren ganz in der christlichen Poesie aufgegangen, und deshalb reißen auch ihre Werke zu solcher staunenden Bewunderung hin. Von ihren Bildern weg kann man sich in den Himmel träumen. In den neuern lebt die Innigkeit der Empfindung nicht, wie bei den Italienern, wenn sie sie auch in der Form fast erreicht haben. Doch darüber ein anderes Mal"[104].

Von zeitgenössischen Künstlern schätzte Kolping den Italiener Antonio Canova und den Tiroler Anton Joseph Koch. Die Nazarener Peter von Cornelius, Franz Ittenbach und Heinrich Maria von Hess sagten ihm wegen ihrer Gemälde mit überwiegend religiöser Thematik besonders zu. Den Maler Ernst Deger lernte er in München persönlich kennen, Friedrich Wilhelm von Schadow war ein Förderer des Düsseldorfer Gesellenvereins[105]. Auch die Beschäftigung mit bekannten Künstlern machte aus Kolping keinen Sachverständigen. Das wußte er und gestand: „Ich will gern gestehen, ein rechtschaffen zugeschulter Kunstkenner und Bewunderer bin ich nicht, vielleicht bin ich zu kühl oder meine Phantasie fliegt zu hoch"[106]. Er maß alle religiöse Kunst – andere interessierte ihn nur am Rande – nur daran, ob sie Gefühl und Empfinden des Betrachters anspricht und so für die persönliche Frömmigkeit bildend wirkt. In diesem Sinn verstand Kolping sich als Kunstliebhaber. „Jede gute Offenbarung, und das ist ja auch die wahre Kunst, kommt von oben"[107].

Lektüre

Während seines Studiums hat Kolping einen umfangreichen Lesestoff bewältigt, der sich nicht allein auf theologische Lehrbücher und Standardwerke beschränkte. In seiner Lektüreliste sind vierzig zum Teil mehrbändige Werke aufgeführt[108].

Die Dogmatik des Liebermannschülers Heinrich Klee und die Symbolik und der Athanasius von Johann Adam Möhler, dem Vorgänger Klees auf dem Münchener Lehrstuhl, gehörten mit zu den bedeutenden dogmatischen Arbeiten des 19. Jahrhunderts[109]. Möhler bemühte sich besonders um das ökumenische Gespräch, das er von zwei Seiten als gefährdet ansah.

„Eine unsachliche Polemik drohte immer wieder am anderen vorbeizulenken und sein Christsein, ja selbst seinen guten Willen zu verkennen. Führte das eine letztlich zu einer dauernden Spaltung, so standen am Ende des anderen bestenfalls ‚Vereinigungen im Unglauben', nämlich ‚solche, in welchen man sich gegenseitig das Recht einräumte, zu meinen was man will' ... Im Dienste der sofortigen Begegnung und wechselseitiger Hilfe und im Hinblick auf die ersehnte volle Einheit mußte demnach in Liebe um die Wahrheit gerungen werden. Als erstes stand an, den anderen so zu nehmen, wie er sich selbst sieht und gibt. Nicht Urteile über ihn, sondern seine eigene Stimme mußte gehört werden"[110].

Da Kolping sich auch unter Anleitung von Döllinger ausgiebig mit Reformationsgeschichte befaßt hatte, war er auf seine priesterliche Tätigkeit im überwiegend protestantischen Wuppertal theoretisch und theologisch ordentlich vorbereitet. Die Bedeutung, die Jesus Christus in der Theologie Möhlers zukommt, übernahm Kolping nicht nur in sein theologisches Wissen; sie hat auch sein geistliches Leben mitgeprägt. „In Jesus Christus gründet schlechterdings alles: Kirche und Welt gehen auf ihn zurück und bleiben auf ihn bezogen. Nicht nur ihr Ursprung, auch ihre Konkretgestalt verdanken ihm das Entscheidende. Daher sind sie nur von ihm her zu erfassen. Alles ist ‚ungewiß und schwebend, ja nichtig, wenn Christus nicht wahrer Gott ist'. Möhler beeilt sich hinzuzufügen: ‚So haben auch zu allen Zeiten alle wahren Christen gedacht; mit Christus war ihnen Alles gegeben und gewiß, ohne ihn nichts"[111].

Die Arbeiten von Georg Philipp Ludolph von Beckedorff, Leonhard Clemens Schmitt und Patrizius Wittmann gehörten nicht gerade zu den anspruchsvollen theologischen Publikationen[112]. Bemerkenswert ist jedenfalls die Lektüre von Schriften des zeitweiligen Lammenaisanhängers Gerbet und des am französischen „Univers" tätigen Publizisten Veuillot[113]. Im Verhältnis zu anderen theologischen Disziplinen räumte Kolping bei seinem Bücherstudium der Dogmatik einen Vorrang ein.

Vor allem fällt bei Kolpings Studien auf, daß der Philosophie wenig Raum gewidmet ist. Grundkenntnisse der Logik eignete er sich durch ein Handbuch an. Geschichte der Philosophie betrieb er etwas ausführlicher. Die neuere Philosophie konnte er mit dem von ihm benutzten Werk nicht kennenlernen, da es die Geschichte der Philosophie mit Immanuel Kant (1724 – 1804) abschloß[114].

Kolping las aber auch Schriften, die mit dem Studienfach wenig oder gar nichts zu tun hatten, die aber zumindest den Schluß auf ein überdurchschnittliches literarisches Interesse zulassen. Er las die Erzählungen des Konvertiten und späteren Wiener Dompredigers Johann Emanuel Veith (1787 – 1800) und sämtliche Werke des romantischen Volksschriftstellers und späteren Bischofs von Erlau, Johann Pyrker von Hohenwart (1772 – 1847), der mit kräftiger Sprache und anschaulichen Schilderungen recht erfolgreich war[115]. Auf eine Empfehlung seines Studienfreundes Lorinser ging möglicherweise die Lektüre der Schauspiele des Spaniers Pedro Calderon de la Barca (1600 – 1681) zurück. Die Dichtungen religiösen Inhalts befassen sich vornehmlich mit zwei Themenkreisen, nämlich der Fronleichnamsprozession und dem Altarssakrament als Mittel des religiösen Lebens einer erlösten Menschheit[116]. Mit italienischer Literatur beschäftigte Kolping sich wohl auch deshalb mehr, weil er begonnen hatte, die italienische Sprache zu lernen. Dem Dichterfürsten Italiens, Dante, hatte er schon 1840 in Kerpen ein Gedicht gewidmet. In München las er die „Göttliche Komödie", deren Kenntnis er in der Bonner Zeit noch durch eine Vorlesung zum Thema vertiefte[117]. Ausgewählte Komödien des Lustspieldichters Carlo Goldoni (1707–1793) lockerten den Lektüreplan auf[118].

Als den hervorragenden Vertreter der italienischen Romantik lernte er Alessandro Manzoni (1785–1873) mit seinem epochemachenden Roman „I promessi Sposi" kennen[119]. Ganz im Bereich geistlicher Lektüre lag der aus dem Englischen übersetzte religiöse Roman „Geraldine oder Geschichte der Führung einer Seele." Das Buch war ein ausgesprochener Publikumserfolg; auch Ketteler hat es begeistert gelesen[120].

Religiöses Leben

München galt in den vierziger Jahren des vorigen Jahrhunderts als katholische Stadt. Königshaus, Universität und Bildungsstätten waren vom Katholizismus geprägt. Diese Umwelt formte auch studentisches Leben, ganz besonders Priesteramtskandidaten aus vielen deutschsprachigen Diözesen. Für das geitstliche und religiöse Leben Kolpings ist sein Tagebuch die wichtigste Quelle. Regelmäßige Mitfeier der Messe galt ihm als Selbstverständlichkeit. „Lebensquelle des Katholizismus ist die Eucharistie und das damit verbundene Meßopfer"[121]. Gottesdienstbesuche und besondere religiöse Ereignisse wie Fronleichnamsprozession, eine Bischofsweihe, die Einkleidung von Ordensschwestern fanden Aufnahme ins Tagebuch. Art und Weise der Niederschrift lassen bei emotionaler Bewegung aufrichtige Frömmigkeit erkennen[122]. „Ein Sonntag in München ist immer ein merkwürdiger Tag; dann gibt's zu schauen, zu betrachten, zu genießen die Masse. Man kann nicht früh genug aufstehen. Man geht dann am besten in die Kirche und hört mit wahrer Andacht eine heilige Messe, später ist das doch nicht mehr so gut möglich. Heute ging ich gegen acht zur Jesuitenkirche, den Prediger Eberhard zu hören, dann wohnte ich dem feierlichen Hochamte bei, das wirklich mit aller Pracht, wie man's nur zu Köln sehen kann, begangen wurde"[123].

Hinter religiösen und kirchlichen Berichten standen andere Eintragungen weit zurück. Besonders auffällig sind die Notizen über Predigten des schon genannten Eberhard, des Professors Reithmayr über die Passion Christi und eine Marienpredigt von Rammoser[124]. Kolping erlebte zum ersten Mal in München einen volksnahen Katholizismus mit triumphalistischen Zügen.

Es ist davon auszugehen, daß während der Münchener Studienzeit sich Kolpings Berufung zum Priestertum endgültig klärte. Er berichtete darüber einem Bekannten: „Ja, einen langen, Gott sei Dank harten, aber wie ich hoffe sichern Weg, hat mich unser Herrgott geführt; er wird mir auch noch ferner helfen, des bin ich gewiß"[125]. Das unerschütterliche Gottvertrauen, das ihm während seines ganzen Lebens erhalten blieb, das sogar wuchs, gab ihm eine Sicherheit, die für Außenstehende an Naivität grenzt und für Kolping seinen Grund in der Gemeinschaft mit Christus hat: „Gestern norgen empfing ich aus den Händen Herrn Prof. Döllingers das Brot des Lebens. Meine Seele war bis in den tiefsten Grund erschüttert. Ich kann mich nicht mehr als ebenslustigen Studenten denken, bin ich doch schon mit meinem Erlöser in eine Gemeinschaft des Lebens getreten, in der sich der ganze Ernst des Lebens ziemt. Von nir ab will ich werfen die Eitelkeit des Lebens, die Lust der Sinne und den trügerichen Schein der Welt, in dem ich mich bisher noch oft so wohl gefiel. Nur eines ist Weisheit: Gott kennen und ihm allein dienen"[126].

Er hatte keine größeren Glaubenszweifel zu überwinden, vielmehr deutet alles darauf hin, daß er seine dortige Umwelt bereits mit den Augen des künftigen Seelsorgers betrachtete: „Wie manches im Leben hat sich geändert, auch ich bin nicht mehr der alte, ich fühle es. Alles hat für mich einen ernstern Anstrich bekommen. Die Blüten sind abgefallen, die Frucht bildet sich, möchte sie reifen zum Nutzen meiner Mitbrüder"[127]. Das Bemühen, wissenschaftliches Studium und spirituelle Vorbereitung auf das Priestertum miteinander zu verbinden, hatte für Kolping in München jedenfalls Erfolg. „Ich will mit der Gnade Gottes zur Vollkommenheit streben, denn auch mir hat der Erlöser gesagt: Tu sequere me! Ernstliches Nachdenken über meinen hohen Beruf sei meine tägliche Beschäftigung. Diesen ernstlichen Vorsatz auszuführen soll und muß ich mir alle Mühe geben. Unterstütze mich, o Herr, mit deiner Gnade, denn ohne dich vermag ich nichts"[128]!

Studentenverbindung

Für das gesellige Leben der Studenten, das nicht zu kurz kam, spielten informelle Gruppen, die sich zunächst landsmannschaftlich zusammensetzten, eine wichtige Rolle, da Studentenverbindungen vor 1848 offiziell nicht existieren durften[129]. Die rheinländischen, westfälischen und andere preußische Studenten, die als Ausländer galten, hatten sich zunächst um Windischmann gesammelt. Kolping als einer der ältesten übernahm die Führungsrolle in dieser Vereinigung, zu der zeitweise 18 Theologen aus dem Rheinland gehörten und trug wie in solchen Verbindungen üblich – einen Biernamen. Seine Freunde nannten ihn „Etzel"[130].

„Mein Leben gestaltet sich freundlich genug. Die rheinländischen Theologen, meist herzlich gute Leute, mit denen sich wohl umgehen läßt. Dank dem Himmel für so vieles Gute"[131]. Engere Kontakte pflegte Kolping zu dem aus Breslau stammenden Franz Lorinser, den Essenern Brenner, Feldhaus und Nottebaum sowie dem Rheinländer Schüller, auf dessen mehrtägiger Primizfeier im Mai 1843 ihm „der Humor nicht ausging"[132]. Seinen späteren Amtsvorgänger in Elberfeld traf er ebenfalls in diesem Kreis. Auch Ferdinand Müller, der zeitweise bei ihm in München wohnte, gehörte zu diesem Freundeskreis. Er trug den Biernamen „Minus". Lorinser wurde „Quemadmodum" gerufen, Peiffer hörte auf „Narzissa"[133].

Lorinser, der in München über ausgezeichnete Verbindungen verfügte, schildert Kolping und den Kreis rheinischer Studenten: „Er überragte uns alle an Jahren, wenn auch nicht an Semestern seiner theologischen Studien, die er damals kaum erst angefangen hatte, und war faktisch der Mittelpunkt und das Haupt unserer freilich namenlosen Verbindung norddeutscher (d.i. preußischer) Studenten, die sich in diesem Jahre in München zufällig zusammengefunden hatten, und in ganz natürlicher Weise, ohne irgendeine bindende Form der Vereinigung zusammenhielten. Ich hatte mich speziell an ihn angeschlossen und er führte mich einmal ... bis zu einer kleinen, sehr einsamen Restauration, wo man sehr gute *Milch* bekam. Aber auch im Münchener *Bier*, und den Orten, wo es besonders gut ausgeschenkt wurde, war er bewandert"[134].

Der spätere Domkapitular und Kirchenblattredakteur bringt seine persönlichen Erinnerungen an die Studienzeit in engen Zusammenhang mit dem priesterlichen Wirken Kolpings. „Von den Rheinländern ist zunächst der liebe *Kolping*, ... ein echtes Kölner Kind, voll von Geist und Humor, ... eine feurige, mir höchst sympathische und energische Natur, ... durchaus kein Phantast, sondern nüchtern und praktisch auf sein Ziel lossteuernd ... Sein Ziel war aber damals schon, was aus vielen seiner Äußerungen hervorging, auf die priesterliche und christlich-pädagogische Beeinflussung des Handwerkerstandes, ... fortwährend gerichtet"[135].

Nun ist in der Tat nachweisbar, daß Kolping bei seinen Beschreibungen und Schilderungen seiner Umgebung das Volksleben besonders genau beobachtete. Zünfte, Bruderschaften, Handwerk, Herbergen und Gewerbebetriebe interessierten ihn stark[136]. Mit Fragen der Volksbildung und ihrer Bedeutung hatte er sich schon als Gymnasiast näher befaßt.

Ketteler

Auch der spätere Mainzer Bischof Wilhelm Emmanuel von Ketteler gehörte zu den preußischen Studenten in München. Ketteler – zwei Jahre älter und wie Kolping Spätberufener – kam im Wintersemester 1841 an die bayrische Universität[137]. Die nach der Jahrhundertwende in die Literatur eingegangene rührende Geschichte, die beiden Spätberufenen hätten sich in München zum Schmieden von sozial-reformerischen Plänen für den Arbeiter- und Handwerkerstand zusammengesetzt und Ketteler habe Kolpings Ideen korrigiert, läßt sich nach den Quellen nicht bestätigen[138]. Sie wohnten zwar beide in der Nähe der Universität und verkehrten nachweislich in denselben Kreisen. So erfahren wir von Lorinser: „Bei Phillips habe ich auch einen Baron Ketteler kennengelernt, der, nachdem er seine juristische Laufbahn aufgegeben, jetzt hier Theologie zu studieren anfängt und mir sehr gefällt"[139].

Da Kolping auch im Hause Phillips verkehrte und die ausländischen Studenten zahlenmäßig wenig waren, haben die beiden sich in der Tat persönlich kennengelernt[140]. Aber weder in Kolpings noch in Kettelers Briefen und Tagebüchern der Münchener Zeit findet sich der jeweils andere Name. Ketteler gehörte auch nicht zu der Studentenverbindung, von der Lorinser berichtete. Den ersten sicheren Nachweis über einen Kontakt der beiden Studenten bietet eine Briefnotiz. „Durch Herrn von Ketteler habe ich ihre geschätzte Schrift erhalten ..."[141]. Man muß sich vergegenwärtigen: auf der einen Seite der westfälische Adlige mit abgeschlossenem Jurastudium und wegen der preußischen Kirchenpolitik aus dem Staatsdienst ausgeschieden, auf der anderen Seite der zwei Jahre jüngere Landarbeitersohn mit handwerklicher Berufserfahrung. Beide wollten Priester werden, waren von der Münchener Romantik geprägt lasen gleiche Autoren, machten ähnliche Reisen. Sie kamen aber aus völlig anderen Schichten und brachten auch für das Studium ganz unterschiedliche Voraussetzungen mit[142].

Studienfinanzierung

Nach der Gymnasialzeit hatte Kolping zum ersten Mal keine größeren finanziellen Sorgen. Von seiner Kerpener Gönnerin Maria Helena Meller erhielt Kolping eine Rente von dreihundert Thalern pro Jahr[143]. Der sparsame und wahrhaftig nicht anspruchsvolle Student empfand die Kosten für den Lebensunterhalt in München aber beachtlich. „Mit der Billigkeit ist's übrigens so weit nicht her, doch hoffe ich, mit 200 Talern auszukommen." Humorvoll fügt er hinzu: „Man muß dabei rechnen, daß hier das Jahr 12 Monate hat, d. h., daß man ein rundes Jahr in Kosten ist"[144].

Aber Kolping saß nie auf seinen Reichtümern, mochten sie auch noch so bescheiden sein. Nach dem Sommersemester 1841 kehrten vier Düsseldorfer in die Heimat zurück. Ihnen hatte Kolping Geld für die Heimreise geliehen und saß „nun selbst fast auf dem Trockenen ... So verdirbt man sich durch allzugroße Gutmütigkeit den eigenen Handel"[145].

Hilfe der Familie und von weiteren Freunden blieb dann nicht aus. Sein Kölner Förderer Wallraf hatte ihn auch mit Barmitteln unterstützt, die Kolping nach der Ferienreise jedenfalls gut brauchen konnte[146]. Im Juli 1842 erhielt er zusätzlich 40 Taler von zu Hause, mit denen er aber nicht auskam. Er mußte um eine zusätzliche Geldsendung bitten[147].

Studienreise

Bei aller Liebe zur Wissenschaft hat Kolping immer den Bezug zur Praxis gesehen und großen Wert darauf gelegt, sich volksnah auf seine priesterliche Tätigkeit vorzubereiten. Diesem Ziel diente neben anderen auch eine Fußwanderung, die er im Herbst 1841 über Innsbruck, Bozen, Meran, Verona bis nach Venedig und wieder zurück nach München gemeinsam mit Freunden unternahm. Eine Studienreise nach Italien gehörte damals wie selbstverständlich zum außeruniversitären Bildungsprogramm.

Kolping führte regelmäßig ein Reisetagebuch „Notizen gesammelt auf der Reise durch Tirol im Herbste des Jahres 1841"[148]. Alle ihm wichtig erscheinenden Eindrücke, Begegnungen und Erfahrungen schrieb er auf unter dem deutlich erkennbaren Leitgedanken, seine Reiseerlebnisse auch Angehörigen und Freunden durch Lektüre dieses Büchleins vermitteln zu können. „Man wird ihm's gleich ansehen, daß es nur oberflächlich, oft mit großer Eile zusammengeschrieben ist, manchmal fehlen sogar die Hauptsachen drin, und, anstatt daß ich von dem Lande und seinen Bewohnern reden sollte, steht meine eigene werte Person mit ihren Gefühlen, Gebrechen und Leiden mit nicht wenig Selbstgefälligkeit im Vordergrunde. Nun könnte ich zwar eine Menge Entschuldigungsgründe dafür anführen, Müdigkeit, wenig Zeit, eine plauderlustige Gesellschaft usw., indes ist das nicht immer ein großes Hindernis, die Sache so hinzuschreiben, wie sie sein soll; vielmehr liegt der Grund tiefer, in dem Bestreben nämlich, mich immer meinen Lieben, läsen sie einmal meine Reise, doch ja vor Augen zu halten"[149]. Auf das Unternehmen hat Kolping sich intensiv vorbereitet. Er verfügte über Grundkenntnisse der italienischen Sprache. Einen damals weit verbreiteten Reiseführer hat er gründlich durchgearbeitet und kritisch benutzt[150].

Kolping machte die Reise gemeinsam mit seinem Freund Ferdinand Müller, der als Kunststudent auch deren Verlauf mitbestimmte. Zeitweise schlossen sich ihnen die aus München bekannten Theologen Schüller, Brenner und Nottebaum an. Man wanderte im Schnitt 11 Stunden pro Tag; für die Strecke von Padua bis Innsbruck brauchten sie eine Woche, eine beachtliche physische Leistung. Kolping hatte offensichtlich genügend Durchhaltevermögen, er konnte noch für andere Gepäck tragen[151]. Regelmäßiges Gebet und Gottesdienstbesuche waren für die Gruppe selbstverständlich. Klosterbesichtigungen bei den Jesuiten und Redemptoristen in Innsbruck, in Venedig bei den Mechitharisten und in Padua bei den Franziskaner-Minoriten zählen zu den integrienden Bestandteilen des Reiseprogramms[152]. Begeistert berichtete er über die Führung im Innsbrucker Museum Ferdinandeum durch Alois Kasimir Flir (1805 bis 1859). Nachlaß und Erinnerungsstücke des Tiroler Freiheitshelden Andreas Hofer (1767–1810) faszinierten Kolping so, daß er einen kurzen Lebensabriß mitteilte und sich freute, dessen Hosenträger anzulegen. Hofers Abschiedsbrief an die Familie verglich er mit den Briefen frühchristlicher Martyrer: „dieselbe Naivität, dasselbe Gottvertrauen, rührende Einfalt mit tiefem, aber wahrhaft männlichen Gemüt"[153].

Zeit und Raum sind unveränderliche Größen. Wie aber Zeit und Raum von Menschen erlebt wurden und werden, unterliegt einem immensen historischen Wandel. Volksbräuche, Trachten, Wallfahrtsorte, kleine, intakte Städte, Klöster und Kirchen – all das erlebte Kolping als Zeugnisse, daß Zeit in einem begrenzten Raum „stehen bleiben" kann. Einzige Verkehrsmittel waren Kutsche und Schiff, die sich die große Mehrheit der Bevölkerung jedoch nicht leisten konnten. Diese Menschen bewegten andere Gedanken, sie hatten auch eine andere Mentalität, wenn der nächste Ort oder das Nachbartal einen oder mehrere Tagesmärsche entfernt waren.

Berichte über aufwendige Straßen- und Wegebauten, Seidengewinnung in Rovereto, Kunstschnitzereien in St. Ulrich im Grödnertal, Schiffsbau in Venedig sowie Perlenherstellung in Murano zeigen Kolpings großes Interesse an menschlichen Arbeitsprozessen. Dazu einige Beispiele: „Sonderbar ist es, daß die meisten Handwerker ihr Gewerbe wenn nicht ganz auf der Straße, doch sehr nahe daran treiben. Viele Schuster haben wir schon auf Straße, irgend in einer Ecke gefunden und dort drauflos schustern"[154].

„Übrigens ist Rovereto die schönste Stadt, die ich noch auf der Reise getroffen, prächtige Gebäude sind da zu sehen, wo die reichen Seidenhändler wohnen. Man hatte uns ein Wirtshaus ‚Zum deutschen Peter', empfohlen, indes fanden wir nur eine gewöhnliche Gesellenherberge ... Dann gingen wir in eine Seidenspinnerei, und [!] das Geschäft mal anzusehen. Das Ding ist sehr einfach und sehr kunstreich ... Alles geht überaus schnell vonstatten. Ein Aufseher geht dazwischen hin und hält Ordnung. Der Fremde kann da frei eintreten und zuschauen. Welch ein Kapital aber zu einem solchen Geschäfte gehören muß, sahen wir erst, als wir in die untern Räume gelangten, wo die Kokons in großen Haufen aufgeschichtet lagen"[155].

Bei seinen Beobachtungen der Arbeitswelt sprach er von der „arbeitenden oder handelnden Klasse“ und nahm es humorvoll, daß er und seine Begleiter als „ordentliche Handwerksgesellen“ angesehen wurden[156]. Beschreibungen von Naturschönheiten und Begegnungen mit den Menschen, Bauern, Obstverkäuferinnen, Tirolern und Italienern runden den Bericht ab.

„Glanzpunkt“ der Reise war der Besuch der Tropfsteinhöhle bei Oliero[157].

Die Reisenden besuchten die von Martin Knoller (1725–1804) ausgemalte Servitenkirche bei Volders in der Nähe von Innsbruck. Die Stiftskirche von Gries bei Bozen, ebenfalls von Knoller gestaltet, blieb ihnen wegen eines Gottesdienstes zur Innenbesichtigung versperrt[158]. In Steinach bewunderten sie Knollers Geburtshaus und die von ihm für die dortige Pfarrkirche gemalten Altarbilder. „Zart und edel ist sein Stil, seine Anordnung meisterhaft, das Ganze spricht zum Verstande und zum Herzen, es ist die wahre christliche Kunst“[159].

Besuche in Kirchen und religiöses Brauchtum werden ausführlich geschildert und eigene Empfindungen und Gefühle mitgeteilt. Religiöse Erfahrungen Kolpings bilden einen Schwerpunkt während dieser Zeit. Gelegentlich entsteht der Eindruck, die Reise habe für Kolping Wallfahrtscharakter gehabt. „Heute waren wir wieder zu unserem gute Padre beschieden ... Gegen acht Uhr waren wir im Kloster. Dort zeigte man uns die Schatzkammer, aber nicht eine voll Silber und Gold, sondern mit einer Menge Reliquien ausgestatte. Das Merkwürdigste darunter ist ein Fläschchen mit dem Blute Christi ... ein Dorn aus der Dornenkrone des Erlösers und einige Leiber von Heiligen der ersten Zeiten des Christentums, die als Blutzeugen für das Christentum starben ... Interessant war eine Sammlung von Briefen, die alle von heiligen Personen herrührten, worunter sich ein eigenhändiger Brief des heiligen Aloysius befand, den er an seine Mutter geschrieben“[160].

Besondere Verehrung hegte Kolping für den Volksheiligen von Padua. „Dort wollten wir noch einmal an dem Grabe des heiligen Antonius beten ... die dortigen Reliquien verehren ... Der Padre ... ließ sich unser Wohlbefinden so wohl angelegen sein, als ob er unser Vater wäre“[161]. Persönliche Begegnung, geistliche Führung und Sorge um leibliches Wohlergehen, dieses Verhalten des jungen Priesters hat die Studenten nachhaltig beeindruckt. „Nachdem wir alles gesehen, nahmen wir Abschied von unserem Padre, den wir in München den Winter zu finden hofften. Ach, wie gerne wäre ich mit ihm nach Rom gewandert, doch nicht alle Wünsche des Menschen dürfen erfüllt werden. Bis heute waren die besten Menschen, die ich in meinem Leben gefunden, Geistliche, selbst in Italien“[162].

Die mehrwöchige Fußwanderung führte die Studenten unter anderem auch zu Besuchen bei den ekstatischen Jungfrauen Maria von Mörle und Domenica Lazzari. Die Anregung dazu kam aus dem Kreis der Münchener Romantiker, denn außer Görres haben auch Döllinger, Windischmann und Ketteler diese Wallfahrtsorte besucht. „Auf welche erhöhtere Stufe aber ihr Gesit sich seitdem gehoben, in welchem innigen Verhältnis sie zu Gott steht, das kann man wohl ahnen, aber wer kann's aussprechen? Man steht da wohl an ihrem Lager, und ergriffen von ihrem überirdischen Anblick, möchte man, halb von Sehnsucht, halb von Neugierde getrieben, einen Blick in diese dunkle, geheimnisvolle Welt tun, in der ihr geläuterter Geist webt und lebt; aber, gefesselt von irdischen Banden, ringt man vergeblich ihr nach und kann nur staunen, nur in ernste Betrachtung sich vertiefen. Ich weiß nicht, war es mir bloß so oder üb ihre Nähe auf jeden andern denselben Einfluß aus, mir war es so wehmütig und doch so traulich da... Denn der Mensch, der glaubt, dessen Herz einer ernsten, bessern Regung fähig ist, findet gerade da ein Heilmittel für manchen Kummer, für manchen Schmerz, den die Welt mit ihrem Trost nicht verscheuchen, nicht lindern kann. Nur wenige Zeit konnte ich dort verweilen, aber schon damals fühlte ich eine gewaltsame Erschütterung in meinem Innern, die wie ein elektrischer Funken mich durchzuckte... Es ist so eine eigene Sache um solche Personen, wenn man genau auf den Einfluß merkt, den sie auf uns ausüben. Sie sind die lebendig, frisch und freudig blühenden Glieder an dem mystischen Leibe Christi, in denen der höhere Pulsschlag das gesteigerte Leben verkündet"[163].

Für Kolpings existentielle „Verarbeitung" dieser Begegnungen bleibt zu bedenken daß nicht nur Fakten – sondern mehr noch individuelle Meinungen darüber – Verhalten und Erfahrung bestimmen und prägen.

Während dieser mehrwöchigen Wanderung gewann Kolping ein Erfahrungswissen über Menschen und Völker, über Naturschönheiten und Baudenkmäler, über Sitte und Brauchtum, über Glaube und Volksfrömmigkeit, das er später dankbar verwerten konnte[164]. Er nutzte die Chance, seine Beobachtungsgabe zu schärfen, betrachtete den Lebensalltag der Menschen mit allen Kleinigkeiten und versuchte, sich in der kurzen Zeit in die Mentalität der Tiroler und Italiener hineinzuversetzen. Seine schriftstellerische Begabung ist bei der Abfassung dieses lebendigen Reiseberichtes nicht zu verkennen.

Geselligkeit und Lebensfreude

Kolping lebte in München keinesfalls isoliert. Auch die Kontakte zu Familie und Freunden im Rheinland sind belegt, wenn auch ein Gutteil der Briefe verloren sind Seine rheinischen Freunde erkundigten sich häufig nach ihm. Das kommentierte e selbstbewußt: „Ja, ich weiß wohl, daß man mich so schnell nicht vergißt"[165].

Am 27. Februar 1842 feierten einige der rheinischen Theologen gemeinsam ihren Abschied von der Universität. Eigens zu diesem Anlaß hatte Kolping ein Abschiedslied gedichtet[166]. Er selbst blieb aber noch für ein weiteres Semester.

„Jetzt fühle ich mich frei wie ein Vogel, unabhängig wie ein arabischer Häuptling bin immer lustig und vergnügt, natürlich insoweit, als es einem Theologen ziemt"[167] Langeweile kam unter den lebenslustigen Studenten zu keiner Zeit auf. Manchma häuften sich die kleinen Feste. Auch Kolping fungierte als Gastgeber mit Stil un Maß. „An meinem Namenstage ... habe ich zwei Flaschen guten Rheinwein zum besten gegeben und darin hat sich die ganze Gesellschaft einen Hieb getrunken. Dan hat Peiffer am Petri-Paul-Tage eine große Kaffeevisite etc. gegeben, dann Paruit un zuletzt ... die Feldmaus"[168].

Bayrische Gastlichkeit und vor allem bayrisches Bier hatten es Kolping besonder angetan. „Indes befinde ich mich noch recht wohl und gesund ... und sehe trot meinen Studien besser aus wie je. Wer sich erst hier eingewohnt und sein Bier trinke mag, den ficht so leicht nichts an"[169]! Er schwärmte im Superlativ: „Behagt Dir vo treffliches Bier, hier ist das beste von ganz Deutschland"[170].

Kolping hatte zeitlebens kein gestörtes Verhältnis zu Küche und Keller. Menschen, die nicht genießen können, waren für ihn der ständigen Gefahr ausgesetzt, selbst ungenießbar zu werden. So schrieb er Mitleid erheischend ins Rheinland, daß man in Bayern leider die von ihm so geschätzten dicken Bohnen nicht kenne[171]. Wenn ihn auch noch Heimweh überkommt und Sorge um seine Familie ihn plagt, notierte er: „Ich wünschte, mein Herz wäre ein gut Teil härter ... aber so, wie es einmal ist, ist es ein sehr wetterlaunig Ding"[172].

In einsamen und geselligen Stunden griff der Student auch gerne zur Pfeife, beklagte sich über die Qualität des in Bayern erhältlichen Tabaks und machte mehrmals mißlungene Versuche das Rauchen ganz aufzugeben. „Noch eine Neuigkeit. Kaum warst Du fort, ... da bin ich wieder auf den fatalen Einfall geraten, mir Tabak zu kaufen, um mir die Grillen, d. h. die einsamen Stunden, ... zu vertreiben. Nun sitze ich wieder da und rauche nach gewohnter Weise, nur verbrauche ich weniger Tabak – fast vier Wochen über einviertel Pfund. Du wirst mich mit Recht tadeln, aber bei mir selbst regt sich schon die Lust wieder, es ganz dranzugeben. Indes habe ich seitdem keine Magenbeschwerden mehr und werde ich es folglich, solange ich in München bin, fortsetzen, dann aber versuchen, mich des überflüssigen Möbels zu entledigen für immer"[173].

Abschied von München

Nach dem Sommersemester 1842 beendete Kolping die Münchener Studienzeit, um an der für seine Heimatdiözese Köln zuständigen Universität Bonn seine Ausbildung fortzusetzen. Zum Abgang von der bayrischen Alma Mater erhielt er denn auch das übliche Sittenzeugnis, das ihm bescheinigte, er habe sich klagenfrei aufgeführt und auch keiner nicht genehmigten Verbindung als Mitglied angehört[174].

Kolpings Studienaufenthalt in München und die damit verbundene Studienreise nach Tirol und Italien können in ihrer Bedeutung für seinen weiteren Lebensweg kaum überschätzt werden. Nicht allein die Wissensvermittlung durch berühmte Professoren, die Lektüre von Literatur, die ihm im Rheinland kaum zugänglich gewesen wäre, die Münchener Kulturwelt waren für den Studienerfolg bestimmend. Diese nachweisbaren Bildungseinflüsse wurden aufgeführt. Gerade sie zeigen aber deutlich, daß viele Begegnungen für Kolping prägend waren und erst später Wirkung zeigten. Hier seien die Kontakte zu den rheinischen Studenten, aber auch zu Lorinser und Ketteler, dem Maler Asselborn und dem Reisebegleiter Pater Alexander genannt. Jedenfalls ist das Studienumfeld wohl stärker pädagogisch-didaktisch und berufs- und arbeitsweltbezogen besetzt als das bisher angenommen werden konnte.

Windischmann widmete sich besonderer Gruppenseelsorge (Soldaten und Studenten), Haneberg machte sich als Gründer von Erziehungsanstalten einen Namen. Görres war Redakteur an der Zeitschrift Katholik, als dort ein Bericht über den Handwerkerverein des Hl. Joseph in Paris erschien. Der Dogmatiker Herb arbeitete in der Schulkommission mit, die als Herausgeber von Wanderburschenregeln tätig wurde. Die Reihe möglicher Impulse ließe sich noch verlängern. Kolping sind solche Anregungen sicher nicht entgangen. So ist es glaubhaft, wenn er seinem Freund mit einem Ton von Wehmut schrieb: „Der Abschied von München wird mir nahegehen"[175].

Anmerkungen

[1] Vgl. Kolping an Statz, 26. 1. 1841, in: KS Bd. 2, S. 28. – Siehe dazu: Schäffer, Kolping II, S. 39–59. – Pfülf, Kolping, S. 677f. – Conzemius, Kolping – Döllinger – Michel, Kolping, S. 29–33. – Schnabel, Geschichte Bd. 4, S. 148f. – Wothe, Kolping-Student. – Wothe, Kolping-Erzieher, passim.
[2] Vgl. KS Bd. 1, S. 17.
[3] Kolping an Statz, 25. 3. 1841, in: KS Bd. 2, S. 32. – Ferner das Gedicht: „Abschied von der Heimat", in: KS Bd. 1, S. 262–264.
[4] Vgl. Zeugnis der Universität München vom 15. 5. 1841, in: KS Bd. 1, S. 18.
Siehe dazu:
Zur Geschichte der Universität München und ihrer geistigen Ausrichtung siehe: C. v. Prantl, Geschichte der Ludwigs-Maximilians-Universität in Ingolstadt, Landshut, München, 2 Bde., München 1872. (Neudruck Aalen 1968). – H. Dickerhoff, Bildung und Ausbildung im Programm der bayrischen Universitäten im 19. Jahrhundert, in: HJb 95 (1975) S. 142–169.
Immer noch wichtig: Ph. Funk, Von der Aufklärung zur Romantik, München 1925 und Th. Steinbüchel (Hg.), Romantik. Ein Zyklus Tübinger Vorlesungen, Tübingen / Stuttgart 1948.
[5] Vgl. KS Bd. 1, S. 78–103 u. Bd. 2, S. 33–67.
Kolping hielt sich vom 3. Mai 1841 bis zum 28. 7. 1842 in München auf. In diese Zeit fällt aber auch die Italienwanderung.
Zu Ludwig I. siehe: H. Gollwitzer, Ludwig I. von Bayern. Königtum im Vormärz. Eine politische Biographie, München [2]1986.
[6] Vgl. Verzeichnis des Lehrer-Personals und der sämtlichen Studierenden an der königl. Ludwig-Maximilians-Universität München in den beiden Semestern des Studienjahres ..., München... 1840/41, S. 44; 1841/42, S. 43.
[7] Vgl. E. Franz, München als deutsche Kulturstadt im 19. Jahrhundert, Leipzig 1937.
[8] Franz von Baader, * 27. 3. 1765 München – † 23. 5. 1841 München – 1826 Prof. für Philosophie München.
Siehe zu Baader: H. Grassl, Franz von Baader (1765–1841), in: Fries / Schwaiger, Kath. Theologen Bd. 1, S. 274–302. (Lit.). F. J. Stegmann, Franz von Baader (1765–1841) in: ZGL Bd. 3, S. 11–25 und 281f. (Lit.).
Ferner: K. Spreng, Studien zur Entstehung der sozialpolitischen Ideen in Deutschland auf Grund der Schriften Franz von Baaders und Franz Josef von Buß, Gießen 1932. (phil. Diss.).
Johann Adam Möhler, * 6. 5. 1796 Igersheim – † 12. 4. 1838 München –
Patrologe und Kirchenhistoriker – 1819 Priesterweihe – 1823 Privatdozent für Kirchengeschichte Tübingen – 1828–35 Prof. Tübingen – 1835–38 Prof. München. –
Zu Möhler siehe: P. W. Scheele, in: Fries / Schwaiger, Kath. Theologen Bd. 2, S. 70–98 (Lit.).
H. Getzeny, Gemeinschaftsauffassung der Romantik in der frühen Tübinger Schule, in: HJb 74 (1955) S. 405–415.
J. R. Geiselmann, Die theologische Anthropologie Johann Adam Möhlers, Freiburg 1955.
Johann Michael von Sailer, * 17. 11. 1751 Aresing / Schrobenhausen – † 20. 5. 1832 Regensburg – 1775 Priesterweihe – 1784 Prof. für Moral- und Pastoraltheologie Dillingen – 1829 Bischof von Regensburg.
Zu Sailer siehe: G. Schwaiger, in: Fries / Schwaiger, Kath. Theologen Bd. 1, S. 55–93 (Lit.). – Ferner G. Schwaiger, Johann Michael Sailer. Der bayerische Kirchenvater, München / Zürich 1982. – H. Bungert (Hg.), Johann Michael Sailer, Theologe, Pädagoge und Bischof zwischen Aufklärung und Romantik, Regensburg 1983.
[9] Vgl. Nattermann, Sozialpädagoge, S. 23ff.
[10] Grassl, in: Fries / Schwaiger Bd. 1, S. 295f.
[11] Kolping an Müller, 7. 6. 1841, in: KS Bd. 2, S. 33 und an Döllinger, 21. 3. 1843: in ebd., S. 74.
[12] Witetschek, Fakultät, S. 107–137, hier S. 137.
[13] Kolping, Auf der Reise, in: RV 10 (1863) S. 450.
[14] Tagebuch, 3. 5. 1841 (KS Bd. 1, S. 78.
[15] Vgl. Verzeichnis des Lehrer-Personals. ... 1840/41, S. 17, 23, 36 und Kolping an Müller, 7. 6. 1841, in: KS Bd. 2, S. 37.
[16] Franz Alexander Schweden, * 25. 2. 1820 Düsseldorf – † 27. 6. 1849 Köln – 1840 stud. theol. München – 15. 9. 1844 Priesterweihe – 1843 besorgte Kolping Bücher für ihn – Kaplan Bonn St. Martin – Rektor Poppelsdorf.

AEK, Totenzettel. – KS Bd. 1, S. 97, 106f.; Bd. 2, S. 81.
Joseph Gussone, * 29. 3. 1819 Düsseldorf – † 11. 9. 1869 Kempen – stud. theol. München – königl. Notar. Propsteiarchiv Kempen Totenzettel. – KS Bd. 1, S. 97f.

[17] Tagebuch, 4. 5. 1841, in: KS Bd. 1, S. 79.

[18] Vgl. KS Bd. 1, S. 79f., 81f., Bd. 2, S. 33–38.

[19] Kolping an Brinkmann, 20. 7. 1841, in: KS Bd. 2, S. 52.

[20] Kolping an Statz, 18. 7. 1841, in: KS Bd. 2, S. 46.

[21] Tagebuch, 11. 5. 1841, in: KS Bd. 1, S. 82. – Weitere Belege: KS Bd. 1, S. 83, 95, 97, bes. 277; Bd. 2, S. 37, 50, 58.

[22] Tagebuch, 4. 5. 1841, in: KS Bd. 1, S. 79f.

[23] Kolping, Auf der Reise, in: RV 10 (1863) S. 451, 450 u. 454. – Siehe dazu: R. von Dülmen, (Hg.), Kultur der einfachen Leute. Bayrisches Volksleben vom 16. bis zum 19. Jahrhundert, München 1983. O. V., Die kath. Pfarreien Münchens in ihrer historischen Entwicklung, München 1935.

[24] Tagebuch, 13. 5. 1841, in: KS Bd. 1, S. 82. – Die sechs Münchener waren außer Kolping und den bereits genannten Gussone und Schweden:
Wilhelm Konstantin August Buschhausen, * 30. 10. 1820 Ratingen – † 22. 8. 1862 Köln – 1843 beschaffte Kolping ihm Bücher – 31. 8. 1845 Priesterweihe – 1846 Vikar Erkelenz – 1850 Vikar Ratingen – 1852 Pfarrer Godesberg – 1854 Pfarrer an St. Ursula in Köln.
AEK, Totenzettel. – KS Bd. 1, S. 106f.; Bd. 2, S. 81.
Caspar Anton Heuser, *6. 1. 1822 Düsseldorf-Bilk – † 3. 4. 1891 Köln – 1843 besorgte Kolping für ihn Bücher – 15. 9. 1844 Priesterweihe – 1852 Dr. jur. – 1854–71 Prof. am Priesterseminar in Köln – 1854 Mitarbeiter an „Rheinische Volksblätter" – 1869 Domkapitular – 1869 Konsultor des Vatikanums. – Hecker, Chronik, S. 182f. – KS Bd. 1, S. 97; Bd. 2, 81, 228, 281, 285, 378, 382, 393.
Paul Joseph Peiffer, * 23. 3. 1820 Köln – † 21. 12. 1881 Vilich. – 13. 4. 1845 Priesterweihe zusammen mit Kolping – Vikar Aachen – Vikar in Allrath – 1848 Vikar Bonn St. Remigius – 1854 Pfarrer Küdinghoven – 1860 Pfarrer Vilich.
AEK, Totenzettel. – KS Bd. 1, S. 24, 106; Bd. 2, S. 65, 67, 81.

[25] Ketteler an Merveldt, 17. 11. 1841, in: Ketteler, Werke und Briefe, Abt. II, Bd. 1, S. 186.

[26] Vgl. Kolping an Wollersheim, 19. 6. 1841, in: KS Bd. 2, S. 42.
Friedrich Heinrich Hugo Windischmann, * 13. 12. 1811 Aschaffenburg – † 23. 8. 1861 München – Philologe und Religionsforscher, Freund Döllingers – 1832 Dr. phil. – 1836 Priesterweihe und Dr. theol. – 1838 Prof. für Kirchenrecht und Neues Testament in München – 1839 Domkapitular – 1846 Generalvikar.
A. Zeis, in: Gatz, (Hg.) Bischöfe, S. 819f. – Dort nicht benutzt:
J. Sighart, Dr. Friedrich Windischmann, Ein Lebensbild, Augsburg 1861. – M. Strodl, Friedrich Heinrich Hugo Windischmann, München 1862. – F. V. Neve, Friedrich Windischmann et la haute philologie en Allemagne, Paris 1869. – Siehe auch: KS Bd. 1, S. 87, 100f., 105ff.; Bd. 2, S. 41ff., 63ff., 68, 92, 176, 182.

[27] A. a. O., S. 42f. und Tagebuch, 31. 5. 1841, in: KS Bd. 1, S. 87.

[28] Vgl. dazu: A. Dyroff, Karl Josef Hieronymus Windischmann und sein Kreis, Köln 1916.

[29] Vgl. Conzemius, Kolping – Döllinger, S. 130 verweist auf ein „nicht nur unpriesterliches sondern ganz unchristliches Pamphlet" aus der Feder Windischmanns.

[30] Vgl. Sighart, Windischmann, S. 8–39.

[31] Vgl. a. a. O., S. 19 u. 31. – Über Johann Nepomuk von Ringseis (1785–1880) siehe: B. Lang, in: LThK 8 (^{2}1963) Sp. 1317.

[32] Lorinser, Leben, Bd. 2, S. 69f.

[33] Ketteler an Merveldt, 8. 1. 1843, in: Ketteler, Werke und Briefe, Abt. II, Bd. 1, S. 210.

[34] Vgl. Strodl, Windischmann, S. 29.

[35] Kolping an Döllinger, 17. 10. 1842, in: KS Bd. 2, S. 68.

[36] Kolping an Müller, 10. 7. 1842, in: KS Bd. 2, S. 63.

[37] Vgl. F. Windischmann, Kommentar zum Galaterbrief, Mainz 1843.
Siehe dazu: Liste der Buchbestellungen, in: KS Bd. 1, S. 105f.

[38] Kolping an Döllinger 15. 10. 1843, in: KS Bd. 2, S. 92.
Ferner: Sighart, Windischmann, S. 5 u. 39.

[39] Sighart, Windischmann, S. 23.

[40] Festschrift GV München 1876, S. 15 u. 69.

[41] KS Bd. 2, S. 176 u. 182.

42 Zeis, in: Gatz, Bischöfe, S. 820.

43 ADK. Brevier Adolph Kolpings.

44 Verzeichnis ... der Vorlesungen 1841, 1841/42, 1842 und Testatliste, in: KS Bd. 1, S. 19f.
Johann Joseph Ignaz von Döllinger, *28. 2. 1799 Bamberg – † 10. 1. 1890 München – 1822 Priesterweihe – 1823 Prof. für Kirchengeschichte am Lyzeum Aschaffenburg – 1826 Prof. München – Hauptvertreter der Kath. Restauration.
G. Schwaiger, Ignaz v. Döllinger (1799–1890), in: Fries/Schwaiger, Kath. Theologen, Bd. 3, S. 9–43. (Lit.) – O. Köhler, Ignaz v. Döllinger (1799–1890), in: ZGL Bd. 4, S. 37–50 u. 269 (Lit.). – Conzemius, Kolping – Döllinger – Siehe auch: KS Bd. 1, S. 19, 79, 87, 99, 102, 107, 109; Bd. 2, S. 41, 62, 64–67, 74, 82, 85, 87, 92, 95, 99, 109, 111f., 114, 121, 220.

45 Tagebuch 24. 8. 1841, in: KS Bd. 1, S. 99. – Kolping an Müller 10. 7. 1842, in: KS Bd. 2, S. 64. – Conzemius, Kolping – Döllinger, S. 121.

46 Leselisten Kolpings, in: KS Bd. 1, S. 107–109. – Ignaz von Döllinger, Die Lehre von der Eucharistie in den drei ersten Jahrhunderten. Historisch-theologische Abhandlung, Mainz 1826. – Das Erstlingswerk brachte ihm die theologische Doktorwürde der Universität Landshut und dazu den Ruf eines begabten Theologen ein. Lehrbuch der Kirchengeschichte, 2 Bde., Regensburg 1836–1838, [2]1843.
Jakob Ruttenstock, Institutiones historiae ecclesiae, 3 Bde., Wien 1831–1841. – Ruttenstock (1776–1844) Prof. für Kirchengeschichte Wien.
P. A. Weis, in: ADB 30 (1890) S. 52f.
Friedrich von Hurter, Geschichte Innocenz III. und seiner Zeitgenossen, 4 Bde., Hamburg 1834–1842. – Hurter (1787–1865) evgl. Pfr. – Konvertit – Görresfreund – Hofrat in Wien.
F. Lahner, in: LThK 5 ([2]1960) Sp. 543.
Innocenz III. (1160–1216) erreichte die Unabhängigkeit der Stadt Rom und des Kirchenstaates und sicherte die päpstliche Führungsrolle durch Kurienreform und Förderung neuer Orden.
Kaspar Riffel, Christliche Kirchengeschichte der neuesten Zeit von dem Anfange der großen Glaubens- und Kirchenspaltung des sechszehnten Jahrhunderts bis auf unhsere Tage, 3 Bde., Mainz 1844–46, Zweite, verbesserte Auflage. – Riffel (1807–1856) Prof. Kirchengeschichte Gießen, F. Kraus, in: LThK 8 (1936) Sp. 893f.

47 Wothe, Kolping S. 73. – Conzemius, Kolping – Döllinger – Witetschek, Fakultät, S. 131.

48 Kolping an Wollersheim 19. 6. 1841, in: KS Bd. 2, S.411 – Tagebuch zum 4. 5. 1841, in: KS Bd. 1, S. 79.

49 Lorinser, Leben, Bd. 2, S. 32.

50 Kolping an Müller 10. 7. 1842, in: KS Bd. 2, S. 64 u. 66 – Tagebuch 31. 5. 1841, in: KS Bd. 1, S. 87 – Döllinger wohnte in der Fröhlingsstraße Nr. 11. Im gleichen Haus wohnten seine Fakultätskollegen Haneberg und Stadelbaur. – Verzeichnis des Lehrer-Personals ... 1840/41, S. 4; 1841/42, S. 4 u. 5.

51 Schwaiger, Döllinger, in: Fries/Schwaiger, Kath. Theologen, Bd. 3, S. 16.

52 Leselisten, in: KS Bd. 1, S. 105–108.

53 Lorinser, Leben, in: Bd. 2, S. 78.

54 Kolping an Döllinger 5. 1. 1851, in: KS Bd. 2, S. 121.

55 Kolping an Müller 10. 7. 1842, in: KS Bd. 2, S. 65. – Kolping an Döllinger 17. 10. 1842, in: a.a.O. S. 67f.

56 Kolping an Döllinger 24. 6. 1845, in: KS Bd. 2, S. 100.

57 Vgl. Conzemius, Kolping – Döllinger, S. 124ff. – Döllinger war 1857 zu Besuch in Köln und Kolping empfahl ihm den Studenten Hubert Theophil Simar (1835 bis 1902), der im Bonner Gesellenverein als Lehrer mitgearbeitet hatte. KS Bd. 2, S. 219f. – Über Simar siehe: E. Hegel, in: Gatz (Hg.), Bischöfe S. 705–707.

58 H. Schrörs (Hg.), Ignaz Döllingers Briefe an eine junge Freundin, Kempten/München 1914, S. 22.

59 Kolping an Döllinger 17. 10. 1842, in: KS Bd. 2, S. 68.

60 Kolping an Döllinger 29. 11. 1848 und 5. 1. 1851, in: KS Bd. 2, S. 114 und 121.

61 Döllinger an Kolping 13. 12. 1850, in: ADKA 83.

62 Daniel Bonifaz Haneberg, *16. 6. 1816 Lenzfried b. Kempten – † 31. 5. 1876 Speyer – 29. 8. 1839 Priesterweihe – 1841 Prof. für Altes Testament in München – Gründer von Erziehungsanstalten in Andecks und Kälberau – 1850 Eintritt in die OSB Abtei St. Bonifaz – 4. 10. 1854 zum Abt gewählt – 1872 Bischof von Speyer.
E. Gatz, in: Gatz (Hg.), Bischöfe, S. 281–284 (Lit.). – Siehe ferner: KS Bd. 1, S. 19f, 98; KS Bd. 2, S. 42, 179, 181 u. 219.

63 Testatliste, in: KS Bd. 1, S. 19f. – Verzeichnis der Vorlesungen, 1841, S. 4; 1841/42, S. 4 und 1842, S. 4.

64 Kolping an Wollersheim 19. 6. 1841, in: KS Bd. 2, S. 42.
65 Leselisten, in: KS Bd. 1, S. 107–109. Leopold Ackermann, Introductio in libros Veteris Testatamenti, Wien 1825. – Ackermann (1771–1831), Prämonstratenser in Klosterneuburg, war seit 1806 Professor für biblische Archäologie und Altes Testament an der Universität Wien. o. V., in: ADB 1 (1875) S. 38.
Joseph Heinrich Alois Gügler, Die heilige Kunst oder die Kunst der Hebräer, 3 Bde., Landshut 1814–1818. – Gügler (1782–1827) war Professor für Exegese in Luzern.
Das Buch „ist ein Meisterwerk theologisch-romantischer Literatur. Es zeugt von exegetischem Scharfsinn und ist Theologie der Geschichte, Philosophie der Offenbarung und Hermeneutik biblischer Literatur in einem ... Die Bibel muß daher im Geist der Theologie gelesen werden ...
Als erster katholischer Theologe entdeckt Gügler mit dieser Forderung das hermeneutische Problem. Da Interpretation und Religion im Begriff des Kunstwerks aufeinander bezogen sind, wird die Kunst überhaupt zum großen Thema seiner Theologie. Denn sie ist der allgemeine Schlüssel zu den großen Geheimnissen der biblischen Welt."
E. Klinger, in: Fries/Schwaiger, Kath. Theologen, Bd. 1, S. 205–226, hier: S. 208 f.
Johann Heinrich Kalthoff, Handbuch der hebräischen Alterthümer, Münster 1840. Kalthoff (1803–1839) war Privatdozent für oriental. Sprachen in Münster.
Reusch, in: ADB 15 (1882) S. 48.
66 Siehe dazu: Festschrift München 1876 und RV 2 (1855) S. 360.
67 Siehe dazu: H. Lang, Die Versammlung katholischer Gelehrter in München St. Bonifaz vom 28. 9. bis 1. 10. 1863, in: HJ 71 (1952) S. 246–258.
68 Johann Baptist Herb, * 31. 1. 1806 Warching – † 28. 6. 1891 München – 1841 Prof. in München – 1845 Oberkirchen- und Schulrat – Domkapitular.
J. Knab, Nekrologium der Katholischen Geistlichkeit der Kirchenprovinz München-Freising, München 1894, S. 75.
Testatliste, in: KS Bd. 1, S. 19 f. – Verzeichnis der Vorlesungen 1841, S. 3; 1841/42, S. 4 und 1842, S. 3.
69 Kolping an Wollersheim 19. 6. 1841, in: KS Bd. 2, S. 41 f. – Die genannten Autoren finden sich auch in Kolpings Lektürelisten, in: KS Bd. 1, S. 107–109.
Bruno Franz Leopold Liebermann, Institutiones theologiae dogmaticae, 4 Bde., Mainz 1819–1821. Liebermann (1759–1844) wawr Seminarregens in Mainz und seit 1828 Generalvikar in Straßburg.
L. Lenhart, in: LThK 6 (^{2}1961) Sp. 1045. – Siehe auch: KS Bd. 2, S. 41.
Scheeben bezeichnet diese Dogmatik als „fast das einzige korrekte und allen falschen Zeitrichtungen mit klarem Bewußtsein und großer Entschiedenheit entgegentretende Werk".
Handbuch der Katholischen Dogmatik, Bd. 1, Freiburg 1874, S. 458.
Heinrich Klee, Katholische Dogmatik, 3 Bde., Mainz 1835. Klee (1800–1840) war Professor für Dogmatik in Bonn und seit 1839 in München. J. Ulacia, in: Fries/Schwaiger, Kath. Theologen, Bd. 1, S. 376–399 (Lit.). – Ferner: KS Bd. 1, S. 105 ff., 310; Bd. 2, S. 41, 82, 88 u. 98.
Petrus Canisius (1521–1597). Verfasser des Katechismus.
B. Schneider, in: LThK (^{2}1958) Sp. 915 ff.
70 J. B. Herb, Die Häresie am Richterstuhl und der Obersatz im dogmatischen Beweise, Ingolstadt 1835.
71 Max von Stadlbaur, * 13. 7. 1808 Kirchenthumbach – † 5. 9. 1866 Bad Aibling – 1831 Priesterweihe – 1841 Prof. für Moral in München – 1844 Prof. für Dogmatik in München.
Schematismus der Geistlichkeit des Erzbisthums München und Freysing für das Jahr 1867, S. 325–329. – Knöpfler, in: ADB 35 (1893) S. 378–380. – Siehe auch: KS Bd. 1, S. 19 f., KS Bd. 2, S. 42.
Testatliste, in: KS Bd. 1, S. 19 f. – Verzeichnis der Vorlesungen 1841/42, S. 3 und 1842, S. 3.
72 In diesem Zusammenhang sei genannt: J. M. Sailer, Handbuch der christlichen Moral. Zunächst für katholische Seelsorger und dann für jeden gebildeten Christen, 3 Bde., München 1817, in: Sämtliche Werke, Bd. 13–15, Sulzbach 1834. – Witetscheck, Fakultät, S. 118 f. – Vgl. dazu auch: Wothe, Kolping, S. 57 f.
73 Franz Xaver Reithmayr, * 16. 3. 1809 Illkofen b. Regensburg – † 26. 1. 1872 München – 1832 Priesterweihe – 1841 o. Prof. für Exegese München.
Schematismus ... München ... 1873, S. 297–312. – O. Schmid, in: ADB 28 (1889) S. 165. – Siehe auch: KS Bd. 1, S. 19; Bd. 2, S. 42.
Testatliste, in: KS Bd. 1, S. 19 f. – Verzeichnis der Vorlesungen 1841/42, S. 4 und 1842, S. 4.
74 Lorinser, Leben, Bd. 2, S. 38.
75 Kolping an Wollersheim 19. 6. 1841, in: KS Bd. 1, S. 42.

[76] Juan de Maldonado, Commentarius in IV evangelica, 2 Bde., Pont à Mousson 1596f. – Moldonado (1534–1583) war Mitarbeiter einer Edition der Septuaginta in Rom.
J. I. Tellechea, in: LThK 6 (^{2}1961) Sp. 1326. – Siehe: KS Bd. 1, S. 105 u. 107; Bd. 2, S. 84.
Johann Leonhard Hug, Einleitung in die Schriften des Neuen Testamentes, 2 Bde., Tübingen 1808f. – Hug (1765–1846) war Professor für Exegese in Freiburg.
Hugs Hauptwerk, von dem 4 Auflagen und Übersetzungen ins Englische und Französische erschienen, greift erstmals die Probleme der historisch-kritischen Bibelwissenschaft auf. Hug brachte „wie kein anderer die nötigen Voraussetzungen mit: Umfassende Kenntnis der klassischen und orientalischen Sprachen und Literaturen, souveräne Beherrschung der Methoden philologischer Textkritik und Textinterpretation, ... Hugs Einleitung wurde mit Lob und Anerkennung geradezu überschüttet."
E. Keller, in: Fries/Schwaiger, Kath. Theologen, Bd. 1, S. 253–273, hier S. 261.
[77] Johann Joseph von Görres, *25. 1. 1776 Koblenz – † 29. 1. 1848 München – 1800 Lehrer der Naturwissenschaften in Koblenz – 1826 Prof. für Geschichte in München.
H. Raab (Hg.), Joseph Görres. Ein Leben für Freiheit und Recht. Auswahl aus seinem Werk, Paderborn 1978 (Lit.). – J. v. Görres, Ausgewählte Werke, 2 Bde., hg. von Wolfgang Frühwald, Freiburg – Basel – Wien 1978 (Lit.). – Ferner: R. Morsey, Joseph Görres (1776–1848), in: ZGL, Bd. 3, S. 26–35 und 282. – Siehe auch: KS Bd. 1, S. 20, 98, 107ff., 188; Bd. 2, S. 37, 42, 74; Bd. 5, S. 187 u. 253.
[78] Kolping an Müller 7. 6. 1841, in: KS Bd. 2, S. 37.
[79] Kolping an Wollersheim 19. 6. 1841, in: KS Bd. 2, S. 42. – Diese Vorlesung ist weder im Vorlesungsverzeichnis 1841 noch in Kolpings Testatliste in: KS, Bd. 1, S. 19f. verzeichnet. Siehe dazu auch: Martin, Zeitbilder, S. 53–60, bes. S. 58, läßt es möglich erscheinen, daß Kolping von Martin über Görres informiert wurde.
[80] Vorlesungsverzeichnis WS 1841/42, S. 15 u. S. 3.
[81] Testatliste, in: KS Bd. 1, S. 20. – Zu dieser Vorlesung siehe: J. v. Görres, Über Grundlage, Gliederung und Zeitenfolge der Weltgeschichte, München 1830 und H. Raab, Görres und die Geschichte, in: HJ 93 (1973) S. 73–103.
[82] Wothe, Kolping-Erzieher, S. 69.
[83] Lorinser, Leben, Bd. 2, S. 49.
[84] Schmolke, Kolping als Publizist, S. 71.
[85] Vgl. dazu: KS Bd. 5, S. 187 und 253.
[86] Leselisten, in: KS Bd. 1, S. 107–109. – Siehe dazu: J. v. Görres, Gesammelte Schriften, hg. im Auftrag der Görres-Gesellschaft von Wilhelm Schellberg und Adolf Dyroff, fortgeführt von Leo Just, 15 Bde., Köln 1926ff.
[87] Kolping an Müller 13. 1. 1843, in: KS Bd. 2, S. 74.
[88] Guido Görres, *28. 5. 1805 Koblenz – † 14. 7. 1852 München – Publizist und Dichter geistlicher Lieder.
O. Roegele, in: NDB 6 (1964) S. 531f. – Zu den Historisch-Politischen Blättern: F. Rhein, Zehn Jahre Historisch-Politische Blätter 1838–1848, Bonn 1916. – KS Bd. 2, S. 95, 116, 177, 183, 187, 217, 219, 233, 237, 257, 268, 271, 274.
[89] Stegmann, Sozialreform, S. 54f.
[90] Ketteler an v. Merveldt 8. 2. 1840, in: Ketteler, Werke und Briefe, Abt. II, Bd. 1, S. 58.
George Phillips, *6. 1. 1804 Königsberg – † 6. 9. 1872 Aigen b. Salzburg – 1824 Promotion – 1826 Habilitation – 1828 Konversion – 1834 Prof. in München für Geschichte, später für Jura – 1847 Entlassung – 1850 Prof. in Innsbruck – 1851 Prof. in Wien.
J. Neumann, George Phillips (1804–1872), in: Fries/Schwaiger, Kath. Theologen, Bd. 2, S. 293–317 (Lit.). – Schäffer, Kolping II, S. 142. – Siehe auch: KS Bd. 2, S. 43, 100, 113, 116 u. 351. – Phillips an Kolping 7. 6. 1852, in: ADK A 88.
[91] Lorinser, Leben, Bd. 2, S. 47.
[92] Neumann, Phillips, in: Fries/Schwaiger, Kath. Theologen, Bd. 2, S. 295.
[93] Kolping an Döllinger 29. 11. 1848, in: KS Bd. 2, S. 116. – Erst 1852 wird die Schrift dann vorgestellt. HPB 30 (1852) II, S. 36ff.
[94] Kolping an Mittweg 6. 8. 1861, in: KS Bd. 2, S. 351. – Verhandlungen Aachen 1862 und
[95] G. Phillips, Kirchenrecht, Bd. 1, Regensburg, 1845, S. 19f.
[96] v. Schulte, Phillips, in: ADB 26 (1888) S. 80–88, hier S. 87.
[97] Kolping an Wollersheim 19. 6. 1841, in: KS Bd. 2, S. 43. – Johann Baptist Schwarz, *30. 11. 1789 Augsburg – † 11. 3. 1849 – 5. 4. 1812 Priesterweihe.

J. Knaab, Nekrologium der katholischen Geistlichkeit der Kirchenprovinz München-Freising, München 1894, S. 28. – Siehe: KS Bd. 1, S. 80, 90, 100.

98 Tagebuch, in: KS Bd. 1, S. 80, 90 u. 100.

99 Wilhelm Asselborn, * 15. 6. 1817 Merheim/Köln – † 12. 9. 1867 Haidhausen – 2. 4. 1838 Studium der Malerei an der Akademie der Bildenden Künste – 1851 Wohnung München, Haidhausen, Rimpfelgasse 193 – 1846/47 Tätigkeit in Elberfeld, Laurentiuskirche – 1852/53 Mitarbeit bei Illustrationen zum kath. Volkskalender. Stadtarchiv München, Familienbogen – Akademie der Bildenden Künste, München, Immatrikulationsbuch 1809–1841 – Jorde, Gesellenverein, S. 10 – Jorde, Kirchengemeinden, S. 220. – Siehe: KS Bd. 2, S. 64 f., 122, 203, 208 f., 233, 254, 256, 353 u. 407.

100 Kolping an Müller 10. 7. 1842, in: KS Bd. 2, S. 64 f.

101 Kolping an Mittweg 3. 9. 1861, in: KS Bd. 2, S. 353.

102 Tagebuch 9. 5. 1841, in: KS Bd. 1, S. 81.
Franz Anton Eberhard, * 18. 2. 1807 Nesselwang – † 12. 8. 1887 Regensburg – 31. 5. 1833 Priesterweihe – Prediger Neuburg/Donau und München – 1843 Pfarrer Pernau – 1856 Dekan Kelheim – 1863 Kanoniker Regensburg.
Schematismen des Erzbistums München-Freising und des Bistums Regensburg.
Zu den Museen siehe: P. Böttger, Die Alte Pinakothek in München. Architektur und Ausstattung (Studien zur Kunst des 19. Jahrhunderts 15), München 1971. – W. Mittlmeier, Die Neue Pinakothek in München (Studien zur Kunst des 19. Jahrhunderts Bd. 16), München 1972. – Bayerische Staatsgemäldesammlungen. Alte Pinakothek München, München [2]1986.
Johann Wolfgang von Goethe (1749–1832) veröffentlichte den 1. Teil des „Faust" 1808, den 2. Teil 1832. – Siehe dazu: W. Flitner, in: NDB 6 (1964) S. 544–575 (Lit.). – Ferner: KS BD. 1, S. 80; Bd. 2, S. 63; Bd. 6, S. 84.

103 Raffael (1483–1520), Maler und Baumeister der Hochrenaissance. – Über ihn und sein Werk: G. Noehles, in: LThK 8 ([2]1963) Sp. 969 f. – Ferner KS Bd. 1, S. 88, 94; Bd. 2, S. 34, 47; Bd. 6, S. 146, 149, 161 ff. – RV 3 (1856) S. 419 f.
Antonio da Corregio (1494–1534), Maler der Hochrenaissance. – Über ihn und sein Werk: L. Dussler, in: LThK 3 ([2]1959) Sp. 70 f. – Ferner: KS Bd. 1, S. 94.
Tizian (um 1477–1576), Maler der Renaissance. – Über ihn und sein Werk: L. Dussler, in: LThK 10 ([2]1965) Sp. 214 f. – Ferner: KS Bd. 1, S. 153, 160 u. 199. – RV 3 (1856) S. 342 f.
Guido Reni (1575–1642), Maler und Bildhauer. Über ihn und sein Werk: L. Dussler, in: LThK 8 ([2]1963) Sp. 1236. – Siehe auch: KS Bd. 1, S. 99; Bd. 6, S. 46.
Hugo van der Goes (1440–1482), flämischer Maler. – Über ihn und sein Werk: B. Kleinschmidt, in: LThK 4 ([2]1960), S. 47, Sp. 1036. – Siehe auch: KS Bd. 1, S. 47.
Peter Paul Rubens (1577–1640), flämischer Barockmaler. Über ihn und sein Werk: P. Strieder, in: LThK 9 (1964) Sp. 80 f. – Siehe auch: KS Bd. 2, S. 34 u. 47.

104 Tagebuch 13. 6. 1841, in: KS Bd. 1, S. 94.

105 Antonio Canova (1757–1822), klassizistischer Bildhauer und Maler. – Über ihn und sein Werk: L. Dussler, in: LThK 2 ([2] 1958) Sp. 920. – Siehe auch: KS Bd. 1, S. 93, 160 u. 193 ff.; Bd. 6, S. 151 u. RV 3 (1856) S. 342 f.
Joseph Anton Koch (1768–1839) Maler, Hauptvertreter der Deutschrömer. Über ihn und sein Werk: Thieme-Becker, Bd. 21 (1927), S. 81–88. – Siehe auch: KS Bd. 1, S. 118.
Peter von Cornelius (1783–1867), bedeutender Freskenmaler. Über ihn und sein Werk: W. Neuss, in: LThK 3 ([3]1959) Sp. 58 f. – Siehe dazu: KS Bd. 1, S. 94; Bd. 2, S. 34 u. 47–49.
Franz Ittenbach (1813–1879), Historien- und Bildnismaler. Über ihn und sein Werk: M. Hartig, in: LThK 5 ([2]1960) Sp. 824. – Siehe ferner: KS Bd. 2, S. 64 u. 66.
Heinrich Maria von Hess (1798–1863), Bildnis- und Glasmaler. Über ihn und sein Werk: W. Schatz, in: LThK 5 ([2]1960) Sp. 304. Ferner: KS Bd. 1, S. 94; Bd. 2, S. 34, 47 u. 49.
Ernst Deger (1809–1885), Hauptmeister der religiösen Düsseldorfer Monumentalmalerei. Über ihn und sein Werk: W. Neuss, in: LThK 3 ([2]1959) Sp. 194. – Ferner: KS Bd. 1, S. 95; Bd. 2, S. 51 u. 171.
Friedrich Wilhelm von Schadow (1788–1862), religiöser Historienmaler. Über ihn und sein Werk: L. Dussler, in: LThK 9 ([2]1964) Sp. 361. – Siehe auch: KS Bd. 1, S. 93; Bd. 2, S. 47. Festschrift GV Düsseldorf, S. 23.

106 Kolping, in: RV 3 (1856) S. 420. – Zu Kolpings Kunstverständnis siehe ferner: RV 1 (1854) S. 225–230; 3 (1856) S. 609–617. – KS Bd. 1, S. 80 f., 93 ff.; Bd. 2, S. 47, 353 u. ö.

107 Kolping an Steinle 7. 10. 1863, in: KS Bd. 2, S. 425.

108 Lektürelisten, in: KS Bd. 1, S. 107–109.

109 Johann Adam Möhler, Symbolik oder Darstellung der dogmatischen Gegensätze der Katholiken und Protestanten nach ihren öffentlichen Bekenntnisschriften, Mainz 1832; – ders., Athanasius der Große und die Kirche seiner Zeit, besonders im Kampfe mit dem Arianismus, Mainz 1827. – Siehe dazu: P. W. Scheele, in: Fries/Schwaiger: Kath. Theologen, Bd. 2, S. 70–98.

110 Scheele, a.a.O., S. 90. – Innenzitat: Möhler, Symbolik ..., hg. von J. R. Geiselmann, Köln/Olten 1960, S. 8.

111 Scheele, a.a.O., S. 84. – Innenzitat: Möhler, Athanasius ..., Mainz ^{2}1844, S. 226.

112 Georg Philipp Ludolph von Beckedorff, An gottesfürchtige protestantische Christen, o.O. 1840. – Beckedorff (1778–1858) war Pädagoge und seit 1821 Leiter des preußischen Volksschulwesens. 1827 konvertierte er zum Katholizismus.

J. Allendorf, in: LThK 2 (^{2}1958) Sp. 91.

Leonhard Clemens Schmitt, Die Construction des theologischen Beweises, mit Rücksicht auf die speculative Entwicklung der Theologie der Gegenwart, Bamberg 1836. – Schmitt (1810–1868), seit 1840 Professor der Exegese, wurde 1860 Generalvikar in Bamberg.

J. Urban, in: Gatz, Bischöfe, S. 665.

Patrizius Wittmann, Die Herrlichkeit der Kirche in ihren Missionen seit der Glaubensspaltung, 2 Bde., Augsburg 1841. – Wittmann (1818–1883), Publizist und Schriftleiter in Augsburg, Förderer des GV Augsburg.

Lauchert, in: ADB 43 (1898), S. 644f. – Wirken Kolpings im Diözesanverband Augsburg, S. 18.

113 Philipp-Olympe Gerbet, Considérations sur le dogme générateur de la pieté catholique, Paris 1829. – Gerbet (1798–1864) wurde 1854 Bischof von Perpignan.

R. Metz, in: LThK 4 (^{2}1960) Sp. 711.

Louis Veuillot, Pélerinages de Suisse, Paris 1838. – Veuillot (1813–1883), seit 1834 Redakteur am „Univers“, Vertreter des französischen Ultramontanismus.

L. Pfleger, in: LThK 10 (^{2}1965) Sp. 759f.

114 Siegmund von Storchenau, Grundsätze der Logik, Augsburg 1775. – Storchenau (1731–1797) war Jesuit und seit 1763 Professor für Philosophie in Wien.

L. Koch, Jesuiten-Lexikon, Paderborn 1934, Sp. 1704.

August Heinrich Ritter, Geschichte der Philosophie, 12 Bde., 1829–1853, Bd. 1–4, ^{2}1836–1838. – Ritter (1791–1869) war seit 1837 Professor in Göttingen und Anhänger des Philosophen und Pädagogen Friedrich Schleiermacher (1768–1834).

Prantl, in: ADB 28 (1889) S. 673f.

115 Johann Emanuel Veith, Erzählungen, Bd. 2, Wien 1830. – Siehe dazu: E. Hosp, in: LThK 10 (^{2}1965) Sp. 653f.

Johann Baptist Ladislaus Pyrker von Hohenwart, Sämmtliche Werke, 3 Bde., Stuttgart 1832–1834 u.ö. – Siehe dazu: R. Rudolf, in: LThK 8 (^{2}1963) Sp. 908.

116 Der Titel war nicht exakt zu ermitteln. Als Übersetzer des Spaniers machte Lorinser sich einen Namen. Siehe dazu: G. Hertig, in: LThK 2 (^{2}1958) Sp. 879f.

117 Kolping an Müller 7. 6. 1841, in: KS Bd. 1, S. 35. – Dante (1265–1321)

H. Rheinfelder, in: LThK 3 (^{2}1959) Sp. 159–162. – Ferner: KS Bd. 1, S. 192, 246; Bd. 2, S. 48.

118 Genaue bibliographische Angaben waren nicht zu ermitteln. – L. Ergens (Hg.), Dichter und Denker Italiens. Ein Jahrtausend Italienischen Schrifttums, Salzburg o.J. (1953), S. 229–233.

119 Alessandro Manzoni, I promessi Sposi, 3 Bde., Mailand 1825f., 2 umgearb. Aufl. 1840–1842. – H. K. Weinert, in: LThK 6 (^{2}1961) Sp. 1368f.

120 Eleanor C. Agnew, Geraldine oder Geschichte der Führung einer Seele, 3 Bde., Augsburg 1839; ^{2}1847. – Siehe dazu: Tagebuch 31. 5. 1841, in: KS Bd. 1, S. 87f. – Ketteler an v. Merveldt 10. 6. 1839, in: Ketteler, Werke und Briefe, Abt. II, Bd. 1, S. 23.

121 Tagebuch 3. 4. 1842, in: KS Bd. 1, S. 102.

122 Tagebuch, in: KS Bd. 1, S. 84, 85f., 90, 93f., 100. – Kolping an Wollersheim 19. 6. 1841, in: KS Bd. 2, S. 38–45.

123 Tagebuch 16. 5. 1841, in: KS Bd. 1, S. 84.

124 Tagebuch, in: KS Bd. 1, S. 81, 84, 101, 102f.

Georg Rammoser, *31. 10. 1809 Augsburg – † 1. 7. 1858 München – 1834 Priesterweihe – 1841 Prediger München St. Michael – 1844 Pfarrer.

Kosch, Kath. Deutschland, Sp. 3782.

[125] Pfr. St. in H., in: RV 27 (1880) S. 450. – Siehe dazu auch die 7. Strophe des Gedichtes: „Bei einer ersten heiligen Kinderkommunion, in: KS Bd. 1, S. 242.

[126] Tagebuch 31. 5. 1841, in: KS Bd. 1, S. 87.

[127] Reisetagebuch 26. 8. 1841, in: KS Bd. 1, S. 111. – Kolping an Statz 30. 3. 1842, in: KS Bd. 2, S. 58.

[128] Tagebuch 19. 3. 1842, in: KS Bd. 1, S. 100.

[129] Siehe dazu: H. Erharter, Studentenvereinigungen, in: LThK 9 (^{2}1964) Sp. 118 ff.

[130] Kolping an Wollersheim 19. 6. 1841, in: KS Bd. 1, S. 43. – Notiz auf einem Brief von Peiffer an Lorinser 3. 8. 1842, in: Archiv Erzbistum Wroclaw, Nachlaß Lorinser II c 2 d. – Einige der Mitglieder dieser Gruppe – außer den schon früher Genannten – ließen sich aus Kolpings Angaben ermitteln.

Schüller, Philipp Franz Joseph, * 19.11. 1818 Holzweiler – † 6. 5. 1849 Dottendorf/Bonn – 1838 Abitur Marzellengymnasium Köln – 1840–42 stud. theol. München – 1841 Begleiter Kolpings auf der Tirolreise – 4. 5. 1843 Priesterweihe – Vikar Gladbach – Rektor Viersen – Vikar Dottendorf.

AEK Totenzettel. – KS Bd. 1, S. 79 ff., 90, 110, 129 f., 130, 133, 139 f., 146, 149, 153, 175; Bd. 2, S. 43 f., 62, 64.

Brenner, Franz Heinrich, * 3. 12. 1818 Essen-Steele – † 1. 5. 1844 – 1841 Begleiter Kolpings auf Tirolreise – 17. 9. 1843 Priesterweihe – Vikar Viernheim.

AEK Totenzettel. – KS Bd. 1, S. 169.

Nottebaum, Friedrich Wilhelm, * 12. 2. 1820 Essen-Steele – † 12. 8. 1850 Essen-Steele – 1840–42 Studium München – Begleiter Kolpings auf Tirolreise – 13. 3. 1843 Priesterweihe – Vikar Oidtweiler – 17. 3. 1849 Lic. theol. Münster – 1847 Repetent am Konvikt in Bonn.

AEK Totenzettel. – KS Bd. 1, S. 169 u. 174.

Johann Wilhelm Gerhard Feldhaus, * 27. 4. 1821 Essen-Stoppenberg – † 7. 9. 1886 Porto Alegre/Brasilien – 1843 besorgte Kolping für ihn Bücher – 31. 8. 1845 Priesterweihe – 1845/46 Vikar in Berrenrath und Bonn. Repetent am theol. Konvikt in Bonn – 1853 Eintritt in den Jesuitenorden und Missionar in Brasilien.

AEK Totenzettel. – KS Bd. 1, S. 107; Bd. 2, S. 62 u. 65.

Peter Kaspar Frings, * 28. 4. 1819 Walhorn/Eupen – † 17. 2. 1851 – 1843 Priesterweihe – Vorgänger Kolpings als Kaplan in Elberfeld – Repetent im Bonner Konvikt – Prof. für Kirchengeschichte in Paderborn – 7. 12. 1847 Lizentiat in Münster.

AEK Totenzettel. – KS Bd. 1, S. 25, 99; Bd. 2, S. 62.

Anton Nesgen, † 1842 – 1840–1842 stud. theol. München – Studienkollege Kolpings. Über die Familie, siehe: C. Schönig, Anton Josef Binterim (1799–1855) als Kirchenpolitiker und Gelehrter, Düsseldorf 1933, S. 22 f. und 463–470. – KS Bd. 1, S. 97 u. 100.

Franz Lorinser, * 12. 3. 1821 Berlin – † 12. 11. 1893 Breslau – 1843 Priesterweihe – 1869 Domkapitular.

E. Schramm, in: LThK 6 (^{2}1961) Sp. 1145 f. – KS Bd. 2, S. 283 u. 390.

Zu Lorinser ausführlich: A. Meer, Domherr Dr. Franz Lorinser, Breslau 1894. – A. Nowak, Lebensbilder schlesischer Priester, Breslau 1939, S. 75–94 (mit Bild). – Deutsches Literaturlexikon, Bd. 9 (1984), Sp. 1675.

Karl August Stadlmair, * 8. 8. 1818 Koblenz – † 14. 4. 1890 Mayen – 1845 Priesterweihe – Kaplan und Religionslehrer Kreuznach – Pfarrer Stromberg – 1858 Pfarrer Mayen – 1866 Dechant – 1886 Ehrendomherr Trier – Freundl. Auskunft vom Diözesanarchiv Trier vom 7. 3. 1974. – KS Bd. 2, S. 345.

Johann Mathias Röder, * 28. 6. 1819 Trier – † 31. 7. 1883 – 23. 12. 1843 Priesterweihe – 1846 Pfarrer Sinz – 1850 Pfarrer Dudeldorf – 1853 Pfarrer Temmels.

A. Thomas, Der Weltklerus der Diözese Trier seit 1800, Trier 1941, Sp. 279.

Johann Joseph Christian Wilhelm Stürtz, * 13. 3. 1817 Aachen – † 27. 3. 1890 – 25. 9. 1842 Priesterweihe – Vikar in Ackerath und Frauweiler – Pfarrer in Bleibuir – 1867 Pfarrer in Lessenich.

AEK Totenzettel. – KS Bd. 1, S. 96.

[131] Tagebuch 15. 5. 1841, in: KS Bd. 1, S. 84.

[132] Schäffer, Kolping II, S. 212.

[133] Siehe dazu: F. Hemmersbach, Die Briefe der Münchener Studienfreunde Adolf Kolpings an den Blatzheimer Maler Ferdinand Müller während seines Aufenthaltes in Fügen im Zillertal im Jahre 1842, in: Kerpener Heimatblätter Nr. 51, 18. Jg., Heft 3, Dezember 1980, S. 368–384.

[134] Lorinser, Leben, Bd. 2, S. 61.

[135] A.a.O., S. 59 f.

[136] Kolping an Wollersheim 19. 6. 1841, in: KS Bd. 2, S. 40. – Reisetagebuch, in: KS Bd. 1, S. 110–205.

[137] Wilhelm Emmanuel Freiherr von Ketteler, * 25. 12. 1811 Münster – † 13. 7. 1877 Burghausen/Obb. – 1835 Justizreferendar – 1838 Ausscheiden aus dem Staatsdienst (Kölner Wirren) – Theologiestudium Mün-

chen – 1844 Priesterweihe – Kaplan Beckum – Pfarrer Hopsten – 1849 Propst Berlin St. Hedwig – 1850 Bischof von Mainz.
Siehe zu Ketteler: L. Roos, Wilhelm Emmanuel Freiherr von Ketteler (1811–1877), in: ZGL Bd. 4, S. 22–36 u. 268 (Lit.). – E. Gatz, in: Gatz (Hg.), Bischöfe, S. 376–380 (Lit.). Siehe ferner: KS Bd. 2, S. 95, 464, 468; Bd. 3, S. 259, 269; Bd. 5, S. 327; Bd. 6, S. 29.

138 Siehe dazu: Franz, Gesellenvater – Franz, Katholizismus – Wothe, Ketteler – Kolping.

139 Lorinser, Leben, Bd. 2, S. 30.

140 Briefe Peiffer an Lorinser, in: AEB Wroclaw, Nachlaß Lorinser II c, 2 d.

141 Kolping an Döllinger 15. 10. 1843, in: KS Bd. 2, S. 95.

142 Siehe dazu: Ketteler, Werke und Briefe, Abt. II, Bd. 1, S. 45, 207 u. 217.

143 Reichensperger, Gesellenvater, S. 9 f.

144 Kolping an Wollersheim 19. 6. 1841, in: KS Bd. 2, S. 43. – Kolping an Müller 7. 6. 1841, in: KS Bd. 2, S. 34.

145 Tagebuch 24. 8. 1841, in: KS Bd. 1, S. 99.

146 Tagebuch 8. 10. 1841, in: KS Bd. 1, S. 100 u. 178.

147 Kolping an Müller 10. 7. 1842, in: KS Bd. 2, S. 64.

148 Reisetagebuch vom 26. 8. bis 8. 10. 1841, in: KS Bd. 1, S. 110–205. – Kolping an Brinkmann 20. 7. 1841, in: KS Bd. 2, S. 52. – Pfülf, Kolping, S. 707 ff. – Siehe dazu auch: C. Neutzsch, Religiöses Leben im Spiegel von Reiseliteratur, Köln/Wien 1986. – J. Gelmi, Kirchengeschichte Tirols, Innsbruck 1986.

149 Reisetagebuch. Nachrede, in: KS Bd. 1, S. 179.

150 A. Lewald, Handbuch für Reisende durch Tyrol, nach Verona, Venedig oder Brescia. (Umschlagtitel: Praktischer Führer durch Tyrol), Stuttgart 1839.
ders., Tyrol, vom Glockner zum Orteles, und vom Garda- zum Bodensee, 2 Bde., München 1835, 2. Aufl. des 1. Bd., München 1838. – Über Johann Karl August Lewald (1792–1871) siehe: F. Brümmer, in: ADB 18 (1883) S. 512 f. – Rosenthal, Convertitenbilder, S. 1010–1018. – Kolpings Beurteilung des Autors erscheint nach dessen Lebensweg nicht gerechtfertigt. – Reisetagebuch, Nachrede, in: KS Bd. 1, S. 179 f.

151 Reisetagebuch, in: KS Bd. 1, S. 114, 165 u. 121.

152 A.a.O., S. 111, 116, 183, 178, 129, 138, 155, 162, 165, 123 f., 158 f.

153 Reisetagebuch 29. 8. 1841, S. 119. – Besonders vermerkt wird dann die Übernachtung im Geburtshaus Hofers. – KS Bd. 1, S. 137 f. –
Über Flir siehe: N. Grass, in: LThK 4 (²1960), Sp. 169. – Über Hofer siehe: H. Kramer, in: NDB 9 (1972), S. 378 f.

154 Reisetagebuch 11. 9. 1841, in: KS Bd. 1, S. 144.

155 Reisetagebuch 13. 9. 1841, in: KS Bd. 1, S. 146 f.

156 Reisetagebuch 15. 9. und 26. 9. 1841, in: KS Bd. 1, S. 150 u. 166.

157 Reisetagebuch 25. 9. 1841, in: KS Bd. 1, S. 163 f.

158 Reisetagebuch 2. 9. und 1. 10. 1841, in: KS Bd. 1, S. 127 u. 174. – Zu Knoller siehe: K. Weiß, in: ADB 16 (1882) S. 321–323.

159 Reisetagebuch 1. 10. 1841, in: KS Bd. 1, S. 174.

160 Reisetagebuch 21. 9. 1841, in: KS Bd. 1, S. 159. – Aloysius von Gonzaga (1568 bis 1591), Jesuit – 1726 Heiligsprechung – Patron der Jugend – Siehe: B. Schneider, in: LThK 1 (²1957) Sp. 634. – Kolping verehrte diesen Heiligen sehr, der auch Namenspatron seines Neffen und Patenkindes war. Sein Freund Heuser hat wissenschaftlich über den Heiligen gearbeitet und dessen Schriften ediert. Hecker, Chronik, S. 182 f. – Siehe auch: F. Lüttgen, Ein Neujahrsgeschenk Pfarrer Wollersheims an den Kaplan Adolph Kolping aus dem Jahre 1848, in: Kerpener Heimatblätter 24 (1986) Bd. 5, Heft 1, S. 2–6.
Franz Lener, * 23. 1. 1813 Pfaffenhofen – † 20. 7. 1883 Pfaffenhofen – 1835 Eintritt bei den Franziskaner-Minoriten Padua als Frater Alexander – 1840 Hilfe bei der Wiedergründung des Konventes Würzburg – Tätigkeit in den Konventen von Oggersheim, Würzburg, Padua und Venedig.
Frdl. Auskunft Provinzialat der Franziskaner-Minoriten Würzburg, P. Paul Meindl vom 29. 3. 1988. – KS Bd. 1, S. 150 f., 157 f., 159, 161 f.

161 Reisetagebuch 23. 9. 1841, in: KS Bd. 1, S. 161. –
Antonius von Padua, * 15. 8. 1195 Lissabon – † 13. 6. 1231 Arcell/Padua – Franziskaner – berühmter Prediger – 1232 Heiligsprechung – beliebter Volksheiliger.
L. Hardick, in: LThK 1 (²1957) Sp. 673 ff. – Kolping erbat sich später von ihm Reliquien für sich persönlich und für die Minoritenkirche. Siehe dazu: KS Bd. 1, S. 120, 155 f.; Bd. 2, S. 215, 221 u. 395.

162 Reisetagebuch 24. 9. 1841, in: KS Bd. 1, S. 162. – Hier klingen Vorurteile den Italienern gegenüber an, die an anderer Stelle noch deutlicher werden. KS Bd. 1, S. 144, 148 ff.

163 Reisetagebuch. Nachrede, in: KS Bd. 1, S. 188 f.
Maria Theresia von Mörle, * 16. 10. 1812 Kaltern – † 11. 1. 1868 Kaltern. –
Domenica Maria Lazzari, * 1816 Capriana – † 1848 Capriana. –
Siehe dazu: J. M. Höcht, Träger der Wundmale Christi. Eine Geschichte der bedeutenden Stigmatisierten von Franziskus bis zur Gegenwart, 2 Bde., Wiesbaden 1952; hier: Bd. 2, S. 148–158. – Ferner: J. J. v. Görres, Christliche Mystik, Bd. 2, Regensburg 1837, S. 494–510 und Bd. 4, Regensburg 1840, S. 468 ff.

164 Vitus, Anfänge, S. 65, bringt den Bericht eines Vereinsmitgliedes von Elberfeld: „Seine Vorträge über sein Studentenleben, seine abenteuerlichen Reisen durch Tirol und Italien waren so humoristisch und interessant und doch belehrend."

165 Tagebuch 30. 6. 1841, in: KS Bd. 1, S. 94.

166 KS Bd. 1, S. 276.

167 Kolping an Brinkmann 20. 7. 1841, in: KS Bd. 2, S. 51.

168 Kolping an Müller 10. 7. 1842, in: KS Bd. 2, S. 65.

169 Kolping an Statz 18. 7. 1841, in: KS Bd. 2, S. 49.

170 Kolping an Müller 7. 6. 1841, in: KS Bd. 2, S. 34. – Die Freude am Münchener Bier blieb Kolping erhalten. 1859 bat er den Münchener Präses Mayr, „an meine Adresse zu Köln ehebaldmöglichst zwei bayerische Eimer richtigen Bock ... auf dem schnellsten Weg, d. h. per Eisenbahn gelangen zu lassen". KS Bd. 2, S. 257.

171 Kolping an Brinkmann 20. 7. 1841, in: KS Bd. 2, S. 52,

172 Tagebuch 25. 7. 1841, in: KS Bd. 1, S. 97. – Siehe dazu auch: Tagebuch 25. 5. 1841, in: KS Bd. 1, S. 86 f.

173 Kolping an Müller 10. 7. 1842, in: KS Bd. 2, S. 65 f.

174 Sitten-Zeugnis 26. 7. 1842, in: KS Bd. 1, S. 20.

175 Kolping an Müller 28. 7. 1842, in: KS Bd. 2, S. 67.

5. Studium in Bonn (1842–1844)

Als Kolping in die rheinische Heimat zurückkehrte, war bereits politisches Tauwetter zwischen Preußen und der katholischen Kirche angebrochen. Friedrich Wilhelm IV. hatte 1840 nach dem Tode seines Vaters dessen Nachfolge als König von Preußen angetreten. An ihn und seine Regierung knüpfte das Volk große Hoffnung auf mehr demokratische Freiheiten. Die „Kölner Wirren" wurden beigelegt: Der preußische Staat war zu weitgehenden Konzessionen bereit; der päpstliche Stuhl nahm die Absetzung des Erzbischofs in Kauf und ernannte den Bischof von Speyer, Johannes von Geissel, zum Koadjutor mit dem Recht der Nachfolge[1].

Rückkehr ins Rheinland

Eine Krankheit seines Bruders Wilhelm zwang Kolping, seine Heimreise zu beschleunigen und die Semesterferien in Kerpen zu verbringen[2]. So nahm er zwar nicht unmittelbar am Fest der Grundsteinlegung zum Weiterbau des Kölner Domes teil, erfuhr aber wohl, daß dieser Anlaß als Zeichen des Neubeginns der Zusammenarbeit von Staat und Kirche gewertet wurde. Am 4. September 1842 nahmen Friedrich Wilhelm IV. und seine Gattin Elisabeth, eine zum Protestantismus übergetretene bayerische Prinzessin, am feierlichen, von Geissel zelebrierten Pontifikalamt im Dom teil. Das Fest hatte nicht allein kirchliche Bedeutung[3]. Der Dom als Kölner Bischofskirche wurde zum nationalen Denkmal einer erhofften deutschen Einigung. Von diesen Ideen war auch Kolping beseelt. „Ja, wir erblicken in dem fast seltsamen Dombau zu Köln in einer dem äußeren Anschein nach höchst seltsamen Zeit ein tief bedeutsames Zeichen, wenn man will, eine Art prophetischer Verkündigung der Dinge, die sich auf dem sich erneuernden Schauplatz der Welt begeben werden. Und wir knüpfen an die Vollendung des Symbols zunächst für unser teures Vaterland in der Tat Hoffnungen, die allerdings nur Gott selbst erfüllen kann, die aber ihre Berechtigung aus der Sache selber schöpfen"[4].

Kolping wollte sich mit der religiösen und theologischen Situation in seinem Heimatbistum näher vertraut machen. Er konnte nicht ahnen, welche Bedeutung seine Entscheidung haben sollte, auf Windischmanns Rat hin sein Studium in Bonn fortzusetzen. Während dieser Zeit geknüpfte Kontakte sollten für seinen weiteren Lebensweg und sein späteres Wirken ebenso wichtig werden, wie die in München erhaltene geistige und geistliche Prägung.

Die Kleinstadt Bonn – seit 1525 rheinisches Verwaltungszentrum und Residenz der

Kölner Kurfürsten – hatte durch die Säkularisation und die Auflösung des alten Erzbistums Köln an überregionaler Bedeutung verloren. Als Kolping nach Bonn kam, hatte sich die noch idyllische Stadt mit etwa 14000 katholischen Bewohnern von diesen Einschnitten zwar schon erholt, doch konnten kulturelles und wirtschaftliches Leben einem Vergleich zu München nicht standhalten. In Kolpings Bonner Studienzeit fiel das Anlegen des ersten Dampfschiffes und die Eröffnung der Eisenbahnlinie Bonn-Köln[5].

Universität

Die Bonner Universität, eine konfessionell-paritätische preußische Neugründung des Jahres 1818, erhielt 1828 den Namen Rheinische Friedrich-Wilhelms-Universität und war von den Ideen und Reformvorstellungen des Philosophen und Bildungspolitikers Wilhelm von Humboldt (1767–1835) geprägt[6]. Zum Lehrkörper dieser Hochschule zählten so berühmte Professoren wie der Dichter und Publizist Ernst Moritz Arndt (1769–1860) und der Sprach- und Literaturwissenschaftler August Wilhelm von Schlegel (1767–1845). Kolping aber besuchte weder deren Vorlesungen noch hielt er sie in Tagebüchern und Briefen einer Erwähnung für wert. Er hatte andere Interessen, denen er sich zuwandte. Eine Zuneigung für die Bonner Hochschule hegte er nie. Zu Beginn des Semesters teilte er einem Freund mit: „Auch bin ich … recht gesund und habe tüchtige Studienlust. Mit der Universität habe ich wenig zu schaffen, es ist aber auch nicht viel da zu holen… Sonst kümmert mich Bonn und seine Studenten nicht sehr. Ich kann mit den letztern mich nicht abgeben, da ich vollauf Arbeit habe“[7].

Am 3. November 1842 hatte sich Kolping nach längerem Zögern und geistlicher Beratung doch an der theologischen Fakultät der Universität Bonn eingeschrieben[8]. „Wir leben in Bonn, aber unser Herz ist noch in München, wir hören Kollegien bei Bonner Professoren, unsere Studien aber werden im Geiste unserer Münchener Lehrer fortgesetzt, auf ihnen ruht unser Blick, sie sind unsere Muster geworden, denn unsere Liebe haben sie gewonnen und unsere ganze Verehrung. Bonn gewinnt uns nicht mehr, es ist überhaupt nicht herzgewinnender Art, am allerwenigsten für uns, denen die Fremde geboten, was die Heimat nie besessen. Sehen wir uns Bonn aber auch näher an, so wird sich das alles leicht erklären“[9].

Kolpings Studium an der Bonner Universität wurde erst vor einigen Jahren Thema wissenschaftlicher Erörterungen[10]. Kolpings Briefe an seinen Münchener Lehrer Döllinger berichten auch über die kirchlichen Verhältnisse im Rheinland und über die Situation an der Bonner Universität und im Kölner Priesterseminar. Sie zeigen kirchentreue Haltung und wissenschaftliches Streben. Das Studium an der Bonner Universität hatte seine Auswirkungen nicht nur in der Bestärkung des Wissenschaftsverständnisses, das er sich in München angeeignet hatte, sondern wirkte sich auch auf die Lebenssituation des Studenten aus. Freunde und Förderer rieten, „hiesige Verhältnisse kennenzulernen, selbst mit einem System sich zu befassen, das zu bekämpfen eine Lebensaufgabe des Theologen sein müsse, der zu wirken habe, wo dasselbe schon praktisch geworden… Das könnte ich am besten in Bonn, wäre ja auch alt genug, Licht und Dunkel voneinander zu unterscheiden“[11]. Auch wenn keine Namen genannt werden: Der Verdacht liegt nahe, daß der ehemalige Kerpener und jetzige Münsterpfarrer von Wahnem, der als entschiedener Antihermesianer galt, dabei mitbeteiligt war.

Umfeld

An der Bonner Universität studierten damals 709 Studenten, 122 waren in der katholisch-theologischen Fakultät eingeschrieben. 72 von ihnen bewohnten das erzbischöfliche Konvikt. Kolping zog eine Mietwohnung in der Stadt vor. Er wohnte während seiner Bonner Zeit in der Sternstraße, im Zentrum gelegen, zunächst Nr. 284, im folgenden Jahr Nr. 144. Eine Schwester seiner Förderin Meller hatte in die dortige Metzgerei Klein eingeheiratet[12]. Kolping gehörte damit zur Pfarrgemeinde St. Martin, auch Münsterpfarre genannt, und war so zum zweiten Mal Pfarrkind des schon genannten Pfarrers von Wahnem. Daß er in dieser Umgebung auch von der Gesellenbruderschaft des August Seydell (1788–1879) gehört hat, ist nicht auszuschließen[13].

Mit Kolping im gleichen Hause wohnten, zumindest zeitweise seine früheren Mitschüler vom Marzellengymnasium Max Friedrich Hendrichs und Cornelius Balduin Trimborn, die beide Jura studierten. Unter den Studenten dieses Faches war auch der Kerpener Jugendfreund Julius Wolff, der in der Rheingasse wohnte. Zu den Mitstudenten an der theologischen Fakultät gehörten Wilhelm Feldhaus und Paul Joseph Peiffer als Freunde aus der Münchener Zeit. Johann Joseph Büsterbach und Johann Michael Benger waren ehemalige Klassenkameraden. In Joseph Chargé lernte Kolping einen späteren Mitarbeiter im Kölner Gesellenverein kennen[14]. „Bei unseren Zusammenkünften, in denen in der Regel Repetitionen vorgenommen werden oder wissenschaftliche Erörterungen stattfinden, frischen wir das Andenken an München auf, das uns, wir fühlen es, einen Ruck gegeben für unser ganzes Leben“[15].

Katholisch-theologische Fakultät

Das Klima an der Bonner Universität – und ganz besonders an der theologischen Fakultät – sagte Kolping nicht sonderlich zu. Die Fakultät war in zwei Lager gespalten, und zwar in Anhänger und Gegner des bereits 1831 verstorbenen Theologen Georg Hermes, der lange Jahre erfolgreich in Bonn gelehrt, mit seiner Theologie die Fakultät aber auch in eine schwere Krise gesteuert hatte[16].

Kolping berichtete seinem Münchener Lehrer, es sei „kein einziger Kolleg da …, worin man eine Erfrischung für Geist und Gemüt sich holen könnte. Deshalb sitzen die Zuhörer auch so teilnahmlos da und treiben in der Regel Allotria oder gehen lieber, wenn's Wetter gut ist, spazieren: deshalb so wenig Studieneifer in der Masse, weil die Lust, die noch da ist, durch ein totes Ableiern der Hefte oder haaransträubende Breite und Langweiligkeit …, niedergehalten durch die völlige Sorglosigkeit der Lehrer, außer dem Kolleg völlig erstickt wird“[17].

Der Bonner Dogmatiker Georg Hermes war von der Philosophie Immanuel Kants ausgegangen, um für das von ihm vertretene Fach eine moderne philosophische Grundlage zu schaffen[18]. Er war im katholischen Bereich der einzige Theologe, der – am Ende der Aufklärungsbewegung stehend – die Auseinandersetzung mit den Geistesströmungen seiner Zeit wagte.

„Obwohl er es als seine Hauptaufgabe ansah, jene rationalistischen Einflüsse der Aufklärungsphilosophie auf die Theologie zu überwinden, die diese in Gegensatz zum christlichen Glaubensgut bringen konnten, hat Hermes doch den gleichen anthropozentrischen Ausgangspunkt wie die aufklärerischen Denker; er teilt ihr unbegrenztes Vertrauen auf die Kräfte des Intellekts, ihr Unverständnis für das wesenhaft Übernatürliche. Auch in seiner Unkenntnis und in seiner Verachtung des Geschichtlichen im Leben der Kirche und ihrer Theologie erweist sich Hermes als ein Kind des ausgehenden 18. Jahrhunderts. Diese Mängel und einseitigen Grundhaltungen treffen bei ihm zusammen mit dem beispielhaften Fleiß, aber auch dem Selbst- und Sendungsbewußtsein des Autodidakten, seiner übergroßen, durch körperliche Leiden noch gesteigerten Empfindlichkeit; sie ließ ihn persönlichen Kontakt zu Kollegen und anderen Gelehrten meiden, sie machte ihn unduldsam gegen Andersdenkende. Er beraubte sich dadurch nicht nur der die Erkenntnis fördernden fruchtbaren Diskussion, er setzte nicht nur seine eigene Arbeit jenen Gefährdungen aus, denen sie schließlich erlag, sondern er erschwerte auch für die Zukunft eine positive Begegnung der katholischen Theologie mit den modernen Geistesströmungen. Die Verquickung des Hermesianismus seiner Schüler mit jenen heftigen Wirren zwischen Staat und Kirche hat insbesondere den theologischen Fakultäten ein lang anhaltendes Mißtrauen kirchlicher Kreise eingetragen.

Man wird in mancher Beziehung zwischen Hermes und dem Hermesianismus unterscheiden müssen. Man darf über den kirchenpolitischen Kämpfen, in welche die Hermesschule hineingezogen wurde, nicht übersehen, daß Hermes persönlich bei allen Einschränkungen, die gegenüber seinem Lehrsystem und seinem Charakter zu machen sind, ein innerlicher, religiöser und seine Kirche liebender Gelehrter war“[19].

Der von der Aufklärung geprägte Vernunftoptimismus führte Hermes in den Lehren von Erbsünde, Erlösung und Rechtfertigung zu Irrtümern, die Papst Gregor XVI. auf hartnäckige und keineswegs besonders sachkundige Intervention des Bonner Philosophen und Mediziners Carl Joseph Windischmann, unter Mitarbeit seines Sohnes Friedrich, Kolpings Münchener Seelenführer, in den Jahren 1835/36 bereits verurteilt hatte[20].

Kolpings Religionslehrer Martin, wenige Jahre später selbst Mitglied der Fakultät, beurteilte als Zeitzeuge die Situation in seinen Erinnerungen ausgewogen: „Als aber der von den Einen erwartete, von den andern gefürchtete Schlag endlich erfolgte: da brach der Sturm der verhaltenen Leidenschaften los, der vielfach alles durcheinander warf und in der Erzdiözese Köln zumal eine traurige Spaltung verursachte. Partei stand in offener Fehde gegen Partei; und es ging durch den Klerus, ja vielfach auch durch die Laienwelt der Erzdiözese ein trauriger Riß ...“[21].

Er beschrieb die beiden Parteien: „Ich verhehle auch nicht, da auch von ihnen, ich will sie gleich die Antihermesianer nennen, das rechte Maß nicht immer eingehalten ward, daß sie hier und da ihres Triumphes mit zu schlecht verhehlter Schadenfreude genossen, daß sich in ihre Kampfes-Weise mitunter Persönlichkeiten einmischten, kurz, daß auch bei ihnen Menschlichkeiten hervortraten. Es ist immer so gewesen, und es wird immer so sein, wo Menschen sind, da sind Fehler, und auch wenn sie die heiligste Sache vertreten, wird diese heiligste Sache von ihnen oft nicht heilig genug, sondern zu menschlich vertreten. Was aber die andere Partei, die Schüler und Anhänger von Hermes, betrifft, so muß man freilich auch bei ihr wieder unterscheiden. Alle waren zwar voller Verehrung, ja voller Begeisterung für die Person des Hermes und seine Lehre, und sie alle waren von der Kirchlichkeit dieser Lehre so sehr überzeugt, daß sie eine Verurteilung derselben nicht für möglich hielten. Als diese aber dennoch erfolgt war, da zeigten sich in der Partei selbst Unterschiede. Die einen, mochten sie auch Hermes bisher noch so hoch gehalten haben, hielten doch die Kirche für höher als Hermes und sie fügten sich der kirchlichen Entscheidung; und wenn es auch mit blutendem Herzen geschah, so fügten sie sich ihr doch“[22].

Auch Kolping beteiligte sich an der Polemik, die ein erfolgreiches Studieren an der Fakultät erschwerte: „Das eben ist ein Zeichen einer besseren Zeit für uns, daß die Theologen, denen nur Mittel und Wege geboten sind, sich unbefriedigt fühlen in den verpesteten Hörsälen einer Partei, die gewiß auf Kirchlichkeit keinen Anspruch mehr machen kann, und, wie von geheimem Instinkt geleitet, dorthin ziehen, wo ein besserer Geist weht und man sich für die heilige Wissenschaft doch noch begeistern kann. Das Treiben hier ist nicht Begeisterung für die Sache, sondern nur ein unsinniges Wüten zu nennen“[23].

Kolping war während seines Münchener Studiums durch die dortigen Professoren und wohl mehr noch durch Windischmann auf die antihermesianische Linie festgelegt und behielt dieses Konzept auch während seiner Bonner Studienzeit bei. In diesem Sinne arbeitete er auch unter der Bonner Studentenschaft und begleitete die jüngeren Dozenten an der Universität mit großer Sympathie. Kolpings entschiedenes Eintreten für die Lehrmeinung der Kirche ist nicht allein positiv aus seiner orthodoxen und ultramontanen Einstellung zu erklären. Es ist zumindest aus seinen Äußerungen nicht erkennbar, daß er sich intensiver mit Hermes und seiner Lehre beschäftigt hat. Wahrscheinlich ist sie ihm gar nur durch dessen Schüler und Freunde oberflächlich bekannt geworden. In seinen Lektürelisten fehlen – wohl auch wegen des bischöflichen Leseverbots – die Schriften von Hermes ganz. Darum verwundert die heftige Ablehnung um so mehr. „Sowohl in dem hermesianischen System, mehr noch in seiner Ausprägung im Leben, liegt ein echt häretisches Element, das wie korrosives Gift um sich frißt und die Atmosphäre mit mephistischen Dünsten erfüllt. Damit können wir nun mal nicht, in Ewigkeit nicht, Freundschaft schließen, solange noch das katholische Bewußtsein nicht ganz in uns ausgetilgt ist“[24].

Conzemius vermerkte dazu, daß „die seelsorgerische Methode und der priesterliche Eifer der Hermesianer aber den gerade hier weitblickenden und alle Anregungen dankbar aufnehmenden Kolping merkwürdigerweise ungerührt ließen, kann nicht allein auf subjektive Voreingenommenheit gegen Hermes und seine Anhänger zurückgeführt werden. Vielmehr ahnte der reife Student, daß die gefühlsarme Lehre des

Hermes keine fruchtbaren Ansätze besaß, um den ganzen Lebensbereich des Menschen zu verchristlichen, wie eine Theologie Sailers, Baaders oder Möhlers es zu tun vermochte"[25].

Die Auseinandersetzungen um die hermesianische Theologie, ihre päpstliche Verurteilung und nicht zuletzt das energische und disziplinarische Durchgreifen des neuernannten Koadjutors Johannes von Geissel lähmten nicht nur die Arbeit der Fakultät, sie erhitzten auch die Gemüter in der Studentenschaft. „Die Studierenden der katholisch-theologischen Fakultät teilten sich nämlich bisher in drei Richtungen, welche jetzt in zwei sich vereinen, um dann um so schärfer sich abzusondern. Da sind heimliche und öffentliche Anhänger der alten Bonner Schule, vulgo Hermesianer, zum Glück sehr wenige, diese indes ausnehmend rührig, dann entschiedene Gegner dieses Systems mit allen seinen Anhängseln, teilweise auswärts, teilweise in Bonn selbst gebildet, die sich aber von dem Einflusse der Hermesischen Schule möglichst frei gehalten haben. Worauf die ganze Tätigkeit der letzteren außer dem ihnen angewiesenen Berufe bis heute hinausgelaufen ist, wird unten gezeigt werden. Zwischen diesen Andere, und leider waren es bisher die Zahlreicheren, welche weder um das Eine noch das Andere sich kümmerten, die gar nicht wußten, um was sich's denn eigentlich handle, die nach beiden Seiten neigten und doch Nichts entschieden ergriffen; also die, von denen die Kirche nie Ehre und die Wissenschaft nie Nutzen haben wird"[26].

Auch Kolping kämpfte gegen den Hermesianismus und seine Anhänger, aber weniger inhaltlich und sachlich. Er bevorzugte mehr hochschulpolitische und publizistische Maßnahmen[27]. Der sonst bei Meinungsstreitigkeiten ausgleichend wirkende und flexibel vorgehende Kolping stieß bei der Beurteilung der hermesianischen Theologie offensichtlich intellektuell und psychisch an die Grenzen seiner inneren Möglichkeiten und der eigenen Glaubensüberzeugung. Er war und blieb hart und unnachgiebig auf der Linie der Antihermesianer. Diese Haltung Kolpings gilt im übrigen auch für die Entwicklung der Glaubenslehre der Unfehlbarkeit des Papstes. Das auf dem ersten Vatikanum verkündete Dogma ist für Kolping zeitlebens kein Problem gewesen. Für ihn war die Unfehlbarkeit des Papstes theologische Selbstverständlichkeit, so daß er bei der Beurteilung der italienischen Einigungsbewegung hart und unnachgiebig ultramontane Positionen vertrat. Der Tod hat Kolping davor bewahrt, die Sorgen und Bedenken enger Freunde und Weggefährten in dieser Frage miterleben und mitteilen zu müssen (Döllinger, Dieringer, Ketteler). Diese hatten sich zum Teil nach längerem Ringen und ernsten Gewissenszweifeln nicht den ultramontanen Zielen anschließen können.

Professoren

Die von Kolping bevorzugten Professoren der Theologie beschäftigten sich in ihren Vorlesungen und Publikationen im wesentlichen mit der Verteidigung und Weitervermittlung eines dogmatischen Lehrsystems, das sie für unabänderlich hielten. Die von der Romantik und ihrem Antiintellektualismus geprägten Theologen interessierten sich kaum für wissenschaftliche Bezüge des gläubigen Denkens. Sie hielten den

Glauben und seinen praktischen Vollzug vielmehr für eine Angelegenheit des Gefühls und des Herzens. „Was die theologischen Professoren betrifft, so sind das nicht nur für uns, die Ultramontanen, sondern auch für jene Landeskinder, die nicht mit der Fremde gebuhlt, fremde Personen, kalte Erscheinungen, an die man durch kein Band gebunden, von denen man nichts erwartet und die auch nichts bieten. Es besteht da gar kein Verhältnis, wie der Begriff von Lehrer und Schüler es einschließt. Der beide verbindende, Leben weckende und gebende Nerv ist abgeschnitten oder, besser, nie dagewesen; deshalb steht alles sich fremd und kalt gegenüber, deshalb keine Anhänglichkeit, keine Teilnahme, deshalb geht jeder seine Wege, ohne sich um den andern zu kümmern. Von Seite der Schüler könnte man es dahin modifizieren, daß der größte Teil ein Freudenfest anstimmen würde, wenn das ganze Lehrpersonal auswanderte“[28].

Aus der Tübinger Schule stammend und Geissel aus gemeinsamer Speyerer Zeit vertraut, übernahm Franz Xaver Dieringer im Jahre 1843 den dogmatischen Lehrstuhl an der zerstrittenen theologischen Fakultät[29]. Dieringer war ein kirchlich gesinnter Mann, dessen Dogmatik im Gegensatz stand zum weitverbreiteten Hermesianismus. Er war nicht nur der wissenschaftliche, sondern auch der gesellige Mittelpunkt von gleichgesinnten Professoren und Studenten. Auch Kolping schloß sich diesem Kreis, der zum konservativen Lager zählte, an und fand freundschaftliche Kontakte zu Dieringer. Kolping war von seinen Lehrmeinungen und seiner Studienförderung angetan.

Diese Begegnung mit dem nur zwei Jahre älteren Professor wurde für ihn ebenso wichtig wie die mit seinem Münchener Lehrer Döllinger. Freilich hatte Dieringer nicht das theologische Format seines Münchener Kollegen, aber als akademischer Lehrer, als Didaktiker und Pastoraltheologe sowie als Vermittler von Kontakten war er für Kolping und sein späteres pastorales Wirken doch prägend. „Durch ihn ist mein Aufenthalt in Bonn nun auch ein angenehmer geworden“[30]. Er wird seinen Schüler auch in außeruniversitären Bereichen gefördert haben. „Durch das Auftreten Herrn Professors Dieringers ... hat die katholisch-theologische Fakultät einen ganz anderen Anstrich bekommen. Das Blatt hat sich gewaltig gewendet. Herr Professor Dieringer ist doch ein Mann, wie man ihn hier nötig hatte, das müssen selbst die Indifferentesten geben. Er tritt überall fest und entschieden auf, predigt den Katholizismus aus vollem Herzen und mit fester Überzeugung, stört sich weder an das was rechts, noch was links liegt, d.h. läßt Hermesianer ihr Spiel treiben und geht gerade auf die Sache, die fest und klar vor seinem Auge steht los, unbekümmert, was man dawider oder dafür sagt“[31].

Dieringer wurde von Kollegen und Teilen der Öffentlichkeit wegen seiner theologischen Überzeugung und seiner Amtsführung als Konviktsinspektor mehrfach kritisiert. Kolping griff in die publizistische Auseinandersetzung ein, um seinem akademischen Lehrer von studentischer Seite den Rücken zu stärken[32]. „Daraus läßt sich ermessen, welchen Gewinn ihm die Freundschaft mit Kolping einbrachte. Dieser vergrub sich nämlich während seiner Bonner Studienzeit keineswegs in seine Bücher, ... sondern warb unter dem Einsatz seiner Persönlichkeit und dem Opfer seiner Freizeit für den neuen Dozenten. Er sicherte ihm die Anhänglichkeit des Kolping-Kreises, vornehmlich der Alt-Münchener also und jener Bonner, die sich ihm angeschlossen hatten“[33].

Im Sommer 1843 hörte Kolping bei Dieringer Allgemeine Dogmatik und eine Vorlesung über Offenbarungstheorie, für deren Teilnahme ihm ausgezeichneter Eifer bescheinigt wurde. Im folgenden Semester besuchte er das dogmatische Kolleg sowie die Vorlesungen über die Geschichte des Trienter Konzils und über die Verwaltung des Beichtstuhles „mit ganz ausgezeichnetem Eifer". In den homiletischen Übungen hatte er sich „rühmlichst ausgezeichnet durch praktische Teilnahme"[34].

Es ist ganz bezeichnend für Kolping, daß er immer die Vortragsweise des Dozenten in seiner Beurteilung berücksichtigt: „Dabei steht ihm ein guter Vortrag und ein schönes Organ zu Gebote, was denn schon allein im Stande ist, die Studierenden zu seinen Vorlesungen zu ziehen. Diese sind dann auch ungewöhnlich stark besucht. Sein Auditorium in der Dogmatik beläuft sich auf 50–60... Seine Moral ist ebenso stark besucht; die meisten Zuhörer sind aber bei seinen Vorlesungen über die Theorie der Offenbarung gegenwärtig. Die Zahl der sämtlichen Theologen beläuft sich auf 100"[35].

Über lange Jahre nahm Dieringer das Amt des katholischen Universitätspredigers wahr. Er sprach in seinen Predigten besonders die akademische Jugend an. „Die Mehrzahl der Studierenden, mit Liebe an Professor Dieringer hängend, wollte diesem nun einen öffentlichen Beweis ihrer Anhänglichkeit geben und sprach von einem Fackelzug ... der Fackelzug wurde gebracht, lief glänzend ab"[36].

1844 gehörte er zu den Gründern des Borromäusvereins, den er bis 1871 als Präsident leitete. Die Verbreitung guter Bücher galt ihm als wichtiges Anliegen[37]. Für Geissel war er ein geschätzter Berater zu Beginn der Kölner Zeit. Auch wegen seines Engagements bei der Förderung sozialer Einrichtungen war der Bonner Professor geachtet. Publizistisch arbeitete er als Redakteur der von ihm mitgegründeten „Katholischen Zeitschrift für Wissenschaft und Kunst". 1853 wurde er wegen seiner Verdienste im Erzbistum ins Kölner Domkapitel berufen.

Mit dem Vatikanischen Konzil und der Anerkennung des Unfehlbarkeitsdogmas hatte auch Dieringer seine Probleme. Auf Drängen des Erzbischofs unterschrieb er eine Anerkennungserklärung. Doch seine Professur gab er auf und übernahm eine kleine Landpfarrei in Hohenzollern. Dieringer beschränkte sich bei seiner priesterlichen Tätigkeit keineswegs auf die mit seinem Lehrstuhl verbundenen Verpflichtungen. Nach dem Urteil seines Kollegen Martin verfügte er über „eine glänzende geistige Begabung, einen klaren Verstand, eine lebhafte Phantasie, eine schnelle und leichte Auffassung, eine seltene Redegewandtheit, überhaupt ein großes oratorisches Talent und, was allen diesen Gaben erst ihren rechten Wert verleiht, er hatte ein edles, für die Kirche warm schlagendes Herz."[38]

Mit seinen vielfältigen Aktivitäten und seinen Charaktereigenschaften konnte der Professor für seinen Schüler wohl Vorbildfunktionen übernehmen, teilte Kolping doch, für den bei der Wissensvermittlung persönliche Beziehungen und seelische Gleichklänge schon in seiner Schulzeit so wichtig waren, viele Interessen mit seinem Lehrer. So verwundert es auch nicht, wenn Kolping Dieringer bat, ihm die Primizpredigt zu halten. Dieser konnte dem Wunsch zu seinem Bedauern nicht nachkommen, weil er seinem Kollegen von der philosophischen Fakultät, Franz Jacob Clemens, schon früher versprochen hatte, dessen Trauung in Koblenz vorzunehmen[39]. Selbstverständlich gehörte Dieringer später auch zu den Förderern des Bonner Gesellenvereins.

Bei Bernhard Joseph Hilgers (1803–1874) studierte Kolping Patrologie, Kirchenrecht hörte er bei Ferdinand Walter (1794–1879), einem, jedenfalls auf diesem Gebiet, ausgewiesenen Fachmann. Beide bestätigten ihm großen Fleiß[40]. Walter war Autor eines kirchenrechtlichen Lehrbuches, das weite Verbreitung fand. Es berücksichtigte besonders die kirchlichen Verhältnisse in Deutschland, bot eine umfassende Darstellung des Kirchenrechts und Ansatzpunkte für die Verteidigung kirchlicher Rechtspositionen gegen die liberalen Strömungen der Zeit.

Weitere theologische Studien betrieb Kolping bei den Exegeten Joseph Heinrich Friedlieb (1810–1900) und Johann Martin August Scholz (1794–1852). Er hörte deren Vorlesungen über Timotheus- und Korinther-Briefe „aufmerksam und fleißig"[41]. „Wenn ich in Bezug auf den Professor der Theologie Scholz und Privatdozent Friedlieb nichts geschrieben", teilte er Döllinger mit, „so gelten sie eigentlich nichts, und insoweit darüber keine lange Rede"[42]. Der Student hatte sich mit den Grundzügen paulinischer Theologie und wichtigen pastoralen Themen vertraut gemacht: Auferstehung, Eucharistie, Ehe, Hohes Lied der Liebe, Verwaltung kirchlicher Ämter und Belehrung über die Behandlung der Irrlehren.

Aus den theologischen Disziplinen, die für die spätere praktische Seelsorgsarbeit relevant waren, hörte Kolping Katechetik bei dem schon genannten Hilgers. Eine Einführung in die Pastoraltheologie hatte er im ersten Bonner Semester bei Johann Heinrich Achterfeldt (1788–1877) besucht. Dieser hielt nach seiner Ansicht viel zu langweilige Vorlesungen, weil er nur aus Heften vorlas[43]. An Lehrveranstaltungen des Kirchenhistorikers Johann Wilhelm Joseph Braun (1801–1863) und des Dogmatikers und Moraltheologen Heinrich Joseph Vogelsang (1803–1863) nahm Kolping nicht teil[44]. Als Hermesanhängern, von ihm ohnehin nicht geschätzt, war Achterfeldt und Braun im März 1843 die kirchliche Lehrbefugnis von Geissel entzogen worden. Sie blieben jedoch als Beamte Mitglieder des Lehrkörpers der Universität.

Das Bonner Studienangebot in der Theologie war also – von Dieringer abgesehen – dürftig und befriedigte die meisten Studenten nicht. Dem Selbststudium kam darum ein besonderer Stellenwert zu.

Studium der Philosophie, Pädagogik und Geschichte

Kolping betrieb ein breiter angelegtes Studium geisteswissenschaftlicher Fächer. In der Philosophie spürte er vielleicht den eigenen Nachholbedarf; pädagogischen Fragestellungen ging er ohnehin gerne nach. In der Geschichte interessierten ihn besonders Mittelalter und Reformationszeit. So hörte Kolping im Winter 1843/44 eine Vorlesung bei dem aus Koblenz stammenden und vom dortigen Romantikerkreis geprägten Privatdozenten Clemens[45]. Seine Philosophie knüpfte an den von der römischen Schule neu belebten Thomismus an.

Clemens wollte als dessen Erneuerer katholisches Denken vom Einfluß der neueren deutschen Philosophie, einem Kind der Aufklärung, befreien und die katholische Weltweisheit wieder zur Geltung bringen. Dabei versuchte er, das Gebäude der scholastischen Philosophie mit neuen Erkenntnissen weiterzuführen. Kernsatz seiner Philosophie war: „Die übernatürliche, von Gott geoffenbarte Wahrheit und die natürliche, von Menschen erforschte, können sich nicht widersprechen, da Gott beider Urheber ist"[46]. Kolping schrieb begeistert: „An der hiesigen philosophischen Fakultät hat ... Herr Dr. Clemens ... als Privatdozent seine Vorlesungen eröffnet, die sich ebensosehr durch geistreiche Auffassung als durch ihren positiven christlichen Charakter auszeichnen ... Freuen mußte es uns daher sehr, seine Vorlesungen, besonders die ‚Über die Philosophie bei den größten Dichtern der christlichen Welt', ungewöhnlich stark besucht zu finden, ein Beweis, daß die positive, christliche Philosophie an hiesiger Universität viele Sympathien unter den Studierenden findet"[47].

Diese Beurteilung wird von Martin bestätigt. Für ihn war Clemens „katholischer Philosoph, wie er leibte und lebte. Die Gedanken: die Vernunft ist eine Dienerin Gottes, die Philosophie eine Dienerin der Theologie; die philosophische Wahrheit kann der theologischen nicht widersprechen"[48]. Clemens konnte lebhaft, heftig, bisweilen derb in seinen Veranstaltungen Meinungen vertreten, die Andersdenkende verletzen konnten. Kolping berichtete Döllinger über die Vorlesung, in der der junge Dozent über die „christliche Kunst im Gegensatz zur Antike", die „weltgeschichtliche Bedeutung Roms im Christentum", über die „Stellung des Papstes" als den „urbem et orbem segnenden Pontifex maximus", die „Heiligenverehrung und besonders vom Kult der seligsten Jugfrau" wohl mehr erbauliche Betrachtungen als wissenschaftliche Philosophie betrieb[49]. Diese Vorlesung besuchte Kolping „sehr fleißig und aufmerksam".

Es verwundert darum nicht, daß unter den Studenten die kritischen Geister gegen diesen Philosophen den Aufstand probten und seine Lehrveranstaltungen störten. Clemens fühlte sich empfindlich getroffen.„‚Die Herren müssen wissen, daß ich Lehrfreiheit habe, die man indes hier in Bonn eigentümlich zu verstehen scheint, daß ich um keines Menschen Gunst buhle, niemanden meine Überzeugung aufdringe, niemanden ins Kolleg locke etc., ferner, daß ich entschlossen bin, meine Lehrfreiheit mit allen mir zu Gebote stehenden Mitteln zu verteidigen, so wahr mir Gott helfe!' – Da klatschten die Katholiken rauschenden Beifall, die wütigen Toleranzmenschen aber sahen sich verblüfft an und zogen unter dem Gelächter der Katholiken ab"[50]. Diese Erfahrung scheint Kolping doch sehr beeindruckt zu haben. Hielt er doch schon seit geraumer Zeit die Übereinstimmung von Denken und Handeln gerade bei Lehrern für eine unverzichtbare Voraussetzung ihrer Tätigkeit.

Für Kolpings spätere pädagogische Arbeit mögen Vorlesungen der Professoren Christian August Brandis (1790–1867) und Friedrich August von Calker einige Hinweise gegeben haben. Pädagogik als eigenständige wissenschaftliche Disziplin war noch nicht etabliert. Das Fachgebiet wurde von den Professoren der Philosophie in deren Lehrangebot mitvertreten. Kolping hörte bei Brandis die „Geschichte der neuesten Philosophie"; bei van Calker Logik und Psychologie. Beide bestätigten ihm Aufmerksamkeit und Fleiß[51].

Seine weiteren historischen Studien machte er bei dem Historiker Friedrich Christoph Dahlmann (1785–1860), der sich auch als Politiker einen Namen machte, und bei Joseph Aschbach (1801–1882), der als Herausgeber des Kirchenlexikons bekannt wurde. Bei Dahlmann hörte Kolping Reformationsgeschichte aus protestantischer Sicht. Aschbach las Geschichte des Mittelalters und des 18. Jahrhunderts[52]. Bei dem Romanisten Friedrich Christian Diez (1794–1876) beschäftigte sich Kolping dann noch einmal mit dem ihm schon früher lieb gewordenen Renaissancedichter. Er besuchte die Vorlesung „L'inferno di Dante"[53].

Privatstudium und Lektüre

Wohl auf Rat seiner Lehrer Döllinger und Dieringer betrieb Kolping auch eifrig Privatstudien der einschlägigen Fachliteratur. Ein kurzer Blick auf deren Autoren zeigt, daß er neben Quellentexten vor allem Handbücher durchgearbeitet hat, um einen Überblick über die wichtigsten theologischen Disziplinen zu bekommen. „Meine Studien richten sich bloß nach Examen und Seminar, d.h. kommen über eine kompendiarische Behandlung nicht hinaus. Das Triennium der Universität reicht auch kaum hin, sich in allen Gebieten der Theologie die notwendigen Kenntnisse zu verschaffen... So will ich mich auch nur bestreben, in allen Disziplinen die nötigen Kenntnisse zu erwerben, da ich zunächst und vielleicht für die ganze Folgezeit der seelsorglichen Praxis mich zuwenden muß... Zeigen Sie mir den Weg, wie man solche Studien mit Erfolg treibt, Fingerzeige verhüten große Verirrungen"[54]. Bei einem solchen Eifer könnte leicht der Verdacht aufkommen, Kolping wollte sich seinem Münchener Lehrer als Musterschüler in Erinnerung bringen und erste Weichen für eine spätere Promotion in München stellen. Aber bei genauerer Betrachtung seines Arbeitspensums ist festzustellen, daß er nicht zu dick aufgetragen hat.

Die Vorlesungen über die Exegese des Alten und Neuen Testamentes befriedigten Kolping offenbar nicht. Darum widmete er sich intensiv dem Privatstudium der Werke berühmter, aber konservativer Gelehrter wie Wilhelm Estius (1542–1613), Juan de Maldonado (1534–1583) und Jakob Tirinus (1580–1636), die weite Verbreitung gefunden hatten und auch von seinem Kommilitonen Benger benutzt wurden[55]. Die Kommentare von Estius und Maldonado hatte er sogar käuflich erworben[56].

Zur selbstverständlichen Lektüre gehörten die Kirchenväter und die Summa theologiae von Thomas von Aquin für die Priesteramtskandidaten damals nicht. Kolping bedauerte, das letztgenannte Werk nicht vollständig zu besitzen, weil er dessen Dogmatik „über die Maßen" schätzte[57]. An dogmatischen Schriften las er die Werke von Cyprian von Karthago (um 200–258), der sich mit der Frage der Einheit der katholischen Kirche und dem römischen Primat besonders befaßt hatte[58]. Aus dem Hauptwerk des Kirchlehrers Anselm von Canterbury (1033–1109), „Cur deus homo?" haben ihn „einzelne Gedanken ... wunderbar ergriffen"[59]. Intensivere kirchliche Studien machte er an Hand des umfangreichen Werkes des französischen Kirchenhistorikers Claude Fleury (1640–1723). Dabei handelte es sich um ein ins lateinische und ins deutsche übersetztes Standardwerk, das sich durch Quellennähe besonders empfahl und Kolping besonders ansprach[60].

Kolping hatte sich ein solides, konservativ ausgerichtetes theologisches Wissen angeeignet, das von Umfang und Inhalt her deutlich über dem damaligen Durchschnitt lag. Wenn er auch immer die spätere seelsorgliche Tätigkeit im Blick hatte, bemühte er sich doch um tragfähiges Grundwissen auf dem Gesamtgebiet der Theologie. Das zeigt zumindest die vertiefte Lektüre der Kirchenväter und der Summe des Aquinaten.

Kolping konnte eine kleine Bibliothek sein Eigentum nennen. Schon als Geselle war Lesen eine seiner Lieblingsbeschäftigungen. In München hatte er von Döllinger als Honorar für Arbeitsleistungen leider nicht zu ermittelnde Büchergeschenke erhalten. Für sich selbst und befreundete Studenten tätigte er Bücherkäufe in Form von Sammelbestellungen, offenbar auch, um günstigere Preise zu erhalten.

Sein bevorzugter Buchhändler war Johann Mathias Heberle (1774 bis 1840), der sein Geschäft in Köln in der Großen Budengasse betrieb. Das Unternehmen wurde von Heinrich Lempertz (1816 bis 1898), der mit seinem Bruder Mathias Lempertz (1821–1886) 1844 eine Niederlassung in Bonn eröffnete, übernommen. Gelegentlich kaufte er auch bei den Brüdern Joseph und Wilhelm Boisserée in Köln[61].

Werfen wir einen kurzen Blick in Kolpings Bücherregal. Über Umfang und inhaltliche Zusammensetzung lassen sich auf Grund der Quellenlage leider keine näheren Angaben machen. Von seinem Lehrer Dieringer besaß er das Werk „System der göttlichen Taten des Christentums als Lehre von der Selbstbegründung des Christentums, vollzogen durch seine göttlichen Taten", das zweibändig 1841 in Mainz erschienen war. Dieringer wollte in seinem Werk zeigen, „daß sich das Christentum durch seine göttlichen Taten in der Welt als die absolute Religion nachgewiesen, fest begründet, ausgewickelt und sich einen unüberwindlichen Bestand gesichert habe" (Einleitung). Er schöpfte überwiegend aus patristischen Quellen und lehnte jede rationalistische Deutung des Christentums ab. Kolping hatte wohl in München schon vom Erscheinen des Buches erfahren, für das Dieringer von der Fakultät den theologischen Ehrendoktor erhalten hatte. Den „Kommentar zum Galaterbrief" seines Münchener Förderers Windischmann, 1843 in Mainz erschienen, hatte er gleich nach Erscheinen gekauft. Den Inhalt dieses Buches, „Über das Apostelamt, Gerechtigkeit aus dem Glauben und Freiheit des Christen", hatte der Autor vor dem Münchener Studentenkreis schon mündlich vorgetragen.

Mit der „Universalgeschichte der christlichen Kirche vom katholischen Standpunkte" von Alzog, 1841 in Mainz publiziert, hatte er ebenfalls keinen schlechten Kauf getätigt. Der Kirchenhistoriker und Patrologe Johann Baptist Alzog (1808–1878) verstand Kirche als Leib Christi und die Geschichte als Fügung Gottes und durch dessen Vorsehung geleitetes Geschehen. „Über drei Jahrzehnte war es das Standardwerk des kirchengeschichtlichen Unterrichts, und es vermittelte Generationen von Theologen nicht nur Information, sondern einen Zugang zur lebendigen Wirklichkeit der Kirche in ihrer Geschichte, ... indem er die Berichterstattung des Historikers immer mit den ursprünglichen Quellen verband. Insofern gilt er durchaus als Repräsentant einer geschichtlich orientierten Theologie, die in den sogenannten Tübingern ihre namhaftesten Vertreter hatte"[62].

Von der „Enzyklopädie der theologischen Wissenschaften als System der gesamten Theologie" des Freiburger Dogmatikers Franz Anton Staudenmaier (1800–1856), einem Vertreter der Imago Dei-Lehre, besaß Kolping wohl die zweite stark vermehrte Auflage, die 1840 in Mainz herausgegeben war[63]. Als kirchenrechtliches Standardwerk zur kirchlichen Rechtstheorie und Rechtspraxis war das Werk von Benedikt XIV, „De synodo dioecesana", Rom 1775, sein Eigentum[64].

Bemerkenswert ist der Besitz zweier weiterer Werke, dem Themenkreis Einheit der Kirchen zuzuordnen, aber stark apologetisch ausgerichtet. Eines davon schickte er seinem Freund Karl Statz, dem angehenden Lehrer mit einem vielsagenden Kommentar: „Dann wirst Du sehen, welch eine Bewandtnis es denn eigentlich mit dem Unterschiede zwischen Katholizismus und Protestantismus hat. Sei selbst für die Verbreitung des Buches tätig, wo sich gerade Gelegenheit darbietet. Wir haben in unserer Zeit gerade sehr nötig, auf die Konfessionsunterschiede recht häufig aufmerksam zu machen, da unsere Gesellschaft dahin neigt, alles in einen Topf zu gießen, um sich dann an dem faden Gebräu des Indifferentismus gütlich zu tun... Man sagt, unsere Zeit sei die Zeit der Aufklärung; gut, so müssen die Menschen denn aufgeklärt werden, aufgeklärt über ihre Unwissenheit, ihre Sittenlosigkeit, ihre Gottes- und Kirchenverachtung, aufgeklärt über diejenigen, deren Leitung sie sich bis dahin anvertraut haben, aufgeklärt über wahres Christentum und was man so zu nennen beliebt. Das Geschäft der Aufklärung ist ein zeitgemäßes, ist ein notwendiges; dieses soll aber nicht geschehen mit Lichtstümpchen menschlicher Weisheit, welche zeitlebens bei der Sinnlichkeit in die Schule gegangen, sondern mit der wetterleuchtenden Fackel göttlicher Wahrheit“[65].

Das andere Buch hatte schon eine eigene Geschichte. Es wurde nach über hundert Jahren von einem Mitglied des auch von Kolping geschätzten Mainzer Theologenkreises neu herausgegeben[66]. Aus dem „Katholischen Unterrichts- und Erbauungsbuch“ eines religiösen Volksschriftstellers dürfte Kolping auch schon praktische Nutzen gezogen haben. Leonhard Goffiné (1648–1719) war ausgesprochen vielseitig und mit seinen Büchern, in mehrere Sprachen übersetzt und in zahlreichen Auflagen verbreitet, sehr erfolgreich[67]. Die Thematik der hier nur kurz vorgestellten Literatur bietet für Kolpings Bonner journalistische Arbeiten eine Grundlage zum besseren Verständnis.

Publizistische Tätigkeit

Schon während des Münchener Studiums war Kolping als Leiter einer Gruppe auswärtiger Theologen in begrenztem Umfang öffentlich aufgetreten und hatte sich bewährt. In Bonn versuchte er nun mit Gleichgesinnten – d. h. Anhängern des Koadjutors von Geissel und seines Vertrauten Dieringer –, die verfügbaren Kräfte zu mobilisieren, um den Aktionen sogenannter Aufgeklärter und Liberaler wirkungsvoll zu begegnen. Die ersten nachweislichen journalistischen Arbeiten entstammen der Bonner Studienzeit[68]. In namentlich nicht gezeichneten Beiträgen der in Mainz erscheinenden „Katholischen Sonntagsblätter“ bezog Kolping eindeutig Position für seinen akademischen Lehrer Dieringer, den er gegen Angriffe von seiten „aufgeklärter“ Theologen in Schutz nahm und damit „eine beachtliche publizistische Mutprobe“ ablegte[69]. Er organisierte mit seinen Kommilitonen – vor allem wohl den aus München bekannten, die nicht im Konvikt lebten – eine Geldsammlung für ein Denkmal des ehemaligen Bonner, dann Münchener Professors Klee. Man beteiligte sich an einem Fackelzug für den neu berufenen Dieringer, und Kolping initiierte eine Glückwunschadresse der Theologiestudenten zum Namenstag des Koadjutors, die Dieringer Geissel persönlich überbrachte[70]. Mit Recht wurde die Frage gestellt, ob Kolping nicht mit seinem so entschiedenen Eintreten für Dieringer und Clemens und seiner unverhohlen ausgesprochenen Abneigung gegen alle Hermesanhänger seine spätere Stellung zu den Mitgliedern des Kölner Domkapitels im voraus belastet habe[71]. Sein engagierter Einsatz mit publikumswirksamen Aktionen könnte auch dem Kurator der Universität von Bethmann-Hollweg, der führend in der evangelischen Bewegung mitarbeitete, nicht unbedingt als Empfehlung aufgefallen sein[72]. Die Frage muß jedenfalls gestellt werden: Saß Kolping schon zwischen allen Stühlen, als er der Universität den Rücken kehrte und seine Aufnahme ins Priesterseminar bevorstand?

Zeugnisse

Für die Aufnahme ins Seminar konnte Kolping zwei Zeugnisse beibringen. Die Universitätsverwaltung bestätigte ihm, daß über sein Verhalten „in sittlicher und in ökonomischer Rücksicht nichts Nachteiliges" bekannt sei und er auch nicht einer „Teilnahme an verbotener Verbindung unter Studierenden" verdächtig sei[73]. Aussagekräftiger ist das Zeugnis des Münsterpfarrers von Wahnem, der für die seelsorgliche Betreuung der Theologiestudierenden zuständig und für den Kolping kein Unbekannter war. Als früherer Pfarrer von Kerpen konnte er urteilen: „Der Unterzeichnete, der ihn von Jugend an kennt und mit Teilnahme seinem Lebensgange gefolgt ist, hat nur Löbliches und Erfreuliches von ihm zu sagen. Nachdem ihm sein Beruf klargeworden, ist er ihm auch unausgesetzt treu geblieben. Durch unausgesetzten Fleiß und streng christlichen Wandel hat er sich auf denselben vorbereitet. Beides aber sicherte er sich durch religiösen Sinn, den er durch den öftern Empfang der heiligen Sakramente belebte und stärkte. So gewährt er die gegründete Hoffnung, die Kirche werde in ihm einst einen würdigen Diener und Spender der heiligen Geheimnisse erhalten."

Kolpings „Lieblingsprofessor" faßte sich kürzer: „So weit ich Herrn Kolping kennenzulernen bis anher Gelegenheit hatte, kann ich obiges Zeugnis nur bestätigen"[74]. Unausgesprochen war mit dieser knappen Bemerkung eine Empfehlung an die neue Bistumsleitung für Kolping verbunden.

Anmerkungen

1 Siehe dazu: Hegel, Erzbistum Köln Bd. 5, S. 480–488 u. 496.

2 Kolping an Müller, 28. 7. 1842, in: KS Bd. 2, S. 67.

3 Siehe dazu: N. Trippen, Das Kölner Dombaufest 1842 und die Absichten Friedrich Wilhelms IV. von Preußen bei der Wiederaufnahme der Arbeiten am Kölner Dom. Eine historische Reflexion zum Domfest 1980, in: AHVN 182 (1979), S. 99–115.

4 Kolping, Kirchliches Leben, in: KS Bd. 4, S. 423.

5 Siehe dazu: E. Ennen/D. Höroldt, Vom Römerkastell zur Bundeshauptstadt. Kleine Geschichte der Stadt Bonn, Bonn [3]1976, S. 185–243.

6 Zur Geschichte der Universität Bonn und der dortigen theologischen Fakultät siehe: F. von Bezold, Geschichte der Rheinischen Friedrich-Wilhelms-Universität von der Gründung bis zum Jahre 1870, Bonn 1920. – A. Lauscher, Die katholisch-theologische Fakultät der Rheinischen Friedrich-Wilhelms-Universität zu Bonn (1818 bis 1918), Düsseldorf 1920. – H. Schrörs, Geschichte der katholisch-theologischen Fakultät zu Bonn 1818–1831, Köln 1922. – Veröffentlichungen des Historischen Vereins für den Niederrhein 3. – M.

Bernards, Zur Geschichte des theologischen Konvikts in Bonn 1827–1875, in: AHVN 155/156 (1953), S. 201–235. – M. Braubach, Kleine Geschichte der Universität Bonn 1818–1968, Bonn 1968. – 150 Jahre Rheinische Friedrich-Wilhelms-Universität zu Bonn 1818–1968. Bonner Gelehrte. Beiträge zur Geschichte der Wissenschaften in Bonn. Katholische Theologie, Bonn 1968. – Martin, Leitbilder. – K. Düwell, Das Schul- und Hochschulwesen, in: Petri/Droege, Rheinische Geschichte Bd. 3, S. 465–552, bes. S. 499–504.

7 Kolping an Brinkmann, 19. 11. 1842, in: KS Bd. 2, S. 71.

8 Zeugnis der Universität Bonn vom 3. 11. 1842, in: KS Bd. 1, S. 21. – Siehe dazu auch: Schäffer, Kolping II, S. 59f. – Pfülf, Kolping, S. 679f.

9 Kolping an Döllinger, 21. 3. 1843, in: KS Bd. 2, S. 69.

10 Conzemius, Kolping – Döllinger. – Schmolke, Kolping als Publizist. – Die von Conzemius publizierten Briefe inzwischen in: KS Bd. 2.

11 Kolping an Döllinger, 17. 10. 1842, in: KS Bd. 2, S. 68.

12 Dazu und zu den im folgenden genannten Mitstudenten siehe: Amtliches Verzeichnis des Personals und der Studierenden auf der Königlichen Rheinischen Friedrich-Wilhelms-Universität zu Bonn für das Winter-Halbjahr 1843–1844. Aufgestellt von Joh. Aloys Odenkirchen (ohne Seitenzählung). – KS Bd. 2, S. 71 u. 81. – Am Hause Sternstr. Nr. 59 (heutiger Zählung) befindet sich eine Gedenktafel, die auf Kolpings dortige Bleibe während seiner Studienzeit hinweist. – Kolping an Döllinger, 21. 3. 1843, in: KS Bd. 2, S. 79. – Siehe dazu auch: Schäffer, Kolping II, S. 60. – Stadt Bonn Bevölkerungsliste 1852, II18 in: StA Bonn, Pr. 3134. – Frdl. Hinweis von Dr. H. Linn, Kreisarchiv Siegburg.

13 Weber, Aufklärung, S. 51f. – Siehe ferner: H. Linn, Die Bonner Katholiken im Spannungsverhältnis zwischen Staat und Kirche während des Vormärz, in: Katholisches Bildungswerk Bonn (Hg.), In Bonn katholisch sein. Ursprünge und Wandlungen der Kirche in einer rheinischen Stadt, Bonn 1989, S. 68–84.

14 Max Friedrich Hubert Hendrichs, *Münstereifel – † 1901 – Konabiturient Kolpings – 1843 stud. iur. Bonn. Gerhards/Wedekind, Marzellengymnasium, S. 55.

Cornelius Balduin Trimborn, Justizrat u. Rechtsanwalt, *8. 1. 1824 Bergheim – † 17. 2. 1889 Köln – 1880–1882 Mitglied des Abgeordnetenhauses – 1884–1889 Mitglied des Reichstages. – M. Schwarz, MdR. Biographisches Handbuch der Reichstage, Hannover 1965, S. 482.

Johann Joseph Büsterbach, † 7. 7. 1871 Oberaußem – Konabiturient Kolpings – Franziskaner. Gerhartz/Wedekind, Marzellengymnasium.

Joseph Chargé, *23. 1. 1823 Düsseldorf – † 23. 5. 1893 Köln – Dr. phil. – 24. 4. 1848 Priesterweihe – Kaplan an St. Maria in der Kupfergasse – 1852 Lehrer am Marzellengymnasium und Vorstandsmitglied im Gesellenverein – städtischer Schulinspektor – 1850 Mitarbeiter am „Rheinischen Kirchenblatt" – Freund und Vertrauter Kolpings. – AEK, Totenzettel.

15 Kolping an Döllinger, 21. 3. 1843, in: KS Bd. 2, S. 77.

16 Zur theologischen Fakultät siehe: Hegel, Erzbistum Köln, Bd. 5, S. 207–212, S. 445–447.

17 Kolping an Döllinger, 21. 3. 1843, in: KS Bd. 2, S. 76.

18 Georg Hermes, *22. 4. 1775 Dreierwalde/Westf. – † 26. 5. 1831 Bonn – Priesterweihe 16. 2. 1799 Münster – 29. 3. 1807 Prof. für Dogmatik Universität Münster – 3. 12. 1819 o. Prof. Universität Bonn – 1819 Dr. theol. h.c. Breslau – 1821 Dr. phil. h.c. Bonn – 1. 5. 1825 Domkapitular Köln.

Zu Hermes siehe: E. Hegel, Georg Hermes (1775–1831), in: Fries/Schwaiger, Kath. Theologen, Bd. 1, S. 303–322 (Lit.). – Georg Hermes, Einleitung in die christkatholische Theologie, 2 Bde., Münster 1819–1829 (Nachdruck: 1967). – Georg Hermes, Christkatholische Dogmatik, 3 Bde., Münster 1834 (Nachdruck: 1967). – Schnabel, Deutsche Geschichte, Bd. 4, S. 65, 87, 91, 129–136 und 251ff. – KS Bd. 2, S. 81f. u. 85.

19 E. Hegel, in: Fries/Schwaiger, Kath. Theologen, Bd. 1, S. 320f.

20 Siehe dazu: H. H. Schwedt, Das römische Urteil über Georg Hermes (1775–1831). Ein Beitrag zur Geschichte der Inquisition im 19. Jahrhundert. (Römische Quartalsschrift für christliche Altertumskunde und Kirchengeschichte, 37. Supplementheft), Rom/Freiburg/Wien 1980. – A. Dyroff, Carl Jos. Windischmann (1775–1839) und sein Kreis, Köln 1916.

21 Martin, Zeitbilder, S. 138f. – Siehe dazu: Linn, Ultramontanismus.

22 Martin, Zeitbilder, S. 139.

23 Kolping an Döllinger, 17. 10. 1842 in: KS Bd. 2, S. 69.

24 Kolping an Döllinger 1. 3. 1843, in: KS Bd. 2, S. 79.

25 Conzemius, Kolping – Döllinger, S. 132.

26 Kolping, Bonner Zustände, in: KS Bd. 1, S. 308–312.

27 Schmolke, Kolping als Publizist, S. 85f. – Siehe dazu auch: KS Bd. 2, S. 68f., 75, 79, 83, 86, 89, 93 u. 98.

[28] Kolping an Döllinger, 21. 3. 1843, in: KS Bd. 2, S. 75. – Zum Ultramontanismus im Rheinland siehe: Weber, Aufklärung. – Linn, Ultramontanismus.
[29] Franz Xaver Dieringer, * 22. 8. 1811 Rangendingen bei Hechingen – † 8. 9. 1876 Veringendorf/Hohenzollern – 1835 Priesterweihe – 1840 Prof. für Dogmatik in Speyer – 1843 Prof. für Homiletik und Dogmatik Bonn – 1853 Domkapitular Köln – 1871 Gegner des Vatikanums – nach Unterwerfung Verzicht auf Lehrstuhl und Pfarrer in Veringendorf. – Zu Dieringer siehe: E. Gatz, Franz Xaver Dieringer (1811–1876), in: Fries/Schwaiger, Kath. Theologen, Bd. 3, S. 60–86 (Lit.). – Ferner: KS Bd. 1, S. 22f., 105f., 308–315; Bd. 2, S. 82, 85–90, 93, 97, 199. – A. Franzen, Franz Xaver Dieringer 1811–1876, in: 150 Jahre Rheinische Friedrich-Wilhelms-Universität zu Bonn 1818–1968. Bonner Gelehrte. Beiträge zur Geschichte der Wissenschaften in Bonn. Katholische Theologie, Bonn 1968, S. 39–56.
[30] Kolping an Döllinger, 8. 6. 1843, in: KS Bd. 2, S. 87.
[31] A.a.O., S. 85.
[32] KS Bd. 1, S. 308–312.
[33] Conzemius, Kolping – Döllinger, S. 134f.
[34] Zeugnis der Universität Bonn, 20. 3. 1844, in: KS Bd. 1, S. 22f.
[35] Kolping an Döllinger, 8. 6. 1843, in: KS Bd. 2, S. 86.
[36] A.a.O., S. 88.
[37] Zum Borromäusverein siehe: [J. Felten], Die Gründung und Thätigkeit des Vereins vom heil[igen] Karl Borromäus. Festschrift zum fünfzigjährigen Jubelfeste des Vereins am 30. Mai 1895, Köln [1895]. – A. Schnütgen, Der Verein vom hl. Karl Borromäus geschichtlich gewürdigt, in: Zentralblatt für Bibliothekswesen 41 (1924), S. 273–291 u. 327–337. – Spael, Buch im Geisteskampf.
[38] Martin, Zeitbilder, S. 175f.
[39] Dieringer an Kolping, 3. 4. 1845, in: ADK, A 61.
[40] KS Bd. 1, S. 22f. – Zu Hilgers siehe: W. Küppers, in: NDB 9 (1972), S. 144f. – Martin, Zeitbilder, S. 172ff. – Jedin, in: AHVNrh. 155/156 (1954), S. 421–429. – KS Bd. 2, S. 75 u. 87. – Zu Walter siehe: G. May, in: LThK 10 (^{2}1965), Sp. 950. – KS Bd. 2, S. 84. – Neuestens: F. Bernard, Der Bonner Rechtsgelehrte Ferdinand Walter (1794–1879) als Kanonist. Ein Beitrag zur Geschichte der Kirchenrechtswissenschaft des 19. Jahrhunderts (Forschungen zur Kirchenrechtswissenschaft Bd. 1), Würzburg 1986.
[41] KS Bd. 1, S. 22. – Zu Friedlieb siehe: J. Michl, in: LThK (^{2}1960), Sp. 378. – Kolpings Studienkollege Peiffer bezeichnet ihn in einem Brief an Lorinser vom 3. 4. 1845 „als ‚mattherzig' oder mit Kolpings Worten ‚weich gebacken'". AEB Wroclaw, Nachlaß Lorinser. – Zu Scholz siehe: K. T. Schäfer, in: LThK 9 (^{2}1964), Sp. 449. – Martin, Zeitbilder, S. 167–170. – Schrörs, Fakultät, S. 96–105. – s. Anm. 6.
[42] Kolping an Döllinger, 21. 3. 1843, in: KS Bd. 2, S. 81.
[43] KS Bd. 1, S. 22f. – Zu Achterfeldt siehe: A. Schröer, in: LThK 1 (^{2}1957), Sp. 110f. – Hegel, Erzbistum Köln Bd. 5, S. 209–211 u. S. 489–492. – KS Bd. 2, S. 75–78, 82, 86, 89.
[44] Über Braun siehe: J. R. Geiselmann, in: LThK 2 (^{2}1957), Sp. 654f. – KS Bd. 2, S. 75–79, 82, 86, 89f. – Zu Vogelsang siehe: Schrörs, Fakultät, S. 244–253. – KS Bd. 2, S. 75–77, 86.
[45] Zeugnis der Universität Bonn, 20. 3. 1844, in: KS Bd. 1, S. 23. – Franz Joseph Jacob Clemens, * 4. 10. 1815 Koblenz – † 24. 2. 1862 Rom – 1834–1839 Studium Bonn, Berlin, Rom, München – 4. 11. 1843 Habilitation für Philosophie in Bonn – 25. 7. 1855 Prof. Münster. 1848 Mitglied der Frankfurter Nationalversammlung. – Siehe dazu: A. Ritthaler, in: NDB 3 (1957), S. 284. – Schriftenverzeichnis bei: W. Kosch, Kath. Deutschland, Bd. 1, Sp. 333. – Die in der Literatur genannte Arbeit von P. Liessem, Der Philosoph Franz Jakob Clemens 1815–1862, phil. Diss. Bonn 1920 (masch.-schriftl.) ist verlorengegangen. Herrn Dr. R. Brack, Universitätsbibliothek Bonn, verdanke ich die freundl. Beschaffung einer gedruckten Kurzfassung der Arbeit. – Siehe ferner: Martin, Zeitbilder, S. 185f. – KS Bd. 1, S. 103, 315; Bd. 2, S. 83, 96f.
[46] Liessem, Clemens (Kurzfassung), S. 5.
[47] Tagebuch, 16. 11. 1842, in: KS Bd. 1, S. 103. – Zur Förderung der Neuscholastik siehe: H. Raab, Die Wiederentdeckung der Staatslehre des Thomas von Aquin in Deutschland im 19. Jahrhundert, in: HJ (1974), S. 191–221.
[48] Martin, Zeitbilder, S. 185.
[49] Kolping an Döllinger, 7. 12. 1843, in: KS Bd. 2, S. 96f.
[50] A.a.O., S. 97.
[51] Zeugnis der Universität Bonn, 20. 3. 1844, in: KS Bd. 1, S. 22f. – Zu Brandis siehe: E. Feldmann, Christian August Brandis 1790–1867, in: 150 Jahre Rheinische Friedrich-Wilhelms-Universität zu Bonn

1818–1968. Bonner Gelehrte. Beiträge zur Geschichte der Wissenschaften in Bonn. Philosophie und Altertumswissenschaften, Bonn 1968, S. 16–35. – Zu von Calker siehe: Eggeling, in: ADB 3 (1876), S. 706f.

52 Zu Dahlmann siehe: E. Angermann, in: NDB 3 (1957), S. 478ff. – KS Bd. 1, S. 310; Bd. 2, S. 97. – In Kolpings Testatliste (KS Bd. 1, S. 22f.) taucht diese Vorlesung nicht auf. – Zu Aschbach siehe: J. Beckmann, in: LThK 1 (^{2}1957), Sp. 917. – KS Bd. 1, S. 22f.; Bd. 2, S. 81, 83. – Ferner: P. E. Hübinger, Das Historische Seminar der Rheinischen Friedrich-Wilhelms-Universität zu Bonn. Vorläufer – Gründung – Entwicklung. Ein Wegstück deutscher Universitätsgeschichte (Bonner Historische Forschungen), Bonn 1963.

53 KS Bd. 1, S. 23. – Zu Diez siehe: W. Th. Elwert, in: NDB 3 (1957) S. 712. – Auch Clemens schätzte Dante und sein Werk besonders, weil in seinem Werk „die höchsten und schwierigsten Aufgaben der Philosophie und Theologie im Anschluß an die großen Kirchenlehrer zur dichterischen Gestaltung und Lösung kommen." Liessem, Clemens (Zusammenfassung), S. 11.

54 Kolping an Döllinger, 14. 4. 1843, in: KS Bd. 1, S. 84f.

55 Kolping an Döllinger, 14. 4. 1843, in: KS Bd. 2, S. 84. – W. Estius, Sentenzenkommentar, 4 Bde., Douai 1615 u.ö. – Über Estius siehe: A. Fleischman, in: LThK 3 (^{2}1959), Sp. 1117. – J. de Maldonado, Commentarius in IV evangelia, 2 Bde., Pont a Mousson 1596f. – Ders., Opera theologica varia, 3 Bde., Paris 1677. – Über Maldonado siehe: J. I. Tellechea, in: LThK 6 (^{2}1961), Sp. 1326. – J. Tirinus, Commentarius in Vetus et Novum Testamentum, 3 Bde., Antwerpen 1632 u.ö. – Über Tirinus siehe: P. Nober, in: LThK 10 (^{2}1965), Sp. 205.

56 KS Bd. 1, S. 107.

57 Kolping an Döllinger, 14. 4. 1843, in: KS Bd. 2, S. 84. – Über Thomas von Aquin: H. F. Dondaine/D. Schlüter/O. H. Pesch, in: LThK 10 (^{2}1965), Sp. 119–134. – Einen Überblick über die Theologie der Kirchenväter bietet heute: B. Altaner, Patrologie, Freiburg ^{5}1958.

58 Siehe dazu: KS Bd. 2, S. 94. – Zu Cyprian: P. Th. Camelot, in: LThK 3 (^{2}1959), S. 115ff.

59 KS Bd. 2, S. 85. – Zu Anselm siehe: F. S. Schmitt, in: LThK 1 (^{2}1957), Sp. 592ff.

60 KS Bd. 2, S. 94. – Über Fleury und sein Werk siehe: St. Skalweit, in: LThK 4 (^{2}1960), Sp. 167f.

61 Zu Heberle siehe: Steimel, Kölner Köpfe, Sp. 169. – KS Bd. 1, S. 109; Bd. 2, S. 85, 87, 92. – Zu Boisserée siehe: Steimel, Kölner Köpfe, Sp. 70. – KS Bd. 2, S. 99, 183, 269; Bd. 3, S. 95f. – Ferner: H. Hiller, Zur Sozialgeschichte von Buch und Buchhandel (Bonner Beiträge zur Bibliotheks- und Bücherkunde Bd. 13), Bonn 1966.

62 Über ihn: P. Stockmeier, in: Fries/Schwaiger, Kath. Theologen, Bd. 3, S. 44–59; hier S. 57.

63 Über Staudenmaier siehe: P. Hünermann, in: Fries/Schwaiger, Kath. Theologen, Bd. 2, S. 99–128.

64 Über Benedikt XIV siehe: P. Mikat, in LThK 2 (^{2}1958), Sp. 177f.

65 Kolping an Statz, 6. 8. 1843, in KS Bd. 2, S. 91 und Bd. 1, S. 105. – Jacob Buchmann, Populärsymbolik, oder Vergleichende Darstellung der Glaubensgegensätze zwischen Katholiken und Protestanten nach ihren Bekenntnisschriften, 2 Bde., Mainz 1843. – Jacob Buchmann, Lic. theol. (* 1807 Großkunzendorf) war Priester des Erzbistums Breslau. Schematismen Erzbistum Breslau.

66 Anton Gregor Rippel, Die Schönheit der katholischen Kirche, hg. v. H. Himioben, Mainz 1841. – Rippell (1681–1729), zeitweise Jesuit, wirkte seit 1719 als Pfarrer im Elsaß. Über diesen Theologen und sein weitverbreitetes Werk siehe: M. Barth, in: LThK 8 (^{2}1963), Sp. 1320.

67 Über ihn siehe: P. Al, Leonhard Goffiné (1648–1719), sein Leben, seine Zeit und seine Schriften, Averbode/Louvain 1969.

68 Schmolke, Kolping als Publizist, S. 85–90. – KS Bd. 1, S. 308–315.

69 Schmolke, Kolping als Publizist, S. 89.

70 KS Bd. 1, S. 312 u. Kolping an Döllinger, 13. 7. 1843, in: KS Bd. 2, S. 87–91, bes. 88f. – In München hatte Kolping bereits Klees Dogmatik gelesen. – KS Bd. 1, S. 108.

71 Conzemius, Kolping – Döllinger, S. 137.

72 Moritz August von Bethmann-Hollweg, * 8. 4. 1795 Frankfurt – † 14. 7. 1877 Burg Rheineck – Jurist und preuß. Politiker – 1823 Prof. Berlin – 1829 Prof. Bonn – 1842–1848 Kurator Universität Bonn – Geheimer Regierungsrat – 1848 Mitgründer der konservativen Partei – Berater Friedrich Wilhelm IV. – 1858–1862 Kultusminister – 1849 Präsident des Zentralausschusses Innere Mission. F. Fischer, in: NDB 2 (1955), S. 187f.

73 Zeugnis der Universität Bonn, 20. 3. 1844, in: KS Bd. 1, S. 22f.; hier S. 23.

6. Priesterseminar, Priesterweihe und Primiz (1844–1845)

Nach seinen Universitätsstudien in München und Bonn bezog Adolph Kolping im Frühjahr 1844 für ein Jahr das Kölner Priesterseminar. Das Seminargebäude lag in der Marzellenstraße neben der Maria-Himmelfahrts-Kirche[1]. Die nähere Umgebung war ihm von seiner Gymnasialzeit her bestens bekannt.

Priesterseminar

Der durch die Auseinandersetzung mit dem Hermesianismus entstandene Unfrieden im Seminar wirkte noch nach. Kolping hatte sich schon als Bonner Student mit dieser Situation befaßt. „Im Seminar in Köln sitzt auch noch böser Sauerteig, nur scheut man hier die Nähe des Herrn Koadjutors, der ein wachsames Auge auf die Leute gerichtet hält, auch ist Meckel da – wenn von der Regierung, wie es heißt, auch noch bestätigt –, der die Herzen der Unbefangenen an sich gezogen“[2]. Die Vorbehalte, die Kolping gegen die Seminarausbildung hegte, scheinen sich da zu Vorurteilen verfestigt zu haben. „Im Seminar in Köln geht's noch nach alter Weise. Vor einigen Wochen gerieten ein paar Münchener mit dem Professor Reber aneinander... Während mehrerer Stunden hatten sie den Professor so in der Enge, daß er gezwungen war, die Sache abzubrechen“[3]. Über erste Maßnahmen Geissels zur Verbesserung der Lebens- und Studienverhältnisse im Priesterseminar wird berichtet: „Der Koadjutor nahm schon bald, nachdem er die Verwaltung der Diözese übernommen hatte, eine Reihe von Reformen in Aussicht, worüber er in einer Konferenz mit dem Seminarvorstande beriet. Damals wurde unter anderem beschlossen, erstens im Betreff des Unterrichts: Es sollten Pädagogik, Parochialrecht und geistlicher Geschäftsstil unter die Unterrichtsgegenstände aufgenommen werden, und es sollte wöchentlich eine katechetische Übung stattfinden; zweitens im Betreff der religiösen Übungen: Es sollte beim Schluße des Mittag- und Abendessens ein Kapitel aus der Vulgata vorgelesen werden; am Sonntag sollten die Alumnen außer der heiligen Messe, in welcher sie kommunizierten, dem Hochamte entweder der Seminarkirche oder im Dom beiwohnen, und es sei der ‚regelmäßige Besuch der täglichen heiligen Messe besonders einzuschärfen‘; drittens im Betreff der Hausordnungen und Disziplin: Das Ausgehen ohne Begleiter und gegenseitige Besuche auf den Zimmern seien gar nicht, das Rauchen nur auf den Wohnstuben zu gestatten; Bücher vom Buchhändler zur Ansicht kommen zu lassen, sei unzulässig“[4]. Schon kurz nach Beginn des Sommersemesters 1842 konnte der Regens des Seminars, Johann Lambert Severin Weitz, dem Erzbischof berichten, „daß den Alumnen die gewissenhafteste Befolgung der Statuten sowie der neuesten

Bestimmungen Ew. Erzbischöflichen Gnaden eingeschärft worden und wir nunmehr die Hoffnung hegen, daß dieselben zu würdigen Dienern der katholischen Kirche heranreifen werden"[5].

Leitung und Professoren

Regens Weitz war über die Grenzen des Bistums hinaus bekannt und von den Seminaristen offensichtlich geachtet. Kolpings Religionslehrer Martin berichtet über seine Seminarzeit unter ihm: „Geleitet wurde die Anstalt von Männern, die geschmückt mit schönen wissenschaftlichen Kenntnissen, zugleich reich an gutem Willen namentlich voll Liebe und Wohlwollen gegen ihre Zöglinge waren, und deren jedem ich für manches gute Wort, das von ihnen gehört, zu Dank verpflichtet worden bin. Durch Liebe, Wohlwollen und edle Herzenseigenschaften strahlte besonders hervor der an ihre Spitze gestellte Präses und Domherr Weitz. ... Als Grundsatz scheint ihm bei der Leitung des Seminars vor Augen geschwebt zu haben: Wenn ich fehlen soll, will ich lieber durch allzu große Güte als durch allzu große Strenge fehlen ... Weniger befriedigten mich seine Vorträge über Pastoral, über Homiletik, Katechetik oder Verwaltung des Beichtstuhles. Er hatte sie zwar ziemlich sorgfältig ausgearbeitet, aber er las sie vom Blatt ab, und da er dabei zugleich ziemlich befangen schien, so taten sie nicht die rechte Wirkung"[6]. Wie beliebt der Regens bei seinen ehemaligen Seminaristen war, zeigt auch die Tatsache, daß ihm dreihundert Priester anläßlich seiner 10jährigen Regententätigkeit zu seinem Namenstag einen silber-vergoldeten Meßkelch schenkten[7].

Subregens des Seminars war Andreas Gau, seit langem mit dem Regens bekannt und zusammen mit ihm am 28. Mai 1825 in Münster zum Priester geweiht. Professor Gau trug die Liturgik vor und hielt die asketischen Vorträge. Er war wissenschaftlich ausgewiesen, „wurde aber bei allen seinen übrigen Vorzügen nicht, wie dieser [Regens Weitz], von den Zöglingen der Anstalt geliebt. Sie erblickten in ihm mehr den Aufpasser als den väterlichen Freund"[8]. Über beide konnte Geissel mit Genugtuung an den Nuntius berichten, „der Regens wie der Subregens kommen allen Anordnungen nach, die ich treffe, um den klerikalen Geist unter den Seminaristen zu beleben, so daß alles im guten Gang ist. Die Früchte von alledem sind bereits so offenkundig, daß sogar das Volk es gewahr wird, und es ist eine allgemeine Beobachtung, die man überall aussprechen hört, daß die jungen Priester, die jetzt das Seminar verlassen, hinsichtlich ihres Eifers, ihres Charakters und ihrer klerikalen Haltung ganz andere sind als die aus den letztvergangenen Zeiten"[9].

Der Dogmatikprofessor Johann Engelbert Reber, den weder Geissel noch Kolping besonders schätzten[10], war schwer krank und konnte nur noch im Sommersemester seinen Vorlesungsverpflichtungen nachkommen. Der mit Reber befreundete Martin charakterisiert ihn: „Insbesondere bin ich überzeugt, daß von Denjenigen, welche an den preußischen theologischen Lehranstalten die hermesische Richtung vertreten – denn Reber selbst verfolgte diese Richtung – keiner, ... ihm auch nur entfernt gewachsen war. Klarheit des Geistes, Schärfe des Verstandes, ein gereiftes, besonnenes Urteil, eine geistvolle Auffassung und Behandlung des Gegenstandes, ein tiefes Eindringen in eine wissenschaftliche Frage, die Gabe, die Begriffe genau zu sondern und die feinsten Nuancierungen in der Sprache entsprechend wiederzugeben, überhaupt eine Gewandtheit in der mündlichen wie schriftlichen Darstellung und besonders auch in der Leitung der wissenschaftlichen Disputier-Übungen, alle diese Vorzüge waren ihm in einem besonders hohen Grade verliehen. Dabei waltete er seines Amtes mit einer seltenen Hingebung und Treue"[11].

Die genannten Professoren waren zeitweise mit einem Vorlesungsverbot belegt und durften erst 1842 ihre Vorlesungen wieder aufnehmen, nachdem sie eine Erklärung zugunsten der päpstlichen Verurteilung des Hermesianismus abgegeben hatten[12].

Im Jahre 1842 hatte der erklärte Antihermesianer Johann Wilhelm Meckel seine Lehrtätigkeit am Kölner Priesterseminar aufgenommen. Koadjutor Geissel wie auch Kolping und einige seiner Mitalumnen waren von dem neu ernannten Professor ganz begeistert. Seine wissenschaftlichen Leistungen waren eher durchschnittlich, seine erklärte antihermesianische Position wurde von den einen besonders geschätzt, von den anderen zutiefst verachtet.

Seit 1838 erteilte der Rektor der Elendskirche in Köln, Albert Gereon Stein, den Gesangsunterricht am Priesterseminar. Die Lehrtätigkeit behielt er auch bei, als er 1849 zum Pfarrer von St. Johann Baptist in Köln ernannt wurde. Er wirkte 25 Jahre als Gesangslehrer am Seminar. Aber nicht nur durch diese Aufgabe ist er bekannt geworden, er gab auch das Kölner Gesang- und Andachtsbuch heraus, das seit 1852 viele Auflagen erlebte. Für Gottesdienstgestaltung und Kirchenlied hat er sich sein Leben lang eingesetzt[13].

Prüfungen und Vorlesungen

Zur Aufnahme in das Priesterseminar mußten sich die Theologiestudenten schriftlichen und mündlichen Prüfungen unterziehen, die Ende März 1844 stattfanden und folgende Disziplinen betrafen: Dogmatik, Moral, Exegese, Kirchengeschichte und Kirchenrecht. Kolping wird bei der Anmeldung zur Prüfung bestätigt, daß er gut studiert, sich gut aufgeführt habe und amtlich nichts gegen ihn vorliege. Von den sechzehn neu aufzunehmenden bestanden nur fünf die Prüfung mit der Note gut, darunter auch Kolping[14]. Regens Weitz bezeichnete ihn nach seinem Prüfungsergebnis „als recht gut durchgebildetes und fähiges Subjekt"[15]. Diesem Urteil schloß sich Subregens Gau an. Auch der Erzbischöfliche Prüfungskommissar München bekundete „eine gute allgemeine Bildung", fand aber die schriftliche Arbeit im Fach Kirchenrecht „ohne innere Ordnung, mit einer gewissen Neigung zu Kraftausdrücken und moralisierend ... doch mag sie materiell als genügend gelten"[16].

Das Sommersemester begann am 29. April 1844. Von sechsunddreißig Alumnen waren sechzehn neu aufgenommen worden. Seminarpräses Weitz hielt im Fach Pastoraltheologie Vorlesungen über den Krankenbesuch. Eine weitere Vorlesung war der Pädagogik gewidmet, auch Schulbesuchen. Dazu leitete Weitz auch die katechetischen Übungen und hatte eine Vorlesung „über den geistlichen Geschäftsstyl" zu halten.

Im Fach Liturgik hielt Subregens Gau Vorträge über die Sakramente der Priester
weihe, der Ehe sowie über kirchliche Segnungen, er erklärte die Rubriken der heili
gen Messe und leitete die Einübung des Meßritus. Professor Reber trug in der Dogma
tik nach dem Lehrbuch Liebermanns die Lehre von Gott und den göttlichen Attribu
ten vor und behandelte die Sakramente der Priesterweihe und der Ehe. In der Exeges
behandelte er „ausgewählte Reden Jesu nach dem Evangelium des heiligen Johanne
in konversatorischer Form mit besonderer Hervorhebung der dogmatischen und et
hischen Momente“[17]. Professor Meckel trug Moraltheologie vor und leitete die Pre
digtübungen.

An den Nachmittagen erteilte Rektor Stein den Unterricht im gregorianische
Chorgesang, er übte die lateinischen Meßgesänge mit den Alumnen „nach römische
und kölnischer Weise“ sowie „mehrstimmige Kirchengesänge älterer und neuere
Komponisten“.

Neben der wissenschaftlichen Ausbildung kam der Askese im Priesterseminar ein
besondere Bedeutung zu. Der Subregens hielt dazu jeweils an den Sonntagen nachmit
tags um vier Uhr einen ausführlichen asketischen Vortrag. Abends nach dem Abend
gebete gab er eine Einführung in die Hauptgedanken für die morgendliche Betrach
tung vor der heiligen Messe. Dazu hielt er auch Vorträge und Betrachtungen währen
der Exerzitien, die in jedem Semester stattfanden. Um den Lebensunterhalt braucht
Kolping sich während seiner Seminarzeit keine Sorgen zu machen, wohl wegen seine
Bedürftigkeit erhielt er Freitisch[18].

Zum Ende des Semesters wurden die in den Vorlesungen behandelten Theme
mündlich geprüft. Kolping bestand mit der Gesamtnote gut bis befriedigend und ge
hörte damit – trotz seiner Krankheit – zum guten Durchschnitt seines Kurses[19]. An
13. September 1844 empfing er die Tonsur, die niederen Weihen und die Subdiako
natsweihe. Mit der Subdiakonatsweihe waren das Versprechen des Zölibates und di
Verpflichtung zum Breviergebet verbunden. Bereits zwei Tage später wurde er zun
Diakon geweiht[20].

Bis zum Jahre 1886 galt im Kölner Dom ein eigenes kölnisches Brevier, währen
sonst schon das römische Brevier in der Diözese den Vorrang hatte. In Kolpings Bre
vier, einer vom Kölner Erzbischof Max Friedrich autorisierten Fassung aus dem Jahr
1780, findet sich der handschriftlich eingetragene Besitzvermerk: Adolph Kolping
Kerpensis. An ebenfalls handschriftlich eingetragenen Jahreszahlen von fremde
Hand läßt sich erkennen, daß ein anderer Priester dieses Exemplar vor Kolping be
nutzt haben muß[21].

Die Tatsache, daß er die Verpflichtung zum Breviergebet ernst und gewissenhaft e
füllte, ist hinreichend verbürgt. Kolpings Mitarbeiter Wilhelm Flücken berichtet zu
verlässig, daß Kolping auch während seiner Todeskrankheit – solange er es ebe
konnte und gegen ärztlichen Rat – täglich sein Brevier gebetet hat[22].

Aus der Seminarzeit sind von Kolping bisher keine Briefe bekannt. Die Vermu
tung, während dieser intensiven Phase der Vorbereitung auf das Priestertum sei pe
sönlicher Briefverkehr nicht erlaubt gewesen, trifft mit Sicherheit nicht zu. Denn vo
Kolpings Mitstudenten sind Briefe erhalten, und Kolping hat auch selbst Post im Se
minar bekommen. So berichtete zum Beispiel Paul Peiffer über die Zeit im Kölne
Priesterseminar: „Nun will ich Dir etwas über mich und Deine übrigen Freunde a

Rhein mitteilen. Seit dem 29. April dieses Jahres befinde ich mich hier im Kölner Priesterseminar, Kolping (Etzel) ebenfalls. Heuser und Schweden ... sind am 15. September Priester geworden ... Feldhaus und Buschhausen sind mit einigen anderen, die ebenfalls in München studiert haben, vor kurzem ins hiesige Seminar eingetreten. Wir hatten vom 15. September ab bis zum 30. Oktober Ferien; während derselben habe ich auch meine erste Predigt gehalten ... Von Ketteler ist in Westfalen ... als Kaplan angestellt, und so weißt Du von allen Deinen Freunden, ... ebenso unterlasse ich es auch, Dir nähere Mitteilungen über das Leben im hiesigen Seminar zu machen, habe sie in meinen Briefen an meine Bekannten bis zum Ekel wiederholt. Für das Leben des Leibes ist hier hinlänglich gesorgt; für das geistliche Leben bleibt noch vieles zu wünschen übrig. Manche Lehrer im Seminar leiden wenigstens an den Folgen der hermesischen Ketzerei und wollen es noch mit keiner Partei verderben. ... Kolping, Buschhausen, Feldhaus lassen Dich herzlich grüßen"[23]. Ob Kolping die Situation im Priesterseminar ähnlich empfunden hat wie sein Münchener Studienfreund Peiffer, läßt sich nicht belegen, aber die gemeinsame geistliche Grundlegung der Münchener Zeit spricht dafür.

Das Wintersemester 1844 begann am 31. Oktober 1844. Sechsundzwanzig Alumnen waren neu aufgenommen worden, sechzehn Diakone bereiteten sich auf den Empfang der Priesterweihe vor[24]. Regens Weitz hielt die Vorlesungen in der Pastoraltheologie, der Pädagogik und die katechetischen Übungen. Subregens Gau trug Liturgie vor, gab eine Einführung in die Rubriken und den Ritus und hielt den Betrachtungsvortrag an Sonn- und Festtagen. Professor Meckel war Moraltheologie und Kirchenrecht übertragen, dazu leitete er die Predigtvorbereitungen. Da der erkrankte Reber seinen Vorlesungsverpflichtungen nicht nachkommen konnte, ordnete Geissel an, Weitz habe noch eine Stunde Exegese vorzutragen und der Subregens weitere homiletische Übungen zu leiten. Meckel sollte zusätzlich zwei oder drei Stunden Dogmatik dozieren und eine Einführung in kritisches wissenschaftliches Arbeiten geben[25]. In der Dogmatik wurde die Lehre von der Erlösung, von der Gnade und von der Rechtfertigung behandelt. In der Pastoraltheologie war die Verwaltung des Bußsakramentes Hauptthema, die Exegese war dem Johannes-Evangelium gewidmet. Der Unterricht in der Pädagogik stand wieder in Verbindung mit Schulbesuchen. Den Unterricht im Gesang und im Choral erteilte wie im vergangenen Semester Rektor Stein.

Nach dem 25. März 1845 fanden die schriftlichen und mündlichen Prüfungen für das Abschlußexamen statt. Wie bei der Aufnahmeprüfung sind auch von diesen Examen die schriftlichen Arbeiten nicht erhalten, wohl aber die Beurteilungen der Professoren und die Zensuren. Die Prüfungen waren abzulegen in den Fächern: Dogmatik, Moral, Exegese, Kirchengeschichte, Kirchenrecht und Pastoral. Von den sechzehn Prüflingen bestand einer mit der Note sehr gut, drei mit der Note gut, zu denen auch Kolping gehörte[26].

Die schriftliche Prüfung im Kirchenrecht, die aus drei Fragen bestand, beurteilte der Prüfungskommissar München: „1. Die Antwort handelt weitläufig von einigen Kirchenstrafen, wonach nicht gefragt war. 2. Die versuchte Antwort genügt in keiner Rücksicht. – Respondent entschuldigt sich wegen Krankheit. 3. Unbeantwortet. Aufgrund dieser Leistung kann ich mir kein Urteil über den Respondenten erlauben?"[27].

In der daraufhin angesetzten mündlichen Prüfung in diesem Fache erzielte Kolping dann eine befriedigende Leistung. Auch bei der Beurteilung der exegetischen Arbeit bemerkte Regens Weitz: „Respondent findet Entschuldigung in seiner Krankheit und würde ohne diese ein glänzenderes Resultat geliefert haben; jedenfalls kann er nach dem geleisteten doch den Guten zugezählt werden“[28]. Für die Predigten, die Kolping während seiner Seminarzeit gehalten hat, erhielt er von Professor Meckel die Note sehr gu

Vor der Zulassung zur Priesterweihe mußte der Regens dem Koadjutor Geissel über die Presbyteranden berichten. Kolping war nach Aussagen des Gutachtens mit Nr. 2 einer der Besten des Kurses: „Kolping ... hat gute Anlagen und eine gediegene wissenschaftliche Bildung, wohl gesinnt und strebsam, fleißig und fromm, hat keine feste Gesundheit, litt häufig an Unterleibsbeschwerden und dadurch an Brustaffektionen, singt gut und predigt recht gut“[29].

Formal war die Ausbildung des 31jährigen Kolping nach dem einjährigen Studium im Priesterseminar mit dem Examen abgeschlossen. Er verfügte, wie wir gesehen haben, über breite theologische Kenntnisse, die deutlich über dem Durchschnitt lagen. In anderen geisteswissenschaftlichen Disziplinen hatte er sich zumindest gründlich umgesehen. Eine gewisse Einseitigkeit bei der Auswahl von Lehrveranstaltungen und Literatur ist erkennbar. Sie dürfte ihren Grund nicht allein in Qualität und Quantität des Angebotes haben, sondern in seinen vom Gymnasium her geprägten Auswahlkriterien. Bei der Beurteilung des eigenen Bildungsganges läßt er Objektivität gelegentlich vermissen. Die Volkschule in Kerpen wird verherrlicht, Lehrzeit und vor allem Berufstätigkeit werden als harte Zeit erlebt und geschildert. Die Gymnasialzeit, wegen der zum Teil von der Aufklärung geprägten Lehrer, beurteilte er überkritisch, wohl auch weil seine Lernmotivation wegen des angestrebten Zieles überdurchschnittlich war. Das Studium in München stellte er überwiegend begeistert und positiv dar, während er Bonn und seiner Universität gegenüber Vorurteile mitbrachte, die sich im Laufe der Zeit noch verstärkten. Auf die ungünstige Quellenlage während der Seminarzeit ist bereits hingewiesen worden. Die Einstellung zum Seminar, die sich aus der Bonner Zeit erkennen läßt, ist überwiegend skeptisch bis negativ. Von disziplinarischen Maßnahmen seiner Lehrer und Professoren oder von offenen Protesten gegen sie erfahren wir nichts. Das läßt auf eine Anpassungsfähigkeit schließen, die in Kolpings Lebenserfahrung und dem festen Vorsatz, das angestrebte Berufsziel möglichst schnell zu erreichen, ihre Gründe hatte.

Mit einem Rückblick auf den schweren Weg, den Kolping bis zum Priestertum gegangen war, begleitet Kolpings priesterlicher Freund Theodor Wollersheim die letzten Wochen der Vorbereitung: „Die Zeit der heiligen Weihen nähert sich für Sie. Freuen Sie sich; denn Sie haben sich lange nach diesem Augenblick gesehnt. Wie weit war diese Zeit damals noch unseren Augen entrückt, als Sie zuerst in Kerpen bei mir saßen, um die Elemente Ihrer Studien zu beginnen, und welche Berge und Schluchten lagen damals noch vor unsern Augen! Aber der Herr, der Sie in Köln unter frommen Gebetes vor Seinem Altare zum heiligen Amte berief, hat alle Berge abgetragen, alle Täler gefüllt und Ihnen den Weg gebahnt auf wunderbare Weise bis an die Türe, vor welcher Sie jetzt stehen und mit Zittern harren, bis der nämliche Herr Sie hereinruft ... Aber das alles muß Sie nicht irre, nicht wankend machen. Denn sehen Sie nur Ihren ganzen Lebenslauf an, und Sie werden finden, daß Sie sich nicht zu diesem heili gen Stande gedrängt haben, sondern von Gott dazu berufen sind. Sie haben den Entschluß dazu gefaßt in reifern Jahren, mit Überlegung, unter Gebet. Schwierigkeiten und Prüfungen aller Art stellten sich Ihnen entgegen; der Herr hat Ihnen geholfen, sie zu überwinden. Es drückte oft der Mangel an zeitlichen Hilfsmitteln, Sie wollten zuweilen einmal kleinmütig werden; und siehe, der Herr rückte wohltätige Herzen und sandte Ihnen wunderbare Hilfe. Erkennen Sie in diesem Allem die Stimme Gottes, der Sie zu Seinem heiligen Dienste ruft. Und seien Sie versichert, daß Derjenige, der Sie berufen hat, auch die Kraft verleihen wird, diesem Rufe zu folgen und demselben getreu zu sein bis ans Ende"[30].

Nach den Examina begannen die einwöchigen Weiheexerzitien[31]. Die Gedanken, die ihn in den Wochen der Vorbereitung auf die Priesterweihe bewegten, hat Kolping in ein Gedicht eingehen lassen:

„Gedenk mein!
Ein herrlich Amt, wenn auch voll Mühe,
Hat hier der Herr uns anvertraut.
Daß ew'ger Friede draus erblühe,
Das Reich des Herrn sich weiter baut:
Das wollen wir mit Gottes Segen
Erstreben mit erprobtem Mut,
Und Priester sein, nicht unsretwegen,
Nicht um der Erde Glanz und Gut!
Nein, nur auf dem ruh'n unsre Blicke,
Der arm, verachtet, hat die Bahn
Eröffnet zu dem höchsten Glücke,
Die Menschheit hebt zu Gott hinan.
Sieh, zu dem Himmel sollen leiten
Auch wir die Brüder liebevoll,
Und stets nur auf den Herrn deuten.
Damit das aber wirken soll,
So müssen wir mit Jüngerliebe
Des Herrn Pfade wandeln fort,
Zusammen stehn, ob heiter, trübe,
Die Zeiten sind in Tat und Wort.
Jetzt wandeln wir mit rüst'gem Streben
Noch auf der Jugend schöner Bahn,
Doch ernster, Freund, wird einst das Leben.
In Nichts zerfließt doch mancher Wahn!
Schon naht der Herr, und ernste Worte
Ergreifen unsern Geist mit Macht.
Du folge mir! An jedem Orte
Hör' ich das Wort bei Tag und Nacht.
Wir finden uns, wenn auch geschieden,
Wir bleiben uns hienieden fern,
Wir finden uns, im ew'gen Frieden,
In dem Gefolge unsers Herrn"[32].

Gemeinsamkeiten zwischen dem Priesterbild Sailers und dem priesterlichen Amtsverständnis Kolpings sind nicht zu übersehen. Der Seelsorgepriester war über lange Zeit „in starkem Maße Vollzugsorgan des Staates in der Erziehung des Menschen zum tugendhaften, gewissenhaft arbeitenden und steuerzahlenden Untertan ... Sailer ist nun der erste, der die Pastoraltheologie ... auf ihren legitimen Ort stellt, auf das Fundament der Offenbarungsreligion. Auch nach Sailer trägt der Priester eine hohe Verantwortung als Freund, Führer und Berater des Volkes in allen Lebenslagen; vor allem aber betont er den entscheidenden Vorrang der seelsorgerlichen, priesterlichen Aufgaben"[33].

Obwohl zu dieser Zeit im Erzbistum Köln noch zwei Termine für die Priesterweihe eine Selbstverständlichkeit waren, reichte die Zahl der neu Geweihten für die wachsende Seelsorgsarbeit offensichtlich nicht aus. Denn der Erzbischof beklagte in seinem ersten Hirtenbrief nach Amtsantritt: „Fast jedes Mal, wenn wir die jungen Berufenen im Sakramente der Priesterweihe den Dienst des Altars ausrüsteten, konnten wir nur einer geringeren Anzahl, als für die weite Erzdiözese erforderlich gewesen wäre, die Hand auflegen; und zu unserer tiefen Betrübnis sehen wir mit jedem schwindenden Jahre die Reihen der Priester weiter und weiter gelichtet"[34].

Priesterweihe

Am 13. April 1845 empfing Adolph Kolping durch Weihbischof Anton Gottfried Claessen in der Minoritenkirche zu Köln die Priesterweihe[35]. Der Gang zum Weihealtar war für Kolping noch von einem besonders schmerzlichen Ereignis überschattet. Seine Geschwister, die zur Priesterweihe nach Köln gekommen waren, berichteten ihm vor Beginn der Weihehandlung, daß in der Nacht zuvor der Vater gestorben war[36]. Zu diesem Zeitpunkt mußte Kolping dieser Verlust besonders hart treffen, weil er doch in seinem Vater einen verständnisvollen Förderer und Ratgeber bei der Berufsfindung gehabt hatte.

Zwei der mit Kolping geweihten Neupriester waren Konabiturienten Kolpings vom Marzellen-Gymnasium: Johann Michael Benger und Karl Josef Lenz. Paul Josef Peiffer gehörte zu den Münchener Studienfreunden. Kolping war zwar der älteste, aber außer ihm hatten schon drei weitere das dreißigste Lebensjahr erreicht[37]. Erst geraume Zeit später berichtete Kolping in einem Brief an Döllinger: „Schon bin ich selbst ... die Stufen des Altars hinangestiegen, Gott weiß, mit welcher Furcht und mit welcher Freude"[38]. Kolping war davon überzeugt, daß er nun mit allen seinen Kräften seinem Herrn und Meister gehörte[39]. „Der katholische Priester als Lehrer der katholischen Wahrheit verhält sich zu Christus wie sein Zeuge und in der Verkündigung wie sein Stellvertreter, da er nicht aus sich spricht ..., sondern das Wort Christi in treuem Gehorsam aus seinem Auftrag in seiner Vollmacht und Kraft verkündet"[40].

Primiz

Adolph Kolping wollte trotz des Trauerfalls in der Familie seiner Heimatgemeinde, mit der er sich verwachsen fühlte, die Feier einer Primiz nicht vorenthalten. Sein Wunsch, Dieringer möge ihm die Primizpredigt halten, ging nicht in Erfüllung[41]. Am

20. April 1845 feierte er in Kerpen seine Primiz. Am darauffolgenden Tag fand das Begräbnis seines Vaters statt. In den Wochen vor Amtsantritt als Kaplan predigte Kolping in seiner Heimat. Dabei stellte er sich Angehörigen, Freunden und Bekannten unter dem Thema „Du folge mir nach!“ mit seinem Priesterbild vor. „Heute stehe ich vor Euch, meine Geliebten, und soll Euch das Wort der göttlichen Liebe verkünden, Euch, mit denen ich durch die Bande des Blutes, der Dankbarkeit und einer besonders anhänglichen Liebe verbunden bin. Doch als solcher spreche ich nicht zu Euch. Als ich den Herrn zu meinem Anteil erwählte, da habe ich auf die Bande der Erde verzichtet, bin hinausgetreten aus dem Kreise der Welt und gehöre nunmehr bloß Gott an. Doch meinet nicht, daß damit auch alle Bande mit Euch abgeschnitten sind; nein, Gott knüpft den zu seinem Diener Gewordenen, nur mit anderen Banden, an die früher Geliebten an, das sind die Banden einer höheren, heiligen Liebe, deren höchster Wunsch und einzige Sorge nur auf das höhere Leben geht, auf den Himmel, wo wir uns einst alle wiederfinden sollen“[42].

Johann Anton Friedrich Baudri

In die Seminarzeit Kolpings fällt auch die erste Begegnung mit Johann Anton Friedrich Baudri[43]. Die Beziehungen zwischen dem aus der Elberfelder Laurentiuspfarre stammenden und seit November 1843 in Köln an der Seite Geissels tätigen Domkapitulars und Generalvikariatsrates und dem knapp zehn Jahre jüngeren Kolping wurden bestimmend für sein ganzes Priesterleben. Der spätere Weihbischof pflegte schon seit 1842 gute Kontakte zu Kolpings Bonner Lehrer Dieringer, die seine Berufung durch Geissel nach Köln unterstützten[44]. Baudri war vor seiner Versetzung nach Köln als Dechant im Dekanat Elberfeld erfolgreich tätig gewesen. So lag es nahe, daß der zum engsten Berater Geissels Aufgestiegene bei Kolpings Ernennung zum Kaplan seiner Heimatgemeinde ein gewichtiges Wort mitgesprochen hat.

Anmerkungen

1 Siehe dazu: Hecker, Chronik, S. 159–170. – Hegel, Erzbistum Köln, Bd. 5, S. 232ff. – Trippen, Priesterseminar, S. 84–116. – Schäffer, Kolping II., S. 60–65. – Zur Gymnasialkirche siehe: U. Mainzer (Hg.), Die Jesuitenkirche St. Mariae Himmelfahrt in Köln. (Beiträge zu den Bau- und Kunstdenkmälern im Rheinland, Bd. 28), Düsseldorf 1980.

2 Kolping an Döllinger, 21. 3. 1843, in: KS Bd. 2, S. 79. – Johann Wilhelm Meckel, *19. 3. 1803 Blankenheim – † 15. 8. 1876 Trier – 28. 9. 1830 Priesterweihe – 1837 Promotion – 1842–1847 Professor am Priesterseminar für Moraltheologie und Kirchenrecht. – Hecker, Chronik, S. 169f. – KS Bd. 2, S. 79.

3 Kolping an Döllinger, 14. 4. 1843, in: KS Bd. 2, S. 83. – Johann Engelbert Reber, *31. 5. 1805 Köln – † 27. 12. 1844 Köln – 1828 Priesterweihe – Kaplan in Bonn – 1834 Promotion in Münster – 1829–1844 Professor am Priesterseminar für Dogmatik und Exegese. – Hecker, Chronik, S. 139–142. – KS Bd. 2, S. 83.

4 K. Unkel, Geschichte des Erzbischöflichen Priesterseminars in Köln, Manuskript im AEK (1914), zitiert nach: Trippen, Priesterseminar S. 86. – Johannes von Geissel, *5. 2. 1796 Gimmeldingen/Pfalz – † 8. 9. 1864 Köln – Priesterweihe 22. 8. 1818 Mainz – 1818 Kaplan Hambach/Pfalz, 1. 2. 1819 Religionslehrer Gymnasium Speyer – 22. 6. 1822 Domkapitular – 25. 5. 1836 Domdechant – 19. 5. 1837 Bischof von

Speyer – Bischofsweihe 13. 8. 1837 Augsburg – 1. 1. 1839 bayerischer Personaladel – 24. 9. 1841 Erzbischof-Koadjutor u. Apostolischer Administrator Köln – 19. 10. 1845 Erzbischof von Köln – 11. 1. 1846 Inthronisation – 30. 9. 1850 Kardinal. Hegel, Erzbistum Köln, Bd. 5, S. 66–70.

5 Weitz an Geissel, 22. 5. 1843, in: AEK, CR 8 A1.1.2: Die innere Einrichtung des Erzb. Seminars in Beziehung auf die practische Ausbildung der jungen Cleriker betr. – Johann Lambert Severin Weitz, *23. 10. 1801 Pattern/Jülich – † 28. 5. 1858 Pattern – 28. 5. 1828 Priesterweihe – Kaplan in Dahlen und Krefeld – 1830 Pfarrer in Wesseling – 1833–1851 Regens des Priesterseminars Köln und Dozent für Pastoral und Pädagogik Hecker, Chronik, S. 159–163. – KS Bd. 1, S. 307.

6 Martin, Zeitbilder, S. 119ff.

7 Hecker, Chronik, S. 162.

8 Martin, Zeitbilder, S. 121. – Andreas Gau, *3. 11. 1800 Flersheim – † 5. 11. 1862 Aachen – 28. 5. 1825 Priesterweihe – 1827 Reptent am Priesterseminar für Liturgik – 1831 Subregens – 1832 Promotion – 1850 Kanoniker Stiftskirche Aachen.
Hecker, Chronik, S. 135–138.

9 Geissel an Viale-Prela, 17. 4. 1845, in: Pfülf, Geissel, Bd. 1, S. 207.

10 Trippen, Priesterseminar, S. 66–70.

11 Martin, Zeitbilder, S. 123.

12 Hecker, Chronik, S. 137. – Pfülf, Geissel, Bd. 1, S. 205.

13 Albert Gereon Stein, *29. 9. 1809 Köln – † 10. 6. 1881 Köln – 16. 4. 1833 Priesterweihe – Kaplan Kornelimünster – 1837 Rektor Köln Elendskirche – 1838 nebenamtlich Gesanglehrer am Priesterseminar – 1849 Pfarrer Köln St. Johann Baptist – 1862 Pfarrer Köln St. Ursula.
Hecker, Chronik, S. 165–168.

14 AEK, Gen. 11.5,8.: Anmeldung und Prüfung der Candidaten der Theologie zum Empfange der heiligen Weihen.

15 Ebd.

16 Ebd.

17 Ebd.

18 AEK, CR 8.A1.3,3.: Die Bewilligung der Freitische an dürftige Alumnen des Erzb. Seminars betr. ...

19 AEK, Gen. 11.5,8.: Anmeldung und Prüfung der Candidaten der Theologie zum Empfang der heiligen Weihen.

20 AEK, Gen. 25.3,2.: Die zu den heiligen Weihen zugelassenen Theologen.

21 Original im Archiv der DKF. – Das Brevier hat den Titel: Breviarum Coloniense, iussu reverendissimi et eminentissimi principis, ac domini, D. Maximiliani Friderici D. G. archiepiscopi coloniensis, S. R. I. per Italiam archicancellarii, et principis electoris, S. Sedis apostolicae legati nati, Westphaliae et Angariae ducis, comitis de Koenigsegg, Rottenfels, domini in Odenkirchen, Aulendorff et Stauffen. etc. etc., Recognitum et emendatum, Coloniae Agrippinae MDCCLXXX. – Siehe dazu: Hegel, Erzbistum Köln Bd. 5, S. 356f. – Von den vier Teilbänden sind nur drei vorhanden. Der Teilband, der für den Winter konzipiert ist, ist nicht erhalten. Diesen Band hat Kolping jedoch noch kurz vor seinem Tode benutzt.

22 Kolping an Mittweg, 25. 10. 1860, in: KS Bd. 2, S. 284 und Flücken, in: RV 12 (1865) S. 813. – Kolping selbst bezeichnete es „als tägliches Gebetbuch“. – Kolping an Mittweg, 22. 2. 1861, in: KS Bd. 2, S. 318. – Siehe auch: KS Bd. 1, S. 209f. – Siehe ferner: F. O'Byrn, Das Breviergebet. Ein Beitrag zur Heiligung des Priesters, Schaffhausen 1860.

23 Peiffer an Lorinser, 18. 11. 1844, in: EBA Wroclaw, Nachlaß Lorinser, II c 2a.

24 AEK, Gen. 11.5,8.: Anmeldung und Prüfung der Candidaten der Theologie zum Empfang der heiligen Weihen.

25 AEK, CR 8 A 1.2.: Das Vorsteher- und Lehrer-Personal.

26 AEK, Gen. 11.5.8.: Anmeldung und Prüfung der Candidaten der Theologie zum Empfang der heiligen Weihen.

27 Ebd.

28 Ebd.

29 Ebd.

30 Wollersheim an Kolping, undatiert, in: Schäffer, Kolping I., S. 230f.

31 Peiffer an Lorinser, 3. 4. 1845, in: EBA Wroclaw, Nachlaß Lorinser, II c 2a.

32 KS Bd. 1, S. 299. – Von diesem Gedicht gibt es zwei Manuskriptvorlagen. Die Erstfassung hat folgende Schlußverse:

Wir finden uns, geh nur in's Weite
Vergiß das, Freunde! Nachruf nicht
Du folge nur! was es bedeute?
Dort sind wir Eins im ew'gen Licht.

33 Schwaiger, Johann Michael Sailer (1751–1832), in: Fries/Schwaiger, Kath. Theologen, Bd. 1, S. 83.

34 Hirtenbrief Geissel vom 5. 2. 1846, in: K. Th. Dumont (Hg.), Schriften und Reden von Johannes Cardinal von Geissel. Erzbischof von Köln, Köln 1869, Bd. 1, S. 120.

35 Weiheurkunde vom 24. 4. 1845, in: KS Bd. 1, S. 24. – Anton Gottfried Claessen, * 11. 2. 1788 Gangelt – † 29. 9. 1847 Köln – 6. 3. 1812 Priesterweihe – 1812 Vikar Oedt – 15. 1. 1815 Pfarrer Giesenkirchen – 12. 1. 1824 Pfarrer Viersen – 16. 11. 1825 Regierungs- und Schulrat Aachen – 1840 Stiftspropst Aachen – 1840 Dr. theol. – 28. 4. 1844 Dompropst Köln – 25. 7. 1844 Weihbischof Köln – 19. 1. 1845 Bischofsweihe.
E. Hegel, in: Gatz (Hg), Bischöfe, S. 98. AEK, Totenzettel. – Zur Minoritenkirche siehe: J. W. J. Braun, Das Minoritenkloster und das neue Museum zu Köln. Eine historische Denkschrift. Köln 1862. – J. Baudri, Die Minoriten-Kirche zu Köln, Köln-Neuß 1871. Auch in: F. Bock (Hg.), Rheinlands Baudenkmale des Mittelalters, Köln-Neuß 1871, Bd. II., 3. – H. Rathgens, Minoritenkirche, in: P. Clemen (Hg.), Die Kunstdenkmäler der Stadt Köln, Bd. II, 2, Düsseldorf 1929, S. 1–24. – Ridder, Grabeskirche.

36 O. V., Erinnerungen an Adolf Kolpings Weihetag, in: Kolpingblatt 1. 4. 1935.

37 Liste der Presbyteranden vom 13. 4. 1845, in: KS Bd. 1, S. 24. – Der zweite Konabiturient war Johann Karl Joseph Lentz, * 5. 6. 1820 St. Vith – † 16. 9. 1859 Bonn – 1841 Konabiturient Kolping – 13. 4. 1845 Priesterweihe – Vikar Malmedy – Religionslehrer Bonn. – Gerhards/Wedekind, Marzellengymnasium. – AEK, Priesterkartei.

38 Kolping an Döllinger, 24. 6. 1845, in: KS Bd. 2, S. 99.

39 Kolping an Vorstand Mindelheim, 12. 2. 1853, in: KS Bd. 2, S. 136.

40 Kolping, Predigt 8. 5. 1846, in ADK, A 68. – Siehe dazu: B. Valuy, Lebensrichtschnur des Priesters in seinem Privat- und öffentlichen Leben, Augsburg 1860.

41 Dieringer an Kolping, 3. 4. 1845, in: ADK, A 61.

42 Kolpings undatierte Predigt in Kerpen unter dem Thema: „Du folge mir nach. Matthäus 9.9.“, in: ADK, A 10. – Zu Kolpings Verständnis des Priestertums siehe auch seine (unveröffentlichten) Predigten vom 8. 5. 1846, 18. 6. 1846 und 29. 6. 1846 unter dem Thema „Wie mich der Vater gesandt hat, so sende ich euch. Johannes 20,21.“, in: ADK, A 68 – A 70.

43 Johann Anton Friedrich Baudri, * 20. 2. 1804 Elberfeld – † 29. 6. 1893 Köln – 26. 4. 1827 Priesterweihe – 11. 5. 1827 Kaplan Mülheim/Ruhr – 10. 7. 1830 Pfarrer Lennep – 22. 3. 1834 Pfarrer Barmen – 23. 7. 1839 Landdechant Elberfeld – 1. 8. 1843 Domkapitular Köln – 1. 9. 1846 Generalvikar – 25. 2. 1850 Weihbischof – 1. 10. 1853 Domdechant – 13. 9. 1864 Kapitularvikar – 1849–13. 2. 1850 Mitgl. Schutzvorstand GV Köln – spendet 50 Taler für das Hospiz.
Hegel, Erzbistum Köln Bd. 5, S. 144–147 u. ö. – Linn, Ultramontanismus. – Siehe auch: KS Bd. 1, S. 55; Bd. 2, S. 102, 114, 150, 213, 268, 309, 363, 378 ff., 383, 424; Bd. 4, S. 360; Bd. 6, S. 29, 48, 50, 153.

44 Linn, Ultramontanismus, S. 116 u. 137.

7. Kaplan in Elberfeld (1845–1849)

Kaplansjahre sind Lehrjahre. Diese Erfahrung mußte in Elberfeld auch Kolping machen, obschon er durch praktische Berufstätigkeit einen Vorsprung vor seinen Mitbrüdern hatte. Es zeigte sich bald, daß die folgenden Jahre eine zweite harte Lehrzeit für die später selbstgestellte Lebensaufgabe wurden.

Er hat in Elberfeld erfahren müssen, daß ein verkrampftes Verhältnis von Amtskirche und Volkskirche nicht im Evangelium und den Inhalten seiner Botschaft begründet ist, sondern in der Art und Weise, wie diese Botschaft verkündet, innerkirchlich umgesetzt und praktiziert wird.

Stadt

Die wirtschaftlichen Veränderungen im Deutschland des 19. Jahrhunderts von einem Agrar- zu einem Industriestaat ließen Elberfeld zu einem industriellen Zentrum werden und brachten für die Stadt erhebliche soziale Probleme mit sich[1].

Viele Faktoren haben die Entwicklung der Stadt Elberfeld zur Industriestadt geprägt. „Der Aufschwung der Textilindustrie in Wuppertal setzte seit dem 16. Jahrhundert einen Prozeß zunehmender rechtlicher, religiöser und politischer Selbständigkeit bürgerlicher Schichten in Gang. Ihre wachsende Unabhängigkeit führte zu einem steilen wirtschaftlichen Aufschwung, im religiösen Leben zu einer eigenständigen Gemeindeverfassung mit frühen Ansätzen zur Bildung freier christlicher Gemeinschaften und auf kommunaler Ebene zu einer weitgehenden, von Honoratioren getragenen städtischen Selbstverwaltung. Soziale und politische Veränderungen, die seit Beginn des 19. Jahrhunderts Elberfeld erfaßten, warfen drängende Probleme auf. Ein intensives religiöses Leben, die Entwicklung von Handel und Industrie, die soziale Lage der anwachsenden Arbeiterschaft und das Streben nach politischer Mitverantwortung stellten die Elberfelder Bürgerschaft vor Aufgaben, die zu bewältigen neue Formen gesellschaftlicher Mobilisierung und Organisierung erforderten. Mit Hilfe des Vereinswesens suchten die Bürger der Stadt konkrete Lösungen für diese Probleme“[2]. Von diesen Entwicklungen wurde selbstverständlich auch das Leben in der Kirchengemeinde mitbestimmt.

Ein weiterer wichtiger Faktor, der die gesellschaftliche Struktur Elberfelds prägte, war das Verhältnis der Konfessionen zueinander. Gegenüber einer protestantischen Bevölkerungsmehrheit (1834 : 81%), der fast die gesamte bürgerliche Führungsschicht angehörte, bildeten die Katholiken (1834 : 18,6%), die überwiegend als Handwerker und Arbeiter tätig waren, eine Minderheit mit großer sozialer Geschlossenheit. Im Laufe der Industrialisierung und der mit ihr verbundenen Zuwanderung stieg der Anteil der Katholiken (1851 : 21,4%) an der Gesamtbevölkerung leicht an. Elberfeld hatte im Jahre 1850 etwa 49000 Einwohner und war die sechsgrößte Stadt in Preußen.

Kaum ein anderer Wirkungskreis hätte Kolping die Möglichkeit geboten, so vielfältige Seelsorge- und soziale Aufgaben anzugehen, wie das damalige Wuppertal-Elberfeld, nach der Metropole die größte Stadt des Erzbistums Köln. Die Katholiken in Elberfeld bildeten in diesem sozialen Brennpunkt und Schmelztiegel religiöser Anschauungen eine deutliche Minderheit[3].

Pfarrei

Wuppertal-Elberfeld ist seit 1274 bereits selbständige Pfarrei. Im Verlauf der Reformation war die Kirche protestantisch geworden. Erst 1658 hatte wieder eine katholische Meßfeier stattgefunden. Nach einem kleineren Gotteshaus an der Ecke Wall/Turmhof konnte die in den Jahren 1828–1836 nach Plänen des Baumeisters Adolf von Vagedes (1777–1842) erbaute heutige Laurentius-Kirche bezogen werden, eine dreischiffige Hallenkirche mit Kuppelgewölben und zweitürmiger Fassade. Zur Finanzierung des Baues hatte auch die protestantische Gemeinde von Elberfeld erhebliche Beiträge geleistet.

Pfarrer war der gemäßigte Hermesianer Friderici, fünf Jahre älter als Kolping und seit über zehn Jahren zunächst als Kaplan, dann als Pfarrer in der Gemeinde tätig[5].

Zu Ostern 1845 wurde der Neupriester Adolph Kolping als Nachfolger von Peter Kaspar Frings zum zweiten Kaplan an der St. Laurentius-Kirche in Elberfeld ernannt. Am 28. Juni des gleichen Jahres übernahm er auch die Stelle eines Religionslehrers am dortigen Gymnasium[6].

Mit dem neuen Kaplan, „der die Welt mit anderen Augen zu sehen gelernt hatte, waren neue Ideen nicht nur in die Gemeinde, sondern auch in das nach alten Traditionen genügsame Leben im Pfarrhause gekommen. Dort waren alle Geistlichen der Gemeinde ... in häuslicher Gemeinschaft vereinigt. Auch im Pfarrhause zu Elberfeld wohnten die Kapläne mit Pfarrer Friderici unter einem Dache, aßen an seinem Tische und teilten mit ihm die kleinen Freuden, die festliche Tage ab und zu mit sich brachten“[7].

Außer Johann Joseph Steenaertz waren zeitweise die Neupriester Engels, Herkenrath und Arens Mitkapläne in Wuppertal[8]. Steenaertz, fünf Jahre jünger als Kolping, aber drei Jahre vor ihm zum Priester geweiht, hatte bereits ein Jahr in dieser Gemeinde gearbeitet, als dieser seine erste Stelle antrat. Engels blieb nur drei Monate. Herkenrath kannte Kolping bereits vom Marzellengymnasium. Er wurde sein Nachfolger als Vereinspräses. Arens engagierte sich im Borromäusverein.

Das Gemeindeleben wurde stark beeinträchtigt durch das Aufkommen des Deutschkatholizismus, Auseinandersetzungen zwischen den großen Konfessionen und durch die Arbeit zahlreicher Sekten. Da war es eine Ermunterung, daß nach vielen Jahren der Erzbischof Stadt und Gemeinde besuchte. Der aus der Pfarrei stammende, inzwischen zum Generalvikar aufgestiegene Baudri dürfte Geissel dazu geraten haben, zur Stärkung des Selbstbewußtseins der Katholiken einen Beitrag zu leisten.

Im Juli 1847 – Kolping war zwei Jahre Kaplan – kam Geissel zur Einweihung der Laurentiuskirche und zur Spendung der Firmung. Über eintausend Schulkinder, ein Frauenchor unter Lehrer Breuers Leitung und viele Honoratioren begrüßten den Erzbischof. Abends sangen die katholischen Schüler des Gymnasiums unter Leitung ihres Religionslehrers Kolping für den hohen Gast im Pfarrhaus[9].

Kaplan

Die Tätigkeit als Großstadtkaplan und seine Verpflichtung als Religionslehrer am Gymnasium boten dem knapp zweiunddreißigjährigen Kaplan ein riesiges Arbeitsfeld[10].

„Unsere Gemeinde ist über 9000 Seelen stark, die alle unter den hiesigen Verhältnissen doppelter Pflege bedürfen, und doch sind vorläufig nur drei Geistliche hier im Amte. Bis der vierte kommt, bin ich besonders mit Arbeit bedacht, habe außer der regelmäßigen Seelsorge und dem Gottesdienste ein paar hundert Kinder in der Christenlehre, dazu den Religionsunterricht auf dem Gymnasium und in der Realschule, welchen ich indes vorläufig nur privatim erteile, da das hochweise hiesige protestantische Konsistorium beabsichtigt, das sonst dafür ausgezahlte Honorar zurückzuziehen und so indirekt den katholischen Unterricht zu erdrücken“[11]. Für das Amt des Religionslehrers hatte die Regierung eine Zusatzzahlung zu leisten. Darum erscheint die Darstellung in der Pfarrchronik wohl überspitzt: „Kolping aber, der mit geübtem Blick für den Wert des Geldes in das Priesteramt trat, brachte die klägliche Entlohnung in ein besseres Verhältnis zur Berufswürde und wußte es durchzusetzen, daß er neben seinem Kaplansgehalt von jährlich 222 Talern noch eine Zusteuer von 100 Talern als Religionslehrer erhielt“[12]. Nach der Versetzung seines Mitbruders Steenaerts wurde Kolping am 4. Juni 1847 erster Kaplan in Elberfeld. Diese Stellung behielt er bei, bis er am 15. März 1849 zum Domvikar in Köln ernannt wurde[13].

Für den Neupriester, der als Handwerker aus dem Volk kam und nun das Volk „von der anderen Seite“ kennenlernte, war die Seelsorge zunächst ungewohnt und unter den besonderen Umständen schwierig. Er sah das selbst: „Die untere Schicht des Volkes ist schrecklich unwissend, schrecklich verkommen, vernachlässigt an Leib und Seele, elend durch und durch, ... die große Masse der Fabrikarbeiter schmachtet im Elend, wie ich es nur in Wuppertal kennengelernt“[14]. So fand er sich zunächst nicht sonderlich glücklich in seiner neuen Umgebung. „Wenn man hier eben auch nicht auf Rosen gebettet ist, ja zuweilen in Arbeit und Mühe unterzugehen meint, ... alle Studien für mich gänzlich darniederliegen, so muß ich doch gestehen, hat das Wirken an Ort und Stelle seinen Reiz und, je nachdem betrachtet, seinen Nutzen, nicht bloß für die Gemeinde, sondern auch für mich. Kann ich nach den Büchern nicht mehr sehen, so stehen die Menschen, die praktische Geschichte, desto leibhafter mir vor Augen“[15].

Über Jahre hatte Kolping seine Mahlzeiten an fremden Tischen eingenommen. Jetzt erstrebte er die für seinen Beruf und die damit verbundenen Pflichten erforderliche Selbständigkeit. Im Einvernehmen mit seinen Mitbrüdern stellte er beim Kirchenvorstand den Antrag, das Pfarrhaus so herzurichten, daß die Kapläne eigene Wohnungen beziehen konnten. Der Kirchenvorstand hatte es mit einer Entscheidung nicht eilig. Aber Kolpings Schwester Katharina konnte die eigene Haushaltsführung übernehmen. Sie starb schon am 27. September 1847 und wurde in Elberfeld bestattet. Ihr Totenbild, dessen Text aus seiner Feder stammte, hob er in seinem Brevier auf[16].

Einige Aktivitäten des neuen Kaplans, etwa zur Gründung eines Pfarrblattes und kirchlich ausgerichteter Vereine zur Förderung des Gemeindelebens, wurden vom Pfarrer nicht toleriert[17]. Offensichtlich mehr Glück hatte er mit seinem Anliegen, einen Zweigverein des am 12. März 1845 genehmigten Borromäus-Vereins in Bonn in der Gemeinde zu errichten. Als Vertrautem seines Lehrers Dieringer war ihm das wohl wichtig. Das Elberfelder Gründungsprotokoll vom 26. November 1847 findet sich jedenfalls in seinem Tagebuch[18].

Meinungsverschiedenheiten mit dem Pfarrer veranlaßten Kolping, sich inoffiziell an die Erzbischöfliche Behörde zu wenden. Dabei sparte er nicht mit Kritik an Friderici, beklagte sich über zu enge Wohn- und Arbeitsverhältnisse, rügte nachlässige Gehaltszahlungen und unkorrekte Behandlung von seiten des Kirchenvorstandes. Er bat darum, die Lebensbedingungen für die Kapläne zu verbessern und, falls das unmöglich sei, um Versetzung:

„Wir sind nicht mit der Art und Weise der Amtsführung unseres Herrn Pfarrers einverstanden und können es nach unsern Grundsätzen auch nicht sein ... Doch steht uns kein Recht zu, da direkt einzugreifen, wir sind zufrieden, daß unsere Stellung so gesichert ist, unseren Weg wandeln zu können. Die Klugheit und besonders die hiesigen Verhältnisse gebieten, daß es indes nicht zu offenbaren Konflikten kommt. Der mittleren und niederen Volksklasse muß unsere meiste Sorge zugewendet sein, auch schließen diese sich zunächst an uns an; da sind noch Keime kirchlich traditionellen Lebens, alte, gute katholische Reminiszenzen, deren Pflege uns obliegt. So, wie aber dieser Teil der Gemeinde an uns sich anhält, gehen die Aufgeklärteren, einem inneren Gesetze zufolge, auf die Richtung unseres Herrn Pastors ein ...

Das ist eine Scheidung und deshalb ein Unglück, aber unvermeidlich. Ein Glück ist dabei, daß dies selten sich äußerlich zeigt, und wenn, nur bei Individuen; im ganzen zeigt sich jene Konvenienz, wie sie persönlich zwischen uns und dem Herrn Pfarrer besteht"[19].

Für die Vermutung, die unterschiedliche Beurteilung der Hermesianischen Theologie durch Friderici und Kolping habe die Auseinandersetzungen mit beeinflußt, finden sich keine Belege. Menschliche Unzulänglichkeiten zwischen den beiden Männern hatten keine weiteren Folgen, denn beim Silbernen Priester- und Ortsjubiläum des Pfarrers am 26. Mai 1859 assistierten Kolping und Herkenrath als ehemalige Kapläne beim Festgottesdienst[20].

Über Kolpings Tätigkeit in Elberfeld geben die Briefe an seinen Lehrer Döllinger und an seine Freunde ebenso zuverlässige Auskunft wie über seine religiöse Haltung und sein seelsorgliches Engagement[21].

„Aber trotz der vielen Arbeit und den schwierigen Verhältnissen hier bin ich doch sehr zufrieden, ja ich möchte sagen glücklich, wenn es mir auch bisweilen wehe tut, wenn ich meine Bücher ansehe und nichts drin tun kann. Gott will's jetzt anderes ... und so bin ich auch zufrieden. Wenn mir erst alle Arbeit mal leichter vonstatten geht, wenn ich mal eine Predigt auf einen Tag machen kann, jetzt brauch' ich noch vier bis fünf, dann werde ich auch wieder zu den Büchern greifen können"[22].

Seine Predigten, ihre Vorbereitung und Wirkung auf die Zuhörer zeigen, für wie wichtig er die Verkündigung hielt und mit welchem Pflichtgefühl und Ernst er trotz vieler Widerwärtigkeiten sein Priesteramt ausfüllte[23].

„Frei wollen alle werden, den letzten Rest des Gesetzes von sich werfen, von keinem Gehorsam was wissen, hintaumeln, wohin es ihnen beliebt, und die dazu Gelegenheit hatten, sind spornstreichs aus dem Christentum gelaufen, haben sich, wie die alten Heiden, an die Götter der Erde, an Geld und Genuß hingegeben und bluten nun unter den Schlägen ihrer sinnlichen, hochmütigen Leidenschaft"[24].

Weniger polternd, dafür mehr das Gemüt ansprechend, müssen seine Ausführungen bei einem Gedenkgottesdienst für die während der Revolutionsunruhen Gefallenen gewesen sein: „Der von Herrn Kaplan Kolping gehaltene Kanzelvortrag war nicht minder ergreifend, als er sich den gegenwärtigen großen Zeitereignissen passend anschloß. Die geräumige Kirche war kaum vermögend, die Zahl der Besuchenden zu fassen, und gewährte es einen wohltuenden Anblick, nicht nur Katholiken, sondern auch andersdenkende Christen und Israeliten an geheiligter Stätte zu gleichem hehren Zweck versammelt zu sehen"[25].

Mit zunehmender Berufserfahrung wuchs denn auch die Fähigkeit zu differenzieren: „Mich dünkt, ... das Predigen überhaupt sei eine sehr wichtige, schwer verantwortliche Sache, die nicht jedem zuzumuten sei, ... damit nicht Unheil statt Heil gewirkt werde"[26].

Kolping beschäftigte sich in der frühen Elberfelder Zeit noch mit dem Gedanken sich in der Theologie weiter zu qualifizieren. Er wollte Döllinger das Manuskript einer Arbeit aus dem Gebiet der Sakramentenlehre zur kritischen Durchsicht vorlegen. Aber dazu kam es nicht mehr. Im November 1848 teilte Kolping seinem Lehrer mit, eine wissenschaftliche Tätigkeit käme für ihn nicht mehr in Frage, weil er eine neue ihn faszinierende Aufgabe in der Seelsorge gefunden habe[27].

Dazu paßt die Nachricht, daß der Limburger Bischof 1848 auf der Bischofskonferenz in Würzburg den Kölner Erzbischof Geissel mündlich gebeten habe, „... ihm Adolph Kolping (der ... vom Münchener Generalvikar Windischmann dazu schriftlich empfohlen worden war) als Limburger Seminarprofessor zu überlassen"[28]. Der Kölner Erzbischof hatte diese Bitte sofort abgeschlagen.

Auf polemische Leserzuschriften in der Elberfelder Zeitung reagierte Kolping in einer einmaligen Stellungnahme: „Ist nun meine Arroganz so allgemein bekannt .. fordere ich hiermit ... Alle, welche durch meine angebliche Arroganz Unrecht gelitten, auf, öffentlich zu sagen, wo ich mich derselben schuldig gemacht. Ich scheue das öffentliche Urteil nicht ... bin ein Freund der offenen, unverhohlenen Wahrheit, wie alle wissen, die mit mir zu tun haben"[29].

Die persönlichen Probleme, die sich für den Kaplan aus der schwierigen Seelsorgsarbeit ergaben, skizziert sein Priesterfreund Wollersheim treffend: „Ich sehe, daß noch vieles von dem alten *unruhigen* und *feurigen* Kolping in Ihnen steckt, der bald zu hoch fliegen will und dann wieder sich zu tief herabsinken läßt; bald die Welt aus ih ren Fugen reißen will, bald wieder glaubt, für nichts zu taugen, als für ein Hüttchen in der Eifel; bald es mit Tausenden aufnehmen will, bald mit *einem* nicht fertigwerden kann; bald begeistert ist von dem schönen Jünglings-Verein, bald sich aus dem Wuppertale hinaussehnt“[30].

Sein Wunsch nach theologischer Weiterbildung, pastorale Arbeitsüberlastung, seine traditionell gebundene Weltanschauung und seine Abneigung gegen Theorien und praxisferne Verbesserungskonzeptionen sind möglicherweise als Gründe dafür heranzuziehen, daß Kolping seine Zeitgenossen im Elberfelder Umfeld, die Pfarrer, Politiker und Pädagogen Dörpfeld, Dürselen, Harkort, Engels und Hess, weder in Briefen noch in Schriften erwähnt. Es ist so gut wie ausgeschlossen, daß die Namen dieser Männer ihm unbekannt geblieben sind[31].

Deutschkatholizismus

Im Wuppertal fand der Deutschkatholozismus bei einer Gruppe von liberalen Protestanten und gleichgültigen Katholiken Anhänger, die sich 1845 zu einer kleinen Gemeinde verbanden. Der Gründer dieser Bewegung, der ehemalige Breslauer Diözesanpriester Johannes Ronge (1813–1887), der Anstoß an den Wallfahrten zum Hl. Rock in Trier genommen hatte, war selbst nach Elberfeld gekommen, um die junge Gemeinde zu ermuntern[32]. Das Glaubensbekenntnis der Mitglieder faßt kurz die Lehre der Gemeinschaft zusammen: „Ich glaube an Gott, den Vater, der durch sein allmächtiges Wort die Welt geschaffen und sie in Weisheit und Gerechtigkeit regiert. Ich glaube an Jesum Christum, unsern Heiland. Ich glaube an den hl. Geist, eine heilige, allgemeine christliche Kirche, Vergebung der Sünden und ein ewiges Leben. Amen!“[33]. Ausdrücklich verworfen und auch bekämpft wurden Primat des Papstes, Zölibat, Heiligenverehrung, Ohrenbeichte, Fasten und Wallfahrten. Einzige Sakramente blieben die Taufe und das Abendmahl unter beiden Gestalten.

Erster Pfarrer der Gemeinde war der ehemalige Trierer Priester Peter Alois Licht (1781–1847), der durch ein „Sendschreiben an die Christen aller Konfessionen über die Göttlichkeit der Person Jesu“ (Elberfeld 1845) auch publizistisch-missionarisch hervortrat[34]. Sein Nachfolger, der ehemalige Siegburger Pfarrer Johann Baptist Engelmann, 1846 von Geissel exkommuniziert, galt als begabter Prediger. Seine Gottesdienste blieben aber nur schwach besucht. Bald verlobte er sich und verließ Elberfeld[35].

Der Deutschkatholizismus hatte in Elberfeld keine größeren Erfolge. Die Gemeinde wuchs nicht über vierhundert Mitglieder und hatte auch keinen längeren Bestand. Eine ernsthafte Gefahr bedeutete diese Bewegung für die Katholiken in Wuppertal nicht. Im Gegenteil: Das bisher nicht übermäßig stark entwickelte Zusammengehörigkeitsgefühl unter den Gemeindemitgliedern verbesserte sich[36].

Protestantismus

Die zahlreichen Sekten und Glaubensgemeinschaften in der Stadt hatten das in der Vergangenheit gute Zusammenleben von Katholiken und Protestanten, vor allem wegen ihrer unterschiedlichen Haltung zum Deutschkatholizismus, stärker als notwendig belastet[37].

Zu Beginn des Jahres 1846 kam es zu einem Eklat zwischen Protestanten und Katholiken. Der lutherische Pfarrer hatte in seiner Predigt zum Reformationsfest 1845 – also in Kolpings erstem Dienstjahr – in Gegenwart der protestantischen königlichen Beamten die Katholiken bloßgestellt und attackierte Papsttum, Heiligen- und Marienverehrung. Auch in seiner Wortwahl war er nicht eben mäßigend.

Pfarrer Friderici unterrichtete den Erzbischof: „Ich sehe mich ... veranlaßt, zur Anzeige zu bringen, daß die Lästerungen und Verhöhnungen der Lehren und Gebräuche, der Sprache und Verfassung unserer hl. Kirche von seiten der hiesigen Protestanten mit jedem Tag zunehmen und daß die Stellung und Wirksamkeit der kath. Geistlichkeit bei aller Vorsicht in ihrer Amtsführung erschwert wird .... Den Grund dieser Schmähungen und Suspektionen finde ich in den gehässigen Predigten ..., die ... immer kühner und frecher in ihren maßlosen Herzensergüssen gegen die katholische Kirche werden." Er legte ein gedrucktes Exemplar der Predigt bei und bat Geissel, „dem unseligen Wesen ... durch die geeignete Behörde Schranken zu setzen". Baudri, mit den Personen und der Situation vertraut, wurde mit dem Entwurf eines Antwortschreibens beauftragt. Er teilte die Beurteilung des Pfarrers, hielt direkte Gegenmaßnahmen aber nicht für wirkungsvoll, um die Angelegenheit nicht aufzubauschen und empfahl, in Zukunft ebenfalls die Presse zur Abwehr solcher Angriffe zu nutzen[38].

Schon bei früheren Beschwerden seines Pfarrers hatte Kolping ihn inhaltlich voll bestätigt, an der Methode aber Zweifel angemeldet[39].

Kolpings eigene Beurteilung seiner evangelischen Amtsbrüder ist im wesentlichen an zwei Kriterien ausgerichtet: Welche Glaubensinhalte des Evangeliums werden anerkannt und welche seelsorgliche Wirkung zeigt ihre Arbeit? Die Defizite, die er wahrnahm, ließen ihn in einem Brief an Döllinger ein überkritisches Urteil fällen: „Und die Herrn Prediger, die auf der Kanzel so wichtig tun, was leisten sie im Volke? Nichts, gar nichts, und ihre Seelsorge ist keinen Pfifferling wert"[40].

So bezeichnete er den pietistisch orientierten Friedrich Wilhelm Krummacher (1796–1868) als Heuchler, „allerdings ein Talent, aber das macht die Sache noch schlimmer". Das Volk höre seine Vorträge, durchschaue ihn aber bald und berichte dann, er glaube „sein eigen Wort nicht"[41].

Kolpings Unzugänglichkeit für den Protestantismus blieb stets auf die dogmatischen Fragestellungen beschränkt. Die gelesene Lektüre während seiner Studienzeit zeigt, daß er mit diesen Fragen vertraut war. Vor diesem Hintergrund wird verständlich, daß er sich die Annäherung der christlichen Konfessionen zu einem besonderen Anliegen machte. Dabei war nicht das theologische Gespräch sein Arbeitsfeld, auch nicht Proselytenmacherei, sondern vielmehr schichtenübergreifende praktische Ökumene.

„Als katholischer Christ kann er und darf er nur wünschen, daß die zur Stunde Getrennten sich in der Anerkennung und Heilighaltung der *Wahrheit* wieder verbinden, und zwar in der *ganzen, unverkürzten Wahrheit,* wie sie Gott selbst geoffenbart hat und *seine Kirche* sie zu glauben vorstellt"[42].

Kolping hat mit Aufgeschlossenheit und Gesprächsbereitschaft den Versuch zur Begegnung von Katholiken und Lutheranern im Jahre 1860 in Erfurt begleitet[43].

„Setzen wir von unserer Seite nur und vor allen Dingen das betreffende Gebet fort ... Dann aber verletzen wir dort, um der wahren Christenliebe willen, auch mit keinem Worte solche, die drüben noch mit der Erkenntnis und dem Verständnis der Wahrheit ringen ... werden wir nicht müde, mit *Gelassenheit* und Treue in Wort und Tat Bekenner der Wahrheit zu sein ... Mitten in dem politischen Gewühle der Zeit, wo die sozialen Gefahren wachsen, rücken fühlbar die *christlichen* Herzen zusammen, damit sie ... in einem Glauben geeint ... für die Zukunft wirken." Kolping traute man sogar zu, das ökumenische Gespräch „in praktischer Weise" fortzusetzen[44].

Bildungs- und Gesellenvereine

In Elberfeld waren in den dreißiger und vierziger Jahren schon Vereine zur Volksbildung auch für junge Handwerker und Gesellen entstanden. Soweit sich das bisher aus den Quellen erkennen läßt, gehörten die Katholiken bei diesen Unternehmungen nicht zu den Vorreitern[45].

Am 1. Dezember 1836 bereits waren die „Statuten des Sonntags-Vereins für junge Handwerker und Fabrikarbeiter" verabschiedet worden[46]. Sechs Jahre später förderte der rührige Pfarrer Gerhard Dürselen in seiner Gemeinde Wuppertal-Ronsdorf einen Jünglingsverein, der zu den ältesten im Westen Deutschlands gehörte und vorbildhaft für viele evangelische Initiativen ähnlicher Richtung wurde[47]. Vom Juni 1847 stammen „Statuten des christlichen Vereins für junge Handwerker und Fabrikarbeiter"[48]. Im Organisationskomitee des Vereins arbeitete die evangelische Geistlichkeit der Stadt nahezu geschlossen mit.

Im November 1844 kam es bei Verhandlungen über die Gründung eines Lokalvereins für das „Wohl der arbeitenden Klassen" in Elberfeld zu erheblichen Meinungsverschiedenheiten. Pietistisch motivierte Mitgründer wollten einen Verein zur geistigen und sittlichen Förderung der niederen Klassen auf biblisch-christlicher Grundlage. Pietisten und Liberale waren sich zwar einig darin, daß gesunkene Moral Ursache der Not der Arbeiterklasse sei. Über die Art und Weise, wie eine Besserung und Hebung der Moral zu erreichen sei, zerstritt man sich aber so, daß schließlich zwei Vereine auf religiöser bzw. sozialethischer Basis gegründet wurden[49]. Moses Hess veröffentlichte einen Bericht über diese Aktivitäten in seinem kritischen „Gesellschaftsspiegel. Organ zur Vertretung der besitzlosen Volksklassen und zur Beleuchtung der gesellschaftlichen Zustände der Gegenwart"[50].

Am 20. August 1848 fand die erste Generalversammlung aller evangelischen Jünglingsvereine in Elberfeld statt. „Es wurde beschlossen, daß alle Vereine in Rheinland-Westfalen aufgefordert werden sollten, ... sich in einem Schreiben an den zum Vorsitzenden erwählten Pfarrer *Dürselen* darüber zu erklären, ob sie geneigt seien, zwei Deputierte zu einer ... Konferenz zu entsenden, um den Entwurf zu einem Bundes-Statut zu bearbeiten"[51]. Diese beratende Versammlung wurde auf den 8. Oktober 1848 nach Elberfeld einberufen. Sie bestätigte Pfarrer Dürselen als „Präses" in seinem Amt. Er erläuterte seine Motivation, für die Verbreitung des Jünglingsbundes zu arbeiten: „Auch ein böser Geist hat uns zusammengeführt. Die Stürme der Revolution hatten vor unseren Augen die Schleier von den Abgründen des Verderbens abgehoben, in welche wir mit Grauen hineinblickten. Wir sahen mit Entsetzen, wie der Geist der Empörung Tausende von Jünglingen in den Strudel einer Gottentfremdung, einer Zucht- und Sittenlosigkeit hineingezogen hatte, von der das Äußerste zu befürchten war. Wir hörten, wie Hunderte von Vereinen junger Leute vorhanden seien, aus denen heraus Reden hervortönen wie: Wir hassen das Christentum, Gott muß abgeschafft werden!"[52].

Der Pastor übernahm diese Stellung als „Präses" des Rheinisch-Westfälischen Jünglingsbundes nebenamtlich und opferte seine ganze Freizeit für dieses Engagement. Viel Zeit benötigte er für den amtlichen Schriftwechsel, den er für das Jahr 1851 mit ca. dreihundert Briefen angibt[53]. Zu den wichtigsten Anordnungen des Führungsgremiums gehörten: Die „Einführung von Wanderbüchern", die „Anlage einer Zentral-Bibliothek" und die „Herausgabe eines mehrstimmigen Bundesliederbuches".[54] Auch der Barmer Lehrer Friedrich Wilhelm Dörpfeld hatte sich zur Mitarbeit in den Vereinen bereiterklärt und für die Beteiligung der Lehrer an der Vereinsarbeit plädiert[55]. Als Dürselen 1873 nach fünfundzwanzigjähriger Tätigkeit das Präsesamt in jüngere Hände legte, zählte der Gesellenbund ca. viertausend Mitglieder in hundert Vereinen.

Auch Dürselen wollte die Vereine nicht im begrenzten Raum des Wuppertals verkümmern lassen. Bereits 1853 hatte er Kontakte nach Paris, Straßburg und Genf aufgenommen[56].

Vor diesem Hintergrund fällt auf die Entstehung von Kolpings Broschüre „Der Gesellenverein" ein anderes Licht. In Paris war zu Beginn der zwanziger Jahre ein Verein zum heiligen Joseph entstanden, der sich besonders um katholische Arbeiter bemühte. Die Zeitschrift „Katholik" berichtete über das Unternehmen[57]. Hauptzwecke des Vereins waren: „Den Arbeitern Arbeit bei christlichen Meistern zu vermitteln, ihnen bis zum Stellenantritt eine vorläufige Unterkunft zu besorgen, ihnen zu jeder Zeit gesunde Unterhaltung, Lehr- und Fortbildungskurse zu bieten. Diese Vereinigung zählte ungefähr 1000 Mitglieder aus Industrie und Handelskreisen und bis zu 7000 eingeschriebene Arbeiter"[58].

Nun müssen auffällige Ähnlichkeiten nicht unbedingt als Abhängigkeiten gedeutet werden, aber die Feststellung, der Elberfelder katholische Gesellenverein sei „unabhängig von jedem direkten oder indirekten protestantischen Einfluß gewachsen"[59] ist – auch unter der Berücksichtigung der Tatsache, daß der ultramontane Kolping Kenntnis vom Pariser Verein haben konnte,[60] nicht haltbar.

„Zweifelsfrei diente das sich im Wuppertal relativ früh ausbreitende evangelische Vereinswesen dem von Johann Gregor Breuer in den 40er Jahren gegründeten Elberfelder katholischen Gesellenverein zum Vorbild"[61].

Johann Gregor Breuer

Bevor man die Gründung des Elberfelder Gesellenvereins darstellen kann, muß ein kurzer Blick auf das Leben des Lehrers Johann Gregor Breuer[62] gestattet sein. Anläßlich des fünfundzwanzigjährigen Dienstjubiläums würdigte Pfarrer Friderici dessen Verdienste: „In der Tat haben Sie Ihre ganze freie Zeit dem Gemeinde-Interesse gewidmet, und es gibt in unserer Gemeinde kein gutes, irgendwie nennenswertes Werk das nicht seine Entstehung Ihnen vorzugsweise verdankt und dem Sie nicht ihre ganze Aufmerksamkeit gewidmet haben und noch widmen"[63]. Johann Gregor Breuer erblickte am 26. November 1821 als achtes und jüngstes Kind des Müllermeisters Wilhelm Breuer und dessen Ehefrau Christine geb. Busch in Neuß das Licht der Welt. Als achtjähriger verlor er die Mutter und wurde seinem fünfzehn Jahre älteren Bruder Josef, der Hauslehrer war, zur Erziehung und Ausbildung anvertraut. Durch das Vorbild seines Bruders fand Breuer Freude am Lehrerberuf und ließ sich in Lohmar an der Präparandenschule vorbereiten. Durch die Bekanntschaft mit einem Kaplan wur de er 1838 als Hilfslehrer an der Mädchenschule in Elberfeld angestellt. 1841 war Breuer ein Jahr in Krefeld tätig, bis er das Lehrerseminar in Kempen besuchen konnte. Für diesen Zweck hatte ihm schon der Vorgänger von Pfarrer Friderici ein Zeugnis ausgestellt: „Johann Gregor Breuer, gebürtig aus Neuß, alt 19 Jahre, hat zwei Jahre und drei Monate als Hilfslehrer an der hiesigen katholischen Mädchenschule gestanden. Derselbe hat sich während dieser Zeit so untadelhaft und musterhaft benommen, daß er sich die allgemeine Achtung und Liebe der Eltern und auch der Kinder erworben hat. Die Art und Weise, wie er die Kinder behandelt hat, war über alles Lob erhaben ..."[64]. Unter der besonderen Förderung des Seminardirektors von den Driesch, wie Breuers Gönner Friderici aus Heinsberg stammend, betrieb er seine Studien am Lehrerseminar in Kempen[65]. In einigen Fächern schloß er die Prüfungen befriedigend ab, im Gesang erreichte er die Note gut. Seine Führung im Seminar war zur Zufriedenheit[66].

Ostern 1844 übernahm Breuer wieder die Stelle des Hilfslehrers an der Mädchenschule in Elberfeld. Um an seinen früheren Arbeitsplatz zurückkehren zu können, hat er andere angebotene Stellen ausgeschlagen. Nach dem Tode seines Vorgesetzten wurde er am 25. November 1845 unter 94 Bewerbern zum Hauptlehrer der Mädchenschule gewählt. In seinen Erinnerungen berichtet er: „Die Schule war und blieb mir stets Hauptsache und meines Wirkens erste und höchste Lust"[67]. Im Zusammenhang mit seinen außerschulischen Aktivitäten muß man dieses Selbstbekenntnis wohl etwas relativieren.

Im privaten Bereich blieb ihm menschliches Leid nicht erspart. Fünf seiner sieben Kinder starben zu seinen Lebzeiten. Drei Jahre bevor er in den verdienten Ruhestand ging, verlor er 1881 seine Frau Sybilla Gertrud geb. Kesseler, mit der er seit 1847 verheiratet gewesen war. Im Herbst 1896 zog er zu seinem Sohn nach Frankfurt-Höchst, um dort seinen Lebensabend zu verbringen. Die Elberfelder Vereine bereiteten ihm einen glänzenden Abschied. Während einer Kur starb Johann Gregor Breuer am 2. April 1897 in San Remo. Am 11. April wurde er in Wuppertal-Elberfeld unter großer Anteilnahme der Bevölkerung bestattet[68].

Schon in Neuhohnrath hatte er einen „Armen-Kranken-Verein" gegründet, dessen Ziel es war, bedürftige Kranke der Gemeinde zu besuchen und sie mit den für ihre Genesung notwendigen Lebensmitteln und Medikamenten zu versorgen[69]. Auf eine ähnliche Gründung stieß der Lehrer in Elberfeld. Der Weber Jakob Ermekeil, später Buchhändler, engagierte sich bereits 1841 für einen „Armen-Kranken-Verein". Breuer trat diesem Verein bei und entwarf gemeinsam mit dem Organisten Hugo Prässar die Statuten[70].

Das Aufkommen der deutsch-katholischen Bewegung in Wuppertal veranlaßte einen Kreis engagierter Laien unter seiner Führung zur Gründung einer Gesellschaft, die sich am 22. Februar 1845 unter dem Namen „Parlament“ konstituierte. „Diese Gesellschaft sollte eine Verbindung glaubenstreuer katholischer Laien sein zur Wahrung ihrer religiösen und kirchlichen Interessen und zur gegenseitigen Aneiferung in Ausübung ihrer katholischen Pflichten und Rechte, sowie ferner auch zum Zweck ungestörter geselliger Unterhaltung und Erholung“[71]. Als der Eifer der Mitglieder nach einiger Zeit nachließ, erweckte Breuer die Gründung durch ein verändertes Vereinsziel zu neuem Leben. Das Auftreten der Cholera war äußerer Anlaß dafür, mit großer Begeisterung die Errichtung des St. Josefs-Hospitals in Angriff zu nehmen[72]. Die Gesellschaft „Parlament“ wurde zu einem Vorbild für viele später errichtete Bürgergesellschaften. Es ist also festzuhalten: „Die Elberfelder Vereine waren nicht kirchlichen Ursprungs, und die Anregungen zu ihrer Gründung kamen nicht aus Kreisen der Geistlichkeit, sie entstanden aus der Gemeinde selbst nach den Ideen eines jungen Lehrers“[7

Von vielen Vereinen, die Breuer auf der Grundlage zum Teil neuer, in der Mehrzahl aber übernommener Ideen gegründet hat, erlangte keiner die Bedeutung, Verbreitung und damit die Wirkung, die dem Gesellenverein zukommt.

Am 10. August 1845 traten die Mitglieder der Gesellschaft „Parlament“ bei der Prozession zum Laurentius-Fest zum ersten Mal geschlossen an die Öffentlichkeit. Diese Aktivität war für einige Handwerksgesellen der Anlaß, sich zusammenzuschließen, um im folgenden Jahre als eigene Gruppe ebenfalls an der Prozession teilnehmen zu können[74].

Einen Mädchenchor entwickelte der Lehrer 1845 zum Mädchen-Verein, dessen Mitglieder bei Erreichen des erforderlichen Alters in den 1847 entstandenen Jungfrauen-Verein überwechselten[75]. Auch im neugegründeten Borromäusverein in Elberfeld arbeitete Breuer mit[76]. Im Jahre 1867 gründete er den St. Josef-Spar- und Darlehnsverein. 1871 leitete er dann noch die Gründung des Vereins für katholische Frauen und Mütter ein[77].

In der Gemeinde wurde er darum auch als „General-Gründer“ und „Projektenmacher“ bezeichnet[78]. Er war später engagierter Mitarbeiter der „Christlich-sozialen Blätter“. Anfang März 1870 hatte er die Generalversammlung christlich-sozialer Vereine nach Elberfeld einberufen. Zu Recht nennt man Johann Gregor Breuer wegen seiner zahlreichen Verdienste den „bedeutendsten Vertreter der katholischen Laienbewegung in der Elberfelder Gemeinde des 19. Jahrhunderts“[80].

Revolution 1848

„Im tollen, wilden Jahre 1848, wo der Verstand der Menschen mit ewiger Nacht bedeckt zu sein schien“[81], hatten auch die Elberfelder Gesellen mit ihrem Präses Stellung zu beziehen. Der seit seiner Gründung mittelstandsorientierte Gesellenverein war keine politische Kampftruppe.

Das Rheinland wurde früher von der Industrialisierung erfaßt als andere deutsche Gebiete. Hier zeigten sich die durch die „industrielle Revolution“ entstandenen sozialen Probleme schon früh. Liberale Unternehmer vertraten vielfach kapitalistische Positionen, die von radikalen Demokraten und utopischen Sozialisten in Zeitungen und politischen Zirkeln vehement bekämpft wurden.

Verschärfend zur wirtschaftlichen Lage wirkte die große Hungerkrise des Winters 1846/47, ausgelöst durch eine verheerende Mißernte. Dazu kam eine Krise im gewerblichen Bereich. Die traditionelle hierarchische Struktur im Handwerk, Lehrling – Geselle – Meister, löste sich mehr und mehr auf. Der Geselle wurde zum Lohnarbeiter ohne Aufstiegschancen, auch wenn er sich dem ungelernten Arbeiter überlegen fühlte. So drohten die Handwerker vor allem in den Städten in proletarische Existenzen abzugleiten.

Der Sturz des französischen Bürgerkönigs am 24. Februar 1848 motivierte auch liberale politische Strömungen in den deutschen Staaten. In Preußen verlangte das Volk vor dem Königspalast verfassungsmäßige Rechte. Drei Tage später kam es zu einem blutigen Aufruhr[82]. In der Rheinprovinz engagierten sich Liberale, Demokraten und Sozialisten gegen den preußischen Obrigkeitsstaat und die Berliner Regierungsbürokratie. Zur Wiederherstellung von Ruhe und Ordnung mußte der König dem Willen des liberalen Bürgertums nachgeben. Die Frankfurter Nationalversammlung entschied sich bei einer Verfassungsberatung für die „kleindeutsche Lösung“ (Deutscher Bundesstaat ohne Österreich).

Köln war die erste Großstadt in Preußen, in der – von Paris ausgehend – sich 1848 politische Umtriebe und Unruhen entluden. Hier verlief die Revolution ohne Blutvergießen. Auch in Berlin kam es zu Ausschreitungen und Barrikadenkämpfen, die schließlich Friedrich Wilhelm IV. zu politischen Zugeständnissen zwangen.

In Elberfeld fanden im Frühjahr 1849 Ausschreitungen statt. Das Militär hatte sich mit den Aufrührern verbunden, Barrikaden errichtet und Behördenleiter vertrieben.

Nachdem im Mai 1849 die letzten Aufstände u. a. in Wuppertal niedergeschlagen waren, hielt die Reaktion wieder Einzug. Um sich greifende Resignation, schlechte Wirtschaftslage, Interesselosigkeit an öffentlichen Angelegenheiten bereiteten dafür den Boden. Die großen Massen waren die politischen Querelen der Demokraten leid, sie richteten ihr Augenmerk vielmehr auf Arbeit und Brot, Verdienst und Wohlergehen.

Am 28. März wurde die Deutsche Reichsverfassung verkündet – Friedrich Wilhelm IV. verweigerte die Annahme der Kaiserkrone – und das „Rumpfparlament“ 1849 aufgelöst. Damit war die bürgerliche Revolution gescheitert.

Im Revolutionsjahr 1848 bestand auch der Gesellenverein eine erste Probe in gesellschaftlichen Auseinandersetzungen. Während an den Straßenkämpfen auch Handwerksburschen beteiligt waren und an den sozialistischen und kommunistischen Arbeitertreffen teilnahmen, hielten sich die Mitglieder des Gesellenvereins bei diesen Aktivitäten zurück.

Kolping lehnte die Revolution aus mehreren Gründen ab. Sie huldige der Gewalt und erzeuge damit Gegendruck. Gewaltanwendung ließe die Kontrolle über die Verwirklichung der gesetzten Ziele unwirksam bleiben. Sie vermittele keine (Er-)Kenntnis im Sinne einer persönlichen Verhaltensänderung und zerstöre Vertrauen und Werte. Zudem sei sie atheistisch inspiriert:

„Der andere Kommunismus hingegen ... versteht die Sache gerade umgekehrt. Der bittet nicht, fordert nicht einmal, sondern *nimmt,* wenn er nur darankommen kann; der sagt nicht: du, der du Geld hast, bist Verwalter davon in Gottes Namen, sondern: du bist ein Spitzbub und Räuber, denn Eigentum ist Diebstahl. Dieser Kommunismus spricht nicht von Gott, sondern leugnet ihn, und statt des Lohnes für gute Handlungen hat er den Strick parat für alle, die nicht sofort Hab und Gut preisgeben wollen ... Der unchristliche Kommunismus wäre gar nicht auf die Welt gekommen, wenn der christliche in rechter Weise wäre überall ausgeübt worden"[83]. Viele Jahre später gab er eine andere Analyse:

„Es ist nämlich eine alte revolutionäre Praxis im Beginn bewegter Zeiten, erst ein gründliches Erbarmen mit dem geplagten Volke an den Tag zu legen und die wirklichen oder auch unter Umständen eingebildeten Lasten so recht zum Bewußtsein zu bringen, – Klagen mit Recht und ohne Recht zu erzeugen, gehört in das revolutionäre Exerzierbuch hinein –, und dann, wenn der erzeugte Jammer gehörig ins Fleisch getrieben und verbreitet worden, dem Volke, die nahe Erlösung von allen seinen Leiden zu *versprechen.* Der große Haufe müßte nicht der große Haufe sein, wenn er *Versprechungen* ... nicht nachlief und darauf seine hoffnungsreichen Pläne baute ... Die Masse glaubt alles und hofft das beinahe Unmögliche, wie oft sie auch erfahren muß, daß der Versprecher sich eigentlich doch nur *ver*sprochen hatte"[84].

Anfänge des Gesellenvereins

Auch in der katholischen Kirche kannte man unterschiedliche Formen von Vereinsgründungen. Es gab nur wenige Laieniniativen – sozusagen als Zusammenschluß „von unten". Vereine wurden meist von kirchlichen Amtsträgern angeregt, vorgestellt und schließlich gestiftet. Laienvereinigungen auf kirchlichem Boden ohne rein oder überwiegend kirchliche Aufgabenstellung jedoch waren etwas völlig Neues und auch im gültigen Kirchenrecht nicht vorgesehen. Eine solche Bewegung war der katholische Gesellenverein von Elberfeld. Aus einem mehr zufälligen Zusammentreffen entwickelten sich gemeinsame Ziele[85].

Der Schlesier Josef Thiel kam nach beruflicher Wanderschaft ins Wuppertal und arbeitete seit dem Sommer 1842 in Elberfeld als Schreiner. In seiner Freizeit nahm er an Bibelstunden für junge Leute teil und berichtete darüber:

„Auf der zweiten Werkstelle waren der Meister und die beiden Gesellen ‚fein' oder ‚gläubig', wie man sagt, und nahmen mich oft mit in die Missions- und Bibelstunden in das Haus des lutherischen Pastors Sander in der Wülflingstraße. Da waren zwei Säle mit einer großen Bibliothek. Dort konnte man lesen, schreiben oder der Bibelstunde beiwohnen, was auch viele von den katholischen Gesellen taten, die sich nicht jeden Abend und des Sonntags auf der Herberge herumtreiben wollten, um da beim Spielen oder allerhand Ausschweifungen ihr Geld zu verzehren. Ich lernte dort manchen katholischen Gesellen kennen ... einige waren im Unterrichte begriffen, evangelisch zu werden"[86]. Daß er nicht der einzige Katholik in dieser Runde war, lag daran, daß es in der katholischen Gemeinde eine solche Einrichtung nicht gab.

Wie bereits dargestellt, diente einigen Handwerksgesellen die Teilnahme der Gesellschaft „Parlament" an der Prozession zum Laurentiusfest als Vorbild, ebenfalls als eigene Gruppe daran teilzunehmen[87].

Die Schreinergesellen Georg Gerlach aus Stadtberge, Fritz Kamp aus Vollmarshausen und Heinrich Rüter aus Schermbeck bemühten sich um einen Zusammenschluß katholischer Handwerker in Wuppertal-Elberfeld[88]. In ihrem Kollegen, dem Schreiner Josef Thiel, der aus Naselwitz in Schlesien stammte und sich am 2. Februar 1846 in Elberfeld selbständig gemacht hatte, fanden sie nicht nur einen Freund und Förderer des gemeinsamen Anliegens, sondern auch einen neuen Arbeitgeber. Man wandte sich darum mit der Bitte um Hilfe an Pfarrer Friderici. Dieser verwies die jungen Leute an den eben gegründeten „Arme-Kranken-Verein".

Man traf sich zunächst in der Werkstatt Thiels, um sich für die ganz konkrete und selbstgestellte Aufgabe vorzubereiten, an der Pfarrprozession von St. Laurentius als Gesellenchor teilzunehmen. Im Juni 1846 begannen die Gesellen, an ihren freien Abenden Kirchenlieder für diese Feierlichkeiten einzuüben. Sie erkannten ihr Unvermögen und spürten, daß sie der Hilfe erfahrener Kräfte bedurften. Da zudem auch die Werkstatt für die inzwischen angewachsene Zahl von Gesellen zu eng wurde, nahmen sie Kontakt zu dem Weber Jakob Ermekeil auf und traten in den von ihm geleiteten „Armen-Kranken-Verein" ein[89], dessen eifrigen Förderer Lehrer Breuer sie zur Mitarbeit und Leitung der Chorproben gewannen.

Seit dem 17. Juli 1846 übte der Gesellenchor unter Breuers Leitung in der Schule. „Bald waren die Versammlungsabende nicht mehr ausschließlich dem Gesang gewidmet, sondern Erzählungen, Vorlesungen und gemütliche Unterhaltungen brachten eine angenehme Abwechslung"[90]. Bei der letzten Probe vor dem ersten öffentlichen Auftreten der jungen Leute machte am 7. August 1846 Lehrer Breuer den Vorschlag, auch nach dem Festtag weiterhin regelmäßig zusammenzukommen[91]. „Die Gesellen aber, die mir so unversehens zugeführt wurden, gleichsam in's Haus geschneit waren, hatten mir's durch ihre gelegentlich drastisch geschilderten Erlebnisse und grausige Bilder aus dem Wander- und Herbergsleben angetan"[92].

Der Lehrer hatte die unzureichende Bildung der jungen Handwerksgesellen erkannt und machte einen realistischen Vorschlag, wie er einem vorhandenen Notstand unter Berücksichtigung der lokalen Verhältnisse begegnen könne[93]. Ende Oktober legte er den Gesellen Statuten vor, die am 26. Oktober 1846 einstimmig verabschiedet wurden[94]. Es waren sechsundvierzig Gesellen zugegen; Ende des Jahres 1846 betrug die Zahl der Mitglieder siebenundsiebzig, stieg aber bis Ende 1847 auf einhundertundneunzig[95]. Für die Teilnahme an der Prozession beschaffte die Gruppe sich eine eigene Fahne, zu deren Entwurf und Finanzierung die Geistlichen von St. Laurentius, Pfarrer Hubert Friedrich Friderici und Kaplan Johann Josef Xaver Steenaertz beigetragen hatten. Kaplan Kolping ließ durch seinen Freund, den Maler Asselborn, die Bilder für die Fahne beschaffen. Am Sonntag vor Laurentius 1846 segnete Pfarrer Friderici die neue Fahne ein[96].

Breuer legte in seiner Denkschrift, die das Datum vom 23. Oktober 1846 trägt, die Notwendigkeit dar, Fortbildungsanstalten und Vereine zu gründen[97]:

„Ich möchte vielmehr in unserer Gemeinde zunächst einen Gesellenverein eingerichtet sehen, einen Verein, der zur Aufgabe habe, einheimischen und fremden Jünglingen und namentlich Handwerkergesellen in einem Alter von 18 bis 25 Jahren und darüber durch Vortrag und passende Lektüre Belehrung, Erbauung, Fortbildung und angenehme Unterhaltung und Erheiterung zu verschaffen"[98].

In peinlich anmutender Bescheidenheit äußerte er später: „Mein Name ist ‚Johannes'. Meine Denkschrift war und blieb gleichsam eine Stimme des Rufenden in der

Wüste. (Man verzeihe mir diese Parallele!) In meiner bescheidenen Stellung und im Bewußtsein meiner unzulänglichen Kraft fand ich nicht den Mut, mich mit meiner Ansicht in die breite Öffentlichkeit zu wenden“[99].

Breuer wollte zunächst die Pfarrgeistlichen auf den Gesellenverein aufmerksam machen, um die Genehmigung für die weitere Nutzung seines Schulsaals als Vereinslokal zu erhalten.

Als einige Tage vorher Lehrer Breuer zu Kolping kam, um sich mit ihm über die Denkschrift und das Statut zu unterhalten, sagte Kolping zu Breuer: „Da haben Sie aber ein Ding gemacht, daran habe ich all mein Lebtag gefreit“[100].

Für die Vereinsgründung waren nach Breuers Meinung erforderlich: 1. ein passendes Lokal, 2. die Verbindung einiger für das Volkswohl begeisterter Bürger, 3. eine Bücherei und schließlich 4. Statuten. So war der Denkschrift gleichzeitig ein Statut des katholischen Gesellenvereins in Elberfeld im Entwurf beigefügt. Man beschloß, neben einigen Änderungen, den Namen „Gesellenverein“ in „Junggesellenverein“ umzuändern, da viele Mitglieder nicht Gesellen im eigentlichen Sinne waren.

Mit ideellen und materiellen Mitteln versuchte Breuer, die in unsicherer Existenz und allein lebenden Gesellen zusammenzuschließen. Ein überzeugendes Beispiel ist eine Weihnachtsfeier, die Breuer mit seiner Frau im Anschluß an eine Christmette organisierte und bei der den Gesellen Kaffee, Weißbrot, Wurst und Zigarren gereicht wurden[101].

Gründung

Vereinsgründungen dieser Art unterliegen im Normalfall einem Entwicklungsprozeß, der mehrere Stadien durchläuft. Zunächst handelt es sich oft um einen losen Zusammenschluß, bis man sich auf gemeinsame Inhalte geeinigt hat. Wenn es dann zu einer formalen Vereinsgründung kommt, entwirft man eine Satzung, die in kleinerem Kreis zunächst beraten und dann bei einer Gründungsversammlung verabschiedet wird. Die Vorstandswahl erfolgt oft erst nach einer Zeit der Erprobung, die dem gemeinsamen Kennenlernen der Mitglieder dienen soll. Bis zu diesem Zeitpunkt führen die Initiatoren kommissarisch die Gruppe.

Ein Protokoll über die Gründungsversammlung des katholischen Gesellenvereins ist nicht bekannt. Man ist also auf andere Quellen angewiesen. Da ist zunächst die Denkschrift von Breuer vom 23. Oktober 1846 heranzuziehen. Sie ist Zeitdokument und nicht erst nach Jahren aus der Erinnerung geschrieben, wie alle anderen Gründungsberichte[102]. Die Predigt Kolpings über den Gesellenverein am Schutzengelfest 1847 zum einjährigen Bestehen des Vereins und sein Artikel im „Rheinischen Kirchenblatt“ liegen zeitlich noch nahe beim Gründungsgeschehen[103].

Das in einem amtlichen Schriftstück aufgeführte Gründungsdatum ist der Vorzug zu geben. Das Aufnahmediplom in den „Verband des Katholischen Gesellenvereins“ vom 9. November 1851 nennt als Gründungsdatum[104] den 30. August 1846. Dagegen wird in der ersten Vereinstatistik für die Gründung 1845/46 angegeben[105]. Auch die Mitteilungen nennen unterschiedliche Daten[106]. Berichte, Reden und Erklärungen der Beteiligten widersprechen sich gelegentlich. Das ist durch den zeitlichen Abstand von den Ereignissen und getrübtes Erinnerungsvermögen erklärbar und durchaus normal. So erinnerte Breuer sich:

„Herrn Kaplan Steenaertz hatte ich auf meiner Seite. Er hatte meine Denkschrift und das Statut für den Gesellen-Verein im Entwurf gelesen, gut befunden und belobigt; auch sich zur Übernahme des Präsesamtes bereit erklärt. Ich wartete daraufhin eine Erwiderung auf meine Eingabe nicht weiter ab, sondern ordnete alsbald die offizielle Präseswahl im Verein an, bei welcher denn wie vorauszusehen Steenaertz per Akklamation einstimmig gewählt wurde. Gleichzeitig wurde auch die Wahl der übrigen Vorstandsmitglieder, namentlich der Assistenten getätigt und mir der Titel „Vorsteher“ beigelegt, als welcher ich lebenslänglich im Verein fungieren sollte“[107]. Steenaertz beschreibt den Vorgang:

„Vor 40 Jahren war ich erster Kaplan in Elberfeld. Um mich und einen Lehrer, den Herrn Breuer, scharten sich damals einige junge Handwerker, die an uns das Ansinnen stellten, einen Gesellenverein zu gründen. Ich wies sie an Kolping, der damals auch Kaplan in Elberfeld war; er muß, so dachte ich, als Schustergeselle die Sache doch besser verstehen als ich. Der Verein wurde also gegründet. Eines Statutes bedurfte er anfangs nicht. Die Seele des Ganzen war zunächst der genannte Lehrer Breuer. Er hielt die Sache meisterhaft zusammen, er erwarb sich große Verdienste um den Verein. ... Der Verein wuchs und so stellte sich das Bedürfnis heraus, Statuten zu entwerfen.

Das merkwürdige geschah: Nicht Kolping, nicht Breuer ging als Präses aus der Wahl hervor, sondern meine Wenigkeit. Das ließ der liebe Gott wohl zu, um dem seligen Kolping zu zeigen, daß vorerst er auch ohne ihn fertig werden könnte, oder um ihn in der Demut zu stärken. So verfloß ein Jahr, da wurde ich 1847 Pfarrer in Wermelskirchen und mußte mein liebes Elberfeld verlassen. Präses wurde ein besserer als ich, Kolping, der edle Mann“[108].

So erklärten auch die ersten Elberfelder Vereinsmitglieder: „Bei der Gründung des ersten, des hiesigen katholischen Gesellen-Vereins hat *Kolping* unseres Wissens in keiner Weise mitgewirkt“[109].

In der ersten Phase der Vereinsgründung war Kolping also nicht beteiligt. „Nachdem nun Herr Kaplan Steenaertz einige Zeit Vorträge gehalten, kam auch, auf Ersuchen, der zweite Kaplan Kolping in den Verein und hielt ebenfalls interessante Vorträge. Wenn nun auch Kaplan Steenaertz ein sehr liebenswürdiger Herr war, so hatte doch Kaplan Kolping, obschon ernster Natur, sich im Fluge die Herzen der Gesellen erobert.

Als nun zur eigentlichen Vorstandswahl, am Sonntag, den 8. November 1846, abends, geschritten werden sollte, war vorher Besprechung im Lokale, welchen Herr man wählen wollte, und manche waren sehr geneigt, Kaplan Kolping zu wählen. In der Wahlversammlung indes erschien derselbe nicht, bescheidentlich; aber Kaplan Steenaertz war zugegen, und somit waren die Gesellen veranlaßt, denselben zum Präses zu wählen“[110].

Johann Georg Breuer und Jakob Ermekeil wurden zu Vorstehern gewählt[111].

Mit Annahme der Statuten und Präses- und Vorstandswahl war der Gründungsvorgang am Sonntag, dem 8. November 1846 abgeschlossen[112].

Johann Gregor Breuer war der Gründer des Elberfelder Gesellenvereins. Daran lassen die vorliegenden Quellen keinen Zweifel[113].

Es wurde nun immer wieder behauptet, die von Kolping gedruckten Statuten seien nichts anderes als eine wörtliche Wiedergabe des Statuts, das Breuer im Jahre 1846 geschrieben habe[114]. Anlaß dazu war die folgende Notiz: „Das sogenannte Kolpingsche Statut vom 9. Oktober 1848 d.i. das erste gedruckte von Kolping selbst mitunterzeichnete Statut, gar nichts weiter, als eine neue Redaktion des Breuer'schen vom Vereine angenommenen Entwurfs vom 1. November 1846 und von Breuer, dem damaligen Sekretär selbst verfaßt“[115]. Die verschiedenen Fassungen unterscheiden sich, ohne daß diese Varianten bisher berücksichtigt wurden, zum Teil erheblich.

Die älteste von Breuer entworfene Satzung des *Gesellenvereins* bestimmt in § 2: „Die Leitung des Vereins übernimmt der Vorstand. Dieser besteht aus einem Präses, vier Vorstehern und vier Assistenten“[116]. Das Amt des Präses, der Geistlicher sein mußte, war zeitlich nicht begrenzt. Vorsteher und Assistenten wurden *vom Präses* ausgewählt, die Vorsteher vom Präses allein, die Assistenten wurden *vom Präses und den Vorstehern* gewählt. Die Vereinsmitglieder hatten *nur* Vorschlagsrecht.

Das Statut sagte nichts über Art und Weise der Amtsübergabe des Präsesamtes aus. Die ersten Präsides, die Kapläne Steenaertz und Kolping, wurden aber nach Ausweis der Quellen von den Mitgliedern gewählt. Die Vorsteher wurden vom jeweiligen Präses berufen. Nach der Satzung hatten sie den Unterricht zu erteilen, die Vorträge zu halten und die Mitglieder aufzunehmen. Der Präses war die Aufsichtsperson. Von einem Wahl- und Stimmrecht war in der ersten Satzung keine Rede.

Die überarbeiteten Breuer'schen Statuten des *Jünglingsvereins* bestimmten in § 2: „Die Leitung desselben hat ein Vorstand, bestehend aus einem Präses, zwei Vorstehern und fünf Assistenten“[117]. Der Präses, der Geistlicher sein mußte, wurde *von allen* Mitgliedern für drei Jahre gewählt. Die Vorsteher wurden *von allen* Mitgliedern für ein Jahr gewählt. Die fünf Assistenten wurden vom Präses und den *Vorstehern* für sechs Monate gewählt. Wahlen durch alle Mitglieder begegnen zum ersten Mal in dieser überarbeiteten Satzung vom 1. Januar 1847. Kein Amt wurde lebenslänglich übertragen, jedes war zeitlich begrenzt.

Die von Kolping publizierte Satzung des *„Jünglingsvereins“* legte fest: „Der Vorstand, dem die Leitung des Vereins zukommt, besteht aus dem *Präses,* welcher immer ein *Geistlicher* ist, *zwei Vorstehern, vier Assistenten* und dem *Senior*“[118].

Der Präses wurde *von allen* Vereinsmitgliedern auf drei Jahre, die beiden Vorsteher auf zwei Jahre und die vier Assistenten für sechs Monate gewählt. Der Senior wurde aus den zwölf ältesten Mitgliedern auf unbestimmte Zeit gewählt.

Die Satzung wurde am 9. Oktober 1848 vom Verein angenommen. Kolping, inzwischen als Präses im Amt, hat offenbar seinen persönlichen Einfluß geltend gemacht. Seine Stellung wird verstärkt, die der Vorsteher verliert an Bedeutung. Der „lebenslänglich“ gewählte Vorsteher Breuer mußte sich getroffen fühlen. Alle Mitglieder erhalten volles Wahl- und Stimmrecht, und die Vorstandsmitglieder werden von den Mitgliedern gewählt. Das Amt des Seniors wurde durch diese Satzung erstmals eingeführt. Zunächst hatte der Senior nur die Funktion, die Beiträge einzukassieren. Später gewann das Amt an Bedeutung.

Damit wurde bewiesen, daß die Behauptung, Kolping habe die Breuer'sche Satzung nur unwesentlich verändert, nicht zutrifft. Kolping räumte *allen* Mitgliedern Wahlrecht ein, weil er wußte, daß ein Verein, in dem Mitglieder nur Pflichten, aber keine Rechte haben, nicht lebensfähig bleiben kann. Erfahrungen aus den Münchener und Bonner Studentenkreisen mögen da eine Rolle gespielt haben.

Auch methodische Differenzierungen und inhaltliche Unterschiede sind darin erkennbar. Die Veränderungen zu Erwachsenen angemesseneren Umgangsformen und zu – mit einigen Vorbehalten – demokratischen Strukturen sowie die satzungsmäßig verankerte Verantwortung der Gesellen für ihren Verein gehen wohl auf Hinweise Adolph Kolpings zurück. Die eingeführten Änderungen lassen die Feststellung berechtigt erscheinen: Kolping hat nicht nur das von Breuer übernommene Werk fortgesetzt, sondern schon sehr bald inhaltlich und formal entscheidend mitgestaltet.

Auch die zahlenmäßige Entwicklung im Elberfelder Gesellenverein ist gerade in diesem Zusammenhang interessant. Vom Beginn des Vereins bis zum 29. April 1847 waren einhundertundzwei junge Leute Vereinsmitglieder geworden. Im gleichen Zeitraum sind achtundzwanzig wieder ausgetreten, das sind mehr als fünfundzwanzig Prozent[119]. Nachdem Kolping das Amt des Präses übernommen hatte, schlossen sich bis zu seinem Weggang nach Köln zweihundertundneun neue Mitglieder dem Verein an. Nur fünfzehn traten aus[120]. Die Austrittsquote lag also bei lediglich knapp acht Prozent.

Gesellen

Zwei Gründe machen es erforderlich, so gut es geht, den ersten Mitgliedern der Gesellenvereine nachzugehen. Den ersten, eines seiner Motive für die Arbeit mit den Gesellen, nennt Kolping selbst: „Ich kenne diese Patronen, und weil ich selbst darunter gesessen bin und unser Herrgott mich herausgerissen hat, weil er ein Wunder seiner Barmherzigkeit an mir getan, finde ich es für meine Pflicht, daß ich diesen Leuten all das wiederum tue und leiste, was in meinen Kräften steht, und daß ich an die, die noch ein Menschenherz in der Brust tragen und an das Kreuz glauben, die Bitte richte, daß sie mitwirken"[121].

Der zweite Grund entstammt der Vereinsgeschichte. Der Gesellenverein basierte auf einer Laieninitiative. Darum soll versucht werden, soweit es bei der dürftigen Quellenlage möglich ist, ein wenig Licht in die Reihen der ersten Mitglieder zu bringen. Von Joseph Thiel, dem aus Schlesien nach Elberfeld eingewanderten Schreiner, der nach gut dreijährigem Aufenthalt zu Beginn des Jahres 1846 einen eigenen Betrieb gründete, war schon die Rede. Seine Berufskollegen Gerlach, Kamp und Rüter, die er bald in seinem Unternehmen beschäftigte, unterstützten auch das Anliegen einer Vereinsgründung. Diese ersten vier waren als Zugereiste ortsfremd und darum auf Hilfe angewiesen. Aus einer Liste der Mitglieder der ersten Jahre, die neunundfünfzig Namen, aber nur dürftige biographische Hinweise aufführt, ist zu entnehmen: vierzehn junge Männer stammten aus verschiedenen Gegenden Deutschlands; sechs waren gebürtige Elberfelder, für andere fehlen die Angaben. Acht Mitglieder waren

Schreiner, sechs arbeiteten als Schuhmacher, fünf gaben Weber oder Seidenweber als Beruf an. Bei über dreißig Mitgliedern sind nur Namen und Vornamen genannt[122].

Zu den Elberfeldern gehörte außer dem bereits genannten Ermekeil auch Heinrich Grus[123], von Beruf Weber, der sich als engagiertes Vereinsmitglied zu erkennen gibt. Er war zwölf Jahre Senior des Vereins, nahm an den beiden ersten Generalversammlungen der Gesellenvereine teil und schrieb zum fünfzigjährigen Vereinsbestehen Notizen zur Geschichte. Acht Jahre jünger war der ebenfalls aus Elberfeld stammende Julius Martin[124], der, als Seidenweber tätig, mit zur ersten Führungsriege gehörte und für Kolping die Abschiedsrede hielt:

„Hochgeehrter Herr Präses! Von nun an vielgeliebter Vater unser Aller, Vater aller meiner Brüder, in deren Namen zu Dir zu reden ich heute die sehr große Ehre habe! Mit dem schönen Namen ‚Vater' begrüßen wir Dich heute, begrüßen wir Dich jetzt zu einer Stunde, zu einer Feier, die mir noch nicht so bald vermutet, womit wir alle so sehnlichst noch Jahre lang gewartet hätten ... Es drängt uns heute, vor Dich hinzutreten, vor Dir unsere Herzen auszuschütten, Dir unsere innige kindliche Liebe zu bezeigen. Siehe, wir stehen vor Dir, mehr denn 140 junge Männer in der Blüte ihrer Jahre, die, obwohl aus den verschiedensten Gegenden, von verschiedenem Alter, von verschiedenen Geschäften, dennoch vereint zu einem schönen Bunde, die Du zu Freunden, zu Brüdern gemacht hast. Heute gestehen wir Dir aufrichtig: Alle unsere Herzen, sie schlagen in brüderlicher Liebe für einander. Und weil Du uns zu Brüdern gemacht hast, so bist Du uns mehr als Bruder, mehr als Freund, so bist Du uns Vater geworden. Ja, Du bist Vater geworden uns, die wir größtenteils, fern von der lieben Heimat, uns als Fremdlinge hier befinden. Du hast mit väterlicher Liebe uns hier aufgenommen, hast mit väterlicher Sorgfalt über uns gewacht.

... Das Glück, das wir hier genießen, soll nun auch Andern zu Teil werden. Neue Brüder sollen wir erhalten, Brüder nah und fern, die Du alle mit uns einem Ziele zuführen willst. Wir wünschen Dir von Herzen Glück zu Deinem neuen Wirken! Gottes reichster Segen wolle Dich begleiten bei all Deinem Tun! Gott wolle Dir die männliche Jugend aller Orten zuführen, den Acker ihrer Herzen fruchtbar machen, auf daß die Saat, die Du streuest, Wurzel fasse, kräftig wachse und dort und überall, wie hier, grüne und blühe und viele Früchte bringe für das zeitliche und ewige Leben"[125].

Lehrer Breuer soll ihm bei der Abfassung dieser Rede geholfen haben. In diesem Text taucht zum ersten Mal die Bezeichnung „Vater" für Adolph Kolping auf. Hier ist daran zu erinnern, daß im angelsächsischen und französischen Sprachbereich die Bezeichnung „Father" bzw. „Pére" für den Priester längst selbstverständlich war, während sie sich im deutschsprachigen Raum nicht durchsetzen konnte[126].

Auch für verhältnismäßig kurzfristige Mitgliedschaften und für erste Zeugnisse über die Mitarbeit im Gesellenverein hat die Elberfelder Vereinsgeschichte ein leider nicht weiter zu erhellendes Beispiel. Kolping gibt einem Heimkehrenden ein Zeugnis mit auf den Weg: „Martin Kohaupt gebürtig aus Warburg war seit dem 6. Dezember 1846 Mitglied des hiesigen katholischen Jünglings-Vereins, hat sich als solches stets mit musterhaftem Fleiße und Eifer an Allem, was den Verein betraf, beteiligt, sich die Achtung und Liebe seiner Mitbrüder in hohem Grade erworben, wie überhaupt seine religiösen – wie Vereinspflichten stets mit Hingebung geübt. Indem derselbe hiermit

aus dem Vereine bei seiner Abreise in die Heimat entlassen wird, möge derselbe stets in Liebe unser gedenken und Gottes reicher Segen sein Erbteil sein.
Elberfeld, den 31. Januar 1848
Adolph Kolping Kaplan Präses"[127].

Zwei weitere Mitglieder sind zu nennen, weil sie zur Verbreitung der Gesellenvereine vom Mutterverein aus beitrugen. Der bereits genannte Schreiner Fritz Kamp gründete den Verein in Lippstadt in Westfalen, der gebürtige Kölner Franz Gumpertz[128] war an den Vorbereitungen der Kölner Gründung beteiligt.

Aus der genannten Liste war nun ein Mitglied zu identifizieren, das, bisher völlig unbekannt, für die Entwicklung der Gesellenvereine mehr bewirkt hat als es selbst vermuten konnte. Aloys Baudri[129], aus Elberfeld stammend und kleiner Beamter der dortigen Verwaltung, war in jungen Jahren Vollwaise und später Mitglied des Gesellenvereins geworden. Er gehörte also nicht zum Handwerkerstand. Er war Neffe des Kölner Generalvikars und späteren Weihbischofs, also von Kolpings direktem Dienstvorgesetzten. Man kann sich kaum vorstellen, daß der geistliche Onkel, der als Förderer seiner Verwandten galt, von der Mitgliedschaft seines Neffen in Kolpings Gesellenverein nichts gewußt haben sollte.

Kolpings Tätigkeit im Gesellenverein

Kolping fand Kontakt zu den Handwerksgesellen, als durch seine Vermittlung der schon genannte Münchener Maler Asselborn Vorlagen für die Bilder einer Fahne lieferte[130]. Lehrer Breuer berichtete über seine Begegnung: „Kurze Zeit nachher erfuhr ich gelegentlich eines Besuches bei Kolping, der meine Denkschrift in Händen hatte, daß und wie sehr er sich für die Sache des jungen Vereins interessiere. Vorher hatte ich hiervon keine Ahnung. Ich lud ihn zum Besuche des Vereins ein, und er sagte gern zu und kam. Bei diesem ersten Besuche, es war im Dezember 1846, offenbarte sich Kolping den Gesellen gegenüber als ihr früherer Standesgenosse, ... und er erging sich in längerem Vortrage über die Verhältnisse, Leiden und Freuden der Handwerksburschen, wie er solche aus eigener Erfahrung kennen gelernt habe ... Von da ab besuchte er den Verein regelmäßig jeden Montag Abend und gewann durch seine kernigen Vorträge je länger je mehr die besondere Aufmerksamkeit und Zuneigung der Gesellen"[131].

Fast zehn Jahre früher hatte Breuer Kolpings erstes Auftreten noch etwas anders in Erinnerung: „Dies zeigte sich noch deutlicher, als er, an einem Montagabend vom Präses Steenaertz eingeführt, dem Vereine seinen ersten Besuch machte ... und in begeisterten und begeisternden Worten über ‚Handwerkerfreud und Handwerkerleid' sich aussprach. Die originelle Weise, in der er zu den jungen Leuten redete, noch mehr aber das tiefe Verständnis für die Leiden des Handwerksburschen in der Fremde und der herzliche Biederton, mit dem er seiner Teilnahme Ausdruck gab, zündeten alsbald und nahmen ihm die Herzen aller ein ... und viele Gesellen freuten sich die ganze Woche hindurch auf seinen Vortrag und konnten den Abend kaum erwarten"[132].

Zunächst hielt der ehemalige Schustergeselle Vorträge über die Geschichte des Handwerks und über Probleme der beruflichen Wanderschaft sowie über seine eigenen Reisen[133]. Nach der Ernennung von Kaplan Steenaertz zum Pfarrer von Wermelskirchen wählten die Mitglieder ihn im Mai 1847 zum Präses des Vereins. Er erhielt achtundvierzig, sein Mitkaplan Herkenrath vierzig Stimmen; ein nicht gerade überwältigender Wahlerfolg[134].

„Bei der durch Breuer geleiteten Wahl eines neuen Präses fiel, wie vorauszusehen war, Kolping dieses Amt zu. Aber nicht einstimmig, wie sein Vorgänger Steenaertz ging er bzw. sein Name aus der Wahlurne hervor. Bei aller Beliebtheit, der sich seine kernigen Vorträge erfreuten, wollten oder konnten manche Gesellen doch keine rückhaltlose Zuneigung zu ihm fassen, wahrscheinlich weil er im Verein wie in der Gemeinde vielfach falsch beurteilt wurde. Er trug, wie man zu sagen pflegt, niemals Glacé-Handschuhe, ein Umstand, der empfindsame, zart besaitete Herzen ihm abgeneigt machte. Ob nun zwar eine andere Hand die Zügel lenkte, der Verein blieb in seinem Wesen und Streben ganz und unverändert derselbe. Kolping fühlte sich je länger je mehr zu den braven Gesellen hingezogen, er nahm sich mit warmem Herzen und ganzer Seele ihrer an, opferte ihnen Zeit und Mühe, mehr als eigentlich notwendig und gut war, da für andere – beispielsweise für Breuer – kaum noch etwas zu tun übrig blieb, kurz, Kolping war das Faktotum des Vereins. Immer mehr erkannte er, daß gerade im Handwerks-Stande sich noch ein gesunder Sinn für alles Edle und Gute, für Religion und sittliche Tüchtigkeit vorfinde“[135].

Den Besuch seines Erzbischofs im Juli 1847 nutzte der neugewählte Präses geschickt. Zunächst aktivierte er seine Gesellen zu unüberseh- und unüberhörbaren Aktionen. „Am Königsplatze erhob sich ... eine hohe Ehrenpforte mit den bischöflichen Insignien. Hoch über dem Bogen flatterte die Fahne des Gesellenvereins. Frohe Gesellen hatten ... in der Nacht den Triumphbogen errichtet“[136].

Der Chor des jungen Gesellenvereins sang während des Pontifikalamtes den Choral und brachte dem Erzbischof am Abend im Pfarrhaus ein Ständchen. Steenaertz, von seiner neuen Stelle in Wermelskirchen zu den Feierlichkeiten nach Elberfeld gekommen, stellte dem Erzbischof den Vereinsvorstand mit Kolping als Präses vor.

„Nachdem Präses Kolping über die Bedeutung und Notwendigkeit einer Vereinigung katholischer Gesellen sich verbreitet hatte, gab der Erzbischof seiner Hoffnung Ausdruck, daß der Verein Nachahmung in anderen großen Städten finden möge. Damit war eine für Kolpings spätere Wirksamkeit wichtige Brücke nach Köln für den Gesellenvater gebaut“[137].

Schließlich wertete er den hohen Besuch noch publizistisch aus, veröffentlichte einen Bericht und konnte rühmend den Gesellenverein erwähnen. Damit war die Gründung und ihre kirchliche Anerkennung und Unterstützung über die Grenzen des Wuppertals bekannt[138].

Der Laurentiusgemeinde stellte der Präses am ersten Stiftungsfest in einer Predigt den Verein vor: „Unser Wahlspruch aber ist *Beten* und *Lernen* und *Arbeiten*, alles mit Ernst und doch mit Fröhlichkeit.“

Er erläuterte die Zielsetzung und erklärte die Zurückhaltung in der Öffentlichkeit: „Es ist indes keine Bruderschaft, obschon dem Vereine die Kirche nicht fremd ist, wie sich das ja noch heute beweist, ja der ganze Verein beruht nicht mal hauptsächlich auf kirchlichem, vielmehr auf weltlichem Boden, und doch wohnt Religion drin, gerade wie beim Menschen, dessen Leib mit den Füßen auf der Erde wandelt, der handgreiflich von der Erde stammt und der doch von einer unsterblichen, gottgeweihten Seele durchwohnt wird, die dem Leibe erst Leben und Bewegung verleiht. ... Vereine müssen einem gefühlten Bedürfnisse abhelfen, und zwar keinem augenblicklichen, sondern einem bleibenden. Lag unserem Vereine ein Bedürfnis zugrunde, das allgemein gefühlt wurde, so mußte sich das bewähren und beweisen in der bleibenden Teilnahme, welche demselben zuteil ward, und gleichzeitig der Bestand für die Art und Weise bürgen, in der er sach- und zweckgemäß eingerichtet war. Das verflossene Jahr hat beides bewährt. Nunmehr, da wir bereits festen Boden unter den Füßen haben, dürfen wir Anerkennung fordern und zur Teilnahme auffordern“[139].

Da die Tätigkeit im Verein nicht zu den offiziellen Aufgaben des Kaplans gehörte, mußte Kolping dafür seine Freizeit zur Verfügung stellen. Die praktische Bildungsarbeit mit jungen Erwachsenen veranlaßte den „Aufsteiger“, auch publizistisch für die Verbesserung der Bildungssituation der Handwerker tätig zu werden.

Im Januar 1848 schrieb Kolping einen ersten Bericht über die Tätigkeit des Elberfelder Gesellenvereins:

„Soll dem *künftigen Elende* vorgebeugt werden – das gegenwärtige bedarf anderer Hilfe –, dann müssen unsere jungen Handwerker und Arbeiter, die einst als Meister und Hausväter die große, breite Unterlage des Volkes bilden, vor dem gegenwärtigen Elende ihres Alters bewahrt werden, dann muß ihnen jetzt die Hand geboten werden zu geistigem und leiblichem Fortkommen, freundlich und ernst müssen sie an den Klippen vorübergeführt werden zu geistigem und leiblichem Fortkommen, freundlich und ernst müssen sie an den Klippen vorübergeführt werden, an denen unsere Jugend gewöhnlich scheitert. Den anwachsenden jungen Handwerkern und Arbeitern gilt also zunächst der erziehende und fortbildende Verein, der unter dem Namen *„Katholischer Jünglingsverein“* bereits vor einem Jahre hier ins Leben getreten ist ...

Der Verein ist katholisch, ungefähr geht's darin her wie in einem katholischen Hause, nur wird nicht darin gebetet. Heiterkeit und Frohsinn wechselt [!] mit Ernst und geistiger Beschäftigung, Kopfhängerei wird nicht gelitten, kann aber auch nicht aufkommen. Die möglich größte Freiheit wird mit der nötigen Ruhe und Ordnung gepaart, es sind da eben junge *Männer*. ... Fremde müssen sich bei einem stets gegenwärtigen Vorstandsmitgliede anmelden. Bücher und Zeitungen sind da zum Lesen, Schreibzeug zum Schreiben, auch darf man sich zusammensetzen und plaudern, sein Pfeifchen rauchen; nur ist störendes Lärmmachen verboten“[140].

Damit machte er die Gründung weiter bekannt, berichtete über die Eigeninitiativen der Gesellen und setzte erste Akzente für die Fortentwicklung des Unternehmens. Die Arbeit im Verein erschien ihm sinnvoll und erfolgversprechend. So berichtete er seinem ehemaligen Lehrer Döllinger: „Ich brenne vor Verlangen, diesen Verein noch im ganzen katholischen Deutschland eingeführt zu sehen. Allerdings, die dazu nötigen Geistlichen müssen wir uns erst noch dafür erziehen, doch die Umstände sind günstig: ... Seit ich in unserm Verein aber wieder mit dem Volke volkstümlich verkehre, ist die Lust an wissenschaftlichen Studien gewichen, glaube ich gar zu bemerken, daß ich dazu im Grunde sehr wenig geeignet bin, dagegen aber finde ich mich in einer solchen Volksprofessur ganz im meinem Elemente“[141].

Die Unterschicht der Arbeiter und Handwerker befand sich zwischen 1845 und 1848 in einem Prozeß der zunehmenden Verelendung, der besonders durch das eklatante Mißverhältnis von Arbeitsangebot und vorhandener Arbeitskraft (Überbevölkerung) gefördert wurde. Man sah aus verschiedenen gesellschaftlichen Schichten das Wachsen des Proletariates zum Teil mit Abscheu und Verachtung, mit Mitleid und christlicher Barmherzigkeit und/oder mit der Sorge, es könne zu einer ernsthaften Belastungsprobe für die bürgerliche Gesellschaft werden.

„Hatten ältere Zunftordnung und -geschlossenheit durch Begrenzung der Zahl der Berechtigten die Erwerbs-Chancen jedes einzelnen gesichert, so wurde die jetzt neu gewonnene Freiheit zur Betriebsgründung ohne solche Sicherheit und Rückhalt genutzt. Eine Vielzahl von Kümmerbetrieben entstand in Stadt- und Landgebieten, wie die Proportionen der Meister zu den Gesellen und Lehrlingen erkennen lassen. So kamen 1849 in der Rheinprovinz auf 6866 Schmiedemeister nur 3228 Gesellen und Lehrlinge (2,1 : 1), auf 7488 Schlossermeister nur 4067 (1,8 : 1), auf 7507 Bäckermeister nur 3357 (2,2 : 1), auf 3636 Fleischermeister nur 1352 (2,7 : 1), auf 10985 Tischlermeister nur 5608 (2,0 : 1), auf 13672 Schneidermeister nur 6607 (2,1 : 1) und auf 17520 Schuhmachermeister nur 7390 (2,4 : 1). Da gesicherte Meisterbetriebe nicht nur mit einem einzigen Gesellen oder Lehrling zu arbeiten pflegten, ergeben diese Zahlen, daß nicht einmal jeder dritte Handwerksbetrieb groß genug war, um außer dem Meister noch einen Gesellen oder Lehrling beschäftigen zu können“[142].

Kolpings programmatische Schrift „Der Gesellenverein“ ist eine erste Frucht der gewonnenen Erfahrungen der Frühgeschichte im Elberfelder Verein. Im Oktober 1848 begann er mit der Abfassung der Schrift. Ende des Jahres erschien das Bändchen im Buchhandel und blieb nicht ohne praktische Auswirkung. Die Arbeit gliedert sich in drei Teile, deren erster gleichsam als Bestandsaufnahme Lage und Bedeutung des Gesellenstandes darstellt. Im zweiten Teil wird der Gesellenverein als Institution beschrieben, der als *„Volksakademie im Volkston“* zur Behebung der bestehenden Mängel seinen Beitrag leisten kann. Im dritten Teil wird nach einer Berichterstattung über den Elberfelder Verein die Notwendigkeit und Möglichkeit der Verbreitung des Gesellenvereins aufgezeigt[143]. Kolping selbst schätzte die Arbeit schon kurz nach der Fertigstellung kritisch ein: „Das Schriftchen selbst ist mir leider etwas zu rasch aus den Händen gegangen und deshalb in vieler Beziehung mangelhaft geblieben, so daß ich mich fast scheue, es Ihrer Beurteilung anheim zu geben. In mancher Beziehung hätte ich sorgfältiger vorgehen müssen. Aber man drängte mich von Außen. ...“[144].

Kolping hatte erkannt, daß die ihm von verschiedenen Gruppen (Gesellen, Lehrer, Mitbrüder) angetragenen Ideen zu ihrer Verwirklichung Organisationstalent und Durchsetzungsvermögen benötigten. Über beides verfügte er souverän. Darum kam es in der aktuellen sozialen Elberfelder Situation nach seiner Erkenntnis nicht darauf an, noch mehr Fragen zu stellen und zu theoretisieren – was ihm ohnehin nicht lag –, sondern nach gründlichen Analysen Ziele zu formulieren und sie auch umzusetzen.

Ein Mitglied erinnerte sich an Kolpings persönliches Auftreten: „Von bedächtiger Natur und ernstem Charakter war der Präses. Kolping begeisterte sich nicht sofort für eine Sache; doch wenn er aber einmal einen Entschluß gefaßt hatte, dann führte er, auch anderer Meinung gegenüber, sein Vorhaben fest und standhaft aus“[145].

Den verschiedenen Gründungsberichten – wie schon gesagt, oft erst Jahre später geschrieben – ist keine Fälscherabsicht zu unterstellen. Verschiedene Beschreibungen und unterschiedliche Datierungen sind für eine Gesamtbeurteilung nicht so erheblich. Sie sind beredte Zeugnisse einer Vereinsgründung „von unten". Die Gemeinsamkeiten überwiegen: Junge Männer finden sich zusammen, um als Chor an einer Prozession teilzunehmen. Darum konnte auch festgestellt werden, daß sich die Junggesellen ihren Verein selbst geschaffen haben. Lehrer Breuer gab dem Zusammenschluß eine neue Zielsetzung und wurde so zum Gründer des ersten katholischen Gesellenvereins. Kolping arbeitete schon vor seiner Wahl zum zweiten Präses des Vereins engagiert in diesem Kreise mit. Aus diesem lokalen Verein eine religiös-soziale Bewegung, die bald überregionale und sogar internationale Bedeutung erlangte, geschaffen zu haben, ist das Verdienst Kolpings.

Eine Streitfrage um die Gründung des Elberfelder Gesellenvereins entstand in der Öffentlichkeit erst nach Kolpings Tod. Inhaltlich ging es dabei um Verwechslung bzw. Vermischung der Gründung des Lokalvereins und der Stiftung eines katholischen Gesellenbundes. Da auch die persönlichen Beziehungen zwischen Breuer und Kolping das Aufkommen dieses „Problems" mitverursacht haben könnten, sollen sie kurz skizziert werden.

Breuer selbst stellte die Gründung des Vereins einige Jahre nach Vollendung seiner Autobiographie nochmals dar: „Auf mehrere katholische Handwerkergesellen, an ihrer Spitze der jetzt noch lebende ehrenwerte Schreinermeister Josef Thiel, der dies in seiner Lebensbeschreibung selbst erzählt, hatte der Gesang des Mädchenchors ... am Fronleichnamstage 1846 solchen Eindruck gemacht, daß sie den Entschluß faßten, mit ihren Alters-, Standes- und Gesinnungsgenossen sich zu ebensolchem Gesangschor zu vereinigen, um schon bei der demnächstigen Laurentius-Prozession korporativ aufzutreten. Der Entschluß wurde zur Tat. Eine Anzahl sangeslustiger Jünglinge sammelte sich in meiner Schule mit der Bitte an mich, ihnen geeignete Prozessionslieder einzuüben, welcher Bitte ich gern entsprach. Dieser an sich unscheinbare Vorgang hat mir den ersten Anstoß zur Gründung des Katholischen Gesellen-Vereins gegeben, den der jetzt selige Adolph Kolping nochmals zwei Jahre lang als Präses vorgestanden und dessen weitere Ausbreitung unter zweckdienlicher Organisation er sich dann zur Lebensaufgabe machte."[146]

In seiner Autobiographie legte Breuer ausführlich dar, er sei der alleinige Gründer und Vater des Gesellenvereins. In seiner Denkschrift hatte er jedoch nichts von einer Verbreitung des Vereins über Elberfeld hinaus angedeutet. In einem Zeitungsartikel, der Kolping als Vereinsgründer bezeichnet, wurde die von Julius Martin gehaltene Rede verbreitet. Dies dürfte für Breuer der Anlaß gewesen sein, sich und seine Arbeit zu rechtfertigen[147].

Breuers Behauptung, Kolping habe sich den Titel Gründer des Vereins zugelegt oder ohne Widerspruch zulegen lassen, ist weder zu beweisen noch zu widerlegen. Kolping erklärte in einem religiösen Bescheidenheits-Topos, der Gesellenverein sei „Gottes Werk". So berichtete Breuer: „Kolping selbst hat in öffentlichen großen Festversammlungen (zweimal ist dies in meiner Gegenwart geschehen) mit Emphase hervorgehoben: ‚Die Stiftung des Gesellen-Vereins ist keines Menschen Werk, sondern Gottes Werk'"[148].

Breuer war sich selbst der begrenzten Wirkung seiner Gründung bewußt, er bedauerte nämlich, daß dem von ihm gegründeten Mädchenverein nicht der große Erfolg beschieden war. „Aber für den Mädchen-Verein fand sich leider kein ‚Kolping'. Was im Verein gesprochen, was draußen über und für denselben gesagt und geschrieben ward, blieb an der Scholle haften und kam kaum über die Stadtgrenze hinaus"[149].

„... denn was ich bezüglich der Handwerkergesellen gewollt und gewünscht, hat sich – Gott Dank! und Kolpings rastlosem Eifer Dank! über aller Erwarten realisiert. .. Weniger Glück habe ich mit den von mir ... gewollten andern ... Vereinen gehabt ...

Aber es hat sich bis jetzt leider kein Kolping finden *wollen*, der ihre Ausbreitung besorgt."[150]

Hier ist natürlich anzumerken, daß im katholischen Bereich ab 1849 durch Kolpings Publikationen über den Gesellenverein und verstärkt seit seinem Auftreten auf dem Katholikentag von 1851 der Gesellenverein von der Person Kolpings nicht mehr zu trennen war.

Kolping hat sich selbst nie nachweislich als Gründer des Elberfelder Gesellenvereins bezeichnet. In den „Mitteilungen", für die Führungskräfte des Gesellenvereins bestimmt, publizierte Kolping einen Bericht über den Elberfelder Verein. Dort wird der schon erwähnte Steenaertz als erster Präses genannt[151].

Kolping beschrieb im Vereinsorgan von 1850 die Entstehung des Vereins: „Es war um die Herbstzeit des Jahres 1845, als sich in Elberfeld einige (30) junge Männer mit der Bitte an ihre Geistlichkeit wendeten, für die ledigen, jungen Männer der Gemeinde doch eine Bruderschaft zu errichten, der sie selbst sofort beizutreten wünschten. Es waren meist Handwerksgesellen. Wie sehr eine solche Aufforderung auch freuen mußte, wich dieses Vorhaben doch einem anderen Vorschlage, der bei einer freundschaftlichen Besprechung über den Bruderschaftsplan gemacht wurde, ein Vorschlag, welcher die Idee des Gesellenvereins wie im Keime einschloß. Wer den Vorschlag machte, weiß ich nicht mehr, kurz, er lautete dahin, ein gesellschaftliches Leben unter gleichgesinnten jungen Leuten anzubahnen, was so recht eigentlich unter ihnen fehlte und doch sehr not täte."[152]

Kolping dachte mehr an einen geselligen Zusammenschluß, der auch Lehrangebote umfaßte, als an schulmäßig organisiertes Lernen in einer Gruppe.

„... und so kamen denn eines Tages zu uns – der Geistliche und der Bürgersmann ist ein Ding; es ist keine Not und kein Leid, kein Kummer und keine Freud', der Geistliche kriegt sein Teilchen mit – einige zwanzig Handwerksgesellen und wollten etwas mit uns überlegen. Da der Pastor nicht zur Hand war, so kamen sie zu den Kaplänen, und wir merkten bald, daß sie eine Art Bruderschaft herzurichten gedachten. So schön und lobenswert das war, rieten wir ihnen doch einigermaßen davon ab und meinten, man müsse auf weiteres spekulieren. Denkt euch einmal, sagten wir zu ihnen, die Bürger haben für sich ein Casino gemacht, wie wär's, wenn wir unter uns auch ein Casino machten? Ich bin auch ein Handwerker gewesen, habe zehn Jahre in dem Kram gewirtschaftet und weiß schon, wo euch der Schuh drückt"[153].

Einige Jahre später erklärte Kolping: „Nachdem ... er weiter jede Zumutung, als wäre der Verein sein Werk, demütig abgewiesen, indem er nur umhergegangen und zugesehen, wie unter dem Segen Gottes das Werk gewachsen sei, fuhr er fort: „Ich habe den Verein klein und unscheinbar entstehen sehen“[154].

Er wurde in Elberfeld bereits 1852 als „Vater des Gesellenbundes“ bezeichnet, „der in unserer Mitte, an der Wiege unseres Vereins seine großartigen Pläne heranreifen ließ“, „der nicht nur der Stifter der Gesellenvereine, sondern der Restaurateur des gesamten Mittelstandes genannt werden kann“[155].

Auffallend ist freilich die Beurteilung Kolpings aus Breuers Feder, in der Autobiographie vor der Darstellung der Vereinsgründung plaziert:

„Während seine etwas herbe, fast abstoßende Außenseite manche Gemeindeglieder anfänglich gegen ihn einnahm, erwarb er sich gerade dadurch, daß er weniger gefallen, als in seinem priesterlichen Berufe Gott und den Menschen dienen wollte, bei solchen, die in irgendwelchen engern Verkehr mit ihm traten, tiefe Verehrung. Es entsprach dem Ernst seines Gemütes, der ruhigen Besonnenheit und der Geradheit seines Charakters, in Annäherung und traulicher Herablassung vorsichtig zu sein und den Anderen nicht zu leicht und zu viel zu vertrauen.

Ein feiner gesellschaftlicher Ton, die sogenannte Tournüre, ging ihm ab, und man dürfte ihn sogar in gewissen Beziehungen – namentlich Damen gegenüber – der Rücksichtslosigkeit zeichnen. Aber unter der rauhen Schale lag ein edler Kern echter Religiösität und frommen Mitgefühles für die Leiden und Freuden Anderer. Nach und nach gewann er sich bei Allen, die ihn näher kennenlernten, trotz seiner Derbheit oder wohl gar gerade wegen derselben Vertrauen und Zuneigung. Was ihn besonders zierte, war sein klarer Geist und seine gediegene, wissenschaftliche Bildung“[156].

Von Kolping dagegen gibt es über Breuer – außer bei amtlichen Begegnungen – keine Äußerung, bis auf die von ihm selbst überlieferte und schon zitierte: „Da haben Sie aber ein Ding gemacht, ...“. Breuer war da in seiner Autobiographie weniger zurückhaltend.

So sehr Kolping den Lehrerstand schätzte und dessen Vertreter in die Bildungsarbeit der Gesellenvereine einzubinden suchte, spricht doch vieles dafür, daß es um inhaltliche und sachliche Fragen, möglicherweise auch um Organisationsprobleme Auseinandersetzungen gegeben hat.

Breuers jahrelange enge Zusammenarbeit mit Friderici, der für ihn selbst seiner Position wegen wichtig und notwendig war, zu dem Kolping aber keine persönliche Beziehung finden mußte, weil seine Stellung in Elberfeld ohnehin zeitlich begrenzt war, mag da mitgespielt haben. Kommt von Kolpings Breuer-Erfahrung seine Erkenntnis, alles Schulmäßige im Verein zu vermeiden, um die Gesellen bei der Stange zu halten? Breuer hatte sich nach der ersten Satzung lebenslänglich zum Vorsteher wählen lassen. Gab es dagegen organisierten Widerstand? Kolping kam mit den von ihm vorgetragenen Inhalten und mit seiner Didaktik bei den jungen Leuten offensichtlich gut an. Ob den Fünfundzwanzigjährigen in der Gemeinde aktiven Lehrer die Erfolge des lebenserfahrenen Kaplans etwas eifersüchtig werden ließen? War Kolping enttäuscht über die Absage seines Bischofs zur Übernahme der Professur am Limburger Seminar? Für die Gesellen bedeutete das Engagement ihres ehemaligen Standesgenossen nach seinem sozialen Aufstieg auf jeden Fall eine völlig ungewohnte Erfahrung im Umgang mit Klerikern. Dieser Kaplan redete nicht nur, er handelte.

Wie Kolping also den Lehrer Breuer sah, kann wegen der einseitigen Quellenlage nicht sicher beurteilt werden. Schweigen sagt dabei auch etwas. Von Breuer kann man aber sagen, daß er – auch wegen seiner Minderwertigkeitskomplexe – Kolping in herzlicher Abneigung verbunden war.

Der Verein „wurde wie eine Familie angesehen und in seiner Einrichtung behandelt. Was anfänglich, die Idee störend, einschlich, ward allmählich wie von selbst beseitigt. Das später revidierte und unter dem 9. Oktober 1848 angenommene Statut ist dafür hinlänglicher Beweis“[157].

Zusammenfassend muß folgendes festgehalten werden: Die Gründung des Elberfelder Gesellenvereins war eine Laieninitiative von katholischen jungen Männern, die überwiegend dem Handwerkerstand angehörten. Die zahlreichen in Elberfeld bestehenden Vereine mögen die jungen Leute bewogen haben, auch für sich selbst einen solchen Förderverein zu gründen. Völlig unbestritten ist auch, daß der Lehrer Johann Gregor Breuer sich als erster der jungen Leute annahm und ohne Frage als der Gründer des ersten katholischen Gesellenvereins in Elberfeld bezeichnet werden muß. Dabei ist aber auch festzuhalten, daß die anderen von ihm gegründeten Vereine alle nur lokale Wirkung hatten.

Ohne die engagierte Arbeit Kolpings in Grundsatzfragen des Bildungskonzeptes und ohne sein Organisationstalent beim Aufbau und der Verbreitung der Vereine wäre die Gründung Breuers nicht über Elberfeld hinausgelangt und weitgehend unbekannt geblieben. Der ehemalige Handwerkergeselle Adolph Kolping erhielt durch seine erbetene Mitarbeit in diesem Gesellenverein Anregungen und fand Freude an dieser Arbeit.

In der Entwicklung des Gesellenvereins lassen sich fünf Phasen erkennen:

1. In einem Freundeskreis junger Leute, meist Handwerkergesellen, wächst der Plan, gemeinsam im kirchlich-religiösen und caritativen Bereich tätig zu werden.
2. Die Betreuung der Gruppe durch Lehrer Breuer führt zu einem lockeren Gemeinschaftsleben im Schullokal, einer Denkschrift und Statuten.
3. Nach der Wahl zum ersten Präses leitet Kaplan Steenaertz die Gemeinschaft.
4. Kolping wird zum Präses gewählt. Daraufhin arbeitet er an einer umfassenderen Zielsetzung. Die Schrift „Der Gesellenverein“ ist als Programm und Werbung für die Öffentlichkeit bestimmt.
5. Erst mit Kolpings Übersiedlung nach Köln war die Ausbreitung über das Rheinland und Deutschland hinaus möglich.

„Der pädagogische Genius seiner Persönlichkeit, der hinter diesem Werke als schier unausschöpfliches Kraftreservoir stand, sicherte ihm die Erfolge und machte ihn vorbildlich für alle kirchlich-organisatorische Jugendarbeit der späteren Zeit; denn jede Organisation, die Anspruch auf Erziehung und Bildung von Menschen erhebt, muß über das organisatorische Gefüge hinaus von lebendigen, geradezu vom pädagogischen Eros besessenen Erziehungspersönlichkeiten getragen werden, will sie nicht im organisatorischen Leerlauf bloßer Betriebsamkeit enden“[158].

Die Zusammenarbeit mit den Gesellen in Elberfeld hat Kolping nachhaltig beeinflußt. In der Arbeit mit jungen Erwachsenen eröffnete sich ihm ein neues Betätigungsfeld, das ihm mit allen seinen Freuden, aber auch mit allen seinen Schwierigkeiten auf den Leib geschrieben war. Elberfeld war ihm bald zu klein, und er setzte alles daran ähnliche Gruppen auch in anderen Orten des Rheinlandes zu gründen. Darum nutzte er jede Gelegenheit, die sich ihm durch seine weitreichenden Beziehungen bot, Kontakte zu knüpfen.

Persönliche Freunde

Auch in der Elberfelder Zeit fand Kolping persönliche Kontakte und schloß Freundschaften, die über seinen dortigen Aufenthalt hinaus Bestand hatten. Allerdings macht sich hier bereits deutlich eine Tendenz bemerkbar, die sich später zunehmend verstärkte. Geschlossene Freundschaften wurden in die Arbeit für den Gesellenverein eingebunden oder sie schliefen ein. Desinteresse an den Vereinsaktivitäten einerseits und Kolpings seit den Elberfelder Jahren zunehmender chronischer Zeitmangel andererseits sind wohl die Gründe dafür.

Zu seinen Freunden zählten die Familie Sasse, sein Friseur Sandkuhl und der Jurist Deycks[159]. Dieser hat sich auch als Ratgeber und Förderer des Gesellenvereins verdient gemacht und vermittelte einen Besuch bei einem ähnlichen Verein in Hückeswagen. Der Volksschriftsteller Vinzenz von Zuccalmaglio amtierte dort als Notar, bemühte sich um einen entstandenen Jünglingsverein und übte gelegentlich mit den jungen Leuten von ihm verfaßte Theaterstücke ein. Über den Besuch im Jahre 1848 gibt es aus der Familie des Notars einen Bericht, der in mehrfacher Hinsicht interessant ist:

„Den Glanzpunkt des Festes sollte die Aufführung des vom Vater geschriebenen Theaterstückes ‚Der Kurfürst von Hückeswagen oder Speck und Erbsen' bilden. Für den Tag dieser Aufführung hatte Rechtsanwalt Deycks aus Elberfeld, unser Verwandter, seinen Besuch zugesagt und zugleich gebeten, seinen Freund, Herrn Kaplan Kolping, mitbringen zu dürfen. Dieser leite in Elberfeld einen ähnlichen Verein und wolle sich gern unterrichten, in welcher Weise man in Hückeswagen den Anforderungen gerecht werde, die die Behandlung der männlichen Jugend stelle, und welcher Art die Einrichtungen und Erfolge des jungen Vereins seien. Da schon damals über die Tätigkeit des Kaplans Kolping, der den heranwachsenden Jünglingen Stütze, Hilfe und Berater war, im Bergischen Land viel und rühmend gesprochen wurde, sahen wir dem Kommen der beiden Herren mit großer Spannung entgegen. ... Niemals ist der Eindruck verwischt worden, wie die hohe, breitgebaute, etwas nach vorn geneigte Gestalt Kolpings im Türrahmen erschien. Von der weiten Fahrt sah man ihm keine Ermüdung an. Freundlichkeit und Milde prägte sich in seinen Zügen aus, ein Wohlwollen, sowie die reinste Güte, während seine Hände von unausgesetzter Arbeit und derben Zufassenmüssen erzählten. In dem Augenblick, in dem Kolping ins Zimmer trat, sprang hinter der Tür hervor grade vor die Füße des Ankömmlings, eine Dame. Es war Frau Schöningh, geborene Landschütz aus Meppen, eine Jugendfreundin Kolpings, die, da sie viel in unserem Hause verkehrte, zum Mittagessen geladen war, und nun, wie wohl so oft in ihrer Jugend, auf diese Weise den Eintretenden überraschte und begrüßte. ... In der Unterhaltung zeigte sich Kolpings Wesen ruhig und sinnend. Man sprach unter anderem von seinen Plänen für die Zukunft. Er erwog dabei alles rückhaltlos und nicht zuletzt auch jene Freuden und Genüsse, die seinen Gesellen harmlos fröhliche Stunden bringen. Unser gemeinsamer Freund Deycks half in seiner unruhigen, lauten Art Kolpings programmatische Gedanken und Entwürfe entwikkeln und erörtern. Als man endlich von der Tafel aufstand, war man schon gut Freund geworden. ... Als das Spiel glücklich beendet war, stieg Kaplan Kolping auf das Podium und hielt mit starker Stimme an die Jünglinge und die anderen Teilnehmer eine Rede. ... Er freue sich der Erfolge, die der Verein schon erzielt habe. Sodann mahnte er eindringlich, in den Bestrebungen nicht nachzulassen zu Nutzen jedes einzelnen sowohl wie zum allgemeinen Wohl"[160].

Nachdem nun eine private Beschreibung der Gestalt Kolpings, seines Charakters, besonders seines Frohsinns und ein erster Hinweis auf die Freundschaft zur Familie Schöningh gegeben sind, bot der Vater dieser Erzählerin Jahre später eine geistig-weltanschauliche Beurteilung des fünfunddreißigjährigen Kaplans.

Er und sein Bruder Anton, so wird erwähnt, arbeiteten in Fragen der Volksbildung viel mit dem Elberfelder Präses zusammen. „Manche nützliche Kenntnisse wurden verbreitet, manche Fähigkeiten gelangten zur Ausbildung. So war zu Schlebusch schon seit dem Jahr 1830 ein Bildungsverein tätig, wie 20 Jahre darauf von dem Gesellenvater Kolping in Elberfeld und darauf in Köln gegründet wurde, nur mit dem Unterschiede, daß zu Schlebusch reine Liebe für Menschenbildung das offenbare wie geheime Triebrad war, bei Kolping aber jesuitisch ultramontane Herrschgelüste unter dem Deckmantel der Religion walteten und der Preußenhaß (Protestantenhaß) nur Verstecken spielte"[161].

Eine Begründung für die überzogen erscheinende scharfe Beurteilung findet sich nicht. Ob man den Verein in Hückeswagen in einen Gesellenverein umfunktionieren wollte? Öffentliche Äußerungen des Elberfelder Kaplans, die ein solches Bild aus der Feder eines liberalen Katholiken verständlich machen könnten, lagen zum Zeitpunkt des Ereignisses nicht genügend vor. Entweder hat Zuccalmaglio aus sehr persönlichen Erfahrungen geschöpft oder es sind spätere Begegnungen und Meinungsäußerungen in die Erinnerungen eingeflossen.

Zum Pfarrer von Hückeswagen hat Kolping wohl guten Kontakt gefunden. Als Vereinspräses seit 1853 erfüllte Giesen die Erwartungen seines Freundes aber nicht[162].

Sein aus dem Rheinland stammender Freund, der Maler Wilhelm Asselborn, den er erst in München kennengelernt hatte, muß sich länger in Elberfeld aufgehalten haben. Er malte für die Laurentiuskirche drei Altarbilder und schuf eine Vorlage für eine Fahne mit Bildern des hl. Josef und des hl. Aloisius. Von ihm stammt aber auch das Portraitgemälde in Öl, das Kolping als jungen Kleriker zeigt. Danach hatte er blaue Augen, blondes Haar, eine hohe Stirn, ein längliche, schmale Nase und einen kleinen Mund bei ovaler Gesichtsform.

Man wird die Entstehung dieses Bildes in die ersten Elberfelder Jahre datieren müssen[163].

Anmerkungen

1 Siehe dazu: Köllmann, Wirtschaft. – Hoth, Wuppertal.

2 Illner, Bürgerliche Organisierung, S. 30.

[3] Siehe dazu: W. Langewiesche, Elberfeld und Barmen. Beschreibung und Geschichte dieser Doppelstadt des Wuppertals, Wuppertal 1863. (Nachdruck: Frankfurt 1980). – Hegel, Erzbistum Köln, Bd. 5, S. 492f. u. 518f.

[4] Zur Pfarrgeschichte siehe: Handbuch Erzbistum Köln 1966, S. 378f. (Lit.). – Jorde, Kirchengemeinden. – Zur Laurentiuskirche siehe: W. Zimmermann, Adolph von Vagedes und seine Kirchbauten (Aachener baugeschichtliche Untersuchungen, Bd. 1, hg. v. W. Weyres), Köln 1964, S. 70–80. – K. Pfeffer, Die Kirchenbauten in Wuppertal-Elberfeld (Rheinische Kunststätten Heft 229), Köln 1980, S. 28–35.

[5] Hubert Friedrich Friderici, *4. 4. 1808 Heinsberg – † 15. 3. 1883 Elberfeld – 9. 4. 1834 Priesterweihe – Kaplan Elberfeld – 18. 5. 1843 Pfarrer.
AEK, Totenzettel. – Schrörs, Hermesianische Pfarrer, in: AHVNrh. 103 (1919), S. 157–158, bes. S. 157f. KS Bd. 1, S. 32, 104; Bd. 2, S. 100f., 103f., 107.

[6] Eine Ernennungsurkunde ist nicht erhalten. – KS Bd. 1, S. 25. – Siehe dazu: Pfülf, Kolping, S. 680. – Schäffer, Kolping II, S. 64–95. – Schnabel, Geschichte, Bd. 4, S. 208ff. – Am 8. Juni 1845 ist sein Mitwirken bei einem Gottesdienst erstmals erwähnt. Täglicher Anzeiger für Berg und Mark 20 (1845) Nr. 134 (7. 6. 1845), S. 3.

[7] Jorde, Kirchengemeinden, S. 229.

[8] Johann Josef Xaver Steenaertz, *22. 3. 1818 Aachen – † 1. 6. 1888 Nettesheim. – 17. 4. 1842 Priesterweihe – Vikar Walberberg – 1844 Kaplan Elberfeld – 1847 Pfarrer Wermelskirchen – 1853 Pfarrer Nettesheim – 8. 11. 1846 Wahl zum ersten Präses des GV Elberfeld – Vorgänger Kolpings als Vereinspräses.
Breuer, Autobiographie, passim. – Jorde, Gesellenverein, S. 15. – Nachruf, in: RV 35 (1888), S. 361f. – Ridder, Lebensbilder, S. 11–21. – KS Bd. 1, S. 27; Bd. 2, 102; Bd. 3, S. 8.
Lambert Franz Josef Engels, *22. 11. 1821 Aachen – † 31. 3. 1909 – 31. 8. 1845 Priesterweihe – Kaplan Elberfeld – 1. 1. 1846 Deservitor Rheinbreitbach – 3. 10. 1848 Stiftsvikar Aachen.
AEK, Priesterkartei.
Hermann Joseph Herkenrath, *30. 6. 1820 Köln – † 13. 12. 1889 Düsseldorf – 1842 Abitur Marzellengymnasium – 15. 4. 1846 Priesterweihe – 1846 Kaplan Elberfeld – 1849 Präses GV Elberfeld – 1850 u. 1853 Teilnehmer an Generalversammlungen – 1856 Pfarrer Düssel.
AEK, Totenzettel. – Jorde, Gesellenverein, S. 39f. – KS Bd. 1, S. 34, 104; Bd. 2, S. 170, 198, 202; Bd. 3, S. 97, 101; Bd. 4, S. 82.
Johann Heinrich Arens, *6. 3. 1823 Essen – † 19. 6. 1895 Gressenich – 29. 8. 1847 Priesterweihe – Kaplan Elberfeld – Kaplan Borbeck – 1858 Kaplan Ronsdorf – 1868 Pfarrer Gressenich.
AEK, Totenzettel. – KS Bd. 1, S. 32 u. 104, 107.

[9] Siehe dazu: [Kolping], Firmung und Kirchweihe durch Seiner Erzbischöfliche Gnaden Herrn Johannes von Geissel zu Elberfeld am 8., 9. und 11. Juli, in: RK 4 (1847), Sp. 301–307.

[10] Briefe Kolpings an das Erzbischöfliche Generalvikariat vom 22. 7. und 22. 12. 1845 sowie vom 2. 8. 1847 berichten über die Schwierigkeiten, die sich aus dieser Doppelbelastung ergaben. AEK, GVA Elberfeld Überhaupt 1, I. – Daß Baudri diese Briefe als erzbischöflicher Sekretär und ehemaliger Dechant und Schulpfleger in Elberfeld zu Gesicht bekam, kann man unterstellen. – Zu den Schulen siehe: K. W. Bouterweck, Geschichte der Lateinischen Schule zu Elberfeld und des aus dieser erwachsenen Gymnasiums, Elberfeld 1865. – L. Schacht, Die Realschule in Elberfeld von ihrer Gründung bis zur Gegenwart. Festschrift zur Feier des fünfzigjährigen Bestehens der Realschule I. O. zu Elberfeld, Elberfeld 1865.

[11] Kolping an Döllinger, 24. 6. 1845, in: KS Bd. 2, S. 99. – Das Handbuch des Erzbistum von 1846, S. 39, gibt 9254 Seelen für die Gemeinde an; das folgende Handbuch von 1850, S. 46, nennt 10117.

[12] Jorde, Kirchengemeinden, S. 228.

[13] KS Bd. 1, S. 38.

[14] Kolping an Döllinger, 29. 11. 1848, in: KS Bd. 2, S. 116. – Siehe auch: Conzemius, Kolping – Döllinger.

[15] Kolping an Döllinger, 21. 3. 1847, in: KS Bd. 2, S. 110.

[16] KS Bd. 2, S. 374. – ADK, Totenzettel.

[17] Breuer, Autobiographie, S. 273f. – Vitus, Anfänge, S. 63f.

[18] Siehe: KS Bd. 1, S. 104f. – Ferner: Spael, Buch im Geisteskampf. – Später kritisch dazu: Kolping, Zur Leihbibliothekenwirtschaft, in: RV 1 (1854), S. 582ff.

[19] Kolping an Baudri, 9. 1. 1846, in: KS Bd. 2, S. 102–108, hier: S. 107. Dieser Brief wurde von Kolping nicht an die Behörde abgeschickt, sonst würde er sich in den Beständen des AEK befinden. Ob Kolping den Brief an Baudri persönlich übergeben und später zurückerhalten oder den Inhalt nur mit ihm persönlich be-

sprochen hat, ließ sich wegen der Quellenlage nicht ermitteln. – Siehe dazu: Jorde, Kirchengemeinden, S. 229. – Pfülf, Kolping, S. 680. – HStA Düsseldorf: Regierung Düsseldorf 3995. Über Unstimmigkeiten zwischen Friderici und Kolping berichtet auch Breuer, Autobiographie, S. 331.

20 Breuer, Jubelfeier Fridrici, S. 22. – Jorde, Pfarrgemeinden, S. 233.

21 KS Bd. 2, S. 98–140. – Siehe dazu: Conzemius, Kolping – Döllinger.

22 Kolping an Döllinger, 24. 6. 1845, in: KS Bd. 2, S. 100.

23 87 Originalentwürfe im ADK. – Zur Wirkung siehe: Breuer, Autobiographie, S. 272. – Breuer, Todtenkranz, S. 7. – Siehe dazu: Predigtnotizen München, in: KS Bd. 1, S. 101 ff. – J. B. Schneyer, Geschichte der katholischen Predigt, Freiburg 1969 (Lit.).

24 Kolping, Predigt 3. 4. 1846, in: ADK, A 66.

25 Herberts, Kirche und Wandel, S. 99–101.

26 Kolping, Ein glückseliges neues Jahr, in: KS Bd. 4, S. 237.

27 Kolping an Döllinger, 24. 6. 1845 und 29. 11. 1848, in: KS BD. 2, S. 100 u. 115. – Siehe dazu: Conzemius, Kolping – Döllinger.

28 A. Paulus, Berufung, Besoldung und Abgang der Lehr- und Verwaltungskräfte des Limburger Priesterseminars in der ersten preußischen Zeit (1866–1887), in: Archiv für mittelrheinische Kirchengeschichte 14 (1962), S. 239–257, hier: S. 242.

29 Pressepolemik in der Elberfelder Zeitung 1848: Nr. 210, 31. 7.; Nr. 212, 2. 8. und Nr. 216, 6. 8.; hier: Nr. 212 vom 2. 8. 48.
Ein Beispiel für persönliches Engagement in der Seelsorge: Noch 1859 gibt Kolping seinem ehemaligen Kommunionschüler Rudolph Holthaus eine Empfehlung für den Wiener Präses Gruscha, damit dieser und der Wiener Verein den jungen Mann unterstützen sollten.
Kolping an Gruscha, 30. 12. 1859, in: KS Bd. 2, S. 272.

30 Wollersheim an Kolping, 24. 1. 1848, in: Schäffer, Kolping II., S. 67. – Neu ediert von: F. Hemmersbach, Ein Brief von Theodor Wollersheim an seinen Freund Adolph Kolping vom 24. Januar 1848, in: Kerpener Heimatblätter 21. Jg. (1983) Heft 3, Bd. 4, S. 211 ff.; hier: S. 211.

31 Friedrich Harkort, Industrieller und Pädagoge – * 22. 2. 1793 Harkorten/Hagen – † 6. 3. 1880 Hombruck/Dortmund – 1848 Mitglied preuß. Nationalversammlung. W. Köllmann, in: NDB 7 (1966), S. 675–677, (Lit.). – Siehe dazu ferner: K. E. Jeismann, Volksbildung und Industrialisierung als Faktoren des sozialen Wandels im Vormärz. Dargestellt am Beispiel der Forderungen Friedrich Harkorts zur Bildungsreform, in: Zeitschrift für Pädagogik 18 (1972), S. 315–337.
Friedrich Engels – * 28. 11. 1820 Barmen – † 6. 8. 1895 London – 1838–1841 kaufm. Lehre Bremen – 1842–1844 Abschluß der Ausbildung in Manchester – 1845 Buch: „Die Lage der arbeitenden Klasse in England" – Freunschaft mit Karl Marx – 17. 9. 1848 Rede Köln-Vorringen – 1848 „Kommunistisches Manifest" – 11. 5. 1849 Barrikaden-Inspekteur Elberfeld – Redakteur der „Neuen Rheinischen Zeitung" – 1850–1869 Emigration und Tätigkeit in Manchester.
H. Bollnow, in: NDB 4 (1959), S. 521–527. – H. Hirsch, in: RLB 4 (1970), S. 191–208, (Lit.). – Siehe dazu: J. Reulecke, Die erste sozialistische Versammlung in Deutschland. Ein unbekannter Augenzeugenbericht, in: Zeitschrift des Bergischen Geschichtsvereins 87 (1974/76), S. 97–104.

32 Über Ronge siehe: K. Algermissen, in: LThK 9 (^{2}1964), Sp. 38. – Siehe auch: KS Bd. 3, S. 103, 256; Bd. 5, S. 187 f. – Zum Deutschkatholizismus siehe: Stollenwerk, Deutschkatholizismus. – Jorde, Kirchengemeinden, S. 210–219. – KS Bd. 2, S. 100 f.

33 Zitiert nach: Stollenwerk, Deutschkatholizismus, S. 16.

34 Stollenwerk, Deutschkatholizismus, S. 149–153. – Pfülf, Geissel, Bd. 1, S. 445–450.

35 Über ihn siehe: Stollenwerk, Deutschkatholizismus, S. 196–198. – Pfülf, Geissel, Bd. 1, S. 446–449. – KS Bd. 2, S. 111.

36 Stollenwerk, Deutschkatholizismus. – Jorde, Kirchengemeinden, S. 210–219. – Vitus, Anfänge, S. 27.

37 Siehe dazu: G. Werner, Die Stillen in der Stadt. Eine Betrachtung über Sekten, Freikirchen und Glaubensgemeinschaften Wuppertals. (Beiträge zur Geschichte und Heimatkunde des Wuppertals, Bd. III), Wuppertal 1953. – A. Rosenkranz, Das evangelische Rheinland, 2 Bde., Düsseldorf 1956–58. – E. Mülhaupt, Rheinische Kirchengeschichte, Düsseldorf 1970.

38 Friderici an Geissel, 25. 2. 1846, in: AEK, Gen. 4.15. – I. F. E. Sander, Die zween Zeugen in der Offenbarung. Eine Reformations-Predigt, Elberfeld 1846. – Siehe dazu auch: Linn, Ultramontanismus, S. 156 f. – Immanuel Friedrich Emil Sander – * 1. 12. 1797 Schäfstädt/Magdeburg – † 28. 4. 1859 Wittenberg – 1822 lutherischer Pfarrer Barmen – 1838 Pfarrer Elberfeld – 1854 Stadtpfarrer u. Direktor Predigerseminar Wittenberg.

G. Frank, in: ADB 30 (1880), S. 350ff. – Müller-Späth, CVJM, S. 63ff. u. 192ff.

39 Kolping an Döllinger, 24. 6. 1845, in: KS Bd. 2, S. 100.

40 Kolping an Döllinger, 21. 3. 1847, in: KS Bd. 2, S. 110.

41 A.a.O., S. 111. – Über Krummacher siehe: D. Rössler, in: RGG 4 (1969), Sp. 83. – Es ist nicht sicher auszumachen, ob die Berichte im „Katholik" über die konfessionelle Situation in Elberfeld aus der Feder Kolpings stammen. Siehe dazu: Katholik 25 (1845), S. 384, 430, 551; 26 (1846) S. 128; 27 (1847) S. 92, 440; 28 (1848), S. 344. – Schmolke, „Kolping als Publizist", erwähnt sie nicht. – „Die Briefe von der Wupper", in: KS Bd. 3, S. 32–41, sind nach Inhalt, Stil und Wortschatz Kolping wohl nicht zuzuweisen.

42 Kolping, Politisches Tagebuch, in: RV 5 (1858) S. 810.
Zum Protestantismus siehe ferner: KS Bd. 3, S. 21–27, 250; Bd. 4, S. 87, 197; Bd. 5, S. 189f., 192, 199f. – Siehe ferner dazu: M. P. Fleischer, Katholische und lutherische Ireniker unter besonderer Berücksichtigung des 19. Jahrhunderts, Göttingen 1968.

43 Kolping, Gott segne das ehrbare Handwerk (8), in: KS Bd. 5, S. 206–211, hier: S. 211.

44 H. J. Schoeps, Das andere Preußen. Konservative Gestalten und Probleme im Zeitalter Friedrich Wilhelms IV., Honnef 1957, S. 333.

45 Illner, Bürgerliche Organisation, S. 78f. – Siehe dazu auch: W. O. Shanahan, Der deutsche Protestantismus vor der sozialen Frage (1815–1871), München 1962.

46 DZAM Hist. Abt. I, 2.2.1 Nr. 23637, Blatt 10f. betr. die evangelischen und katholischen Jünglings-, Gesellen- und Arbeitervereine Bd. I, (1853–1890).

47 Gerhard Dürselen – *11. 8. 1808 Wevelinghoven – †23. 7. 1887 Elberfeld – 1834 reformierter Pfarrer Ronsdorf – 1842 Mitgründer des evangelischen Jünglingsvereins – 8. 10. 1848 Gründer des westdeutschen Jungmännerverbandes – 1866 bis 1872 Superintendent Elberfeld. – Dazu auch: Müller-Späth, CVJM, S. 133ff., 137ff. u. ö. (Register). – K. Goebel, in: RLB 8 (1980), S. 225–244, bes. S. 227.

48 DZAM Hist. Abt. I, 2.2.1 Nr. 23637, Blatt 2, betr. die evangelischen und katholischen Jünglings-, Gesellen- und Arbeitervereine, Bd. I (1853–1890). – Siehe dazu: Geschichte des Jünglingsbundes. – K. Krummacher, Die evangelischen Jünglingsvereine (christlichen Vereine junger Männer) und verwandte Bestrebungen, Elberfeld 1894. – Müller-Späth, CVJM, S. 79–91. – F. Lüttgen, Evangelische Jünglingsvereine und katholische Gesellenvereine, in: Zeitschrift des Bergischen Geschichtsvereins 93 (1987/88), S. 187–196.

49 Siehe dazu: H. R. Schneider, Bürgerliche Vereinsbestrebungen für das „Wohl der arbeitenden Klassen" in der preußischen Rheinprovinz im 19. Jahrhundert, Bonn 1967, bes. S. 31.

50 Nr. I, Elberfeld 1845, S. 23–29.
Moses Hess, Schriftsteller und Sozialist, *21. 6. 1812 Bonn – †6. 4. 1875 Paris – Redakteur und Herausgeber der „Rheinischen Zeitung" in Köln – Zusammenarbeit mit Karl Marx – 1845–1848 Mitarbeit in der kommunistischen Bewegung in Brüssel und Paris – 1849 Flucht in die Schweiz – 1853 Aufenthalt in Paris. – E. Silberner, in: NDB 9 (1972), S. 11f. – S. Na'aman, Emanzipation und Messianismus. Le ben und Werk des Moses Heß, Frankfurt/New York 1982.

51 Geschichte des Jünglingsbundes, S. 9.

52 Zitiert nach: Goebel, Dürselen, in: RLB 8 (1980), S. 228f.

53 Müller-Späth, CVJM, S. 229, Anm. 343.

54 Geschichte des Jünglingsbundes, S. 11.

55 Goebel, Dürselen, in: RLB 8 (1980), S. 237.
Friedrich Wilhelm Dörpfeld, Pädagoge – *8. 3. 1824 Seelscheid – †27. 10. 1893 Ronsdorf – 1849–1879 Hauptlehrer Wuppertal-Barmen – Mitglied des evangelischen Lehrervereins – Agent des Zentralausschusses „Innere Mission".
A. Reble in RGG 2 (1958), Sp. 219. – Müller-Späth, CVJM, S. 153–157.

56 Goebel, Dürselen, in: RLB 8 (1980), S. 239ff.

57 Darstellung und Zweck des Vereins zum H. Joseph in Paris, in: Katholik 2 (1822), Anhang S. XXVIII bis XXX.

58 G. de Bertier de Sauvigny, Die Kirche im Zeitalter der Restauration, in: L. J. Rogier, R. Aubert, M. D. Knowles (Hg.), Geschichte der Kirche Bd. IV, Einsiedeln/Zürich/Köln 1966, S. 327.

59 Vitus, Anfänge, S. 92.

60 Als mögliche Vermittler bzw. Hinweisgeber kommen der Görreskreis in München, der Mainzer Kreis und ihnen Nahestehende sowie wandernde Gesellen, die die Einrichtung persönlich kannten, in Frage.

61 Müller-Späth, CVJM, S. 208. – Siehe dazu auch: W. Appens, Die pädagogischen Bewegungen des Jahres 1848. Ein Beitrag zur Geschichte der Pädagogik des 19. Jahrhunderts. Elberfeld, o.J., (phil. Diss. Jena 1914).

62 Über Breuer sind wir bisher nur unterrichtet durch eine von Apologetik und Resignation geprägte Autobiographie (im Besitz von A. Schmitz-Teske, Wuppertal). Darauf beruhen auch die Arbeiten von Jorde, Breuer. – Vitus, Anfänge, S. 37–47. – Schmidt-Teske, Breuer. – Ridder, Männer, S. 11–22. – KS Bd. 1, S. 27ff., 30ff., 34, 42f., 104; Bd. 3, S. 1, 8, 57, 66, 97, 100f., 208–213, 272f. Breuer schrieb seine Autobiographie in den Jahren 1889/90, also im Alter von fast 70 Jahren. Die erste Fassung der Kolping-Biographie von Sebastian Georg Schäffer war schon zehn Jahre früher erschienen. Breuers Autobiographie umfaßt 430 Seiten und enthält auf den Seiten 266–304 u. a. einen Bericht über die Gründung des Gesellenvereins in Elberfeld. Teile davon – 30 Jahre nach den Vorgängen niedergeschrieben – waren auf Bitte von Schäffer entstanden und von ihm auch in seiner Kolping-Biographie verwertet worden. Unmittelbar nach Breuers Tod begann man mit einer Teilveröffentlichung, in: Mitteilungen 1897, Heft 3, Sp. 105–110 u. 1897, Heft 4, Sp. 119–122.

Zum Umfeld siehe: R. Schenda, Autobiographien erzählen Geschichten, in: Zeitschrift für Volkskunde 77 (1981), S. 67–87. – H. Meyer, Das Selbstverständnis des Volksschullehrers in der zweiten Hälfte des 19. Jahrhunderts (1850–1880), Münster 1865 (phil. Diss.). – J. Melchert, Schulmann und Schulalltag (Untersuchungen zur Schulwirklichkeit im 19. Jahrhundert Bd. 1), Bonn 1969.

63 Jorde, Breuer, S. 34.

64 A.a.O., S. 15.

65 Siehe dazu: Zimmermann, Lehrerbildung, S. 249–260. – Über von den Driesch: a.a.O. S. 250f.

66 AEK, CR 11,7.

67 Breuer, Autobiographie, S. 234.

68 Jorde, Breuer, S. 46f.

69 A.a.O., S. 8.

70 A.a.O., S. 22.

71 Breuer, Festschrift Parlament, S. 8.

72 Breuer, Festschrift Parlament, S. 13.

73 Jorde, Kirchengemeinden, S. 222.

74 Breuer, Festschrift Parlament, S. 10.

75 Breuer, Mädchenverein, S. 31ff. u. S. 43ff.

76 Protokoll vom 26. 11. 1847, in: KS Bd. 1, S. 104f.

77 Breuer, Mädchenverein, S. 74.

78 Jorde, Kirchengemeinden, S. 223.

79 H. Lepper, Peter Joseph Schings (1837–1876) und die „Christlichsocialen Blätter“, in: AHVN 191 (1988) S. 31–114.

80 E. Gatz, Kirche und Krankenpflege im 19. Jahrhundert. Katholische Bewegung und karitativer Aufbruch in den preußischen Provinzen Rheinland und Westfalen, München/Paderborn/Wien 1971, S. 543.

81 Kolping, Rede 8. 10. 1851, in: KS Bd. 3, S. 261.

82 Siehe dazu: Fenske, Vormärz und Revolution. – K. Obermann, Die deutschen Arbeiter in der Revolution von 1848, (Ost-)Berlin [2]1953. – K. Repgen, Märzbewegung und Maiwahlen des Revolutionsjahres 1848 im Rheinland (Bonner Historische Forschungen 4), Bonn 1955. – K. Goebel/M. Wichelhaus, Aufstand der Bürger. Revolution 1849 im westdeutschen Industriezentrum, Wuppertal 1974. – W. Schwentker, Konservative Vereine und Revolution in Preußen 1848/49, Düsseldorf 1988.

83 Kolping, Gesellenhospitium (6), in: KS Bd. 4, S. 29f. – Bereits zwei Jahre vor der Veröffentlichung des Kommunistischen Manifestes hatte Papst Piux IX in der Enzyklika „Qui pluribus“ vom 9. November 1846 Kommunismus und Liberalismus verurteilt. Pii IX Pontificis maximi Acta, 7 Bde., Roma 1854–1875, hier Bd. 1, Roma 1854, S. 4–24.

84 Kolping, Politisches Tagebuch, in: RV 9 (1862), S. 296.

85 Siehe dazu: Illner, Bürgerliche Organisation. – Jorde, Gesellenverein. – Vitus, Anfänge. – KS Bd. 1–5 (Register). – RK 4 (1847), Sp. 303; 5 (1848), Sp. 9–23. – FS 1 (1851), S. 7, 102, 146, 193; 2 (1852), S. 132, 159; 3 (1853), S. 169, 205.

RV 1 (1854), S. 383, 555; 3 (1856), S. 543, 589, 767; 4 (1857), S. 511, 573, 623; 5 (1858), S. 558; 6 (1859), S. 783; 7 (1860), S. 447.

Mitteilungen 1863, Heft 1, Sp. 26–28.

86 „Mitteilungen über die Entstehung des Katholischen Gesellenvereins im Jahre 1846 zu Elberfeld“, Thiel an Schäffer 14. 2. 1879, zitiert nach: Ridder, Thiel, Männer, S. 24. Siehe dazu auch: Mitteilungen 1891, Heft 20, Sp. 578.

Joseph Thiel – * Naselwitz/Schweidnitz – † nach 1896 – Schreiner – 7. 8. 1842 Ankunft Elberfeld – 1843 Mitglied „Arme-Kranken-Verein" – 3. 2. 1846 Geschäftsgründung – 3. 1849 fertigte für Kolping zum Abschied einen Sessel mit Inschrift: „Unserem verehrten Präses, dem hochw. Herrn Kaplan Adolph Kolping. Gewidmet vom katholischen Jünglings-Verein zu Elberfeld".
Breuer, Autobiographie, passim. – Jorde, Gesellenverein S. 9, 25, 37. – Vitus, Anfänge, S. 48. – Ridder, Männer, S. 23–28. – Bild: Ehrentafel GV Elberfeld, 14. 9. 1873.
KS Bd. 1, S. 26, 28, 32.
87 Breuer, Festschrift Parlament S. 10.
88 Fritz Kamp – * 1820 Vollmarshausen – † 1877 Lippstadt – Schreiner – Gründer GV Lippstadt.
Breuer, Autobiographie, passim. – Steinke, Kolping, S. 40.
Georg Gerlach – * Stadtberge/Marsberg – † 1878 Lippstadt – Schreiner.
Breuer, Autobiographie, passim. – Steinke, Kolping, S. 158.
Über Heinrich Rüther sind bisher keine weiteren Daten ermittelt.
89 Jakob Ermekeil, * Elberfeld – † nach 1892 – Seidenweber – später Buchhändler und Antiquar – Gründer des „Arme-Kranken-Vereins" zu Elberfeld – 8. 11. 1849 Vorsteher und Kassierer GV Elberfeld – 1851 Teilnehmer an Generalversammlung – 1896 Festrede 50. Stiftungsfest GV Elberfeld – Freund Breuers.
Breuer, Autobiographie, passim. – KS Bd. 1, S. 30, 32, 34; Bd. 3, S. 66, 272f. – Jorde, Gesellenverein, S. 9, 15, 19f., 24.
90 Breuer, Autobiographie, S. 271.
91 Jorde, Gesellenverein, S. 11.
92 Breuer, Autobiographie, S. 266.
93 Vgl. Breuer, Denkschrift, in: KS Bd. 3, S. 1–8, hier besonders: S. 3.
94 Jorde, Gesellenverein, S. 14f.
95 Mitteilungen 1863, Heft 1, S. 26. – Siehe dazu: KS, Bd. 1, S. 26–34, Ein- und Ausgabenbuch.
96 Jorde, Gesellenverein, S. 10.
97 Breuer, Denkschrift, in: KS Bd. 3, S. 1–8. – Zur Genesis der Denkschrift und zur Konstituierung des Vereins siehe auch: Vitus, Anfänge, S. 48–57.
98 KS, Bd. 3, S. 3f.
99 Breuer, Autobiographie, S. 268.
100 Undatierter Brief Breuers an Jorde (vor 23. 8. 1896), Original PfA Elberfeld, St. Laurentius, und etwas geänderte Fassung in: Breuer, Autobiographie, S. 294f.
101 Breuer, Autobiographie, S. 388.
102 Breuer, Denkschrift, in: KS Bd. 1, S. 1–8.
103 Kolping, Predigt, 27. 8. 1847, in: KS Bd. 3, S. 12–19, und Artikel in RK, in: KS Bd. 3, S. 41–44. – Siehe auch: RK 5 (1848), Sp. 8.
104 Aufnahmediplom Elberfeld, in: Vitus, Anfänge, S. 75f.
105 RV 1 (1854), S. 555.
106 Die Mitteilungen 1863 geben Sp. 26, den 26. 8. 1846, als Tag der Gründung an; in den Mitteilungen 1872, Sp. 119, ist es der 30. 8. 1846.
Breuer schreibt in seiner Autobiographie, S. 326: „Übrigens war der junge Verein schon vom 14. August 1846, der ersten Versammlung nach dem Laurentiusfeste, an in praxi das, was später (November 1846) in optima forma wurde, so daß man die wirkliche Begründung mit vollem Recht vom Feste der h. Schutzengel 1846 an datieren darf, an welchem Feste der Elberfelder Verein alljährlich seine Stiftungsfeier begeht." Zum erst nach Kolpings Tod entstandenen Streit um die Elberfelder Gründung siehe: F. Lüttgen, Der Streit um die Gründung des Elberfelder Gesellenvereins, in: Zeitschrift des Bergischen Geschichtsvereins 94 (1989/90), S. 97–123.
107 Breuer, Autobiographie, S. 269.
108 Rede von Pfr. Steenaerts am 17. 6. 1886 in Aachen. Abschrift im PfA Elberfeld, St. Laurentius. – Siehe auch: Vitus, Anfänge, S. 64.
109 Erklärung der „Alten Garde" vom 4. 10. 1890. Original im PfA Elberfeld, St. Laurentius. Siehe auch: Jorde, Gesellenverein, S. 21–23.
110 Grus, Geschichte und Ausbreitung, S. 3–5.
111 Vitus, Anfänge, S. 52.
112 Grus, Geschichte und Ausbreitung, S. 5.
113 Besonders: Breuer, Autobiographie, S. 283.

114 Schäffer, in: RV 26 (1879), S. 324f. – Jorde, Gesellenverein, S. 33f. – Vitus, Anfänge, S. 85ff.

115 Breuer, Autobiographie, S. 304.

116 Breuer, Denkschrift, in: KS Bd. 3, S. 1–8. – Satzung, S. 4–8; hier: S. 4, bes. Anm. 3 + 4. – Sperrungen vom Verfasser.

117 Satzung 1. 1. 1847, in: KS Bd. 3, S. 8–11; hier: S. 9.

118 Kolping, Gesellenverein, in: KS Bd. 3, S. 61–66, Satzung, hier: S. 61. – Scheidt, Marzellengymnasium, S. 42, hat versucht aufzuzeigen, daß „die aus der Persönlichkeit Kolpings herstrahlenden Kräfte, die Statuten, die ‚Magna Charta' des Vereins beleben und siegesgewiss über alle Hindernisse hinwegtragen" würden. – In den Satzungen des Gesellenvereins verbinden sich monarchisch-„präsidiale" und demokratische Elemente. Das zeigt auch ein Diskussionsbeitrag auf der Würzburger Generalversammlung, der „jeden Schein von hierarchischen Gelüsten" vermeiden wollte. KS Bd. 5, S. 330.

119 KS Bd. 1, S. 27.

120 KS Bd. 1, S. 27, 29, 32, 34.

121 Kolping, Rede, 8. 10. 1851, in: KS Bd. 3, S. 260.

122 Mitglieder des katholischen Gesellenvereins in Wuppertal-Elberfeld zur Zeit der Vereinsgründung (1845–1847).
Original: Breuer, Autobiographie, nach S. 401. – Druck der Namensliste in: Jorde, Gesellenverein, S. 24f. – Hier ergänzt um Berufs- und Herkunftsangaben sowie zu ermittelnde Lebensdaten.

1. Balsiepen, Karl
† vor 1896, Weber
2. Balzer, Anton
* Schmalenberg – † vor 1896, Schuhmacher
3. Baudri, Aloys
* 1829 – † 1858, Kreisassistent
4. Böttger, Friedrich
5. Brüssermann, Joseph
* Levringhausen/Waltrop – † vor 1896, Faßbinder
6. Demandt, Carl
† nach 1896, Zeichner
7. Dickmann, Michael
8. Ermekeil, Jakob
* Elberfeld – † nach 1892
Seidenweber, später Buchhändler
9. Erwes, Johann (Theodor)
† vor 1896, Schreiner
10. Frey, Gottfried
11. Fuhr, August
* Elberfeld – † vor 1896, Weber
12. Gerlach, Georg
* Stadtberge – † 1878 Lippstadt, Schreiner
13. Grote, Theodor
† vor 1896, Schmied
14. Grote, Theodor, Schuhmacher
15. Grünewald, Anton
16. Grus, Heinrich
* 1820 Elberfeld – † nach 1896, Weber
17. Grus, Karl
18. Grus, Robert
* Elberfeld, Weber
19. Gumpertz, Franz
* Köln, – † nach 1896, Tapezierer u. Polsterer
20. Herken, August
21. Herken, Heinrich
22. Hunke, Gerhard
23. Isert, August
24. Kamp, Fritz
* Volmarshausen 1820 – † 1877,
Schreiner, Lippstadt
25. Keimer, Franz
26. Kellermann, Wilhelm
27. Klassing, Josef
28. Klein, August
29. Kneer, Engelbert
* Werl – † vor 1896, Seiler
30. Kneib, Joseph
31. Kohaupt, Martin, * Warburg
32. Kramer, Johannes
* Naumburg – † vor 1896, Schreiner
33. Kruse, Johann
34. Landsmich, Joseph
35. Loberz, Joseph
36. Maassen, Fritz
37. Martin, Julius
* 1828 Elberfeld – † 1903, Seidenweber
38. Michelkens, Joseph
39. Mott, Theodor
40. Nießen, Bernhard
41. Niggemann, Albert
* Laitmahr/Stadtberge – † vor 1896, Schuhmacher
42. Niggemann, Wilhelm
* Laitmahr/Stadtberge – † vor 1896, Schuhmacher
43. Reiter, Josef
44. Rennefeld, Jakob
45. Rohde, Christian
46. Rothert, Josef
47. Rüter, Bernhard
* Schermbeck/Wesel – † vor 1896, Schreiner
48. Rüter, Heinrich
* Schermbeck/Wesel – † vor 1896, Schreiner
49. Sänger, Joseph
50. Schäferhof, Franz
† vor 1896, Schuhmacher

51. Schmitz, Franz
† vor 1896, Schreiner
52. Schnettelker, Wilhelm
53. Schuster, Vitus
† vor 1896, Schuster
54. Soons, Mathias
55. Thiel, Joseph
* Naselwitz – † nach 1897, Schreiner
56. Wecker, Karl
57. Werner, August
58. Wurm, Peter
59. Wüsthoff, Karl

123 Heinrich Grus – * 1820 Elberfeld – † nach 1896 – Weber – 12 Jahre Senior GV Elberfeld – 1851 u. 1853 Teilnehmer an Generalversammlungen. – Von ihm sind erhalten:
1. Erinnerung und Betrachtung des katholischen Gesellenvereins. Zum 50jährigen Jubelfeste desselben 1896. Manuskript im Pfarrarchiv St. Laurentius, Wuppertal-Elberfeld.
2. Kurzgefaßte Geschichte der Ordnung und Ausbreitung des katholischen Gesellenvereins, geschrieben 1896/97 (Kopie im ADK).
Breuer, Autobiographie, passim. – KS Bd. 1, S. 32; Bd. 3, S. 66, 210 u. 272f. – Jorde, Gesellenverein, S. 24. – Vitus, Anfänge, S. 56f. – Bild: Ehrentafel GV Elberfeld 14. 9. 1873.

124 Julius Martin – * 1828 – † 27. 12. 1903 Elberfeld – Seidenweber – 8. 11. 1846 1. Assistent GV Elberfeld – 3. 1849 hält Abschiedsrede für Kolping – 1850 Teilnehmer 1. Generalversammlung.
Breuer, Autobiographie, passim. – KS Bd. 1, S. 32; Bd. 3, S. 66 u. 101. – RV 26 (1879), S. 403f. – Jorde, Gesellenverein, S. 15, 37f. – Ridder, Lebensbilder, S. 22 bis 26.

125 Christlicher Stadt- und Landbote, Köln, vom 18. 4. 1849, Nr. 10.

126 Diese Anregung griff Kolping auf. Er selbst nannte in den Statuten des Gesellen-Vereins zu Köln, Köln 1850, S. 4, den Präses „Vater des Vereins". – Über den Präses als „Vater des Vereins" siehe auch: Mitteilungen 1863, Heft 1, S. 4. – Die Bezeichnung „Gesellenvater" wurde auf den Generalversammlungen der katholischen Vereine schon zu Lebzeiten Kolpings verwendet. Vgl. dazu: Verhandlungen Wien, S. 141.

127 Zeugnis von Kolping für Martin Kohaupt vom 31. 1. 1848, Fotokopie im ADK Nr. B 16.

128 Franz Gumpertz – * Köln – † nach 1896 – Polsterer u. Tapezierer – Mitglied GV Elberfeld und 5. 11. 1849 GV Köln – 1850, 1851 u. 1853 Teilnehmer an Generalversammlungen – Wohnung: Köln, Follerstr.
Breuer, Autobiographie, passim. – RV 26 (1879), S. 339 u. 390. – Jorde, Gesellenverein, S. 24. – KS Bd. 1, S. 42f.; Bd. 3, S. 96, 101, 272f. – Hauptbuch, S. 4. – Adreßbücher Köln. Bild: Ehrentafel GV Elberfeld 14. 9. 1873.

129 Johann Laurenz Aloys Baudri, * 6. 5. 1829 Elberfeld – † 4. 1. 1858 Elberfeld – Kreis-Assistent Landratsamt Elberfeld – Mitglied GV Elberfeld – Sohn von Laurenz Baudri (1806–1838) und Antoinette Behrendorf.
Breuer, Autobiographie, passim. – Jorde, Gesellenverein, S. 24. – Baudri, Tagebücher zum 6. 9. 1855, 11. 4. 1857 u. 5./6. 1. 1858. – Totenzettel, Privatbesitz. – Linn, Baudri, S. 106.

130 Jorde, Gesellenverein, S. 10.

131 Breuer, Autobiographie, S. 269f.

132 Breuer, Autobiographie, S. 295. – Hier liegen die Ursprünge für die Tradition in vielen Gesellenvereinen, den Montagabend als Vereinsabend besonders zu gestalten.

133 Entwürfe oder Notizen der Vorträge Kolpings über die Geschichte des Handwerks oder über die berufliche Wanderschaft liegen aus der Elberfelder Zeit nicht vor. Zu Kolpings Reisen vor der Elberfelder Zeit siehe: KS Bd. 1, S. 110–208.

134 Vitus, Anfänge, S. 64, Anm. 219 und Breuer, Autobiographie, S. 330. – Breuer nennt 8 Stimmen Mehrheit bei ca. 100 Wählern.

135 Breuer, Autobiographie, S. 300f.

136 Jorde, Kirchengemeinden, S. 225.

137 A.a.O., S. 226.

138 RK 4 (1847) Heft 8, Sp. 301–307. – Siehe dazu: Breuer, Gemeinde, S. 7.

139 Kolping, Predigt, 27. 8. 1847, in: KS Bd. 3, S. 12–19; hier: S. 16.

140 Kolping, Ein Wort über Volksvereine und der „Katholische Jünglingsverein zu Elberfeld" in: KS Bd. 3, S. 19–31, hier: S. 28f.

141 Kolping an Döllinger, 29. 11. 1848, in: KS Bd. 2, S. 115. – Siehe dazu: Conzemius, Kolping – Döllinger.

142 W. Köllmann, Soziale Fragen und soziale Bewegungen, in: W. Först (Hg.), Das Rheinland in preußischer Zeit, Köln/Berlin 1965, S. 147.

143 Kolping, Gesellenverein, in: KS Bd. 3, S. 44–68; hier: S. 56.

144 Kolping an Döllinger, 29. 11. 1848, in: KS Bd. 2, S. 115.

145 Grus, Erinnerungen, S. 7.

146 Breuer, Festschrift Mädchen-Verein, S. 35. – Siehe auch Breuer, Autobiographie, S. 267.

147 Der Artikel „Ein Abschied von Elberfeld“, in: Christlicher Stadt- und Landbote 1847 Nr. 10, Sp. 2f., der weder Breuer noch Kolping mit Sicherheit zugeschrieben werden kann, hilft bei der Lösung dieses Problems nicht weiter. – Die Rede Martins ist mehrfach abgedruckt: RV 26 (1879) S. 403f. – Schäffer, Kolping I, S. 403f. – Vitus, Anfänge, S. 66f. – KS Bd. 1, S. 307f. – Breuer, Bemerkungen zu dem Memorandum von Herrn H. Grus. Original im PfA St. Laurentius, Wuppertal-Elberfeld. Im undatierten Brief Breuers an Jorde (im gleichen Archiv) schrieb er, nicht „Gründer“ sondern „Stifter“ sei nachträglich eingefügt worden. Siehe dazu auch das Gedicht: „Seiner Hochehrwürden, unserem allverehrten und vielgeliebten Präses, Herrn Kaplan Adolph Kolping, bei seinem Abschiede von hier im März 1849 aus dankbarer Liebe gewidmet vom katholischen Junggesellenverein in Elberfeld“. – Rider, Kolping, S. 44f.

148 Breuer, Festschrift Mädchen-Verein, S. 50. – Breuer, Autobiographie, S. 3. – Die Formulierung „Gottes Werk“ taucht in vielen Gründungsberichten religiöser Genossenschaften des 19. Jahrhunderts auf.

149 Breuer, Festschrift – Mädchen-Verein, S. 45.

150 Breuer, Autobiographie, S. 267.

151 Mitteilungen 1863, Heft 1, Sp. 26–28, hier: Sp. 26.

152 Kolping, Der Gesellen-Verein und seine Aufgabe, in: VO. Beilage zum RK 3. 11. 1850, in: KS Bd. 3, S. 102f.

153 Kolping, Rede 6. 10. 1851, in: KS Bd. 3, S. 257. Siehe auch: a.a.O., S. 107 u. 318.

154 Kolping, Rede 23. 2. 1858, in Breslau, in: KS Bd. 5, S. 335.

155 Das siebente Stiftungsfest des Elberfelder Junggesellen-Vereins, in: FS 2 (1852), S. 159f., hier: S. 160.

156 Breuer, Autobiographie, S. 271f.

157 Kolping, Gesellenverein-Aufgabe, in: KS Bd. 3, S. 104.

158 Wothe, Kolping als Seelsorger, S. 8.

159 Ludwig Theodor Sasse, Kaufmann.
* 1814 Elberfeld, später in Köln wohnhaft.
Jorde, Gesellenverein, S. 10. – Steinke, Kolping, S. 158. – KS Bd. 2, S. 204.
Karoline Sasse geb. Berghaus
* 1818 Paderborn – † 22. 9. 1901 Köln.
HAStK Sammlung Bayer. – Steinke, Kolping, S. 158.
Johann Gottfried Deycks, Justizrat
* ca. 1803 – † 13. 7. 1880 Elberfeld – Dr. iur. – Schäffer benutzte seinen Briefwechsel mit Kolping.
Schäffer, Kolping II, S. 93. – RV 27 (1880), S. 504f. – KS Bd. 1, S. 104.
August Sandkuhl, * 1810 – † 14. 5. 1854 Köln – Lehrer im GV Köln – 10. 9. 1853 Ökonom im Hospiz – Förderer des GV Elberfeld.
Jorde, Gesellenverein, S. 26. – RV 1 (1854) S. 126.

160 Eine Begegnung mit Adolph Kolping von K. von Zuccalmaglio – Kölnische Volkszeitung Nr. 581 vom 27. 7. 1919. (Fotokopie im ADK Nr. C 32).
Kunigunde von Zuccalmaglio – * 8. 11. 1837 Haus Blech/Paffrath – † 9. 3. 1922 Mönchengladbach – Tochter von Vincenz – 31. 5. 1860 Justizrat Leopold Kamp, Grevenbroich (1832–1894).
HAStK Totenzettel.
Bestätigt wird dieser Bericht von einer Schwester der Genannten, jedoch mit der Jahresangabe 1855, die wegen der inhaltlichen Aussagen aber nicht zutreffend sein kann:
E. Yeo (Hg.), Es grüßt dich dein getreuer … Handgeschriebene Briefe aus 4 Generationen der Familie von Zuccalmaglio, Leverkusen/Waldbröl o.J. (1986?), S. 7 u. 98. – Dort auch nähere Angaben über die genannten Personen.
Zur Familie Schöningh siehe:
L. Schöningh, Die Geschichte der Familie Schöningh und die Gründung von Schöninghsdorf, in: Jahrbuch des Emsländer Heimatvereins 8 (1961) S. 57–72.

161 Vinzenz von Zuccalmaglio, Rückblicke und Bekenntnisse. Aufzeichnungen aus Vinzenz Zuccalmaglios Nachlaß, Burscheid 1927, S. 46.
Vincenz (Jakob) von Zuccalmaglio – * 26. 5. 1806 Schlebusch – † 21. 11. 1876 Grevenbroich – 17. 1. 183[illegible] Gertrud de Caluwé (1809–1891) – 1831 Referendar Köln u. Bensberg – 1848 Notar Hückeswagen – 185[illegible] Notar Grevenbroich.

Anton Wilhelm Florentin von Zuccalmaglio (1803–1869) war ein bekannter Schriftsteller, Volksliedersammler und Privatgelehrter.
I. Schnorrenberg, in: ADB 45 (1900) S. 457 ff.; 469 ff. – W. Kosch, Deutsches Literatur-Lexikon, Bd. 4 (1958) S. 3552.

162 Johann Peter Heinrich Giesen, * 28. 9. 1797 Hückeswagen – † 1. 3. 1892 – 16. 4. 1833 Priesterweihe – Pfarrverwalter Cronenburg – 1843 Pfarrer Hückeswagen – 1853 Gründerpräses Hückeswagen.
AEK, Priesterkartei.

163 Das Bild befindet sich im Generalsekretariat des Kolpingwerkes in Köln. Es ist 10 cm hoch, 8,4 cm breit und von Asselborn signiert.

8. Domvikar und Rektor in Köln (1849–1865)

Kolping hatte sich als Kaplan in Elberfeld nicht sonderlich wohlgefühlt, aber die Bedeutung der Elberfelder Gründung des Gesellenvereins richtig erkannt. Darum bemühte er sich um eine Versetzung nach Köln, das in jenen Jahren an wirtschaftlicher Bedeutung nur gewinnen konnte und seit 1848 immer mehr zu einem Zentrum katholischen Lebens in Deutschlands wurde.

Kolping wählte Köln nicht nur, weil die Metropole des Westens, mit einer alten katholischen Kultur und Tradition, einen guten Boden für das Unternehmen bot, sondern auch, weil er die Stadt aus seiner Gesellen- und Schulzeit kannte und über notwendige private Kontakte verfügte. Wenn sich auch in den Quellen keine konkreteren Anhaltspunkte finden, werden Kolpings Verbindungen zu Dieringer und Baudri zum Erfolg seines Vorhabens beigetragen haben[1].

Domvikar

Die Ernennung zum Domvikar in Köln zum 15. März 1849 traf ihn sicher nicht überraschend[2], denn Generalvikar Baudri hatte sie bereits am 1. Februar dem Erzbischof vorgelegt[3].

Zu den Aufgaben des Domvikars gehörten die Unterstützung des fast 70jährigen Dompfarrers Johann Heinrich Filz und der Predigtdienst[4]. Der Kölner Dom, seit Jahren im Blickfeld der deutschen Öffentlichkeit[5], war nicht nur die Kathedrale des Erzbistums, sondern auch eine der Pfarrkirchen der Kölner Innenstadt. Den zur Dompfarrei gehörenden etwa 4500 Gläubigen stand eine ausreichende Zahl von Priestern für die Seelsorge zur Verfügung. Der Aufstieg Kolpings vom 8. zum 5. Domvikar war keine persönliche Leistung, sondern Folge von Todesfällen oder Versetzungen[6]. Die zusätzlichen Tätigkeiten als Aktuar am Kirchlichen Gericht und als persönlicher Kaplan von Weihbischof Baudri boten ihm schon tiefere Einblicke in die kirchliche Verwaltung und auch in die pfarrübergreifende Seelsorge[7]. Das Amt des bischöflichen Kaplans führte ihn als Begleiter des Weihbischofs auf dessen Firmungsreisen bis zum Jahre 1862 durch das gesamte Erzbistum.

Vor dem von Erzbischof Geissel im Jahre 1848 errichteten Offizialat wurde „die gerichtliche Behandlung und Entscheidung der Erzdiözese bezüglich der Disziplinar- und Ehesachen vorkommenden Streitigkeiten“ verhandelt[8]. Zu einem der Beamten dieses Gerichtes wurde Kolping am 26. April 1849 ernannt und am folgenden Tag in Anwesenheit von Erzbischof Geissel vor Kruzifix und brennenden Kerzen vereidigt[9].

Am 30. Dezember 1850 erhielt Kolping seine Berufung zum Apostolischen Notar[10]. In diesem Amt führte er ein eigenes Dienstsiegel[11]. Die Genehmigung zu dieser Ernennung aus Rom war schon ein halbes Jahr früher eingetroffen, aber Geissel hatte sie aus ungeklärten Gründen mehrfach verschoben[12].

Offizialatssiegel

Erzbischof Geissel

Kolping hatte seinen Erzbischof persönlich in Elberfeld kennengelernt.

Die feierliche Inthronisation von Erzbischof Johannes von Geissel fand im Januar 1846 im Kölner Dom statt. Das Amt des Koadjutors des von der preußischen Regierung abgesetzten Erzbischof Droste-Vischering hatte der bisherige Bischof von Speyer schon am 4. März 1842 übernommen.

Im Mainzer Priesterseminar, das damals den Studierenden eine theologisch-konservative und religiös-innerliche Haltung mitgab, hatte er seine theologische Ausbildung genossen. Neuerungen in Kirche und Theologie stand er ausgesprochen skeptisch gegenüber. Die hermesianische Strömung lehnte er rundweg ab und machte aus dieser Abneigung keinen Hehl. Die Monarchie sah er als gottgewollte Staatsform an, demokratische Ideen lagen ihm fern[13].

Seine Romtreue und seine Haltung zur päpstlichen Unfehlbarkeit hatte er bereits in einem Hirtenbrief vom 25. Januar 1847 mit aller Klarheit betont[14]. Seit der Würzburger Bischofskonferenz im Jahre 1848 war der energische Geissel der unbestrittene Führer unter den deutschen Bischöfen. Am 30. September 1850 berief Pius IX. ihn in das Kardinalskollegium.

Die Schriftstellerin Fanny Lewald (1811–1889) berichtete von einem Besuch im erzbischöflichen Haus:

„Der Erzbischof von Geissel mag gegen fünfzig Jahre oder wenig darüber alt sein. Er ist groß und von stattlicher Fülle. Sein volles Gesicht erinnert mit den feinen und scharfen Formen an die Bourbons; der Mund ist klein, bestimmt in der Form und sehr angenehm in der Bewegung; auch die Bewegung der schönen Hände durchaus edel. Er trug den langen Rock der Monsignori, die rote Sammetkappe, kleine Päffchen, ein Kreuz von Gold an schwerer goldener Kette um den Hals, den Fischerring am Finger. Nach den ersten Begrüßungen kamen wir auf die Zeitereignisse zu sprechen. ... Sobald die Geldmittel erschöpft sind, muß eine gefährliche Krisis eintreten. Die sozialen Elemente sind aufgerüttelt, sind in Gährung; alles Bestehende in Frage gestellt. Die Beruhigung der Zustände, die Lösung der Fragen wird nicht von einzelnen ausgehen. Ereignisse wie die Völkerwanderung werden eine radikale Umwälzung, eine neue Weltordnung erzeugen! ... Herr von Geissel macht den Eindruck eines Kirchenfürsten und ist, wie die ganze höhere katholische Geistlichkeit, wohl zu Hause auf Erden“[15].

Ein Insider beurteilte seinen Vorgesetzten kurz und knapp:

„Der Herr Kardinal fragt nach niemandem als nach dem lieben Gott, und dann geht er durch. Das muß man denn von ihm lernen“[16].

Auf dieser Basis waren die Beziehungen Kolpings zu seinem Erzbischof keineswegs ungetrübt[17].

Geissel besuchte zwar mehrfach den Kölner Gesellenverein. Empfehlend wies er auch die preußische Regierung und Papst Pius IX. auf diese Gründung hin. Und der Chor des Gesellenvereins brachte dem Erzbischof gelegentlich ein Ständchen[18]. Die Feststellung Baudris aber, Kolping habe „sich auch in seinen weitreichenden Bestrebungen für das Wohl des Handwerkerstandes des besonderen Rates und Schutzes des Erzbischofs“[19] erfreuen können, sah Kolping selbst differenzierter:

„Nun, an Verdruß und Ärger fehlt es nicht, aber vorgestern habe ich gegen den Geheimsekretär der Eminenz ... denn auch einmal meinen *Zorn* ausgelassen, wie er in seinem Leben keinen ausgehalten. ... Gut, daß ich einmal die Brecheisen eingesetzt. Gestern erhalte ich von Rom Nachricht, daß – nun, daß die Eminenz an allem Schuld sei aus purer Trägheit und man gar nicht begreife, wie's komme. Ich werde die *Wahrheit* nach Rom schreiben“[20].

Nicht nur für das Kölner Umfeld, sondern weit darüber hinaus waren Kolpings Kontakte zu den engen Mitarbeitern Geissels, nämlich Baudri, Benger, Meurin und dem letzten Geheimsekretär Geissels, Dumont, von großer Bedeutung[21].

Die Fastenhirtenbriefe von Kardinal Geissel druckte Kolping regelmäßig in den Rheinischen Volksblättern ab. Im Mai 1855 veröffentlichte er den von Geissel gedichteten „Hymnus auf die unbefleckte Jungfrau“ als Übersetzung aus dem Lateinischen[22].

Den Totenzettel seines verstorbenen Oberhirten bewahrte Kolping in seinem Brevier auf. Und im Jahre 1865 machte er mit einem 1842 von Geissel verfaßten Gedicht Werbung für die Restaurierung der Minoritenkirche[23].

Domkapitel

Seit Oktober 1843 war Johann Anton Baudri Mitglied des Kölner Domkapitels. Drei Jahre später übernahm er das Amt des Generalvikars. Der erste Brief, den Kolping an ihn noch in dessen Eigenschaft als Sekretär Geissels am 9. Januar 1846 schrieb, sprach von „gütigem Vertrauen", das „seit geraumer Zeit" bestehe[24].

Am 25. Februar 1850 empfing Baudri in Köln durch Geissel die Bischofsweihe. Zusätzlich leitete er von 1853 bis 1863 als Domdechant das Domkapitel, weil das Amt des Dompropstes wegen Schwierigkeiten mit der Regierung nicht besetzt werden konnte. Der ultramontane und ehrgeizige Vertraute Geissels hatte aber bei seinen Mitkapitularen als Weihbischof und Generalvikar keinen leichten Stand. Kolping als sein engster Mitarbeiter war natürlich von den Animositäten gegen seinen Vorgesetzten mit betroffen. Zudem brachte dieses Gremium älterer, im Dienste von Kirche und Staat bewährter Kleriker auch für das ungewöhnliche seelsorgliche Anliegen des neuen Domvikars kein besonderes Verständnis auf. Leider ist die Hauptquelle, das Protokollbuch des Domkapitels für diesen Zeitraum, im zweiten Weltkrieg vernichtet worden. Ein Teil des Kapitels hat sich für Kolping und seinen Verein sicher nicht interessiert. Von ihm wurde „die ganze Gesellensache als Schwindel betrachtet, der kein Vorschub zu leisten sei"[25].

Von den Kapitularen gehörten Johann Jakob Broix und schon früher Gottfried Strauß zu den eifrigen Förderern des Gesellenvereins, während Johann Wilhelm Frenken ihm eher ablehnend gegenüberstand[26]. Baudri war Kolping und seiner Gründung jedenfalls sehr gewogen und gab seinem Kaplan für dessen Arbeit größtmöglichen Freiraum. Bei der Gründung des Gesellenvereins stellte er sich als Mitglied des Schutzvorstandes zur Verfügung. Er leistete diesen Dienst bis zur Übernahme des Weihbischofsamtes. Im Februar 1850 übernahm dann sein Bruder Friedrich dieses Amt[27].

Auch die privaten Kontakte zwischen Weihbischof und Gesellenpräses sprechen eine deutliche Sprache. Kolping nannte ihn liebevoll spöttisch „kleine Eminenz".[28] So war Kolping regelmäßiger Gast beim Weihbischof wie auch bei dessen Bruder Friedrich[29].

Es wird berichtet, daß der Weihbischof auch mit Kolping zur Kur nach Ostende fuhr. Baudri spendete fünfzig Taler für das Hospiz und zeigte sich auch sonst an der Arbeit des Gesellenvereins sehr interessiert. Man wird sagen können, daß ohne Baudris äußerst großzügige Förderung Kolping sowohl im deutschen Katholizismus als auch in der eigenen Diözese auf größere Widerstände gestoßen wäre. Der Weihbischof hat seinem Mitarbeiter, wo immer er konnte, Wege eröffnet, Kontakte vermittelt und Hilfen geboten. Durch ihre ultramontanen Überzeugungen waren die beiden Männer verbunden, sie hatten ähnliche Interessen und gemeinsame Freunde.

Cholera

Kolping war erst wenige Wochen in der Stadt, als in Köln eine Cholera-Epidemie ausbrach. Das Bürgerhospital war die städtische Pflegeanstalt für die an der Seuche Erkrankten. Die Chronik der Schwesterngenossenschaft, die im Bürgerhospital die Hauptarbeit leistete, berichtet dazu: „Im Juli ... wurde ein Cholera-Kranker ins Hospital gebracht. ... Ungefähr 14 Tage später kamen mehrere Fälle vor, welche ins Hospital gebracht wurden. Von da an trat die Cholera epidemisch auf. Bis in die erste Hälfte des Monats September wütete sie sehr, besonders Ende August. Am 28. August hatten wir 29 Choleraleichen. Im ganzen wurden über 900 gepflegt, wovon über die Hälfte genasen. Vom 6. Juli bis zum 9. November starben an der Cholera hier im Hospital 468. Der hochw. Herr Adolph Kolping ... half Herrn Rektor Marcus in der Seelsorge aus“[30].

Kolping hatte sich auf Ersuchen ohne Zögern bereiterklärt, die Kranken und Sterbenden seelsorglich zu betreuen. Vom 20. August bis zum 9. Oktober hat er sich ganz dieser Tätigkeit gewidmet.

Er zeigte auch später nie eine Scheu vor dieser Krankheit[31]. Sogar von direkt Betroffenen wurde über Kolpings Hilfeleistung berichtet. Der am 28. August ins Hospital eingelieferte evangelische Kupferschmied Kurt Schneppensiefen schrieb seiner Braut am 1. Oktober 1849: „Ich läge lange schon unter dem Rasen, wenn ein gnädiges Geschick mich den guten Kolping nicht hätte kennen lassen.“ Und einige Zeit später: „Du müßtest den Kolping sehen, wie der sich für uns arme Handwerksburschen verzehrt. Bei dem ist man gut aufgenommen. Durch den habe ich einen ganz anderen Begriff von einem katholischen Pastor bekommen“[32].

Die Armenverwaltung der Stadt Köln wollte Kolping nach dem Ende dieser Tätigkeit eine Vergütung zukommen lassen. Kolping fühlte sich gekränkt und verwies die Armenverwaltung an das Erzbischöfliche Generalvikariat:

„Unerwähnt kann ich nicht lassen, daß unter obwaltenden Umständen mich die Form, mein Guthaben auf den Tag in Rechnung zu stellen, als katholischer Priester tief gekränkt hat, der ich, seit ich diesem Stande angehöre, nie im Tagelohn gestanden habe“[33].

Die entstandenen Unstimmigkeiten löste dann Generalvikar Baudri auf seine Art. Er teilte der Armenverwaltung mit, sie solle ein vorgesehenes Honorar an ihn gegen Quittung auszahlen, das er dann in geeigneter Weise übermitteln werde. „Wir glauben, daß hierdurch ... Kolping ganz zufrieden gestellt wird, um so mehr als es uns bekannt ist, daß derselbe sich entschlossen hat, dieses Honorar nicht für sich, sondern für einen wohltätigen Zweck, nämlich für den von ihm ins Leben gerufenen und fortwährend geleiteten Handwerker-Gesellenverein, zu verwenden“[34].

Zwei sozialen Einrichtungen in der Stadt Köln wandte Kolping seine besondere Aufmerksamkeit zu. Seit dem 6. November 1850 bestand in der Stadt ein Haus zur Unterbringung weiblicher Dienstboten. Das wechselvolle Geschick dieser Einrichtung veranlaßte Kolping mehrfach, sich für diese Anstalt in den Rheinischen Volksblättern zu verwenden. Er hielt es für seine Pflicht, sich um „diejenigen weiblichen Dienstpersonen, welche von außen in die Stadt kommen, um sich hier einen Dienst auszusuchen, oder in der Stadt zeitweilig dienstlos werden“ zu kümmern und für sie zu sorgen, bis sie eine andere Stelle gefunden hätten[35].

Auf Anraten Kolpings gründete eine vermögende Witwe, Anna Maria De Noel, für arme und kranke Männer katholischen Glaubens, deren Pflege Borromäerinnen aus Frankreich übernahmen, ein Krankenhaus. Es lag am Glockenring in Köln und erhielt den Namen „Städtisches St. Marienhospital, Stiftung De Noel“[36].

Aktivitäten dieser Art lassen es verständlich werden, daß Kolping auch als Kandidat für den Stadtrat vorgeschlagen wurde[37].

Theologische Erwachsenenbildung

In seiner Eigenschaft als Domvikar hielt Kolping vom November 1853 bis ins Frühjahr 1854 vor einem größeren Publikum jeweils donnerstags abends eine Vortragsreihe über die Heilige Messe. Die Vorträge müssen Anklang gefunden haben, denn gelegentlich gehörte auch Weihbischof Baudri zu Kolpings Zuhörern[38]. Das Kirchliche Amtsblatt des Erzbistums hatte diese Vorträge auch für sonntags von 11.00 bis 12.00 Uhr vormittags in der Minoritenkirche angekündigt[39]. Obwohl er gerade in dieser Zeit viel und hart arbeitete, unterzog er sich der Mühe besonderer Vorbereitungsarbeit, weil er aus der Elberfelder Erfahrung wußte, daß religiöses Wissen auch in gebildeten Schichten reichlich dürftig war.

Im Jahre 1854 war Kolping Mitglied in dem ein Jahr zuvor gegründeten Verein für christliche Kunst in Köln geworden, dessen Vorstand sein direkter Vorgesetzter Weihbischof Baudri als Präsident leitete. Kolpings Freunde, der Maler Baudri und der Religionslehrer Vosen, gehörten zu den Vorstandsmitgliedern, ebenso sein alter Lehrer Kreuser[40]. Im Sommer 1854 veranstaltete dieser Verein eine Ausstellung von altdeutschen und altitalienischen Gemälden aus Privatbesitz im Kölner Gürzenich. „Glanzstück dieser Ausstellung war das Gemälde ‚Madonna mit dem Veilchen'; ... es wurde bald als Werk Stephan Lochners identifiziert"[41]. Auch Kolping konnte aus seinem Eigentum zu dieser Ausstellung beitragen. Freilich waren es keine aufsehenerregenden Werke. Im Katalog werden aus Kolpings Besitz vier Bilder von Heiligen „auf rotem Grunde mit goldenen Rosetten aus der Schule des Meisters Wilhelm" genannt[42]. Das Amtsblatt des Erzbistums Köln hatte schon zwei Jahre früher festgestellt: „Es muß als ein erfreuliches Zeichen der fortschreitenden Bildung unserer Tage im Gebiete der Kunst angesehen werden, daß der Sinn für die alte christliche Kunst mehr und mehr geweckt und dabei das ernste Bestreben allwärts sichtbar wird, an die Stelle der unserem Kultus wenig entsprechenden oder ganz unangemessenen modernen Kunstbildungen der letzten Jahrhunderte die *reine, christliche Kunst,* wie sie in Architektur und Bildnerei des Mittelalters, insbesondere in den s[o]g[enannten] *gotischen Stile* zur höchsten Blüte sich entwickelte, wiederum hervortreten zu lassen"[43]. Kolping selbst sagte von sich, daß er im Grunde gar kein Kunstverständiger sei. Er hatte aber einen Sinn für Schönheit, Ebenmaß und Harmonie und konnte das auch in seiner theologischen Erwachsenenbildungsarbeit volksnah vermitteln[44].

Im September 1856 fand zum ersten Mal eine Generalversammlung der christlichen Kunstvereine Deutschlands in Köln statt. Auch Kolping nahm an dem Treffen teil und seine Rede fand besonderen Anklang durch „die humoristische Auffassung der Beziehungen zwischen Handwerk und Kunst"[45]. Er sah einen engen Zusammenhang von Bildung, Glauben und Kunst: „Je nachdem die Menschen sind, ihre Bildung, ja geradezu ihr *Glaube,* je nachdem wird sich die Kunst gestalten, die immer die Blüte des Volkes ist ... Wer sich über die Zeit der Aufklärung ein richtiges, vollständiges Urteil bilden will, darf durchaus nicht von der Kunst absehen, die sie zutage gefördert.... Selbst was auf kirchlichem Gebiete hervorgebracht wurde, geht immer tiefer unter aller Kritik hinunter"[46]. Wie in allen seinen anderen Arbeitsbereichen stellte er auch in der Kunstbetrachtung zunächst den Praxisbezug her. „Je voller und inniger das kirchliche Leben erblüht und sich gestaltet, um so reicher und fröhlicher erblüht aus ihm heraus auch die kirchliche Kunst, und da das kirchliche Leben auch Volksleben ist, und zwar in ausgezeichnetem Sinn, so nimmt notwendig nicht bloß das Volk teil an dieser Kunst, sondern ihre Gestaltungen gehen auch wie aus ihm hervor. Wie das katholische Leben, so die katholische Kunst, wie Leben und Kunst, so das Volk, denn es bedingt sich das alles gegenseitig"[47]. Ganz in diesem Sinne empfahl Kolping auch das Buch seines Freundes Reichensperger „Eine kurze Rede und eine lange Vorrede über Kunst" im Jahre 1862. Die Kunst soll also kein „bloßer Luxusartikel" sein, sondern „vielmehr das ganze Leben eines Volkes durchdringen, sein innerstes Eigentum, eine Art von Sprache werden muß, um in Wahrheit ihren hohen Beruf zu erfüllen. Was aber für unsern Zweck noch wichtiger erscheint, ist die Durchführung des Gedankens, daß nämlich das Handwerk sich wieder, wie in der guten alten, wahrhaft christlichen Zeit, mit Kunst möglichst durchdringen muß, wenn es nicht schal werden und dem Fabrikwesen erliegen will"[48]. Kunst nimmt für ihn immer teil an der Offenbarung, sie hat zunächst einen religiösen Bezug[49].

In diese Richtung zielt auch Kolpings Eintreten für die Errichtung einer Mariensäule in Köln aus Anlaß der Verkündigung des Dogmas von der Unbefleckten Empfängnis. Die von seinem Freund Statz entworfene Mariensäule fand ihren Platz gegenüber dem Erzbischöflichen Haus auf der Gereonstraße. Heute befindet sie sich in einer kleinen Grünanlage in der Nähe der Gereonskirche[50].

Kirchliche und bürgerliche Vereine

Zwei weitere Einrichtungen in Köln fanden in Kolping einen ausgezeichneten Förderer. In den kirchlichen Bereich gehörte die Bruderschaft vom heiligen Erzengel Michael; im kommunalen Bereich spielte die Kölner Bürgergesellschaft eine wichtige Rolle.

Anfang November 1860 wurden im Kölner Gesellenhaus die Statuten der Bruderschaft vom Heiligen Erzengel Michael festgelegt. Die Mitglieder des Gesellenvereins waren gehalten, dieser Bruderschaft beizutreten. Hauptziel dieser Einrichtung war die Unterstützung des auch in finanzielle Bedrängnis geratenen Pius IX., dem mit dem „Peterspfennig" gezielt geholfen werden sollte. Die Mitglieder sollten täglich ein „Vater unser" und ein „Ave" beten sowie wöchentlich wenigstens einen Pfennig für den Heiligen Vater opfern[51].

Kolping war Vorstandsmitglied in dieser Bruderschaft und setzte gezielt seine Rheinischen Volksblätter dafür ein, dem Unternehmen zum Erfolg zu verhelfen. Das ist ihm sogar in beträchtlichem Umfang gelungen[52]. Das Amtsblatt des Erzbistums Köln berichtete im Jahre 1861: „Durch Herrn Domvikar Kolping bei der Redaktion der Rheinischen Volksblätter eingegangene Peterspfennige 432 Taler ... und von Herrn Domvikar Kolping dahier abgeliefert eine silberne Denkmünze, ein goldenes Kettchen und 2 goldene Kreuzchen, 3 Paar goldene Ohrringe, ein goldenes Uhrschlüsselchen nebst Petschaft, 3 goldene Ringe, ein goldener Ring mit 3 Diamanten, eine Damenuhr"[53].

Eine Gruppe von Kölner Bürgern, die dem Zentrum nahestand, hatte sich am 2. Mai 1863 zu einem Verein zur Pflege von Kultur und Geselligkeit zusammengefunden und warb um geeignete Mitglieder[54]: „Die Bürgergesellschaft soll eine gesellige Vereinigung der Bürger Kölns sein, ohne Unterschied des Ranges und des Standes. Jeder kann zur Aufnahme vorgeschlagen werden, der die Achtung seiner Mitbürger verdient und genießt"[55]. Zu ihren Mitgründern gehörten August Reichensperger, Fritz Baudri, Karl Theodor Dumont und Adolph Kolping. Erster Präsident der Gesellschaft wurde der Kölner Arzt Dr. Michael Braubach, der auch im Gesellenverein mitarbeitete und das Zentrum im Reichstag vertrat. Als Vizepräsident fungierte Friedrich Baudri, der als Bleibe für den Verein Räume im Hause Domhof 8 vermitteln konnte, in das sein Bruder 1859 das Diözesanmuseum verlegt hatte[56].

Notar des Provinzialkonzils

Am Kölner Provinzialkonzil, das von Ende April bis Mitte Mai 1860 stattfand, nahm Kolping als Apostolischer Notar teil[57]. Unter dem Vorsitz Geissels waren die Bischöfe Arnoldi von Trier, Müller von Münster und Martin von Paderborn versammelt. Ferner nahmen die Weihbischöfe aus Trier, Köln, Paderborn und Münster an der Versammlung teil. Die Bischöfe Melchers von Osnabrück und Wedekind von Hildesheim waren gleichfalls stimmberechtigte Teilnehmer. Fürstbischof Förster von Breslau nahm als Gast ohne Stimmrecht teil. Nach den kirchenrechtlichen Bestimmungen gehörten dem Konzil auch die Mitglieder des Kölner Domkapitels an. Außer Kolping fungierten als Notare bei dieser Versammlung Geissels Sekretär Karl Theodor Dumont, der Mitarbeiter des Kölner Generalvikariates Matthias Heinrich Kirch und der Sekretär des Paderborner Bischofs Martin, Heinrich Franz Josef Ruland, der sich als gebürtiger Kölner um die Gründung der Gesellenvereine im Bistum Paderborn verdient gemacht hatte und auch dort Diözesanpräses war[58].

Als Beobachter der Versammlung berichtete der Dogmatiker Scheeben nach Rom: „Ich hatte das Glück, allen Sitzungen des Konzils beiwohnen zu können und war vielleicht fast der einzige aus dem nichtkonziliarischen Publikum, der die mit Blitzesschnelle durch die Protonotarii Apostolici Kolping und Ruland von Paderborn geschehene Ablesung der Dekrete verfolgen konnte, weil wenige Ohren so ans Lateinhören gewohnt waren. ...

Es ist *unglaublich*, und ich traute meinen Ohren nicht, als ich hörte, was trotz der merkwürdigen Ansichten vielleicht der meisten Theologen des Konzils durch den *einstimmigen* Beschluß der Bischöfe festgesetzt ist: ‚Die ganze jesuitische Dogmatik', wie es mir ein alter Herr halb wehmütig bezeichnete"[59].

Wichtigste Themen der Synode waren die Lehre von der Offenbarung, Verhältnis von Glaube und Wissen, Gotteserkenntnis und Atheismus, Studien und Bildung des Klerus sowie Kirche und unfehlbares Lehramt sowie die weltliche Herrschaft des Papstes[60].

„Es ist eine bemerkenswerte Tatsache, nicht nur daß das Kölner Provinzialkonzil die Lehre von der päpstlichen Infallibilität bereits in klaren Worten aussprach, sondern daß der betreffende Abschnitt ohne jeden Streit oder Kontroverse von den versammelten Bischöfen und Theologen gut befunden und zum Beschluß erhoben wurde"[61].

Kolping nutzte die Anwesenheit der Bischöfe in Köln und lud sie für den 2. Mai in das Gesellenhospiz ein. Er konnte damit dem Stiftungsfest des Vereins ein besonders festliches Gepräge geben und in seiner Ansprache die Bischöfe direkt über die Arbeit des Gesellenvereins unterrichten[62].

Bevor die Gründung des Kölner Gesellenvereins und seine Entwicklung dargestellt werden können, muß das Kölner Umfeld ein wenig näher betrachtet werden.

Wohnung

Am 2. April 1849 hatte Kolping Elberfeld verlassen. Am 6. April nahm er Wohnung in Köln in der Breite Straße bei einer entfernten Verwandten, die einen kleinen Beherbergungsbetrieb unterhielt[63]. Bald konnte der neue Domvikar die ihm zustehende kleine Dienstwohnung in Domnähe, Burgmauer 33, beziehen, die mit Fug und Recht als bescheiden bezeichnet werden kann[64]. Am 8. Mai 1853 bezog Kolping dann seine endgültige Wohnung in dem neu erworbenen Gesellenhospiz in der Breite Straße 118[65]. Als Miete zahlte er monatlich 10 Taler in die Vereinskasse[66]. Seit 1849 führte Therese Kemper den Kolpingschen Haushalt; ab 1855 erhielt sie in Kolpings Nichte Anna Katharina eine zusätzliche Hilfe. Seinen Sekretär, den ehemaligen Friseur August Sandkuhl, hatte Kolping aus Elberfeld mitgebracht. Außer „Trinchen und Therese", wie Kolping seine Haushälterinnen nannte, gehörten zumindest seit 1861 zwei Hunde, ein größerer und ein kleiner Spitz, von denen einer auf den Namen „Flop" hörte, zum Haushalt[67]. Therese Kemper kam mit Kolping gut zurecht und wurde auch von seinem Nachfolger übernommen. Sie war nicht „butterweich und sentimental", denn dann hätte es Kolping bei ihr nicht ausgehalten[68]. Ebenfalls im Haus wohnte ein von Kolping besoldeter Vikar, der als Vizepräses im Kölner Gesellenverein fungierte. Diese jüngeren Priester wechselten mehrfach. Zuletzt wirkte in dieser Stellung der Kolping von seinem Freund Wollersheim im Jahre 1859 empfohlene Wilhelm Servatius Flücken[69].

Einkommen

Als Kaplan und Religionslehrer in Elberfeld hatte Kolping ein jährliches Einkommen von 222 Talern bezogen[70]. Eine fast gleich hohe Summe stand ihm für sein Studium in München zur Verfügung.

Die Stelle als Domvikar in Köln galt als schlecht dotiert[71]. Die Summe ist nicht zu ermitteln. Sie dürfte aber nicht weit über den Elberfelder Einkünften gelegen haben. In der Kölner Zeit bestand sein Einkommen aus dem Gehalt als Domvikar, aus dem Honorar für den Volkskalender, den Meßstipendien und seit 1854 aus dem Gewinn der Rheinischen Volksblätter.

Aus einem Meßstipendium bezog er seit 1850 jährlich 64 Taler[72]. Zufrieden teilte Kolping Frau Mittweg mit: „Wenn ich alles zusammenrechne, habe ich jetzt eine Einnahme von 1800 Talern jährlich und brauch keinem Menschen Dank dafür zu wissen; versteht sich, dem lieben Gott um so mehr. Sie wissen, wie sehr ich jede Unabhängigkeit liebe, und wenn ich im Grunde auch trotz allem Gelde um nichts reicher bin, ich *muß* einmal *arm* sein, dann freut es mich doch, auch unabhängig Gutes tun zu können"[73].

Für das Jahr 1861 erwirtschaftete er das höchste Einkommen, nämlich ca. 6000 Taler[74]. In seinem letzten Lebensjahr verdiente er immerhin noch 3000 Taler[75]. Ein Domkapitular bezog damals ein Höchstgehalt von 1000 Talern[76]. Kolping gehörte also zu den gut Verdienenden. Er verbrauchte von seinem Einkommen nur wenig für seine eigenen Bedürfnisse. Er zahlte aber davon die ständig anfallenden Kosten für das Kölner Gesellenhospiz, Reise- und Werbungskosten für den Gesellenverein sowie den Lebensunterhalt für einen von ihm angestellten Vertreter und trug zu den Restaurierungskosten der Minoritenkirche bei.

Minoritenkirche

Im zweiten Drittel des 13. Jahrhunderts begann man mit dem Bau der Minoritenkirche in Köln. Sie ist ein für die Minderbrüder und ihre Bauweise typischer langgestreckter gotischer Bau. Der frühgotische Chor wurde um 1260 fertiggestellt, das dreischiffige Langhaus im 14. Jahrhundert vollendet.

Kirche und Kloster wurden den Minoriten übergeben[77].

Sie war eine der ersten Franziskanerkirchen nördlich der Alpen. Bis heute gilt sie als Lieblingskirche der Kölner. Der große Franziskanertheologe Johannes Duns Scotus (ca. 1265–1308) fand dort sein Grab, und der hl. Antonius von Padua (1195–1231) wird dort seit Jahrhunderten besonders verehrt. In napoleonischer Zeit hatte man die Kirche als Speicher benutzt, so daß ihr baulicher Zustand immer mehr verfiel. Erzbischof Geissel rief zur Restaurierung auf:

„Unter den vielen Denkmälern der Frömmigkeit und des Kunstsinnes unserer Vorfahren ist die Minoritenkirche in der Stadt Köln keins der Geringsten. Sowohl durch altehrwürdiges Bestehen und ihren Baustil wie auch durch ihre gegenwärtige Bestimmung nimmt diese Kirche die lebhafte Teilnahme der Metropole in Anspruch und ist auch für die Erzdiözese von besonderer Bedeutung. ... Zwar ist ihr Bau, ohne den reichen kunstvollen Schmuck, ... nur in einfachem, reingotischem Stile ausgeführt: allein derselbe zeichnet sich immerhin vor andern Kirchen derselben Bauart besonders durch das schöne architektonische Ebenmaß aus, das in allen seinen Verhältnissen sich darstellt"[78].

Nach der Säkularisation wurde die Kirche der Armenverwaltung der Stadt Köln zugewiesen, die sie als Anstalts- und Hospitalkirche nutzte. Im Jahre 1846 kam sie als Annexkirche des Kölner Domes in den Besitz des Domkapitels. Mit Urkunde vom 27. April 1850 erklärte Geissel sie zur Firmungs- und Weihekirche des Erzbistums[79].

Seit Ende des Jahres 1849 benutzte der Kölner Gesellenverein die Minoritenkirche als Vereinskirche[80]. An jedem Sonntag feierte der Gesellenverein in dieser Kirche die heilige Messe. Kolping übernahm die Predigt, wenn er in Köln anwesend war. Die Vereinsgottesdienste nahm Kolping auch zum Anlaß, die Liturgie wieder neu zu beleben. So wird berichtet, daß beim Stiftungsfest 1852 der große Vereinschor den lateinischen Choral mit einer Kraft und Genauigkeit sang, der allgemein Bewunderung hervorrief. Das gregorianische Amt in der Minoritenkirche war nach langer Zeit wieder das erste seiner Art in Köln[81].

Adolph Kolpings Leben und Wirken ist eng mit diesem Gotteshaus verbunden. Voller Stolz bezeichnete er sie als „meine Kirche"[82]. In ihr hatte er die Priesterweihe empfangen und über fünfzehn Jahre den Gottesdienst gefeiert. Seinem Wunsche gemäß fand er in dieser Kirche auch seine letzte Ruhestätte.

Im Zweiten Weltkrieg brannte die Kirche völlig aus, verlor die Gewölbe und Teile des Südschiffes. Der mit tatkräftigem Einsatz vieler Kolpingsöhne in Angriff genommene Wiederaufbau konnte 1958 abgeschlossen werden.

Rektor

Kolpings vielseitige Tätigkeiten im Gesellenverein und als Publizist und dazu noch als weihbischöflicher Kaplan und Mitarbeiter des kirchlichen Gerichtes ließen ihm kaum Zeit, seinen Pflichten als Domvikar nachzukommen. Für entsprechende Vertretungen hat er selbst gesorgt. So war es nur konsequent, daß Kolping nach einer kirchlichen Position suchte, die ihm mehr Zeit und Freiheit für seine anderen Aufgaben geben konnte. Eine solche Position war die des Rektors der Minoritenkirche. So schrieb er seinem Freund Gruscha:

„Meine Stellung am Dom als Domvikar ist eigentlich schon längst unhaltbar geworden, und hätte ich sie längst gern in bessere Hände niedergelegt, wenn ich nur einen Ausweg gewußt. Jetzt weiß ich diesen Ausweg. Ich habe nämlich bereits angekündigt, daß ich mit Neujahr meine Domvikarstelle niederlegen werde, aber erbötig sei, zugunsten des jedesmaligen Präses des hiesigen Gesellenvereins die Rektorstelle an der hiesigen Minoritenkirche mit 10000 Talern zu dotieren. Damit erhalte ich (und auch für meinen Nachfolger) eine Kirche, welche keine Pfarrkirche ist und wo der Dienst Zeit genug läßt, dem Gesellenverein aufzuwarten. Man kann mir das Anerbieten nicht abschlagen, da die quest(ionable) Rektorstelle noch gar nicht dotiert ist. Wir unterhandeln gegenwärtig über die Form dieser Stiftung. Nun siehst Du selber ein, daß diese Sache etwas Unangenehmes bei sich hat, weniger für mich als für die geistliche Behörde. Daß ich nach siebzehnjähriger Arbeit endlich noch meine eigene Stelle dotieren muß um meine Existenz zu sichern, ist der sehr fühlbare Stein des Anstoßes. Und doch kann ich nicht anders handeln"[83].

Zum Jahresbeginn 1862 teilte der Kirchliche Anzeiger für das Erzbistum Köln mit, Kolping sei vom Amt des Domvikars entbunden[84]. Er selbst freute sich: „Von morgen ab Ex-Domvikar." Bald darauf kommentierte er: „Vom Dom bin ich endlich los und vorderhand ohne jeden Titel"[85].

In der Tat war diese Situation für alle Beteiligten peinlich und unangenehm. Erzbischof, Domkapitel und Bistumsleitung hatten die von Kolping beabsichtigte Stiftung noch nicht angenommen. Der weit über die Grenzen des Erzbistums bekannte Domvikar blieb über Monate in der kirchlichen Hierarchie ohne amtliche Stellung; beredtes Zeugnis dafür, daß das von ihm begonnene und zur Blüte geführte Werk in den überlieferten kirchlichen Strukturen absolutes Neuland war.

Dazu kam eine für die kirchliche Verwaltung bisher nicht bekannte Provokation. Ein kleiner Domvikar mit dürftigem Gehalt wollte für ein noch nicht etabliertes Amt, das weder kirchlicher Aufsicht noch staatlichem Zugriff direkt unterstand, die finanzielle Grundlage stiftungsmäßig absichern. Der Stifter selbst als erster Amtsinhaber und seine Nachfolger sollten aus den Erträgen dieser Stiftung ihr Gehalt beziehen. Die finanzielle Unabhängigkeit des geistlichen Präses einer berufsständischen Laienorganisation mußte man aus der Sicht der Kirchenleitung zunächst mit Argwohn und Skepsis betrachten. Dieser Schwebezustand zog sich über Monate hin.

„Meine Stiftungsgeschichte scheint bei seiner Eminenz eingefroren zu sein. Überhaupt habe ich seit meiner ganzen Amtstätigkeit keine solche bittere Prüfungszeit durchgemacht wie die jetzige. Hilf beten, daß sie ohne Schaden für meine arme Seele vorübergeht"[86].

Erst am 2. April 1862 erfolgte Kolpings Ernennung zum Rektor der Minoritenkirche[87]. Einige Wochen später teilte das kirchliche Amtsblatt dann auch seine Berufung zum Päpstlichen Geheimkämmerer mit[88]. Man kann also zu Recht feststellen, daß Kolpings Karriere in der kirchlichen Hierarchie mittelmäßig blieb.

Stiftung

Bereits zu Ende des Jahres 1861 hatte sich Kolping schon mit dem Gedanken getragen, das Amt des Generalpräses zu institutionalisieren und dessen Finanzierung durch eine Stiftung zu sichern. Die Angelegenheit wurde im Vorstand des Gesellenvereins ausführlich besprochen. Der Präses teilte mit, „daß es in seiner Absicht liege, die Stelle des Präses ... ein für allemal durch eine Schenkung zu dotieren; ... unter der Voraussetzung, daß dieser Präses zugleich als Rektor der Minoritenkirche ernannt und angestellt werde. Er wünsche aber, daß die Verwaltung des erwähnten Kapitals dem Vorstande ... übertragen werde; er verliest die Eingabe, die er in dieser Angelegenheit dem Erzbischof eingereicht habe und bemerkt dabei, daß er sich weitere Erörterungen der Sache bis nach erfolgter Rückäußerung des Domkapitels vorbehalten müsse. Vorläufig möge der Vorstand sich damit einverstanden erklären, daß er die Verwaltung jenes Kapitals übernehmen wolle, was von der Generalversammlung akzeptiert wird"[89].

Damit der Hausvorstand keinen Vorschuß zu leisten brauchte, überwies Kolping zu der Stiftungssumme 300 Taler, von denen die erste Zahlung bestritten werden sollte. Die vierteljährliche Zahlung sollte den Präses an seine hingebende Tätigkeit, welche er dem Gesellenverein schuldig war, erinnern und gemahnen. Darüber hinaus war der Nutznießer verpflichtet, alle drei Monate eine heilige Messe für den Stifter, seine Angehörigen und die verstorbenen Vereinsmitglieder zu feiern.

Damit auch die Fortdauer dieser Stiftung gewährleistet war, sollte das Domkapitel der Kölner Kirche die Verwaltung und die Verwendung des Geldes jährlich überprüfen. Bei der Anlage des Stiftungskapitals mußte der Hausvorstand die Zustimmung des Domkapitels einholen und die Vorschriften der kirchlichen Finanzverwaltung beachten. Kolping war realistisch genug, die Möglichkeit zu bedenken, daß seinem Gesellenhospitium keine lange Tradition beschieden sein könnte. Aus diesem Grunde dachte er daran, bei Auflösung des Gesellenhauses diese Stiftung an die Kasse der Domkirche von Köln zu überweisen. Auch das Domkapitel war gehalten, das ihm möglicherweise zufließende Geld im Sinne Kolpings zu verwenden.

In einem Begleitbrief klärte Kolping den Aufgabenbereich des Präses als Rektor der Minoritenkirche. Sonntags um 10 Uhr feierte er die heilige Messe, nachmittags um 16 Uhr hielt er die Komplet. An den Wochentagen zelebrierte er morgens um 8 Uhr. Am Dienstagnachmittag fand eine Andacht zu Ehren des heiligen Antonius statt. Beichtgelegenheit beim Rektor der Kirche bestand jeweils an den Samstagabenden und an den Abenden vor Feiertagen.

„Der ganze Dienst ist demnach so leicht als möglich, wobei der Präses des Hospitiums, dessen Tätigkeit hauptsächlich auf die Abendstunden falle, gar nicht behindert ist. Ist er überdies in der Lage, wie gegenwärtig einen Vikar zur Aushilfe zu halten, – nach Kräften wird gesorgt, daß diese Einrichtung fixiert wird –, dann kommt dieser Umstand auch noch der Kirche zugute. Es liegt zu sehr im Interesse des Präses im Gesellenhospitium, den Dienst in der Minoritenkirche im Chor zu erhalten, als daß er sich als Rektor irgendwelche Vernachlässigung dürfte zuschulden kommen lassen“[90].

Erzbischof und Domkapitel freilich konnten sich nicht entschließen, die angebotene Stiftung anzunehmen.

Kirchenrestaurierung

Als Kolping das Amt eines Rektors der Minoritenkirche übernahm, war die Phase der äußeren Instandsetzung (1850–1862) weitgehend abgeschlossen. Das Domkapitel übertrug dem neuen Rektor nun die innere Restaurierung, für die Kolping den Baumeister Vinzenz Statz und den Kirchenmaler Eduard von Steinle gewinnen konnte[91]. Statz und Steinle waren Kolping auch über die dienstlichen Verpflichtungen hinaus verbunden. Statz übernahm den Bau des Gesellenhospitiums. Zu Steinle, der für den Gesellenverein auch eine Fahne schuf, fand er engeren Kontakt.

Das Innere der Kirche befand sich in einem trostlosen Zustand. In einem Spendenaufruf an die Kölner Bevölkerung und die Vereinsmitglieder teilt er mit: „Der Unterzeichnete hat alles, was irgend in seinen Kräften stand, getan, damit diese Restauration eine wahrhaft würdige werde, und insbesondere hat er sich beim Beginne der Arbeiten den Rat bewährter Freunde und Kenner kirchlicher Kunst eingeholt. Er ist nach wie vor überzeugt, daß es unmöglich ist, es allen recht zu machen, glaubt aber mindestens von jedem Billigdenkenden erwarten zu dürfen, daß er sein endgültiges Urteil bis zur Fertigstellung des Ganzen aufschiebt. Einstweilen also weniger Kritik, aber etwas mehr opferwillige Beihilfe.“[92]

Geld für diese Arbeiten war weder vom Erzbischof noch vom Domkapitel zu erwarten. In entscheidenden Fragen der Finanzierung und der Restaurierung hat sich das Domkapitel auffällig zurückgehalten. Hinweise und Vorschriften für Restaurierungsarbeiten von seiten der Verwaltung waren die einzige Hilfe[93].

„Ich habe nämlich die innere Restauration der Minoritenkirche nebenbei in die Hände genommen, weil ich es nicht mehr ertragen konnte, daß das mir anvertraute Gotteshaus in einer solchen Verwahrlosung sollte stehen bleiben. Ich muß für sämtliche Kosten aufkommen, da die Kirche gar kein Vermögen hat und das hochwürdigste Domkapitel sich samt und sonders für insolvent erklärt hat“[94].

Kolping widmete sich dieser Aufgabe mit der gewohnten Energie und erheblichem zeitlichem wie finanziellem Aufwand. Die äußere Instandsetzung der Kirche hatte der bekannte Kölner Johann Heinrich Richartz aus eigenen Mitteln bezahlt. Nach dessen Tod „wurde der letzte Rest der Kosten durch den damaligen Rektor der Kirche und General-Präses der Gesellenvereine Adolph Kolping durch reiche Sammlungen getilgt“[95].

Anmerkungen

[1] Vgl. dazu: Schäffer, Kolping II., S. 96–127. – Pfülf, Kolping, S. 685ff. – Bereits in seinem Brief an Döllinger vom 29. 11. 1848, in: KS Bd. 2, S. 114, erwähnte Kolping, er habe seiner geistlichen Behörde den Vorschlag gemacht, ihm in Köln einen Platz zu verschaffen, „wo ich Zeit und Muße hätte, mich der Vereinssache ganz zu widmen“. – Baudri, in: Ridder, Kolpingwerk, S. 82f.: „Auf meinen Antrag wurde er vom hochseligen Erzbischof Kardinal von Geissel im Jahre 1849 zum Domvikar ernannt und begann sofort sein schönes Werk.“

[2] Ernennungsurkunde zum Domvikar, in: KS Bd. 1, S. 38 und 319. – Siehe auch: Katholische Zeitschrift für Wissenschaft und Kunst, Neue Folge, 3. Jg., 1. Heft (1849), S. 155.

[3] AEK, CR 6.2,1 (2). Die Erledigung resp. Wiederbesetzung erledigter Dompfründen.

[4] Siehe dazu: N. Trippen, Gottesdienst und Volksfrömmigkeit im Kölner Dom während des 19. Jahrhunderts, in: H. Borger (Hg.), Der Kölner Dom im Jahrhundert seiner Vollendung Bd. 2, Köln 1980, S. 182–198, bes. S. 186ff.

[5] Siehe dazu: Hegel, Erzbistum Köln, Bd. 5, S. 494–503. – Kolping über den Kölner Dom, in: RV 3 (1856), S. 519:

„Der Kölner Dom ist eine Predigt ans deutsche Volk, und daß diese Predigt verstanden wird, beweist ja das *allgemeine* Interesse an demselben. Die Kölner aber selbst – dürften den herrlichen Dom noch höher schätzen als sie es bereits tun.“ – Siehe auch RV 3 (1856), S. 438 u. 570.

[6] Handbuch Erzbistum Köln 1850, S. XV und Handbuch Erzbistum Köln 1857, S. 27.

[7] Handbuch Erzbistum Köln 1850, S. XVIIf. – Kolpings Tätigkeit als Kaplan des Weihbischofs ist in den Handbüchern des Erzbistums von 1850 bis 1860 vermerkt. – Baudri, in: Ridder, Kolpingswerk, S. 82f.: „In den ersten Jahren war er mein Begleiter auf den Firmungsreisen und benutzte jede Gelegenheit, die sich ihm bot, den Samen seines Vereins zu pflanzen, und wo er schon gepflanzt, keimte und grünte, zu fördern.“

Beispiele für Firmreisen des Weihbischofs aus den Jahren 1852–1854:

5. 1852 Dekanat Heinsberg; KA 1 (1852), S. 46
6. 1852 Dekanat Mönchengladbach; KA 1 (1852), S. 54
7. 1852 Dekanat Essen; KA 1 (1852), S. 62
9. 1852 Dekanat Lechenich; KA 1 (1852), S. 86
10. 1852 Dekanat Kerpen; KA 1 (1852), S. 86
5. 1853 Dekanat Erkelenz; KA 2 (1853), S. 50
5. 1853 Dekanat Jülich/Brühl; KA 2 (1853), S. 54
9. 1853 Dekanat Nideggen; KA 2 (1853), S. 82
5. 1854 Dekanat Köln; KA 3 (1854), S. 64
6. 1854 Dekanat Burscheid; KA 3 (1854), S. 68

Siehe dazu: J. Bell, Johann Anton Friedrich Baudri, Generalvikar und Weihbischof, masch. schriftl. Manuskript, in: AEK, Köln 1960.

[8] Hegel, Erzbistum Köln, Bd. 5, S. 168–174, hier: S. 173.

[9] AEK, CR 4.4.1
Aus den Akten geht hervor, daß Kolping in diesem Gremium mehrmals als Protokollführer tätig war.
[10] Ernennungsurkunde, in: KS Bd. 1, S. 41.
[11] AEK, CR 6.26,2
[12] AEK, CR 6.6. Ernennung Apostolischer Notare.
[13] Zu Geissel siehe: Hegel, Erzbistum Köln, Bd. 5, S. 66–70 u. ö. – (Lit.).
[14] K. Th. Dumont (Hg.), Schriften und Reden v. J. C. v. Geissel, Köln 1869, Bd. 1, S. 129f.
[15] F. Lewald, Erinnerungen aus dem Jahre 1848, hier zitiert nach: Hässlin, Köln, S. 251f.
[16] M. J. Scheeben, Briefe nach Rom, hg. v. H. Schauf u. A. Erösz, Freiburg 1939, S. 65.
[17] Siehe dazu: KS Bd. 1, S. 24f., 28, 38, 41, 43, 46, 49f.; Bd. 2, S. 60, 65, 67, 77, 82, 87, 89, 91, 102, 142, 146, 150, 193, 216, 222, 254, 268, 309, 359, 371, 375, 377, 383, 392, 405, 412, 423f., 464, 471; Bd. 4, S. 11, 361; Bd. 5, S. 390; Bd. 6, S. 141, 160. – Ferner: Pfülf, Geissel, Bd. 2, S. 50–53. – Schäffer, Kolping I., S. 147, 156 u. 183.
[18] RV 4 (1857), S. 348.
[19] Baudri, Geissel, S. 136.
[20] Kolping an Mittweg, 13. 3. 1862, in: KS Bd. 2, S. 375.
[21] Johann Gabriel Leo Meurin, SJ *23. 6. 1825 Berlin – † 1. 6. 1895 Port Louis (Insel Mauritius) – 1844 Abitur Köln Marzellengymnasium – 3. 9. 1848 Priesterweihe – 3. 9. 1848–8. 4. 1853 Geheimsekretär Geissels – bis 13. 2. 1850 Mitgl. Schutzvorstand GV Köln – 1853 Eintritt in den Jesuitenordnen – 1858 Missionar u. Prof. am Priesterseminar Bombay/Indien – 4. 6. 1867 Apostolischer Vikar v. Bombay u. Poona – 27. 9. 1887 B v. Port Louis/Mauritius. – B. Stasiewski, in: LThK 7 (^{2}1962) Sp. 380f.
Karl Theodor Dumont, *21. 6. 1827 Flamersheim b. Euskirchen – † 13. 10. 1898 Köln – 2. 9. 1852 Priesterweihe – 1. 4. 1853 Domvikar Köln – 15. 4. 1853 Geheimsekretär Geissels – 24. 9. 1863 Domkapitular – 19. 11. 1863 Ordinariats- u. Generalvikariatsrat.
AEK, Totenzettel.
[22] RV 2 (1855) S. 279–281. – Siehe dazu auch Pfülf, Geissel, Bd. 2, S. 57.
[23] KS Bd. 2, S. 471.
[24] KS Bd. 2, S. 102.
Zu Baudri siehe: Hegel, Erzbistum Köln, Bd. 5, S. 144–147 u. öfter. – Linn, Ultramontanismus, passim. – Ferner: KS Bd. 1, S. 55; Bd. 2, S. 102, 114, 150, 213, 268, 309, 363, 378ff., 383, 424; Bd. 4, S. 360; Bd. 6, S. 29, 48, 50, 153.
[25] Schwering, Kolping, S. 103.
[26] Zum Kölner Domkapitel, siehe: Trippen, Domkapitel.
Gottfried Strauß, *16. 11. 1794 Unkel – †29. 4. 1862 – 4. 12. 1817 Priesterweihe – Lehrer Progymnasium Linz – 1826 Pfarrer Erpel – 1828 Pfarrer Unkel – 28. 4. 1844 Domkapitular – 1860 Päpstl. Geheimkämmerer – 1850 Mitgl. Schutzvorstand GV Köln.
AEK, Totenzettel. – KS Bd. 1, S. 39, 41; Bd. 2, S. 91; Bd. 3, S. 95f.
Johann Jakob Broix, *22. 12. 1799 Neuß – †27. 11. 1875 Köln – 8. 9. 1823 Priesterweihe – 1833 städtischer Schulinspektor – 1844 Domkapitular – 1846 Mitglied im Gemeinderat – 1862 Schutzvorstand GV Köln – 1850–1861 Stadtrat.
AEK, Totenzettel. – KS Bd. 2, S. 412.
Johann Wilhelm Frenken, *10. 11. 1809 Karken/Heinsberg – †11. 12. 1887 Köln – 16. 4. 1833 Priesterweihe – 1. 6. 1833 Kaplan Bonn St. Martin – 1834 Religionslehrer Gymnasium Aachen – 10. 2. 1840 Regierungs- und Schulrat Aachen – 7. 5. 1849 Stiftsherr Aachen – 31. 12. 1851 Domkapitular Köln.
N. Trippen, Johann Wilhelm Frenken (1809–1887), in: RLB, Bd. 5, S. 113 bis 133. – KS Bd. 2, S. 337.
[27] Peter Ludwig Friedrich Baudri, *20. 4. 1808 Elberfeld – † 6. 10. 1874 Köln. – Maler und Glasmaler – 1851+61 Gründer und Redakteur des „Organ für christliche Kunst“ – 1856/72 Stadtverordneter Köln – Mitgl. Schutzvorstand GV Köln – Teilnehmer an den Generalversammlungen 1851 und 1853. – H. Vogts, Die Glasmalereiwerkstatt von Friedrich Baudri in Köln, in: Im Schatten von St. Gereon. Festschrift E. Kuphal = Veröffentlichungen des Kölnischen Geschichtsvereins 25, Köln 1960, S. 353–384. – Siehe dazu auch KS Bd. 1, S. 42f., 57; Bd. 2, S. 275, 437, 455; Bd. 3, S. 95f., 272f.; Bd. 4, S. 82f.
Anna Maria Gertrud Baudri, geb. Menn, *12. 8. 1823 Koblenz – † 19. 6. 1856 Köln – oo 18. 6. 1849 Friedrich Baudri.
ADK, Totenzettel. (Kolpings Brevier).
[28] Kolping an Reichensperger, 28. 1. 1861, in: KS Bd. 2, S. 308.

[29] Tagebücher Baudri, passim. – Siehe dazu: L. Gierse, Friedrich Baudri zum Kölner Dom in seinen Tagebüchern, in: Kölner Domblatt. Jahrbuch des Zentral-Dombauvereins, 38/39 (1974), S. 13–42.

[30] Chronik der Genossenschaft der barmherzigen Schwestern von der Regel des hl. Augustinus, auch Cellitinnen genannt, welche seit dem Jahre 1838 im hiesigen Bürgerhospital zur hl. Cäcilia tätig ist. Manuskript, S. 55f. – Frl. Hinweis von Sr. Maria Marlene Koolen, Archiv Mutterhaus, Köln, Severinstr. 71/75. – Zum Bürgerhospital siehe: M. Wolters, Einfach da sein. 150 Jahre Genossenschaft der Cellitinnen nach der Regel des heiligen Augustinus Köln/Severinstraße, Köln 1988, S. 49–60, bes. S. 54. Rektor des Hospitals war Heinrich Marcus (* 1818 – Priesterweihe 1846 – † 1887) AEK, Totenzettel. – Siehe dazu auch: Perger, Kolping, bes. S. 37–55.

[31] Kolping an Schmit, 26. 9. 1855, in: KS Bd. 2, S. 186. – Zu Kolpings Beschreibung der Cholera siehe: KS Bd. 4, S. 168f. u. Schmolke, Kolping als Publizist, S. 180. – Siehe ferner die Erzählung Kolpings, Clara, in: KV 1851, S. 52–97.

[32] O. V., Was „Oma“ Schneppensiefen erzählt, in: Kolpingblatt 1934, S. 66. – Kolping an Schneppensiefen, in: KS Bd. 2, S. 261f. – Kurt Schneppensiefen (ca. 1832–1922), oo 18. 5. 1859 Adele Sümmer. Er bezeichnete Kolping als seinen Retter und Jugendfreund.

[33] Kolping an Armenverwaltung, 12. 11. 1849, HAStK, Akte Armen-Verwaltung 424,87.

[34] Briefentwurf Baudris vom 6. 12. 1849 in: AEK, GVA Köln Überhaupt 149b. Hospitalkirche zur hl. Cäcilia.

[35] AEK, GVA Köln Überhaupt 48.1: Das katholische Mägdehaus zu Köln, Streitzeuggasse Nr. 8–10. – Bericht über die Gründung, Entwicklung und den gegenwärtigen Stand dieser Anstalt, Köln 1869, S. 1. – Siehe dazu: Kolping an Mittweg, 25. 5. 1861, in: KS Bd. 2, S. 339. – Kolping, Das katholische Mägdehaus in Köln, in: RV (1857), S. 48. – Ferner: KS Bd. 4, S. 227–232; Bd. 5, S. 44f. u. 318–321 und: A. Kall, Katholische Frauenbewegung in Deutschland. Eine Untersuchung zur Gründung katholischer Frauenvereine 19. Jahrhundert, Paderborn 1983, S. 105f.

[36] E. Böhm, Matthias Joseph De Noel, in: RLB Bd. 7, S. 109–131, hier: S. 128. – Ferner: Köln und seine Bauten, S. 525.

[37] Siehe dazu: Anzeige in der Kölnischen Zeitung vom 22. 11. 1853. – An der Lokalpolitik war Kolping jedenfalls interessiert. Als Teilnehmer einer Wahlveranstaltung nennt ihn: Baudri, Tagebuch 14. 4. 1862.

[38] Manuskripte der Vorträge sind bisher nicht gefunden. Erwähnung finden diese Vorträge nur in Briefen an Mittweg, 15. 11., 8. 12. u. 26. 12. 1853, in: KS Bd. 2, S. 150, 152f. u. 157. Zur Vorbereitung benutzte Kolping das Buch des Münchener Professors Johann Nepumuk Sepp, Das Heidentum in seinem Verhältnisse zum Christentume, Regensburg 1853. – Über Sepp (1816–1909) siehe: Biographisches Jahrbuch und deutscher Nekrolog Bd. 14, Berlin 1912, S. 205ff.

[39] KA 2 (1853), S. 81.

[40] Zum Kunstverein siehe: W. Neuss, Hundert Jahre Verein für Christliche Kunst im Erzbistum Köln und Bistum Aachen, Mönchengladbach 1954. – Ferner: Hegel, Erzbistum Köln, Bd. 5, S. 352ff. und Linn, Ultramontanismus, S. 175 u. S. 267ff.

[41] Hegel, Erzbistum Köln, Bd. 5, S. 353.

[42] Catalog für die Ausstellung altdeutscher und altitalienischer Gemälde auf dem Kaufhaussaale Gürzenich zu Köln. Veranstaltet durch den dortigen Verein für christliche Kunst im Sommer des Jahres 1854, Köln 1854, S. 14.

[43] KA 1 (1852), S. 60.

[44] Siehe dazu: Kolping, Alte Bilder und Menschen, in: RV 1 (1854), S. 225–230. – Ferner: Kolpings Betrachtungen zum Kölner Dombau, in: KS Bd. 4, S. 242f.

[45] Baudri, Geissel, S. 192.

[46] Kolping, Kirchliches Leben, in: KS Bd. 4, S. 249.

[47] Kolping, Der christliche Kunst-Verein, in: RV 3 (1856), S. 594–600, 609–617, hier: S. 597ff. – Siehe dazu auch: Schmolke, Kolping als Publizist, S. 176 u. 204f.

[48] Kolping, Zur Literatur, in: RV 10 (1863), S. 414f.

[49] Kolping an Steinle, 7. 10. 1863, in: KS Bd. 2, S. 425.

[50] Siehe dazu: RV 2 (1855), S. 552ff., 569ff. – RV 4 (1857), S. 387. – RV 5 (1858), S. 598. – Ferner: Köln und seine Bauten, S. 338f. – K.-H. Tekath, Die Unbefleckte Empfängnis Mariens – Hauptpatronin des Erzbistums Köln, in: Bistumspatrone in Deutschland. Festschrift für J. Torsy, hg. v. A. Leidl, München/Zürich 1984. – Siehe auch: Kolpings Berichte über die kirchlichen Feiern, in: RV 1 (1854), S. 608f. und RV 2 (1855), S. 301–304 und RV 4 (1857), S. 363.

51 Zur Gründung der Bruderschaft und ihrer Satzung siehe: KA 10 (1860), S. 110 u. 114. – Briefe Kolpings an einen Unbekannten, 10. 11. 1860, in: KS Bd. 2, S. 285f.; an Gruscha, 11. 12. 1860, in: KS Bd. 2, S. 294 und an Reichensperger, 5. 2. 1861, in: KS Bd. 2, S. 310.
52 Siehe dazu: Schmolke, Kolping als Publizist, S. 253f.
53 KA 11 (1861), S. 23 u. 56–58.
54 K. Kempen, Betrachtungen über die „Kölner Bürger" und ihr gesellschaftliches Leben in den letzten hundert Jahren, Köln 1963, S. 19f.
55 A.a.O., S. 20.
56 Zum Diözesanmuseum siehe: Hegel, Erzbistum Köln, Bd. 5, S. 353.
57 Acta et Decreta Concilii Provinciae Coloniensis in civitate Coloniensi. – Die römische Approbation ebd. LXXXf. – Siehe dazu: Hegel, Erzbistum Köln, Bd. 5, S. 178–180. – Ausführlich: Pfülf, Geissel, Bd. 2 S. 438–459. – Ferner: S. M. M. Cüppers, Das Kölner Provinzialkonzil von 1860. Kanonistische Struktur und Kirchenbild einer Provinzialsynode im 19. Jahrhundert, in: Annuarium Historiae Conciliorum 22 (1990), S. 291–485.
58 Zu den Teilnehmern siehe: Gatz, Bischöfe.
Matthias Heinrich Kirch, *5. 5. 1818 in Imgenbroich – †3. 12. 1874 – 1843 Priesterweihe – Kaplan Köln St. Alban – 1851 Kaplan Rom, Anima – 1854 Pfarrer St. Andreas – 1861 Prof. Priesterseminar – Hecker Chronik, S. 195f.
Heinrich Franz Joseph Ruland, *23. 6. 1830 Köln – †4. 8. 1908 Paderborn – 4. 9. 1853 Priesterweihe – 1848 Abitur, Köln, Marzellengymnasium – 22. 8. 1856 Bischöfl. Kaplan u. Domvikar Paderborn – 8. 4. 1859 Apost. Notar – 27. 10. 1864 Präses des Konvikts, Prof. Moral u. Pädagogik – 7. 9. 1872 Pfr. Marktkirche Paderborn – 1856 Präses GV Paderborn – 1860 Provinzialsynode Köln. Steinke, Kolping, S. 145f. – KS Bd. 2, S. 246.
59 M. J. Scheeben, Briefe nach Rom, hg. v. H. Schauf u. A. Erösz, Freiburg 1939, S. 64.
60 Siehe dazu: Baudri, Geissel, S. 230.
61 Pfülf, Geissel, Bd. 2, S. 449.
62 Tagebuch Baudri, 2. 5. 1860: „Morgens 8 Uhr in die Minoriten, wo Bischof Müller aus Münster zelebrierte. (Gesellenvereins-Fest). Abends Gen(eral)-Versammlung des Ges(ellen)-Vereins; die Bischöfe von Trier Münster, Paderborn, Hildesheim, Osnabrück und die Weihbischöfe von Trier, Münster, Paderborn dort." – Ansprache Kolpings am 2. 5. 1860, in: KS Bd. 5, S. 140f.
63 Siehe dazu: Ridder, Kolping, S. 46–48.
64 Adressbuch Köln 1852, S. 182. – Siehe dazu die Briefe Kolpings an das Domkapitel vom 26. 5. 1849 und 3. 6. 1853, in: AEK, MK VIII 10 Vol. 1: Die Dienstwohnungen der Domvikarien. – Das Haus Burgmauer 3 war ein Eckhaus am Appelhof. 1831 als Wohnung für Domvikare erbaut, wurde es im Zweiten Weltkrieg zerstört. Siehe dazu: Vogts, Kölner Wohnhaus, Bd. 2, S. 614.
65 Protokollbuch GV Köln zum 25. 4. 1853. – Adressbuch Köln 1854, S. 224. – Das Gesellenhospiz lag im Pfarrgebiet von St. Maria in der Kupfergasse.
66 Protokollbuch zum 10. 10. 1857 und 16. 4. 1858.
67 Siehe dazu: Kolping an Mittweg, 4. 1861, 5. 1. 1864 und 11. 1864, in: KS Bd. 2, S. 332, 434, 453.
Therese Kemper, seit 1849 Haushälterin Kolpings, später bei Schäffer. Erhielt von Kolping eine Leibrente von 65 Talern. KS Bd. 2, S. 434, 446, u. 453. – Kolping, Testament. – RV 21 (1874), S. 383f.
Joseph Kilp, Hausdiener im Gesellenhospiz. Er erbte von Kolping 100 Taler. KS Bd. 2, S. 476 – Kolping Testament. – Protokollbuch GV Köln, 24. 5. 1866.
68 Kolping an Mittweg, 23. 4. 1861, in: KS Bd. 2, S. 333.
69 Wilhelm Servatius Flücken, *30. 4. 1835 Jüchen – †16. 1. 1882 Kassel – 29. 8. 1859 Priesterweihe – 1(1859 Stellvertreter Kolpings – Mitarbeit an den Rheinischen Volksblättern – 31. 12. 1866 Rektor Thenhoven – 1869–1872 Divisionspfarrer Kassel.
AEK, Totenzettel. – Nachruf RV (1882), S. 59. – KS Bd. 1, S. 56f.; Bd. 2, S. 280, 284, 295, 304, 308, 35: 356f., 372, 382, 392, 400f., 411–413, 418, 423, 434, 440, 443–446, 450, 453, 458, 473.
70 Jorde, Kirchengemeinde, S. 222.
Die direkte Umrechnung eines Talers in heute gültige Währungen ist problematisch, weil man von der Kaufkraft bzw. von dem Verhältnis zwischen Löhnen und Preisen ausgehen muß. Nur diese sind vergleichba Siehe dazu: A. Lachmann (Hg.), Neueste Illustrirte Münz-, Maas- und Gewichtskunde und Handelsgeographie aller Länder mit Abbildung und Beschreibung der jetzt cursirenden Gold- und Silber-Münzen neb Angabe ihres Gewichtes, Feingehalts, ihrer Geltung und ihres Werthes nach den neuesten gesetzlichen B

stimmungen, 2 Bände, 3. verbr. Aufl. Leipzig 1963, hier Bd. 1, S. 287, und F. Verdenhalven, Alte Maße, Münzen und Gewichte aus dem deutschen Sprachgebiet, Neustadt/Aich 1968. Bei Zugrundelegung der damaligen und jetzigen Löhne und Preise bzw. ihrem Verhältnis zueinander entspräche ein Taler etwa einer Summe von 300,– DM.

71 Siehe dazu: Schmolke, Kolping als Publizist, S. 215f.

72 AEK, MK XXVIII, 7.

73 Kolping an Mittweg, 18. 1. 1855, in: KS Bd. 2, S. 171f.

74 Schmolke, Kolping als Publizist, S. 215.

75 Protokollbuch zum 18. 2. 1866.

76 Linn, Ultramontanismus, S. 148.

77 A. Verbeek, Kölner Kirchen. Die kirchliche Baukunst in Köln von den Anfängen bis zur Gegenwart. Neu hg. v. G. Binding u. U. Stolz, Köln [3]1987, S. 57. (Lit.). – Ridder, Grabeskirche. Siehe ferner dazu: RV 11 (1864), S. 824. – KS Bd. 2, S. 360f., 368, 376, 395f., 405, 411, 421–438, 442, 449–463, 468–475.

78 Hirtenbrief v. Kard. Geissel, 30. 4. 1853, in: KA 2 (1853) S. 43f., hier S. 43 (betr. Spendenaufruf zur Restaurierung der Minoritenkirche).

79 Die Urkunde ist gedruckt in: Baudri, Minoriten-Kirche, S. 18 (unpaginiert).

80 KS Bd. 1, S. 38f. – Siehe auch: AEK, MK B XXII,1.I.

81 FS 2 (1852), S. 158f. – Zu Kolpings Vorliebe für gregorianischen Choral siehe auch: RV 2 (1855), S. 389.

82 Kolping an Mittweg, 11. 9. 1863, in: KS Bd. 2, S. 422. – Kolping an Gruscha, 9. 12. 1863, in: KS Bd. 2, S. 431.

83 Kolping an Gruscha, 17. 11. 1861, in: KS Bd. 2, S. 360.

84 KA 12 (1862), S. 12.

85 Kolping an Steinle, 31. 12. 1861, in: KS Bd. 2, S. 365. Kolping an Mittweg (undatiert, Anfang 1862), in: KS Bd. 2, S. 366.

86 Kolping an Gruscha, 5. 3. 1862, in: KS Bd. 2, S. 371.

87 Ernennungsurkunde, 2. 4. 1862, in KS Bd. 1, S. 50 u. 323. – KA 12 (1862), S. 40.

88 KA 12 (1862), S. 51.

89 Protokollbuch zum 4. 12. 1861. – Urkundentext der Stiftung vom 21. 4. 1864, in: KS Bd. 1, S. 52–55. – Siehe dazu auch: KS Bd. 2, S. 360, 364 u. 371. – Protokollbuch zum 4. 2. 1866. – AEK, MK B XXVIII, 14.

90 Kolping an ein ungenanntes Kapitelsmitglied, 29. 4. 1864, in: KS Bd. 2, S. 438f.

91 Vinzenz Statz, *9. 4. 1819 Köln – †21. 8. 1898 Köln – 1863 Dombaumeister Köln – 1864 Mitgl. Schutzvorstand GV Köln.

H. Vogts, Vinzenz Statz (1819–1898), Lebensbild und Lebenswerk eines Kölner Baumeisters, Mönchengladbach 1960. – Siehe auch: KS Bd. 2, S. 397, 405, 409, 421ff., 425ff., 430f., 433, 437, 451f., 455, 463, 475ff.

Eduard von Steinle, *2. 7. 1810 Wien – †18. 9. 1886 Frankfurt/Main – 1828–1833 Aufenthalt in Rom – Maler der Neugotik – 1843–1861 mit Unterbrechungen in Köln tätig – 1879 geadelt.

.. Dussler, in: LThK 9 ([2]1964), Sp. 1034f. – Siehe ferner: KS Bd. 2, S. 354ff., 364, 369, 396, 421, 423ff., 429f., 432, 451, 454, 456, 463, 468, 475. – A. M. Steinle, Edward von Steinle und August Reichensperger in ihren gemeinsamen Bestrebungen für die christliche Kunst aus ihren Briefen geschildert, Köln 1890. – Zu erwähnen ist weiter der Dekorationsmaler Eduard Gatzke (1816–1866), der an der Restaurierung wesentlich mitarbeitete. – HAStK, Sammlung Bayer. – KS Bd. 2, S. 426, 428, 430f., 433, 436f., 451, 454. – Testament Kolpings im ADK. – Protokollbuch zum 7. 3. 1866.

2 Das Original dieses Aufrufs vom 28. 10. 1864 ist verschollen. Eine beglaubigte Abschrift befindet sich im ADK. – Siehe dazu ferner: Kolpings publizistischen Einsatz: Spendenaufruf in: RV 11 (1864), S. 192 und Artikel über die Minoritenkirche, in: RV 11 (1864), S. 721–726 und 736–741.

3 Siehe dazu: KA 1 (1852), S. 64.

4 Kolping an Reinhard, 15. 11. 1863, in KS Bd. 2, S. 428.

5 Baudri, Minoriten-Kirche, S. 16.

Johann Heinrich Richartz, *15. 11. 1795 Köln – †22. 4. 1861 Köln – Kaufmann und Kunstmäzen – Stifter des Wallraf-Richartz-Museums Köln.

J. Merlo, in: ADB 28 (1889), S. 421–423. – KS Bd. 2, S. 424f., 429, 433.

9. Priester im Gesellenverein (1846–1865)

In Elberfeld war Kolping als Präses des Gesellenvereins auf seine Lebensaufgabe gestoßen, die von nun an sein Leben bestimmte. Auf die selbstgestellte Aufgabe bei der Übernahme des Präsesamtes in Köln war Kolping gut vorbereitet. Er brachte eine gediegene Berufsausbildung und mehrjährige praktische Erfahrung in verschiedenen Werkstätten mit. Dazu hatte er ein breit angelegtes Fachstudium an zwei Universitäten unterschiedlicher geistiger Ausrichtung mit Erfolg abgeschlossen. Seine gute Beobachtungsgabe und sein überzeugendes Redetalent waren erwiesen. Er verfügte über praktische Seelsorgs- und Schulerfahrung in Volksschule und Gymnasium, dazu noch aus einem konfessionell schwierigen Umfeld. Aus Elberfeld brachte er direkte „Frontkenntnisse“ von der beginnenden Industrialisierung mit, hatte sich mit berufspädagogischen Fragestellungen vertraut gemacht und publizistische Ersterfolge zu verzeichnen. Die Pädagogik Johann Michael Sailers und die Theologie Johann Adam Möhlers hatten seinen Blick auch auf gesellschaftspolitische Fragestellungen gelenkt. Politisch stand er den Herausgebern der „Historisch-politischen Blätter“ in München und dem Mainzer „Katholik“ nahe. Über die Mentalität der Arbeiter und Handwerker sowie deren soziale Stellung konnte er glaubwürdig schreiben, weil er sie wirklich kannte. Durchsetzungsvermögen hatte er auf seinem bisherigen Lebensweg zur Genüge bewiesen. Kolping war bei seinem Amtsantritt in Köln 35 Jahre alt und hatte vier nicht eben leichte Kaplansjahre hinter sich.

Bei seiner priesterlichen Tätigkeit als Domvikar und Rektor der Minoritenkirche waren Eucharistiefeier, Predigt und Beichthören Schwerpunkte der Seelsorge. *„Diener am Wort“*[1] zu sein, beinhaltete für Kolping dabei nicht allein Predigt und Gebet, sondern insgesamt die Sorge um den heilsbedürftigen Menschen.

„Ist nicht das Priestertum auf die Liebe gebaut, vergibt nicht die Liebe die Sünden, bringt nicht die Liebe das Opfer, bindet nicht die Liebe alles zusammen in der Kirche? Die Priester sind deshalb auch in ihrer hehren Würde und fast göttlichen Gewalt, die sie im Namen Christi ausüben, die Väter des Volkes, und ihr Walten ist das Walten heiliger Liebe, doch nicht ihr Walten, nein, das Walten Jesu Christi durch sie; denn sie haben für sich nichts zu suchen, nichts zu geben, nichts zu versöhnen, sondern um der Liebe Christi willen“[2].

Nur von Kolpings Verständnis des Priestertums her ist auch sein soziales Engagement zu erklären und zu verstehen. Seelsorger und Volkserzieher wollte er in erster Linie sein. Im Gesellenverein konnte er dieses Lebensziel verwirklichen.

Katholische Vereinsgründungen im Rheinland waren für Kolping kein ausgesprochenes Neuland. Von der Gründung des Borromäusvereins, der sich die Verbreitung katholischen Schrifttums zum Ziel gesetzt hatte und an deren Gründung August Reichensperger und Kolpings Lehrer Dieringer im Februar 1844 entscheidenden Anteil hatten, wird er bei seinen guten Beziehungen zu Dieringer erfahren haben[3]. In Elberfeld war er an der Gründung dieses Vereins beteiligt und gehörte mit zum Vorstand[4].

Im Sommer 1848 war in Köln der Piusverein gegründet worden, dessen Vertreter zu einer ersten Generalversammlung im Oktober nach Mainz reisten. Auf diesem ersten deutschen Katholikentag schlossen sich mehrere Vereine zum Katholischen Verein Deutschlands zusammen[5].

Auf eine Empfehlung von August Reichensperger ging die Entstehung der Vinzenzvereine – benannt nach dem Heiligen Vinzenz von Paul (1581–1660) – nach 1848 zurück. Sie waren als Laieninitiativen, nach dem Vorbild des von Friedrich Ozanam 1833 in Paris gegründeten Vereins, als Hilfsvereine zur Linderung der materiellen und geistig-seelischen Not in vielen Pfarreien entstanden. Kleriker übten in ihnen nur beratende Funktionen aus[6]. Am 10. Januar 1849 bildete sich unter dem Vorsitz des rührigen Pfarrers von St. Martin, Peter Jakob Siebold, ein Vinzenzverein, der die Gründung des Kölner Gesellenvereins tatkräftig unterstützte[7].

Da der Kölner Gesellenverein für Kolping als „Mutterverein"[8] aller katholischen Gesellenvereine fungierte und in vieler Hinsicht als Vorbild angesehen wurde, ist diese Einrichtung und ihre Geschichte etwas näher zu beleuchten.

Mit Energie und Zielstrebigkeit hatte Kolping die Gründung des Kölner Gesellenvereins vorbereitet, der in den folgenden Jahren zum Zentrum der gesamten Bewegung werden sollte. Er hatte in Elberfeld erkannt, daß der Verein eine rein lokale Angelegenheit bleiben würde, wenn er nicht in der Metropole des rheinischen Katholizismus Unterstützung fände. Von Elberfeld aus hatte Kolping seine Kontakte nach Köln, soweit es seine Arbeit zuließ, aufrechterhalten und gepflegt[9]. Sehen wir uns das kirchliche Umfeld einmal etwas genauer an: Pfarrer der großen Altstadtgemeinde St. Kolumba war Anfang 1848 Peter Christian Schnepper geworden[10], zu dem Kolping auch private Kontakte hatte. Der Kerpener Jugendfreund Karl Statz wirkte als Lehrer an der dortigen Pfarrschule. An St. Martin war neben dem genannten Siebold der Neupriester Gottfried Hubert Nöcker als Kaplan tätig. Es war die Heimatpfarrei von Christian Hermann Vosen, dessen Vater an dieser Kirche Küster war.

Pfarrer an St. Maria in der Kupfergasse, einer Kirche, zu der Kolping sich besonders hingezogen fühlte, war seit 1847 Johann Josef Schumacher, der aus Jüchen stammte, wo Kolpings Freund Wollersheim 1843 das Pfarramt übernommen hatte. Kaplan an dieser Kirche war der Neupriester Josef Chargé, jünger als Kolping und in Bonn sein Mitstudent. Nicht zu vergessen ist auch der Konabiturient Kolpings, Michael Benger, ebenfalls Studienkollege Kolpings in Bonn, der 1848 vom Erzbischöflichen Kaplan Geissels zum Professor am Kölner Priesterseminar befördert worden war. Der Seelsorger an der Arrestanstalt, Hermann Anton Stöveken, konnte publizistische Unterstützung mit dem „Nathanael" anbieten.

Schon im Elberfelder Verein hatte Kolping die Forderung nach einem geeigneten Lokal für die Arbeit mit den Gesellen erhoben und gab für die dringende Notwendigkeit eine pädagogische Begründung. Dem Handwerker und Gesellen fehle eine Heimstatt, die zugleich Bildungs-, Unterhaltungs- und Begegnungsstätte sein müsse[11]. In Köln waren die Anfänge in diesem Bereich mit besonderen Schwierigkeiten verbunden. So schrieb Kolping an einen Freund aus der Elberfelder Zeit: „Ich habe kein ordentliches Lokal, stehe allein. Niemand hilft"[12]. Kolping begann seine Vereinsarbeit im Stadtzentrum in der Kolumbaschule, die im Jahre 1837 neu erbaut worden war[13]. Für die Benutzung dieses Schullokals hatte er am 3. Mai 1849 zunächst eine befristete Genehmigung erhalten[14]. Religionslehrer Vosen, bei der Vorbereitung der Gründung beteiligt, berichtete über die Anfänge: „Gegen Ostern im Jahre 1849 begann nun Kolping seinen Versuch, in dem er eine kleine Schar von Gesellen zu einer Versammlung berief. In einem schlecht beleuchteten Schulzimmer fanden sich zu dieser Versammlung zuerst nur 7 Gesellen ein, von denen nur 2 oder 3 von Elberfeld her den Gesellenverein und seinen Stifter kannten; die anderen begriffen anfangs die Sache wenig[15]. Für Kolping, der in seinem Bemühen um junge Erwachsene eigene Wege gehen wollte, war diese erste Zeit nicht einfach: „Man lernt nicht eher die Schwierigkeit, menschliches Elend zu bessern, recht kennen, bis man einmal versucht hat, irgendeinen wirklich Elenden aus seinem Jammer herauszureißen"[16]. Er kannte das Mißtrauen der Gesellen gegenüber Agitatoren aller politischen Richtungen, das auch den katholischen Klerus nicht ausschloß. Der Reden und Kämpfe waren sie überdrüssig. Kolping wußte, daß seine früheren Standesgenossen Fakten sehen wollten, leere Versprechungen hatten sie genug gehört.

Am 6. Mai 1849 fand nach mehrwöchigen Vorbereitungen dann die Gründungsversammlung des Kölner Gesellenvereins in der Kolumbaschule statt[17]. Diesen Tag vergaß Kolping wohl in seinem Leben auch deshalb nicht, weil an diesem Tag sein enger Studienfreund Schüller starb. An dieses Datum knüpfen sich nun gleich zwei Legenden, die sich hartnäckig behaupten konnten. Die von Kolping und Vosen genannte Zahl von sieben Gesellen trifft zumindest für das offizielle Gründungsdatum nicht zu. 19 Gesellen ließen sich jedenfalls namentlich ermitteln; mindestens 50 nahmen teil[18]. Die zweite, später entstandene Legende, es seien nur sieben Gesellen gewesen, weil am gleichen Abend im Kölner Gürzenich Karl Marx aufgetreten sei[19], wird schon dadurch widerlegt, daß er an diesem Tage nicht in Köln war[20]. Auch wenn Kolping den Namen Marx nicht nannte, wird er allein schon wegen der publizistischen Aktivitäten von ihm gehört haben[21].

Im Revolutionsjahr 1848 war für die junge deutsche Arbeiterbewegung Köln das organisatorische Zentrum geworden. Von hier aus führten Karl Marx und Friedrich Engels den Bund der Kommunisten. Der Armenarzt Dr. Andreas Gottschalk (1815 bis 1849) hatte den Kölner Arbeiterverein am 13. April 1848 gegründet, sich aber später mit Marx überworfen. Dieser leitete seit Oktober 1848 als Präsident den Verein. Greifbarer Erfolg war ihm dabei nicht vergönnt. Schon bald spielte die Vereinigung keine Rolle mehr in der Öffentlichkeit[22]. Die orientierungslosen Handwerksgesellen arrangierten sich zunehmend mehr mit dem Bürgertum, das in Köln den Ton angab.

Der Beginn des Vereinslebens in einer Schule wurde von Kolping als Provisorium angesehen. Dieses Vereinslokal ermöglichte nur eine bescheidene Bildungsarbeit. Das Ambiente stimmte nicht und bot für gesellige und gesellschaftliche Kontakte nicht genügend Raum. So beschränkte man sich mehr aus Zwang denn aus Bereitwilligkeit. Für Kolping mußte *„das Vereinslokal anständig und ordentlich sein.* Man denke nicht, für solche Burschen sei leicht ein Lokal hergerichtet, jede Schulstube sei gut genug oder im Hinterhause eines Wirtshauses ließe sich der Überrest eines Tanzbodens herrichten, und wie die höchst unpraktischen Notbehelfe aussehen mögen ... Ich wende die Sache gerade um. Eben deshalb, weil die Mitglieder des Vereins Handwerksgesellen sind, eben deshalb, weil sie die ganze Woche im Staub der Werkstatt zubringen, oft in jammervoller Umgebung arbeiten, essen, trinken und schlafen, soll das Gesellenvereinslokal *möglichst* anständig, annehmlich und wohnlich sein. ... Es unterliegt dabei gar keinem Zweifel, daß ein sauberes, freundliches Lokal die Leute viel eher anzieht und festhält, als wenn der Bursch im ersten besten Wirtshaus an der Straße besser untergebracht ist als in den Räumen des Gesellenvereins. Mit Freude soll sich der Geselle auch der Wände des Vereinslokals erinnern, wenn er einmal wieder fern sein muß"[23].

Von der Kölner Schulverwaltung hatte Kolping nach zwei Monaten auf die Vermittlung von Vosen hin Gebührenerlaß für die Benutzung der Schulräume erhalten[24]. Als weiteres Entgegenkommen gewährte man ihm wenig später die Erlaubnis, Getränke, Speisen und Tabak in der Schule auszuteilen[25]. Mit Ordnung und Sauberkeit nach Vorstellungen eines Schulhausmeisters kamen die Gesellen, die selbst die Raumreinigung zu erledigen hatten, offenbar nicht zurecht. In mehreren Schreiben wurde der mangelhafte Reinlichkeits- und Ordnungssinn der Gesellen von seiten der Schulverwaltung beklagt[26]. Mit Verboten hatte der Schulkommissar aber schon früher ihm nicht genehme Umstände bei den Bildungsveranstaltungen moniert. So wurde unter Androhung der Kündigung der Schulräume befohlen, „daß die von [Kolping] unterrichteten Erwachsenen das laute Singen im Schulraum zu unterlassen haben"[27]. Mit der Disziplin der Gesellen gab es aus der Sicht der Schulbehörde immer wieder Schwierigkeiten; denn im Juli des gleichen Jahres hatte der Kastellan Kolping ein Schreiben der Schulbehörde zu überbringen, dessen Inhalt nur als Vorlage einer Hausordnung bezeichnet werden kann. Die Gesellen waren danach anzuhalten, „ihre Bedürfnisse nur auf dem großen Abtritt zu verrichten. Es soll auch auf dem Flur und dem Gang kein Papier fortgeworfen werden. Auch dürfen erwachsene Mädchen nicht mit auf den Schulhof genommen werden"[28].

Abhängigkeit von Behörden, auferlegte, aber nicht zu akzeptierende Zwänge, unter denen die Gesellen standen, haben Kolping bewogen, schon sehr bald ein eigenes Vereinslokal zu mieten. Dieses Vorhaben wurde durch die ständig wachsende Teilnehmerzahl bei den Unterrichtsveranstaltungen noch drängender. Mit der Unterstützung von ersten Förderern mietete man für den Verein ein Haus in der Straße „Am Hof". Wahrscheinlich hat Kolpings Nachfolger Schäffer als Student schon den Gesellenverein in diesem Vereinslokal kennengelernt. Er berichtete darüber: „Am Abende gingen wir in ein Haus ‚Am Hof'. Wir traten in ein mäßig großes Zimmer, wo es wogte und summte wie in einem Bienenschwarm. Es waren Handwerksgesellen, welche ihren Präses erwarteten“[29]. Kolping selbst teilte dazu folgendes mit: „Es ist nun mit namhaften Opfern ein schönes Lokal für den Verein gefunden worden. Die Miete, die Einrichtungen der Gasanlage und die Anschaffung der notwendigen Möbel war nur durch die Geschenke wohlwollender Freunde des Unternehmens möglich“[30].

Kolping wollte bei den Gesellen auf keinen Fall den Eindruck entstehen lassen, es würde im Verein „Nachhilfeunterricht“ erteilt, mit dem man sich nicht vermitteltes oder bereits vergessenes Schulwissen aneignen könne. Alles schulmäßige sollte bei den Vereinsabenden vermieden werden.

„Als aber beim nahenden Winter ein freundliches Lokal beschafft war und wenigstens zum Teil für den Unterricht hinreichend konnte gesorgt werden, stieg die Zahl der Mitglieder bald bis zu 100, die zum größten Teil mit wahrer Begeisterung sich einem Vereine anschlossen, dessen praktischen Nutzen sie unmittelbar einsahen und empfanden. Der Hang zu ungebundener Freiheit, gewohnte Wege und Vergnügungen zerrten zwar manchen wieder aus der Genossenschaft – mit Zwang und Überredungskünsten wurde keiner festgehalten –, das geschah aber im ganzen noch so selten, daß deren Wegbleiben den Gang des Unterrichts und das Leben des Vereins nichtmal nicht störte, sondern unter der stets wachsenden Zahl nichtmal auffiel.“[31]. Der ständige Zustrom an Mitgliedern machte erneut einen Umzug notwendig, wobei die finanzielle Lage des Vereins Beschränkungen bei der Wahl des Lokals erforderlich machte. Diese letzte Station vor dem eigenen Gesellenhospizium war ein ehemaliges Logenlokal, das Pallenbergische Haus, Marzellenstraße 82. Seit Mitte September des Jahres 1850 hatte der Verein dort eine neue Bleibe, für die Ende des Jahres rückwirkend ein Mietvertrag abgeschlossen wurde. Die Parterre bestand aus einem Salon mit Nebenzimmer, einem weiteren Zimmer und der Küche. Die erste Etage hatte 5 Zimmer, dazu etliche Nebenräume. Die Miete betrug jährlich 325 Taler[32]. Ein spürbarer Nachteil dieses Lokals war die ungünstige Lage vom Stadtzentrum aus. Wegen des weiten Weges beteiligten sich die Vereinsmitglieder „nicht lebendig genug“ an den angebotenen Veranstaltungen[33].

An Sonn- und Feiertagen war das Haus nach Beendigung des Vereinsgottesdienstes den ganzen Tag über geöffnet. Ebenfalls war am Montagabend das Vereinslokal für alle Mitglieder zugänglich. An den anderen Abenden hatten nur die Gesellen Zutritt, die sich für einen bestimmten Unterricht angemeldet hatten. Die wechselnden Unterrichtszeiten – vornehmlich im Sommer – wurden durch einen Anschlag im Hause rechtzeitig bekannt gemacht[34].

Über die ersten Erfolge war selbstverständlich in der periodischen kirchlichen Presse berichtet worden. So meldete eine Notiz aus Köln: „Der hiesige Gesellenverein erfreut sich unter der trefflichen Leitung seines Gründers, des Herrn Domvikars Kolping, des herrlichsten Gedeihens. Täglich suchen mehrere junge Leute die Aufnahme nach, so daß schon jetzt das bisher benutzte sehr geräumige Vereinslokal für die Versammlungen nicht mehr ausreicht und man deshalb genötigt ist, sich nach einem anderen umzusehen“[35]. Darum konnte Kolping beruhigt auf eine Anfrage des Kölner Generalvikariates antworten: „Wir beabsichtigen nun allerdings, in allen größeren Städten und Ortschaften in Rheinland und Westfalen, solche Gesellenvereine ins Leben rufen zu helfen, was wohl geschehen wird, wenn der Klerus überall Hand ans

Kolpingdenkmal von Johann Baptist Schreiner vor der Minoritenkirche in Köln

Minoritenkirche um 1850

Grab Kolpings vor der Neugestaltung in der Minoritenkirche

Adolph Kolping mit einem Gesellen. Ausschnitt aus einem zerstörten Mosaik in der Kölner Kirche St. Aposteln. Entwurf: Friedrich Stummel

Werk legt; obschon die Sache neu ist, manchem nicht behagt und viele Arbeit verspricht"[36]. Man spürt die Skepsis im eigenen Lager.

Kolping hatte nun auch in Köln erste Erfolge zu verzeichnen und konnte darum hinnehmen, daß viele „anfangs an dem ihnen fremden, sonderbar auftretenden Manne irre geworden und nicht begriffen hätten, was ihn denn bewegen möge, Gesellen zusammenzurufen; er schien ihnen ein unter den Geistlichen beiseite gesetzter Sonderling zu sein, der seine Zeit nicht totzuschlagen wisse"[37].

Präses

Wichtigster Amtsträger im Gesellenverein war der Präses als „Vater der Vereins"[38]. Kolping erklärte gefühlvoll: „Wer sich im Verein nicht wie ein Vater unter seine ihm von Gott anvertrauten Söhne gestellt weiß, wer den Verein nicht gleichsam wie seine Familie *lieb* hat und dafür besorgt ist, und zwar nicht um äußerer Dinge, sondern um *Gottes willen,* der soll nicht Präses sein, weil er es nicht wirklich von Herzen, nicht Präses-Vater ist"[39]. Kolping wurde Zeit seines Lebens nicht müde, die Bedeutung dieses Amtes für den Verein zu betonen. Der Präses leitete alle Sitzungen des Vorstandes und hatte das Recht, seinen Stellvertreter zu ernennen. Dabei hatte er die Vorschrift zu beachten, den Vizepräses nur aus den Reihen der Hauptlehrer im Verein auszuwählen. Die Einhaltung der Hausordnung im Hospiz und die Beobachtung der Statuten waren ebenso seine Aufgabe wie die Sorge um eine gleichmäßige Behandlung aller Vereinsmitglieder. In Notfällen hatte er außerdem das Recht, Vereinsmitglieder bei schweren Verstößen gegen die Zielsetzung des Vereins ohne Befragung des Vorstandes zu entlassen.

Mit dem Präses als Führungskraft im Gesellenverein war auch die Anbindung an die Kirche sichergestellt: „Die Kirche aber wird repräsentiert durch ihre Priester, und darum lag nichts näher und war nichts notwendiger, als den Gesellenverein in die Hände der Geistlichkeit zu legen. Je näher diese Geistlichkeit dem Volke und dem Volksleben steht, um so eher ist sie geeignet, berufen, unter Umständen innerlich verpflichtet, die Sache des Vereins als die ihrige anzusehen und anzunehmen. Damit ist der Verein direkt auf *kirchlichen* Boden gezogen, auch wenn in seiner Wirksamkeit er vielfach noch so weltlich aussehen mag; aber damit ist auch die Kirche, näher das Priestertum, an den Verein verpflichtet"[40].

Die Mitarbeit der Kleriker brachte für die Institutionalisierung der Vereine beachtliche Vorteile mit sich. Für viele an der Vereinsarbeit Interessierte waren die Priester Garanten für uneigennütziges soziales Engagement. Gleichzeitig wirkten sie als Vertreter der Kirche. Für die Vereine bedeutete das in vielen Fällen einen nicht nachprüfbaren Vertrauensvorschuß, in anderen Fällen offene Ablehnung. Dabei wollte Kolping zunächst keineswegs mit dem Gesellenverein eine rein kirchliche Einrichtung schaffen: „An der Spitze des Vereins steht der Geistliche als Präses, damit das ganze Werk ein Werk christlicher *Nächstenliebe* sei. Der Gesellenverein hat damit seinen frohen, bürgerlichen Charakter nicht eingebüßt..., aber er weiß Maß und Ziel zu halten, liebt Ordnung und Zucht vorzüglich, weil der Geistliche dabei ist. Der Vorstand ist vorherrschend bürgerlich und wird es bleiben. Darin liegt nach außen die Gewähr, daß *begründete* Bedenken über den allzugroßen Einfluß der Geistlichkeit, den einige fürchten könnten, nicht mögen erhoben werden“[41].

Die herausgehobene Position des Präses war noch überwiegend in patriarchalischen Vorstellungen grundgelegt und stellte beachtliche charakterliche Anforderungen an die mitarbeitenden Priester: „Wer die Aufgabe des Vereins ganz oder teilweise in die Hände nimmt, muß ihr nicht bloß seine physischen und geistigen Kräfte, nicht bloß seinen Kopf widmen – das ist das Geringste –, sondern vor allem sein Herz, der muß mit einer wahren Liebe zu Sache seine diesfalls erkannte Pflicht ergreifen und erfüllen. *Wer Menschen gewinnen will, muß das Herz zum Pfande einsetzen*“[42].

Vielfältige Aufgaben und offensichtlich auch persönliche und berufliche Überforderung der priesterlichen Mitbrüder ließen Kolping denn auch öffentlich mahnen: „In der Regel bürde man dem Präses zuviel, oft sogar alles auf und mache Ansprüche an ihn, deren [!] er mit dem besten Willen nicht imstande sei zu genügen. Allerdings sei er die Hauptperson und müsse es sein, aber seine Wirksamkeit sei notwendig bedingt durch das *freudige* und *treue Zusammenwirken* des Vorstandes *und* der Mitglieder“[43]. Der Präses als Volkserzieher oder Volkslehrer ist nicht nur Vermittler von praktisch anwendbarem Wissen. Er soll die Menschen prägen und die Mitglieder begeistern, ihr Leben im Geiste Christi zu planen und zu gestalten. Als Integrationsperson hat er auszugleichen und zu vermitteln: „Setzt sich aber der Präses über das Gemeinsame weg, dann kann er kaum dem Verdacht entgehen, daß ihn Eitelkeit, Eigensinn, Rechthaberei beherrscht [!], und dem vollen, kindlichen Vertrauen der Mitglieder ist dann bereits die Spitze abgebrochen“[44].

Das Präsesamt, das zeitlich nicht begrenzt war und dessen Inhaber durch Wahl bzw. Wiederwahl bestätigt wurde, hatte Kolping bis zu seinem Tode selbst inne[45]. Die Freiheit der Wahl des Präses war aber nicht überall selbstverständlich. Von Einschränkungen berichtete Kolping selbst: „Der Vorstand muß ganz und gar selbständig sein; nichts von einer Wahl per Majorität. Ebenso wird nicht ohne sehr dringende Ursache mit ihm gewechselt; denn nicht jeder ist der rechte Mann für diesen Posten. Und ist der rechte gefunden, nun, dann soll er's auch bleiben; denn nur in einer bleibenden Stelle liegt für einen Präses die Möglichkeit ..., recht tüchtig und zum Wohle des Ganzen regieren zu können. Anderenteils will aber gewiß auch der Verein nur einen tüchtigen und erfahrenen Präses, und jener Weg führt hiezu. Würde dagegen eine Wahl oder periodischer Wechsel eingeführt – nun, wir haben dies ja in den letzten Jahren gar mannigfaltig beobachtet –, da drängt sich so ein Schwadroneur oder Rappelkopf hervor, und gelingt es nur einem, so herauszubuchsieren durch die Wahl, so gehen andere, weil sie solches nicht lieben, und der Präses stutzt und verliert Lust und Mut zur Sache“[46].

Vor der Gründung des Kölner Gesellenvereins hatte Kolping bereits zwei Jahre Erfahrung in der geistlichen Leitung des Elberfelder Gesellenvereins. In Köln nahm er das Präsesamt in zwei, nach dem organisatorischen Aufbau in drei verschiedenen Stufen bzw. Bereichen wahr. Zunächst war er Lokalpräses des Kölner Vereins. Nach der Gründung des Gesellenbundes im Jahre 1850 übernahm er auch das Amt des Präsidenten dieser Vereinigung[47]. Seit 1858/59 setzte sich dann der Titel „Generalpräses“ durch. „Je nun, darum muß ich doch General-Präses sein und bleiben“[48]. Die Aufgaben der 1858 geschaffenen Position des Diözesanpräses hatte er seit Beginn des Gesellenbundes miterledigt.

Als Lokalpräses waren seine wichtigsten Aufgaben die regelmäßigen Vereinsveranstaltungen (Vorträge, Unterricht, Vereinsfeste), die persönliche Kontaktpflege mit den einzelnen Mitgliedern und Führungsaufgaben innerhalb wie außerhalb des Vereins. Dazu kam als schwieriges Arbeitsfeld die Beschaffung und Finanzierung eines eigenen Hauses. Als Präsident und Generalpräses hatte er die programmatische Arbeit zu leisten, Werbeaktionen zu planen und zu organisieren, Verbandszeitschriften zu redigieren und die Vertretung des Gesellenbundes in der Öffentlichkeit wahrzunehmen. Diese Aufgaben brachten umfangreiche Korrespondenz, ausgedehnte Reisen und Vortragstätigkeit mit sich. Die auf mehreren Ebenen und in verschiedenen Arbeitsbereichen gewonnenen Erfahrungen machten auch seine Ermahnungen an seine künftigen Präsideskollegen glaubwürdig und bedenkenswert: „Dinge, um die man nie eine rechte Mühe gehabt, die einem im Grunde keine Sorge noch Leid gemacht, wachsen einem nie rechtschaffen ans Herz, die *freuen* hintenach bei weitem nicht so, als wenn man sich für etwas tüchtig hat abplagen müssen. Damit Dir der Gesellenverein ans *Herz* wächst, mußt Du Not und Sorge darum haben“[49].

Vizepräses

Die Vizepräsides, die nach den Statuten den Präses bei seiner Abwesenheit in „vollen Funktionen“ zu vertreten hatten, waren in der Regel auch katholische Priester. Da Kolping wegen seiner organisatorischen Tätigkeit häufig Reisen über das Rheinland und auch über Deutschland hinaus unternehmen mußte, kam im Kölner Verein dem jeweiligen Vizepräses größere Bedeutung zu als in anderen Ortsvereinen. Der erste, der dieses Amt in Köln übernahm, war der seit 1844 am Marzellengymnasium als Religionslehrer tätige Christian Hermann Vosen. Er war Kolping durch seine journalistische Tätigkeit bereits bekannt. Seit 1850 war Vosen als Elementarlehrer im Gesellenverein engagiert und gehörte zum „engeren Vorstand“ des Vereins. Dieser setzte sich aus den Ordnern, dem Senior, dem Sekretär, den Hauptlehrern, dem Präses und Vizepräses zusammen[50].

Am 22. November 1853 übernahm dann Graf Leopold von Spee[51] das Amt des Vizepräses. Kolping berichtete einen Monat später über ihn: „Graf Spee ist zwar hier und schickt sich gut, aber ich habe doch noch wenig Hilfe von ihm. Er muß eben noch *alles* lernen. Sonst darf ich sehr zufrieden mit ihm sein“[52]. Im Jahre 1856 wurde der am Dom tätige Priester Friedrich Koenen[53] Nachfolger des Grafen als stellvertretender Präses. Koenen, der sich in besonderer Weise der Pflege des deutschen Liedgutes annahm, hatte schon einige Zeit im Gesellenverein als Gesanglehrer fungiert. Als Vizepräses wirkte er nur kurz, denn schon im gleichen Jahr fand wieder ein Wechsel in diesem Amt statt.

Als Nikolaus Josef Hubert Chargé die Aufgaben des Vizepräses übernahm, hatte er schon vier Jahre im Vereinsvorstand mitgearbeitet und als Elementarlehrer seine Kraft in den Dienst des Gesellenvereins gestellt. Seine Tätigkeiten als Religionslehrer am Marzellengymnasium und als städtischer Schulinspektor kamen den Intentionen und Interessen der Mitglieder des Gesellenvereins sicher entgegen.

Im Jahre 1862 wurde erstmals ein Laie, der Kölner Kaufmann Peter Michels[54] zum Vizepräses ernannt. Mit Michels verband Kolping, ebenso wie mit den vorgenannten Vizepräsides, persönliche Freundschaft. Für eine gedeihliche Zusammenarbeit im Verein waren diese Freundschaften förderlich. Die Frage, warum ein Laie in diese Führungsposition berufen wurde, kann am ehesten aus der Situation des Vereins beantwortet werden. Die Bildungsarbeit, die die geistlichen Vizepräsides mit zu verantworten hatten, bereitete keine größeren Schwierigkeiten mehr. Zuverlässige Lehrkräfte waren gefunden und der Lehrplan wurde nur noch geringfügig verändert. Für den organisatorischen Ausbau des Kölner Gesellenvereins wurde nun ein Fachmann gebraucht, der im Umgang mit Behörden versiert und im kaufmännisch-wirtschaftlichen Denken geschult war. Diesen Mann hatte Kolping in Peter Michels gefunden.

Schutzvorstand

Für die Entwicklung der gesellschaftspolitischen Wirkung der Gesellenvereine haben sehr verschiedene Gremien eine Bedeutung gehabt. In der praktischen Arbeit in den Vereinen brachten diese Gruppen es überwiegend zu einer Zusammenarbeit, die erstaunlich anmutet.

Eine besondere Institution des Gesellenvereins war der „Schutzvorstand“[55], der für den Schutz und die Förderung des Vereins und aller seiner Mitglieder zuständig sein sollte. Dieses Gremium bestand zumeist aus bedeutenden Vertretern aus Politik, Wirtschaft und Kultur. „In den Vorständen der einzelnen Vereine finden sich meistens immer dieselben Namen, und dies rührt nicht etwa daher, daß dieselben Männer sich überall vorzudrängen suchen, sondern weil sich nicht leicht andere finden, die ein Gleiches zu tun bereit wären“[56].

Die Gründung des Kölner Vereins erwies sich im Gesamtvorhaben Kolpings als ein Erfolg, weil sich tatkräftige Mitarbeiter und auch politisch aktive Förderer fanden, die für den Aufbau eines „Zentralvereins“ als wichtige Hilfe Verbindungen und Kontakte herstellen konnten. Die in den Schutzvorstand berufenen Angehörigen der höheren Schichten sollten dem Gesellenverein und seinen Zielen und damit auch allen seinen Mitgliedern Anerkennung und Ansehen in der Öffentlichkeit verschaffen. In der Zeit des Aufbaues waren sie die Kontaktpersonen, die den Umgang mit den Behörden erleichterten und den Vereinsinteressen auf dem Behördenwege zum Durchbruch verhelfen sollten. Gesellschaftspolitisch konnten diese Bürger wirksam werden, indem sie zwischen verschiedenen gesellschaftlichen Schichten und wirtschaftlichen Interessengruppen eine Vermittlerfunktion übernahmen. Sozialpädagogische Akzente wollte Kolping dadurch setzen, daß die höheren Schichten ihre Verantwortung für die anderen erkannten. Den Handwerkern und Arbeitern wollte er deutlich machen, daß es unter den Etablierten der Gesellschaft (freilich) zu wenig gab, die sich mit anderen weniger begüterten nicht nur verbal solidarisierten. Dabei war es für ihn selbstverständlich, daß durch diese Maßnahme niemand dazu gebracht werden konnte, in eine höhere soziale Schicht aufzusteigen.

Der „engere Vorstand“ hatte das Recht, dem Gesamtvorstand mögliche Mitglieder für den Schutzvorstand vorzuschlagen. Die vorgeschlagenen Bürger mußten dem gesamten Vorstand genehm sein. Der Präses führte die neu gewählten Mitglieder des Schutzvorstandes in ihr Ehrenamt ein. „Die Mitglieder des Schutzvorstandes lassen es sich angelegen sein, den Verein nach außen kräftig zu vertreten, seinen Bestand nach Kräften zu sichern, haben das Recht, mit Sitz und Stimme den Sitzungen des Gesamtvorstandes beizuwohnen, Einsicht von allen Anordnungen zu nehmen, den Verein zu jeder Zeit zu besuchen und überhaupt an allem Teil zu nehmen, was in dem Verein geschieht und von demselben ausgeführt wird“[57].

Es handelte sich um eine Gruppe von Honoratioren oder solchen, die sich dafür hielten. Neue Mitglieder wurden jeweils von Kolping vorgeschlagen und dann mehrheitlich gewählt. Von den 18 Mitgliedern des Schutzvorstandes im Jahre 1864 im Kölner Gesellenverein waren 6 – also ein Drittel – Kleriker: nämlich Kolping selbst, Domkapitular Broix, Stadtschulinspektor Chargé, Professor Koenen, Religionslehrer Vosen und der Vikar Flücken[58]. Von den Lehrern im Verein gehörten dazu der weit über die Stadt Köln hinaus bekannte Direktor der Realschule Dr. Schellen und der auch als Künstler anerkannte Zeichenlehrer Oedenthal[59]. Aus Führungsschicht und Verwaltung der Stadt kamen die Mitglieder Clavé von Bouhaben, Regierungspräsident a. D. von Wittgenstein, Oberbürgermeister a. D. Stupp, der amtierende Oberbürgermeister Bachem und Major a. D. Weyer[60]. Nur drei Vertreter dieses Gremiums können dem Handwerk und seinen Anliegen zugeordnet werden: der Vizepräses und Vertraute Kolpings Peter Michels als Tuchhändler, der auch politisch engagierte Kirchenmaler Baudri und Kaufmann Brück[61]. Als ehrenamtliche Verwaltungsmitarbeiter aus der Vereinsleitung gehörten dazu Wilhelm Meuser als Sekretär und Franz Müller als Kassierer[62].

Einige engagierte Mitglieder dieses Gremiums seien hier erwähnt: Aus Kolpings Gymnasialzeit rührte die Bekanntschaft mit Prof. Kreuser und seinem ehemaligen Mitschüler Effenberger. Aus dem Kölner Klerus sind Domkapitular Strauß, Pfarrer Schumacher und der spätere Seminarprofessor Kirch zu nennen. Dem Bereich der Kultur waren der Buchhändler Boisserée und Diözesanbaumeister Statz zuzuordnen. Kolping selbst maß dieser Einrichtung große Bedeutung zu. Das geht vor allem aus seiner regelmäßigen Teilnahme an den Sitzungen dieses Gremiums hervor. Von 1850 bis zu seinem Tod sind im Protokollbuch des Vereins 116 Sitzungsberichte überliefert. Kolping fehlte nur einmal, als er im Juni 1852 in Wien weilte[63].

Ein kurzer Blick auf Mitglieder der Schutzvorstände anderer Vereine ist wegen der grundsätzlichen Bedeutung dieser Einrichtung notwendig, weil in einigen Fällen persönliche und berufliche Kontakte bedeutsam waren. Im Berliner Verein arbeiteten Ignaz von Olfers und Fürst Wilhelm Boguslaw Radziwill mit; in Münster ein Bruder des Erstgenannten[64]. In Bonn gehörte der Oberbürgermeister Leopold Kaufmann dem Gremium an[65]. In Soest engagierte sich der Buchhändler Ziegler[66]. In München waren entschiedene Förderer der Publizist Ernst Zander, der Unternehmer Ludwig Merz, der auch als „bayrischer Kolping“ bekannt wurde und der Arzt Max Christlmiller[67]. In Wien gehörten zum Schutzvorstand Oskar Freiherr von Redwitz, Moritz Graf von Fries, der Maler Joseph Ritter von Führich und Hofrat Anton von Schmit[68]. Die Mitglieder der Schutzvorstände arbeiteten aus den unterschiedlichsten Motiven in den Vereinen mit. Sinn für Wohltätigkeit und gesellschaftliche Einflußnahme spielten genauso eine Rolle wie sozialpolitisches Engagement, Interesse an Fragen der Berufsbildung und Solidarität mit den Handwerkern und Arbeitern; persönlicher Ehrgeiz kam dabei wohl auch nicht zu kurz.

Wenn Kolping dieser Einrichtung eine Integrationskraft für den gesellschaftspolitischen Raum zuschrieb, blieb damit noch nicht die Möglichkeit des Mißbrauchs ausgeschlossen, wichtige Ziele des Gesellenvereins – nämlich Selbsthilfe und gesellschaftliche Integration der Gesellen – ins Gegenteil zu verkehren.

Gesellen

Die persönliche Kontaktpflege Kolpings zu „seinen" Gesellen nahm einen großen Teil seiner Arbeitszeit in Anspruch. Für die jungen Handwerker war es ein besonderes Erlebnis, in Kolping einem Priester zu begegnen, der ihre Sprache sprach, ihre Probleme wirklich kannte und von dem sie sich persönlich angenommen und nicht behandelt fühlten. „Auch wir Katholiken wollen und können und sollten es noch mehr, uns des sogenannten Proletariats annehmen, dürfen also auch auf den Beifall der Zeit rechnen, wenn wir auch in *unserer* Weise dasselbe ansehen und behandeln"[69]. Verschiedene Gesichtspunkte bewogen Kolping, seine Arbeit mit den jungen Handwerksgesellen zu beginnen. Gerade die Gesellen fanden sich in einer wirtschaftlichen, sozialen und moralischen Notsituation, die er aus eigener Erfahrung kannte. Um 1850 lebten in Köln etwa 4300 Gesellen, denen 4500 Meister gegenüberstanden. Über 50 % der Gesellen standen bei Meistern in Arbeit, „die mehr als einen Gesellen halten" und „noch immer eine ordentliche, mit 3 bis 10 Arbeitern besetzte Werkstätte" haben[70]. Für Kolping waren darum die Gesellen die geeignetste Ansatzgruppe für seine gesellschaftlichen Reformvorstellungen. Er hielt den Gesellenstand insgesamt für besser als seinen Ruf und schätzte an ihm das Bewußtsein der Selbstverantwortung für die eigene Zukunft, den Gemeinschaftssinn und den Drang zur Weiterbildung: „Das Schicksal des Handwerkerstandes ist das Schicksal des Bürgerstandes, wenn nicht immer heute, doch morgen. Mich dünkt, wenn wir nur aufmerksam um uns sehen, müssen wir das bald begreifen; denn aus ihm rekrutiert sich ebenmäßig der höhere Bürgerstand wie das verkommene Proletariat"[71]. Vereinsmitglied konnte jeder unverheiratete Geselle werden, der wenigstens 18 Jahre alt war und einen ordentlichen Lebenswandel führen wollte. Nach 8 Tagen Probezeit wurde das neue Mitglied in die Vereinsliste eingetragen und erhielt die Mitgliedskarte, auf der die laufende Nummer notiert war. Die monatliche Beitragszahlung war selbstverständlich[72].

Eine Mitgliedschaft von Arbeitern oder niederen Angestellten war möglich. Kolping betonte aber besonders die Zusammenarbeit mit „Handwerksgesellen oder doch solchen jungen Leuten ..., die wirklich zusammenpassen und gemeinsame Zwecke im Leben verfolgen wollen"[73]. Die soziale Homogenität der Vereinsmitglieder, die im Hospitium ihre Heimat hatten, war ihm besonderes Anliegen. Äußere Lebensstellungen, genossene Erziehung, verschiedene Beschäftigungsarten und in der Jugend größere Altersunterschiede mußten darum berücksichtigt werden. Deshalb sollten zunächst Mitglieder des Vereins auch nur Handwerksgesellen werden. „Das aber schließt nicht aus, daß in die Mitgliedschaft des Vereins auch andere junge Arbeiter aufgenommen werden, die ‚zur Gesellschaft passen'"[74]. Mit Heirat oder Geschäftsgründung erlosch die aktive Mitgliedschaft.

Die Trennung von Meistern, Gesellen und Lehrlingen als verbindliche Forderung war im Gesellenverein fest verankert. Gesellen als Mitarbeiter eines Betriebes haben in Beruf und Freizeit anders gelagerte Interessen als der Meister, der als Unternehmer, Führungskraft in der Werkstatt sowie als Ehemann und Vater in der Familie denken und handeln muß: „Der Geselle steht zu hoch über dem Lehrlinge, als daß er sich mit ihm im *Vereine* auf dieselbe Bank setzen sollte. Das berechtigte Ehrgefühl des Gesellen muß man im Vereine überhaupt scharf im Auge behalten. Tragt lieber Sorge, *mit* und *durch* Gesellen – wie in Berlin – für die Lehrlinge eine besondere Sonntagsschule zu errichten"[75].

Voraussetzung zur Vereinsmitgliedschaft war weiter, daß der Geselle „ein *Christ* sei, dem *Bekenntnisse* und dem *Leben* nach"[76]. Die Forderung des christlichen Bekenntnisses machte den Verein zu einem christlichen Verein und da es sich um katholische Christen handelte, zu einem Katholischen[77]. Die Basis „bloßer Humanität, sogenannter Menschlichkeit" genügte Kolping nicht, weil die „sogenannte Humanität ... keinen einzigen Satz aufzuweisen [hat], der wirklich den Armen im Schweiße des Angesichtes sich plagenden Menschen mit seinem Lose auf Erden versöhnt". Trotzdem sollte die konfessionelle Offenheit garantiert bleiben. Man wollte „Mitglieder anderer Konfessionen ... zu allem zulassen, was der Verein bietet, ohne auch nur im mindesten zu kränken und zu beleidigen ... Wir haben seit Jahren Protestanten in unserer Mitte und trotzdem, daß wir katholisch lehren und üben, nie Zank und Streit darum gehabt"[78]. Darum sollten auch die Mitglieder der Lokalvereine bei der Aufnahme von Neumitgliedern mitbestimmen können. Bei der Aufnahme von jungen Leuten, die einer anderen Konfession oder nicht dem Handwerkerstand angehörten, spielten die örtlichen Gegebenheiten eine wichtige Rolle. Fabrikarbeiter, niedere Angestellte, Protestanten und Juden konnten also nicht in jedem Lokalverein mit ihrer Aufnahme rechnen. In konfessionell gemischten Gebieten und in Großstädten war die Toleranzbreite größer als in ländlichen, rein katholischen Gebieten[79].

Viele Gesellen ließen sich von seinem Wirken überzeugen und warben für den Verein in den Werkstätten. So konnte Kolping seinem früheren Münchener Lehrer Döllinger berichten: „Bald 400 Gesellen haben wir hier im Vereine und sind mit ihrer Haltung etc. überaus zufrieden. Der Widerspruch und Quälereien der Roten haben uns nur genutzt"[80]. Ein kaum faßbarer, aber wohl beträchtlicher Teil der Mitglieder spielte nur eine kurze Gastrolle im Verein, da sie sich einer der Kirche nahestehenden Vereinigung auf Dauer nicht anschließen und sich auch dem Spott ihrer Arbeitskollegen nicht aussetzen wollten.

Nach einem Bericht des Kölner Polizeipräsidenten an den zuständigen Regierungspräsidenten vom 17. März 1859 stellte sich die Problematik folgendermaßen dar: „Was nun endlich die vorkommende Abtrünnigkeit von Vereinsmitgliedern angeht, so erklärte Kolping in dieser Beziehung, daß erfahrungsmäßig ein Teil der neu hinzutretenden Mitglieder im Vereine nur das gesellige Vergnügen suche. Würden aber dann strengere Anforderungen an sie gemacht ..., so würde ihnen der Verein unbequem, und sie bleiben dann allgemach fort. Dies seien aber in der Regel nicht *fremde* Gesellen, sondern einheimische, die von Jugend auf in dem Treiben der großen Stadt mit dem Schlechten bekannt geworden seien und der steten Versuchung keinen Widerstand leisten könnten. Faulheit, Genußsucht und Liederlichkeit seien die Ursache dieser Abtrünnigkeit, die in den ersten Jahren des hiesigen Vereins übrigens viel häufiger vorgekommen sei ... Der Domvikar Kolping ... hat mir nun neuerdings die Versicherung gegeben, daß er seiner Sache vollständig gewiß sei, und das weder am hiesigen Orte, noch ... in den anderen Vereinen im Rheinland und Westphalen irgend eine Spur einer kommunistischen oder revolutionären Agitation wahrnehmbar geworden sei"[81].

Das Leben der Gesellen, ihr Schutz, ihre Pflege und ihre Förderung sollte im Mittelpunkt der Gesellenvereine stehen. Dieses Leben hat für Kolping in der Welt immer zwei Seiten, eine äußerliche, materielle, die er leiblich nennt, und eine innerliche, die er als geistig bezeichnet: „Ohne Frage wird die äußerliche, leibliche Seite von der inneren, geistigen gehalten, getragen und bestimmt, sie ist *eigentlich das Leben*"[82]. Die Gesellen erlebten den Priester als Menschen, sie konnten im außerkirchlichen Raum mit ihm reden und waren nicht allein auf Zuhören angewiesen. Es wurde mit dieser neuen Form ein zweigleisiger Lernprozeß in Gang gesetzt. Das Miteinander-Umgehen, die gemeinsame Arbeit sowie beiderseitiges Lernen öffneten und schärften den Blick für die Situation des anderen. „Und da beim Gesellenverein nicht bloß Geistliche sollen tätig sein, sondern vorzüglich auch brave, christliche Laien, so findet man gleich bei der Ankunft auch schon einen kleinen Kreis befreundeter Personen um sich, von denen man über Land, Leute, Sitte und Brauch die sichersten Aufschlüsse erhalten kann. Indem man so beabsichtigte, den Gesellen in ihren Nöten zu helfen, ist für uns selbst eine neue Schule belehrenden Verkehrs aufgegangen; indem man das Christentum für andere anzuwenden strebt, wirkt es gar freundlich und wohltuend auf uns selbst zurück"[83].

Mittelpunkt der Vereine war der Geselle und die ihn umgebende Gemeinschaft, hier konnte er ein Selbstwertgefühl entwickeln, das ihm andere Lebensbereiche wie Kirche und Werkstatt jedenfalls in dieser Weise nicht zu vermitteln vermochten. „Die Gesellen sollen allerdings Anteil haben an der Leitung des Ganzen ... Dies geht aber so zu bei uns: Von den Gesellen selbst wird ein Ältester oder Senior oder Vorstand, und zwar derjenige hierzu gewählt, der an Haltung, Betragen, allgemeiner Tüchtigkeit sich auszeichnet und somit allgemeine Achtung genießt, und solche Wahl fällt nicht auf bestimmte Zeiträume, sondern nur, wenn der jetzige Senior z.B. durch Abreise oder Ansässigmachung austritt, wird ein anderer gewählt. Der Vorstand muß aber natürlich Gehilfen oder Assistenten oder Ausschußmitglieder zur Seite haben, und diese nun, auch Männer, die sich durch Sittlichkeit, Verstand, allgemeine Achtung auszeichnen, werden alle sechs oder zwölf Monate neu gewählt. Diesem Senior oder Vorstande mit seinen Gehilfen liegt nun die allseitige Vertretung des Gesamtvereins ob. Sie hören alle Klagen und Wünsche, prüfen und schlichten, überwachen die Interessen des Ganzen und nehmen mit dem Präses und den Lehrern Anteil an den Sitzungen und Beratungen für das innere Leben des Vereins. Der Senior insbesondere überwacht das Einschreibbuch, und ihm obliegt die Prüfung eines neu aufzunehmenden Gesellen ... Ebenso übt der Senior die Aufsicht über Geldeinnahmen; der Verein soll seine Verwaltung selbst führen, das ist eine gute Vorschule für Umsicht, Genauigkeit, Sparsamkeit und Einübung für Rechtlichkeit"[84]. Die Vereinsarbeit machte es sich zur Aufgabe, die Gesellen zu befähigen, die unterschiedlichsten Lebens- und Alltagsprobleme zu bewältigen. Sie verband das Angenehme mit dem Nützlichen. So äußerten sich jedenfalls die Gesellen auf den Katholikentagen[85]. Durch die Zusammenarbeit mit den Gesellen wollte Kolping die Erneuerung der Gesellschaft und die Reaktivierung der Handwerkerschaft für die katholische Kirche erreichen, dabei aber mehr zur Verantwortungsethik als zur Gesinnungsethik aufrufen und erziehen. Er ging von der Überlegung und Eigenerfahrung aus, daß man die Ziele der Menschen verändern und ihre Motivationen stärken muß, wenn man Menschen verändern will. Mit den Gesellenvereinen wurde für die Betroffenen selbst eine Möglichkeit geschaffen, im innerkirchlichen Raum über die „soziale Frage" und die „Arbeiterfrage" intensiver nachzudenken. Diese Chance wurde aber aus ganz unterschiedlichen Gründen nicht ausreichend genutzt. „In der antisozialen Propaganda spielt überhaupt der Handwerksbursche eine ganz besonders bedeutsame Rolle. Zunächst ist er am leichtesten zu haben und darum am leichtesten zu verführen. Man darf sich nur auf die Straße zu ihm gesellen oder im Wirtshaus zu ihm setzen und für ihn Teilnahme zeigen, und beide Ohren stehen schon offen, euch anzuhören. Die Revolutionäre verstanden es sehr wohl, ihm nach dem Sinne zu reden. Sie versprachen ihm ‚Bildung', was heut zu Tage für derlei Volk ungefähr so viel heißt, als wenn man vor Zeiten einem Bauern ‚einen Sack voll Geld' versprach"[86].

Für den Kölner Gesellenverein sind wir in der glücklichen Lage, genauere Angaben über Personen und Zahlen der Vereinsmitglieder machen zu können. Erster Vereinsältester oder Senior wurde der Steinhauer Anton Thonet, der im folgenden Jahre an der Generalversammlung der Gesellenvereine teilnahm. Die ersten Vereinsordner waren der Glaser Jakob Hubert Wagener, der Schuhmacher Wilhelm Bährens, der Schreiner Peter Josef Nelbach und der Tapezierer Franz Gumpertz[87].

Bevor wir einige Lebensschicksale von Kölner Vereinsmitgliedern näher verfolgen, soll zunächst ein Überblick über die zahlenmäßige Entwicklung gegeben werden. Im ersten Jahr nach der Gründung hatten sich 450 Mitglieder eingefunden, von denen 100 ausgetreten oder auf Wanderschaft gegangen sind, so daß Mitte 1850 der Verein zirka 350 aktive Mitglieder hatte[88]. Zum Ende des Jahres 1850 waren 526 Eintritte im Hauptbuch verzeichnet, und im Januar 1851 berichtete Kolping von etwa 400 Aktiven[89]. Für das Jahresende 1856 waren 2788 Eintragungen notiert. Im Vereinsbericht für 1856 werden 2880 genannt, davon zur Zeit 600 bis 700 Aktive[90]. Zum Jahresende 1857 hatten sich bereits 4215 Mitglieder eingeschrieben, davon allein 1362 im verflossenen Jahr[91]. Für das Jahr 1858 gab Kolping 650 bis 800 Vereinsmitglieder an, von denen 600 Neuaufnahmen waren. 400 besuchten regelmäßig den Unterricht[92]. In diesen Relationen bewegen sich auch die Zahlen, die für die folgenden Jahre verfügbar sind. In den Jahren 1858 bis 1861 hatte der Kölner Verein durchschnittlich 650 aktive Mitglieder. Die Fluktuation lag etwa bei 50%, denn den jährlich zirka 300 Neumitgliedern stand die gleiche Zahl an Weiterreisenden gegenüber[93].

Weitergehende Mitbestimmung für die Gesellen, als in den Satzungen vorgesehen war, ließ sich auch bei einem Ansteigen der Mitgliedszahlen wegen fehlender Bereitschaft im Vorstand nicht durchsetzen[94].

Wilhelm Bährens und Franz Gumpertz blieben dem Verein über längere Zeit ve bunden. Bährens fungierte noch als Zeuge bei den notariellen Akten zur Stiftung d Rektorates der Minoritenkirche und war Zeuge bei Kolpings Testamentseröffnung[9] Franz Gumpertz, der schon Mitglied in Elberfeld war, fungierte im Jahre 1853 a Vereinsordner und hatte an den ersten drei Generalversammlungen der Gesellenve eine als Vertreter des Kölner Vereins teilgenommen. Er ist auch das erste Beispiel fi einen beruflichen Aufstieg: vom Tapezierer und Kurzwarenhändler brachte er es b zum Bettenmacher und Fabrikanten. Nelbach blieb nur kurze Zeit Mitglied im Kö ner Verein. Er wanderte mit seinem Vereinsbruder Keweloh im März 1852 nach S Louis in Amerika aus[96]. Den Kontakt nach Köln hat er aber gehalten, denn drei Jahr später schrieb ihm Kolping über die Entwicklung der Vereine, bat um seine Adress und um das Gebet für den schwer erkrankten Giuseppe Vanoni[97]. Der Zinngieße war ebenfalls Mitglied und Assistent im Kölner Verein, den er in seinem Testamen mit 184 Talern bedachte[98].

Ein ausgesprochen engagiertes Mitglied war der Tischler Johannes Dirks, der 185 Mitglied im Kölner Verein wurde. Auf seiner Wanderschaft machte er auch in Be lin Station, wo er im Gesellenverein mitarbeitete. Nach 1854 mühte er sich um d Gründung des Gesellenvereins in Paderborn und wurde dessen erster Senior[99]. Bo denständiger blieb der 1855 eingetretene Schneider Jakob Kley, der es zum Küster a der Minoritenkirche brachte[100]. Kölner Vereinsmitglied war auch Theodor Lind rath, gebürtiger Westfale, der 1854 in den Franziskanerorden eintrat und sich a Künstler einen Namen machte[101]. Aus dem Rheinland stammte das Mitglied Fran Mandelartz. Er war Metallarbeiter und nacheinander Mitglied in den Vereinen Eschweiler, Köln, Elberfeld und seit 1862 wieder in Köln. Neben seinem Lebenslau sind Erinnerungen an seine Mitgliedschaft im Gesellenverein und an Adolph Ko ping erhalten[102].

Der Kölner Buchbinder Theodor Hamm kam auf seiner beruflichen Wanderscha mit dem Gesellenverein in Berührung. Er fand Arbeit bei einem Meister in Düren „Hier wurde ich zum ersten Male auf den Gesellenverein aufmerksam. Das kam so Ich fiel damals in ein Nervenfieber und wurde von den Mitgliedern des Dürener Ge sellenvereins aufs liebevollste gepflegt. Da kam mir allmählich die Einsicht, was es m dem vielverschrienen Gesellenverein auf sich hatte. Ich schrieb damals einem Kolle gen in Köln, er solle sich den „Wasserverein“ einmal etwas näher ansehen. Das Resu tat war, daß mein Kölner Kollege Kolpingsohn wurde. Kurze Zeit darauf kam ic wieder zu meinem alten Meister nach Köln zurück. Nun hielt es mich nicht mehr län ger und auch ich wurde Mitglied des Gesellenvereins. Ich beteiligte mich am Verein leben und besuchte die Vorträge bis zum Jahre 1864. Im Verein gab es damals zwe Richtungen, die eine hielt mehr zum religiösen und die andere wollte mehr das wel liche Vereinsleben pflegen. ... Mit meinem Freunde, dem Buchbinder Bernhar Knütchen, beschloß ich 1864 auf Wanderschaft zu gehen. Zur Abreise meldeten wi uns selbstverständlich bei Vater Kolping. Er klopfte uns auf die Schulter und fragt uns lächelnd, wo wir denn hin wollten. Als wir ihm mitteilten, daß unsere Reiserout über Stuttgart und München nach Wien ginge, bekam er Respekt vor uns und sagte ‚Nah, da habt ihr es aber groß vor!‘ Er gab uns seinen Segen und dann gings wohlge mut in die Welt hinaus“[103].

Als in Köln durchwandernder Tischlergeselle, der Mitglied im Koblenzer Gesellenverein war, verdient der spätere Senior des Berliner Vereins, Wilhelm Beck, genannt zu werden[104]. Über die Mitglieder Gottfried Fink und den Schuster Hermann Münster wird berichtet, daß sie im Jahre 1854 auf Wanderschaft gegangen sind; Münster kam 1858 nach Köln zurück und fungierte 1864 als Vereinsassistent[105]. Mitglied über mehrere Jahre im Kölner Verein war auch der Maurer Peter Beyer, der engagiert im Verein mitarbeitete und später in seinem Beruf erfolgreich war. Er heiratete 1868 Anna Katharina Kolping, die bei ihrem Onkel im Haushalt tätig gewesen war[106]. Der Optiker Gösser und der Gerber Ahren, der eine Lederhandlung übernehmen konnte, sind Beispiele dafür, daß Mitglieder auch für eine kontinuierliche Mitarbeit zu gewinnen waren[107]. Der Schuster Wilhelm Hartmann erfreute sich wohl Kolpings besonderen Wohlwollens. Er hatte dem Schuster Geld geliehen, das er bis zu seinem Tode nicht zurückerhielt[108]. Einige Briefe an Gesellen von Kolping sind erhalten, die Zeugnis geben von den persönlichen Kontakten, die dann auch zur Ausbreitung der Gesellenvereine beitrugen. Als Beispiele seien Johann Merbeck und Joseph Modest genannt, die sich in Fulda bzw. in Luxemburg engagierten[109].

Gesellenhospiz

Wie es seinem Wesen entsprach, so blieb Kolping auch bei der Frage der Gesellenhäuser nicht bei bloßen Worten, sondern schritt zur Tat, indem er mit rastlosem Eifer unter großen Schwierigkeiten für das handwerkliche Wanderwesen mit den Gesellenvereinen eine neue Grundlage schuf und die Errichtung von Hospitien in die Wege leitete: „Wir beabsichtigen, sofort mit dem Gesellenvereine ein *Gesellenhospitium, eine katholische Gesellenherberge zu verbinden, die, nach christlichen Grundsätzen eingerichtet, den ordentlichen Gesellen ordentliche Unterkunft und Pflege bieten soll.* … Hunderte, ich darf sagen Tausende braver Gesellen harren mit Sehnsucht nach der Eröffnung dieser Anstalt. Zugleich soll dieses Gesellenhospitium in Köln für auswärtige Leiter der Vereine Gelegenheit bieten, das Gesellenvereins- und Hospitienwesen praktisch kennenzulernen. Wenn es dann Gott gefällt, das neue Werk zu segnen, werden im Laufe der Zeit auch anderwärts ähnliche Hospitien entstehen. Der ordentliche Handwerksbursch findet dann eine ordentliche Unterkunft und eine tüchtige Lebensschule allenthalben im Lande. Die Sache ist so einfach, so notwendig und so reichen Segen verheißend, daß wir mit Freuden dabei sind, alles dafür zu tun, was nur in unseren Kräften steht. Dazu gilt es ja unseren wackeren Arbeitern; es gilt unseren künftigen Vätern und Bürgern, an denen man wohl nicht leicht zuviel Gutes tun kann … *Wir müssen ein Haus haben,* groß genug, um wenigstens 500 junge Leute versammeln zu können, abgesehen von den nötigen Räumlichkeiten für das eigentliche Hospitium und die Wohnung des Vorstehers und der übrigen Bedienung. Wir müssen ein *eigenes Haus* haben, weil wir eine eigentümliche, dem Zwecke entsprechende Einrichtung des Hauses treffen müssen, eine gemietete Wohnung aber außerdem unsere Sache um nichts bessert"[110].

Kolping drängte darauf, daß die Gesellenvereine auch in anderen größeren Städten solche Häuser errichteten. Überall war die Finanzierung dieses Vorhabens ein nicht einfach zu lösendes Problem. Kolpings Gottvertrauen angesichts fehlender Mitte muß ansteckend gewirkt haben. Die Gesellenhospitien erfüllten mehrere Aufgaben Sie waren Vereins- und Freizeitheim, Bildungsstätte und Begegnungszentren für di Mitglieder, Herberge für wandernde Gesellen und Wohnheime für ortsfremde Hand werker, die Arbeit am Ort gefunden hatten. Kolping hatte sein erstes Teilziel, ei eigenes Haus für den Kölner Verein, bald erreicht. Er bestand darauf, daß der fami lienhafte Charakter des Vereins bewahrt bleibe und das Hospiz kein Wirtshaus wer den dürfe[111]. „Unser Hospitium ist ein stattlicher Backsteinbau in einfachem goti schem Stil. Im Souterrain desselben finden wir die Küche, 5 Speise- und Gesellschaft räume, Waschküche und Badezimmer; über demselben erhebt sich durch 2 Stockwer ke der prächtige Saal mit seinen Pfeilern, Galerien und der getäfelten Holzdecke; i ihm werden die sonntäglichen Vorträge, die Religionsstunden und die Übungen de Gesangschores abgehalten. Eine solide Steintreppe führt auf den oberen Stock zu de Schlafzimmern. Das Vorderhaus nach der Straße hin enthält die Wohnung des Präses seines Stellvertreters und des Hausmeisters, sowie den Unterrichtssaal. ... Die Schla zimmer des oberen Stocks und die Mansarden, alle luftig, reinlich und gesund, enthal ten je 2 Betten: sie sind von 75 Gesellen, denen die Häuslichkeit des Meisters nich Wohnung bietet, bewohnt“[112]. Bis zu diesem, von Kolpings Nachfolger im Amt de Generalpräses beschriebenen Gesellenhaus, war es für den Kölner Gesellenverein ei weiter Weg.

Gut drei Jahre nach der Vereinsgründung hatte man die Beschränkungen der provi sorischen Unterkünfte überwunden. Ein wichtiges Ziel der Vereinsarbeit war er reicht. Kolping erwarb am 14. August 1852 ein eigenes Haus für den Gesellenverein das er selbst als die wichtigste soziale Einrichtung seiner Gründung ansah[113]. Au mehreren Gründen entschloß er sich zum Kauf des Lenderschen Hauses in der Breit Straße 118, in das der Verein an seinem Stiftungsfest am 8. Mai 1853 einziehen konn te. Für das große Haus mit Garten mußten 14200 Taler Kaufsumme aufgebracht wer den[114]. Kolping bekam keine finanzielle Unterstützung des Staates und der Kirche Subventionen dieser Art wären auch nicht seine Sache gewesen. Er hätte Abhängig keit befürchtet, und der wollte er entgehen. Er brauchte aber Geld! Woher? Er wollt das Geld von den Leuten haben, die er seelsorglich und gesellschaftspolitisch in sei Konzept einbauen wollte. Durch ihre Unterstützung oder ihre Spenden sollten si Teil haben an der Gesamtverantwortung, die Kirche und Gesellschaft für die Geselle mitzutragen hatten. „In Gottes Namen“, so berichtete er, haben wir ein großes Hau gekauft, *„obschon wir kein Geld haben“*. Und auf die Frage nach der Bezahlung an wortete er mit der naiv anmutenden Geschichte, er habe „am Fenster gestanden un wie zufällig zum Himmel hinaufgesehen. Wahrlich ein gewaltiges, herrliches Haus diese Wohnung Gottes da oben, dachte ich, und dem, der's gebaut, hat's nur ein Wor gekostet, da war's schon fertig. Derselbe Gott aber, der die ganze Welt gebaut hat könnte dir auch wohl noch das Haus hinten auf der Breite Straße ... bezahlen. *Könnt* bezahlen? Nein, der wird's ganz gewißlich bezahlen; denn dem gehören auch noch andere Dinge als der Himmel oben, und wer ihm vertraut, der kann füglich auf seinen Namen borgen. Richtig, Gott wird's zahlen, rief's mir in die Seele hinein, und ei Stein fiel mir vom Herzen, da die gehabte überflüssige Sorge tat mir ordentlich leic Nun hat aber unser lieber Herrgott eine ganz absonderliche Art und Weise, derle

Dinge auf Erden zu zahlen ... *Unserm lieben Herrgott sein Geld, das sitzt in deiner Tasche,* ... und seine Verwalter sind alle diejenigen, denen er seine irdischen Güter anvertraut hat"[115].

Nun ließ Kolping keine Gelegenheit aus, um die Aufmerksamkeit der Öffentlichkeit auf seinen Plan zu lenken. Er nutzte Wort und Schrift, vor Ort und in der Fremde. Und es gelang ihm tatsächlich in vielen Städten, Persönlichkeiten für sein Vorhaben zu begeistern. In Köln hatte er Zugang zu einflußreichen, bürgerlichen Kreisen. Die beiden mit Köln eng verbundenen Brüderpaare Baudri und Reichensperger förderten Kolping und seine Anliegen nach Kräften.

Die Finanzierung des Hauses erfolgte also überwiegend aus Spenden, die er auf allen nur erdenklichen Wegen herbeizuschaffen wußte. Dazu gehörten Aufrufe in Zeitschriften, Briefkontakte, persönliche Ansprache und Betteln. Er variierte seine Bettelmotivation: „Wie Du ans Geld kommst, will ich Dir schon weitersagen. Vor allen Dingen erwecke in Dir selbst einen rechtschaffenen Glauben an unseren Herrgott im Himmel ... Den mußt Du vor allen Dingen *anbetteln.* Denn der ist sehr reich und hat eine Unzahl von Kapitalien und Grundstücken ausstehen ... Hast Du Dich mit unserem Herrgott wohl abgefunden, dann gehe nur getrost zu den Menschen, den Herrgottschuldnern, betteln und treibe nur wohlgemut Gottes Zinsen ein. Es versteht sich von selbst, daß Du den Leuten nicht diese *Schulden* eben als Schulden an den Kopf wirfst ... sondern geh nur in Gottes Namen betteln und bettele dann auch solange, bis Du die Notdurft zusammen hast ... Ich sage es Dir im voraus: Die ersten Gänge werden Dir sauer, dieselbe Sache zehn-, vielleicht hundertmal wiederholen [zu] müssen, wird lästig, und daß die Leute Dinge nicht begreifen können ... wird Deine noch übrige Geduld bisweilen bedeutend in Anspruch nehmen. Aber zeige Dich nur tapfer, laß nur nicht nach zu betteln, bis Du die *nötigen* Mittel aufgetrieben hast. Diese Mühe, diese Not besonders im Anfang mit der Sache selbst, ist von unschätzbarem Werte"[116].

Kolping veranstaltete unter den Kölner Bürgern eine Sammlung für das Gesellenhospitium, die ca. 5300 Taler erbrachte[117]. Die Sammelliste wird von Kardinal von Geissel und Regierungspräsident von Moeller, der Kolping sonst nicht wohlgesonnen war, angeführt. Beide spendeten je 100 Taler. Pfarrer Schumacher, in dessen Gemeinde das Haus lag, steuerte 150 Taler bei. Je 50 Taler gaben Weihbischof Baudri und der Erzbischöfliche Kaplan Meurin. Es beteiligten sich an der Spendenaktion auch die Domkapitulare Schweitzer, Broix, Trost, Weitz, Strauß und Iven. Neben Bürgermeister Stupp zeichneten von seiten der Stadt der Beigeordnete Franck und der Stadtrat Dumont. Die höchsten Beträge stammten von 2 begüterten Rentnern, nämlich Leven und Franck. Von Kolpings Freunden sind der Kaufmann Michels, Professor Benger und Religionslehrer Vosen zu nennen. Neben den ortsansässigen Banken beteiligte sich auch die Kölnische Dampfschiffahrtsgesellschaft mit einer Spende. Die niedrigsten Beiträge zahlten Oberregierungsrat Birk und Justizrat Haaß[118].

Von den nichtpreußischen Förderern aus dem Adel sind besonders Erzherzogin Sophie von Bayern und Carolina Augusta zu nennen[119]. Das erworbene Haus war schon sehr bald für die Anforderungen, die der wachsende Verein mit seinen Aktivitäten stellte, zu klein. Man dachte an Grundstückszukauf und Neubau. Es ergaben sich aber Schwierigkeiten, von denen zunächst zu berichten ist.

Es ist schon berichtet worden, daß der Weg zu einem größeren Vereinshaus in Köln mit mancherlei Schwierigkeiten gepflastert war. Neben politischem Gerangel mit betont preußischen Beamten, die es sicher im katholischen Rheinland nicht leicht hatten, spielten auch menschliche Unzulänglichkeiten zwischen allen Beteiligten eine Rolle. Regierungspräsident von Moeller war für Kolping ein „kurioser Patriot, dieses sehr schief gewickelte Menschenkind"[120].

Festgehalten zu werden verdient aber auch die Tatsache, daß der Mitgründer der „Inneren Mission", Clemens Theodor Perthes, im Jahre 1854 im nahegelegenen Bonn die erste protestantische „Herberge zur Heimat" eröffnete[121]. Spielte da auch konfessionelles Konkurrenzdenken eine Rolle? Im September 1853 hatte der Vereinsvorstand bei der Bezirksregierung den Antrag gestellt, für das Kölner Gesellenhospiz die Korporationsrechte zu erhalten. Die damit verbundene Anerkennung des Vereins als juristische Person war erforderlich, um in Verwaltungs- und Finanzfragen selbständig handeln zu können. Der Dienstweg zur Erlangung dieser Genehmigung ging über die Bezirksregierung an das Innenministerium in Berlin. Im August 1855 wurde der Antrag abschlägig beschieden, in erster Linie wohl deshalb, weil die Kölner Behörde eine ablehnende Stellungnahme beigefügt hatte[122]: „Dieser Entscheid ist anders ausgefallen, als wir ihn glaubten erwarten zu dürfen, aber auch so nicht ohne besondere Anordnung Gottes. Deshalb trösten wir uns mit dem Gedanken, daß unser Herrgott, sind wir's anders wert, selbst für die Zukunft des Gesellenvereins und Hospitiums sorgen wird, vielleicht besser als wir Menschen mit aller unserer Vorsorge es verstehen. Ja, je weniger wir unsere Hoffnungen auf diese Welt setzen können, um so fröhlicher setzen wir sie auf den, der nie wankt. Daß der katholische Gesellenverein sich in Leid, Mühsal und Anfechtung mancherlei Art durchringen muß, ist auch ein katholisches Zeichen, das nur unsern Mut und unsere freudige Tätigkeit erhöhen und anspornen soll"[123]. Auf Vermittlung prominenter Förderer des Gesellenvereins, des Fürsten Boguslav Radziwill und des Kölner Erzbischofs von Geissel, wurde das Verfahren erneut aufgenommen[124]. Mit Datum vom 15. November 1855 richtete der Kölner Vereinsvorstand ein Immediat-Gesuch an Friedrich Wilhelm IV., das ausführlich über Geschichte und Ziele des jungen Unternehmens berichtete. Der gesamte Vorstand unterschrieb, an der Spitze Kolping, Oberbürgermeister Stupp und Regierungspräsident a. D. von Wittgenstein:

„Die ehrfurchtsvoll Unterzeichneten hatten beiläufig vor zwei Jahren durch die hiesige Königliche Regierung sich an das hohe Staatsministerium um Befürwortung zur Verleihung von Korporationsrechten an den oben gedachten Verein zu Schutz und Pflege lediger Handwerksgesellen in Köln gewendet. Wir haben im Laufe des verflossenen Sommers eine abschlägige Antwort erhalten, ohne daß es uns vergönnt gewesen, allenfallsige Anstände beseitigen zu können. Sie wurden uns nicht mitgeteilt und wir kennen sie also nicht. Als der mitunterzeichnete Präses des Vereins sich in der letzten Zeit an den Legationsrat zu Florenz, Herrn von Reumont, wandte, mit der Bitte, ihm, wenn nur tunlich, Zutritt zur geheiligten Person Ew. Majestät zu verschaffen, ist die Gewährung dieser Bitte im Drange der Festlichkeiten am Rheine unausführbar gewesen. Doch benachrichtigte ihn vor Kurzem Se. Excellenz, daß er Ew.

Majestät über unser Anliegen ehrfurchtsvolle Mitteilung gemacht, und die beifällige Weise, mit welcher Ew. Majestät seine Bemerkungen über die Wirksamkeit des Gesellenvereins entgegen zu nehmen huldreichst geruht, uns vielleicht ermutigen möchten, nochmals offenherzig Ew. Majestät Zweck und Mittel darzulegen, und daran die ehrfurchtsvolle Bitte um Gewährung der, die künftige Existenz und ausgiebige Wirksamkeit des Vereins allein sichernden Korporationsrechte für den Kölner Verein zu erbitten. Hocherfreut über die Huld und Gnade, mit welcher Ew. Majestät, unser allergnädigster Landesvater, des Gesellenvereins gedacht, und ermutigt durch die erhabene Güte, nahen sich also die ehrfurchtsvoll Unterzeichneten dem Throne Ew. Majestät, und erbitten für ihren Verein diejenigen Rechte, ohne welche seine Existenz und gesegnete Wirksamkeit keinen Bestand haben kann. Hat uns der abschlägige Bescheid des hohen Staatsministeriums tief betrübt und ist der Eindruck davon auf die Gesellen, wie auf die Bürgerschaft nicht gut gewesen, dann wird die huldreiche Gewährung unserer Bitte aus dem hohen Herzen Ew. Majestät uns wieder fröhlich aufrichten und heißes Dankgebet für Ew. Majestät aus tausend Herzen mit der Bitte zum Himmel steigen, daß Gott die Tage der Regierung Ew. Majestät in Frieden verlängern und mit Seinem reichsten Segen krönen wolle"[125].

Nun begannen erneut die Mühlen der Bürokratie zu mahlen. Zunächst wurde Regierungspräsident von Moeller beauftragt, Untersuchungen über Kolpings Persönlichkeit anzustellen und Bericht zu erstatten. Auch der Oberpräsident der Rheinprovinz von Kleist-Retzow hatte zu recherchieren und den Innenminister zu unterrichten. Schließlich berichtete Innenminister Otto von Westphalen dem König: „Zu so verschiedenen Resultaten auch diese beiden Beamten gelangen, indem der Ober-Präsident sich nunmehr für den Antrag ausspricht, während der Regierungs-Präsident v. Moeller demselben entgegentritt, so sind sie doch zunächst darüber einig, daß die Gesellenvereine so wenig wie dieser spezielle Verein zu irgend mißliebigen Handlungen in politischer oder sonstiger Beziehung Anlaß gegeben haben, daß vielmehr die sittliche Haltung der Gesellen durch sie in erfreulicher Weise wesentlich gehoben worden sei, der Regierungs-Präsident erweist aber zur Begründung seiner Ansicht zunächst auf die allgemeinen Gründe, und dann auf die Persönlichkeit des Kolping.

Die allgemeinen Gründe sind indes nicht mit Tatsachen basiert, sie bewegen sich vielmehr auf dem Gebiet des Möglichen, und treten nur als Befürchtungen auf, welche bisher wenigstens nirgend Bestätigung gefunden haben. ... Ich muß dem Ober-Präsidenten auch in seiner Auffassung über die Äußerungen des Kolping beitreten. Ich habe seine Vorträge in dem hiesigen katholischen Gesellenvereine gehört, ich habe mit ihm längere Unterredungen gehabt, und er hat auf mich nicht den Eindruck eines Mannes gemacht, der zur Opposition geneigt ist, ich habe vielmehr gefunden, daß er die Sache, die er vertritt, mit vollem Herzen erfaßt, und daß er sie zu seiner Lebensaufgabe gemacht hat. Er ist erfüllt von dem Berufe, den Handwerkerstand zu heben, und ihn sittlich wieder zu kräftigen"[126].

Am 29. April 1856 unterzeichnete König Friedrich Wilhelm IV. ein Kabinettschreiben, in dem die Verleihung der Korporationsrechte genehmigt wurde[127]. Neben der Verwaltungsbürokratie hatte wohl auch die politische Großwetterlage in Preußen, die seit Anfang des Jahrzehnts für den Katholizismus nicht günstig war, eine mitentscheidende Rolle für die Verzögerung gespielt. Nach der Erteilung der Rechte mußte dann wegen der namentlich geänderten Trägerschaft des Hauses auch eine neue Satzung beschlossen werden[128]. Darin wurde als besondere Aufgabe hervorgehoben, „Räumlichkeiten darzubieten zur *geselligen* und *belehrenden Unterhaltung* für die Kölner Mitglieder des Katholischen Gesellenvereins“[129].

Wegen des starken Anwachsens der Mitgliederzahl sah Kolping sich schon bald veranlaßt, das neu erworbene Haus zu erweitern. Dem Plan, die Vergrößerung durch Zukauf des Nachbarhauses zu erreichen, wurde zunächst der Vorzug gegeben. Die Verhandlungen mit dem Eigentümer des benachbarten „Kreuzkonventes“, der Städtischen Armenverwaltung, zogen sich über Gebühr lange hin. Die aufgenommenen persönlichen Kontakte scheinen den Fortgang der Verhandlungen nicht beschleunigt zu haben. So mag der Umstand, daß der Präsident der Städtischen Armenverwaltung, Clavé von Bouhaben, auch Mitglied des Schutzvorstandes des Gesellenvereins war, eher hinderlich als förderlich für das Vorhaben gewesen sein. Für Kolping war er wegen seines Taktierens „ein wahrer Hasenfuß“[130]. Die Protokolle der Vorstandssitzungen und die Verhandlungsergebnisse zeigen dann auch deutlich das Bemühen des Präsidenten, in der Angelegenheit neutral zu bleiben.

Im Mai 1861 konnte dann der Kaufvertrag abgeschlossen werden. Für 17645 Taler sollte der „Kreuzkonvent“ seinen Besitzer wechseln[131]. Unüberwindbare Schwierigkeiten mit den staatlichen Behörden, die eine Verkaufsgenehmigung erteilen mußten, und eine nachträgliche Kaufpreiserhöhung führten schließlich im Sommer 1863 zur Auflösung des Kaufvertrages.

Seinem Förderer von Olfers berichtete Kolping im Januar 1863 nach Berlin: „Unserm Hospiz den nötigsten Raum zum Ausbau zu verschaffen, haben wir ... nebenan von der hiesigen Armenverwaltung eine Baustelle gekauft ... bis nach unserer Ansteigerung bei öffentlichem Verkaufe hat niemand gegen den Verkauf Einspruch erhoben, dann aber tritt die hiesige Regierung, ihre Genehmigung versagend, dazwischen; hier sagt jeder Kundige: weil wir gekauft haben und der Präsident Moeller uns nun einmal keinen Vorschub leisten will. Unsere Gesellen wissen nur zu gut, wer schuld daran ist, daß bisher der Fortbau unseres Hauses nicht vorankommt und kennen auch die Gründe ... Moeller herrscht nämlich in der Regierung, weshalb seine eigenen Unterbeamten ihn den ‚Pascha‘ nennen. Ich meinerseits habe immer zu Geduld und zum Frieden gemahnt“[132].

Neubau des Hospizes

Auf der Vorstandssitzung des Vereins am 24. November 1863 beschloß man, möglichst umgehend mit einem Neubau zu beginnen. Ein großer Saal für Veranstaltungen des Gesamtvereins, ein Zeichensaal und Schlafräume für wandernde Gesellen wurden besonders dringend benötigt[133]. Dieser geplante Erweiterungsbau sollte auf dem Gartengelände des Lender'schen Hauses errichtet werden. „Der Plan zu diesem Neubau wurde durch den Diözesan-Baumeister Vincenz Statz entworfen und durch den Maurermeister Franz Koch und den Zimmermeister H. Odendahl ausgeführt. Die meisten Werkleute waren Mitglieder des Gesellenvereins. Zur Urkunde dessen wurde am heutigen Tage, Montag, den 20. Juni 1864, Nachmittags 6 Uhr, unter Anwesenheit des Vorstandes des Gesellen-Hospitiums, der Mitglieder des Gesellenvereins, vieler Handwerksmeister, Wohltäter und Freunde desselben der Grundstein zu dem Neubau gelegt“[134].

Am 17. September 1865 feierte der Gesellenverein mit Gästen aus dem In- und Ausland die Einweihung des erweiterten Gesellenhospizes. Dieses Fest war zugleich auch der letzte öffentliche Auftritt Kolpings, der mit der Eröffnung des Gesellenhauses in Köln erst einen Teil seiner Aufgabe erfüllt sah[135]. Für ihn waren mit der Fertigstellung des zuvor beschriebenen Baues auch die letzten äußeren Voraussetzungen für die Verwirklichung seines Anliegens, der Verbesserung der Bildung und der Lebensumstände der Gesellen, erfüllt. Dabei wußte Kolping genau, auf was er sich eingelassen hatte: „Wer die Notwendigkeit einer guten Sache einsieht, an ihr wirken kann, der muß an ihr wirken, soll er sich nicht wegen Gott und Menschen versündigen. Dabei kann es kaum in Betracht kommen, wie leicht oder schwer das Unternehmen ist: was notwendig ist, das muß möglich sein, und was möglich ist, das greifen wir mit fröhlichem Herzen an, weil wir gottvertrauend aufschauen dürfen zu dem, von dem die erste und notwendigste Hilfe kommt, und auch umschauen dürfen nach denen, die helfen können und sollen, damit das Mögliche, was hier notwendig ist, wirklich werde“[136].

Besonders anzumerken ist die Beteiligung von Mitgliedern an der Errichtung des Bauwerkes: erstes bescheidenes Zeichen für Arbeitsbeschaffung und Selbsthilfebewegung. Das galt übrigens auch für die zweckmäßige, aber nicht komfortable Inneneinrichtung. Man beschloß, „vorläufig 50 Betten mit allem Zubehör zu beschaffen, und soll hinsichtlich dieser Anschaffung mit dem Mitglied des Vereins Gumpertz hierüber Rücksprache genommen und die bezüglichen Bestellungen gemacht werden. Es soll beschafft werden: ein eisernes Bett mit Springfeder-Einlage, eine Matratze mit Alpenhaar und Kopfkissen mit demselben Stoff gefüllt, zwei Paar Leinentücher und zwei wollene Decken für jedes Bett, ein Waschtisch, der gleichzeitig als Schreibtisch benutzt werden kann, ferner ebenfalls für jedes Zimmer zwei Stühle und ein Reck zum Aufhängen der Kleider mit einer Gardine versehen“[137].

Die vielfältigen Aktivitäten Kolpings als Domvikar, im Gesellenverein und als Publizist führten schon nach wenigen Jahren dazu, daß Kolping sich genötigt sah, auf eigene Kosten einen jungen Priester anzustellen, der ihn in den verschiedensten Bereichen entlasten konnte. In dieser Eigenschaft als enge Mitarbeiter Kolpings wirkten neben anderen Hermann Joseph Heckhausen, Hermann Joseph Benedikt Asthöfer und zuletzt Heinrich Hubert Liesen[138].

Das Protokollbuch berichtet dazu: „Die Arbeiten haben sich durch den Bau des Hospitiums und durch die anderweitige Organisation des Vereins so vermehrt, daß der Präses diese nicht mehr bewältigen kann. Er beantragt daher die Zustimmung der Versammlung, daß ein neuer Geistlicher angenommen und demselben eine Wohnung im Hospitium eingeräumt werde. Diese Zustimmung wird erteilt“[139].

Durch Gruscha war Kolping auf den Gedanken gebracht worden, eine Herbergsbruderschaft für die Gesellenhäuser zu errichten. Ähnlich wie die ebenfalls geplante Genossenschaft von Weltpriestern in den Gesellenvereinen sollten in der Laienkongregation besonders ausgewählte Mitarbeiter einfache Gelübde ablegen und dem Präses unterstellt sein. Beide Pläne ließen sich nicht realisieren[140].

Die Unterhaltungskosten für das Hospiz (Heizung, Reinigung, Reparaturen) betrugen 1857 228 Taler, im folgenden Jahr stiegen sie auf 544 Taler. 1861 lagen sie bei 300 Talern[141].

Die Gesamtaufgabe des Gesellenhospitiums, so leitete Kolping den Rechenschaftsbericht für das Jahr 1863 ein, sei nicht nur „eine gemeinschaftlich soziale", sondern sie sei „recht eigentlich für das öffentliche soziale Leben da"[142].

Gemeinschaftsleben

Das gemeinschaftliche Leben der Gesellen unter einem Dach im Hospitium stand unter dem einprägsamen Motto: „Religion und Tugend, Eintracht und Liebe, Arbeitsamkeit und Fleiß, Heiterkeit und Scherz"[143].

Die Wirksamkeit der Gesellenvereine bestand vor allem darin, „daß die Gesellen sich fleißig im Vereinshause einfinden, daß sie ihre freien Stunden daselbst zubringen. *Je heiterer es dabei hergeht, desto besser.* Auch die Einrichtung soll durchaus dem *geselligen* Charakter des Vereins angepaßt sein, weshalb alles, was zusehr das schulmäßige oder auch sogar das allzu kirchliche verrät, ferngehalten werden soll. Der Gesellenverein ist an sich gar keine Schule, obwohl in ihm, wie wir sehen werden, Unterricht erteilt werden muß; er ist auch keine religiöse Bruderschaft, die das Versammlungslokal zur Kapelle macht, obschon auch auf Ausübung der Religion der Verein dringt. Das Vereinslokal soll *häuslich* eingerichtet werden, damit der Besuchende sich *daheim* findet ... Am besten ist es dabei, wenn man die Herrichtung der Ausschmückung des Lokals den Mitgliedern selbst überläßt und sie nur überwacht, daß sie nichts Ungehöriges anbringen"[144].

Das Gesellenhospitium hatte darüber hinausgehend aber die Hauptaufgabe, angemessene Unterbringung und Verpflegung für die wandernden Mitglieder anzubieten: „Die Aufnahme und Verpflegung der wandernden Vereinsmitglieder im Vereinshospitium soll zwar nicht ganz unentgeltlich geschehen – nur die baren Auslagen werden berechnet –, aber wir haben bereits durch zweijährige Erfahrung die Überzeugung gewonnen, daß es, besonders zur Winterszeit, unausführbar ist, von den Hospitanten das Zehrgeld zu verlangen. Die Meisten sind sehr arm, und wollten wir das Verpflegungsgeld durchaus einziehen, wären die jungen Leute meist gezwungen, dasselbe vor ihrem Eintritte in's Haus zusammen zu betteln oder doch in bisher beliebter Weise während ihres Aufenthaltes in der Stadt selbst zu ‚fechten'. Wir haben den Vereinsmitgliedern das ‚Fechten' auf's strengste untersagt und wollen lieber selbst für ihre dringendsten Bedürfnisse sorgen"[145]. Kolping berichtete über das wöchentliche Programm des Kölner Vereins: „Wir beginnen mit dem Sonntage, dem Hauptvereinstage. Der Vereinsgottesdienst beginnt um 9 Uhr morgens in der Minoritenkirche ... Der Gottesdienst wird löblich besucht. Wir ermahnen zum Besuche, nötigen aber nicht ... In der Regel versammeln sich die älteren Mitglieder, namentlich die verheirateten, gegen 11 Uhr in einem besonderen Zimmer, zahlen ihre Beiträge, besprechen ihre besondere Geschäftsangelegenheiten ... Die übrigen Mitglieder finden sich im Lesezimmer ein, plaudern oder gehen im Sommer gruppenweise im Garten umher. Nach 12 Uhr leert sich das Haus von selbst. Nachmittags beginnt *im Winter* der Elementarunterricht. ... Für die übrigen Mitglieder ist das Lesezimmer, das zugleich als Spielzimmer dient, geöffnet. Im *Sommer* ist der Nachmittag ganz frei, welche Zeit ganze Gruppen von Vereinsmitgliedern in der Regel zu kleineren Ausflügen benutzen. Für die freie Bewegung in frischer Luft muß auch Raum gelassen werden. Die Mitglieder finden sich von selber zusammen, und wenn sie nur beisammen sind, darf man wenig Sorge um sie haben. Da im Vereinslokal gar nicht geschenkt wird – festliche Tage ausgenommen –, so kehren die Mitglieder in größerer Zahl erst im Winter zwischen 7 bis 8 Uhr, im Sommer zwischen 8 und 9 Uhr zum Vereinshause zurück. Mangel an Raum hat noch hindernd im Wege gestanden, sonst wäre für Speis' und Trank auch gesorgt, und zwar bis 8 Uhr abends.

Jetzt sammeln sich die Mitglieder in den späteren Abendstunden, um bei dem *unausbleiblichen Vortrage* zugegen zu sein. ... Wie nämlich für den Gesellen der Sonntag *geschlossen* wird, ist sehr wichtig. Daß man zusieht, daß sie *nüchternen Kopfes* und das *Herz*, mit irgend *vernünftigen Gedanken beschäftigt*, den Sonntag beschließen, ist ein nicht hoch genug anzuschlagender Gewinn für den *Montag* und dann für die Woche"[146].

Aus den Erinnerungen des Gesellen Mandelartz erfahren wir, wie es im Hause zuging: „Wo ist die Breite Straße, war die oftmalige Frage. Ich landete dort endlich an. Es war ein Haus mehr das Ansehen eines Bauernhauses, als wie ein Gesellenhospiz. Ein großes Tor mit eisern Klöppel dran, im Torweg eine große Treppe nach den oberen Räumen. In dem Augenblicke, als ich eintrat, kam ein geistlicher Herr die Treppe herunter. Ich zog den Hut und grüßte: Gott segne das ehrbare Handwerk. Da sagte der geistliche Herr: Wo willst Du hin? Ich sagte, zu Vater Kolping! Der bin ich und gab mir die Hand! Ich sagte ihm noch: Ich will hier viel lernen und arbeiten! – Das ist schön, sagte Vater Kolping, zog an einer Klingel, da kam der Hauswart! Sag Josef, gib dem Burschen mal Essen und Trinken ich muß jetzt fort und komme in einer Stunde zurück. Ich bekam Kaffee, Brot, Butter und Käse und wurde satt. Als Vater Kolping zurückkam, nahm er mir das Wanderbuch ab und sagte: Melde Dich hier gegenüber in der Schlosserei, dort bekam ich eine Adresse und krabbelte mich durch in dem unbekannten Köln bis ichs fand und bekam Arbeit. Ich war überglücklich und hatte nicht gedacht, schon am ersten Tage Arbeit zu finden! Als ich abends beim Abendessen saß, kam einer und klopfte mich auf die Schulter und sagte: Hast Du Arbeit gefunden? Ich sage ja, aber woher kennst Du mich? Er sagte: Ich stehe hier gegenüber in Arbeit und habe gesehen wie der Meister Dir [die] Adresse gab. – So hatte [ich] auch schon am ersten Tage einen Freund gefunden, wir sind uns mindestens 15 Jahre treugeblieben, und kann sagen: Wir waren uns gegenseitig Schutzengel. Denn nach der Arbeit sowie Sonn- und Feiertags waren wir immer zusammen"[147].

Von 1853 bis 1858 wurden im Gesellenhaus über 1000 Gesellen untergebracht und verpflegt, 1856 allein 600 auswärtige Vereinsmitglieder. 1854 verfügte das Kölner Hospiz über 80 Wohnplätze.

Im Jahre 1859 konnten 400 junge Leute aufgenommen werden; im folgenden stieg ihre Zahl auf 400 und 1860 waren es fast 600 Gesellen[148]. Für das Jahr 1861 meldete der Bericht: „Im Gesellen-Hospitium wurden im verflossenen Jahre aufgenommen und verpflegt 703 zugewanderte Vereinsmitglieder, abgesehen von der Aufnahme hiesiger, momentan außer Arbeit gesetzter, Mitglieder und der Pflege der Rekonvaleszenten, die nach Umständen auf längere oder kürzere Frist die Wohltat des Hauses in Anspruch nahmen. Die Pflegetage belaufen sich demnach auf mindestens 2000. Die Kosten dieser Verpflegung werden hauptsächlich aus dem Ertrage der Rheinischen Volksblätter bestritten“[149].

Geselligkeit und Freude

Geselligkeit war für Kolping ein konstitutives Element der menschlichen Gesellschaft und notwendige Voraussetzung für geistiges Wachstum. Sie beinhaltet ein gegenseitiges Geben und Nehmen. Freude und Geselligkeit waren in die Bildungsarbeit und die sozialpädagogischen Aktivitäten der Gesellenvereine integriert:

„Gemeinsame Freude ist das natürliche Ergebnis einer gemeinsamen Liebe, eines lebendigen gesunden Vereins. Also kann es uns gar nicht in den Sinn kommen, gemeinsame Vereinsvergnügen ausschließen zu wollen. Es hieße gegen die Natur kämpfen. Vielmehr begrüßen wir die Gelegenheiten derselben als sichere Zeichen eines regen Lebens in demselben, als Zeugnisse, daß die Herzen füreinander schlagen. Noch mehr, gerade *in der gemeinsamen Freude prüfen wir den Geist des Vereins.* Um das mit Erfolg zu können, muß man die Mitglieder in der Wahl ihrer Vergnügen bis auf einen gewissen Grad, die Art und Weise der gewählten ihnen ganz überlassen. Freude läßt sich nicht gebieten, nicht befehlen, nicht machen. Freude will geboren werden, das Herz will sie freiwillig ergreifen, also muß man das Herz auch gewähren lassen ... Wenn nur die Wahl der Vereinsvergnügen, Stand, Alter, Zeit und Ort im Auge behält, die aufzuwendenden Kosten, die Kräfte der beiweitem größten Mehrzahl nicht überschreiten, dabei mit Maß eingerichtet werden, haben wir gar kein Recht, dasselbe zu hemmen oder zu beschränken ... Es versteht sich also von selbst, daß der erste Anstoß zu gemeinschaftlichem Vergnügen von den Mitgliedern selbst ausgehen muß, daß sie in der Wahl freibleiben, daß der Vorstand einzig und allein darauf zu sehen hat, ob für das ganze nichts Nachteiliges darin liegt, ob das Vergnügen überhaupt nichts Unwürdiges bei sich trage“[150].

Im Kölner Verein gab es für die Vereinsfeste eine eigene Kasse, in die monatliche Beiträge der Mitglieder eingezahlt wurden[151].

Kolpings vielfältige Kontakte brachten es mit sich, daß im Kölner Gesellenverein gelegentlich prominente Gäste zu Besuch kamen. Außer Kardinal Geissel, Prof. Huber und Alban Stolz kamen häufiger Weihbischof Baudri, der Wiener Präses Gruscha und der Kölner Oberbürgermeister Stupp.

Besondere Höhepunkte im Kölner Vereinsleben waren das Einzugsfest in das neue Vereinshaus, das Stiftungsfest zum 10jährigen Bestehen, das Gesellenvereinsfest im Mai 1860 mit einigen Gästen aus dem Episkopat und das Einweihungsfest für den Erweiterungsbau des Hospizes[152].

Von Festen im Kölner Gesellenverein ist etwas ausführlicher zu berichten, weil sie auch für andere Vereine Vorbildcharakter hatten, was von Kolping nicht in allen Fällen gern gesehen war. Voller Begeisterung berichtete ein Teilnehmer dieser Veranstaltungen:

„Am *Neujahrstage* 1863 begrüßte uns Vater Kolping mit seinen besten Wünschen und Ermahnungen zum neuen Jahre und sagte dann ungefähr wörtlich: Am Dreikönigstag ist *Gesellenball* und danach fängt die *Karnevalszeit* an. Es ist mir namentlich von seiten der Westfälinger übel genommen worden, daß wir den Fastnachtstrubel mitmachen, es soll sich nämlich nicht geziemen. – Darauf habe ich zu erwidern: Einen Spaß in Ehren kann niemand wehren, und unser Wahlspruch ist: Allen Wohl, niemand wehe! Dieses wollen wir streng beachten in allen unseren Sitzungen! Was soll es aber werden, wenn wir die Fastnachtssitzungen nicht halten wollten? Ein großer Teil unserer Jungens gerät in schlechte Gesellschaft. *Also wir halten unsere Karnevalssitzungen bei, und Fastnachtsdienstag einen Zug!* Und betreffs des Balles am Dreikönigstage hoffe ich, daß ihr euch alle anständig benehmt, und bringt mir kein Frauenzimmer mit, welches sich nicht in die Augen sehen lassen darf! Am Dreikönigenabend, 8 Uhr, begann der Ball. ... Gegen 10 Uhr begann die Aufstellung zur Polonaise, währenddessen das Komitee Vater Kolping herbeiholte. Bei der Ankunft durchschritt er langsam die Reihe der Aufstellung, und dann wurde die Polonaise derart geführt, daß wir dreimal an Vater Kolping vorbei mußten, er hat sich alle genau besehen! – Punkt 11 Uhr verließ er den Saal, nachdem er sich lobend über die Haltung der Gesellen ausgesprochen! Gegen halb 1 Uhr wurde der letzte Tanz gespielt. ...

Der *Fastnachtsdienstagszug* stellte in jenem Jahre die Fischer dar, ein lustig Völkchen, es fehlte fast kein Mitglied. Der Zug ging in drei Abteilungen mit je 15 Mann Musik. Die Kostümierung war einheitlich: weiße Strümpfe bis zum Knie, dunkle Hose, weiße Bluse oder Faltenhemd, roter Schlips und ein Netz als Kopfbedeckung; ferner ein Stock ca. 1 1/2 Meter lang mit einem Netz daran. ... Das größte Mitglied trug an einer langen Stange einen mächtigen Fisch, und wurde begleitet von zwei Mitgliedern, welche in ihrem Netze eine weibliche Puppe hatten! – Der Zug bewegte sich vorschriftsmäßig durch alle Hauptstraßen Kölns von 2–5 Uhr bei schönstem Wetter!

Vater Kolping besah sich den Zug an fünf Stellen, ein weiterer Beweis, mit welcher Liebe er für das Wohl seiner Jungens besorgt war. Das Resümee in den Zeitungen der nächsten Tage sagte, daß der Zug der Gesellen der *schönste Gesellschaftszug* gewesen sei, welcher die Straßen Kölns durchzogen habe“[153].

Auf eine entsprechende Anfrage eines besorgten Präses, wie es mit dem Tanzen in den Vereinen zu halten sei, reagierte Kolping zurückhaltender:

„Wie *wir's* haben mit den Tänzen? Je nun, müssen denn alle anderen Leute es haben, wie wir's haben? Hier wird von Vereinsmitgliedern jedes Jahr *ein* geschlossener Ball gehalten, *für* den ich nichts tue, versteht sich von selbst, *gegen* den ich nichts machen kann. Der ganze Vorstand hat in Erwägung *der hiesigen Verhältnisse* eingesehen, daß das, was jetzt geschieht, jedenfalls unter zwei Übeln das kleinste ist, läßt also geschehen, und der ganze Vorstand wird eingeladen und geht im größten Teile hin. Eine Kommission bleibt bis zum Schluß. Bisher alles sehr anständig und ordentlich abgelaufen. Aber deswegen braucht's doch nicht überall zu sein“[154].

Nach Kolpings Verständnis sollten die Feste in den Gesellenvereinen nicht nur der Unterhaltung und der Geselligkeit dienen. Die Verbindung der Vereine untereinander sollte ebenfalls gefördert werden.

Im Juli 1856 fand eine Dampferfahrt von Köln nach Remagen statt. An ihr nahmen fast 900 Vertreter der umliegenden Gesellenvereine teil. Auf dem Besichtigungsprogramm stand die neugotische Apollinariskirche in Remagen und die Ruinen der ehemaligen Zisterzienserabtei Heisterbach im Siebengebirge.

„Zur Orientierung auf der Fahrt und zum Andenken an dieselbe erhielt jedes Mitglied ein von Herrn W. Effenberger verfaßtes gedrucktes Programm ... Ein tüchtiges Musikchor ... spielte lustige Weisen auf, und Böllerschüsse riefen die Abschiedsgrüße ..., daß es an beiden Ufern widerhallte. Mehr brauchte es gar nicht, um auf den Festschiffen das heiterste Leben wachzurufen... Man muß aber dabei gewesen sein, und die Jugend fröhlich gesehen haben, Hunderte von Gesellen beisammen ohne auch nur den mindesten Mißklang, um der rechten Freude gute Art verstehen zu lernen“[155].

Zu größeren Festen sollten auch die Honoratioren der Städte und Gemeinden eingeladen werden, um das Selbstwertgefühl der Gesellen zu stärken und um Verantwortungsbewußtsein bei den höheren Schichten zu wecken bzw. zu fördern. Begeistert berichtete Kolping vom Einzugsfest des Münchener Vereins in sein neues Haus:

„Ja jetzt begann erst ein heiteres Durcheinander, wo die höchsten Würdenträger mit dem Gesellen auf einem Boden – dem der christlichen Lebensgemeinschaft zusammenstanden ... Nun, tragt's christliche Leben eben ins bürgerliche Leben hinein, das bürgerliche Leben auch in seiner geselligen Freude und grade hier zumeist wird bald aus anderen Augen schauen. Nachdem beim späten Abend sich ein Teil der Gäste entfernt hatte, und nun erst Raum wurde für eine freiere Bewegung, blieb das eigentliche Bürgertum erst recht sitzen, so daß die Hausväter um Mitternacht noch Mühe hatten, ihre Ehehälften und was dabei war, nach Hause zu bringen. ‚Noch ein Bisle hierbleiben‘, hies es, ‚es ist auch gar zu schön‘... Denn solche Feste muß man gesehen, mitgemacht haben, um zu wissen, wie sie versöhnend, erhebend und begeisternd wirken, wie sie ihren eigentlichen Segen erst nachher unter den Feiernden ausbreiten“[156].

Die „Rheinischen Volksblätter“ konnten noch von einer Festlichkeit besonderer Art berichten. Am 28. August 1854 lud die katholische Studentenverbindung Aenania/München den „im Laufe des Jahres nicht ohne ihre Anregung entstandenen katholischen Gesellen-Verein [Wasserburg] zu ihrer diesjährigen Ferienunterhaltung ein ... Solches Zusammentreten verschiedener Stände reiht sich neu in seiner Weise, zu den Blüten des katholischen Lebens unserer Zeit“.

Kolping, von dieser schichtenübergreifenden Aktivität angetan, über die er leider nur einmal berichten konnte, kommentierte selbstverständlich zustimmend: „Das ist allerdings neu und auch katholisch, daß *Studenten und Handwerksburschen* sich zusammen freuen und wie Brüder sich vertragen. Gehen ihre Lebenskreise auch sonst auseinander, dann findet sich in der katholischen Kirche und im katholischen Leben doch immer auch noch ein Punkt, wo sie sich christlich berühren und erhebend aufeinander einwirken können“[157].

Soziale Einrichtungen

Kolping wollte im Gesellenverein nicht nur die „Volksakademie im Volkston“[158], sondern auch eine Selbsthilfebewegung der Handwerker verwirklichen, um einen Weg zur Sozialreform – überwiegend mit erzieherischen bzw. sozialpädagogischen Maßnahmen – zu bereiten. Darum hatte er auch schon seiner Erstschrift das Motto vorangestellt: „Tätige Liebe heilt alle Wunden, bloße Worte mehren nur den Schmerz“[159]. Durch seine eigene Berufstätigkeit, das sich anschließende theoretische Studium und die praktischen Lebenserfahrungen war die Bildungs- und Sozialarbeit für Kolping zur Lebensfrage geworden[160]. Dabei sollten vereinsinterne Einrichtungen erste Ansatzpunkte bilden. Dazu gehörten im wesentlichen Sparkasse, Krankenkasse, Arbeitsvermittlung, eine Hilfskasse und auch schon Genossenschaften. Von den Gesellen selbst wurde wohl als wirkungsvollstes Mittel die Wanderunterstützung angesehen. Solche Einrichtungen zur sozialen Sicherheit waren zu Zeiten Kolpings nicht einmal im Gespräch. Zunächst war jeder auf sich selbst angewiesen. In besonderen Notsituationen konnte in den Vereinen schnelle und unbürokratische Hilfe mit diesen Einrichtungen geleistet werden. Sie waren weder als allgemeine Wohlfahrtsanstalten noch als Konkurrenz der politisch motivierten Arbeiterbewegung konzipiert.

Mit dem Gesellenverein und seinen Institutionen schuf Kolping für die Gesellen zunächst einmal einen Ausgleich für das fehlende Familienleben. Das familienähnliche Zusammenleben in den Hospizen genossen vornehmlich die Mitglieder, die sich nach ersten beruflichen Lehrjahren auf Wanderschaft begaben. Er bot Heime an, wo sich die Gesellen ausruhen und neue körperliche, geistige und seelische Kräfte schöpfen konnten. Es wurde echte Geselligkeit gepflegt, um auch das Gemüt der jungen Erwachsenen anzusprechen. Die Gesellen sollten dadurch dem schädlichen Einfluß der Herbergen und Wirtshäuser entzogen werden.

Wanderfürsorge

Zu Kolpings Zeit war das Wandern der Handwerksgesellen noch allgemeiner Brauch. Der Gesellenverein mußte darum die Wanderschaft in seinen Aufgabenkreis übernehmen. „Der Handwerker lernt nicht bloß durch Arbeit sehen, sondern vorzüglich durch Arbeit machen, durch Aneignen der eigentümlichen Einrichtungen, Handgriffe und Verwendung und Beschaffenheit des Materials. Hierin gibt's, wie bekannt, in den einzelnen Städten und Gegenden eine sehr große Verschiedenheit und nur das Reisen und Arbeiten an Ort und Stelle kann hier Vorteile bieten, die bloße Arbeitsmuster nie so praktisch und ausreichend bieten können. Dann hat das Reisen auch noch einen andern Vorteil, den man durchaus nicht unterschätzen darf. In der ‚Fremde‘ soll der junge Mann jene persönliche Selbständigkeit erwerben, die ihm für sein ganzes Leben so notwendig sein dürfte ... Draußen lernt der junge Mann erst recht mit allerlei Leuten umgehen, er lernt bescheiden und hilfreich werden, weil er selbst der Hilfeleistung oft so sehr benötigt. Und wenn auch das Reisen Beschwerlichkeiten und vielfache Nöte mit sich bringt, dann schaden die sicher nirgend weniger als dem Handwerker in seiner Jugend“[161].

Kolping war von Nutzen und Notwendigkeit der beruflich geforderten Wanderschaft durch eigene Erfahrung überzeugt. Er kannte aber auch die vielfältigen Gefahren, die sich für junge Menschen daraus ergaben. Daraus zog er den Schluß: „Der Gesellenverein will das Wandern nicht hindern ... er will die fast unerläßliche Wanderschaft *ordnen.* Die geordnete Wanderschaft kann nur den Zweck haben, die *Ausbildung* in Gewerk und Leben zu fördern“[162].

Nach ersten Erfolgen einer geordneten Wanderbewegung durch die Gesellenvereine formulierte er noch deutlicher: „Indessen ist für den rechten Gesellen die Wanderschaft in der Fremde die eigentliche Hochschule für seinen Charakter, sein Geschäft und seine Erfahrungen. Was wir, wenn auch scheinbar vorübergehend, an Fremden tun, das tun andere Vereine an den Unsrigen“[163]. Von dieser Doppelwirkung hatte Kolping sich auf seinen Reisen überzeugen können. Nach einem Besuch des Gesellenvereins in Graz berichtete er: „Auch fand ich schon alte Vereinsgesellen dort, sogar einen sehr wohl bekannten Rheinländer drunter, die in der Ferne erst recht lernen, wie wohltätig für sie der Verein ist und deshalb um so treuer ihm anhängen“[164].

Dieser Erfolg ist ihm nicht in den Schoß gefallen. Er war von langer Hand mit vielen engagierten Helfern vorbereitet. Bereits auf der Generalversammlung der Gesellenvereine im Jahre 1853 in Köln hatten die Delegierten den Beschluß gefaßt, für alle Vereine ein einheitliches Wanderbuch einzuführen. In ihm wurde die Mitgliedschaft in den besuchten Vereinen vermerkt; damit diente es auch als Erinnerungsbuch. Kolping sollte einen Entwurf vorlegen und den Vereinsvorständen von Elberfeld, Bonn und Berlin zur Begutachtung vorlegen[165]. Die Arbeiten zogen sich länger hin als erwartet, denn erst im September 1855 wurde die Bearbeitung abgeschlossen. Seit dem 1. März 1856 war es für alle Mitglieder der Katholischen Gesellenvereine verpflichtend[166]. Das „Wanderbüchlein für das Mitglied des kath. Gesellen-Vereins“ erschien im Verlag der Nasseschen Buchhandlung in Soest[167]. Ende 1858 wurde bereits eine Neuauflage notwendig[168]. Auf dem Titelblatt wurde Name und Beruf des Mitgliedes sowie Ort und Datum der Aufnahme in den Gesellenverein eingetragen und vom jeweiligen Präses unterschrieben. Der Handwerkergruß „Gott segne das ehrbare Handwerk!“ stand über der Titelzeile. In den Ecken war das Motto des Gesellenvereins „Religion und Tugend, Arbeitsamkeit und Fleiß, Eintracht und Liebe, Frohsinn und Scherz“ gedruckt[169]. Dieses Motto hatte Kolping bereits auf dem Katholikentag in Mainz in seiner Rede der Öffentlichkeit vorgestellt[170]. Dabei hatte er auch mitgeteilt, daß das Motto von den Gesellen selbst geschrieben und in den Vereinslokalen aufgehängt sei. Religion und Tugend waren für Kolping Fundament von Staat und Familie. Wo sie nicht geübt würden, läge alles im argen. Kolping erklärte dazu, Eigenleistung sei gefragt, denn „unser Kapital liegt nicht in den Verheißungen der Schwätzer ... sondern in unserer Arbeitskraft, in unserem Verstande“. Nächstenliebe und Heiterkeit sollten in den Gesellenvereinen praktiziert werden.

Vom heiligen Josef war ein Holzschnitt im Nazarenerstil als Bild beigegeben. Auf der Generalversammlung von 1850 war der heilige Josef zum Patron der Gesellenvereine erwählt worden, den Kolping selbst „trefflicher Hauswirt“ und an anderer Stelle „Urfranziskaner“ nannte[171]. Josef ist als Handwerksmann dargestellt, auf dem linken Arm trägt er das Jesuskind, in der rechten Hand hält er eine Lilie als Zeichen seiner Unschuld. In den Bildecken ist das Motto des Titelblattes in Symbolen wiederholt:

Kreuz, Anker und Herz stehen für Religion und Tugend, ein Bienenkorb für Arbeitsamkeit und Fleiß, zwei zum Gruß verbundene Hände für Eintracht und Liebe, und eine Leier für Frohsinn und Scherz.

Das allgemeine Statut des Katholischen Gesellenvereines, mit Modifikationen verabschiedet auf den ersten vier Generalversammlungen der Gesellenvereine, und verbindlich für jeden Lokalverein, sowie ein Verzeichnis bestehender Vereine, waren abgedruckt. Die „Pflichten eines braven Vereinsmitgliedes" erfordern, daß „ein ordentlicher Christ" seine religiösen Pflichten treu und gewissenhaft erfüllt und seinen Glauben mutig bekennt. Dazu gehören Sonntagsheiligung, Teilnahme an Vereinsgottesdiensten, das tägliche Gebet und die wahre Gottesfurcht. „Je mehr Du Gott kennenlernst, um so lieber wirst Du ihm dienen"[172]. Der Geselle „soll ein tüchtiges Mitglied der menschlichen Gesellschaft sein und immer mehr werden". Er soll seinen Stand, den Gott ihm zugewiesen, ehren und schätzen und zur Verbesserung der Standesehre durch Tüchtigkeit und Leistung beitragen. „Die Grundlage aller bürgerlichen Tüchtigkeit ist [!] die Ehrlichkeit und Treue gegen jedermann". Er soll seinen Zeitvertreib beobachten und alles nutzen, was ihn im Guten fördern könne: „Sei gegen jedermann höflich und dienstfertig ... aber schenke Dein Vertrauen nur solchen Leuten, deren Rechtschaffenheit Du erprobt hast". Ständiges Bemühen um christliche Nächstenliebe trägt auch für die eigene Person reiche Frucht. Das brave Vereinsmitglied betrachtet den Verein wie eine Familie und fördert die Gesamtehre des Vereins. Brüderliche Fürsorge und Ermahnung sind notwendige Umgangsformen. Persönliche Wünsche müssen hinter dem Gemeinwohl zurückstehen. „Verleugne Deine Mitgliedschaft nie, wo man ein Recht hat, nachzufragen, aber führe Dich *überall* so auf, daß ehrliche Leute in Dir den Verein respektieren müssen". Das Vereinsmitglied gehorcht den Gesetzen der Obrigkeit: „Fürchte Gott, ehre den Regenten". Die Schlußempfehlung lautet: „Gehe den Menschen aus dem Weg, die über alles resonieren. Der eigentliche Grund ihrer Unzufriedenheit liegt in ihnen selber. Wer mit Gott im Frieden ist, ist's bald mit sich selber und sucht auch den Frieden unter seinen Mitmenschen". Es folgen dann „einige Wanderregeln für die Vereinsmitglieder". Auf der Wanderschaft sollte der Geselle seine persönliche Selbständigkeit ausbilden und zeigen, was er ist, weiß und was er kann. Er sollte ordentliche Kenntnisse in seinem Beruf haben, da er sonst schnell benachteiligt würde. Höflichkeit und Zuvorkommenheit ständen auch einem Handwerksgesellen gut an. Er solle sich nicht mit unnötigem Gepäck belasten und anderen keinen Einblick in seine Finanzen geben. Er solle lieber auf einer Bank schlafen als ein unsauberes Bett zu benutzen, das ihm Krankheiten bescheren könnte. Wer 3 Monate Mitglied war, erhielt in der Regel Nachlaß bestimmter Kosten in den Hospizen. Ein Rechtsanspruch darauf bestand nicht. Bargeld sollte in keinem Fall gegeben werden. Lügen, Betrug und anderes unehrenhaftes Verhalten brachten den Verlust der Vereinsrechte mit sich. Kam der Geselle an einen Ort, an dem sich ein Katholischer Gesellenverein gebildet hatte, mußte er sich binnen 8 Tagen beim Vereinspräses melden und am Vereinsleben teilnehmen. Weil Gott sein Geleiter auf seinen Wegen sei, sollte er nie sein ordentliches Gebet unterlassen. „Verspotte und verachte keinen Menschen, der einen anderen Glauben hat als Du". Die Schlußempfehlung lautete: „Was Du nicht willst, das Dir geschehe, das tue auch keinem andern. Aber alles, was Ihr wollt, das euch die Leute tun, das tut ihnen auch". Auf den folgenden freien Seiten des Büchleins sollten die Zeugnisse und Reisevermerke eingetragen werden.

Als Beispiel sei das Wanderbuch eines Kölner Vereinsmitgliedes vorgestellt. Wilhelm Polders wurde 1828 in Kapellen am Niederrhein geboren. Als 24jähriger ging der gelernte Kupferschmied auf berufliche Wanderschaft und trat am 29. September 1852 als Mitglied mit der Nummer 1091 in den Kölner Gesellenverein ein. Sein Wanderbuch enthält folgende Bemerkungen Kolpings: „Inhaber war seit Nov[ember] 1858 hier ein braves und solides Mitglied, das hiermit aufs beste empfohlen wird. Köln, den 22. Juni 1859. Kolping".

Nach der Rückkehr von seiner Reise, die den Gesellen über Regensburg und Linz nach Wien führte, notierte der Kölner Präses: „Inhaber war seit Sept[ember] 1859 wieder bis heute hier ein durchaus braves und treues Mitglied des Vereins, was wir ihm beim Abschied gern bezeugen. Köln, 9. März 1862. Kolping"[173]. Er bildete sich zum Goldschmied weiter, machte sich im bekannten Wallfahrtsort Kevelaer selbständig und widmete sich besonders der sakralen Kunst. Zwei große Kandelaber in der Wallfahrtsbasilika sind noch heute Zeuge seines Könnens. Der Gründer seines renommierten Familienunternehmens starb 1896 in Kevelaer.

Krankenkasse

Nach dem Vorbild des Kölner Gesellenvereins wurden auch in anderen Lokalvereinen Krankenkassen errichtet und Kontakte zu den kommunalen Armenärzten hergestellt, die eine erste medizinische Versorgung sicherten. Dem Kölner Verein war die Krankenkasse seit seiner Gründung angeschlossen. Die Mitglieder waren zum Eintritt verpflichtet. Die Statuten erläutern Auftrag und Arbeitsweise dieser Krankenkasse[174]. Nach 6monatiger Mitgliedschaft im Verein hatte der Geselle Anspruch auf Unterstützung im Krankheitsfall. Da diese Kasse von eigenen Vorstandsmitgliedern ehrenamtlich geführt wurde, konnte sie ohne großen Verwaltungsaufwand ihren Mitgliedern eine gesicherte Unterstützung bieten. Der Vereinssenior „empfängt die Einlage und die monatlichen Beiträge zur Krankenkasse, welche er monatlich an den Inhaber der Krankenkasse abgibt. In der Regel soll sie sich in den Händen des Präses befinden"[175].

Jedes Neumitglied mußte zunächst vier Silbergroschen Einlage zahlen[176]. Wer drei Monate seinen Krankenkassenbeitrag nicht bezahlt hatte, verlor damit auch die Mitgliedschaft im Gesellenverein. „Auf Armut wie auf jedes unverschuldete Unvermögen wird stets billige Rücksicht genommen, doch muß dieses Unvermögen dem Präses, und zwar ihm allein, zeitig angezeigt werden"[177].

Die Krankenkasse war aber eine „Sache der Gesellen" oder derjenigen, die dazu beitrugen und sollte nur vom Vorstand mit verwaltet und überwacht werden[178]. Von Februar bis November 1857 wurden in die Krankenkasse zirka 922 Taler eingezahlt und 564 ausgegeben[179]. Im folgenden Jahre wies die Kasse ein Haben von 1297 Talern aus[180]. Im Jahre 1864 konnte Kolping einen Bestand von 1716 Talern mitteilen. Er fügte hinzu, diese Einrichtung sei „vielleicht die bestgestellte Krankenkasse der ganzen Stadt". Unterstützt wurden auf kürzere oder längere Frist ca. 40 kranke Mitglieder[181].

Krankenkasse und Krankenpflege wurden aber nicht zentral von Köln aus organisiert, sondern in der Verantwortung der örtlichen Vereine belassen[182]. Dieses Verfahren sollte wohl auch einem Mißbrauch vorbeugen, um etwa mit falschen Angaben Leistungen zu erhalten, die einem Mitglied nicht zustanden. Dauerte eine Krankheit länger als ein Jahr und sechs Wochen, erlosch für den Kranken der Rechtsanspruch. „In besonderen Fällen unterliegt die Fortzahlung des Krankengeldes nach einem Jahr und sechs Wochen einem Gesamtbeschlusse des Vereins, wozu die Zustimmung von 2/3 der anwesenden Mitglieder erforderlich ist"[183].

Sparkasse

Zu persönlichen Aktivitäten einer ersten bescheidenen Eigentumsbildung der Gesellen zur Gründung eines eigenen Hausstandes oder eines Geschäfts regte Kolping die Gründung von vereinseigenen Sparkassen an und praktizierte sie in Köln auch mit Erfolg. Weil der Gesellenverein sich zur Aufgabe gesetzt hatte, die Mitglieder für ihren späteren Lebensweg zu ertüchtigen, und „das mühsam Erworbene verständig zu verwalten. Das muß bereits der Geselle lernen. Also muß er *sparen* lernen ... Es in die öffentliche Sparkasse tragen, ist ihm meist nicht der Mühe wert oder auch zu umständlich. Viel kleines Geld geht nutzlos verloren, weil es nicht beizeiten anderwärts in Sicherheit gebracht wurde. Aus diesen und vielen anderen Gründen empfehlen sich die besonderen Vereinssparkassen ganz besonders"[184]. Zunächst war die Einrichtung auf der Vertrauensbasis zwischen den Sparern und dem Präses begonnen worden. Nachdem die Arbeit überhand nahm, wurde die Verwaltung der Kasse einer Kommission des Hospitiums-Vorstandes übertragen, in dem aber keine Gesellen saßen. Zu Rückzahlungen über 100 Taler war eine Kündigungsfrist von 14 Tagen bis zu 3 Monaten einzuhalten. Der Zinssatz betrug 3%. Der Sparer behielt bei der ersten Einzahlung ein besonderes Darlehnsbüchlein, worin Name, Vereinsnummer, der Buchungsvorgang und der Betrag in Ziffern und Buchstaben vermerkt war. Auf besondere Kölner Verhältnisse konnte Kolping hinweisen, sie aber nicht für andere Vereine voraussetzen: „Wir haben dabei außer guten Zinsen die größtmögliche menschliche Sicherheit. Anderen würde ich raten, lieber mit einer öffentlichen Kasse zu kontrahieren [!]"[185]. Was es damit auf sich hatte, erfahren wir von einem aktiven Sparer: „Wir hatten zur damaligen Zeit im Verein auch eine Sparkasse, welche von Vater Kolping selbst verwaltet wurde, und in der wir schon von 25 Pfennig an einlegen konnten. Waren 3 Mark zusammen, dann gab der Kaufmann Michels noch 1,50 Mark dazu, sowie um Neujahr Zinsen und eine besondere Prämie für fleißige Sparer. Herr Michels gebrauchte das Geld in seinem Engrosgeschäft, konnte deshalb die Prämien und Zinsen zahlen. Es war für uns ein Ansporn, recht viel zu sparen"[186].

Kolping hatte mit den Hospitien und der Wanderfürsorge bereits Einrichtungen geschaffen, die dem Gesellen das Sparen in bescheidenem Rahmen ermöglichte. Im Jahre 1857 betrug die Gesamteinnahme 9222 Taler und der Aktivbestand 7175 Taler, welcher zu 4 % angelegt war[187]. Der Verein machte es möglich, daß auch unbürokratisch über das Geld verfügt werden konnte: so wies Kolping zum Beispiel einem reisenden Mitglied über Präses Gruscha schriftlich das Geld an[188]. Das Risiko der Selbstverwaltung war Kolping wohl bewußt, denn alles Geld, was die Gesellen gemeinsam beitrugen, verwalteten sie auch unter Aufsicht des Präses selbst. „Wenn aber eine Sparkasse eingeführt werden kann, sollen 2 vertraute Vorstandsmitglieder, die nicht Meister sind, mit dem unentbehrlichen Präses diese Sache in die Hand nehmen und sie stets als eine vertrauliche den Gesellen gegenüber behandeln“[189].

Im Jahre 1864 wies die Kölner Vereinssparkasse einen Bestand von 27000 Talern aus. Kolping kommentierte das Ergebnis: *„Das ist auch ein Zeugnis“*[190]. Das Sparen zum Zweck auch noch so geringer Vermögensbildung propagierte er auch über den Kölner Verein hinaus. Den Präsides, die zum Katholikentag 1862 nach Aachen gekommen waren, legte er besonders ans Herz:

„Ein besonders wichtiger Teil der Wirksamkeit des Vereins ist die Sparkasse. Bei unserer Vereinssparkasse in Köln gehen jährlich 10000 Taler ein und aus. Manche legen ihr Vermögen darin an, auch die jungen Meister, die Ehrenmitglieder des Vereins sind, bringen uns ihr Geld. So kam es bei vielen schon dazu, daß sie ein, wenn auch kleines Haus kaufen konnten ... Kann ein Mensch den ersten Schritt auf seinem Eigentume tun, so hebt er sich merkwürdig, wird tätiger, betriebsamer, sparsamer, schafft und wirkt ganz anders als vorher“[191].

Einen für die Mitglieder kostenlosen Rechtsbeistand bot der Gesellenverein in Trier an[192].

Arbeitsvermittlung

Die Arbeitsvermittlung wurde auf verschiedenen Wegen wirkungsvoll betrieben, die nicht sehr aufwendig waren. In vielen Orten wandten sich Meister an die Leitung der Lokalvereine mit der Bitte, geeignete Handwerker für ihre Betriebe zu benennen. Die unbesetzten Arbeitsstellen wurden vom Präses dann den Mitgliedern bekanntgemacht. Das war der schnellste und unbürokratischste Weg. Das Vereinslokal wurde damit auch zur Kontaktstelle für Arbeitsvermittlung. Kolping selbst setzte sich für Arbeitssuchende in seinem großen Bekannten- und Freundeskreis ein. So hatte ihn ein Schriftsetzer um die Vermittlung einer Arbeitsstelle außerhalb von Erfurt gebeten. Kolping schrieb dem Präses dieses jungen Mannes „er möge sich mit Berufung auf mich [Kolping] an Schöningh in Paderborn oder an den Buchhändler Ziegler in Soest oder an Eduard Hüffer in Münster wenden, die gewiß tun würden, was in ihren Kräften stände“[193].

In den Rheinischen Volksblättern wurden Stellengesuche und Angebote regelmäßig veröffentlicht. Der aufgrund seiner Einstellung zu Religion und Arbeit eingegrenzte Bezieherkreis bot den Gesellen das gesuchte „Betriebsklima“ oft auch noch mit Familienanschluß über den rheinischen Raum hinaus. Einige Beispiele: „Ein geschickter und braver Holz- und Horndrechslergeselle, sowie auch ein tüchtiger Schreinergeselle finden gute und dauernde Arbeit in Euskirchen. Bescheid im Vereinshaus. Buchbinder Wesener in Hilchenbach bei Olpe sucht einen braven Gehilfen auf längere Zeit. Die Reise von Köln aus zum Teil vergütet. Bescheid im Gesellenhospitium“. Ein weiteres Beispiel dafür, wie angebotene Hilfe zur Selbsthilfe gleich mehrfach wirksam werden kann: „In der Besserungs-Anstalt Steinfeld bei Kall werden als Führer gesucht ein Schneider und ein Schlosser, die gegen guten Lohn um der Liebe Gottes willen sich der Erziehung und Ausbildung verwahrloster Kinder annehmen wollen. Ihre Zeugnisse wollen die darauf Reflektierenden der Redaktion einsenden"[194]. Die von Kolping und den Lokalpräsides betriebene Arbeitsvermittlung mag so im ein oder anderen Fall zu fassen sein; die der wandernden Gesellen selbst in den Vereinslokalen dürfte dagegen noch größere Ausmaße angenommen haben. Gelegentlich kam es sogar vor, daß ein lokaler Gesellenverein als „ordentliches Heiratsbüro" angesehen wurde[195].

Hilfskassen

Im Jahre 1859 wurde im Kölner Gesellenverein beschlossen, „eine Hilfs- und Unterstützungskasse zu errichten, um einige Fonds anzusammeln, aus denen im Falle der Not arbeitslose Gesellen ... können unterstützt werden"[196]. Daraus sollten auch die Familien derjenigen ehemaligen Mitglieder, die etwa zum Militär einberufen wurden, unterstützt werden. Für Kolping war es ein Zeichen gelebter Brüderlichkeit, daß der Verein sich nach Kräften seiner notleidenden Brüder annahm und sie unterstützte, wo er nur konnte. Auch diese Angelegenheit brachte Kolping an die Öffentlichkeit, damit andere Vereine dem Kölner Vorbild folgen sollten. Schon 1857 hatten sich ehemalige, inzwischen verheiratete Mitglieder zur Gründung einer Konsumkasse zusammengetan. Die Verwaltung dieser Kasse lag speziell in den Händen der Mitglieder. Sie wollten zur Deckung ihrer Bedürfnisse im Großen auf eine billigere Weise als im Detail einkaufen[197]. Die Resultate wurden im gleichen Jahre noch als recht befriedigend bezeichnet. Im Jahre 1863 wurde diese Einrichtung als „Konsumverein" bezeichnet, worin jedes Mitglied Einlagen machte. Aus diesen Mitteln wurden dann Anschaffungen von solchen Waren in größeren Mengen gemacht, welche entweder alle oder doch viele der Mitglieder benötigten[198]. Tätigkeitsberichte dieses Vereins fanden sich im Schrifttum und auch in Archiven nicht. Der Erfolg der Vereinsarbeit, zumindest im deutschsprachigen Bereich, war mit den ersten sozialen Errungenschaften eng verknüpft. Das galt natürlich in starkem Maße von den Hospizen und der Wanderfürsorge.

Festzuhalten ist dabei, daß in allen sozialen Einrichtungen der Gesellenvereine der Selbsthilfegedanken zum Tragen kam und damit die Eigenverantwortung der Mitglieder gefordert und gefördert wurde. Hier wird auch der Durchbruch von karitativem Handeln zu organisierter Hilfe zur Selbsthilfe erkennbar.

Anmerkungen

Kolping an Döllinger, 29. 11. 1848, in: KS Bd. 2, S. 119.

Kolping, Predigt, 18. 5. 1846, ADK, A 69.

Zum Vereinswesen im Erzbistum Köln siehe: Hegel, Erzbistum Köln, Bd. 5, S. 434–439 u. 516–527. – Zum Borromäusverein siehe: Spael, Buch im Geisteskampf – Linn, Ultramontanismus, S. 194–203.

KS Bd. 1, S. 104f. – Das Protokoll der Elberfelder Gründungsversammlung ist in Kolpings Tagebuch eingetragen.

[5] Siehe dazu: Heinen, Kölner Pius-Verein, S. 147–242. – Schwering, Kolping – Köln, S. 47–50 – Nach J. Grunau, Festschrift zum goldenen Jubiläum des Pius-Vereins, Neuß 1898, S. 12 legte Kolping „erstlich seine Gedanken über die Gesellenvereine und deren Vereinigung zu einem großen Verbande" im Kölner Piusverein dar.

[6] Zu den Vinzenzvereinen siehe: Kissling, Katholikentage Bd. 1, S. 334–337. – J. Schreiber, in: LThK 10 (^{2}1965), Sp. 803f.

[7] Siehe dazu: AEK, CR 22, 7.1, Vereinsbericht: „... die Gesellenschule, die unter dem Schutze des Vereins vorzüglich durch das Bemühen des Herrn Domvikar Kolping gegründet ist, in segensreicher Entwicklung aufblühe. Es unterliegt keinem Zweifel, daß dieselbe auf die Bildung des Handwerkerstandes die heilsamste Einwirkung ausübe und so einem bedeutenden Bedürfnisse der Gegenwart abhelfen wird".
Peter Jakob Damian Siebold, * 30. 1. 1811 Kornelimünster – † 24. 8. 1873 – 27. 2. 1836 Priesterweihe – Vikar Birgel – 1840 Pfarrer Kreutzau – 20. 7. 1847 Pfarrer Köln, St. Martin – 1866 St. Maria im Kapitol – 15. 1. 1872 Domkapitular. AEK, Priesterkartei.

[8] Kolping an Gruscha, 9. 8.1864, in: KS Bd. 2, S. 445 und S. 204 u. 224.

[9] Siehe dazu: KS Bd. 2, S. 98f. u. 108f.

[10] Peter Christian Schnepper, * 27. 7. 1802 Wipperfeld – † 19. 1. 1883 Köln – 24. 9. 1825 Priesterweihe – Kaplan Wuppertal-Elberfeld – 1839 Pfarrer Ratingen – Landdechant – 24. 1. 1848 Pfarrer Köln, St. Kolumba – 1854 Stadtdechant Köln – 1862 Teilnahme an der Romreise. AEK, Priesterkartei – Baudri, Tagebuch, passim. – KS Bd. 6, S. 50.
Gottfried Hubert Nöcker, * 9. 4. 1819 Neuß – † 19. 8. 1889 Köln – 11. 4. 1847 Priesterweihe – Kaplan Köln, St. Martin – Pfarrer Dattenfeld – 1858 Pfarrer Köln, St. Jakob. AEK, Totelzettel.
Christian Hermann Vosen, * 9. 7. 1815 Köln – † 12. 5. 1871 Köln – 31. 5. 1839 Priesterweihe – Kaplan Zündorf und Köln, St. Andreas – 1844 Religionslehrer Köln, Marzellengymnasium – 13. 2. 1850 Vizepräses im Kölner GV – Saileranhänger und Antihermesianer – stiftete 32 Taler für das Hospiz. AEK, Totenzettel. – Reusch, in: ADB 40 (1896), S. 326f. – A. Steffens, Religionslehrer Dr. Christian Hermann Vosen und Gesellenvater Adolf Kolping, in: Klinkenberg (Hg.) Marzellengymnasium, S. 215–233. – Ridder, Lebensbilder, S. 29–36, (mit Bild). – KS Bd. 3, S. 95f.; Bd. 4, S. 364; Bd. 5, S. 283, 288, 298, 302, 385.
Johann Joseph Hubert Schumacher, * 31. 1. 1803 Jüchen – † 5. 8.1865 Köln – 17. 4. 1828 Priesterweihe – Vikar Jülich – Religionslehrer Köln, Friedrich-Wilhelm-Gymnasium – 1837 Pfarrer Hermülheim – Religionslehrer, Ritterakademie Bedburg – 28. 2. 1846 Pfarrer Köln, St. Martin – 27. 5. 1847 Pfarrer, St. Maria i.d. Kupfergasse – 1850 Mitglied Schutzvorstand im Kölner GV – stiftete 150 Taler für das Hospiz. AEK, Totenzettel. KS Bd. 2, S. 83; Bd. 3, S. 95f.; Bd. 5, S. 139.
Hermann Anton Stöveken, * 7. 10. 1811 Rheine/Westf. – † 17. 7. 1885 Amerika – 27. 2. 1836 Priesterweihe – Vikar Köln, Maria Himmelfahrt – 1848 Seelsorger Köln, Arrestanstalt – 1861 Regierungs-Schulrat Aachen. AEK, Priesterkartei. Pfülf, Geissel, Bd. 2, S. 307. – Pesch, Presse, S. 107f.

[11] Kolping, Gesellenverein, in: KS Bd. 3, S. 52f. – Siehe dazu: Michel, Kolping, S. 35ff.

[12] Kolping an Dr. Deycks. Original nicht zu ermitteln. Teilabdruck in: Schäffer, Kolping I, S. 405.

[13] Siehe dazu: HAStK, Schulakten I – 18B–45.

[14] Vgl. dazu das Schreiben des Schulkommissars Böcker vom 3. 5. 1849. Original nicht zu ermitteln. Abdruck in: Kolpingblatt 1. 5. 1934, S. 57.

[15] Vosen, Gesellenverein, in: KS Bd. 5, S. 391. – Siehe dazu auch: Kolping, Rede, 8. 10. 1851, in: KS Bd. 3, S. 261. – Kolping, Der Gesellenverein und seine Aufgabe, in: KS Bd. 3, S. 113. – Er spricht vom Jahre 1848 und wie Vosen von sieben Gesellen: Die Zahlenangabe war wohl symbolisch zu verstehen, denn die Zahl „Sieben" ist neben der „Drei" die wichtigste Symbolzahl. Sie gilt als Ordnungszahl und als Ausdruck einer Gesamtheit. Siehe dazu: J.H. Graf, Die Zahl Sieben, Bern 1917. – Zum Beginn in Köln siehe auch: Kolping Rede, 14. 6. 1857, in: KS Bd. 4, S. 314f..

[16] Kolping, Ein alter Schulkamerad, in: RV 1 (1854), S. 68.

[17] Statuten Köln, in: KS Bd. 3, S. 82–96, hier: S. 82. – Zum Kölner Gesellenverein siehe: RK 6 (1849), Nr. 30; 7 (1850), Nr. 5; VO 1850, S. 1, 8, 16, 28; FS 1 (1851) S. 8, 23, 96, 100, 102, 140, 176, 188, 193; 2 (1852) S. 8, 132, 152, 156, 158, 199; 3 (1853) S. 70, 77, 104, 156, 158, 168f., 205; 4 (1854) S. 36f. RV 1 (1854) S. 45 126, 144, 154, 459, 555; 2 (1855) S. 31, 319, 399, 577, 672; 3 (1856) S. 369, 415, 442, 794, 816, 826; 4 (1857) S. 158, 384, 397, 775, 824; 5 (1858) S. 336, 352, 364, 620, 797, 824; 6 (1859) S. 14, 217, 333, 383, 796; 7 (1860) S. 294ff., 397f., 511, 575; 8 (1861) S. 62, 174f., 256, 287, 338ff., 354ff.; 9 (1862) S. 269ff., 334, 460, 542, 607; 10 (1863) S. 302, 381, 430, 750; 11 (1864) S. 350, 720; 12 (1865) S. 558, 601, 686.

KS Bd. 1–5, (Register) – Schwering, Kolping-Köln. – Hegel, Erzbistum Köln, Bd. 5, S. 517–519. – Die katholischen Gesellenhospitien zu Cöln 1853–1913. Festschrift zur Einweihung des Kolpinghauses 20. Juli 1913, Cöln 1913. – 100 Jahre Kolpingsfamilie Köln. Festschrift anläßlich der Jubelfeier Pfingsten 1949, Köln 1949.

18 In das Hauptbuch des Kölner Gesellenvereins (ADK, Hauptbuch, A 400) wurden die neuen Mitglieder mit fortlaufender Nummer eingetragen.

1. Bährens, Wilhelm, Schuhmacher – 6. 5. 1849 Mitgl. GV Köln, Nr. 45 – 1850 Ordner GV Köln – 9. 12. 1865 Zeuge bei Kolpings Testamentseröffnung – 1873 Vertreter des Meistervereins. ADK, Hauptbuch, A 400, S. 2 u. 157 – Testament Kolpings – Protokollbuch zum 21. 12. 1873 – KS Bd. 1, S. 55, 328; Bd. 3, S. 96.
2. Caspers, Johann, 6. 5. 1849 Mitgl. GV Köln, Nr. 24. ADK, Hauptbuch, A 400, S. 2.
3. Cramer, Konrad, 6. 5. 1849 Mitgl. GV Köln, Nr. 41. ADK, Hauptbuch, A 400, S. 2.
4. Dahl, Eduard, 6. 5. 1849 Mitgl. GV Köln Nr. 8. ADK, Hauptbuch, A 400, S. 2.
5. Degen, Franz, 6. 5. 1849 Mitgl. GV Köln, Nr. 43. ADK, Hauptbuch, A 400, S. 2 u. 157.
6. Fink, Gottfried, 6. 5. 1849 Mitgl. GV Köln, Nr. 6–7. 1854 abgereist. ADK Hauptbuch, A 400, S. 2 u. 157.
7. Flohr, Johann, 6. 5. 1849 Mitgl. GV Köln, Nr. 27. ADK, Hauptbuch, A 400, S. 2 u. 217.
8. Gumpertz, Joseph, 6. 5. 1849 Mitgl. GV Köln, Nr. 36. ADK, Hauptbuch, A 400, S. 2 u. 157.
9. Kirschhausen, Franz, 6. 5. 1849 Mitgl. GV Köln, Nr. 50. ADK, Hauptbuch, A 400, S. 2 u. 157.
10. Kuchelberg, Franz Xaver, 6. 5. 1849 Mitgl. GV Köln, Nr. 46. ADK, Hauptbuch, A 400, S. 2 u. 157.
11. Küster, Mathias, 6. 5. 1849 Mitgl. GV Köln, Nr. 16.
12. Lambertz, Peter, 6. 5. 1849 Mitgl. GV Köln, Nr. 21. ADK, Hauptbuch, A 400, S. 2 u. 157.
13. Mettlein, Johann, 6. 5.1849 Mitgl. GV Köln, Nr. 18. ADK, Hauptbuch, A 400, S. 2 u. 157.
14. Mondorf, Johann, 6. 5. 1849 Mitgl. GV Köln, Nr. 36. ADK, Hauptbuch, A 400, S. 2.
15. Mondorf, Peter, 6. 5. 1849 Mitgl. GV Köln, Nr. 44. ADK, Hauptbuch, A 400, S. 2 u. 157.
16. Münster, Hermann, Schuster – 6. 5. 1849 Mitgl. GV Köln, Nr. 14–26. 4. 1854 abgereist – 1864 Assistent GV Köln. ADK, Hauptbuch, A 400, S. 2 u. 157. – Protokollbuch zum 3. 10. 1858 – RV 11 (1864), S. 404.
17. Sägschneider, Peter, 6. 5. 1849 Mitgl. GV Köln, Nr. 38. ADK, Hauptbuch, A 400, S. 2 u. 157.
18. Thonet, Anton, Steinhauer – 6. 5. 1849 Mitgl. GV Köln, Nr. 4 – 1850 Senior – 1851 Teilnehmer der 2. Generalversammlung. ADK, Hauptbuch, A 400, S. 2. – KS Bd. 1, S. 42 f.; Bd. 3, S. 96, 272 f..
19. Wagener, Jacob Hubert, Glaser – 6. 5. 1849 Mitgl. GV Köln, Nr. 49 – 1850 Ordner. ADK, Hauptbuch, A 400, S. 2 u. 157. – KS Bd. 3, S. 96.

19 Winkler, Volksmann, S. 19 ff. – Winkler, in: Kolpingblatt 34 (1934), S. 57 ff.

20 Karl Marx, * 5. 5. 1818 Trier – † 14. 3. 1883 London – 1842–1843 Redakteur „Rheinische Zeitung", Köln – 1848 „Kommunistisches Manifest" – 1848–1849 Chefredakteur „Neue Rheinische Zeitung" Köln – 5. 1849 Verbot der Zeitung und Ausweisung – Exil in London.
I. Fetscher, in: NDB 16 (1990), S. 328–344., (Lit.). Der Aufenthalt von Marx in Köln ist dokumentiert in: Karl Marx und Köln, 1842–1852, Briefe – Texte – Bilder – Faksimiles. Ausstellung zum 100. Todestag, (gest. 14. März 1883), Historisches Archiv der Stadt Köln, Köln 1983. (Ausstellungskatalog). – Siehe dazu auch: F. Lüttgen, Zwei Kolpinglegenden aus Köln, in: JbKGV 62 (1991), S. 97–108.

21 Zum publizistischen Umfeld der Marxschen Aktivitäten in Köln siehe: Schmolke, Kolping als Publizist, S. 77 f.

22 Siehe dazu: Reulecke (Hg.), Arbeiterbewegung. – H. Stein, Der Kölner Arbeiterverein (1848–1849). Ein Beitrag zur Frühgeschichte des rheinischen Sozialismus, Köln 1921. – G. Becker, Karl Marx und Friedrich Engels in Köln 1848–1849. Zur Geschichte des Kölner Arbeitervereins, (Ost)-Berlin 1963. – H. Billstein/E. Obermann, Marx in Köln, Köln 1983. – Über Gottschalk siehe: K. Stommel, Andreas Gottschalk (1815–1849), in: RLB Bd. 11, S. 167–188. – Regierungspräsidium an Innenminister, 14. 7. 1849, in: DZAM, Ministerium des Innern, Rep. 77, Tit. 1095, Nr. 2.: „Der einzige hier noch bestehende demokratische Verein ist der Arbeiter-Verein, welcher jetzt ... unter der Leitung eines Cigarren-Arbeiters Röser steht, eines unbedeutenden Menschen. Der Verein hat überhaupt keine Bedeutung mehr und gibt nur selten ungeschickte Lebenszeichen von sich".

23 Kolping, Briefe über den kath. Gesellenverein, in: KS Bd. 4, S. 183.

24 Mitteilung der stadtkölnischen Schulkommission an den Kastellan der Kolumbaschule vom 5. 7. 1849. Die Originale auch der im folgenden angeführten Mitteilungen waren nicht zu ermitteln. Sie werden nach dem ersten Druck zitiert: Winkler, Volksmann, S. 24.

[25] Vgl. a.a.O., S. 25.
[26] Vgl. a.a.O., S. 24f.
[27] A.a.O., S. 24.
[28] Ebd..
[29] Schäffer, Kolping I, S. 419. – Siehe dazu ferner: Winkler, Volksmann, S. 26–30 – P. P. Trippen, Geschichtliches über das Gelände des Kolpinghauses in Köln, in: Die Kolpingfamilie. Mitteilungen des Kölner Gesellenvereins, Festausgabe anläßlich des 75. Jahrestages der Einweihung des ersten Kölner Gesellenhauses 3 Jg. (1928), Nr. 3, S. 3–9.
[30] RK 4. 11. 1849, Nr. 130.
[31] Kolping, Der Gesellenverein und seine Aufgabe, in: KS Bd. 3, S. 102–125; hier: S. 113. – Kolping, Rede, 8. 10. 1851, in: KS Bd. 3, S. 262f. – Kolping, Briefe über den kath. Gesellenverein, in: KS Bd. 4, S. 181–189.
[32] Vgl. Mietvertrag vom 2. 12. 1850, in: KS Bd. 1, S. 39ff. – Ferner: H. Vogts, Das Kölner Wohnhaus bis zur Mitte des 19. Jahrhunderts, Köln 1966, Bd. 1, S. 321 u. Bd. 2, S. 618. – Franz und Heinrich Pallenberg hatten 1827 eine Möbelfabrik in Köln gegründet. Dort war 1835 die erste Furnierschneidemaschine in Westdeutschland eingeführt worden. Siehe dazu: v. Eyll, Wirtschaftsgeschichte, S. 185. – Das gemietete Haus reichte für die durchreisenden Gesellen als Herberge nicht aus, denn vom Mai 1850 bis Januar 1852 haben auch Gesellen bei Poulheim in der Breitestraße gewohnt. – Ridder, Kolping, S. 47.
[33] Vgl. Protokollbuch Köln, 8. 3. 1852.
[34] Vgl. Statuten Köln, in: KS Bd. 3, S. 89. – Hausmeister war Wilhelm Thielen († 7. 4. 1854). Zu ihm siehe: FS 1 (1851), S. 8; KS Bd. 3, S. 101 u. RV 1 (1854), S. 45.
[35] Nathanael, Kirchen- und Schulzeitung für das katholische Deutschland 6 (1850), S. 140. (1. 3. 1850).
[36] Kolping an Generalvikariat, 29. 7. 1850, in: AEK, CR 22.17,1 Gesellenvereine.
[37] Vosen, Trauerrede, S. 11.
[38] Statuten Köln, in: KS Bd. 3, S. 83f. – Siehe auch: KS Bd. 3, S. 61 – Zum Präsesamt siehe auch die individuellen Hinweise in Kolpings Briefen: KS Bd. 2, S. 134, 163, 173, 181, 185, 216, 267 u. 283.
[39] Kolping, Den Mitbrüdern, in: KS Bd. 5, S. 262.
[40] Vgl. a.a.O., S. 261.
[41] Kolping an Gruscha, 24. 3. 1857, in: KS Bd. 2, S. 214.
[42] Kolping, Gesellenverein und seine Aufgabe, in: KS Bd. 3, S. 117.
[43] Zweite Generalversammlung des Katholischen Gesellenvereins zu Köln, in: KS Bd. 4, S. 153.
[44] Kolping, Zur Organisation der Gesellenvereine, in: KS Bd. 5, S. 264.
[45] Siehe dazu: Protokollbuch Köln, 16. 12. 1856 und 14. 3. 1859.
[46] Kolping, Rede, 30. 4. 1852, in: KS Bd. 3, S. 315.
[47] Vgl. KS Bd. 3, S. 100.
[48] Kolping an Höll, 20. 1. 1859, in: KS Bd. 2, S. 248.
[49] Kolping, Briefe über den Kath. Gesellenverein, in: KS Bd. 4, S. 188.
[50] Vgl. Statuten Köln, in: KS Bd. 3, S. 83.
[51] Leopold August Clemens Hubert Reichsgraf von Spee, * 29. 1. 1818 Düsseldorf – † 23. 11. 1882 Aachen – Jurastudium u. Staatsdienst – 1843 Theologiestudium – 11. 4. 1847 Priesterweihe – Kaplan Giesenkirchen und Rath – 1853 Vizepräses GV Köln – 1856 Pfarrer Bensberg – 1863 Stiftsherr Aachen. – AEK, Totenzettel. – KS Bd. 2, S. 150, 153, 156f. – Brief an Kolping, 21. 10. 1853, ADK, A 111.
[52] Kolping an Mittweg, 8. 12. 1853, in: KS Bd. 2, S. 153.
[53] Friedrich Koenen, * 30. 4. 1829 Rheinbach – † 6. 7. 1887 Köln – 4. 9. 1854 Priesterweihe – 1856 Kaplan, Köln u. Vizepräses GV Köln – 1862 Studium der Kirchenmusik, Regensburg – 1863 Prof. Köln, Priesterseminar.
Hecker, Chronik, S. 197–200. – Martin, Zeitbilder, S. 180. – Kosch, Kath. Deutschland, Sp. 2242f. – KS Bd. 2, S. 189. – Der Totenzettel seiner Mutter befand sich in Kolpings Brevier. ADK.
[54] Peter Michels, * 2. 2. 1801 Köln – † 18. 4. 1870 Köln – Kaufmann u. Tuchhändler – ⚭ Constance van Halen (1810–1881) – Freund Kolpings und Förderer GV Köln – spendete 250 Taler für das Hospiz – 1831–1840 Mitglied des Gemeinderates, Köln – 1850 Mitglied Schutzvorstand GV Köln – 1865 Testamentsvollstrecker Kolpings.
Nachruf, in: RV 17 (1870), S. 269. – KS Bd. 2, 125, 140, 178, 195, 207, 280, 382, 384, 386, 427, 430, 443, 467, 472; Bd. 3, S. 95f.; Bd. 4, S. 348; Bd. 5, S. 405. – Ferner: Bd. 2, S. 124, 128, 280, 427.
R. Michels, Peter Michels und seine Tätigkeit in der rheinischen Industrie, in der rheinischen Politik und im rheinischen Gesellschaftsleben, in: JBKGV 12 (1930), S. 1–98. – E. Dahmen, Peter Michels und seine Vor-

fahren in Köln, in: JbKGV 15 (1933), S. 168–183. – F. Schönert-Röhlk, Peter Michels (1801–1870) und Gustav Michels (1836–1909), in: Kölner Unternehmer im 18., 19. und 20. Jahrhundert, (Rheinisch-Westfälische Wirtschaftsbiographien Bd. 12), Münster 1986, S. 79–95.

55 Siehe dazu: Statuten Köln, in: KS Bd. 3, S. 85 f. u. Generalversammlung der Diözesanpräsides, 12. – 14. 9. 1864, in: KS Bd. 5, S. 328 f.

56 Kolping, in: RV 12 (1865), S. 258.

57 KS Bd. 3, S. 86 – Siehe auch: Kolping an Hertenstein, 10. 3. 1854, in: KS Bd. 2, S. 163.

58 Siehe dazu: Urkunde zur Grundsteinlegung für den Neubau des Gesellenvereinshauses vom 20. 6. 1864, in: RV 11 (1864), S. 403 f., hier S. 404.

59 Thomas Joseph Heinrich Schellen, * 30. 3. 1818 Kevelaer – † 3. 9. 1884 Köln – 1841 Lehrer Köln, Friedrich-Wilhelm-Gymnasium – Dr. phil. – 1842 Oberlehrer Düsseldorf, Realschule – 1851 Direktor Münster, Provinzialgewerbeschule – 1858 Direktor Köln, Höhere Bürgerschule – 1859 Mtgl. Schutzvorstand GV Köln – Verfasser zahlreicher naturwissenschaftlicher und didaktischer Werke. K. in: ADB 30 (1890), S. 761 f. – Protokollbuch Köln 14. 3. 1859.

Johann Adam Heinrich Oedenthal, * 24. 12. 1791 Köln – 15. 1. 1876 Köln – Zeichenlehrer – 1850–1865 Mitgl. Schutzvorstand GV Köln.

J. Merlo, Kölnische Künstler in alter und neuer Zeit, Düsseldorf 1895, Sp. 628 ff.

60 Max Clemens Anton Maria Clavé von Bouhaben, * 9. 7. 1814 Jülich – † 18. 10. 1882 Köln – Herr zu Burg Gestendonk – Präsident Köln, Armenverwaltung – schenkt 250 Taler für das Hospiz – 1856 Mitgl. Schutzvorstand GV Köln – 1852–1858 Mitgl. d. preuß. Abgeordnetenhauses. HAStK, Sammlung Bayer. – KS Bd. 2, S. 406, 408, 413 f., 419.

Heinrich Freiherr von Wittgenstein, * 26. 4. 1797 Köln – † 29. 3. 1869 Köln – Landgerichtsrat in Köln – 1825 Mitarbeit in der Kölner Armenverwaltung – 1831 Mitgl. des Stadtrates – 1842 Vorsitzender des Zentral-Dombau-Vereins – 1848 Chef der Kölner Bürgerwehr – Regierungspräsident – 1850–1868 Stadtverordneter – Direktor der Köln-Mindener-Eisenbahngesellschaft – 1856 Mitgl. des Schutzvorstandes GV Köln – spendete 50 Taler für das Hospiz.

H. v. Wedel, Heinrich von Wittgenstein 1797–1869, Unternehmer und Politiker in Köln, (Schriften zur Rheinisch-Westfälischen Wirtschaftsgeschichte, Bd. 33), Köln 1981.

Hermann Joseph Stupp, * 14. 2. 1793 Golzheim – † 10. 6. 1870 Köln Advokat-Anwalt – 1851–1863 Oberbürgermeister Köln – 1855 Mitgl. d. preuß. Herrenhauses – 1856 Mitgl. Schutzvorstand GV Köln. – schenkte 25 Taler für das Hospiz. Steimel, Kölner Köpfe, Sp. 405 – RV 17 (1870), S. 396. – KS Bd. 2, S. 123, 384, 414 u. 419.

Alexander Friedrich Wilhelm Bachem, * 8. 1. 1806 Neuwied † 10. 2. 1878 Köln – 1863–1875 Oberbürgermeister von Köln – 1863 Mitgl. Schutzvorstand GV Köln. Steimel, Kölner Köpfe, Sp. 40.

Michael Clemens Weyer, * 1804 – † 7. 1. 1873 – königl. Ingenieur – Major a. D. HAStK, Sammlung Bayer.

61 Anton Brück, † 1864 Köln – Kaufmann – 1856 Mitgl. Schutzvorstand GV Köln. Protokollbuch Köln, 14. 10. 1856.

62 Johann Wilhelm Hubert Meuser, * 1825 Köln – † 23. 1. 1900 Köln – 1846 Abitur Marzellengymnasium – 1851 Mitgl. Vorstand des GV Köln – Teilnehmer der Generalversammlungen 1851 u. 1853 – 1874–1900 Stadtrat Köln – Gutsbesitzer. Steimel, Kölner Köpfe, Sp. 272. – KS Bd. 3, S. 272; Bd. 3, S. 82 f.

Franz Anton Ludwig Hubert Müller, * 18. 1. 1825 Bergheim – † 11. 9. 1881 Köln – Regierungssekretär – Baubüro Köln, Severinstr. – Schatzmeister GV Köln – 1866 Direktor Brauweiler, Provinzial-Arbeitsanstalt. HAStK, Sammlung Bayer. – RV 28 (1881), S. 603 f. – KS Bd. 2, S. 140, 243 f..

Von ausgeschiedenen Mitgliedern sind zu nennen:

Anton Peter Joseph Philipps, * 29. 11. 1803 Köln – † 11. 5. 1855 Köln – 1824 Hilfslehrer Köln, Marzellengymnasium – 1826–1830 Studium Berlin u. Bonn – Lehrer, Marzellengymnasium – 1832 Lehrer, Höhere Bürgerschule – 1851 Mitgl. Vorstand GV Köln – Teilnehmer der Generalversammlungen 1851 u. 1853. Vosen, Joseph Philipps, in: RV 2 (1855), S. 334–336. – HAStK, Sammlung Bayer. – KS Bd. 3, S. 272, Bd. 4, S. 82 f..

Hubert Düster, * 17. 3. 1803 Köln – 13. 7. 1883 Köln – Kaufmann u. Paramentenmacher – 1850–1863 Mitgl. Schutzvorstand GV Köln. HAStK, Sammlung Bayer. – KS Bd. 1, S. 39 u. 41; Bd. 3, S. 95 f.

63 Vgl. Protokollbuch Köln.

64 Ignaz von Olfers, * 3. 8. 1793 Münster – † 23. 4. 1873 Berlin – Diplomat in Lissabon, Neapel, Rio und Bern – 1839 Generaldirektor Berlin, Preußische Museen – Mitgl. Schutzvorstand GV Berlin – Teilnehmer

der Generalversammlung 1853. Kosch, Biographisches Staatshandbuch, Bd. 2, S. 942. – KS Bd. 2, S. 178, 195, 206, 397, 416, 419, 457; Bd. 4, S. 82f. – Briefe an Kolping im ADK.

Fürst Wilhelm Boguslaw Radziwill, * 3. 1. 1809 Königsberg – † 3. 1. 1873 Berlin – Preußischer Politiker – Dezernent, Berlin, Armenwesen – Mitgl. d. Herrenhauses – Freund und Förderer Kolpings. E. Thrasolt, Eduard Müller, der Berliner Missionsvikar, Berlin 1935, S. 178f. – Protokollbuch Köln, 23. 2. 1857. – RV 20 (1870), S. 29. – KS Bd. 2, S. 171, 178, 192, 195, 273, 310, 384, 398, 405f., 409, 411, 413f., 416; Bd. 4, S. 348. – Briefe an Kolping im ADK.

Heinrich von Olfers, * 22. 5. 1791 Münster – 22. 12. 1855 Münster – Mitinhaber des Bankhauses Lindenkampf und Olfers, Münster – 1851–1855 Oberbürgermeister Münster – Mitgl. Schutzvorstand GV Münster. Kosch, Kath. Deutschland, Sp. 3352.

65 Leopold Kaufmann, * 13. 3. 1821 Bonn – † 27. 2. 1898 Bonn – 1851–1875 Oberbürgermeister Bonn – Mitgl. Schutzvorstand GV Bonn – ⚭ Elise Michels, Tochter von Kolpings Freund Peter Michels. D. Höroldt, Leopold Kaufmann (1821–1898), in: RLB 8 (1980), S. 263–283. (Lit.). – KS Bd. 2, S. 497.

66 Albrecht Ziegler, * 1818 – † 10. 12. 1886 Münster – Verleger – Inhaber der Nasseschen Buchhandlung Soest – Mitgründer GV Soest – Freund Kolpings – ⚭ Angelika Ziegler. Steinke, Kolping, S. 164f, 175–179. – KS Bd. 2, S. 143, 150, 155, 210, 234, 249, 316, 334, 386, 391f., 415, 434, 458, 469; Bd. 4, S. 82–85.

67 Siehe dazu: Festschrift GV München, München 1876, S. 11f. – RV 8 (1861), S. 174.

Ernst Zander, * 9. 8. 1803 Neustrelitz – † 24. 7. 1872 Salzburg – Publizist – Gründer und Redakteur des Münchener Volksboten – 1851 Mitgl. Vorstand GV München. E. Roeder, Der konservative Journalist Ernst Zander und die politischen Kämpfe seines Volksboten, (Miscellanea Bavaria Monacensia H. 41), München 1972. – KS Bd. 2, S. 179, 182, 190, 199, 218, 233, 237, 254, 269f.

Ludwig Merz, * 31. 3. 1817 Benediktbeuren – † 16. 3. 1858 München – 1842 Privatdozent München – 1846 Gründer Vinzenzverein – 1847 Leiter und Inhaber des Fraunhoferschen Optischen Instituts – Mitgründer des Vereins „für Konstitutionelle Monarchie und Kirchliche Freiheit“ – Mitgl. Vorstand GV München. K. Bosl (Hg.), Bosls Bayrische Biographie, Regensburg 1983, S. 522. – KS Bd. 2, S. 179, 182 u. 190.

Max Christlmüller, * 26. 5. 1806 München – † 27. 2. 1882 München – Arzt – Mitgl. Vorstand GV München. RV 29 (1882), S. 143f. – KS Bd. 2, S. 178f., 182, 190, 254.

68 Siehe dazu: Stempfl, Gesellenvereine Österreich, S. 46 – RV 3 (1856), S. 438f. – RV 3 (1856), S. 438f.

Oskar Freiherr von Redwitz, * 28. 6. 1823 Lichtenau – † 6. 7. 1891 St. Gilgenberg/Bayreuth – Dichter – 1851 Prof. Wien, Literaturwissenschaft – 1856 Mitgl. Bayrischer Landtag, B. Lips, in ADB 53 (1907), S. 249–255. – Deutsches Literaturlexikon. Biographisch-Bibliographisches Handbuch, Bd. 12 (3 1990), Sp. 716. – KS Bd. 2, S. 127, 130f., 283 u. 289.

Moritz Graf von Fries, * 2. 3. 1804 – † 20. 11. 1887 Meran – RV 39 (1887), S. 762 u. 792 – KS Bd. 2, S. 169, 186, 194, 251, 327, 371, 392, 439.

Joseph Ritter von Führich, * 9. 2. 1800 Kratzau/Böhmen – † 13. 3. 1876 Wien – Maler – Meister der österreichischen Nazarenerschule – 1840 Prof. Wien, Kunstakademie. W. Neuss, in: LThK 4 (1960), Sp. 442. – KS Bd. 2, S. 186.

Anton von Schmit, Ritter von Tavera – † 2. 6. 1862 Wien – Arzt – Mitgl. Vorstand GV Wien – Freund Kolpings. Schäffer, Kolping I, S. 139. – KS Bd. 2, S. 131, 140, 142, 164, 169, 174, 184, 191f., 212, 215, 221f., 229, 232, 236ff., 251, 258, 261ff., 266, 272, 282, 294, 327, 380, 392, 400.

69 Kolping, Ein Wort über Volksvereine ..., in: KS Bd. 3, S. 28.

70 Vgl. Kolping, Handwerkszustände in Köln, in: KS Bd. 3, S. 151f. – Siehe dazu auch: Kolping, Aus dem Handwerksburschenleben, in: KV 1850, S. 149–158. – P. Ayçoberry, Der Strukturwandel im Kölner Mittelstand 1820–1850, in: Geschichte und Gesellschaft. Zeitschrift für Historische Sozialwissenschaft 1 (1975) Heft 1, S. 78–98.

71 Kolping, Der Gesellenverein und seine Aufgabe, in: KS Bd. 3, S. 106. – Siehe auch: FS 2 (1852), S. 2.

72 Vgl. Statuten Köln, in: KS Bd. 3, S. 87f.

73 Kolping an Ficke, 29. 2. 1856, in: KS Bd. 2, S. 200. – Siehe ferner: FS 3 (1853), S. 194.

74 Kolping, Briefe über den kath. Gesellenverein, in: KS Bd. 4, S. 181. – Die Generalversammlung von 1866 beschäftigte sich dann ausführlich mit der Frage, „ob auch Fabrikarbeiter in Zukunft am Gesellenverein teilnehmen könnten“. Mitteilungen 1866, Heft 5, Sp. 138.

75 Kolping an Fiedeldey, 10. 10. 1860, in: KS Bd. 2, S. 282. – In Köln bestanden zwei Lehrlingsschulen, in denen sich auch Mitglieder des Gesellenvereins engagierten. Siehe dazu: Mitteilungen 1867, Sp. 223f. und Protokollbuch Köln, 10. 10. 1858 und 4. 12. 1859. – Der Lehrlingsverein in Berlin wurde 1856 gegründet.

Mitteilungen 1864, Sp. 57 u. E. Thrasolt, Eduard Müller, Der Berliner Missionsvikar, Berlin 1953, S. 116–120.

76 Kolping, Briefe über den kath. Gesellenverein, in: KS Bd. 4, S. 180.

77 Vgl. ebd. – Dort auch das folgende Zitat.

78 A. a. O., S. 197. – Das bestätigte auch August Bebel (1840–1913), der spätere Vorsitzende des Verbandes deutscher Arbeitervereine, der Mitglied im Freiburger und Salzburger Gesellenverein war und Kolping in Freiburg persönlich kennengelernt hatte. Siehe dazu: A. Bebel, Aus meinem Leben. Ungekürzte Ausgabe. Mit einer Einleitung von B. Brandt, Berlin/Bonn 1986, S. 28f. – Das Wanderbuch Bebels, ausgestellt am 29. Juni 1858 von Alban Stolz, befindet sich im Archiv der Friedrich-Ebert-Stiftung Bonn. – Über Bebel siehe: H. Hirsch, August Bebel, Köln 1973. – Ridder, Kolpingbanner, S. 51–59.
In diesem Zusammenhang ist der Bericht des Berliner Polizeipräsidenten an Innenminister von Westphalen vom 11. 4. 1854 aufschlußreich: „Nach dem im November .. hier von dem Vorstande vorgelegten Mitgliederverzeichnisse gehörten damals dem Verein 153 Mitglieder der katholischen und 10 Mitglieder evangelischer Konfession an, so daß die Zahl der Mitglieder beider Konfessionen im Verhältnis von 1 zu 15 stand. Bei den beiden jüngst stattgehabten Aufnahmen sind dem Vereine am 10. Januar 15 katholische, 4 evangelische; am 14. März 17 katholische, 4 evangelische, zusammen also 32 katholische, 8 evangelische Mitglieder beigetreten, so daß sich das Verhältnis der beiden Konfessionen bei den neu hinzugekommenen wie 1 zu 4 stellt.
Die evangelischen Mitglieder des katholischen Gesellenvereins sind sämtlich unbemittelte, teils arbeitslose Gesellen, denen der Verein durch seine katholischen Mitglieder Arbeit gibt und im Fall der Hilfsbedürftigkeit selbst Unterstützungen verabreicht, welche Umstände in Verbindung mit dem in Aussicht gestellten unentgeltlichen Unterricht und wissenschaftlicher Belehrung gewöhnlich die Veranlassung und Motive des Beitritts derselben sind". DZAM, Ministerium des Innern, Rep. 77, Tit. 662, Nr. 20, Bd. 1, Blatt 303f. – Diese Toleranz wurde jedoch nicht in allen Vereinen geübt. Konflikte gab es nachweislich in Augsburg und Paderborn. Siehe dazu: Granvogl, Kolping, S. 90–110 und Steinke, Kolping, S. 70–73 u. 76ff.

79 Siehe dazu: Kolping an Koch, 9. 11. 1858, in: KS Bd. 2, S. 242: „Juden sollen nicht wirkliche Mitglieder des katholischen Gesellenvereins sein, sondern nur geduldet, *wenn* die anderen Mitglieder einverstanden sind ... Überall beinahe sind Protestanten als wirkliche Mitglieder im Vereine aufgenommen worden, doch sollen sie nicht Ämter bekleiden, da das sich mit den kirchlichen Übungen, die doch auch ins Vereinsleben gehören, nicht verträgt".

80 Kolping an Döllinger, 5. 1. 1851, in: KS Bd. 2, S. 121f.

81 Briefabschrift, in: ZSAM, Ministerium des Innern, Rep. 77, Tit. 662, Nr. 20, Bd. 4, Blatt 104f.

82 Kolping, Rede, 30. 5. 1858, in: KS Bd. 4, S. 338.

83 Kolping, in: RV 2 (1855), S. 354.

84 Kolping, Rede, 30. 4. 1852, in: KS Bd. 3, S. 315f.

85 Vgl. Haßreidter in Linz 1856 und in München 1861, Claus in Würzburg 1864. – Siehe dazu die entsprechenden Protokolle der Generalversammlungen der kath. Vereine Deutschlands.

86 Kolping, in: RV 10 (1863), S. 547. – Dabei spielte der Arbeiterverein in Köln keine größere Rolle. Siehe dazu: T. Parent, Im Kampf gegen eine „dreifache Koalition". Die Anfänge des Allgemeinen Deutschen Arbeitervereins in Köln 1863–1865, in: Geschichte in Köln. Beiträge zur Kölner Stadtgeschichte, Heft 4, Januar 1979, S. 107–121.

87 Vgl. Statuten Köln, in: KS Bd. 3, S. 96.

88 Vgl. Kolping an Generalvikariat, 29. 7. 1850, in: AEK, CR 22.17,1. Gesellenvereine.

89 Vgl. KS Bd. 2, S. 122.

90 Vgl. RV 3 (1856), S. 827.

91 Vgl. RV 4 (1857), S. 825.

92 Vgl. RV 5 (1858), S. 366 u. 825.

93 Vgl. Siehe dazu: RV 6 (1859), S. 796; 8 (1861), S. 354; 9 (1862), S. 270.

94 Vgl. Protokollbuch Köln, 4. 7. 1853: „Der Präses bemerkt vorab, daß er bei der großen Zahl der Vereinsmitglieder die Einrichtung getroffen habe, die einzelnen Gewerbe durch Altgesellen vertreten zu lassen, welche auch gleichzeitig die Aufsicht über die Handwerksgenossen ausüben sollten. Es entstände nun die Frage, ob diese Altgesellen auch zu den betreffenden Vorstandssitzungen zugezogen werden sollten? Diese Frage wurde einstimmig in Abrede gestellt".

95 Siehe dazu: KS Bd. 1, S. 55; Bd. 3, S. 96.

96 Siehe dazu: FS 2 (1852), S. 60 – Zu ihm ferner: Protokollbuch zum 18. 5. 1851.

[97] Vgl. Kolping an Nelbach 17. 4. 1855, in: KS Bd. 2, S. 176. – Siehe dazu auch: RV 1 (1854), S. 30ff.; 2 (1855), S. 77–79.

[98] Siehe zu ihm: Hauptbuch zum 17. 9. 1849 und Protokollbuch zum 24. 4. 1861. – Ferner: RV 7 (1860), S. 296f.

[99] Johann Dirks, * 31. 12. 1831 Büren – † 5. 3. 1900 Paderborn – Tischler – 3. 10. 1852 Mitgl. GV Köln – 1853 Mitgl. u. später Senior GV Paderborn. Steinke, Kolping, S. 41 u. 76f. – KS Bd. 2, S. 173f.

[100] Jakob Kley, * c. 1836 – † 17. 11. 1911 – Schneider – 1. 7. 1855 Mitgl. GV Köln Nr. 2240 – Küster, Köln, Minoritenkirche. ADK, Hauptbuch, S. 141 – ADK, Wanderbuch, A 131 – AEK, MK B XXVIII.26. – KS Bd. 3, S. 267.

[101] Theodor Linderath, * 14. 7. 1828 Gladbeck – † 19. 8. 1906 Düsseldorf – 6. 10. 1850 Mitgl. GV Köln – 1854 Eintritt als Bruder Hugo in den Franziskanerorden – 1862–1865 Besuch der Düsseldorfer Malerschule. L. Doeppenschmitt, in: LThK 6 (1934), Sp. 583. – Ridder, Männer, S. 27–32. – ADK, Hauptbuch, S. 10. –

Ein Bonner Vereinsmitglied, Nikolaus Mies (1813–1909), trat als Bruder Maternus in die Genossenschaft der Barmherzigen Brüder ein, dessen Gründer Peter Friedhofen (1819–1860) Kolping vor seiner Gründung konsultiert hatte. – Positio super vita et virtutibus Petri Friedhofen, Roma 1980, S. 427. – Frdl. Mitteilung des Generalates der Barmherzigen Brüder, Trier vom 27. 1. 1990. – Zu Peter Friedhofen und seiner Gründung siehe: K. Hofmann, in: LThK 4 (^{2}1960), Sp. 377. – Der Gründer der Salvatorianer Franziskus Jordan (1848–1918), Spätberufener wie Kolping, war im Badischen Mitglied eines Gesellenvereins. Über ihn: R. Schneider, in: LThK 5 (^{2}1960), Sp. 1119.

[102] Franz Mandelartz, * 27. 10. 1841 Eschweiler – † 15. 8. 1931 Niederlahnstein – 1859 Mitgl. GV Eschweiler – 1861 Mitgl. GV Köln. Ridder, Kolpingbanner, S. 11–24. (mit Bild). – Mandelartz, Erinnerungen.

[103] Theodor Hamm, * 1843 Köln – † 1928 – Buchbinder – Mitgl. GV Köln. Hamm, Streiflichter, S. 9–11, hier S. 9f.

[104] Wilhelm Beck, * ca. 1817 Niederstein/Glatz – † 24. 11. 1855 Berlin – Tischler – Mitgl. GV Koblenz – 1851 Teilnehmer der 2. Generalversammlung – Senior GV Berlin. KS Bd. 1, S. 42f., 329 Bd. 3, S. 273. – Schäffer, Kolping II., S. 125.

Im Bericht des Berliner Polizeipräsidenten vom 11. 4. 1854 an Innenminister von Westphalen wird über ihn mitgeteilt: „Besonders tätig in dieser Beziehung ist der katholische Tischlermeister Beck, der gleichzeitig Hausvater des Vereins ist und nicht selten evangelische Gesellen in gedachter Weise bei sich aufnimmt und beschäftigt." DZAM, Ministerium des Innern, Rep. 77, Tit. 662, Nr. 20, Bd. 1, Blatt 303–304.

[105] Vgl. ADK, Hauptbuch, S. 2, 157. – Protokollbuch Köln, 3. 10. 1858. – RV 26 (1879), S. 803.

[106] Peter Beyer, * 9. 7. 1839 Köln – † ??? – Maurer – Mitgl. GV Köln – 1864 Assistent GV Köln – 1866 Assistent für Zeichen- u. Mathematikunterricht im GV Köln – ⚭ 26. 8. 1868 Anna Katharina Kolping. H.-J. Kracht, Adolph Kolping in Kerpen. Seelsorger und Sozialpädagoge, in: Harke-Schmidt/Hemmersbach, (Hg.), Kerpener Köpfe. S. 194, Anm. 8.

[107] Gottfried Gösser, Optiker – 7. 4. 1850 Mitgl. GV Köln Nr. 301 – 1864 Senior GV Köln. ADK, Hauptbuch, S. 8. – RV 26 (1879), S. 803.

Joseph Ahren, * 22. 2. 1823 Niederbreisig – † 15. 1. 1890 Köln – Gerber – Mitgl. GV Köln – Teilnehmer der Generalversammlungen 1851 u. 1853 – ⚭ 15. 10. 1859 Gertrud Nidecken – 1873 Inhaber einer Lederhandlung. HAStK, Sammlung Bayer. – Adressbücher Köln 1866 u. 1873. – KS Bd. 1, S. 42f.; Bd. 3, S. 272.

[108] Hartmann war am 29. 9. 1852 Mitglied des GV Köln geworden. ADK, Hauptbuch, A 400, S. 28. – Siehe dazu auch: Protokollbuch Köln zum 5. 12. 1866 und 6. 11. 1868.

[109] Merbeck war von Beruf Faßbinder. – Siehe dazu: KS Bd. 2, S. 440. – Modest war seit 8. 1852 Mitglied des GV Köln. – Siehe dazu: KS Bd. 2, S. 102.

[110] Kolping, Für ein Gesellenhospitium, in: KS Bd. 4, S. 11.

[111] Vgl. Einige Punkte aus der Hausordnung ..., in: KS Bd. 4, S. 64ff.

[112] Schäffer, Hospitium, S. 13. – Siehe dazu ferner: Köln und seine Bauten, S. 599–602, (mit Grundrissen und Vorderansicht).

[113] Siehe dazu: Kolping, Für ein Gesellenhospitium, in: KS Bd. 4, S. 1–13 (Broschüre), S. 13–35. – Siehe ferner: KS Bd. 5, S. 222, 224f. u. 402–405.

[114] Vgl. Protokollbuch Köln, 9. 8. 1852: „Der Herr Präses berichtete, daß er das auf der Breite Straße gelegene Haus zu 14200 Taler angekauft habe, daß über uns 14000 Taler in den Akt aufgenommen worden, während er für die Zahlung der 200 Taler Sorge tragen werde, daß er einen Privatakt mit Herrn Lenders

gemacht, vermöge dessen er das Haus am 1. April 1853 abliefern werde, da er bis dahin das Haus auf der Marzellenstraße von Herrn Pallenberg für 200 Taler gemietet habe". – Siehe dazu: Die katholischen Gesellenhospitien zu Cöln 1853–1913. Festschrift zur Einweihung des Kolpinghauses 20. Juli 1913, Cöln 1913. – 100 Jahre Kolpingsfamilie Köln, Köln 1949, S. 21–27.

115 Kolping, Für ein Gesellenhospitium, in: KS Bd. 4, S. 26f.

116 Kolping, Briefe über den kath. Gesellenverein, in: KS Bd. 4, S. 187f. – Siehe auch: KS Bd. 2, S. 127f. u. 130f. – Protokollbuch Köln, 5. 10. 1852: „Es wurde beschlossen, daß die Dombaulisten von Herrn Dr. Vosen und Philipps nachgesehen werden sollen, um die Leute kennenzulernen, die ordentliche Beiträge für den Dom geben".

117 Vgl.: Liste der zu einem Gesellen-Hospitium zu Cöln gezeichneten freiwilligen Beiträge, undatiert, (c. 1855), in: LHA Koblenz, Bestand 403, Nr. 7361, Blatt 223–225.

118 Eduard von Moeller, * 3. 6. 1814 Minden – † 3. 11. 1880 Kassel – Jurist – ab 1835 im preußischen Staatsdienst – 1848/67 Regierungspräsident Köln – 1867 Oberpräsident von Hessen und Nassau – 1871/79 Oberpräsident von Elsaß-Lothringen. – Wippermann, in: ADB 22 (1885), S. 132–140. – 150 Jahre Regierungsbezirk Köln, Berlin 1966, S. 90–94. – KS Bd. 2, S. 398, 406ff., 411, 416, 420.

Peter Nikolaus Schweitzer, * 2. 3. 1788 Elsenborn – † 1. 10. 1869 – 21. 4. 1813 Priesterweihe – Pfarrer und Schulinspektor St. Vith – 1823 Direktor Lehrerseminar Brühl – 1826 Domkapitular u. Regens Priesterseminar Köln – 1833 Schulrat Köln. Hecker, Chronik, S. 123f.

Johann Jakob Iven, * 26. 6. 1775 Bedburg – † 3. 7. 1853 Köln – 8. 7. 1798 Priesterweihe – 1799 Lektor, Seminar Köln – 1804 Pfarrer Nideggen – 1815 Pfarrer Bonn, St. Martin – 1833 Domkapitular – 1841 Generalvikar Köln – 1846 entpflichtet. Hecker, Chronik, S. 90–93.

Paul Lorenz Franck, * 16. 12. 1796 Köln – † 11. 4. 1865 Köln – Apotheker – 1846 Stadtrat Köln – 1856 Beigeordneter. Steimel, Kölner Köpfe, Sp. 129. – KS Bd. 4, S. 121.

Michael Dumont, * 1. 6. 1824 Köln – † 15. 7. 1881 Köln – Buchhändler, HAStK, Sammlung Bayer. – KS Bd. 2, S. 319, 429 u. 436.

Zu Leven siehe mögliche Identifizierungen bei: H. M. Schleicher, 80000 Totenzettel aus Rheinischen Sammlungen, Bd. 3, Köln 1988, S. 242f.

Franz Heinrich Nikolaus Franck, * 1797 – † 24. 11. 1857 – Gutsbesitzer – Rentner – Stifter Neubau, Köln Mauritiuskirche. HAStK, Sammlung Merlo. – RV 4 (1857), S. 775f. – A. Thomas, Geschichte der Pfarre St. Mauritius zu Köln, Köln 1978, S. 226–230.

Johann Baptist Birk, * 1804 Trier – † 23. 4. 1869 Köln – 1835 Regierungsrat Köln – 20. 11. 1837 nahm an der Festnahme von Erzbischof Droste-Vischering teil – 1843 Oberregierungsrat Trier – 1848 stellvertr. Regierungspräsident Köln und Abteilungsleiter f. Inneres – spendet 5 Taler für das Hospiz. Klein, Personalpolitik, S. 89.

Johann Baptist Wilhelm Haaß, * 1. 3. 1790 Münstereifel – † 15. 12. 1876 Köln – Justizrat – 1871–75 Präsident des Zentraldombauvereins Köln. HAStK, Sammlung Bayer.

119 Sophie Erzherzogin von Bayern, * 27. 1. 1805 – † 28. 5. 1872 – Gattin des Erzherzogs Franz Karl – Mutter Kaiser Franz Josephs I. – Förderin des Gesellenvereins – 1863 Besuch Kolpings in Köln. – RV 20 (1872), S. 363. – KS Bd. 2, S. 130, 175, 422. – Baudri, Tagebuch, 16. 9. 1863.

Carolina Augusta, * 8. 2. 1792 Mannheim – † 9. 2. 1873 Wien – Gattin Kaiser Franz II./I. – Förderin des Gesellenvereins. – ÖBL Bd. 3 (1965), S. 245. – KS Bd. 2, S. 131, 175.

120 Kolping an Reichensperger, 13. 4. 1863, in: KS Bd. 2, S. 407.

121 Clemens Theodor Perthes, * 2. 3. 1809 Hamburg – † 25. 11. 1867 Bonn – 1838 außerord. Prof. Bonn – 1842 Prof. Bonn, Staatsrecht – 21. 5. 1854 Gründer der ersten „Herberge der Heimat" Bonn – Mitschüler Wicherns. H. Hohlwein, in: RGG 5 (1961), Sp. 236. A. Rosenkranz, Clemens Theodor Perthes (1809–1867), in: RLB 3 (1968), S. 207–220. (Lit.).

122 Siehe dazu: Mitteilung der Regierung an Kolping, 3. 8. 1855, in: KS Bd. 1, S. 44. – RV 2 (1855), S. 577f.

123 A. a. O., S. 578. – Das Protokollbuch Köln vermerkte zum 28. 8. 1855: „Der Präses teilt die ministerielle Entscheidung über das Gesuch um Erteilung der Korporationsrechte mit, wonach das Gesuch abschläglich beschieden worden ist. Die durch die Polizeibehörde mündlich ihm gemachten Mitteilungen erstrecken sich auf die Befolgungen der Vorschriften über Logierwirtschaft und über Erteilung des Unterrichts". – Siehe auch: KS Bd. 2, S. 183ff., 190, 195, 202, 204, 206 u. 235.

124 Siehe dazu das Bittgesuch Kolpings an eine ungenannte Exzellenz in Berlin, 1. 10. 1855, in: Mitteilungen 1876, Heft 41, Sp. 543ff. Empfänger des Schreibens war wohl Alfred von Reumont, * 15. 8. 1808 Aachen – † 27. 4. 1887 Aachen – Studium der Geschichte und Medizin, Bonn – Bekannter von Reichensperger –

1829 Hauslehrer u. Legationssekretär Florenz – 1833 Dr. phil. – Legationssekretär Florenz u. Rom – 1843 Legationssekretär Berlin, Außenministerium – 1848 Legationsrat Rom – 1850 Geschäftsträger Florenz – 1860 in den einstweiligen Ruhestand versetzt – Vertrauter Friedrich Wilhelms IV., Hüffer, in: ADB 28 (1889), S. 284–294. – H. Jedin, Alfred von Reumont (1808–1887), in: RLB 5 (1973), S. 95–112. (Lit.).
Immediat-Gesuch Geissels an Friedrich Wilhelm IV., 14. 12. 1855: „Dem Präses des Vereins, Domvikar Kolping, aber kann ich das wohlverdiente Zeugnis ausstellen, daß er mit unermüdlichem Eifer und mit ungemeiner Selbstverleugnung seit vielen Jahren dieses edle Ziel verfolgt, ... das Auswandern der Gesellen nach Frankreich, wo ..., wie bekannt, die mannigfaltigsten Gefahren der Verführung zur religiösen, sittlichen und politischen Verirrung drohen, zu verhindern und ihnen allerwärts in Deutschland Zufluchtsstätten für ihr leibliches wie geistiges Fortkommen zu bereiten". AEK, CR 22: Bruderschaften und sonstige religiöse Vereine.

125 Immediat-Gesuch des Vorstandes zum Schutze und zur Pflege für ledige Handwerksgesellen zu Köln an Friedrich Wilhelm IV., 15. 11. 1855, in: LHAKO, Bestand 403/7361, Gesellenvereine, S. 215–222. (Kopie). Druck: Mitteilungen 1872, Heft 25, Sp. 5ff. – Siehe dazu auch: RV 3 (1856), S. 370.

126 Innenminister von Westphalen an Friedrich Wilhelm IV., 23. 4. 1856, in: DZAM, Königliches Geheimes Civil-Cabinet 2.2.1, Nr. 23637, Bl. 85–89. – Siehe dazu auch: RV 2 (1855), S. 578f.; 3 (1856), S. 369f., 794–798; 4 (1857), S. 64.
Hans Hugo von Kleist-Retzow, * 25. 11. 1814 Kieckow/Pommern – † 20. 5. 1892 Kieckow – Preußischer Politiker und Beamter – 1851–1858 Oberpräsident der Rheinprovinz.
H. v. Petersdorff, Kleist-Retzow – Ein Lebensbild, Stuttgart 1907. – KS Bd. 2, S. 206 u. 235.
Ferdinand Otto Wilhelm von Westphalen, * 23. 4. 1799 Lübeck – † 2. 7. 1876 Berlin – Preußischer Politiker – 1850–1858 Innenminister – 25. 3. 1855 Gast im GV Berlin. F. Thimme, in: ADB 42 (1897), S. 221–226. – KS Bd. 2, S. 235; Bd. 4, S. 126.

127 Vgl. DZAM, Ministerium des Innern, 29. 4. 1856, Rep. 77, Tit. 662, Nr. 20, Bd. 2, Bl. 92. (Abschrift). – Siehe auch: RV 3 (1856), S. 369f.

128 Vgl. Baudri, Tagebuch, 12. u. 25. 11. 1857 mit dem Kommentar: „Neuer Beweis für die Allmacht der Bürokratie". – Siehe dazu: RV 3 (1856), S. 794ff.

129 Statut für das Katholische Gesellen-Hospitium zu Köln, 10. 12. 1858, in: RV 6 (1859), S. 217–222, hier: S. 218.

130 Kolping an Reichensperger, 12. 5. 1863 in: KS Bd. 2, S. 413. – Siehe auch an denselben, 13. 4. 1863 (a. a. O., S. 406), 22. 4. 1863 (a. a. O., S. 408) und an Olfers, 31. 8. 1863 (a. a. O., S. 419).

131 Vgl. RV 8 (1861), S. 356f. – Baudri, Tagebuch, 30. 4. 1861. – Zur Baugeschichte und diesen Schwierigkeiten siehe auch: RV 11 (1864), S. 421–424. – Ferner: Schäffer, Kolping II, S. 177f.

132 Kolping an von Olfers, 20. 1. 1863, in: KS Bd. 2, S. 397f.

133 Vgl. Protokollbuch Köln, 24. 11. 1863.

134 RV 11 (1864) S. 404 – Vgl. dazu: RV 9 (1862), S. 271 und RV 26 (1879), S. 630f.

135 Vgl. RV 12 (1865), S. 558f. u. S. 601–607.

136 Kolping, Für ein Gesellenhospitium, in: KS Bd. 4, S. 25.

137 Protokollbuch Köln, 7. 7. 1865.

138 Hermann Joseph Heckhausen, * 25. 7. 1831 Grefrath – † 16. 2. 1900 Geyen – 30. 8. 1856 Priesterweihe – 6. 11. 1856 Stellvertreter Kolpings als Domvikar – 30. 10. 1857 Vikar Kohenbudberg – 1861 Vikar Allrath – 1889 Pfarrer Geyen. AEK, Priesterkartei. – KS Bd. 2, S. 210.
Hermann Joseph Benedikt Asthöver, * 25. 8. 1833 Bensberg – † 28. 3. 1903 Gustorf – 1. 9. 1857 Priesterweihe – 14. 10. 1857 Stellvertreter Kolpings als Domvikar – 1859 Registrator, Köln – 22. 8. 1867 Pfarrer Herchen – 1886 Pfarrer Frauenberg – 16. 5. 1890 Pfarrer Gustorf. AEK, Priesterkartei. – Protokollbuch Köln, 8. 9. 1859.
Heinrich Hubert Liesen, * 17. 12. 1840 Köln – † 3. 10. 1896 Giesenkirchen – 22. 4. 1865 Priesterweihe – 1865 Vikar Lövenich – Kaplan Mönchengladbach – 1891 Pfarrer Giesenkirchen. Zu ihm siehe ausführlich: Klinkenberg, Sozialer Katholizismus in Mönchengladbach, S. 122–126, 162 u. ä.

139 Protokollbuch Köln, 20. 10. 1865.

140 Siehe dazu: Kolping an Gruscha, 24. 3. 1857, in: KS Bd. 2, S. 213f. und 5. 3. 1862, in: KS Bd. 2, S. 370. – Ferner: Schäffer, Kolping I, S. 738f.

141 Vgl. RV 4 (1857), S. 825f.; 5 (1858), S. 825; 8 (1861), S. 354.

142 RV 11 (1864), S. 418.

143 Siehe dazu: KS Bd. 3, S. 113 u. 261; Bd. 5, S. 221f., wo besonders die christliche Heiterkeit betont wird. Die vom Elberfelder Verein übernommene Fassung wurde in Köln geringfügig geändert.

[144] Kolping, Briefe über den kath. Gesellenverein, in: KS Bd. 4, S. 183f. Siehe dazu auch: KS Bd. 4, S. 186–189.

[145] Immediat-Gesuch des Vorstandes zum Schutze und zur Pflege für ledige Handwerksgesellen zu Köln an Friedrich Wilhelm IV., 15. 11. 1855, in: LHKO, Bestand 403/7361, Gesellenvereine, S. 215–222. (Kopie). – Druck: Mitteilungen 1872, Heft 25, Sp. 5ff.

[146] Kolping, Zur Organisation der Gesellenvereine, in: KS Bd. 5, S. 264ff.

[147] Mandelartz, Erinnerungen, S. 8f. – Die unbeholfene Ausdrucksweise und die „rheinische" Grammatik zeigen, daß auch Fortbildung in den Vereinen erforderlich war. – Seit Anfang 1857 gab es einen zweiten Hauswart. Es war das Vereinsmitglied Becker. Vgl. dazu: Protokollbuch Köln, 18. 1. 1857.

[148] Siehe dazu: RV 1 (1854), S. 156; RV 3 (1856), S. 827; RV 5 (1858), S. 366, 825; RV 6 (1859), S. 796; RV 8 (1861), S. 342.

[149] RV 9 (1862), S. 269.

[150] Kolping, Über Vereinsvergnügen, in: KS Bd. 3, S. 134. – Für Kolping blieb ein Anliegen, „wie eine *anständige Heiterkeit* in unserer Jugend zu erhalten und zu pflegen sei. Allerdings, die wird sich auf dem Lande anderes äußern, als in der Stadt, wird sich nach dem verschiedenen Alter verschieden gestalten usw. Wir bitten unsere auswärtigen Freunde dringend, darauf Acht zu haben, wie sich die Jugend in ihrer Umgebung ‚vergnügt' und findet sich auch nur etwas Mitteilbares darin, es uns zu übersenden". – Siehe dazu auch: RV 2 (1855), S. 224.

[151] RV 11 (1864), S. 420. – Siehe dazu auch: Kolping, Zur Organisation der Gesellenvereine, in: KS Bd. 5, S. 267.

[152] Siehe dazu: Kolping, Das Einzugsfest ins Hospitium, zugleich das 4. Stiftungsfest des Gesellenvereins zu Köln, in: FS 3 (1853), S. 77–79. – Kolping, Die Stiftungsfeier des kath. Gesellenvereines zu Köln am 30. Mai 1858, in: RV 5 (1858), S. 364–367. – Siehe dazu auch: KS Bd. 4, S. 337–341. – Kolping, Das diesjährige Patronatsfest des heil. Josephs von seiten des christlichen Handwerks zu Köln, in: RV 7 (1860), S. 294–297. – o. V., Einweihung der neuen Vereinsfahne und des neuen Gesellenhospitiums zu Köln, in: RV 12 (1865), S. 601–607.

[153] J. Mandelartz, in: Kolpingskalender 1929, S. 159f. – Autor ist aber wohl der schon genannte Franz Mandelartz. – Distanzierter urteilte Kolping an Höll, 1. 3. 1859, in: KS Bd. 2, S. 256. – Zum Kölner Karneval siehe: J. Klersch, Volkstum und Volksleben in Köln. Ein Beitrag zur historischen Soziologie der Stadt, 3 Bde. 1965–1968, hier Bd. 1, S. 93–150.

[154] Kolping an Höll, 20. 1. 1859, in: KS Bd. 2, S. 248.

[155] Kolping, Die Gesellenfahrt in: RV 3 (1856), S. 443. – Zu einem Ausflug des GV Wien siehe: FS 3 (1853), S. 125f. – Als weiteres Beispiel siehe die Festbeschreibung Kolpings über ein gemeinsames Fest der Vereine von Heidingsfeld und Würzburg. RV 3 (1856), S. 569.

[156] Kolping, Mitgebrachtes, in: RV 2 (1855), S. 359f.

[157] Ein neues Zeitbild, in: RV 1 (1854), S. 411f., hier, S. 412. – Gründer dieser Verbindung war der aus Wasserburg stammende Franz Lorenz Gerbl, * 25. 6. 1830 Wasserburg/Inn – † 11. 6. 1857 Chartum/Sudan – 1855 Priesterweihe – 1851 Gründer der kath. Studentenverbindung Aenania/München – 1856 Missionar Afrika. J. Fellermeier, in: LThK 4 (2 1960), Sp. 711.
Ob die Berichte über die Missionen in Sudan aus diesen Kontakten herrührten, war bisher nicht zu ermitteln. FS 2 (1852), S. 183f.; FS 3 (1853), S. 101f., 109f., 117f., 129f., 133f., 141f., 150f., 155f. u. 187f.

[158] Vgl. Kolping, Gesellenverein, in: KS Bd. 3, S. 56.

[159] A. a. O., S. 44.

[160] RV 8 (1861), S. 339.

[161] Kolping, Musterlager als Mittel zur Hebung der gewerblichen Bildung, in: KS Bd. 4, S. 312f. – Zur beruflichen Wanderschaft ferner in: KS Bd. 4, S. 38f., 51ff., 64ff., 84ff., 153ff., 307f., 359f., 376f., 379f.; Bd. 5, S. 226, 278, 335, 402ff. – Siehe dazu auch: R. S. Elkar, Die Mühsal der Walz. Selbstzeugnisse wandernder Handwerksgesellen als Quellen für die Sozial- und Bildungsgeschichte des Handwerks im 19. Jahrhundert, in: II. Internationales handwerksgeschichtliches Symposion Veszprém, Veszprém 1983, S. 295ff. – Immer noch wichtig: Bopp, Handwerksgesellentum.

[162] Kolping, Gott segne das ehrbare Handwerk, in: KS Bd. 4, S. 376.

[163] RV 11 (1864), S. 419f.

[164] RV 3 (1856), S. 450.

[165] Vgl. KS Bd. 3, S. 86f.

[166] Siehe dazu: RV 2 (1855), S. 142; 3 (1856), S. 48 u. 112.

[167] Teilabdruck in: KS Bd. 4, S. 266–276; Reproduktion des Titelblattes, S. 257. – Zeichnung und Holzschnitt stammten von Richard Brendamour, dem Gründer einer xylographischen Kunstanstalt in Düsseldorf. – Über ihn: Thieme-Becker, Bd. 4 (1910), S. 577.

[168] Vgl. RV 5 (1858), S. 828–862 beklagte Kolping bei Gruscha unerlaubte Nachdrucke im GV Linz: KS Bd. 2, S. 392 – Über die von den Präsides oder ihren Vertretern zu erteilenden Zeugnisse im Wanderbuch siehe: Kolping, Zeugnisse, in: KS Bd. 5, S. 276f. – Ferner dazu: ebd., S. 335. – Die Idee eines solchen Büchleins war nicht neu. Drei Beispiele:

1. C. Th. B. Saal, Wanderbuch für junge Handwerker oder populäre Belehrungen über ..., 2. Aufl., Weimar 184
2. Bete und arbeite! Ein Gebet-, Erbauungs- und Belehrungsbuch für katholische Christen, insbesondere aus der Klasse des Arbeiterstandes, München 1853.
   Das Buch ist die Übersetzung eines „Manuel de l'ouvrier chretien". Herausgeber war Joseph von Prand (1801–1882), Kanoniker und Schulrat, seit 1856 Generalvikar in München. Über ihn siehe: A. Zeis, in: Gatz, Bischöfe, S. 569.
3. F[ranz] X[aver] Sailer, Das beste Geschenk für junge Handwerker. Ein Gebet- und Handbuch für Jünglinge, die in die Fremde wandern, Innsbruck 1851. –
   Kolpings Besprechung, in: FS 1 (1851), S. 16. – Franz Xaver Sailer (1824–1877) studierte zunächst Pädagogik, trat 1845 in das Stift Wilten ein, empfing 1848 die Priesterweihe, ging 1852 nach Amerika und wurde 1856 Pfarrer in Racine. –
   Frdl. Auskunft, Stiftsarchiv Wilten, Prof. Dr. Steinegger, vom 27. 10. 1988. – Sailer benutzte: Ignaz Valentin Heggelin, Hundert väterliche Lehren für die wandernden Handwerksgesellen, München ²1836. Ignaz Valentin Heggelin (1738–1801) war seit 1764 Pfarrer in Warthausen, ein persönlicher Freund von Johann Michael Sailer.
   Zu Heggelin siehe: M. Sailer/W. Schlags, Ignaz Valentin Heggelin. Ein Meister der Seelsorge und der Seelenkunde. (Deutsche Priestergestalten), Kevelaer 1936, bes. S. 92ff.

[169] Siehe dazu: Kolping, Der Gesellenverein und seine Aufgabe, in: KS Bd. 3, S. 113.

[170] Vgl. KS Bd. 3, S. 261. – Dort auch das folgende Zitat.

[171] Vgl. Kolping an Vogelsang 19. 9. 1862, in: KS Bd. 2, S. 388. – Kolping an Steinle 7. 10. 1863, S. 424.

[172] KS Bd. 4, S. 271ff. – Dort auch die weiteren Zitate.

[173] ADK, Personalhauptbuch A 400, S. 28 – Wanderbuch, Privatbesitz – o. V., Goldschmiede Polders Kevelaer ³1989, S. 4f. – Die Eintragungen der Präsides der Gastvereine:
„Inhaber dieses, vormals schon Mitglied des katholischen Gesellenvereines zu Köln, hat sich durch Bescheidenheit und überhaupt durch musterhaftes Betragen ausgezeichnet und wird allen Brudervereinen bestens empfohlen. Regensburg, am 30. Sept[ember] 1857. In Abwesenheit des hochw. Herrn Vorstehers: Stiftsvikar Jos. Rieghammer, Vereinssekretär."
„Passiert Linz, am 2. Oktober 1857. Dr. Max Pammesberger, Präses."
„Bestens empfohlen als treu bewährtes Vereinsmitglied. Wien, den 13. Juni 1858. Gruscha. Präses."
Siehe dazu auch:
Berichte von Kölner Vereinsmitgliedern aus Brüssel in: RV 4 (1857), S. 30 und aus Bukarest RV 5 (1858), S. 749. – 1858 schrieb Kolping ein Vorwort für: Ferdinand Adrian, Gott segne das ehrbare Handwerk. Ein Handbuch für den deutschen Gesellen in der Heimath und in der Fremde. Freiburg 1858.

[174] Vgl. Statuten Köln, in: KS Bd. 3, S. 82–94, bes. 91–94. Siehe zum Umfeld: G. A. Ritter, Sozialversicherung in Deutschland und England. Entstehung und Grundzüge im Vergleich, München 1982.

[175] Statuten Köln, in: KS Bd. 3, S. 85.

[176] Vgl. a. a. O., S. 87.

[177] A. a. O., S. 88.

[178] Vgl. Kolping an Goerres, 21. 10. 1862, in: KS Bd. 2, S. 389.

[179] Vgl. Protokollbuch 24. 11. 1857. – Vermutlich wurde daraus ein Anteil an den Bestattungskosten von verstorbenen Mitgliedern gezahlt.

[180] Vgl. RV 5 (1858), S. 366.

[181] Vgl. RV 11 (1864), S. 420.

[182] Siehe dazu: Kolping, Zur Organisation der Gesellenvereine, in: KS Bd. 5, S. 267.

[183] KS Bd. 3, S. 92.

[184] Kolping, Über Vereinssparkassen, in: KS Bd. 5, S. 353–356. Ein erster Vorstoß für eine Vereinssparkasse wurde vom Bonner Präses Dubelmann gemacht. Siehe dazu: FS 3 (1853), S. 115f. und KS Bd. 4, S. 212. Siehe zum Umfeld: K. E. Born, Geld und Banken im 19. und 20. Jahrhundert, Stuttgart 1976, S. 199ff.

185 KS Bd. 5, S. 355.

186 J. Mandelartz, in: Kolpingkalender 1929, S. 161.

187 Siehe dazu: Protokollbuch 24. 11. 1857. – Siehe auch: RV 8 (1861), S. 341.

188 Vgl. Kolping an Gruscha, 9. 3. 1858, in: KS Bd. 2, S. 237.

189 Kolping an Goerres, 21. 10. 1862, in: KS Bd. 2, S. 389.

190 RV 11 (1864), S. 420.

191 Kolping, Rede, 10. 9. 1862, in: KS Bd. 5, S. 223.

192 Siehe dazu: FS 3 (1853), S. 176.

193 Kolping an Cron, 14. 9. 1854, in: KS Bd. 2, S. 168. – Weitere Beispiele in: KS Bd. 2, S. 129, 184, 234, 247 u. 285. Den Bericht eines Gesellen bringt Ridder, Kolpingbanner S. 14 f.

194 RV 4 (1857), S. 112.

195 Vgl. Kolping an Mittweg, 25. 11. 1860, KS Bd. 2, S. 289.

196 RV 6 (1859), S. 383.

197 Vgl. Protokollbuch Köln, 24. 11. 1857.

198 Siehe dazu: Kolping, Zur Organisation der Gesellenvereine, in: KS Bd. 5, S. 265.

10. Organisator der Gesellenvereine (1850–1865)

In Düsseldorf wurde im Herbst 1849 der dritte Gesellenverein im Rheinland gegründet[1]. Kaplan Franz Keberlet[2] griff als erster im Kölner Klerus die Anregung seines Amtsbruders auf und betrieb mit Erfolg die Vorarbeiten für eine Vereinsgründung in Düsseldorf, die der Ortspfarrer zunächst skeptisch bewertete. Damit war das erste Anliegen Kolpings erreicht, dem Vorhaben über den bergischen Raum hinaus weitere Verbreitung zu sichern. Einem von Kolping entworfenen allgemeinen Vereinsstatut waren die Gesellenvereine von Elberfeld, Köln und Düsseldorf bis zum 1. Mai 1850 beigetreten[3].

„*Statt Gesetze zu machen, bevor die Sache lebte, haben wir die Sache ins Leben treten lassen, bevor wir Gesetze machten,* oder vielmehr: Bevor wir die in diesem Leben sich von selbst ergebenden Grundsätze als Gesetze aufstellten, bevor wir die Freiheit beschränkten, haben wir sie selbst eine gute Weile walten lassen, haben ihr Recht gefunden und ihr *Übermaß* erkannt, wir haben die *Geduld des Zuwartens* gehabt. In Elberfeld vergingen *zwei Jahre,* bevor unsere *Gebräuche* zum Gesetz erhoben wurden und in Köln wartete man nach der Stiftung des Vereins noch beiläufig ein *ganzes Jahr,* bevor wir das dort Bewährte auf die hiesigen Verhältnisse bleibend anwandten. Dabei hat sich noch manche Modifikation einzelner Bestimmungen ergeben, weil das gleiche Leben doch nicht überall dasselbe ist. Dann haben wir gelernt, nicht mehr Gesetze zu machen als eben zum Zwecke durchaus notwendig sind“[4].

Kolping hatte es eilig, denn auf evangelischer Seite war bereits am 8. Oktober 1848 ein „Rheinisch-Westfälischer Jünglingsbund“ in Elberfeld mit neun Zweigvereinen gegründet worden[5]. Gründer dieses Bundes war der Kolping nicht unbekannte und auch „Präses“ genannte Pfarrer Gerhard Dürselen, der über die Gründung selbst berichtete: „Während der Stürme des Jahres 1848 stiftete ich in Verbindung mit dem Pastor Feldner in Elberfeld und einigen anderen Freunden … den Rheinisch-Westfälischen Jünglingsbund. Wir fühlten, daß es Zeit sei, namentlich auf die heranwachsende Jugend einzuwirken, welche so leicht von den bösen Zeitideen sich fortreißen läßt“[6].

Rheinischer Gesellenbund

Kolping hatte zur ersten Generalversammlung zum 20. Oktober 1850 nach Düsseldorf eingeladen[7]. Von den drei bestehenden Vereinen nahmen elf Delegierte an dem Treffen teil. Die Reihenfolge der Unterschriften unter dem Tagungsprotokoll läßt erste Kriterien für eine Rangordnung im neugegründeten Bund erkennen. Als erste unterschrieben die Präsides der Vereine, allesamt Geistliche. Danach unterzeichnete der Begründer des ältesten Gesellenvereins in Elberfeld, der schon genannte Lehrer

Breuer. Die sieben Vereinsmitglieder unterschreiben in der Reihenfolge der Vereine Elberfeld, Köln und Düsseldorf.

Als Vorsitzender der Versammlung fungierte Kolping. Wichtigste Tagesordnungspunkte waren Diskussion und Verabschiedung des in Zukunft für alle Vereine verpflichtenden Statutes und die Gründung des „Rheinischen Gesellenbundes". Kolping wurde zum Präsidenten des neugegründeten Bundes gewählt. Er leitete den Zentralvorstand, dem fünf Mitglieder und ein Sekretär angehörten. Zwei Mitglieder des Zentralvorstandes mußten Gesellen sein. Der neue Präsident legte auch in den überörtlichen Gremien Wert auf die Mitbestimmung der Gesellen.

Ferner wurde Lehrer Breuer beauftragt, ein Vereinsliederbuch herauszugeben, dessen Ertrag dem Elberfelder Verein zugute kommen sollte. Eine ausführliche Analyse dieses Liederbuches verbietet sich an dieser Stelle. Da das Werk aber vom Inhalt und von seiner Verbreitung her als meinungsbildend unter den Vereinsmitgliedern zu gelten hat, sei es wenigstens kurz vorgestellt.

Das Büchlein enthält auf den ersten Seiten „Vorübungen zur Erlernung des Singens nach Noten". Inhaltlich ist es in vier Teile gegliedert, die mit dem Elberfelder Motto des Vereins überschrieben sind: „Religion und Tugend, Eintracht und Liebe, Arbeitsamkeit und Fleiß, Frohsinn und Scherz"[8].

Wie Verbandsliedgut zur Meinungsbildung benutzt und mißbraucht werden konnte, belegt auch ein anderes Beispiel. Das Bundeslied des Allgemeinen Deutschen Arbeitervereins polemisierte gegen die Überzeugung der Gesellenvereine. Es beginnt:

„Bet' und arbeit'! ruft die Welt,
Bete kurz! denn Zeit ist Geld.
An die Türe pocht die Not –
Bete kurz! denn Zeit ist Brot"[9].

Zum kirchlichen Patron des Gesellenbundes wurde der heilige Joseph gewählt. Als Patron der Arbeiter, Handwerker und der Reisenden bereits in der Volksverehrung verwurzelt, erhielt die Verehrung dieses Heiligen durch die katholischen Gesellenvereine neue Impulse[10].

Jeder Verein, der dem Gesellenbund beitreten wollte, mußte unter Vorlage seines Lokalstatuts um die Aufnahme in den Gesamtverein nachsuchen, die nach Prüfung der Statuten in den Vereinszeitschriften veröffentlicht und durch Übersendung eines Aufnahmediploms vollzogen wurde. Dieses Verfahren, das sich durch Kolpings Arbeitsüberlastung auch in die Länge ziehen konnte, führte gelegentlich auch zur Angabe von unterschiedlichen Gründungsdaten.

Bereits unter dem 3. Dezember 1850 hatte Kolping von dem erbetenen Anschluß eines Vereins von Handwerksgesellen aus Breslau berichtet. Er lehnte ab, weil „die Mitglieder gar keine Teilnahme an der Leitung des Vereins" haben. „Wills Gott, werden wir uns mit der Zeit die Hände zu innigerm Anschlusse bieten"[11].

Auch dem Gesellenverein in Höxter wurden von Kolping 1853 die ersten eingereichten Statuten nicht genehmigt[12].

Kolpings Erfahrungen in der Elberfelder Gemeindearbeit und die restriktive staatliche Vereinsgesetzgebung haben auch in das Statut des Bundes Eingang gefunden. In § 7 heißt es: „In jedem Lokalverein bleibt die Behandlung der Politik und gehässiger, religiöser Polemik untersagt. Unter diesem Ausschluß der Politik ist nur die Gewerbegesetzgebung nicht mit einbegriffen“[13]. Kolping war selbstverständlich klar, daß s ziales Leben vom politischen Leben nicht zu trennen ist, wie er selbst sagt, „eins d andere notwendig gebiert und bedingt“[14].

Die rasche Verbreitung der Gesellenvereine ist ohne Kolpings publizistische Täti keit und sein Auftreten auf Katholikentagen nicht zu erklären. Dazu kommt no seine Bereitschaft, durch ausgedehnte Reisen, vornehmlich in nichtpreußische Lä der, selbst bei Neugründungen mitzuwirken oder bereits bestehende Vereine anz schließen bzw. zu integrieren.

Katholikentage

Die erste Versammlung des katholischen Vereins Deutschlands, die aus Initiativen d Mainzer „Pius-Vereins für religiöse Freiheit“ entstanden war – benannt nach Pap Pius IX. –, fand 1848 in Mainz statt[15]. Präsident dieses Treffens war Franz Josep Ritter von Buß, durch seine erste sozialpolitische Rede in einem deutschen Parlame bereits profiliert, der später auch Mitbegründer des Freiburger Gesellenverei wurde[16].

Als Kölner Delegierter trat Friedrich Baudri für eine Beteiligung der Piusvereine b der politischen und sozialen Entwicklung Deutschlands ein. Die Vertreter mehrer Lokal-Vereine waren bemüht, die Interessen der Kirche gegenüber dem Staat zu ve treten und auch Einfluß auf das politische Leben zu nehmen[17].

Der Abgeordnete und spätere Bischof von Ketteler sprach „Über die Freiheit d Kirche“: Er begann seine Rede: „Wie die Religion der Freiheit bedarf, so bedarf au die Freiheit der Religion ... wenn das Volk nicht zur Religion zurückkehrt, dar kann es keine Freiheit ertragen. Nur die Kirche, das Christentum, befähigt den Me schen zur vollen Freiheit“[18]. Anknüpfend an dieses Thema fuhr er fort: „Die schwe ste Frage, die bei allen gesetzlichen Bestimmungen, bei allen Staatsformen noch nic gelöst ist, das ist die soziale Frage. Ich kann es mit aller Wahrheit aussprechen: d Schwierigkeit, die Größe, die Dringlichkeit dieser Aufgabe erfüllt mich mit der grö ten Freude ... Es wird sich zeigen, daß der katholischen Kirche die endliche Lösur der sozialen Frage vorbehalten ist: denn der Staat, mag er Bestimmungen treffen, we che er will, hat dazu nicht die Kraft“[19].

In den folgenden Jahren wurden diese Treffen regelmäßig durchgeführt, um die d Katholiken besonders betreffenden Fragen in einem größeren und vielfältig zusar mengesetzten Gremium zu beraten. Die Katholikentage waren ein „Ringen um d *Selbstverständnis* des katholischen Menschen in der neuen politischen und sozial Umwelt sowie der Kampf um die Berechtigung und Zuverlässigkeit katholisch Denkens und Lebens in einer vom Liberalismus und vom Staatskirchentum b herrschten und vom Sozialismus bedrohten Welt“[20].

Als Gebot der Stunde sah man Vereinsgründungen zur Erreichung unterschiedlic ster sozial- und bildungspolitischer Ziele an. Auf der Versammlung von 1849 in Bre lau äußerte der Kölner Domkapitular Strauß sich über die soziale Lage in Köln ur berichtete, die Stadt habe 27000 Hilfsbedürftige, jeder Dritte sei verarmt[21]. Der Met germeister Johann Falk sprach ausdrücklich die Gesellenfrage bei diesem Treffen an

Pfarrer Eberhard, für Kolping seit seiner Münchener Zeit kein ganz Unbekannter, bezeichnete die Handwerksgesellen als „vernachlässigte Menschenklasse“ und berichtete über eine erste Hilfsmaßnahme:

„Wir sind im Begriff ein Lokal herzustellen, das, so viel der beschränkte Raum es zulassen wird, die Gesellen in sich versammeln soll; dort wird eine Bibliothek errichtet werden zur Belehrung und Erheiterung“[23].

Hier ist zunächst festzuhalten, daß Adolph Kolping keineswegs das Thema „Gesellen“ auf den Katholikentagen eingebracht hat; vielmehr nutzte er Förderer und Initiativen der Piusvereine, um auch seinem Anliegen zum Durchbruch zu verhelfen.

In den Jahren 1851 bis 1865 nahm Kolping an acht von dreizehn Versammlungen persönlich teil und hielt insgesamt elf Reden[24]. Zwei weitere in den Protokollen mitgeteilte Reden galten den Delegierten der Gesellenvereine. Fünf Katholikentage besuchte er nicht. Er konnte aber sicher sein, daß Mitarbeiter oder Interessenvertreter der Gesellenvereine jeweils anwesend waren[25].

Auf dem Mainzer Katholikentag 1851 trat Kolping zum erstenmal vor diesem Gremium auf. Er wurde zum Vorsitzenden des Wohltätigkeitsausschusses berufen.

In seinen Reden befaßte er sich mit der Vorstellung der Gesellenvereine. Die Lage der Handwerksgesellen, die Gründung erster Gesellenvereine und Erfahrungsberichte aus dem Vereinsleben waren die Hauptthemen. Seinen fertigen Plan des „Gesellenvereins“ konnte er mit seiner Eigenerfahrung als Geselle und ersten Erfolgsberichten aus bestehenden Vereinen wirkungsvoll darlegen.

Die Gesellen hätten die gegründeten neuen Vereine besonders nötig. Sie seien orientierungslos und gäben doch in den meisten Werkstätten den Ton an. Die Lehrlinge seien den Gesellen untergeordnet und in einem unerträglichen Maße dienstbar. Kolpings Hoffnung, wenn bei der Gesellenbildung Erfolge erzielt seien, verbessere sich die Lage bei den Lehrlingen bald wie von selbst, erfüllte sich jedoch nicht.

Des weiteren warnte er auch massiv vor den Einflüssen des Handwerksburschenkommunismus: „O verwundert euch nicht, wenn die Leute heutzutage … in den Reihen der Roten stehen und das Kanonenfutter abgeben für die, welche das Heer des Teufels führen. Wundert euch nicht …, wenn diese Leute die Sendboten der Revolution, d. h. des Antichrists werden“[26].

Bei einer Veranstaltung kam es zu einem Brand im Versammlungslokal. Eine Panik brach unter den Teilnehmern aus, die, wie sich später ergab, Tote und Verletzte forderte. Kolping hielt eine weitere Rede und konnte die Versammlung so fesseln, daß Schlimmeres verhindert werden konnte. Das Protokoll berichtet, er habe „eine wahre Gewalt über alle Gemüter ausgeübt“[27].

Seine Werbekampagne hatte Erfolg. Die Gründungen der Mainzer und Freiburger Gesellenvereine gehen sicher auf Kolpings Mainzer Auftritt zurück. Ein Zusatzerfolg wurde für ihn und die Verbreitung der Vereine der Abdruck bzw. die Wiedergabe seiner Reden in den „Historisch-politischen Blättern“ und im „Katholik“: Der Mainzer Katholik kommentierte pathetisch: „An dieses Werk, sichtbarlich von Gott dazu berufen, hat der Domvikar *Kolping* in Köln, selbst einstens diesem Stande angehörend, Hand angelegt durch die Gründung der *Gesellenvereine,* und zwar mit dem segensreichsten Erfolge“[28]. Dazu gab es einen Beschluß des Katholikentages: „Der katholische Verein Deutschlands wird nach Kräften die Verbreitung der Gesellenvereine fördern“[29].

Reichlich bescheiden berichtete Kolping vom Mainzer Treffen in der Vereinszeit-schrift: „Wir freuen uns lediglich um der Sache willen, daß die Gesellensache die Auf-merksamkeit der ganzen Versammlung in so hohem Grade in Anspruch genommen hat, daß das Interesse an dem Handwerkerstande dadurch nur zugenommen haben kann. Wir erwarten davon, wenn auch augenblicklich nichts Großes, doch schon viel Gutes. Die Sache selbst ist angeregt und hat manches Herz für sich in allen deutschen Ländern gewonnen"[30].

Nach seinem eigenen Bericht kamen auf der Versammlung folgende (ihn interessie-rende) Fragen zur Behandlung: Eine Patronschaft für Lehrlinge, der Gesellenverein und die Marianischen Junggesellensodalitäten.

Man kann durchaus sagen, daß er bei seinen Reden ein ausgewähltes Publikum vor sich hatte. Bei den Katholikentagen überwogen die gebildeten Schichten. Handwer-ker, Bauern und Unternehmer waren auf diesen Treffen unterrepräsentiert. Zum eli-tären Hörerkreis des Katholizismus gehörten Erzbischof Geissel, Bischof Ketteler und Ritter von Buß[31].

Vom 21. bis 23. September 1852 nahm Kolping am Münsteraner Katholikentag teil Wieder Vorsitzender des Wohltätigkeitsausschusses, lernte er einige Persönlichkeiten kennen, die er für sein Vorhaben interessieren konnte und die zur Verbreitung de Gesellenvereins in Westfalen beachtlich beitrugen[32].

Er wies nicht nur erneut auf die Gründung von katholischen Gesellenvereinen hin sondern auch auf die dringende Notwendigkeit eines ordentlichen Herbergswesens Sodann erwähnte er, daß er in Köln bereits ein Haus für ein Hospitium erworben habe, damit es „Mutterhaus" für alle Hospitien werde. Um die Teilnehmer aus erster Hand zu informieren, teilte er seine Broschüre aus: „Für ein Gesellenhospitium".

Wo die Einrichtung eines eigenen Hauses noch nicht möglich war, empfahl Kol-ping, mit einem ordentlichen Wirt eine Vereinbarung zu treffen, wandernde Geselle aus anderen Vereinen aufzunehmen. Der Präses sollte aber selbst die Aufsicht führen Er war sich darüber klar, daß in der Unterstützung der wandernden Gesellen auch Vorsicht geboten war, weil er auch unter den Gesellen einige fand, „die dabei mit raf-finierter Klugheit ... auf Vorteile spekulieren, die ihnen sehr wenig Mühe kosten"[33] Und so forderte Kolping die Gesellschaft auf: „Schafft Hospizien und stattet sie mit dem Nötigsten aus, gebt dann aber keinem einzigen reisenden Handwerksburschen mehr den Bettelpfennig! Wir wollen sehen, ob die Kur nicht anschlüge."

Schon auf dem Mainzer Treffen war das Verhältnis von Sodalitäten bzw. Bruder-schaften und den jungen Gesellenvereinen angesprochen worden. In Münster grif man dieses Thema wieder auf. Kolping war bestens vorbereitet.

Ihm war sehr bald klar geworden, daß die Gesellenvereine auch auf innerkirchli-chen Widerstand treffen mußten. In Städten mit mehreren Pfarreien mußte die über-pfarrliche Gemeinschaft der Gesellen so manchen Pfarrer verunsichern. So hatte ein Düsseldorfer Pfarrer beim Kölner Generalvikariat angefragt, ob der Gesellenverein neben den bestehenden Sodalitäten überhaupt notwendig sei. Die Einrichtung der So-dalitäten war Kolping zudem nicht neu. Auch in seinem Kölner Umfeld gab es diese Einrichtung unter dem Namen „Bürgersodalität"[34].

Sodalitäten oder Marianische Kongregationen waren nach Alter, Geschlecht und Stand gegliederte kirchliche Vereinigungen. Sie strebten die Erhaltung und Festigung der Standesehre an, aktivierten das Laienapostolat und förderten die Marienverehrung. Dieser Bruderschaften nahmen sich besonders die Jesuiten an, die seit 1850 wieder Niederlassungen in Deutschland, u.a. auch in Münster, errichteten[35]. Kolping aber hatte erkannt, daß die althergebrachten und z.T. wieder auflebenden kirchlichen Bruderschaften und die religiös-soziale und berufsbildende Zielsetzung der Gesellenvereine nicht in Einklang zu bringen waren. Im Jahre 1852 erörterte er in einer grundsätzlichen Aufsatzreihe „Der Gesellenverein und die Junggesellen-Sodalität" die wesentlichen Unterschiede dieser beiden auf kirchlichem Boden stehenden Einrichtungen[36]. Kolping resümierte: Als die Sodalitäten ins Leben getreten seien, *„standen die gesellschaftlichen Verhältnisse noch ziemlich fest,* hatte das *christliche Familienleben* noch einen *bedeutenden Halt,* und die *bürgerlichen Ordnungen* trotzten noch jedem ... Angriff"[37].

Die Sodalen führte ein religiös-individuelles Bedürfnis zusammen und der Zweck der Bruderschaft war darum individuell. „Sie wollen *tätiges Glaubensleben, ein wahres Streben nach Vollkommenheit* fördern"[38].

Geordnete gesellschaftliche Verhältnisse fanden die Gesellenvereine nicht vor. „Was eine Bruderschaft *voraussetzt,* das muß erst geschaffen und hergerichtet werden. Es handelt sich darum, dem *Stande* der Handwerker eine feste, gesellschaftliche Basis zu schaffen"[39]. Kolping faßt einprägsam zusammen: „Die Bruderschaft ist vorherrschend religiös, der Gesellenverein vorherrschend sozial"[40].

Vor dem Katholikentag formulierte er unmißverständlich: „Die Sodalität steht auf ganz anderem Boden als der Gesellenverein ... Der Gesellenverein und die Bruderschaft müssen auseinander bleiben für immer. Der Gesellenverein bedarf aber der Ausbildung"[41]. Daraufhin faßt die Versammlung den Beschluß: „Das Verhältnis der Marianischen Sodalität und der Gesellenvereine soll sein das der gegenseitigen Freundschaft"[42]. Der Konflikt war damit zwar von der Tagesordnung, in den Ortsvereinen schwelte er aber weiter.

Katholischer Gesellenverein

Mit ersten Erfolgen ausgestattet, konnte Kolping spürbaren Einfluß auf den Verlauf der Zweiten Generalversammlung am 9. November 1851 in Köln nehmen[43]. Auf Vorschlag des wiedergewählten Präsidenten Kolping wurde der Gesellenbund in „Katholischer Gesellenverein" umbenannt, um auch Vereinen außerhalb des Rheinlandes den Anschluß zu ermöglichen. Der neue Name sollte auch für die beitretenden Lokalvereine verbindlich sein. Als der älteste wurde bei dieser Tagung der Elberfelder Gesellenverein mit einem besonderen Diplom „in den allgemeinen Verband des Katholischen Gesellenvereins" aufgenommen[44].

Die Versammlung wurde von 23 Delegierten beschickt, die den sechs bestehenden Vereinen angehörten. Die führende Stellung nahm der Kölner Verein – der Zentralverein – ein. Neben drei Präsides nahmen zwei Lehrer – wiederum der Elberfelder Lehrer Breuer und der Kölner Anton Philipps – teil. Die beiden Kölner, Maler Baudri und Vereinssekretär Meuser, waren ebenfalls nicht Vertreter des Gesellenstandes. Die Gesellen hatten aber mit 16 Delegierten, von denen der Koblenzer Wilhelm Beck als Gast teilnahm und wohl kein Stimmrecht hatte, immerhin eine 2/3-Mehrheit. Man griff das Herbergsproblem auf und forderte, alle Katholischen Gesellenvereine sollten den Mitgliedern auf der Wanderschaft oder bei unverschuldeter Arbeitslosigkeit ein ordentliches und preiswertes Wirtshaus als Herberge zuweisen, das unter Aufsicht des örtlichen Vorstandes stehen solle.

Man hegte die begründete Hoffnung, „daß der Gesellenverein sich in nicht allzu ferner Zeit über das ganze katholische Deutschland verbreiten werde“[45].

Die Teile und das Ganze wollte man miteinander zu einer Gemeinschaft verbinden, so daß es nur einen Gesellenverein geben, der über Landesgrenzen hinaus gleichen Zielen dienen sollte.

Der Breslauer Kardinal und Fürstbischof Melchior von Diepenbrock hatte inzwischen am 14. Januar 1852 dem Präses des Vereins seine Freude über die Gründung des dortigen Gesellenvereins zum Ausdruck gebracht. Kolping druckte diesen Brief mit Genugtuung in der „Feierstunde“ ab[46].

Weiterer Tagesordnungspunkt, der für die Geschichte der Katholischen Gesellenvereine von weitragender Bedeutung wurde, war die Bekräftigung und Einengung des Beschlusses der letzten Generalversammlung, im Gesellenverein dürfe auf keinen Fall Politik betrieben werden[47]. Die Diskussion und Behandlung der Gewerbegesetzgebung wurde nicht mehr genannt. Die Feststellung, Gesellen eigneten sich nicht zur Beschäftigung mit der Politik, war sicher keine Eigenschöpfung des Vorsitzenden oder der Delegierten, sondern nach Ansicht des konservativen Lagers gesellschaftspolitische Notwendigkeit.

Offensichtlich war man auch in Berlin hellhörig geworden. Der Innenminister bat am 11. Juli 1853 die Ober-Präsidenten in Koblenz, Münster, Posen, Breslau und Königsberg, „über die gegenwärtige Haltung der ... Vereine möglichst genaue Erkundigung einzuziehen“ und das Ergebnis mitzuteilen. Er schrieb: „Es ist neuerdings im amtlichen Wege zur Anzeige gekommen, daß die an verschiedenen Orten der Monarchie bestehenden katholischen Vereine, namentlich die Pius-Vereine und die Katholischen Gesellenvereine, eine außerhalb der Grenzen des religiösen Zweckes liegende, wesentlich politische Wirksamkeit erstreben, in denen sie teils politische Tagesfragen in den Kreis ihrer Vorträge und Besprechungen ziehen mit dem Ziel, teils politische Zeitschriften und Broschüren in den Vereinslokalen auslegen, insbesondere aber auch die konfessionellen Gegensätze in einer den Frieden der Konfessionen und also mittelbar auch die Ruhe und Sicherheit des Staats gefährdenden Weise zu verschärfen und auf die Spitze zu treiben suchen“[48].

Reisen

Im April 1852 unternahm Kolping eine erfolgreiche Werbereise nach Bayern und Österreich. Stationen seiner Reise waren zunächst Augsburg, München, Innsbruck, Salzburg, Linz und Steyr[49].

Kolping berichtete den Lesern der „Feierstunde“ über die Vereinsgründungen. Verbandsorganisation, Werbung und publizistische Produktion wurden kombiniert. Der bayerischen Landeshauptstadt galt dabei sein besonderes Bemühen: „In München ist also nun auch ein Gesellen-Verein in unserer rheinischen Weise fertig, und bedarf nur der nötigen Pflege, um ihn bald in erfreulicher Blüte zu sehen. Ein wackerer Präses ist gefunden, tüchtige Leute sind ihm zur Seite und die bereits geworbene[n] Gesellen vom besten Geiste beseelt. Mit echt bayrischer Ruhe haben sie alles angehört, ein paar Tage die Sache erwogen, dann aber auch herzhaft zugegriffen"[50]. In den Großstädten Elberfeld und Köln gemachte Erfahrungen machen auch Kolpings hier vorgetragene Anregung verständlich: „Aber noch eins: Für Augsburg, für eure Nachbarstadt, müßt ihr nachhelfen. München hat schon so vieles und Tüchtiges geschaffen und geleistet, München muß auch die Hochwarte für die Rettung des Arbeiterstandes und des Handwerks überhaupt werden. Von München aus muß sich durch euch selbst dieser Verein allmählich in alle bayrischen Städte verbreiten, und dann wird's besser mit eurem Stande"[51].

1852 traf er in Wien ein und gewann in Anton Gruscha einen persönlichen Freund und am 25. Mai einen Präses, den man für das junge Unternehmen als besonderen Glücksfall bezeichnen kann. „Eine eigentümliche Sehnsucht trieb mich nach Wien, das Eldorado aller Handwerksburschen, die größte kath[olische] Stadt Deutschlands, in der sich endlich auch ein reges kath[olisches] Leben zu regen beginnt ... Arbeit gibt's in Hülle und Fülle, so daß man eigentlich ratlos ist, wo man am Ersten beginnen soll. Von seiten der Behörden das freundlichste Entgegenkommen, jede passende Mithülfe geboten, Arbeitskräfte genug, so daß die Saat der Hoffnungen ganz herrlich steht. Doch will jedes gute Ding Weile haben und so begnüge ich mich einstweilen damit, Wien und Wiener Leben und Treiben ruhig anzuschauen"[52].

Kolping wollte Wien zur Zentrale der Gesellenvereine in Österreich und in Ungarn aufbauen. Das war sicher auch der Grund, warum er später noch zu weiteren Reisen dorthin aufbrach.

Nächstes Ziel für einen Verein mit größerer – auch politischer – Ausstrahlungskraft war die preußische Hauptstadt Berlin. Aber Kolping unterbrach seine Reise zunächst in Prag. „Eine fremde Sprache, von der ich auch keinen Laut verstand, summte mir ums Ohr. Die böhmischen Dörfer sehen im Grunde aus wie andere Dörfer auch. Aber die Sprache ist doch mehr noch wie Kauderwelsch. Gut, daß es dort ein Zeichen gibt, das wir alle verstehen, das *Kreuz,* und an diesem Zeichen ranken sich auch in fremdem Lande die heimatlichen Gedanken in die Höhe und geben eine nützliche Beschäftigung auf der Reise. Derweilen fuhren wir in die alte Böhmenstadt Prag, und ich in ein neues Leben und neue Arbeit hinein"[53].

Die Entstehung katholischer Gesellenvereine in Böhmen ging – freilich einige Zeit später – von diesem Aufenthalt aus. „Der Zusammenhang dieser Neugründungen mit der katholischen Reformbewegung ist schon daraus ersichtlich, daß Kolpings Gedanken und Anregungen von der tschechischen Zeitschrift des Prager Katholikenvereins, „Blahověst" (Segensbote), aufgegriffen und gefördert wurden"[54]. Kolping hatte sich keine Illusionen gemacht. Verschiedene Nationen in einem Verein waren zunächst einmal neu. Darum blieb auch staatliche Kontrolle hier nicht aus. Der Prager Polizeichef berichtete an den Wiener Polizeiminister am 5. Juli 1852 zu diesem Thema folgendes: „In Prag ist beinahe jeder Verein, der nicht ein bloßer Wohltätigkeitsverein ist, der Gefahr ausgesetzt, entweder der Tummelplatz nationaler Zwistigkeiten zu sein oder zu nationalen Zwecken ausgebeutet zu werden. Bei einem Vereine, der so tief in das praktische Leben eingreift, dessen Mitglieder der niederen Volksklasse angehören, der religiöse Zwecke verfolgt und überdies auch ein Mittel zur literarischen Bildung abgibt, wie dies bei den [katholischen] Gesellenvereinen der Fall ist, tritt dies in erhöhtem Maße ein." Am 29. Juni 1853 – knapp ein Jahr später – meldete er dem böhmischen Statthalter, es habe sich „bei der Gründung des Vereins bereits die Bestrebung der tschechisch-radikalen Partei kundgegeben, ... einzelne ihrer Anhänger in den Lehrkörper einzuschmuggeln".

Persönliche Begegnungen mit möglichst vielen Präsides und Gesellen bei seinen Vereinsbesuchen bereiteten Kolping besondere Freude. Ein Beispiel dafür, wie er schon früh auf seinen Reisen bei diesen Besuchen von den Gesellen gefeiert wurde, bietet der Breslauer Verein unter seinem rührigen Präses Nicht. In einem abgedruckten Begrüßungsgedicht vom 4. Juli 1852 lautet die fünfte und letzte Strophe:

„Laßt uns ein Hoch! Ihm also weih'n,
Daß fast der Saal erdröhnt;
Schließt auch der Gäste Zahl mit ein,
Die unser Fest verschönt.
Und *Kolping*, unser Präsident,
O möcht' Er bis zum Lebensend'
Uns immer seine Liebe weih'n,
Dann wird in dem Gesell'n-Verein
Stets glänzen jener Edelstein:
Das treue, katholisch treue Herz"[55].

Die öffentlichen Auftritte zeigten aber nicht nur vereinsinterne Wirkungen. Auch Verwaltungs- und Sicherheitsbehörden blieben nicht untätig. Am 24. August 1852 teilte der Polizeipräsident von Breslau dem Innenminister in Berlin mit: „Insbesondere habe ich nicht ermitteln können, daß Kolpings Tätigkeit auf Proselytenmacherei gerichtet gewesen wäre. Daß jedoch seine Absicht dahin ging, die katholische Kirche zu festigen und den Gesellenstand im Großen nötigenfalls auch für die Zwecke der Kirche bereit zu machen, dürfte daraus folgen, daß er seine Rundreisen lediglich der Visitation der verschiedenen Gesellen-Vereine Deutschlands gewidmet zu haben scheint, und daß er in dem hiesigen Gesellen-Verein die Gesellen zur Wachsamkeit ermahnt hat, ‚weil man die Kräfte gebrauchen wolle, welche aus dem Vereine hervorgingen'"[56].

Neben Wien hatte Kolping die Reichshauptstadt Berlin von Anfang an als Gründungsort für einen Gesellenverein ins Auge gefaßt, denn nach seiner Ansicht war in der Residenzstadt, wo so viele Gesellen zusammenströmten, ein Verein besonders notwendig. Auf der Rückreise von Österreich über Prag und Breslau kam er nach Berlin. Er nahm sofort Kontakte auf, vor allem zu den führenden katholischen Laien, und berichtete später: „Also bin ich Hals über Kopf fort – nach Berlin, denn dort hab' ich gar prächtige, brave Burschen sitzen und, ich muß aus der Schule plaudern, ich sitze himmelgern unter dem jungen Volke. Je fröhlicher dies Völkchen ist, um so lieber ist es mir. Als ich nämlich im letzten Sommer eben Berlin passieren mußte, traf es sich – Gott allein weiß, wie sich alles trifft, – daß wir dort binnen zwei Tagen so eine Art Gesellen-Verein zusammenbauten. Das war damals zwar noch ein ziemlich wackeliges Gebäu, aber wie klein und unscheinbar es war, es fügte sich doch"[57].

Eine erste Planung war realisiert. München, Wien, Prag, Breslau und Berlin waren als großstädtische Vereine etabliert. Am 18. Juli traf Kolping wieder in Köln ein. Schon von unterwegs hatte Kolping in der „Feierstunde“ von seinen Erlebnissen und Begegnungen berichtet. Die Reisen dienten also nicht nur der Ausbreitung der Gesellenvereine, sie lieferten gleichzeitig Stoff für die Volksbildungsarbeit: „Man glaubt vielfach nicht, wie interessant und erfrischend es für einen guten deutschen Vaterlandsfreund ist, wenn er Umschau in deutschen Vaterlande hält und sich dieses eigentümliche, an sich gar nicht unharmonische Konzert deutscher Stämme näher beschaut und die einzelnen miteinander vergleicht ... Daß irgendein deutscher Stamm, wohne er im Norden oder Süden des Vaterlandes, meinen dürfte, er aber, und zwar nur er sei eigentlich der allerfürnehmste und allerunentbehrlichste, ihm gebühre darum ohne weiteres die erste Violine im deutschen Stammeskonzerte, ist sicher eitel Torheit und Prahlerei, der sich jeder deutsche Mann nur entschlagen soll“[58].

Generalversammlungen

An der dritten Generalversammlung der Katholischen Gesellenvereine im Gesellenhospiz in Köln am 9. Oktober 1853 nahmen 46 Delegierte teil. Die nach den vorliegenden Quellen am besten besuchte Versammlung wurde von 16 preußischen Vereinen beschickt. Als Gäste nahmen Vertreter des Mainzer und des Hildesheimer Vereins teil. 13 Teilnehmer waren Kleriker, 22 ordentliche Mitglieder der Gesellenvereine, die restlichen Neun waren Vertreter der örtlichen Schutzvorstände, die von ideellen und materiellen Förderern sowie von Lehrern gebildet wurden. Bei vier anwesenden Lehrern fällt das Fehlen des Elberfelder Lehrers Breuer besonders auf[59].

Schwerpunkte der Beratungsthemen war das Generalstatut der Katholischen Gesellenvereine, das mit geringfügigen Ergänzungen zum dritten Mal verabschiedet wurde[60], Wanderordnung und Wanderbuch sowie die Eröffnung des Kölner Hospizes, dessen Gäste die Teilnehmer waren. Eine Diskussion entspann sich über die Wanderbücher, deren Einrichtung und baldige Beschaffung beantragt wurden. Untereinander sollten die Führungszeugnisse der Vereine, die der jeweilige Präses einzutragen hatte, anerkannt werden. Man war sich der Problematik dieser Zeugnisse bewußt, als man den Vorschlag für eine Absprache von festen Formulierungen machte. Die Ortsvereine waren gehalten, für die reisenden Mitglieder ordentliche und preiswerte Quartiere zur Verfügung zu halten. Ziel für jeden Verein sollte nach dem Kölner Vorbild das eigene Gesellenhaus werden, um von Gaststätten und anderen gemieteten Räumen unabhängig zu werden. Die häufigen Lokalwechsel in der Frühgeschichte des Kölner Vereins mögen hier als Anregung gewirkt haben. Für das Selbstverständnis der Gesellen und ihr Auftreten in der Öffentlichkeit war der Beschluß der Generalversammlung, einen gemeinsamen Handwerksgruß einzuführen, richtungweisend. Als Grußformel bei Ankunft und Abschied wurde verbindlich vorgeschrieben: „Gott segne das ehrbare Handwerk“[61].

Das Protokoll gibt auch einen Hinweis, warum der politischen Betätigung im Verein Grenzen gesetzt wurden. Kolping hielt sich deutlich zurück, um das Mißtrauen der Behörden auf keinen Fall auf den Gesellenverein zu lenken. So berichtete er an den Wiener Präses Gruscha: „Mit dem Verein hier und den Vereinen am Rhein geht es im ganzen leidlich gut. Einige Anfechtungen von außen, sogar das offen erklärte Mißtrauen der preußischen Regierung, schadet uns im Grunde nicht“[62]. Obwohl die Gesellenvereine durch das Vereinsverbot des Bundestages von 1854 nicht betroffen waren[63], blieb die Aufmerksamkeit der staatlichen Organe offenbar über einen längeren Zeitraum auf die Vereine gerichtet: „Die katholischen Gesellenvereine ... sind ein nicht gering zu beachtendes, ... stets im Zunehmen begriffenes Glied in der geordneten organisierten Kette der katholischen Propaganda ... Man bezweckte ursprünglich, in der Zeit der Bewegung ein festes Zusammenhalten der in größeren Städten zerstreut lebenden katholischen Arbeiter zu bewirken, damit nicht der Glaube derselben in der Flut der Revolution weggespült werden sollte. Was auf dem rein kirchlichen Gebiet nicht erreicht werden konnte, versuchte man auf dem sozialen. Die Idee der Assoziation wirkte anregend gerade auf den Gesellenstand, zumal scheinbar dem katholischen Gesellenverein das demokratische Prinzip der Gleichberechtigung zugrunde liegt ...

Die Freistunden des katholischen Arbeiters sollen nicht im Verkehr mit anderen Glaubensgenossen im Wirtshause sondern in der Gesellschaft seiner Kollegen ... ausgefüllt werden. Ihre Absonderung bewahrt den katholischen Arbeiter vor dem Abfall von seinem Glauben. – So definierte der Gründer des hiesigen katholischen Gesellenvereins, Missionsvikar Müller, den Zweck desselben. Die Vereine stehen in Verbindung und gewähren jedem Mitglied allenthalben gastliche Aufnahme. Man geht gegenwärtig damit um, Herbergen zu gründen, verbunden mit Krankenpflege und sonstigen Hilfsanstalten. Es liegt auf der Hand, daß durch dergleichen Mittel ein möglichst sicherer und fester Verband erzielt wird, der jedoch auch desto leichter von unreinen Elementen, die sich desgleichen bemächtigen, irre geführt und besonders in politischer Beziehung schädlich werden *kann*“[64]!

Das Verbot der politischen Betätigung scheint denn auch nicht immer geachtet worden zu sein. So warnte Kolping: „Wenn wir hören, daß irgendein Gesellenverein sich ganz oder zum Teil an Demonstrationen politischer Art, an Lärm- und Exzessen, wie sie Namen haben, beteiligt, werden wir sie ausschließen von der Verbrüderung“[65]. In gelegentlichen Auseinandersetzungen und Reibereien mit zentralen und kommunalen Behörden, die überwiegend im liberalen Protestantismus preußischer Prägung verhaftet waren, konnten sich die Gesellenvereine nur langsam mit ihrer Position durchsetzen.

Auf dieser Versammlung wurde zum ersten Mal erwähnt, daß Protestanten Mitglieder des Vereins werden konnten. Sie durften allerdings nicht gleichzeitig einem protestantischen Gesellenverein am gleichen Ort angehören. Weiterhin beschloß die Versammlung, eine Gebetsbruderschaft der Präsides zu gründen. Dieser Beschluß wurde dem Kölner Erzbischof Geissel mit der Bitte vorgetragen, der geplanten geistlichen Vereinigung die oberhirtliche Genehmigung zu erteilen. „Unter freudiger Anerkennung“ des frommen und eifrigen Bestrebens erfüllte Geissel diesen Wunsch[66]. Tragende Stützen für den Katholischen Gesellenverein waren ja die Präsides, für deren Bildung Kolping an die Gründung einer eigenen Genossenschaft dachte, die sich aber nicht verwirklichen ließ[67].

Die von Kolping erwartete Mitarbeit von Präsides über den eigenen Lokalverein hinaus hat wohl nicht reibungslos funktioniert. „Man scheint dem Kölner Vorstande das Spekulieren über den Fortbau des Vereins ganz allein überlassen zu haben“[68]. Diese Tatsache hatte ihren Grund sicher nicht nur in der Arbeitsüberlastung des einzelnen Präses, sondern auch in Kolpings souveränem Führungsstil. Er ließ sich auf keinen Fall das Heft aus der Hand nehmen: „Wir können und dürfen den Gesellenverein nirgendwo und nirgendwie zum Gegenstande der Spekulation machen und nichts dazu tun, daß er dazu gemacht werde“[69].

An Anfeindungen und übler Nachrede fehlte es den Gesellenvereinen nicht. „Wir waren für viele Leute verkappte Jesuiten, Finsterlinge und Reaktionäre“[70]. So berichtete zum Beispiel das Schlesische Kirchenblatt im Jahr 1853 über eine solche Kampagne:

„*Es ist doch eine recht ärgerliche Geschichte*, daß sich in einer Stadt nach der anderen *katholische Gesellenvereine* zusammentun! Wenn das Lumpenleben der Handwerksgesellen abnimmt, so nehmen die Aussichten der Roten auf eine Armee auch ab: ... Was also tun? Nun, man muß die Gesellenvereine zur Parteisache zu machen suchen und, wo möglich, den Parteihaß gegen sie aufhetzen. Aber wie das anfangen? Wenn man sie ohngefähr ‚reaktionäre‘ Vereine heißen wollte, das würde im Jahre 1853 nicht mehr ziehen, wenn es auch 1849, als die seligen März-Ministerien noch am Ruder waren, schon ausgelangt haben würde, um ihnen eins anzuhängen. Doch man muß ‚die Zeit und die Umstände zu benutzen‘ wissen, und da hat der Kölner Neuigkeitsmacher der ‚Augsburger Allgemeinen‘ schon seine Probe gemacht. Er verkündet also, daß der *Gründer* der katholischen Gesellenvereine, Domvikar *Kolping*, in den – *Jesuiten-Orden treten werde*. Damit ist's Schlagwort gefunden. Der Gesellenvater tritt in den Jesuitenorden, folglich *sind* oder *werden* die katholischen Gesellenvereine *jesuitische* Brüderschaften oder Jesuitenregimenter, und nun kann die Hatz gegen sie losgehen“[71].

Mit dieser Generalversammlung von 1853 ist auch eine erste organisatorische Konsolidierung abgeschlossen. Die Katholischen Gesellenvereine „betrachten als Mittelpunkt ihrer Einheit und Wirksamkeit den Kölner Verein als Zentralverein mit besonderem aus ihm gewählten Zentralvorstande“[72]. Zu dem „Katholischen Gesellenverein“ in Preußen hatten sich unter ihm die Vereine von Elberfeld, Düsseldorf, Bonn, Aachen, Koblenz, Trier, Düren, Neuß, Krefeld, Mönchengladbach, Essen, Bochum, Dortmund, Soest, Lippstadt, Paderborn, Höxter, Münster, Warendorf und Berlin zusammengeschlossen. Breslau als Hauptverein für Schlesien, Neiße, Glatz, Groß-Glogau, Münsterberg, Oppeln und Schweidnitz gehörten ebenfalls dazu[73].

Unter dem Zentralverein von München hatten sich die bayerischen Vereine zusammengefunden: Augsburg, Passau, Freising, Regensburg, Aschaffenburg, Würzburg, Wolfratshausen, Mindelheim, Kaufbeuren, Dorfen, Ingoldstadt, Vilshoven, Mühldorf, Griesbach, Aibling, Miesbach, Kraiburg, Traunstein, Erding und Schöngau[74]. Dem österreichischen Zentralverein von Wien waren die Gründungen in Prag, Linz, Brünn, Steyr, Schluckenau, Stein, Grünburg, Salzburg, Frohnleiten, Innsbruck, Graz, Rovereto und Riva zugeordnet[75]. Die Gesellenvereine von Hildesheim, Mainz, Freiburg und Ulm durften nach Landesgesetzen keine Verbindung mit ausländischen Einrichtungen unterhalten. Sie pflegten aber freundschaftliche Kontakte zu den benachbarten Vereinen[76].

Eine erste ausgewogene Beurteilung des Unternehmens findet sich von staatlicher Seite in einem Gutachten des Oberpräsidenten der Rheinprovinz: „Die meisten ... Gesellen-Vereine auch außerhalb der Provinz und des Preußischen Staates gehören dem *Gesellenbund* an, in welchem der Lokal-Verein zu Köln den Zentral-Verein bildet ... An der Spitze (des Zentralvorstandes) steht zur Zeit der Schöpfer dieser Vereine unter den Katholiken, der bekannte Domvikar *Kolping* zu *Köln*. Der Zentral-Vorstand hat unter anderem dafür zu sorgen, daß die Lokalvereine das Bundesstatut treu und gewissenhaft befolgen ... Gegenwärtig umfaßt derselbe eine große Anzahl von Lokal-Vereinen und ist seine Ausbreitung anscheinend noch im Zunehmen begriffen. Der Gedanke, welche den katholischen Gesellen-Vereinen, gleich wie den schon früher als diese entstandenen evangelischen Jünglingsvereinen, welche in der Rheinprovinz ebenfalls sehr verbreitet und unter sich verbunden sind, zugrundeliegt, ist dem in unserer Zeit auch im Handwerkerstande offenbarer gewordenen äußeren und inneren Verfall durch Heilung und moralische Stärke der heranwachsenden Generation auf christlich-konfessioneller Grundlage entgegen zu wirken. Dieser Gedanke wurde von dem tatkräftigen Domvikar Kolping mit ebensoviel Eifer als Geschick ergriffen und allem Anscheine nach bisher mit dem besten Erfolge verwirklicht“[77].

In Köln sollte 1854 der nächste Katholikentag stattfinden. Er konnte in der Zeit der politischen Reaktion nicht durchgeführt werden, weil das Ministerium aus Sorge um antipreußische Kundgebungen und den konfessionellen Frieden die Tagung verbot. Auch 1857 kam es nicht zu einer Versammlung in Köln[78]. Zu den verschiedenen Gründen für die Ablehnung des Katholikentages in Köln gehörte auch Adolph Kolping mit seinen Gesellenvereinen. Das Innenministerium hatte dem König Aktivitäten verschiedener Vereine als Gründe für die Ablehnung genannt: „Zu besonderen Besorgnissen geben dabei noch die katholischen *Gesellen-Vereine* Anlaß, deren Heranziehung ... ebenfalls beschlossen ist, und mit denen man ein wichtiges Element der Fortentwicklung zu gewinnen trachtet. Unvermeidlich würden sich diese, durch viele Städte der Rheinprovinz und Westfalens verbreiteten, unter dem Zentral-Einfluß des bekannten Domherrn Kolping zu Köln von den Mitgliedern des katholischen Klerus überall geleiteten Verbindungen durch eine große Anzahl Abgeordneter und Gäste bei der projektierten ... Versammlung beteiligen, namentlich würde der *Zufluß von Gesellen* aus Köln selbst und aus Bonn ein sehr bedeutender sein. Schon an und für sich erscheint eine solche Anhäufung gewerblicher Arbeiter, zumal unter der aufregenden Einwirkung der ... Versammlung, aus polizeilichen Gesichtspunkten sehr bedenklich; sie wird aber in gedoppeltem Grade im Hinblick auf die gefährlichen Begrenzungen, die sich in jüngster Zeit an vielen Orten Westdeutschlands unter den Gehülfen der verschiedensten Gewerbe in der Form von massenhaften Arbeits-Einstellungen gezeigt haben und denen, wie sich aus der Konnexität derselben schon vermuten ließ und nach zuverlässigen polizeilichen Ermittlungen nicht unwahrscheinlich ist, bestätigt worden“[79].

Es hatte sich herausgestellt, daß zur angemessenen Berücksichtigung regionaler Interessen eine Dezentralisierung in der Führung der Gesellenvereine immer notwendiger wurde. Zur nächsten Generalversammlung am 8. Oktober 1854, die gleichzeitig mit dem Stiftungsfest des Kölner Gesellenvereins begangen wurde, kamen acht Präsides, unter ihnen zum ersten Mal der spätere Nachfolger Kolpings, der Trierer Religionslehrer Sebastian Georg Schäffer[80]. Die Teilnehmerliste dieser Versammlung ist nicht vollständig. Darum ist es auch nicht möglich, eindeutig zu entscheiden, ob die nach Kolpings Tod sicher feststellbare Entwicklung, die Gesellen zu den Generalversammlungen nicht mehr einzuladen, bereits hier vorbereitet wurde. Neben zwei Lehrern nahmen weitere elf Laien als Delegierte an den Beratungen teil, die nicht alle als Gesellen zu verifizieren sind. Der Zentralvorsitzende berichtete über die weitere positive Entwicklung der Gesellenvereine, vor allem in Österreich und Bayern. In Württemberg, in der Schweiz, in Westfalen, in Schlesien und sogar in Lüttich in Belgien seien Vereine entstanden[81]: „Dieselben erstrecken sich gegenwärtig von den Rheinlanden bis tief in Westfalen, über Berlin nach Schlesien, nach Galizien hinüber, die Donau hinauf ins [!] Steiermark und Salzburgische hinein, dann von Tirol über ganz Bayern bis zum Bodensee und wieder den Rhein entlang. Tief in den Schweizer Bergen ist auch bereits ein Anfang gemacht, im Elsaß, in Belgien und in Ungarn. Das *Bedürfnis* nach solcher einmal geweckter Vereinigung zeigt sich fast überall, selbst in protestantischen Städten“[82].

Zentralthema der Beratungen war wiederum die berufliche Wanderschaft und das zu schaffende Wanderbuch. Bevor ein Geselle das Wanderbuch beantragen und damit Unterstützung auf der beruflichen Wanderschaft erhalten konnte, mußte er drei Monate lang Mitglied gewesen und sich ordentlich betragen haben. Für die Unterstützung im Krankheitsfalle war eine Mitgliedschaft von wenigstens sechs Monaten Voraussetzung. Ferner wurde festgelegt, daß sich das wandernde Mitglied innerhalb einer Woche nach Arbeitsaufnahme beim Lokalverein zu melden habe, um einem Ausschluß zu entgehen[83].

Diözesanpräses

Ende November 1858 ernannte Kardinal Geissel Kolping, der seit 1850 als Präsident des Rheinischen Gesellenbundes und 1851 Präsident der Katholischen Gesellenvereine fungiert hatte, offiziell zum Diözesanpräses der Vereine seines Bistums[84]. Faktisch hatte Kolping diese Arbeit schon seit 1850 geleistet. In den ersten zehn Jahren waren 24 Vereine im Erzbistum Köln gegründet, drei davon hatten (zunächst) keinen längeren Bestand[85]. Kolping selbst verfügte über Leitungserfahrung in zwei lokalen Gesellenvereinen. Wissend um die dringende Notwendigkeit, für die Gründung einen geeigneten Präses zu finden, scheute er keine Mühe, mit Rat und Tat bei einer Gründung zur Seite zu stehen. So besuchte er im Kölner Erzbistum u. a. die Vereine in Barmen, Bonn, Düren, Düsseldorf, Elberfeld, Essen, Euskirchen und Werden[86]. Ob Kolping im Rahmen seiner Möglichkeiten selbst aktiv in die Suche nach geeigneten Präsides im Erzbistum Köln eingegriffen hat, ist nicht nachzuweisen. Auffällig ist jedoch, daß Mitschüler vom Gymnasium oder Mitstudenten von der Universität vertreten sind. Die Gründerpräsides von Essen, Johann Friedrich Müllers, von Krefeld, Josef Goller, und von Mönchengladbach, Jakob Tilmann Richartz, waren Mitschüler Kolpings gewesen[87]. Auch sein Nachfolger in Elberfeld gehörte dazu.

In den folgenden sieben Jahren stieg die Zahl der Vereine auf 36. Bei den Amtsgeschäften als Diözesanpräses sind einige Besonderheiten zu erwähnen, die exemplarisch wohl auch für andere Diözesen gelten. Der Gründerpräses des Gesellenverein in Steele, Peter Josef Badenheuer, wird in den lokalen Quellen den roten Kapläne zugerechnet[88].

Alle terminlichen Verpflichtungen konnte Kolping wegen seines Arbeitspensum nicht mehr wahrnehmen. So schrieb er einen Entschuldigungsbrief auf eine Einla dung des Bonner Gesellenvereins zum Stiftungsfest: „Den wackeren jungen Bonne Vereinsbrüdern sage dann vorab meinen herzlichsten Gruß, wie das mein Herz be ihnen zugegen sei und teilnehme an aller Freude, die ihnen das Fest heute bringt. Wi seien ja so nahe beieinander, die Kölner und die Bonner, daß wir uns ganz besonder als die Nächsten betrachten müssen, die gemeinsam an Freude und Leid teilnehmen die sich helfen untereinander in rechter brüderlicher Liebe, sich ermuntern zu treuen Festhalten am einmal erkannten und erfaßten Guten"[89].

Selbstverständlich wurden an den Diözesanpräses auch Konfliktsituationen heran getragen mit der Bitte um Unterstützung oder um Hinweise auf Lösungsmöglichkei ten. Kolping reagierte auf seine Art. Einen Freund, der sich über das Unverständni seines Pfarrers beklagte, tröstete er mit dem Hinweis auf eigene bittere Erfahrungen „Es wird doch besser sein, Euch vorläufig in die Anordnungen des Herrn Dechanten der gar nicht gut haben kann, daß man seine Pläne durchkreuzt, zu fügen. Wenn güt liche Vorstellungen nichts nutzen, dann sind wir in innerkirchlichen Angelegenhei ten gar bald zu Ende, da *ihm* die Disposition zu Gebot steht ... In Elberfeld sind wi mehre[re] Male noch schlimmer darangewesen, ohne gleich Lärm und Spektakel zu machen. Sag das den Mitgliedern, wie, daß es sich doch nicht passe, dagegen mi irgendwelcher Bitterkeit vorzugehen. Solche Prüfungen müssen erduldet werden ohne irgendwie die Treue an der Sache selbst zu beeinträchtigen. Wenn es mir mög lich ist, muß ich doch sehen, ob ich nicht zwischen Ostern und Pfingsten die dortiger Vereine einmal beisammen besuche. Ich sitze gar zu bös in der Arbeit drin, und di Zeit wird immer düsterer"[90].

Die Tätigkeit des Gründerpräses Peter Hubert Juchem in Viersen veranlaßte ihn zu einem energischen Einschreiten, weil dieser seinen Aufgaben nicht gewachsen war Kolping urteilte dazu: „Leider kam der Verein, wie sich nachher herausstellte, vor Anfang an in die unrechten Hände. Dem Präses Juchem fehlte es ebensosehr an Aus dauer als an Takt und Geschick ... Kaplan Juchem halte ich für unfähig, einen Verein zu leiten. Solange er in Viersen ist, wird schwerlich ein anderer an seine Stelle treter wollen. Es muß nach meiner Ansicht in Viersen mit dem Verein tabula rasa gemacht werden, damit ein neuer von Grund auf neu aufgebaut werde"[91].

Eine besondere Auswahl der Präsides hatte Kolping in Elberfeld schon als Notwen digkeit erkannt. Sie war für ihn – wie viele Briefe zeigen – ein besonderes Anliegen Darum wird er einen ersten, ganz praxisnahen Erfolg mit Freude zur Kenntnis ge nommen haben. Im Jahre 1859 gründete in Hilden der junge Kaplan Joseph Bertram den Gesellenverein. Er hatte schon als Student im Bonner Verein Unterricht erteilt und damit erste Erfahrungen gesammelt[92]. Die Alltagssituation eines Präses im ört lichen Verein war Kolping ebenso vertraut wie Erfolge und Mißerfolge seiner Mit brüder im Amt eines Diözesanpräses. Das machte ihn glaubwürdig, überzeugend und verständigungsbereit. Diese Basiserfahrungen bewahrten ihn auch davor, unrealisti sche Pläne zu entwickeln oder überheblich zu werden. Anläßlich des Aachener Ka tholikentages 1862 hielt er eine Konferenz für die Präsides des Kölner Erzbistums ab. Wichtigste Themen waren die christliche Heiterkeit und das Sparen[93].

Weitere Reisen

Zum Wiener Katholikentag im Herbst 1853 reiste Kolping nach eigenem Bekunden nur auf Drängen seines Freundes Gruscha, der ihn gebeten hatte: „Erzähle einmal der Versammlung ..., wie es dir geht." Daran knüpfte er in seiner Rede an: „In meine Persönlichkeit scheint doch der liebe Gott etwas hineingelegt, gewissermaßen mit der Person identifiziert zu haben ... wobei ich, wenn ich von meiner Person spreche, dennoch die Sache im Auge behalte. Und so will ich euch denn ... sagen, *wie es dem Gesellen* geht; denn in mir spricht der Geselle, der Handwerker"[94]. Er sprach wie ein Geselle, setzte sich vom intellektuellen Zuhörerkreis ab und betonte damit seine Basisnähe und die damit auch verbundene Fachkompetenz. Er war bei seinem Thema „Handwerk und Gesellenvereine" und konnte erste Erfolge vorweisen, denn in sechzig bestehenden Vereinen fanden sich zehntausend Mitglieder zusammen. Jetzt reagierten auch die „Historisch-Politischen Blätter" mit Lob für den Priester aus dem preußischen Rheinland: „Er hat es verdient, den deutschen Katholiken ein Führer zu sein auf den ungebahnten Urwald-Pfaden zur sozialen Rettung"[95].

Im März 1855 weilte Kolping wieder in Berlin und sprach vor einer Reihe von Prominenten über Aufgabe und Ziel der Gesellenvereine. Darüber berichtete der Abgeordnete Hermann von Mallinckrodt: „Hier gibt es nichts Absonderliches. Das Neueste ist, daß auf heute abend ein Fraktionssouper anberaumt ist, bei welchem auch der bekannte *Kolping* gastieren wird. Während ich schreibe, ist großer Gesellenverein, zu welchem der Besuch mehrerer Minister angekündigt war"[96].

Im Februar 1857 fuhr Kolping mit seinem Freund, dem Kaufmann Michels, nach Berlin, um sich im Namen des Vorstandes des Gesellenvereins bei König Friedrich Wilhelm IV. für die Verleihung der Korporationsrechte zu bedanken. Fürst Radziwill hatte die Audienz vermittelt und stellte die beiden dem König vor. Bei der Audienz hielt Kolping eine kurze Ansprache, mit der er zeigte, daß er sich auch sprachlich dem Hofzeremoniell anzupassen verstand: „Wir entledigen uns dieses Auftrages mit um so größerer Freude, als wir damit zugleich die erwünschte Gelegenheit gefunden, dem Drange des eigenen Herzens folgen zu können. Eure Majestät mit den lebhaftesten Gefühlen des Dankes auch die freudige Versicherung mündlich aussprechen zu können, daß wie bisher wir redlich bestrebt waren, in der arbeitenden Jugend des Handwerks dem öffentlichen Gemeinwohl zu dienen, so auch in Zukunft mit erhöhterer Liebe und Freude an unserer Aufgabe mit allen uns zu Gebote stehenden Kräften zu arbeiten, der Kirche gehorsame Söhne, dem Staat treue ergebene Bürger und ergebene Untertanen Eurer Majestät heranzubilden, damit auch in dem Handwerkerstande ehrenhafte, treue Gesinnung wieder aufblühe zur Freude Euer Majestät und zum Glück der Handwerker selber"[97].

1855 fuhr Kolping dann für einige Wochen nach Bayern, Österreich, Südtirol und in die Schweiz[98]. Hier deutet sich bei ihm ein Verhaltensmuster an, das bei der Kommentierung der späteren „Römischen Frage" tragend wurde. Die Beurteilung Zuccalmaglios aus der Elberfelder Zeit wird hier durch Kolpings eigene Äußerungen zum Teil bestätigt: „In Rorschach, St. Gallen und Appenzell haben wir, gottlob, Fuß gefaßt und wackere Leute gehen mit tüchtigen Burschen Hand in Hand. Aber das Terrain ist schwierig. Die Schweiz ist zum Mistbeet liberaler Ideen geworden, die kein Recht, keinen herkömmlichen Bestand der Dinge erkennen, die nur umgestalten, herrschen, tyrannisieren können, um den eigenen Schöpfungen hintennach nicht mal die Zeit zu gönnen, zu zeigen, ob sie auch lebensfähig sind"[99].

In den Reiseberichten zeigte sich auch deutlich, daß nicht nur Kenntniserweiterung oder Verbreiterung des Horizontes, sondern auch Entstehung und Verfestigung von Vorurteilen durch Reiseerfahrungen ermöglicht wurden: „In der Frühe also schon wieder aufgebrochen und über den Schwarzwald, durchs Höllental nach Freiburg in Baden, das in letzter Zeit so hochberühmt geworden. Viele bekannte und bisher von Angesicht noch unbekannte Freunde fand ich dort, daß es mir wohl tat bis tief in die Seele, dabei zu sein. Auch habe ich mich ganz besonders gefreut, die Vereinsmitglieder zu sehen, die in trüben, traurigen Verhältnissen so besonnen und wacker sich gehalten, zu keiner gegründeten Klage Anlaß gegeben und sich endlich doch die Achtung selbst ihrer Gegner abgezwungen. Über das Baden und die speziellen Verhältnisse in Freiburg ließ sich viel sagen und – klagen. Aber unser Herrgott hat nicht umsonst diese Prüfungszeit über die katholische Kirche Badens kommen lassen. Sie wächst und erstarkt nach Innen und Außen zusehends, so daß man in dieser Beziehung Baden kaum wiedererkennt. Der greise dreiundachtzigjährige Erzbischof mit seiner milden, fröhlichen Lebhaftigkeit, seiner liebenswürdigen Geschäftigkeit, zu erfreuen, und der ruhigen Klarheit des Urteils und der Festigkeit seines Willens ist eine so einzige Erscheinung im Leben, daß ich das lebendige Bild dieses ehrwürdigen Kirchenfürsten nie vergessen werde. Ihn sehen ist nicht bloß interessant, sondern recht von Herzen erbaulich. Natürlich, man muß keinen Zorn auf ihn gepackt haben, wie gewisse Bürokraten, die lieber sehen möchten er stürbe. Dazu hat der kirchliche Heldengreis aber noch gar keine Lust"[100].

Auf dem Rückweg einer späteren Reise begleitete der Präses von St. Pölten seinen Freund Kolping und berichtete später über einen Besuch im Gesellenverein in Stein: „Wir fuhren am 28. Mai [1856] mit dem Dampfboote donauaufwärts und wurden in Stein feierlich empfangen. Kolping eröffnete seinen Vortrag wie einst Paulus im Areopag zu Athen, indem er mit der Inschrift begann, die er am Stadttore gelesen: ‚An Gottes Segen ist alles gelegen', und redete eine Stunde über Gesellenleben und Gesellenvereine in ergreifender Weise. Tags darauf fuhren wir nach St. Pölten ... In Gegenwart des Bischofs Feigerle und des Domkapitels sowie eines großen, ausgewählten Publikums hielt Kolping in seiner unvergleichlichen Weise eine Rede, die alle Zuhörer begeisterte ... In seiner Rede war nichts Studiertes, es floß alles aus der unmittelbaren Eingebung und aus einer Seele voll des Glaubens und der Überzeugung"[101].

Es ist ein besonders auffälliges Zeichen, daß der Besuch eines Marienwallfahrtsortes zum festen Bestandteil der Kolpingschen Reisen gehörte. Motiv dafür war nicht allein seine nicht im Detail zu fassende Marienverehrung, sondern auch die Möglichkeit eines Glaubenszeugnisses für breite Bevölkerungsschichten. Die enge Verbindung von Kirche und Volk in dieser Brauchtumsform hatte Kolping schon bei seiner Tirolreise immer wieder betont.

In Altötting, dem bekannten bayerischen Marienwallfahrtsort, empfahl er der Gottesmutter Maria sein Werk, „an dem Menschen zwar mitwirken können, bei dem aber auch und zwar ganz besonders an Gottes Segen alles gelegen ist". Daran knüpfte er – typisch für ihn – eine seiner zahlreichen meinungsbildenden Betrachtungen an: „Beim Besuch von Wallfahrtsorten hängt fast alles von dem Glauben und der Andacht der Besucher ab ... Der Aufgeklärte, der sich seinen Glauben selber macht, im Tempel der Natur seinen aparten Gott in seinem Geiste und in seiner vermeinten Wahrheit anbetet, beschreibt einen weiten Kreis um diese Stätten der eigentlichen Volksandacht, des Glaubens und Vertrauens. Für *ihn*, den selbständigen Denker, sind solche Orte höchst überflüssig, besonders wenn ihm oder den Seinigen noch nichts rechtschaffen wehtut"[102].

Ausland

An Gründungen von Gesellenvereinen über den deutschen Sprachraum hinaus hatte Kolping schon zu Beginn der fünfziger Jahre gedacht. Seine Erfahrungen auf Reisen und Berichte von Vereinsmitgliedern aus dem Ausland hatten im Laufe der Zeit ein kritisches Bewußtsein für damit verbundene Fragestellungen entwickelt: „Wie gleichartig auch das Fundament sein muß, der Aufbau muß sich sogar nach den Ortsverhältnissen, nach den besonderen Bedürfnissen und Kräften des Vereins richten. Land, Leute, Sitte und Brauch im Lande müssen im Auge behalten bleiben; denn auch darin soll der Verein katholisch sein, daß er alle berechtigte Besonderheit der verschiedenen Stämme oder gar Nationalitäten schont, nur zu veredeln und dann zu pflegen sucht. Nichts falscher und verderblicher für ein gedeihliches Volksleben als jene tote, kalte Uniformierung des großen Volkslebens, worin alle wahre Poesie erstickt. Dumm und frevelhaft wäre es noch obendrein"[103].

Am 15. August 1852 erschien im „Kirchlichen Anzeiger für die Erzdiözese Köln" ein Hilfe- und Kollektenaufruf zur Unterstützung der Deutschen Katholiken in Paris, die in dem Jesuiten P. Chable einen engagierten Seelsorger gefunden hatten[104]. Diese Nachricht mag bei Kolping auf offene Ohren gestoßen sein, denn er hatte in der „Feierstunde" schon Artikel über soziale Aktivitäten in Frankreich aus dortigen Zeitschriften übernommen[105]. Bereits 1847 war in den „Fliegenden Blättern" aus dem „Rauhen Haus" in Hamburg ein Artikel über eine Vereinigung christlich-sozialer Hilfswerke erschienen, von dem Kolping in Elberfeld durchaus erfahren haben könnte.

Im Anschluß an einen Kongreß über Sozialarbeit im Strafvollzug, der im September 1847 in Brüssel stattfand und an dem auch eine Reihe deutscher Gäste teilnahmen, wurde noch im Oktober die „Société internationale de la Charité" mit Sitz in Paris gegründet. In ihr waren fast alle europäischen Nationen und die Vereinigten Staaten von Nordamerika vertreten. Einer der führenden Mitarbeiter war der Vicomte de Melun[106].

Bereits im Jahre 1852 brach Kolping zu einer Reise nach Frankreich auf, um sich in der französischen Hauptstadt über die Situation der deutschen Handwerksgesellen eingehend zu informieren: „Die Gesellen hocken in den erbärmlichsten Wohnungen, in den Mansarden (Dachstuben) in Hinterhäusern der Vorstädte zusammen und schu stern, schneidern etc. drauf los ... Da sie in der Regel nur einen einzigen Gegenstand zu bearbeiten erhalten, ... so erzielen sie natürlich in diesem einen Gegenstand, neben bedeutender Fertigkeit, eine ungewöhnliche Eleganz, und entspricht beiden oft ein verhältnismäßig großer Lohn. Aber im eigentlichen Handwerk wird natürlich sehr wenig profitiert. Vielseitig gebildete Meister können aus solchen Stückwerkarbeiter nicht hervorgehen. Das führt dazu, daß die jungen Leute auf ihrer Arbeit sitzen blei ben, mit der Fähigkeit, die Lust zu anderer Arbeit einbüßen und ausgemachte *Gesel len* sind – *und bleiben.* Das passiert zumeist den Deutschen, die von Gesellen als Ge hülfen in Arbeit genommen, in *eine* Arbeit gründlich eingeführt werden – und drin sitzen bleiben. Deshalb gibt's in Paris eine solche Unzahl deutscher Gesellen von al len Handwerkern und Altersstufen, in denen die Hoffnung tot ist, je zu irgend wel cher Selbständigkeit zu kommen, die stolz auf ihr Stück Arbeit, nicht mehr stolz au ihr Handwerk sein können, noch dürfen. Die sind und bleiben die gehorsamen Die ner und Knechte ihrer Herren, die um nichts besser sind, wenn sie auch gewechselt werden ...

Ja, ich glaube, daß mit einigen Mitteln und viel Eifer und Geduld in Gottes Namen sich auch unter den deutschen Handwerkern in Paris noch sehr vieles retten läßt. Wi das anzufangen, gehört nicht hierher. Gott der Herr muß erst Wege bahnen und Her zen bereiten. Menschliche Berechnung tuts nicht allein, ja richtet am Ende stets am wenigsten aus“[107].

Kolping war mit den französischen Verhältnissen also ansatzweise vertraut, als e Anfang Mai 1853 in St. Sulpice an einer Generalversammlung aller sozial-karitativen Werke teilnahm. Er entwickelte vor der Prominenz der sozialen Katholiken Frank reichs seine Auffassung, „daß der Unternehmer nicht in die Arbeiterverbände mitein geschaltet werden dürfe. Ein geistlicher Führer innerhalb des lokalen Rahmens genü ge, um den Gesellenverein auf der Bahn ersprießlicher Tätigkeit zu erhalten. Au seiner eigenen Erfahrung führte er eine zweifache psychologische Begründung an einmal liebe der Arbeiter es nicht, außerhalb seiner Arbeit während der Freizeit von Arbeitgeber beobachtet zu werden, und dann würde die in solchen Zusammenkünf ten unvermeidlich hervortretende Standesungleichheit den Arbeiter abstoßen.

Aber die in ihre paternalistischen Gedankengänge eingesponnenen Herren de Adels und des hohen Bürgertums rangen sich zu keinem Verständnis von Kolping These durch. Es fehlte ihnen gewiß nicht an gutem Willen und an persönlicher Opfer bereitschaft; es fehlte ihnen aber die Fühlung mit der Wirklichkeit, die aus der eige nen Erfahrung gewonnene Kenntnis der Arbeiterseele“[108].

Kolping war 1855 erneut eingeladen, an einer Tagung dieser Organisation teilzu nehmen. Er lehnte ab und entschuldigte sich: „Ich bin mit Arbeit überhäuft, habe kei ne freie Zeit, meine Mittel sind beschränkt, und überdies beherrsche ich die französi sche Sprache nicht genügend, um zur bevorstehenden Diskussion etwas beitragen zu können“[109]. In seinem Schreiben betonte er besonders die Selbständigkeit des Arbei ters. Er wolle ihn ernstgenommen sehen in seinem Streben nach persönlicher Weiter bildung.

Die Einführung des Gesellenvereins in Frankreich gelang aus verschiedenen Grün den nicht, u. a. auch, weil die französischen Theoretiker Kolpings Postulat von de

Selbstverwirklichung der Arbeiter außer acht ließen. Bemühungen in Paris blieben erfolglos, Nizza bestand nicht lange; einzig der Straßburger Verein hatte Bestand[110].

Darum konnte Kolping freimütig eingestehen: „Doch scheint's mir, als ob die Form und Einrichtung desselben mehr dem deutschen Wesen angepaßt wäre, und bin ich noch immer im Zweifel, ob dieselbe Form auf Franzosen paßt"[111].

Mit dieser Einstellung stand er nicht allein. Auch der Frankfurter Präses Niedermayer meinte, Gesellenvereine seien „nur in Deutschland möglich"[112]. Schützenhilfe erhielt Kolping für seine Arbeit vom „Univers", der über das zehnjährige Bestehen des Kölner Vereins und seinen Gründer berichtete. Die Katholikenversammlung von Mecheln in Belgien sollte auf einen Antrag hin gar die Einführung der Gesellenvereine in alle europäischen Länder empfehlen[113].

In der Tat entstanden weitere Vereine mit überwiegend deutschsprachigen Mitgliedern in Lüttich/Belgien, Luxemburg und London[114]. Unter dem Titel „Gesellenvereine außerhalb Deutschlands" brachte das „Schlesische Kirchenblatt" nach Kurzberichten über Vereinsgründungen in Posen und Lemberg eine beachtenswerte Notiz: „Wir wünschen dem Gesellenverein in den Ländern polnischer Zunge von ganzem Herzen Gedeihen und weite Verbreitung; möchte er aber frei von aller nationalen Exklusivität bleiben und auch den deutschen Gesellen eine brüderliche Aufnahme gewähren, wie auch die deutschen Vereine den polnischen Vereinsgenossen sich gewiß nicht verschließen werden"[115].

Auch die italienischen Vereine in Riva, Rovereto, Mailand und Turin hatten offensichtlich keinen Bestand. Im deutschsprachigen Südtirol konnten die Gesellenvereine aber zunächst in Bozen und Meran Fuß fassen[116]. Auch der Gesellenverein in Rom setzte sich aus überwiegend deutschen Mitgliedern zusammen.

Im Jahre 1856 machte Kolping zunächst eine weitere größere Reise nach Sachsen und Böhmen, um dann – wieder einmal – Wien, die Steiermark und Kroatien zu besuchen. Dabei stattete er u.a. den Vereinen in Prag, Graz und Laibach Besuche ab. Weitere Ziele waren Zagreb, Budapest und ein zweiter Aufenthalt in Venedig. Auf der Rückreise ergaben sich Unterbrechungen in St. Pölten, Linz, Steyr, Ischl, Salzburg und Laufen. Besonderen Wert legte er auf eine Rast im Wallfahrtsort Altötting[117].

Für die angestrebte Internationalisierung seines Werkes war diese Reise deshalb bedeutsam, weil Kolping hier deutlich erkennbar auf Probleme interkultureller Begegnung in den Gesellenvereinen stieß und in diesem Bereich auch erste Mißerfolge hinnehmen mußte.

„Vielmehr regt sich allenthalben bittere Opposition gegen das deutsche Wesen, seit einiger Zeit wieder mehr als früher. Was wir Deutschen überhaupt und wir hier im Westen besonders schlecht begreifen, die slavischen Völker sehen das Nationale als etwas Heiliges an, dem unbedingte Verehrung zu erweisen sei, und wer ihnen das Nationale angreift, der greift sie in ihrem tiefsten Wesen an. Hier ist nicht der Ort, über das Wahre und Falsche in den neuen Nationalitätsbestrebungen sich zu ergehen, ich will nur die Tatsache dieser intern und vielfach im Äußern hervortretenden Opposition berühren, eine Tatsache, die in den jüngsten Zeiten der Gährung zu entsetzlichen, wirklich gotteslästerlichen Ausbrüchen geführt hat ... Nur muß man die Nationalitätsempfindlichkeit schonen und die Wunde nicht mit rauher Hand anfassen, auch nicht den Schein vor sich her tragen, als ob man irgend etwas spezifisch Deutsches den Böhmen aufdringen wolle, weder heimlich noch offen"[118]. So eingestimmt, besuchte Kolping den im Vorjahr als 110. gegründeten Verein in Laibach, „der Hauptstadt von Krain, was völlig aus Deutschland hinaus liegt. Die Sprache ist ein eigentümlicher slavischer Dialekt, das Volk ist meist slavischer Abkunft, was sich auch im ganzen Wesen ausprägt. Krain aber gehört schon seit langen Jahrhunderten zu Österreich und hat also dadurch deutsches Wesen und deutsche Sprache kennen gelernt. In Laibach, dorthinaus der äußerste Bollposten unserer Gesellenvereine, fand ich die Opposition der verschiedenen Nationalitäten im Leben und Verkehr am schwächsten ausgeprägt ...

Wir feierten auch in Laibach Fahnenweihe ..., hatten ein hübsches Abendfest, Gäste in Hülle und Fülle und dürfen die feste Hoffnung hegen, daß auch auf Krainer Boden der Gesellenvereine feste Wurzel nicht allein schlägt, sondern sich auch weiter entfaltet"[119].

Eine Vereinsgründung in der Hafenstadt Triest, einem Schmelztiegel verschiedenster ethnischer Gruppen, lag Kolping besonders am Herzen: „In den letzten Pfingsttagen ist der Grund dazu gelegt worden und setzen wir große Hoffnungen gerade auf diesen Verein, wenn er mit Gottes Hilfe unter der tätigen Pflege seiner Vorsteher kräftig aufblüht. Dem stehen indes örtlich mancherlei Hindernisse im Wege, die erst allmählich zu überwinden sein dürften ... In Triest ist vorab der Verein wichtig, fast notwendig aus örtlichen Gründen, ... um so notwendiger noch, als die daselbst zu Recht bestehende Gewerbefreiheit den ganzen Gesellenstand sich völlig selbst überläßt, was einmal nicht zum Guten führen kann. Auch finden sich dort die verschiedensten Nationalitäten unter den jungen Handwerkern zusammen, ohne daß irgend ein gemeinsames Band sie mit einander befreundet oder auch nur näher brächte. Im Gesellenvereine, wo sie sich allesammt auf dem Grunde und Boden des kath. Glaubens zusammen finden und in diesem Glauben ihre Bekanntschaften machen oder gar Freundschaftsbündnisse schließen, versöhnen sich diese oft disparaten Nationalitäten aufs leichteste und gedeihlichste"[120].

Mitte Mai sprach Kolping von einer Gründung „in aller Stille": „Gestern Abend habe ich acht wackern Burschen, vier verschiedenen Nationen angehörend, den Handschlag abgenommen. Ein wackerer Präses ist gefunden, und fürs übrige wird Gott weiter sorgen"[121]. Ende Juni 1856 wurde berichtet, in Triest sei „der Gesellenverein in Bildung begriffen"[122]. In seinem Reisebericht hatte Kolping mitgeteilt: „Wir hatten nur die Freude, die Sache des Gesellenvereins bis an die Adriatische Meeresküste, und zwar an ihrem wichtigsten Flecke, vorgeschoben zu haben, und hoffen zu Gott, daß auch dort hinaus für uns, trotz dem großen Wasser, die Welt noch nicht mit Brettern vernagelt ist"[123]. An diese Gründung hatte er große Erwartungen geknüpft. In seinem Bittgesuch an Erzherzog Maximilian (1832–1867), den Bruder des österreichischen Kaisers, entwickelte er den Plan. Er wollte Triest zu einem Ausgangspunkt für Gründungen von Vereinen im Orient ausbauen und hatte als Pionier den Präses des Gesellenvereins St. Pölten, Kerschbaumer, bereits vorgesehen. Dieses kühne Projekt ließ sich aber nicht verwirklichen, und auch der Verein von Triest blieb Episode[124].

Diese Reise brachte ihm bei seinen Beobachtungen die Erkenntnis ein, daß Gesellenvereine nicht auf jedem Boden und unter allen Voraussetzungen gedeihen können

„Überhaupt sind die italienischen Zustände im Volksleben der Art, daß unsere Einrichtung dort schwerlich so ohne weiteres kopiert werden kann"[125]. Von Venedig machte er sich über Triest auf den Weg nach Zagreb, um den dort entstandenen Verein zu besuchen. Schon beim Eintreffen in Agram – jugoslawisch Zagreb – stellte Kolping erste Überlegungen an, die auf eine gründliche Vorbereitung seines Besuches schließen lassen: „Da liegen sich auch wieder zwei Elemente in den Haaren, die noch eine gute Zeit brauchen, bis sie sich ausgeglichen und geziemend vertragen. Zwischen alte Landesart und Volkskleidung und Brauch hat sich unsere moderne Kultur geschoben, die einem Teil der Bevölkerung sich äußerlich angehangen ohne sie inwendig verarbeitet, will geschweigen überwunden zu haben. Was die natürliche Folge ist, kann jeder sich selbst denken. Dabei halten die eigentlichen Kroaten auf ihre Nationalität trotz Böhmen und Ungarn, hassen die Deutschen kräftig und können sich doch ihrer weder erwehren noch sie missen. In Agram wird meist deutsch, besonders in den sogenannt gebildeten Kreisen, gesprochen, ja, es existiert sozusagen gar nicht mal eine kroatische Literatur ... Es ließe sich da noch manches erzählen, aber wir schweigens besser. Es gibt Leute in der Welt, die sehr empfindlich sind und die ich schonen will und muß. Als ich abends in den Gesellenverein kam, – es geht mühselig, aber doch vorwärts – spielte der ‚Schwabste' seine Rolle (so nennen die Kroaten die Deutschen); aber wir sind sehr friedlich fertig geworden"[126].

Von Kroatien ging es weiter nach Budapest, wohin der ungarische Primas Kolping gerufen hatte, um die Vorbereitungen zur Gründung eines Vereins zu übernehmen. „Über der Sorge um unsere Vereinssache plagte mich diesmal auch ein wenig wißbegierige Neugierde, die ich gern befriedigt hätte. Um so willkommener war das Zureden Sr. Eminenz ... gewesen, die Fahrt nach Pesth noch zu unternehmen, ... Das Ungarn ist doch ein so eigentümlich Land, und hat es doch in der Geschichte eine so bedeutende Rolle gespielt, erzählt man sich vom ungarischen Volke doch so vielerlei, daß man, ... wohl versucht werden dürfte, einmal einen friedlichen Einbruch zu wagen und – selbst zu sehen, wie's dort ausschaut. Auch hatte ich den rechten Haken nicht finden können, der die wirkliche Einführung des Gesellenvereins bisher aufhielt. Vielleicht dachte ich, findest du ihn und – daß er dann weggeschafft wird, soll Eure nächste Sorge sein"[127].

Der Präses, der bald gefunden war, wußte, daß ein wirtschaftlicher Aufschwung für Ungarn „nur dann zu erwarten sei, wenn es eine sachkundige, fleißige, tätige und gebildete Mittelklasse besitzt, welche, von der Wichtigkeit des Gewerbes und dessen Vorteilen durchdrungen, dahin strebe, daß sie mit dem Auslande in jeder Beziehung und jeder Richtung wo möglich die Konkurrenz bestehe"[128].

Im Jahre 1856 erschien in den „Rheinischen Volksblättern" ein erster Bericht aus Amerika: „Wir wollten dem dringenden Wunsche unserer Gesellen hier nachgeben und auch in St. Louis einen Gesellenverein, wie sie bereits in Deutschland so zahlreich bestehen, ins Leben rufen. Wenn irgendwo, dürfte er hier, wo der junge Handwerkerstand jeder Verführung ausgesetzt ist, und die meisten in Sittenlosigkeit und jeglicher Art von Roheit verkommen, am Platze sein. Der Präses ist bereits gefunden, und er ist begeistert für die gute Sache. Er heißt Jakob Meller, ein zwar noch junger aber seeleneifriger Hirte, Pfarrer zu Kirkwood. Jetzt ist der Anfang gemacht – ...

und wir erwarten nun noch die Statuten von Köln, um uns durchaus nach diesem Muster einzurichten"[129].

Kolping kommentierte diese Meldung: „In dem Amerika wär's gut, wenn ein tauglicher Mann sich dieser Angelegenheit ganz widmete. Ein ungeheueres Feld, eine beschwerliche aber auch lohnende Arbeit! ... Sollten sich in Deutschland keine jungen Geistlichen finden, die sich an diesen Zweck aufopferten? Sollte es nicht einen Beruf geben auch zu dieser Mission? ... – Ja, hätten wir disponibele Kräfte, wir wüßten sehr wohl, wohin wir sie schickten."

Meller stammte wie Kolping aus Kerpen. Sein engagierter Einsatz für den katholischen Gesellenverein von St. Louis von 1856 bis 1862 und den Aufbau eines amerikanischen Zentralverbandes seit 1861 können neben seiner hauptberuflichen Tätigkeit als Pfarrer nicht hoch genug eingeschätzt werden. Darauf weisen besonders die in den Rheinischen Volksblättern mitgeteilten Berichte und deren Kommentierung durch Adolph Kolping hin. Dessen Hinweis, ein Priester müsse sich der Gesellenvereinsarbeit voll und ganz annehmen, wurde wohl aus mehreren Gründen nicht befolgt, denn alle zu Kolpings Lebzeiten in Amerika gegründeten Vereine sind auf Dauer nicht lebensfähig geblieben. Dafür sind verschiedene Gründe namhaft zu machen: großer Priestermangel, riesige Entfernungen, Überlastung der deutschsprachigen Priester und auch die nicht zu übersehende Neigung der ausgewanderten deutschen Gesellen, sich wenigstens im Gesellenverein ein Stück Heimat zu bewahren und dadurch auch in eine soziale Teilisolation zu geraten.

Im nichtdeutschen Sprachgebiet setzten die Vereine sich überwiegend aus deutschen Gesellen und Auswanderern zusammen. Die meisten von ihnen hatten wohl auch darum keinen längeren Bestand. Die Ursache für das Scheitern war häufig das Fehlen eines geeigneten Präses, zu enge Bindung an andere örtliche kirchliche Vereine, geringe Resonanz bei kommunalen Autoritäten und besonders bei den ausländischen Vereinen die mangelnde Integrationsbereitschaft der Mitglieder selbst in der neuen Umgebung. Doch auch in den Vereinigten Staaten von Amerika konnten die katholischen Gesellenvereine nach anfänglich verheißungsvollem Start sich auf die Dauer nicht wirkungsvoll etablieren.

Kölner Katholikentag 1858

Der Kölner Katholikentag von 1858 brachte für Kolping die einmalige Chance, sich und sein Werk am Sitz der Zentrale vor illustren Gästen aus dem In- und Ausland darzustellen und dabei die Vereinsmitglieder und die zur Generalversammlung der Gesellenvereine angereisten Präsides miteinzubeziehen. Präsident des Katholikentages war August Reichensperger, an der örtlichen Vorbereitung hatten Domkapitular Broix und Kolpings Freund Vosen mitgearbeitet. Kardinal Geissel und Weihbischof Baudri nahmen an mehreren Veranstaltungen persönlich teil. Unter den 672 offiziellen Delegierten waren auch Präsides von Gesellenvereinen, u.a. Gruscha aus Wien, Höll aus Karlsruhe und Müller aus Berlin. Kolping berichtete später, daß dieser Katholikentag einer „der glänzendsten und besuchtesten" war[130].

Die Veranstaltungen fanden im Kölner Gürzenich statt, dem Prunksaal der Stadt. Kolping beschrieb das Ambiente und versah es gleich mit einer politischen Erklärung: „Man hatte keinen besonderen Schmuck angebracht, weil er nicht nötig war, die architektonische Schönheit des Ganzen nur hätte beeinträchtigen können. Bloß bei der Rednertribüne waren zwei Büsten des höchsten Kirchenfürsten [Pius IX.] und des Landesvaters [Friedrich Wilhelm IV.] aufgestellt, zum Zeichen, daß das Streben ... ebensowohl im Geiste der Kirche als dem Staate zum Nutzen und Frommen gedeihen solle“[131].

In seiner Begrüßungsrede vor den Delegierten, die gekommen waren, „um sich zu einigen und zu stärken gegenseitig in katholischer Liebe, in katholischer Treue und katholischem Leben“ nahm der Kölner Erzbischof unmißverständlich zu Inhalten und zum Verfahren der Beratungen Stellung: „Alle Stimmen in den Beratungen werden deshalb, weil sie katholisch sind, wie sie auch in unwesentlichen Dingen auseinandergehen mögen, wie verschieden die Auffassung, wieder *ein*stimmig werden, indem sie der Mutterstimme der Kirche folgen, die Maß und Ordnung handhabt und anweist mit Reden und Denken, die geben lehrt dem Cäsar was des Cäsars ist und Gott was Gottes ist“[132].

Auch Kolping trat auf der Versammlung in Anwesenheit seines Erzbischofs als Redner auf und konnte eine verheißungsvolle Bilanz ziehen: Es bestanden ca. 180 Gesellenvereine mit mehr als 20000 Mitgliedern[133]. Er brachte auch die neue Organisation der Gesellenvereine zur Sprache: „Wir haben geglaubt, nichts Besseres tun zu können, als das ganze Werk der Gesellenvereine zu den Füßen der Bischöfe niederzulegen, die Oberhirten als die wahren Väter der Gesellen anzusehen“[134]. Seine Rede war „schlicht und ungekünstelt ..., aber reich an den tiefsten Ideen, war eine Aussaat von Goldkörnern ... Er sprach lange, aber für niemanden zu lange ... Mit Enthusiasmus dankte ihm die Versammlung“[135].

Die Feststellung Peter Reichenspergers, daß die Gesellenvereine „sich bereits der umfassendsten und anerkanntesten Wirksamkeit erfreuen“, mußte für Kolping vor diesem Publikum eine besondere Genugtuung sein[136]. Von seinen Professoren, Mitstudenten und Vorgesetzten gehörten zum Episkopat: Weihbischof Baudri in Köln, Konrad Martin in Paderborn, Emmanuel Freiherr von Ketteler in Mainz und später auch Daniel Bonifatius Haneberg in Speyer. Zu den prominenten Förderern der Gesellenvereine ist auch der Berliner Propst und spätere Trierer Bischof Pelldram zu zählen. Aus den Reihen der Bischöfe zeigte sich ferner der Münchener Erzbischof Reisach Kolping und seinem Werk besonders gewogen. Dazu mag Generalvikar Windischmann, dem Kolping verbunden war, seinen Beitrag geleistet haben[137].

Anläßlich des Kölner Katholikentages beteiligten sich die dort anwesenden Präsides und 650 Mitglieder des Kölner Gesellenvereins an der Einweihungsfeier der Mariensäule vor dem Erzbischöflichen Haus. In seiner Ansprache sagte Kardinal Geissel: „So ist es recht: Ein tüchtiger Handwerksmann sein und ein guter Christ. Beides gehört zusammen. Nur, wenn beides vereint ist, wird ein tüchtiges Ganzes daraus.“ Für die zahlreich anwesenden Mitglieder der Gesellenvereine, die Vertreter des Handwerks und vor allem für Kolping selbst war das erzbischöfliche Lob auch Anerkennung für die Inhalte der Bildungsarbeit in den Gesellenvereinen[138].

Je größer der Zulauf zu den Gesellenvereinen wurde, um so notwendiger wurde eine zumindest teilweise Dezentralisierung. Dabei blieb jedoch oberstes Ziel, die Einheit aller Vereine durch die Bindung an den Kölner Zentralverein zu erhalten. Die bayerischen Vereine hatten sich inzwischen zu einem Landes-Zentral-Verein formiert[139].

Die Landeszentren waren geschaffen worden, um den vielfältigen Aufgaben bei der Ausweitung des Gesellenvereins gewachsen zu sein. Die verschiedenen kulturellen und politischen Situationen in Ländern und Regionen, in denen der Gesellenverein inzwischen eine Rolle spielte, machten eine angepaßte Verwaltung und eine regionale Repräsentanz für eine wirkungsvolle Bildungs- und Sozialarbeit notwendig. Aus der Arbeitseffektivität und den Erfolgen dieser regionalen Verbände erwuchs dann auch die Einsicht, die Gesellenvereine der Struktur der katholischen Kirche anzupassen und den Diözesen zuzuordnen. Dieser Aufgabe unterzog sich die 5. Generalversammlung, die am 8. und 9. September 1858 in Köln stattfand[140]. Das Treffen – in enger Verbindung mit dem Katholikentag und publikumswirksam organisiert – beschäftigte sich hauptsächlich mit dem Amt des Präses und seiner Stellung im Verein sowie der überregionalen Organisation der Gesellenvereine. 34 namentlich und auch vereinsführend nicht genannte Präsides waren erschienen. Man beschloß, die Gesellenvereine den Diözesen zuzuordnen, um sie auch der kirchlichen Gliederung anzupassen. Die jeweiligen Bischöfe sollten den Diözesanpräses für ihren Jurisdiktionsbereich bestellen.

Offensichtlich hatte das Hauptthema dieser Versammlung die Präsides schon länger beschäftigt. Das geht aus einem an den Karlsruher Präses Höll gerichteten Brief hervor: „Nun sind zwar alle Gesellenvereine, insoweit sie das dem Wanderbüchlein vorgedruckte Generalstatut befolgen, untereinander christlich brüderlich verbunden: Die Mitglieder werden, haben sie ordentliches Zeugnis, überall aufgenommen, aber gesetzlich können und sollen nur die Vereine der einzelnen Staaten in näherer Verbindung zueinander stehen. So sind die Bayern für sich zusammengetreten mit dem Zentralverein München, die Österreicher unter Wien. Ihr in Baden müßt nun auch schon zusammenhalten und einen Mittelpunkt suchen in Karlsruhe oder Freiburg. Es geht besser und leichter so“[141]. Die Bischöfe in die Verantwortung für die Gesellenvereine mit einzubeziehen, erbrachte eine Kontinuität in der geistig geistlichen Ausrichtung der Vereine und eine weitere organisatorische Absicherung[142]. Sozialpolitische Innovationen waren damit abgeblockt.

Am 9. September 1858 übernahm Kolping offiziell das Amt des Generalpräses des Katholischen Gesellenvereins. Die mit diesem Amt verbundenen Tätigkeiten hatte er allerdings schon viele Jahre vorher ausgeführt. Für die Organisation war wichtig, daß der Generalpräses seinen Sitz in der Zentrale in Köln hatte und gleichzeitig auch das Amt des Präses des Kölner Gesellenvereins ausübte. Der Generalpräses sollte nicht nur Verwaltungshaupt sein, sondern seine Tätigkeit immer wieder an der praktischen Arbeit des Präses orientieren können.

„Bei der großen Ausdehnung, welche mit Gottes Hilfe der katholische Gesellenverein im Vaterlande und selbst über seine Grenzen hinaus in kurzer Frist erhalten, wurde es für den Generalpräses immer schwieriger, endlich geradezu unmöglich, allen

Anforderungen, welche die Neugründung von Vereinen, deren Leitung und unerläßliche Überwachung naturgemäß bedingten, gerecht zu werden. Dazu mangelten bald mit den geistigen auch die materiellen Kräfte. Die unabweisbare Notwendigkeit drängte sich auf, sich nach Hilfe und Beistand umzusehen, welche geeignet wären, das gegründete Werk in seinem gesegneten Fortbestande zu schützen und seine Weiterverbreitung kräftig in die Hand zu nehmen. Zugleich mußte man nach einer festen Organisation sich umsehen, die, unabhängig von den jeweiligen Personen, auch für die Zukunft Halt und Dauer verhieß. Ohne eine feste *Organisation*, welche die einzelnen Glieder des sich stets weiter verzweigenden Werkes naturgemäß und darum gedeihlich miteinander verband, war, menschlicher Berechnung zufolge, wenig Aussicht vorhanden, daß unser Werk sich ... erhalten werde, abgesehen davon, daß schwerlich lange sich die innere Einheit unseres Vereinslebens würde erhalten haben“[143].

Der äußeren Verbreitung des Gesellenvereins – vorangetrieben vor allem durch Kolpings ausgedehnte Reisetätigkeit – folgte seit 1858 eine Phase des inneren organisatorischen Ausbaus und der Festigung. Die Angleichung der Struktur der Gesellenvereine an die Organisationsform der katholischen Kirche wurde seit der Generalversammlung von Köln zielstrebig weiterverfolgt.

„Der Mittelpunkt sämtlicher katholischer Gesellenvereine ist Köln. Beim Kölner Muttervereine befindet sich das Archiv des gesamten kath(olischen) Gesellenvereins, in welchem alle den Verein betreffenden wichtigen Dokumente hinterlegt werden. Der Präses des Kölner Vereins ist General-Präses und steht ihm das Konvokationsrecht zu Versammlungen aller Diözesanpräsides zu. Diese Versammlungen sind vorzüglich bestimmt, allgemeine Fragen, welche das ganze Vereinsleben betreffen, Abänderungen, Erweiterungen der Generalstatuten usw. zu erörtern und zu erledigen. Der Generalpräses führt bei solchen Versammlungen den Vorsitz“[144].

Die zentrale Organisation mit dem „Mutterverein“ in Köln war in der Ausbauphase der Vereine auch kirchenpolitisch eine gute Wahl, um für die Verbreitung der Vereine zu arbeiten. Kolping wollte das auch für die Zukunft gewahrt wissen, um die Einrichtung auch nach außen als Einheit vorstellen zu können: „Wir müssen einen Mittelpunkt haben, endlich eine entscheidende Autorität in Vereins-Angelegenheiten, müssen aufnehmen und nötigenfalls aufstoßen können ... Die Gemeinschaft mit dem Mutterverein ist darum unerläßlich“[145].

Die Einrichtung der Diözesanpräsides, die nach Bewährung in Österreich, Bayern und Baden (Gruscha/Wien; Mayer/München und Höll/Freiburg)[146] von der Generalversammlung in Köln dann positiv aufgegriffen, setzte sich nur langsam durch. Kolpings Brief an einzelne Bischöfe mit der Bitte um Einrichtung von Diözesanverbänden und Ernennung von Diözesanpräsides zeigte erste Erfolge[147]. Mit Zusagen und Ernennungen reagierten die Bischöfe Arnoldi von Trier, Martin von Paderborn, Müller von Münster und Lipp von Rottenburg. Auffallend ist die fehlende Reaktion von Ketteler aus Mainz.

Sebastian Georg Schäffer, Religionslehrer und seit 1853 Präses des Gesellenvereins Trier, wurde dort Diözesanpräses und behielt dieses Amt, bis er die Nachfolge Kolpings als Generalpräses antrat. Bischof Martin ernannte seinen Geheimsekretär Ruland, der gebürtiger Kölner, nach Abitur am Marzellengymnasium, an der Bonner

Universität Schüler Martins war. Seit 1856 leitete er den Paderborner Gesellenverein. Zum Münsteraner Diözesanpräses bestellte Bischof Müller Johann Heinrich Reinermann, der für den gesamten norddeutschen Raum zuständig war und den Münsterschen Gesellenverein mitbegründet hatte. Das Amt des Diözesanpräses von Rottenburg übernahm der Präses des dortigen Vereins, Felix Anton Hepp[148]. Präses Höll in Freiburg übte dieses Amt schon seit Beginn des Jahres 1858 aus.

Kolping stellte hohe Anforderungen an die mitarbeitenden Präsides. Neben organisatorischen Fähigkeiten forderte er pädagogische Begabung, politisches Talent und die Bereitschaft, aus freien Stücken und ohne finanzielles Entgelt längerfristig und kontinuierlich mitzuarbeiten. Wenn in der ersten Zeit die führenden Präsides seine persönlichen Freunde waren, dann ist das kein Zufall. Die freundschaftliche Bindung hat sie zur engagierten Mitarbeit motiviert. Das galt besonders für Josef Anton Gruscha aus Wien und Franz Xaver Höll aus Karlsruhe. Auch der Berliner Präses Eduard Müller, der Trierer Sebastian Georg Schäffer sowie der Münchner Georg Mayr gehörten zu Kolpings guten Freunden.

Auf dieser Generalversammlung kam es für die Entwicklung der Gesellenvereine zu einer einschneidenden Maßnahme. Die freie Wahl des Präses durch die Vereinsmitglieder wurde erheblich beschnitten, bzw. für die Zukunft unmöglich gemacht. Die Position des neugeschaffenen Diözesanpräses wurde gestärkt. Im Einverständnis zwischen Diözesanpräses und dem jeweiligen Vereinsvorstand sollte der neue Präses dem Diözesanbischof zur Ernennung vorgeschlagen werden[149]. Diese Maßnahme kann nicht allein als Schutz gegenüber staatlichen Eingriffen erklärt werden. Zentralisierungsbestrebungen und Zuordnung von Laieninitiativen zum Episkopat werden ebenso eine Rolle gespielt haben.

Konsolidierung

Nach dem Kölner Katholikentag nahm das Interesse Kolpings an diesen Veranstaltungen deutlich ab. Eine Reise zum Katholikentreffen nach Freiburg im folgenden Jahr lehnte er zunächst mit der Begründung ab, es werde dort zuviel geredet. „Ich bin eben zu oft dabeigewesen“[150]. Er fuhr dann auf Drängen schließlich doch und mußte sich gegen seinen Willen von den begeisterten Mitbrüdern feiern lassen[151].

Am Rande des Katholikentages hielt er gut besuchte Konferenzen für Amtsträger der Gesellenvereine ab. Er sprach über das Priestertum und die Gründung und Leitung von Gesellenvereinen[152].

Auf dem Münchener Katholikentag von 1861, dessen Vorversammlung im Katholischen Gesellenhaus tagte und bei dem Kolping nicht anwesend war, berichtete ein Vereinsmitglied vor den Delegierten über Arbeit und Erfolge der Gesellenvereine. Zehn Jahre nach dem ersten Auftreten Kolpings vor diesem Gremium zog der Geselle eine Bilanz aus der Sicht Betroffener: „Soll nun das Handwerk der vielseitigen Kunst und der Übermacht des Kapitals nicht unterliegen, so muß ihm Gelegenheit geboten werden, seine heranwachsende Jugend, die Gesellen in zeitgemäßer Weise heranzubilden. Das hat Kolping mit uns und wir mit ihm gefühlt ... Es drängte sich ihm das Bild des Handwerkerlebens in der Gestalt, die es damals hatte, auf, er kannte die Verkommenheit so vieler Lehrlinge, Gesellen und Meister, und wie er es im Kleinen erlebt, sah er im Großen die Krebsschäden ... Im Vereine wird ihr religiöses Bewußtsein wach, auch ihre bürgerlichen Pflichten werden ihnen ans Herz gelegt; besonders werden sie ermuntert zum Handwerksfleiß, zu einem regen Streben nach Vollkommenheit, jeder in seinem Fach; die Reisenden erhalten Herberge und Unterstützung, wie hier in München das wahrhaft großartige Hospiz den Beweis liefert. Ich habe mit warmer Teilnahme gelesen, wie die Gesellenvereine allerwärts gedeihen. Dieses trieb mich hierher, um den Gründern der Gesellenvereine, um allen den Präsides, Wohltätern und Lehrern öffentlich zu danken, und hierin stimmen alle die tausend und tausend Gesellen, die schon Meister sind, mit mir überein"[153].

Im folgenden Jahr konnte Kolping den Katholikentag nicht versäumen. Er war in Aachen, das zum Kölner Erzbistum gehörte, besonders als Diözesanpräses gefragt. Er nutzte die Gelegenheit, von seinem Rombesuch und dem besonderen Wohlwollen Pius IX. gegenüber dem Katholischen Gesellenverein zu berichten[154].

Im preußischen Landtag lobte im Oktober 1862 der Bonner Abgeordnete Bunsen die sozialen Werke von Wichern und Schulze-Delitzsch und deren Leistungen für das Gemeinwohl. Die einseitige konfessionelle Stellungnahme rückte der in preußischen Diensten stehende Abgeordnete Mallinckrodt zurecht und erklärte: „Ich erlaube mir, meine Übereinstimmung mit ihm sogar dadurch zu bestätigen, daß ich sein Verzeichnis großer Männer um eine Erscheinung bereichere, die ganz in seiner Nähe wohnt, wobei ich mich nur wundere, daß dies seinen Blicken entgangen ist, als er sich damit beschäftigt hat, die Pioniere der sittlichen Regenerierung unseres Volkes zu finden. Das ist der ... Kaplan Kolping in Köln, der jetzt nach zehn- bis fünfzehnjähriger Tätigkeit in dem Bestreben zur sittlichen Hebung der Handwerksgenossen es dahin gebracht hat, daß zur Stunde einige hundert derartige Vereine in Deutschland blühen, und dazu an 50000 Handwerksleute vorhanden sind, die dieser Verbrüderung keinen geringen Teil ihres sittlichen Wertes zu verdanken haben"[155].

Eine letzte Reise, die Kolping in Vereinsangelegenheiten unternahm, führte ihn 1863 nach Baden, Bayern und in die Schweiz[156]. Auch hier standen wieder Wallfahrtsorte auf dem Besuchsprogramm. Das Grab des Nikolaus von der Flüe (1417–1487)[157] in Sachseln und Kloster Maria Einsiedeln zogen ihn an. Zunächst fuhr er zum Gesellenverein in Rorschach. Diese Gründung hatte seit Beginn ihre Probleme, die personelle Ursachen in der Gemeinde und strukturelle Folgen im Verein hatten. Eine Lösung konnte auch Kolping nicht anbieten: „In Rorschach stiegen wir also aus und besuchten dort einen alten guten Freund, von dem wir leider in unseren eigenen Angelegenheiten keine sonderlich erfreulichen Nachrichten erhielten. Um den arbeitenden Stand bekümmerten sich Leute, die sich dabei am meisten um sich selber kümmern; und die sich recht eigentlich und namentlich in der Schweiz darum bekümmern sollten, die waren nicht daheim, überhaupt in dieser Gegend noch nicht zu finden"[158].

Er besuchte St. Gallen und Kontaktleute in Chur und Luzern. Von Kontakten zu dem über die Schweizer Grenzen bekannten Kapuzinerpater Theodosius Florentini (1808–1865)[159], der sich mit eigenwilligen Sozialprojekten einen Namen gemacht hatte, erfahren wir nichts. Kolping mußte sich mit Fragen befassen, die bisher eher am Rande seines Interessenkreises lagen.

Er wollte in Erfahrung bringen, „welcher Mittel und Wege sich diese besondere Sorte von Freiheitshelden bedienen wird, nicht um dem katholischen Gesellenverein öffentlich entgegen zu treten, davor hüten sie sich weislich, obschon allenthalben, auch in Deutschland, mit bösem Willen und mit Unverstand gegen ‚konfessionelle Bestrebungen im sozialen Leben' agitiert wird; sondern was man gegen die Mitglieder des katholischen Gesellenvereins zunächst in der Schweiz ins Werk setzen mag. Die Befehdung geht in der Regel zunächst auf der Werkstätte los, woran sich gelegentlich ein radikal gesinnter Meister beteiligt, pflanzt sich ins Wirtshaus fort, und geht beharrlich darauf aus, die Lokale der Gesellenvereine nach Kräften zu leeren. Auch schleichen sich wohl falsche Brüder ein, um Stänkereien in den Vereinen anzuzetteln"[160].

Arbeiterbildungsvereine

Kolping hielt zeitlebens an seiner Grundüberzeugung fest, der Gesellenverein habe neben dem bürgerlichen Leben auch das religiöse gebührend zu berücksichtigen. Zunehmend gewann vor dem Hintergrund antikirchlicher Aktivitäten in diesem Bereich für ihn das Ziel der christlichen Erneuerung der Gesellschaft an Bedeutung. Darum hielt er zu allen sozialpolitischen Unternehmungen deutliche Distanz. Er war der Überzeugung, für eine Zukunft der christlich geprägten Gesellschaft komme es weniger auf schnelle Reformen gesellschaftlicher Zustände an, sondern vielmehr auf lebenstüchtige Männer, die als überzeugte Christen und verantwortungsbewußte Bürger befähigt seien, kraftvoll und willensstark eine vom Christentum geprägte Gesellschaftsordnung wiederzuerrichten. Gerechtigkeit, Nächstenliebe, Zuverlässigkeit und Verantwortungsbereitschaft sollten für die Gesellen und den Mittelstand keine Fremdworte bleiben.

So verwundert es nicht, wenn Kolping die politisch-radikalen Bestrebungen der Arbeiterschaft, die vom Ausland auch auf den deutschsprachigen Bereich übergriffen, sehr kritisch unter die Lupe nahm. Vor allem, weil sich die Arbeiterbildungsvereine deutlich von der Kirche distanzierten, bzw. sie offen bekämpften[161]:

„Besehe sich einmal einer weitaus die meisten deutschen ‚Arbeiter-Bildungsvereine', durchweg Verzweigungen des sogenannten ‚Nationalvereins', und habe erstens acht, von welchen Leuten diese ausgegangen sind, zu welchen Grundsätzen diese sich bekennen, und was eigentlich in diesen Vereinen gelehrt wird, aber namentlich wie sich diese ‚Bildung' zum Christentum verhält, zum positiven, also gläubigen Christentume. Ich weiß wohl, hier in Deutschland muß man vielfach Rücksichten nehmen, darf so recht rundheraus den letzten Herzensgrund nicht sagen, aber daß man den Priester und namentlich den katholischen, einmal gar nicht ausstehen kann, zeigt hinlänglich, wessen Geistes Kinder dort ‚Bildung' verbreiten. In der Schweiz braucht man wenig Rücksicht zu nehmen, denn dort ist ‚Freiheit' namentlich für das Böse. Auch versteht man sich dort gar nicht übel auf die Organisation der Anhänger"[162].

Bekanntester Vertreter dieses Handwerksburschenkommunismus war der Frühsozialist Wilhelm Weitling[163], der in einem Bericht des Düsseldorfer Gesellenvereins als

Verführer bezeichnet wurde[164]. Kolping machte keinen Hehl aus seiner grundsätzlichen Abneigung gegenüber solchen Anschauungen:

„Wenn einer wissen will, zu was man den Menschen überreden kann, und was man aus sonst gutmütigen, harmlosen Menschen machen kann, der gehe in die Schweiz und höre die Radikalen räsonieren, oder frage irgend einen aufgeklärten Handwerksburschen, der bei Weitling und Konsorten in die Schule gegangen, um sein politisches Glaubensbekenntnis. Er wird Dinge hören, die ihm die Haare zu Berge treiben"[165].

Weitling hatte in seinem Hauptwerk 1842 die Emanzipation des Proletariates gefordert und sich vom bürgerlichen zum proletarischen Sozialismus gewandt. Er betonte, „daß allein die Arbeiterklasse den Kapitalismus beseitigen und die sozialistische Gesellschaft errichten kann. Mit diesen proletarisch-revolutionären Ansichten ging er über die Lehren der englischen und französischen utopischen Sozialisten weit hinaus, wenn er auch im Grunde den Utopismus nie überwand und die Stufe der wissenschaftlichen Erkenntnis der gesellschaftlichen Entwicklung nicht erreichte"[166].

Einzige gesellschaftlich bedeutende und ernstzunehmende Vertreter von Arbeiterinteressen im nichtkirchlichen Bereich waren 1863 – einem Jahr erhöhter sozialreformerischer Aktivitäten – Hermann Schulze-Delitzsch und Ferdinand Lassalle. Marx und Engels wurden erst mit dem Erstarken der sozialdemokratischen Arbeiterbewegung zu Ende der sechziger Jahre weiteren Kreisen bekannt.

Schulze-Delitzsch

Schulze-Delitzsch[167], führender Kopf der liberalen Fortschrittspartei, wie Kolping dem Volk besonders verbunden und eher praxisorientiert, wollte die sozialen Verhältnisse verbessern. Er fand mit seinen Arbeiterbildungsvereinen und Genossenschaften Anklang bei Arbeitern wie Handwerkern. Er sah die Arbeiterfrage mehr als wirtschaftliche denn als politische Frage. Ähnlich wie Kolping glaubte er, mit Bildungsvermittlung zur Lösung dieser Probleme beitragen zu können: „Die Bildungsbestrebungen also sind es, mit denen wir vor allen Dingen anfangen müssen. Hier ist der Punkt, wo noch Vieles gar sehr Mangelhafte in den Arbeiterzuständen auszugleichen ist. Daß die Arbeiter selbst dies zum großen Teile begriffen haben und werktätig die Hand zur Besserung hier angelegt haben, ist eines der erfreulichsten Zeichen der Zeit. Aus ihm schöpfen die wahren Freunde der Arbeiter stets neuen Mut für das endliche Gelingen, allen verkehrten und haltlosen Projekten gegenüber, mit denen man sich bemüht, die Arbeiter von dem allein richtigen Weg zu verlocken, um sie für persönlichen Ehrgeiz und gewisse unlautere politische Bestrebungen auszubeuten, welche nur dazu führen, unsere gesamte Entwicklung auf humanem, staatlichem und wirtschaftlichem Gebiet unausbleiblich der Reaktion in die Hände zu spielen. Aber dem beugen die Tausende von Arbeiterbildungs- und volkswirtschaftlichen, von Handwerker- und Gewerbevereinen vor, die ihr Netz über das ganze deutsche Vaterland bis in die kleinsten Provinzstädte hineingezogen haben. Indem sie nützliche Kenntnisse und gesunde Anschauungen in allen Schichten des Volkes verbreiten, befähigen sie mehr und mehr ihre Mitglieder zum eigenen Denken und Urteilen in solchen Angelegenheiten"[168].

Schulze-Delitzsch strebte mit seinen auf Selbsthilfe gegründeten Genossenschaften eine Verbesserung der Wettbewerbsstellung und eine Steigerung der Produktivität an. Als erklärter Gegner Lassalles hielt er im Jahre 1863 in Berlin eine Vortragsreihe, die er im gleichen Jahr als „Kapitel zu einem deutschen Arbeiterkatechismus" veröffentlichte. Von den Erfolgen seiner Bewegung berichtete auch der Berliner Gesellenverein: „Fände unsere Klasse allseitig diejenige Unterstützung, welche heute Kapitalisten und Wohltäter den Schulze-Delitz'schen Schöpfungen gewähren, so dürfte bald ein Handwerker-Kreditverein dastehen, der die Prinzipien der Selbstregierung praktisch dartäte, die das Märkk(ische) Kirchenblatt für kirchliche Lösung der sozialen Frage auf dem Grunde der Gesellenvereine als naturgemäß gezeigt"[169].

Lassalle

Im Gegensatz zu Schulze-Delitzsch äußerte Ferdinand Lassalle[170], zunächst Anhänger von Karl Marx, dann Vertreter eines Staatssozialismus, unmißverständlich, „daß die *wirkliche* Verbesserung der Lage des Arbeiters, die er *gerechterweise* zu fordern hat und für den *allgemeinen Arbeiterstand als solchen,* nur durch jene Hilfeleistung des *Staates* herbeigeführt werden kann"[171]. Der Staat sollte die Produktionsassoziationen einrichten und fördern, um damit den Arbeitern als Unternehmern die Möglichkeit zu geben, das „eherne Lohngesetz" außer Kraft zu setzen[172]. „Noch einmal also, die *freie individuelle Assoziation der Arbeiter, aber die freie individuelle Assoziation, ermöglicht* durch die stützende und fördernde Hand des *Staates* – das ist der einzige *Weg aus der Wüste, der dem Arbeiterstand gegeben ist*"[173].

Am 23. Mai 1863 wurde in Leipzig von Lassalle der „Allgemeine Deutsche Arbeiterverein" gegründet, an dem sich auch katholische Arbeiter beteiligten. Man wählte Lassalle für fünf Jahre zum Präsidenten. Er war fest entschlossen, den Verein zentralistisch zu organisieren und autoritär zu führen: „Wer auch Präsident sei, die Präsidialgewalt muß *so diktatorisch als möglich* organisiert sein. Sonst ist nichts vorwärts zu bringen. Die individuelle Vielschwätzerei wollen wir den Bourgeois überlasen"[174].

Interessant ist weiter die Darstellung dieser Vereine und ihrer Struktur. In ihnen „bedeutete die Diktatur der Einsicht durch einen Bevollmächtigten Zustimmung zu vorbereitenden Resolutionen und Aufnahme der Lassalleschen Schriften. Man lernte eine Einheitssprache und agitierte. Auf jeden Einwand hatte man die *richtige* Antwort bereit. Auf dem Wege der Aneignung der richtigen Ansicht konnten Fragen gestellt werden; Fragen, die einer gebildeten Ansicht Ausdruck gaben, waren verpönt ... Man benutzte die Schwächen der parlamentarischen Leitungen von öffentlichen Versammlungen, um sich ihrer zu bemächtigen und sie dann sofort in Mitgliederversammlungen zu verwandeln, in denen dann ein autoritatives Reglement galt ... Es war ein ganz bestimmter und sehr begrenzter Typ des Arbeiters, der sich auf Lassalle einschwur: der Grenztyp vom kleinen Handwerker und Industriearbeiter ... Es war der primitivere Arbeiter, der sich über die politischen Folgen des Staatskredits keine Gedanken machte, nicht fragte, wie sich die gesellschaftlichen Verhältnisse in einer solchen Assoziation gestalten würden. In der halbdörflichen Gemeinde von Wermelskirchen dürfen wir wohl den Idealtyp des Vereins sehen ... es gab keine Organe der Selbstvervaltung, es gab kein tagtägliches Mitarbeiten des demokratischen Willens an Entchlüssen und Orientierung der Leitung. Es war im Grunde eine plebiszitäre Demokratie, bei der es nicht demokratische *Entscheidung* sondern demokratische *Bestätiung* post factum gibt“[175].

Wenn Lassalle dem Staat und dem Recht größeren Wert zusprach, „so bedeutet das bei ihm weder eine Anerkennung des Parlamentarismus noch der Reformfähigkeit der bürgerlichen Gesellschaft sondern vielmehr die Erwartung, daß – gestützt auf eine unartikulierte Massendemokratie – von einer revolutionären Elite eine erfolgreiche ‚Diktatur der Einsicht‘ verwirklicht werden könne, die zum Sozialismus und Kommunismus führen und endlich nach Abschluß einer Erziehungsdiktatur ... Staat und Recht als äußere Zwangsanstalt überflüssig machen würde“[176].

Ketteler hatte durchaus Sympathien für die Lassalleschen Ideen: Kritik am Liberalismus, Bedeutung des „ehernen Lohngesetzes“ und die Einrichtung von Produktivassoziationen. In seiner Ronsdorfer Rede vom 22. Mai 1864 nannte Lassalle Ketteler einen Mann, „der am Rhein fast für einen Heiligen gilt, ein Mann, der sich seit langen Jahren mit gelehrten Forschungen abgegeben ... Auf den Beweisen fußend, welche ich ... in meinem ‚Arbeiterlesebuch‘ ... entwickelt habe, geht nun der Bischof so weit, den Fortschrittlern nicht einmal jene *Wahl* mehr zwischen Unkenntnis und betrügerischer Absicht zu lassen – er fühlt sich in seinem Gewissen gedrungen, gerade zu erklären: Jeder, der nach diesen von mir erbrachten Beweisen jenes Gesetz noch leugnet, wolle das Volk *betrügen!* (enthusiastischer Beifall)“[177]. Danach zitierte er Passagen aus Kettelers eben erschienener „Arbeiterfrage und Christentum“, indem er zusammenfaßte: „*Selbsthilfe* und *Staatshilfe* sind die beiden Schlagworte, nach denen sich zwei Parteien unterscheiden, welche dem Arbeiter helfen wollen. Zur Erlangung und Erhaltung der meisten, ja beinahe aller Güter des Menschen reicht aber die Selbsthilfe nicht aus. Der Mensch ist in der Gesellschaft geboren und von Natur aus fortwährend auf die Gesellschaft angewiesen. Nicht der Selbsthilfe verdankt er das Leben, nicht durch Selbsthilfe wird er erzogen“[178].

Kolping hatte die Vorschläge von Schulze-Delitzsch und Lassalle zur Kenntnis genommen, sie auch unterschiedlich bewertet, sich aber von beiden distanziert: „Mir schien es, als ob eigentlich der Lassalle sich in Frankfurt für seine wissenschaftliche Haut gewehrt habe, mit Geschick unzweifelhaft, mit Glück, muß er selber wissen. Für diejenigen Leser, welche nicht bereits wissen sollten, um was es sich hier absonderlich handelte, sei vorläufig nur bemerkt, daß zwischen diesem bekannten wissenschaftlichen Lassalle und dem minder wissenschaftlichen aber noch bekannteren Schulze-Delitzsch, der auch in der Berliner Kammer unter den Fortschreitern eine bedeutende Rolle gespielt, ein heftiger Kampf über die Frage entbrannt ist, wer von ihnen beiden in der ‚zukünftigen‘ Handwerkerfrage Recht behalten solle. Wir kommen bei einer anderen Gelegenheit ... auf die Sache selber zurück und werden dann, wenn wieder neue Erfahrungen hinzu getreten, weitläufiger auf das gar nicht unwichtige Thema eingehen. Lassalle und Schulze-Delitzsch haben aber nicht bloß, wie man von ‚wissenschaftlich‘ gebildeten Männern erwarten sollte, ihren Streit auf dem Boden der ‚reinen Wissenschaft‘ auszufechten gesucht, sondern die unwissenschaftlichen Handwerker so viel deren sich am erhobenen Lärm beteiligen mochten, in den Streit hinein gezogen. Sie, die Handwerker, sollen Zeugnis ablegen oder auch entscheiden, wer von beiden Recht habe. An sich ist das in diesem Falle so unrecht nicht, daß nämlich die ‚Wissenschaft' sich ans praktische Leben wendet, um ihre Gültigkeit und Brauchbarkeit zu erproben. Nur hat auch hier, wer allein redet, allein Recht, scheint es wenigstens zu haben, und wer nur zu reden versteht, wird bei öffentlicher Rede des klatschenden Beifalls sich versichert halten können. Nur hintennach besinnt sich wieder mancher, und möchte lieber seine Hände in den Taschen behalten haben.

Mir war es gar nicht darum zu tun, dem ‚wissenschaftlichen' Gerede des Lassalle Zeit und Geduld zu opfern. Meine Wissenschaft und jene Lassalle'sche gehn himmelweit auseinander, und ist an eine Versöhnung dieser höchst disparaten Wissenschaft auch nicht zu denken. Laß ihn reden, dachte ich bei mir. Änderen kann man nichts dran, in den Streit sich mischen, ist höchst nutzlose Arbeit, und das Ergebnis davon wird zur Zeit schon kund, vielleicht brauchbares Material für uns selber. Also arbeiten wir nur getrost weiter im eigenen Weinberg, und hüten seine Umfriedung mit gebührendem Ernst und heilsamer Strenge. Gott Lob, auch in Frankfurt gibt's noch junge Handwerker und noch wackere Freunde derselben, welche außer allem politischen und unpolitischen Streit ihre Zukunft auf altbewährter Grundlage zu bauen entschlossen sind. Bleiben diese nur dabei, kommen sie ohne Frage am weitesten"[179].

Die Mitgliederzahlen schienen der geäußerten Auffassung Kolpings recht zu geben.

Beim Tode Lassalles hatte der Allgemeine Deutsche Arbeiterverein etwa 3500 Mitglieder, der Nationalverein 23500. Bis zum November 1865 war die Zahl im Allgemeinen Deutschen Arbeiterverein auf 9400 gestiegen, der Nationalverein hatte 10000 Mitglieder[180].

Im Jahre 1864 gab es 455 Arbeitervereine Schulze-Delitzsch'scher Formung mit 135000 Mitgliedern[181].

Katholikentage und Präsidesversammlungen

Der nicht unumstrittene Publizist und Gründerpräses des Frankfurter Gesellenvereins Andreas Niedermayer hatte die Gesellenvereine überschwenglich gelobt: „Kolping hat in dieser Zeit der Restauration von allen die größte Tat vollbracht. Es ist ein wahrhaft großes Werk der göttlichen Vorsehung, daß sie durch die Kraft der Kirche und durch ihre Diener den von der Revolution und dem Unglauben gebrochenen und erniedrigten Handwerkerstand wieder erhebt, erneuert und kräftigt. Der Gesellenverein ist das rechte, das einzige Mittel, in den Bürgerstand Selbstbewußtsein zu bringen, das charakterlose Philistertum zu bannen, dem Gewerbe deutsche Biederkeit und Rechtlichkeit zu geben und korporatives Leben wieder zu erwecken"[182].

Für den katholischen Gesellenverein gab es für ihn „nur noch einen faulen Fleck: Frankfurt am Main"[183]. Möglicherweise war das ein Grund für Kolping, den dortigen Katholikentag nicht zu besuchen: „Zur Katholikenversammlung nach Frankfurt komme ich nicht aus sehr politischen Gründen. Ich denke, Gruscha von Wien findet sich ein und vertritt meine Stelle. Es hängt auch noch ein Arbeitertag in Frankfurt dran, und dem gehe ich erst recht aus dem Wege"[184].

Der Frankfurter Katholikentag im Herbst 1863 beschäftigte sich erstmals ausführlich mit der „Sozialen Frage" – verstanden als „Arbeiterfrage". Präsident war der Bruder des Mainzer Bischofs, Wilderich Freiherr von Ketteler. Das Fehlen Kolpings bei dieser Veranstaltung ist bezeichnend. Er sah in Gruscha seinen Vertreter. Seinen Vikar Flücken schickte er nach Frankfurt, damit er einmal Erfahrungen in einem überörtlichen Gremium machen könne. Außer ihm war aus Köln Kolpings Freund Vosen bei dieser Tagung und bestach durch seine sachkundigen Ausführungen, die aber von Kolping bei weitem nicht geteilt wurden[185].

Der Frankfurter Stadtpfarrer Thissen, mit Kolping seit gemeinsamer Kölner Zeit und der Romreise bekannt, führte die Delegierten in den Fragenkomplex ein. Ungeschminkt bezog er Stellung und der Mainzer Domkapitular Heinrich (1816–1891) brachte einen Antrag ein, den Katholiken das Studium der „Sozialen Frage" besonders als bedeutende Zeitfrage nahezulegen. Ihm wurde zugestimmt. Beachtung fanden auch die Ausführungen des Schweizer Kapuziners Theodosius Florentini, der als Lösungsmodell seine „Klosterfabriken" – klösterlich geprägte Genossenschaftsbetriebe – vorstellte[186].

Auf dem Würzburger Katholikentreffen 1864, zu dem Kolping wegen der zeitgleich stattfindenden Generalversammlung der katholischen Gesellenvereine ohnehin reisen mußte, konnte er von Vereinsgründungen in Amerika und Rom berichten[187].

Wie schon bei der 5. Generalversammlung 1858 waren auch auf der 6. Generalversammlung vom 12. bis 14. September 1864 in Würzburg keine Gesellen und Laien vertreten. Ob die Einladung an diese Gruppe wegen der Thematik ausblieb, ist nicht auszumachen. 27 Kleriker als Delegierte waren erschienen, sie werden im Protokoll entweder namentlich genannt oder als Amtsinhaber aufgeführt. Aus ökonomischen und organisatorischen Gründen wurde auch diese Generalversammlung an den Tagungsort des Katholikentages einberufen[188].

Generalpräses Kolping war noch nicht eingetroffen, als die Versammlung unter Leitung vom bayerischen Zentralpräses Georg Mayer beschloß, in den Schutzvorstand des Katholischen Gesellenvereins keine protestantischen Mitbürger aufzunehmen. Mit Rücksicht auf die Vereine in konfessionell gemischten Gegenden sollten sie aber als Ehrenmitglieder fungieren können. Präses des Kölner Vereins ist der Generalpräses. Ihm steht das Berufungsrecht für die Versammlungen aller Diözesanpräsides zu. Diese Treffen behandeln allgemeine Fragen, die das gesamte Vereinsleben betreffen sowie Änderungen der Generalstatuten.

Die Beschlüsse über die Diözesanpräsides aus dem Jahre 1858 hatten sich bis zur nächsten Versammlung nur zu einem Teil realisieren lassen, so daß in Würzburg ein Promemoria an die deutschen Bischöfe verabschiedet wurde[189].

Zur Erleichterung des Geschäftsablaufes im Verein soll die Einrichtung der Zentralpräsides für größere regionale Bereiche oder Länder beibehalten werden. Aufsichts- oder Jurisdiktionsgewalt sollte dieser Einrichtung aber nicht zukommen.

Die Einrichtung der Diözesanpräsides soll weiter verfolgt werden, um die Verbindung der Katholischen Gesellenvereine mit dem Ortsbischof zu festigen und die Vereine in einer Diözese untereinander zu verbinden.

Die Organisationsebene der Diözesanverbände, durch die ein Teil der Unabhängigkeit zugunsten von Straffung und Dauerhaftigkeit des Verbandslebens aufgegeben wurde, war eine originale Erfindung Kolpings, die sich bewährte und später von fast allen katholischen Verbänden übernommen wurde. „Das Institut der Diözesanpräsides ist der äußeren Erscheinung nach neu ... aber fügt sich ... einfach und natürlic an den kirchlichen Organismus an ... Von seiten der hochwürdigen Ordinariate wi von seiten der Vereine hat man deshalb diese Einrichtung auch fast allerwärts mi Freuden begrüßt, und wo sie lebendig hat auftreten können, hat sie sich auch vollau bewährt“[190].

Die Diözesanpräsides waren nach anfänglicher Teilzeitarbeit später hauptamtlich tätig und wurden – wie die nebenamtlichen Lokalpräsides – von der Kirche besolde Darüber hinaus hatten die Priester die Möglichkeit, dem jungen Unternehmen auc Zugang und Nutzung von kirchlichem Eigentum zu gestatten. „Da nun aber die Pfarrgeistlichkeit direkt unter dem betreffenden Ordinariate steht, muß darauf Bedacht genommen werden, daß irgendeine passende Verbindung der Vereinspräsides einer Diözese ... untereinander, und zwar unter einem Präses, stattfindet, welcher der Diözes angehört ... Um so näher liegt es, daß in jeder Diözese ein vom hochwürdigsten Bischofe ernannter Präses die Oberaufsicht über die Vereine der Diözese führt“[191].

Der Generalpräses, dessen Amt Kolping zeitlebens selbst wahrnahm, und di Diözesanpräsides waren die wichtigsten Amtsträger, die die Geschicke des Gesellenvereins überregional entscheidend bestimmten und förderten.

Kolping war mit 51 Jahren der Älteste in der überdiözesanen Führungsriege; de Jüngste unter ihnen war der Paderborner Präses Ruland mit gerade 34 Jahren. Da Durchschnittsalter der geistlichen Diözesanführung lag bei ca. 40 Jahren; silberne Priesterjubiläum hatte also noch keiner gefeiert. Man bemühte sich, der Idealforderung in der Praxis nahezukommen.

„Der Präses soll wenigstens soviel Jugend- und Gemütsfrische besitzen, um de Jugend ... im gesellschaftlichen Verkehr ihr Recht angedeihen zu lassen. Ein zu ernstes, mürrisches, rechthaberisches Wesen kann unmöglich die jungen Leute anziehen Schon das oft allzu bedächtige Alter steht im Wege, weshalb in der Regel jünger Geistliche am besten zum Vereinsvater passen, vorausgesetzt, daß sie soviel Takt un Lebenserfahrung besitzen, um ihrem Stande und der Sache, die sie vertreten, nirgendwo und nirgendwie etwas zu vergeben“[192].

Fast alle Diözesanpräsides hatten zumindest Erfahrung als Religionslehrer gesammelt, einige waren als Prediger besonders geschätzt, andere wiederum engagierte sich in der kirchlichen Pressearbeit. Einziger promovierter Theologe war Grusch Spätberufener wie Kolping und dazu Konvertit war August Benkert. Erfahrungen au der Mitarbeit in mehreren Gesellenvereinen brachten außer Kolping nur Benkert un Ponholzer mit[193].

Ehemalige Präsides, Mitarbeiter oder Förderer der Gesellenvereine gehörten in später Zeit zum deutschsprachigen Episkopat. So u. a. Joseph Gruscha in Wien, Antonius Fischer, Philipp Krementz zunächst in Ermland, dann in Köln, Hubert Theoph Simar, zunächst in Paderborn, dann auch in Köln, Lothar von Kübel in Freiburg un Ludwig Wahl in Meißen[194].

Die Arbeit wurde auf mehreren Ebenen geleistet. In den gewählten Gremien de Generalversammlungen, in den Landeszentralvereinen und in den Diözesanverbänden legten die Führungskräfte die Leitlinien für die Aktivitäten des Vereins fest. I den örtlichen Gesellenvereinen und Hospizen wurde die praktische Sozialarbeit un Erwachsenenbildung an der Basis geleistet.

Der Katholische Gesellenverein war zunächst eine unabhängige Laieninitiative. Die 'räsides wurden von allen Mitgliedern gewählt. In den Generalversammlungen waen nicht nur die Präsides, sondern auch Vorstandsmitglieder der Vereine vertreten.)ie Mehrheit bestand in den Versammlungen von 1850 bis 1854 zumeist aus Vortandsmitgliedern. Zu den beiden letzten Generalversammmlungen von 1858 und 864 waren allerdings – wohl wegen der behandelten Thematik – nur die Präsides ingeladen. Eine genaue Analyse der Häufigkeit der Teilnahme der Delegierten verietet sich, weil die Teilnehmerlisten nicht immer vollständig sind. Kolping selbst esuchte alle sechs Generalversammlungen.

Auffallend an den Themenkatalogen der ersten Verbandstreffen ist die Tatsache, aß das Bildungskonzept der Gesellenvereine, das als Grundlage der katholischen Erachsenenbildung anzusehen ist, nicht zur Sprache kam. Das könnte den Eindruck rwecken, als habe Kolping die theoretische Grundlegung als sein eigenes Arbeitsfeld ngesehen. Der Grund für das Fehlen dieses wichtigen Komplexes bei den Beratungen ürfte aber nicht so sehr im autoritären Gebaren Kolpings gelegen haben, sondern her darin zu suchen sein, daß er ein von der Mehrheit bereits akzeptiertes Programm - ausgerichtet nach der Pädagogik Johann Michael Sailers – vorgelegt hatte. In der ufbauphase der Gesellenvereine gab man darum organisatorischen Fragen den Vorang. Dabei zeigte sich dann, daß Kolpings Position bzw. seine Amtsführung auch ritisch beurteilt wurde: „Der General-Präses führte weiter aus, daß die besprochene ngelegenheit, welche ihre Berechtigung in der Natur der Sache habe, deren Wichtigeit gar keinem Zweifel mehr unterliege, von einigen Seiten her, namentlich von iner, die zu nennen er Abstand nehme, Bedenken erregt habe. Man solle, so habe es ngefähr gelautet, auch jeden Schein von hierarchischen Gelüsten meiden, und was er übertriebenen Vorsorge mehr sei. Im Grunde sei es besser, meinte der Referent, aß die etwaigen Einwürfe jetzt gleich erhoben würden und ihre Erledigung fänden, evor bindende Beschlüsse gefaßt seien. Er selbst wisse sich von jedem hierarchischen ielüste frei, auch möge Gott vorsorgen, daß ein solches niemals unter den Vorsteern der Gesellenvereine aufkomme und nach Geltung strebe; aber ebenso fest und ntschieden müsse er auch darauf bestehen, daß um der Sache willen ein festes Band ns untereinander verbinde, eine Ordnung zu Stande komme, der sich jeder von uns, r sei, wer er wolle, gern und freudig unterwerfe“[195].

Die Idee der Gesellenvereine fiel in dieser Zeit auf fruchtbaren Boden, denn sie kam em Bedürfnis junger Menschen entgegen. Die günstigen Umstände können das asche Wachstum des Verbandes zwar erklären, doch ist der deutlich sichtbare Erfolg ng mit Kolping und seinem Wirken verknüpft. Es war bedeutungsvoll, daß die Geneinschaft von Laien begonnen wurde und die junge Organisation berufsständische nd damit auch wirtschaftliche Interessen aufgriff. Diese Organisationsform für den irchlichen Bereich geschaffen und für die Stärkung kirchlicher Positionen in der Beölkerung genutzt zu haben, ist die Leistung Adolph Kolpings.

Am Katholikentag des folgenden Jahres in Trier, den erstmals führende katholische 'ertreter aus mehreren europäischen Ländern besuchten, nahm auch Kolping wieder eil. Er hielt für die anwesenden Präsides eine Konferenz im Gesellenhospiz ab. Im lenum sprach er jedoch nicht mehr. Zudem reiste er vorzeitig ab, weil die Eröffnung es Kölner Hauses bevorstand. Von diesem letzten Treffen, das er besuchte, konnte er sich auch in seiner Volksbildungsarbeit bestätigt fühlen. Die Versammlung erklärte nämlich, von Bildung könne man eigentlich erst sprechen, wenn im Menschen „das Ebenbild dessen hervortritt, der ihn erschaffen hat ..., wenn er in den edelsten Kräften seiner Seele gebildet und entwickelt ist, in der Vernunft, in dem Gewissen, in dem Herzen“[196].

Kolping nutzte die Katholikentage geschickt zur regelrechten Propaganda für die Gesellenvereine. Seine Fähigkeit, volkstümlich zu sprechen, machte ihn zu einem beliebten Redner und sein Anliegen Handwerk und Gesellenvereine zu einem „Dauerthema“ der Treffen seiner Zeit.

Die Katholikentage haben zu seinen Lebzeiten und in den folgenden Jahren die soziale Frage unter dem Aspekt des Handwerker- bzw. Gesellenstandes überwiegend in realistischen Zustandsbeschreibungen – auch aus der Sicht Betroffener – und durch kritische Situationsanalysen behandelt. Deutlich wurde mit religiös-sittlicher Argumentation „Kapitalismuskritik“ geübt[197].

Keine Reise war ihm zu weit und zu schwer, wenn es um die Ausbreitung der von ihm als richtig erkannten Ideen ging. Dabei war er sich auch der eingeschränkten Wirkungsmöglichkeiten seines Werkes bewußt. Bei Versammlungen kam Kolping seine Begabung, frei zu reden, besonders zustatten. Bei weitem sind nicht alle Reden, die er gehalten hat, überliefert, ja nicht einmal alle Anlässe, zu denen er gesprochen hat, können erfaßt werden. Aber in vielen Berichten klingt die Begeisterung, die er auslöste, durch. Immer wieder wird berichtet, welche Überzeugungskraft von seinen Worten ausging.

Über Reden und Ansprachen vor größerem Publikum hatte Kolping seine eigenen Vorstellungen: „Wir sind ... der Meinung, daß man öffentlich gehaltene Reden *hören* muß, daß sie deshalb auch vorzüglich auf das *hörende* Publikum berechnet sein müssen, also ganz anders zu fassen sind, als alles, was man gedruckt lesen soll.“ So kenne man Reden, die beim Vortrag gar nicht beeindrucken, bei der Lektüre später mitreißen, dagegen andere, die „im öffentlichen Vortrag ihre ganze Schuldigkeit tun“, als schriftliche Texte enttäuschen. „Das kommt meist daher, weil der mündliche Vortrag selbst ein Stück Leben ist, wenigstens sein soll, aus dem Geist gleichsam sichtbar geworden hervortritt; das Leben selbst aber läßt sich schwer oder auch gar nicht zu Papier bringen“[198].

Schilderungen öffentlicher Auftritte Kolpings bei Gründungsfeiern, Festen, Hauseinweihungen oder Jubiläen von Gesellenvereinen, die oft erst später gedruckt, aber unabhängig voneinander in ihrer Entstehung waren, weisen in ihrer Berichterstattung eine regelrechte Typologie auf:

1. Das Erscheinen bzw. Auftreten Kolpings,
2. der Bericht über eine Ansprache, Rede oder Predigt,
3. das Ergriffensein und die Faszination der Zuhörer bzw. der Betroffenen.
4. die Motivation zur weiteren Mitarbeit im Gesellenverein,
5. ein besonderes Gedenken für den Heiligen Vater.
6. den Segensgruß „Gott segne das ehrbare Handwerk“[199].

Bereitete schon die Ermittlung der zu Kolpings Lebzeiten gegründeten Gesellenvereine nicht geringe Schwierigkeiten, vor allem aber erheblichen Aufwand, so stoßen wir bei der Suche nach gesicherten Angaben über Mitgliederzahlen an Grenzen. Eine genaue Statistik darüber wurde zentral in Köln nicht geführt. Für Lokalvereine und auch für einzelne Diözesen gibt es zwar zuverlässiges Zahlenmaterial, das aber für eine Gesamtzählung nicht ausreicht, auch bei Anwendung möglicher Hochrechnungen. Ein zweites Problem bildet die Wanderbewegung der Gesellen. Ein in Köln eingetretener und nach mehreren Monaten auf berufliche Wanderschaft gehender Geselle konnte durchaus zu Recht in mehreren Vereinen als ordentliches Mitglied geführt werden. Mit der Meisterprüfung oder der Heirat erlosch die ordentliche Mitgliedschaft. Der Lokalverein konnte diese ehemaligen Mitglieder zu Ehrenmitgliedern ernennen. Ein Beispiel: In der Diözese Rottenburg bestanden 1865 zwölf Vereine mit 679 Aktiven und 745 Ehrenmitgliedern, insgesamt 1424 Mitglieder. Im Laufe des folgenden Jahres erhöhte sich die Zahl der Vereine auf vierzehn, die Zahl der Gesamtmitglieder auf 1610, von denen 740 Gesellen waren[200]. Die Zahlenangaben in der Literatur schwanken stark und geben im Normalfall keine Quellen an[201].

Hier soll wenigstens eine Skizzierung der zahlenmäßigen Entwicklung an Hand der vorliegenden Quellen versucht werden.

Auf dem Katholikentag 1852 in Münster konnte Kolping von 25 bestehenden Vereinen mit etwa 2000 Mitgliedern berichten[202]. Für den Jahresbeginn 1853 gab er ca. 40 Vereine mit 5000–6000 Mitgliedern an[203]. Zum Jahresende waren bereits 83 Vereine gegründet, von denen aber 23 keinen längeren Bestand hatten. Gut ein Viertel der bisherigen Gründungen war also gescheitert. Ende September berichtete Kolping von etwa 60 Vereinen mit etwa 10000 Mitgliedern[204]. In den ersten vier Jahren nach der Kölner Gründung verdoppelte sich die Zahl der Vereine jährlich.

Unverkennbar bedeutete Kolpings öffentliches Auftreten auf den Katholikentagen in Mainz und Münster einen Durchbruch für die weitere Entwicklung der Gesellenvereine. Die ältesten österreichischen Vereine waren in Innsbruck, Linz, Salzburg, Steyr und Wien – allesamt Gründungen des Jahres 1852.

Das Jahr 1853 brachte zwar die meisten Neugründungen – nämlich 47; es erwiesen sich aber auch 17 Vereine als nicht lebensfähig. Das waren 36% der Neugründungen dieses Jahres, ein nicht eben ermutigendes Ergebnis.

Vereine gab es 1854 bereits in allen deutschen Ländern und Provinzen mit Ausnahme der rein protestantischen.

Kurz darauf meldete Kolping: „Vereine zählen wir bereits über 80, die Mitgliederzahl mag sich leicht über 10000 belaufen“[205]. Die ältesten Schweizer Gründungen Appenzell, Rorschach und St. Gallen aus dem Jahre 1854 brachten schon seit Beginn besondere Probleme mit sich.

Kolping erstellte für 1854 eine Vereinsstatistik, die 91 Vereine nannte, bemerkte aber dazu: „Sollten wir hier und da in den Angaben der Namen geirrt haben oder sind Vereine ... übersehen worden, so bitten wir, uns sofort zu benachrichtigen, damit die Listen ... vollständig werden“[206]. Zum Jahresende 1854 ließen sich 115 Vereine ermitteln, von denen 33, also etwa 25%, keinen längeren Bestand hatten. Hauptursachen für gescheiterte Gründungen waren in der Regel unzureichende Vorbereitung und das Fehlen eines geeigneten Präses.

Im folgenden Jahr existierten bereits 104 Vereine, die zusammen 12000 Mitglieder zählten[207]. Zu Beginn des Jahres 1857 – also zehn Jahre nach der Elberfelder Gründung – konnte Kolping Papst Pius IX. von 140 Vereinen mit 20000 Mitgliedern berichten[208]. In dreieinhalb Jahren hatten sich die Zahl der Vereine und die der Mitglieder verdoppelt.

Wie ein Ende des Jahres 1858 von Kolping ausgegebener Bericht ausweist, belief sich die Gesamteinschreibezahl der 191 bestehenden Katholischen Gesellenvereine auf mehr als 63500 Mann. „Im Herbste befanden sich in 185 Vereinen *zugleich* ca. 20000 Mitglieder. Ein großer Teil ist seit Gründung des Vereines selbständig geworden, ein anderer befindet sich im weiten deutschen Lande und darüber hinaus an Orten, wo noch kein Verein existiert. Viele sind auf ihrer Wanderschaft in verschiedenen Vereinen eingeschrieben, an Abtrünnigen fehlt's auch nicht; doch darf man mit einiger Zuverlässigkeit annehmen, daß sich gegenwärtig 30000–35000 Gesellen zum Katholischen Gesellenverein zählen“[209].

Ende 1858 bestanden 240 Vereine, von denen aber 53 keinen längeren Bestand hatten[210].

In diesem von Kolping selbst ermittelten Verzeichnis führte er 185 Vereine auf, von denen 59 auf Preußen, 51 auf Bayern und 45 auf Österreich entfielen. Die Schwerpunkte der Gesellenvereine lagen eindeutig im süddeutschen Raum und in Österreich. Die Erzdiözese mit den meisten Vereinen (über 70 = ca. 16%) war Breslau unter Präses Nicht. Die norddeutschen Bistümer Hildesheim und Osnabrück hatten zusammen neun Vereine, also ca. 2% der Gesamtzahl. Eigene Häuser hatten bereits 17 Vereine, neun Vereine waren im Begriff, Hauseigentümer zu werden (etwa 14%) und 23 Vereine erhielten das Lokal von der Gemeinde oder von Gönnern „unentgeltlich oder umsonst“ (etwa 12%).

Das zahlenmäßig stärkste Gründungsjahr war 1859 mit 40 neuen und auch lebensfähigen Vereinen.

Auf dem Katholikentag in Prag 1860, an dem Kolping nicht teilnahm, konnte der Wiener Präses Gruscha allein von 60000 österreichischen Gesellen berichten[211]. Kolping nannte im gleichen Jahr 40000 Gesellen[212]. In seinem Rechenschaftsbericht für 1861 teilte Kolping mit, „daß die Zahl sämtlicher Vereine bereits über 300 hinausgeht“[213].

Für das Jahr 1862 werden in der Öffentlichkeit zum ersten Mal Zahlen von Außenstehenden genannt, von denen Kolping sicher erfahren, die er aber nicht dementiert hat. Danach bestanden 300 deutsche Vereine mit 100000 aktiven und inaktiven Mitgliedern[214].

Beim Katholikentag in Würzburg 1864 wurde von 400 Vereinen mit 100000 Gesellen berichtet[215].

Wenn es auch guter Brauch ist, daß in Nachrufen nichts Negatives über den Verstorbenen mitgeteilt und zuweilen sogar beschönigt wird, besteht kein begründeter Anlaß, die von Kolpings Freund Vosen angegebene Zahl von etwa 60000 aktiven Vereinsmitgliedern bei Kolpings Tod in Frage zu stellen[216].

Zum Ende des Jahres 1865 bestanden 420 Vereine in Europa und Nordamerika. Von den 513 gegründeten Vereinen waren 93 auf Dauer nicht lebensfähig, also ca. 18%.

Schwerpunktmäßige Verbreitung fand der Gesellenverein zuerst in katholischen Gegenden, im Rheinland, in Bayern und in Österreich. Noch zu Lebzeiten Kolpings erstreckte er sich aber über das ganze Deutschland, die österreichisch-ungarische Monarchie und die Schweiz bis hin nach Nordamerika.

Selbstverständnis und Ziele

In der katholischen Kirche war der Gesellenverein etwas völlig Neues. Zumindest in seiner Entstehungszeit verstand er sich nicht als kirchliche Einrichtung und suchte auch nicht die Nähe zum kirchlichen Amt und seinen Trägern: „Der Gesellenverein ist seiner Natur und Einrichtung nach eine *mehr bürgerliche Anstalt*, welche zunächst und hauptsächlich auf die Besserung *sozialer Zustände* hinarbeitet, die wieder Ordnung und Halt in das regellose Leben der jungen Handwerker bringen will“[217].

Größere Volks- oder Kirchennähe blieben aber nicht nur vereinsintern immer wieder nicht unumstrittenes Diskussionsthema. Und das galt nicht nur für die Mitglieder, sondern auch für die Führungskräfte selbst: „Wenn es sich darum handelt, ob der Gesellenverein geistlich oder weltlich sei, dann sage: Nein, der Gesellenverein ist weder das eine noch das andere, er ist und kann nur sein beides, so wie er ist ... Wie es sich jetzt anläßt, dürfte es besser sein, das Werk als solches weltlich zu nennen“[218].

Das Neue an diesen Vereinen und für die Zukunft der Kirche Wichtige war die offene Verbindung zwischen Mitgliedern und Hierarchie durch die verschiedenen „Stufen“ des Präsesamtes – Ortspräses, Diözesanpräses, Landes- und Generalpräses – einerseits; andererseits die realistische Möglichkeit zur Mitarbeit der „Betroffenen“, die eine neue, bisher nicht gesehene Grundlage für soziale Aktivitäten im kirchlichen Bereich schuf. Caritas und Nächstenliebe wurden in einer Selbsthilfeorganisation koordiniert und organisiert.

Für den kooperationswilligen Klerus boten die Gesellenvereine die Basis für neue Formen der (Gemeinde)-Pastoral-Arbeit. Sie wurden angesehen und zunehmend mehr angenommen als „ebenso dankbare wie bequeme Gelegenheit, wie sie kaum anderwärts geboten wird, im Volk fürs Volk zu wirken, dasselbe auch nach anderen Seiten, als die bloß amtlichen darbieten, kennenzulernen und für jedes Gute anzuleiten“[219]. Der Priester fand in seiner Funktion als „Präses“ – von Kolping immer wieder als „Vater“ dargestellt und vorgelebt – bisher ungewohnte, neue Umgangsformen zwischen Klerus und Laien. Unter diesen war es noch die besonders wichtige – weil auch zahlenmäßig sehr bedeutende – Gruppe der beruflich zur Wanderschaft verpflichteten und auf der Suche nach einem Arbeitsplatz dazu gezwungenen Handwerksgesellen und Arbeiter, die sich dadurch der althergebrachten ordentlichen Pfarrseelsorge entzog.

In den Vereinen hatten die Priester unmittelbaren und tiefgehenden Einfluß auf die Mitglieder. Sie waren zudem als Seelsorger auch in einer Bevölkerungsschicht präsent, die sich in einem noch nicht abzusehenden Umbruch befand und bisher gewohnte Sozialisationsträger (Elternhaus, gewohnter Arbeitsplatz, vertraute Lebensumwelt) entbehren mußte. Die Kirche und ihre Amtsträger hatten es anfangs schwer mit diesem neuen Unternehmen. Erst nach unerwarteten raschen Anfangserfolgen gaben sie ihre skeptische und auch furchtsame Zurückhaltung auf.

Die Gesellen und Arbeiter hatten die Vorteile, die diese neuen Einrichtungen für sie brachten, schneller begriffen. Sie kamen immer zahlreicher. Es gab wirkliche Attraktionen für sie: Bildung unter Gleichgesinnten; Geselligkeit und Unterhaltung, die wenig kostete, weil Eigenbeteiligung gefragt war; unkomplizierte und darum auch nicht demütigende Hilfe bei Krankheit und Arbeitsplatzsuche und nicht zuletzt kostengünstige oder auf Zeit kostenfreie Unterbringung und Verpflegung in Häusern oder Lokalen, wo sie sich wohlfühlen konnten. Mit diesen Angeboten fühlten sie sich zunehmend mehr als Gestalter denn als Behandelte. Dazu machten sie die Erfahrung, daß mit wachsendem Selbstwertgefühl auch ihr gesellschaftliches Ansehen stieg.

Das Gemeinschaftsleben und dessen Erfahrung hatte von Beginn an die Familie als Vorbild. Kolping wurde nicht müde, immer wieder den familienhaften Charakter des Vereins zu betonen: „Der Verein soll für die Mitglieder ein Familienhaus sein, in dem sie gewissermaßen ihre Familie, gleichberechtigte und gleichgesinnte Freunde wiederfinden und mit ihnen in inniger, freundschaftlicher Weise zusammenleben, Freud und Leid gemeinschaftlich austauschen und in gemeinsamer Verbrüderung den Grund ihres künftigen Fortkommens legen, den begonnenen Bau ihres Lebensglükkes weiterführen und nach Umständen vollenden sollen“[220].

In vielen Bereichen boten die Vereine eine Art Familienersatz. Es blieben Defizite. Doch dieses Konzept hatte auch seine Vorteile. Gerade für Jugendliche auf der Suche nach ihrer eigenen Identität war das unangefochten geltende Prinzip der Freiwilligkeit äußerst attraktiv.

So wurde großer Wert auf die Freiwilligkeit der Mitgliedschaft gelegt. Weil schon die Erstgründung eine Laieninitiative war, konnte sich das „Gesetz“ der Freiwilligkeit halten und Anstöße zu weiteren Gründungen durch wandernde Gesellen selbst geben. Unterrichts- und Kirchenbesuch waren in keinem Fall verpflichtend. Der Vorstand sollte von den Mitgliedern frei gewählt werden, in den ersten Jahren auch der Präses. Der Vorstand unter der Leitung des Präses war aber kein eigentlich demokratisches legitimiertes Gremium. Es wurde gesehen als Familienrat unter „väterlicher“ Aufsicht des Präses.

Der Verein wurde zu einem zunächst akzeptierten und zunehmend mehr geschätzten „Ort der Charakterformung“. Er bildete sich zu einer Gemeinschaft derer, „die ihr Leben im gleichen Stil bewältigen wollen. Sie bilden gruppenartige Formen des Lebens, in denen das Individuum sich vorfindet oder in die es hereinstrebt. Ihre Struktur bestimmt auch seine Lebensgestalt. Sie haben ihm gegenüber die Kraft der Bindung und des Haltes“[221].

Kolping selbst verstand den „Gesellen-Verein als ein geselliges und bildendes Kasino unter der Leitung eines geistlichen Präses. Mit wirken tüchtige Lehrer und angesehene Bürger, welche durch ihr moralisches Ansehen diese Anstalt im Innern zu heben und nach außen zu vertreten haben. Am zweckmäßigsten hat sich überall herausgestellt, wenn die Anstalt auf Privatwegen eröffnet und als solche behandelt wurde. Die jungen Leute schließen sich lieber an“[222].

Der Gesellenverein ist eine Gemeinschaft und keine Schulklasse; die Gesellen fühlten sich nicht als Schüler, die nur zum Lernen kamen. Der Verein schuf Bedingungen und damit auch ein Klima, in dem Erwachsene bereitwillig lernten. Kolping hat also nicht nur das Problem gesehen, wie man bestimmte Dinge voranbringt, sondern er hat es so gelöst, daß Würde und Selbstachtung der Gesellen gestärkt wurden.

Von Menschlichkeit wurde nicht nur geredet, sie wurde praktiziert. Priester und Vorstandsmitglieder hatten Zeit für ihre Leute. Ob in der Heimat oder in der Fremde, man fand nicht nur Kontakte und Ansprechpartner, sondern Gefährten. Bei vielen der ersten Mitglieder in den Vereinen kam in der Frühzeit noch eine besondere persönliche Erfahrung dazu. Sie erlebten oft zum ersten Mal einen Priester, mit dem sie außerhalb des Kirchenraumes persönlich und weniger verkrampft sprechen und umgehen konnten. Sie konnten selbst mitarbeiten an der Entwicklung einer auch praxisorientierten Spiritualität: Verbindung von Glaube und Leben durch Einbezug von Beruf und Arbeitswelt in den kirchlichen Raum und das religiöse Leben.

Kolping selbst hatte als Grobziel seiner Bildungsarbeit formuliert: „Das Gute *erhalten*, das Schlechte *fern*halten, das Wankende *stärken*, mit einer sittenreinen Jugend für eine bessere Zukunft sorgen“[223]. Und auch für seine mittelfristigen Zielvorstellungen konnte er in breiten Bevölkerungskreisen auf Zustimmung rechnen: „Unser ausgesprochener Zweck geht dahin, aus den jungen Leuten nach unsern besten Kräften jetzt brave, wackere Gesellen, einst tüchtige Meister und achtbare Bürger des Staates zu bilden, fromme Christen und treue Söhne des Vaterlandes“[224].

Die „Volksakademie im Volkston“ und der Priester als der *„geborene Volkserzieher“*[225] boten gemeinsam mit den Mitgliedern und Lehrern unterhaltende Bildung und bildende Unterhaltung an. Man wollte sich verstanden wissen „als wichtiger Teil, der umfassenderen Erneuerung einer gesunden christlichen Sozial- und Volksordnung in der modernen, durch wirtschaftliche und geistige Umwälzung erschütterten Zeit“[226].

Trotz großer Anfangserfolge blieb Kolping Realist, auch was seine priesterliche Tätigkeit im Gesellenverein anging. „Von dem Wahn bin ich nicht angesteckt, als wenn man durch irgendeine menschliche Einrichtung, und wäre sie die gescheiteste der Welt, alle Menschen glücklich machen oder auch nur bekehren könnte; bekehrt doch selbst das göttliche Christentum die Menschen nicht alle, einfach deshalb, weil es der Freiheit des Menschen nicht zu nahe treten will. Also kann mir auch vernünftigerweise nicht in den Sinn kommen, von dem Gesellenvereine ... zu glauben, daß er den ganzen Handwerkstand aus seinem Elende reißt und damit die gesamte Bürgerschaft auf gesundere Beine stellt“[227].

Im Verlauf der weiteren Geschichte der katholischen Gesellenvereine wurden in ihrer beruflichen, religiösen und – nach Kolpings Tod – auch in der politischen Bildungsarbeit erstaunliche Leistungen erbracht. Sie entfalteten „eine großzügige Bildungsarbeit ... Nach Kolpings Auffassung sollte der Gesellenverein Handwerksschule und Volksschule sein. Für höhergreifende Bildungsbemühungen fehlten in der Jugend des Gesellenvereins bei seinen Mitgliedern noch die Voraussetzungen. Mehrere Jahrzehnte hatte er überhaupt kein *festes* Unterrichtsziel“[228].

Die Vereine verfügten zunächst in der Gesellschaft über eine relative Unabhängigkeit. Finanzielle Unterstützung des Staates war in Preußen ausgeschlossen, in Bayern und Österreich möglich, aber verhältnismäßig selten. Von der Kirche waren Geldmittel ebenfalls nicht zu erwarten. In Einzelfällen stellten Gemeinden und Pfarreien Lokale für die Vereinsarbeit kostenlos zur Verfügung. Die erforderlichen Mittel kamen durch Einzelspenden aus allen Kreisen der Bevölkerung zusammen. Kolping und seine Mitbrüder vor allem in München, Wien und Berlin wollten das Betteln einzelner Gesellen verhindern. Sie erhielten durch Spendenaufrufe und „Wohltätigkeitsveranstaltungen" die für die Vereinsarbeit notwendigen Gelder. Kolping selbst finanzierte seine „Geschäfts-Auslagen" und Subventionen für die Kölner Zentrale aus dem eigenen Einkommen. Für die Unabhängigkeit galt als wichtigstes Ziel das eigene Vereinslokal oder das eigene Gesellenhaus.

Politische Unabhängigkeit stand in der Zeit der Reaktion weder für Führungskräfte noch für die Mitglieder zur Diskussion. Bei den Fragen der Bildungsinhalte gab es zwar immer wieder Reibungspunkte im handwerkspolitischen Bereich. Die Loyalität zur Kirche und allen ihren Amtsträgern (man legte 1858 das Werk den Bischöfen zu Füßen[229]) war sicher unangefochtener als zum preußischen Staat und seinen Beamten („Die Polizei ... indes ist und bleibt die schlechteste Volkserzieherin"[230].). Dazu mögen auch solche Kleinigkeiten beigetragen haben, wie die staatlich gewährte Portofreiheit für die evangelischen Vereine[231].

Den Gedanken der Einheit, der – was Kirchen und Staaten anging – ein Traum blieb, pflegten die Vereine untereinander, äußerlich erkennbar in gemeinsamem Gruß, einheitlichem Wanderbuch, gleichem Namen aller Ortsvereine „Katholischer Gesellenverein" und in einer Organisationsform, die auf das Generalpräsidium in Köln ausgerichtet war. Im Vereinsleben war dieses Bemühen um Einheit präsent durch ein gemeinsames Liedgut, Pflege des (auch jeweils örtlichen) Brauchtums, durch gleiche Rechte und Pflichten aller Mitglieder in den jeweiligen Vereinen und durch eine Verbandszeitschrift, die auch über den Raum der Vereine hinaus Beachtung in staatlichen und kirchlichen Bereichen fand.

Alleiniger Zweck der Gesellenvereine war weder das theoretische Studium der sozialen Fragen noch praktisches sozialpolitisches Handeln. So gab es über das Motto „Religion und Arbeit ist (!) der goldene Boden des Volkes" und das Programm „Der Gesellenverein. Zur Beherzigung für alle, die es mit dem wahren Volkswohl gut meinen" hinaus, die sich in der für alle Vereine verbindlichen Satzung niederschlugen, keinen weiteren Grundsatztext. Kolping hat Programmen keine besondere Bedeutung beigemessen. Er war mehr darum bemüht, geeignete Präsides zu finden oder auszubilden, um den richtigen Mann an den richtigen Platz zu setzen. Daß er diese Eignung für sich selbst in Anspruch nahm, wurde ihm nahezu widerspruchslos abgenommen. Er war also selbst Garant der Einheit. Als Generalpräses hatte er seinen Sitz in Köln, dem Mittelpunkt aller Gesellenvereine. Gesellen und Präsides in den Vereinen sahen in Kolping den „Organisator und väterlichen Freund, der alle Tiefen und Höhen des Menschlichen erfaßte und zu erörtern verstand"[232].

In Anlehnung an die Strukturen der katholischen Kirche war Universalität angestrebt. Katholische Gesellen hatten sich zu einem Verein zusammengeschlossen, der nationenübergreifend sein wollte. Diese Universalität wurde zu Kolpings Lebzeiten zwar im damals möglichen Rahmen geographisch erreicht, der nationenübergreifende Anspruch wurde aber nur bedingt erfüllt, weil in nichtdeutschsprachigen Ländern deutschsprachige Mitglieder in den Vereinen im wesentlichen unter sich blieben. Dafür mag neben den bereits genannten Argumenten ein weiterer Grund eine Rolle spielen. Die beiden Haupttätigkeitsbereiche der Gesellenvereine, Berufsbildung und

Berufstätigkeit sowie Familienbildung und Familienbindung, hatten in anderen Ländern – vor allem in romanischen – einen anderen Stellenwert, weil sie in der jeweiligen Gesellschaftsstruktur noch einen festeren Platz und damit eine unangefochtenere Position hatten.

Eng damit verbunden war eine missionarische Komponente in der Vereinsarbeit. Man ging „unmittelbar ins bürgerliche Leben ein, aber von der Kirche aus" und versuchte, „die Mitglieder ... auf dem *kirchlichen Boden* zu erhalten oder die Abgekommenen wieder auf denselben zurückzubringen ... Das bürgerliche Leben zu verchristlichen, ... dem ... *Nachwuchs des Handwerkerstandes* wieder die wahre Ebene und das berechtigte Standesgefühl zu erwecken, die Standesmitglieder füreinander zu interessieren und zu korporativem Leben zu bereiten", gehörten zu den vornehmsten Zielen, denen alle weiteren nachgeordnet waren. „Unser Glaube an Gott hat uns den Glauben an die Menschen, auch selbst in ihrem Elende, erhalten, und je mehr wir diesen Glauben *übten*, um so größer ist er gewachsen"[233]. Aus Zielsetzung und Zielerfüllung ist unschwer abzusehen, daß Kolping mit seinen Gesellenvereinen ein Vorläufer und Wegbereiter des sozialen Katholizismus war: „Die Kolping-Bewegung ist die erste große geglückte katholische Sozialinitiative in großem Stil. Sie steht zwischen bloßer Gesinnungs- und Strukturreform. Kolping erkannte, daß nur eine Veränderung der Lebenssituation der Handwerksgesellen Hilfe zu schaffen vermag. Dadurch leistete er Entscheidendes für die Entproletarisierung einer ganzen sozialen Schicht"[234].

Anmerkungen

1 Siehe dazu: Ridder, Diözesanverbände.
Zum GV Düsseldorf siehe:
FS 1 (1851), S. 102, 156, 193; 2 (1852), S. 6, 132, 167; 3 (1854), 35, 71, 143, 152, 169, 205. – RV 1 (1854), S. 94, 126, 412, 459, 555; 8 (1861), S. 287; 9 (1862), S. 319.
Mitteilungen 1863, Heft 1, Sp. 30f. – KS Bd. 2, S. 409; Bd. 3, S. 96, 100, 258, 270, 272; Bd. 4, S. 51f., 82, 84, 90, 108 und 151.
Ferner: Festschrift zum Goldenen Jubiläum des Katholischen Gesellenvereins zu Düsseldorf 1849–1899, Düsseldorf 1899. – 100 Jahre Kolpingsfamilie Düsseldorf, 17.–19. 9. 1949.

2 Franz Keberlet, *10. 1. 1811 Düsseldorf – † 29. 3. 1863 Saarn – 27. 2. 1836 Priesterweihe – Subsidiar Düsseldorf St. Lambertus – 1841 Kaplan Düsseldorf St. Andreas – 1855 Pfarrer Saarn – 1849 Präses GV Düsseldorf – Teilnehmer an der Generalversammlung 1850. AEK, Priesterkartei.
Der Pfarrer fragte am 26. 2. 1852 beim Generalvikariat an, ob der Gesellenverein neben den bestehenden Sodalitäten überhaupt notwendig sei. Das Generalvikariat gab diese Anfrage an Kolping zur Beantwortung weiter. – AEK Gen. 22.2,1.

3 Vgl. KS Bd. 3, S. 81. – Das Statut, am 2. 2. 1850 entworfen, war zunächst unter dem Namen „Rheinisch-Westfälischer Gesellenbund" in der „Deutschen Volkshalle" vom 16. 2. 1850 veröffentlicht worden. Siehe dazu auch: Kolping, Die Kath(olischen) Gesellenvereine und die Augsburger Allgemeine Zeitung, in: KS Bd. 4, S. 317–324.

4 Kolping, Gesellenverein-Aufgabe, in: KS Bd. 3, S. 116f.

5 Siehe dazu: Müller-Späth, CVJM, S. 120–158.

6 Zitiert nach: Müller-Späth, CVJM, S. 90.

7 Vgl. „Erste Generalversammlung der Vorstände des Gesellenbundes" am 20. 10. 1850 in Düsseldorf, in: VO 1850, Nr. 1, Beilage zum RK vom 27. 10., S. 1–4; Nachdruck in: KS Bd. 3, S. 96–101.
Siehe ferner dazu: KS Bd. 4, S. 376–380. Teilnehmer waren: Kolping, Domvikar aus Köln; Herkenrath, Ka-

plan aus Elberfeld, Keberlet, Kaplan aus Düsseldorf; Breuer, Lehrer aus Elberfeld; Keymer/Elberfeld, Martin/Elberfeld; Gumpertz/Köln, Keulertz/Düsseldorf, Metzger/Düsseldorf, Kleinmanns/Düsseldorf, Färber/Düsseldorf.

8 Das „Gesellen-Liederbuch" erschien im Herbst 1851. Bis 1896 erschienen 10 Auflagen mit etwa 40000 Exemplaren. (³1850; ⁴1863; ⁹1894). – Hier benutzt:
Breuer, Johann Gregor (Hg.), Liederbuch für Katholische Gesellen-Vereine, 6. Aufl. Elberfeld, o. J.
Eine kurze Auswahl:
Religion
Ich will Dich lieben meine Stärke, Nr. 6, S. 21 f.;
Am Letzten Abendmahle, Nr. 13, S. 32 f.;
Gelobt sei Jesus Christus in alle Ewigkeit, Nr. 21, S. 44 f.;
Großer Gott wir loben Dich, Nr. 21 b, S. 47;
Du mein Schutzgeist Gottes Engel, Nr. 21 c, S. 48;
Alle Tage sing' und sage Hymnen zu Mariä Ruhm, Nr. 22 b, S. 51 f.
Eintracht
Deutschland, Deutschland über Alles, Nr. 38, S. 87;
Textdichter und Komponist nicht genannt.
Ich hat einen Kameraden, Nr. 42 b, S. 93;
Es braust ein Ruf wie Donnerhall, Nr. 45, S. 99 f.;
Heil unserm König, Heil! dem Landesvater, Heil!, Nr. 46, S. 101.
Arbeitsamkeit
Nr. 53, S. 109 f.:
„Nur Ehrlichkeit und Treue erhält den Seelenfrieden,
kein Reichtum reicht hinieden ohn' sie ein Glück uns dar;
selbst arm lebt man beglückt,
wenn keine Schuld uns drückt.
Wohl dem, der sagen kann: Ich bin ein Ehrenmann."
Nr. 60 a, S. 121:
„Heilger Joseph, du getreuer und vor Gott gerechter Mann,
Mann, dem Herzen Gottes teuer, nimm Dich meiner liebreich an.
Laß mich üben hier auf Erden, was zu Gott mich führen kann.
Laß mich werden hier auf Erden ein getreuer Zimmermann."
Feierabend
Guter Mond, du gehst so stille
Frohsinn
Nr. 104, S. 172:
Freut Euch des Lebens.
Nr. 107: Herbei zum frohen Feste, 4. Strophe, S. 177:
„Uns eint zu gleichem Streben
Der goldne Handwerksstand,
Und mehr ist uns gegeben
Durch den Gesell'n-Verband.
Laßt uns das Glas erheben,
Wie's Sitte ist und Brauch:
Der ganze Bund soll leben,
Und Vater *Kolping* auch!"
Siehe dazu auch: KS Bd. 3, S. 100, 208–213; Bd. 4, S. 86. – Vitus, Anfänge, S. 54. – Kolping empfahl mit Einschränkungen weitere Liederbücher:
RV 3 (1856), S. 368:
„Lieder und Gesänge zunächst für katholische Gesellenvereine. Erste Abteilung. Lieder und Gesänge für Haus und Leben. Nebst einem Anhange enthaltend: Die notwendigsten Erklärungen und Übungen zur Erleichterung beim Gesangsunterrichte. Zum Vorteil des Düsseldorfer Gesellenvereins herausgegeben von Peter Stein, Lehrer am Gymnasium zu Düsseldorf, 2. Auflage.
Der Herausgeber hat in dieser Liedersammlung es sich zur Aufgabe gestellt, das Volkslied zu heben, den teils faden, teils demoralisierenden Gassenhauern, die man noch allwärts singen hört, entgegenzuwirken und die-

selben allmählich zu verdrängen. Diesen Zweck hat die vorliegende schöne und reiche Auswahl von Volksliedern und ist also wohl geeignet, in dieser Beziehung zunächst auf die Gesellen und dann durch sie auf die Hebung des Volksgesanges und des Volkes überhaupt zu wirken."
Peter Stein, *7. 5. 1818 Neuwied – † 5. 2. 1870 Düsseldorf – 1851 Musiklehrer, Königl. Gymnasium, Düsseldorf. StA Düsseldorf, Totenzettel.
RV 4 (1857), S. 608:
„Des Sängers Wanderbuch. Leichte, vierstimmige Männer-Gesänge. Originalcompositionen von Mohren, herausgegeben mit besonderer Rücksicht auf die katholischen Gesellenvereine von Wilhelm Walke, Gesanglehrer des katholischen Gesellenvereins in Breslau. Erstes Heft Breslau im Selbstverlag."

9 Das Lied ist hier zitiert nach: E. Schraepler (Hg.), Quellen zur Geschichte der sozialen Frage in Deutschland Bd. 1 (Quellensammlung zur Kulturgeschichte Bd. 6, hg. v. W. Treue), ^{2}1960, S. 186. – Autor war der badische Dichter und Schriftsteller Georg Herwegh (1817–1875).

10 Zur Bedeutung des hl. Joseph für die Gesellenvereine siehe: KS Bd. 2, S. 227, 232, 404; Bd. 4, S. 54ff., 76 u. 327, Bd. 5, S. 141. – Vgl. dazu auch das Gedicht von Franz Reinhardt „Vom treuen Zimmermann. An den heiligen Joseph", in: RV 2 (1855), S. 369f. – Zur Ikonographie und Verehrung des hl. Joseph siehe: G. Kaster, Joseph von Nazareth, in: Lexikon der Christlichen Ikonographie, hg. v. W. Braunfeld, Bd. 7, Freiburg 1974, Sp. 210–221 und Hegel, Erzbistum Köln, Bd. 5, S. 414f. – Am Kölner Haus war eine Statue des hl. Joseph angebracht, die vom Steinmetz und späteren Dombildhauer Peter Fuchs (1829–1898) gearbeitet war. – Über ihn: E. Trier, Zum Werk des Kölner Dombildhauers Peter Fuchs, in: Kölner Domblatt 43 (1978), S. 189–200. – In der Minoritenkirche stifteten die Gesellen einen Joseph-Altar. RV 11 (1864), S. 420.

11 Kolping, Vereins-Korrespondenz, in: VO 1 (1850), S. 28.

12 Kolping an Gerken, 24. 10. 1853, in: KS Bd. 2, S. 144f.

13 KS Bd. 3, S. 99. – Siehe dazu: Balser, Sozial-Demokratie, S. 273ff. und Grebing, Arbeiterbewegung, S. 45f.

14 Kolping, Glückseliges Neujahr!, in: KS Bd. 5, S. 281.

15 Hier und im folgenden wird der Begriff Katholikentag gewählt, um Verwechslungen mit den Generalversammlungen der Gesellenvereine zu vermeiden.
Verhandlungen Mainz 1848. – Siehe dazu: L. Lenhart, Idee, Gestalt und Gestalter des ersten deutschen Katholikentages in Mainz 1848. Ein Gedenkbuch zum Zentenar-Katholikentag in Mainz 1948, Mainz 1948.
Zur Geschichte der Katholikentage siehe:
Kißling, Katholikentage. – Filthaut, Katholikentage, S. 23–45. – B. H. A. Hermans, Das Problem der Sozialpolitik und Sozialreform auf den deutschen Katholikentagen von 1848 bis 1891. Ein Beitrag zur Geschichte der katholisch-sozialen Bewegung (phil. Diss.), Bonn 1972, bes. S. 100–108.

16 Franz Joseph Ritter von Buß, *23. 3. 1803 Zell/Baden – † 31. 1. 1878 Freiburg – Studium der Philosophie, Rechtswissenschaft und Medizin in Freiburg, Heidelberg, Göttingen und Basel – 1836 Professor für Staatswissenschaft u. Jura, Freiburg – 1848 Mitgl. Nationalversammlung Frankfurt – Förderer des kath. Vereinswesens – Mitgründer GV Freiburg – konservativer Politiker.
J. Oelinger, Franz Joseph Ritter von Buß (1803–1878), in: ZGL Bd. 5, S. 9–24 u. 281. (Lit.).
Text der Rede in: A. Retzbach, Franz Ritter v. Buß, Biographie mit dem Wortlaut der ersten sozialpolitischen Rede in einem deutschen Parlament am 25. April 1837, Mönchengladbach 1928, S. 48–52. – Die Rede wurde bereits früher herausgegeben: A. Geek mit einem Vorwort von A. Bebel, Zur Geschichte der deutschen Fabrikgesetzgebung. Der 1. sozial-politische Versuch in einem deutschen Parlament, Offenburg 1904.

17 Siehe dazu: Heinen, Piusverein, S. 147–242.

18 Verhandlungen Mainz 1849, S. 51.

19 A.a.O., S. 52.

20 Höffner, Katholiken und soziale Frage, S. 6.

21 Vgl. Verhandlungen Breslau 1849, S. 103.

22 Vgl. a.a.O., S. 100f.
Johann Falk, Metzgermeister, *13. 9. 1825 Mainz – † 4. 1. 1905 – berufl. Wanderschaft – 1847 Mitgründer Piusverein Mainz.
Kosch, Kath. Deutschland Sp. 696f.

23 Verhandlungen Breslau 1849, S. 39 u. 101. – Ob Kolping auch Eberhard, wie anderen Münchener Bekannten, seine Broschüre „Der Gesellenverein" zugesandt hat, ist weder nachzuweisen noch auszuschließen.

[24] Von Kolping besuchte Katholikentage:
Mainz 1851.
Verhandlungen Mainz 1851, S. 23–26, 103–107 u. 131–137. – Separatveröffentlichung eines Teilnehmers nach Mitschrift: Über Handwerksgesellen und Gesellenvereine. Von einem Freunde des ehrenwerthen Handwerks, München 1851. – Nachdruck: KS Bd. 3, S. 256–269.
Siehe dazu auch: Kißling, Katholikentage Bd. 1, S. 282 ff. u. 342–348, wo er die Legende wiedergibt, Ketteler habe Kolpings Ideen bereits in München korrigiert und damit den Anstoß zur weltlich-wirtschaftlichen Zielsetzung der Gesellenvereine gegeben. – Filthaut, Katholikentage, S. 23–25. – Götte, Katholikentage, S. 121–126. – Alle genannten Arbeiten lassen Kolping nur an 7 Katholikentagen teilnehmen. – Siehe dazu auch: HPB 28 (1851) II, S. 581–592. – Katholik NF 3 (1851) I, S. 185; NF 4 (1851) II, S. 193–204.
Zu Kolpings Reden und ihren Wirkungen siehe: Schmolke, Kolping als Publizist, S. 103–106 u. 110–112.
Münster 1852.
Verhandlungen Münster 1852, S. 112–115, 126–132 u. 227–234. – Nachdruck: KS Bd. 4, S. 38–51. – Siehe dazu: Filthaut, Katholikentage, S. 26–28. – Götte, Katholikentage, S. 126–130.
Wien 1853.
Verhandlungen Wien 1853, S. 90–97. – Nachdruck: KS Bd. 4, S. 75–80. – Bericht, in: FS 3 (1853) S. 167f – Siehe dazu: Kißling, Katholikentage Bd. 1, S. 290. – Filthaut, Katholikentage, S. 29.
Köln 1858.
Verhandlungen Köln 1858, S. 222–235. – Nachdruck: KS Bd. 4, S. 361–372. – Bericht, in: RV 5 (1858), S 577–583, 593–598, 609–617. – Siehe dazu: Filthaut, Katholikentage, S. 36–37.
Freiburg 1859.
Verhandlungen Freiburg 1859, S. 149 f. – Nachdruck: KS Bd. 4, S. 81 f. – Siehe dazu: Kißling, Katholikentage, Bd. 1, S. 376 u. 429–433. – Filthaut, Katholikentage, S. 38.
Aachen 1862.
Verhandlungen Aachen 1862, S. 200–203. – Nachdruck: KS Bd. 5, S. 224–226. – Siehe dazu: Kißling, Katholikentage Bd. 1, S. 429–433. – Filthaut, Katholikentage, S. 45. – Götte, Katholikentage, S. 131 f.
Würzburg 1864.
Verhandlungen Würzburg 1864, S. 209–211. – Nachdruck: KS Bd. 5, S. 335–337. – Siehe dazu: Kißling, Katholikentage Bd. 1, S. 429–433. – Filthaut, Katholikentage, S. 49.
Trier 1865.
Verhandlungen Trier 1865. – KS Bd. 2, S. 479 f.

[25] Linz 1856: Weihbischof Baudri und Prof. Kreuser aus Köln; von den Gesellenvereinen u. a. Präses Mayr/München, Präses Pammesberger/Linz, Geselle Haßreidter/Ried.
Salzburg 1857: Weihbischof Baudri/Köln; von den Gesellenvereinen u. a. Präses Gruscha/Wien, Präses Schöpf/Salzburg.
Prag 1860: Weihbischof Baudri/Köln; von den Gesellenvereinen u. a. Präses Gruscha/Wien, Geselle Haßreidter/Ried.
München 1861: Weihbischof Baudri/Köln; von den Gesellenvereinen Präses Gruscha/Wien, Geselle Haßreidter/Ried.
Frankfurt 1863: Vosen/Köln, Höll/Karlsruhe, Gruscha/Wien.

[26] Kolping, Rede Mainz, 8. 10. 1851, in: KS Bd. 3, S. 260. – Siehe dazu: Schieder, Arbeiterbewegung.

[27] Verhandlungen Mainz 1851, S. 130 f.; hier: S. 131.

[28] Katholik, NF 4 (1851) II, S. 307.

[29] Verhandlungen Mainz 1851, S. 112.

[30] Kolping, Vereinsangelegenheiten, in: KS Bd. 3, S. 269 f.

[31] Eine Untersuchung nach Berufs- und Bildungsstand der Delegierten und Gäste bietet: Schmolke, Kolping als Publizist, S. 230 ff.

[32] Ferdinand Schöningh, * 16. 3. 1815 Meppen – † 18. 8. 1883 Paderborn – 1847 Gründer des Verlages Schöningh, Paderborn – Freund Kolpings. Siehe auch: Steinke, Kolping, S. 155 f. – Schäffer, Kolping II, S. 149.

[33] KS Bd. 3, S. 53. – Dort auch das folgende Zitat. – Zum Gesellenhospiz siehe auch: KS Bd. 4, S. 274 f. u. Bd. 5, S. 222–225 u. 402–405.

[34] Vgl. Brief vom 26. 2. 1852, in: AEK, Gen. 23, 2.1. – A. Müller, Die Kölner Bürger-Sodalität. 1608–1908, Paderborn 1909.

[35] Siehe dazu: L: Paulussen, in: LThK 7 (1962) Sp. 50 f. – E. Mullan, Die Marianischen Kongregationen, Wien 1913 und Hegel, Erzbistum Köln Bd. 5, S. 273 f.

36 Vgl. KS Bd. 3, S. 285–300.
37 A.a.O., S. 286.
38 A.a.O., S. 290.
39 A.a.O., S. 294.
40 A.a.O., S. 294.
41 Kolping, Rede, 22. 9. 1852, in: KS Bd. 4, S. 42.
42 Vgl. Verhandlungen Münster, S. 131.
43 Vgl. „Zweite Generalversammlung des Rheinischen Gesellenbundes“ am 9. 11. 1851 in Köln, siehe dazu: FS 1 (1851), Nr. 46 vom 16. 11., S. 190–192 und Nr. 47 vom 23. 11., S. 193–196. – Nachdruck in: KS Bd. 3, S. 270–278. – Die Teilnehmerliste:
1. von Köln: Kolping, Präsident, die Beisitzer: Prof. Philipps, Maler Baudri, Vereinssenior Thonet, Assistenten: Gumpertz und Ahren, der Sekretär Referendar Meuser.
2. von Elberfeld: Lehrer Breuer, Ermekeil, Senior Grus und Assistent Groote.
3. von Düsseldorf: Die Assistenten: Rose und Metzger.
4. von Bonn: Religionslehrer Dubelmann, Präses; die Mitglieder Schuhmacher, Reinke, Dahmen.
5. von Aachen: Kaplan Schneider, Präses; die Assistenten und Mitglieder: Schmitz, Schulze, Savelsberg, Cardinali.
6. von Koblenz: als Gast Beck.
Die teilnehmenden Präsides:
Johann Franz Peter Dubelmann, * 17. 4. 1819 Köln – † 10. 11. 1895 Köln – 13. 1. 1842 Priesterweihe – Kaplan Bonn St. Martin – Repetent Konvikt Bonn – Religionslehrer – Dr. theol. – 1865 Pfarrer Euskirchen – Oberpfarrer Aachen – 30. 12. 1886 Domkapitular Köln – Präses GV Bonn – Teilnehmer an den Generalversammlungen 1851 und 1853.
AEK, Totenzettel.
Joseph Schneider, * 5. 9. 1824 Friesheim – † 8. 1. 1884 Rom – 3. 9. 1850 Priesterweihe – Vikar Aachen – 4. 10. 1852 Eintritt in den Jesuitenorden – Seelsorgstätigkeit in Aachen, Köln und Rom – 1851–52 Gründerpräses GV Aachen – Teilnehmer an der Generalversammlung 1851.
AEK, Totenzettel.
Zum GV Bonn siehe:
FS 1 (1851), S. 100, 102, 134ff., 140, 152, 193; 2 (1852), S. 128, 132, 140f.; 3 (1853), S. 80, 112, 124, 130, 169, 205; RV 1 (1854), S. 15, 45, 80, 320, 412, 459, 555; 2 (1855), S. 173, 511; 3 (1856), S. 127, 767; 6 (1859), S. 524; 7 (1860), S. 511. – Mitteilungen 1863, Heft 1, Sp. 29f. – Ferner: KS Bd. 3, S. 258, 270, 273; Bd. 4, S. 64, 82–85, 90, 108, 151. – Geschichte der ersten 25 Jahre des Gesellenvereins zu Bonn. Als Festschrift herausgegeben bei Gelegenheit des 25jährigen Stiftungsfestes am 25. Juli 1875, Bonn 1875. – Festschrift zum Goldenen Jubiläum des Katholischen Gesellenvereins zu Bonn, Bonn 1900.
Zum GV Aachen siehe:
FS 1 (1851), S. 76, 192f.; 2 (1852), S. 44f., 56, 107, 132; 3 (1853), S. 103f., 169, 205; RV 1 (1854), S. 174, 459, 555; 11 (1864), S. 270, 590; 12 (1865), S. 671. – Mitteilungen 1863, Heft 1, Sp. 31f. – Ferner: KS Bd. 3, S. 258, 270, 273; Bd. 4, S. 64, 82, 90, 108, 151; Bd. 5, S. 224. – Festschrift zum 50jährigen Jubiläum des Katholischen Gesellenvereins Aachen, hrsg. von J. Schmelcher, Aachen 1901. – 100 Jahre Kolping im Grenzland. Kolpingsfamilie Aachen Zentral 1951.
Zum GV Koblenz siehe:
FS 1 (1851), S. 193; 2 (1852), S. 4f., 20, 132, 199; 3 (1853), S. 127, 169, 195, 201f., 205; 4 (1854), S. 4, 24. RV 1 (1854), S. 206, 459, 544, 555; 2 (1855), S. 669; 3 (1856), S. 733; 4 (1857), S. 159, 493; 5 (1858), S. 271, 591, 686; 7 (1860), S. 62; 8 (1861), S. 814; 9 (1862), S. 142. – Mitteilungen 1864, Heft 3, Sp. 95. – Ferner: KS Bd. 3, S. 258, 262, 270, 273; Bd. 4, S. 82, 90, 151, 324–326. – 100 Jahre Kolpingsfamilie Koblenz, Koblenz 1951.
Die Vereine Hildesheim und Mainz standen kurz vor dem Anschluß.
Zum GV Hildesheim siehe:
FS 1 (1850), S. 68, 192f., 196; 3 (1853), S. 143, 169, 205. RV 1 (1854), S. 303, 557; 3 (1856), S. 111; 6 (1859), S. 783. – Ferner: KS Bd. 2, S. 126; Bd. 3, S. 273; Bd. 4, S. 82, 90. – Festschrift zur Feier des 60jährigen Bestehens des Katholischen Gesellenvereins in Hildesheim, hg. von L. Sommer, Hildesheim 1910. – Ridder, Diözesanverbände, S. 70–77. – F. Eymelt, Aldolf Kolpingwerk in Norddeutschland. Der Beginn der Organisation, in: Die Diözese Hildesheim in Vergangenheit und Gegenwart. Jahrbuch des Vereins für Heimatkunde im Bistum Hildesheim 52 (1980), S. 111–115.

Zum GV Mainz siehe:
FS 1 (1851), S. 172, 216; 2 (1852), S. 4, 6, 132, 190; 3 (1858), S. 169, 187, 205.
RV 1 (1854), S. 459, 557, 576; 2 (1855), S. 112; 3 (1856), S. 736; 4 (1857), S. 783; 5 (1858), S. 767; 8 (1861) S. 718f.; 11 (1864), S. 270. – Ferner: KS Bd. 2, S. 127; Bd. 3, S. 273; Bd. 4, S. 82, 90, 151; Bd. 5, S. 334. – Festschrift zum 75. Stiftungsfest des Kath. Gesellenvereins in Mainz am 27. Juni 1926, Mainz 1926. – Ridder, Diözesanverbände, S. 122–130.

44 Das Aufnahmediplom für die neu angeschlossenen Vereine galt als äußeres Zeichen für den inneren Zusammenhalt der Vereine. Als ein Beispiel sei das Diplom für den GV Elberfeld wiedergegeben.
„Gott segne das ehrbare Handwerk!
Diplom
für den kath. Gesellenverein zu Elberfeld.
Der Katholische Gesellenverein zu Elberfeld wurde gegründet am 30. August 1846, in den allgemeinen Verband des Katholischen Gesellenvereins durch Beschluß des Zentral-Vorstandes zu Köln am 9. November 1851 aufgenommen und hat sich damit auf die treue, gewissenhafte Befolgung der allgemeinen Statuten des Katholischen Gesellenvereins, wie solche nach vorheriger Beratung durch den Zentral-Vorstand publiziert worden sind und publiziert werden, verpflichtet.

Gott zur höchsten Ehre, dem Handwerk zu segensreichem Aufblühen wurde unter dem Patronate des hl. Nährvaters Joseph der Katholische Gesellenverein gegründet. Sein Fundament ist der hl. Katholische Glaube, ehrenhafte, christliche Sitte der Mitglieder seine Würde, brüderliche Eintracht sein Ehrenzeichen, gegenseitige Hülfe in Not und Bedrängnis besondere Liebespflicht, tüchtiges Schaffen und Wirken im Berufskreise das Ziel gegenseitiger Ermunterung. Ein christlicher, wackerer Gesellenstand soll und will durch Tugend und Fleiß einst in der Bürgerschaft sich einen ehrenwerten Meisterstand erobern. Darum halten die Mitglieder des Katholischen Gesellenvereins die Religion heilig, die Sitte rein, die Ehre des Mannes und des Gewerbes hoch und reichen sich überall die brüderliche Hand, damit sich aufrichte, wer darniedergesunken, und demütig stehen bleibe und weiter schreite, wer den Weg der guten Sitte und der Ehre betreten.

Unter dem Segen Gottes und unter dem Schutze des hl. Nährvaters Josephs wachse und gedeihe der Katholische Gesellenverein!
Der Zentral-Vorstand.
Adolph Kolping
Präses."
Siehe dazu: Vitus, Anfänge, S. 75f.
Für die Aufnahme neuer Vereine in den Gesellenverein hatte Kolping später ein schmuckvolles Vereins-Diplom als einheitliches Dokument drucken lassen. Siehe dazu: RV 5 (1858), S. 720. Für die Anfertigung des Blattes mußte er zunächst 400 Taler aus der eigenen Tasche vorschießen. – Vgl. dazu: Kolping an Höll, 8. 11. 1858, in: KS Bd. 2, S. 241.

45 KS Bd. 3, S. 274.

46 Vgl. Vereinsbericht Breslau, in: FS 2 (1852), S. 20. – Statuten des katholischen Gesellen-Vereins zu Breslau. (Gegründet am 8. Dezember 1851), Breslau (o.J.), in: EBA Wroclaw, XIII a 66.o.
Melchior Freiherr von Diepenbrock (1798–1853) war seit 1845 Fürsterzbischof von Breslau und seit 1850 Kardinal. Über ihn siehe: B. Stasiewski, in: Gatz, Bischöfe, S. 126–130.

47 Vgl. KS Bd. 4, 276. – Über Konflikte und Repressalien berichtet ein Artikel: Der Gesellenverein in Freiburg und die Badische Polizei, in: RV 1 (1854), S. 362–367.

48 Briefentwurf, in: DZAM, Ministerium des Innern, Rep. 77, Tit. 662, Nr. 20, Bd. 1, Bl. 256.

49 Vgl. FS 2 (1852), S. 85ff., 94ff., 105ff., 110ff., 117f.

50 A.a.O., S. 85f.

51 Kolping, Rede, 1. 5. 1852, in KS Bd. 3, S. 317.

52 FS 2 (1852), S. 107. – Siehe dazu auch: KS Bd. 3, S. 321–323.

53 FS 2 (1852), S. 134.

54 F. Prinz, Kirche und soziale Frage im 19. und zu Beginn des 20. Jahrhunderts in Böhmen, in: Ackermann-Gemeinde (Hg.), Beiträge zur Tausendjahrfeier des Bistums Prag, Bd. 3, München 1973, S. 45–63, hier: S. 53f. – Hier auch die beiden folgenden Zitate des Polizeidirektors.

55 EBA Wroclaw, XIII a, 27f. – Siehe dazu auch: Schlesisches Kirchenblatt 18 (1852), S. 351.

56 DZAM, Ministerium des Innern, Rep. 77, Tit. 662, Nr. 20, Bd. 1, Bl. 24. Die katholischen Gesellenvereine sowie die katholischen Vereine überhaupt (1852–1854).

57 Zum Jahresende 1852 kam er noch einmal nach Berlin. – Siehe dazu: FS 3 (1853), S. 9–11.

58 RV 10 (1863), S. 450f. – Zu Kolpings Beobachtung von Menschen auf der Reise siehe: FS 2 (1852), S. 126, 133f.; RV 2 (1855), S. 376; 3 (1856), S. 340, 418, 454, 471.

59 Vgl. „Generalversammlung der Rheinisch-Westfälischen-Gesellenvereine" am 9. 10. 1853 in Köln, in: FS 3 (1853), Nr. 42 vom 16. 10., S. 168 und Nr. 43 vom 23. 10., S. 169–172. Nachdruck in: KS Bd. 4, S. 81 bis 87.

Die Teilnehmerliste:

1. von Elberfeld: Der Präses Kaplan Herkenrath, der Senior Grus.
2. von Düsseldorf: Bei Verhinderung des Präses Senior Knepper, Assistenten Angels und Meyer.
3. von Bonn: Präses Religionslehrer Dubelmann, Vorstandsmitglied Baron von Vleuthen, Senior Lambertz.
4. von Aachen: Stiftsvikar Real, Präses, Senior Linden und Assistent Meisenberg.
5. von Koblenz: Kaplan Hausmann, Vizepräses.
6. von Essen: Senior Schlaustein.
7. von Bochum: Präses Kaplan Köhler, Vorstandsmitglied Schulten, Mengelberg, Ricke.
8. von Dortmund: Präses Kaplan Krömecke, Vorstandsmitglied Linpinsel.
9. von Soest: Buchhändler Ziegler, Vizepräses; Senior Schmitz.
10. von Münster: Präses Kaplan Reinermann.
11. von Berlin: Missionsvikar Müller, Präses; Vorstandsmitglied Generaldirektor der Königlichen Museen von Olfers.
12. von Neuss: Vorstandsmitglied Breuer, dieAssistenten Werth und Jansen.
13. von Krefeld: Kaplan Goller, Präses, Michels, Senior.
14. von Mönchengladbach: Kaplan Richartz, Präses; Senior Worms, Assistenten Kappen und Schwinges.
15. von Düren: Vereinssenior Thelen, Assistent Schulten und Otto.
16. der Zentralvorstand Köln, vertreten durch den Präsidenten Domvikar Kolping, die Mitglieder Baudri, Prof. Philipps, der Sekretär Ass. Meuser, Ahren, Gumpertz.

Als Gäste befreundeter außerpreußischer Vereine wohnten der Versammlung bei:
von Mainz: Prof. Wagner, Präses; Senior Funk und Assistent Erler;
von Hildesheim: Vizepräses Pfr. Engelhardt.

Die teilnehmenden Präsides:

Wilhelm Real, *23. 3. 1827 Schuir/Essen – † 3. 2. 1892 Aachen – 3. 9. 1850 Priesterweihe – Kaplan Aachen – 1864 Pfarrer Recht – 1869 Seelsorger am Josephinischen Institut Aachen – 1886 Pfarrer Aachen St. Paul – 1852 Präses GV Aachen.
AEK, Totenzettel.

Peter Franz Hausmann, *17. 4. 1827 Cochem – † 10. 6. 1873 – 31. 8. 1850 Priesterweihe – Kaplan und Vikar Koblenz – 1856 Pfarrer Alf – 1860 Pfarrer Pünderich – 1871 Pfarrer Niederberg – 1850 Vizepräses GV Koblenz.
A. Thomas, Der Weltklerus Trier seit 1800, Trier 1941, S. 393. – KS Bd. 2, S. 244.

Eduard Joseph Köhler, *14. 3. 1828 Dortmund – † 23. 2. 1866 Dortmund – 5. 4. 1851 Priesterweihe – Konrektor und Kaplan Bochum – 1856 Rektor der Lateinschule Wiedenbrück – 28. 4. 1857 exkommuniziert – Konversion zur evangelischen Kirche – 1857 Gymnasiallehrer Duisburg – 20. 8. 1858 2. Pfarrer Dortmund St. Petri-Nicolai-Gemeinde – Gründerpräses GV Bochum.
W. Liese, Necrologium Paderbornense, Paderborn 1934, S. 323f. – E. Brinkmann, Die Pfarrer der evangelischen Altstadtgemeinden Dortmunds in der Zeit von 1815 bis 1918, in: Beiträge zur Geschichte Dortmunds und der Grafschaft Mark 62 (1965), S. 37f.

Eduard Krömecke, *3. 11. 1826 Bruchhausen/Höxter – † 9. 6. 1873 Pömbsen – 18. 4. 1849 Priesterweihe – Kaplan Dortmund – 1855 Pfarrer Hemer – 1858 Religionslehrer Warburg – 1859 Kaplan Herstelle – 1860–63 ohne Anstellung in Marienthal – Verfasser historischer Arbeiten – 1863 Pfarrer Pömbsen – 1852 Gründerpräses GV Dortmund – 1855 Gründerpräses des GV Hemer.
W. Liese, Necologium Paderbornense, Paderborn 1934, S. 336.

Johann Heinrich Reinermann, *5. 1. 1820 Dülmen – † 22. 7. 1872 Sendenhorst – 29. 9. 1842 Priesterweihe – Kuratpriester – 1846 Kaplan Münster St. Äegidii – 1865 Pfarrer Sendenhorst – 1852 Gründerpräses GV Münster – 1859 Diözesanpräses der Gesellenvereine im Bistum Münster.
BA Münster, Priesterkartei – Nachruf, in: RV 19 (1872) S. 496. – Totenzettel seiner Mutter in Kolpings Brevier, ADK. – KS Bd. 2, S. 246.

Eduard Müller, *15. 11. 1818 Quilitz – † 6. 1. 1895 Neiße – 15. 3. 1843 Priesterweihe – Religionslehrer Sagan – 1852–1891 Missionsvikar Berlin – 1853–1891 Hg. Märkisches Kirchenblatt – 1863–1883 Hg. Bo-

nifatius-Blatt – 1858 Hg. Märkische Kirchenzeitung – 1871–1891 Mitgl. Reichstag (Zentrum) 1852–1891 Präses GV Berlin.
E. Thrasolt, Eduard Müller, der Berliner Missionsvikar, Berlin 1952 – Ridder, Männer, S. 54–66.
KS Bd. 2, S. 178, 273, 276, 282, 320, 397, 400, 406f., 412, 414, 416; Bd. 4, S. 360; Bd. 5, S. 166, 328, 334, 343.
Joseph Goller, *10.11. 1821 Hagen – † 29. 12. 1906 – 29. 8. 1847 Priesterweihe – Vikar Krefeld – 18 Pfarrer Simmerrath – 1865 Dechant – 1852 Gründerpräses GV Krefeld.
H. Bongard, Der Eremit am Hohen Venn, in: Mitteilungen des Geschichtsvereins des Kreises Monschau Nr. II (3/4, 1959), S. 23f. – Festschrift 60 Jahre Gesellenverein Krefeld, Krefeld 1912, S. 6f. – KS Bd. S. 137 u. 161.
Jakob Tilman Philipp Richartz, *14. 5. 1821 – † 16. 2. 1892 Eupen – 21. 4. 1844 Priesterweihe – 1847 K plan Mönchengladbach – 1854 Pfarrer Schleiden – 1861 Pfarrer Eupen – 1853 Gründerpräses GV Mö chengladbach.
AEK, Totenzettel.
Karl Wagner, *9. 9. 1821 Mainz – † 27. 8. 1869 Bombay – Architekt und Ingenieur – Theologiestudium 4. 10. 1851 Priesterweihe – Prof. für Philosophie Priesterseminar Mainz – 1855 Eintritt in den Jesuitenc den – 1851 Gründerpräses GV Mainz – Architekt des Statzkreises.
175 Jahre Bischöfliches Priesterseminar Mainz, Augustinerstraße 34, Mainz 1981, S. 334f. – W. Weyres/. Mann, Handbuch zur rheinischen Baukunst des 19. Jahrhunderts, Köln 1968, S. 107. – KS Bd. 4, S. 151f.
Johann Heinrich Engelhardt, *25. 11. 1792 Giboldehausen – † 3. 4. 1864 Hildesheim – 21. 1. 1816 Priest weihe – Kaplan Nörthen – 1819/30 Kaplan und Lehrer in Duderstadt – 1930/31 Benefiziat Lindau – 18 und 39 Pfarrer Göttingen – 1839/64 Pfarrer Hildesheim St. Mauritius – Vizepräses GV Hildesheim.
Frdl. Auskunft, BA Hildesheim vom 31. 1. 1975.

60 Vgl. Generalstatut, in: KS Bd. 4, S. 87–91.

61 A.a.O., S. 87. – Unter dem gleichen Titel gab es auch regelmäßige Artikel in den „Rheinischen Volk blättern“.

62 Kolping an Gruscha, 18. 12. 1855, in: KS Bd. 2, S. 192.

63 Siehe dazu: Grebing, Arbeiterbewegung, S. 45.

64 Vgl. Bericht über Berliner Gesellenverein 1. 2. 1854 (Kopie), ZSAM, Ministerium des Innern, Rep. 7 Tit. 662, Nr. 20, Bd. 1, Blatt 284. – Siehe dazu auch: Der katholische Gesellenverein und seine Gegner, i FS 2 (1852), S. 153ff.

65 Kolping an Gruscha, 11. 12. 1860, in: KS Bd. 2, S. 293.

66 Vgl. Kolping an Geissel, 15. 11. 1853, in: KS Bd. 2, S. 146. – Genehmigung Geissels vom 23. 11. 1853, i KS Bd. 1, S. 43.

67 Das Schlesische Kirchenblatt 20 (1854), S. 82, berichtete dazu:
„Mitglied dieser Genossenschaft kann jeder Priester werden, der im Gesellen-Vereine tätig ist, und verbleil er's auch noch, wenn er *unfreiwillig* ausscheiden muß. Der Eintretende verpflichtet sich:
1. täglich die Antiphon: Sub tuum praesidium ... und oratio zum heiligen Joseph;
2. an jedem Sonntage den Bußpsalm ‚Miserere' zu beten;
3. am heiligen Christfeste *eine* der drei zu lesenden Messen für die Genossenschaft in ihren lebenden und ve storbenen Mitgliedern darzubringen und dabei Gott um Segen für den Verein zu bitten.
Die Vorstände der katholischen Gesellenvereine Schlesiens, wie auch einige andere Priester, welche der Vereine ihre Kräfte widmen, sind der Genossenschaft beigetreten ... möchten aber auch *Alle*, die dem Verei mit Liebe zugetan sind, im Gebete mit dessen Vorständen sich vereinigen, und unter Gottes Segen das Wer fördern zu helfen. C. Nicht.“ – Siehe dazu auch: Schäffer, Kolping II, S. 200ff.
Ernst Nicht, *5. 3. 1825 Breslau – † 9. 2. 1877 – 17. 6. 1848 Priesterweihe – 24. 7. 1849 Kaplan Trebnitz - 15. 2. 1850 Kaplan Breslau, Corpus Christi – 24. 11. 1852 Kurat Breslau, St. Dorothea – 18. 12. 1862 Pfar verwalter Grottkau – 12. 8. 1867 Pfarrer Grottkau – 14. 3. 1873 Pfarrer Hochkirch/Glogau – 1850 Grür derpräses GV Breslau – 14. 1. 1865 Diözesanpräses Breslau.
Bereits 1853 befindet sich in seiner Personalakte ein Zeugnis, dem zu entnehmen ist: „Dem hiesigen Gese len-Verein, der seine Schöpfung ist, bringt er als Vorsteher und Leiter in anerkennenswerter Weise ein be deutendes Opfer an Zeit und Kräften.“
EBA Wroclaw, APD 1359. – KS Bd. 2, S. 390, 394.

68 KS Bd. 4, S. 153.

69 Kolping, Briefkasten, in: RV 2 (1855), S. 384.

70 Kolping, Rede, 14. 6. 1857, in: KS Bd. 4, S. 314.

1 Schlesisches Kirchenblatt 19 (1853), S. 255f. – Kolpings Schreiben vom 1. 5. 1853, in: Volksbote für Bürger und Landmann, München, Nr. 106, 7. 5. 1853, S. 1. – Über die bedeutende Tageszeitung mit liberaler Grundeinstellung Augsburger „Allgemeine Zeitung“ siehe: W. Kosch, Biographisches Staatshandbuch, Bd. 1, Bern 1963, S. 19f.

1853 und in den folgenden Jahren waren aus Kolpings Bekanntenkreis in den Jesuitenorden eingetreten: sein Konabiturient Johann Bollig (1821–1895), sein Münchener Studienfreund Johann Wilhelm Gerhard Feldhaus, der Sekretär Kardinal Geissels, Johann Gabriel Leo Meurin, der auch im Schutzvorstand des Gesellenvereins mitgearbeitet hatte, sowie die Präsides der Gesellenvereine Aachen und Mainz, Joseph Schneider und Karl Wagner. – Über Kolpings Einstellung zu den Jesuiten, siehe: Kolping, Deutsche Briefe, in: KS Bd. 5, S. 197f.

2 KS Bd. 4, S. 90.

3 Vgl. KS Bd. 4, S. 90. – Die inzwischen beigetretenen Vereine:

Zum GV Trier siehe:

FS 3 (1853), S. 135, 169, 175, 205; RV 1 (1854), S. 15, 336, 459, 555; 2 (1855), S. 29, 545; 3 (1856), S. 543; 4 (1857), S. 61, 543; 7 (1860), S. 63, 430f.; 8 (1861), S. 559; 10 (1863), S. 95, 109. – Mitteilungen 1864, Heft 3, Sp. 94f. – KS Bd. 2, S. 135; Bd. 4, S. 84, 90, 151. – Festschrift zum Goldenen Jubiläum des Katholischen Gesellenvereins Trier, hg. von A. J. Grünewald, Trier 1903. – Ridder, Diözesanverbände, S. 24–38.

Zum GV Düren siehe:

FS 3 (1853), S. 55, 120, 124, 135f., 152, 169, 205; 4 (1854), S. 46; RV 1 (1854), S. 206, 255, 459, 555; 3 (1856), S. 303, 622; 5 (1858), S. 415, 477; 8 (1861), S. 287; 10 (1863), S. 300ff. – Mitteilungen 1864, Heft 2, Sp. 60. – KS Bd. 2, S. 409; Bd. 4, S. 82, 90, 151. – 100 Jahre Kolping-Familie Düren, Düren 1953.

Zum GV Neuß siehe:

FS 2 (1852), S. 140; 3 (1853), S. 64, 76, 169, 205. RV 5 (1858), S. 685; 12 (1865), S. 127. – Mitteilungen 1864, Heft 3, Sp. 91. – KS Bd. 4, S. 82, 90. – Festschrift zum Goldenen Jubiläum des Katholischen Gesellenvereins Neuß, hg. von W. Felten, Neuß 1902.

Zum GV Krefeld siehe:

FS 2 (1852), S. 188; 3 (1853), S. 28, 56, 164, 169, 205, 207. RV 1 (1854), S. 350f., 459, 555; 2 (1855), S. 639; 3 (1856), S. 590; 4 (1857), S. 734f.; 5 (1858), S. 348; 7 (1860), S. 622; 8 (1861), S. 287. – KS Bd. 2, S. 137, 161, 278, 427; Bd. 4, S. 82, 90, 151, 287. – Festschrift 60 Jahre Gesellenverein Krefeld. Festschrift zum Diamantenen Jubelfest, Krefeld 1912.

Zum GV Mönchengladbach siehe:

FS 3 (1853), S. 124, 135, 169, 205; 4 (1854), S. 22. RV 1 (1854), S. 160, 459; 9 (1862), S. 607. – Mitteilungen 1864, Heft 2, Sp. 61. – KS Bd. 4, S. 82, 90, 151. – N. Klinkenberg, Sozialer Katholizismus in Mönchengladbach, Beitrag zum Thema Katholische Kirche und Soziale Frage im 19. Jahrhundert (Veröffentlichungen des Bischöflichen Diözesanarchivs Aachen 38), Mönchengladbach 1981, S. 126f.

Zum GV Essen siehe:

FS 3 (1853), S. 64, 76, 169, 205. RV 1 (1854), S. 206, 555; 2 (1855), S. 561; 4 (1857), S. 412; 6 (1859), S. 671; 9 (1862), S. 47. – Mitteilungen 1864, Heft 2, Sp. 59f. – KS Bd. 2, S. 154, 156, 166, 432; Bd. 4, S. 82, 90.

75 Jahre Katholischer Gesellenverein Essen-Zentral, Essen 1927. – 125 Jahre Kolping Essen-Zentral 1852 bis 1977.

125 Jahre Kolping Essen-Zentral, 1852–1977, Essen 1977.

Zum GV Bochum siehe:

Steinke, Kolping, S. 44–48.

Zum GV Dortmund siehe:

Steinke, Kolping, S. 48–54.

Zum GV Soest siehe:

Steinke, Kolping, S. 54–60.

Zum GV Lippstadt siehe:

KS Bd. 4, S. 84, 90. – Steinke, Kolping, S. 40ff.

Zum GV Paderborn siehe:

KS Bd. 2, S. 173; Bd. 4, S. 84, 90. – Ridder, Diözesanverbände, S. 39–50. – Steinke, Kolping, S. 70–73 u. S. 76–85.

Zum GV Höxter siehe:

KS Bd. 2, S. 144; Bd. 4, S. 90. – Steinke, Kolping, S. 69–75.

Zum GV Münster siehe:
FS 3 (1853), S. 19, 116, 169, 205; 4 (1854), S. 19, 24. RV 1 (1854), S. 283f., 304, 542, 555; 2 (1855), S. 15, 201; (1856), S. 574; 4 (1857), S. 238; 5 (1858), S. 205; 6 (1859), S. 125, 285; 11 (1864), S. 557. – KS Bd. 4, S. 50, 8 90, 287.
100 Jahre Kolping Münster, Münster 1952. – Ridder, Diözesanverbände, S. 51–63. Kracht, Adolph Kolpi und die Gründung der ersten Gesellenvereine in Westfalen, S. 195–213.
Zum GV Warendorf siehe:
FS 3 (1853), S. 64, 124, 169, 205. RV 1 (1854), S. 112, 555; 2 (1855), S. 79, 561; 11 (1864), S. 270, 558. – K Bd. 4, S. 84, 90, 287. – Jubiläums-Festschrift hg. aus Anlaß der Feier des 60jährigen Bestehens des Kath lischen Gesellenvereins und der 25jährigen Bestehens der Handwerker-Innung zu Warendorf, Warendo 1913.
Zum GV Berlin siehe:
FS 2 (1852), S. 175, 188, 191; 3 (1853), S. 32, 120, 169, 183, 186, 205; RV 1 (1854), S. 15, 159, 191, 446, 55 559; 2 (1855), S. 222, 463, 562; 3 (1856), S. 30, 300, 702; 4 (1857), S. 13, 159, 477, 718; 5 (1858), S. 174, 19 268, 349; 6 (1859), S. 159, 813; 7 (1860), S. 173, 688, 750; 9 (1862), S. 718; 10 (1863), S. 605.
Mitteilungen 1864, Heft 2, Sp. 48–59. – KS Bd. 2, S. 282, 417; Bd. 4, S. 82, 90, 108, 152; Bd. 5, S. 224, 32 334, 343. – Festschrift zur Goldenen Jubelfeier des Katholischen Gesellen-Vereins Berlin, hg. von W. Schwarz, Berlin 1902. G. Siebers, Festschrift zum 75. Stiftungsfest 1852–1927 des Katholischen Gesellenve eins Berlin-Zentral, Berlin 1927.
Zu den Schlesischen Gesellenvereinen siehe: KS Bd. 2, S. 254; Bd. 4, S. 9, 90, 108, 152, 336.
Zum GV Breslau siehe:
VO 1 (1850), S. 28 – FS 2 (1852), S. 4, 20, 40, 52; 3 (1853), S. 20, 107, 199, 205; 4 (1854), S. 32, 40; RV (1854), S. 543, 556; 2 (1855), S. 813; 4 (1857), S. 335, 608; 10 (1863), S. 95; 12 (1865), S. 718. – KS Bd. S. 129, 390, 394; KS Bd. 4, S. 90, 335–337. – Ridder, Diözesanverbände, S. 99–112.
Zum GV Neisse siehe:
FS 1 (1851), S. 84, 116; 2 (1852), S. 20, 40, 132, 171; 3 (1853), S. 107, 205; 4 (1854), S. 36. – RV 1 (1854 S. 556; 4 (1857), S. 111; 5 (1858), S. 702; 7 (1860), S. 317.
Zum GV Glatz siehe:
FS 3 (1853), S. 107, 135, 205. – RV 1 (1854), S. 127, 352, 556.
Zum GV Groß-Glogau siehe:
FS 2 (1852), S. 173; 3 (1853), S. 107, 135, 174, 205. – RV 1 (1854), S. 381, 556.
Zum GV Münsterberg siehe:
FS 2 (1852), S. 20, 40, 52, 132; 3 (1853), S. 107, 205. – RV 1 (1854), S. 556.
Zum GV Oppeln siehe:
FS 3 (1853), S. 107, 135, 205. – RV 1 (1854), S. 80, 368, 556; 2 (1855), S. 15, 174; 3 (1856), S. 143; 4 (1857 S. 206, 750; 5 (1858), S. 172, 639; 6 (1859), S. 495, 559; 11 (1863), S. 574.
Zum GV Schweidnitz siehe:
FS 3 (1853), S. 107, 151, 205. – RV 1 (1854), S. 479, 556.
[74] Vgl. KS Bd. 4, S. 90.
Zu den Gesellenvereinen in Bayern siehe: KS Bd. 4, S. 9, 90, 108, 152, 208, 342, 359. – Schematismen de Erzdiözese München. – Ridder, Diözesanverbände, S. 174ff. – H. G. Denk, Die christliche Arbeiterbewe gung in Bayern bis zum Ersten Weltkrieg, Mainz 1980.
Zum GV München siehe:
FS 1 (1851), S. 88, 200; 2 (1852), S. 4, 85, 112, 132; 3 (1853), S. 12, 23, 128, 202ff., 206; 4 (1854), S. 4, 44. RV (1854), S. 16, 191, 204, 368, 556, 599; 2 (1855), S. 112, 208, 240, 319, 354, 383, 640, 671, 767, 786; 3 (1856) S. 79, 126, 191, 222, 494, 543, 736; 4 (1857), S. 11, 142, 254, 382, 447, 622, 767; 5 (1858), S. 205, 222, 270, 413 6 (1859), S. 431, 607, 734; 7 (1860), S. 254, 415; 8 (1861), S. 174, 653f.; 9 (1862), S. 47; 10 (1863), S. 206; 1 (1864), S. 127, 720, 765; 12 (1865), S. 94. KS Bd. 2, S. 127, 139, 175, 178f., 198, 224, 226, 233, 327; Bd. 3 S. 311, 314, 317; Bd. 4, S. 90, 202–211, 341–342; Bd. 5, S. 408. – [G. Mayr], Der Kath. Central-Gesellenver ein in München. Sein Entstehen, Wachsthum und Wirken. Festschrift zu dessen 25jähriger Stiftungsfeier de 24. und 25. Juli 1876, München 1876. – Festschrift zum 75jährigen Jubiläum des Katholischen Zentral-Ge sellenvereins zu München 1926, München 1926.
Zum GV Augsburg siehe:
FS 2 (1852), S. 4, 20, 132; 3 (1853), S. 142, 172, 183, 199, 206; 4 (1854), S. 39. RV 1 (1854), S. 45, 143, 335, 556 2 (1855), S. 527; 4 (1857), S. 701 u. 814. – KS Bd. 2, S. 127, 182, 199; Bd. 4, S. 90.

Ridder, Diözesanverbände, S. 195–201. – H. Wietetschek, Studien zur kirchlichen Erneuerung im Bistum Augsburg in der ersten Hälfte des 19. Jahrhunderts, Augsburg 1965. – Granvogel, Kolping, S. 90–110. – Das Wirken Adolph Kolpings und die Entstehung der Katholischen Gesellenvereine in der Diözese Augsburg (1852–1865), Köln 1987.
Zum GV Passau siehe:
FS 3 (1853), S. 31, 72, 156, 206; RV 1 (1854), S. 556; 5 (1858), S. 716. – Ridder, Diözesanverbände, S. 202–210.
Zum GV Freising siehe:
KS Bd. 2, S. 216. – Der Verein hatte zunächst keinen Bestand. Es muß dann wohl zu einer Neugründung gekommen sein. – 100-Jahr-Feier 30./31. Mai 1953, Kolpingsfamilie Freising.
Zum GV Regensburg siehe:
FS 3 (1853), S. 55, 68, 107, 206. – RV 1 (1854), S. 207, 557, 616; 5 (1858), S. 716. – KS Bd. 2, S. 138. – Ridder, Diözesanverbände, S. 211–219. – Festschrift zum 75jährigen Stiftungsfest des Katholischen Gesellenvereins Regensburg am 18. Nov. 1928, Regensburg 1928. – H.-J. Baer, Die Bildungsarbeit des Kolping-Bildungswerkes, Diözesanverband Regensburg e. V. unter besonderer Beachtung seiner historischen Wurzeln, Regensburg 1986.
Zum GV Aschaffenburg siehe:
FS 3 (1853), S. 31, 71, 195, 206; RV 1 (1854), S. 557; 2 (1855), S. 800; 5 (1858), S. 414; 7 (1860), S. 398; 11 (1864), S. 559 u. 719. – KS Bd. 2, S. 440f.; Bd. 5, S. 334. – 125 Jahre Kolping in Aschaffenburg, Aschaffenburg 1978.
Zum GV Würzburg siehe:
FS 3 (1853), S. 72, 206; 4 (1854), S. 8, 31. – RV 1 (1854), S. 557; 2 (1855), S. 800; 4 (1857), S. 14, 61; 5 (1858), S. 287; 7 (1860), S. 398, 478; 11 (1864), S. 55, 766. – Mitteilungen 1865, Heft 4, Sp. 117f. – Ridder, Diözesanverbände, S. 236–245 – 100 Jahre Kolpingfamilie Würzburg, Würzburg 1955. – E. Neumann, in: 125 Jahre Kolpingwerk in der Diözese Würzburg, Würzburg 1978, S. 25–29.
Zum GV Wolfratshausen siehe:
FS 2 (1852), S. 132; 3 (1853), S. 206. – RV 1 (1854), S. 557; 6 (1859), S. 271. – U. Wimmer, Geschichte der Kolpingsfamilie Wolfratshausen, Wolfratshausen 1965.
Zum GV Mindelheim siehe:
FS 3 (1853), S. 31, 206; 4 (1854), S. 8, 35. – RV 1 (1854), S. 46, 557; 4 (1857), S. 334. – KS Bd. 2, S. 136, 158, 160. – Granvogel, Kolping, S. 112–116.
Zum GV Kaufbeuren siehe:
FS 3 (1853), S. 206; 4 (1854), S. 20. RV 1 (1854), S. 46, 254, 557; 3 (1856), S. 31, 478, 591; 5 (1858), S. 717. – KS Bd. 4, S. 110. – Granvogel, Kolping, S. 116–119.
Zum GV Dorfen siehe:
FS 3 (1853), S. 60, 206; RV 1 (1854), S. 557. – Der Verein hatte keinen längeren Bestand.
Zum GV Ingolstadt siehe:
FS 3 (1853), S. 206. – RV 1 (1854), S. 557; 5 (1858), S. 478 u. 717. – 125 Jahre Kolpingsfamilie Ingolstadt 1854–1979.
Zum GV Vilshoven siehe:
FS 3 (1853), S. 195, 206. – RV 1 (1854), S. 557; 5 (1858), 717. – Kolpingsfamilie Vilshoven 1853–1973.
Zum GV Aibling siehe:
FS 3 (1853), S. 206; RV 1 (1854), S. 413, 557.
Zum GV Miesbach siehe:
GS 3 (1853), S. 206. – RV 1 (1854), S. 557; 5 (1858), S. 716.
Zum GV Kraiburg siehe:
FS 3 (1853), S. 206. – RV 1 (1854), S. 411, 557; 5 (1858), S. 717.
Zum GV Erding siehe:
FS 3 (1853), S. 206. – RV 1 (1854), S. 557 – Festschrift 100 Jahre Kolpingsfamilie Erding 1853–1953.
[75] Vgl. KS Bd. 4, S. 90.
Zu den Gesellenvereinen in Österreich-Ungarn mit dem Zentralverein Wien, siehe: KS Bd. 2, S. 251, 254, 258, 294, 327; Bd. 4, S. 9, 90, 108, 152, 359.
Zum GV Wien siehe:
FS 2 (1852), S. 4, 59, 110, 116f., 132, 140; 3 (1853), S. 52, 55, 98, 118, 125, 191, 206; 4 (1854), S. 12, 27, 32, 40. RV 1 (1854), S. 48, 95, 158, 189, 203, 286, 367, 477, 543, 556; 2 (1855), S. 14f., 111, 207, 287, 366, 736, 829; 3

(1856), S. 127, 286, 302, 423, 433, 619, 654; 4 (1857), S. 47, 79, 126, 175, 254, 383, 447, 478, 573f.; 5 (1858), S. 316, 349, 524, 558, 590, 623, 639, 748; 6 (1859), S. 77, 335, 398, 494; 7 (1860), S. 63, 317f., 382, 575f., 687, 827; 8 (1861), S. 45f., 350f., 364ff., 398, 525f., 605f.; 9 (1862), S. 174, 526; 10 (1863), S. 255, 286, 330, 398, 687; 11 (1864), S. 172; 12 (1865), S. 47, 79, 382, 607, 687.
KS Bd. 2, S. 127, 129, 131, 165, 184, 186, 207, 209, 226, 258, 371, 409f., 472; Bd. 3, S. 321–323; Bd. 4, S. 287; Bd. 5, S. 408.
E. Stempfl, Die Entwicklung der Katholischen Gesellenvereine in Österreich, Wien 1949 (Masch. schriftlich. phil. diss.). – W. Sauer, Katholisches Vereinswesen in Wien. Zur Geschichte des christlich-sozialkonservativen Lagers vor 1914, Salzburg 1980. – F. Loidl, Geschichte des Erzbistums Wien, Wien/München 1983, S. 264f.
Zum GV Prag siehe:
FS 2 (1852), S. 132, 171, 200; 3 (1853), S. 10, 206; RV 1 (1854), S. 543, 556; 2 (1855), S. 400; 3 (1856), S. 42ff.; 4 (1857), S. 110, 511; 5 (1858), S. 526f., 703; 6 (1859), S. 126; 7 (1860), S. 63, 510f., 687. – KS Bd. 4, S. 309.
Zum GV Linz siehe:
FS 2 (1852), S. 4, 60, 132, 168; 3 (1853), S. 60, 64, 88, 128, 206; 4 (1854), S. 12, 24. RV 1 (1854), S. 302, 556, 612f.; 2 (1855), S. 367, 722; 3 (1856), S. 46; 5 (1858), S. 588; 8 (1861), S. 46; 11 (1864), S. 206. – KS Bd. 2, S. 127, 392, 438; Bd. 4, S. 288. – Festschrift zum 75jährigen Gründungsfeste des katholischen Gesellenvereins Linz, Linz 1927. – 100 Jahre katholischer Gesellenverein Linz, 1852–1952, Linz 1952.
Zum GV Brünn siehe:
FS 3 (1853), S. 206. – RV 1 (1854), S. 624; 2 (1855), S. 14. – KS Bd. 2, S. 143.
Zum GV Steyr siehe:
FS 2 (1852), S. 106, 132; 3 (1853), S. 206. – RV 1 (1854), S. 46, 303, 556; 2 (1855), S. 143; 3 (1853), S. 206; 5 (1858), S. 703, 731. – KS Bd. 2, S. 127.
Zum GV Schluckenau siehe:
FS 3 (1853), S. 28, 80, 206. – RV 1 (1854), S. 556.
Zum GV Steinbach-Grünberg siehe:
FS 3 (1853), S. 159, 192, 206; 4 (1854), S. 12; RV 1 (1854), S. 46, 543, 556; 5 (1858), S. 703 u. 731.
Zum GV Salzburg siehe:
FS 2 (1852), S. 96, 105, 132, 186; 3 (1853), S. 91, 181, 206; 4 (1854), S. 12; RV 1 (1854), S. 95, 142, 556; 2 (1855), S. 30, 175, 255, 367, 829; 3 (1856), S. 32; 4 (1857), S. 412, 510, 767; 5 (1858), S. 702, 731. – KS Bd. 2, S. 127; Bd. 4, S. 108. – Festschrift 100 Jahre Katholischer Gesellenverein Salzburg 1852–1952, Salzburg 1952. – 130 Jahre Kolping – Salzburg-Zentral, Salzburg 1982.
Zum GV Frohnleiten siehe:
FS 3 (1853), S. 206. – RV 1 (1854), S. 556.
Zum GV Innsbruck siehe:
FS 2 (1852), S. 86, 94, 132; 3 (1853), S. 62, 103, 127, 158, 206. – RV 2 (1854), S. 47, 224, 543, 556; 2 (1855), S. 222, 372; 4 (1857), S. 239, 638; 6 (1859), S. 703. – KS Bd. 2, S. 127, 131, 227; Bd. 4, S. 287; Bd. 5, S. 333, 343. – Festschrift 100 Jahre katholischer Gesellenverein Innsbruck, Innsbruck 1952.
Zum GV Graz siehe:
FS 3 (1853), S. 136, 159, 206; 4 (1854), S. 4, 40. RV 1 (1854), S. 16, 207, 320, 368, 381, 447, 556; 2 (1855), S. 32, 545, 658, 704; 3 (1856), S. 159, 287; 6 (1859), S. 79, 127; 7 (1860), S. 63.
Die Vereine von Rovereto und Riva hatten keinen längeren Bestand.
[76] Vgl. KS Bd. 4, S. 90.
Zum GV Freiburg siehe:
FS 2 (1852), S. 171; 3 (1853), S. 191, 204f.; 4 (1854), S. 4, 32. RV 1 (1854), S. 362, 557; 2 (1855), S. 30; 3 (1856), S. 382, 590; 6 (1859), S. 607. – KS Bd. 2, S. 394.
Festschrift zur Erinnerung an das Goldene Jubiläum des Katholischen Gesellenvereins zu Freiburg i.Br., Freiburg 1902. – Ridder, Diözesanverbände, S. 149–159.
Zum GV Ulm siehe:
FS (1852), S. 188; 3 (1853), S. 24, 206. – RV 1 (1854), S. 557; 2 (1855), S. 15; 3 (1856), S. 221, 638; 5 (1858), S. 718; 6 (1859), S. 189; 9 (1862), S. 351. – Festschrift 100 Jahre Kolpingsfamilie Ulm, Ulm 1952.
Zur weiteren Entwicklung der Gesellenvereine siehe auch: Ridder, Kolping in aller Welt, S. 12–43.
[77] Bericht des Ober-Präsidenten Kleist-Retzow an Innenminister von Westphalen, 3. 4. 1854, in: DZAM, Ministerium des Innern, Rep. 77, Tit. 662, Nr. 20, Bd. 1, Bl. 291–293.

[78] Vgl. Hegel, Erzbistum Köln, Bd. 5, S. 524f. – Siehe dazu auch: Das Verbot der General-Versammlung des katholischen Vereins Deutschlands zu Köln im Jahre 1854. Aktenmäßige Darstellung der in dieser Angelegenheit stattgehabten Verhandlungen, Wien 1854.
[79] Innenministerium an Friedrich Wilhelm IV., 29. 5. 1857, in: DZAM, Ministerium des Innern, Rep. 77, Tit. 662, Nr. 20, Bd. 2, Bl. 220f. – Siehe ferner: Innenministerium an Präsident von Moeller, 13. 10. 1858 (Abschrift), in: AEK, Gen. 23.2,1.
[80] Vgl. „Zweite Generalversammlung des Katholischen Gesellenvereins zu Köln" am 8. 10. 1854 in Köln. – RV 1 (1854), S. 459–463. – Nachdruck: KS Bd. 4, S. 151–156. – Die Zweite Generalversammlung des Katholischen Gesellenvereins zählt als die vierte Generalversammlung in der Geschichte des Kolpingwerkes, weil die beiden ersten Generalversammlungen Treffen des Gesellenbundes waren. Die Teilnehmer der Versammlung:
1. aus Bonn: Holler, Schon und Koch, Vorstandsmitglieder.
2. aus Düsseldorf: der Vizepräses Crämer.
3. aus Koblenz: der Präses Holtmann.
4. aus Aachen: Linden, Vorstandsmitglied.
5. aus Dortmund: der Vizepräses, Pfr. Wiemann, und das Vorstandsmitglied Degräf.
6. aus Soest: der Präses Dechant Nübel und Eickhof, Vorstandsmitglied.
7. aus Krefeld: die Vorstandsmitglieder Döbbeler und Bernschat.
8. aus Mönchengladbach: Lehrer Spornberg und Assistent Schwinges.
9. aus Düren: der Präses Feldhaus.
10. aus Trier: der Präses Schäffer.
11. aus Barmen: Schleicher und Bäcker, Vorstandsmitglieder, und als Gäste aus Mainz: der Präses Prof. Wagner und der Vereinslehrer Schovoe.
Als neuer Verein war aufgenommen worden:
GV Barmen. Siehe dazu:
FS 4 (1854), S. 32; RV 1 (1854), S. 206, 459, 542, 555; 2 (1855), S. 736. – Mitteilungen 1864, Heft 3, Sp. 93. – KS Bd. 2, S. 168; Bd. 4, S. 151. – Festschrift zum 75jährigen Jubiläum des Kath. Gesellenvereins Barmen 1854–1929, Wuppertal 1929.
Die teilnehmenden Präsides:
Edmund Cremer, * 12. 11. 1827 Wollersheim – † 22. 4. 1882 Lengsdorf – 4. 9. 1853 Priesterweihe – 1. 10. 1853 Kaplan Düsseldorf St. Andreas – 2. 11. 1855 Rektor Sonnborn – 10. 6. 1865 Pfarrer Lengsdorf – 1854 Vizepräses GV Düsseldorf.
AEK, Totenzettel.
Hermann Johann Wiemann, * 1. 1. 1812 Mastholte – † 22. 5. 1875 Paderborn – 24. 8. 1838 Priesterweihe – Kaplan Bielefeld, Mastholte, Wewelsburg – 1849 Pfarrer Dortmund – 1852 Vizepräses GV Dortmund.
W. Liese, Necrologium Paderbornense, Paderborn 1934, S. 577.
Eberhard Johann Nübel, * 7. 1. 1802 Ellingsen/Körbecke – † 20. 11. 1876 Soest – 11. 4. 1838 Priesterweihe – Kaplan Werl – 1834 Pfarrer Welver – 1845 Pfarrer und Propst Soest – 1852 Redner auf der Generalversammlung der Katholiken in Münster.
W. Liese, Necrologium Paderbornense, Paderborn 1934, S. 409f.
Heinrich August Feldhaus, * 14. 8. 1826 Neuss – † 3. 6. 1906 Bonn – 18. 4. 1852 Priesterweihe – Kaplan Düren – 1861 Vikar Freialdenhoven – 1871 Pfarrer Bornheim – 1. 7. 1888 resigniert – Präses GV Düren.
AEK, Totenzettel.
[81] Vgl. KS Bd. 4, S. 152.
[82] Kolping, Gott segne das ehrbare Handwerk, in: KS Bd. 4, S. 108.
[83] Vgl. KS Bd. 4, S. 154.
[84] Vgl. Kolping an Geissel, 25. 11. 1858. – Geissel an Kolping, 29. 11. 1858, in: KS Bd. 1, S. 49. – Siehe dazu: AEK, Gen. 23.2,1.
Zur Kölner Erzdiözese gehörten die Gesellenvereine Elberfeld, Köln, Düsseldorf, Bonn, Aachen, Essen, Krefeld, Düren, Mönchen-Gladbach, Hückeswagen, Neuß, Wipperfürth, Barmen (Wuppertal), Eschweiler, Euskirchen, Siegburg, Steele (Essen), Ratingen, Viersen, Mülheim/Ruhr, Süchteln, Werden (Essen), Mettmann, Monschau, Langenberg, Bensberg, Eupen, Hardenberg-Neviges, Hilden, Borbeck (Essen), Frechen, Frielingsdorf, Stolberg, Velbert, Uerdingen (Krefeld) und Kalk (Köln).

[85] Es waren die Vereine Hückeswagen, Neuß und Ratingen.
Zum GV Hückeswagen siehe:
RV 1 (1854), S. 555; 2 (1855), S. 786, 829 und 12 (1865), S. 127. – Gründerpräses war der mit Kolping befreundete Johann Peter Heinrich Giesen. – Rettet die Familie! 100 Jahre Kolpingsfamilie Hückeswagen 5.–6. Juli 1953.
Zum GV Ratingen siehe:
RV 2 (1855), S. 47. – 75 Jahre Kolpingsfamilie Ratingen 1886–1961.

[86] Siehe dazu die bei den Vereinen genannten Festschriften.

[87] Johann Friedrich Müllers, * 15. 8. 1820 Mönchengladbach – † 29. 5. 1910 Essen – 30. 8. 1846 Priesterweihe – 1848–86 Kaplan Essen – 1886–88 Krankenhausrektor Essen – 1892 Rektor der Klosterschule der Barmherzigen Schwestern – 1852–88 Präses GV Essen.
AEK, Totenzettel.

[88] Zum GV Steele siehe:
RV 1 (1854), S. 615; 3 (1856), S. 719; 4 (1857), S. 412, 735; Mitteilungen 1864, Heft 3, Sp. 92. – 75 Jahre Katholischer Gesellen-Verein Steele-Zentral, Festschrift. Führer durch die Ausstellung vom 11.–18. August 1929. – 100 Jahre Kolping in Essen-Steele-Zentral. In Treue zur Idee, 11. Juli 1954.
Peter Josef Badenheuer, * 10. 5. 1827 Köln – † 18. 9. 1884 – 4. 9. 1853 Priesterweihe – Deservitor Steele – 1854 Gründerpräses GV Steele – 1. 8. 1865 Pfarrer Dirmerzheim.
AEK, Priesterkartei.

[89] FS 1 (1851), S. 135.

[90] Kolping an Iven, 31. 3. 1860, in: KS Bd. 2, S. 278 f.

[91] Kolping an Generalvikariat Köln, 12. 8. 1865, in: AEK, CR 22.17,1.
Zum GV Viersen siehe:
RV 2 (1855), S. 240; 3 (1856), S. 111; 5 (1858), S. 701. – AEK, CR 22.17,1. – Festschrift zur 100-Jahr-Feier der Kolpingsfamilie Viersen verbunden mit der Diözesantagung der Kolpingsfamilien der Diözese Aachen 26.–29. August 1955.
Peter Hubert Juchem, * 14. 8. 1827 Burscheid – 4. 9. 1853 Priesterweihe – Vikar Viersen – 22. 8. 1865 Vikar Steele – 1870 Pfarrer Bouderath – 1887 Eintritt Abtei Maria Wald – Prior 1891 – gest. im Hospital der Barmherzigen Brüder zu Lyon (Todesdatum nicht bekannt).
Frdl. Mitteilung Abt Meinrad von Mariawald, 29. 8. 1990.

[92] Zum GV Hilden siehe:
RV 7 (1860), S. 382 und Festschrift zur Feier des 90jährigen Jubiläums der Kolpingsfamilie Hilden 1949.
Joseph Bertram, * 3. 12. 1829 Bonn – † 6. 4. 1889 Eller – 14. 4. 1855 Priesterweihe – Vikar Hilden – 1862 Vikar Eller.
AEK, Priesterkartei. – Zur Tätigkeit in Bonn: FS 1 (1851), S. 134; FS 3 (1853), S. 80.

[93] Vgl. Kolping, Rede, 10.- 9. 1862, in: KS Bd. 5, S. 221 f. – Siehe dazu: RV 9 (1862), S. 607.

[94] Kolping, Rede, 20. 9. 1853, in: KS Bd. 4, S. 75 f.

[95] HPB 36 (1855) II, S. 1034.

[96] Zitiert nach: Pfülf, Kolping, S. 686. – Siehe dazu auch: KS Bd. 4, S. 198–201. – An dieser Veranstaltung hatte auch Prinz Friedrich von Preußen teilgenommen und sich bei Kolping für dessen Engagement schriftlich bedankt.
E. Thrasolt, Eduard Müller. Der Berliner Missionsvikar, Berlin 1952, S. 111. – Briefe Friedrichs von Preußen (1828–1885) im ADK. Über ihn siehe: H. K. G. Rönnefurth, in: NDB 5 (1961) S. 586.

[97] Protokollbuch Köln, 23. 2. 1857:
„Der Präses teilt den Anwesenden mit, daß er auf ausdrücklichen Wunsch des Herrn Fürsten von Radziwill im Laufe dieser Woche mit dem Herrn Michels nach Berlin reisen werde, um dem König im Namen des Vereins für die Verleihung der Korporationsrechte Dank zu erstatten." – Siehe dazu: RV 4 (1857), S. 158 f. – Text der Rede: Schäffer, Kolping I, S. 629 f. und Mitteilungen 1876, Heft 41, Sp. 547.

[98] RV 2 (1855), S. 353–360, 370–377 u. 385–394.

[99] Kolping, Mitgebrachtes, in: RV 2 (1855), S. 390. – Zu den Gesellenvereinen in der Schweiz siehe auch: KS Bd. 2, S. 254; Bd. 4, S. 108 u. 152. – Ferner: Ridder, Kolping in aller Welt, S. 105–127. – J. David, Lebensmeisterschaft. Handbuch des katholischen Gesellenvereins, Zürich 1945. – G. Beuret, Die katholisch-soziale Bewegung in der Schweiz, Winterthur 1959, S. 38–46. – U. Altermatt, Der Weg der Schweizer Katholiken ins Ghetto. Die Entstehungsgeschichte der nationalen Volksorganisationen im Schweizer Katholizismus 1848–1919, Zürich/Einsiedeln/Köln 1972. – U. Altermatt, Der Schweizer Katholizismus im Bun-

desstaat. Entwicklungslinien und Profile des politischen Katholizismus von 1848 bis zur Gegenwart, in: HJ 103 (1983), I, S. 76–106. H. Bischofberger, Die Anfänge des Kolpingwerkes in der Schweiz, in: Schweizerische Kirchenzeitung, 24. 10. 1991, S. 658–661.
Zum GV Basel siehe:
FS 3 (1853), S. 108; RV 6 (1859), S. 606. – KS Bd. 2, S. 256. – Festschrift zur Goldenen Jubelfeier des Kathol. Gesellenvereins zu Basel, Basel 1909.
Zum GV Rorschach siehe:
FS 4 (1854), S. 44; RV 1 (1854), S. 95, 557; 2 (1855), S. 96; 5 (1858), S. 719. – KS Bd. 2, S. 161f. u. 179. – 100 Jahre Gesellenverein Rorschach, Rorschach 1954.
Zum GV Appenzell siehe:
FS 4 (1854), S. 20, 24; RV 1 (1854), S. 174, 286, 557; 5 (1858), S. 719.
Zum GV St. Gallen siehe:
RV 1 (1854), S. 557, 575; 5 (1858), S. 719.
Zum GV Luzern siehe:
RV 8 (1861), S. 319; 9 (1862), S. 670; 10 (1863), S. 30. – 125 Jahre Kolpingfamilie Luzern 1861–1986, Luzern 1986.
Zum GV Freiburg/Schweiz siehe:
Festschrift zur Goldenen Jubelfeier des Katholischen Gesellenvereins Freiburg/Schweiz, Freiburg 1912.
Zum GV Solothurn siehe:
RV 10 (1863), S. 143. – KS Bd. 2, S. 404. – 100 Jahre Katholischer Gesellenverein Solothurn, Solothurn 1963.
Zum GV Zürich siehe:
RV 10 (1863), S. 606; 12 (1865), S. 30. – 100 Jahre Katholischer Gesellenverein Zürich 1863–1963. – Chronik des Katholischen Gesellenvereins Zürich 1863–1963.

100 Kolping, Mitgebrachtes, in: RV 2 (1855), S. 391f. – Erzbischof von Freiburg war seit 1843 Hermann von Vicari (1773–1868). – Zu ihm und den von Kolping geschilderten Umständen siehe: K.-H. Braun, in: Gatz, Bischöfe, S. 774–778. Siehe ferner: K. H. Braun, Hermann von Vicari und die Erzbischofswahlen in Baden, Freiburg 1990.

101 Kerschbaumer, Kaleidoskop, S. 59f. – Siehe dazu ferner: Kolping, Mitgebrachtes, in: RV 3 (1856), S. 514f. – Ignaz Feigerle (1975–1863) war seit 1852 Bischof von St. Pölen. – Siehe dazu: F. Schragl, in: Gatz, Bischöfe, S. 182ff.

102 Kolping, Mitgebrachtes, in: RV 3 (1856), S. 536.

103 Kolping, Zur Organisation der Gesellenvereine, in: KS Bd. 5, S. 264.

104 Vgl. KA 1 (1852), S. 67f. –
Johann Joseph Chable, *25. 11. Mittelbronn/Lothringen – † 11. 4. 1859 – Vikar Gebweiler – 1828 Eintritt Jesuitenorden – vor 1850 Seelsorger der Deutschen in Paris.
Koch, Jesuitenlexikon, Paderborn 1934, Sp. 313 (Lit.).
August Modeste, *10. 1. 1821 Straßburg – † 1. 10. 1891 Reims – 29. 8. 1842 Eintritt Jesuitenorden – seit 1852 Mitarbeiter von P. Chable in Paris – 2. 2. 1855 Feierl. Gelübde.
R. Mendizabál, SJ, Catalogus Defunctorum in renata Societate Jesu ab a. 1814 ad a. 1970, Roma 1972, S. 137. – [A. Niedermayer], Die Deutschen in Paris. Vom Verfasser der Rundschau, Freiburg 1862, S. 86f.

105 Übernahme eines Artikels „Das Werk vom hl. Nikolaus", in: FS 1 (1851), S. 13–15.
Martin de Bervanger, *15. 5. 1795 Saarlouis – 1822 Direktor des Vereins vom hl. Joseph in Paris. – A. Rispal, in: Nouvelle Biographie Générale, Bd. 5, Paris 1854, Sp. 780f.
Übernahme eines Artikels „Die kath. Mission der Deutschen in Paris", in: FS 2 (1852), S. 41–44. – Siehe dazu auch: E. Fleig, Zur Geschichte des Einströmens französischen Restaurationsdenkens nach Deutschland, in: HJ 55 (1935), S. 500–520, weist besonders auf Jarcke hin.

106 J. H. Wichern, Die Internationale Gesellschaft für christliche Barmherzigkeit (Société internationale de Charité) zu Paris, in: Wichern, Sämtliche Werke, hg. v. P. Meinhold, Bd. 5, Hamburg 1975, S. 81–85, bes. S. 398.
Armand Vicomte de Melun, *24. 9. 1807 Château de Brunetz – † 24. 6. 1877 Paris – Politiker und Journalist – Präsident der Gesellschaft für christliche Barmherzigkeit, Paris – Gründer der „Annales de la Charité".

107 K[olping], Etwas von den Deutschen in Paris, in: FS 2 (1852), S. 213–215. – Siehe dazu auch: a.a.O., S. 205–207.

108 Conzemius, Kolping – Döllinger, S. 127f. – Siehe dazu: Duroselle, catholicisme, S. 497 u. 607–609.

109 Die Rückübersetzung des in französischer Sprache in den „Annales de la Charité" 1856, S. 119–123 gedruckten Briefes verdanke ich Frau Rosa Copelovici, Köln.

110 Zu Paris siehe: RV 5 (1858), S. 191; 10 (1863), S. 255. – Zu Colmar: FS 4 (1854), S. 20; RV 1 (1854), S. 16. – Zu Nizza: RV 10 (1863), S. 159.
Zum GV Straßburg siehe:
RV 7 (1860), S. 63. – KS Bd. 2, S. 276f. – 100 Jahre Gesellenverein, 50 Jahre Gesellenhaus Strasbourg 1860–1910–1960. – Ridder, Kolping in aller Welt, S. 128–138.

111 Kolping an einen Geistlichen im Elsaß, Juli 1857, in: KS Bd. 2, S. 224.

112 Niedermayer, Rundschau, S. 115.

113 Vgl. Duroselle, catholicisme, S. 576 u. 644f.

114 Zum GV Lüttich siehe:
FS 3 (1853), S. 184, 206; RV 1 (1854), S. 286, 558; 2 (1855), S. 736; 5 (1858), S. 719. – KS Bd. 2, S. 281. – Ridder, Kolping in aller Welt, S. 145–154.
Zum GV Luxemburg siehe:
RV 11 (1864), S. 350, 462; 12 (1865), S. 29. – KS Bd. 2, S. 440, 450f. – Ridder, Kolping in aller Welt, S. 139–144.
Zum GV London siehe:
RV 9 (1862), S. 46. – Ridder, Kolping in aller Welt, S. 175–181. RV 10 (1863), S. 626.

115 Schlesisches Kirchenblatt 27 (1861), S. 45.
Zum GV Lemberg siehe:
FS 3 (1853), S. 206; RV 1 (1854), S. 80, 190, 556; 2 (1855), S. 706; 5 (1858), S. 446, 703, 733; 6 (1859), S. 271; 7 (1860), S. 750; 12 (1865), S. 15.
Zum GV Posen siehe:
RV 8 (1861), S. 143.

116 Vgl. FS 3 (1853), S. 206; RV 1 (1854), S. 48 u. 10 (1863), S. 159.
Zum GV Bozen siehe:
RV 1 (1854), S. 48, 127, 206, 556; 3 (1856), S. 431; 4 (1857), S. 637; 5 (1858), S. 703, 732; 6 (1859), S. 368; 7 (1860), S. 816.
Zum GV Meran siehe:
RV 1 (1854), S. 48, 496, 556; 5 (1858), S. 703, 732; 12 (1865), S. 607.

117 Siehe dazu: Kolping, Mitgebrachtes, in: RV 3 (1856), S. 417–424, 433–440, 449–457, 465–472, 481–488, 497–505, 513–521, 534–537 u. 566–570.

118 Kolping, Mitgebrachtes, in: RV 3 (1856), S. 421f.

119 Kolping, Mitgebrachtes, in: RV 3 (1856), S. 452f.
Zum GV Laibach siehe:
RV 2 (1855), S. 365, 736; 5 (1858), S. 382, 704, 733; 6 (1859), S. 79.

120 Kolping an Erzherzog Maximilian, undatiert, in: Mitteilungen, 1889, Heft 14, Sp. 418–422; hier: Sp. 419. – Ferdinand Maximilian (1832–1867) Gouverneur des Lombardo-Venezianischen Königreiches – 1864 Kaiser von Mexiko. – P. Burian, in: NDB 16 (1990), S. 507–511.

121 Kolping an Mittweg, 12. 5. 1856, in: KS Bd. 2, S. 205.

122 RV 3 (1856), S. 415. – Siehe auch: 2 (1855), S. 737.

123 Kolping, Mitgebrachtes, in: RV 3 (1856), S. 468.

124 Anton Kerschbaumer, *24. 8. 1823 Krems – † 6. 2. 1909 Krems – 1846 Priesterweihe – 1846–1850 Kaplan Krems u. Studien in Wien – 1851 Prof. St. Pölten, Priesterseminar – 1855 Präses GV St. Pölten – 1860 Kaplan Rom, Anima – 1870 Ehrendomherr St. Pölten.
Festschrift 100 Jahre Kolpingsfamilie St. Pölten, St. Pölten 1955, S. 18. – Kosch, Kath. Deutschland, Sp. 2082f. – KS Bd. 2, S. 246.

125 Kolping, Mitgebrachtes, in: RV 3 (1856), S. 468.

126 RV 3 (1856), S. 472.
Zum GV Agram bzw. Zagreb siehe:
RV 1 (1854), S. 48, 512, 556; 2 (1855), S. 706; 3 (1856), S. 31; 4 (1857), S. 637; 5 (1858), S. 704, 733.
In RV 3 (1856), S. 482, erläuterte Kolping: „Ich habe diese Bemerkungen gar vorsichtig und mit möglichster Schonung an meinen Mann zu bringen gesucht, denn in Sachen seiner Heimat und Nationalität ist der Kroate eine höchst kitzlige Persönlichkeit, mit der man nicht vorsichtig genug umgehen kann. Wir Deutsche

können ganz andere Rippenstöße aushalten, wenn wir nicht sogar geneigt sind, tapfer über unsere eigene Heimat und was damit zusammenhängt, loszuziehen. Weder das Eine nach das Andere dürfte in Ordnung sein."

127 RV 3 (1856), S. 486.
Zum GV Budapest siehe:
FS 3 (1853), S. 28, 195, 206; RV 3 (1856), S. 415, 501, 544, 619f.; 4 (1857), S. 47, 637, 782; 5 (1858), S. 463, 590, 671, 703, 733; 6 (1859), S. 80, 383, 412; 7 (1860), S. 63. – Zu den Vereinen in Ungarn siehe: Ridder, Kolping in aller Welt, S. 220–244.
Der Primas war:
Johannes Scitovszky, *1. 11. 1785 Béla – † 19. 10. 1866 Gran – 5. 11. 1809 Priesterweihe – 28. 1. 1828 Bischof Rozsnyo – 18. 2. 1839 Erzbischof Fünfkirchen/Pecs – 28. 9. 1849 Erzbischof Gran – 16. 11. 1854 Kardinal. – Hierarchia Catholica Bd. 7, S. 325; Bd. 8, S. 528.

128 F. Schiffer, Der verstorbene Präses in Budapest, Dr. Adolph Szabóky, in: RV 27 (1880), S. 534f.
Adolph Szabóky, *9. 9. 1821 Ofen – 14. 9. 1837 Eintritt in Piaristenorden – 1846 Priesterweihe – 1847 Gymnasiallehrer Szegedin – 1849 Gymnasialprofessor Budapest – 8. 9. 1856 Gründerpräses GV Budapest.

129 RV 3 (1856), S. 159f. – Hier auch das folgende Zitat. Kolping gab bei der Mitteilung der Gründung eines neuen Vereins oft die laufende Nummer des Vereins an. St. Louis war die 130. Gründung eines Gesellenvereins. – Siehe auch: FS 4 (1854), S. 17f.
Jakob Meller, *12. 12. 1831 Langenich/Kerpen – † 6. 2. 1911 Bonn-Dransdorf – 29. 6. 1855 Priesterweihe St. Louis/USA – 1855 Mitarbeiter an RV – 1856 Gründer des ersten amerikanischen Gesellenvereins – 1858 Pfarrer Kirkwood bei St. Louis – 13. 6. 1891 Rektor Bonn-Dransdorf. – Siehe dazu und zum folgenden: H.-J. Kracht, Jakob Meller (1831–1911) – Gründer und erster Zentralpräses der katholischen Gesellenvereine in den Vereinigten Staaten von Amerika, in: Kerpener Heimatblätter 26 (1988), Heft 2, S. 178 bis 193.
Zum GV St. Louis siehe:
RV 3 (1856), S. 159f., 479f., 718f.; 4 (1857), S. 79f., 126ff., 414ff., 592; 5 (1858), S. 733f.; 9 (1862), S. 175. – Der Gesellenverein Quincy (Illinois) wurde am 5. 9. 1858 gegründet. Vgl. dazu: RV 5 (1858), S. 719 und Th. Brüner, Katholische Kirchengeschichte Quincys, Quincy 1887. – Ohne Verfasser, Gesellenvereine in Amerika zu Kolpings Zeiten, in: Kolping Banner, August/September 1942, S. 14f. –
Zu den Vereinen Milwaukee und Racine (Wisconsin) siehe RV 7 (1860), S. 271; RV 7 (1860), S. 63 u. 8 (1861), SS. 143. – Zwei Briefe Kolpings an den Gesellenverein in Racine sind abgedruckt in: Kolping Banner, August/September 1941, S. 10. – Gesellenvereine Amerika S. 15 werden noch die Vereine Dayton, Ohio und Calumet (Wisconsin) aufgeführt.
Ein weiterer Mitarbeiter war:
Theodor Noethen, *3. 2. 1816 Köln – † 10. 4. 1879 – 1841 anders 1852 Auswanderung nach Amerika – 1. 11. 1849 Pfarrer Albany/New York.
A. Faller, Deutsch-amerikanischer Brückenschlag, in: Kirchenzeitung für das Erzbistum Köln, 23. 1. 1966. – Frdl. Auskunft, BA Albany, Sr. M. Berchmann, 19. 7. 1985.

130 Vgl. Kolping, Die zehnte Generalversammlung der kath. Vereine, in: RV 5 (1859), S. 580.

131 A.a.O., S. 578. – Zum Kölner Gürzenich siehe: H. Vogts, in: P. Clemen (Hg.), Die Kunstdenkmäler der Stadt Köln, Bd. 2, 4. Abt., Die profanen Denkmäler (Düsseldorf 1930), S. 278–301.

132 Kolping, Die zehnte Generalversammlung der kath. Veriene, in: RV 5 (1859), S. 581.

133 Vgl. Kolping, Rede, 9. 9. 1858, in: KS Bd. 4, S. 361–372, hier S. 362f.

134 A.a.O., S. 367.

135 Kölnische Zeitung 1858, Nr. 253, zitiert nach: May, Generalversammlungen, S. 116.

136 Vgl. die Eröffnungsrede des Herrn Ober-Trib(unal)-R(ates) Peter Reichensperger, in: RV 5 (1858), S. 626 bis 632 u. 641–652, hier S. 642.
Peter Franz Reichensperger, *28. 5. 1810 Koblenz – † 31. 12. 1892 Berlin – 1837 verh. mit Anna Maria Weckbecker – 28. 10. 1836 Landgerichtsassessor Koblenz – 22. 3. 1839 Elberfeld – 1. 10. 1841 wieder Koblenz – 11. 9. 1843 Landgerichtsrat ebd. – 1850 Appellationsgerichtsrat Köln – 1859 Obertribunalrat Berlin – 1879 i.R. – 1848–1850 Mitgl. Nationalversammlung Berlin bzw. Erfurter Parlament – 1849–1850, 1851–1856 u. ab 1858 Mitgl. Preuß. Abgeord.-Haus.
H. Raab, in: LThK 8 (^{2}1963), Sp. 1108f.
Siehe auch: KS Bd. 2, S. 273, 292, 311, 412, 414; Bd. 4, S. 57; Bd. 5, S. 257.

137 Zu den Genannten siehe: Gatz, Bischöfe.

[138] Siehe dazu: Die festliche Einweihung der Mariensäule, in: RV 5 (1858), S. 598–605 und: Gott segne das ehrbare Handwerk, in: a.a.O., S. 620ff., hier S. 604.

[139] Vgl. RV 3 (1856), S. 126. Die bayerischen Konferenzen fanden statt:
1. Am 6. 5. 1855. – Siehe dazu: Schematismus München 1856, S. 190ff. – RV 2 (1855), S. 319 und 383f.
2. Vom 13.–15. 6. 1858. – Siehe dazu: Schematismus München 1859, S. 205ff. – RV 5 (1858), S. 413f. – Ein Verzeichnis der Teilnehmer dieser Versammlung, in: Festrede des Hochwürdigsten Abtes bei St. Bonifazius H. H. Bonifaz Haneberg O.S.B. und 2 Ansprachen des Gründers der Katholischen Gesellenvereine in Deutschland H. H. Adolph Kolping, Domvikar in Köln, gehalten bei Gelegenheit der Stiftungs-Jahresfeier des Katholischen Gesellen-Vereins in München am 13. und 14. Juni 1858, München (o.J.), S. 19f. – Präsident dieser Versammlung war Adolph Kolping. Es nahmen 64 Delegierte voin 32 bayerischen Vereinen teil.
3. 9. 9. 1861 – RV 8 (1861), S. 653f. – Siehe dazu ferner: KS Bd. 4, S. 211f., 341–358.

[140] Vgl. „Besprechung der Präsides der katholischen Gesellenvereine" am 8./9. 9. 1858 in Köln. RV 5 (1858), S. 606–608. Nachdruck: KS Bd. 4, S. 358–360. – Siehe dazu: Ridder, Diözesanverbände, S. 17ff. – Eine Präsenzliste war dem Protokoll nicht beigegeben.

[141] Kolping an Höll, 18. 7. 1857, in: KS Bd. 2, S. 226.

[142] Vgl. KS Bd. 4, S. 359.

[143] Kolping, Die Diözesanpräsides und ihre Stellung im Vereinsverbande, in: KS Bd. 5, S. 321.

[144] KS Bd. 5, S. 332.

[145] Kolping an Gruscha, 9. 8. 1864, in: KS Bd. 2, S. 445.

[146] Georg Mayr, *16. 4. 1820 Scheideck/Dorfen – † 26. 12. 1891 München – 1. 7. 1844 Priesterweihe – 1845–1850 Kooperator Thanning und Lengdorf – 1851 Benefiziat München – Diözesan- und Zentralpräses.
o. V., Der bayerische Gesellenvatr Msgr. Mayr, München o.J. – Nachruf, in: RV 39 (1892), S. 6f. u. 22ff. – Kosch, Kath. Deutschland, Sp. 2883. – Ridder, Männer, S. 33–36. – Seine Briefe an Kolping, 23. 6. 1852, 17. 8. 1852 u. 1. 8. 1853, in: ADK, A 89, 91, 96. – KS Bd. 2, S. 175f., 179, 181, 189, 198, 203, 208, 216, 219, 230, 233, 237f., 242, 253, 256f., 268, 270, 349, 407, 441; Bd. 3, S. 314; Bd. 5, S. 328f., 332, 343.
Franz Xaver Höll, *26. 5. 1817 Ettlingen – † 23. 5. 1879 Karlsruhe – 24. 8. 1842 Priesterweihe – Vikar St. Peter – 1844 Kaplan Karlsruhe St. Stephan – 1862 Oberstiftungsrat in Karlsruhe – 1857 Präses des GV Karlsruhe – 1858 Diözesanpräses Freiburg.
Festschrift Karlsruhe 1907, S. 8ff. – Ridder, Diözesanverbände, S. 149ff. – Nachruf, in: RV 26 (1879), S. 360–362. – KS Bd. 2, S. 225, 241f., 247f., 255, 265–269, 277, 285; Bd. 4, S. 319, 360.

[147] Vgl. Kolping an Martin 10. 9. 1858, in: Steinke, Kolping, S. 398. – EBA Paderborn, Aktenband XVIII, 1. – Siehe dazu: Steinke, Kolping, S. 129ff. – Kolping an Förster, 9. 10. 1858, in: KS Bd. 1, S. 47ff. – Antwort aus Trier vom 27. 11. 1858 im ADK, Nr. A 196. – Weitere Antworten in: RV 6 (1859), S. 61f., 125f. z. 189f. – Siehe dazu auch: Die Diözesanpräsides und ihre Stellung im Vereinsverbande, in: KS Bd. 5, S. 321–326.
Zum GV Karlsruhe siehe:
RV 4 (1857), S. 383, 429, 444; RV 5 (1858), S. 127; RV 6 (1859), S. 175, 575, 734; RV 11 (1864), S. 749. – KS Bd. 2, S. 224f., 230, 247; Bd. 4, S. 318f. – Festschrift zur Erinnerung an das goldene Jubiläum des katholischen Gesellenvereins Karlsruhe, Karlsruhe 1907.
Zum GV Rottenburg siehe:
RV 6 (1859), S. 189; RV 8 (1861), S. 398; RV 9 (1862), S. 351; RV 10 (1863), S. 223, 255; RV 11 (1864), S. 270.

[148] Felix Anton Hepp, *30. 5. 1827 Mengen – † 30. 11. 1833 – 9. 8. 1851 Priesterweihe – 1858 Domprabendar und Lehrer an der Lateinschule Rottenburg – 1867 Stadtpfarrer Laupheim – 1859 Diözesanpräses Rottenburg – Gründerpräses GV Rottenburg.
St. J. Neher, Personal-Katalog der seit 1813 ordinierten und in der Seelsorge verwendeten Geistlichen des Bisthums Rottenburg, Rottenburg [2]1885, S. 116.

[149] Vgl. KS Bd. 4, S. 376ff.

[150] Kolping an Höll, 29. 8. 1859, in: KS Bd. 2, S. 267. – Siehe dazu den Hinweis auf „unerquickliche Debatten" in: RV 6 (1859), S. 626.

[151] Vgl. Schäffer, Kolping II, S. 207f.

[152] Vgl. Kolping, Reden, 13./14. 9. 1859, in: KS Bd. 5, S. 78ff.

[153] Verhandlungen München 1861, S. 186f.

[154] Vgl. Kolping, Rede, 10. 9. 1862, in: KS Bd. 5, S. 224–226.

155 O. Pfülf, Hermann v. Mallinckrodt. Die Geschichte seines Lebens (Freiburg ^{2}1901), S. 216.
Hermann von Mallinckrodt, katholischer Politiker, * 5. 2. 1821 Minden – † 26. 5. 1874 Berlin – 1852–63 u. seit 1868 Mitgl. preuß. Landtages – 1867 Mitgl. des Reichstages.
Georg von Bunsen, *7. 11. 1824 Rom – † 22. 12. 1896 London – 1862 Mitgl. Abgeordn. Haus.
M. Schwarz, MdR. Biographisches Handbuch der deutschen Reichstage, Hannover 1965, S. 285.
156 Vgl. Kolping, Auf der Reise, in: RV 10 (1863), S. 401–407, 417–423, 433–438, 449–455, 465–471, 481–487, 497–503, 513–519, 529–535, 545–551.
157 Siehe dazu: G. Heer, in: LThK 7 (^{2}1962), Sp. 985f.
158 RV 10 (1863), S. 483.
159 Siehe dazu: V. Conzemius, in: Gatz, Bischöfe, S. 199f. – Siehe dazu auch: Verhandlungen Frankfurt 1863, S. 254–269.
160 RV 10 (1863), S. 550.
161 Siehe dazu: Balser, Sozial-Demokratie. – Schieder, Arbeiterbewegung. – Schraepler, Handwerkerbünde. – Grebing, Arbeiterbewegung. – Schulz, Arbeiterbewegung. – Zuletzt zusammenfassend: F. J. Stegmann, Arbeiterbewegung, in: STL Bd. 1, (^{7}1985), S. 229–233 (Lit.).
162 Kolping, Auf der Reise, in: RV 10 (1863), S. 548. – Siehe ferner: RV 10 (1863), S. 486f. u. 502. – Siehe dazu auch: J. Gotthelf, Jakobs des Wandergesellen Wanderrungen durch die Schweiz, Zwickau 1845. – Der Nationalverein, in dem sich 1859 Links- und National-Liberale zusammengeschlossen hatten, bestand bis 1867.
163 Wilhelm Weitling, *5. 10. 1808 Magdeburg – † 25. 1. 1871 New York – Schneider – Mitbegründer der deutschen Arbeiterbewegung – 1840 Gründung von kommunistischen Bildungsvereinen in der Schweiz – Frühsozialist Theoretiker des Kommunismus – 1836 Mitglied „Bund der Geächteten" bzw. „Bund der Gerechten" – 1846 Auseinandersetzung mit Karl Marx – Emigration nach Amerika – 1852 Gründung „Arbeiterbund". – K. Hoeber, in: LThK 10 (1965), Sp. 1018.
164 Vgl. FS 3 (1853), S. 35. – Siehe dazu auch: Wichern, Sämtliche Werke, Bd. 1, hg. v. P. Meinhold (Hamburg 1962), S. 436.
165 Kolping, Mitgebrachtes, in: RV 2 (1855), S. 390.
166 B. Kaufhold, Einleitung, in: W. Weitling, Garantien der Harmonie und Freiheit. Mit Einl. u. Anm. hg. v. B. Kaufhold (Philos Studientexte), Berlin 1955, S. 8.
167 Franz Hermann Schulze-Delitzsch, *29. 8. 1808 Delitzsch – † 29. 4. 1883 Potsdam – liberaler Politiker und Genossenschaftsführer – 1848 Mitgl. Preuß. Nationalversammlung – seit 1850 Gründer und Organisator von Genossenschaften und Arbeiterbildungsvereinen.
Eheberg, in: ADB 33 (1891), S. 18–29. – Siehe dazu auch: KS Bd. 5, S. 72, 251, 283, 286f., 301, 305, 307f., 312 u. 386.
H. Schultze-Delitzsch, Assotiationsbuch für deutsche Handwerker und Arbeiter, Leipzig 1853. – H. Schultze-Delitzsch, Vorschuß- und Kreditvereine als Volksbanken. Praktische Anweisung zu deren Einrichtung und Gründung, Berlin – Leipzig 1855 (ab 3. Aufl. 1862 unter dem Titel: Vorschuß-Vereine als Volksbanken). – H. Schultze-Delitzsch, Schriften und Reden, hg. v. F. Thorwart, 5 Bde., Berlin 1909–1913. – Capitel zu einem deutschen Arbeiterkatechismus. Sechs Vorträge vor dem Berliner Arbeiterverein, Leipzig 1863. – Th. Heuss, Schulze-Delitzsch, Leistung und Vermächtnis, Wiesbaden 1948. – H. Faust, Schulze-Delitzsch und sein genossenschaftliches Werk, Marburg ^{2}1952.
168 Schulze-Delitzsch, Kapitel zu einem Arbeiterkatechismus, 1863, in: W. Mommsen (Hg.), Deutsche Parteiprogramme, München 1960, S. 138. – Siehe dazu: W. Conze, Möglichkeiten und Grenzen der liberalen Arbeiterbewegung in Deutschland. (Sitzungsberichte d. Heidelberger Akademie d. Wissenschaften. Philos-hist. Klasse Jg. 1965, Abhdlg. 2), Heidelberg 1965.
169 Vereinsbericht GV Berlin, in: Mitteilungen Heft 2, 1864, Sp. 58.
170 Ferdinand Lassalle, *11. 4. 1825 Breslau – † 31. 8. 1864 Genf – Theoretiker und Organisator der Arbeiterbewegung – 1843/46 Studium Berlin u. Paris, Jura u. Philosophie – 1848 Mitarbeiter Neue Rheinische Zeitung, Kontakte zu Marx und Engels. – 1863 Gründung Allgemeiner Deutscher Arbeiterverein.
I. Fetscher, in: NDB 13 (1982), S. 661–669 (Lit.). – Siehe auch: KS Bd. 5, S. 283, 287, 301, 305, 309, 312f., 386.
F. Lassalle, Reden und Schriften. Mit einer Lassalle-Chronik, hg. v. F. Jenaczek (dtv dokumente), München 1970.
171 Lassalle, Offnes Antwortschreiben (1. März 1863), in: Lassalle, Reden und Schriften, hg. v. F. Jenaczek, S. 189.

172 Vgl. Lassalle, Zur Arbeiterfrage (16. April 1863), in: Lassalle, Reden und Schriften, hg. v. F. Jenaczek, S. 204: „*Das eherne ökonomische Gesetz,* welches unter den heutigen Verhältnissen, unter der Herrschaft von Angebot und Nachfrage nach Arbeit, *den Arbeitslohn bestimmt,* ist dieses: *daß der durchschnittliche Arbeitslohn* immer auf den *notwendigen Lebensunterhalt reduziert bleibt, der in einem Volke gewohnheitsmäßig zur Fristung der Existenz und zur Fortpflanzung erforderlich ist.*" – Dieses Gesetz stammt von dem englischen Nationalökonom David Ricardo (1772–1823). – Siehe dazu: a.a.O., Einleitung, S. 10ff.

173 Lassalle, Offnes Antwortschreiben (1. März 1863), in: Lassalle, Reden und Schriften, a.a.O., S. 199.

174 Zitiert nach: H. Oncken, Lassalle. Eine politische Biographie, Stuttgart [4]1923, S. 348. – Siehe dazu auch: S. Na'aman, Lassalle, Hannover 1970, S. 410–654.

175 S. Na'aman, Lassalle, Demokratie und Sozialdemokratie, in: Archiv für Sozialgeschichte 3 (1963), S. 40, 67–69, 77f.; hier zitiert nach: Lassalle, Reden und Schriften, hg. v. F. Jenaczek, S. 517.

176 I. Fetscher, in: NDB 13 (1982), S. 668.

177 Lassalle, Reden und Schriften, hg. v. F. Jenaczek, S. 410f. – F. Lassalle, Arbeiterlesebuch. Rede zu Frankfurt am Main am 17. und 19. Mai 1863, in: F. Lassalle, Gesammelte Reden und Schriften, hg. u. eingel. v. E. Bernstein, Bd. 3, Berlin 1919, S. 169–332.

178 Ketteler, Arbeiterfrage und Christentum, in: Ketteler, Sämtliche Werke und Briefe, Bd. 1/1, S. 685.

179 Kolping, Auf der Reise, in: RV 10 (1863), S. 419. – Zur angekündigten Behandlung dieses Themas kam es nicht mehr.

180 Vgl. H. Oncken, Lassalle. Eine politische Biographie, Stuttgart [4]1923, S. 439ff.

181 Vgl. Conze, Liberale Arbeiterbewegung, S. 17.

182 [A. Niedermayer], Rundschau. Kampf und Wachsthum der Kirche in unseren Tagen. Ein Neujahrsgruß an die Katholiken Deutschlands, Freiburg 1862, S. 115.

183 A.a.O., S. 117.

184 Kolping an Steinle, 4. 9. 1863, in: KS Bd. 2, S. 422. – Ob Kolping ähnliche Gründe für seine Abneigung hatte wie Ketteler für derartige Veranstaltungen, läßt sich nicht belegen, ist aber wahrscheinlich. Ketteler, Arbeiterfrage und Christentum, in: Ketteler, Sämtliche Werke, Bd. I/1, S. 418: „So waren auf dem sechsten Kongresse deutscher Volkswirte vom 14.–16. September 1863, der sich so eingehend mit den Interessen des Arbeiterstandes beschäftigte, unter 137 Mitgliedern 25 Staatsbeamte, 11 Professoren, 16 Rechtsanwälte, 8 Bankiers, 14 Redakteure, 30, die den Doktortitel führen, 16 Kaufleute usw. und vom gesammten Arbeiterstande nur 2 Handwerker anwesend. Es ist sonderbar, daß diese Herren die soziale Selbsthilfe nicht beeinträchtigt glauben, wenn es sich um die angebliche Vermehrung des geistigen Kapitals des Arbeiterstandes handelt, während sie dieselbe für verletzt erachten, wenn sie das materielle Kapital desselben vermehren sollen."

185 Vgl. Vosen, Rede, in: Verhandlungen Frankfurt 1863, S. 229–248. – Siehe dazu auch: Vosen, Ein frommes Vorurteil gegenüber der Arbeiterfrage, in: KS Bd. 5, S. 283–287.

186 Verhandlungen Frankfurt 1863. – Zu Heinrich siehe: L. Lenhardt, in: LThK 5 ([2]1960), Sp. 204.

187 Vgl. Kolping, Rede, 12. 9. 1864, in: KS Bd. 5, S. 636.

188 Vgl. „Generalversammlung der Diözesanpräsides des Katholischen Gesellenvereins in Würzburg am 12./13. und 14. September 1864", Mitteilungen 1864, Heft 3, Sp. 65–73. – Nachdruck: KS Bd. 5, S 328–335. – Rede in Würzburg, in: KS Bd. 5, S. 335–337. – Ridder, Diözesanverbände, S. 236ff. – Teilnehmerliste:

Ad. Kolping, Generalpräses. G. Mayr, Diöz(esan)präses aus München; Jos. Weizenhofer, Diöz(esan)präs(es) aus Eichstätt; Ponholzer, Diöz(esan)prä(ses) aus Augsburg; Beckert, Diöz(esan)präs(es) aus Würzburg; Benker, Diöz(esan)präs(es) aus Bamberg; Schäffer, Diöz(esan)präses aus Trier; Bened. Höllrigl, Diöz(esan)präses aus St. Pölten; Georg Arminger, Diöz(esan)präses aus Linz a. d. Donau; Anton Gruscha, Diöz(esan)präses aus Wien; Fidelis Höpperger, aus Agram; Jos. Mayr, Präses aus Innsbruck; Karl Ziegler, Stellvertreter des Diöz(esan)präses aus Rottenburg; Max Jäger, Diöz(esan)präses aus Freiburg im Breisgau; Friedr. Riedinger Diöz(esan)präses aus Speyer; Fr. Nacke, Stellvertreter des Diöze(san)präses aus Paderborn.

Anwesend bei dieser und der folgenden Sitzung waren: Ed. Müller, Präses aus Berlin; Hiltensperger, Präses aus Kempten; Koch, Präs(es) aus Aschaffenburg; Jos. Igl, Präses von Burglengenfeld b. Regensburg; Magnus Ant. Reindl, Präs(es) in Dillingen; Jacob Hospes, Präses in Wiesentheid; Andreas Lahner, Präses in Erlangen; Ferd. Viefhaus, Präses in Germersheim; Jos. Wimmer, Präses in Berchtesgaden; Aloys Hoffmann, Abgeordneter von Mannheim; Thomas Gutgesell, Präses in Tauberbischofsheim. Außerdem noch eine Anzahl Präsides und Abgeordnete von Vereinen, welche zugleich bei der Generalversammlung der kath(olischen) Vereine tätig waren, so unter anderen die Präsides von Mainz, Schneider; Frankfurt, Niedermayer, usw.

Georg Arminger, * 1822 Aistersheim/NO – † 7. 7. 1884 Linz – 1846 Priesterweihe – 1849 Domvikar Linz – 1858 Domprediger – 1868 Stadtpfarrer Steyr – 1877 Ehrendomherr – 1864–1868 Präses GV Linz und Diözesanpräses.

Bibliographie des Klerus der Diözese Linz, Linz 1893, S. 6f. – Festschrift zum 75jährigen Gründungsfeste des katholischen Gesellenvereins Linz, Linz 1927, S. 15. – KS Bd. 2, S. 438; Bd. 3, S. 333, 343.

Johann Michael Beckert, *9. 1. 1822 Aub – † 22. 9. 1893 Würzburg – 16. 8. 1845 Priesterweihe – Kaplan in Mellrichstadt und Aschaffenburg – 1857 Kurat Mainaschaff – 1858 Domvikar Würzburg – 1872 Stadtpfarrer Würzburg St. Peter und Paul – 1853 Gründerpräses GV Aschaffenburg – 1863 Präses GV Würzburg und Diözesanpräses.

C. R. Braun, Stadtpfarrer Michael Beckert zu St. Peter in Würzburg. Sein Antheil an der Entwickelung des religiösen Lebens in Stadt und Diözese Würzburg, Würzburg 1894. – KS Bd. 2, S. 440; Bd. 5, S. 332f., 343.

Augustin Benker, * 10. 2. 1827 Bamberg – † 11. 7. 1904 – 19. 122. 1853 Priesterweihe – vorher Studium der Pharmazie und Konversion – 1853 Kooperator Höchstadt – 1854/56 Kaplan Waischenfeld, Bayreuth, Hirschhaid und Buttenheim – 1856 Kaplan Bamberg – 1868 Pfarrer Stegaurach – 1882 Pfarrer Bamberg St. Martin – 1859/68 Diözesanpräses Bamberg.

F. Wachter, General-Personal-Schematismus der Erzdiözese Bamberg 1007–1907, Bamberg 1908, S. 37. – KS Bd. 5, S. 332, 343.

Thomas Gutgesell, *28. 5. 1834 Forst – † 14. 6. 1907 – 1. 8. 1860 Priesterweihe – Vikar Waibstadt und Haßmersheim – 1861 Kaplaneiverweser Tauberbischofsheim – 1864/69 Pfarrverweser Neckarelz, Gengenbach und Ettenheim – 1870 Pfarrer Lichtental – 1888 Pfarrer Niederschopfheim – 1861 Präses GV Tauberbischofsheim.

Frdl. Auskunft, EBA Freiburg, Frau Dehn, vom 28. 1. 1975. – KS Bd. 5, S. 334.

Johann von Matha Hiltensberger, *9. 2. 1821 Hopferbach – † 24. 1. 1878 Amberg – 12. 8. 1847 Priesterweihe – Kaplan – 1852 Prof. Gymnasium Kempten – 1874 Amberg – 1859 Gründerpräses GV Kempten.

Kosch, Kath. Deutschland, Sp. 1597. – KS Bd. 5, S. 334.

Benedikt Josef Höllrigl, *26. 3. 1823 Melk – † 2. 5. 1883 Ybbs – 23. 7. 1847 Priesterweihe – 1854 Domkurat St. Pölten – 1858 Spiritual am Seminar – 1868 Pfarrer Ybbs – 1860/67 Präses GV St. Pölten u. Diözesanpräses.

Festschrift 100 Jahre Kolpingsfamilie St. Pölten, St. Pölten 1960. – KS Bd. 5, S. 333, 343.

Fidelis Höpperger, *27. 4. 1822 Mötz – † 29. 1. 1896 – 26. 7. 1846 Priesterweihe – Intruktor Gymnasium Brixen – 1850 Prfekt Kassianeum – 1851 Kooperator Schönwies – 1853 Prof. für Philosophie Priesterseminar Zagreb – 1860 Spiritual am Priesterseminar und Generalsuperior der Barmherzigen Schwestern – 1861 Ehrendomherr – Diözesanpräses Agram.

Frdl. Auskunft, BA Brixen, Herr E. Schreiber, vom 31. 3. 1982. – KS Bd. 5, S. 333, 343.

Jakob Hospes, * 18. 5. 1839 Aschaffenburg – † 23. 2. 1897 Strüth – 10. 8. 1862 Priesterweihe – Kaplan Wiesentheid – 1878 Pfarrer Strüth/Röttingen – 1862 Präses GV Wiesentheid.

Frdl. Auskunft, BA Würzburg, Herr Aug, vom 27. 1. 1975. – KS Bd. 5, S. 334.

Joseph Igl, *20. 3. 1835 Krachenhausen/Kallmünz – † 9. 5. 1902 – 19. 7. 1857 Priesterweihe – Kooperator Burglangenfeld – 1877 Pfarrer Walderhof – 1882 Pfarrer Ergoldsbach – Pfarrer Altegolfsheim – Präses GV Burglangenfeld.

Frl. Auskunft, BA Regensburg, Dr. Paul Mai, vom 5. 2. 1975. – KS Bd. 5, S. 334.

Max Jäger, * 10. 10. 1831 Freiburg – † 24. 1. 1896 – 7. 8. 1855 Priesterweihe – Vikar Gengenbach – 1858 Kooperator Freiburg – 1872 Pfarrer St. Märgen – 1884 Pfarrer Kirchzarten – 1864–1869 Diözesanpräses Freiburg.

Frdl. Auskunft, EBA Freiburg, Frau Dehn, vom 28. 1. 1975. – KS Bd. 5, S. 333, 343.

Vinzenz Koch, *22. 10. 1834 Güntersleben – † 22. 11. 1881 Hammelburg – 8. 8. 1858 Priesterweihe – Kaplan Aschaffenburg – Pfarrer Hammelburg.

Frdl. Auskunft, BA Würzburg, Herr Aug, vom 27. 1. 1975. – KS Bd. 5, S. 334.

Andreas Lahner, *21. 12. 1837 Lichtenfels – † 25. 6. 1911 – 2. 6. 1860 Priesterweihe – Kooperator und Pfarrverwalter Banz – 1862 Kaplan Erlangen – 1867 Subregens Bamberg – Lyzealprofessor – 1876 Pfarrer Trunstadt – 1885 Kurat Bamberg St. Michael – 1895 Domkapitular – Dr. phil. et theol. – 1864 Gründerpräses GV Erlangen.

F. Wachter, General-Personal-Schematismus der Erzdiözese Bamberg 1007–1907, Bamberg 1908, S. 285. – KS Bd. 5, S. 334.

Joseph Johann Mayr, *4. 6. 1821 Innsbruck – † 30. 5. 1901 Innsbruck – 10. 12. 1843 Priesterweihe – 185 Benefiziat Innsbruck – Katechet der Handelsschule – 1852 Präses GV Innsbruck.
Frdl. Auskunft, Stadtarchiv Innsbruck, Dr. Hye, vom 30. 1. 1975. – KS Bd. 2, S. 132, 227, 266; Bd. 5, S. 33 343.
Franz Johann Nacke, *25. 6. 1828 Hörste – † 6. 1. 1916 Paderborn – 29. 8. 1853 Priesterweihe – Kapla Dortmund und Mühlhausen – 1860 Konviktpräses und Prof. Paderborn – stellvertr. Diözesanpräses Pader born.
W. Liese, Necrologium Paderbornense, Paderborn 1934, S. 400f. – KS Bd. 5, S. 333, 343.
Andreas Niedermayer, *10. 10. 1835 Niederviebach/Landshut – † 17. 1. 1872 Frankfurt – 1858 Priester weihe – 1862 Kaplan und Pfarrer Frankfurt – Administrator der Deutsch-Ordens-Kommende Sachsenhau sen – Sekretär des Zentralkomitees der katholischen Vereine Deutschlands – 1862 Gründerpräses GV Frankfurt.
Kosch, Biographisches Staatshandbuch Bd. 2, S. 920. – KS Bd. 2, S. 397, 422, 426ff., 436ff., 452, 468; Bd. 5 S. 334; Bd. 6, S. 50.
Bartholomäus Ponholzer, *12. 3. 1827 Ostersee – † 25. 4. 1892 Augsburg – 7. 8. 1853 Priesterweihe – Kommorant Königsdorf – 1855 Kaplan Nassenbeuren – 1857 Kaplan Landsberg – 1860–61 Religionsleh rer Kempten – 1857 Gründerpräses GV Landsberg – 1862 Präses GV Augsburg.
Kosch, Kath. Deutschland, Sp. 3651. – KS Bd. 5, S. 333, 343.
Magnus Anton Reidl, *17. 12. 1832 Leuterschach – † 7. 4. 1896 Rosenheim – 21. 6. 1856 Priesterweihe – Kaplan Dillingen – 1867 Pfarrer Untermeitingen, Memmingen, Günzburg – 1892 Domkapitular Eichstätt – 1894 Domdechant – 1858 Gründerpräses GV Dillingen.
Frdl. Auskunft, BA Eichstätt, Herr Brun Appel, vom 17. 4. 1975. – KS Bd. 5, S. 334.
Friedrich Riedinger, *15. 3. 1827 Kandel – † 24. 10. 1894 Speyer – 20. 8. 1852 Priesterweihe – 1858 Dom vikar und Kanzlist Speyer – 1879 Domkapitular – 1860 Präses GV Speyer.
Frdl. Auskunft, BA Speyer vom 3. 2. 1975. – KS Bd. 5, S. 333, 343.
Friedrich Karl Wilhelm Schneider, *7. 8. 1836 Mainz – † 21. 9. 1907 Mainz – 1859 Priesterweihe – Kaplan Steinheim – 1861 Assistent Priesterseminar, Mainz – 1869 Dompräpendar – 1891 Domkapitular – 1863–1864 Präses GV Mainz u. Diözesanpräses.
Necrologium Moguntinum, Mainz 1956, S. 164. – 125 Jahre Kolpingsfamilie Mainz-Zentral 1851–1976 Mainz 1976, S. 18. – KS Bd. 2, S. 454, 464; Bd. 5, S. 334.
Ferdinand Viefhaus, *5. 1. 1838 Essen – † 6. 3. 1916 Maria Hain/Düsseldorf – 27. 4. 1862 Priesterweihe – Kaplan Deidesheim – 1863 Pfarrverwalter Germersheim – 1878 Aufenthalt in Amerika – 1892 Düsseldorf Rath Karthause.
Frdl. Auskunft, Priorat Marienau, vom 29. 10. 1987. – KS Bd. 5, S. 334.
Joseph Weizenhofer, *28. 4. 1825 Megesheim – † 16. 5. 1897 – 5. 6. 1852 Priesterweihe – Kooperator Hil poltstein, Herdeck, Spalt und Eichstätt – 1862 Domvikar – 1869 Domprediger – 1878 Pfarrer Gaimers heim – 1890 Kämmerer des Landkapitels Ingolstadt – 1860 Gründerpräses GV Eichstätt.
Frdl. Auskunft, BA Eichstätt, Herr Brun Appel, vom 28. 1. 1975. – KS Bd. 5, S. 332, 343.
Josef Wimmer, *7. 4. 1831 Bad Reichenhall – † 26. 4. 1906 Rosenheim – 28. 6. 1857 Priesterweihe – Ka plan und Kooperator Berchtesgaden – 1887 Pfarrer Attel – 1861 Gründerpräses GV Berchtesgaden.
Frdl. Auskunft, Kath. Pfarramt Berchtesgaden, vom 4. 2. 1975. – KS Bd. 5, S. 334.
Karl Ziegler, *1. 7. 1835 Kocherthürn – † 2. 9. 1902 – 1858 Priesterweihe – 1862 Gymnasialrepetent Ell wangen – 1865 Präzeptoratsverwalter Mengen – 1866 Kaplan Aulendorf – 1875 Pfarrer Riedhausen – stellvertr. Diözesanpräses Rottenburg.
Frdl. Auskunft, BA Rottenburg, vom 4. 2. 1975. – KS Bd. 5, S. 33, 343.

[189] Siehe dazu: Promemoria, Würzburg, 13./14. 9. 1864, in: Mitteilungen 1865, Heft 4, Sp. 97–105. – Nachdruck: KS Bd. 5, S. 337–343. Das Promemoria wurde separat veröffentlicht und verschickt. Für die Präsides wurde es in den Mitteilungen abgedruckt. – Das Bischöfl. Ordinariat Eichstätt publizierte einen Tagungsbericht über die Würzburger Generalversammlung und das Promemoria, in: Pastoral-Blatt des Bis tums Eichstätt 12 (1865), S. 34f. u. 46ff.

[190] KS Bd. 5, S. 323.

[191] Ebd.

[192] Mitteilungen 1870, Heft 17, Sp. 489.

[193] Über die publizistischen Aktivitäten katholischer Kleriker siehe: K. Merten, F. Nölting, M. Schmolke Fachlich-biographische Notizen zur publizistischen Tätigkeit katholischer Geistlicher in der deutschen Pres

se des 19. Jahrhunderts, in: Communicatio Socialis. Zeitschrift für Publizistik in Kirche und Welt 1 (1968), S. 74–80, 173–176, 273–276, 373–375; 2 (1969), S. 94–96, 193–197, 292–294, 372–374; 3 (1970), S. 95–97, 202–207. – Unter den dort Genannten finden sich auffallend viele Präsides von katholischen Gesellenvereinen.

194 Zu Krementz, Simar und Fischer siehe: Hegel, Erzbistum Köln Bd. 5, S. 85–94. – Zu Wahl: S. Seiffert, in: Gatz, Bischöfe, S. 786f.

195 KS Bd. 5, S. 330.

196 Verhandlungen Trier 1865, S. 145f. – Eine kritische Einstellung zur Haltung des Katholikentages zum Fragenkomplex Bildung und Wissenschaft und zur Person Niedermayers bietet: F. X. Kraus, Tagebücher, hg. v. H. Schiel, Köln 1957, S. 223.

197 Siehe dazu: Stegmann, Sozialreform, S. 70–90 u. Stegmann, Soziale Ideen, S. 377–395.

198 Kolping, Die zehnte Generalversammlung der kath. Vereine, in: RV 5 (1858), S. 595.

199 Zu Kolping als Redner siehe: Schmolke, Kolping als Publizist, S. 94–115.

200 Vgl. BA Rottenburg, Generalakten C 15.1a. – Mindestens seit 1859 gab es erste Ehrenmitglieder in den Vereinen, für die eigene Diplome zu bekommen waren. KS Bd. 2, S. 256.

201 Siehe dazu auch: KS Bd. 5, S. VII.

202 Vgl. Kolping, Rede, 22. 9. 1852, in: KS Bd. 4, S. 42. – Siehe dazu: FS 2 (1852), S. 132.

203 Vgl. Kolping an Ungenannt, 12. 2. 1853, in: KS Bd. 2, S. 135.

204 Vgl. Kolping, Rede, 20. 9. 1853, in: KS Bd. 3, S. 77.

205 Kolping, Gott segne das ehrbare Handwerk, in: KS Bd. 4, S. 108. – Siehe auch: Kolping an Hertenstein, 10. 3. 1854, in: KS Bd. 2, S. 162.

206 RV 1 (1854), S. 555–558, hier: 558.

207 Vgl. Kolping, Rede, 25. 3. 1855, in: KS Bd. 4, S. 198. – Diese Zahl übernahm auch: Pfülf, Kolping, S. 686.

208 Vgl. Kolping an Pius IX., 28. 2. 1857, in: KS Bd. 1, S. 45.

209 RV 5 (1858), S. 827. – Diese Angaben übernahmen auch: Schmolke, Kolping als Publizist, S. 64. – Siehe dazu auch: KS Bd. 4, S. VII u. Schematismus, München 1859, S. 205.

210 Kolping führt in seiner Statistik 1858 185 Vereine auf. – RV 5 (1858), S. 700–704 u. 716–719.

211 Vgl. May, Katholikentage, S. 134.

212 Vgl. RV 7 (1860), S. 447.

213 RV 9 (1862), S. 271. – Siehe dazu auch: Protokollbuch Köln, 11. 4. 1862, nennt ca. 325 Vereine.

214 Vgl. Niedermayr, Rundschau, S. 115. – Der Abgeordnete von Mallinckrodt hatte im Landtag von 50000 Handwerkern gesprochen.

215 Vgl. May, Katholikentage, S. 160f.

216 Vgl. AEK, Totenzettel Kolpings. – Siehe dazu auch: S. Schäffer, Der Gesellenverein und sein Hospitium in Köln, in: Mitteilungen 11 (1869), S. 6, spricht von 504 Vereinen. „Die Zahl sämtlicher Mitglieder beträgt 70000–80000, und wenn wir diejenigen Meister, welche in den zweiundzwanzig Jahren seines Bestehens aus dem Vereine hervorgegangen und demselben in Liebe zugetan geblieben sind, mitrechnen, so dürfte sich wohl die achtunggebietende Ziffer von 120000–130000 ergeben." – Ferner: KS Bd. 5, S. VII und Vosen, in: KS Bd. 5, S. 408.

217 Kolping, in: Mitteilungen 17 (1870), Sp. 491.

218 Kolping an Gruscha, 24. 3. 1857, in: KS Bd. 2, S. 215.

219 Kolping, Diözesanpräsides, in: KS Bd. 5, S. 321.

220 Kolping, Gesellenverein-Aufgabe, in: KS Bd. 3, S. 115.

221 K. Erlinghagen, Vom Bildungsideal zur Lebensordnung, Freiburg/Basel/Wien 1960, S. 149 u. 152.

222 Kolping an einen Herrn in Trier, 12. 2. 1853, in: KS Bd. 2, S. 134.

223 Kolping, Mitgebrachtes, in: RV 2 (1855), S. 375.

224 Immediat-Gesuch des Vorstandes zum Schutze und zur Pflege für ledige Handwerksgesellen zu Köln an Friedrich Wilhelm IV., 15. 11. 1855, in: LHKO, Bestand 403/7361, Gesellenvereine, S. 215–222. (Kopie), hier: S. 217.

225 Vgl. Kolping, Gesellenverein, in: KS Bd. 3, S. 56. – Siehe dazu auch: KS Bd. 3, S. 52 u. 82.

226 Th. Rempe, Kolping, in: Handbuch der deutschen Kolpingsfamilie, Köln 1960, S. 1.

227 Kolping, Glückseliges Neujahr, in: KS Bd. 3, S. 283.

228 F. Schneider, Triebkräfte der Pädagogik der Völker. Eine Einführung in die vergleichende Erziehungswissenschaft, Salzburg 1947, S. 184.

[229] Kolping, Rede, 9. 9. 1858, in: KS Bd. 4, S. 367.
[230] Kolping, Gesellenverein, in: KS Bd. 3, S. 54.
[231] Vgl. Wichern, Sämtliche Werke, hg. v. P. Meinhold, Bd. 2, S. 65 u. 407.
[232] Schnabel, Deutsche Geschichte, Bd. 4, S. 219.
[233] Kolping, Gott segne das ehrbare Handwerk, in: KS Bd. 4, S. 98 f.
[234] K. Schatz, Zwischen Säkularisation und zweitem Vatikanum. Der Weg des deutschen Katholizismus im 19. und 20. Jahrhundert, Frankfurt 1985, S. 163 f.

11. Pädagoge und Erwachsenenbildner

Adolph Kolping war – darauf ist mehrfach hingewiesen worden – kein Bildungstheoretiker und ebenso wenig Vertreter einer systematischen Pädagogik. Er hat auch kein in sich geschlossenes Bildungskonzept vorgelegt[1]. Jedes Festlegen auf eine Theorie war ihm schon deshalb verdächtig, weil er selbst die menschlichen Alltagsprobleme als zu komplex und vielschichtig erfahren hatte: „Von den Leuten, welche die Bücher und die Zeitungen schreiben, welche selbst öffentlich die Sache des Volkes führen und mit Systemen und Theorien, Anklagen und Verteidigungen in unentlichem Wortschwall um sich werfen, haben wir so gut wie nichts gelernt"[2].

Für diese Haltung Kolpings gibt es eine Reihe von Gründen. Die eigene Schul- und Lernerfahrung, seine im zeitgenössischen Katholizismus verwurzelte Weltanschauung und sein christliches Menschenbild machten ihn jedem theoretischen Konzept, das nicht an Offenbarung und Evangelium orientiert war, gegenüber skeptisch.

Die persönlichen Kontakte zu seinem Volksschullehrer Statz, seinen Jugendfreunden Statz und Frincken, die später als Lehrer tätig waren, und eigene erste pädagogische Erfahrungen haben wohl für Kolping dazu beigetragen, sich mit pädagogischen und volksbildnerischen Fragestellungen zu beschäftigen[3].

Pädagogik als eigenständige wissenschaftliche Disziplin war zu seiner Studienzeit an den von ihm besuchten Hochschulen noch nicht etabliert. Das Fach wurde von den Professoren für Philosophie und Moraltheologie mitvertreten. So hatte Kolping in München bei Stadlbauer, in Bonn bei Brandis und im Kölner Seminar bei Weitz Einführungen in die Pädagogik gehört[4]. Dadurch war er mit den wichtigsten pädagogischen Zeitfragen vertraut[5]. Mit einem Vertreter der preußischen Schul- und Bildungsbürokratie hatte er schon bei seinem Abitur erste Erfahrungen gemacht. Der Kommissar der königlichen Prüfungsbehörde mußte erst rückfragen, ehe er entscheiden konnte, ob Kolping das Abitur zuerkannt werden könne[6].

Die Aussagen, die Kolping über Bildung und Erziehung machte, durchziehen sein gesamtes schriftliches Lebenswerk wie ein roter Faden. In Aufsätzen und volkstümlichen Erzählungen befaßte er sich ausführlicher mit den Begriffen Bildung und Erziehung[7].

Bildung, nach der es ihn selbst als Schüler schon so verlangt hatte und die er auf dem Gymnasium als weitergehende Volksbildung beschrieben hatte und besonders hervorhob, wollte er bei seinen Überlegungen noch nicht auf einen bestimmten Beruf festgelegt wissen. Der erste Text, den Kolping als 24jähriger Tertianer am 20. Dezember 1837 in sein Tagebuch eintrug, ist ein bemerkenswertes Zeugnis des Exhandwerkers für seine Erkenntnis, daß nur der Weg zum Priestertum ihm die Möglichkeit gab, die Schranken seines Standes zu überwinden[8]. Schon in frühester Jugend hegte er eine „sonderbar große Verehrung für ‚gelehrte Leute' (mit dem Kindesbegriff)", und er war bestrebt, sie nachzuahmen. Er fand die „Achtung für das Wissen unter jeder Menschenklasse, unter denen aber am meisten, die nichts oder doch nicht viel wissen". Die Verantwortung und die Gefahr, in der der Gebildete steht, wird noch dadurch vergrößert, daß sich der Gebildete nicht nur durch seinen Geist über die Menge erhebt und ihr vorangeht, sondern vor allem durch das Wissen und die Erfahrung, daß man ihm folgt[9].

So gab es für ihn viele Gelehrte, die nicht mehr in dieser Welt geleistet haben, „als ein Taglöhner mit seiner Arbeit"[10].

In seinem Aufsatz: „Was ist Bildung?" setzte sich dieses Denken Kolpings fort, bereichert durch praktische Erfahrungen in Elberfeld und sicher auch durch den Umgang mit dem Lehrer Breuer[11].

Die Behandlung von Erziehungsproblemen gab immer wieder die Gelegenheit, grundsätzliche Überlegungen zu einer Erziehungslehre in seine Erzählungen einzubringen. In einem Dialog mit Dr. Fliederstrauch, „Fingerzeige in der Erziehung", geht es um den Erzieher und die Erziehungsmittel[12]. Die Erzählung unter dem Titel „Zur Volkserziehung" ist die Geschichte eines jungen Mannes, der nach seiner Übersiedlung in die Stadt in der neuen Umgebung gestrauchelt war[13]. Theoretische Hinweise des hier agierenden Dr. Fliederstrauch zum Erziehungsdenken wurden in Dialogform zwischen dem erfahrenen Hausarzt, der nicht nur über medizinische Kenntnisse verfügte, sondern auch Rat in allen Lebenslagen geben konnte, und dem Ich-Erzähler erörtert. Der Ich-Erzähler vertrat dabei die Volksmeinung, der Arzt meldete Bedenken dagegen an[14]. Zu diesen Erzählungen und ihren pädagogischen Inhalten schrieb Kolping: „Übrigens kommt's mir vor, als ob meine pädagogischen Ansichten, gefallen sie auch manchem, in *unserer* Zeit fast barock aussehen"[15].

Seine pädagogische Position richtete sich in erster Linie gegen alle aufklärerischen Tendenzen. Die Aufklärung, auf die Kolping immer wieder zu sprechen kommt, die er aber nirgendwo genau definiert, war eine aus Rationalismus und Naturalismus entstandene geistige Bewegung des 18. Jahrhunderts. Kolpings kritische und ablehnende Haltung zu dieser Bewegung richtet sich gegen die Überbetonung des Diesseits, der Vernunft und des Wissens ohne Bildung[16]: „Ja, diese leidige Aufklärung ... die weder die Natur des Menschen noch die Natur des Christentums, weder Gott noch die Welt kennt, die in ihrem faden Hochmut und ihrer selbstsüchtigen Gefühlspolitik sich so weise wähnt, daß sie gar nicht mehr fähig ist, ernste und tiefe Dinge durchzudenken und sich anzueignen, hat unsägliches Unglück in der menschlichen Gesellschaft angerichtet, aber nirgends mehr und heilloseres als in der Erziehung"[17].

Vorbilder und Weggenossen

Drei „Pädagogen" haben mit ihren Arbeiten bzw. Einrichtungen auch Kolping bewußt oder unbewußt beeinflußt: Johann Michael Sailer, Nicolai Frederic Severin Grundtvig und Johann Hinrich Wichern. Auf die beiden ersteren ist in der bisherigen Forschung gebührend hingewiesen. Kolpings gut fünf Jahre älteren evangelischen „Konkurrenten" sucht man jedoch in den Registern der meisten Arbeiten vergebens. Wenn er genannt wird, geht es um eine Publikation in den „Fliegenden Blättern" aus dem „Rauhen Haus“ in Hamburg, in denen über die katholischen Gesellenvereine nicht übermäßig sachkundig und auch nicht ohne Polemik berichtet wurde.

Den größten Einfluß im Bereich des noch von der katholischen Kirche getragenen Erziehungs- und Schulwesens sowie der Lehrerbildung hatte wohl der spätere Bischof von Regensburg, Johann Michael Sailer, mit dessen Ideengut Kolping seit seiner Münchener Zeit sicher vertraut war[18]. Er ließ sich in seinen Vorstellungen von Erziehung und Bildung durch Sailer leiten, auch wenn nicht nachzuweisen ist, daß er dessen Schriften gelesen hat. Dieser hatte sich gegen die dominierenden Ideen der Aufklärung und die Überbetonung der Verstandesbildung gewandt. „Als Professor der Pädagogik gab Sailer 1807 die Schrift ‚Über Erziehung für Erzieher‘ heraus. Dieses Werk ist neben der ‚Glückseligkeitslehre‘ (1787) die bedeutendste pädagogische Schrift Sailers. Einflüsse von Rousseau, Kant, Basedow und Pestalozzi sind unverkennbar. Der neuen Bildungsidee der Humanität, der sittlich autonomen Persönlichkeit, hat sich Sailer weit geöffnet. Die legitimen Forderungen der Menschennatur stehen aber für ihn nie im Gegensatz zur Übernatur, zum Evangelium, zur Kirche. Religiöse, sittliche, intellektuelle Bildung sind ihm eine organische Einheit, ein harmonischer Ausgleich unter Wahrung des Primates der Religion. Das Prinzip der Erziehung, ihr leitender Gedanke und die Atmosphäre, in der sich Erziehung vollzieht, ist die Liebe zum Kind, und diese wieder ist verankert im christlichen Hauptgebot der Gottes- und Nächstenliebe. Ziel der Erziehung ist die freie, selbständige, religiöse Persönlichkeit“[19]. Auffällige Gemeinsamkeiten zwischen Sailer und Kolping bestehen auch im Amts- und Berufsverständnis des Priestertums[20].

Auf die Gemeinsamkeit der Gedanken des großen dänischen Volkserziehers Nikolai Frederic Severin Grundtvig[21], die sich in gleichen Formulierungen zeigt und darum eine Abhängigkeit Kolpings vermuten läßt, wurde bereits in den zwanziger Jahren hingewiesen[22]. Die Frage, wie Kolping mit dem Gedankengut Grundtvigs in Berührung kam, blieb aber bis heute ungeklärt[23].

Mit seiner Volkshochschule wollte Grundtvig eine „volkliche Bildungseinrichtung“ schaffen. Ende der dreißiger Jahre begann er mit seiner Aufklärungsarbeit, die in dem Sinne volkstümlich war, weil er das ganze Volk ansprach, unabhängig von beruflicher und sozialer Stellung. Erste demokratische Tendenzen, die in Dänemark erkennbar wurden, brachten Grundtvig auf die Idee, die Bevölkerung auf eine neue Gesellschafts- und Staatsform vorzubereiten. Die erste Volkshochschule, 1844 gegründet, diente bereits auch als Vorbereitungsstätte für demokratisches Denken und Handeln, vor allem unter der ländlichen Bevölkerung. Diese Einrichtungen, die bald in allen Landesteilen entstanden, gewannen große Bedeutung für den Bauernstand und damit auch für die Entwicklung des Landes. Sie wurden zum Vorbild für die Volkshochschulen überhaupt.

Zweck des Unterrichts sollte nicht nur die Vermittlung von (Fach)-Kenntnissen sein. Grundtvig wollte die Teilnehmer auch für Alltagsfragen und gesamtgesellschaftliche Probleme interessieren und sie zu persönlicher Stellungnahme und aktiver Mitarbeit in der Gesellschaft anregen. „Man findet kaum in einem anderen Lande eine Persönlichkeit, die einen so breiten und doch tiefgehenden Einfluß auf ihr Volk hatte, wie dies bei Grundtvig in Dänemark der Fall war“[24].

Kolping übernahm in seiner Schrift „Der Gesellenverein“ Formulierungen, „die sehr an Grundtvig erinnern (obwohl eine Abhängigkeit bisher noch nicht exakt nachgewiesen wurde). Es müsse aber eine ‚Akademie im Volkston' sein, die ‚auf alle Lebensverhältnisse einzugehen' wisse und die besonders vom ‚lebendigen Wort' getragen sei, alles Ausdrücke Grundtvigs. Aber was hier im Gegensatz zu Grundtvig fehlt, ist der Bezug zur Demokratisierung der Gesellschaft und die Intention einer politischen Bildung im Sinne der politischen Selbstbestimmung des Volkes"[25].

Als mögliche Vermittler Grundtvig'schen Ideengutes an Kolping kommen sein Vertrauter aus der Münchener Zeit, Prof. George Phillips, als Mitglied der königlich dänischen Akademie der Wissenschaften, und der Bonner Professor Brandis, der über gute Kontakte nach Dänemark verfügte, in Frage. Noch wahrscheinlicher ist aber, daß Kolping in Elberfeld über Mitarbeiter Johann Hinrich Wicherns, die im Rheinland als „Agenten" der „Inneren Mission" tätig waren und aus dem schleswig-dänischen Grenzgebiet stammten, mit diesem Gedankengut vertraut wurde[26]. Wicherns Tätigkeit ist nur von seiner theologischen Position her zu verstehen. Von der Erwekkungsbewegung stark geprägt, ist Christus für ihn Angelpunkt und Zentrum der Geschichte. Die Erlösung der sündigen Menschheit durch Jesus Christus ist darum das Thema der Weltgeschichte überhaupt: „In der Kirche begegnen sich die beiden Ansätze der Geschichte der Sünde und Gnade, die auch für jedes einzelne Menschenleben entscheidend sind"[27]. Von dieser Überzeugung ausgehend, waren für ihn Familie, Schule, Arbeit und Beruf sowie die Kirche die wichtigsten Träger der Erziehung. Der Familiengedanke beinhaltete für ihn eine von Liebe und Freiheit getragene Lebensgemeinschaft. Schule sollte persönlichen Lernwillen und musisches Verständnis fördern, Arbeit und Beruf vermittelten soziale Grundeinsichten und festigten Selbstbewußtsein und Selbstvertrauen[28].

Dieses Erziehungsdenken bestimmte auch die beruflichen Aktivitäten Wicherns. Mit der Gründung des „Rauhen Hauses", in dem er zunächst Waisenknaben unter tatkräftiger Mithilfe seiner eigenen Familienangehörigen erzog, setzte er 1833 erste sozialpädagogische Akzente. Schulische und berufliche Ausbildung und spätere Reintegration in die Gesellschaft waren die erklärten Ziele[29]. Seit 1842 kam ein neues Aufgabengebiet hinzu. Mit einer im „Rauhen Hause" gegründeten Agentur widmete er sich besonders der Förderung einer kirchlich orientierten Volksliteratur, für die er sich auf den evangelischen Kirchentagen besonders einsetzte[30]. Seit 1844 gab er selbst die „Fliegenden Blätter aus dem Rauhen Hause" heraus, in denen er den Gedanken der „Inneren Mission" – Reevangelisierung in der eigenen Gesellschaft – wirkungsvoll propagierte.

Spätestens seit 1849 beschäftigten Wichern auch die Probleme der Arbeiter und Handwerker, die durch die beginnende Industrialisierung oft entwurzelt und politisch vor allem im Ausland radikalisiert wurden[31]. Seit Mitte der fünziger Jahre eröffnete sich für ihn ein weiteres Betätigungsfeld enormen Ausmaßes. Er bemühte sich um eine Reform des Strafvollzugs, um mit der Rehabilitation der Strafgefangenen schon vor Ort beginnen zu können[32].

Johann Hinrich Wichern „ist nicht nur der Inaugurator und Organisator der ‚Inneren Mission' und aller ihrer Tätigkeiten, ... sondern vielmehr der Ermahner und Erwecker der evangelischen Kirche. Er hat sie zur Abgabe eines lebendigen Zeugnisses aufgerufen. Die Reflektion über diese Tatsache macht deutlich, daß die Kirche nicht nur (oder in erster Linie) Institution ist, sondern das lebendige Gottesvolk, das sich je und je in seinem Zeugnis der Welt zu erkennen gibt, um ihr den Weg zu ihrem diesseitigen und jenseitigen Heil zu weisen"[33]. Die Ähnlichkeit zwischen Wicherns und Kolpings Werk springt geradezu ins Auge: Gesellschaftsanalyse unter heilsgeschichtlichem Aspekt, starkes publizistisches und volkschriftstellerisches Interesse, familienbezogene und gemeinschaftsbildende Sozialpädagogik, seelsorglicher Ansatz im berufsbildenden Bereich und am Arbeitsplatz und schließlich das Gesellenhospitium und die Herberge zur Heimat[34].

So wurde auch von einem führenden Mitarbeiter der Gesellenvereine konstatiert: „In eigenartigem Parallelismus stehen nebeneinander Kolpings Programmschrift ‚Der Gesellenverein' und Wicherns Denkschrift ‚Die innere Mission'." Er warf auch die Frage auf, „ob hier mehr als zufällige Gleichzeitigkeit, ob auf der einen oder der anderen Seite Beeinflussung oder Kopie vorliege"[35], beantwortete sie aber nicht, sondern bezog sich auf Artikel in den „Rheinischen Volksblättern", von denen noch zu berichten sein wird. Bis heute ist dieses Problem nicht erschöpfend behandelt. Von der Tatsache, daß Johann Gregor Breuer auf Vorerfahrungen evangelischer Vereine bei Abfassung seiner Denkschrift zurückgreifen konnte, haben wir an anderer Stelle schon gehört. Es würde den Rahmen der vorliegenden Arbeit sprengen, diesen Komplex weiter zu erhellen; aber einige Hinweise erscheinen doch wichtig. In seiner Denkschrift „Die innere Mission" stellte Wichern im Jahre 1849 fest: „Eine besondere Aufmerksamkeit ist in Deutschland hier und da den reisenden *Handwerkergesellen* zuteil geworden. Es ist ein Anfang des Bessern, was christliche Liebe seit den letzten zwei oder anderthalb Jahrzehenden für sie nach und nach in jenen *Jünglingsvereinen, Feierabenden,* oder wie diese Zufluchtsstätten anders genannt werden, zu schaffen versucht hat ... Die kommunistischen Bildungsvereine für Gesellen haben grade diese Seite so bestimmt hervorgehoben und vielfach im Äußern treffliche, grade dem Handwerker eignende Einrichtungen dargeboten. Ohne Zweifel sind grade dadurch so viele junge Männer von diesen Bildungsvereinen angezogen und darin um so leichter verführt. In diesen kommunistischen Bildungsvereinen aber sind oder waren diese Einrichtungen nur *Mittel;* der eigentliche *Zweck* war die Verbreitung des politischen Radikalismus und die Vernichtung des Christlichen und alles Religiösen als desjenigen ‚reaktionären' Elements, das zuerst bekämpft werden mußte, um dem politischen Radikalismus, der Demokratie, Bahn zu brechen"[36].

Im gleichen Jahre veröffentlichte er seine Stellungnahme zur „Aufgabe der innern Mission für die wandernde Bevölkerung". Hier erfahren wir bisher zu wenig berücksichtigte Einzelheiten: „Ich komme nun auf diejenigen, deren provisorische Heimat die Herberge ist, *die Handwerksgesellen.* Die Herbergen sind die Pflanzschulen für das Vagabundengeschlecht ... Was der Pfarrer *in seiner Gemeinde* für die Handwerker tun kann, ist viel ..., aber um in *jene* Massen in der Fremde hineinzuwirken, dazu gehören andere Kräfte, eigentliche Missionare ... Dieser Gedanke ist in Deutschland schon länger gehegt worden. Es ist dies auch die Idee ‚*der pilgernden Brüder*', wie ich sie gleich mit der Entstehung der Brüderanstalt des Rauhen Hauses ausgesprochen habe, junge Leute, die gerüstet sind mit geistigen Waffen, um mitten unter die Handwerker zu treten und unter ihnen zu arbeiten. Wie diese Arbeit zu treiben, ist hier nicht der Ort, näher auseinanderzusetzen; aber wir werden solche Männer finden, wenn wir nur mit rechtem Eifer danach suchen. Setzen wir ein Beispiel. Ich denke mir einen tüchtig gewappneten Kandidaten, der sich entschlösse, Schuhmacher oder Schneider zu werden, und nun unter die Handwerker ginge und mit ihnen schusterte oder schneiderte. Der wäre dann ebenso klug oder noch klüger als die Literaten und die klugen Schuster. Und sollte das nicht möglich sein? ... Also Männer auch für diesen Beruf unter den Handwerkern müssen wir haben; aber sie müssen sich herausstellen, man kann sie nicht machen. Ein solcher Mann wäre ein fester Punkt in jener aufgelösten Masse, um den sich das Gesunde sammeln und kristallisieren könnte, und Tausende würden gerettet werden. Nun, und ich kenne einen Kandidaten der Theologie, der *ist* Schuhmacher geworden, um, wo möglich, seinen Brüdern unter den Handwerksgesellen zu dienen. Ob er sonst den Beruf dazu hat, entscheide ich nicht; aber die Tatsache ist geschehen, und jeder solcher Grashalm auf dem Boden des Reichs Gottes wird größer. Ob man besondere Anstalten für die Vorbildung solcher Männer errichten solle, lasse ich dahingestellt sein. Der Gedanke dazu ist ausgesprochen, und die Zukunft wird das Weitere lehren“[37].

Vor diesem Hintergrund werden überlieferte Fakten nun anders zu bewerten sein. Kolpings Zeitdruck bei der Abfassung seiner Schrift „Der Gesellenverein“, seine gegenüber Döllinger geäußerte Sorge um die Verbreitung des Vereins und die dazu nötigen Geistlichen, die „wir uns erst noch dafür erziehen“ müssen, erscheinen nun in einem anderen Licht. Wichern, den Kolping als „bekannten christlichen Philanthropen“ bezeichnete, schickte einen seiner Mitarbeiter ins Kölner Gesellenhospitium. Dieser Besuch erhält nun vor der Eröffnung der „Herberge zur Heimat“ in Bonn einen anderen Stellenwert: „Der hat sich unser Haus und die simple Einrichtung besehen, er hat die Wände bemessen und allenthalben herumgeschaut. Da hat er mich endlich im Fortgehen gefragt, ob ich nicht nach Hamburg gehen werde“[38].

Im Jahre 1856 erschienen dann in den „Fliegenden Blättern“ Erörterungen zur Geschichte der Gesellenvereine, insbesondere der katholischen, die wahrscheinlich nicht von Wichern stammen, aber sicher von ihm autorisiert waren. Dort heißt es: „Es waren die evangelischen Jünglings- und Gesellenvereine, denen diese katholische Bewegung wesentlich ihre Anregung verdankte“[39]. Und weiter: „Jene Gesellenvereine sind, was sie sind, nicht zunächst durch das eigene, frei in ihnen waltende Leben, sondern durch die Autorisation der kirchlichen Autoritäten, durch welche und von welchen her sie ihre Berechtigung und die Garantie ihres Bestehens empfangen. Mit dieser Kirchlichkeit ist noch nicht schlechthin die Religiosität der in Rede stehenden Vereine gegeben“[40].

Bereits in der Textwiedergabe versah Kolping diese Sätze mit Fragezeichen. Der Berichterstatter stellte kritisch fest, die Vereine versuchten, die Gesellen „als Bausteine hineinzubauen in das alte Gemäuer des römischen Kirchentums ... Die römische Kirche hat es wohl verstanden, aus dem Volksleben volkstümliche Elemente in ihre Gesellenvereine mit hinüberzutragen ... sie hat es den Gesellen nicht schwer gemacht ... vielmehr dafür gesorgt, daß der erneuerte Anschluß an die Kirche ihnen durch möglichst viele Erheiterungen vergütet werde“[41]. Kolping reagierte kurz und knapp, aber eindeutig: „Vorab ist es faktisch *nicht wahr*, daß die katholischen Gesellenvereine ihre erste Anregung den bereits bestehenden Jünglingsvereinen verdanken. Viel eher hat die im Wuppertale zur Zeit von vielen Protestanten gehätschelte ‚Rongerei‘ dazu

Anlaß gegeben ... *Gelernt* haben wir von denen höchstens nur, wie man eine Sache *nicht* machen muß"[42]. Zum Schluß seiner Widerlegungen forderte Kolping die „Fliegenden Blätter" auf, eine Richtigstellung, die er gleich mitlieferte, zu publizieren. Diese Berichtigung ist jedoch nie erschienen[43].

So vehement Kolping seine Position gegenüber den teils berechtigten, teils unberechtigten Vorwürfen der „Fliegenden Blätter" verteidigte, so klar bezog er für Wichern Stellung, wenn es um die Verletzung gemeinsamer Interessen ging. Als dieser in Frankfurt einen Vortrag über die „Werke der freien christlichen Liebe" hielt und dabei ausführte, „daß solche Gesellschaften nur auf kirchlichem und christlichem Boden gedeihen würden", ließ man „ganz einfach den Redner nicht mehr fortsprechen". Kolping kommentierte dieses Geschehen mit Hinweis auf die Zuhörer: „Das ist also die freimaurerische Redefreiheit"[44]!

Bildung als Gottebenbildlichkeit

Bildung war gerade zu Kolpings Zeit ein ausgesprochenes Modewort[45]. Er hatte die Überzeugung gewonnen, „der Charakter des öffentlichen Lebens"[46] werde wesentlich durch die Gebildeten bestimmt. Gebildet waren für ihn die Menschen, „die an Kenntnissen sich über den Haufen erheben, die ihr Leben dem Forschen nach immer größerer Intelligenz widmen, die handeln sollen, nicht nur der Form der Tat zu genügen, sondern um [zu] zeigen, daß sie mit Bewußtsein, mit einer Überzeugung handeln, die sie so und nicht anders zu handeln bestimmt". Zu ihren Worten müsse sich die denkende, scharf unterscheidende Seele ausdrücken. „Der Gebildete denkt weniger an sich als an den Beruf, den er zu erfüllen hat, er berechnet den Umfang seines Wirkens, die Obliegenheit, welche seine Fähigkeiten heischen, wie das Wort, das aus seinem Munde geht, das fortgepflanzt wird und lebt, je nachdem es Wert hat." Die Beziehung des Gebildeten zur Gesellschaft und sein Wirken waren für seine Beurteilung bedeutsam: „Neun Zehntel unserer Gelehrten sind Heiden und der ganze Schwarm von Halbgelehrten elende Nachbeter des dummen Gewäsches, was jene für ewige Weisheit ausgeben"[47].

Für Kolping sollte Bildung nicht in erster Linie Lebenshilfe sein, sondern vielmehr gestalten und formen. Ein Bildungsprozeß müsse, so der Gesellenvater, Normen setzen, die der Orientierung dienten. Verzichte er auf die Setzung von Normen, weil er sie nicht formulieren und anerkennen könne oder wolle, trage er, gewollt oder ungewollt, zur Verunsicherung und zum Wertchaos bei.

Die inflationäre Verwendung des Wortes „Bildung" veranlaßte Kolping zu seinem Aufsatz „Was ist Bildung?"[48] Nach seiner Überzeugung kommt der Mensch in einem beinahe völlig ungebildeten Zustand zur Welt. Der Schöpfer hat ihm nur geistig und leiblich die Grundformen geschaffen, diese aber so ziemlich allen Menschen gemeinsam und gleich. Es ist Aufgabe im irdischen Leben, den „ungebildeten Menschen eben zu bilden. Bilden heißt gestalten, formen, ausprägen und je schärfer und vollkommener das geschieht, um so richtiger und wirklicher schreitet die Bildung vorwärts"[49]. Die dem Menschen von Gott gegebene Grundform seines Wesens läßt ein Weiterbilden nur aus dieser Grundform zu. Der Mensch soll nach einem Muster gebildet werden, das schon vollendet gebildet ist.

Um zwischen der „wahren Bildung" und der „sogenannten Bildung" unterscheiden zu können, wollte Kolping zunächst auf die Fragen nach der Grundform und dem Muster näher eingehen. Der Mensch soll und muß wissen, was er ist, damit er werden kann, was er sein soll. Die Grundform des Menschen ist *„nach Gottes, seines Schöpfers Bild und Gleichnis"*[50] geschaffen. Als erste wichtige Feststellung formulierte Kolping: „Und vom ‚Bilden', von der ‚Bildung' kann gar keine vernünftige Rede sein, wenn der Mensch nicht zuallererst weiß, *was gebildet wird* und *wonach gebildet werden soll.* Da Gott das Urbild ist, der Mensch das Ebenbild und Gleichnis, und zwar durchaus kein perfektes, schon [als] von vornherein vollendetes, sondern erst ein in der Grundform, *der Bildung anheimgegebenes Wesen* in dieser Welt erscheint, so ist unbestreitbar wahr und klar, daß aller wirklichen und wahrhaften Bildung des Menschen die Gotteserkenntnis vorausgehen muß; noch mehr, daß eben nach dem Maße der Gotteserkenntnis das Maß der Bildung kann gemessen werden und ohne ein Näherrücken Gottes ein Fortschreiten der Bildung gar nicht möglich ist. Das Bild und Gleichnis Gottes im Menschen, was so recht eigentlich sein Wesen konstituiert und bedeutsam angibt, soll *durch Bildung zur Ähnlichkeit mit Gott weitergeführt, schärfer, bestimmter ausgeprägt,* ja bis zu jener Vollendung emporgehoben werden, die das Bild dem Urbilde gegenüber nur erreichen kann. Ja, ‚werdet vollkommen, wie euer Vater im Himmel vollkommen ist'. Das ist die göttliche Grundregel aller wahren Bildung. Gott also und das Ebenbild Gottes im Menschen sind es, die unentweglich müssen festgehalten werden, um zu einem wirklich vernünftigen Resultat zu gelangen. Dabei darf nicht übersehen werden, daß der Mensch nicht bloß das Ebenbild Gottes anerschaffen in sich trägt, und zwar in einer Form, die der Weiterbildung und schärferen, man muß sagen, bewußteren Ausprägung fähig, sogar bedürftig ist, sondern diese wirkliche und wahrhafte Ausbildung kann auch nicht gedeihlich vonstatten gehen ohne die, wenn auch geheimnisvolle doch sehr reelle Mitwirkung von Seiten Gottes, oder vielmehr die Ausbildung des Menschen in der Gottähnlichkeit ist mehr noch ein liebendes Wirken Gottes, wobei eigentlich nur der Mensch mitwirkt"[51].

Im Christentum sieht Kolping die Möglichkeit gegeben, sich an der Person Jesu Christi zu orientieren. Daraus folgt die zweite Feststellung: „Das Christentum ruht auf der Persönlichkeit des Welterlösers, der sich als ‚den eingeborenen Sohn Gottes' ... in der Menschennatur hingegeben hat, so daß er greifbar und den Sinnen selbst zugänglich in die Welt gekommen ist, damit alle, ‚die an ihn glauben, das Leben haben', d.h. wahre Bildung empfangen. Eben weil er der Gottmensch ist, deshalb ist er für uns das sichtbare Urbild, nach dem sich das in der Bildung begriffene, die Ähnlichkeit mit Gott erstrebende Ebenbild zu richten hat. Das ist die zweite Kapitalwahrheit, auf die ebenfalls ein rückhaltloses Ja oder ein entschiedenes Nein von Seiten des Menschen zu erfolgen hat, da hier alles Herumdrücken, Mit-Worten-Spielen, Dunst-Machen nicht mal nichts hilft, sondern geradezu des Menschen unwürdig ist und wie billig mit Verachtung bei Seite geschoben werden muß. Man muß entweder den Erlöser als das annehmen, als was er sich selbst gibt, oder ihn ganz verwerfen, mit ihm das ganze Christentum, mit ihm alle verbürgte Offenbarung Gottes, mit ihr jede reelle Kunde von Gott, auch von Herkommen und Bestimmung des Menschen, oder ihn eben als den menschgewordenen Sohn Gottes anerkennen, und dann hat man alles Übrige zugleich und konsequent angenommen, und wir sind dann im letzten Falle, dem einzig vernünftigen, eben da angelangt, wo wir eine volle und bestimmte Antwort auf die obigen Fragen erhalten, eine Antwort, die uns zugleich sagt, was Bildung, wahre, einzige Bildung ist und sein muß. Der Mensch ist demnach nach Gottes Bild und Gleichnis geschaffen und soll durch göttliche Hilfe zur Ähnlichkeit mit Gott fortgebildet werden. Christus ist der auf Erden in der menschlichen Natur erschienene Sohn Gottes, das sichtbare Urbild, wonach soll der Mensch gebildet werden, sein Ideal und sein Muster; und da das unumstößlich wahr ist für jeden Menschen, der redlich die Wahrheit liebt, so ist die wahre Bildung durchaus und notwendig eine christliche, so wird sie durchaus und notwendig nur auf religiösem Wege erworben, so gibt es nur eine wahre Bildung, die im Himmel ihre Vollendung erhält"[52].

Aus diesen Betrachtungen folgerte Kolping, jede wahre Bildung müsse nicht nur religiös, sondern christlich sein[53], und man müsse sich vor dem falschen Schluß hüten, „wahre Erkenntnis sei bloßes Wissen"[54]. Wissen könne kalt und tot sein. Wahres Wissen sei frisches Leben, da nur das Leben bilde: „Der Geist ist es, der lebendig macht, das bloße Wissen, der Buchstabe tötet. Deshalb sind Gelehrte oft so – ungebildet"[55]. Ohne die Liebe Gottes zu den Menschen und ohne die Liebe der Menschen zu Gott war für Kolping Bildung nicht möglich. Die Liebe Gottes zu den Menschen werde in Christus sichtbar. Wenn diese Hingabe (= Liebe) nicht freiwillig geschehe, sei „jede bildende Tätigkeit daran verloren"[56]. „Die Gebildeten sind die Heiligen", das ist Kolpings kürzeste Definition und die „Erkenntnis Gottes ist die höchste Weisheit"[57]. Darum räumte er „dem von der Gottebenbildlichkeitslehre geprägten Bildungsbegriff einen breiten Raum ein. Für die katholische Erwachsenenbildungstheorie handelt es sich bei Kolpings Traktat um den wohl bildungstheoretisch bedeutsamsten der frühen Erwachsenenbildung überhaupt"[58].

Für ihn kommt der Bildung des Menschen deshalb ein besonderer Stellenwert zu, weil sie sich für ihn nicht in der Anhäufung von Wissen erschöpft. Den Bildungsstand eines Menschen sah er nicht in Abschlüssen von bestimmten Bildungsgängen. Die „sogenannten Gebildeten" sind die „Gebildeten heutigen Schlages, die sich auf ihre ‚Bildung' am meisten zugute tun"[59], aber die Lehre vom Ebenbild Gottes nicht begreifen. „Im landläufigen Sinne nennt man Bildung, wenn irgendeiner sich eben jenes *Wissen* aneignet, was meinetwegen unsere öffentlichen Bildungsanstalten, Schulen, Gymnasien, Pensionate, Universitäten etc. mitteilen, und je reicher dieses ‚Wissen' wird oder ist, um so ‚gebildeter' wird der Mensch genannt ... *Aber,* nun kommt das gewichtige Aber, *ist Wissen auch schon Bildung? ... Kann das bloße Wissen rein irdischer Dinge, auch geistiger, die sich aber bloß im irdischen Lebenskreise des Menschen bewegen, dem Menschen zur wahren Bildung verhelfen?* Nein und abermals nein! Ist der Mensch ein Ebenbild Gottes, das *gottähnlich* werden soll, dann hilft alles bloß menschliche Wissen nichts, um diesen Zweck zu erreichen. *Das Wissen von Gott,* die religiöse Erkenntnis, ist dann notwendig die Grundwissenschaft allen Wissens, da ohne sie ein Näherrücken zu Gott nicht möglich ist ... Die ‚gebildete Welt' ist auf dem Holzwege mit all ihrem bloßen *Wissen*"[60].

An anderer Stelle formulierte er noch deutlicher: „Wer nur irgendwie unter die ‚Gebildeten', also die Zöglinge der ‚Wissenschaften' will gezählt werden, soll und muß so ziemlich von allen möglichen ,Wissenschaften' *etwas* wissen, so viel nämlich, daß er darüber, ohne ausgelacht zu werden, leidlich räsoniren kann. Man hat sich angestrengt und ist damit, noch im vollen Zuge, diese sogenannten ,Wissenschaften' aller Welt, also auch dem eigentlichen Volke zugänglich zu machen. ,Die Wissenschaft muß popularisiert werden', war und ist noch das Feldgeschrei des ,Fortschritts' nach dieser Seite hinaus, und richtig, für ein paar Groschen kann man von dieser Weltweisheit heut zu Tage, schon sehr viel kaufen"[61].

Für Kolping waren Grundlagen menschlicher und deshalb christlicher Bildung auch die Schärfung und Vermehrung der Erkenntnis. Er begründete das damit, daß Gott die Wahrheit ist und der Mensch seiner Natur nach zur Erkenntnis der Wahrheit strebe. Die Bereicherung der Erkenntnis und des Wissens dienen damit der Gottebenbildlichkeit. „Aber das Wissen, die Erkenntnis ist nur die Vorbedingung, das Werkzeug zur Bildung, durchaus nicht die Bildung selbst. Wenn ich auch weiß, wie eine Sache sein muß, so ist sie damit doch noch nicht fertig. Bilden heißt aber nach einem Muster formen, gestalten, ausprägen, so daß das Bild dem Urbilde ähnlich werde ... Wir sollen gut *werden*, weil Gott gut ist; und zwar sollen wir in der Art gut werden, wie Gott gut ist. Das Gutwerden bedingt notwendig das Streben nach Vollkommenheit. *Alles Wissen und Lernen soll [!] dahin zielen, dazu mit[zu]wirken*"[62].

Bildung wurde von ihm vielmehr als ein den ganzen Menschen umfassender lebenslanger Prozeß verstanden. Sie fördere die Individualität des Menschen ebenso wie seine Beziehungsfähigkeit. Kolping verwandte mit Vorliebe den Begriff Herzensbildung, um zu verdeutlichen, daß sie sich von innen her entwickeln müsse und nicht von außen vermittelt werden könne. Sie müsse vom Einzelnen selbst erworben werden. „Also, mit einer bloßen Kopfbildung ist nichts getan, wenn die Herzensbildung dabei zu kurz kommt, ja, alle Kopfbildung soll und muß die Herzensbildung zum *Zweck* haben, denn es handelt sich endlich und hauptsächlich und ausschließlich um *Gutsein*"[63].

Schon als Student hatte Kolping die feste Überzeugung, es sei allein „mit der Geistesbildung nichts getan, wenn das Herz nicht tätigen Anteil daran nimmt"[64]. Bildung und selbständige Lebensführung wachsen nach seiner Überzeugung miteinander. Darum kann Fachwissen allein keine Bildung sein. Vom Gebildeten verlangte sogar die Volksmeinung, „daß er sich beherrschen könne, seine Leidenschaften bezähmen, daß er im Verkehr mit den Menschen jene *Höflichkeit*, jenen *Anstand* aufrecht zu erhalten wisse, jene *zarten Rücksichten* nehme, welche ein hervorragender Zug des ,gebildeten Lebens' seien, gewissermaßen der Heiligenschein, der uns umgibt. Die ,Bildung' ist es ja gerade, die ,Menschlichkeit' stets auf den Lippen führt und durch ihre ,Aufklärung' das ,Wohlbehaben' der Menschen angelegentlichst verfolgt"[65].

Würde, Ehre, Freiheit, Selbstbestimmung sind Begriffe, die sich als verfügbar und anpassungsfähig den wechselnden Machthabern und Mächten in der Gesellschaft erwiesen haben. Für Kolping bleiben es leere Worthülsen, wenn sie nicht bezogen sind auf einen persönlichen Gott, der Inhalt und Ziel ist, auf den der Mensch hin gebildet werden muß. „Allerdings hat sich ausgewiesen, und bestätigt es sich alle Tage, daß unsere heutige sogenannte Bildung meist nur ein glänzender Firnis ist ... und jeder neue Tag bestätigt es durch neue Tatsachen, daß der so gepriesene Fortschritt der Kultur ... nur dazu geführt hat, die Menschen an ihr eigenes Interesse zu weisen, dadurch zu sondern, sich gegeneinander über zu stellen [!] und immer mehr die Kluft auszuweiten, die sich zwischen Arm und Reich, Hoch und Niedrig erhoben und in der Tat schrecklich befestigt hat“[66]. Etwas resigniert stellt er fest, daß „von *persönlicher* Aufopferung der Gebildeten für die ungebildete oder leidende Menschheit“[67] keine Rede sein könne.

Kolpings Bildungsarbeit im Gesellenverein verstand sich als Hilfe zur Selbsthilfe, wo der Einzelne nicht als Objekt, sondern als Partner gesehen wurde. Das stärkte sowohl die persönliche Verantwortung für die eigene Bildung als auch gemeinsames Lernen und Bilden im Handeln und Erleben. Praktische Christusnachfolge war in diesem Bildungsverständnis Fundament und Ziel zugleich.

In drei Bereichen sah Kolping die kirchliche Bildungsarbeit. Besonderen Wert legte er auf die Katechese oder die Glaubensbildung. Für Kolping waren die Glaubenssätze der Kirche zwar über-vernünftig, doch gerade zu seiner Zeit mußten sie sich vor der fragenden Vernunft rechtfertigen lassen.

Im zweiten Bereich, dem Dialog mit der Umwelt, begann die Kirche erst nach und nach aktiv zu werden. Zu Lebzeiten Kolpings brachten Wissenschaften Einsichten und Erkenntnisse, die Glaubenswahrheiten in einem anderen Licht erscheinen ließen und auch offen bekämpften. „Man müßte einen guten Teil unserer Büchermacher nicht kennen, oder jene Schar von jungen, sogenannten Gelehrten, die nur durch ihre Keckheit im Behaupten zu Ruhm und Ansehen zu kommen hoffen, um nicht zu wissen, wie hoch dieses Völkchen aufjubelt, wenn es irgendwie auch nur den Schein irgendeines Ergebnisses wissenschaftlicher Forschung aufgefunden, mit dem man dem gläubigen Christentum eins versetzen kann“[68].

Entwicklungen in den Naturwissenschaften, der Medizin und der Philosophie schufen erst langsam wieder die Bereitschaft, religiöse Wahrheiten zur Kenntnis zu nehmen, weil mit rationalen Mitteln allein das Dasein nicht mehr zu bewältigen war.

Der dritte Bereich bereitete der Kirche zu Kolpings Zeiten besondere Schwierigkeiten. Die sittlichen Forderungen der Glaubenslehre mußten für den konkreten Lebensalltag erklärt werden. „Die Wahrheit ist die Führerin der Gerechtigkeit, sie allein weist die richtigen Wege durchs Leben und lehrt den allein richtigen Unterschied von mein und dein. Die Wahrheit ist es, die aus Gott kommt und die deshalb den unbestechlichen Bundesgenossen im Gewissen des Menschen findet, in diesem Gewissen, daß das Ebenbild Gottes im Menschen dokumentiert, das Echo der Stimme Gottes“[69].

Sein Leben sollte jeder für sich eigenverantwortlich leben und gestalten. Er müsse werden, der er ist. Die Bildung sollte aber den Menschen auch bereit und fähig machen, Verantwortung in Gesellschaft und Kirche zu übernehmen. „Den Geist zur Bildung gibt Gott, aber die Ausbildung dieses Geistes zu äußern Fertigkeit ... das ist Sache des Menschen ... Sobald man das bessere wirklich haben kann, ist's mit dem Schlechteren bald zu Ende. Das Bessere aber ist die Frucht der Bildung und Erziehung“[70].

Erziehung ist Leben

Eine begrifflich exakte Unterscheidung von Erziehung und Bildung hat Kolping nicht beabsichtigt[71]. Erziehung vollzieht sich seiner Ansicht nach durch die Erfahrung des Bildners und ohne die Einsicht des Zöglings. Für ihn soll Erziehung auch Bildung sein „in einem ganz besonderen und tiefgreifenden Sinne. Nur bleibt es in der Tat nicht mehr dem Erzieher als Bildner überlassen, welche ein Bild ... er aus dem seiner Bildung übergebenen Kinde machen soll oder darf ... Das Ideal ist Gott selbst, das lebendige Vorbild der Erlöser, in dem alle Eigenschaften ... so herrlich und vollkommen ausgeprägt uns vor Augen gesetzt sind, daß wir schlechterdings unseren bildenden Blick nicht davon abwenden dürfen"[72]. Kolping hegte den Wunsch, „daß es mit der Erziehung, worin alle Hoffnung für die Zukunft ruht, besser werde, damit ein besser erzogenes Geschlecht bessere Zeiten herbeiführe"[73]. Sein Anliegen war es, mit seiner Tätigkeit praktische Beiträge zu einer Verbesserung dieser Welt zu leisten. Und das war ohne das Christentum für ihn nicht denkbar. „Dieser hochmütige, selbst- und genußsüchtige Zeitgeist, der nur in äußerem Glanz sich wohlgefällt und den Menschen nur im persönlichen Wohlbefinden unterrichtet, ... dieser, dem christlichen Glauben grundsätzlich und praktisch ewig feindselige Geist kann nicht erziehen, ja er weiß gar nicht einmal, was erziehen ist, und lernt's auch in Ewigkeit nicht"[74].

Dem von Rationalismus und Liberalismus geprägten Zeitgeist stellte Kolping seine Erziehung im „Lebendig-Konkreten" gegenüber[75]. „Das rechte Gemüt ... ist die Liebe zum Guten, weil es gut ist, ein steter Dienst des Herzens dem Guten gewidmet und deshalb eine feste Selbstverleugnung und Aufopferung ... Unsere Erziehung soll deshalb durchaus nicht auf die Gefühle gerichtet sein, sondern aufs Gemüt. Ist das in rechter Verfassung, werden sich die notwendigen, besseren Gefühle von selbst einstellen"[76]. Voraussetzung dafür ist, Wesen und Zustand des Menschen zu erforschen und genau zu erfassen. Die Wissenschaften konnten für ihn dazu nur wenig beitragen: „Wenn wir auf deren Endurteil und zuverlässigen Bescheid warten wollen, bis wir die Grundlage für die rechte Erziehung finden, dann läuft die Menschheit noch eher auf allen Vieren, und stürzt das Himmelsgewölb ein, bevor wir mit einem einzigen Satz auf dem Reinen sind"[77].

Erziehung ist für Kolping ein immer wiederkehrendes Bündel von Problemen, in ihrer Gesamtheit bleibt sie generationsübergreifend existenzielles Dauerproblem. Er definierte: *„Erziehung ist Leben* und setzt Leben voraus; das Leben selbst aber schreibt man in kein Buch und kann man nicht in Formeln fassen; und wenn auch das Leben Gesetze hat und Sätze draus folgen, so sind alle diese Sätze und Gesetze, Regeln und Formeln das Leben noch nicht. Dazu gehört sich noch etwas, das läßt sich schlechterdings nicht so mir nichts, dir nichts packen, bald auf die Füße, bald auf den Kopf stellen, sondern das regt und bewegt sich aus so geheimnisvollen Gründen, daß eigentlich noch niemand so recht auf den Grund gesehen ... Da heißt es, Gott selbst habe das menschliche Leben geschaffen, und zwar in wesenhaftem Unterschiede von allem andern, nicht menschlichem Leben in dieser Welt. In dem tiefen Grunde dieses menschlichen Lebens habe der Schöpfer sein eigenes Bild ein- und ausgeprägt, und weil das, sei dieses menschliche Leben auch so geheimnisvoll, daß es schlechterdings nicht vollständig könne beschrieben werden"[78].

An die Erzieher stellte Kolping darum außerordentlich hohe Anforderungen. Jeder Erzieher müsse gelernt haben, Selbstbeherrschung zu üben. Er solle ein rechtschaffenes Christenleben vorleben und sich seiner Verantwortung vor allem deshalb bewußt sein, weil Erziehungsfehler so gut wie nicht zu korrigieren seien[79].

Unter vielen Büchern, die Kolping zur Begutachtung oder Besprechung erhielt, berichtete er von einem, – leider ohne Verfasser und Titel zu nennen – das Erziehungsfragen behandelte: „Das Buch handelt von der *Erziehung der Kinder* und gibt Eltern und Lehrern Anweisungen, wie man Kinder erziehen soll. Ja, und ich kraute mich hinter dem Ohr; wenn man das Ding nur so in ein Buch schreiben könnte! rief ich bei mir selbst aus, während ich die Reihe der Kapitel und Paragraphen durchflog. Kinder erziehen! Was das nicht alles heißt! Und nach dem Buch soll's geschehen, nach Kapitel und Paragraphen und endlich nach einer Meßschnur akkurat so lang und so breit, bis dahin und nicht weiter. Nee, so gehts nicht, fuhr ich in meinem Selbstgespräch fort, denn mit so einem Buch pflege ich zu reden, als ob der Verfasser vor mir stände, und seitwärts hinaus schaute ich eine Weile in die Welt, als ob ich in der Vergangenheit was suche, und sagte dann noch mal: Nein, so hat's nicht gegangen, und so geht's nochmal nicht. Das rechte Kapitel von der Erziehung der Kinder steht nicht im Buch, und sehen möcht' ich den Mann, der's drein schrieb. Ich bin auch erzogen worden, und Vater und Mutter sind auch erzogen worden ... und die Leute, die ich stets um mich gehabt und noch habe, sind erzogen worden, keiner nach einem Buche, und wenn's irgendwo gehapert hat und noch hapert, dann ist der Umstand nicht schuld daran, daß kein Buch bei der Hand war, wonach man den über die Stränge schlagenden Buben oder den eitlen Eigensinn des Mädchens regulierte, sondern der Fehler lag immer woanders, was ich heute, wo die Haare wollen grau werden, sehr gut weiß. Und ich stöberte in den zahlreichen Kapiteln und Paragraphen des Buches noch einmal herum, und als ich nicht fand, was ich suchte, habe ich das Buch beiseitegelegt ... Was die *Erziehung* betrifft, so fängt die ganz anderswo an und hört auch an einem ganz anderen Ende auf, das ist meine entschiedene Meinung"[80].

Möglicherweise hat die Umbruchsituation seiner Zeit, die er auch bei der Erziehung und Ausbildung der Kinder seiner Freunde (Michels und Mittweg) miterlebte, seine Skepsis gegenüber der „modernen" Erziehung noch verstärkt. Auf jeden Fall findet die eigene Erziehung im Kerpener Elternhaus in seinen Überzeugungen spürbaren Niederschlag: „Das Kind lebt aus den Eltern heraus, noch immer, wenn es schon lange nach allen Weltgegenden guckt und sucht unwillkürlich an dem *Leben* der Eltern sich in der Welt zu orientieren. *Wie die Eltern erzogen sind*, so werden sie das Kind wieder erziehen; aus ihren Augen schaut das Kind die Welt an, ihr Urteil wirkt maßgebend ein für das Kind; ihr Herz gibt auch für das Kind mit den Wert an fürs Leben, sie, die Eltern, stimmen die Tonleiter der Gefühle im Kinde. Ist das einmal geschehen, hat sich das junge, weiche Menschenwesen einmal in die Norm des Denkens und Empfindens der Eltern, die ihm so natürlich entspricht, hineingelebt, – die ersten Eindrücke sind und bleiben die tiefsten, dann hält es schwer, sie während einem ganzen, langen Menschenalter zu vertilgen. Das sitzt einmal tief und fest, und wenn dann hintennach die Leute mit den dicken Büchern kommen, ist es bereits viel zu spät. *Die Eltern sind das lebendige Buch, wonach die Kinder sollen und müssen erzogen werden* ... Daß aber die Eltern gut sind und wie sie gut werden, lernt man auch schwerlich aus Büchern, sondern es muß immer wieder erlebt und gelebt werden. Jedenfalls gehört sich eine gut verbrachte Jugendzeit dazu und ein emsiges *praktisches* Studium des Christentums"[81].

Als Hauptträger jeder Erziehung wurden also die Eltern gesehen. Ihre Erziehungsverantwortung sei ihnen von Gott übertragen. Ihm und nicht nur den Kindern seien sie darum Rechenschaft schuldig. Kolping sah im Gesellenverein gerade in der Vorbereitung auf die Erziehungsarbeit in der Familie eine Chance von Eltern- bzw. Familienbildung[82].

Kolpings Verehrung und Achtung des Lehrers und seiner Bedeutung für den Erziehungs- und Bildungsprozeß ist sicher mitbestimmt durch die Erfahrungen der eigenen Schulzeit. In Kerpen waren es sein Lehrer Statz, in Köln Nikolaus Saal, die ihm auch als Menschen imponierten. „Es gibt nichts Erbärmlicheres, Unheilbringenderes auf der Welt als ein[en] Lehrer, gleichviel in welchem Fache, der nicht religiös ist und seine Lehre, welche er täglich im Munde führt, nicht in der Tat ausführt“[83].

Kolping erwartete vom Lehrer nicht nur eine gründliche Bildung, die über das Brotstudium hinausgehe, sondern das gute Beispiel und glaubwürdige Vorbild. Darum kommentierte er liberales bildungspolitisches Denken ironisch: „Nun meint besagter Professor [Heinrich von Sybel] in seiner spaßhaften Weisheit, das Einmaleins sei nicht konfessionell und die griechische Grammatik auch nicht, worüber große Heiterkeit bei seinen Parteigenossen ... Ja, wenn das Einmaleins sich selber lehrte und die griechische Grammatik und hundert andere Sachen mit dem Trichter eingegossen würden, dann könnte man möglicherweise denken, es sei ziemlich gleichgültig, wer den Trichter hielte und wer's Eingießen besorgte, aber da die Konfession des *Lehrers*, sie sei nun beschaffen wie immer, bei *jedem Unterrichte lebendig ins Spiel kommt*, so ist gerade diese Konfession durchaus nicht gleichgültig, sondern von entscheidender Wichtigkeit beim Unterrichte *und* der damit notwendig verbundenen Erziehung“[84].

Mit einem Schulsystem, in dem Religion und Christentum, vor allem aber die persönliche Glaubensüberzeugung des Lehrers keine Rolle mehr spielen sollte, konnte Kolping sich nicht abfinden. Zu einem Teil war seine Gesellenschule – wie sie gelegentlich bezeichnet wurde – auch ein Antiprogramm gegen die sich anbahnende Entwicklung. „Die *Freiheit des Unterrichts* besteht nach der liberalen Redeweise darin, daß die Eltern möglichst wenig über die Erziehung und Bildung ihrer Kinder zu bestimmen haben, daß der Staat letztere durch polizeilichen Zwang vom 6. Lebensjahre an auf eine von ihm zu bestimmende Schulbank festsetzen und solange durch ausschließlich von ihm gebildete Lehrer dressieren darf, bis die letzte Spur von Individualität verschwunden ist und sie der allgemeinen reglementsmäßigen Schablone entsprechen“[85]. Den Bezug zum konkreten Lebensalltag wollte Kolping bei jeder Erziehungsinstitution unbedingt erhalten wissen. Ein Abschotten lehnte er darum ab: „Wer den jungen Menschen gar zu sehr vor jedem rauhen Lüftchen bewahren will, gleichsam über die junge Menschenpflanze eine Glasglocke stülpt, verdirbt sie oft von vornherein, weil sie dem frischen, oft rauhen Luftzuge des Lebens hintennach keinen Widerstand leisten kann“[86].

Die beiden wichtigsten Grundbegriffe im Erziehungsdenken Kolpings, auf die er immer wieder zu sprechen kam und die er als von Gott gesetzte Normen ansah, sind Wahrheit und Gerechtigkeit. Zwei Beispiele sollen hier zur Veranschaulichung genügen. Man solle den Menschen „für die Wahrheit erziehen, [die Erzieher] sollen ihn lehren und anleiten, nach der Wahrheit zu leben. In alle Erziehung muß Wort und Handlung, Lehre und Tat, Hand in Hand gehen, wenn sie anders ihr Ziel erreichen soll“[87]. Aus eigener Beobachtung problematisierte er: „Die Wahrheit ist von Natur ıs ungeniert, fast grob und deshalb nicht überall gern gesehen. Zwar haben die reihen Leute gern, daß man den Armen die Wahrheit sagt, die Armen haben ihre Freue daran, daß man sie den Reichen sagt, die Stadtbürger schmunzeln vergnügt, wenn ıan die Bauern abkanzelt, und die Bauern ärgern sich gar nicht, wenn man über die tadtbürger loszieht; aber den meisten Menschen kommt sie ungelegen, wenn man sie ınen selber sagt“[88].

Das galt für Kolping auch, „wenn einer den Leuten blauen Dunst vormacht, den chein als Wahrheit präpariert, mit Listen und Kniffen im Herzen, wenn auch äußerch mit dem ehrlichsten Gesichte von der Welt, die Leute hintergeht und endlich mit em weltlichen Gesetz in der Hand sie auspumpt, die Unerfahrenheit, Leichtgläubigeit und Leidenschaft der Mitmenschen dazu benutzt, um daraus Gewinn zu ziehen, venn man will, reich zu werden“[89].

Auch hier spielte die eigene Lebenserfahrung eine Rolle. „Die Gerechtigkeit aber ist as Fundament der Ehre, weshalb auch von Natur aus der Mensch geneigt ist, die Geechtigkeit zu respektieren, zu loben und zu preisen. Die Gerechtigkeit aber erfordert u ihrer Ausübung durchaus die Wahrheit, weil ohne Wahrheit die Gerechtigkeit icht ins wirkliche Leben übergehen und sich darin betätigen kann. Wo die Wahrheit ehlt oder wo sie mit dem Irrtum und der Lüge vermengt und vermischt vorkommt ınd vom Menschen nur teilweise erfaßt wird, ist eine wahre und vollständige Ausıbung der Gerechtigkeit nicht möglich“[90].

Autorität und Freiheit

\utoritarismus war in Kirche und Staat zu Kolpings Zeiten weitverbreitetes Führungsdenken. Es hatte der recht, der „oben“ stand. Hier machte sich bei Kolping ereits ein Wandel bemerkbar – auch wenn ihm nicht bescheinigt werden kann, Voreiter demokratischer oder parlamentarischer Ideen gewesen zu sein. Im Gesellenverein wurden aber neue Formen geübt: „Viel Befehlen schwächt die Autorität und nacht das Gehorchen schwer. Autorität aber ist die erste und unerlässigste Macht in edem gemeinsamen Leben. Auch kein Verein, und wäre das persönlichste Interesse uf seinen Schild geschrieben, kann ohne Autorität in seinem Innern, in seiner Verretung auf die Dauer bestehen. Und wo die Autorität ist, da fordert sie Gehorsam von Rechts wegen und muß ihn fordern. Autorität und Gehorsam bedingen das Gedeihen jedes gemeinschaftlichen Lebens. Es kommt darauf an, wer Träger der Autorität ist, welcher Art die Autorität ist oder wie er sie erworben: Wer soll gehorchen, in welchen Dingen soll Gehorsam geleistet werden“[91]? Ohne Autorität war kein gesellschaftliches Gebilde denkbar, und da nach Kolpings Meinung die individuelle von der gesellschaftlichen Erziehung nicht trennbar sei, bedürfe die individuelle Erziehung auch der Autorität.

Er hatte nicht die Absicht, die Mitglieder und die Führung des Gesellenvereins am Gängelband zu führen. Die notwendige Autorität begründet er darum in der Liebe: „Wer Autorität auf anderen Wegen erwerben, erschleichen, heimlich oder offen erzwingen will, hat die Natur des Menschen und das eigentliche Wesen der Autorität nie recht begriffen ... *Diese Liebe muß die Autorität verdienen*, im Schweiße des Angesichts erwerben, oder es ist eine Schattenautorität, von der Not aufgerichtet, vom Zwang zusammengehalten, die über kurz oder lang ineinanderbricht, wahrlich des Aufrichtens auch nicht mehr wert"[92].

Mit Autorität verband er keineswegs Zwang. Der Mensch müsse das einmal als Gut erkannte freiwillig annehmen und selbständig leben. Freiheit sei einmal ein hohes Gut des Menschen, zum anderen müsse etwas, das Bestand haben soll, frei gewählt sein. Außerdem sah er in der Freiheit auch einen Antrieb zum Handeln. Wo dieser Grundsatz nicht beachtet wird, wächst, wie Kolping sagt, ein in der Schlafmütze aufgewachsenes Geschlecht, dessen Willenlosigkeit fast dazu nötigt, dem Manne wie einem Kinde dies oder jenes in die Hand zu drücken. Er verlangte darum, die Freiheit und Ehre des jungen Mannes zu respektieren: „Freiheit und Ehre sind des Jünglings höchste Güter, sie sollen ihm gewahrt bleiben, nur ihr Mißbrauch, ihre Mißdeutung und falsche Anwendung müssen verhütet werden. Wer sich an diesen beiden Gütern vergreift, vergreift sich an des jungen Mannes Wesen und gibt seiner ganzen Zukunft eine schiefe oder falsche Richtung. Was der junge Mann tun soll, das muß er mit eigener, freier Entschließung ergreifen, das muß er wie von selbst tun ... Ihn zu irgend etwas überreden, zwingen, treiben wollen oder sonstige Mittel anwenden, die niederen Interessen in ihm erwecken, ist ein Unrecht, welches man seiner Natur antut und beleidigt seine Ehre ... Wo man die zuständige Freiheit verkümmert, geht die Kraft in demselben Maße zugrunde; wo man der rechten Ehre keine gebührende Rechnung trägt, verdirbt der Charakter"[93].

Weil alles auf Eigentätigkeit und Selbstverantwortung ziele, darum müsse alles Helfende, Mitwirkende und tätig Ineinandergreifende wenigstens den Anschein haben, als wenn alles aus ihm frei hervorgegangen wäre. Aus dem gleichen Grunde forderte Kolping, Vertrauen in den Charakter des jungen Mannes zu setzen, ihn nicht wie ein Schulkind, sondern wie einen freien Mann zu behandeln, der das, was er ist und was er wird, zum größten Teil sich selbst verdanke[94].

Christliches Menschenbild

Nach Kolpings Überzeugung ist der Mensch als Ebenbild seines Schöpfers durch Ungehorsam in Sünde gefallen und hat damit Verwirrung und Zerrüttung in seinem inneren und äußeren Leben angerichtet. Ohne die Erlösung durch Jesus Christus wäre alles erzieherische Mühen vergeblich[95]. Auf dieser Ansicht beruhte Kolpings Menschenbild. Es war auch Grundlage für sein eigenes Selbstverständnis. Auf seinem Gottvertrauen und eigener positiver Lebenserfahrung basierte seine optimistische Grundposition: „Die Menschen sind überhaupt nicht so schlecht, als man sie sich gern vormacht. Greift sie nur mal mit einer wahrhaft christlichen Hand an, ihr werdet von eurem Irrtume bald überzeugt sein. Wir haben das vielfach erfahren im Leben, erfahren es noch alle Tage, und während bei anderen Menschen der Glaube an die Menschen zu sinken scheint, sehen wir ihn Gott sei Dank wachsen. *Ja, wir glauben noch an die Menschen,* besonders glauben wir noch an unsere arbeitende Jugend, trotz ihrer Fehler, trotz ihrer jeweiligen Verkommenheit, trotz der Verführung der Zeit. Und weil wir daran glauben, deswegen läßt es uns keine Ruhe, dafür zu wirken.

Und beten wir pflichtschuldigst alle Tage um die rechte, wahre Demut der Gesinnung, wissen wir ziemlich gewiß, was wir nicht können, dann *müssen* wir, wollen wir anders dem Richter im Innern genügen, doch alle Kräfte anstrengen, das ins Leben zu setzen, *was* wir können. Wenn das verhältnismäßig wenig ist, wenn das die Not der Zeit nicht aufhebt, die im Argen liegende Welt nicht neu gebärt, so denken wir, daß wir zu dem letzteren durchaus nicht berufen sind, aber eine Pflicht, eine strenge, ernste, dringende Pflicht haben, das wenige mit Eifer zu tun. Weil das Feld klein ist, was wir beackern, ist deshalb unsere Mühe vergeblich, wenn wir uns anstrengen, das kleine Fleckchen Erde da vor uns so fruchtbar zu machen, als nur immer möglich? Wie, wenn daran jeder dächte, wenn jeder den ihm zunächststehenden Kreis von Menschen zum Felde seiner bessernden Sorge machte? Und wenn sein Einfluß sich nicht auf hundert erstrecken könnte und er begnügte sich mit zehn oder gar mit zwei oder einem endlich? Alle würden mit uns einen immer größeren Glauben an die Menschen erhalten, und die Menschen würden auch mehr an uns glauben“[96].

Sich aus Bequemlichkeit, Faulheit, Interesselosigkeit nicht „im Dienste der Wahrheit und des Guten“ zu engagieren, lehnte Kolping als unchristliche Vorstellung grundweg ab[97], ohne jedoch weder zu Träumereien noch zu phantastischen Vorstellungen zu neigen. „Wenn aber wir eine *Erfahrung* im Leben gemacht haben, die uns teures Lehrgeld gekostet und die wir doch wieder gern umsonst weitergeben ...: Bei allen Unternehmungen fürs Wohl anderer, die du nicht anders als mit anderen ausführen kannst und für deren *Ausführung* dir nicht ausreichende Mittel zu Gebote stehen, verlasse dich in zehn Fällen neunmal auf Gott und auf dich selber. Willst du *mit den Menschen* etwas ausrichten, dann spekuliere in hundert Fällen neunundneunzigmal eher auf der Menschen Trägheit und Gemächlichkeit als auf ihren Eifer, ihre Begeisterung, und wie all die schönen Dinge heißen, die eben, weil sie schön sind, *rar* bleiben. Ferner: Je mehr Köpfe regieren, um so weniger Gehorsam erfolgt“[98]. Der Mensch erhält nicht nur seine geistige Ausrüstung durch die Gesellschaft, sondern er ist wesentlich auf die Gemeinschaft hin angelegt. Eine menschliche Gestaltung des sozialen Lebens ist bedingt von der Erziehung der Individuen, die an diesem Prozeß teilnehmen sollen, d.h. jede Änderung der Gesamtheit muß beim Individuum beginnen: „Das Isoliertsein, das Fürsichselbersein, *kann* der Mensch nicht ertragen. Er will von Natur aus, er muß vermöge seines innersten Wesens sich an andere anschließen, damit aber naturnotwendig auch auf seine unbedingte Freiheit verzichten“[99].

Kolping begründete die Verantwortlichkeit des Christen in der Gesellschaft aus seinem Wesen heraus. Für ihn gab es drei Grundbegriffe, die das Wesen des Menschen ausmachen: Das Leben, die Liebe und das Gemüt. Diese drei Begriffe pflegte Kolping mit dem Wort „Herz“ zusammenzufassen. An erster Stelle stand für ihn die Bildung des Herzens, nicht die des Verstandes. Er begründete damit jedoch nicht eine *Vernachlässigung des Verstandes,* sondern er räumte der Bildung *des Herzens primäre Stellung* ein, sodaß der Verstand nicht auf Kosten des Herzens gepflegt werden sollte: „Ich sage, man muß sich selber haben, d.h., man muß sein eigenes Herz und Gemüt noch unabhängig haben von allen Dingen, die der Mensch in der Regel ganz gut missen kann. Das Mitteilen des Herzens und Gemütes ist jenes zarte Geheimnis im Leben, durch das man die Menschen anzieht, erhebt, gewinnt. Dieses Mitteilen lernt man, wenn man sich der Mitmenschen, die unser bedürfen, durch Umgang, Sorge und Pflege praktisch annimmt“[100].

Soziale Verantwortung ist im Menschen angelegt: „Gott hat dem Menschen den Raum der Erde und die Zeit des irdischen Lebens, die Kräfte des Geistes und Körpers mitsamt seiner Gnade nicht umsonst verliehen, nicht darum, daß Er doch alles allein tue, sondern darum, daß der Mensch mitschaffe und wirke und die Zwecke erringen helfe, für die ihn Gott in die Welt gesetzt. Zum Schlafen sind wir nicht geschaffen, sondern zum Arbeiten; nicht zum Essen und Trinken, sondern zur Anwendung der dadurch erworbenen Kräfte, und Glück oder Unglück ist gewissermaßen in unsere eigene Hand gelegt, wenn wie wir's machen, so wird's uns ergehen“[101].

Diese Verpflichtung bezog sich aber nicht allein auf das menschliche Miteinander und die persönliche Lebensgestaltung, auch persönliches Eigentum und die gesamte Umwelt unterliegen nach Kolpings Auffassung derselben sozialen Verpflichtung. „Wer sich aber an den Gütern der Erde versündigt, versündigt sich außer an Gott, dem großen Eigentümer alles irdischen Guten, am Nebenmenschen, an der menschlichen Gesellschaft“[102].

Herzensbildung, im Menschen grundgelegt und an den Grundsätzen der „Gottes-Ebenbild-Theorie“ ausgerichtet, machten für Kolping einen Charakter aus: „Wer nach richtig befundenen Grundsätzen zu denken und zu handeln *gewohnt ist*, ist ein Charakter. Er setzt ein *festes Fundament* voraus und fordert *zuverläßliche Treue*. ... Die erste Erziehung legt in der Regel das Fundament zum künftigen Charakter. Da nämlich der Charakter auf den bestimmenden Grundsätzen ruht, die Grundsätze aber von außen mitgeteilt werden, so wird sehr viel, wenn nicht alles darauf ankommen ... Wenn nämlich die Grundsätze, die sein Handeln bestimmen und normieren sollen, nicht wahr sind, wird der Charakter durch die falschen Grundsätze falsch werden“[103].

Unterrichtsformen

Grundsätze des sozialpädagogischen Bemühens von Adolph Kolping waren, die soziale Lage der Gesellen zu beschreiben, daraus Bildungsangebote zu ermitteln, um dem Einzelnen eine bessere Qualifikation zur Realisierung seines sozialen und beruflichen Lebens zu ermöglichen. Er formulierte diese Leitideen in einem Aufsatz zur „sozialen Frage“: „Man kann doch nur das mit Erfolg pflegen, bessern und erziehen, was man zunächst gründlich kennt; also müssen zunächst die Verhältnisse, die Bildungsstufe und Bildungsfähigkeit des Gesellen, dann seine wahrscheinliche Zukunft genau erwogen und gebührend berücksichtigt werden“[104]. Ausdrücklich forderte er darum von den Präsides: „Kein Geselle darf zum Unterricht *verpflichtet werden*, so daß von der Versäumnis desselben der Ausschluß aus dem Vereine abhinge ... Den Verein zu einer strengen Schule machen zu wollen, wäre *ganz* den Prinzipien dieser Vereine entgegen“[105]. Kolping kannte aus eigener Erfahrung die Lernsituation junger Erwachsener. Er stand in einem Zwiespalt bei der Organisation der Unterrichtsform. Schulmäßiges wollte er vermeiden: „Es ist ein Übel der Zeit, daß man immer nur Unterricht, ... für alle recht viel Unterricht will, und vor lauter Unterricht den Leuten der Kopf weh tut oder das Herz ausdörrt oder die Nase hochfliegend wird oder endlich wie mir die Augen übergehen“[106]. Er hatte aber auch aus Erfahrung an die Präsides gerichtet formuliert: „Der Geselle hat gar zu nötig, daß er seine freie Zeit außer der notwendigen Erholung zu seiner Ausbildung benutzt. Also ist und bleibt der *Unterricht* in ihm unentbehrlichen Dingen die Hauptsache, wozu er angemahnt wird. Nicht, als ob für den *Verein* das Schreiben, Rechnen, Zeichnen usw. die Hauptsache wäre, seine Aufgabe geht offenbar höher hinaus, aber für den Gesellen soll das als unerläßlich immer hingestellt werden“[107].

Die Gesellen, die an einem bestimmten Unterricht teilzunehmen wünschten, mußten sich bei dem betreffenden Fachlehrer persönlich anmelden. Sie mußten sich in die Teilnehmerlisten eintragen und den Anordnungen der Lehrer Folge leisten. Die regelmäßige Teilnahme am Unterricht wurde als dringende Empfehlung ausgesprochen[108]. Über das Verhalten während der Lehrveranstaltungen erfahren wir aus der Satzung: „Alles unnötige Aus- und Eingehen, wie jede unnötige Störung [muß] möglichst vermieden werden. Wer Unterrichtsmittel, die dem Verein gehören, mutwillig oder nur durch eigene Schuld verdirbt, muß den Schaden ersetzen“[109]. Die Satzung verpflichtete die Vereinsmitglieder zu besonderem schulischem Wohlverhalten. „Den Gesellen steht es aber jederzeit frei, nach gehaltenen Vorträgen ihre eigenen Ansichten und Meinungen zu äußern, sollen sich über Nichtverstandenes Aufklärung erbitten, ihre eigenen Erfahrungen, in soweit sie für andere von Nutzen sein können, nicht zurückzuhalten. Doch soll Alles mit Anstand und Bescheidenheit geschehen. Bloßes Räsonnieren muß vermieden werden“[110]. Daß die Satzung nicht das tatsächliche Leben und Lernen im Kölner Gesellenverein darstellte, zeigt am besten der folgende Kurzbericht Kolpings an die Vereinsgründer in Rorschach/Schweiz: „Bei uns in Köln wird verhältnismäßig sehr wenig gelesen, dafür um so mehr geplaudert, conversando gelehrt, gelacht, *gesungen etc.*“[111].

Kolping präzisierte seine Vorstellungen: „Dazu ist die *gesellige Form* des Vereins unerläßlich. In diesem Vereine soll der Geselle sich immer in seinen freien Stunden einfinden können, dort soll er, der doch in der Regel am Ort keinen heimatlichen Fleck hat, sich *daheim* finden, *dort Nahrung erhalten* für sein besseres Streben“[112].

Die programmatische Ausrichtung seiner Bildungsarbeit hatte Kolping schon in seiner Elberfelder Zeit vorbereitet. Die vom Geiste des Ordensgründers Benedikt geprägte und ins Volksbewußtsein eingegangene Lebensregel „Bete und arbeite“[113] sah er bei seinen Bemühungen um die Aus- und Weiterbildung der Handwerker nicht als ausreichende und wirkungsvolle Grundlage an. Schon ein Jahr, bevor er das Bildungskonzept des Gesellenvereins als „Volksakademie im Volkston“[114] vorstellte, hatte er die inhaltliche Aussage der Benediktinerregel um eine wichtige Forderung erweitert[115]. Das familienhafte Zusammenleben in den Gesellenhäusern unter der Leitung eines von den Gesellen gewählten Präses – ähnlich dem Abt als Vater einer Mönchsgemeinschaft – macht das Bemühen um Bildung als Gemeinschaftserlebnis deutlich.

Als Rahmen für die inhaltliche und methodische Zielsetzung der Bildungsarbeit wurden im Jahre 1850 – nach einer kurzen Experimentierphase – Statuten von interessierten Mitarbeitern entworfen und von den Mitgliedern verabschiedet[116]. Ziel der gemeinsamen Bemühungen war die „Fortbildung und Unterhaltung der Gesellen Kölns zur Anregung und Pflege eines kräftigen religiösen und bürgerlichen Sinnes und Lebens, dadurch einen tüchtigen, ehrenwerten Meisterstand heranzubilden"[117]. Um das Vorhaben mit der angesprochenen Gruppe der Handwerker auch zu erreichen, schlugen die Verantwortlichen für den Anfang vor, allgemein interessierende Vorträge anzubieten, Unterricht zu erteilen und die Gesellen in Besprechungen untereinander zur Selbständigkeit anzuregen. Darüber hinaus wurde ihnen nahegelegt, sich im Gesang zu üben, geeignete Lektüre zu lesen und zur Erheiterung wie zur Belehrung Theaterstücke einzustudieren. Die Aufführungen dieser Stücke vor einem kleinen Publikum sollten Selbstsicherheit der Gesellen herbeiführen.

Der Unterricht wurde in den wichtigsten Schulfächern erteilt: „Deshalb suchen wir in der Religion zu unterrichten und sie zur Ausbildung derselben anzuleiten, erteilen ihnen Unterricht im Gesange, im Lesen, Schreiben, Rechnen, Zeichnen, in der Mathematik und derlei direkt auf's Handwerk bezüglichen Gegenständen, erörtern meist gesprächsweise jene sozialen Fragen, die sie direkt berühren, Haus, Werkstatt, Familie und Erziehung. Dabei lassen wir für angemessene Spiele Raum, gönnen ihnen heitere Fröhlichkeit und feiern mit ihnen zu Zeiten harmlose heitere Feste, zu denen wir die Behörden, die Bürgerschaft und namentlich die Meister freundlich einladen. Wir möchten die Jugend gern fromm, aber auch zugleich frisch und fröhlich erhalten ... Auf dem Grunde des Gewissens und des Glaubens kann nur Volkswohlfahrt gedeihen. Das ist das festeste Fundament aller sozialen Ordnung ... Da der Unterricht im Vereine unentgeltlich erteilt werden soll, muß der Vereinsvorstand auf Mittel bedacht sein, tüchtige Lehrer zu besolden und die nötigen Unterrichtsmittel herbeizuschaffen"[118].

In den Vereinsstatuten war festgelegt: „Politik und gehässige religiöse Polemik sind und bleiben aus dem Vereine grundsätzlich ausgeschlossen"[119]. Die veränderten Statuten aus dem Jahre 1856 bestätigten den strengen Ausschluß von Politik und religiöser Polemik. In dieser nur geringfügig überarbeiteten Fassung wird auch kein Fächerkanon in einer bestimmten Reihenfolge mehr aufgezählt, vielmehr waren als Lerninhalte grob umschrieben die „das Gewerbe betreffenden Gegenstände(n) und ... Vorträge über praktische Lebensfragen"[120]. Diese Begrenzung der Bildungsinhalte verstieß gegen das Verständnis von einer umfassenden Bildung, kam jedoch den bildungspolitischen Interessen des Preußischen Staates entgegen.

Allein für das Jahr 1858 liegen Zahlenangaben über das Verhältnis von eingeschriebenen Vereinsmitgliedern zu den Teilnehmern an den angebotenen Lehrveranstaltungen vor. Von den 650 Aktiven nahmen 400 – also gut 60 Prozent – freiwillig am Unterricht oder besonderen Bildungsabenden teil[121]. Das läßt auf ein starkes Bildungsbedürfnis der Gesellen schließen, dem ein Bildungsangebot Kolpings gegenüberstand, das dieser Bedürfnislage entsprach.

Lehrer

Garanten für eine effektive Bildungsarbeit in den Vereinen waren die Lehrer, die sich zum Teil freiwillig meldeten, zum Teil auch erst durch Werbung gewonnen werden mußten. In der ersten Zeit wurde ihre Mitarbeit unterschiedlich in den Vereinen vergütet. Die Mithilfe der Lehrer im Verein war aus fachlichen Gründen erforderlich.

Die Geistlichen hatten weder die Zeit noch die Qualifikationen, im berufsbildenden Bereich tätig zu werden. Daß die Lehrer durch ihre engagierte Einflußnahme das Vereinsleben mitgestaltet, in Teilbereichen sogar mitbestimmt haben, ist unbestritten. Einige Namen seien als Beispiele genannt.

Ohne die Lehrer Breuer in Elberfeld, Kreuser und Schellen in Köln sowie Stumpf im Koblenz wären den Lokalvereinen – aber auch dem Gesamtverein – wesentliche Anregungen vorenthalten worden. Die Position der Lehrer wurde auch noch dadurch gestärkt, daß der Vizepräses aus ihren Reihen stammen mußte. Als Hauptlehrer fungierten die, „welche entweder persönlich einzelne feststehende Lehrfächer übernommen haben oder unter deren Leitung solche Lehrfächer von andern übernommen worden sind"[122]. Gemeinsam berieten die Lehrer die Festlegung der Unterrichtsinhalte, die Anschaffung von Büchern und für jedes Semester die Neuordnung des Unterrichts[123]. In seinem Unterrichtsfach war der Lehrer „nach Möglichkeit" unbeschränkt[124]. Allerdings hatte der Präses die Pflicht, darauf zu achten, daß die Lehrer „keine dem Vereine schädlichen Tendenzen verfolgen"[125]. Die Unterrichtszeit und die notwendigen finanziellen Auslagen für Lehrmaterial mußten Gegenstand einer gemeinsamen Beratung sein. Über die Inhalte des Unterrichts und die Anordnungen, die von den Lehrern gegeben wurden, mußte der Präses informiert werden. Die Amtszeit der Lehrer war nicht begrenzt, ihre erste Anstellung erhielten sie nach der Wahl durch den Vereinsvorstand[126]. In der ersten Zeit des Gesellenvereins wurde der Unterricht unentgeltlich erteilt. Die Lehrer bekamen keine Vergütung und die Schüler brauchten keine Gebühren zu entrichten[127]. Lediglich der Zeichenlehrer und der Elementarlehrer erhielten für ihre Tätigkeit eine Vergütung, deren Höhe zunächst aber nicht angegeben wurde. Der Grund für diese Ausnahme war möglicherweise die schlechte Besoldung der Volksschullehrer, aus deren Reihen die oben genannten Fachvertreter kamen. Die Lehrer, die keine Vergütung bekamen, waren entweder Priester oder besser besoldete Gymnasiallehrer. In den Jahren 1857 und 1858 bezahlte der Vorstand den Lehrern 80 bzw. 93 Taler[128]. Im Jahre 1861 wurden 90 Taler als Honorar für die Lehrer und für die Beschaffung des gesamten Unterrichtsmaterials ausgegeben[129]. Die Feststellung, daß alle anderen Lehrer den Unterricht „aus Liebe zur Sache" unentgeltlich erteilten, wurde 1861 noch einmal ausdrücklich bestätigt[130]. Entweder fanden sich nicht genügend Freiwillige oder Kolping stellte hohe Ansprüche. Denn schon bald riet er, die Lehrer, „wenn auch im Anfange noch so mäßig, zu honorieren. Wo der Unterricht ganz umsonst erteilt wird, hat man immer zu klagen gehabt"[131]. Die Mittel für die Unterrichtskosten wurden aus den Kollekten der Vereinsgottesdienste bestritten[132].

Ein Grund für das Fehlen der politischen Bildung in der Arbeit des Gesellenvereins mag ebenfalls durch die Zugehörigkeit der Lehrer zum Vereinsvorstand gegeben sein. Die politische Zurückhaltung, die sich die im Kölner Gesellenverein tätigen Lehrer auferlegt hatten, ist wohl aus den Vorwürfen zu erklären, die der preußische König Friedrich Wilhelm IV. dem Lehrerstande gemacht hatte. Er warf den Lehrern vor, an politischen Revolten mitgewirkt zu haben und bezichtigte sie, „Afterbildung" und „irreligiöse Massenweisheit" in den Schulen zu verbreiten[133].

Die Mitarbeit der Lehrer im Gesellenverein legt es nahe, in dieser Beschränkung indirekte Auswirkungen der Stiehlschen Regulative zu sehen. Diese drei Regulative, die der Geheime Rat Anton Wilhelm Ferdinand Stiehl 1854 verfaßt hatte, sollten bei den Lehrern eigenständiges pädagogisches Denken verhindern und Lehrer wie Schüler zu gefügigen Untertanen des preußischen Staates und seiner Bürokratie machen[134]. Die Mitarbeit der Lehrer brachte aber auch Nachteile, die Kolping wohlweislich einkalkuliert hatte. Die Bindung an die Institution Schule, ob nun im Lehrplan oder in den Räumlichkeiten, hielt er für den Lernbetrieb Erwachsener für nicht angemessen. Kolping wollte bei seiner Bildungsarbeit mehr den familienhaften Charakter des Vereins, die Lebensschule, betonen, als den Lernbetrieb im erfahrenen oder erlittenen Erlebnis der Schule[135].

Unterrichtsfächer

Der Unterricht im Lesen, Schreiben und Rechnen, den im Jahre 1850 der schon genannte Vosen erteilte[136], war bereits im folgenden Jahr breiter gefächert. Ihn sahen alle Beteiligten als dringend notwendig an. Er zog über den Berichtszeitraum regelmäßig etwa 100 Teilnehmer an.

Zusätzlich hielt Wilhelm Effenberger einen Kurs im Lesen und Deklamieren[137]. Mit dem in diesem Kurs einstudierten und „eigentümlich arrangierte(n)" Vortrag der „Glocke von Schiller" sollte bei einer öffentlichen Veranstaltung der Beweis erbracht werden, „daß man das Verständnis wahrer Poesie dem Volke aufschließen kann"[138]. Effenberger pflegte in seinem Unterricht auch die heimatlichen Dialekte der Vereinsmitglieder, möglicherweise, um damit einer kulturellen Entfremdung der Gesellen entgegenzuwirken: „Er hatte aus den Mitgliedern des Vereines sich hie und da einzelne herausgeholt, einen *Klever*, einen *Ostfriesen*, einen *Sachsen*, einen *Schwaben*, einen *Koblenzer*, einen *Hunsrücker*, einen *Münsteraner*, einen *Märker*, einen *Aachener* und zuletzt einen *Kölner*, echte Landeskinder, die wirklich noch aus dem frischen, unverdorbenen Schoß des Volkes hervorgegangen sind, und diesen jungen Leuten die heimatlichen Klänge ihrer *wirklichen Muttersprache* ins Gedächtnis zurückgerufen … Und in der Tat, die verschiedenen Mundarten konnten eben nicht echter sein, da unsere Burschen doch vor allem ihre eigene Muttersprache rein sprechen"[139]. Effenberger hatte ein Buch für gesellige Veranstaltungen in den Vereinen publiziert. Die Gedichtsammlung wurde in den „Rheinischen Volksblättern" angezeigt[140]. Ein weiteres in den Gesellenvereinen häufig verwendetes Buch waren die Reimspiele des Koblenzers Theodor Stumpf[141]. Kolping kommentierte seine Empfehlung: „Das Volk soll und muß Poesie haben, oder der Frohmut geht ihm aus, sein kostbarstes irdisches Lebenskapital, und seine Poesie kleidet sich sicher am leichtesten und verständlichsten in das heitere Gewand des Spieles, dem der tiefe Ernst trotzdem nicht fehlen darf[142]". Vorträge und Spiele zur Unterhaltung paßten noch in Kolpings Konzept. Das Theaterspiel lehnte er aber mit verschiedenen Begründungen ab. „An Deklamationen sind wir so arm, daß ich nichts habe – es geht bei uns mit dem Deklamieren schlecht – und Theater spielen wir gar nicht. Wir haben annoch keinen Raum dafür, und es ist mir auch zu gefährlich. Was sich machen läßt, will ich erst selber praktisch erproben, wenn unser Saalbau fertig ist und der Raum die Gelegenheit macht. Doch werde ich mich nie zum eigentlichen Theater bequemen. Die Jungens verderben zu viel Zeit und werden eitel – oder blamieren sich. Dazu fehlt es aber auch, trotz der ganzen Vereinsliteratur, an passendem Stoff"[143].

Dafür spielte der Gesang in den Gesellenvereinen eine überaus wichtige Rolle[144]. Das Liedgut, das für die Proben- und Konzertarbeit in Frage kam, war zum Teil in eigenen Liederbüchern erfaßt, von denen schon die Rede war. Der Gesangsunterricht bzw. die Übungsabende des vierstimmigen Chores fanden zweimal in der Woche statt. Sie wurden zum Teil von bekannten Kölner Musikern wie Friedrich Koenen und Franz Weber[145] geleitet. Dem weniger bekannten Gesanglehrer Carl Gerbracht[146], der den Chor der Gesellen bei Stiftungsfesten und öffentlichen Konzerten dirigierte, zollten die Vereinsberichte immer hohes Lob[147].

Kolping schätzte ihn als „einen durchaus gesetzten und soliden mit hingebender Treue seinem Berufe lebenden Mann, ... den wir mit Freude stets in unserer Mitte sehen, wie er gleichmäßig die allgemeine Achtung und Liebe sämtlicher Vereinsmitglieder genießt"[148]. Im Jahre 1854 legte der Vorstand fest, der Gesangslehrer solle ein jährliches Honorar von 50 Talern für seine Tätigkeit erhalten. Ein Konzert pro Jahr bekam der Musiker gesondert mit etwa 20 bis 25 Talern vergütet.

Aus einer Quelle geht hervor, daß Mendelssohn-Bartholdy mit zum Repertoire gehörte[149]. Im Verhältnis zu den anderen Bildungsveranstaltungen fanden die Gesangsstunden bei den Gesellen nicht den erwünschten Anklang. Im Anfang kamen etwa 50 bis 60 Sänger regelmäßig zu den Probeabenden, ab 1859 pendelte sich die Teilnehmerzahl bei etwa 40 ein[150].

Der Gesellenchor beteiligte sich regelmäßig an der Gestaltung des Sonntagsgottesdienstes in der Minoritenkirche.

Den Unterricht in Geschichte und Geographie[151] übernahm der damals stadtbekannte Johann Peter Balthasar Kreuser, der als Professor am Marzellengymnasium schon Kolping zu seinen Schülern zählte. Er war führend im Kölner Kulturleben tätig und setzte sich mit allen Kräften für den Dombau ein. Die Nachfolge dieses vielseitig gebildeten und interessierten Mannes trat schon nach einem Jahr Anton Peter Joseph Philipps an. Hauptberuflich war er Lehrer an der Höheren Bürgerschule. Daneben versah er die Ämter des Kirchmeisters von St. Peter und des städtischen Armenpflegers. In seinen Aktivitäten erinnert dieser Mann an den Gründer des Elberfelder Gesellenvereins Johann Gregor Breuer.

Einen besonderen Mathematikunterricht richtete der Vorstand eigens für Bauhandwerker ein. Bereits seit 1851 wurde dieser Kurs zunächst sonntags von 10–12 Uhr von Franz Müller durchgeführt[152]. Für das Jahr 1857 konnte den Teilnehmern „sehr guter Erfolg" bescheinigt werden[153]. Regelmäßig kamen etwa 70 Gesellen zu diesen Veranstaltungen. Lediglich 1861 mußten wegen des großen Andrangs zwei Abteilungen mit über 100 Schülern eingerichtet werden.

Müller war auch Autor eines Lehrbuches der Geometrie für Handwerker-Fortbildungsschulen, das im renommierten Verlag Brockhaus in Leipzig erschienen war. Kolping empfahl es in den „Rheinischen Volksblättern" allen Gesellenvereinen „wegen der praktischen Behandlung des Stoffes und seiner Unentbehrlichkeit für Bauhandwerker"[154].

Es gibt verschiedentlich Hinweise auf räumliche Enge und auf das sehr unterschiedliche Bildungsniveau der Handwerker. „Eine kleinere Abteilung wird besonders für das Meisterexamen vorbereitet, muß aber einen 2jährigen Kursus ohne Unterbrechung durchmachen"[155]. Der für die naturwissenschaftlichen Fächer zuständige Lehrer, Heinrich Schellen, hatte sich als Verfasser mehrerer mathematischer Schriften und physikalischer Arbeiten einen Namen gemacht. Besonderer Beliebtheit scheint sich auch ein Kurs über kaufmännisches Rechnen und Buchführung erfreut zu haben. Die Themen lauteten: „Anlage des Rechnungsbuches", „Anlage des Geschäftsbuches" und „Anleitung zur Buchführung". Die Teilnehmerzahl schwankte zwischen 50 und 70 in den Jahren 1857 bis 1862[156].

Der Unterricht im Zeichnen fand jeweils am Sonntagvormittag von 9–12 Uhr statt. Diese Zeit war in erster Linie durch die Abkömmlichkeit der Lehrer und durch die Tatsache bestimmt, daß die Übungen eine längere, zusammenhängende Zeit beanspruchten. Als Hauptlehrer fungierten in der ersten Zeit der Maler Friedrich Baudri und Johann Adam Heinrich Oedenthal, denen Hilfslehrer beigegeben waren[157].

Im Verein selbst erteilte man nur den Anfangsunterricht. Fortgeschrittene Schüler mußten eine besondere Zeichenschule in der Stadt aufsuchen, für die für Vereinsmitglieder ein ermäßigtes Honorar vereinbart war[158]. Im Jahre 1854 mußte dann ein Zeichenlehrer gegen Bezahlung von einem Taler eingestellt werden, der den sonntäglichen Unterricht übernahm[159]. Das Material, das im Unterricht verwendet wurde, mußten Kolping und die das Fach vertretenden Lehrer sich zum Teil erbetteln. So dankte Kolping in einem Brief dem Generaldirektor der Berliner Museen von Olfers für von ihm gespendetes Zeichenmaterial und betonte dabei „gerade der Zeichenschule will ich förder immer größere Aufmerksamkeit widmen"[160].

In den Semesterberichten 1857/1858 wurde die Teilnehmerzahl an den Zeichenkursen mit 70–80 angegeben. Wegen fehlender Räume konnten weitere Interessenten nicht mehr berücksichtigt werden[161]. 1858 erhoben die Beteiligten dann die Forderung, den Zeichenunterricht nur durch Fachleute erteilen zu lassen[162].

Auch für Lehrlinge wurde in diesem Fach ein Kurs angeboten[163]. Ab 1859 nahmen durchschnittlich 100 Gesellen am Zeichenunterricht teil, der in bewährter Weise von Oedenthal verantwortlich geleitet wurde[164]. Für 1862 hatten sich sogar 120 Teilnehmer zum Zeichenkurs angemeldet[165]. Dieser „Rekord" dürfte kaum durch die Verbesserung der räumlichen Situation allein erreicht worden sein. Der Vorstandsbeschluß, im Zeichenunterricht eine Anwesenheitsliste zu führen, wird wohl ausschlaggebender gewesen sein. Die Kontrolle sollte disziplinierend wirken, denn dreimaliges unentschuldigtes Fehlen führte zum Ausschluß der Teilnehmer aus dem Kurs[166].

Der Religionsunterricht spielte im Gesellenverein eine besondere Rolle. Obwohl der Verein seit seiner Gründung eine religiöse Zielsetzung mitverfolgte, gab es nach Kolpings immer wiederkehrenden Aussagen gerade in diesem Bereich keinerlei Zwang. Kolping selbst erteilte anfangs diesen Unterricht, und zwar regelmäßig Montagabend. „Nun kommt noch ein anderes. Daß im Katholischen Gesellenverein Religion gelehrt werden soll, habe ich ... deutlich genug gesagt, ... daß im Gesellen-Verein nicht gepredigt werden soll, setze ich hier noch bei, denn für die eigentliche Predigt hat unser Herrgott eine Kanzel in der Kirche aufschlagen lassen"[167]. Die Führungsaufgaben, die Kolping auch außerhalb Kölns immer mehr wahrzunehmen hatte, brachten es mit sich, daß er sich häufiger vertreten lassen mußte. Befreundete Priester haben diese Aufgabe übernommen.

Für die Jahre 1857 und 1858 wurde die Zahl der Teilnehmer am Religionsunterricht mit 100 bis 150 und 140 bis 180 angegeben[168]. Für das Jahr 1859 nannte der Vorstand „zahlreiche Teilnahme“[169]. In den folgenden Berichten fehlen diese Angaben ganz.

Kolping stellte selbst einen Themenkatalog für den Unterricht im Fach Religion auf:

„1) Eine Übersicht über das Kirchenjahr mit besonderer Berücksichtigung des nächsten Festkreises ...
2) Besonderheiten der einzelnen Festkreise mit den üblichen Zeremonien.
3) Ein Rundgang durch eine katholische Kirche. Anordnung der Kirche und Bedeutung der einzelnen Teile und Gerätschaften.
4) Bau der Kirche. Geschichtliches über Kirchenbau und Entwicklung des Baustiles ...
5) Bei ... Festen Bedeutung derselben und ... besonderer Zeremonien.
6) Über die Feier der h[eiligen] Messe ...
7) Die Kirchenpatrone, ihre Bedeutung, ihre Lebensgeschichte ... Das Leben anderer Heiligen, deren Bilder in der Kirche aufgestellt sind.
8) Wallfahrtsorte in der Umgebung, ihre Geschichte und ihre Bedeutung.
9) Wie und wann ist das Christentum ins Land gekommen? Landesheilige und ihre Geschichte, also heimische Kirchengeschichte ...
10) Die Geschichte des Bistums, ... Bischöfe der Heimat.
11) Die Orden der Heimat, ihr Entstehen, ihr Wachstum, ihre Zerstreuung.
12) *Erzählung der biblischen Geschichte* von Erschaffung der Welt an und zwar so, daß der junge Mann daran Interesse findet, ...
13) Geschichte der ersten christlichen Kirche mit ihren hervorragenden Heiligen.
14) Geschichte der ... Ordensstifter, ...
15) Was geschieht auf kirchlichem Boden für die sozialen Verhältnisse der Gegenwart? ...
16) *Ora et labora!* Wie soll ein Geselle fromm sein? ...
17) Die christlichen Sittenlehren *einzeln* oder *nach der Reihe* abhandeln. Die zehn Gebote als Grundpfeiler der menschlichen Gesellschaft.
18) Warum hat die Kirche noch besondere Gebote gegeben? Wie gehören sie zu dem vorhergehenden?
19) Wer ist ein richtiger katholischer Christ? ...
20) Lehre von der Kirche. Diese recht gründlich durchsprechen“[170].

Der bisher aufgeführte Unterricht und seine Thematik unterschieden sich von der Arbeit in den anderen örtlichen Gesellenvereinen im Lande nur unwesentlich. Für die Stadt Köln kamen zwei Besonderheiten hinzu: Seit Herbst 1854 wurde im Kölner Gesellenverein als Fremdsprache Französisch angeboten. Die Kosten dafür waren von den Teilnehmern selbst aufzubringen, im Unterschied zu dem gesamten übrigen Lehrangebot[171]. Das Erlernen einer Fremdsprache scheint bereits zu Kolpings Zeiten berufliche Vorteile für die wandernen Gesellen oder aber soziale Anerkennung mit sich gebracht zu haben.

Die allgemeinbildenden Vorträge waren im Kölner Verein vielfältiger und hatten eine rege Teilnahme auch von Nichtmitgliedern zu verzeichnen. Das rührte sicher nicht zuletzt auch daher, daß sich einige prominente Kölner bereit erklärten, den Verein und seine Ziele dadurch zu unterstützen, indem sie Vorlesungen und Vorträge anboten. So hielten z.B. im Wintersemester des Jahres 1860 „die Herren Dr. med. Braubach über Gesundheitslehre und Dr. Schellen über physikalische Gegenstände mit den zugehörigen Experimenten Sonntags abends Vorträge“[172]. Von auswärts kamen als prominente Gäste Victor Aime Huber und Alban Stolz.

Im Verein sollten keine Inhalte zur Sprache kommen, die den Gesellen nicht wirklichen Nutzen bringen: „Wir sind weit, sehr weit entfernt, irgendwie gelehrte Kenntnisse zu verbreiten, oder den gesunden Menschenverstand zu schädlichem Grübeln zu verkehren und dadurch zu verderben“[173]. Hier konnte Kolping sowohl bei der Themenauswahl als auch bei der didaktischen Aufbereitung seine eigenen Erfahrungen aus der Gesellenzeit einbringen. Folgende „weltliche“ Schwerpunkte sollten mit den Gesellen erarbeitet werden:

„1) Welches Ziel verfolgt der Gesellen-Verein und welcher Mittel bedient er sich dazu? ... Ziel des Gesellen im sozialen Leben: Meister, Bürger, Familienvater werden ... Warum erreichen die meisten Gesellen dieses Ziel nicht? Sehr viele verstehen ihre Freiheit zur Zeit falsch und schlecht ...

2) Worin besteht die wahre Ehre? Oder was gehört zur Ehrenhaftigkeit? ...

3) Welche Eigenschaften muß ein ehrenhafter Geselle haben? Sie werden fragweise aus den Gesellen selbst hervorgeholt. Eigenschaften des Mannes, Eigenschaften des Handwerkers, *Wahrhaftigkeit* in Gesinnung, Wort und Tat, *Treue*, Ehrfurcht vor allem höheren und *Lernbegierde*, also Bescheidenheit, Beschränkung seiner selber usw. Seine Stellung zum Meister, zu den Mitgesellen, zu den Lehrlingen.

4) Was fordert der Vereinszweck von den Mitgliedern ...

5) Warum sind die Mitglieder ‚Brüder‘ und in welcher Weise sollen sie es sein ...

6) Das Christentum im praktischen Leben des Vereins, das Herz, der Geist desselben, die christliche Verbrüderung im ganzen katholischen Gesellenvereine.

7) Wie benimmt sich ein wohlgezogener [!] Geselle im Verein, auf der Werkstätte, auf der Straße, im Wirtshause? – Einflechten *Ordnungsliebe*, anständige Sauberkeit, Gefälligkeit gegen alle Menschen. Wovon das Herz voll ist läuft der Mund über. Die Art der Unterhaltung, der Gesprächsstoff auf der Werkstätte, im Wirtshause ...

8) *Selbstbeherrschung*, die notwendige Eigenschaft des tüchtigen Mannes. Er muß lernen *freiwillig* [zu] entsagen allem, was ihm schädlich werden kann ...

9) Falschheit des Grundsatzes: ‚*Die Jugend muß genossen werden*‘ ...

10) Wodurch kommen so viele Gesellen zu nichts? In der Gegenwart wie auch noch mehr in der Zukunft? Das Vergnügen frißt alles auf, erst das sogenannte anständige Vergnügen, dann auch das ‚unanständige‘ ...

11) Welcher Unterschied zwischen Erholung und Vergnügen? Dic Jugend muß *froh* sein, also gebührt ihr Erholung, welche die Kräfte zur Arbeit und die Lust daran stärkt ...

12) Kameradschaften und Freundschaften, ihr Wert und event[uell] ihre Gefahren. Der wahre Freund hilft zu allem Guten, der falsche rät und hilft zum Bösen ...

13) Wie kann und soll ein rechtes Mitglied des Vereins missionierend unter seinen Standesgenossen wirken? ...

14) Notwendigkeit einer tüchtigen *sittlichen Ausbildung* als Grundlage eines soliden Charakters. Grundbedingung des künftigen Mannes und Meisters. Was zum tüchti-

gen Charakter gehört, fällt wieder mit der wahren Ehre zusammen. *Rechtschaffenheit*, Gewissenhaftigkeit, *Treue* gegen Gott, gegen den Nächsten und gegen sich selbst. Wer etwas Tüchtiges werden will, muß *beizeiten streben*, etwas Tüchtiges zu sein. *Zuverlässige* Handwerker immer geachtet und gesucht.

15) Fachstudien. Was du bist, sollst du *ganz* sein. Notwendigkeit der technischen Ausbildung im Gewerbe. Darauf die Kräfte vorzüglich konzentrieren. Woher die meisten Stümper kommen? Sie haben als Gesellen nichts Tüchtiges lernen wollen, ihre Zeit vertrödelt oder um höheren Lohnes willen die rechte Ausbildung versäumt ...

16) Warum geht der Geselle auf die Wanderschaft? Um sich auszubilden. Wie muß demnach die Wanderschaft eingerichtet werden? ... Der Geselle soll bereits mit hinreichenden Kenntnissen und Fertigkeiten in seinem Geschäft versehen sein, bevor er auf die Wanderschaft geht. Vorteile und Gefahren des Wanderns.

17) Über die rechte Sparsamkeit, worin sie besteht? Das Geld nicht leichtsinnig, nicht unnütz ausgeben. Wie wichtig es ist in den Gesellenjahren das Sparen zu lernen. Welche große Kunst eine weise Ökonomie ist ...

18) Werthaltung der Gesundheit, *Ordnung* und *Reinlichkeit*, *Friede des Gemüts* und *gut zugebrachte* Zeit ist die Hauptsache. *Ordnung* in Speis' und Trank, in Schlafen und Wachen, in Arbeit und Ruhe ...

19) Der junge Meister in der Bürgerschaft und wie er sich dazu zu verhalten hat. Veränderte Stellung. Der Geselle steht meist nur zu Gesellen in näherer Beziehung, der junge Meister aber mit *allen* Ständen der Gesellschaft. Welche Anforderungen macht das Publikum an den Meister? ... Er soll *sein Geschäft verstehen* und soll *umgänglich* sein ... Berechtigter Stolz auf die Arbeit und *feste* Preise. Gewinn davon. Der Meister muß auch das *Interesse* seiner Kunden im Auge behalten. Das fesselt dieselben. Was der ‚Schwindel' schadet.

20) Allgemeine Regeln in der Behandlung der Kunden. Solide Arbeit, Pünktlichkeit in der Ablieferung der Arbeit. Ehrlichkeit bei notwendigen Entschuldigungen. Heilighaltung des Hauses und der Familie der Kunden ... Das Aufbrausen bei wirklichem oder vermeintlichem Unrecht ist manchem teuer zu stehen gekommen. Selbstbeherrschung imponiert. Kunden bekommen ist oft leicht, sie behalten die Kunst"[174].

Diese Skizzen für Vortrags- und Diskussionsabende sollten mit Beispielen aus dem praktischen Lebensalltag ergänzt werden, aber nicht zu derb, damit sie ihre Wirkung nicht verfehlten.

Schon gut zehn Jahre früher war eine Arbeit des Bonner Vereinspräses Dubelmann erschienen und von Kolping für die Arbeit in den Vereinen empfohlen worden[175]. Er schrieb dazu: „Ich habe das Büchlein mit Bedacht durchgelesen, und wenn ich auch gestehen muß, daß dasselbe in der äußern Form vorzugsweise französische Zustände im Auge hat, so gelten seine vortrefflichen Wahrheiten doch überall, da die Menschen nirgendwo von [ihrer] Art lassen und überall im Grunde an denselben Mängeln laborieren. Ich möchte das Büchlein in jeder Werkstätte, sogar in jedem Hause sehen"[176].

Auffallende Parallelen weist schon eine kurze Inhaltswiedergabe nach dem ausführlichen Verzeichnis auf: Im Kapitel über das wahre Glück wird allgemein über den Wunsch, glücklich zu sein, berichtet. Thematisiert wird das von Sozialisten verheißene Glück, das System der Gegenseitigkeit, der Organisation der Arbeit, des Kommunismus und die Unfähigkeit des Sozialismus, die Menschen glücklicher zu machen.

Die Notwendigkeit der Arbeit und die Überwindung von Schwierigkeiten durch Liebe zur Arbeit werden besonders betont. Recht auf Arbeit und der durch Fleiß selbständig gewordene Arbeiter. Im folgenden werden der Sparsamkeit (Verschwendung, Geiz) und der Unmäßigkeit (Trunkenheit, Branntwein) Ausführungen gewidmet. Zwei Kapitel sind den Vergnügungen und Erholungen gewidmet. Erholung und Spiel, Leidenschaften, Gefahren der Werkstätten, Unsittlichkeit, gefährliche Lektüre und Vergnügungen aus Eitelkeit werden in Erzählungen und Geschichten behandelt. Dem Familienleben sind zwei Kapitel gewidmet: Über Heiraten, glückliche und unglückliche Ehen, Scheidung wird gesprochen und der Tageslauf einer guten Hausfrau und eines braven Handwerkers beschrieben. Über die Nächstenliebe wird in drei Kapiteln ausführlich gehandelt. Freundschaften ist ein weiteres Kapitel gewidmet. Über den Stolz, die Geduld in den Prüfungen des Lebens und über die Religion wird in unterhaltenden Erzählungen berichtet.

Ganz so beschaulich und unpolitisch scheint es aber nicht immer zugegangen zu sein. Der Regierungsapparat jedenfalls blieb skeptisch. Als dem Innenministerium in Berlin aus Elberfeld von Arbeitseinstellungen berichtet wurde, informierte der Minister von Westphalen den Kölner Regierungspräsidenten von Möller, daß „der Kolpingsche Gesellen-Verein in Köln jenen Arbeiter-Bewegungen nicht ganz fern gestanden haben soll. Positiveres habe er darüber zwar nicht ermitteln können, doch sei ihm solches auch in Köln von sonst gut unterrichteter Quelle bestätigt worden, und entbehre vielleicht nicht ganz der Begründung, indem – wie er namentlich in Köln vernommen – die Arbeitseinstellungen in den im dortigen Gesellen-Verein gehaltenen Vorträgen und Besprechungen eine Erörterung gefunden hätten, welche eher geeignet sei, die Aufregung zu schüren, als die Unzufriedenheit zu beschwichtigen ... Euer Exz[ellenz] ersuche ich deshalb, über die Vorträge und Besprechungen, welche in Betreff der Arbeits-Einstellungen in dem Kolpingschen Gesellen-Verein in Köln stattgehabt haben umsichtig und mit Vermeidung aller auffälligen Ermittlungen, Auskunft gefälligst einzuziehen und das Ergebnis, sowie was sonst über den Einfluß der katholischen Gesellen-Vereine resp[ektive] des g[enannten] Kolping auf die fraglichen Arbeiter-Bewegungen Ihnen etwa bekannt geworden, hierher zu berichten“[177].

Bibliothek

Eine weitere wichtige Einrichtung für die Bildungsarbeit im Verein war die Bibliothek, auf deren gute Ausstattung Kolping von Anfang an großen Wert gelegt hatte. In einem Aufruf wandte er sich schon 1849 an die Geistlichkeit und die interessierte Bevölkerung mit der Bitte, gute Bücher für die Bibliothek zu stiften: „Da ist alles zu brauchen. Zunächst direkt brauchbar sind Bücher religiösen, gewerblichen, naturhistorischen und geographischen Inhalts, Reisebeschreibungen, Erzählungen, Volkskalender“[178]. Seine Meinung zur Nutzung einer Bibliothek durch die Gesellen änderte sich nach einiger Zeit: „Ich habe unsere Bibliothek zugeschlossen und gebe nur Bücher hinaus an einzelne ... Die Gesellen werden gescheiter durch den mündlichen Verkehr. Da denkt der Kopf auch noch, daß er begreift. Die meisten Leute lesen ein

Buch ohne Rechenschaft geben zu können, was darin gestanden. Dabei bleiben wir: wir lernen nur für das Leben, was man praktisch braucht“[179].

Kolping war durch die eigene persönliche Erinnerung und die mit den Gesellen und ihrer „Lesewut“ gemachten Erfahrungen bestärkt worden, gegen wahlloses Lesen etwas zu unternehmen. Noch wahrscheinlicher ist es aber, hinter dieser Maßnahme eine andere „Bildungsidee“ zu sehen. Der soziale Aspekt auch im Lernprozeß sollte gegenüber der Vereinzelung besonders betont werden.

Angebotsvielfalt

Werfen wir nur einen kurzen Blick auf die Bildungsveranstaltungen in anderen Vereinen, um Gemeinsamkeiten und Unterschiede verdeutlichen zu können. In Salzburg erteilte man im Jahre 1853 „ernsten, gründlichen Unterricht für ihre (der Gesellen) gesamte Lebensaufgabe im Dienst diesseits und jenseits“[180]. In Mindelheim hatte der Gerichtsarzt „Vorträge über den Bau des menschlichen Körpers in Verbindung mit einer Gesundheitslehre begonnen“[181]. Im Münchener Gesellenverein wurde unterrichtet im Zeichnen, in der Buchhaltung, in der Vaterlandsgeschichte, in der Erdkunde, in der Religionsgeschichte, im Singen und in Kirchenmusik“[182]. In Prag wurde im Jahre 1858 Unterricht erteilt in Religion, in Physik, in deutscher und böhmischer Sprache, in Geographie, in Technologie, in der Geometrie ebenfalls deutsch und böhmisch, im Modellieren, im Zeichnen, im deutschen Aufsatz, Schreiben und Rechnen. Aufsatz, Schreiben und Rechnen wurde auch in böhmischer Sprache erteilt[183]. Im Gesellenverein Euskirchen beschäftigte man sich neben den herkömmlichen Fächern vor allem mit naturwissenschaftlichen Disziplinen. So wurden „die Ausdehnung der Körper durch Wärme, die Theorie der Thermometer, die Eigenschaften des Eises, die latente Wärme und der Dampf in einer auch für Unkundige leicht verständlichen Weise vorgetragen und durch einfache Experimente zur Anschauung zu bringen gesucht. Für die nächste Stunde sind uns die chemischen Zusammensetzungen des Wassers und der Luft versprochen“[184]. Im Wiener Gesellenverein galt folgende Regelung: „Rechnen, Lesen, Schreiben, Sprachlehre und Aufsatz, dann Zeichnen, Geographie, Buchführung, Naturlehre und Technologie, außerdem französische Sprache, Gesang und Geschichte der Gewerbe“. Den Mitgliedern stand die unentgeltliche Benutzung der 800 Bände starken Vereinsbibliothek frei. „An den Sonntagabenden werden in dem großen Versammlungssaale (allgemeine) Vorträge über das religiöse und bürgerliche Leben des Handwerks und dessen Pflichten gehalten, wobei den Gesellen zugleich Gelegenheit geboten ist, zur gegenseitigen Besprechung über ihre im Gewerbsleben gewonnenen Kenntnisse und Erfahrungen. Hieran reiht sich an Unterhaltung in Deklamation, Spiel, Gesang und Musik“[185].

Besondere Erwähnung verdient die Akademie des Gesellenvereins in Berlin, wo über fünfzig studierende junge Leute sich bereit erklärten, den Mitgliedern des Gesellenvereins Unterricht in den verschiedensten Fächern zu erteilen.

Die behandelten Themen reichten von der Fotographie über Bierbrauereien, Elektrizität und Magnetismus, Geld und Geldgeschäfte, Unglücksfälle beim Handwerk und Mittel gegen dieselben bis hin zur sozialen Frage[186]. Einige der Akademiemitglieder erreichten später berufliche Stellungen, die sie bekannt machten. Als Beispiele seien genannt: der Politiker Christoph Joseph Cremer, der Kaufmann und Redakteur Edmund Eirund und der Bankdirektor Hieronymus Jaegen[187]. Der Berliner Verein hatte außerdem eine eigene Sonntagsschule für Lehrlinge eingerichtet[188].

In der „Pädagogik" des Gesellenvereins war der Unterricht in den Elementar- und berufsbezogenen Fächern ein Hauptanliegen, aber nicht die „Hauptsache". Der Unterricht war deshalb so effektiv, weil er in ein Gemeinschaftsleben eingebunden war, in der Formen des Miteinander eine spezielle Qualität hatten, die soziales Lernen positiv beeinflußten. Im Gesellenverein konnten *„sittliche Anforderungen"* gestellt werden, denen die Mitglieder nachkommen mußten, wenn sie nicht „den Verein und mit ihm den Unterricht quittieren"[189] wollten. Eine Diskussion über die Legitimation dieser Forderungen war ausgeschlossen und für die Verantwortlichen im Verein undenkbar.

Methodik und Didaktik

Kolping beließ es bei seinen Empfehlungen nicht allein auf spezielle Hinweise zu den erwünschten Inhalten für seine Mitarbeiter, er brachte auch methodische und didaktische Erfahrungen ein[190]. So sollte die Dauer eines Vortrags in der Regel 45 Minuten nicht überschreiten. Der Vortragende sollte „weder Professor auf dem Katheder noch Prediger auf der Kanzel"[191] sein. „Die Vorträge müssen möglichst *dem Verständnis der Mehrzahl der Mitglieder angepaßt werden.* In der Regel darf man voraussetzen, daß die meisten Mitglieder von dem vorzutragenden Gegenstande entweder gar nichts oder doch nichts Rechtes wissen. Dieser Umstand führt zur nötigen Popularisation des Stoffes, im Beginne das schwerste Stück Arbeit. Man muß streben, populär vorzutragen, damit man verstanden wird. Wahre Popularität im Vortrage ist *niemals* platt ... Selbst bei der Anwendung von Provinzialismen, örtlichen Redewendungen, Ortssprichwörtern etc. vermeide man jede wirkliche Plattheit im Ausdrucke. Der Vortragende schadet sonst sich und der Sache am meisten. Um zu wissen, wie weit der Horizont der Zuhörer über einen vorzunehmenden Stoff geht, werfe man zunächst über denselben einige Hauptfragen auf. Was denkt ihr euch unter diesem oder jenem? Wo kommt dieses oder jenes her? Wozu soll es dienen? Habt ihr schon von dem und jenem (Personen oder Sachen) gehört oder gelesen?" Aus ihren Antworten „ergibt sich die Tragweite ihres Verständnisses. Auch hier gilt besser *multum* als *multa.* Einen interessanten Gegenstand recht verstanden, hilft weiter, als eine große Menge von Dingen ab[zu]handeln, von denen endlich nur das allerwenigste haften bleibt"[192].

Der Unsicherheit seiner priesterlichen Mitbrüder, im erwachsenenbildnerischen Bereich aktiv zu werden, versuchte Kolping auch in persönlich gehaltenen Briefen zu begegnen. Sie sollten „unter den Leuten *lernen* ... Lassen Sie sich doch ganz vertraulich von den Mitgliedern viel erzählen, Fragen aufwerfen, nicht schriftlich sondern mündlich und bald findet man, was nottut"[193]. Das war, zumindest im kirchlichen Bereich ein neuer Ansatzpunkt: Kleriker wurden darauf hingewiesen, bei sich selbst einen Lernprozeß einzuleiten. Als Kommentar zu einem Vereinsbericht gab er den beherzigenswerten Hinweis: „Wo man das Lernen nicht scheut, wird das Lehren gedeihen"[19

Die größten Schwierigkeiten hatten die Präsides wohl mit der Erarbeitung und Aufbereitung des vorzutragenden Stoffes. Darum bot der erfahrene Praktiker geeignete Hilfestellung an: „Man muß den vorzutragenden Stoff im ganzen wohl überdacht haben, ohne sich dabei zu sehr an Redeformeln zu binden. Es soll ein *freier* Vortrag sein, keine Vorlesung. Nur mutig daran, das freie Reden muß *gelernt* werden und kommt später gar oft und viel zu statten. Was anfangs holpert und stolpert, das läuft endlich wie am Schnürchen. Das *freie* Wort aber hat einen ganz anderen Klang als das mühsam ausstudierte und auswendig gelernte oder gar als das vorgelesene. Mit dem Vorlesen im Vortrage soll man sparsam umgehen, man hält ja im Gesellen-Verein keine Redeübungen, sondern will und soll freundschaftlich belehren. Wozu also die oft unmäßige Sorge um die Form und die Darstellungsweise. Man rede nur recht natürlich und gebe sich nur recht natürlich dabei, es geht um so leichter vonstatten. Das letztere gilt selbstverständlich meist nur den jungen Konfratres, die aus Furcht, es möge nicht gehen, wie sie denken, sich von den Vorträgen oft zurückhalten. Lernt, junge Freunde, gerade im Gesellenverein frei reden und dadurch leichter denken! Hier ist die beste Schule dazu“[195].

Kolping kannte also die beängstigende Situation vieler Präsides, obwohl er selbst sicher nicht davon betroffen war. Er bereitete sich zwar gründlich vor, konnte aber auch auf seine rednerische Begabung setzen. Freimütig gestand er einmal ein: „Aber dies Manuskript ist so dürftig und lückenhaft in der Form, daß Sie noch nicht einmal ein vollständiges Gerippe der Vorträge erhalten. Ich kann nun einmal nicht mehr anders, ich muß mich frei im Vortrage bewegen. Irgendein Wort genügt mir dann, um den Faden festzuhalten. Das Beste fällt mir dann in der Regel über dem Sprechen bei“[196].

Glücklicherweise ist ein Kurzbericht eines Kölner Gesellen über einen Vortrag Kolpings erhalten: „Kolping hielt seine Vorträge in dem alten Patriziersaale ... Die Gesellen standen gewöhnlich bei seinen Reden. Mitunter sprach er im Kölner Dialekt. Als er eines Tages einen Vortrag über Bekanntschaften hielt, sagte er unter anderem: Dann müßt Ihr einmal morgens zu dem Mädchen gehen, dann hat es sich noch nicht zurechtgemacht und dann paßt einmal auf, wie es seine Mutter behandelt, genauso macht sie es später mit Euch! Das war so der Ton seiner allen Zuhörern zu Herzen gehenden Unterweisungen“[197].

Erwachsenenbildung

Die Zünfte des Mittelalters waren nicht allein berufsständische Organisationen, sie nahmen auch die Funktion von berufsbildenden Einrichtungen wahr und boten ihren Mitgliedern darüber hinaus eine fest umschriebene gesellschaftliche Position. Mit der Einführung der Gewerbefreiheit im 19. Jahrhundert wurden die Zünfte aufgelöst. Die politische und industrielle Entwicklung hatte breiten Bevölkerungsschichten zwar ein größeres Maß an Freiheit beschert; die Strukturen ihrer Arbeitswelt aber weitgehend zerstört.

Als Folge der Aufklärung schied man zudem das Volk in die „Gebildeten“, die über höhere Schul- bzw. Universitätsbildung verfügten, und die übergroße Mehrheit, für die eine Volksschule in den meisten Regionen erst noch geschaffen werden mußte. Diese Entwicklung hat der junge Kolping hautnah miterlebt. Zwar konnte er eine für die damaligen Verhältnisse ausgezeichnete Volksschule besuchen, dazu kam über das Medium Buch auch bei ihm der Wunsch nach höherer Bildung. Die Devise „Wissen ist Macht" wurde fast zur allgemeinen Ansicht. Mit Wissen und Bildung – die Begriffe wurden synonym verwendet – glaubte man auch die schwierigsten Probleme lösen zu können.

Die Anfänge der Erwachsenenbildung in Deutschland sind eng verbunden mit den Arbeiterbildungsvereinen, die wiederum auf die Arbeiterbewegung zurückging. Auch Kolping kannte diese Entwicklung. „Die tollsten sozialen Schwindeleien des Kommunismus und verwandter Träume sind zumeist aus der Schweiz nach Deutschland hinüber gebracht worden und zwar, wie alle Welt weiß, vorzüglich durch Handwerksburschen ... Die Arbeiter-Bildungs-Vereine in der Schweiz sind nicht von gestern, und die meisten, wie mir an Ort und Stelle versichert wurde, in den Händen von Radicalen, das heißt zu deutsch Revolutionären. Auch sie bekennen sich zur Nationalitäts-Religion und zu keiner andern, schließen positiv alle Religion von ihren Bestrebungen aus und befeinden sie also tatsächlich. Ihre Bildung beschränkt sich lediglich auf's irdische, sinnliche Leben, auf bloß irdische Kenntnisse mit der bisweilen deutlich ausgesprochenen Absicht, dadurch das Christentum überflüssig zu machen"[198].

Die Volksbildungsbemühungen in den ersten Jahrzehnten des 19. Jahrhunderts gingen in die Richtung, der unterprivilegierten Schicht eine bessere Allgemeinbildung zu vermitteln. Sonntags-, Abendschulen und Bildungsvereine verschiedenster „Träger" übernahmen die Aufgabe, zur „Verbreitung von Volksbildung" ihren Beitrag zu leisten.

In ihren Anfängen war die Erwachsenenbildung auch geprägt von wirtschaftlichem Denken. Diese Vorstellungen wirkten noch nach, Bildung könne dem Fortkommen, dem sozialen Aufstieg dienen und fördere den beruflichen Erfolg. Ein weiterer Gesichtspunkt war Bildung unter dem Aspekt der Freiheit. Bildung mache den Menschen frei und erhöhe ihn in seinem Menschsein.

Im kirchlichen Bereich gehörte Kolping zu den ersten, die nicht nur allgemeine Volksbildung als Vergrößerung von Wissen betreiben wollten, sondern besonderen Wert auf die ausgewogene Förderung von Verstandes-, Gemüts- und Willensbildung legten. Volksbildung aus dem Geiste des Evangeliums war für Kolping eine zeitgemäße Variante der Seelsorge, die nach seinen Vorstellungen auch die Aufgabe hatte, Lebensziele zu formulieren, an denen sich Arbeiter und Gesellen für ihre konkrete Lebensgestaltung orientieren konnten. Als ehemaliger Handwerker konnte er außer überzeugender Lebensnähe auch das berufliche Umfeld der Betroffenen in seine Bildungsarbeit einbringen. Mit seiner vom Christentum geprägten Sinndeutung des Lebens legte er ein Modell vor, das anderen utopischen Gesellschaftsvorstellungen – was Wirkung und Erfolg anging – überlegen war.

Für diese Tätigkeit brachte Kolping zwei Voraussetzungen mit, die ihn geradezu für die Aufgabe prädestinierten. Zum einen war das der eigene Lebensweg, zum anderen seine Motivation, die seinen ehemaligen Standesgenossen einsichtig erschien: „Wenn ein gläubiger Christ, er sei Geistlicher oder nicht, sich der Arbeiter annimmt und nach Kräften für sie sorgt, ihnen *christliche* Bildung beibringen möchte, dann liegt es schon in dieser christlichen Bildung als solcher, daß er dabei vielmehr das Jenseits als das Diesseits im Auge behalten muß, da er ein schlechter Christ wäre, wenn er mit seinem Nebenmenschen geheime, selbstsüchtige, irdische Zwecke verfolgen wollte, was man ihm doch erst nachweisen müßte, bevor man es ihm nachsagen darf. Aber daß Jemand, der an's Jenseits nicht glaubt, will er konsequent sein, sehr irdische Zwecke verfolgen muß, sie um jeden Preis zu erreichen strebt, und den Nebenmenschen nur seinen weiteren Zwecken dienstbar machen wird, scheint mir so einfach wie daß 2 mal 2 gerade 4 ausmacht. Auch die heimlichen und offenen Revolutionäre tuen nichts umsonst, und wie sie einmal sind, wären sie noch größere Toren, wenn sie es täten“[199].

Der „Gesellenvater“ war einer der ersten, der die „Soziale Frage“ auch als eine Frage der Bildung ansah. Für Kolping war die Reform der gesellschaftlichen Zustände in starkem Maße abhängig von einer Gesinnungsänderung der Mitglieder dieser Gesellschaft. Die notwendige Bildungs- und Sozialarbeit wollte er mit dem Gesellenverein leisten, und zwar nicht mehr und nicht weniger. Um den Anforderungen der sich abzeichnenden Industriegesellschaft an die persönliche und berufliche Leistungsfähigkeit der Handwerksgesellen gerecht werden zu können, schuf Kolping mit den Gesellenvereinen eine Gemeinschaftsbewegung zur Berufs- und Persönlichkeitsbildung. Diese auch als „Volksakademie im Volkston“ bezeichnete Einrichtung[200] fand „einen Ansatz zur Lösung der ‚Sozialen Frage‘ in der Familie und in der Berufsbildung“. Dieser Verein, „der den einzelnen in seiner sozialen Lage und von seinem Beruf her sah, war eine auch für die spätere Erwachsenenbildung wegweisende Leistung“[201].

Kolping wollte mit der Erwachsenenbildung und Sozialarbeit in seinen Gesellenvereinen eine Bevölkerungsgruppe aktivieren, die auf Grund der Lebensbedingungen benachteiligt war und deren Bedürfnisse bislang nicht in ausreichendem Maße artikuliert und berücksichtigt wurden, die aber zur Mitarbeit grundsätzlich fähig und bereit war. „Wie aber der Mensch sich selbst bildet, so wird er die Dinge um sich bilden; je nachdem seine innere geistige Bildung beschaffen ist, wird sein äußeres Schaffen und Gestalten ausfallen“[202]. Lernen und erworbenes Wissen sollen sowohl der Verbesserung der augenblicklichen Situation der Arbeiter wie der zukünftigen Lebenssituation dienen. Mit seinen Vorstellungen: Qualifizierung für den Beruf und Vorbereitung auf Selbständigkeit gewann Kolping eine an der Bildung unterrepräsentierte Bevölkerungsgruppe für eine Bildungsarbeit, die neben kognitiven in größerem Umfang auch emotionelle und instrumentelle Lernziele umfaßte.

Erste Erfolge erweckten schon bald in der katholischen Presse größere Erwartungen: „Kolping ist mit seinem Werke noch lange nicht zu Ende. Unter Anderm muß er dafür sorgen, daß es außer und nach ihm nicht an geübten Lehrern der neuentdeckten Wissenschaft vom armen Volke fehle. Dazu gehört ein besonderes Studium; der Herr

Domvikar selbst hat es bekanntlich ... an eigener Person gemacht, und immerhin muß jeder, der sich demselben widmen will, in irgendeiner Weise praktische Schule durchmachen. Kurz, H[err] Kolping muß eine eigentliche Hochschule der Wissenschaft vom armen Volke zu Stande bringen“[203].

Neben beruflicher Fortbildung, Hilfe zur Sinngebung des persönlichen Lebens war es ein ausgesprochenes Ziel Kolpings, den tüchtigen Bürger zu erziehen. Damit war weniger politische Bildungsarbeit gemeint, als eine Stärkung des Bürgerstandes durch die Integration der Handwerker. Kolpings wesentlicher Unterschied zu den Bestrebungen sozialistischer Arbeiterbildung lag also darin, daß er den Mittelstand des Handwerks dem Bürgertum zuführen wollte, während andere mit den Mitteln der Bildung eine eigene Arbeiterklasse etablieren bzw. stabilisieren wollten. „Hier ist schon ziemlich deutlich das Ziel und der Weg des Kolpingvereins vorgezeichnet: Die Bildungsarbeit soll die einzelnen für ihren Stand tüchtig machen, zugleich aber auch zufrieden mit dem, was man innerhalb seines Standes erreichen kann. Von Kritik am Bestehenden oder gar politischer Aktivität im Sinne von Gesellschaftsveränderung sollen sie abgehalten werden. Es ist deshalb nicht verwunderlich, daß die Kolpingvereine ihre Tätigkeit auch in den 50er Jahren fortführen konnten, als die anderen Arbeitervereine verboten wurden“[204].

Erwachsenenbildung sollte die Trennung zwischen Allgemein- und Berufsbildung aufheben, die Diskrepanz von Schule und gesellschaftlicher Umwelt überbrücken helfen, neue Lehr- und Lernformen entwickeln und *dem einzelnen* bessere Chancen vermitteln. „Aber man muß bedenken, daß man einen jungen Mann von 18 bis 20 Jahren vor sich hat, in welchem das Ehrgefühl wach ist wie sonst nicht im Leben. Jetzt schämt er sich, gleichsam als neuer Schulbub ... jüngeren Genossen oder gar Lehrbuben zu zeigen, daß er eigentlich nichts mehr weiß. Wenn im Gesellenverein ich oft Leute mit 27 bis 28 Jahren, die sich mühsam abplagten, doch in etwa verständlich und leserlich schreiben zu lernen, oder die 4 Spezies sich einbläuen ließen, zur Rede stellte, warum sie nicht früher daran gedacht, erhielt ich fast regelmäßig zur Antwort: Man habe sich geschämt, sich so – unwissend nämlich – unter die jungen Buben zu setzen. Es ist das nämlich ein Grundfehler der meisten sogenannten Fortbildungsschulen, daß sie zu heterogene Alter und Bildungsgrade zusammenfassen ... Selbst der Umstand, daß dieser Unterricht wieder ... in einer Schule erteilt wird, erschwert den Besuch derselben für den jungen Mann. Wir haben zum Öfteren die Erfahrung im Gesellenverein gemacht. Sobald es hieß, der Unterricht, selbst von Seiten des Vereins, soll in einer Schule gehalten werden, weil es sonst an Raum gebrach, verlor sich ein Teil der Schüler. Ja, im Vereine selbst kann man nicht umsichtig genug sein, dem Unterrichtswesen im Ganzen den Schulcharakter nur nicht allzu fühlbar aufzudrücken. Das hängt mit der Natur und dem Charakter junger Männer zusammen. Dazu trifft noch ein anderer Übelstand ... Jene Lehrer, welche in diesen Schulen meist unterrichten, selbst dann, wenn sie nicht bezahlt werden, sondern den Unterricht aus Liebe zur Sache erteilen, befassen sich mit diesem Unterrichte nur nebenher, und tragen überdies ihre strenge Schulmethode, wie sie dieselbe unter jüngeren Schülern handhaben müssen, auch unter die Erwachsenen. Das verleidet den Gesellen den Unterricht auf die Dauer, weshalb so wenige sind, die ... aushalten“[205].

Unter diesen Aspekten hatten die Lernziele eine besondere Bedeutung, die z. T. auf eine Änderung, z. T. auf eine Verfestigung von Einstellungen und Verhaltensweisen sowie auf das Erkennen gesellschaftlicher Bedingungsfaktoren zielten. Bildung sollte dem Arbeiter nützlich sein bei Wechsel oder Verlust des Arbeitsplatzes und den Handwerksbetrieben zur Steigerung der Leistungsfähigkeit verhelfen. „Die aus dem Verein austretenden aber dann *selbständig* in's Leben übergehenden jungen Meister sind durch das gemeinsame *moralische* Vereinsband miteinander verbunden. Aus ihnen ist eine naturgemäße und erfolgreiche Reorganisation des Handwerkerlebens zu erwarten. Mit bloß materiellen Mitteln hat sich nie etwas organisch Gesundes herrichten lassen"[206].

Wirkungen

Aus historischer Sicht kann der Erwachsenenbildungsarbeit der Gesellenvereine als beachtliche Leistung attestiert werden, daß sie ehemalige Gesellen befähigte, zunächst in berufsständischen Gremien, später auch in Interessenvertretungen und Parlamenten, die im Zuge der politischen Entwicklung entstanden, ihre Interessen selbst zu vertreten. Ob Kolping selbst diese Entwicklung überhaupt gesehen oder gewollt hat, bleibt für die erzielte Wirkung dieser Vorbereitungsarbeit belanglos. Inhalte und Methoden der Kolpingschen Erziehungs- und Bildungsarbeit waren aber so eng an seine Persönlichkeit gebunden, daß er als Volkserzieher mit seinem Ideengut weder Konkurrenten fürchten mußte noch Nachfolger zu suchen brauchte. „In der Tat hat Kolping durch die Zuordnung von Bildung und wertendem Wissen, das inneres Leben weckt und zum guten Handeln führt, die katholische Erwachsenenbildung vor dem Ableiten in die extensive Volksbildung vor dem Weltkrieg bewahrt ...

Der grundlegende Beitrag Kolpings zur katholischen Erwachsenenbildung besteht einmal darin, den Verein als ‚bildende Lebensordnung' geschaffen, den Beruf als Grundlage menschlicher Selbstverwirklichung erklärt und Religion und sittlich gutes Handeln zu Kriterien echter Bildung erhoben zu haben"[207].

Im Gesellenverein – als einer Erziehungs- und Bildungsgemeinschaft – ist Bildung nicht vom Intellektualismus her verstanden. Kolpings Bildungsarbeit zielt auf den ganzen Menschen. Sie ist auf Gemeinschaftserleben und religiös bestimmte Kultur angelegt, ohne pietistische Züge zu haben. Seine Sozialpädagogik war praktisch ausgerichtet: Kolping hat nicht geredet oder theoretische Konzepte entwickelt; er hat gehandelt und damit Handlungs-Wissen vermittelt, das das Selbstverständnis der Gesellen aufbauend unterstützte und das für sie umsetzbar und brauchbar war. Eigeninitiative war schon bei der Vereinsgründung in Elberfeld sichtbar. Hieran knüpfte Kolping an, wohl wissend, daß einem Unternehmen kein Erfolg beschieden sein kann, wenn über die Köpfe der Beteiligten hinweg geredet wird. Die Gesellen also zur Selbsthilfe zu befähigen, war die Hilfe, die sie im Gesellenverein sich gegenseitig gaben und gemeinsam erfuhren. Das war sein wichtigster Beitrag zur „Sozialen Frage", von der er wußte, daß weder er selbst noch der Gesellenverein sie zu lösen in der Lage war. Kolpings Ansatz ist also eindeutig mehr pädagogisch-erwachsenenbildnerisch als reformerisch, dabei aber ausgesprochen praxisorientiert, lebensnah und nicht nur Erfolg versprechend, wie die Geschichte der Vereine zu Kolpings Lebzeiten eindrucksvoll bestätigt. Kolping richtete seinen Blick auf die sich verändernden gesellschaftlichen Formen – Familie und Arbeitsplatz – und auf neue Formen in der Gesellschaftsordnung. Ihm ging es dabei um eine Reform der Zustände nach der Devise: Lernen, Helfen und Tolerieren.

Anmerkungen

1 Siehe dazu die Arbeiten von: Brauer, Schwer, Nattermann, v. d. Driesch, Wothe und als grundlegende und wertvollste die Quellenedition mit Einleitung von Göbels. – Zum Umfeld siehe: R. Guardini, Grundlegung der Bildungslehre, Würzburg 1953 und H. Döpp-Vorwald, Romano Guardinis Grundlegung der Bildungslehre, in: Ders., Grundfragen der Erziehungswissenschaft, Ratingen 1964, 66–93, bes. 85ff. seine kritische Auseinandersetzung mit Guardini. – Blankerts, Bildung.

2 Kolping, Gesellenverein-Aufgabe, in: KS Bd. 3, S. 107. – Siehe dazu auch RV 2 (1855), S. 518: „Die Erziehung der Kleinen wird hauptsächlich durch die *Gesinnung* und das *lebendige Beispiel* der Eltern geleitet. Das heißt es, wenn wir sagen, das Leben erzieht. Wir sind leider trotz aller unserer weltlichen Kultur, ja gerade durch sie auch, durch unsere falsche, bodenlose Aufklärung, durch unsere herrschende Sucht, vor dieser Welt etwas Auffallendes zu sein oder zu werden, vom Boden des Christentums abgekommen und erschöpfen uns nun in Versuchen, Lehrsystemen und unfruchtbaren Spekulationen, Menschen glücklich zu erziehen und zu bilden, die auf dem eingeschlagenen Wege notwendig mißraten müssen."

3 Ein Beispiel: Kolping, Väter und Söhne, in: RV 8 (1861), S. 450ff.

4 Sollte Kolping den anonym erschienenen Aufsatz in den „Historisch-politischen Blättern" über „Betrachtungen über Erziehungs- und Unterrichts-Wesen und dessen Grundlagen" nicht gelesen haben? Sollte ihm die Artikelreihe „Leben und Schule" wirklich entgangen sein? HPB 9 (1842, I), S. 770–783. – HPB 9 (1842, I), S. 558–580; 10 (1842, II), S. 321–340 und S. 697–712.

5 Er nennt den neumodischen Herrn Lehrer, der „mit großem Fleiße die Schriften der berühmtesten Pädagogen, eines Rousseau, Basedow, Pestalozzi, Stephany [!], Diesterweg nicht bloß gelesen, sondern wirklich studiert" hat. – Die Schule ohne Gott und Christentum, in: RV 9 (1862), S. 97–101, hier S. 99. – Über Jean Jacques Rousseau (1712–1778), Johannes Bernhard Basedow (1724–1790), Johann Heinrich Pestalozzi (1746–1827), Heinrich Stephani (1761–1850) und Friedrich Adolph Wilhelm Diesterweg (1790–1866) siehe: J. Dolch, Lehrplan des Abendlandes, Ratingen ³1971. (Reg.) Zu Stephani siehe: H. J. Ipfling, in: Lexikon der Pädagogik, Bd. 4, Freiburg 1971, S. 168.

6 Vgl. Kolping an Statz, 25. 3. 1841, in: KS Bd. 2, S. 31f.

7 Einige Beispiele: Kolping, Ein paar Worte über Erziehung, in: RV 1 (1854), S. 209–214. – Kolping, Ein neues Erziehungskapitel, in: RV 2 (1855), S. 417–425, 433–441, 449–457, 465–473, 481–488, 497–505 u. 514–520. – Kolping, Was ist ein Charakter, in: RV 1 (1854), S. 63. – Kolping, Ein eigener Herd ist Goldes wert, in: KS Bd. 4, S. 250–266. – Kolping, Über weibliche Erziehung, in: RV 4 (1857), S. 311–313 u. 322–325. – Kolping, Die Unterrichtsfrage in Frankreich, in: KS Bd. 3, S. 68–77. – Kolping, Die Unterrichtsfrage und der „Fortschritt" im Abgeordnetenhause zu Berlin, in: KS Bd. 5, S. 249–260.

8 Vgl. Kolping, Tagebuch, in: KS Bd. 1, S. 69–77, bes. S. 71f.

9 A.a.O., 76.

10 Ebd.

11 Vgl. Kolping, Was ist Bildung?, in: KS Bd. 4, S. 131–147. Siehe dazu auch: Breuer, Denkschrift, in: KS Bd. 3, S. 1–8, bes. S. 2f.

12 Vgl. Kolping, Fingerzeige in der Erziehung, in: RV 3 (1856), S. 209–217, 225–233, 242–250, 258–265 u. 273–281.

13 Vgl. Kolping, Zur Volkserziehung, in: RV 3 (1856), S. 658–663, 673–680, 690–696, 706–712, 721–728, 737–744, 754–760 u. 770–776.

14 Über den von Kolping für die Erzählungen geschaffenen Dr. Fliederstrauch siehe: Schmolke, Kolping als Publizist, S. 262–264.

Eine erste geschlossene Sammlung dieser Erzählungen gab Kolpings Nachfolger heraus: S. G. Schäffer (Hg.),

Der Doktor Fliederstrauch, gesammelte Aufsätze über Familienleben und Erziehung, Münster 1883. – Zuletzt: Linke.

15 Kolping an Heindl, 23. 7. 1857, in: KS Bd. 2, S. 228.

16 Zu Kolpings Verständnis der Aufklärung siehe: Kolping, Phrasen, in: KS Bd. 5, S.48–58. – Zum Umfeld siehe: E. Cassirer, Die Philosophie der Aufklärung, Tübingen ³1973. – P. Pütz, Die Deutsche Aufklärung, (Erträge der Forschung, Bd. 81), Darmstadt ²1979.

17 Kolping, Ein neues Erziehungskapitel, in: RV 2 (1855), S. 440f.

18 Siehe dazu: Vitus, Anfänge, S. 61f. – Wothe, Kolping, S. 57ff., 75, 81, 97. – Benning, Bildungsbegriff, passim. – Siehe dazu auch: H. Bungert (Hg.), Johann Michael Sailer. Theologe und Bischof zwischen Aufklärung und Romantik, Regensburg 1983.

19 Schwaiger, in: Fries/Schwaiger, Kath. Theologen, Bd. 1, S. 55–93, (Lit.); hier S. 85.

20 Siehe dazu: G. Schwaiger, Johann Michael Sailer. Der bayrische Kirchenvater, München/Zürich 1982. – Siehe auch: Aus dem Leben des hochw. Bischofs Sailer, in: KV 1854, S. 39.

21 Nikolai Frederic Severin Grundtvig, * 8. 9. 1783 Udby/Seeland – † 2. 9. 1872 Kopenhagen – Dänischer Theologe und Volkserzieher. – Über ihn siehe: H. Koch, in: RGG 2 (1958), Sp. 1894f (Lit.). – An deutschsprachigen Arbeiten seien genannt:

N.F.S. Grundtvig, Schriften zur Volkserziehung und Volkheit, 2 Bde., Ausgew., übers. u. eingel. von J. Tiedtje, Jena 1927.

N.F.S. Grundtvigs Volkshochschule, ausgew. u. eingl. von E. Weniger, (Kleine Pädagogische Texte Bd. 9), Weinheim ²1962.

P. Engberg, Nikolas Frederic Severin Grundtvig. Ein nordischer Volkserzieher. (Gedanken führender Pädagogen, R. 1), Stuttgart 1950.

H. Koch, Grundtvig, Leben und Werk, Köln/Berlin 1951. – Ders., Nikolai Frederic Severin Grundtvig (Bremer Beiträge zur freien Volksbildung), Bremen 1960.

22 Vgl. Nattermann, Gesellenverein als Volkshochschule, S. 10ff.

23 Siehe dazu: Benning, Bildungsbegriff, S. 17, Anm. 29: „So hat beispielsweise Adolph Kolping bedenkenlos Grundtvigs Schriften verwendet, ohne diese namentlich zu zitieren." – Siehe auch: a.a.O., S. 33.

24 H. Koch, in: RGG 2 (1958), Sp. 1895.

25 P. Röhrig, Geschichte der Arbeiterbildung, in: Pöggeler (Hg.), Handbuch der Erwachsenenbildung, Bd. 4, S. 252. Siehe dazu: KS Bd. 3, S. 53 u. 56.

26 Johann Hinrich Wichern, * 21. 4. 1808 Hamburg – † 7. 4. 1881 Hamburg – 1829/31 Theologiestudium Göttingen und Berlin – 1833 Gründer des „Rauhen Hauses", Hamburg, „Rettungshaus" für Kinder aus asozialen Verhältnissen – 1842 „Innere Mission" – 1844 Gründung der „Fliegenden Blätter aus dem Rauhen Hause" – 1848 Teilnahme am evangelischen Kirchentag, Wittenberg – 1856 Oberkonsistorialrat und Referent für Gefängnisreform, Berlin – 1858 Gründer des „Ev. Johannesstiftes", Berlin.

K. Janssen, in: RGG 6 (1962), Sp. 1678–1680, (Lit.). – KS Bd. 4, S. 80 u. 285. – Darüber hinaus siehe auch: J. H. Wichern, Sämtliche Werke, hg. v. P. Meinhold, Berlin 1958ff. – Ders., Schriften zur Sozialpädagogik, hg. v. J. G. Klink (Klinhardts Pädagogische Quellentexte), Bad Heilbrunn 1964. – W. Schwer, Kolping und Wichern, in: Kölner Pastoralblatt 51 (1917), Sp. 1–11. – M. Busch, Johann Hinrich Wichern als Sozialpädagoge, Berlin 1957. – H. Grothaus, Die Verknüpfung von Erziehung und Seelsorge in der christlichen Erziehungslehre Johann Hinrich Wicherns, Hamburg 1959 (phil. Diss.). – J. Krämer, Erziehung als Antwort auf die soziale Frage, Ratingen 1963, S. 154–164. – P. Meinhold, Wichern und Ketteler. Evangelische und katholische Prinzipien kirchlichen Sozialhandelns, Wiesbaden 1978. – Müller-Späth, CVJM, S. 175–190 u. ö., (Register). Immer noch wichtig: M. Gerhardt, Johann Hinrich Wichern. Ein Lebensbild, 3 Bde., Hamburg 1927/31.

Friedrich Heinrich Meyeringh, * 27. 8. 1825 – † 27. 9. 1891 – 1850 Helfer, Rauhes Haus, Hamburg – 1853 Sekretär des Zentralausschusses „Innere Mission" – 1869 Pfr. Fahrland/Potsdam. Müller-Späth, CVJM, S. 185.

27 K. Janssen, in: RGG 6 (1962), Sp. 1679.

28 Vgl. Wichern, Sämtliche Werke, Bd. 7.

29 Vgl. Wichern, Sämtliche Werke, Bd. 4, I, S. 96, 114–127 u. Bd. 4, II, S. 365–369.

30 Vgl. Wichern, Sämtliche Werke, Bd. 1, S. 217ff.; Bd. 2, S. 66f.; Bd. 4, I, S. 128ff., 290ff., 314ff.; Bd. 5, S. 125ff.

31 Vgl. Wichern, Sämtliche Werke, Bd. 1, S. 129ff., 133ff. u. 397f.; Bd. 2, S. 99ff., 122ff., 278ff., 486ff., 491ff.

[32] Vgl. Wichern, Sämtliche Werke, Bd. 6.
[33] Meinhold, Wichern und Ketteler, S. 24f.
[34] Vgl. Dockhorn, Christlich-soziale Bewegung, S. 30f.: „Beachtlich bleiben die Versuche Wicherns und Kolpings, tragfähige Bindungen noch einmal auf Werte zu stellen, die in ihrem Jahrhundert scheinbar verflossen, um die Flut eines atomistischen Zeitalters zu dämmen. Als priesterliche Menschen sind diese Männer mit seelsorglich-patriarchalischem Willen an ihre im Innersten erfaßte Aufgabe herangetreten. Beiden hat ihre fest verankerte Religiösität und die mit zarter Scheu gehütete Hoffnung auf größere als die realiter gezeigten Erfolge Kraft gegeben, auch unverstanden in ihrer ‚Berufung' zu verharren. Beide haben im Stillen geglaubt, von ihrer Warte aus an der Lösung des kommenden Sozialproblems grundlegend zu arbeiten. Wichern mit neuer, ‚urchristlicher' Durchdringung des ‚heillosen' durch das ‚heilserfüllte' Volk, Kolping in dem er sich ‚einen Stand herausgenommen' und sich ‚seiner Rettung gewidmet' hat. In beiden bäumte sich das menschlich Edelste auf gegen die naturgesetzlich-katastrophale Härte des kapitalistischen Systems und ließ sie, die sublimste christliche, allein ‚seiende', die ‚königliche' Tugend ‚Liebe' dagegen aufrufen."
Siehe dazu: H. D. Wendland, Der Begriff Christlich-sozial. Seine geschichtliche und theologische Problematik (Arbeitsgemeinschaft für Forschung des Landes Nordrhein-Westfalen 104), Köln/Opladen 1962. – Ferner: K. Mollenhauer, Die Ursprünge der Sozialpädagogik in der industriellen Gesellschaft. Eine Untersuchung zur Struktur sozialpädagogischen Denkens und Handelns, Weinheim 1959, bes. S. 77.
[35] Schwer, Kolping und Wichern, Sp. 1f. – Schwer betreute später als Professor an der Bonner theologischen Fakultät die Dissertation von Rudolf Vitus. In dieser Arbeit wurde mit guten Gründen die herausragende Leistung Breuers für das Entstehen des Elberfelder Gesellenvereines gewürdigt. Weniger überzeugende Gründe konnte Vitus dafür anführen, daß er einen Vorbildcharakter evangelischer Vereine für die Elberfelder Gründung völlig ausschloß. – Vgl. dazu: Vitus, Anfänge, passim.
[36] Wichern, Sämtliche Werke, Bd. 1, S. 278f. – Auf besondere Gruppen der „wandernden Bevölkerung" hatte Wichern schon 1844 hingewiesen. – Vgl. dazu: Wichern, Sämtliche Werke, Bd. 4, I, S. 271ff. u. Bd. 2, S. 422.
[37] Wichern, Sämtliche Schriften, Bd. 2, S. 99f. u. 102f. – In der gleichen Arbeit berichtete er weiter auf S. 100 u. 107: „Auf den Handwerksstand ist daher besonders zu achten. Betrachten wir denselben in seiner Totalität, so müssen wir unterscheiden zwischen denen, die in den Grenzen unseres Vaterlandes, also innerhalb unserer evangelisch-christlichen Gemeinden bleiben, und denen, die in das Ausland, nach England, Frankreich und besonders auch nach der Schweiz, wandern. Nach der andern Seite bilden die Walachei und Konstantinopel die Grenzen dieser Handwerkswanderung. Bleiben wir bei Frankreich und der Schweiz stehen. In Paris leben, nach den verschiedenen Angaben, 40 oder 60000 Deutsche, darunter 20000 Protestanten, meist Handwerker; 6000 Schuster und Schneider allein.

Weiter ausgebildet und entwickelt hat sich die Sache in den sog. *Jünglingsvereinen.* Der Name ist ausgegangen von Döring im Wuppertale. Man hat mit der äußeren Mission begonnen und weiter Geselliges daran geknüpft. Die Propaganda macht sich hier leicht; die Teilnehmer selbst sind Propagandisten ... Diese einzelnen Vereine müssen weiter in *Assoziation* miteinander treten. Ich kehre hier zurück an den Niederrhein, dort hat Pfarrer Dürselen in Ronsdorf seit dem Gründonnerstage 1846 oder 1847 nach und nach 15 solcher Vereine in eine Verbindung, den rheinisch-westfälischen Jünglingsbund, gebracht, die ein eigenes Blatt, den Jünglingsboten, hat und 6–700 junge Männer umfaßt. Solches Beispiel zeigt, was möglich ist. Es liegt an der Erweckung des Missionseifers. Diese Jünglingsvereine müssen sich weiterentwickeln; wir müssen durch sie zu christlichen Herbergen oder zur inneren Umgestaltung der alten Herbergen kommen. Was in den Vereinen zu pflegen, ist nicht sowohl Erbauung als christliche Geselligkeit. Die jungen Leute müssen, wenn sie weiterziehen, auch an andern Orten beim Pastor oder sonst bei ordentlichen Männern einen Anhalt finden, und so wird sich aus ihnen selbst eine Schar von Missionaren unter den Gesellen bilden, deren Wirksamkeit nicht zu berechnen ist. An jeder Stelle müßte gleich damit der Anfang gemacht werden. Dazu ist Einigung not. Man könnte Wanderbücher anlegen und von Verein zu Verein visieren, damit die Freunde der inneren Mission sich untereinander die Hand reichen."
[38] Kolping, Rede, 20. 9. 1853, in: KS Bd. 4, S. 80.
[39] Kolping, Über den katholischen Gesellenverein, in: KS Bd. 4, S. 285–291, hier S. 286. – Wiederabdruck von: RV 3 (1856), S. 764f. u. 779–783. – Siehe auch: RV 4 (1857), S. 383 u. 6 (1859), S. 320.
[40] KS Bd. 4, S. 286.
[41] A.a.O., S. 286f.
[42] A.a.O., S. 289.
[43] Vgl. a.a.O., S. 291.

[44] Kolping, Miszellen, in: RV 4 (1857), S. 636f. – Siehe dazu: Wichern, Sämtliche Werke, Bd. 6, S. 131–148.

[45] Siehe dazu: E. Lichtenstein, Zur Entwicklung des Bildungsbegriffs von Meister Eckart bis Hegel (Pädagogische Forschungen 34), Heidelberg 1966. – L. Froese, Der Bedeutungswandel des Bildungsbegriffs, in: Zeitschrift für Pädagogik 8 (1962), S. 121–142.

[46] Kolping, Tagebuch, in: KS Bd. 1, S. 71. – Dort auch die folgenden Zitate.

[47] Kolping an Statz, 18. 7. 1841, in: KS Bd. 2, S. 49.

[48] Kolping, Was ist Bildung?, in: KS Bd. 4, S. 131–147. – Siehe dazu: H. Schilling, Bildung als Gottebenbildlichkeit. Eine motivgeschichtliche Studie zum Bildungsbegriff (Grundfragen der Pädagogik, Bd. 15), Freiburg 1961, S. 186f. – L. Scheffczyck (Hg.), Der Mensch als Bild Gottes (Wege der Forschung 124), Darmstadt 1969. – Benning, Bildungsbegriff, S. 78f.

[49] Kolping, Was ist Bildung?, in: KS Bd. 4, S. 132f.

[50] A.a.O., S. 134.

[51] A.a.O., S. 134f. – Innenzitat: Mt. 5,48. – Siehe dazu auch: RV 1 (1854), S. 211f.; 2 (1855), S. 422f. und KS Bd. 5, S. 366.

[52] Kolping, Was ist Bildung?, in: KS Bd. 4, S. 136. – Innenzitate: Joh. 3,18 u. 20,31.

[53] Vgl. a.a.O., S. 137f.

[54] A.a.O., S. 138.

[55] A.a.O., S. 138. – Siehe dazu: 2 Kor. 3,6.

[56] KS Bd. 4, S. 138.

[57] Kolping, Predigt über Mt 9,9, in: ADK, Nr. A 10. – In einem Gedicht, das in zweifacher Überlieferung vorliegt, stellte er den Vorbildcharakter der Heiligen dar. 12. 4. 1844, in: KS Bd. 1, S. 281f.; 19. 1. 1848, in: a.a.O., S. 300:

„Tretet in die Fußstapfen der Heiligen, es ist der sicherste Weg zum Himmel.
Die Heiligen haben gebetet, gelitten,
Sie haben mit männlichem Mute gestritten,
Doch war mit Demut ihr Herz erfüllt.
Sie hatten gebändigt den eigenen Willen,
Den Göttlichen treu und allein zu erfüllen;
Die Sehnsucht der Herzen ist fürder gestillt.
Wie Heilige müssen wir beten und leiden,
Nicht feige den Kampf mit dem Bösen vermeiden,
In Demut bewahren die Seele uns rein:
Dem göttlichen Willen den unsern ergeben,
Dann führt uns der Herr aus dem irdischen Leben
Getröstet auch einst zu den Heiligen ein!"

An anderer Stelle: „Wenn uns nun Gott zur Heiligkeit beruft, wenn die Heiligkeit die Bedingung unserer Zufriedenheit hienieden und unseres Glückes in der Ewigkeit ist, was wird uns denn hindern, Heilige zu werden?", in: Kolping, August der Glückliche, in: RV 5 (1858), S. 309.

[58] Benning, Bildungsbegriff, S. 78.

[59] Kolping, Was ist Bildung?, in: KS Bd. 4, S. 140.

[60] A.a.O., S. 142ff.

[61] Kolping, Glückseliges Neujahr, in: KS Bd. 5, S. 280. – Mit „Fortschritt" ist hier die Deutsche Fortschrittspartei als linksliberale politische Bewegung gemeint. – Siehe dazu: H. A. Winkler, Preußischer Liberalismus und deutscher Nationalstaat. Studien zur Geschichte der Deutschen Fortschrittspartei 1861–1866, Tübingen 1966. – Siehe auch Kolping an Statz, 30. 3. 1842, in: KS Bd. 2, S. 57.

[62] Kolping, Was ist Bildung?, in: KS Bd. 4, S. 144.

[63] Ebd.

[64] Kolping, Tagebuch, 13. 5. 1841, in: KS Bd. 1, S. 83.

[65] Kolping, Was ist Bildung?, in: KS Bd. 4, S. 145.

[66] Kolping, Ein Wort über Volksvereine ..., in: KS Bd. 3, S. 20.

[67] Kolping, Was ist Bildung?, in: KS Bd. 4, S. 146.

[68] Kolping, Zur Volkserziehung, in: RV 3 (1856), S. 676.

[69] Kolping, Fingerzeige in der Erziehung, in: RV 3 (1856), S. 276.

[70] Kolping, Der christliche Kunstverein, in: RV 3 (1856), S. 613f.

71 Zum Umfeld siehe: H. Scheuerl, Geschichte der Erziehung. Ein Grundriß, Stuttgart/Berlin/Köln/Mainz 1985. – W. Brezinka, Erziehung in einer wertunsicheren Gesellschaft. Beiträge zur Praktischen Pädagogik, München/Basel 1986.

72 Kolping, Fingerzeige in der Erziehung, in: RV 3 (1856), S. 258f.

73 Kolping, Ein neues Erziehungs-Kapitel, in: RV 2 (1855), S. 517. – Siehe dazu auch: KS Bd. 3, S. 52.

74 Kolping, Rat und Tat, in: RV 2 (1855), S. 70. – R. Bultmann, Erziehung und christlicher Glaube, in: G. Neske (Hg.), Festschrift Martin Heidegger zum siebzigsten Geburtstag, Pullingen 1959, S. 175–179.

75 Vgl. Wothe, Kolping als Erzieher, S. 91.

76 Kolping, Ein neues Erziehungskapitel, in: RV 2 (1855), S. 421.

77 A.a.O.

78 Kolping, Ein paar Worte über Erziehung, in: RV 1 (1854), S. 211.

79 Vgl. Kolping, Fingerzeige ..., in: RV 3 (1856), S. 216f. u. 232.

80 Kolping, Ein paar Worte über Erziehung, in: RV 1 (1854), S. 210f. – Ganz in diesem Sinne drückte Kolping einem Freund nach dessen Studienabschluß seine Glückwünsche aus, daß Sie „im Amte sind und nun anders als durch Bücher ins Leben schauen. Das hilft geistig gewaltig." Vgl. Kolping an Krause, 23. 2. 1864, in: KS Bd. 2, S. 435.

81 Kolping, Ein paar Worte über Erziehung, in: RV 1 (1854), S. 212–214.

82 Siehe dazu: Kolping, Gesellenverein-Aufgabe, in: KS Bd. 3, S. 121. – Siehe dazu ferner: Kolping, Ein neues Erziehungskapitel, in: RV 2 (1855), S. 518. Kolping, Fingerzeige, in: RV 3 (1856), S. 215, 231 u. 262. Ein sehr praktisches – aus dem Handwerkerleben genommenes – Beispiel: Kolping, Väter und Söhne, in: RV 8 (1861), S. 450f. Kolping, Die christliche Ehe und die Civilehe, in: RV 6 (1859), S. 39.

83 Kolping an Statz, 1. 1. 1839, in: KS Bd. 2, S. 20. – Kolpings hohe Einschätzung des Lehrerberufs wird mehrfach deutlich. Im Brief an Karl Statz vom 29. 11. 1837 spricht er vom „Lehrer als Hauptbildner". Vgl. KS Bd. 2, S. 2. – Siehe ferner die Briefe an Statz vom 18. 7. 1841 und 30. 2. 1842, in: KS Bd. 2, S. 45f. u. 54f. und das Gedicht an Elise Ooms in: KS Bd. 1, S. 247.

84 Kolping, Die Unterrichtsfrage ..., in: KS Bd. 5, S. 256.
Heinrich von Sybel, *2. 12. 1817 Düsseldorf – † 1. 8. 1895 Marburg, Historiker, Prof. in Bonn, Marburg und München – 1875 Direktor der preußischen Staatsarchive – 1862–64 u. 1874–1880 Mitgl. des preuß. Abgeordnetenhauses.
P. Bailleu, in: ADB 54 (1907), S. 645–667.

85 Kolping, Freiheit, in: RV 10 (1863), S. 488. – Siehe dazu auch: KS Bd. 5, S. 257f.

86 Kolping, Fingerzeige ..., in: RV 3 (1856), S. 246.

87 Kolping, Fingerzeige ..., in: RV 3 (1856), S. 278.

88 Kolping, Ein glückseliges neues Jahr, in: KS Bd. 4, S. 237.

89 Kolping, Zur Volkserziehung, in: RV 3 (1856), S. 663.

90 Kolping, Fingerzeige ..., in: RV 3 (1856), S. 273f. – „Gerecht sein heißt deshalb auch Gott ähnlich sein; die Würde des Menschen steigt und fällt mit seiner Gerechtigkeitsliebe." RV 6 (1859), S. 547.

91 Kolping, Gesellenverein-Aufgabe, in: KS Bd. 3, S. 117.

92 Ebd.

93 A.a.O., S. 118f.

94 Vgl. a.a.O., S. 121. – Siehe dazu: Ketteler, Arbeiterfrage und Christentum, in: Ketteler, Sämtliche Werke und Briefe, Abt. I, Bd. 1, S. 383: „Die Autorität und die Freiheit haben das an sich, daß beiden ewige göttliche Gedanken zu Grunde liegen, von deren Entwickelung das Heil der Menschen abhängt, die aber, da sie von Menschen hier gehandhabt werden, nie in ihrer vollen Reinheit zu Tage treten, sondern immer behaftet mit menschlicher Armseligkeit und mißbraucht von menschlicher Selbstsucht ... Die Form, in der der Mißbrauch der Freiheit auftritt, ist der Ungehorsam, die Empörung gegen das rechtmäßige Gesetz und die rechtmäßige Autorität. Im Christenthum ist sie die Sünde."

95 Vgl. Kolping, Ein neues Erziehungskapitel, in: RV 2 (1855), S. 422ff.

96 Kolping, Am Neujahrstage, in: KS Bd. 3, S. 128f. – Von diesem Ansatz her erklärt sich auch Kolpings scharfe Position gegen den Naturwissenschaftler Karl Vogt: „Dieser selbige ..., als wissenschaftlicher Naturmensch, hat ... noch in diesem Frühjahre ..., weit und breit darzutun versucht, daß der Mensch direkt vom Affen abstamme, eigentlich nur ein ausgebildeter Affe sei, nicht wesentlich von ihm unterschieden, und wenn auch das vollendetste Tier, doch nur ein Tier und nichts weiter."
Kolping, Auf der Reise, in: RV 10 (1863), S. 549. Karl Vogt, *5. 7. 1817 Gießen – † 5. 5. 1895 Genf – Darwinist, Geologe, Zoologe – 1847 Professor Gießen – 1848 Mitgl. Frankfurter Nationalversamm-

lung – 1852 Prof. Genf – 1878 Schweizer Nationalrat. Kosch, Biographisches Staatshandbuch, Bd. 2, S. 1167.

97 Vgl. Kolping, Zur Volkserziehung, in: RV 3 (1856), S. 662.

98 Kolping, Gott segne das ehrbare Handwerk, in: KS Bd. 4, S. 120.

99 Kolping, Gesellenverein-Aufgabe, in: KS Bd. 3, S. 110.

100 Kolping, Rede, 9. 9. 1858, in: KS Bd. 4, S. 366. – Siehe dazu auch: Kolping, Predigt, 20. 3. 1846, in: ADK Nr. A 66; KS Bd. 3, S. 191; KS Bd. 4, S. 80 als einige wenige Beispiele.

101 Kolping, Glückseliges Neujahr!, in: KS Bd. 3, S. 281.

102 Kolping, Vom Kriege, in: RV 6 (1859), S. 467.

103 Kolping, Was ist ein Charakter?, in: RV 1 (1854), S. 63.

104 Kolping, Gesellenverein und soziale Frage, in: KS Bd. 5, S. 291. – Siehe auch: KS Bd. 4, S. 193.

105 Kolping an Gerken, 24. 10. 1853, in: KS Bd. 2, S. 145. – Bei einer Ansprache im Gesellenverein in Salzburg wurde betont: „Ihr seid zwar frei, keiner ist gezwungen sich am Unterrichte zu beteiligen, so wie euch niemand zwingt dem Vereine beizutreten." FS 4 (1853), S. 182. – Siehe auch: KS Bd. 5, S. 268.

106 P[ammesberger], Über den Unterricht im Gesellenvereine, in: RV 1 (1854), S. 612.

107 Kolping, Zur Organisation der Gesellenvereine, in: KS Bd. 5, S. 268.
Zum Unterricht siehe: KS Bd. 3, S.10f., 16f., 63f., 89f.; Bd. 4, S. 88, 187, 193ff., 268, 338f., 378; Bd. 5, S. 222, 228f., 265f., 269ff., 313–318, 350f., 356f., 392f., 395ff.
Als Beispiel sei ein Stundenplan aus dem Protokollbuch Köln, 3. 11. 1851, angeführt:
„Der Stundenplan für das Wintersemester 1851/52 wird festgesetzt wie folgt:
Mittwochabend 8 1/2 bis 9 1/2 Lesen und Deklamation (Effenberger)
Donnerstagabend 8 1/2 bis 9 1/2 Nachhilfe im Schreiben und Rechnen (Gymnasiasten)
Donnerstagabend 8 1/2 bis 9 1/2 Mathematik (Müller)
Sonntagmorgen 10 bis 12 Zeichnen (Odenthal, Baudri)
Sonntagmorgen 11 bis 12 Mathematik (Müller)
nachmittags 2 bis 4 Elementarunterricht (Gymnasiast)
8 1/2 Vortrag des Herrn Kolping
9 Gesang (Gerbracht)
Montagnachmittag 8 1/2 Geographie (Philipps)
9 1/4 Gesang (Gerbracht)."

108 Vgl. Statuten Köln, in: KS Bd. 3, S. 90.

109 Ebd.

110 Ebd.

111 Kolping an Hertenstein, 10. 3. 1854, in: KS Bd.2, S. 162. – Siehe auch: RV 2 (1855), S. 225.

112 Kolping, Briefe über den Kath. Gesellenverein, in: KS Bd. 4, S. 180.

113 Diese Formulierung stammt nicht von Benedikt von Nursia (um 480–547) selbst; vgl. dazu: I. Herwegen, Sinn und Geist der Benediktinerregel, Einsiedeln/Köln 1944, S. 283.

114 Kolping, Gesellen-Verein, in: KS Bd. 2, S. 56.

115 Kolping, Predigt, 27. 8. 1847, in: KS Bd. 3, S. 16. – Siehe dazu auch: KS Bd. 3, S. 115, 312; Bd. 4, S. 190f.; Bd. 5, S. 268.

116 Vgl. Statuten Köln, in: KS Bd. 3, S. 82–96.

117 A.a.O., S. 90.

118 Immediat-Gesuch des Vorstandes zum Schutze und zur Pflege für ledige Handwerksgesellen zu Köln an Friedrich Wilhelm IV., 15. 11. 1855, in: LHKO, Bestand 403/7361, Gesellenvereine, S. 215–222 (Kopie). – Siehe auch: KS Bd. 3, S. 112; Bd. 5, S. 268.

119 Statuten Köln, in: KS Bd. 3, S. 90. – Siehe dazu: KS Bd. 4, S. 195f. – Ferner: R. Engelsing, Zur politischen Bildung der deutschen Unterschichten 1789–1863, in: HZ 206 (1968), I, S. 337–369.

120 RV 3 (1856), S. 795.

121 Vgl. RV 5 (1858), S. 825f.

122 Statuten Köln, in: KS Bd. 3, S. 83.

123 Vgl. a.a.O., S. 84.

124 Vgl. ebd.

125 Ebd.

126 Vgl. ebd.

127 Vgl. RV 3 (1856), S. 795.

[128] Vgl. RV 4 (1857), S. 825f. und RV 5 (1858), S. 825.
[129] Vgl. RV 8 (1861), S. 354.
[130] Vgl. ebd.
[131] Kolping, Briefe über die Gründung von kath. Gesellenvereinen, in: KS Bd. 5, S. 352.
[132] Vgl. Statuten Köln, in: KS Bd. 3, S. 95.
[133] Vgl. G. Giese (Hg.), Quellen zur deutschen Schulgeschichte seit 1800, Göttingen 1961, S. 135.
[134] Siehe dazu: K. E. Jeismann, Die Stiehlschen Regulative. Ein Beitrag zum Verhältnis von Politik und Pädagogik während der Reaktionszeit in Preußen, in: Dauer und Wandel der Geschichte. Festschrift für Kurt von Raumer, Münster 1966, S. 423–447. – Siehe auch: H. Michalsky, Bildungspolitik und Bildungsreform in Preußen. Die Bedeutung des Unterrichtswesens als Faktor sozialen und politischen Wandels beim Übergang von der ständischen zur bürgerlich-liberalen Gesellschaft, Weinheim 1978.
[135] Das belegen auch die Berichte eines Kölner Mitgliedes und eines auswärtigen Präses. Mandelartz, Erinnerungen S. 10f.: „Das Vereinsleben in Köln war damals sehr rege u[nd] laß Tagesordnung folgen: *Sonntags* morgens 8 Uhr hl. Messe in der Minoritenkirche mit Predigt durch Vater Kolping! Von 1/2 10 bis 1/2 1 Uhr Zeichnen Unterricht von einem Regierungsbaumeister u[nd] ein Architekt. Ab 5 Uhr freie Versammlung, lesen, Spiele turnen usw. 8 Uhr abends Vortrag von Vater Kolping aus dem Leben u[nd] für das Leben, immer sehr interessant da Vater Kolping vielfach fragte: Hat jemand eine Frage u. das gaben oft sehr lehrreiche Abende.
Montags Religionsunterricht u. Vortrag durch den Vizepräses Flücken.
Dienstags Abend Rechnen.
Mittwochs Schönschreiben u[nd] Aufsätze.
Donnerstag Mathematik u[nd] Buchführung.
Freitag Geographie.
Samstag frei.
Bei allen Unterrichtsstunden war mit dabei, u[nd] muß gestehen, daß ich im Kölner G[esellen]-V[erein] mein Wissen so bereichert habe, daß ich für's spätere Leben ein Gutes Fundament hatte, u[nd] kann in Wahrheit versichern, daß ich dem G[esellen]-V[erein] verdanke, daß sich später meine Stellungen als Meister so ausgezeichnet ausfüllen konnte!" – RV 1 (1854), S. 613f.
Ein Präses schreibt: „Ich selbst gebe gern Unterricht in dem, was zunächst allgemein notwendig ist: Religion, Lesen, Schreiben, Rechnen. Auch in der Religion, obwohl sie am meisten gelernt werden soll und geübt, auch in der Religion muß Maß gehalten werden ... An das notwendige schließt sich das Mögliche, das, was den Wirkungskreis erweitert oder die Tätigkeit im Wirkungskreise erleichtert, fruchtreicher macht. Da wäre Mechanik, Naturgeschichte, einiges aus der Naturlehre zu nehmen. *Zuletzt* kommt das Angenehme, dazu rechne ich Sprachen besonders im Innern eines Landes, ... Weltgeschichte, Anstandslehre und dergleichen. Aber grade durch solche Dinge lockt man die Gesellen, das hören sie am liebsten also."
[136] Vgl. Protokollbuch Köln, 3. 4. 1850. – Siehe auch: RV 4 (1857), S. 826; 6 (1859), S. 797 u. 9 (1862), S. 270. – Protokollbuch Köln, 11. 4. 1862.
[137] Vgl. Protokollbuch Köln, 18. 5. 1851.
[138] FS 1 (1851), S. 103 u. 2 (1852), S. 159.
[139] FS 4 (1854), S. 38.
[140] Vgl. RV 3 (1856), S. 815; 4 (1857), S. 80. Wilh[elm] Effenberger, Declamations-Saal. Eine Auswahl nieder- und hochdeutscher Gedichte, Köln 1857. (Buchhandlung P. Bollig, Schildergasse 32).
[141] Vgl. drei Reimspiele des katholischen Gesellenvereins zu Koblenz, Koblenz 1857. Weitere Arbeiten desselben Autors sind angekündigt in: RV 5 (1858), S. 784 u. RV 10 (1863), S. 768.
[142] Kolpings Besprechung in: KS Bd. 4, S. 324–327, hier S. 325.
[143] Kolping an Haal, 20. 10. 1864, in: KS Bd. 2, S. 450. – Siehe auch: Kolping an Vogelsang, 19. 9. 1862, in: KS Bd. 2, S. 387 u. KS Bd. 4, S. 325.
[144] Siehe dazu: Kolping, Gesellenverein, in: KS Bd. 3, S. 55. – Siehe auch: Kolping, Gesellenverein-Aufgabe, in: KS Bd. 3, S. 123 u. Kolping an Gruscha, 23. 8. 1859, in: KS Bd. 2, S. 266.
[145] Franz Weber, *26. 8. 1805 Köln – † 17. 9. 1876 Köln – Musikdirektor – 1833 Domorganist – 1842 Dirigent des Kölner Männergesangvereins – 1850 Gesanglehrer im Gesellenverein.
HAStK Sammlung Beyer. – Steimel, Kölner Köpfe, Sp. 428. – KS Bd. 2, S. 209; Bd. 3, S. 95f.
[146] Carl Gerbracht, *15. 10. 1821 Bonn – † 11. 6. 1881 Neuenahr – Organist an St. Georg – 1849 Gesanglehrer im Gesellenverein.
HAStK, Akten der städtischen Schulkommission Rep. 402: Reg. C Nr. 183.

147 Vgl. dazu: RV 4 (1857), S. 826; 5 (1858), S. 825 f. u. 9 (1862), S. 270.
148 Beurteilung Kolpings über Gerbracht für die Kölner Polizei vom 21. 11. 1850. HAStK, Signatur wie Anm. 146. – Siehe auch: Protokollbuch Köln, 3. 2. 1854.
149 Vgl. FS 4 (1854), S. 38. – Vgl. dazu auch: R. Sietz, Felix Mendelssohn und Ferdinand Hiller. Beiträge zur Rheinischen Musikgeschichte, in: JbKGV 41 (1967), S. 96–118 und 43 (1971), S. 101–130.
150 Vgl. dazu Anm. 147.
151 Vgl. Protokollbuch Köln, 3. 4. 1850, 18. 5. 1851 und 28. 9. 1854.
152 Vgl. Protokollbuch Köln, 18. 5. 1851.
153 Vgl. RV 4 (1857), S. 826.
154 RV 9 (1862), S. 672. – Zur Benutzung weiterer Bücher im Unterricht der Gesellenvereine siehe auch: RV 6 (1859), S. 735 u. 7 (1860), S. 816.
155 RV 11 (1864), S. 419.
156 Vgl. dazu: RV 4 (1857), S. 826; 5 (1858), S. 825 f. u. (1862), S. 270.
157 Vgl. Protokollbuch Köln, 3. 4. 1850.
158 Vgl. Protokollbuch Köln, 5. 2. 1851. – Zu diesem Institut siehe: v. Eyll, Wirtschaftsgeschichte Köln, S. 184.
159 Vgl. Protokollbuch Köln, 28. 9. 1854.
160 Kolping an von Olfers, 15. 1. 1856 u. 12. 8. 1856, in: KS Bd. 2, S. 195 ff. u. S. 206 ff., hier S. 197.
161 Vgl. RV 4 (1857), S. 826, und RV 5 (1858), S. 825 f.
162 Vgl. Protokollbuch Köln, 1. 8. 1858.
163 Vgl. Baudri, Tagebuch, 10. 10. 1858 u. 4. 12. 1859. – Siehe dazu: Kolping, Stellungnahme zur handwerklichen Fortbildung, in: KS Bd. 5, S. 317:
„Was die Lehrlinge betrifft, ... so besitzen wir in Köln zwei Lehrlingsschulen, die besonderer Beachtung wert sind. Eine ist die Lehrlingsschule des Schlossergewerks in der Knabenschule zu den h[eiligen] Aposteln; die andere ist die Schreinerlehrlingsschule. Diese stehen unter der Aufsicht und speziellen Leitung *der betreffenden Meister*, denen andere Lehrer nur zur Seite stehen. Es wird in Allem unterrichtet, was der Lehrling bedarf. Seine Schulkenntnisse werden aufgefrischt und erweitert und die Aufmerksamkeit dabei bereits auf das Gewerk gerichtet, so im Rechnen wie im Zeichnen. Der religiöse Unterricht geht nebenher und für etliche Erholung, leider noch zu wenig, ist auch gesorgt. Aus diesen Lehrlingsschulen erhalten wir im Gesellenverein die besten jungen Kräfte. Schade, daß diese Form von Lehrlingsschulen nicht mehr nachgeahmt wird. Meines Dafürhaltens sind sie auf das richtige Prinzip gebaut und wirken deshalb am erfolgreichsten. Kein Lehrer als solcher hat eine solche Autorität über den Lehrling, als der Meister. Wo der Meister sich um ihn und seine Fortbildung annimmt, gedeiht der Unterricht, wo nicht, geht das Meiste wieder verloren."
164 Vgl. RV 6 (1859), S. 797.
165 Vgl. RV 9 (1862), S. 270.
166 Vgl. Protokollbuch Köln, 29. 8. 1861.
167 Kolping, Briefe über den kath. Gesellenverein, in: KS Bd. 4, S. 197. – Siehe auch: KS Bd. 5, S. 268.
168 Vgl. RV 4 (1857), S. 826 u. 5 (1858), S. 825 f.
169 RV 6 (1859), S. 797.
170 Kolping, Skizzen zu Vorträgen in Gesellenvereinen, in: KS Bd. 5, S. 271 f.
171 Vgl. Protokollbuch Köln, 28. 9. 1854.
172 RV 8 (1861), S. 342. – Siehe dazu auch: RV 12 (1865), S. 686 f. – Bernhard Michael Braubach, * 12. 4. 1820 Köln – † 10. 9. 1893 Köln – Arzt – Vorstandsmitglied des Kölner Gesellenhospitiums – Mitbegründer des Vinzenz-Vereins u. der Bürgergesellschaft in Köln – 1876–83 Stadtverordneter/Zentrum. HAStK, Sammlung Bayer.
173 Kolping, Briefe über den kath. Gesellenverein, in: KS Bd. 4, S. 194. – Siehe auch: RV 8 (1861), S. 340. – KS Bd. 3, S. 30; KS Bd. 5, S. 266.
174 Kolping, Skizzen zu Vorträgen im Gesellenverein, in: KS Bd. 5, S. 272–276.
175 Vgl. J. Fr. P. Dubelmann, Abendunterhaltungen für Handwerker. Aus dem Französischen übersetzt und zum Vorteil des katholischen Gesellenvereins zu Bonn, Köln 1852 (Druck u. Kommissions-Verlag von J. P. Bachem).
Die Originalausgabe: Hippolyte Violeau, Soirée de l'ouvrier. Lectures à une société de secours mutuels. Ouvrage couronné par l'Academie francaise, Paris [2]1851 (Sagnier et Bray).
176 Kolping, in: FS 3 (1853), S. 15.

[177] Minister von Westphalen an Regierungspräsident von Möller, 11. 7. 1857, in: DZAM, Ministerium des Innern, Rep. 77, Tit. 662, Nr. 20, Bd. 3, Bl. 29f. (Abschrift).
[178] RK Nr. 30, 4. 11. 1849. – Für den Gesellenverein Freiburg stellte der Verleger Benjamin Herder die Bibliothek zur Verfügung. – FS 4 (1854), S. 6. – Über Benjamin Herder siehe: J. Dorneich, in: NDB 8 (1969), S. 604f.
[179] Kolping, Rede, 6. 5. 1855, in: KS Bd. 4, S. 207f.
[180] FS 4 (1853), S. 182.
[181] RV 1 (1854), S. 46.
[182] RV 2 (1855), S. 767.
[183] Vgl. RV 5 (1858), S. 527.
[184] RV 8 (1861), S. 814f.
[185] RV 6 (1859), S. 335. – Ferner: RV 12 (1865), S. 383.
[186] Vgl. Mitteilungen 2 (1864), S. 50–55. W. E. Schwarz (Hg.), Festschrift zur Goldenen Jubelfeier des katholischen Gesellen-Vereins Berlin, Berlin 1902, S. 24 u. 27.
[187] Christoph Joseph Cremer, * 15. 7. 1840 Bonn – † 5. 1. 1898 Schöneberg – Studium Philosophie und Geschichte – 1864 Redakteur „Kölnische Handelszeitung" – 1871/75 Mitredakteur „Germania" – 1875 Mitgl. preuß. Abgeordnetenhaus (Zentrum) – 1882/93 Mitgl. Landtag (Konservative) – Schriftsteller – Mitarbeiter GV Berlin.
Meyers Großes Konversations-Lexikon, Bd. 4, Leipzig/Berlin 1904, S. 340.
Edmund Eirund, * Berlin – † 16. 10. 1902 – Kaufmann und Buchhändler – Schriftführer GV Berlin – Gründer (mit Kehler) der „Germania".
Bischöfliches Ordinariat Berlin (Hg.), Der Glaube lebt. 50 Jahre Bistum Berlin 1930–1980, Leipzig 1980, S. 80. Seine Themen in der Akademie:
Über Astronomie – Anstandsregeln – Thierischer Magnetismus – Ursprung der Sprache und Schrift – Übereinstimmung von Naturwissenschaft und Religion – Pius IX. und die Revolution – Hexenprozesse und Ordalien – Die alten Deutschen – Golgatha und Vatikan – Religion und Materialismus.
Hieronymus Jaegen, * 23. 8. 1841 Trier – † 26. 1. 1919 Trier – Studium der Ingenieurwissenschaften Berlin – 1866/78 Ingenieur Trier – 1880 Direktor der von ihm gegründeten Volksbank – 1899 Mitgl. preuß. Landtag (Zentrum).
A. Heintz, in: LThK 5 (^{2}1960), Sp. 852.
Seine Themen in der Akademie:
Über Nahrungsmittel – Über das Urmaß und Urgewicht – Aus der alten Geschichte – Über die Griechen – Konstruktion der Lokomotive – Über Elektrizität – Die Luftpumpe – Einfache Maschinenteile – Italien und die Italiener.
[188] Vgl. KS Bd. 2, S. 282. – E. Thrasolt, Eduard Müller, der Berliner Missionsvikar, Berlin 1953, S. 153ff.
[189] Kolping, Stellungnahme zur handwerklichen Fortbildung, in: KS Bd. 5, 316. – Siehe auch: KS Bd. 4, S. 269.
[190] Vgl. Kolping, Skizzen zu Vorträgen im Gesellenverein, in KS Bd. 5, S. 269–271. – Siehe dazu auch: Kolping, Briefe über die Gründung von kath. Gesellenvereinen, in: KS Bd. 5, S. 343–353.
[191] KS Bd. 5, S. 270.
[192] A.a.O., S. 269.
[193] Kolping an Fiedeldey, 10. 10. 1860, in: KS Bd. 2, S. 283. – Kolping an Metz, 21. 4. 1853, in: KS Bd. 2, S. 138. – Siehe auch: KS Bd. 4, S. 192.
[194] RV 1 (1854), S. 46.
[195] KS Bd. 5, S. 269.
[196] Kolping an Mittweg, 8. 12. 1853, in: KS Bd. 2, S. 153.
[197] Hamm, Streiflichter, S. 10. – Das hier übertragene Kolpingzitat lautet im Original: „Dann müht ihr ens morgens bei et Mädche gonn, dann hät et sich noch nit opgekraz (aufgetakelt) und dann paßt ens op, wie et sing Mutter behandelt, genau su mäht it et späder met üch."
[198] Kolping, Auf der Reise, in: RV 10 (1863), S. 547.
[199] A.a.O., S. 549.
[200] Siehe dazu: KS Bd. 3, S. 43 u. 55f. – Wendling, Volksbildungsbestrebungen, S. 28–37.
[201] I. Zangerle, Geschichte der katholischen Erwachsenenbildung, in: Pöggeler (Hg.), Handbuch der Erwachsenenbildung, Bd. 4, S. 338. – Vogt, Arbeiterbildung, S. 152–175.
[202] Kolping, Der christliche Kunst-Verein, in: RV 3 (1856), S. 595.

203 HPB 1855, II, S. 1033.
204 P. Röhrig, Geschichte der Arbeiterbildung, in: Pöggeler (Hg.), Handbuch der Erwachsenenbildung, Bd. 4, S. 252.
205 Kolping, Stellungnahme zur handwerklichen Fortbildung, in: KS Bd. 5, S. 314 f.
206 A.a.O., S. 316.
207 Niggemann, Erwachsenenbildung, S. 42.

12. Publizist und Volksschriftsteller

Schon im Urteil von Zeitgenossen galt Adolph Kolping als ausgezeichneter und begabter Publizist und Volksschriftsteller[1]. Sein Name „hat in ganz Deutschland einen guten Klang; als Gründer und Präses der kath. Gesellenvereine, als Volksschriftsteller kennt und ehrt man ihn in allen Kreisen, wo man Sinn hat für wahrhaft praktisch christliche Erscheinungen und jeden Verein auffaßt als das, was er ist, die Gewähr für die soziale Rettung Deutschlands; wo man erkennt, daß Kolping auch der rechte Mann ist, den Gott zur Ausführung des großen Gedankens, zur Anbahnung der Heilung der sozialen Schäden von innen heraus, berufen. Kräftig, praktisch und in seiner tiefsten Tiefe katholisch, so stellt sich Kolping in seinen Bestrebungen für den Gesellenverein wie in seinem schriftstellerischen Wirken dar“[2].

Schon als Kaplan in Elberfeld beteiligte er sich an der Gründung des örtlichen Borromäusvereins, der die Verbreitung guter Bücher im Volk als eine wichtige Aufgabe der deutschen Katholiken ansah. Kolping ließ keine Gelegenheit ungenutzt, auf die Notwendigkeit der Herausgabe und Verbreitung guter Presseerzeugnisse hinzuweisen. Seine publizistischen Aktivitäten waren für ihn nicht Selbstzweck, sondern eine moderne und zeitgemäße Form der Seelsorgsarbeit. Diese schriftstellerische Arbeit ist in einer eingehenden Studie von Schmolke untersucht worden[3].

Werfen wir einen Blick auf die Situation der Presse in der Stadt Köln. Von der „Rheinischen Zeitung“ und der „Neuen Rheinischen Zeitung“ war schon kurz die Rede. Der „Rheinischen Volkshalle“ von Joseph Bachem war keine lange Lebensdauer beschieden. Bereits 1849 wurde von ihrem Gründer mit weiteren konservativen politischen Weggefährten die Nachfolgerin „Deutsche Volkshalle“ gegründet. Sie konnte bis 1855 erscheinen, als sie unter dem Vorwand antipreußischer und proösterreichischer Einstellung verboten wurde. Bis 1869 lebte sie unter dem Titel „Kölnische Blätter“ weiter. Liberales Konkurrenzblatt war die im Dumont-Verlag herausgegebene „Kölnische Zeitung“.

Zwei Kölner Diözesanpriester haben Kolpings publizistisches und schriftstellerisches Wirken mitbestimmt, auch wenn sie von Kolping selbst nicht genannt werden. Der Rheindorfer Pfarrer Prisac[4] war von 1847 bis 1848 Redakteur des „Rheinischen Kirchenblattes“, Mitbegründer des „Vereins vom Heiligen Land“ und Förderer vieler Vereine, so auch des St. Josephsvereins zur Unterstützung der Deutschen in Paris. 1844 veröffentlichte er eine Broschüre gegen die „Kölnische Zeitung“[5]. Er hatte das Kirchenblatt in der Situation vor 1848 zu politischer Bedeutung gebracht[6]. Kritisch vermerkte der Nachruf, er „entfaltete während seines Lebens eine große literarische Tätigkeit, indem er fast über Alles schrieb, was im Laufe der Zeit in den Vordergrund trat und ihm irgend nahe geführt war. Unter den betreffenden Erzeugnissen seiner Feder ... ragen jene hervor, welche seine lebendige Teilnahme an den kirchlichen und sozialen Zuständen der Gegenwart, namentlich auch die christliche Charitas, seine Liebe zur christlichen Kunst und seine Wanderlust bekunden. Er schrieb schnell und viel, darunter gar Vieles für periodische Blätter und Zeitschriften im Drange des Augenblicks und auf der Reise, und so ließ das, was er schrieb, oft in Anlage, Form und Ausführung Manches zu wünschen übrig; immer aber war es von der Liebe zu dem Gegenstande, der ihn beschäftigte, getragen und gehoben"[7].

Der zweite war der weitaus bekanntere Priesterdichter Wilhelm Smets[8], ein persönlicher Freund von Kolpings Förderer Lauffs, mit dem er 1836 die Pfarrstelle tauschte. Seine größte Leistung für die kirchliche Presse war die „Katholische Monatsschrift zur Belehrung, Erbauung und Unterhaltung", die er als Religionslehrer am Marzellengymnasium von 1826–1828 herausgab, und die 1835 einen Nachdruck erlebte. Zeitweise arbeitete er auch als Redakteur bei der „Kölnischen Zeitung". Mit zwei weiteren Bekannten Kolpings, Moritz August Brühl und Wilhelm Tangermann[9], brachte er seit 1841 den weit verbreiteten und viel gelesenen Katholischen Volkskalender heraus, den Kolping dann fortsetzte. Smets war zwar nur wenige Monate Pfarrer in Blatzheim, aber danach lebte er für einige Zeit im Ruhestand in Köln, bis er 1844 Kanoniker in Aachen wurde. Sein Freund Lauffs beurteilte ihn: „Smets war ein Dichter von Gottes Gnaden, aber kein echter Dorfpfarrer; seine Predigten treffen nicht den Volkston, sie waren für das Volk und namentlich das Landvolk zu geistreich und sprachlich viel zu hoch gehalten. Als Dichter, – ja, da verdiente er unter den Katholiken mehr gekannt zu sein, aber einen Ton in seiner Dichtung kann der nicht ganz empfinden, der nicht Smets Leben und Schicksale und die seiner Eltern vorher erfahren, und dieser Ton ist der elegische"[10].

Motive

Von den vielfältigen Motiven, die Adolph Kolping veranlaßten, sich der schriftstellerischen und publizistischen Tätigkeit besonders zu widmen, lassen sich einige hervorheben: In den Zeitungen und Zeitschriften auf dem deutschsprachigen Markt waren katholische Interessen unterrepräsentiert. Dazu gab es eine Marktlücke, vor allem im ländlichen Bereich, die von den intellektualisierten Medien der Städte kaum erreicht wurde. Hier fand Kolping mit seinem Kalender einen wichtigen Einstieg. Im Jahre 1848 wurde in Deutschland die Pressefreiheit eingeführt, die nun von allen Interessengruppen und politischen Parteien für die Darstellung ihrer Ziele und für die Propaganda benutzt wurde. Bei diesen Initiativen erschien Kolping die katholische Kirche in einer Außenseiterrolle. Darum setzte er sich energisch für die Herausgabe von katholischen Zeitungen, Zeitschriften und Büchern ein. „Jetzt, wo ein neues Regen und Streben sich in unserm Vaterlande kund tut, wo die verschiedenartigsten Geister sich verlautbaren und Alle die Freiheit für sich in Anspruch nehmen, ihre besonderen Gesinnungen zu vertreten, können und dürfen wir nicht schweigend zuschauen. Eine große katholische Presse haben wir im Lande nicht, oder sie ist doch sehr schwach vertreten, noch sind keine Aussichten da, daß sie würdig wiederhergestellt werde; die Katholiken sind fast nur auf kleine Blätter angewiesen. Da die Sache einmal so ist, so sollen die kleinen Blätter wenigstens nach Kräften ihre Pflicht tun"[11].

Klagen über den Einfluß der liberalen Presse auf große Teile der katholischen Leserschaft waren im Klerus damals weit verbreitet, ja fast an der Tagesordnung. Man glaubte, durch Mahnungen und Proteste dieser Entwicklung Einhalt gebieten zu können und wollte auf dem Freiburger Katholikentag eine Resolution gegen die liberale „Kölnische Zeitung" verabschieden. Kolping stand der Sache nüchtern gegenüber, er hielt nichts von Erklärungen, die ohnehin keiner zur Kenntnis nahm. Er schrieb dazu: „Wir beklagen es nicht minder, daß ein solches Blatt am Rhein einen solchen Einfluß hat. Aber das Blatt ist da, und die Freiheit seiner Existenz wird ihm endlich doch Niemand streitig machen wollen. Auch ist es für sehr viele Leser, noch abgesehen von seiner religiösen und politischen Haltung, eine Art Geschäftsbedürfnis, das vor der Hand wenigstens von anderer Seite nicht befriedigt wird. Wir sind nun der festen Meinung, daß solche Zeitungen nur wieder durch Zeitungen offen und ehrlich können bekämpft und, soviel das angeht, unschädlich gemacht werden, und würde eine solche Generalversammlung ein ziemlich unfruchtbares Geschäft betreiben, wenn sie mit irgendwelchen Beschlüssen etwas auszurichten meint. Die Katholiken Deutschlands sollen nach Kräften dafür sorgen, daß sie würdig in der öffentlichen Presse vertreten sind; trotz allen gemachten, zum Teil bitteren, Erfahrungen sollen sie darauf mit allen Kräften bedacht sein, eigene, selbständige und tüchtige Zeitungen zu gründen. Wir am Rhein könnten eine solche katholische Zeitung ganz gut gebrauchen. Und wenn solche Zeitungen sich nicht über Nacht herstellen lassen, wenn vor der Hand die Gründung eines größeren politischen Blattes, namentlich am Rhein, noch in ziemlich weitem Felde zu stehen scheint: dann täten sie wenigstens gut, wenn sie das, was sie haben, und seien die Blätter auch noch so klein und unbedeutend, gehörig unterstützen und für die Verbreitung sorgten"[12].

Kolping verstand Geschichte als das Wirken Gottes in der Welt. Der freie Wille der Menschen läßt das Versagen einzelner und der Gesamtheit ausdrücklich zu: „Mein oft ausgesprochener Zweck geht dahin, die Leser auf den Finger Gottes in der Weltgeschichte aufmerksam zu halten. Es ist mir in der Tat nie eingefallen, mich zu irgendeiner politischen Partei, auch nur in Gedanken, zu schlagen"[13].

Weiteres Motiv war die volkspädagogische Arbeit, die über den Gesellenverein hinausreichen sollte und deren Schwerpunkt Familienerziehung und Familienbildung bildete. Das zeigte sich auch deutlich in Kalendergeschichten und Volkserzählungen. „... Wer die *Lehre* beherrscht, auch das *Leben* in seine Gewalt zu bringen sucht ... Die öffentliche Presse aber ist die öffentliche Lehre heutzutage mehr als je geworden .. Unwissende lehren, Irrenden recht raten gehört zu den prinzipalsten Werken der Nächstenliebe, und diese Aufgabe hat heute mehr als jemals früher die katholische Presse"[14].

Ein nicht zu übersehendes Motiv war für Kolping auch die Beschaffung der finanziellen Mittel für die selbst gestellten Aufgaben. Die ausgedehnten Reisen, die umfangreiche Korrespondenz und die Bewirtung der Gesellen in Köln ließen sich durch Gehalt und Spenden allein nicht finanzieren. Voll Stolz konnte er „von dem soliden materiellen Boden", den die journalistischen Arbeiten „mir persönlich und dem Hospitium als Haushaltung etc. gewähren", an einen Freund berichten: „Durch sie bin ich erst finanziell unabhängig geworden"[15]. Es finden sich immer wieder Hinweise, daß die finanzielle Beanspruchung für die Aufgaben der Gesellenvereine die jour nalistische und schriftstellerische Arbeit notwendig machten: „Dann muß ich aber für materielle Mittel sorgen, damit wir die nötige Selbständigkeit behaupten können. Diese Mittel wären durch die weitere Verbreitung der Rheinischen Volksblätter, sind sie's anders wert, wohl beizuschaffen … Es versteht sich von selbst, daß von dem materiellen Hintergedanken, der nicht in die Öffentlichkeit kommen darf, keine Rede sein soll"[16]. Vosen geht in der Trauerrede für Kolping sogar so weit, daß er ihn mit dem heiligen Paulus vergleicht, der sich durch einen zivilen Beruf die Einnahmen für Lebensunterhalt und Verkündigung des Evangeliums verdienen mußte[17].

Kolping war in Deutschland wohl einer der ersten katholischen Priester, der Presse und Vereine gezielt als neue Wege für die Seelsorge nutzbar machte. Sie waren – und auch das war neu – überpfarrlich ausgerichtet und auf den Handwerker- und Gesellenstand bezogen. Kolping betrachtete seine verlegerische und schriftstellerische Tätigkeit als ernste und verantwortungsvolle seelsorgliche Aufgabe: „Ist aber das Zeitungsschreiben bei Licht besehen etwas Anderes, als ein tägliches oder wöchentliches Hinaufsteigen auf den öffentlichen Lehrstuhl des Volkes, und ist's etwas Anderes als reden vor allem Volk und zu allem Volk, damit das Volk sich darnach richte? … die Verantwortung bei der Herausgabe eines solchen Blattes ist größer, als der Mensch sie ermessen kann. Da heißt es wahrlich auch, daß man Rechenschaft von jedem Worte geben müsse, um so schwerere Rechenschaft, je weiter das Wort geht und je mehr Menschen das Wort lesen"[18].

Mit seinen journalistischen Arbeiten setzte er sich darum auch harter Kritik aus. Für die einen war er zu fortschrittlich, anderen galt er als Anhänger der Ultramontanen. Seine Selbstbezeichnung als „Duodezredakteur" – nach einem kleineren als üblichen Buchformat benannt – ist demnach reichlich bescheiden[19]. Diesen selbstgestellten hohen moralischen Anforderungen konnte Kolping zumindest in den Augen der kirchlichen Öffentlichkeit nachkommen. Als nämlich bei der Erörterung eines Planes zur Gründung einer katholischen Zeitschrift die Suche nach einem geeigneten Redakteur Schwierigkeiten bereitete, fiel auch der Name Kolpings. Kein geringerer als der Mainzer Bischof Ketteler hatte dem Wiener Nuntius empfohlen: „Vielleicht wäre ein Priester mit hohen Eigenschaften des Geistes und des Herzens für eine solche Stellung noch am ehesten zu finden, … Kolping in Köln ist ein seltener und begabter Mann. Die Gewißheit voller Uneigennützigkeit, voller Hingabe an die Sache wäre da zuerst zu hoffen"[20]. Dieses Projekt ließ sich jedoch nicht verwirklichen.

Unternehmer

Der ausgezeichnete Ruf, den Kolping genoß, ist ihm wahrlich nicht in den Schoß gefallen. Als Kalendermann und Volksschriftsteller war der knapp 50jährige ein bekannter Mann. Mit seinen „Rheinischen Volksblättern" wirkte er seit 1854 im Grunde wie ein selbständiger Unternehmer des gehobenen Mittelstandes. Als formaler Eigentümer galt zwar das katholische Gesellenhospitium in Köln, aber dessen Vorstand – das war Kolping selbst – leitete die Redaktion.

Er hatte sich schon als Geselle, Gymnasiast und Student in bescheidenem Rahmen literarisch betätigt. Gedichte, Tagebücher und Zeitungsartikel zeigen, daß ihm das

Medium Sprache und der Umgang damit keine Schwierigkeiten bereiteten. Im Gegenteil: Er hat seine Begabung auf diesem Gebiet durch geeignete Lektüre und praktische Übungen systematisch weiterentwickelt. Er verfügte über Erfahrungen mit Presseeinrichtungen als Mitarbeiter, Autor, Redakteur und Herausgeber. Zunächst publizierte er, was Inhalt und Gestaltung seiner Arbeiten anging, in von Verlegern abhängigen Positionen. Ohne selbst Analysen fertigen zu müssen, wurde er mit Absatzfragen und Leserpotential vertraut.

Arbeitsethos

Ein bezeichnendes Licht auf Kolpings Motive und sein Arbeitsethos bei seiner publizistischen Tätigkeit wirft seine Selbstdarstellung. Ohne ihn zu nennen, war Gott für ihn der „*Hauptmitarbeiter*, ohne den der Herausgeber einmal gar nicht fertig werden kann ... Er wirkt mit – rein umsonst, ... so daß die geehrten Leser eigentlich nicht dem Herausgeber, ... sondern diesem meinem guten Freund und Helfer in aller Not die Ehre geben sollen ... Da ich also nicht ohne ihn zurechtkommen kann, muß ich mich nach *seinem* Willen richten. Nun aber will er's durchaus nicht haben, daß ich irgend welche marktschreierischen und im Grunde nur verlogenen Mittel anwende, um den Volksblättern ein größeres Publikum zu verschaffen. Und da er das nicht will, darf ich's nicht tun"[21].

Zunächst waren Kolpings publizistische Arbeiten reine Nebentätigkeiten neben seiner Stellung als Domvikar und Gesellenpräses. Der Arbeitsanfall wuchs beständig. Seit April 1854 hatte Kolping zwar „wöchentlich nur einen Bogen zu besorgen, leichte Ware, wie Sie sehen, und jährlich einen Kalender, versteht sich dazu eine endlose Korrespondenz und Unruhe, Reisen etc. Wer hilft mir? Der liebe Gott, sonst niemand, wie Sie sehen. Oft wird's mir auch wie grün und blau vor den Augen und – poltern möcht' ich nach Herzenslust, die Feder wegschmeißen und auf's Land gehen und Frühmeßner werden oder doch so was. Aber dann winkt Einer mit erhobenem Finger, dem ich wieder nicht zu widersprechen wage und – so gut ich's kann geht's weiter ... An's Schriftstellern bin ich gekommen, der Himmel weiß, aus purer Not mit guten Zwecken. Beruf dazu habe ich nie gespürt, und noch heute ist die eigentliche Begeisterung gering"[22]. Die Arbeit nahm Ausmaße an, die Kolping kaum noch Zeit zur Erholung ließen. Und so verwundert es nicht, wenn er vielleicht aus übertriebener Bescheidenheit mutmaßte, seinen Aufgaben nicht gewachsen zu sein. „Die Volksschriftstellerei wird mir aber darüber fast leid, ich habe gar so wenig Ruhe und Zeit, auch fühle ich im Grunde sehr wenig Beruf dazu. Ich schreibe, weil ich muß, weil die Not mich dazu drängt. Gott und verständige Leute mögen mich nicht allzu strenge richten"[23].

Er mußte sich also Auswege überlegen. Die Not machte auch Kolping erfinderisch. Reisen für den Gesellenverein boten ihm später den Stoff für die „Rheinischen Volksblätter". Die publizistischen Erfolge trugen wiederum erheblich zum Bekanntwerden und zur Verbreitung der Gesellenvereine bei. Das Abschalten vom Alltagsstreß gelang ihm am ehesten auf seinen Reisen und bei mitmenschlichen Begegnungen, ob nun zu Hause oder unterwegs: „Dabei faßte ich mir einen festen Vorsatz, ... nämlich den, mich um gar keine Politik zu bekümmern ... Das tägliche Zeitungslesen ist ein tägliches Wandern durch Dorngestrüpp, widerwärtig und reizbar, ohne daß man jemals von diesen Dornen süße Feigen zu erwarten hat"[24].

Regelmäßige Lektüre der wichtigsten für ihn erreichbaren Zeitungen gehörte für Kolping zum täglichen Brot[25]. Schon die beiden von ihm verfaßten Broschüren zeigen, daß ihm der aktuelle Diskussionsstand bei ihn interessierenden Fragen vertraut war.

„Der Gesellen-Verein"

Im September und Oktober des Jahres 1848 verfaßte Kolping als Kaplan in Elberfeld die Broschüre „Der Gesellenverein". Sie erschien im Verlag Schwann, Köln und Neuß, als Publikation des Jahres 1849, obwohl sie bereits 1848 fertiggestellt war. Der Untertitel „Zur Beherzigung für alle, die es mit dem wahren Volkswohl gut meinen", und das Motto „Tätige Liebe heilt alle Wunden, bloße Worte mehren nur den Schmerz"[26], sind wohl auch Anspielungen auf die Volksbildungsbestrebungen der damaligen Zeit und die zahlreichen Bestrebungen zur Verbesserung der wirtschaftlichen Situation der Arbeiter. Die Schrift hat die Verbreitung einer bereits im Ansatz in Elberfeld erprobten und bewährten Idee zum Ziel. Sie ist also Analyse-, Berichts-, Werbe- und Programm-Schrift zugleich und trägt eindeutig mehr sozialpädagogische als sozialpolitische Züge. „Gerade unter den Gesellen und Arbeitern gibt es eine gute Zahl tüchtiger, ordentlicher, fleißiger Menschen, die zwar des äußeren Schliffs entbehren mögen, selbst in ihrer Art das Leben etwas derb anfassen, im Innern aber, tief im Boden des Herzens, kerngesund sind"[27].

Die Arbeit läßt sich in drei Teile gliedern: Im ersten Abschnitt werden Lage und Bedeutung des Gesellenstandes, das Elend und die Ursachen der Not ausführlich dargestellt. Auch die Schichten des Volkes, die noch unverdorben und gesund sind, leiden unter der allgemeinen Verwahrlosung. Weiter wird auf Bedeutung und Stellung des arbeitenden Teiles der Bevölkerung für die Allgemeinheit hingewiesen und daraus die besondere Sorge für die werktätige Jugend abgeleitet. Weiter wird dann die Situation der Gesellen beschrieben und festgestellt, daß dieser Bevölkerungsgruppe der notwendige sittliche und gesellschaftliche Halt fehle: „Selbst jene, welche der Sturmfahne der Zeit folgen, werden, wenn der ärgste Rausch verflogen, durch das Buschwerk schauen und ihre Verführer als solche behandeln. Nochmal sage ich, der Handwerksstand, endlich der Arbeiterstand überhaupt, ist im Grunde besser als man gewöhnlich glaubt, und der Zugang zu seinem Herzen leichter als anderwärts"[28]. Zur Besserung könne der Gesellenverein beitragen und am ehesten die bestehenden Mängel beheben. Dieser Aufgabe soll sich vornehmlich der Klerus widmen.

Im dritten Teil wird über die Entstehung und das Leben des Elberfelder Gesellenvereins berichtet und die Notwendigkeit und Realisierbarkeit der Übertragung von Gesellenvereinen auch in andere Orte vorgestellt. Kolping war sich klar darüber, daß er mit seiner Schrift über den rheinischen Raum hinaus nur schwer auf Resonanz stoßen würde. Es läßt sich nachweisen, daß er seine Schrift verschickt hat, um seinen Ideen größere Verbreitung zu sichern. In den katholischen Zeitschriften fanden sie verhältnismäßig spät Beachtung. Die Zeitschrift „Katholik“ hat die Schrift im Oktober 1850 vorgestellt[29]. Die „Historisch-politischen Blätter“ brachten erst nach Jahren einen Bericht über die Broschüre und spendeten dann aber reichlich Lob: „Wir glauben, daß der Gedanke des Domvikar Kolping: das katholische Vereinswesen als Damm und Waffe gegen die der Gesellschaft vom ‚Arbeiterstande‘ her drohende Gefahr zu benutzen, einer der genialsten und glücklichsten sei, die seit einigen Menschenaltern ausgesprochen und verwirklicht wurden“[30].

Kolping mußte also die Erfahrung machen, daß auch bei einem für wichtig erachteten Anliegen die breite Öffentlichkeit nicht ohne weiteres zu mobilisieren war – schon gar nicht durch die Kleinschrift eines Kaplans aus der Industriestadt im Wuppertal. Da half es auch nichts, daß ein Kenner der „arbeitenden Klasse“ sich um „Arbeiter“ und „Gesellen“[31] – die Benennungen werden nebeneinander gebraucht – und deren Zukunft Gedanken machte. Erst Kolpings Auftreten auf den Katholikentagen von Mainz und Münster brachte die erwünschte Wirkung bei interessierten gesellschaftlichen Gruppen.

„Für ein Gesellenhospitium“

Unter diesem Titel liegen zwei Arbeiten Kolpings vor. Die Broschüre wurde als Manuskript von Dumont-Schauberg 1852 in Köln gedruckt[32]. Einen Verleger hatte Kolping offenbar nicht für dieses Anliegen gewinnen können. Eine weitere, ausführliche, aber weniger bekannte Fassung erschien in der „Feierstunde“ als Artikelfolge[33].

Nach einer Analyse der gesellschaftlichen Veränderungen, von denen ganz besonders das Handwerk betroffen war, sah Kolping eine Ursache des Gesellenelends in den Auseinandersetzungen zwischen Arbeitgebern und Arbeitnehmern. Die religiöse Gleichgültigkeit der sogenannten Gebildeten förderte eine Entwicklung, die aus ehemals bodenständigen Handwerksgesellen ungläubige Menschen und später Helfer der Revolution machte. Das Beklagen einer solchen Situation allein führt nicht weiter. „Wir können und sollen nicht leugnen, daß unsere sozialen Verhältnisse auch dadurch zum Teil so schlecht geworden sind, ... weil wir dem armen Volke viel, sehr viel an liebender Pflege schuldig geblieben sind ... Nur wahre, tätige Liebe regeneriert die Welt. Bringen wir doch den falschen, gottlosen Sozialismus nicht eher wirksam zum Schweigen, als bis wir mit christlichem Heldenmute den christlichen Sozialismus *üben*“[34].

Herbergen für wandernde Gesellen waren ein adäquates Mittel, um diesen Mißständen abzuhelfen. Kolpings Vorschlag, mit dem Gesellenverein ein Hospitium nach christlichen Grundsätzen zu verbinden, das den Gesellen Unterkunft und Pflege bieten soll, findet schnell Resonanz und Anerkennung. Kolping „läutet nicht bloß die Sturmglocke, indem er ... auf die grauenvolle Gefahr aufmerksam macht, welche Deutschland von seinem Handwerkerproletariate droht, sondern er hat auch einen Löschapparat gefunden, der, ohne Zeitverlust und Zaudern angewendet, zur Stunde noch der Feuersbrunst ein Ziel setzen könnte“[35].

Beide Broschüren – für aktuelle Anlässe geschrieben – zeigen die Notlage des Gesellenstandes deutlich auf, bieten geeignete Hilfen an, beziehen aber keine sozialpolitischen Fragestellungen ein.

„Rheinisches Kirchenblatt"

Beide vorgenannten Themenkreise waren schon länger publizistisch vorbereitet. Im Januar 1848 propagierte Adolph Kolping die Idee des Gesellenvereins als zunächst gelegentlicher Mitarbeiter des Rheinischen Kirchenblattes. Zu diesem Zeitpunkt wurden erste Aktivitäten des Elberfelder Gesellenvereins vorgestellt. Anfang des Jahres 1850 übernahm Adolph Kolping mit seinem Freund, dem Kölner Religionslehrer Dr. Christian Vosen, die Schriftleitung des „Rheinischen Kirchenblattes"[36], an dem er schon von Wuppertal aus mit eigenen Beiträgen mitgearbeitet hatte. Nach dem Ausscheiden von Vosen aus der Redaktion im Oktober des gleichen Jahres führte er die Zeitschrift allein weiter bis zur Gründung der „Rheinischen Volksblätter". Während seiner Tätigkeit als Schriftleiter an dieser Zeitung schuf er eine besondere Beilage, die zunächst „Vereins-Organ" und später „Feierstunde" hieß. Ihr Inhalt war der theoretischen Grundlegung des Gesellenvereins und praktischen Anweisungen und Beispielen für die Vereinsarbeit gewidmet. Neben wichtigen Aufsätzen zur Sozial- und Bildungsarbeit wurden hier auch Vereinsberichte publiziert, die wohl auch deshalb Interesse fanden, weil dieses Organ in allen Vereinen gelesen wurde[37].

Zu den Berichten über die Aktivitäten der Gesellenvereine schrieb Vizepräses Lang aus Augsburg: „Freilich muß man frei heraus von der Brust reden, nicht so viel *schön färben*, wie's in unserem kath[olischen] Vereinswesen leider Brauch ist." Kolping kommentierte in einer Anmerkung: „Ganz einverstanden"[38].

Das Protokollbuch des Vorstandes des Kölner Gesellenhospitiums berichtete über das Ende dieser Zeitung und die geplante Neugründung eines eigenen Blattes: „Dann kam das Kirchenblatt zur Sprache, das Herr Präses zu redigieren nicht mehr imstande ist. Mit dem 1. April hört das Blatt auf. An dessen Stelle soll nun ein Blatt, ein Volksblatt erscheinen, worin die sozialen Zustände besprochen werden. Es muß dazu eine Kaution von 2500 Talern gestellt werden ... Herr Präses will über die reine Einnahme des Blattes verfügen, da die Gesellen meistens nicht zahlen können und Reisen des Präses nötig sind, wodurch der Präses eine ihm nötig gewordene Einnahme erhält"[39].

Volkskalender

Kolping leistete seine Pressearbeit nicht nur durch seine Wochenschrift, sondern auch durch katholische Volkskalender, die er seit 1849 bis zu seinem Tode jährlich herausgab[40]. Volkskalender waren im 19. Jahrhundert in Deutschland eine „Modeerscheinung" und einzige Lektüre für breitere Volksschichten. Kalender waren darum aber noch keine Luxusartikel oder Schmuckstücke in den Wohnungen – wie zu dieser Zeit in diesen Klassen etwa Bücher. Sie waren vielmehr Merkhefte, Notizbücher, also (fast) täglicher Gebrauchsgegenstand. Sie enthielten immer ein Kalendarium mit den erforderlichen chronologischen und astronomischen Angaben, dazu – bei Kolping – ein Verzeichnis der Lesungen und Evangelien nach dem Römischen Meßbuch.

„1. Der Lesekalender (‚Volkskalender') besitzt noch um die Mitte des 19. Jahrhunderts allein auf Grund seines Kalendariums eine gewisse Monopolstellung als ‚nöthiges Möbel' (Deutsche Volkshalle, 1850).

2. Er erreicht im Verhältnis zu anderen Publikationen ein sehr großes Publikum.
3. Für einen großen Teil dieses großen Publikums, vornehmlich für die Landbewohner, ist er der einzige Lesestoff des Jahres und insofern auch der einzige Zugangsweg für gedruckte Publizistik. Seine Wirkung wird als sehr stark vermutet“[41].

Seit 1849 war Kolping Redakteur und Mitherausgeber, seit 1852 Herausgeber des „Katholischen Volkskalenders“ im Verlag Schwann in Köln und Neuß. Er redigierte die Jahrgänge 1850 bis 1853. Für den Kalender machte er in der „Feierstunde“ geschickte Eigenwerbung. Da es bei Lieferung des Jahrganges 1852 zu Engpässen gekommen war, mahnte er im Folgejahr: „Also bei Zeiten lieber bestellt und gekauft, damit niemand zu kurz komme, der Kalendermann selber auch nicht. Was den neuen Kalender betrifft, so könnt' man ihn erschrecklich loben ... Ich sage nur: Kauf den Kalender, lies ihn und – nimm's Dir zu Herzen, hintenach magst Du ihn loben“[42]. Seit 1853 gab er im Verlag Dumont-Schauberg in Köln den „Kalender für das katholische Volk“ heraus.

Nach einer Subskriptionsankündigung des Schwann-Verlages für den „Katholischen Volkskalender 1854“ in der Feierstunde veröffentlichte Kolping eine Erklärung: „Um Mißverständnissen vorzubeugen, sehe ich mich ... veranlaßt, *daß der von mir verfaßte Kalender für das katholische Volk von nun an in der DuMont-Schauberg'schen Buchhandlung in Köln erscheint.* Bei der Herausgabe des bei L. Schwann in Neuß erscheinenden katholischen Volkskalenders bin ich in keiner Weise mehr beteiligt“[43]. Letzter von Kolping besorgter Kalender war der für das Jahr 1866. Er gab also insgesamt 17 Kalender heraus. Dafür schrieb er knapp fünfzig Volkserzählungen, die seinen Ruhm als Erzähler und Volksschriftsteller begründeten.

Die Zielsetzung für seinen Kalender für das katholische Volk beschrieb er in der Werbung selbst. Er wollte nicht reden „von Russen und Türken, Engländern und Franzosen und was sich alles eben in der Welt herumschlägt ... Auch steht nichts davon drin, wie es wohl übers Jahr in der Welt aussehen könnte. Der Kalendermann, der weder selbst ein Prophet noch der Sohn eines Propheten ist, gesteht ganz offen, daß er das letztere nicht weiß, daß er auch mit guter Absicht den Krieg aus dem Kalender gelassen. Er selbst liebt den Frieden, auch wenn er ihn nicht immer halten kann, und möchte den Frieden seinen Freunden ins Haus bringen. Dem häuslichen Leben möchte er nützen, mit heiterem Geiste erfreuen“[44]. Dazu hatte er, außer eigener Erfahrung, die Fähigkeit, zuhören zu können. Zudem fand er auch indirekte Mitarbeiter: „Was der Kalendermann aus menschlichem Leben und seinen Schicksalen nun nicht selbst erfahren hat, das erzählen ihm andere Leute, und er horcht gern zu, damit er nicht bloß die erzählte Geschichte merke, sondern auch lerne, was wohl darin die Herzen anderer Menschen anrührt und was nicht, damit er sich beim Wiedererzählen darnach richte“[45].

Erste Erfolge waren zu verzeichnen, als Kolping im Verlage der Nasse'schen Buchhandlung in Soest die ersten Nachdrucke von Kalendergeschichten erscheinen lassen konnte[46]. „Wer Hrn. Kolping und seinem Werke die wohlverdienten Sympathien erweisen will, hat hiermit zugleich Gelegenheit, zu beiden sich in einen geistigen Rapport zu setzen, der jedes wohlmeinende Herz erfreuen wird. Der Kalender bringt auch heuer wieder alles Mögliche, nur keine zuckerwäßrige Moral, spannende und lehrreiche Geschichten und derbe Schwänke, lauter körniges Volksleben“[47]. Mit beiden Kalendern erreichte er leicht die damals für Kalender durchschnittliche Auflagenhöhe von 10000 Exemplaren. In der besten Zeit hatte der „Kalender für das katholische Volk" eine Auflage von 14000 Exemplaren. Kolping erreichte also mit seinen Kalendern jährlich eine Leserschaft von etwa 80000 Personen.

Der familienfreundliche Inhalt der Erzählungen war für jung und alt in gleicher Weise geeignet: „Was den Inhalt des diesjährigen Kalenders angeht, so hat er sich gegen die früheren Jahrgänge an Wert noch gehoben, obwohl der volkstümliche Ton durchaus derselbe geblieben ist. Der Mann versteht zum Volke zu reden, er hat dafür an Geist und Herz die rechte Schule durchgemacht, und bleibt durch seinen so sehr unmittelbaren Verkehr mit dem Volke im Gesellenvereine täglich in der gehörigen Uebung. Er hat in diesem Jahre weniger Reflexion in seinen Erzählungen angebracht, und dadurch seine Weise entschieden verbessert, daß durchweg nur die Tatsachen selbst reden. Dabei hat seine Erzählungsweise das entschiedene Verdienst, daß er die durchaus der Wirklichkeit entnommenen Geschichten so vorzutragen suchte, wie sie am unmittelbarsten und vollständigsten auf Geist und Herz beim Volke wirken müssen, und man wird gestehen, daß ihm dieses gelungen ist"[48]. In diesen „Volkskalendern" findet seine erwachsenen-pädagogische Arbeit weitere Verbreitung. Da Kolping für seine schriftstellerischen Aktivitäten nur wenige Mitarbeiter hatte, mußte er neben seinen seelsorgerischen Arbeiten und seiner organisatorischen Tätigkeit im Gesellenverein die redaktionellen Arbeiten allein bewältigen.

Die Kalender waren für Kolping ein Mittelding zwischen Kanzel und Katheder, und große Verbreitung seiner Schriften brachte ihm auch den erhofften Erfolg. „Hr. Kolping ist ein Gelehrter dieser Wissenschaft (vom armen verlassenen *Volke)* ganz nach der Art, wie dieselbe Gelehrte fordert, d.h.: er hat seine Gelehrsamkeit auch gleich in ein Stück Volksleben umgesetzt"[49].

Als Illustratoren wirkten an den Volkskalendern Künstler mit, die Kolping aus seiner Münchener Zeit kannte oder solche, die der Düsseldorfer Malerschule angehörten. Georg Osterwald (1803–1884) und der schon genannte Asselborn hatten in München studiert; Peter Herwegen (1814–1893) war dem Rheinland und München durch seine Studien verbunden, Carl Clasen (1812–1886) machte sich später als Kirchenmaler einen Namen[50]. Als Vermittler oder Berater kamen auch in Frage Kolpings Mitschüler vom Kölner Marzellengymnasium, Christian Hermann Correns, und der Düsseldorfer Andreas Müller[51].

Volkserzählungen

Alle Volkserzählungen Kolpings in seinen Kalendern durchziehen zwei zentrale Themenbereiche. Eindeutige Priorität hat der katholische Glaube. Glaubensinhalte, aber mehr noch der praktische alltägliche Glaubensvollzug sind ständig wiederkehrende Themen. „Man wird die wirkliche Lage der Verhältnisse in der politischen und sozialen Welt nie recht und ganz verstehen, wenn man nicht zugleich auch die religiöse ins Auge faßt. Die Religion ist und bleibt, man mag sie anerkennen wollen oder nicht, die tiefste, die erste und die letzte Frage im Menschen"[52]. Daraus ergibt sich für Kolping die logische Konsequenz: „Weil wir katholisch sind, nicht bloß dem Namen nach, sondern auch in der Tat, nicht bloß im Bekenntnis es sind, sondern auch im Leben ganz und gar sein möchten, sind wir wahrhaft erhaltender Natur, konservativ“[53].

Zweiter Schwerpunkt ist die christliche Familie. Bedeutung und Wert der christlichen Familie können nach Kolping nicht hoch genug geschätzt werden. Die Stärkung der Familie ist darum das Hauptanliegen neben dem Gesellenverein. Anders ausgedrückt: Der Gesellenverein ist auch eine Einrichtung der vorbereitenden Familienbildung: „Weil wir dem *Volke* nützlich werden möchten, haben wir unser Hauptaugenmerk auf die *Familie* und *das Familienleben* gerichtet“[54].

Bei den Volkserzählungen Adolph Kolpings handelt es sich also um Tendenzliteratur in religiöser bzw. familien- und sozialpädagogischer Sicht. Erzählungen um der Erzählkunst willen finden sich nicht. „Deutlich ist also das Überwiegen der unter armen Leuten spielenden Dorfgeschichte, gefolgt von der unter armen oder jedenfalls unteren Ständen angehörenden Stadtbewohnern spielenden Geschichte“[55]. Die Welt der einfachen Leute wird mit allen Vor- und Nachteilen – ungeschminkt – dargestellt. Der Leser findet sich in den Schilderungen selbst erlebter Erfahrungen wieder.

Dabei lassen sich verschiedene Typologien erkennen, die sich aus den Volkserzählungen entnehmen lassen:

1. Arme Menschen finden trotz großer Not und harter Schicksalsschläge ihre innere Ausgeglichenheit wieder.
2. Gebildete und reiche Stadtbewohner geraten – durch Glaubens- und Sittenverfall – in Unglückssituationen, bereuen ihre Schuld und kehren um.
3. Jugendliche „Aussteiger“ werden durch Liebe und Geduld von Verwandten, Freunden und Nachbarn wieder in die Gesellschaft zurückgeführt.

Gekonnte Naturbeschreibungen und seelische Stimmungsbilder haben Vorrang vor Sensationen und gesellschaftspolitischen Themen. Die neuere Forschung spricht darum – freilich etwas einseitig – von einem „Konsolationseffekt“ der Volkserzählungen, der die Beruhigung und Tröstung der Mehrheit der Bevölkerung im Auge habe und den gehobenen Schichten die Möglichkeit des „Mitleids“ wenigstens literarisch – ermöglicht[56].

Als ein Beispiel für die gelungenen Volkserzählungen Kolpings soll die Geschichte „Das Lindenkreuz“ etwas näher vorgestellt werden. Die Zahl der von Kolping autorisierten Nachdrucke in Sammelwerken ist nicht mehr genau zu ermitteln, eine Übernahme von anderen Herausgebern schon gar nicht. Die Erzählung vom Lindenkreuz muß über längere Zeit in einer breiteren Öffentlichkeit beachtet worden sein, denn Kolping schreibt in einem Brief vom 28. 5. 1861: „Wenn ich jedes Jahr eine Erzählung von der Wirkung und dem innern Interesse des Lindenkreuzes schreiben *könnte*, schösse ich, ohne zu prahlen, unter sämtlichen deutschen Erzählern den Vogel ab“[57].

Zum Inhalt: Ein von einem Meineid gegenüber seinen Angehörigen geplagter Mann wird ruhelos umhergetrieben, gibt mehrmals seine berufliche Existenz auf und beginnt wieder neu. Frau und Tochter bringt er damit in eine menschliche Isolation. Kirche und Religion bedeuten für ihn nichts mehr. Krankheit der Tochter und Hilfe der Nachbarn bringen diesen Mann den Menschen seiner Umgebung und der Kirche wieder nahe. Die Genesung der Tochter, die Bekehrung und Beichte des Vaters und die Versöhnung mit den Angehörigen bringen schließlich Frieden und Glück in die Familie zurück.

Zu den Lehren: In einer späteren Fassung ist die Geschichte in sechs Abschnitte eingeteilt, deren Überschriften hier mitgeteilt werden, weil sie auf die unterschwellig vermittelten Kenntnisse hinweisen:

Der neue Nachbar. Nachbarschaftshilfe wird auf dem Lande groß geschrieben. Die Gemeinschaft stärkt und hält zusammen. „Dafür haben wir denn die Armen um uns, damit wir an ihnen christlich handeln." Gemeinsames Abendgebet und Rosenkranz in der Familie.

Der Clamshof und seine Pächter. Der Hof war einst Abteigut, nach der Säkularisation Staatsbesitz. Wechselnde Besitzer führten zum wirtschaftlichen Niedergang. Ein vom Gut zu betreuendes Kreuz in einem Lindenhain wurde von den Pächtern niedergelegt. Mit der Loslösung von der Kirche beginnt der Verfall des Guten.

Das Kreuz im Clamshofe und zwei Frauen. Die Tochter des Pächters erkrankt schwer. Ärztliche Kunst vermag das Kind nicht zu retten. Das Gebet der Kinder des Dorfes an der Stelle, wo das Lindenkreuz stand, bringt dem todkranken Kind Besserung. Die verzweifelte Mutter des kranken Kindes erzählt der hilfsbereiten Nachbarin ihre Lebensgeschichte und findet Trost.

Tief vergraben aber nicht versunken. Der Pächter des Clamshofes wird zum Wohltäter für die Armen des Dorfes. Das Lindenkreuz läßt er wieder errichten. Der Pächter erzählt seinem Nachbarn die Geschichte des Meineids vor dem Richter und erklärt seine Unstetigkeit mit der Angst vor dem „andern Richter". Der Nachbar bewegt seinen Freund zur Beichte.

Der Name des Herrn sei gebenedeit! Die Fronleichnamsprozession kann nun wieder nach altem Brauch – mit Station am Lindenkreuz – gefeiert werden.

Gott vergibt und die Menschen vertragen sich. Die Versöhnung mit seinem Schwager und der ganzen Familie bringt auch dem ganzen Dorf die ersehnte Harmonie zurück. Der Friede des einzelnen mit Gott und mit seiner Umwelt bedingen sich gegenseitig.

Ziele und Methoden

Ziele und Methoden der Volkserzählungen sind nicht immer und nicht eindeutig voneinander zu trennen. Zum Teil bedingen sie sich gegenseitig bzw. sind sie voneinander abhängig. Kolping wollte dem Volk das Evangelium verkünden und ihm die frohe Botschaft nahebringen, darum knüpfte er in seinen Erzählungen thematisch und stilistisch an die Lebenssituation der einfachen Bevölkerung an. „Mit bestem Gewissen würden wir so den Kalender und die ‚Volksblätter' ... an Weltlich und Geistlich zur Verbreitung unter ihren Angehörigen empfehlen, wenn dieselben auch nicht eben Hrn. Kolping zum Autor hätten"[58]. Für seine schriftstellerische Tätigkeit hatte Kolping eine überwiegend pädagogische, „bildnerische" Motivation. Er wollte kein Schöpfer von Literatur im künstlerischen oder ästhetischen Sinne sein.

Seine Erzählungen und Geschichten sind „Beweise" und „Belege" für das Wirken Gottes in der Welt. Sie sind volksnahe Darstellungen seiner Erziehungslehre und seiner Bildungsvorstellungen (Gottebenbildlichkeit). In der Rezension des „Katholischen Volkskalenders" 1851 heißt es in der überregional verbreiteten „Deutschen Volkshalle": „Jede dieser Erzählungen hat eine Hauptfrage der Zeit zu besprechen.

Dieses sind jedoch Zeitfragen nicht im Sinne des Alltagsmenschen, sondern im Sinne des vernünftigen Christen"[59].

Sie dienten – die Reihenfolge ist wichtig – der Unterhaltung, der Belehrung und der Erbauung. Kognitives Lernen von Glaubensinhalten sollte durch Ansprache des Gefühls und Gemütes untermauert werden. Die Erzählungen sollten zeigen, daß Glaube im Alltag umsetzbar ist – und sofern die Umsetzung gelingt – auch Lebensglück mit sich bringt.

Die Erzählungen Kolpings sind nach dem Urteil eines Zeitgenossen, dem man freilich nur einen begrenzten Überblick über die Literatur seiner Zeit zutrauen kann, „in ihrer schlichten, tiefen Weise so schön, in ihren Motiven, Krisen und Nutzanwendungen so lehrreich, in ihrem sprachlichen Gewande so kernig und originell, daß man sie gern zu wiederholten Malen liest"[60]. An anderer Stelle heißt es: „Kräftiger Styl und echt katholische Färbung sind allen seinen Erzeugnissen eigen"[61].

Kolpings scharfe Beobachtungsgabe, besonders für die Probleme des alltäglichen menschlichen Zusammenlebens, und seine Fähigkeit, treffsicher zu formulieren, machten einen großen Teil seines Erfolges aus. Er beherrschte die einfache, dem Volk vertraute Sprache souverän und gab sich große Mühe, verständlich zu formulieren, weil er wußte, daß diese Diktion beim Leser ankam und ihr Inhalt dann auch haften blieb. Ein Beispiel: Die Heilige Schrift war für ihn das „Amtsblatt Gottes". Deutlicher kann man Inhalt und Anspruch des Evangeliums Menschen ohne Vorbildung eigentlich nicht erklären.

Einen wichtigen Hinweis für den Erfolg des Erzählers Kolping gibt sein Lebensweg. „Aus dem Volke erwachsen, unter ihm lebend, kennt er das Volk und den Ton und die Manier, die anschlagen muß, wer hier verstanden und beherzigt sein will. In naturvoller, bildreicher Sprache trägt er den wohl durchdachten und erwogenen Stoff, in welchen er sich ganz hineingelebt hat, dessen Grundidee er ergriffen und von welcher er begeistert ist, vor"[62].

Neben der bestechenden Wortwahl fallen seine einfachen Satzkonstruktionen (in der Regel nur Haupt- und Nebensatz) auf. Lebhafte Phantasie und hintergründiger Humor machten neben dem Individualisieren allgemeiner Wahrheiten und Lebenserfahrungen die Lektüre der Erzählungen attraktiv. Die Unmittelbarkeit der Verarbeitung und Formgebung des „Stoffes" finden sich ganz besonders in den Dialogen. Vornehmlich die Dialoge mit Dr. Fliederstrauch verweisen stark auf die sokratische Mäeutik. Dieser Dr. Fliederstrauch – ein „Erziehungsberater" – ist eine originäre Schöpfung Kolpings, die so wirklichkeitsnah und lebensecht wirkte, daß Schäffer berichtet, es seien Leser zu ihm nach Köln gekommen mit der Frage, ob er den Dr. Fliederstrauch kenne[63].

Kolping weiß „die vielen Anhaltspunkte, welche der Katholizismus durch seine herrliche Verbindung des Sinnlichen mit dem Übersinnlichen gewährt, dem Volke die erhabensten Formen in gemeinfaßlicher Form darzubringen"[64].

Eine Einordnung der Erzählungen Kolpings in eine bestimmte literarische Epoche verbietet sich aus mehreren Gründen:

1. Kolping wollte keine Poesie machen. Er fühlte sich mehr als Schriftsteller. Er nutzte die Literatur zur Volksbildung. Sie war ihm nicht Selbstzweck.

2. Kolping produzierte in periodischen Schriften. Das heißt: Er arbeitete und schrieb unter Zeitdruck. Für eine stilistische oder gar dichterische Bearbeitung der ausgewählten Stoffe fehlte ihm einfach die Zeit.
3. Kolping sah in Volkskalendern und Volksblättern eine „Form" der Kanzel oder des Lehrstuhls für das Volk, die nicht zeitlich begrenzt und auch räumlich nicht eingeschränkt war. Sein Verdienst ist also nicht, gute Predigt gedruckt zu haben, sondern mit weit und lange verbreiteten Erzählungen auch Verkündigung betrieben zu haben.

„Empfindsamkeit" – wäre die passende Bezeichnung für eine literarische Richtung, der die Erzählungen Kolpings am ehesten nahekommen.

Eine Einordnung der Erzählungen Kolpings in eine bestimmte poetische Stilrichtung ist schon deshalb nicht möglich, weil er sich selbst nicht als Stilist und schon gar nicht als Dichter empfand und verstand.

Außer der Herausgabe eigener Erzählungen, Aufsätze und Geschichten in Soester und Kölner Verlagen[65] ist noch ein weiteres Werk zu nennen. Es war schon fast eine Regel geworden, daß Vereinsleitungen zum Besten ihrer Vereine Schriften unterschiedlichster Art publizierten, um den Gewinn dem Verein zukommen zu lassen. „Zum Besten des katholischen Gesellen-Hospitiums in Köln" gab Kolping unter dem Titel „Demut des Herzens" ein Buch des Kapuzinertheologen Cajetan Maria von Bergamo (1672–1753) heraus, dessen Übersetzung ins Deutsche ein befreundeter Kaplan übernommen hatte[66]. Nach Kolpings Empfehlung sollte das Buch keinem fehlen, „der auf dem Wege christlicher Vollkommenheit zu Herzensruhe und Frieden kommen will ... Allerdings wer an seichter Lektüre sich den geistigen Magen verdorben hat, dem wird diese kräftige Kost nicht sehr behagen, wem's aber wirklich um Ruhe und Frieden hinieden und einst um's Seligwerden Ernst ist, wird daraus rechte Heil- und Hülfsmittel holen"[67].

Carl Ernst Jarcke

Einen persönlichen Freund Phillips und Windischmanns, einen Mann mit ähnlichem politischem und religiösem Weltbild, hat Kolping in München kennengelernt. Es war der Jurist und Publizist Carl Ernst Jarcke[68], der vor Studienbeginn eine kaufmännische Lehre absolviert und mehrjährige praktische Berufserfahrung gesammelt hatte. Er gehörte 1838 mit Phillips und Görres zu den Gründern der „Historisch-politischen Blätter".

Der Begegnung Adolph Kolpings mit Carl Ernst Jarcke ist deshalb besondere Bedeutung beizumessen, weil dieser „der erste aktiv tätige Vollblut-Publizist war, dem Kolping begegnete"[69]. Ob dessen „Zeitläufte" oder „Glossen zur Tagesgeschichte" in den „Historisch-politischen Blättern" Vorbild für Kolpings „Politisches Tagebuch" in den „Rheinischen Volksblättern" waren, ist nicht beweisbar, aber bei den vielen gemeinsamen Ansichten der beiden auch nicht auszuschließen. Jedenfalls sind die Kontakte zwischen Kolping und Jarcke, der dem Rheinland verbunden war, wohl herzlicher gewesen, als es sich nach der Quellenlage beschreiben ließe. Briefwechsel der beiden ist nicht überliefert. Seine Überzeugungen mögen auch Kolpings Selbstverständnis als Publizist mitgeprägt haben. „Wie heute die Dinge stehen, kann mit Erfolg Gott allein durch die Tatsachen predigen, und der Mensch höchstens der Dolmetscher der Ereignisse sein. Hieraus erhellt auch, daß wir den möglichen Erfolg der politischen Presse selbst im günstigsten Falle nicht zu hoch anschlagen dürfen"[70].

Kolping besuchte bei seinem Aufenthalt in Wien 1852 den Sterbenden. Gruscha berichtete später, wie Jarcke Kolpings Arbeit kommentierte: „Gott segne diesen Verein, und er wird ihn segnen; ist doch dieser Verein die einzige katholische *Tat* auf dem Gebiet, wo soviel über Volkswohl *geredet* wird"[71].

Der vierte Band von Jarckes Schriften wurde 1854 posthum bei Schöningh in Paderborn publiziert. Der dem Bande angefügte Nekrolog stammte aus der Feder von Phillips. Ein dem Buch von „andrer Freundeshand" gegebenes Vorwort und das Erscheinen im Verlag Schöningh lassen es möglich erscheinen, daß Kolping zumindest vermittelnd seine Hand im Spiele hatte. Bereits im Dezember 1853 empfahl er das Buch als Geschenk[72]. Darin beurteilte der Publizist Kolpings Gesellenverein und dessen Zielsetzung: „Gottlob, die Erkenntnis, wo das Heil und die Schutzwehr zu suchen sei, ist einigen erleuchteten, gottbegnadeten Männern in Deutschland gekommen. *Von innen heraus* muß die Heilung beginnen, das war *vielen klar*. Aber die Barmherzigkeit Gottes hat für den richtigen und großen Gedanken auch den rechten Mann berufen, der, wenn mich nicht alles täuscht, auf die rechte Weise die Hand ans Werk gelegt hat. Sie merken ohne Zweifel bereits, daß ich von dem Gesellenverein des *Domvikars Kolping* spreche. Ja, ich leugne nicht, daß ich in dieser praktisch-christlichen Erscheinung großen Trost gefunden, und daß an dieses Unternehmen sich krampfhaft eine meiner besten Hoffnungen für Deutschlands soziale Zukunft klammert"[73].

„Rheinische Volksblätter"

Schon seit einigen Jahren hatte Kolping in den ihm zur Verfügung stehenden Publikationsorganen religiöse, soziale, vor allem handwerksbezogene Inhalte in Geschichten und Erzählungen gebracht, die seine Leser wirklich interessierten. Als literarischer Unternehmer sprach er deren Sprache. Sie fanden sich in seinen Erzählungen, Berichten und Beschreibungen selbst wieder. Dabei ging Kolping nicht allzu direkt vor. Der Leser entdeckte eher seinen Nachbarn als sich selbst.

Kolping stand unter Erfolgszwang. Vom Christentum traditionell geprägte Gesellschaftsvorstellungen volkstümlich den Menschen nahe zubringen, war eine seiner Zielvorstellungen. Bis nach Rom drang bald sein Ruhm als „Publizist erster Klasse, ... denn wenige kennen unsere deutschen Zustände so gut wie er, und sein ‚Rheinisches Volksblatt' enthält die gesundeste Anschauung des Lebens und der Politik, die sich denken läßt"[74].

Aus zeitökonomischen Gründen mußte er seine Volksbildungsarbeit in Presse und Gesellenverein bündeln, um sie erweitern und auf breitere Basis stellen zu können. Die beste – wenn auch inhaltlich etwas übertriebene – Bewertung kam aus der Feder von Kolpings Freund, dem Gründerpräses des Frankfurter Gesellenvereins, Andreas Niedermayer. Er nannte die „Rheinischen Volksblätter" „ein vollendetes Musterblatt:

Keines spricht einen so zutreffenden Volkston"[75]. Zu Recht wurde dann geurteilt: „Mit ihnen erlebte man zum erstenmal bei einem katholischen Presseunternehmen einen vollständigen Erfolg"[76].

Bei den staatlichen Behörden hatte Kolping eine Kaution zu hinterlegen, um die Zeitschrift gründen zu können. Von seiner vorgesetzten kirchlichen Behörde – dem Erzbischöflichen Generalvikariat – mußte er die oberhirtliche Zustimmung erbitten. Dieser Pflicht entledigte er sich mit einem Brief an das Generalvikariat. Bei seinen guten Beziehungen zu Weihbischof Baudri als Behördenleiter verwundert die umgehende Antwort nicht, die feststellte, „daß wir gegen die von Ihnen in Ihrem Verlage beabsichtigte Herausgabe der ‚Rheinischen Volksblätter für Haus, Familie und Handwerk' nichts zu erinnern haben wie auch die von Ihnen nachgesuchte Genehmigung dazu Ihnen andurch erteilen"[77].

Die Situation der zeitgenössischen Presse analysierte Kolping insbesondere unter zwei Gesichtspunkten. Zunächst stellte er Einseitigkeit und Voreingenommenheit in der Auswahl der berichteten Themata fest. „Es ist eine beliebte Manier der herrschenden Zeitungsschreiberei, solche Tatsachen oder Erscheinungen im öffentlichen sozialen oder kirchlichen Leben, die gewissen Parteien nicht in den Kram passen, entweder möglichst kurz und oberflächlich abzutun oder sie gar so schief zu drehen und zu zerren, daß jedenfalls die Sache dadurch aus ihrem wahren und natürlichem Lichte hinausgerückt wird, oder auch sie völlig zu ignorieren, was man die Manier des ‚Totschweigens' nennt"[78].

Weiter übte er Kritik an Inhalten, Form und Stil vor allem modisch vorgebrachter Schlagworte: „Die Phrase ist ein Ding, das äußerlich geputzt und poliert erscheint, *damit* es die Augen der Leute besteche, während ihr wirklicher Inhalt entweder ganz wertlos oder auch geradezu gefährlich und verderblich sich ausweist. Die Phrase ist die maskierte Lüge, der Betrug mit dem Antlitz des ehrlichen Mannes, die vermummte Heuchelei, Gift mit Zucker bestreut"[79]. Dabei entging ihm freilich, daß er selbst sich journalistischen Usancen schon weit angepaßt hatte. Auch bei ihm kommen Einseitigkeiten, Auslassungen und wenig präzise Begriffserklärungen vor. Seine Sprache zielte offensichtlich mehr auf Beeinflussung als auf Faktenvermittlung.

Vor Gründung seiner Zeitschrift hatte sich Kolping schon ein beachtliches Leserpotential geschaffen, denn 1854 gab es bereits in ca. 80 Gesellenvereinen etwa 10000 Mitglieder, die als Käufer bzw. Abonnenten in Frage kamen[80]. Der Neuanfang vom „Kirchenblatt" zum „Volksblatt" war also auch vom erwünschten Absatz her gezielt vorbereitet. An seine „lieben Mitbrüder" war ein Aufruf zur Werbung und Mitarbeit gerichtet: „Zugleich aber soll mit dem 1. April d[ieses] J[ahres] ein dem Vereine besonders gewidmetes Blatt als Volksblatt nach dem beiliegenden Programm erscheinen ... Dieses Blatt ist Eigentum des Kölner Gesellen-Hospitium[s], dessen Vorstand die Redaktion leitet. Wir glauben, durch ein Volksblatt besser und weiter für unsere Zwecke wirken zu können, als es bisher durch das Rheinische Kirchenblatt möglich war; auch haben sich in nächster Nähe helfende Kräfte gefunden, welche die Redaktion des neuen Blattes wesentlich erleichtern. Da das neue Blatt recht eigentlich für die Vereine bestimmt und auf den mittleren Bürgerstand berechnet ist, glauben wir es den Vereins-Vorständen und Vereins-Mitgliedern auf's dringendste und angelegentlichste empfehlen zu sollen ... Aber auch zu anderem Mitwirken lade ich Euch, meine Brüder, auf's inständigste ein, indem Ihr uns mit passenden Beiträgen, Nachrichten aus dem Vereins- und Volksleben tätig unterstützet. Da wir uns über das ganze deutsche Vaterland und schon drüber hinaus verbreiten, dürfte dem Blatte nichts Interessantes und Wissenswertes entgehen. Dahin gehören besonders Nachrichten aus dem Gewerbs- und häuslichen Leben, Sittenzustände in Herbergen, Werkstätten wie im öffentlichen Volksleben, alte und neue Handwerksordnungen, die einschlägige Gesetzgebung [etc.]. Auch bitten wir, uns solche Leute namhaft zu machen, die für unser Volksblatt zu schreiben Lust und Geschick besitzen, und fordern solche Leute nur zur Mitwirkung auf"[81].

Seit dem 1. April 1854 gab Kolping die „Rheinischen Volksblätter für Haus, Familie und Handwerk" heraus. Er nahm gleichzeitig als Gründer die Aufgaben des Verlegers, Schriftleiters und Redakteurs selbst wahr[82]. Jede Woche redigierte er das 16 Seiten umfassende Blatt und schrieb einen Großteil der Beiträge der jährlich etwa 800 Seiten selbst. Im Durchschnitt der 12 von ihm selbst bearbeiteten Jahrgänge von 1854 bis 1865 verfaßte Kolping etwa 45% der Artikel. Die höchste Eigenbeteiligung erbrachte er im Jahre 1861 mit ca. 55%, der niedrigste Eigenbeitrag in seinem Todesjahr 1865 lag bei 24%. Zahlreiche Beiträge, von Kolping umformuliert, waren Entlehnungen aus anderen Zeitungen, die Kolping geschickt zur Darstellung seiner Weltsicht und Deutung nutzte. „Besser, ich schreibe, so gut ich's weiß und kann, die Wahrheit, auch wenn sie nicht allen Leuten gefällt, halte mich an unsern Herrgott und schäme mich seiner, seines Glaubens und seiner Gebote gar nicht, auch wenn meine Aufklärung der Aufklärung anderer Leute im Wege steht; besser, ich suche den Leuten wirklich zu nützen, als bloß zu gefallen; besser, ich werde bisweilen unangenehm als gefährlich; besser, ich mache den Leuten hier und da irdische Kopfschmerzen als ewige Herzenspein; besser, ich arbeite zur Ehre Gottes als um des Geldes willen"[83].

Über den Erfolg, den er innerhalb weniger Jahre mit seinem Blättchen – wie er selbst es zu nennen pflegte – erreichte, berichtete er nicht ohne Stolz seinem Freund Reichensperger: „Ich zähle bereits über 6050 Abonnenten, und kommen täglich noch neue. Sie sehen auch, wir sind Männer des ‚Fortschritts' ... Die Kölnischen Blätter haben 3000, die Kölnische Zeitung 16000 stempeln lassen"[84]. Da jedes Exemplar von mehreren Personen gelesen wurde (Familien- und Vereinsabonnements), ist die Annahme einer Leserschaft von 30000 nicht zu hoch gegriffen[85].

Katholisches Denken sollen die Blätter vermitteln: „*Brauchbares* für's Haus und die Familie und zwar in heiterer und ernster Form, wie die Sache es leiden kann. Oft wollen sie unterhalten, immer belehren, weniger predigen, nie schimpfen. Mitteilungen sollen sie bringen und aus dem Hauswesen für's Haus, aus dem Familienleben für die Familie, Eigenes und Fremdes, wenn's nur gut ist und Nutzen stiften kann. In den ‚*Rheinischen Volksblättern*' soll der Großvater gerade so gut lesen können als das Schulkind, das aus Vorwitz in dem neuen Blättchen liest. Selbst dies Naschen soll ihm nicht schaden. Die jungen Burschen sollen die ‚Blätter' auch lesen mögen, und die züchtigste Jungfrau über ihre Lektüre durch unsere Schuld keinen Schaden nehmen. Bis in den Kochtopf wollen die ‚Blätter' zwar nicht gerade hineingucken, aber sich doch um Vieles kümmern, was gewöhnlich hinter den Gardinen versteckt wird. Ein tüchtiger Kehrbesen wird wohl zuweilen – wo's Not tut – angewendet, aber auch auf Feuerung wird Bedacht genommen, damit es wärmer wird, wo es droht, kalt zu werden. Von der Kindererziehung kommt darin vor und vom Heiraten und was im Hause sich zwischen Wiege und Sarg zu bewegen pflegt; und wenn's Zusammenwohnen und das Donnerwetter nicht beschrieben ist, so wird das in den ‚*Rheinischen Volksblättern*' doch noch beschrieben. In seidenen Schuhen kommt das Blatt nicht gerade gegangen, und in Glaçé-Handschuhen wird es nicht geschrieben, sondern Alles soll zwar manierlich, aber ehrlich und gerade heraus"[86].

Kolping verfolgte mit der Zeitschrift also mehrere Ziele: Volksbildung und Erziehung im handwerklichen und ländlichen Bereich, Kommentierung des Weltgeschehens aus konservativ-katholischer Sicht und Verbreitung des Gesellenvereins und seiner Idee. Erzählungen, Lebensregeln, Reiseberichte, biographische Skizzen und Nachrichten aus verschiedensten Bereichen waren Hauptinhalte der Volksblätter[87].

Eine als „Politisches Tagebuch" bezeichnete Reihe, die überwiegend aus Kolpings Feder stammte und etwa 26,5% des Gesamtumfangs der zwölf Jahrgänge ausmachte, war wohl der wichtigste Eigenbeitrag. Die Themenkreise Kirche und Religion (einschließlich der Diözesannachrichten aus Köln) machten etwa 16,9% der Beiträge aus. Handwerksfragen waren nur mit ca. 2,2% vertreten und erfüllten damit den selbst gestellten Anspruch nicht. Jede Ausgabe enthielt eine Sparte „Katholischer Gesellenverein" (ca. 6,3% des Gesamttextes), in der Vereinsberichte – nicht nur aus deutschsprachigen Ländern – veröffentlicht und von Kolping mit Ermunterungen oder auch kritischen Anmerkungen versehen, publiziert wurden.

Kolping kannte die Wirkung seiner Zeitschrift und wollte auch bei Anwendungen von Repressalien seinen Kurs nicht wechseln. „Die Volksblätter aber sind hier von sehr großer Wichtigkeit, sind sie am Rhein doch endlich die einzigen katholischen Blätter, die am Leben geblieben sind. Sie tun nach zwei Seiten ihre Pflicht. Im Publikum rütteln sie, wenn auch nur gelegentlich, den katholischen Glauben wach und werden in der Tat von andern Seiten geradezu gefürchtet"[88].

Das Blatt kam bei der überwiegenden Mehrheit der Leser an: „Nur das will ich dir zum Trost sagen, daß mit der Politik des Blättchens das Volk am Rhein in der großen Mehrzahl ganz einverstanden ist. Nur der verblendete liberale Protestantismus in der Presse und sonstwo sucht das Wasser zu trüben. Er ist weniger stark als frech"[89]. Dazu paßt auch die Mahnung Kolpings an andere Zeitschriften, die gern Artikel aus den Volksblättern übernahmen: „Rippenstoß. Wenn ihr Faulpelze mir noch einmal die Rheinischen Volksblätter plündert, ohne zu sagen, woher ihr die Sachen alle herhabt, dann – zeige ich Euch beim großen Publikum an und lasse Euch gratis sehen. Verstanden? Der Herausgeber"[90].

Kolpings einleitende Bemerkung zum Programm der Zeitschrift, sich aufs „Politiktreiben" nicht einlassen zu wollen, nahmen ihm schon die „Historisch-Politischen Blätter" aus München nicht ab: „Ferner aber treibt ... Kolping in den ‚Volksblättern' auch Politik, und zwar eifrige *Partei*-Politik. Die Partei, die er ergriffen hat, ist die Unsers Herrgotts. Der müsse jedenfalls immer zuletzt Recht behalten, lautet das politische Axiom der ‚Volksblätter', und dabei mag der glückliche ... Kolping allerdings über Türken und Engländer, Russen und Franzosen hin- und her räsonnieren nach Herzenslust, er wird offenbar nie zu Schanden werden, und ebenso offenbar ist es damit gerade Politik genug für das Volk"[91].

Bald wurde auch die preußische Regierung auf das Blatt und seine Erfolge aufmerksam. Kolping bekam das gleich zu spüren: „Was die Persönlichkeit des Kolping anbetrifft, so macht der Regierungs-Präsident aufmerksam auf die von dem Kolping redigierte, auf die geringen Mittelklassen berechnete politische Zeitschrift: die Rheinischen Volksblätter. Sein Urteil geht dahin, daß die Rheinischen Volksblätter denselben Charakter haben, welchen die deutsche Volkshalle hatte, und er sucht dies dadurch zu begründen, daß diese Zeitschrift in dem politischen Teile Preußen fast gänzlich ignoriert, während sie in der religiösen Besprechung ausschließlich den streng katholischen Standpunkt festhält.

Der Ober-Präsident tritt diesem Urteile entgegen, und ich muß dieser Ansicht beipflichten. Daß das von einem katholischen Geistlichen redigierte und für Katholiken berechnete Blatt den katholischen Standpunkt festhält, und daß es von diesem auch die katholische Kirche als die alleinige Quelle des Heiles hinstellt, liegt in der Natur der Sache. Nur dann würde man hierin Bedenkliches finden können, wenn hiermit eine Polemik gegen die anderen Konfessionen verbunden wäre. Dies ist aber nicht der Fall. Das Blatt verschließt sich der Duldung nicht, ... Er ... findet die Haltung der Zeitschrift vom katholischen Standpunkte aus eher maßvoll als ausschreitend. Immerhin kann aber auch er die Bedenken nicht ganz von sich weisen, ...

Der politische Teil bespricht Preußen freilich fast gar nicht, allein ich möchte hierin eher ein günstiges, als ein nachteiliges Moment erblicken. Den Diskussionen und Erörterungen über das Vaterland wird dadurch der Boden entzogen, und daß dies mal (wohl) die Absicht gewesen ist, möchte daraus zu entnehmen sein, daß Kolping wiederholt und energisch ausspricht; der Handwerker habe sich um Politik nicht zu kümmern, sein Beruf sei, sich in seinem Fache auszubilden, die Verhältnisse des bürgerlichen Lebens kennenzulernen und ein nützlich Mitglied der bürgerlichen Gesellschaft zu werden. Er warnt vor jedem Abwege wiederholt“[92].

Die Berichterstattung über Preußen ist eher als maßvoll und vorsichtig zu bezeichnen, wenn sie überhaupt zur Sprache kam. „Ich muß ohne hin die Volksblätter durchaus politisch machen, bloß um auch gegen auswärtige und inwendige Feinde zu kämpfen ... Du solltest einmal das Blättchen damit paradieren sehen und – unser Volk verschlänge die Kost. Ein gutes Gegengift gegen Kölner Zeitung und Genossen die jetzt über die befohlene Mobilmachung ganz wütend sind“[93].

Die „Rheinischen Volksblätter“ wurden nach 1858 zunehmend zu einem politischen Wochenblatt mit großdeutsch-österreichischer und ultramontaner Ausrichtung. Darum verwundert es nicht, wenn Kolping schon bald wieder kritisch unter die Lupe genommen wurde: „Ich selbst stehe mit den Rheinischen Volksblättern wieder unter spezieller preußischer Polizeiaufsicht, was aber meinen Schlaf nicht im mindesten beunruhigt, wenn ich überhaupt schlafen kann“[94].

Die Ereignisse im Kirchenstaat und deren publizistische Bewertung durch Kolping der keinen Versuch einer objektiven Darstellung machte, nahmen immer größeren Raum ein: „Allerdings, an Gegnern und Widersachern, heimlichen und öffentlichen fehlt es uns – wir hätten bald gesagt, gottlob – nicht; aber diese gehören bekanntlich einem Lager an, das andere Feldzeichen führt als wir, und daß wir uns zu viel aus ihnen machten, können unsere Leser sicher nicht sagen. In der Regel werden sie gründlich ignoriert, und zwar wie billig. Nur wenn's wirklich der Mühe wert ist oder werden sollte, scheuen wir auch den Kampf nicht. Wir wissen sehr gut, Gesellenverein, der *Katholische* nämlich, und „Rheinische Volksblätter" sind gewissen Fortschrittsleuten ein Dorn im Auge oder auch zwei; wir bedauern die armen Leute, können aber unmöglich darum nach fremder Pfeife tanzen"[95].

Die Mitarbeiterzahl hielt sich in überschaubaren Grenzen, wohl weil Kolping hohe Ansprüche stellte, aber nur geringe Honorarzahlungen leistete. Ähnlich wie Kolping sich für die Bildung der Präsides einsetzte, förderte er auch publizistischen Nachwuchs unter den Klerikern. Der Schlesier Robert Krause (1836–1922) erhielt von Kolping in Briefen regelrechten Fernunterricht, trat aber nach seiner Mitarbeit in dessen Publikationen nicht weiter an die Öffentlichkeit. Der Rheinländer Joseph Hubert van Endert (1834–1885) publizierte auch unter dem Pseudonym Joseph Hubert Clericus[96].

„Briefkasten"

Auf eine Einrichtung ist in diesem Zusammenhang ganz besonders hinzuweisen. In den „Rheinischen Volksblättern" findet sich eine offensichtlich vielgelesene Rubrik „Briefkasten"[97]. Chronischer Zeitmangel, Sparen von Portokosten, Regelmäßigkeit der Übermittlung und sicher auch Werbeeffekte für die Zeitschrift mögen Kolping veranlaßt haben, diese auch in anderen Zeitungen übliche Rubrik seinen eigenen Zwecken anzupassen. Hier beantwortete er persönliche und amtliche Briefe in Kurzfassung. Einige Beispiele:

G. in W.: (Das ist Gruscha in Wien).
„Bitte um Nachricht und Bericht."
M. in M.: (Das ist Mayer in München).
„Aber ich bitte um Beschleunigung der Antwort."
A. Z. in S.: (Das ist Albrecht Ziegler in Soest).
„Ich bin im Werke"[98].
A. u. E.: (Das sind Antonie und Ernst Mittweg).
„Wieder ein Strich durch die Rechnung."
M. in B.: (Das ist Müller in Berlin).
„Aber ich bitte, nicht zu viel auf einmal. Man kann einmal nicht allen Leuten helfen"[99].

Mit diesen Beispielen ist gleichzeitig auch ein Hinweis auf die Leserschaft der „Rheinischen Volksblätter" gegeben. Sowohl persönliche Freunde als amtliche Briefpartner waren also gehalten, die Blätter zu abonnieren, wollten sie den Kontakt regelmäßig erhalten. Bisher war es leider nicht möglich, diese Rubrik ganz auszuwerten. Sie würde Kolping und seine persönlichen Beziehungen noch weiter erhellen. Diese Einrichtung hatte Kolpings früherer Münchener Studienkollege Franz Lorinser auch im „Schlesischen Kirchenblatt" eingeführt. Er war daran interessiert, diese Rubrik in den beiden Blättern auszutauschen.

Franz Lorinser

Bereits in München war Kolping dem Schlesier Franz Lorinser begegnet, der später als Redakteur des „Schlesischen Kirchenblattes" publizistisch nicht sonderlich erfolgreich wirkte, jedoch zum Domkapitular in Breslau aufstieg[100]. Dieser Studienkollege bezeichnete die „Rheinischen Volksblätter" als „eines der besten katholischen Blätter, welche gegenwärtig in Deutschland erscheinen". ... „Wer allwöchentlich einen kurzen geistreichen, und vom katholischen Standpunkt geschauten Überblick über die politischen Tagesereignisse lesen will, wie er ihn in keiner größeren Zeitung bündiger und besser geschrieben sein kann, der abonniere auf dieses sehr billige Blatt"[101].

Lorinser widmete in seinem Organ Kolping und den Katholischen Gesellenvereinen – vor allem in Schlesien – besondere Beachtung[102] und gehörte damit zu den stillen Förderern. 1860 empfahl Kolping Frau Mittweg ein Buch seines Studiengenossen, „seitdem noch immer ... befreundet, wenn wir uns auch selten schreiben"[103].

Friedrich Pilgram

Im Sommer 1856 veröffentlichte unter dem Zeichen „P." ein bisher nicht identifizierter Mitarbeiter der „Rheinischen Volksblätter" Auszüge aus Hubers Reisebriefen aus Belgien, England und Frankreich, die er mit originellen Kommentaren und erläuternden Zwischentexten verband[104]. Derselbe Mitarbeiter hatte schon zu Beginn des Jahres unter dem Titel „Vom Lande. Die Hausarmen in der Teuerung" die Feststellung gemacht, „daß die bettelnden Armen viel weniger leiden, als diejenigen, welche aus Schüchternheit und Ehrgefühl sich nicht zum Betteln oder zur Beanspruchung der öffentlichen Armenkassen entschließen können"[105]. Im Jahre 1857 brachte dieser Autor eine Zusammenfassung der im Vorjahre in den „Rheinischen Volksblättern" geführten Diskussion über Assoziationen und Innungen[106]. Bei ihm handelt es sich um Kolpings Freund Friedrich Pilgram[107], der „einer der ersten christlichen Theoretiker war, der die soziale Frage in ihrer ganzen Tragweite durchschaute und zur Sprache brachte"[108].

Die Beziehungen zwischen Kolping und diesem zu Unrecht in Vergessenheit geratenen bedeutenden Laientheologen blieben bisher nahezu unbekannt. Dabei gibt es Anhaltspunkte, die schon auf eine frühere Bekanntschaft der beiden hinweisen. Pilgram wechselte in Köln von der Realschule auf das Marzellengymnasium. Hier wäre eine Begegnung durchaus möglich gewesen. Im Jahre 1846 konvertierte Pilgram nach gründlichen philosophischen Studien in Halle, Bonn und Berlin unter der geistlichen Führung von August Seydell in Koblenz[109].

Unter Pilgrams Leitung verfaßte ein Freundeskreis einen inhaltsreichen Aufruf, die Wahlen im Jahre 1848 aus grundsätzlichen Erwägungen zu boykottieren. Die dort formulierte – auf dem Glauben basierende – Einstellung zu politischen und sozialen Fragen der Zeit dürfte auch Kolping nicht entgangen sein: „Mit den letzten Ereignissen ist auch das letzte Verhältnis, die letzte Verbindung und Übereinstimmung des Staates mit der Kirche in Geist, Inhalt und Form entschwunden, der Staat hat sich vollkommen von ihr losgerissen und fängt an, sich zu einer eigenen, völlig indifferenen Welt neben sie zu setzen. Das Resultat wird sein, daß er immer mehr aus seinem etzt nur gleichgültigen Verhalten zu entschiedenerem Widerspruche hingetrieben vird; denn an sich ist der Widerspruch schon da, er heißt: *Volkssouveränität gegen das Königtum von Gottes Gnaden;* er tritt noch schärfer in der Forderung hervor, *daß die Einzelnen das Recht setzen, wo doch das Recht ein göttlich Gegebenes ist,* welches auf dem Wege der Geschichte zu seiner zeitlichen Erscheinung kommt.

Wir glauben bei dieser Auffassung von vorn herein *das* Verhalten annehmen zu müssen, daß wir allerdings dem Staate gehorsam sind in dem Sinne, wie die ersten Christen dem heidnischen Staate auch gehorsam waren, d. h. leidend, nicht mitwirkend. Wir glauben daher von aller und jeder Betätigung an der Ausübung der uns durch die neueren Umwälzungen überkommenen oder zugeschobenen sogenannten politischen Rechte absehen zu müssen. Nicht aus Gleichgültigkeit, sondern in dem Sinne eines aktiven Zurückziehens wollen wir nichts tun, was irgend wie ein Eingehen auf die neueren Tendenzen voraussetzt; nicht so, daß wir sie mit denselben Waffen, womit sie kämpfen, wieder bekämpfen, daß wir, in demokratischer Form uns selbst bewegend, zu ihrer Auflösung, etwa in Erstrebung monarchischer Ziele, uns bestimmen lassen; aber auch nicht *so,* daß wir innerhalb dieser Formen dazu beitragen, untergeordnete, unwesentliche Zwecke, als momentanen, scheinbaren Frieden zu erreichen; sondern in der Weise, daß wir uns zurückziehen, positiv zurückziehen in persönlichem Abschluß, daß wir uns vor jeder Teilnahme bewahren und nur für uns und in besonderen Kreisen die Bestrebungen des Tages bekämpfen.

In diesen zunächst liegenden Kreisen erkennen wir auch die Gelegenheit zur Begründung wahrhaft positiver Gestaltung der Lebensverhältnisse; denn die Lösung der Hauptfrage der Gegenwart liegt nicht auf allgemein politischem, sondern auf sozialem Gebiete. Auf diesem tritt uns als eines der erfreulichsten Zeichen der Zeit entgegen der Drang nach einem Neubau des Lebens durch Korporationen und Assoziationen, die sich auf der besonderen Lage und Stellung der einzelnen Berufe gründen. *Von der besonderen Stellung allein ist eine wahrhafte Erfassung auch der allgemeinen Frage möglich und Jeder kann nur von da aus organisch wirken, wo er steht*"[110].

In den Jahren 1848 bis 1853 war Pilgram Mitarbeiter der „Rheinischen" bzw. „Deutschen Volkshalle", deren Chefredakteur er 1852 werden sollte[111]. Zu dieser Zeit hatte er sich bereits in dem kleinen Ort Monheim am Rhein niedergelassen, um sich nur wissenschaftlichen und schriftstellerischen Arbeiten zu widmen. Er war der Überzeugung, in einer Zeit zu leben, in der „aus den tiefsten Tiefen der Menschenwelt sich ein vielgestaltiger Zusammenhang von Erscheinungen hervordrängt, die einen Wendepunkt in der Weltgeschichte andeuten und das höchste Interesse denkender Männer vollauf in Anspruch nehmen"[112].

Pilgram hatte seinen Freund Kolping, mit dem er zu diesem Zeitpunkt eine gemeinsame Tirolreise plante, dem Redakteur der „Historisch-Politischen Blätter", Edmund Jörg, besonders empfohlen. Er schrieb ihm: „Neulich war ich mit Kolping zusammen, derselbe äußerte sein Bedauern, daß er Sie bei seiner Anwesenheit in München … nicht habe besuchen und Ihre Bekanntschaft machen können. Er sprach sich u. a. lebhaft über das Bedürfnis einer hinlänglich vollständigen Bearbeitung der Geschichte des Innungs-Wesens, einer für praktische Zwecke brauchbaren Darstellung seiner Bedeutung im Mittelalter aus"[113].

Der Berliner Legationsrat von Kehler, selbst 1849 in Köln konvertiert, beurteilte seinen Freund Pilgram: „Schon zeitig mit philosophischen Studien vertraut, hatte er in einem Kreise geweckter Studiengenossen ... gelernt, mit unerbittlicher Schärfe des Verstandes die Konsequenzen aus den liberalen Prinzipien zunächst auf politischem und sozialem Gebiete zu ziehen, welche zu jener Zeit mehr wie jetzt gang und gäbe waren. Die völlige Unhaltbarkeit und Sinnlosigkeit der Resultate, ... zwang ihn zur Anerkennung der Autorität zunächst nur auf staatlichem Gebiete. Die Notwendigkeit, für die staatliche Autorität eine vernünftige und sittliche Basis zu finden, führte ihn zur Religion, als der alleinigen Quelle aller Autorität, und unter den verschiedenen Religionen wiederum zur katholischen Kirche als der einzigen, in welcher das Autoritätsprinzip zum vollendeten Ausdruck gekommen ist“[114].

So ist das Kirchenbild Pilgrams nicht nur theologisch-dogmatisch definiert, sondern in einen sozialen Kontext gestellt, in dem auch die Alltagsprobleme ihrer Glieder ihren Platz haben. Im hinterlassenen Monheimer Manuskript formulierte er: „Die Pflichten des Menschen zur Kirche sind ganz gewiß, sofern sie Pflichten direkt gegen Gott sind, die höchsten Pflichten. Aber diese höchsten Pflichten stehen nicht für sich allein da, sondern sie stehen im Zusammenhang mit allen anderen Pflichten ... Hier findet dann das Wort Anwendung ‚So jemand sagt, ich liebe Gott, und hasset seinen Bruder, der ist ein Lügner‘ ... Die Kirche steht auf dem Gipfelpunkt und an der Spitze der Welt, sie steht da aber nicht für sich allein, sondern in einem inneren Zusammenhang mit der Menschheit und allem, was ist, und in diesem inneren und gegebenen Zusammenhang muß sie erkannt, gewollt, geliebt werden, darf also nicht zu einem abstrakten Dasein im Begriff geführt werden, in dem sich die Zusammenhänge auflösen, die die übrige Weltwirklichkeit mit ihr hat“[115].

Pilgrams Denken und seine Theologie hatte vor allem die Phänomene in seine Betrachtungen einbezogen, die seine Zeit besonders prägten: „Das erste dieser Phänomene war die *Einheit*, nach der das Denken des 19. Jahrhunderts seit Hegel allenthalben suchte. Hegels Maxime, daß die wahre Gestalt, in welcher die Wahrheit existiert, allein ‚das wissenschaftliche System derselben‘ ist, steht als Leitstern auch über Pilgrams Denken. Deshalb ist ‚Zusammenhang‘ das entscheidende Stichwort der Pilgramschen Theologie. Es soll nicht Faktenwissen vorgetragen, sondern es soll die Beziehung aller einzelnen Momente zueinander erkannt werden ... Weil Pilgram diese Maxime von Anfang an befolgt, ist er vielen seiner Zeitgenossen überlegen. Denn er ist fähig, Zusammenhänge dort zu sehen, wo andere nur einzelne Symptome wahrnehmen ... Das zweite Grundphänomen, das Pilgram bemerkte und von dem her er das Christentum zu verstehen suchte, war die *Theorie-Praxis-Problematik* ... Und das dritte und vielleicht von der Wirkungsgeschichte her entscheidendste Grundphänomen, das Pilgrams Denken bewegte, war die *soziale Verfaßtheit* des Menschen, die um die Mitte des Jahrhunderts sichtbar und dennoch vom christlichen Denken kaum wahrgenommen wurde. Im Lichte dieser drei Horizonte wollte Pilgram ‚Forschungen‘ vorlegen, die es dem modernen Menschen ermöglichen sollten, verantworteter und konkreter zu glauben“[116].

Lebensalltag und Arbeitswelt können aus einem praktizierten Glauben nicht ausgeklammert werden. Pilgram ging darum die „Soziale Frage“ vom Glauben her an. Er wies deutlich auf die zu lösenden Probleme hin und analysierte die wichtigsten Vorschläge zur Organisation und Reform der Gesellschaft, insbesondere der Arbeitswelt. Daß Kolping diese Fragen von einem Fachmann in den „Rheinischen Volksblättern" darstellen ließ, zeigt seine Aufgeschlossenheit für den gesamten Fragenkomplex, aber auch seine Zurückhaltung wegen fehlender Kompetenz. Er hatte keine Schwierigkeiten, die Positionen Pilgrams zu übernehmen.

„Die Einen wollen in demokratisch-revolutionärer Weise einen ganz neuen Zustand der Gesellschaft herstellen, indem die unsinnige Idee der revolutionären Freiheit und Gleichheit auch im Besitz und Erwerb ausgeführt werden soll. Von diesen kommunistischen Träumereien wollen wir hier nicht weiter reden.

Die Andern glauben, Alles würde wieder gut, wenn nur erst die Gesellschaft wieder so eingerichtet würde, wie sie vor Hunderten von Jahren war ... Die Ansicht also, welche diese alten Einrichtungen ... wieder herstellen möchte und z. B. an der Wiedereinführung des *alten* Zunftwesens hängt, kann nach unserer Meinung unmöglich Erfolg haben. Diese Ansicht ist eigentlich ein Seitenstück dessen, was man in der Politik Reaktion nennt.

Die dritte Richtung, die wir im Gegensatz gegen die erste (die revolutionäre) und gegen die zweite (die reaktionäre) die *geschichtlich* konservative nennen wollen, verkennt nicht das Gute in den Einrichtungen der Vergangenheit. Sie wendet dasselbe auch auf die Gegenwart an, aber nur so, wie es für diese paßt. Diese Ansicht unterscheidet also in allem dem, was früher da war, zweierlei a) die allgemeine Wahrheit und b) deren besondere Ausgestaltung in einer besonderen, gewissen Zeit. In den Zünften z. B. erkennt sie als allgemeine Wahrheit an, die Vereinigung im Geschäft- und Gewerbeleben, die sich in denselben darstellte und ausführte, durch welche die ihnen Angehörigen eine gesicherte Stellung in der Gesellschaft erlangten. Indem sie aber dieses als das Prinzip, den Grundgedanken an den Zünften auch für unsere Zeit anerkennt, übersieht sie keineswegs, daß dieses selbe Prinzip unter den ganz veränderten Verhältnissen unserer Tage sich notwendiger Weise in ganz anderer Art verkörpern muß, als in jenen früheren Zeiten. Zu den besonderen Lebensverhältnissen der Gegenwart gehören unter Andern auch die zahllosen neuen Erfindungen der Industrie, die Maschinen u.s.w. Dieselben machen einen Betrieb, wie sie das Zunftwesen voraussetzt, unmöglich"[117].

Pilgram blieb nicht bei einer Situationsanalyse stehen. Er dachte nationübergreifend kreativ und wollte englische und französische Vorbilder den deutschen Verhältnissen anpassen: „Die Art und Form, wie dieser Weg einzuschlagen ist, zeigen im Allgemeinen die englischen und französischen Assoziationen. Diese Assoziationen enthalten sicher noch manches Verkehrte ... Richtig aber ist ihr gemeinsamer Grundgedanken: durch eine Vereinigung ähnlich gestellter Personen, Berufsgenossen, mit ihren Arbeitskräften und Geldmitteln, dieses und jenes Handwerk und Geschäft gemeinsam und mit gemeinsamen Gewinn und Verlust in möglichst größerm Umfange zu betreiben und dadurch die Konkurrenz der größeren Unternehmer zu überwinden ...

Bedenkt man aber weiter, daß bei einer solchen Vereinigung freier Arbeiter, die für ihr gemeinsames Geschäft arbeiten, sich in der Regel bessere Leistungen erwarten lassen, als von solchen, die um einen kargen Lohn bei nicht genügender Ernährung zu bloßen Fabrikarbeitern irgend welcher spekulierenden Handelsleute herab gedrückt sind, so muß man zugeben, daß sich in solcher Konkurrenz mit dem Kapital mit allem Grunde völliger Sieg für den Verein erwarten läßt. Dazu kommt nun noch, daß gewiß der bessere Teil des verbrauchenden Publikums derartigen Bestrebungen seine Aufmerksamkeit zuwenden und sie durch Abnahme der Arbeit und Zuwendung ihrer Kundschaft unterstützen werde. Je enger eine solche Vereinigung mit der Zeit sich gestalten könnte, desto besser wäre es sicher für den Betrieb des Geschäfts. Eine Vereinigung, die sich darauf beschränkt, die Produkte, welche jeder Einzelne für sich selbst verarbeitet zum gemeinsamen Verkauf auszubieten ..., ist gewiß schon Etwas und kann manchen Vorteil bringen: erfolgreicher würde aber sicher die Vereinigung dann sein, wenn sie sich auf die Arbeit selbst erstreckte. Gemeinsame Arbeitszeit in einem gemeinsamen Lokale würde eine größere Teilung der Arbeit in ihren einzelnen Zweigen möglich machen, von welcher bekanntlich in Fabriken zum großen Teil die Schnelligkeit und mithin Billigkeit der Produktion abhängt. Ferner wäre durch solche Vereinigung die Anschaffung gemeinsamer Werkzeuge und Maschinen, überhaupt die rasche Aneignung neuer Erfindungen bedingt, von welchem Allem bekanntlich oft viel abhängt u.s.w. ...

Wer etwa meinen sollte, diese Gedanken seien nicht ausführbar oder doch noch lange nicht zeitgemäß, den verweisen wir eben auf die englischen und französischen Assoziationen. Ausführbar ist die Sache gewiß; daß sie etwas für unsere deutschen Verhältnisse schwierig ist, d.h. *jetzt noch* schwierig ist, soll und kann nicht geläugnet werden. Es gehört zu solchen Vereinigungen natürlich vor Allem wahre Einigkeit im Herzen, dann gehören dazu solche Leute, ... die moralische Leiter und Autoritäten solcher Einigungen abgeben können. Beide Erfordernisse, hoffen wir, werden sich zur Zeit auch in Deutschland finden, wenn wir Deutsche zu einer *solchen* Erneuerung des Innungswesens in einer innigern Vereinigung des Mittelstandes, die dessen einziges Rettungsmittel ist, durch größere Liebe reif und durch den Druck der Verhältnisse empfänglich genug gemacht sind[118].

Victor Aimé Huber

Der vielfach verkannte Sozialreformer Victor Aimé Huber[119] fand über Döllinger und den Kreis um die „Historisch-Politischen Blätter" Kontakt zu Kolping. Direkter Vermittler dürfte Friedrich Pilgram gewesen sein, der ebenfalls Kontakte nach München und auch zu Adolph Kolping hatte.

Der 13 Jahre Ältere, promovierter Mediziner und Philologe, hatte nach seiner Konversion 1829 eine enge Bindung an den Protestantismus lutherischer Prägung. Huber entwickelte seine Kapitalismuskritik, angeregt durch eine Studienreise im Sommer 1844 nach England, in Verbindung mit seinen Ideen zum Genossenschaftswesen in den Jahren 1845 bis 1848. Weder katholische noch marxistische Gesellschaftskritik haben ihn inspiriert. Victor Aimé Huber hatte im Bereich der evangelischen Kirche „längst vor 1848 die Gestalt des Modernen Arbeiters nun wirklich ins Auge gefaßt" und damit „den innersten Nerv des neuen Sozialwerdens berührt". Er ging mit seinen Vorschlägen und Programmen über die „rettende Liebe" eines Wichern zur „gestaltenden Liebe" über, deren Verwirklichung er als eine Frage der Gerechtigkeit ansah[120]. So ist er in der Reihe der „bedeutendsten Christlich-Sozialen" zu sehen, der, neben Pilgram, „als erster das soziale Problem des 19. Jahrhunderts in seiner ganzen Bedeutung erkannt" hatte. Er forderte darum „nicht allein Sinnesänderung, sondern gleich kräftig Änderung der realen ökonomischen Verhältnisse"[121]. Schon 1849 hatte er sich in seiner Vorlesung in Berlin mit der „Sozialen Frage" befaßt. So kann wohl mit Recht angenommen werden, daß er zu den ersten Hochschullehrern gehörte, die diese Thematik in akademische Lehrveranstaltungen einbrachten[122]. Bald gab er seine Berliner Professur auf und lebte als freier Schriftsteller in Wernigerode im Harz. Dort beschäftigte er sich in Theorie und Praxis mit Ideen zur Selbsthilfe der arbeitenden Klasse.

Als Mitarbeiter der „Rheinischen Volksblätter" schrieb Huber einen Beitrag „Über einige Handwerker-Assoziationen in Deutschland", in dem er die Aktivitäten von Schulze-Delitzsch positiv beurteilte[123]. Die „Assoziationen" sollten die einfachen Leute sozial sichern, das dazu erforderliche Kapital sollte von den begüterten Schichten aufgebracht bzw. beschafft werden. Bei ihm überwog die Idee der Kollektiven Produktionsgenossenschaft jedoch vor dem Selbsthilfegedanken, wie ihn etwa Schulze-Delitzsch vertrat.

Huber hatte sich zum Ziel gesetzt, Arbeiter und Handwerker wieder in die Gesellschaft und in die Kirche(n) zu integrieren. Er dachte an eine genossenschaftliche Gesamtordnung und empfahl das Modell der „Assoziation" gegen das Prinzip der Konkurrenz. Über ein praktisches Beispiel, den „Darlehnsverein zu St. Theobaldi", berichtete er ausführlich in den „Rheinischen Volksblättern"[124]. Kolping kommentierte kurz und knapp, aber zustimmend: „Wir erhalten diese Mitteilung vom Gründer selber, der wieder praktisch gezeigt hat, was *ein* Mann, der das Herz auf dem rechten Flecke hat, in seiner Umgebung Gutes und Nützliches wirken kann"[125].

Im Herbst des Jahres 1856 lernte Huber Kolping persönlich kennen und berichtete: „Erquicklicher war der Aufenthalt in Köln ..., besonders der Verkehr mit dem großen katholischen Gesellenverein und dessen Gründer Domvikar Kolping, wo ich ... einen langen Vortrag vor gefülltesten Bänken hielt"[126]. Er beließ es auch in Köln nicht bei bloßen Worten und initiierte einen Konsumverein der Schuhmacher-Meistergenossenschaft[127].

Knapp zwölf Jahre später besuchte er noch einmal den Kölner Gesellenverein, ein „Erbstück" seines „lieben alten Freundes Kolping". Die „frische(n) tüchtige(n) Gesellen" veranlaßten ihn zu einer kritischen Stellungnahme über die evangelischen Jünglingsvereine: „Der offenbare und laut genug geäußerte Eindruck war denn auch für einen, der an die dumpfe, schwerfällige, gebundene Weise unserer Jünglingsvereine gewöhnt ist, nicht wenig erquicklich"[128].

Im Jahre 1859 schrieb Huber in den „Rheinischen Volksblättern" über zwei künstlerische Holzschnitte mit Darstellungen religiöser Themen. Kolping übernahm die Werbung mit dem Hinweis, „daß auch auf dem Gebiete der christlichen Kunst unsere im Glauben getrennte[n] Brüder uns wieder näher rücken, daß wir wirklich in vielen recht christlichen Dingen uns die Hand reichen können"[129].

Kolping wies mit Huber manche Gemeinsamkeiten auf. Lösungswege der „Sozialen Frage", die der Liberalismus und der Sozialismus anboten, lehnte er rundweg ab. Dazu verband ihn mit Kolping seine großdeutsche politische Einstellung. Zunächst skeptisch bis ablehnend, stand Huber nach praktischen Studien und mehrjähriger Erfahrung den Gewerkschaften, dem Streikrecht und der Gewinnbeteiligung der Arbeiter positiv gegenüber. In der Frage der Mitbestimmung blieb er jedoch zurückhaltend. Das wiederum waren Fragen, die nicht Kolpings Interesse als Seelsorger und Pädagoge fanden. In ihren Motivationen für ihren sozialen Einsatz zeigten sie größere Übereinstimmung: „Von Erhalten kann ohne Fortbildung nimmermehr die Rede sein, und insofern die Fortbildung immer eine Zeugung begreift und Zeugung ohne Liebe entweder unmöglich oder ein Greuel ist, bleibt die erste Forderung an eine wirklich konservative Lebenshaltung, daß ein *Herz für das Volk* da sei. *Wo das* nur vorhanden ist, da findet sich der Sinn und die richtige Einsicht gar leicht." Er definierte seinen Begriff von Liebe: „So können wir denselben für unseren Zweck unbedenklich durch den Ausdruck ‚Billigkeit' (aequitas) ersetzen ..." Diese Billigkeit war für Huber „das sicherste Mittel der Befriedigung auch wohlverstandener Interessen[130].

Auch in Fragen von Theorien und abstrakten wissenschaftlichen Erkenntnissen konnten die beiden Männer leicht Einigkeit erzielen: „Am liebsten aber berufen wir uns unsere eigene Auffassung ... nicht auf dieses oder jenes Buch, diese oder jene Schule, diese oder jene wissenschaftliche Autorität, sondern unmittelbar auf das Leben selbst ... Wer also nach unserer Doktrin frägt, den können wir ganz einfach auf dies weit aufgeschlagene Buch der konkreten, geistig, sittlich und formal vollberechtigten Wirklichkeit des Staatslebens verweisen"[131].

Joseph Edmund Jörg

Joseph Edmund Jörg, engagierter Redakteur der „Historisch-Politischen Blätter" und viele Jahre enger Vertrauter Döllingers, zählte zwar nicht zu Kolpings Mitarbeitern, wohl aber zu seinen publizistischen Förderern. In zwei Briefen aus dem Jahre 1855 bat Kolping ihn um Empfehlung seiner Arbeiten[132]. Daraufhin erschien in den „Historisch-Politischen Blättern" unter dem Titel „Kolpings periodische Schriften" eine mehrseitige Besprechung der Volksblätter und des Kalenders[133] für das Jahr 1856.

Seit 1863 hatte Jörg eine Reihe von sozialpolitischen Aufsätzen in den „Historisch-Politischen Blättern" geschrieben. Nach Überarbeitung veröffentlichte er sie als Buch unter dem Titel „Geschichte der sozial-politischen Parteien in Deutschland" im Jahre 1867 in Freiburg. Diese Arbeit blieb nicht unbeachtet: „Jörg begrüßte Lassalle mit Begeisterung als wirkungsvollen Mitkämpfer in der Auseinandersetzung mit dem Liberalismus und dessen ökonomischer Theorie und Praxis. Er sah sich daher veranlaßt, zunächst ‚das Wesen des liberalen Ökonomismus' ausführlich zu schildern, ebenso auch die liberalen Vorschläge zur Lösung der Arbeiterfrage (Schulze-Delitzsch), um dann auf Lassalle, dessen Analyse von Ökonomie und Gesellschaft und dessen gesellschaftspolitische Zielsetzungen überzugehen. Eine Darstellung der beiden großen sozialökonomischen Bewegungskräfte der Zeit und ihrer Vorschläge zur Bewältigung der Arbeiterfrage (am Rande auch die Vorschläge der konservativ-sozialen Richtungen) macht den Inhalt des Werkes aus. Allerdings, so heißt es abschließend, habe Lassalle auf eine zentrale Frage keine Antwort hinterlassen. ‚In der Kritik und Verneinung ist er ein Riese gewesen', doch habe er nichts gesagt, und angesichts seiner materialistischen Grundhaltung auch nicht sagen können, welche geistigen Grundlagen die Arbeiterklasse besitzen müsse, um die von ihm propagierten Ziele durchzusetzen. Das Rohmaterial, aus dem die neue Gesellschaftsform des vierten Standes gebildet werden solle, sei zwar vorhanden, ‚aber geknetet ist es lange noch nicht genug. Das werden und müssen Krisen tun von Mark und Bein erschütternder Gewalt'"[134].

Alban Stolz

Der badische Volksschriftsteller Alban Stolz[135] war Kolping schon seit der Elberfelder Zeit dem Namen nach bekannt. Es wurden nämlich zwei Exemplare der ersten fünf Jahrgänge des von Stolz herausgegebenen „Kalenders für Zeit und Ewigkeit" für den Elberfelder Verein erworben.

Alban Stolz, fünf Jahre älter als Kolping, empfing nach mehrjährigen Studien auch außertheologischer Disziplinen 1833 die Priesterweihe. Nach Tätigkeiten als Kaplan und Religionslehrer wurde er 1843 Repetent am Theologenkonvikt in Freiburg. Vier Jahre später wurde der als Kalendermann bereits bekannte Schriftsteller zum Universitätsprofessor für Pastoraltheologie und Pädagogik berufen. Von der Gründung im Jahre 1852 an leitete Stolz sieben Jahre den Freiburger katholischen Gesellenverein.

Über die für ihn nicht immer einfache Aufgabe berichtete er selbst in seinen Erinnerungen: „Es war noch nicht lange, daß Kolping den ersten katholischen Gesellenverein in Deutschland gegründet hatte; da hatte sich eine Anzahl von jungen Handwerkern mit einander beredet, sie wollten auch hier in Freiburg einen ähnlichen Verein bilden. Sie versammelten sich in einem Wirtshaussaale, nachdem sie Hofrat Buß, den späteren Weihbischof Kübel und mich dazu eingeladen, um die Sache zu besprechen und zu organisieren. Professor Buß schlug mich als ersten Präses des Vereins vor und den Repetitor Kübel als zweiten ... Die Leitung dieser Gesellschaft junger Leute kostete mir viele Sorgen und Mühen. Die Widerwärtigkeiten dabei kamen hauptsächlich von der Zwietracht, welche bisweilen unter den Mitgliedern entstand, und später auch von der Polizei, welche nach ausgebrochenem Kirchenstreite den Gesellenverein mißtrauisch bewachte, so daß längere Zeit hindurch bei jeder Versammlung der Gesellschaft einige Polizeidiener unten das Lokal bewachen mußten, um zu beobachten, wer hinein oder heraus gehe. Ich selbst hatte einen unermüdlichen Eifer, das Ganze zusammenzuhalten und zu fördern"[136].

In den von Kolping herausgegebenen Zeitschriften finden sich jedoch nur zwei nachweisbare Beiträge von Stolz. Eine Predigt in der „Feierstunde" und eine Erzählung „Der Kreuzzug gegen die Welschen" in den Volksblättern, die Kolping in einer Anmerkung zu einer Erklärung veranlaßte, „sein lieber Freund" habe auf Preußen doch wohl zu wenig Rücksicht genommen[137]. Im Herbst 1862 besuchte Stolz Kolping und den Gesellenverein in Köln. Eine von ihm erbetene und von Stolz wohl auch zugesagte weitere Mitarbeit läßt sich jedoch nicht nachweisen. Als Kalendermann hätte sich Kolping gerne „wie eine Klette" an ihn gehängt[138].

Die beiden Männer waren – in ihrer Zielsetzung ähnlich – von Veranlagung und Temperament aber sehr unterschiedlich und als Publizisten sicher auch Konkurrenten. „Die ungesellige Natur" von Alban Stolz „hat auch seinem sozialen Wirken eine einseitige Richtung gegeben. Sein Kalender hatte gleich dem Kolpings das Verdienst, die freidenkerischen Erzeugnisse dieser Art, die nur an das Diesseits dachten, aus Bauern- und Handwerkerstuben zu drängen." Aber er „lebte zu sehr das selbstgewollte Dasein des Sonderlings und bewegte sich daher in zu engen Bezirken, als daß er die Probleme des Zeitalters hätte überblicken können. Er hat nicht wie der ‚Gesellenvater' im engsten Zusammenleben mit ringenden Menschen den Ausweg gesucht"[139].

Wilhelm Emanuel Freiherr von Ketteler

Nach praktischen Seelsorgserfahrungen in ländlichen und großstädtischen Bereichen und zeitweiliger Abgeordnetentätigkeit wurde Ketteler zum engagierten Vorkämpfer für die „Soziale Frage" wie für die Sache Adolph Kolpings. Schon bei Kolpings erstem Auftritt auf dem Mainzer Katholikentag hatte Ketteler seinem ehemaligen Münchener Studienfreund eine Empfehlung für dessen Pläne mit auf den Weg gegeben: „Wir wollen aber den Eindruck der Rede unseres guten lieben Freundes ... mit uns nach Hause nehmen; er hat so liebevolle Worte zu unserem Handwerkerstande gesprochen ... Gott der Herr gebe seinen Segen, daß seine Worte auf fruchtbaren Boden gefallen sind und gute Früchte bringen"[140]. Er war von dessen Selbstlosigkeit und der damit verbundenen Wirkung auf die Gesellen überzeugt, bedauerte aber das Fehlen eines für die Arbeiter engagierten Priesters. „Den größten Erfolg dürfte man sich wohl von dem Wirken eines Mannes versprechen, der sich zur Lebensaufgabe machte, für die Arbeiter das zu sein, was der selige Kolping für die Gesellen gewesen"[141]. In den „Rheinischen Volksblättern" verschaffte Kolping seinem ehemaligen Studienkollegen mehrfach die Möglichkeit, seine Publikationen vorzustellen. Auch Ketteler hat das Wirken Kolpings stets wohlwollend gefördert[142].

Er wollte christliche Grundsätze in einer gefährdeten Gesellschaft neu zur Geltung bringen. Aus dem Glauben verstand er die Forderung nach einer Sozialreform. Anfangs war er der Ansicht, der Sozialkrise mit einer Neubelebung der Karitas und mit einer Gesinnungsänderung wirksam begegnen zu können. Ketteler sah in den sozialen Problemen seiner Zeit eine zu nutzende Chance für die Kirche, in der Gesellschaft wieder Präsenz zu gewinnen. Die Mainzer Dompredigten von 1848 über „Die großen sozialen Fragen der Gegenwart"[143] waren ganz in diesem Sinne abgefaßt. In seinen Reden, Schriften und Predigten war für ihn das entscheidende Thema der Zeit, „die maßvolle, geordnete Freiheit und Sozialreform, derartig faßbar und unverwischbar in das Zentralbewußtsein der Kirche und darüberhinaus des gesamten Volkes zu rücken, daß es sich zum Zentralanliegen der Neuzeit verdichtete und verfestigte"[144].

Schon beim ersten Stiftungsfest des Mainzer Gesellenvereins hielt der Bischof die Festpredigt und „las ganze Stellen aus dem neuesten Schriftchen des Herrn Präsidenten Kolping ab und brachte einen tiefen Eindruck bei allen Anwesenden hervor, worunter viele angesehene Personen der Stadt"[145]. Als sozial engagierter Bischof und Vertreter seiner Kirche versuchte er nach Kräften, zur Lösung der Sozialen Frage – von ihm seit 1864 verstanden als Arbeiterfrage – beizutragen.

In seinem 1862 in sieben Auflagen mit 20000 Exemplaren erschienenen Buch „Freiheit, Autorität und Kirche" nahm er gezielt Stellung zum Liberalismus seiner Zeit.

„Die Ausführungen Kettelers zu den großen Themen seiner Zeit, wie Freiheit und Selbstverwaltung, Menschenwürde und Gewissensfreiheit, Glaube und Wissenschaft, Absolutismus und Zentralisation, Religionsfreiheit, Familie, Freimaurerei, Einheit Deutschlands und Wiedervereinigung der Konfessionen, sind in der Auseinandersetzung mit seinen Gegnern maßvoll, in der Argumentation gegen den Protestantismus vornehm und verständlich für jedermann“[146]. Für ihn stand fest, daß der Liberalismus eine andere Form des Absolutismus sei und eine Freiheit fordere, die in Wirklichkeit „intolerante, rücksichtslose Zentralisation, Allgewalt des Staates auf Kosten der individuellen und korporativen Freiheit ist“[147].

Kolping übernahm aus diesem Buch Auszüge für die „Rheinischen Volksblätter“ unter dem Titel „Der Staat von Gottes Gnaden“ und empfahl die „Schrift, welche die Gegenpartei sicher totschweigen wird, wenn sie nur kann, und von der wir aus guten Gründen desto mehr reden und für ihre Verbreitung sorgen *sollen*“[148].

Im bekannten Brief vom 16. Januar 1864 wandte sich Ketteler anonym an Lassalle mit der Bitte, ihm einen Plan für zu gründende „Produktivassoziationen“ zu erarbeiten. In seiner Antwort verwies der Gründer des Allgemeinen deutschen Arbeitervereins auf sein „Offenes Antwortschreiben“ und sein „Arbeiterlesebuch“ und betonte: „Auch Ihre Äußerung, daß ‚religiöse und moralische Potenzen‘ mitwirken müssen, unterschreibe ich mit Umänderung dieser Worte in den Ausdruck ‚sittliche Potenzen‘ vollkommen und vom Herzen“[149].

Angeregt durch den Frankfurter Katholikentag verfaßte Ketteler 1864 seine programmatische Schrift „Die Arbeiterfrage und das Christentum“[150]. Im Vorwort bezeichnete er sich als „Arbeiterfreund“ und begründete sein Recht und seine Pflicht, öffentlich über die Arbeiterfrage zu schreiben und zu reden. Der Bischof hob hervor, daß Heil und Verderben des Arbeiterstandes von Christus abhängen und eine Verwirklichung der Vorschläge zur Verbesserung der Lage des Arbeiters nur in enger Anlehnung an das Christentum möglich sei. Der Gegenstand der Arbeiterfrage war im wesentlichen eine Arbeiterernährungsfrage. Die Beschaffung der Nahrung, der Kleidung, der Wohnung und der sonstigen notwendigen Lebensbedürfnisse waren die eigentlichen Probleme der Arbeiterfrage, und die galt es zu lösen.

Politische Tageszeitungen und Tagesfragen gingen an den eigentlichen Problemen der Arbeiter vorbei. Ketteler beschuldigte die Parteien, die Arbeiter als Werkzeug zu benutzen und den Arbeiterstand in Wirklichkeit zu hintergehen[151]. Bei seiner Forderung des existenziellen Schutzes des Arbeiters machte er die Nachteile des Kapitals, uferlose Gewerbefreiheit, Konkurrenz und freien Handel, zunehmende Industrialisierung und die Tatsache, daß Arbeit nur eine Ware sei, deren Preis sich nach Angebot und Nachfrage richte, für die Not des Arbeiters verantwortlich[152].

Das Werk zeigte erste Einsichten in die wirtschaftlichen Voraussetzungen der Arbeiterfrage. Es zeichnete sich die Erkenntnis vom Ungenügen der Selbsthilfe und der Hilfe der freien Kräfte der Gesellschaft ab. Dieser bedeutenden Schrift widmete Kolping in den „Rheinischen Volksblättern“ eine lobende Besprechung[153]. Besonders hob er die klare, einfache und gründliche, „wenn nicht schneidende Aufstellung und Kritik der heutigen Bestrebungen zur Lösung der eben so schwierigen als wichtigen Arbeiterfrage“ hervor. Für „wahre christliche Arbeiterbildungsvereine“ sah Kolping „in dem inhaltsreichen Werkchen hinreichenden Stoff zu eben so zeitgemäßen als lehrreichen Vorträgen". Er wünschte eine für Arbeiter verständlichere Fassung und eine billigere Ausgabe, damit die Schrift auch in Arbeiterkreisen weitere Verbreitung fände. Die in diesem Buch entwickelte Überzeugung bildete die Grundlage für Kettelers Förderung von praktisch sozialpädagogischen Institutionen: „Wirksam förderte er die Gesellenvereine. Mit Adolph Kolping war er der Meinung, daß diese keine kirchlichen Vereine im engen kanonischen Sinn werden durften, sondern Verbände im freien gesellschaftlichen Raum, die über das Religiöse hinaus sich auch beruflicher und standespolitischer Aufgaben annehmen konnten"[154].

Kettelers soziales Programm hatte durchaus Gemeinsamkeiten mit den Ideen Lassalles, die er sorgsam abwägte: „Die Partei, deren Hauptvertreter *Lassalle* selbst ist, hat das unbestreitbare Verdienst, die in den ersten Abschnitten geschilderte Lage des Arbeiterstandes, wonach er großenteils mit seiner ganzen Existenz auf die eigentliche Lebensnotdurft beschränkt ist, mit unerbittlicher Schärfe und Wahrheit aufgedeckt zu haben. Sie stellt daher auch mit derselben Richtigkeit als Axiom den Satz auf: daß, wer überhaupt dem Arbeiter in dieser Lage gründlich und wirksam helfen will, Mittel auffinden muß, wodurch dem Arbeiterstande eine neue und reichere Erwerbsquelle neben dem notdürftigen Arbeitslohn eröffnet wird"[155].

Ein weiteres Mal griffen die „Rheinischen Volksblätter" die in dem Werk vorgetragenen Ideen auf, als Ketteler zu einem Besuch in Köln weilte. In der Wohnung von Weihbischof Baudri wurde ihm für sein Buch eine Dankadresse von Vertretern des deutschen Handwerkerbundes überreicht. Bei dieser Gelegenheit lernte der Bischof auch den konservativen Vertreter berufsständischer Interessen, Nikolaus Schüren, kennen. Nach dem Bericht sagte der Bischof: „Nach der sorgfältigen Prüfung sei er zu der Überzeugung gekommen, daß weder *Lassalle* noch *Schulze-Delitzsch*, noch irgend ein anderes System im Stande sei, dem Arbeiterstande und insbesondere auch dem Handwerkerstande zu helfen, wenn man nicht *vor Allem* die Ideen, die Prinzipien und die werktätige Liebe des Christentums zu Hilfe nehme, wie er das auch weiter in seiner Schrift ausgeführt habe. Diese Erkenntnis dringe aber auch in immer weitere Kreise"[156]. Er sprach den Vorschlägen der liberalen Parteien jegliche Fähigkeit ab, den Notstand der arbeitenden Klasse wirklich zu verbessern: „Daß bei ihnen vielfach guter Wille, dem Arbeiterstand zu helfen, und mancherlei Einsicht in die bestehenden Verhältnisse vorhanden ist, kann gewiß nicht geläugnet werden. Auch haben diese Vorschläge manches Wahre und Berechtigte an sich. Sie leiden aber, wie mir scheint, an Übertreibungen, innern Widersprüchen und großer Unklarheit"[157].

Ein förderungswürdiger Beitrag zur Hilfe des Arbeiterstandes waren nach Kettelers Ansicht die durch Kolping geführten Handwerker- und Gesellenvereine[158]. In diesen Häusern erhielten die Gesellen Rat, Hilfe und Mittel zur Fortbildung und Schutz vor Gefahren aller Art[159]: „Gott hat sich eines Gesellen bedient, um dieses Werk in Angriff zu nehmen, und nachdem Gott ihn in den Priesterstand erhoben, hat er den hochwürdigen Herrn Kolping, diesen alten Gesellen, zu einem wahren Vater des Gesellenstandes gemacht. Möge Gott ihn forthin als Werkzeug gebrauchen, um dieses Werk zu befestigen. Das wird mehr und mehr geschehen, wenn das genossenschaftliche Prinzip, getragen vom Geiste des Christentums, sich immer mehr in diesen Vereinen entfaltet und sie alle zu lebendigen Gliedern eines Körpers macht"[160].

Ketteler erhob schließlich auch die Forderung nach gesetzgeberisch geordneter Zuständereform. Am 19. November 1865 – wenige Wochen vor Kolpings Tod – wies er in seiner Ansprache zum Stiftungsfest des Mainzer Gesellenvereins zum ersten Mal auf die Notwendigkeit der Staatshilfe für den Arbeiter hin und setzte damit erste sozialpolitische Akzente vor einem Forum Betroffener: „*Selbsthilfe* und *Staatshilfe*, beides ist *berechtigt*, beides ist nothwendig, wenn dem Arbeiter geholfen werden soll. Das System, welches das Eine vom Anderen trennt, leidet an Einseitigkeit; wer aber meint, die Vereinigung beider Elemente genüge zur Lösung der Arbeiterfrage, ist gleichfalls auf dem Irrwege …

Aber auch Religion und Sittlichkeit allein reichen nicht aus, um die Arbeiterfrage zu lösen. Gewiß, der *Staat* muß mithelfen, die Kirche muß helfen, die Gemeinde muß helfen, Alles muß die Hand dazu reichen, um den *Stand* vor dem Verderben zu schützen, vor dem der Zahl nach alle anderen Stände zusammengenommen beinahe verschwinden und der durch seine Bedeutung in der Gesellschaft jedem anderen Stande völlig gleichkommt. Für den Staat, für die ganze Gesellschaft kann es in unseren Tagen kaum ein höheres Interesse geben, als den Arbeiterstand vor dem Verderben zu bewahren. Wenn der Staat sich verpflichtet hält, große und wichtige Unternehmungen durch Staatshilfe zu unterstützen und zu befördern, dann darf er sich auch der Unterstützung des Arbeiterstandes nicht entziehen. Wenn humane, echt christliche Grundsätze die Gesellschaft mehr und mehr durchdringen, wenn der Arbeiterstand sich organisiert und organisiert wird, dann wird auch der Staat und die Gesetzgebung auf das Wohl und Wehe der Arbeiter Rücksicht nehmen müssen“[161].

Nach dem Tode Kardinal Geissels wünschten weite Kreise den Mainzer Bischof als seinen Nachfolger. Die vielen Gemeinsamkeiten zwischen Ketteler und Kolping machen verständlich, daß auch Kolping ihn gern als Erzbischof von Köln gesehen hätte: „Wegen der hiesigen Erzbischofswahl gehen dunkele Gerüchte um, als ob man in Berlin zum Nachgeben geneigt wäre. Ich denke, der liebe Gott wird sorgen, und bekommen wir von Ketteler, gibt's allenthalben ander Wetter“[162]!

Die Werbung für Kolping und seine Gesellenvereine, die Bischof Ketteler betrieben, und die Breitenwirkung, die er nicht nur unter seinen Amtsbrüdern sondern auch auf dem 1. Vatikanum erreicht hat, ist wohl nur mit dem Engagement des späteren Kardinals Gruscha in Österreich zu vergleichen.

Mitteilungen

Kolping gründete noch zwei Jahre vor seinem Tod eine Führungszeitschrift: „Gott segne das ehrbare Handwerk! Mitteilungen für die Vorsteher der Katholischen Gesellenvereine“. Vier Hefte gab er in den Jahren 1863 bis 1865 noch selbst heraus[163]. Inhaltliche Schwerpunkte waren Vereinsstatistiken, Material für Vortragsabende in den Vereinen und pädagogische und organisatorische Empfehlungen, die aus der Praxis erwachsen waren: „Es könnte nur vorteilhaft sein, wenn dieses Vereinsorgan im engsten Sinne des Wortes sich zu einer Vierteljahresschrift für die Präsides ausgestaltet, vorausgesetzt, daß die sämtlichen Präsides als Mitarbeiter eintreten und nicht eine derartige, an sich schon mühevolle Arbeit auf ein paar Schultern geladen werden, die ohnehin genug zu tragen haben"[164].

Kolping ahnte wohl schon, was mit diesem Unternehmen auf ihn zukam. Die erhoffte Mitarbeit der Präsides kam nicht zustande. Die meisten Beiträge mußte der Generalpräses selbst liefern. Bereits in der zweiten Nummer klagte er: „Ich bin nicht in der Lage zu der vermehrten Arbeit, die allem Anschein nach zum größten Teile auf mir liegen bleibt, auch noch die Kosten zu tragen. Bisher hat sich die Beteiligung an der Arbeit wenigstens so schwach und mangelhaft gezeigt, daß die Hoffnung nicht gewachsen ist, ein einmütiges und eifriges Zusammenwirken zu erzielen". Die Enttäuschung über den Mißerfolg war groß, entschuldigend fügte er hinzu: „Meine Kräfte allein reichen mit dem besten Willen nicht hin, allem nachzukommen, was man oft, leider unverständig genug, von mir verlangt"[165]. Unter seinem Nachfolger wurde die Führungszeitschrift seit 1867 weitergeführt, gelegentlich auch mit Texten Kolpings[166].

Leserschaft

Detaillierte Angaben zur Leserschaft des Kolpingschen Schrifttums lassen sich aufgrund der Quellenlage nicht machen. Aus der Auflagenzahl seiner Schriften kann man auf seine Leserschaft von etwa 100000 Personen pro Jahr schließen. Dabei wären aber die aus den Periodika zusammengestellten Bände „Volkserzählungen", die sich über einen Zeitraum von etwa 50 Jahren und über mehrere Auflagen erstreckten, nicht mitberücksichtigt[167].

Die Leserschaft setzt sich aus der Landbevölkerung, einfachen Leuten in der Stadt aus Gesellenvereinsmitgliedern, Lehrern und Priestern zusammen. Die Leser, die als Multiplikatoren wirkten – etwa Präsides und Lehrer – sind quantitativ ebenfalls nicht zu erfassen: „Unser Leserkreis hat sich in Anbetracht der vielfachen Konkurrenz und der sogenannten schlechten Zeit im ganzen leidlich gut gehalten, und leben wir der Hoffnung, daß er sich auch in der Zukunft nicht vermindern, eher noch reichlich vermehren wird. Wenigstens wüßten wir unsererseits sehr gut, wozu eine noch größere Anzahl Abonnenten unseres Blättchens gar vortreffliche Dienste leisten könnte, weniger um uns persönlich eine bessere Lage – mit dieser sind wir leicht zufrieden – als sehr wichtigen guten Dingen mehr Raum und Wirksamkeit zu verschaffen ... Wenn der Herausgeber dieser Blätter auch mit dem Vereine sehr naturgemäß zusammengewachsen ist, so braucht er doch nicht so ganz und gar darin aufgegangen zu sein, daß er im Blättchen nicht auch noch eine andere Aufgabe verfolgen könne und dürfe. Darin redet er zu einem ganz anderen Volkskreise, als der enge Vereinskreis einschließen kann, endlich zu jedem, der ihn nur hören will. Daß es nicht ganz ohne Nutzen und Frucht gewesen, beweist die vielseitige Liebe und Teilnahme, die man weitum im Vaterlande diesem schlichten Blättchen erwiesen hat. Aber gerade dieser Umstand erhöht den Mut, in gewohnter Weise fortzufahren"[168].

Die (Teil-) Identifikation des Lesers mit in der Erzählung agierenden Personen bzw das Wiedererkennen selbst erlebter ähnlicher Lebenssituationen bewirkten auch eine Auseinandersetzung bzw. eine Aufnahmebereitschaft für die Inhalte der Erzählun gen. Die Resonanz, die Kolping schon zu Lebzeiten auf sein schriftstellerisches Arbeiten hin erhielt, zeigt deutlich, daß er mit der von ihm gewählten Thematik, Form und Gestaltung einer Bedürfnislage entsprach, die er zumindest für den kirchlichen Bereich größtenteils selbst ermittelt hatte. „In den Jahren 1850–1870 hatte man noch nicht viele politische Zeitungen, die Kölnische Zeitung konnte man nicht halten, weil sie zu teuer war. Wir waren aber damals gespannt auf die Rheinischen Volksblätter, welche unser Vater Kolping herausgab. In seiner drastischen Politischen Rundschau wurde alles, was sich in der Welt an Politik zugetragen, gestreift. Kostbar waren hauptsächlich die Randglossen über das Musterländchen Baden, sowie über den Lamperör Napoleon. Er durchschaute die Absichten der Potentaten fast immer richtig, so daß man sich ein Bild der jeweiligen Politik machen konnte“[169].

Gerade an diesem Bericht des Gesellen Mandelartz wird deutlich, daß Kolping politische Meinungsbildung betrieb und auch betreiben wollte. Weiter wird erkennbar, daß die einseitige Beurteilung der politischen Situation durch Kolping von einer nicht zu ermittelnden Zahl von Lesern unkritisch übernommen bzw. gewollt rezipiert wurde. Es spricht vieles dafür, daß seine Gesellen und seine Leser die angebotenen Inhalte auch deshalb angenommen und umgesetzt haben, weil sie spürten, daß sie mit ihren Anliegen verstanden wurden und der Vermittler für sie glaubwürdig war. Reden und Handeln, Wort und Tat waren für sie als Einheit erkennbar.

Wirkungen

Festzuhalten bleibt, daß Kolping seine publizistische und literarische Tätigkeit als Verkündigungsdienst des Evangeliums ansah. Auf das Medium Presse legte er deshalb so großen Wert, weil er damit ein Publikum erreichte, zu dem er sonst in dieser Form und mit diesen Inhalten keinen Zugang gehabt hätte: „Die ‚Volksblätter‘ waren das erste, was ich von Kolping kennen lernte. Sie wurden im elterlichen Hause gehalten und bildeten wohl mit die erste Geistesnahrung, die ich vermittelst der frühgelernten Kunst des Lesens in mich aufnahm und zu denen ich nicht nur immer gern zurückkehrte, wenn ich nach meiner Meinung alles Andere wieder einmal ‚ausgelesen‘ hatte, sondern nach denen ich mich immer wieder schmerzhaft wie nach einem verlorenen Gute zurückzusehnen pflegte, wenn etwa wieder einmal ein Bündel aus dem Hause gegeben oder sonst abhanden gekommen war. Es wurde auch manches darüber gesprochen am Feierabend zwischen Meister und Geselle und von den heimgartenden Nachbarn, ja der Großvater hat wohl gar irgend einen Kernsatz, den einen und anderen Humor, eine drastische Vergleichung in seinem dicken Notizbuche daraus aufgezeichnet. Auch meine ich, der eifervolle Kaplan des Ortes habe damals seine Schulkatechese, seine Christenlehre und seine Predigten in stark Kolpingschem Geiste gehalten ...“[170].

Eine spätere Darstellung der publizistischen Arbeit und der politischen Einstellung der „Rheinischen Volksblätter“ und ihres Herausgebers Kolping resümiert: „Seine Wochenschrift wollte nicht nur einem sozialen Zweck dienen, sondern auch den Handwerkerstand mit klerikalen Ideen durchtränken und ihn zu einer gehorsamen Gefolgschar des päpstlichen Stuhles machen ... Er ist ein Meister im Anschwärzen seiner Gegner, nimmt leichtgläubig die unzuverlässigsten Berichte auf, wenn sie nu die Kirche und ihre Freunde mit dem so heiß ersehnten Lorbeer schmücken, und gib von den Ereignissen auf dem Kriegsschauplatz und der Bewegung in Italien ein ent stelltes Bild. Er mag ein guter gläubiger Katholik sein, wenn er die feste Überzeugung hat, ‚daß in der großen Weltpolitik die frommen Vaterunser völlig so viel gelten al der Verstand der Verständigsten', aber er ist ein Feind jeder gesunden Staatspolitik wenn er dem Glaubensbekenntnis den maßgebenden Einfluß auf sie verstattet"[171].

Die Tätigkeit als Verleger, Schriftleiter und Redakteur eines Wochenblattes und eines Kalenders brachte neben offenkundigen Erfolgen auch viele Sorgen und Ärge mit sich. Der Arbeitsanfall war enorm. Die meisten Kalendergeschichten schrieb Kolping selbst, dazu fast die Hälfte der Aufsätze in den „Rheinischen Volksblättern" Diese schriftstellerische Arbeit mußte er neben seinen Aufgaben als Domvikar, Präse der Gesellenvereine und als Rektor der Minoritenkirche erledigen. So wundert e nicht, wenn er immer wieder auf seine Arbeitsüberlastung hinwies. Drei Sachverhalte, die sich aus Kolpings Texten und ihrer sprachlichen Gestaltung ableiten lassen haben seinen Erfolg sicher mitbestimmt: die Originalität der Kombination von einfacher Sprache und vielseitigen Inhalten, die Periodizität von Ereignissen und Personen und eine Kontinuität in Form und Inhalt. So konnte sein zeitweiliger Vertreter und erster Nachfolger bei den „Rheinischen Volksblättern" feststellen, daß „in der langjährigen Erfahrung er selbst sowohl wie die Leser die Überzeugung gewonnen (haben), daß nicht daran zu denken ist, Kolpings geistvolle und originelle Weise zu erreichen"[172]. Der Publizistikwissenschaftler Schmolke betonte, man müsse „die Bedeutung der spezifisch kolpingschen Publizistik für die Gründung und Konsolidierung des katholischen Gesellenvereins ... sehr hoch veranschlagen"[173].

Anmerkungen

1 Als Beispiele seien genannt: Katholik 1850ff. – HPB 1850ff. – Kehrein, Handbuch Deutscher Prosa Bd. 1, S. 644–647 (Abdruck: Kolping, Guck in die Welt); Bd. 2, S. 531–536 (Abdruck: Kolping, Eine Versöhnung); Bd. 2, S. 621f. (Biographische Notiz). – Kehrein, Lexikon katholischer Dichter, S. 202f.

2 Brühl, Katholische Literatur Deutschlands, S. 674. – Stumpf, Kolping.

3 Vgl. Schmolke, Kolping als Publizist. – Die folgenden Ausführungen gehen auf diese Arbeit zurück Zu Kolpings schriftstellerischer Tätigkeit siehe auch: Schäffer, Kolping II, S. 258–291. – Siehe ferner di Arbeiten von Höveler, Lautenbacher und Spael, Buch im Geisteskampf, S. 61, 81f. u. 110. Zur Lage de Presse – insbesondere der katholischen – siehe: K. Koszyk, Deutsche Presse im 19. Jahrhundert, Berlin 1966 – [A. Niedermayer], Rundschau. Kampf und Wachstum der Kirche in unseren Tagen. Ein Neujahrsgeschenk an die Katholiken Deutschlands, Freiburg 1862. – W. Kisky, Der Augustinus-Verein zur Pflege der katholischen Presse von 1878–1928, Düsseldorf 1928, – Bachem, Presse – J. Kirchner, Das deutsch Zeitschriftenwesen, seine Geschichte und seine Probleme, 2 Bde., Wiesbaden 1958–1962. – H. Hömig Rheinische Katholiken und Liberale in den Auseinandersetzungen um die preußische Verfassung unte besonderer Berücksichtigung der Kölner Presse, Köln 1971. – Pesch, Presse. – Hegel, Erzbistum Köln Bd. 5, S. 527ff.

Zu den „Kölnischen Blättern" siehe: Bachem, Presse, Bd. 3, S. 42ff. – G. Hölscher, 100 Jahre J. P. Bachem Köln 1918, S. 82ff. – Ferner: KS Bd. 2, S. 277, 309f., 318, 468.

Zur „Kölnischen Zeitung" siehe: K. Weinhold, Die Geschichte eines Zeitungshauses 1620–1945, Köln 196 – Ferner: KS Bd. 2, S. 61, 258f., 262, 264, 274f., 309f., 318, 455. – Kolping zur Presse: KS Bd. S. 294–297, 368–372; Bd. 5, S. 165f., 183f., 190f., 207f., 215f., 236f., 240f. u. 246f.

Heinrich Wilhelm Prisac, * 10. 3. 1803 Neuß – † 16. 5. 1870 Aachen – 21. 4. 1829 Priesterweihe – Seelorger Arrestanstalt Werden – 1839 Pfarrer Rheindorf – 1855 Kanoniker Aachen – 1847 Redakteur „Rheiisches Kirchenblatt" – 1855 Gründer des Vereins vom Heiligen Land.

AEK, Totenzettel. – Pesch, Presse, S. 55–59.

Vgl. W. Prisac, Die akatholische Tendenz der Kölnischen Zeitung, Koblenz 1844.

Vgl. Pesch, Presse, S. 82.

O. V. Nachruf, in: Das Heilige Land, 14 (1870), S. 170 ff., hier S. 171.

Carl Joseph Anton Wilhelm Smets, * 15. 9. 1796 Reval/Estland – (Mutter: Schauspielerin Sophie Schröler) – † 14. 10. 1848 Aachen – Hauslehrer – Teilnahme an den Freiheitskriegen – Hauslehrer Schloß Harff u. Wien – 1817 Lebenskrise – 1818 Gymnasiallehrer Koblenz auf Vermittlung von Görres – 1819 Studium Münster, Theologie bei Hermes – Herbst 1820 Köln, Priesterseminar – 1821 Dr. phil., Universiät Jena – 8. 5. 1822 Priesterweihe – Kaplan, Köln Dompfarre u. Religionslehrer Marzellengymnasium – 1828 Pfarrer Hersel/Bonn – 1832 Oberpfarrer Münstereifel – 6. 10. 1835 Pfarrverw. Nideggen – 1836 Pfarrer Blatzheim – 1837 i. R. Köln – 1844 Kanoniker Aachen – 1848 Mitgl. Nationalversammlung Frankurt.

H. E. Onnau, Wilhelm Smets. Ein rheinischer Priesterdichter, 1796–1848, in: Verein der Heimatfreunde Stadt Kerpen (Hg.), Kerpener Köpfe. Geschichte in Lebensbildern (Beiträge zur Kerpener Geschichte und Heimatkunde, Bd. IV), Kerpen 1988, S. 149–162, (Lit.). – Siehe ferner: Kosch, Deutsches Literaturlexikon Bd. 3 (1956), S. 2743 f.

Friedrich Wilhelm Tangermann, * 6. 7. 1815 Essen – † 4. 10. 1907 Köln – 13. 4. 1845 Priesterweihe – Vikar Saarn – 1864 Pfarrer Unkel – Altkatholik.

Kosch, Deutsches Literaturlexikon Bd. 4 (1958), S. 2952 f. – Ferner: RK 10 (1853) Nr. 51.

10 H. E. Onnau, Wilhelm Smets. Ein rheinischer Priesterdichter, in: Harke-Schmidt/Hemmersbach, (Hg.), Kerpener Köpfe, S. 149–162, hier: S. 159.

11 Kolping, Die Rheinischen Volksblätter und ihr ferneres Programm, in: RV 5 (1858), S. 806.

12 Kolping, Die IX. General-Versammlung der katholischen Vereine Deutschlands zu Freiburg im Breisgau, in: RV 6 (1859), S. 627 f.

13 Kolping an Olfers, 15. 1. 1856, in: KS Bd. 2, S. 196.

14 Kolping, Lichtblicke in die Zeit, in: KS Bd. 5, S. 240 f.

15 Kolping an Schmit, 26. 9. 1855, in: KS Bd. 2, S. 185.

16 Kolping an Jörg, 12. 9. 1855, in: KS Bd. 2, S. 183. – Siehe auch: Kolping an Gruscha, 18. 12. 1855, in: A.a.O., S. 193.

17 Vgl. Vosen, Trauerrede, S. 17. – Auch Ketteler wird das Wort zugeschrieben: „Der heilige Paulus würde heute Journalist werden.", in: L. Lenhart, Bischof Wilhelm Emmanuel Freiherr von Ketteler, Kevelaer 1937, S. 133.

18 Kolping, Ein glückseliges neues Jahr, in: KS Bd. 3, S. 237. – Sollte ihm der Aufsatz „Über Jugendschriftstellerei", der 1842 in der Zeitschrift „Katholik" erschien, die Dieringer mitherausgab, wirklich entgangen sein? – Katholik 22 (1842) II, S. 26–48.

19 Vgl. Kolping an einen Geistlichen in Aachen, 15. 4. 1851, in: KS Bd. 2, S. 123. – Ein Selbstbildnis als Redakteur zeichnet Kolping für die Leser der „Rheinischen Volksblätter". – RV 3 (1856), S. 578 ff. – Siehe dazu auch: KS Bd. 2, S. 123, 187, 220, 241, 305, 329, 340, 353, 367, 390, 426.

20 Ketteler an Luca, in: Pfülf, Ketteler, Bd. 2, S. 218.

21 Kolping, Die „Rheinischen Volksblätter" in eigener Angelegenheit, in: KS Bd. 4, S. 293.

22 Kolping an Jörg, 1. 10. 1855, in: KS Bd. 2, S. 187.

23 Kolping an Döllinger, 27. 4. 1857, in: KS Bd. 2, S. 220.

24 Kolping, Auf der Reise, in: RV 10 (1863), S. 401 f.

25 Schmolke, Kolping als Publizist, S. 318 f., nennt 89 Titel von Zeitungen, die Kolping dem Namen nach bekannt waren. Von ihnen benutzte er die meisten jedoch nur durch bereits vorher vorgenommene Entlehnungen.

26 Kolping, Gesellenverein, in: KS Bd. 3, S. 44–68. – Siehe dazu: Schmolke, Kolping als Publizist, S. 116–119. Zum Verlag siehe: Kosch, Deutsches Literatur-Lexikon, Bd. 3 (1956) S. 2655.

27 Kolping, Gesellenverein, in: KS Bd. 3, S. 49.

28 A.a.O., S. 51.

29 Vgl. Katholik (1850) II, S. 337–353.

30 HPB 30 (1852) II, S. 36–46, hier S. 40.

[31] Siehe dazu: Stegmann, Sozialreform, S. 28f.
[32] Vgl. Kolping, Gesellenhospitium (Broschüre), in: KS Bd. 4, S. 1–13. – Siehe dazu: Schmolke, Kolping als Publizist, S. 119f.
[33] Vgl. Kolping, Gesellenhospitium (Artikelfolge), in: KS Bd. 4, S. 13–35.
[34] Kolping, Gesellenhospitium, in: KS Bd. 4, S. 11f.
[35] HPB 30 (1852) II, S. 559f. – Auch der Katholik (1852) II, S. 260–272, brachte eine Rezension.
[36] Siehe dazu: Schmolke, Kolping als Publizist, S. 127ff., 130f., 133ff., 157–160, 165, 185f., 188, 282. – Hegel, Erzbistum Köln, Bd. 5, S. 526ff.
[37] Das „Vereins-Organ" erschien von Oktober bis Dezember 1850. Seit Januar 1851 erschien die Beilage unter dem Titel „Feierstunde" bis zur Einstellung im März 1854. Eine Auswahl der Artikel ist abgedruckt in: KS Bd. 3 u. 4. – Siehe dazu: FS 3 (1853), S. 164.
[38] FS 3 (1853), S. 183.
[39] Protokollbuch zum 3. 2. 1854. – Zum Wechsel vom „Rheinischen Kirchenblatt" zu den „Rheinischen Volksblättern" sind die Angaben in der „Feierstunde" aussagekräftig. FS 4 (1854), S. 47f. – Zum Umfeld siehe: H. Langenohl, Die Anfänge der deutschen Volksbildungsbewegung im Spiegel der moralischen Wochenschriften, Ratingen 1954.
[40] Vgl. Schmolke, Kolping als Publizist, S. 135–152. – HPB 29 (1852) I, S. 100–102. – KS Bd. 3, S. 27.
[41] Schmolke, Kolping als Publizist, S. 137 u. 182.
[42] Anzeige, in: FS 2 (1852), S. 132.
[43] FS 3 (1853), S. 136.
[44] Anzeige, in: RV 1 (1854), S. 432.
[45] VK 1851, S. 2.
[46] Vgl. Schmolke, Kolping als Publizist, S. 282.
[47] HPB 36 (1855) II, S. 1032.
[48] Zugabe zur „Deutschen Volkshalle", Köln, Nr. 75, vom 9. 11. 1851.
[49] HPB 36 (1855) II, S. 1030.
[50] Vgl. Schmolke, Kolping als Publizist, S. 145. – Zu den Künstlern siehe: Thieme-Becker, Bd. 26 (1932), S. 81; Bd. 16 (1923), S. 564f. u. Bd. 7 (1912), S. 56.
[51] Christian Hermann Hubert Erich Correns, * 3. 3. 1821 Köln – † 14. 6. 1877 München – Maler.
Thieme-Becker, Bd. 7 (1912), S. 467.
Gerhartz/Wedekind, Marzellengymnasium, S. 55. – Kosch, Kath. Deutschland, Sp. 363.
Andreas Müller, * 19. 2. 1811 Kassel – † 29. 3. 1890 Düsseldorf – Maler – Lehrer Kunstakademie Düsseldorf.
Thieme-Becker, Bd. 25 (1931), S. 22.
KS Bd. 2, S. 285.
[52] Kolping, Kirchliches Leben, in: RV 6 (1859), S. 5.
[53] Kolping, Die Rheinischen Volksblätter und ihr ferneres Programm, in: RV 5 (1858), S. 804.
[54] Kolping, Vorrede, in: RV 1 (1854), S. 2.
[55] Schmolke, Kolping als Publizist, S. 150. – Zu den Volkserzählungen siehe auch: M. Zender, Volkserzählungen als Quelle für Lebensverhältnisse vergangener Zeiten, in: Rheinisches Jahrbuch für Volkskunde 21 (1973), S. 114–169. – Ferner: E. Kaiser, Erziehung (in der Erzählung), in: K. Ranke (Hg.), Enzyklopädie des Märchens. Handwörterbuch zur historischen und vergleichenden Erzählforschung, Bd. 4, Berlin/New York 1984, Sp. 376–389.
[56] Vgl. R. Schenda, Volk ohne Buch. Studien zur Sozialgeschichte populärer Lesestoffe 1770–1910, Frankfurt 1970, S. 165.
[57] KS Bd. 2, S. 341. – Die bekanntesten Fassungen sind:
1. Kalender für das katholische Volk 1856, S. 41–102.
2. in: Ausgewählte Volkserzählungen Bd. 1, S. 1–89.
[58] HPB 36 (1855) II, S. 1033.
[59] RK 7 (1850), Nr. 51/52, S. 6.
[60] Kehrrein, Biographisch-literarisches Lexikon, S. 203.
[61] Kehrrein, Handbuch Deutscher Prosa, Bd. 2, S. 621.
[62] Brühl, Geschichte der Katholischen Literatur, S. 674.
[63] Vgl. Schäffer, Kolping II, S. 270.
[64] Brühl, Geschichte der Katholischen Literatur, S. 674.

65 Vgl. Kolping, Ein katholisches Hausbuch für die Großen und für die Kleinen. Sammlung von Erzählungen und Aufsätzen, 2 Bde., Soest/Olpe 1853/55.
Kolping, Kalendergeschichten aus dem Jahre 1854, Soest 1854.
Kolping, Lebensbilder. Ernste und heitere Erzählungen, Köln 1860.
Kolping, Erzählungen, 5 Bde., Soest 1861 ff.
Siehe dazu: Gesamtverzeichnis des deutschsprachigen Schrifttums (GV) 1700–1910, bearb. v. H. Schmuck/W. Gorzny, Bd. 78, München/New York/London/Paris 1983, S. 240 f. – Deutsches Literatur-Lexikon. Biographisch-Bibliographisches Handbuch. Begr. v. W. Kosch, hg. v. H. Rupp u. C. L. Lang, Bd. 9, 3. völlig neu bearbeitete Aufl., Bern/München 1984, Sp. 202–204.
66 Vgl. Gaetano Petrus Maria da Bergamo, Demut des Herzens, Soest und Olpe 1853. – Die Arbeit war unter dem Titel „L'umiltà del cuore" zuerst 1726 in Bergamo erschienen.
Über den Autor siehe: Bonaventura v. M., in: LThK 2 (1958), Sp. 877. Der Übersetzer war:
Hermann Joseph Lohmann, * 10. 7. 1813 Hardenberg – † 25. 9. 1885 Richterich – 18. 9. 1841 Priesterweihe – Vikar Richrath – 1847 Benefiziat Düsseldorf – 1855 Pfarrer Siersdorf – 1860 Pfarrer Richterich.
AEK, Priesterkartei und Totenzettel. – Siehe dazu auch: Pfülf, Geissel, Bd. 2, S. 50 f.
67 FS 3 (1853), S. 188.
68 Carl Ernst Jarcke, * 10. 11. 1801 Danzig – † 28. 12. 1852 Wien – Jurist und Publizist – 1823 Prof. Bonn – Freund Windischmanns – 1825 Konversion – Prof. Berlin – 1832 Prof. Wien.
E. Winter, in: NDB 10 (1974), S. 353 f., (Lit.).
69 Schmolke, Kolping als Publizist, S. 73.
70 C. E. Jarcke, Prinzipienfragen. Politische Briefe an einen deutschen Edelmann nebst gesammelten Schriften. (Vermischte Schriften Bd. 4), Paderborn 1854, S. 6.
71 Schäffer, Kolping, S. 128.
72 Vgl. Kolping an Mittweg, 8. 12. 1853, in: KS Bd. 2, S. 152.
73 Jarcke, Prinzipienfragen, S. 430 f.
74 M. J. Scheeben, Briefe nach Rom, hg. v. H. Schauf z. A. Erösz, Freiburg 1939, S. 75 f.
75 [A. Niedermayer], Die katholische Presse Deutschlands, Freiburg 1861, S. 35.
76 Pfülf, Geissel, Bd. 2, S. 308.
77 Kolping an Generalvikariat, 10. 2. 1854, in: AEK, CR 26.4,1. – Dort auch der zitierte Antwortentwurf.
78 Kolping, Die kath[olischen] Gesellenvereine und die Augsburger „Allgemeine Zeitung", in: KS Bd. 4, S. 317. – Siehe dazu auch: RV 3 (1856), S. 617; 6 (1859), S. 211; 8 (1861), S. 586 f. u. 12 (1865), S. 130.
79 Kolping, Phrasen, in: KS Bd. 5, S. 45–70, hier S. 46.
80 Siehe dazu: Schmolke, Kolping als Publizist, S. 211 ff. u. 228 ff.
81 Aufruf zur Mitarbeit und Verbreitung der Rheinischen Volksblätter, 1. 2. 1854. Das Original ist verschollen. Eine beglaubigte Abschrift befindet sich im: AEK, Nachlaß Ferche, betr. Vorbereitung Seligsprechung Adolph Kolping.
82 Vgl. Schmolke, Kolping als Publizist, S. 153–164.
83 Kolping, Zum neuen Jahre 1855, in: KS Bd. 4, S. 172.
84 Kolping an Reichensperger, 5. 2. 1861, in: KS Bd. 2, S. 310.
85 Vgl. Schmolke, Kolping als Publizist, S. 213.
86 A.a.O., S. 315.
87 Vgl. a.a.O., S. 183 ff.
88 Kolping an Gruscha, 18. 12. 1855, in: KS Bd. 2, S. 193.
89 Kolping an Gruscha, 8. 5. 1859, in: KS Bd. 2, S. 260. – Siehe dazu auch: Kolping an Jörg, 1. 10. 1855, a. a. O., S. 187.
90 RV 2 (1855), S. 706. – Siehe auch: RV 5 (1858), S. 96 betr. Gedichte von Reinhard.
91 HPB 36 (1855) II, S. 1033 f.
92 Innenminister von Westphalen an Friedrich Wilhelm IV., 23. 4. 1856, in: DZAM, Königliches Geheimes Civil-Cabinet 2.2.1, Nr. 23637, Bl. 85–89, hier: 86–88.
93 Kolping an Gruscha, 18. 6. 1859, in: KS Bd. 2, S. 262. – Siehe dazu auch: RV 8 (1861), S. 706.
94 Kolping an Gruscha, 30. 12. 1859, in: KS Bd. 2, S. 272.
95 Kolping, Zum Jahresschluß (1862), in: KS Bd. 5, S. 231.
96 Siehe dazu: Schmolke, Kolping als Publizist, S. 148 f., 206 ff., 249 u. 208. – Ferner: KS Bd. 2, S. 329, 338, 358, 372, 378, 390, 393, 402. – Baudri, Tagebuch, 1. 1. 1865.
97 Siehe dazu: Schmolke, Kolping als Publizist, S. 248 ff.

[98] RV 2 (1855), S. 610.
[99] RV 2 (1855), S. 738.
[100] Vgl. Schmolke, Kolping als Publizist, S. 741. – Zum Schlesischen Kirchenblatt siehe: A. Theising, Das Schlesische Kirchenblatt (1835–1885). Ein Beispiel kirchlicher Publizistik des 19. Jahrhunderts, Breslau 1938. – Ferner: Deutsches Literaturlexikon, Bd. 9 (1984), Sp. 1675.
[101] Schlesisches Kirchenblatt 28 (1962), S. 6.
[102] Einige Beispiele:
Schlesisches Kirchenblatt 18 (1852), S. 668: Kolpings Volkskalender; 19 (1853), S. 10: Stiftungsfest GV Breslau; S. 53 f.: Vereinsbericht Wien; S. 225: Abdruck eines Briefes Kolpings; S. 674 f.: Bericht über Stiftungsfest GV Breslau; 20 (1855), S. 82: Bericht über Priestergenossenschaft – S. 302: Sammlung für Gesellenhaus Breslau; 23 (1857), S. 218 f.: Vereinsbericht; S. 14 f.: Abdruck des Briefes Pius IX. an Kolping; 24 (1858), S. 124 f.: Kolpings Besuch in Breslau.
[103] Kolping an Mittweg, 25. 10. 1860, in: KS Bd. 2, S. 283. – Der Nachlaß Lorinsers im AEB, Wroclaw enthält keine Briefe Adolph Kolpings an Lorinser. – Bei dem empfohlenen Buch handelt es sich um: F. Lorinser, Reiseskizzen aus Spanien. Schilderungen und Eindrücke von Land und Leuten, 2 Bde., Regensburg 1855. – Siehe ferner dazu: Kolping an Krause, 4. 11. 1862, in: KS Bd. 2, S. 390. – Lorinser an Kolping, 10. 4. 1854, in: ADK, Nr. A 161. – Ferner: Lorinser, Leben, Bd. 1, S. 255.
[104] Vgl. RV 3 (1856), S. 354–360, 370–378 u. 385–393. – Siehe dazu: V. A. Huber, Reisebriefe aus Belgien, Frankreich und England im Sommer 1854, 2 Bde., Hamburg 1955. – Siehe dazu auch: Schmolke, Kolping als Publizist, S. 202.
[105] RV 3 (1856), S. 90.
[106] Vgl. RV 4 (1857), S. 44–46, 59 f., 77–79, 92–95.
[107] Friedrich Pilgram, * 19. 1. 1819 Imbach/Solingen – † 21. 11. 1890 Monheim/Köln – Laientheologe und Publizist – 1853–1860 Mitarbeiter an HPB – 1856 Mitarbeit an „Rheinischen Volksblättern" – 1870–1871 Mitbegründer und Redakteur „Germania", Berlin.
B. Caper, Friedrich Pilgram (1819–1890), in: Fries/Schwaiger (Hg.), Kath. Theologen, Bd. 2, S. 212–232 (Lit.). – KS Bd. 2, S. 177, 183, 188. – Eine vollständige Pilgram-Bibliographie enthält: B. Casper, Die Einheit aller Wirklichkeit. Friedrich Pilgram und seine theologische Philosophie. Freiburg i. Br. 1961, S. 247–250. – Pfr. A. St. Geveon, Monheim, Nr. 12 (Bild).
[108] Caspar, Pilgram, S. 221.
[109] Siehe dazu: Rosenthal, Convertitenbilder, Bd. 1, S. 1066–1071, bes. S. 1067.
[110] Keine Teilnahme an den Wahlen. Köln, am heiligen Osterfeste 1848, in: Rosenthal, Convertitenbilder, S. 691–695, hier S. 694 f.
[111] Vgl. Casper, Pilgram, S. 219 f.
[112] Deutsche Volkshalle, 31. 10. 1853, zitiert nach: Casper, Pilgram, S. 220.
[113] Pilgram an Jörg, 4. 8. 1855, in: J. E. Jörg, Briefwechsel: 1846–1901, bearb. v. D. Albrecht (Veröffentlichungen der Kommission für Zeitgeschichte: Reihe A, Quellen; Bd. 41), Mainz 1988, S. 42, Anm. 3. – Siehe auch: KS Bd. 2, S. 177.
[114] Zitiert nach: Rosenthal, Convertitenbilder, Bd. 1, S. 690.
Friedrich von Kehler, * 1. 10. 1820 Berlin – † 7. 6. 1901 Berlin – Legationsrat – Verwalter der Radziwill'schen Güter – 1849 Konversion in Köln – Mitbegründer der „Germania" – 1870–1898 Mitgl. Deutscher Reichstag.
Kosch, Kath. Deutschland, Sp. 2047.
[115] Zitiert nach: W. Casper, Friedrich Pilgram: Wegbereiter heutiger Theologie, Graz 1971, S. 326. – Innenzitat: 1 Joh. 2, 4–9.
[116] Casper, Pilgram, S. 221.
[117] RV 3 (1856), S. 371 f.
[118] RV 3 (1856), S. 391 ff.
[119] Victor Aimé Huber, * 10. 3. 1800 Stuttgart – † 19. 7. 1869 Wernigerode – konservativer Sozialpolitiker – 1843 Prof. Literaturgeschichte Berlin – Mitbegründer der Preußisch-Konservativen Partei – Gründer von Genossenschaften.
H.-J. Schoeps, in: NDB 9 (1972), S. 688 f. (Lit.). – Deutsches Literaturlexikon. Biographisch-Bibliographisches Handbuch, Bd. 8 (^{3}1981), Sp. 192. – I. Paulsen, Victor Aimé Huber als Sozialpolitiker, Berlin ^{2}1956. (Ausführliche Bibliographie S. 212–216). – Siehe ferner: RV 3 (1856), S. 354–360, 370–378, 385–393, 460–464, 603–607, 635–638, 650–654, 668–670, 682–686, 699–702, 716–718, 730–733, 747–750; 4

(1857), S. 731–734, 748–750; 6 (1859), S. 320, 414ff. – KS Bd. 5, S. 71f., 287, 305. – Wichern, Sämtliche Werke, Bd. 5, S. 145 u. 422f.

120 Siehe dazu: E. Thier, Die Kirche und die soziale Frage, Gütersloh 1950, S. 29–34. – Siehe dazu ferner: G. Brakelmann, Die soziale Frage des 19. Jahrhunderts, Witten [4]1971, S. 150.

121 Bredendiek, Christliche Sozialreformer, S. 101 u. 104.

122 Paulsen, Huber, S. 51: „De quaestionibus ut vulgo dicuntur ‚socialibus', iisque praecipue quae ad proletarios et ‚pauperismum' eiusque remedia spectant."

123 Vgl. RV 3 (1856), S. 460–464. – Siehe dazu auch: Huber, Der Katholizismus und das Genossenschaftswesen, in: HPB 49 (1862) I, S. 554–571 u. 617–629.

124 RV 4 (1857), S. 731–734 u. 748–750.

125 RV 4 (1857), S. 731. – Auch Ketteler wandte sich an Huber wegen seiner beabsichtigten Gründung von Produktivassoziationen. Siehe dazu Pfülf, Ketteler, Bd. 2, S. 183–186.

126 Huber an Müller, 26. 9. 1856, in: Paulsen, Huber, S. 169.

127 Vgl. Kolping, Gott segne das ehrbare Handwerk, in: KS Bd. 5, S. 71–73.

128 Huber an Klugkist, 17. 7. 1868, in: Paulsen, Huber, S. 169. – Siehe dazu auch: Mitteilungen 1869, Heft 10, Sp. 305. Ferner: Wichern, Werke Bd. 5, S. 145 u. 422f.

129 RV 6 (1859), S. 320 u. 414ff.

130 V. A. Huber, Ausgewählte Schriften über Socialreform und Genossenschaftswesen, hg. v. K. Munding, Berlin 1894, S. 1086f.

131 Huber, in: Janus. Jahrbücher deutscher Gesinnung, Bildung und Tat, Bd. 7, Berlin 1848, S. 8.

132 Joseph Edmund Jörg, *23. 12. 1819 Immenstadt/Allgäu – † 18. 11. 1901 Burg Trausitz/Landshut – Historiker, Politiker und Publizist – 1852–1901 Herausgeber und Redakteur der HPB – 1865–1881 Mitgl. Bayr. Landtages – 1874–1879 Mitgl. des Reichstages.

W. Becker, Joseph Edmund Jörg (1819–1901), in: ZGL Bd. 3 (1979), S. 75–90 u. 285 (Lit.). – KS Bd. 2, S. 177, 182f., 187, 219, 233, 237. – Joseph Edmund Jörg, Briefwechsel: 1846–1901, bearbeitet von D. Albrecht, Veröffentlichungen der Kommission für Zeitgeschichte: Reihe A, Quellen; Bd. 41), Mainz 1988, S. 42–45.

133 Vgl. HPB (1855) I, S. 1030–1034.

134 D. Albrecht, Einleitung, in: Jörg, Briefwechsel, S. XXXV.

135 Alban Isidor Stolz, Theologe und Volksschriftsteller, *3. 2. 1808 Bühl/Baden – † 16. 10. 1883 Freiburg – 1827–1832 philosoph., pädagog. und theolog. Studium in Freiburg u. Heidelberg – 16. 8. 1833 Priesterweihe – 1847 Prof. Freiburg, Pastoraltheologie u. Pädagogik – 1852 Gründerpräses GV Freiburg.

H. Vorgrimmler, in: LThK 9 ([2]1964), Sp. 1093f. – Kosch, Deutsches Literaturlexikon, Bd. 4, Bern 1958, S. 2885. – Zu Stolz siehe auch: FS 3 (1853), S. 204; KS Bd. 1, S. 28; Bd. 2, S. 390 u. 394. – Siehe dazu auch: Schmolke, Kolping als Publizist, S. 16, 75f., 133, 143, 148, 193, 200.

136 A. Stolz, Nachtgebet meines Lebens, hg. v. J. Schmitt, Freiburg 1885, S. 117f.

Lothar von Kübel, *22. 4. 1823 Sinzheim – † 3. 8. 1881 St. Peter – 19. 8. 1847 Priesterweihe – 1848 Repetitor, Freiburg, Theologenkonvikt – 1867 Generalvikar u. Domdekan Freiburg – 1867 Weihbischof und Bistumsverweser Freiburg.

E. Gatz, in: Gatz, Bischöfe, S. 417f.

137 Vgl. FS 2 (1852), S. 77–84: Der Baum und der Mensch. – RV 6 (1859), S. 370–377 u. 385–391.

138 Vgl. Kolping an Stolz, 14. 12. 1862, in: KS Bd. 2, S. 394. – Mandelartz, Erinnerungen, S. 18f.

139 Schnabel, Deutsche Geschichte, Bd. 4, S. 219.

140 Ketteler, Sämtliche Werke und Briefe, Bd. I/1, S. 120.

141 Bischöfliches Referat für die Konferenz der hochwürdigsten Bischöfe Deutschlands zu Fulda im September 1869, S. 16. – Siehe dazu: Pfülf, Ketteler, Bd. 2, S. 435. – W. E. v. Ketteler, Sozialcaritative Fürsorge der Kirche für die Arbeiterschaft (1869): J. Mumbauer (Hg.), W. E. v. Kettelers Schriften, München [2]1924, Bd. III, 165.

142 Vgl. Schmolke, Kolping als Publizist, S. 59–61 u. 75. – Siehe dazu: Pfülf, Ketteler, Bd. 1, S. 268; Bd. 2, S. 54, 136, 152, 174, 218, 435; Bd. 3, S. 209, 243, 290. – Wothe, Kolping – Ketteler.

143 Siehe dazu: Ketteler, Sämtliche Werke und Briefe. Bd. I/1, S. 23–87.

144 L. Lenhart, Bischof Ketteler, Bd. 1, S. 36. – Siehe dazu: A. Langner, Grundlage des sozialethischen Denkens bei Wilhelm Emmanuel von Ketteler, in: Theologie und Sozialethik im Spannungsfeld der Gesellschaft. Untersuchungen zur Ideengeschichte des deutschen Katholizismus im 19. Jahrhundert, hg. v. A. Langner (Beiträge zur Katholizismusforschung Reihe B: Abhandlungen), München/Paderborn/Wien 1974, S. 61–112.

[145] FS 2 (1852), S. 190.

[146] E. Iserloh, Einleitung zu „Freiheit, Autorität und Kirche", in: Ketteler, Sämtliche Werke und Briefe, Bd. I/1, S. 222.

[147] Ketteler, Freiheit, Autorität und Kirche, in: Ketteler, Sämtliche Werke und Briefe, Bd. I/1, S. 222–364, hier S. 280. – Siehe dazu: A. M. Birke, Bischof Ketteler und der deutsche Liberalismus (Veröffentlichungen der Kommission für Zeitgeschichte. Reihe B. Forschungen 9), Mainz 1971, S. 28–42.

[148] RV 9 (1862), S. 178–193, hier S. 178.

[149] Pfülf, Ketteler, Bd. 2, S. 183 ff., hier S. 185. – Siehe dazu: Iserloh, Die soziale Aktivität, S. 12–15.

[150] Ketteler, Arbeiterfrage und Christentum, in: Ketteler, Sämtliche Werke und Briefe, Bd. I/1, S. 367–467.

[151] Vgl. a.a.O., S. 372.

[152] Vgl. a.a.O., S. 377–380.

[153] Siehe dazu Kolping, Zur Literatur, in: KS Bd. 5, S. 327. – Hier auch die folgenden Zitate.

[154] Iserloh, Die soziale Aktivität, S. 10.

[155] Ketteler, Arbeiterfrage und Christentum, in: Ketteler, Sämtliche Werke und Briefe, Bd. I/1, S. 405.

[156] H[euser], Deutscher Handwerkerbund, in: RV 11 (1864), S. 534–537, hier S. 536. – Siehe dazu auch: A.a.O., S. 488 ff. – Baudri, Tagebuch, 31. 7. 1864.

[157] Ketteler, Arbeiterfrage und Christentum, S. 388.

[158] Vgl. Pfülf, Ketteler, Bd. 2, S. 175.

[159] Vgl. Ketteler, Hirtenbriefe, S. 255.

[160] Ketteler, Arbeiterfrage und Christentum, S. 449. – Siehe auch: F. Vigener, Ketteler – Ein deutsches Bischofsleben des 19. Jahrhunderts, München/Berlin 1924, S. 560.

[161] Ketteler, Ansprache anläßlich der Festfeier des Mainzer Gesellenvereins vom 19. November 1865 über die soziale Frage, in: Ketteler, Sämtliche Werke und Briefe, Bd. I/1, S. 685–688, hier: S. 685 ff.

[162] Kolping an Steinle, 15. 2. 1865, in: KS Bd. 2, S. 468. – Siehe ferner: a.a.O., S. 464. – Siehe auch: E. Gatz, Das erste Vatikanische Konzil und die soziale Frage, in: Annuarium Historiae Conciliorum 3 (1971), S. 156 bis 173.

[163] Siehe dazu: Prospektus, in: KS Bd. 5, S. 227–230. – Ferner: Schmolke, Kolping als Publizist, S. 222–227.

[164] KS Bd. 5, S. 227.

[165] Mitteilungen 2 (1864), S. 64 f.

[166] Beispiele: Mitteilungen 16 (1870), Sp. 467 ff. Wiederabdruck eines Artikels aus RV 1 (1854), S. 60 ff. Wie man einen Gesellenverein nicht gründen soll? – Ferner: Aus Kolpings Papieren: Mitteilungen 17 (1870), Sp. 483 ff.

[167] Vgl. Schmolke, Kolping als Publizist, S. 223 f.

[168] Kolping, Zum Jahresschluß (1862), in: KS Bd. 5, S. 230 u. 232.

[169] J. Mandelartz, Drei Jahre, in: Kolpingskalender 1929, S. 161.

[170] Lautenbacher, Kolping, S. 12 f.

[171] K. H. Grosse-Freese, Beiträge zur Charakteristik der öffentlichen Meinung in der Rheinprovinz im Jahre 1859, Bonn 1922, S. 86. – Innenzitat: Kolping, Politisches Tagebuch, in: RV 9 (1856), S. 11.

[172] A. Heuser, An die Leser, in: RV 12 (1865), S. 800.

[173] Schmolke, Kolping als Publizist, S. 279.

13. Bildungsinhalte und Lebenskreise

Adolph Kolping besuchte im letzten Jahr die Volksschule seines Lehrers Statz, als an der Universität Berlin in seiner berühmten Pädagogik-Vorlesung von 1826 Friedrich Schleiermacher die Frage stellte: „Was hat Erziehung zu leisten, um Ansprüche auf Gültigkeit zu machen? – Die Erziehung – im engeren Sinn beendet, wenn der Zeitpunkt eintritt, in dem die Selbständigkeit der Einwirkung anderer übergeordnet wird – soll den Menschen abliefern als ihr Werk am Gesamtleben im Staat, in der Kirche, im allgemeinen freien geselligen Verkehr und im Erkennen oder Wissen“[1].

„Das Hineinbilden in das sittliche Leben“, das die vier genannten Bildungsbereiche umfaßt, findet sich auch im Bildungsdenken Kolpings, in seinen Publikationen und in der Arbeit im Gesellenverein wieder. Nun hat Kolping Schleiermacher weder persönlich gekannt noch nachweisbar ein Buch von ihm gelesen. Gelegenheiten, die Ideen des Philosophen über Erziehung und Bildung kennenzulernen, hatte er freilich genügend. Sein Gymnasiallehrer Kreuser hatte in Berlin studiert, sein Bonner Philosophieprofessor Brandis war ein Anhänger Schleiermachers und unter den Elberfelder evangelischen Pastoren bei ihren pädagogischen Initiativen sicher bekannt. Auch das schon genannte Motto der Gesellenvereine weist in diese Richtung. „Religion und Tugend, Eintracht und Liebe, Arbeitsamkeit und Fleiß, Heiterkeit und Scherz“[2]. Die Inhalte der Bildung sind gleichzeitig auch Institutionen der Bildung. Die Sozialisationsinstanzen haben gleichsam eine doppelte Funktion. Die vier inhaltlichen Bereiche Kirche, Staat, Beruf und Familie werden im gesamten Schrifttum Kolpings immer wieder aufgegriffen und der Leserschaft angepaßt in unterschiedlichen, aber ähnlichen Formulierungen. Da sein erwachsenenbildnerisches Konzept im Gesellenverein entwickelt wurde, verwundert es nicht, daß er schon früh das Ziel absteckte.

„Diese jungen Männer werden bald, etliche vielleicht schon sehr bald, Meister und Familienväter sein, sie reihen sich bald in die Bürger ein – und der muß wahrlich stockblind sein, der nicht einsieht, daß es von der größten Wichtigkeit ist, ob dieser oder jener junge Mann ein braver, tüchtiger Meister oder ein elender Pfuscher, ein frommer, pflichttreuer Familienvater oder ein fruchtbarer Elendsvermehrer, ein ehrenwerter Bürger der Stadt und des Staates oder eine sich stets vermehrende Last der Gemeinde wird – das mindeste zu sagen. Hier wird es bald darauf ankommen ... das wirklich praktische Leben (zu) fassen, um diesen jungen Leuten für Zeit und Ewigkeit wahrhaft nützlich zu werden. Hier wird es aber darauf ankommen ... das Christentum dem Geiste und der Praxis nach ins wirkliche gesellschaftliche Leben hineinzutragen“[3].

Auch in den sozialen Aktivitäten unterschied Kolping den individuellen Bereich einer Persönlichkeit, den Lebensraum Familie und Beruf sowie die Politik. Auf den ersten beiden Gebieten konnte er mit seinem Gesellenverein aktiv werden. Im politischen Bereich konnte er im Gesellenverein nur sehr beschränkt wirken, dafür um so mehr in seinen publizistischen Organen.

Vergegenwärtigen wir uns noch einmal die völlig veränderten geistigen, politischen und sozialen Gegebenheiten: Religion und Christentum waren durch die Französische Revolution, durch den Zusammenbruch der Reichskirche, durch die Aufklärung und erwachendes demokratisches Bewußtsein, sowie durch die beginnende Industrialisierung herausgefordert, Antworten auf Fragen zu geben, die sich bisher überhaupt nicht gestellt hatten. Die Lösung der Frage nach der Sinngebung des Lebens war für Kolping vorrangig zu betreiben. Darum ist die religiöse Komponente in seinem Weltbild so wichtig.

In den Schichten des Bildungs- und Besitz-Bürgertums entwickelte sich der Liberalismus zur prägenden Weltanschauung. Überbetonung von Vernunft und Überbewertung von Fortschrittsdenken ließen Wertvorstellungen des Christentums zurückfallen. In der Wirtschaft setzte sich mit der beginnenden Industrialisierung die Haltung durch, daß Konkurrenz das Geschäft belebt und darum vor allem positiv zu bewerten sei.

Religion

Religion und Glaube standen für Kolping im Mittelpunkt seines Denkens und Handelns. Sie bilden ein tragfähiges Fundament für jedes Menschenleben: „Die Religion ist die höchste Gabe des Himmels, durch sie ist der Mensch – Christ – das, was er ist. Folglich gebührt ihr die größte Achtung, Unterwürfigkeit, Unterwerfung. Sie ist die Norm und Richtschnur des Handelns, der feste Grund jedes Wahren, Guten und Schönen“[4]. Darum kannte Kolping auch keine Trennung der Religion vom sozialen, wirtschaftlichen und auch vom politischen Handeln. Aufbau und Bestand einer Gesellschaft standen und fielen nach seiner Vorstellung mit ihrer Religion: „Die Religion, das Leben der Seele, ist eine Gottesgabe, ein unentbehrliches Bedürfnis der menschlichen Seele und ein Gnadengeschenk, welches zutiefst in die menschliche Seele eindringt, sie gewissermaßen in ihrem geheimnisvollen Dasein befruchtet und den ganzen Menschen regiert, ordnet, lenkt und leitet. Weil die Religion von Gott kommt, also Gottes ist, darum will und soll sie den Menschen regieren, nicht soll der Mensch mit ihr tun nach seinem Belieben. Wenn sie den Menschen regiert, sein Tun regelt, und zwar aus dem eigentlichen Kern des Menschen heraus, aus seinem Gewissen, dann, aber auch erst dann ist sein Leben und Wirken ein wahrhaft menschenwürdiges und rechtes“[5].

Die Religion müsse wieder ins Zentrum des gesellschaftlichen Lebens gerückt werden, dann damit begänne die wirkungsvolle Erneuerung der menschlichen Gesellschaft: „Daß die Religion die einzige Richtschnur ist, wonach die Grundsätze zu ordnen sind, das will der superklugen Welt nicht einfallen; aber sie verwirft diesen Grundsatz aller Grundsätze doch aus dem Grund, weil sie glaubt, ohne die leitende Hand der Religion, durch eigene Kraft zum Ziele zu gelangen“[6].

Ein Leben ohne Gott und Religion hat nach Kolpings Verständnis einzig innerweltliche Interessen und muß darum an der Berufung und Bestimmung des Menschen vorbeigehen: „Die Religion ist Wahrheit, lehrt Wahrheit und fordert Wahrheit; deshalb verträgt sie sich nie mit der Windbeutelei. Wo diese letztere anfängt zu herrschen, also Lug und Trug walten, da zieht sie allmählich aus, und läßt der Windbeutelei nur das Ebenbild ihrer selbst zurück, jene sogenannte Aufklärung, mit der sich die Leute inwendig eben so abfinden, wie nach Außen mit dem glänzenden Schein“[7].

Religion als Rück-Bindung des Menschen an Gott bedeutete gleichzeitig die Anerkennung einer Autorität in Fragen von Ethik und Moral. Göttliche Autorität bzw. ihre Anerkennung durch die Menschen schafft Verbindungen auch untereinander. Nicht nur der Einzelmensch ist mit Gott verbunden, auch die Verbindungen der Menschen untereinander sind auf Gott ausgerichtet. „Das Geistige wie das Geistliche in dieser Welt schwebt nämlich nicht in unsichtbaren Reihen und schließt sich darin ab, sondern tritt in der Ordnung menschlicher Dinge und Verhältnisse sehr sichtbar, sogar greiflich zutage, sei es in dem Verhalten des einzelnen Menschen, sei es in der Gestaltung des Familienlebens, in der Gemeindeeinrichtung oder gar im Staatsleben, das nach größeren Verhältnissen, aber auf denselben Grundpfeilern aufgebaut ist. Ja, die geistige Welt knüpft die Völker zusammen, und sie regelt und gestaltet die Verhältnisse derselben zueinander. Es kommt darauf an, wie die Geister beschaffen sind, welchem Gesetz sie untertan gemacht, nach welchen Richtungen sie streben, um zu wissen, für welches Reich sie streiten und in wessen Sold sie dienen, ob für das Reich Gottes und seine Gerechtigkeit oder für jene schon am Anfange vorgespiegelte Unabhängigkeit vom Gesetze Gottes, damit sie Götter dieser Welt werden möchten, natürlich und schließlich unter jenem Fürsten, den der Heiland selbst den Fürsten dieser Welt nennt“[8].

Wenn Religion und Glaube keine Bedeutung für eine Lebensausrichtung der Menschen haben, fehlt das dem Menschen wesentliche. Ein Rationalismus, der ihm „totale“ Unabhängigkeit suggeriert, muß verheerende Wirkungen hervorrufen. „Die Religion als Verstandesübung ist ein hohles, leeres Gespenst, dem niemals greifbare Wirklichkeit zukommen kann“[9]. Aufklärung, Scheinbildung und Wissensdünkel versperren Blick und Beachtung des Wesentlichen. „Das Herz aber ist ganz vorzüglich der Sitz der Religion, und je reicher das Gemüt, um so mehr natürliche Gnaden sind zum Zwecke der Religion dem Menschen verliehen“[10].

Kirche

Wie selbstverständlich ist diese Religion für Kolping das Christentum in der geschichtlichen Gestalt der katholischen Kirche. Da gibt es für ihn kein Wenn und kein Aber: „Die katholische Kirche, auf göttlichem Boden erwachsen, vom göttlichen Geiste belebt, mit göttlicher Sendung betraut, geht aus ihren Fugen ihrer ewigen Ordnung nicht heraus, und wenn die Welt darüber zugrunde ginge“[11].

Die Kirche erhebt den Anspruch, als Verkünderin der Frohen Botschaft Jesu Christi Lehrerin der ewigen Wahrheit und auch Wahrerin der sittlichen Ordnung zu sein: „Das Christentum ist aber kein bloßes Gedankending, sondern in dieser Welt greiflich aufgebaut in der *Kirche*, damit die Menschen, die ihr angehören wollen, wissen woran sie sich zu halten haben. Die Kirche aber, da sie unter Menschen und für Menschen ist, ist sichtbar auch aus Menschen aufgebaut und nach einer Ordnung zusammengefügt, die des Schöpfers Meisterhand angeordnet. Das Christentum wird in dieser Welt darum durch Menschen vertreten, und die Handhabung und Verkündigung dieser Lehre liegt deshalb den verordneten Organen ob, die im Ganzen von Oben her behütet werden, damit sie nicht ab- und ausweichen, weder zur Rechten noch zur Linken"[12].

Der weitaus größere Teil des Klerus verstand Kirche noch als Obrigkeitskirche, in der Laien sich unterzuordnen und zu gehorchen hatten. Wie im staatlichen Bereich mußten alle Regungen nach Mündigkeit und Selbständigkeit aufmerksam verfolgt werden, um das „Gemeinwohl" nicht zu gefährden. Darum mußte die Kirche für Kolping wieder volkstümlicher werden, d.h. sie durfte den konkreten Menschen nicht aus den Augen verlieren, weil sie sonst ihre Sendung nicht erfülle: „Soll das kirchliche Leben das Volksleben ergreifen und umgestalten, dann darf das erstere nicht gehemmt werden, das andere *in seiner Weise* gewähren zu lassen, muß ihm aber eine rechte Richtung und höhere Bedeutung geben. *Soll das Volksleben kirchlicher werden, muß das kirchliche Leben volkstümlicher werden.* Es ist noch nicht gar lange her, da war das der Fall. Daß ich hier besonders das kirchliche Leben außer den heil[igen] Mauern der Kirche im Auge habe, glaube ich beifügen zu müssen, um Mißverständnisse zu verhüten. Mich dünkt, darin würde es heutzutage noch vielfach versehen. Man hält meines Dafürhaltens in vielfacher Beziehung das kirchliche und das bürgerliche Leben etwas zu sehr auseinander"[13].

Die Kirche bot nur begrenzt Orientierungshilfen zum Leben in dieser Welt. In der Zeit des Umbruchs war auch sie gezwungen, wissenschaftlich-technischen Fortschritt zur Kenntnis zu nehmen und theologisch zu durchdringen. Auch dazu wollte Kolping einen Beitrag leisten. Für ihn war dabei klar, daß die Anpassungsfähigkeit von Mensch und Natur an den wissenschaftlich-technischen Fortschritt begrenzt war. Ethische Reflexion und sittliche Verkündigung müssen die konkreten Lebensverhältnisse der Menschen berücksichtigen. Darum forderte er auf, im Geiste Jesu Christi zu leben und nach den ethischen Prinzipien des Evangeliums die Gesellschaft zu reformieren. Die Kirche ist für ihn Ordnungsgarant einer sozial ausgewogenen Gesellschaft. Und weil der Liberalismus in allen Erscheinungsformen der Kirche dieses Recht abspricht und andere „humanere Vorstellungen entwickelt, wird er von Kolping so leidenschaftlich bekämpft. „Die Kirche kann und darf sich von der sozialen Frage nicht zurückziehen, sie darf das bürgerliche Leben ihren geborenen oder geschworenen Feinden nicht allein überlassen, sie muß in's Leben hineintreten und den Kampf mit ihren Widersachern nicht scheuen"[14].

Kolping sah nicht erst seit seiner Elberfelder Seelsorgspraxis einen Graben zwischen der Kirche, ihrer Lehre und dem Lebensalltag von Gesellen und Arbeitern sowie ihrer persönlichen religiösen Einstellung und Praxis, den er überbrücken wollte. Das ist ihm in weiten Bereichen durch seinen persönlichen Einsatz und den seiner engagierten Mitarbeiter auch gelungen. Ob aber Kolpings persönliche Identifikation mit seiner Kirche – trotz seiner Volkstümlichkeit – von den Vereinsmitgliedern übernommen wurde, bleibt eine offene Frage. Unbestritten ist aber, daß er die Verbindung von Kirche und Handwerk gefestigt hat und eine drohende Proletarisierung weiter Teile dieser Schicht der Bevölkerung verhindern konnte, weil er religiöse Bildungsarbeit mit beruflicher Fortbildung und Qualifizierung sowie attraktivem Gemeinschaftsleben, das zur Selbsthilfe anregte, verband. „Auf unser tätiges Christentum kommt's an, ob die Welt zu christlicher Ordnung und die Stände in ihr zu christlichem Wohlbestande zurückkehren. Nur dürfen wir dieses tätige Christentum nicht zwischen Kirchenmauern und Krankenstuben allein oder in unseren nächsten häuslichen Kreis einschließen wollen, sondern wir müssen es frisch und wohlgemut ins bürgerliche Leben hinaustragen und mit demselben alles zu durchdringen suchen, was nicht bereits in rettungslose Fäulnis übergegangen oder zu kaltem Stein verhärtet ist"[15].

Glaube

An mehreren persönlichen Glaubensbekenntnissen läßt sich der Glaube Adolph Kolpings deutlich festmachen. Ein Dokument ist das Curriculum vitae[16], ein weiteres sind die „Bilder aus Rom", die empfindsamen Eindrücke, die er als Artikelreihe in den „Rheinischen Volksblättern" veröffentlichte[17].

Der Glaube bewirkte ihn ihm eine Haltung der Offenheit und Bereitschaft. Er bemühte sich um die Erkenntnis des Willens Gottes auf vielfache Weise. An erster Stelle standen für ihn die Lehre und der Auftrag der Kirche, dann Umstände und Gegebenheiten seiner Zeit und besondere Ereignisse in seinem Leben oder dem ihm nahestehender Menschen. Für ihn ergab sich (daraus) eine Möglichkeit der Selbstverwirklichung in der Gemeinschaft der Kirche, die ihn zur inneren Freiheit führte. Die Anerkennung der Autorität Gottes für sich selbst und andere brachte die Bejahung der eigenen Möglichkeiten und Grenzen mit sich: „Die ganze sittliche Weltordnung ruht auf religiösen Grundpfeilern, die man Glaubenssätze nennen kann. Mit ihnen hängt alles, nur das eine näher, das andere entfernter, zusammen, was Menschen auf dieser Welt nur tun und treiben. Soziales Leben, Politik, Volkswirtschaft, und wie die Dinge alle heißen, die bloß irdisch und weltlich aussehen, hängen alle mehr oder minder mit jenen Grundpfeilern zusammen. Nimmt man *einen* dieser Grundpfeiler religiöser und also auch sozialer Ordnung weg, so ist der ganze Bau gestört und bekommt von dem Behelf, den man an seine Stelle gesetzt, seinen neuen Charakter und eine ‚andere Ansicht'"[18]. Alles Elend und Leid dieser Welt kommen „ja auch daher, daß die Menschen sich nur gar zu sehr von Gott und seinen Geboten abgewandt haben und nun in törichtem Unverstande das Glück, die Freiheit und den Frieden suchen, wie sie auf dem Boden des Unglaubens und der Gottlosigkeit nun einmal nicht wachsen und gedeihen kann"[19].

Kolpings Denken basiert ganz auf der Offenbarung und der Lehre der Kirche als Verwalterin dieser Offenbarung. Bei ihm wird eine Entwicklung des Glaubens erkennbar, die in Höhen und Tiefen des Lebens und auch trotz manchmal herber Enttäuschung mit kirchlichen Vorgesetzten ständig fortgeschritten ist. Dabei ist festzuhalten, daß die Unbeirrbarkeit und Festigkeit im Glauben besondere Wirkung auf Kolpings Umwelt, die Gesellen und auch seine Mitarbeiter hatte. Neben der Festigung eines fast unbegrenzten Gottvertrauens[20] waren weitere Schwerpunkte der Einsatz für die Verbreitung und Verteidigung des Glaubens. Zu den Inhalten gehörten die Schöpfungslehre, die Auferstehung, die Eucharistie und eine ausgewogene Verehrung der Gottesmutter und der Heiligen. Von Inhalt und Praxis kann man seinen gelebten Glauben als missionarisch, sozial und apostolisch bezeichnen. Ansatzpunkt für die lebenslange Tragfähigkeit des Glaubens war für ihn der gelebte Glaube in der Familie. Er dokumentierte sich in Erinnerungen an sein Zuhause, bereitgehaltene Lektüre, an die Erstkommunion und religiöse Bräuche.

Kolping erzielte seine Wirkungen durch seine am christlichen Glauben orientierte Persönlichkeit. Dieser Glaube behielt trotz aller Zeitbedingtheit das Wesentliche im Blick: Annahme und Zusage Gottes für die Menschen: „Auf dem *Glauben* ruht das *Leben;* das soziale Leben ist der lebendige Ausdruck des Glaubens, mag es beschaffen sein, wie es will ... Aber *eines* kann die Welt nie mehr entbehren. Das ist der *Glaube,* der in der Liebe tätig ist. *Diese Liebe* ist, seit das Christentum auf der Welt ist, das Universalheilmittel für alle Schäden und Gebrechen in der menschlichen Gesellschaft, jene furchtbare Waffe, die auf die Dauer immer siegt, die den Gegner überwältigt, ohne ihn zu töten, eine wunderbare Waffe, welche aus dem Feind einen Freund zu machen weiß, aus dem Gegner einen Genossen, aus dem Widersacher einen begeisterten Zeugen“[21].

Bei aller Grundsatztreue pflegte Kolping den Menschen gegenüber eine erstaunliche Offenheit: „Was nun die Akatholiken betrifft, so werden diese wie die andern gepflegt und gehalten. In religiöser Beziehung soll nur jeder seine Pflichten erfüllen. Wir sind keine christlichen Gendarmen. Darüber wie über so vieles andere muß noch viel konferiert werden“[22].

Theologie

Widersprüche zwischen Theologie als Lehre der Kirche und Philosophie oder Naturwissenschaften durfte es für Kolping nicht geben[23]. Alle Wissenschaften waren für ihn der Theologie nachgeordnet. Sein gesamtes Weltbild war also noch stark mittelalterlich geprägt. Kolping konnte diesen Auflösungsprozeß einer noch ganzheitlich geordneten Lebenswelt am eigenen Leib praktisch erfahren und selbstverständlich nur zeitgemäß darauf reagieren: „Seit ich mich auf dem Gebiet der Theologie umgesehen und nun da erst hellere Blicke in das Wesen des Katholizismus getan, möchte ich alle Menschen zu ihm hindrängen, damit sie ihn kennen, achten, lieben lernen“[24].

Eine theoretische Lösungsmöglichkeit oder gar eine Lösung für die damit verbundenen Probleme zu finden, blieb ihm in seinem Leben versperrt. Für sich persönlich fand er einen gangbaren Weg allein aus dem Glauben, den er als Lösungsmöglichkeit – und zwar als die beste – auch für andere anbieten wollte. Ein Beispiel: Er nutzte die Eisenbahn zu einem Vergleich für die Verkündigung. „Insoweit wäre Alles in schönster Ordnung. Aber – bei allen Dingen in der Welt ist ein „Aber“, und beim Fortschritt oft ... sogar noch mehrere, – sobald das Dampfroß am Laufen ist, riskiert der Reisende Hals und Kragen. Da muß zwischen den beiden Eisenstreifen, auf denen man dich fortreißt, Alles, aber auch geradezu Alles bis auf's Haar in Ordnung sein, die Räder, Federn, Weichenstellungen u.s.w. müssen keinen Krach geben oder gar Feuer speien, oder dein Leben steht in der allerdringendsten Gefahr ...

Das haben aber die Leute auch bedacht, welche die Eisenbahnen bauten und mit derselben – Geld verdienen wollten, (hat doch zur Ehre Gottes und zum Heil der Menschen in dieser fortgeschrittenen Zeit noch Niemand eine Eisenbahn gebaut.) Da es nun um's Geld geht, gehen muß, das Geld aber von den Reisenden herkommt; so hat man alle nur mögliche Sorge angewendet, um das ‚Unglück' auf der Eisenbahn abzuwenden ... kurz, nichts ist unterlassen, um *sichere Fahrt* höchst wahrscheinlich zu machen. Es geht ja um's Leben, und da heißt's aufpassen ... Wir sagen sogar, wenn es nicht so wäre, wir bedächten uns zehnmal, bevor wir eine Fahrt mit der Eisenbahn unternähmen und blieben sonst lieber ganz daheim. Und es geht doch nur um's irdische Leben, und damit man Geld verdiene ...

Und da will die heutige geistig fortschrittliche Welt auf die Ewigkeit losreisen, und da soll gar keine Wache, keine Vorsicht, keine Kontrolle, keine Revision, nicht einmal ein Wegwärter mehr gelten, sondern jeder will sein eigener Pfeifer sein, und in ungebundenster Weise daraus losdampfen, selbst auf die Gefahr hin, daß die *Seele*, und die ist doch mehr wert, als der Leib ... und zwar nicht für diese Zeit bloß, sondern für die *Ewigkeit* verloren gehe. Das ist rasende Torheit. Denk's weiter aus"[25].

Seine Theologie war einfach und schlicht. Es galt, Glaubenswahrheiten zu verkünden: Schöpfung aus der Hand Gottes, Heilswirken und Erlösung durch Jesus Christus (Bildung als Gottebenbildlichkeit), Heimkehr der Geschöpfe zum Herrn. Im Grunde waren es Katechismuswahrheiten, die allerdings in der Verkündigung Kolpings keine Abstraktionen und keine Floskeln blieben.

Verstandesbildung ohne Herzensbildung führe in eine Sackgasse, wie der Rationalismus gezeigt habe, den er so vehement bekämpfte. Darum läßt sich vereinfacht sagen, daß Kolpings Theologie eine Theologie des Gebetes war. Das geistliche Leben oder die Spiritualität Kolpings sind mit zwei Begriffen seiner Sprache zu charakterisieren: Herz und Gebet. Herz steht bei Kolping für das Ganze der Persönlichkeit: Denken, Fühlen und Handeln. „Die Lebensmitte des Menschen ist sein Herz, ist sein Gemüt, woraus der Haß wie die Liebe strömt, ... Deshalb wird der Mensch auch nach seinem Herzen, nicht nach seinem Kopfe gewogen und geschätzt, deshalb ist der Mensch auch gerade so viel wert, als sein Herz wert ist, nichts mehr ... Das Herz liebt und will Liebe haben und will im Austausch der Liebe glücklich sein. Das ist seine Bestimmung und der strebt es notgedrungen nach. Das Herz soll Gott lieben, soll in Liebe sich an Gott hingeben, sich mit allem, was es hat, Gott widmen und opfern ... Denn Gott, das Vorbild, ist das einzige würdige Ziel des Ebenbildes, wie der Gegenstand des Erkennens so auch der Gegenstand der Liebe"[26].

Wie die Sorge für den Leib wichtig und notwendig sei, so bedürfe auch das Herz einer besonderen Pflege – nämlich durch freiwillige Armut, Askese und ganz besonders das Gebet. Es war für Kolping gleichsam die Kultur des Herzens. Das Gebet spielte in Kolpings Alltagsleben eine Schlüsselrolle. Viele persönliche Begegnungen und private Briefe beinhalten die Zusicherung des persönlichen Gebetes und/oder die Bitte um das Gebet.

Durch seine Frömmigkeit, die Kolping seit seiner Jugend geprägt hatte, eröffnete er sich und anderen neue Perspektiven: Das Übernatürliche und die sich daraus ergebenden Pflichten in dieser Welt: „Um den Segen Gottes zu erlangen, wissen wir ferner, muß der Christ *beten,* und damit sein Gebet erhört werde, muß er sich auch als ein rechtschaffener Christ aufführen. Aber damit ist es endlich auch noch nicht getan. Wenn wir Gott bitten, daß er dies und das segnen wolle, so dürfen wir nicht müßig dabeistehen, die Augen bloß zum Himmel erheben und die Hände in den Schoß legen, als wenn unser Herrgott alles allein tun solle und wir nur das Zuschauen hätten ... Ohne unsere rüstige Mitwirkung kann der Segen Gottes ebensowenig an unserem Streben zur rechten Wirksamkeit kommen, als wenn der Landmann sich neben den Acker auf die Knie setzte, den ganzen Tag um Segen des Himmels rief', aber die gesunden Arme nicht kräftig in Bewegung setzte auf dem Acker selber und ihm die notwendige menschliche Pflege angedeihen ließ'. Dann kann unser Herrgott die Sonne scheinen lassen, regnen lassen, Tau fallen lassen, das schönste Wetter von der Welt schicken, auf dem Acker wächst nichts Gescheites, das nicht, was man mit Recht den Segen des Ackers nennt“[27].

Kolping richtete seinen Blick also nicht allein auf das Jenseits. Der Auftrag zur Mitarbeit an der Schöpfung (Gen. 1,28) beinhaltete für ihn, Heilsverkündigung und Weltdienst als Einheit zu sehen. So bekannte er auch freimütig: „Nun weiß doch so ziemlich alle Welt, daß der Schreiber ... gerade kein Anhänger jener sauertöpfischen Sekte ist, die die ganze Welt in den finstern Sack ihrs puren Sündenbewußtseins hineinstecken möchten, nein, er glaubt an eine wirkliche Erlösung auch schon in diesem Leben und deshalb auch, daß man frohen Mutes sein dürfe“[28]. Nach Gottes Bild geschaffen seien die Menschen auch fähig, ihren Schöpfer zu erkennen und anzuerkennen. Erste Pflicht des Menschen als Geschöpf Gottes sei darum dessen Verherrlichung durch Gebet, Dankbarkeit, Sakramentenempfang und Dienst am Nächsten. Dafür war Kolping selbst lebendiges Zeugnis für seine Umwelt. Er war ein frommer Mann und ein unermüdlicher Beter. Aus Gebet und Gottvertrauen nahm er Kraft und Mut für sein Leben. Frömmelei und Bigotterie lagen ihm nicht: „Glaubt nicht, ... daß wir solche Menschen wollen, die sich hinsetzen und Rosenkränze beten und dann mit ihrer Pflicht versöhnt sind. Von einer solchen Frömmigkeit wollen wir nichts wissen, d. h. beten wie Christen wollen wir, aber auch arbeiten; denn dafür hat unser Herrgott die Kräfte gegeben, und wenn man dieselben faul werden läßt, so werden sie auf einer Rechnung stehen, die man nicht mehr tilgen kann“[29].

Das tägliche Gebet war für Kolping keine Routine, das Reden mit dem lieben Gott gab ihm „Riesenkräfte“[30]. Er sah in ihm „eine gewaltige, politische Macht, auch wenn die Interessen-Politiker sie gar nicht anerkennen wollen“[31]. So galt ihm auch der Rosenkranz als „ein prächtiges Ordenszeichen und das heilige Kreuzzeichen [als] ein gewaltiger Handgriff“[32]. Aus seinem unerschütterlichen Gottvertrauen läßt sich sein Gebetsverständnis verstehen: „Durchdrungen von der Überzeugung, daß buchstäblich kein Haar von unserem Haupte fällt ohne den Willen unseres Vaters im Himmel glaube ich in einer vielleicht etwas eigenen Weise an die Kraft des Gebetes. Da, wo ich durch eigene Tätigkeit und Anstrengung das, was ich für gut oder wünschenswert halte, erreichen kann, ist mein Gebet in der Regel sehr kurz und bündig. Die Sache wird Gott befohlen, gelingt sie, gut, gelingt sie nicht, von neuem angesetzt, und will sie Gott nicht, auch gut, denn der will's dann nicht haben, basta! Aber da, wo ich eigentlich nichts direkt tun kann, z. B. Leiden und Unglück von denen fernhalten, die meinem Herzen nahestehen, da wird gebetet, und zwar so recht eigentlich ohne Unterlaß. Ich weiß aus Erfahrung, wie weit man damit reichen kann"[33]. Vertrauen und Zuversicht wirken hier fast ansteckend. In kaum einem Brief fehlen Bitte und Versprechen für ein persönliches Gebet. In das Gebet wird auch die Gottesmutter eingeschlossen. „Bete nur vorwärts, die Mutter vom guten Rat hilft mehr, als wir denken. Du mußt dabei Dich durchaus für unsern Zweck parat halten und – aufopfern, es geht nicht anders"[34].

Das galt übrigens auch für persönliche Begegnungen. Ein Priesterfreund berichtete: Beim Abschied „gab er mir ein Bildchen ..., worauf der Heiland dargestellt ist, der an der Tür klopft und das die Aufschrift enthält: ‚Wir sind Bettler vor der Tür des himmlischen Hausvaters.', schrieb noch seinen Namen darunter und sagte: ‚Lege das Bild in Dein Brevier. Oremus pro invicem.' Ganz Kolping[35]. Darum war es „logische" Konsequenz, daß auf seiner Grabplatte die Worte stehen sollten: „Er bittet um das Almosen des Gebetes"[36].

Gesellschaft und Staat

Bevor wir Kolpings politische Einstellung kurz skizzieren, und sein aktives bzw. meinungsbildendes politisches Handeln einordnen können, lassen wir ihn selbst mit einer Bestandsaufnahme zu Wort kommen: „Nichts im gesellschaftlichen Leben ist unverständiger und heilloser, als jene Gesetzesmacherei, die nach irgendeinem voreingenommenen Plan, nach einer individuellen Lebensanschauung, nach abstrakten Theorien, oft nach Grillen an den zerfahrenen Lebensverhältnissen modeln, richten, meistern und regieren will; nichts verderblicher, als jene Wut zu reformieren, von der unsere Zeit, wie vielleicht keine ähnliche je dagewesen, wie besessen ist ... Wir werden totgemacht durch lauter Gesetze und Verordnungen, die sich wie Schmarotzerpflanzen um unser Leben und Weben bis in seine unbedeutendsten Regungen hineinschlingen und verketten, dadurch dem wirklichen Leben Luft und Licht rauben"[37].

Ein gutes Jahrzehnt später – im Mai 1863 – und nach heftigen Auseinandersetzungen mit allen politischen Kräften, die den zunehmenden ultramontanen Tendenzen im deutschen Katholizismus eine klare Absage erteilten, beurteilte August Reichensperger seinen Freund Kolping und dessen „Rheinische Volksblätter" als „christlich, monarchisch und loyal". Er fügte hinzu, „daß beide den revolutionären Ideen stets auf das Entschiedenste entgegengetreten, weshalb ich denn die offizielle Ungunst, die auf solchem Wirken, stets dasselbe hemmend, lastet ..., für fast bedenklich erachte"[38].

Kolping hat bei seiner nicht unbedeutenden Mitgestaltung der katholischen Verhältnisse und seiner „basisorientierten Wirksamkeit" mehr die Interessen der Kirche als des Staates vertreten. In diesem Sinne würde die Bezeichnung „ultramontan" zutreffen. Die Frage der „Rom-Treue" hat sich für ihn weder politisch noch theologisch nie gestellt. Kolping aber war darin nicht ein Mann des „alles oder nichts". Es ging ihm um das möglichst reibungslose Zusammenwirken von Kirche und Staat, jeden revolutionären Gedanken weit von sich weisend, leidend an seiner Kirche und sich stoßend am Staat und seinen Organen.

In einer Frage kannte er aber kein Pardon: *„Der Gesellen-Verein hat sich weder um die Politik noch um irgendwelche öffentliche Angelegenheiten zu kümmern, und zwar verstehen wir das im strengsten Sinne des Wortes* ... Nun, wenn zu irgendeinem Fache große und viele Kenntnisse gehören, langes und sorgsames Studium, dann sicher zur Politik und damit direkt zusammenhängender Angelegenheiten. Diese Kenntnisse einem Handwerksburschen zumuten [zu] wollen, hieße seinen eigenen Blödsinn [zu] dokumentieren, sie ihm beibringen [zu] wollen, nicht minder“[39].

Und doch mußte er Kompromisse suchen; daß er dabei für die Kirche das meiste herauszuholen gedachte, versteht sich aus seinem Werdegang von selbst. *„Ich* gehöre zu keiner Partei, Gottes Freunde sind meine Freunde, Gottes Feinde meine Feinde voila tout“[40]!

Preußischer Staat und katholische Kirche konservierten in seltener Einmütigkeit bestehende Gesellschaftsstrukturen und wiesen Freiheitsbestrebungen – freilich aus unterschiedlicher Motivation – energisch zurück. *„Tüchtige Bürger sollen sie werden zu tüchtigen Bürgern muß man sie erziehen.* Ein tüchtiger Bürger muß *ein tüchtiger Christ* und *ein tüchtiger Geschäftsmann* sein ... Tüchtige Bürger gedeihen aber nur in einem tüchtigen Familienleben“[41].

Gemeinwohl

Aus dem romantisch geprägten Münchener Kreis hatte Kolping die Ideen einer organischen Eingliederung des Einzelnen in Gesellschaft, Natur, Staat und Religion übernommen. Sie wurden für ihn zu erlebbaren und gefühlsmäßig wahrnehmbaren Größen. Heimat, Familie, Volk und Nation sind für Kolping die Fundamente menschlichen Lebens. Die abendländische Völkerfamilie war für ihn Basis für die nationenübergreifende Vorstellung in der katholischen Kirche. Christliches Erziehungs- und Bildungsdenken war Basis für eine soziale Veränderung der Gesellschaft. Darum sollte die eigenständige Entwicklung der Persönlichkeit in einer Interessengemeinschaft die gleichzeitig begrenzte Lebensgemeinschaft während der beruflichen Aus- und Weiterbildung war, gefördert werden. „Wir verstehen unter dem ‚allgemeinen Besten‘, aber nicht bloß ein allgemeines größeres, *materielles Wohlsein,* obschon wir das gar nicht ausgeschlossen wissen wollen, sondern ebensogut und sogar an erster Stelle an ein *allgemeines größeres moralisches Wohlsein,* welches den Materiellen erst heilt Wert und Bedeutung zu geben weiß. Beide Richtungen können und sollen Hand in Hand gehen, sie tragen und stützen einander wesentlich, doch wird es wohl keine Beweises bedürfen, daß ohne ein entsprechend moralisches Wohlsein das bloß materielle immer wieder auf den eigenen Ruin losarbeitet und schließlich statt *allgemeine Wohlsein allgemeines Elend* fördert“[42].

Die Wohlfahrt des privaten und öffentlichen Lebens, also das Gemeinwohl, war Kolpings sozialpädagogisches Ziel. Er wollte den Menschen mit Gemeinschaftsgefühl der sich für seinen Mitmenschen verantwortlich wisse. Ausgangspunkt dafür war sein

Familienverständnis. Darum hielt er auch den Liberalismus, der zu einer Atomisierung und Individualisierung der Gesellschaft mit beigetragen hatte, für ungeeignet, eine neue Ordnung der Gesellschaft zu entwickeln. Für ihn muß Solidarität aus gesamtgesellschaftlichem Verantwortungsbewußtsein verbunden sein mit einem möglichst großen Maß an persönlicher Freiheit und Unabhängigkeit, mit denen soziale Reformen für eine bessere Zukunft umgesetzt werden könnten.

Wohlergehen für alle war für Kolping nicht durch Umverteilung des Kapitals zu erreichen, sondern allein dadurch, daß der einzelne die Freiheit, dann aber auch die moralische Pflicht habe, nach besten Kräften für sein eigenes Wohl, das seiner Familie und seiner Mitarbeiter zu sorgen. Das brachte Forderungen wie Aus- und Fort-Bildung, Vermögensbildung und Versicherung gegen Krankheit mit sich. Erst wenn der einzelne unverschuldet in Not gerät, soll er Anspruch auf soziale Unterstützung durch den Verein haben. Hilfe zur Selbsthilfe blieb für ihn wichtigster Grundsatz, weil er dem Staat wirkungsvolle Lösungsmöglichkeiten nicht zutraute. Freiheit und Selbstverantwortung des einzelnen hatten für ihn die größere Bedeutung. Das Subsidiaritätsprinzip hatte Vorrang vor dem Solidaritätsprinzip[43]: „Soziale Wohlfahrt und soziales Leid ruhen auf den Grundpfeilern der menschlichen Gesellschaft, auf den Familien, um deren Wohlbestand sich alle großen und kleinen Fragen des irdischen Menschenlebens drehen. Das öffentliche Volksleben ist deshalb der getreue Spiegel des Familienlebens, mag das letztere scheinbar seine Tätigkeit auch noch so sehr allein, zwischen den vier Pfählen menschlicher Wohnungen entfalten"[44].

Die Verminderung bestehender sozialer Gegensätze zwischen Arm und Reich soll durch Gesinnungsreform im Sinne von Demut und Almosengeben erreicht werden. Kolping wollte eine Reorganisation der Gesellschaft aus dem Geiste des Evangeliums auf berufsständischer Grundlage: „Unter den sozialen Tugenden gibt es eine, die von einer ungeheuren Wichtigkeit für alle Stände, aber namentlich für die arbeitenden Stände ist. Ihre wirkliche Tragweite ist sogar unberechenbar. Sie darf deshalb auch dem sozialen Leben nicht fehlen, so daß ihr Mangel das erste wirkliche Krankheitssymptom im Volksleben ist. Diese große Sozialtugend, ohne welche der Wohlbestand der Gesellschaft nicht bestehen kann, ist die *Genügsamkeit.* Wenn die Genügsamkeit aus dem Volke verschwindet, ist die Revolution fertig – denn das ungeordnete Begehren kennt keinen Halt und hat keine Grenze –, geht der Mensch seinen begehrlichen Neigungen nach, ist sein Verderben unausbleiblich. Unter der Genügsamkeit verstehen wir aber nichts anderes als das Zufriedensein mit der Stellung im Leben, die uns Gott einmal angewiesen hat, das Zufriedensein mit der Frucht unserer Arbeit und Mühe, wenn sie nur das ehrliche Brot uns gewährt, der Mann *ehrlich* durch die Welt kommt. Die Genügsamkeit will eben nicht in ungeordneter Gier über Stand und Stellung hinaus, wobei sie durchaus das rüstige Schaffen im eigenen Berufskreise nicht hindert, die rechtschaffene Tätigkeit des Menschen nicht lahmlegt, sondern sogar anspornt"[45].

Hier ging Kolping über seine katholischen Zeitgenossen hinaus. Er wollte die Handwerksgesellen von Almosenempfängern zu Spendern machen. Sein ganzes Werk war darauf gerichtet, diesen Teil des Mittelstandes vor dem Absinken ins Proletariat zu bewahren und als Mittelschicht zu stärken. Die Gesellenvereine lehnten sich darum an die herrschenden Eliten an. Vom Obrigkeitsstaat erwarteten sie wegen ihres staatserhaltenden Auftretens mehr Förderung als von einem nicht funktionsfähigen parlamentarischen System, das Vereinsführung und Mitglieder ohnehin beargwöhnten. Den privaten wie den öffentlichen Lebensbereich regelten bestehende oder zu schaffende Gesetze. Sie müßten durch ethische Grundsätze geprägt sein, die aus der Sicht Kolpings nur das Christentum bieten könne. Gerechtigkeit und Nächstenliebe sollten die tragenden Prinzipien der Gesellschaftsordnung und der Wirtschaftsethik sein.

Freiheit und Verantwortung waren seine Erziehungsziele, die für die Gesellen zum gelebten Alltag werden sollten. Solidarität hieß für Kolping, Grenzen der persönlichen Freiheit zu erkennen und anzunehmen, damit die Freiheit anderer nicht eingeschränkt und so die eigene Freiheit zur Unfreiheit anderer würde: „Werden nämlich die Dinge und Verhältnisse in diesem irdischen Menschenleben, auch die politischen Fragen, nicht mehr im natürlichen und endlich alleingültigen Zusammenhange mit den ewigen Wahrheiten des Christentums aufgefaßt und behandelt, verlieren sie dadurch ihre höhere, über den nächsten zeitlichen Zweck hinausgehende Bedeutung; dann bleibt nichts anderes übrig, als sie bloß nach der diesseitigen rein irdischen Bestimmung gelten zu lassen. Sie unterliegen dann dem Gebot irdischer *Zweckmäßigkeit*, der Lehre von den *‚Interessen'*"[46].

Eine ständige gesellschaftliche Erneuerung hielt Kolping für unverzichtbar; nach seinen Vorstellungen konnte sie aber nicht gemacht oder dekretiert werden. Sie müsse organisch wachsen und durch die Mitarbeit aller – jeder an seinem Platz und nach seinen Kräften – mitgestaltet werden. Dabei blieb die Freiheit des einzelnen, der Familie, des Berufs und vor allem der Kirche oberstes Ziel. Gewaltanwendung und Revolution hatten in diesem Entwicklungsprozeß, der durch christlich fundierte Bildung der Menschen gesteuert werden sollte, keinen Platz.

Politischer Standort

Noch während seiner Gymnasialzeit zeigte Kolping sich nicht sonderlich politisch interessiert. Zeugnisse und Quellen für Kolpings politisches Denken und Handeln finden sich vor der Münchener Studentenzeit nicht. Er schwärmte für den bayrischen König Ludwig I. Die Begegnungen mit Görres, Döllinger und dem Kreis um die „Historisch-Politischen Blätter" brachten ersten, vor allem (sozial-) politischen Anschauungsunterricht mit sich. So wie Kolpings Kirchenbild und -erfahrung während der Münchener Zeit weiter entwickelt und stark geprägt wurde, dürften seine Lehrer und Förderer (Görres, Jarcke, Philipps) vor allem auf kirchenpolitische Gegenwartsfragen (Döllinger, Windischmann) hingewiesen haben. Direkte Bezüge lassen sich jedoch für diesen Bereich nicht nachweisen[47].

Als „politische" Ratgeber fungierten für Kolping seine Kölner Freunde. Sein langjähriger direkter Dienstvorgesetzter, Weihbischof Baudri, beeinflußte ihn sicher in theologischen wie kirchlichen Fragen. Die Unternehmer Michels und Baudri konnten bei volkswirtschaftlichen und berufsbildenden Problemen mit Fachkenntnissen aushelfen, und Reichensperger gab seinen Rat für parteipolitische Fragen. In den von diesem angeregten und wohl auch beeinflußten „Deutschen Briefen" setzte sich Kolping mit der geistigen und politischen Situation Deutschlands auseinander[48]: „Die Politik ist ja nicht Lehre vom Wünschenswerten, sondern vom Möglichen, endlich vom zweckmäßig Besten, wenn nur das Recht gewahrt bleibt"[49]. Nicht zu vergessen bleibt Kolpings langjähriger Weggefährte Vosen, der Handwerksinteressen auch auf dem Katholikentag in Frankfurt wirkungsvoll vertrat.

Seit 1850 bestand der Landtag aus den erblichen oder vom König ernannten Mitgliedern des Herrenhauses und den nach dem Dreiklassenwahlrecht gewählten Mitgliedern des Abgeordnetenhauses. Die 1852 gegründete Katholische Fraktion im preußischen Landtag nannte sich seit 1858 Fraktion des Zentrums und repräsentierte den deutschen Katholizismus, ohne sich einer konfessionellen Zusammenarbeit zu versagen. Diese blieb aber Episode, da das Zentrum überwiegend von katholischen Wählern seine Stimmen erhielt. Mit Wahlempfehlungen für seine Leser war auch Kolping eindeutig: „Wählt keine Schwätzer und Prahlhanse, deren Eitelkeit größer ist als ihr Verstand ... *Wählt dagegen besonnene, Gerechtigkeit liebende Männer, deren Christentum Ihr nicht zu bezweifeln braucht* ... wählt wo Ihr könnt, *tüchtige Katholiken*"[50].

Die liberale deutsche Fortschrittspartei griff Kolping am häufigsten im „Politischen Tagebuch" der „Rheinischen Volksblätter" an: „Wie Du in meinem Blättchen siehst, wirke ich gegen den Fortschritt, so gut ich kann und nicht ohne Erfolg bei unserer Bevölkerung. Aber ich kann unmöglich auch für diese Bürokratie einstehen, die uns in solcher Weise malträtiert. Unsere Bevölkerung hier am Ort kennt nur zu gut meine Lage und was demselben zugrunde liegt und spricht sich sehr unumwunden darüber aus"[51]. Zu dieser Partei gehörte auch der Kölner Diözesanpriester Philipp von Berg, der zeitweise im gleichen Kölner Dekanat wie Kolping tätig war. Sie führte den Kampf gegen die preußische Regierung im Verfassungskonflikt von 1862. Bei der Wahl zum preußischen Abgeordnetenhaus im Mai 1862 errang sie einen deutlichen Sieg. Das Zentrum, dem Kolping politisch nahestand, fiel bei diesen Wahlen stark zurück. Es verlor die Hälfte der Mandate und mußte sich mit 28 Sitzen begnügen.

Liberalismus

Die katholische Kirche und ihre Morallehre standen im Gegensatz zu Entwicklungen der weltlichen Kultur. Seitdem das Christentum durch die Aufklärung seine Bevormundung der Vernunft aufgeben mußte, nahmen die Konflikte zwischen Kirche und Gesellschaft zu. Zu Kolpings Zeit fanden die Auseinandersetzungen ihren Höhepunkt im Syllabus Pius IX., der im Jahre 1864 alle „Zeitirrtümer" verurteilte. Kolping schloß sich diesen Maßnahmen an und bereitete die offiziellen kirchlichen Texte didaktisch und in volkstümlicher Darstellung in seinen Organen auf. Liberalismus und Revolution waren für Kolping immer mit atheistischen Vorstellungen verbunden, weil sie eine höhere Ordnung nicht anerkennen wollten und damit gesellschaftliche Strukturen des organischen Ganzen tangiert würden (z. B. Gewerbefreiheit): „Die politische Theorie des Liberalismus beruht auf einer allgemeinen, geistigen Strömung, nämlich der Aufklärung, dem Rationalismus, wie er im ausgehenden 18. Jahrhundert in ganz Europa seine höchste Blüte entfaltet hat. Der Grundzug der Aufklärung ist ein tiefer Drang nach Befreiung von der Last der Tradition und dem Zwang der Autoritäten. Der Hebel ist die menschliche Vernunft, die in der Philosophie des Rationalismus die zentrale Stelle hat, entgegen aller dogmatischen Festlegung. Die Forderungen und Folgerungen der reinen Vernunft werden den vorhandenen Zuständen gegenübergestellt. Die Vernunft ist autonom, sie ist darum der Maßstab in der Beurteilung aller Dinge. Was ihr nicht standhält, was also nicht begründet ist, muß nach ihren Forderungen geändert werden"[52].

Die Aufklärung und die mit ihr verbreiteten liberalen Ideen waren in Frankreich atheistisch und antikatholisch, in Deutschland eher kirchenkritisch eingestellt. Ihre Gegner befürchteten politische Radikalisierung und Revolution. Der auch im Katholizismus geführte Streit um die Aufklärung galt nicht nur Lehrinhalten der Kirche, sondern auch der Problematik der Freiheit des Individuums. Autoritätskritik und Überbetonung der Vernunft sind für Kolping ihre Hauptangriffspunkte. „Wir alle leiden jetzt noch an der Lahmheit, die wir im Umgang mit der Aufklärung mit oder wider Willen davongetragen haben"[53].

Er konnte sich in den „Rheinischen Volksblättern" über diese Positionen stark ereifern: „In diesem ‚fortgeschrittenen' Liberalismus steckt zunächst ein gründlicher Haß gegen die katholische Kirche, ihr Recht und ihre Stellung in der Welt, und gründlicher als der ‚protestantische Staat' ihn jemals an Tag zu legen für gut und nützlich finden dürfte. Es ist überhaupt dem positiven Christentum feind, wie es seine eigentlichen Führer zur Zeit auch nicht verhehlt haben ... die erzliberalen Zeitungen nämlich, haben bisher jede Auflehnung gegen die Kirche und ihre Lehre wie gegen ihr wohlbegründetes Recht entweder indirekt oder direkt in Schutz genommen; alles was man nur gegen die katholische Kirche und ihr erhabenes Oberhaupt aufzufinden vermochte, scheinbar Wahres und ganz und derb Gelogenes mit emsiger Mühe aufgesammelt und in's Volk geworfen ... Sie scheut sich nicht, das Ehrenrührigste gegen erhabene Personen weiter zu verbreiten und wäre es nur gerüchteweise, auch wenn die einfachste nähere Untersuchung das Vorgegebene als Lüge und Verleumdung erweisen würde"[54].

Kolping war der festen Überzeugung, daß eine sich neue formierende Gesellschaft in Deutschland und Europa ohne die bewährte Sinngebung der Kirche, als Kulturträgerin der Vergangenheit, nicht auskommen könne. Christliche Werte hatten für ihn unverändert und zeitlos ihre Gültigkeit. Kirche und Staat, Christentum und Gesellschaft konnten nach seiner Ansicht die zu bewältigenden Zukunftsfragen und die sozialen Probleme nur gemeinsam lösen. „Außer den tausenderlei Formen und Erscheinungen politischen Aberglaubens zeigt sich heute mit dem schärferen Hervortreten des sozialen Gebiets in den Kreis der Tagesfragen immer mehr auch ein besonderer sozialer Aberglauben, d. h. eine besondere Ausgestaltung des so allgemein grassierenden menschlichen Überglaubens an Irdisches in eine besondere soziale Form und Fassung. Dieser soziale Aberglauben besteht darin, daß man auch auf diesem Gebiet den irdischen Dingen, ... eine wesentliche Kraft und Wirkung zuschreibt, die sie nicht ... an sich tragen"[55].

Dem Staat, wie Kolping ihn in der liberalen Ausgestaltung seiner Zeit erlebte, stand er grundsätzlich loyal bis reserviert gegenüber. Die Obrigkeit – also der König – erhält seine Autorität von Gott und ist ihm für seine Amtsführung Rechenschaft schuldig. Einer demokratischen Legitimation bedarf es nicht. Der Begriff des „Landesvaters", den auch Kolping benutzt, kennzeichnet exakt seine Einstellung. Er ist ganz und gar von patriarchalischen Vorstellungen eingenommen. Das Verhältnis zum preußischen Königshaus und seinen Mitgliedern war loyal und freundlich, aber nicht servil. Beziehungen zur Regierung in Berlin blieben, anders als etwa bei Wichern, auf amtlichen Umgang beschränkt: „Auch für Seine Majestät bete ich jetzt noch mehr als früher, daß Gott ihn erhalte, schütze, segne"[56]!

Dem preußischen Königshaus gegenüber brachte er in seinen Publikationen die auch von den Lesern erwartete nüchtern-sachliche Anerkennung entgegen[57]. „Wir im Rheinland aber sind völlig so treue, ergebene Untertanen Seiner Majestät, ... als es jene Leute sein mögen, die immer und immer nur auf ihr spezifisches Preußentum pochen"[58].

Am 26. Februar 1857 wurden Kolping und Peter Michels von Friedrich Wilhelm IV. in einer Audienz empfangen[59], um sich im Namen von Vorstand und Gesellen persönlich für die Verleihung der Korporationsrechte für das Kölner Gesellenhospiz zu bedanken. Die Verleihung der Korporationsrechte nach langwierigem Hinausschieben habe dann doch „auf das Volk und besonders auf unsere Burschen einen sehr guten Eindruck gemacht ... Das hilft mir nach verschiedenen Seiten den versöhnlichen Weg zwischen Fürst und Volk weiter zu bauen. Auch hier kommt man nur schrittweise zum Ziele, und geht so auch am sichersten"[60].

Der Obrigkeitsstaat war an einer politischen Bildung der Arbeiter und Gesellen selbstverständlich wegen der Erhaltung des politischen Status nicht interessiert. Kolping war politisch Anhänger der großdeutschen Richtung, die Österreich miteinbeziehen wollte, mit der preußisch kleindeutschen Lösung konnte er sich nur schwer abfinden: „Ich politisiere auch offen für das große, einige Deutschland"[61]. Die Erhaltung Deutschlands als christliche Nation blieb sein politischer Wunschtraum. Gesetze und Beschlüsse staatlicher Organe sollten am christlichen Sittengesetz ausgerichtet sein. Dafür setzte er sich ein. So ist auch 1859 sein Eintreten für Österreich zu sehen, das nach seinem Verständnis die Revolution zerschlage und die Religion verteidige: „Über die neueste Politik in Preußen kein Wort. Es wird sich wohl schließlich darum handeln, welche Großmacht in Deutschland oben bleibt. Zwei nebeneinander vertragen sich einmal nicht ... Gott gebe, daß alles, wenn auch nicht ohne ‚Eisen und Blut', doch zur wirklichen Wiedergeburt des gesamten Vaterlandes ausschlage"[62]. Französischen Annexionsbestrebungen gegenüber – das war aus seiner Erfahrung der jüngsten Geschichte verständlich – stand er ablehnend gegenüber: „Napoleons Untertan werde ich freiwillig nicht"[63].

In diesem Sinne erklärte er auch: „Jeder wird wissen, was er Gott, seinem Gewissen, dem Landesfürsten und dem Vaterlande schuldig ist, und sollen die Mitglieder des kath(olischen) Gesellenvereins nicht allein freudig bereit sein, für Gott, Fürst und Vaterland zu den Waffen zu greifen, wenn sie dazu aufgefordert werden, sondern auch daheim sorgsam alles zu verhüten trachten, was dem Vaterland nur schaden kann. Braven, treuen, gewissenhaften Bürgersinn zu wecken und zu betätigen, ist ja auch einer der Zwecke des katholischen Gesellenvereins“[64].

Zunächst beobachtete man von preußischer Seite Kolpings Aktivitäten kritisch, denn er war in den Augen der Regierungsvertreter nicht der loyale Staatsbürger, den man sich an dieser Stelle gewünscht hätte. Die Sorge des Staates, die katholische Kirche nehme sich in besonderer Weise der Handwerksgesellen an und könne größere Erfolge als die dem Staat näher stehenden Protestanten erzielen, war nur zu berechtigt. Kolping hatte also Grund genug, in den „Rheinischen Volksblättern“ zu warnen: „Dann machen wir die Vorsteher der Vereine, besonders in einzelnen Gegenden des deutschen Vaterlandes, darauf aufmerksam, daß sie mit den Mitgliedern der Vereine ein scharfes Augenmerk halten mögen auf alle sogenannten politischen Agenten, die beflissen sind, Haß und Zwietracht in der arbeitenden Klasse zu erregen und Unheil im Vaterland zu stiften“[65]. An seiner grundsätzlichen Einstellung zum (preußischen) Staat änderten auch die Querelen mit der kleinkarierten Regierungsbürokratie in Köln und Koblenz nichts.

Die Kontakte zu den nachgeordneten preußischen Behörden, dem Oberpräsidium der Rheinprovinz in Koblenz und dem Regierungspräsidium in Köln, waren eher verkrampft[66]. Die preußischen Beamten im Rheinland befürchteten das Eindringen christlich-sozialer Ideen in die Unterschichten, für das nach ihrer Meinung der engagierte Klerus eine Vermittlerrolle übernommen hatte: „Meine Person ist zum Gegenstande tiefeingehender Untersuchungen geworden, und da ich in der Tat viel zu harmlos bin, um nach irgendeiner Seite den Diplomaten spielen zu können, so hat man, wie es scheint, und mehr wie es scheint, allerlei entdeckt, über das ich selbst höchlich erstaunt bin, es zu vernehmen ... doch sei es meine Pflicht, das Volk patriotisch zu machen. Ich spräche aus Abneigung nicht von Preußen usw. Nun, das ist wahr; die Art, wie der Herr Präsident will, daß ich mich patriotisch zeigen soll, halte ich für verkehrt“[67].

Dem Oberpräsidenten der Rheinprovinz und dem Kölner Regierungspräsidenten waren Kolpings Aktivitäten einfach suspekt. Dieser „verkannte zwar die günstigen Einwirkungen des Vereins auf die Gesellen nicht, er wies aber auf die möglichen politischen Bedenken desselben hin, und hob über dies hervor, daß die Persönlichkeit des *Kolping* eben nicht geeignet sei, diese Bedenken zu beseitigen. Er brachte Äußerungen desselben zur Anzeige, welche seine Loyalität zweifelhaft machten“. Auch der Oberpräsident verkannte „das Bedenkliche in dem Charakter des Kolping nicht, er glaubt aber, daß man dies weder aus dem Inhalte der Rheinischen Volksblätter, noch aus den Äußerungen des Kolping herleiten könne“[68].

Politische Bildung

Die ständigen Verweise auf das Verbot der politischen Betätigung, die in den Satzungen wiederkehren, machen doch wahrscheinlich, daß auch in der konfessionellen Arbeiterbildung die Grenzen zwischen der Behandlung von Handwerks- und Gewerbefragen und der Besprechung von politischen Tagesproblemen fließend waren. Die

Behörden hatten sich wohl auch aus diesen Gründen „die Beaufsichtigung des Vereins ... in Bezug auf den Unterricht" vorbehalten[69].

Der Polizeipräsident berichtete an den Regierungspräsidenten: „Euer Hochwohlgeboren beehre ich mich ... gehorsamst zu berichten, daß ich dem Domvikar Kolping sofort in vorgeschriebener Weise eine Mitteilung gemacht habe. Derselbe hat mir aber sogleich erklärt, daß es jedenfalls in dem hiesigen Vereine ganz unmöglich sei, daß unter der Hand und ohne sein Vorwissen, für kommunistische und revolutionäre Zwecke Propaganda gemacht würde ... Bei der Aufnahme in den Verein müßten überdies die Mitglieder versprechen, keiner anderweitigen Verbindung, wie sie auch heißen würde, sich anzuschließen ... Was nun die Tatsache angehe, daß viele Gesellen sukzessive Mitglieder verschiedener Gesellen-Vereine in den verschiedenen Ländern würden, so sei dies sehr natürlich, da die auf Wanderschaft gehenden Gesellen sich auch an den anderen Orten, wo sie verweilten und Arbeit nähmen, den dort bestehenden katholischen Gesellenvereinen anschlössen"[70].

Der Gesellenverein war für die staatlichen Behörden – zumindest in der Frühzeit seines Bestehens – nicht die politisch harmlose Institution, die man ohne jede Beaufsichtigung und Kontrolle gewähren lassen konnte[71]. Auch die Tatsache, daß über die Generalversammlung der katholischen Gesellenvereine, die der Kölner Zentralverein für den 8./9. September 1858 vorbereitet hatte, ein Bericht des Polizeipräsidenten nach Berlin an das Innenministerium geschickt wurde[72], zeigte das Mißtrauen der Behörden. Insofern wurde auch der Beschluß der Generalversammlung von 1853 bestätigt, der besagte, die meisten Gesellenvereine seien noch „jung und müßten sich durch ihre Haltung das Vertrauen der Behörden erst verdienen"[73]. Seine Argumente: Politik eigne sich nicht für Handwerksburschen, die notwendige Bildung und Information fehle, die Barrikadenopfer von 1848 unter den Gesellen, Unfrieden und Streit im Gesellenverein und schließlich dessen völlige Auflösung[74]. „Diejenigen, die das Volk zur Politik erziehen wollten, haben es ja klar und deutlich dargetan, daß sie nicht das Volk, sondern sie mit dem Volk Politik treiben wollten"[75].

Alle sozialistischen Arbeiterbildungsvereine lehnte Kolping auch aus diesem Grunde ab. Nach seinem Verständnis machten sie die Handwerker und Arbeiter zu „Sendboten der Revolution, d.h. des Antichrists"[76], „zu Sendboten des Teufels", „zu Barrikadenbaumeistern und Kanonenfutter", „während die Verführer dort in London mit den diesen Verführten abgelogenen Geldern prassen und auf Teufelspläne sinnen"[77]. Diese mögliche Anspielung auf Marx konnte Kolping aufgrund seiner Kenntnisse der Revolution von 1848 in Elberfeld und Köln durchaus machen: „Man gibt vor, für die Freiheit zum Beispiel zu kämpfen und streitet im Grunde für die Despotie; denn die Freiheit ist ohne Gerechtigkeit, also auch ohne das Recht, gar nicht möglich und wahr. Ohne die Gerechtigkeit kann die sogenannte Freiheit nur als Despotie auftreten. Die Geschichte aller gewalttätigen Revolutionen bestätigte das vollauf. Die wahre Freiheit, der Dienst im Guten, ist nie gewalttätiger Natur, denn das Gute ist auch das rechte und besteht nur innerhalb der Gerechtigkeit"[78].

Die Gesellenvereine scheinen sich dann noch unter Kolpings Führung mit der Situation abgefunden zu haben, denn schon ein Jahr später spielte das „offen erklärte Mißtrauen der preußischen Regierung" keine große Rolle mehr[79]. Das änderte sich aber wieder: „Viel hinzusetzen darf ich hier nicht, lebe ich doch am Orte mit unserer

Regierung wieder auf gespanntem Fuße"[80]. Darum nahm auch Kolping später noch ausführlicher zum Politikverbot im Gesellenverein Stellung: „Wenn wir hören, daß irgendein Gesellenverein, ganz oder zum Teil sich an Demonstrationen politischer Art, an Lärm und Exzessen, wie sie Namen haben, beteiligte, werden wir sie ausschließen von der Verbrüderung"[81].

Bei der Darstellung und Kommentierung politischer Vorgänge und Ereignisse zeigte Kolping sich weltanschaulich und (partei-) politisch befangen. Alle politischen Bestrebungen zu demokratischen staatlichen Einigungsprozessen waren für ihn suspekt, gleich um welches Land es sich handelte. Bei der Beurteilung von Befreiungsbewegungen und Einigungsbestrebungen brachte er für diese Entwicklungen – besonders in Italien, wo Pius IX. und der Kirchenstaat involviert waren – nicht das geringste Verständnis auf[82]. Seine politische Position blieb zwiespältig: Unbedingter Befürworter der Monarchie, heftiger Widersacher der demokratisch-politischen Arbeiterbewegung, konservativer Anhänger einer vorindustriellen Ständeordnung, Gründer einer mittelschichtorientierten Selbsthilfebewegung. Der Priester, der die ersten Schritte auf dem Weg zu einer Sozialen Reform machte, brachte mit seiner Bildungsarbeit ein Gemeinschaftsgefühl und ein Standesdenken unter den Mitgliedern zum Tragen, das demokratisches Bewußtsein nicht beschleunigte, sondern bildend wachsen ließ. Die erreichten Erfolge waren an „Rückständigkeit" und nicht an politischen „Fortschritt" gebunden.

Arbeit und Beruf

Zu Beginn des 19. Jahrhunderts strömten die Menschen vom Land in die aufblühenden Industriestädte, um dort einen sicheren und leichter zu verdienenden Lebensunterhalt zu finden. Aber in den meisten Fällen fanden sie weder die Arbeit, noch verdienten sie das Geld, das sie sich in Unkenntnis der Lage erhofft hatten. Wurden sie krank oder arbeitslos, dann standen sie ohne jede Hilfe auf der Straße. Keiner kümmerte sich um sie. Es fehlte darüberhinaus in den Industriegebieten die bodenständige Bevölkerung. Bei der Zusammenballung der vielen fremden Menschen fehlte das Gefühl der Zusammengehörigkeit und das Familienbewußtsein. Tradition als Beschützer von Sitte und Religion war kaum mehr bekannt. In den Fabriken nahm die Technisierung immer größere Ausmaße an. Viele Arbeiten, für die man vorher den fachlich ausgebildeten Handwerker benötigte, konnten jetzt von ungelernten Arbeitern an den Maschinen ausgeführt werden. Die Maschine schaffte die Arbeiten schneller, ersetzte teure Facharbeiter und konnte dadurch billiger produzieren. Durch diesen umwälzenden Vorgang verloren viele Arbeiter ihren angestammten Arbeitsplatz und damit den Lebensunterhalt. Das althergebrachte Verhältnis zwischen Meister und Geselle war geschwunden. Der Geselle fand kaum mehr Wohnung und Verpflegung im Hause des Meisters. Diesem neuen Sachverhalt trug Adolph Kolping mit der Gründung des Gesellenvereins Rechnung.

Zu Kolpings Zeiten war der Begriff „Arbeiter" weiter gefaßt als heute. Zu den Arbeitern wurden auch die kleinen selbständigen Handwerker und Gewerbetreibenden gezählt[83]. Unter „Arbeiter" verstand man den Lohnarbeiter, der gegen Entgelt körperliche Arbeit im Dienste eines anderen leistet. Je nach zu leistender Arbeit unterschied man Industriearbeiter und Landarbeiter. Bis in die Neuzeit war die Zahl der Lohnarbeiter gegenüber den übrigen Bevölkerungsschichten relativ gering. Weit bedauernswerter war das Verhältnis zwischen Fabrikbesitzer und Lohnarbeiter. Der Fabrikbesitzer kannte seine Arbeiter oft nicht einmal, ohne daß es Fabriken von der heutigen Größe gab. Für ihn war der Arbeiter eine Ware, die er mietete oder kaufte, wenn er sie brauchte; die er aber ebensogut wieder abstieß, wenn er auf sie verzichten konnte.

Gewöhnlich hatte der Lohnarbeiter immer noch ein gewisses Eigentum an Grund und Boden. Erst die neueste Zeit seit Beginn der Industrialisierung schuf den Nur-Lohnarbeiter, der kein Eigentum mehr hatte. Er war zum Lebensunterhalt ausschließlich auf den Lohn angewiesen, den er beim Arbeitgeber verdiente. Der Arbeiter war damit jeder wirtschaftlichen Schwankung und Verschlechterung bedingungslos und schutzlos ausgesetzt[84]. Zu Beginn der Industrialisierung stand der Arbeiter allein und war dem Arbeitgeber gegenüber schutzlos. Bei Krankheit, Unfall, Arbeitslosigkeit und im Alter war er nur auf sich selbst gestellt. Fremde Hilfe hatte er nicht zu erwarten. Ähnlich wie sich die Handwerksgesellen in den vom Staat verbotenen geheimen Gesellenvereinigungen zusammenfanden, die meist in kommunistisches Fahrwasser gerieten, so sammelten sich auch die Arbeiter in eigenen Vereinen. Auch sie waren radikal eingestellt und auf Umstürze bedacht.

Die entwurzelten Menschen der jungen Industriestädte hatten zum großen Teil bald jeden religiösen Halt verloren. In ihrer alten Heimat waren sie an ihre Kirche und ihre Priester gewöhnt und auch durch ihre Familie sittlich und religiös geschützt gewesen. Die neue Umgebung, die Gott und der Kirche kein Verständnis, sondern vielmehr Ablehnung entgegenbrachte, zog die Umsiedler auch in ihren Bann. Sobald die Religion den Menschen nichts mehr bedeutete, verloren sie auch den sittlichen Halt.

Als Kenner der Lebensumwelt der Arbeiter und der Arbeitsverhältnisse differenzierte Kolping seine Vorstellungen vom Arbeiter. „Also, in selbständige und annoch unselbständige Handwerker- und in unbedingt abhängige Fabrikarbeiterfragen teilt sich in der Hauptsache die große soziale ‚Arbeiterfrage'. Daß diese große Angelegenheit in letzter Zeit zu einer ‚Frage' überhaupt und zu einer so schweren und fast beängstigenden Frage geworden, liegt in Umständen, die man unseres Erachtens viel zu oft ignoriert und auch wohl geflissentlich übersehen hat. Der erstgenannte Teil der Arbeiter, das selbständige Handwerk, ist von seinem eigentümlichen Rechtsboden herabgestiegen, und zwar vielfach freiwillig, oder herabgezerrt worden durch falsche Freiheitsapostel und ist dadurch in Verwirrung und Zerfall gekommen. Der zweite Teil, die unselbständigen Fabrikarbeiter, so recht ein Produkt der Neuzeit, ist eigentlich auf einem rechtlosen Boden aufgewachsen, hat, wie jetzt die Dinge stehen, keinen wahren Rechtsboden unter den Füßen gehabt"[85].

Für Kolping war es also nicht wichtig, ob die Mitglieder seines Vereins in Handwerksbetrieben oder in Fabriken beschäftigt waren, zumal die Grenzen zwischen beiden damals noch fließend waren. Ihm ging es darum, den Aufstiegswillen zu fördern und ein Einkommen zu haben, wodurch eine Familie ernährt werden konnte. Damit hat er nicht nur das Gedeihen der Volkswirtschaft und des Gemeinwohls im Blick gehabt, sondern auch wesentlich am Aufstieg des Arbeiterstandes mitgewirkt.

„Die sogenannte Arbeiterfrage ist eine soziale Frage, aber es ist nicht die Soziale Frage, ... Ja, es dürfte sogar sehr zweifelhaft sein, ob sie das Hauptstück aus der Sozialen Frage sei ... Auch selbst die ‚Arbeiterfrage' ist keine einfache, etwa nach einer bestimmten Schablone zugeschnittene, hintennach mit einem und demselben Mittel zu lösende Frage. Nimmt man auch den ‚Arbeiter' im gewöhnlichen Sinne als den Mann, der mit seiner Hände Tagewerk sich oder sich und den Seinigen das tägliche Brot gewinnt; dann geht die Frage um diesen Arbeitsmann doch schon ziemlich weit auseinander"[86]. Als Kolping mit seiner Gesellenvereinsarbeit begann, war diese Frage in der hier gestellten Weise noch längst nicht aktuell.

Handwerksgesellen

Kolping erkannte, daß die Gesellen der günstigste Ansatzpunkt für seine Bestrebungen waren. Es waren drei Gesichtspunkte, die ihn dazu bewogen, seine Arbeit mit den Handwerksgesellen zu beginnen: „Anfangen konnte man mit Erfolg nur mit den Gesellen, unter denen der Lehrling sitzt, die *erst noch Meister* werden und also an einer besseren Zukunft richten helfen können ... Natürlich darf man aus dem Gesellenstande auch nur auf den unverdorbenen Teil zählen, die Bessern zusammenschließen, da ja grade sie nur noch auf das gute Wort hören und zu guter Tat fähig sind"[87]. Aus Erfahrung wußte er, daß dieser Teil des Gesellenstandes besser als sein Ruf war. Er schätzte an ihm das Bewußtsein der Selbstverantwortung für die eigene Zukunft, den Sinn für Gemeinschaft und den Drang zur Weiterbildung[88]. Ein letzter Grund, der Kolping bewog, sich dem Gesellenstand zuzuwenden, war der, daß dieser in der Gesellschaft eine gewisse Schlüsselstellung innehatte[89]. Dieser Gedanke beschäftigte ihn immer wieder: „Unsere männliche arbeitende Jugend ist das Fundament unserer Städte und Gemeinden. Auf ihnen ruht das Glück oder Unglück der kommenden Tage, sie stützen oder stürzen unsere sozialen Verhältnisse; sie schaffen den kräftigen Bürgerstand oder das jammervolle Proletariat"[90]. Hinzu kam, daß die Gesellen, rein zahlenmäßig, zumindest in den Städten die stärkste Gruppe des arbeitenden Volkes bildeten.

Arbeit

Kolping sah die Arbeit zuerst als persönliches Handeln zu sittlicher Entfaltung[91]. Leben war für Kolping tätig sein. Darum war Arbeit nicht nur Mühsal und Last – darüber konnte auch Kolping stöhnen – sondern moralische Verpflichtung, die letztendlich Erfüllung und damit auch Selbstwertgefühl und Freude vermittelte. Arbeit war für Kolping nie nur Erwerbszweck zum Lebensunterhalt; sie war immer auch – für ihn selbst – Mühe, Last, Plackerei, Entfremdung, immer aber auch Segen und Mittel der Selbstverwirklichung, Selbstbestätigung und der Daseinsgestaltung. Arbeit ist aber nicht das alleinige Mittel zur Selbstverwirklichung, Ruhe und Muße gehören gleichwertig dazu.

Er stellte die menschliche Arbeit in religiöse Zusammenhänge. Da für ihn der Mensch „Ebenbild“ Gottes war, sei ihm ein Stand zugewiesen, den er nach allen Kräften ausfüllen solle. Als Beispiel dafür eine Vortragsskizze über die Arbeit: „Das Gesetz der Arbeit als göttliches Gebot für den gefallenen Menschen, – Weisheit dieser Anordnung a) zur Abwehr des Bösen, Tätigkeit und Müßiggang – b) zur Förderung des Guten, Entwicklung der geistigen Kräfte, – Verwirklichung des Gesetzes der Arbeit im menschlichen Leben; die Entwicklung und Vervielfältigung der Berufstätigkeiten von den einfachsten Anfängen aus; Ineinandergreifen desselben und Verbindung aller zu einem Ganzen; – Unterschied zwischen geistiger und körperlicher Arbeit.“ In dieser Redeskizze heißt es über den arbeitenden Gesellen: „Rekapitulation, der christliche Geselle arbeitet mit dem Bewußtsein a) an der ihm von Gott zugewiesenen Stelle im irdischen Haushalt Gottes thätig zu sein, b) ein Gebot Gottes zu erfüllen. Dreifacher Zweck seines Arbeitens 1) die Erwerbung des Unterhalts, das Verdient. Der Geselle soll sein eigenes Brod essen 2 Thess. 3. 2) Die Sorge für die Zukunft, für den Meisterstand und die zu diesem erforderliche Tüchtigkeit und Allseitigkeit. 3) Die Erreichung der ewigen Bestimmung Bete und Arbeite. Wegen des ersten Zwecks ist es nothwendig, daß die Hand, wegen des zweiten, daß der Kopf, wegen des dritten, daß die Religion bei der Arbeit sei. Das Gottverlassene und das Gottgeweihte Arbeiten, die Heiligung der Arbeit“[92].

Arbeit muß nach dieser Auffassung ihre eigene Ehre und ihr eigenes Recht haben, damit Anerkennung und Unabhängigkeit bestmöglich gewährleistet bleiben. Menschliche Arbeit war für Kolping darum immer auch aktive Teilnahme an der Vollendung der Schöpfung[93]. Für Kolping war nicht jede moralische Zwecksetzung aus der menschlichen Vernunft, „Aufklärung“ wie er sie nannte, abzuleiten. Das christliche Sittengesetz könne man klugerweise nicht außer acht lassen. Er war der festen Überzeugung, daß die vom Christentum begründeten moralischen Grundsätze für eine gedeihliche Weiterentwicklung der Gesellschaft notwendig blieben, auch wenn sie nur zu oft nicht beobachtet oder geleugnet wurden.

Verdienst und Lohn sind für den Gesellenvater eine notwendige Frucht der Arbeit. Der rechtzeitig gezahlte Lohn erhöht die Freude an der Arbeit, wenn er auch nicht ihr letzter Zweck ist. Arbeit verdient einen gerechten Lohn, damit bei möglichem Sparen auch Eigentumsbildung möglich wird[94]. Er forderte ein existenzsicherndes Einkommen (Lohn) für den Arbeiter und wollte die Armut nicht abschaffen, sondern die Not lindern, so gut es ging. Mit der Lohnarbeit war auch für Kolping ein bedrükkendes Bewußtsein verbunden, mit der Familie abhängig zu sein ohne jede Aussicht auf Befreiung und Erlösung. Er sah im kapitalistischen System die Ursache für die Abhängigkeit vom Geschäft, die auch den Unternehmer trifft. In diesem System kann auch eine soziale Unternehmergesinnung das Übel allein nicht beseitigen. „Das bedrohte, in seiner Existenz wie in seinem Flor bedrohte ‚Geschäft‘ drückt naturnotwendig dorthin, wo der wenigste Widerstand zu erwarten ist, die Arbeitslöhne der Fabrikarbeiter wechseln nach den Umständen. Wer nicht will, wie der Herr = das Geschäft befiehlt, mag sich anders umsehen; und wenn's hochgeht, der Krieg in den Geschäften zu Blockaden und Belagerungen führt, wird die ganze Fabrik oder die halbe mehr oder minder geschlossen, und die Fabrikarbeiter mögen zusehen, wo sie bleiben; denn die Hörigkeit der Fabrikarbeiter an das Geschäft dauert nicht, wie in alten

Zeiten der Hörige seinem Herrn angehörte, bis ans selige oder unselige Ende, sondern nur so lange, als der Fabrikarbeiter dem ‚Geschäft' dienen, d.h. ihm Nutzen abwerfen kann. Darüber hinaus hat das ‚Geschäft' *keine Verpflichtung.* Daß mancher Fabrikant trotz seiner abhängigen Stellung von seinem Oberherrn milder ist wie [!] dieser, daß er sogar diese Milde gegen seine ‚Arbeiter' *sich zur Pflicht macht,* hilft in der Not, soweit er kann, ist sicher für ihn ehrenvoll und höchlich [!] zu loben, ändert aber an der allgemeinen Sachlage nichts. Das ‚Geschäft' als solches erkennt keine derartigen Verpflichtungen an, niemand ist da, der sie ihm auflegt oder gar aufzwingt; was sich Untergebene *selbst zur Pflicht machen,* also aus freien Stücken heute tun und morgen geradesogut unterlassen können, kommt der Hauptfrage gegenüber gar nicht in Betracht"[95].

Arbeitskampf

Der Streik als Mittel des Arbeitskampfes hatte in Kolpings Vorstellungen keinen Platz. Er setzte immer wieder und unter allen Umständen auf friedliche Verständigung: „Den einzig richtigen Weg, die Verhältnisse zwischen Meister und Gesellen zu ordnen, gibt die Natur der Dinge an, wenn man nur zu ihr zurückkehren wollte. Meister und Gesellen müssen wieder in engeren, wir sagen freundlicheren Verkehr miteinander treten, müssen lernen *füreinander* wirken, sich *gegenseitig* helfen und fördern. Das erheischt von seiten des Meisters gerade soviel als von seiten des Gesellen. Sie müssen einmal einsehen lernen, daß die materielle Lohnfrage nicht das erste und noch weniger das einzige Band sein darf, welches sie miteinander verbindet. Zwar ist durch die faktische Trennung vom Hause und aus der Familie des Meisters die Annäherung bedeutend erschwert, aber durch den Gesellenverein ist, will man zum Besseren zurückkehren, für vieles der Weg geebnet"[96].

Kolping wollte mit seiner Berufsbildungsarbeit in den Gesellenvereinen auch zu einem kooperativen Umgang zwischen Arbeitgeber und Arbeitnehmer befähigen. Freilich hatte er dabei besonders die aus dem Gesellenverein hervorgegangenen Meister und deren Gesellen im Auge. Vereinsmitglieder durften sich nicht „an *ungesetzlichen* Vereinbarungen beteiligen, welche zum Zweck haben, von den Meistern höheren Lohn zu erzwingen. Mitglieder, welche sich an solchen ungesetzlichen Vereinbarungen beteiligen, müssen dieselben sofort verlassen oder aus dem Kath[olischen] Gesellenverein ausscheiden. Wer für herkömmlichen Lohn nicht arbeiten kann oder *im Frieden* mit dem Meister kein besseres Abkommen zu treffen weiß, dem steht die übrige ganze Welt offen. Der Kath[olische] Gesellenverein soll nicht bloß den Frieden unter den Gesellen, sondern auch zwischen Gesellen und Meistern zu erhalten trachten; darum ist er ein *Katholischer* Gesellenverein. Daß wir damit nicht alle vorhandenen Zustände gutheißen und, wie wir meinen, daß ein großer Teil der vorhandenen Klagen könne beseitigt werden, wollen wir nächstens ausführlicher darzutun suchen"[97]. Eine friedvolle Zusammenarbeit verlangte Zugeständnisse aller Beteiligten. Nur so konnten nach Kolpings Verständnis positive Veränderungen und Reformen bewirkt werden.

In der mittelalterlichen Gesellschaft war mit dem Beruf vor allem im Handwerk auch der gesellschaftliche Status festgeschrieben[98]. Kolping trug mit seiner Auffassung, daß Gott dem Menschen seine irdische Arbeit zuweise, und zwar besonders im Beruf, dazu bei, für die freie persönliche Berufswahl eine religiöse Rechtfertigung zu geben. Es ist nicht sicher auszumachen, ob er diese Entwicklung unterstützen wollte: „Jeder wirkliche Beruf ruht in seinem wahren Grund auf einer religiösen Basis, so daß kein Beruf ohne den innigsten Zusammenhang mit der Religion gedacht werden kann und soll. Aus ihr nimmt jeder Beruf, jeder Stand seine innigste, allein dauerhafte Kraft, seinen Trost und seine Ermutigung, jene Weihe, die ihn ehrwürdig macht und adelt"[99].

Der Beruf hat immer deutliche Bezüge zum Standesdenken beinhaltet. So waren Beruf und Stand aus mittelalterlicher Tradition noch lange Zeit Synonyme. Obwohl noch ganz in berufsständischem Denken verhaftet, begann das Verständnis von Beruf als Berufung bei Kolping erste Konturen zu gewinnen. Ihm lag mehr daran, mit dem Beruf auch den persönlichen Stand aufzuwerten. Denn er wollte ja über das Medium des Berufes den gefährdeten Handwerkerstand und die Arbeiterschaft in die bürgerliche Gesellschaft eingliedern bzw. zurückführen. Der Beruf ist für Kolping eine „Schnittstelle" von Individuum und Gesellschaft. Persönliche Anlagen und Begabungen sollen durch Erziehung und Ausbildung so gefördert werden, daß der einzelne für den Dienst an der Gesellschaft optimal gerüstet ist. Für Kolping ergibt sich aus dem von Gott zugewiesenen Beruf und Stand auch die moralische Pflicht, in dieser Position zu bleiben und sie nach besten Kräften auszufüllen: Bewährung durch Bewahren: „Ja, da liegt der soziale Hund begraben. Wenn man es fertig bringen könnte, daß die Leute auf ihrem richtigen Platz stünden und wollten stehen bleiben, dann wären wir weit, sehr weit. Begnügte man sich, unter seinesgleichen tüchtig zu werden und zu sein, und gäbe die unersättlichen Gelüste daran, nur immer höher hinaus zu wollen, dann blieben die Menschen nicht nur ehrenhafter und solider, sondern der gesunde Menschenverstand käme auch mehr zu Worte und vor vielen Torheiten blieben die Menschen bewahrt"[100].

Mittelständische Schichten haben in der deutschen Geschichte immer eine besondere tragfähige und zuverlässige Rolle gespielt. Die wirtschaftlichen Funktionen der Handarbeiter waren auch Kolping bekannt[101]. Und doch fiel es ihm schwer, sich vom handwerklich-ständischen Zunftdenken zu lösen, weil er in dieser Haltung zu Gesellschaft und Staat groß geworden war und sie noch als stabilisierende gesellschaftliche Elemente erfahren hatte. Auch für ihn – wie für viele andere – nahm dieser Lernprozeß eine Zeit in Anspruch, obwohl an seiner sozialen Einstellung nicht zu zweifeln ist.

Beruf war für Kolping mehr als Unterhaltserwerb, er war eine Form menschlicher Sinngestaltung und Lebenserfüllung. Kolpings Forderung, der Mensch solle das, was er ist, ganz und tüchtig sein, zielte in diese Richtung[102]: „Zu diesem von Gott verordneten Beruf gibt Gott auch die nötigen Kräfte. Nur müssen diese Kräfte auch wirklich auf die tüchtige Ausübung des Berufes verwendet werden. Wer sie ihm entzieht, wer sie auf andere dem Berufe fremde oder gar feindliche Dinge und Bestrebungen verwendet, der versündigt sich am Berufe selbst, dadurch an seiner Hauptaufgabe im

Leben, ... Wer aber wirklich alle seine Kräfte auf die Erfüllung seines Berufes verwendet, wer klar vor Augen hält, was er seiner Hauptlebensaufgabe schuldig ist, und dieser redlich nachstrebt, der hat noch immer in seinem Berufe Tüchtiges geleistet. In dieser Tüchtigkeit im Berufe liegt ein Hauptgrund der inneren Zufriedenheit, des rechten, zuständigen Selbstbewußtsein"[103].

So wurde Beruf und Berufsbildung ein zweiter Schwerpunkt seiner Bildungsarbeit. Erfolge in der beruflichen Bildung brachten ihm denn auch bald massive Vorwürfe ein: Er vermittle dadurch den jungen Leuten ein zu großes und hohes persönliches und berufliches Selbstverständnis. Aber genau das wollte er erreichen: „Es soll ja eben jeder in seiner Art und in seinem Stande tüchtig und ehrenwert sein, wenn das Ganze taugen und gedeihen soll"[104].

Kolping pflegte also bewußt eine Mittelstandstradition und versuchte mit seinen Bemühungen, den Handwerksgesellen, die am meisten gefährdet, aber auch am ehesten zu motivieren waren, die Mitgestaltung der eigenen Zukunft, unter der Zielsetzung „Hilfe zur Selbsthilfe", selbst in die Hand zu geben. Diese Ziele verfolgte Kolping nicht, weil er romantischen Vorstellungen einer ständischen Berufswelt nachtrauerte, sondern weil er der Überzeugung war, daß christliche Normen und ethische Wertvorstellungen auch in veränderten gesellschaftlichen und wirtschaftlichen Verhältnissen nicht nur ihren Platz haben, sondern auch ihre Wirkungen. Der Beginn mit noch so bescheidenen Selbsthilfeorganisationen zeigte den Handwerksgesellen aber sehr schnell unmittelbare Verbesserungen in der Gestaltung ihres Lebens- und Arbeitsalltags. Genau das wollte Kolping, daß nämlich seine Ideen keine „bloßen Worte" blieben. Wertfreies soziales Handeln war für Kolping eine Utopie. Darum bezog er seine Handlungsprinzipien aus der Botschaft des Christentums und lehnte, was dessen dogmatische Inhalte anging, alle Kompromisse ab.

Kolping sah es als eine von Gott gestellte Aufgabe an, durch fortschreitende Entwicklung von Verkehr und Technik Menschen enger zusammenzuführen, damit sie sich in verschiedenen Völkern als Weltfamilie verstehen und erleben können. Nach seiner Überzeugung konnte Streben nach materiellem Wohlstand und sozialem Aufstieg für eine Gesellschaft auf Dauer allein aber keine ausreichende Zielvorstellung sein. Man „weiß auch wieder sehr gut, daß vom ‚Erfolg' wieder alles abhängt. Der ‚Erfolg' das ist ja das Götzenbild der Zeit, vor dem die aus den Fugen gegangene politische Welt auf den Knien liegt und ihm Ehre, Recht, Gewissen und Freiheit, eben alles zum Opfer bringt"[105].

Freilich geht er auf die Frage eines Berufswechsels oder auf das Problem von Sachzwängen zum Erlernen eines ungeliebten Berufes – wie er es selbst erlebt hatte – nicht ein. Als er auch als Priester zunächst andere Vorstellungen – nämlich eine wissenschaftliche Laufbahn – im Auge hatte, fügte er sich in die neue Situation.

Auch die im Gesellenverein üblichen Gebräuche hatten immer eine Beziehung zu Arbeit und Beruf. Ob Handwerkszeichen als Wand- oder Buchschmuck, ob Liedgut Grußformel oder Deklamationen und Vorträge, alles war handwerks- und berufsbezogen ausgerichtet. Der hl. Joseph als Schutzpatron der Gesellenvereine und seine Darstellung im Wanderbuch weisen ebenfalls in diese Richtung. Als ein Mittel zu beruflicher und persönlicher Weiterbildung sah Kolping die berufliche Wanderschaft an. Persönlicher Mut und der Blick über die Grenzen des eigenen Lebenskreises sollten hier erprobt und geschärft werden.

Die Entstehung der Kolpingschen Bildungsideen in der pietistisch und industriell geprägten Umgebung des Wuppertales hat seiner religiös motivierten Bildungs- und Berufsbildungsarbeit realistische und für Jugendliche akzeptierbare Zielvorstellungen als tragfähige Motivation mitgegeben. Als Mann der Kirche hat er mit seiner Tätigkeit dazu beigetragen, die Institution Kirche auf die veränderten gesellschaftlichen Bedingungen hinzuweisen. Dabei wollte er nicht nur den frommen, sondern vor allem den tüchtigen Handwerker heranbilden. Für ihn ist Frömmigkeit ohne berufliche Tüchtigkeit nicht denkbar.

Kolping verbreitete aber nicht nur die kirchlichen Lehren von Arbeit und Beruf. Er griff auch ganz konkrete Handlungsansätze von katholischen Zeitgenossen auf. Die ersten sozialpolitischen Werke katholischer Autoren[106], die sich mit Handwerksfragen beschäftigten, waren die Arbeiten von Friedrich Pilgram und Nikolaus Schüren.

Nikolaus Schüren

Bei Kolpings Zurückhaltung gegenüber Rezensionen und Buchempfehlungen ist es schon auffällig, daß er den bisher wenig bekannten, für den Deutschen Handwerkerbund tätigen Aachener Nikolaus Schüren mit seinen Werken in den „Rheinischen Volksblättern" vorstellte. Zunächst machte er „auf ein Buch aufmerksam, das wir nicht bloß dem gebildeten Teile des Handwerkerstandes, sondern namentlich jenen höheren Ständen empfehlen, welche an der Entwicklung unserer Frage irgendwelchen Anteil nehmen. Es heißt: Zur Lösung der sozialen Frage. Eine volkswirtschaftliche Studie ... Wir empfehlen das Buch namentlich unseren süddeutschen Freunden, da sie reiches Material darin vorfinden"[107]. Für seinen Erzbischof Geissel, dem der Autor seine Schrift zugesandt hatte, sollte Kolping ein Gutachten vorlegen. Darin heißt es: „Das Buch ist in einem sehr guten Geist und mit vieler Liebe und Sachkenntnis in den wirklichen Verhältnissen geschrieben, so daß man den Verfasser nur loben und ermutigen kann. Unsicherer sind die Partien, wo es sich um den Neubau der Zukunft handelt; doch tut das dem Ganzen keinen Eintrag. Ich werde das Werk gelegentlich viel benutzen"[108]. Kolping übernahm einen Auszug in die „Rheinischen Volksblätter" unter dem Titel: „Beitrag zur Frage über die Gewerbefreiheit"[109].

Im Jahre 1863 kündigte Kolping die von Schüren gegründete Zeitschrift „Soziale Revue" in den Volksblättern an und empfahl sie besonders dem selbständigen Handwerkerstande „zur eigenen Orientierung ... Eine solche ‚Revue', welche sine ira et studio nur treuen Bericht erstattete über alle sozialen Erscheinungen, namentlich in der Arbeiterfrage, könnte auch über den Kreis der Handwerker hinaus, großes Interesse erwecken, sogar zum Bedürfnis werden. Der tätige Herr Verfasser steuere nur getrost nach diesem Ziele"[110].

Christoph Moufang

Das Interesse an diesen Fragen zeigte sich auch daran, daß Kolping gemeinsam mi dem Mainzer Domkapitular Moufang den Handwerkertag in Köln 1864 besuchte[111] Unter dem Titel: „Die Handwerkerfrage“ übernahm Kolping die von Christoph Moufang vor der ersten Kammer der Stände gehaltene Rede, in der er sich auch mi der Gewerbefreiheit beschäftigte und Kolpings Bonner Lehrer Ferdinand Walter au dessen Buch über die Rechtsphilosophie zitierte: „Das System der unbeschränkter Konkurrenz, der Gewerbefreiheit, ist im Laufe dieses Jahrhunderts vorherrschen geworden: Anfangs mit scheinbar glänzendem Erfolg. Allmählich zeigte jedoch di Erfahrung, daß aus dieser Freiheit eine Überfüllung des Handwerks, der Gewerbe der Arbeiter entsteht, … den Gewinn für die meisten durchschnittlich unbedeuten macht, den Handwerkerstand stets am Rande der Armut und am Leihhause festhält die Gemeindewohltätigkeit in steigender Progression in Anspruch nimmt und bei de geringsten Stockung im Absatz durch die brotlos werdenden Arbeiter für den Staat für die Gemeinden und die Privaten die größten Verlegenheiten erzeugt. Der Einfüh rung der (schrankenlosen) Gewerbefreiheit verdankt die heutige Gesellschaft da immer wachsende Proletariat, welches dieselbe mit den *furchtbarsten* Gefahren be droht“[112].

Handwerk

Das Handwerk ist nach Kolpings Ansicht eine der Grundlagen von Gesellschaft, Kir che und Staat[113]. Eine Demontage dieses Standes mußte darum verheerende Wirkun gen haben. Freie Konkurrenz, Freizügigkeit und Niederlassungsfreiheit untergrube die alte sittliche Ordnung dieses Standes: „Eine gründliche Restauration des Hand werkslebens ist notwendig, und zwar auf dem Boden der Kirche, da sonst nichts wah ren Grund hat und gedeiht; und ist sie notwendig, *so muß sie* in die Hand genomme werden. Zu dieser Wiederaufrichtung des Handwerkslebens sind die Gesellenverein das *nächste* Mittel; der Erfolg hat bewiesen, daß es not tut und daß die Arbeit nutzt die Regulierung des Herbergswesens in *Verbindung* mit der Aufgabe der Gesellenver eine ist das *wichtigste* Mittel, diesen Zweck zu erreichen. Denn das ist unzweifelhaft Soll das Handwerk aufgerichtet werden, müssen die Handwerker aufstehen, d. h müssen sich die ordentlichen, braven, christlichen Handwerker von dem verkomme nen, – menschlich zu reden – unrettbar verlorenen Haufen der unordentlichen tren nen, dann aber zusammengehen und *gemeinsam* Ordnung, Recht, Sitte und Zuch wieder aufrichten und handhaben. Zu dem Ende müssen die ordentlichen Handwer ker wieder einen Mittelpunkt haben, um den sie sich sammeln, müssen hier vor allen Ordnung, Zucht und Sitte wieder einführen. Dieser Mittelpunkt fürs ordentlich Handwerk kann und soll für die arbeitende Jugend die gemeinsame ordentliche Her berge sein, das eigentliche Familienhaus fürs Handwerk. Wir haben *nach der Jugen gegriffen; denn auf ihr ruhet die Zukunft*“[114].

Das Handwerk hatte im Wirtschafts- und Gesellschaftsleben immer eine wichtig Rolle gespielt, die dem einzelnen nicht nur Arbeit und Brot, sondern auch gesell schaftliche Anerkennung einbrachte. Kolping wollte das geschwächte Selbstbewußtsein dieser Gruppe stärken und weiterentwickeln. Dazu war notwendig, daß sich die Handwerker mit ihrer Arbeit identifizieren konnten, daß sie wieder das Bewußtsein entwickelten, eine Kunst zu beherrschen und nicht das Gefühl hatten, in einem anonymen Wirtschaftsprozeß als Menschenmaterial verschlissen zu werden. „Religion und Arbeit ist [!] der goldene Boden des Volkes!“[115]. Dieses Motto war für Kolping aus eigener Berufserfahrung und nach seinen historischen Studien wie geschaffen, um Gesellen und Gesellschaft als Ziel vorgestellt zu werden, das auf eine lang bewährte Tradition zurücksehen konnte. Zu seiner Überzeugung gehörte, daß möglichst viele Klein- und Mittelbetriebe entstehen bzw. gegründet werden sollten, um das für die Persönlichkeitsentwicklung wichtige Privateigentum zu fördern. Er fühlte sich dieser Gruppe besonders verpflichtet, die sich bisher nicht oder zu wenig für ihre Interessen einsetzen konnten. „Daß man indes die Gesellen mit den geltenden Gesetzen fürs Handwerksleben *bekanntmacht*, wird wohl nicht zur bösen Politik gerechnet werden können. Das also steht in geeigneter Weise frei“[116]. Dazu war eine gute Berufsausbildung erforderlich und eine lebenslängliche Weiterbildung der Arbeitnehmer. Er forderte eine starke Wirtschaft, damit soziale Leistungen auch bezahlt werden könnten. Persönliche Leistung sollte kein Fremdwort sein und entsprechend honoriert werden. Darum sollten sie im Gesellenverein lernen, neue Ideen zu entwickeln, Anregungen aufzunehmen, weiterzuvermitteln und damit sich selbst und die wirtschaftliche Entwicklung voranbringen. Aus diesen Gründen legte er Wert darauf, Vertreter von Kirche, Kommune, Handwerk und Wirtschaft in den Schutzvorständen der Lokalvereine zu haben, um den Mitgliedern und deren Meistern außer gesellschaftlicher Anerkennung auch mögliche Auftraggeber für handwerkliche Arbeiten zu vermitteln: „Aber den Beweis haben die Gesellenvereine durch ihre Haltung bisher wie durch ihre rasche Ausdehnung doch geliefert, daß noch tüchtiges, kräftiges Material im jungen Handwerkerstande vorhanden ist, mit dem, wenn anders Gott seinen Segen gibt, sich die Regenerierung und Aufrichtung dieses wichtigen Standes wohl erzielen läßt. Das beweisen die Gesellenvereine doch wenigstens, daß es Torheit wäre, am Volke so schnell zu verzweifeln, da die am wenigsten geachtete Klasse des Volkes sich noch so gutwillig und bildungsfähig erweist ... Auf dem Boden des praktischen Christentums aber muß die Wiederherstellung der Stände vor sich gehen, auf ihm muß auch der Handwerkerstand sich zu einem neuen sozialen Baue fügen“[117].

Wenn in der Industriegesellschaft ein selbständiger Mittelstand gewahrt blieb und sich weiter ausbreiten konnte, hat Kolping mit seinem Gesellenverein dazu einen wichtigen Beitrag geleistet. Durch einen selbständigen Mittelstand war auch eine soziale Durchlässigkeit der Gesellschaft für sozialen Aufstieg, den Kolping freilich skeptisch betrachtete, gegeben: „Wir wüßten noch mancherlei, aber wollen vorsichtig sein. Wir bemerken noch folgendes: Ob man der *Kunst* Vorschub leistet, ob man für Vervollkommnung der *Fabriken* wirkt, ob man dem *Handwerk* helfen will, sind nach unserem Dafürhalten ganz verschiedene, hie und da notwendig zusammenstoßende Dinge, die man nicht allzu nah zusammenrücken sollte. *Jedes für sich, in seinem Kreise möglichst frei, geschützt durch sein eigenes gutes Recht*, so wächst das *Leben* am fröhlichsten auf und hilft sich gegenseitig am besten“[118].

Die französische Revolution hatte ihre Ideale „Freiheit", „Gleichheit" und „Brüderlichkeit" verkündet. Sie sah in ihnen Grundlagen moderner Staatsverfassung und soziale Ordnung. Wirtschaftspolitisch wirkte sich das Schlagwort der Freiheit in der Gewerbefreiheit aus. Jeder konnte ein Geschäft ausüben, das ihm zusagte. Das war natürlich ein großer Fortschritt, es brachte aber in seinen Anfängen auch ganz erhebliche Nachteile mit sich. Es wurde nicht mehr wie früher ein Beschäftigungsnachweis gefordert. Die einfache Zahlung der Gewerbesteuer genügte. Die Folgen blieben nicht aus. Viele befaßten sich mit einem Gewerbe, von dem sie nichts oder nur wenig verstanden. Die handwerklichen und kaufmännischen Fähigkeiten fehlten ihnen. Die entstandene Konkurrenz drückte die Löhne, die Preise, die Qualität der Waren und die gesamte Lebenshaltung.

Die Gewerbefreiheit war in Preußen durch eine Verordnung vom 17. Januar 1845 festgelegt worden, die sich auf frühere Edikte berufen konnte. Vier Jahre später wurde die gewährte Freiheit teilweise wieder eingeschränkt: „Die alten *Formen* der Zünfte mögen sich in vieler Beziehung überlebt haben, zum Teil sind sie schon längst gefallen, die Handwerker-Verhältnisse der Gegenwart anpassen, mag oft sehr schwer sein, wenn man Alle zufrieden stellen will, sicher wird man auch dann es nicht allen Menschen recht machen, aber die unbeschränkte Gewerbefreiheit ist einmal ein so großes praktisches Übel, daß kein besonnener Mensch, wenn er mit der Sache hinreichend vertraut ist, dazu raten kann. Gerade die mittlere Bürgerklasse hat der Stärkung sittlich und materiell nötig, sollen unsere ohnehin schon sehr wankelmütigen Zustände nicht noch wackelicher werden. Bald ist Alles eingerissen, schwer tüchtig Neues gebaut, wir meinen, das sei eine schon sehr alte Erfahrung. Indessen, was kommen soll, kommt einmal und für uns steht die Frage nur so: Wie werden wir mit dem Gesellenvereine den kommenden Dingen auch dort begegnen? Wir stehen tatsächlich außer jedem Streit, haben wir doch nur für einen tüchtigen, ehrenwerten Meisterstand nach Kräften zu sorgen, und den kann man unter allen Umständen brauchen"[119].

Bereits 1848 hatte der erste deutsche Handwerkertag die Forderung erhoben, nur einem Meister, der eine ordentliche Lehre, die erforderliche Gesellenzeit und eine Befähigungsprüfung nachweisen konnte, die selbständige Ausübung eines Handwerks zu genehmigen. „Wir beabsichtigen nur, die Gründe zu beleuchten, welche gegen die unbedingte Gewerbefreiheit und für die Gewerbeordnung sind geltend gemacht worden ... Die konservativen Handwerker haben sich indessen nur auf ihren engsten Kreis beschränkt, und die Gründe nur aus der Lage des Handwerks im engsten Sinne hervorgenommen. Sie wollen und konnten füglich nicht weiter gehen. Für uns, die wir auf einem weiteren freiern Raum uns bewegen, liegt aber deshalb auch der Anlaß nahe, die Sache von einem höheren Standpunkte aus zu beschauen. Dann dürfte sich zeigen, daß bei dieser Frage durchaus nicht bloß das Handwerk aufs lebhafteste beteiligt ist, sondern die ganze Societät, Kirche und Staat gleichmäßig. Uns ist nur hier noch zu bemerken übrig, daß bei der jüngsten Bewegung um ‚Freiheit' oder ‚Ordnung' wie aus sich selber heraus, obschon es sich um scheinbar ganz weltliche Dinge handelte, die ungläubig liberale Partei unbedingt auf Seite der ‚unbedingten Freiheit' sich befindet, und der christliche Teil der Beteiligten auf der Seite der ‚Ordnung' steht, ein so bezeichnendes Zeichen der Zeit, daß es wohl die ernsteste Beachtung verdient. Den Handwerkern selbst ist die Erscheinung zuerst aufgefallen"[120]. Der Gewerbefreiheit, die aus der Sicht konservativer Sozialreformer die Hauptursache für das Massenelend der Handwerker war, kam in Wirklichkeit diese Bedeutung nicht zu[121].

Produktiv-Assoziationen

Die Produktiv-Assoziationen waren genossenschaftliche Einrichtungen. In ihnen produzierten die zusammengeschlossenen Handwerker gemeinsam, sie waren gemeinsam Inhaber und besorgten gemeinsam den Ein- und Verkauf der Produkte. Am Unternehmensgewinn waren sie in gleicher Weise beteiligt. Heftige Meinungskonflikte entstanden um die Frage der notwendigen Kapitalbeschaffung. Die einen verlangten den notwendigen Kapitaleinsatz vom Staat, andere wollten auch private Unternehmer als Geld- und Maschinenlieferanten einbezogen wissen. „Die Vorschläge, die in der neuesten Zeit für die Verbesserung des Arbeiterloses gemacht worden sind, knüpfen sich, soweit sie der Rede wert sind, alle an die beiden Namen *Schulze-Delitzsch* und *Lassalle,* obwohl außer diesen beiden mehrere bedeutende National-Ökonomen, unter denen vorzüglich *Huber* zu nennen ist, die hierher gehörenden Fragen durch manche wesentliche Beleuchtung aufgeklärt haben. Die beiden entgegengesetzten Systeme von Schulze-Delitzsch und Lassalle lassen sich dadurch bezeichnen, daß der Erstere den Arbeiterstand zur *Selbsthilfe* vermittelst der Vereinigung anleitet, während Lassalle diesen Rettungsweg mit scharfer Kritik als verwerflich erklärt und statt der Selbsthilfe *Staatshilfe* für die Arbeiter verlangt"[122].

Berufliche Bildung

Notwendige Qualifizierung und Spezialisierung im Beruf waren für Kolping keine Fragen. „Man soll gewiß nicht aus dem Menschen machen wollen, wozu die hinreichenden Kräfte nicht in ihm vorhanden sind; aber was man aus ihnen machen kann, das soll man nicht unversucht lassen"[123]. Für Kolping mußten alle sozialreformerischen Ansätze und Maßnahmen an den konkreten Lebenssituationen des Alltags der Menschen gebunden sein. Auch die über die Berufsbildung hinausgehende Persönlichkeitsbildung ist davon nicht ausgenommen. Kolping wählt aus mehreren Gründen den Beruf als weiteren Ausgangspunkt seiner Bemühungen. Beruf ist Inhalt und Ziel seiner Bildungsbestrebungen. In dieser Bildungsgemeinschaft der Gesellenvereine erfahren sich die jungen Leute nicht als Objekte der Bildung, sondern als Subjekte in einem Lern- und Lebensprozeß. Sie erfahren persönliche Wärme und erfahren ganz konkret Menschenwürde in Gesellschaft und Beruf. Diese Erfahrungen waren nach Kolping in den Aktivitäten des Liberalismus, des Kapitalismus und des Sozialismus nicht zu machen, weil sie den einzelnen allesamt zu sehr als Objekt ihres Handelns oder ihrer Interessen machten. Alle anderen Versuche, Bildungsarbeit für Handwerker und Arbeiter zu betreiben, lehnte er ab, weil sie nicht seinem Weltbild entsprachen und für Religion und Kirche keinen Raum ließen bzw. sie rundweg ablehnten. Aber gerade der Bezug zu Religion und Kirche war für Kolping das Fundament einer wertvollen Berufserziehung. *„In vielem kann nicht leicht der Mensch ein Meister sein, aber in einem muß er seinesgleichen suchen“*[124].

Nicht Erfüllung persönlicher Wünsche, nicht der Nutzen für die Gesellschaft mache das Wesen des Berufes aus, sondern das Ethos mit dem die Arbeit geleistet und erfüllt werde. Zur fachlichen gehöre notwendig die moralische „Tüchtigkeit“ dazu, ja, sie bedingen sich gegenseitig. Das machte für Kolping das ehrbare Handwerk aus. Die Verbindung von „Religion und Arbeit“ machte also für Kolping das Wesen des Berufes aus. Mit einem solchen Berufsverständnis war für ihn dann auch ein wirklicher Ansatzpunkt zur Erneuerung der Gesellschaft gegeben: „In dieser Tüchtigkeit im Berufe liegt ein Hauptgrund der inneren Zufriedenheit, des rechten, zuständigen Selbstbewußtseins, was den Mann ziert, und jener Ehre vor der Welt, die eigentlich niemandem fehlen soll, und die Mann und Stand adelt“[125]. Diese Tüchtigkeit „wird nicht spielend erworben und ist eine Frucht des Leichtsinns, sondern ernster und anhaltender Anstrengungen, Entbehrungen und guter Gewohnheiten“[126]. Sie sei nicht allein handwerkliches Können. Dazu gehörten Selbstachtung, Berufsehre, Arbeitsmoral, Arbeitsfreude: „Die persönliche Tüchtigkeit, von der hier so sehr viel, wenn nicht alles abhängt, ist eine zweifache, wird vom moralischen Charakter und von der gewerblichen Ausbildung gefordert. Sie darf nicht gesondert werden, sondern muß Hand in Hand gehen“[127].

Neben der Beschäftigung mit der Geschichte des Handwerks und der Gewerbe und einem künstlerischen Schaffen in einzelnen Berufen[128] biete die Gegenwart besondere Herausforderungen. „Da wäre es Zeit, alle neuen Erfindungen und Entdeckungen, welche sich auf die Gewerbe beziehen, zur Kenntniß der Mitglieder zu bringen, ihren eigenen Verstand zu schärfen, ihre eigenen Kräfte allseitig in Bewegung zu setzen“[129]. Diese „Auffassung, die vorbildhaft von allen späteren katholischen Vereinen übernommen wurde“[130], trug zum Erfolg dieser Bildungsarbeit beträchtlich bei.

Eine späte, zwar nicht öffentliche Ehrung – zumindest aber eine persönliche Genugtuung – war für Kolping sicher die Bitte der preußischen Regierung, ein Gutachten zur Einrichtung der Fortbildungsschulen zu erstellen. Die katholischen Gesellenvereine hatten bereits in Berufs- und Erwachsenenbildung neue Akzente gesetzt. Darum verwundert es auch nicht, wenn er als Fachmann in Bildungsfragen im Jahre 1864 um die o. a. Stellungnahme zu den „Fortbildungsschulen“[131] gebeten wurde. Er entledigte sich dieser Aufgabe mit einem Erfahrungsbericht über die Bildungsarbeit in den Gesellenvereinen und analysierte die Rahmenbedingungen des Lernens von Erwachsenen. Eine Anbindung an die Institution Schule hielt er für unangemessen. Nach einer Empfehlung der Arbeit der Gesellenvereine schloß Kolping – ganz bezeichnend für ihn: „Gesetze sollen das Leben schützen, können es nicht erzeugen. Was sich als gesund und gute Früchte tragend bewährt, dem bewahre das Gesetz die zuständige freie Bewegung. Die Behörden werden finden, daß auf diesen Wegen sie am sichersten ihr Ziel, wahres Volkswohl zu befördern, erreichen“[132]. Kolping trug ganz entscheidend dazu bei, „in der Entwicklung des beruflichen Unterrichtes neue, das ganze Handwerk umfassende Wege zu gehen“[133].

Der Begriff „Soziale Frage“ ist erst nach der französischen Revolution geprägt worden. Seitdem spricht man von der „Sozialen Frage“, meint damit seit etwa der Mitte des 19. Jahrhunderts in der Hauptsache die Arbeiterfrage[134]. Die katholische Kirche und ihre Mitglieder gehörten wahrlich nicht zu jenen Kräften, die soziales Elend nicht wahrgenommen und im Rahmen ihrer – freilich begrenzten – Möglichkeiten darauf reagiert hätten. Bereits 1823 sah der Mainzer „Katholik“ die Entwicklung der menschlichen Gesellschaft in zwei Klassen kommen, „in Prasser und hungernde Bettler, in Menschen und Lastvieh, in Reiche und Arme“. Der Mittelstand habe eigentlich keine Zukunft mehr[135].

Aus anderer Denkweise war der volkswirtschaftlich gebildete Franz Joseph Ritter von Buß diesen Fragenkomplex angegangen. Er stellte in seiner bekannten sozialpolitischen Rede fest, daß die aufkommende Industrie die Erzeugung der Verbrauchsgüter erhöhen könnte und damit „die Behaglichkeit des Volkes bis in die niederen Stände“ gesteigert werde. Er zeigte aber auch die nachteiligen Folgen auf: Schädigung der Gesundheit, der Familien sowie Auslieferung der Arbeiter in die Hörigkeit von Maschinen und Kapital[136]. Sein Entwurf zu einem Fabrikgesetz fand jedoch keine parlamentarische Zustimmung. Petrus Kardinal Giraud von Cambrai (1791–1850) wehrte sich 1845 energisch in einem Hirtenbrief „gegen die Ausbeutung des Menschen durch den Menschen“ und ihn als Ebenbild Gottes „wie ein Stück Vieh oder wie ein Produktionsmittel“ einzusetzen[137]. Der Koblenzer Jurist Peter Franz Reichensperger betonte 1847, das „in seine äußersten Konsequenzen getriebene Prinzip der unbeschränkten Konkurrenz“ sei „dem Hunger vergleichbar, der nicht bloß zum Fleiße und zur Anspannung aller Kräfte treibt, sondern auch ... zu Akten der Verzweiflung und zur Mißachtung jedes Rechtsgefühls führt“ und „das eigene industrielle Glück auf den Trümmern des rücksichtslos zerstörten Daseins hundert anderer aufbaut“[138]. Ludwig Merz als engagierter Führer eines sozialen Katholizismus in Bayern wollte die Gewerbe in einer Organisation zusammenbringen. Diese Innung soll den Warenhandel von Gewerbetreibenden kontrollieren. Wie die früheren Zünfte sollen sie auch genossenschaftliche Aufgaben übernehmen. Friedrich Baudri sah 1849 einen anderen Ausweg zur Lösung: Die Auswanderung armer Handwerker böte ihnen die Chance, in bescheidenem Maße wieder in den Stand von Besitzenden aufsteigen zu können[139].

Zur Entwicklung der christlich-sozialen Bewegung im deutschen Sprachraum haben Franz von Baader und der Münchener Romantikerkreis um die „Historisch-politischen Blätter“ erste Anregungen gegeben. Baader hat als erster den Begriff „Christlich-sozial“ überhaupt geprägt. Diesem Kreis standen nahe oder waren von ihm geprägt Edmund Jörg, Friedrich Pilgram und Viktor Aimé Huber – als Publizisten – und Ketteler und Kolping als Seelsorger. Sie engagierten sich je auf ihre Weise vor allem nach dem ersten Mainzer Katholikentag von 1848.

Bei dem Begriff „Soziale Frage“ denkt man an die große wirtschaftliche Notlage, die Existenzunsicherheit der unteren und mittleren Bevölkerungsschichten. Die Lösung dieser Frage bereitete deshalb so große Schwierigkeiten, weil die verschiedensten Lebensbereiche von ihr erfaßt werden mußten. Weder aus Geschichte, Philosophie noch aus einer anderen wissenschaftlichen Disziplin konnte man auf Vorerfahrungen zurückgreifen, um Lösungsmöglichkeiten anzubieten. „Weder die Ereignisse des Jahres 1848 noch das ‚Manifest der Kommunistischen Partei' von Karl Marx und Friedrich Engels haben einen entscheidenden Anstoß für die Entwicklung der Arbeitervereinigungen gegeben"[140]. So galt es zunächst, die Ursachen zu ermitteln, welche die soziale Ordnung zerrüttet haben und dann die entsprechenden Mittel zu finden und anzuwenden, um sie wiederherstellen zu können. „Wir sind der festen Überzeugung, daß ein gewaltig christlich-sozialer Fehler dadurch geschehen ist, daß man sich zur Zeit entweder gar nicht oder doch in ganz verkehrter Weise um die Arbeiter bemüht hat. Bloß deshalb hat man seine ‚Erfahrungen' auch mit ihnen gemacht. Gerade in der sozialen Welt strafen sich alle Unterlassungssünden recht bitter und auch furchtbar nachhaltig ... Mit liberalen Phrasen hat man fast gewaltsam die armen Leute aus ihrer natürlichen Stellung herausgetrieben und sie zu Zwecken mißbraucht, die sie nicht einmal verstanden. Wer unter den Arbeitern selbst gelebt hat und sich noch darunter bewegt, weiß am besten, wie es sich um die gefürchtete Macht verhält"[141].

Politischer Umbruch und soziales Elend hatten für Kolping – wie auch für Ketteler[142] – zunächst ihre Ursache allein im Verlust ethischer Prinzipien und religiöser Werte. „Wir können und sollen nicht leugnen, daß unsere sozialen Verhältnisse auch dadurch zum Teil so schlecht geworden sind, weil man der tätigen katholischen Liebe vergaß, weil wir dem armen Volke viel, sehr viel an liebender Pflege schuldig geblieben sind ... Es handelt sich um einen der wichtigsten, wenn nicht geradezu den wichtigsten, weil zahlreichsten Stand in der Stadtbevölkerung ... Nur wahre, tätige Liebe regeneriert die Welt. Bringen wir doch den falschen, gottlosen Sozialismus nicht eher wirksam zum Schweigen, als bis wir mit christlichem Heldenmute den christlichen Sozialismus *üben*"[143].

Pädagogischer Ansatz

Die „Soziale Frage" war für Kolping ein schwieriges und darum differenziert zu sehendes Problem der Gesamtgesellschaft. Für ihn als Gesellenpräses war es nicht nur eine politische, sondern vielmehr eine wirtschaftliche Frage. Persönlich sah er in ihr in allererster Linie eine moralische Frage[144]. Nun kann man Kolping, der zuerst Priester und immer Seelsorger sein wollte, nicht verdenken, daß er als wichtigstes Ziel eine Gesinnungsreform der Gesellenschaft im Auge hatte und er darum auch Mittel wählte, die nach seinem Verständnis diesem Ziel angemessen waren. Seine Bildungsarbeit in den Gesellenvereinen, die, wie erkennbar wurde, von den Staatsorganen mißtrauisch beobachtet wurde, war anfangs einer Gratwanderung vergleichbar. Einen Absturz hätten die Gesellenvereine nicht überlebt. Dieses Risiko kannte Kolping genau. Gerade darum hat er sich mit seiner direkten Umwelt, mit ihren sozialen Verhältnissen und ihren politischen Ursachen und Folgen beschäftigt. So maß er der „Sozialen Frage" sehr wohl Bedeutung bei, wenn auch die Meinungen und Motivationen über die zu treffenden Maßnahmen weit auseinandergingen und zwischen verbalen Bekenntnissen und persönlichem, praktischem Verhalten unübersehbare Differenzen erkennbar wurden. Die Ideologen seiner Zeit, die versprachen, die soziale Frage durch Klassenkampf und ohne Religion, d.h. Bindung an Gott, zu lösen, hielt er entweder für Phantasten oder für Volksverführer. Dabei berief er sich ausdrücklich darauf, daß es zum Wesen der Kirche gehöre, auch Dinge beim Namen zu nennen, die bei der Mehrheit keinen Anklang fänden. Kolping legte Wert auf eine geistige und geistliche Orientierung, um die Forderung, Arbeit, Kapital und Wirtschaft auf das Gemeinwohl auszurichten, erfüllen zu können.

Hier ist der Ansatzpunkt für Kolpings pädagogisches Wirken: ohne praktiziertes Christentum gebe es nur Veränderungen, deren positive Wirkungen, wenn sie überhaupt kämen, sehr bald wieder im Sande verliefen. Eine geistige Erneuerung, die sich nicht einmal, sondern immer neu an der Botschaft des Evangeliums ausrichte, sei notwendig, um Reformen zu bewirken, die das Leben menschlicher werden ließen: „Die heiligen Zehn Gebote sind die gewaltigen Stützsäulen der menschlichen Gesellschaft, das heiligste und wichtigste Gesetzbuch der sozialen Ordnung, die wahrhaften Lebensbedingungen jeder bürgerlichen Wohlfahrt“[145].

Grundprinzip Kolping'scher Sozialpädagogik blieb der korporative Ständeaufbau auf der Grundlage persönlicher Ehre und Tüchtigkeit. Ansprüche seien nur dann geltend zu machen, wenn entsprechende Leistungen erbracht seien. Übersteigertes Anspruchsdenken störe das Gleichgewicht von Anspruch und Leistung. Freiheit, die glaube, tun und lassen zu können, was sie wolle, führe zur Zügellosigkeit. Die persönliche Freiheit sei auch die Freiheit der anderen. Darum fordere sie Verantwortung und Dienstbereitschaft für das Gemeinwohl und die Gesellschaft. Bildung bedeutete für Kolping nicht Wissensanhäufung zur Erreichung „höherer“ Qualifikationen und Bildungsabschlüsse, für die es in der Gesellschaft dann doch keine angemessenen oder ausreichenden Positionen gab. Erziehungsziel sei der Mensch, der nach seinem Vermögen in der Nachfolge Christi Verantwortung für die Welt und Umwelt übernehmen und damit bei sich selbst, in Familie und Beruf begänne. Wer mit seiner Umwelt, seinen Gefühlen, seiner Lust und Unlust nicht umgehen könne, werde nie in der Lage sein, auftauchende Konflikte angemessen und menschenwürdig zu lösen. Das wolle gelernt sein.

Kolping betonte in seiner Bildungsarbeit immer wieder zwei Bereiche: die Privatinitiative des einzelnen oder Gleichgesinnter und das – wenn auch noch so bescheidene – Eigentum des Arbeiters. Das Recht auf persönliches Eigentum könne aber nie isoliertes Recht allein sein. Es sei gebunden an die Pflicht, das Eigentum nicht nur eigennützig zu gebrauchen. Andererseits sei festzuhalten: Pflichten können nur übernommen und erfüllt werden, wenn Rechte gewahrt bleiben, diese Pflichterfüllung zu ermöglichen. Vor allem Regierenden und Wohlhabenden gegenüber betonte er – nach der Lehre der Kirche, in Anlehnung an Thomas von Aquin – die soziale Verpflichtung, die an Besitz und Eigentum geknüpft sei. Nach seinem Weltbild durfte der einzelne nicht zum Objekt gemacht werden, weder des Staates, noch der Wirtschaft, noch der Gesellschaft, noch der Kirche.

Kolping verbündete sich mit jungen Handwerkern und Arbeitern, die eine Verbesserung ihrer Lebenssituation selbst in die Hand nehmen wollten. Bald fand er geeignete priesterliche Freunde, die sich ebenfalls mit Tatkraft und Überzeugung dieser Aufgabe verschrieben, wohl auch darum, weil man erste sichtbare Erfolge verbuchen konnte. Kolping hatte die realistische Einschätzung, daß alle Maßnahmen zur Lösung der „Sozialen Frage“ nur dann von den Menschen akzeptiert und mitgetragen würden, wenn sie vom vornehmlich desinteressierten und darum antriebsarmen einzelnen Bürger nicht zuviel verlangten. Persönliches Engagement sollte nicht überstrapaziert und das Streben nach höherer Lebensqualität und mehr Einfluß möglichst nicht beeinträchtigt werden. Dadurch waren Grenzen gesetzt, die nur durch eine Motivationsänderung und damit durch eine Änderung von Lebenszielen überwunden werden konnten. Und das konnte nach seiner Überzeugung nur die Religion leisten.

Er hatte verstanden, daß es nicht angeht, den Menschen zu sagen, was gut für sie sei, weil sie ihre eigenen Probleme zur Genüge kennen. Er wollte die Gesellen, die Meister, die Familien, die Bürger, alle Christen dazu anhalten, daß nicht jeder versuche und alles daran setze, die eigenen Probleme und Schwierigkeiten auf dem Rücken noch schwächerer auszutragen. Aufeinander hören und Formen wie Inhalte der Unterstützung auf die wirklichen Bedürfnisse der Betroffenen abstellen, war für ihn die Devise. Er sah als naheliegendste Lösungsmöglichkeit die Selbsthilfe und persönliche Verhaltensänderung durch die christliche Nächstenliebe – in diese Richtung gehen alle seine Maßnahmen, im Bereich von Bildung und Erziehung wie auch in der praktischen Lebenshilfe. Darum wurde Kolping auch in den eigenen Reihen der Vorwurf gemacht, er kümmere sich zu wenig um die Lösung der brennenden sozialen Probleme. Er blieb Realist: „Nicht, als ob wir den riesenhaften Gedanken gefaßt hätten, durch den Katholischen Gesellenverein die Soziale Frage zu lösen. Es wäre der Gedanke schon eben so anmaßend als töricht. Aber die Zeit hat gelehrt, daß man durch den Verein für die Soziale Frage *viel Gutes* wirken kann, daß man kaum irgendwo anders innerhalb eines bestimmten Standes in der Sozietät so viel bessern, für die Zukunft arbeiten kann, als in und durch den Katholischen Gesellenverein“[146].

Die persönliche Veränderung des einzelnen stand für ihn im Vordergrund: „Wir haben zum öfteren die Erfahrung gemacht, daß man ... nur das erwärmende Licht des praktischen Christentumes selbst mit einiger Geduld den erkalteten Herzen zu nähern brauchte, um das schlummernde Leben des Glaubens wieder zu erwecken. Wenn das geschehen, kannte man in wenigen Wochen den betreffenden Menschen nicht wieder, so hatte er sich zu seinem Vorteile umgeändert“[147]. Persönliche Christusnachfolge war für ihn Grundlage einer Sozialethik: „Zweierlei Irrtümer sind also auch von dem sozialen Gebiete, den Ansichten über soziales Wirken etc. fern zu halten:

1. die gleichsam pelagianische Vorstellungsweise von der Macht und Kraft menschlicher Handlungen an und in sich selbst, das ist das abergläubische Vertrauen auf Irdisches

2. ist fernzuhalten der entgegengesetzte, zum Quietismus führende Irrtum von der ausschließlichen Wirkung Gottes ohne menschliche Mitwirkung ...

Es hat also auch hier Anwendung, was der heil[ige] Ignatius sagt: Dieses sei die erste Regel alles Tuns: Vertraue so auf Gott, als hinge der Erfolg ganz von Gott, nichts von Dir ab; verwende doch auf dein Werk so sehr alle deine Mühe, als wenn Du alles könntest, Gott aber nichts tun werde“[148].

Dem Vorwurf des unpolitischen bzw. systemstabilisierenden Verhaltens der Gesellenvereine setzte Kolping das Sofortprogramm der Selbsthilfe entgegen, das in weiten Bereichen Anklang fand. Reden half nicht, Handeln war gefragt. Kolping als ein

Mann der Tat theoretisierte nicht, er packte zu, und zwar da, wo er (zunächst) gebraucht wurde. Er veranstaltete keine wissenschaftlichen Symposien, keine sozialpolitischen Kongresse, er hielt auch keine grundlegenden Vorträge zur Industrialisierung und Massenverelendung, er übte nicht einmal öffentlich Kapitalismuskritik. Nur von diesem Ansatz sind seine Publikationen zur „Sozialen Frage“ und seine sozialen Aktivitäten zu verstehen.

Seine Sozial- und Bildungsarbeit in den Gesellenvereinen und in Kalendern und Zeitschriften war in erster Linie durch die Gesellenhäuser und die damit verbundenen Einrichtungen kurativ und im weiteren durch umfassende Persönlichkeitsbildung und gezielte Ehe- und Berufsvorbereitung präventiv.

Kolping hat die „soziale Frage“ nie auf eine Handwerker- oder Arbeiterfrage reduziert. Er wußte genau, daß er diese Fragen nicht zu lösen in der Lage war. Darum beschränkte er sich auf die Arbeit mit der gesellschaftlichen Gruppe, die nach seiner Ansicht die Hilfe zur Selbsthilfe am dringendsten brauchte und deren Probleme er aus eigener Erfahrung kannte. Er wußte, wovon er sprach, wenn er seiner Broschüre das Motto gab: „Tätige Liebe heilt alle Wunden, bloße Worte mehren nur den Schmerz“[149].

Für Kolping standen als soziale Fragen im Vordergrund: Unterkunft, Verpflegung und sinnvolle Freizeitgestaltung der Gesellen, die personalen Beziehungen (Meister, Geselle, Lehrling, Kollege, Vorbereitung auf Ehe und Familie) und die sittlich-religiösen Gefahren (Glaubensverlust, Perspektivlosigkeit, Sinnfrage) des Alltags. Zunächst bot er konkrete Lebenshilfe (Arbeitsbeschaffung, Unterkunft und Verpflegung), darüber hinaus unterhaltende Geselligkeit und ein ausgewogenes Bildungsprogramm an, das auf den mittelständischen Handwerker abgestimmt war. Soziale Einrichtungen, die die Eigenverantwortung des Individuums und solidarisches Handeln einschränken oder verhindern, verdienen nach Kolpings Ansicht diesen Namen nicht.

Reformdenken

Bei Reformen in Gesellschaft und Kirche ist zwischen Inhalt, Ziel und Intention des konkreten Programms zu unterscheiden. Reformen sind nach gewissen Zeitabläufen überfällig. Ihre Programme sind darum immer auch zeitbedingt und überholbar. Kolping wollte auf keinen Fall in seinen Intentionen und Zielen weiter gehen, als die jeweils beteiligten Gruppierungen in Gesellschaft und Kirche zuzulassen bereit waren. Dabei ging es ihm nicht um Reformen im Sinne der Wiederherstellung überholter Arbeits- und Lebensformen. Der Illusion, daß in der Vergangenheit alles besser gewesen wäre, lief er nicht nach. Ihm ging es bei seinem Reformdenken vielmehr um die Anpassung christlicher Welt- und Lebens-Vorstellungen an veränderte Bedürfnisse und Verhältnisse in Kirche und Welt. Dabei wußte er nur zu genau, daß die Gruppe, um die er sich besonders kümmerte, erst vorbereitet werden mußte, um ihre Bedürfnisse auch artikulieren zu können. Radikale Änderungen wollte er nicht fördern, sondern die Bereitschaft und die Fähigkeit zu ständiger Erneuerung. Falsches müsse man richtigstellen, Schlechtes verbessern, Gutes fördern und Bewährtes erhalten. Mit seinem Wertkonservativismus war er durchaus in der Lage, die Lebensverhältnisse zu verbessern.

In einer sozialen Ordnung müsse ein ausgewogenes Verhältnis zwischen den Interessen, Rechten und Pflichten des Einzelmenschen und den Rechten, Forderungen und Ansprüchen der Gesellschaft bestehen. Es sei deshalb dafür Sorge zu tragen, daß der einzelne nicht durch die Masse unterdrückt werde und das allgemeine Wohl nicht Schaden leide durch die übertriebenen Forderungen und Ansprüche des Einzelmenschen. „Deshalb fordern wir Menschen miteinander vor allen Dingen Gerechtigkeit, ist die Pflege der Gerechtigkeit zum Bestande der Gesellschaft die erste Grundbedingung und verletzt den Menschen nichts so tief, so nachhaltig und so bitter, als wenn man ihm sein Recht verweigert, ihm's Recht kränkt, oder ihn gar mit offener Ungerechtigkeit behandelt oder besser mißhandelt“[150].

Kolping sah die aufkommende Industrialisierung realistisch, ebenfalls die sich aus ihr ergebenden Entwicklungen im familiären und beruflichen Leben der unselbständigen Handwerker und Arbeiter. Im Gegensatz zu Buß hielt er zunächst jedenfalls nichts von staatlichen Maßnahmen. Als Wertkonservativer wollte er christliche Normen und Wertvorstellungen in Einklang bringen mit einer neuen Zeit, die durch technische Errungenschaften und veränderte Lebensbedingungen der Menschen die Gesellschaft vor neue, bisher nicht einmal zu erahnende Probleme stellte: „Die Soziale Frage ist und bleibt noch für sehr lange eine der wichtigsten, ... ohne bis jetzt auch nur die sichere Aussicht auf gedeihliche Lösung eröffnet zu haben. Was die ‚Arbeiter-Vereine‘ ... zu erzielen suchen, mag in einzelnen Dingen wohl und gut sein, im Ganzen fährt man offenbar auf verkehrter Straße und wird ... die Sache noch mehr verwickeln, als sie bisher war. Die Grundursache davon ist unstreitig darin zu suchen, daß man auf jener Seite die Hauptmacht, die eigentliche Lebensquelle aller gedeihlichen Entwicklung am sozialen Leben, entweder ignoriert, oder sich gar feindlich derselben gegenüber stellt. Man will entweder ohne Religion die kranken Zustände bessern, oder gar sie ausgeschlossen wissen vom sozialen Leben. Man hat darum *nur das materielle Aufbessern der Gesellschaft* im Auge und will das nur mit reinen materiellen Mitteln. Weil man das will und wo man das will, können wir schon unserer Stellung, unseres Berufes und unserer Überzeugung nach uns nur von derlei Bestrebungen *fern halten.* Mit jenen Leuten können und dürfen wir nicht gehen, sonst wäre unsere Person ein leibhaftiger Protest gegen uns selber. *Ohne* Religion heißt wesentlich *gegen* die Religion in allen menschlichen Verhältnissen. Die Lösung der Sozialen Frage, soweit die überhaupt auf dieser Welt gelöst werden kann, hat als erste, notwendigste Voraussetzung das Bekenntnis und die Pflege der Religion, das heißt für uns des Christentums; und da dies nur bekannt und gepflegt werden kann, durch eine feste positive Konfession, bleibt eben trotz allem Geschrei gegen ‚ultramontane Exklusivität‘, oder wie das sinnlose Gesalbader heißt, für uns nichts übrig, als unsern alten, guten, katholischen Christenglauben zum Ausgangspunkte, zum Fundamente, oder auch als Quelle für unser soziales Wirken gelten zu lassen und unbeirrt durch alles Geschrei von der Gegenseite, dabei zu beharren“[151].

In den „Rheinischen Volksblättern“ erschien im Jahre 1864 eine bisher nicht beachtete Fortsetzungsreihe über „Arbeiter-Vereine“ in Lendersdorf bei Düren. Die örtlichen Verhältnisse waren Kolping ebenso bekannt wie die Lage der Arbeiter. Dort hatte sich „ein Verein ‚zur sittlichen und materiellen Hebung des Fabrikarbeiter-Standes‘ gebildet. Der gute Wille der Arbeiter ... sowie die Entschlossenheit und Hingebung dessen, der denselben in's Leben gerufen, der seit Jahren unter ihnen wirkt und ihre Lage und ihre Leiden sowie ihre Gebrechen kennt, berechtigen uns zu der Hoffnung, daß derselbe zum Wohle des Arbeiterstandes nicht wenig beitragen werde"[152].

Eine Lösung der „sozialen Frage" ohne Christentum und Kirchen war für die Beteiligten aus diesem Umfeld – nicht nur für Kolping – undenkbar, weil eben die ethisch-moralische, das ist für Kolping die religiöse Grundlegung, fehlte. Die Überbetonung dieser Sichtweise stärkte zwar die Arbeitsmotivation, versperrte aber auch den Blick für ökonomisch-wirtschaftliche und politische Lösungsmöglichkeiten. Die Komplexität der „sozialen Frage" war für Kolping keine Schutzbehauptung. Bereits 1861 wird eine Änderung seiner früheren Sicht erkennbar. Diese Frage „ist aber zu groß und zu vielseitig, als daß mit Einer Antwort, endlich mit Einem Mittel hier könnte geholfen werden. Zum Teil liegt die nötige Hilfe in der Gesetzgebung, zum Teil in der besonnenen Tätigkeit der Handwerker selber, sicher auch ... in der *geistigen und sittlichen Hebung* des Handwerkerstandes, damit es der nachfolgenden materiellen Aufbesserung nicht an dem unerläßlichen Fundamente fehle"[153].

So konnte Kolpings Mitarbeiter Vosen in den „Rheinischen Volksblättern" auch auf andere Lösungsmodelle hinweisen: „Vorerst muß daher die Bekanntschaft mit jenen neuen Rettungsvorschlägen eines Schulze-Delitzsch, Huber, Lassalle und anderer unter uns recht allgemein verbreitet werden; denn nicht der Gelehrte, sondern der Handwerker, der Fabrikarbeiter, der Bauer, der kleine Handelsmann, sie müssen hier die Sache kennenlernen, prüfen und ins Leben setzen, wenn jemals etwas daraus werden soll"[154]. Der gelegentlich erhobene Vorwurf, Kolping habe nur über eine eingeschränkte Wahrnehmungsfähigkeit der politischen Wirklichkeit, vor allem der Arbeiterfrage, verfügt, schränkt sich selbst ein: Haben Beobachter mit anderer fachlicher Ausgangsbasis oder anderer politischer Einstellung nicht auch diese Wirklichkeit nur partiell wahrgenommen? Dabei ist seine Analyse durchaus realistisch: „In dem neuen Hörigkeitsverhältnisse fehlt jedes deutlich ausgesprochene anerkannte *Rechtsverhältnis*, und doch ist es eine unbestreitbare Wahrheit, daß soziale Fragen nicht bloß in Gnade und Barmherzigkeit, sondern nur in Gerechtigkeit und Barmherzigkeit gelöst werden"[155]. So stellte er auch ohne jede Einschränkung fest: *„Derartige Fragen werden nicht in Gnade und Barmherzigkeit, sondern in Gerechtigkeit gelöst. Das soziale Leben in allen seinen Verzweigungen ruht auf dem richtigen Recht und soll in den entsprechenden Gesetzen seinen wahren Schutz und seine Wehr finden"*[156].

Um dieses Ziel zu erreichen – und zwar über eine Bewußtseinsbildung, die zumindest mittelfristig Verhaltensänderung bewirkt –, ebnete er mit seinem Gesellenverein einen gangbaren Weg: „Der Gesellenverein steht diesem Streben zu besserer Neugestaltung gewerblicher Verhältnisse nur *vorbereitend* zur Seite. *Er will die bessere Zukunft möglich machen helfen*, indem er einen sehr wichtigen Teil der Sozietät beizeiten in die geeignete Pflege nimmt. Wie auch die *Form* des Neubaues unserer sozialen Welt, zunächst im Gewerbestande, ausfallen mag – *erfunden* wird sie einmal nicht, sie wird durch menschliches Zutun *wachsen* – ... Wir müssen unsere bessere Zukunft *erziehen* ... Darum beschäftigt sich der Gesellenverein mit der christlich-moralischen *und* materiellen Pflege der ledigen Handwerksgesellen, um sie für das größere soziale Leben *vorzubereiten*"[157].

Bei aller Sympathie für die Handwerksgesellen sowie tiefgehendem Verständnis für ihre Not blieb Kolping konservativer Sozialpädagoge und Gegner der politischen Arbeiterbewegung des revolutionären Sozialismus. Er war trotzdem davon überzeugt, daß von der Lösung der „Sozialen Frage" die Gestaltung der Zukunft von Gesellschaft und Handwerk abhänge. Daß die sozialen Defizite, die durch die Entwicklung von der (handwerklichen bzw. ländlichen) Großfamilie zur Kleinfamilie entstanden waren, nicht allein von Kirche und Vereinen zu lösen waren, hat Kolping nur bedingt gesehen. Nach seinem Verständnis konnte allein die Wirtschaft – und da war er sich mit Huber und Schultze-Delitzsch einig – diese Frage lösen. Die Kirche konnte nur die wichtige moralische Unterstützung bieten, weil der Staat sich in dieser Frage desinteressiert und handlungsunfähig erwies.

Kolping hat nie Sozialökonomie oder Volkswirtschaft studiert. Auch die Kirche konnte keine ökonomischen Modelle anbieten. Doch konnte der Gesellenvater mit seinem Werk einen nicht unbedeutenden Beitrag zur Volkswirtschaft leisten, der nicht nur für Gesellen sondern auch für Führungskräfte wie Unternehmer gangbar und erfolgreich war. Kolping „hielt es nicht für seine Aufgabe, praktische Wirtschaftspolitik zu treiben, nicht einmal in den Fragen des Handwerks, aber er war der Ansicht, daß jeder Vorschlag zur Verbesserung der sozialen Verhältnisse auf eine eingehende Prüfung seiner Gerechtigkeit und Durchführbarkeit Anspruch habe"[158]. Wirtschaftlichen und politischen Ursachen der Krise des Handwerks wandte er sich nur gelegentlich und meist durch Fachleute zu (Huber, Pilgram, Schüren und Vosen).

Kolpings Eintreten für die Monarchie, seine ablehnende Haltung der Arbeiterbewegung gegenüber und seine Kritik am Eingreifen des Staates in den sozialpolitischen Bereich waren neben seinem Hauptanliegen, Bildungs- und Seelsorgsarbeit im Sinne des Evangeliums und im Dienste seiner Kirche zu leisten, die Ursachen dafür, daß er gesellschafts- und sozialpolitisch mit seinen Vorstellungen keinen wirkungsvollen Durchbruch erzielte. Inhaltlich entscheidend Neues hat Kolping nicht bieten wollen. Er dachte reformerisch, aber mehr im pädagogischen als im politischen Bereich, was die Lösung der „sozialen Frage" anging. Dabei unterschied er sich von vielen Zeitgenossen durch einen Praxisbezug seiner sozialpädagogischen Maßnahmen, die in der Tat etwas Neues boten. Zum ersten Mal werden Eigeninitiativen von Betroffenen aktiviert und gefördert, was bislang im katholischen Denken und karitativer Hilfe unberücksichtigt geblieben war.

„Kolping ist nicht der Mann einer umfassenden Sozialreform oder einer Analyse der ökonomischen Ursachen der Misere im Handwerk. Es geht ihm vielmehr um die geistigen und sittlichen Implikationen der Proletarisierung und ihrer möglichen Überwindung aus der Kraft des katholischen Glaubens und der kirchlichen Gemeinschaft"[159]. Kolping war sich durchaus darüber klar, daß allein durch Gesinnungswandel, soziale Einrichtungen und Karitas die Arbeiterfrage nicht zu lösen war. Zur Frage der ständigen Lohnabhängigkeit konnte er sich nicht weiter auslassen, Krankheit und früher Tod setzten seinem Lebenswerk ein Ende. Zu einem möglichen sozialen Aufstieg führten für ihn am ehesten wirtschaftliche Selbständigkeit, die durch fachliches Können, gediegende Bildung, unternehmerische Fähigkeiten wie Fleiß und Sparsamkeit zu erreichen und zu erhalten ist. Er sah für einen selbständigen Mittelstand eine hoffnungsvolle Zukunft[160]. In diesem Sinne wurde zu recht konstatiert: „Die reale

Antwort des Katholizismus auf die soziale Frage der 40er Jahre war Kolpings Gründung der Gesellenvereine“[161].

Ehe

Die Ehe als sakramentale Verbindung von Mann und Frau, die das ganze Leben in seinen verschiedenen Stadien umfaßt, war als Grundlage der Familie unter besonderen Schutz der Kirche gestellt. In einer erhaltenen Predigt zur Trauung eines befreundeten Paares versuchte Kolping den jungen Leuten die kirchliche Ehelehre vorzustellen: „Gott der Herr, der bei der Schöpfung gesagt hat, daß es nicht gut sei, daß der Mensch allein sei, und deswegen dem ersten Menschen eine Gefährtin beigab, hat in den Herzen der füreinander Bestimmten den natürlichen Zug der irdischen Liebe gelegt, die in Beiden eine Harmonie des Willens, der Tätigkeit, der Hingebung hervorbringen sollte.

Diese Liebe, die aus zwei Eins macht, hat Gott gesegnet, daß sie fruchtbar werde; denn aus der von Gott geschafften [!] Familie sollte das Menschengeschlecht hervorgehen und die Erde bewohnen und den Himmel erwerben. Als die ersten Menschen noch Gotteskinder waren, spiegelte sich das himmliche Paradies in dem irdischen wider und der lautere Friede der Einigung mit Gott in der liebenden Einigung der Gatten untereinander. Die Sünde hat den Bund mit Gott zerrissen und das Paradies der Erde entrückt; auch der heilige Friede der Ehe war getrübt und verwirrt. Wie die Menschen weiter von Gott abgingen, so wich auch die Familie weiter auseinander; denn der Sünde Wirkung ist der Zwiespalt, die Trennung.

Die Liebe war geblieben, aber sie artete aus in Leidenschaft; die Leidenschaft aber bringt nur sich selber Opfer. Christus der Herr hat die Menschen, die guten Willens sind, wieder zur Kindschaft Gottes erhoben, damit aber auch die irdischen Beziehungen des Lebens wieder aufwärts gerichtet zur Höhe, zum ewigen Lichte, damit das irdische Leben seinen Zweck erfülle“[162].

Diese theologische Position war über Jahrhunderte auch für das gesellschaftliche Leben bestimmend gewesen. Durch die Aufklärung und die Französische Revolution ausgelöst, setzte hier ein Umdenkungsprozeß ein. Der Liberalismus war in Wirtschaft und Politik zwar Gegner patriarchalischer Verhältnisse, den Bestand der Familie für das Privatleben wollte er jedoch erhalten wissen. Man trat darum für die Einführung der Zivilehe ein. Dieser fehlte für Kolping, ebenso wie für eine konfessionsverschiedene Ehe, das gemeinsame religiöse Fundament. Die Zivilehe stand damit für ihn im Gegensatz zur von Gott eingesetzten sakramentalen Ehe. Er beschrieb diesen Vorgang als Folge der Französischen Revolution, deren Anhänger als Feinde Gottes und der Kirche die Zivilehe durchsetzten. „Die Zivilehe im geradesten Gegensatz gegen die von Gott eingesetzte rechtmäßige christliche Ehe setzt die einzelnen Ehegatten als Hauptzweck der Ehe hin und ordnet ihnen die ganze Ehe mit allen Folgen unbedingt unter. Sie opfert namentlich die Kinder den untergeordneten Gelüsten der Eltern. Also darum, weil die Eltern sich nicht vertragen *wollten*, weil sie sich keine Treue halten wollten, weil sie sich endlich nicht mehr gefielen: darum wird geschieden, darum das Recht erteilt, es anderwärts zu versuchen. Den Leidenschaften der Eltern werden also die Kinder geopfert mit allen ihren natürlichen Rechten; diesen Leidenschaften wird die Familie in ihrem innersten Bestande zum Opfer gebracht“[163]!

Diese Umbruchsituation im gesellschaftlichen Leben und die Lehre der Kirche von der Ehe als Sakrament veranlaßten Kolping, der diese Thematik auch in seine Volkserzählungen einbrachte, auch im Kölner Gesellenverein Vorträge über die Ehe anzubieten. In der von Kolping geschaffenen Einrichtung, die er allen Gesellenvereinen empfahl, sind die Anfänge für ehevorbereitende Kurse in der katholischen Erwachsenenbildung zu sehen. Aus dem Bericht eines Teilnehmers erfahren wir: „Zuerst hat er die Wichtigkeit des Artikels für uns Gesellen bewiesen. Dann über die Wichtigkeit der Ehe und die göttliche Einsetzung im Paradiese schon. Dann über die Liebe. Dann über die Bekanntschaften in ihren verschiedenen Richtungen, u[nd] namentlich über die Torheiten der frühen und jugendlichen Bekanntschaften u[nd] ihre Folgen mit einer absonderlich scharfen Warnung gegen die Hurerei! Hierauf nahm Er die Vorträge auf für diejenigen, welche heiraten wollen oder müssen, das heißt geschäftshalber. Da drängte die Frage, was das Frauenzimmer eigentlich sei, der Natur u[nd] der Schöpfung nach wozu bestimmt“[164].

Vor seiner Entscheidung für das Priestertum war ihm die Möglichkeit zur Einheirat in ein gutgehendes Geschäft seines Berufsstandes gegeben und auch eine Liebesheirat hat ihn zeitweise wohl beschäftigt. Doch er folgte seiner Berufung zum Priestertum. Aus wirklicher Überzeugung konnte er seinem Freund schreiben: „Ehesachen sind heilige Sachen“[165]. An anderer Stelle formulierte er mit einem erstaunlichen Problembewußtsein: „Eine rechtschaffene Ehe kommt mir vor wie ein schweres, inhaltsreiches Buch, drin eine sehr reiche, sehr tiefe, sehr vielfältige Lebensweisheit steht, zwar für jedermann *verfaßt*, aber von wenigen wirklich *gefaßt* und *begriffen*“[166]. Zur Entscheidungsfindung seiner Gesellen bei einer bevorstehenden Eheschließung fanden Gesprächsabende im Kölner Verein statt. Ein Geselle notierte sich die Ausführungen Kolpings, in denen er empfehlenswerte Eigenschaften einer guten Hausfrau pries:

„1. Sie muß ein reines, kindliches und womöglich durch keine Bekanntschaft angetastetes Herz haben, religiös versteht sich von selbst.

2. Sie muß die Ordnung selbst sein in der Verwaltung des Hauswesens als Gehilfin des Mannes.

3. Sie muß eine ordentliche Küche zu führen verstehen in Sparsamkeit und doch nahrhafte u[nd] tüchtige Kost bereiten.

4. Sie muß Reinlichkeit in Speise und Trank und Küchengerät verstehen um Reinlichkeit in Wäsche und Kleidung und Hausgenossen dazu stoben und flicken können.

5. Sie darf nicht allein schön sein, denn das gibt keine glückliche Ehe. Die Schönheit ist gut, wenns dabei ist.

6. Für den Mann gilt die Regel, daß er alt genug ist und stark eine Haushaltung aufrecht zu halten“[167].

Gelegentlich bezog Kolping bei geplanten Eheschließungen unverblümt Stellung, wenn er um Rat bzw. Vermittlung angegangen wurde. So berichtete er Reichensperger ausführlich darüber, daß er eine Heirat, die nach seiner Überzeugung für das Mädchen mit einer Katastrophe geendet hätte, verhindert habe[168]. Der in Kreisen des Bürgertums entstandene Brauch der Hochzeitsreise wurde dann auch entsprechend von

Kolping glossiert. Er hatte bei seiner Auffassung von Ehe und Familie kein Verständnis dafür, „daß ein junges Ehepaar, gleichsam frisch vom Altare weg, sich auf Reisen begibt, um auf Eisenbahnen, in Gasthöfen unter allerlei Fährlichkeiten und Unbequemlichkeiten herum zu ziehen, ... zu amüsieren, Natur, Kunst, Land und Leute zu beschauen. Es ist jedenfalls eine eigentümliche Mode, über die man völlig so viele Glossen machen könnte, als über Krinolinen und Zylinderhüte“[169].

Familie

Von großer Bedeutung war für Kolping die Familie als das Sozialgebilde, das wie keine andere Einrichtung Einstellung und Verhaltensweisen der Menschen prägt. Die Institution Familie erlebte zu Kolpings Zeiten einen Wendepunkt in ihrer Entwicklung. In der Vergangenheit war sie unter anderem auch eine kleine Produktionsgemeinschaft im Wirtschaftsleben. Das änderte sich als Folge der Industrialisierung entscheidend. Aus der – oft auch wirtschaftlich starken – Großfamilie entwickelte sich, in der Stadt schneller als auf dem Land, die Kleinfamilie, die aufgrund veränderter Lebens- und Arbeitsbedingungen auch in ihrem Bestand oft gefährdet war. Aufmerksam und kritisch hatte Kolping diese Entwicklung miterlebt und aus seiner Sicht kritisch bewertet. Diesen Übergang zu einer veränderten Gesellschaftsform skizzieren Schlagworte wie Individualismus, Liberalismus, Sozialismus und Kapitalismus. „Viele, viele Ehen werden eingegangen um des bloß zeitlichen Vorteils willen. Mancher junge Mann nimmt sich eine Frau, *weil* sie Geld hat, *weil* sie ihn ins Geschäft setzt, wie man zu sagen pflegt, *weil* sie Äcker hat, *weil* sie eine reiche oder einflußreiche Familie oder Freundschaft hat, ... weil was Ordentliches *hinter* ihr ist. Ob was Rechtschaffenes *in* ihr ist, kommt dabei gar nicht in Betracht. Manches Mädchen nimmt einen Mann, *weil* er sie vor anderen Leuten zur ‚Frau‘ macht, *weil* er ‚sich helfen‘ kann, *weil* er Geld oder ein ‚gutes Geschäft‘ hat. Daß das hundert- und tausendemale geschieht in der Welt, brauch' ich nicht auseinanderzusetzen und bin aller Beweisführung darüber völlig überhoben. Es handelt sich hier nur darum, welcher *Verstand* in einer solchen Heirat zu finden ist. Ich weiß wohl, diejenigen Leute, die solche Ehen eingehen, werden in der Regel unter die recht Verständigen, unter die Klugen und Pfiffigen gerechnet, wie sie dann auch selbst von ihrem Verstand und ihrer Klugheit so gründlich überzeugt sind, daß ich schwerlich, was ich auch gegen sie sagen mag, irgend etwas ausrichte“[170].

Kolping sprach einfach von Entfamilisierung der Gesellschaft, nämlich der Loslösung des Arbeits- und Volkslebens überhaupt von der Familie und die Beschränkung der Familie auf ein Rechtsverhältnis der Generationen. Die Werkstatt, einst der eigentliche Lebensraum der Handwerkerfamilie, wurde mehr und mehr von der Familie getrennt und zum eigenständigen „Geschäft“. Kolping kannte diesen wirtschaftsgeschichtlich und sozialethischen Vorgang der Emanzipation derWerkstatt von der Familie. Die Trennung von Familie und Arbeitsleben hatte zur Folge, daß auch die Gesellen, die bislang als Glieder der Meisterfamilie gegolten hatten, aus einem geschlossenen Lebenskreis ausgegrenzt wurden. Aus dem ehemals persönlichen und familienhaften Verhältnis von Meister und Geselle wurde immer mehr ein Ausbildungs- und Arbeits-Verhältnis.

Nach christlicher Überzeugung nehmen Ehe und Familie teil am Schöpfungswerk Gottes und am Erlösungswerk Jesu Christi. Die Ehe wurde als personale Beziehung zwischen Mann und Frau gesehen. Als personale und sakramentale Lebensgemeinschaft zweier Menschen rückte sie als Urgrund der Familie zunehmend mehr in den Mittelpunkt von Kolpings Betrachtung: „Da die Eheleute, das menschliche Fundament der Familie, nicht bloß für heut und morgen, sondern für die Lebenszeit in *ehelicher Liebe* sollten und müssen verbunden bleiben, ja ihre Liebe zueinander auch noch größeres und wichtigeres zu erhalten und zu pflegen hat, als sich untereinander, muß auch dafür gesorgt sein, daß die Flamme dieser Familienliebe nicht im Laufe der Zeit und im Wechsel der Gefühle und Empfindungen zusammenschmelzt oder gar erlischt. Und wie ist dafür gesorgt! Man beklagt mit Unrecht die Unzulänglichkeit der menschlichen Kräfte im Bereiche des irdischen, geistigen, wie leiblichen Lebens, wie das der Mensch ein hilfsbedürftiges, stets fremder Liebe und Sorge benötigendes Geschöpf sei. Das muß so sein, und daß es so ist, ist weise und gut vom Schöpfer eingerichtet. Wenn der Mensch keiner Liebe und Hülfe bedürfe, würde er auch keine herausgeben; ohnehin schon, wie der Mensch jetzt ist, viel zu viel zum Egoismus geneigt, isolierte er sich noch mehr und würde sich wohl gar derart auf sich selbst beschränken, daß sich mehr einer um den andern kümmerte. Weil durchaus ein Mensch den andern nötig hat, deshalb ist die Menschheit ein zusammengehöriges Ganzes“[171].

Der Familiengedanke durchzieht Kolpings Gesamtwerk wie ein roter Faden[172]. Wohlfahrt im menschlichen Zusammenleben ruhen nach seiner Ansicht auf der Familie als Grundpfeiler der Gesellschaft: „Solange aber das Familienleben nicht taugt und solange wir nicht alle Kraft aufbieten, daß es taugt, ist alle Mühe für die Gesellschaft, wenigstens mehr als zur Hälfte verloren. Predigt und erzieht an einzelnen, was ihr wollt; wenn das Familienleben die gute Aussaat nicht in Schutz und Pflege nimmt, wird eure aufgewandte Mühe meist wie Wasser im Sand verrinnen. Zerbrecht euch die Köpfe über die beste Staatsmaschine, wie ihr wollt; ersinnt Gesetze, welche in ihrer klugen Berechnung das ganze Altertum beschämen, solange nicht das Familienleben der übrigen Gesellschaft Würde und Halt gibt, solange nicht ein tüchtiges Familienleben, eine tüchtige bürgerliche Gesinnung und Tugend erzeugt und erzieht, den Geist erweckt in dem Eure Gesetze erst Leben empfangen, – wenn sie übrigens lebensfähig sind –, werdet ihr Wasser in ein Sieb tragen“[173].

Die Erfahrung des Lebensraumes „Familie“ hat im Leben Kolpings eine große Rolle gespielt. „Das erste ..., was der Mensch vorfindet im Leben, und das letzte, wonach er die Hand ausstreckt, und das Kostbarste im Leben, was er besitzt, auch wenn er es nicht achtet“, ist die Familie[174]. Die Bindungen an die eigene Familie wurden auch durch den Tod der Mutter (1833) nicht gelockert. Die Familie des Lehrers Statz in Kerpen gab dem jungen Kolping ebenfalls wichtige Impulse für seine persönliche Entwicklung. In seiner Kölner Zeit pflegte er besonders freundschaftliche Kontakte zu den Familien Wallraf, Baudri, Michels und Reichensperger. Fast täglich war er Gast in diesen Häusern.

Wichtigste Elternpflicht sei die Pflege eines christlichen Familiensinnes, weil die Atmosphäre im Elternhaus prägend für die körperliche und geistige Entwicklung der Kinder sei. Pflicht der Eltern sei es, die Kinder zu „Tugend und Sittlichkeit“ zu erziehen, sie vor äußeren und inneren Gefahren zu schützen und gottesfürchtig zu erzienen. Die Eltern sollen in der Familie den Kindern das Ebenbild Gottes vorleben und darstellen. Darum baue ein gesundes Familienleben auch wesentlich auf der Religion auf. Wenn eine Familie diese Bindung aufgebe, habe sie sich „das unausbleibliche Todesurteil geschrieben“[175]. Bei aller Autorität haben die Eltern darauf zu achten, daß sie weder das Gerechtigkeitsgefühl der Kinder verletzen noch der Eindruck entsteht, Laune und Leidenschaft bestimmten den Einsatz der Autorität. Vor allen anderen gesellschaftlichen Gruppierungen gehöre das Kind zu einer Familie. Kolping setzte sich für die Rechte und Pflichten der Eltern gegenüber ihren Kindern, sowie für einen Freiraum und Selbständigkeit der Familie ein: „Bei der Familie fängt die Heilung an und muß sie anfangen, weil die Familie die Wiege der Menschheit ist, weil die Familie die erste Erzieherin der Menschheit ist, weil der Familienschoß entweder das höchste irdische Glück oder das höchste irdische Unglück gebiert oder einschließt“[176].

Was er von der Großfamilie erhalten wissen wollte, waren die religiösen Grundlagen und die sich daraus ergebenden Verhaltensweisen. Die sozialpolitische Funktion der Familie im Arbeitsprozeß und Gesellschaftsleben stand nicht im Mittelpunkt seines Interesses. Die sozialpolitische Gestaltungskraft der Familie im überschaubaren Arbeitsprozeß war für ihn zurückgegangen. Die Familie, die Kolping im Blick hatte und der er seine Seelsorge und Schaffenskraft in Gesellenverein und Volkserzählungen widmete, war die Kleinfamilie als Lebensgemeinschaft zwischen Mann und Frau, Eltern und Kindern. Als Lebensgemeinschaft mehrerer Generationen auf sich und das Zusammenwirken ihrer Mitglieder allein gestellt, brachte neue Aufgaben mit sich. Die Bildung eines auf den privaten Raum beschränkten Familiensinnes und die Vorbereitung junger Menschen auf Ehe und Familie spielten eine wichtigere Rolle. Kolping hat die Familienseelsorge als wichtige Zeitaufgabe der Kirche erkannt und Formen für sie gefunden, an deren Entwicklung die Betroffenen beteiligt waren.

Familienbildung

Familien und Stände waren für Kolping die Gemeinschaftsformen schlechthin und fanden ihren Grund im Gefühl der Zusammengehörigkeit der Menschen. Nur aus gesunden Familien konnten darum nach ihm auch andere Bereiche des gesellschaftlichen Lebens und Gemeinwesens das Gemeinschaftsdenken und -empfinden übernehmen und damit der sich anbahnenden Entfamilisierung entgegenwirken: „Die gewaltigste Frage der Gegenwart ist die Frage um die Familie und auf welchem Recht und Gesetz sie fußt. Hier gilt der Kampf für die ganze menschliche Gesellschaft, ob sie christlich recht, christlich Gesetz und christliche Freiheit, wahre menschenwürdige Freiheit behalten und damit die Herrschaft des Christentums behaupten will; oder ob sie sich in die Sklaverei und Tyrannei des gottlosen Staates will verkaufen und dann notwendig mit der rechten Freiheit auch die Segnungen des Christentums will preisgeben oder nicht … es wäre hohe Zeit, daß die christlichen Familienväter sich besser als je auf ihre christlichen Rechte und Pflichten besännen und vor allen andern Dingen enträten mit aller Kraft für die kostbarste Freiheit der menschlichen Gesellschaft, für die *Freiheit der christlichen Familie*“[177]. Bei dieser Analyse unterlag Kolping offensichtlich keiner ideologischen Blickverengung. Denn an anderer Stelle schreibt er, er habe „einigen Zorn gehabt – auf unsere jungen Männer nämlich, daß sie so schwer sich zu gleichem Heroismus wie diese Frauen erschwingen können. Doch, das männliche Geschlecht ist vorherrschend das egoistische, was nicht gerade eine besonders lobenswerte Eigenschaft ist“[178].

Die Familie – das Haus – war prägend für das Hospiz als Heimstatt; die entstehenden Freundschaften wuchsen oft zu Lebensfreundschaften, die nicht nur Bestand hatten, wenn sie Vorteile mit sich brachten: „Das jetzige Familienleben des Vereins sollte die Vorbereitung auf das Familienleben jedes einzelnen sein. Das war und ist noch der Kerngedanke der ganzen Anstalt und soll es, will's Gott, auch bleiben. Aber dieser Gedanke umfaßt, wohl betrachtet, eben nichts weniger als das ganze Leben nach seiner geistigen und materiellen Seite“[179]. Für Kolpings Idee, den Gesellenverein als familienhafte Gemeinschaft zu formen, hatten Erfahrungen im Kreise gesunder Familien den Anstoß gegeben und auch weiterhin prägend gewirkt. Nach seiner Überzeugung bot die Familie Entwicklungsraum für persönliche Liebesfähigkeit. Sie entscheide über irdisches Glück oder Unglück des einzelnen ganz entscheidend mit. In der Familie finde der Mensch die natürliche Gemeinschaftsform vor, die ihn lebenslang begleite. Die Familie sei Ort und Raum, wo Individualität und Gemeinschaftssinn entwickelt werden könnten. Hier könne in menschlichen Beziehungen ein Lebenssinn erfahrbar werden. Der einzelne lerne das Austragen von Konflikten. Im persönlichen Bereich kann Schuld und Vergebung erfahren werden. Gegenseitiges Geben und Nehmen – gegenseitige Annahme – werde eingeübt. Kolping wollte den vom Zerfall bedrohten Familien, besonders der Handwerker und Gesellen, wirksam begegnen und ihnen Orientierungshilfen, Erziehungsziele und -methoden anbieten, die sich stärkend und fördernd auch auf Staat und Kirche auswirken sollten.

Familienbildung und Familienförderung waren in Kolpings Seelsorgs- und Bildungsarbeit die Hauptschwerpunkte und methodisches Grundelement seines Werkes. Im familiären Miteinander der Gesellen sah er ein Modell für andere Sozialgebilde. Bei der Familie beginne die Reform der Gesellschaft, weil sie wichtigste Erziehungsaufgaben zu übernehmen habe: Das Bemühen um die Familie war eine wichtige – wenn nicht die wichtigste – soziale Forderung. Hier konnte der Sinn für Gemeinschaft entwickelt und gepflegt werden, der das gesamtgesellschaftliche Zusammenleben befruchten sollte. Für Arbeiter und Handwerker hatte die Familie aber noch eine weitergehende Bedeutung. Sie war notwendige Quelle des Ausgleichs, der Erholung und der Lebensfreude. Darum konnte sie Möglichkeiten bieten, angestaute Aggressionen und betrieblichen Ärger zu verarbeiten. Die Familie war der Lebensraum, wo er noch mit größtmöglicher Freiheit agieren und teilweise Selbstbestätigung finden konnte. Auf ein Zusammenleben in Ehe und Familie, das nicht nur wegen der materiellen und beruflichen Belastungen besondere Anforderungen stellte, mußte der Geselle vorbereitet werden. Kolping hat darum eine wichtige Aufgabe des Gesellenvereins darin gesehen, seine Mitglieder auf Ehe und Familie vorzubereiten.

Sein Ehe- und Familien-Verständnis beruhte im wesentlichen auf den erlebten Vorbildern seines persönlichen Lebensraumes, der noch überwiegend kirchlich geprägt war. Patriarchalische und hierarchische Vorstellungen überwogen. Familienoberhaupt war der Vater, der an Gottes Stelle Führungs- und Erziehungsarbeit zu übernehmen hatte. Die Frau und Mutter hatte im häuslichen Bereich zu wirken und zu dienen. Die Wirkungs- und Arbeitsbereiche waren nach traditionellen Mustern abgesteckt und von den Eheleuten akzeptiert. Ein Hinterfragen der vorgegebenen Muster war ebenso undenkbar wie eine gleichberechtigte Partnerschaft. Von diesen Anschauungen war auch das Sakramentenverständnis betroffen.

Die Sanierung der Familie war Voraussetzung für sozialen Fortschritt. Kolping hatte einen doppelten Ansatzpunkt: Familie ist Inhalt und Ziel seines Wirkens. Es geht ihm um die Festigung und Stärkung christlicher Ehen und Familien als notwendige Basis einer christlich geprägten Gesellschaft. Seine Haltung zur Familie war stärker seelsorglich als sozialreformerisch oder gar sozialpolitisch geprägt. Kolpings Zielsetzung war es, „einen Ersatz für das zerfallende Familienleben der Unterschicht zu schaffen, der Gefahr von ‚Entsittlichung', Orientierungslosigkeit und ideologischer Anfechtung durch den frühen Sozialismus entgegenzutreten, durch Erziehung zu Arbeit und bürgerlicher Lebensführung und durch religiöse Unterweisung die Stabilität einer christlich-patriarchalischen Gesellschaft zu verteidigen"[180]. Weitreichende Wirkungen für den Bereich von Ehe und Familie sind nicht nur durch die Gesellenvereine, sondern auch durch schriftstellerische Arbeiten zu dieser Thematik von Kolping ausgegangen[181].

Anmerkungen

1 F. Schleiermacher, Gedanken zu einer Theorie der Erziehung. Aus der Pädagogik-Vorlesung von 1826, hg. v. H. Friebel (Grundlagen und Grundfragen der Erziehung 19), Heidelberg 1965, S. 28.
Friedrich Daniel Ernst Schleiermacher, Theologe, Philosoph, Pädagoge – *21. 11. 1768 Breslau – † 12. 2. 1834 Berlin – von der Herrnhuter Brüdergemeinde geprägt – Studium Halle und Berlin – 1796 Prediger Berlin Charité – 1810 Professor Berlin.
R. Hermann/E. Weniger, in: RGG 5 (1961), Sp. 1422–1436.

2 Siehe dazu: KS Bd. 3, S. 113 u. 261; Bd. 4, S. 34 u. 77.

3 Kolping, 5, Brief über den Kath[olischen] Gesellenverein, in: KS Bd. 4, S. 190.

4 Kolping an Statz, 8. 12. 1838, in: KS Bd. 2., S. 14. – Siehe dazu auch: Kolping, Ein Wort über Toleranz, in: KS Bd. 4, S. 213–224.

5 Kolping, Brief über den kath[olischen] Gesellenverein, in: KS Bd. 4, S. 382. – Siehe dazu auch: RV 7 (1860), S. 17ff.; 8 (1861), S. 115 u. 275.

6 Kolping an Statz, 8. 12. 1838, in: KS Bd. 2, S. 14 u. 20. – Ferner: KS Bd. 5, S. 181.

7 Kolping, Vom hl. Ehestande, in: RV 8 (1861), S. 788.

8 Kolping, Blicke in die Zeit, in: RV 7 (1860), S. 19f.

9 Kolping, Familienangelegenheiten, in: KS Bd. 3, S. 178.

10 Kolping, a.a.O., in: KS Bd. 3, S. 172.

11 Kolping, Predigt, 22. 5. 1846, in: ADK, Nr. A 66 u. Kolping, Predigt, 18. 2. 1848, in: ADK, A 75. Siehe dazu auch: KS Bd. 3, S. 184f.; Bd. 4, S. 21f., 45f., 168f., 173f., 240–250; Bd. 5, S. 175ff., 180ff., 192ff., 207f., 236ff.

12 Kolping, Politisches Tagebuch, in: RV 7 (1860), S. 742. – Siehe dazu auch: RV 7 (1860), S. 742; 8 (1861), S. 258 u. KS Bd. 4, S. 243f.

13 Kolping, Ein Wort über Volksvereine ..., in: KS Bd. 3, S. 27.

14 Kolping, Den Mitbrüdern, in: KS Bd. 5, S. 262.

15 Kolping, Gott segne das ehrbare Handwerk, in: KS Bd. 4, S. 109. – Siehe dazu auch: KS Bd. 1, S. 92; Bd. 2, S. 159; Bd. 4, S. 109. – RV 2 (1855), S. 236; 4 (1857), S. 486 u. 497.

16 Curriculum Vitae, in: KS Bd. 1, S. 9–16. – Siehe auch: a.a.O., S. 185.

17 Neu ediert als: KS Bd. 6.

[18] Kolping, Deutsche Briefe, in: KS Bd. 5, S. 181. – Siehe dazu auch: KS Bd. 2, S. 80, 120 u. 312. – RV 5 (1858), S. 165f. Zum Umfeld siehe: K. Rahner, Grundkurs des Glaubens. Einführung in den Begriff des Christentums, Freiburg 1976. – J. Ratzinger, Einführung in das Christentum, München [11]1970.
[19] Kolping, in: VK 1864, S. 5. – Siehe auch: RV 6 (1859), S. 293.
[20] Siehe dazu KS Bd. 2, S. 6, 63, 115, 143, 192, 229, 246, 264, 286, 299, 307, 452.
[21] Kolping, Lichtblicke in die Zeit, in: KS Bd. 5, S. 238. – Siehe auch: KS Bd. 3, S. 129f., 147. – Ferner: FS 4 (1854), S. 3. – RV 3 (1856), S. 674ff.; 10 (1863), S. 1f.
[22] Kolping an Gruscha, 24. 3. 1857, in: KS Bd. 2, S. 214. – Siehe dazu auch: RV 5 (1858), S. 810.
[23] Siehe dazu: KS Bd. 1, S. 63f. – Ferner: L. Scheffczyk (Hg.), Theologie in Aufbruch und Widerstreit. Die deutsche katholische Theologie im 19. Jahrhundert (Sammlung Dietrich 300), Bremen 1965.
[24] Kolping an Brinkmann, 29. 5. 1842, in: KS Bd. 2, S. 61.
[25] Kolping, Auf der Reise, in: RV 10 (1863), S. 423. – Siehe auch: a.a.O., S. 421f.
[26] Kolping, Predigt, 20. 3. 1846, in: ADK, Nr. A 46.
Kolping an Rinsche, 2. 9. 1853, in: KS Bd. 2, S. 142: „Das rechte *Herz*" ist „der beste Lehrmeister!"
Siehe auch: KS Bd. 2, S. 298: „Wer das rechte Herz für die Sache hat, *lernt* gern, was der Sache dient, *opfert* gern, was die Sache fördert, denn das Herz wird von der Liebe regiert und die Liebe zur Sache ist der beste Lehrmeister und die sublimste Regierungskunst." – Ferner: Kolping, Den Mitbrüdern, in: KS Bd. 5, S. 262f.
[27] Kolping, Gott segne das ehrbare Handwerk, in: KS Bd. 4, S. 96. – Zu dem Gedanken Gnade und Mitwirkung siehe auch: a.a.O., S. 148f.
[28] RV 3 (1856), S. 435.
[29] Kolping, Rede, 6. 5. 1855, in: KS Bd. 4, S. 205.
[30] Vgl. Kolping an Mittweg, 25. 5. 1861, in: KS Bd. 2, S. 339 u. 6. 2. 1861, a.a.O., S. 313.
[31] RV 11 (1864), S. 348.
[32] RV 1 (1854), S. 134.
[33] Kolping an Mittweg, 31. 12. 1860, in: KS Bd. 2, S. 298f. – Außer dem schon genannten Brevier kannte und benutzte Kolping wohl auch folgende Gebetbücher:
M. Hauber, Vollständiges christkatholisches Gebetbuch, München [20]1838.
A. Gau, Preces quotidianae in usum Seminarii Archiepiscopalis Coloniensis omniumque clericorum et sacerdotum, Köln 1839; [2]1851. – Zu Kolpings Einstellung zum Gebet und seiner Gebetspraxis siehe auch: KS Bd. 2, S. 20, 132, 134, 284, 286, 302ff., 306, 313, 349f., 404, 421, 460 u. ö. – Ferner: Schäffer, Kolping II, S. 8ff., 207f., 325, 337 u. ö.
[34] Kolping an Gruscha, 30. 5. 1857, in: KS Bd. 2, S. 221f.
[35] Kerschbaumer, Kaleidoskop, S. 60.
[36] Testament Kolpings § 17, Fotokopie im ADK.
[37] Kolping, Gesellen-Verein-Aufgabe, in: KS Bd. 3, S. 116. – Siehe dazu auch: KS Bd. 4, 12, 80, 99, 159; Bd. 5, S. 63ff., 201f., 253f.
[38] P. Reichensperger, Gesellenvater, S. 10f.
[39] Kolping, Briefe über den Gesellenverein, in: KS Bd. 4, S. 195.
[40] Kolping, Briefkasten, in: RV 2 (1855), S. 384. – Siehe dazu auch: Kolping an Olfers, 15. 1. 1856, in: KS Bd. 2, S. 196. – RV 5 (1858), S. 745.
[41] Kolping, Der Gesellenverein, in: KS Bd. 3, S. 54.
[42] Kolping, Gott segne das ehrbare Handwerk, in: KS Bd. 5, S. 151.
[43] Siehe dazu: A. Rauscher/A. Hollerbach, Subsidiarität, in: STL 5 ([7]1989), Sp. 386ff. – A. Rauscher, Solidarität, in: STL 4 ([7]1988), Sp. 1192.
[44] Kolping, Mit Gott tu alles fangen an, in: KS Bd. 4, S. 100f.
[45] Kolping, Offene Antwort ..., in: KS Bd. 4, S. 388.
[46] Kolping, Deutsche Briefe, in: KS Bd. 5, S. 199. – RV 8 (1861), S. 246.
[47] Siehe dazu: Nattermann, Sozialpädagoge, S. 18.
[48] Vgl. Kolping, Deutsche Briefe, in: KS Bd. 5, S. 170–211.
[49] Kolping, Gott segne das ehrbare Handwerk, in: RV 11 (1864), S. 361.
[50] Kolping, Zu den Wahlen, in: RV 5 (1858), S. 705–707, hier: S. 706f. – Siehe dazu auch: RV 10 (1863), S. 667.
[51] Kolping an Müller, 9. 7. 1863, in: KS Bd. 2, S. 416.
Kolping, in: RV 5 (1858), S. 802:
„*Alle* aber wünschen noch mehr Politik, sogar daß sie größer und deutlicher gedruckt werde, was ein ganz bemerkenswertes, gar nicht zu verachtendes Zeichen ist."

Kolping an Reichensperger, 10. 3. 1863, in: KS Bd. 2, S. 405:
„Auch der Fortschritt ruiniert sich nach Kräften, und das ist sicher der kleinste Fortschritt nicht." – Siehe dazu auch: KS Bd. 2, S. 391, 399, 404, 409 u. 416 sowie –: RV 11 (1864), S. 39. – Philipp Joseph Carl Peter von Berg, * 12. 3. 1816 Düsseldorf – 10. 3. 1843 Priesterweihe – Vikar Schwarz-Rheindorf, Jülich, Bergheim – 1848 Mtgld. Nationalversammlung – 1854 Kaplan, Köln, St. Kolumba – 1860 Mtgld. preuß. Abgeordnetenhaus – 1862 Pfarrer Gustorf.
Frensdorff, in: ADB 2(1875) S. 364f. – KS Bd. 2, S. 379.

52 L. Bergsträsser, Geschichte der politischen Parteien in Deutschland, S. 35.

53 Kolping, Ein neues Erziehungskapitel, in: RV 2 (1855), S. 441.
Zu Kolpings Position zur Aufklärung siehe: Kolping an Brinkmann, 29. 5. 1842, in: KS Bd. 2, S. 61. – RV 3 (1856), S. 435. – Ferner: KS Bd. 4, S. 240f. u. 247f.; Bd. 5, S. 48–58.

54 Kolping, Politisches Tagebuch, in: RV 10 (1863), S. 72f. – Siehe dazu auch: RV 6 (1859), S. 423; 8 (1861), S. 618; 10 (1863), S. 403, 471, 533f. – KS Bd. 2, S. 391, 399, 404 u. 409.

55 Kolping, Vom Aberglauben an irdische Mächte und von der rechten menschlichen Mitwirkung in sozialen Dingen, in: KS Bd. 4, S. 281f.

56 Kolping an Olfers, 15. 1. 1856, in: KS Bd. 2, S. 197.

57 Ein Beispiel:
„Sr. Majestät, unser vielverehrter König, sind noch immer recht krank, und wenn auch die ärgste Gefahr beseitigt ist, so verzögert sich die Wiedergenesung doch auf eine beunruhigende Weise. Mit Recht nimmt die ganze Bevölkerung den innigsten und herzlichsten Anteil an den Leiden unseres geliebten Königs und wird nicht nachlassen zu beten, daß Gott Ihm Gesundheit und langes Leben wieder verleihen wolle. Die Krankheit hat mit Blutandrang nach dem Kopfe begonnen und die Kräfte des hohen Kranken bedeutend angegriffen."
Kolping, Politisches Tagebuch, in: RV 4 (1857), S. 686.

58 Kolping, Über den Katholischen Gesellenverein, in: KS Bd. 4, S. 288. – Siehe auch: Kolping an Gruscha, 3. 12. 1857, in: KS Bd. 2, S. 232.

59 Friedrich Wilhelm IV., * 15. 10. 1795 Schloß Sanssouci – † 2. 1. 1861 Schloß Sanssouci – 1840 König von Preußen – gab die Restaurationspolitik seines Vaters Friedrich Wilhelm III. (1770–1840) auf – er galt als „Romantiker auf dem Thron" und war überzeugter Anhänger eines christlich-germanischen Staatsideals – 1849 lehnte er die von der Frankfurter Nationalversammlung angebotene Kaiserwürde ab – 1858 übergab er wegen Krankheit die Regentschaft an seinen Bruder Wilhelm I.
Bußmann, Friedrich Wilhelm IV. – RV 8 (1861), S. 18–20.
Wilhelm I., * 22. 3. 1797 Berlin – † 9. 3. 1888 Berlin – 1858 Regent für seinen erkrankten Bruder Friedrich Wilhelm IV. – 1861 König von Preußen – 1871 Deutscher Kaiser.
F. Herre, Kaiser Wilhelm I., Der letzte Preuße, Köln 1980.

60 Kolping an Olfers, 12. 8. 1856, in: KS Bd. 2, S. 207.

61 Kolping an Gruscha, 25. 1. 1859, in: KS Bd. 2, S. 251. – Siehe auch: Kolping an Reichensperger, 20. 3. 1860, in: KS Bd. 2, S. 277 u. a.a.O., S. 435.

62 Kolping an Steinle, 4. 9. 1863, in: KS Bd. 2, S. 421. – Siehe auch: Kolping an Jörg, 1. 10. 1855, in: KS Bd. 2, S. 187.

63 Kolping an Gruscha, 14. 4. 1859, in: KS Bd. 2, S. 259. – Siehe dazu: Kolping an Höll, 1. 3. 1859, in: KS Bd. 2, S. 255.

64 Kolping, Katholischer Gesellenverein, in: RV 6 (1859), S. 384. – Siehe dazu auch: Kolping, Politisches Tagebuch, in: RV 2 (1855), S. 810.

65 RV 6 (1859), S. 384.

66 Siehe dazu: KS Bd. 2, S. 413–420.

67 Kolping an Olfers, 15. 1. 1856, in: KS Bd. 2, S. 195. – Ein Jahr zuvor sah die Situation nach Kolpings Angaben noch anders aus. So Kolping an Cron, 1. 2. 1855, in: KS Bd. 2, S. 173: „Sehr muß ich mich verwundern, daß die dortigen Behörden noch so viele Um- und Anstände machen, nachdem die hochlöbliche königliche Regierung hier am ganzen Rhein … selbst in Berlin und Schlesien, dem Vereine stets aufs freundlichste entgegengekommen ist. Wir tun ja auch alles offen und ehrlich, halten uns strenge in den Schranken des Gesetzes und brauchen keine Untersuchung zu scheuen."

68 Innenminister von Westphalen an Friedrich Wilhelm IV., 23. 4. 1856, in: DZAM, Königliches Geheimes Civil-Cabinet 2.2.1, Nr. 23637, Bl. 85–89, hier: Bl. 86 + 89.

[69] Vgl. RV 3 (1856), S. 798 u. RV 6 (1859), S. 222. – Siehe dazu W. Köllmann, Politische und soziale Entwicklung der deutschen Arbeiterschaft 1850–1914, in: Vierteljahresschrift für Sozial- und Wirtschaftsgeschichte 50 (1963), S. 480–504.

[70] In: DZAM, Ministerium des Innern, 17. 3. 1859, Rep. 77, Tit. 662, Nr. 20, Bd. 4, Bl. 104 (Abschrift).

[71] Vgl. dazu: Balser, Anfänge der Erwachsenenbildung, S. 214f. – A. Flitner, Die politische Erziehung in Deutschland – Geschichte und Probleme, Tübingen 1957.

[72] Siehe dazu: AEK, Gen. 23. 2, 1.

[73] KS Bd. 3, S. 87.

[74] Vgl. KS Bd. 3, S. 195ff.

[75] KS Bd. 3, S. 195.

[76] Kolping, Rede Mainz, 8. 10. 1851, in: KS Bd. 3, S. 260. – Siehe auch: Kolping, Zwei Lager, in: RV 7 (1860), S. 164f.

[77] Kolping, Rede München, 26. 4. 1852, in: KS Bd. 3, S. 311f.

[78] Kolping, Vom Kriege, in: RV 6 (1859), S. 551f.
Zu Kolpings Beurteilung von Revolutionen siehe: KS Bd. 3, S. 73; Bd. 4, S. 107f., 157f.; Bd. 5, S. 174–179 u. 132–138.
Kolping, Politisches Tagebuch, in: RV 10 (1863), S. 123:
„Besser weniger Gewalt und mehr Recht, als umgekehrt, denn die Gewalt ohne Recht ist endlich doch nur Tyrannei, und die hat sich noch immer selber das Grab gegraben."

[79] Kolping an Gruscha, 18. 12. 1855, in: KS Bd. 2, S. 192.

[80] Kolping an Gruscha, 23. 4. 1863, in: KS Bd. 2, S. 410.

[81] Kolping an Gruscha, 11. 12. 1860, in: KS Bd. 2, S. 293.

[82] Siehe dazu auch: Schmolke, Kolping als Publizist, S. 219.

[83] Siehe dazu: E. Gaugler, Arbeiter, in: STL 1 (^{7}1985), Sp. 220–229 (Lit.). – F. J. Stegmann, Arbeiterbewegung, in: STL 1 (^{7}1985), Sp. 229–233 (Lit.).

[84] Siehe dazu: W. Fischer, Soziale Unterschichten im Zeitalter der Frühindustrialisierung, in: Ders. (Hg.): Wirtschaft und Gesellschaft im Zeitalter der Industrialisierung, Göttingen 1972, S. 242–257.

[85] KS Bd. 5, S. 373. – Siehe dazu: W. Köllmann, Politische und soziale Entwicklung der deutschen Arbeiterschaft 1850–1914, in: Vierteljahresschrift für Sozial- und Wirtschaftsgeschichte 50 (1963), S. 480–504.

[86] KS Bd. 5, S. 370.

[87] Kolping, Für ein Gesellenhospiz (Aufsatz), in: KS Bd. 3, S. 20f.

[88] Siehe dazu: Kolping, Gesellenverein-Aufgabe, in: KS Bd. 3, S. 112.

[89] Vgl. a.a.O., S. 106.

[90] Kolping, Glückseliges Neujahr, in: KS Bd. 2, S. 282.

[91] KS Bd. 4, S. 16f.; Bd. 5, S. 370ff. u. 383ff. Zum Umfeld siehe: S. Müller/L. Roos/F. Fürstenberg/Th. Mayer-Maly/E. Knappe, Arbeit, in: STL 1 (^{7}1985), Sp. 198–220 (Lit.). – J. Moltmann (Hg.), Recht auf Arbeit – Sinn der Arbeit, München 1979.

[92] Mitteilungen 1 (1863), Sp. 30. – Siehe dazu: Kolping, Ansprache an die Vereinsgenossen am Fest des heiligen Josef, in: KS Bd. 4, S. 56.

[93] Vgl. Kolping, Glückseliges Neujahr, in: KS Bd. 3, S. 281.

[94] Siehe dazu: Du sollst dem Arbeiter seinen verdienten Lohn nicht zurückhalten!, in: KS Bd. 3, S. 203–207. – Siehe dazu auch: Ketteler, Die Arbeiterfrage und das Christentum, in: Ketteler, Sämtliche Werke und Briefe Bd. I/1, S. 379.

[95] Kolping, Zur Arbeiterfrage, in: KS Bd. 5, S. 373. – J. Kocka, Lohnarbeit und Klassenbildung. Arbeiter und Arbeiterbewegung in Deutschland 1800–1875, Berlin/Bonn 1983.

[96] Kolping, Zur Arbeiterfrage, in: KS Bd. 5, S. 385.

[97] Kolping, Zur Erinnerung an die Vorsteher der Gesellenvereine, in: KS Bd. 4, . 314.

[98] Siehe dazu: W. Weber, Beruf, in: STL 1 (^{7}1985), Sp. 657–669 (Lit.). – H. A. Hesse, Beruf im Wandel, Stuttgart ^{2}1972. – A. Auer, Christsein im Beruf. Grundsätzliches und Geschichtliches zum christlichen Berufsethos, Düsseldorf 1966.

[99] Kolping, Beruf, in: KS Bd. 4, S. 127. – Siehe dazu: K. Huemmer, Der ständische Gedanke in der katholisch-sozialen Literatur des 19. Jahrhunderts, Würzburg 1927 (staatswiss. Diss.). – B. Lelieveld, Die Wandlung der Ständeidee in der deutsch-sprachigen katholisch-sozialen Literatur des neunzehnten und zwanzigsten Jahrhunderts bis zum Erscheinen der Enzyklika „Quadragesimo anno" (1931) (theol. Diss.), Bonn 1965.

[100] Kolping, Über weibliche Erziehung, in: RV 4 (1857), S. 345.

101 Vgl. dazu: Kolping, Rede, 13. 6. 1858, in: KS Bd. 4, S. 343.
102 Vgl. RV 1 (1854), S. 455.
103 Kolping, Beruf, in: KS Bd. 4, S. 126f.
104 Kolping, Briefe über den Kath[olischen] Gesellenverein, in: KS Bd. 4, S. 195.
105 Kolping, Politisches Tagebuch, in: RV 7 (1860), S. 345. – Siehe dazu: H. Kaelble, Sozialer Aufstieg in Deutschland 1850–1914, in: Vierteljahresschrift für Sozial- und Wirtschaftsgeschichte 60 (1973), S. 41 bis 71.
106 Siehe z.B. Zeitfragen, Köln 1852. – Sociale Fragen betrachtet aus dem Prinzip kirchlicher Gemeinschaft, Freiburg 1855.
107 Kolping, Gott segne das ehrbare Handwerk, in: KS Bd. 5, S. 150. – Der genaue Titel des Buches:
Zur Lösung der sozialen Frage. Eine volkswirtschaftliche Studie von Nikolaus Schüren, Sekretär des k[öni]gl[ichen] Gewerberates für Aachen und Burtscheid, Leipzig 1860.
Nicolaus Schüren, * 19. 12. 1819 Breberen/Heinsberg – † 25. 12. 1883 Aachen – 1849 Gründer: „Aachener Handwerker- und Gewerbeblatt" – 1851 Sekretär d. Königl. Gewerberates Aachen – 1863 Gründer: „Sociale Revue" – 1866 Mitarbeiter d. Städt. Armenverwaltung Aachen.
H. Lepper, Der Priester Peter Joseph Schings (1837–1876) in Aachen und die Christlich-Socialen Blätter, in: AHVNrh. 191 (1988), S. 30–114.
108 Zitiert nach: Pfülf, Ketteler, Bd. 2, S. 182. – Siehe dazu auch: Christlich-soziale Blätter 1868, Heft 1, S. 20. – Diese von Peter Joseph Schings herausgegebene Zeitschrift zählte aus den Reihen der Gesellenvereine einige prominente Mitarbeiter: Breuer, Gruscha, Mayr, Schäffer, Vosen und andere.
109 RV 10 (1861), S. 514–520.
110 Kolping, Zur Handwerksliteratur, in: RV 10 (1863), S. 415. – Der genaue Titel:
Sociale Revue. Volkswirtschaftliche Zeitschrift besonders zur Vertretung der Angelegenheiten des deutschen Handwerkerbundes 1 (12 Hefte). Aachen/Leipzig 1863.
111 Vgl. Baudri, Tagebuch, 27. 9. 1864. – Siehe dazu: N. Schüren (Hg.), Der dritte Deutsche Handwerkertag zu Köln vom 26. bis 28. September 1864, Aachen 1864.
Franz Christoph Ignaz Moufang, * 17. 2. 1817 Mainz – † 27. 2. 1890 Mainz – 1839 Priesterweihe – Redakteur „Katholik" – Regens u. Prof. Priesterseminar Mainz.
J. Götten, Christoph Moufang, Theologe und Politiker. 1817–1890. Eine biographische Darstellung, Mainz 1969.
112 Ch. Moufang, Die Handwerkerfrage, in: RV 11 (1864), S. 497–503 u. 514–521, hier: S. 517.
113 Siehe dazu: KS Bd. 3, S. 199f., 246–255; Bd. 4, S. 156–159, 343ff.; Bd. 5, S. 140f., 142–162, 373ff., 379–385, 388f. – E. Tuchfeldt/R. Stober, Handwerk, in: STL 2 (^{7}1986), Sp. 1201–1213 (Lit.). – P. Blickle, Stand, in: STL 5 (^{7}1989), Sp. 255–258 (Lit.). – W. Fischer, Das deutsche Handwerk in den Frühphasen der Industrialisierung, in: Ders. (Hg.), Wirtschaft und Gesellschaft im Zeitalter der Industrialisierung, Göttingen 1972, S. 315–337. – U. Engelhardt (Hg.), Handwerker in der Industrialisierung. Lage, Kultur und Politik vom späten 18. bis ins frühe 20. Jahrhundert, Stuttgart 1984. – A. Schwarz, Die Handwerkerfrage in den katholischen Zeitschriften Deutschlands 1848–1870, Würzburg 1937 (phil. Diss. München). – M. Meyer, Geschichte der preußischen Handwerkerpolitik. Nach amtlichen Quellen, 2 Bde., Minden 1884–1888. (Neudruck, Glashütten/Ts. 1972).
114 Kolping, Für ein Gesellenhospitium, in: KS Bd. 4, S. 25. – Siehe auch: KS Bd. 4, S. 343.
115 Motto der „Feierstunde". Das altüberlieferte Sprichwort „Handwerk hat goldenen Boden" wurde von Kolping ergänzt und umformuliert. Siehe dazu: K. F. W. Wander, Deutsches Sprichwörter-Lexikon. Ein Hausschatz für das deutsche Volk, Bd. 2, Darmstadt 1964, Sp. 338f.
116 Kolping, Briefe über den Kath[olischen] Gesellenverein, in: KS Bd. 4, S. 197. – Siehe dazu: RV 3 (1856), S. 207f.
117 Kolping, Gott segne das ehrbare Handwerk (1854), in: KS Bd. 4, S. 109.
118 Kolping, Gott segne das ehrbare Handwerk (1854), in: KS Bd. 4, S. 120.
119 Kolping, Mitgebrachtes, in: RV 3 (1856), S. 437.
120 Kolping, Gott segne das ehrbare Handwerk, in: KS Bd. 5, S. 150. – Siehe auch: a.a.O., S. 142 u. KS Bd. 4, S. 159ff. – Siehe ferner: Ketteler, Arbeiterfrage und Christentum, in: Ketteler, Sämtliche Werke und Briefe, Bd. I/1, S. 381ff.
121 Siehe dazu: Lütge, Wirtschafts- und Sozialgeschichte, S. 450 u. K. H. Kaufhold, Gewerbefreiheit und gewerbliche Entwicklung in Deutschland im 19. Jahrhundert, in: Blätter für deutsche Landesgeschichte 118 (1982), S. 73–114.

[122] Vosen, Über Assoziationen im Arbeiterwesen, in: KS Bd. 5, S. 305. – Zu den Arbeitervereinen siehe: RV 11 (1864), S. 717f.
Ferner: Ketteler, Die Arbeiterfrage und das Christentum, in: Ketteler, Werke und Schriften, Bd. 1/I, S. 407 u. 419. – K. H. Thomanek, Wilhelm Emmanuel von Kettelers Produktivassoziationen, Berlin 1961 (phil. Diss.), S. 60–65. – G. Aschoff/E. Henningsen, Das deutsche Genossenschaftswesen. Entwicklung, Struktur, wirtschaftliches Potential, Frankfurt 1985.

[123] Kolping, Gesellenverein-Aufgabe, in: KS Bd. 3, S. 124. – J. Zabeck, Berufsbildung, in: STL 1 (^{7}1985), Sp. 669–683 (Lit.).

[124] Kolping, Könnte ich noch mal jung werden, in: KS Bd. 3, S. 141.

[125] Kolping, Beruf, in: KS Bd. 4, S. 127.

[126] Kolping, Gesellenverein und soziale Frage, in: KS Bd. 5, S. 293.

[127] RV 11 (1864), S. 50. – M. Meyer, Geschichte der preußischen Handwerkerpolitik. Nach amtlichen Quellen, 2 Bde., Minden 1884–1888. (Neudruck: Glashütten/Ts. 1972).

[128] Vgl. Kolping, Briefe über den kath. Gesellenverein, in: KS Bd. 4, S. 194. – Siehe auch: KS Bd. 3, S. 55; Bd. 4, S. 98. – Siehe dazu: H. Vocke, (Hg.), Geschichte der Handwerksberufe, 2 Bde., Waldshut 1959f.

[129] Kolping, Gesellenverein-Aufgabe, in: KS Bd. 3, S. 124.

[130] Niggemann, Erwachsenenbildung, S. 40.

[131] Diese Nachfolgeeinrichtungen der „gewerblichen Sonntagsschulen", zunächst von Privatpersonen oder gemeinnützigen Vereinen zu Beginn des 19. Jahrhunderts gegründet, erhielten in Preußen 1846 als „Fortbildungsschulen" die staatliche Anerkennung. 1853 bestanden hier 220 dieser Schulen mit ca. 18000 Schülern. Der Schulbesuch war freiwillig. Unterricht wurde in folgenden Fächern erteilt: Rechnen, Zeichnen, Naturlehre, Geographie und Mechanik. Darüber hinaus sollte der Stoff der Volksschule wiederholt bzw. vertieft werden. Erst 1872 ermöglichte die Gewerbeordnung für das Deutsche Reich den Pflichtbesuch der Fortbildungsschulen für (männliche) Lehrlinge und Gesellen aus gewerblichen (Lehr-) Berufen. Dafür hatten die Arbeitgeber die erforderliche Zeit zu gewähren.
Vgl. dazu: Thyssen, Die Berufsschule in Idee und Gestaltung, Essen 1954. – Zum Umfeld siehe: O. Simon, Die Fachbildung des preußischen Gewerbe- und Handelsstaates im 18. und 19. Jh. nach den Bestimmungen des Gewerberechts und der Verfassung des gewerblichen Unterrichtswesens, Berlin 1902. – L. Grütters, Die Entwicklung des gewerblichen Fortbildungsschulwesens in der Provinz Westfalen bis 1874 (phil. Diss.), Münster 1932, Emsdetten 1933. – W. Jost, Gewerbliche Schulen und politische Macht. Zur Entwicklung des gewerblichen Schulwesens in Preussen in der Zeit von 1850 bis 1880. Weinheim 1982.

[132] Kolping, Stellungnahme zur handwerklichen Fortbildung, in: KS Bd. 5, S. 318.

[133] M. L. Schwering, Handwerk in Köln, Köln 1984, S. 195. – Siehe dazu auch: Kolping, Handwerkerzustände in Köln, in: KS Bd. 3, S. 199f. u. Handwerk und Mariensäule, in: KS Bd. 2, S. 373ff.

[134] Zur „Sozialen Frage" siehe: KS Bd. 5, S. 212, 260ff., 281, 283–298, 337f., 367–385. – W. Kerber, Allgemeinwohl, in: STL 2 (^{7}1986), Sp. 857ff. (Lit.). – O. v. Nell-Breuning, Katholische Soziallehre, in: STL 3 (^{7}1987), Sp. 350ff. (Lit.). – H. Krings/H. J. Helle, Sozial, in: STL 4 (^{7}1988), Sp. 1209ff. (Lit.). – F. J. Stegmann, Soziale Frage, in: a.a.O., Sp. 1231ff. (Lit.). – J. Höffner, Die soziale Gerechtigkeit und die überlieferte abendländische Gerechtigkeitslehre, in: Festschrift der Arbeitsgemeinschaft für Forschung des Landes Nordrhein-Westfalen zu Ehren des Herrn Ministerpräsidenten Karl Arnold, Köln/Opladen 1955, S. 35–48. – J. Höffner, Wirtschaftsordnung und Wirtschaftsethik, Richtlinien der katholischen Soziallehre, Eröffnungsreferat des Vorsitzenden der Deutschen Bischofskonferenz bei der Herbstvollversammlung am 23. 9. 1985, in: J. Höffner, In der Kraft des Glaubens, Bd. 2, Freiburg/Basel/Wien/Rom 1986, S. 479–512.

[135] Vgl. Katholik 3 (1823), S. 97f.

[136] Text der Rede in: A. Retzbach, Franz Joseph Ritter von Buß. Zu seinem 50. Todestage (31. 1. 1928), Mönchengladbach 1928, S. 48–85.

[137] Vgl. P. Droulers, L'épiscopat devant la question ouvrière en France sous la Monarchie de juillet, in: Revue historique 229 (1963), S. 346.

[138] P. F. Reichensperger, Die Agrarfrage aus dem Gesichtspunkte der Nationalökonomie, der Politik und des Rechts und in besonderem Hinblick auf Preußen und die Rheinprovinz, Trier 1847, S. 199f. – siehe dazu auch: ders., Rede 14. 4. 1853, in: FS 3 (1953) S. 93f. u. 97f.

[139] Vgl. Katholik 29 (1849), S. 271f.

[140] F. W. Henning, Die Industrialisierung in Deutschland 1800–1914, Paderborn 1973, S. 202.

[141] Kolping, Die kath. Gesellenvereine und die Augsburger Allgemeine Zeitung, in: KS Bd. 4, S. 317f.

[142] Siehe dazu auch: Pfülf, Ketteler, Bd. 2, S. 184.

143 Kolping, Für ein Gesellenhospitium, in: KS Bd. 4, S. 11f.
144 Siehe dazu: Kolping, Der Gesellenverein und die soziale Frage, in: KS Bd. 5, S. 288–298. – Kolping, Zur Arbeiterfrage, in: KS Bd. 5, S. 367–385.
145 Kolping, Unterhaltungen über die Enzyklika, in: RV 12 (1865), S. 84.
146 Kolping, Den Mitbrüdern, in: KS Bd. 5, S. 261.
147 Kolping, Gott segne das ehrbare Handwerk (1854), in: KS Bd. 4, S. 109.
148 Kolping, Vom Aberglauben an irdische Mächte und von der rechten menschlichen Mitwirkung in sozialen Dingen, in: KS Bd. 4, S. 284. – Siehe dazu auch: a.a.O., S. 56.
149 KS Bd. 3, S. 44.
150 Kolping, Fingerzeige in der Erziehung, in: RV 3 (1856), S. 216.
151 Kolping, Den Mitbrüdern, in: KS Bd. 5, S. 260f.
152 O. V., Arbeiter-Vereine, in: RV 11 (1864), S. 605–607, 622f., 685–687, 717–719, 730, 741–744, 774–776, hier: S. 605.
Als Kaplan wirkte in Lendersdorf:
Johann Heinrich Heggen, *27. 12. 1825 Waldfeucht – † 15. 9. 1898 Erkrath – 8. 9. 1849 Priesterweihe – 21. 9. 1849 Rektor Hülchrath – 29. 11. 1851 Pfarrvikar Düren-Lendersdorf – 2. 7. 1866 Pfarrverw., später Pfarrer Erkrath
AEK, Priesterkartei.
Kolpings Bekannter Bernhard Schöningh war in Düren Tuchfabrikant.
Bereits 1855 war an Kolping das Anliegen herangetragen worden, sich auch für Handlungslehrlinge und Gehilfen zu engagieren. In weiser Selbstbeschränkung verwies er darauf, daß ihm dazu die notwendigen Kenntnisse fehlten.
Kolping, Ein sozialer Wink, in: KS Bd. 4, S. 225.
153 Kolping, Das Gesellen-Hospitium zu Köln in eigener Angelegenheit, in: RV 8 (1861), S. 339.
154 Vosen, Ein frommes Vorurteil gegenüber der Arbeiterfrage, in: KS Bd. 5, S. 287. – Siehe dazu auch: K. Pölzl, Katholisch-soziale Bewegung und staatliche Sozialpolitik. Ansätze zur Sozialpolitik, insbesondere zur Sozialversicherung im Programm der katholisch-sozialen Bewegung in Deutschland in der zweiten Hälfte des 19. Jahrhunderts, Freiburg 1968 (masch. schrftl. theol. Diss.). – W. Köllmann, Die Anfänge der staatlichen Sozialpolitik in Preußen bis 1869, in: Vierteljahresschrift für Wirtschafts- und Sozialgeschichte 56 (1969), S. 28–53. – H. Volkmann, Die Arbeiterfrage im preußischen Abgeordnetenhaus 1848–1869, (Schriften zur Wirtschafts- und Sozialgeschichte, Bd. 13), Berlin 1968.
155 Kolping, Zur Arbeiterfrage, in: KS Bd. 5, S. 378.
156 A.a.O., S. 373.
157 Kolping, Der Gesellenverein und die soziale Frage, in: KS Bd. 5, S. 291.
158 J. Klersch, Adolf Kolping. Ein Lebensbild, Münster 1946, S. 16f.
159 L. Roos, Kapitalismus, Sozialreform, Sozialpolitik, in: Rauscher, A. (Hg.), Der soziale und politische Katholizismus. Entwicklungslinien in Deutschland 1803–1963, Bd. 2, München/Wien 1982, S. 70.
160 Siehe dazu: Kolping, Zur Arbeiterfrage, in: KS Bd. 5, S. 379f.
161 Nipperdey, Deutsche Geschichte 1800–1866, S. 383.
162 Kolping, Anrede bei der Kopulation Antoniens, 23. 8. 1853, in: ADK, Nr. A 9.
163 Kolping, Die christliche Ehe und die Zivilehe, in: KS Bd. 5, S. 4–36, hier: S. 26.
Ders., Vom hl. Ehestande, in: RV 5 (1858), S. 146–153, 162–170, 177–183, 194–202.
164 Mandelartz, Erinnerungen, S. 45. – Kolping, Über die Ehe, in: Mitteilungen Heft 3 (1864), S. 87–91 u. 4, 1865, S. 113–117.
Ferner: KS Bd. 3, S. 181ff., 189–197, 265ff.; Bd. 4, S. 207, 253ff.; Bd. 5, S. 4–37, 356–362. – Siehe dazu auch: W. Kasper, Zur Theologie der christlichen Ehe, Mainz 1977.
165 Kolping an Müller, 13. 1. 1843, in: KS Bd. 2, S. 74.
166 Kolping, Über weibliche Erziehung, in: RV 4 (1857), S. 306.
167 Mandelartz, Erinnerungen, S. 47f. – Siehe dazu ferner: Kolping, Über weibliche Erziehung, in: RV 4 (1857), S. 210–217, 226–233, 241–248, 257–264, 273–280, 289–297, 306–313, 322–328, 338–345, 356–363. – W. Melchers, Die bürgerliche Familie des 19. Jahrhunderts als Erziehungs- und Bildungsfaktor auf Grund autobiographischer Literatur, Düren 1929 (phil. Diss. Köln). – D. Claessens, Familie und Wertsystem, Berlin 1962. – L. Schneider, Der Arbeiterhaushalt im 18. und 19. Jahrhundert. Dargestellt am Beispiel des Heim- und Fabrikarbeiters (Beiträge zur Ökonomie von Haushalt und Verbrauch Bd. 4), Berlin

1967. – W. Gottschalch, Vatermutterkind. Deutsches Familienleben zwischen Kulturromantik und sozialer Revolution, Berlin 1979.
An folgender Publikation war Kolpings letzter Hauskaplan Heinrich Hubert Liesen maßgeblich beteiligt: Das häusliche Glück. Vollständiger Haushaltungsunterricht nebst Anleitung zum Kochen für Arbeiterfrauen. Zugleich ein nützliches Hülfsbuch für alle Frauen und Mädchen, die „billig und gut" haushalten lernen wollen. 11. verbesserte Auflage Mönchengladbach/Leipzig 1882, neu hg. von R. R. Blank, München 1975.

168 Vgl. Kolping an Reichensperger, Ende Januar 1859, in: KS Bd. 2, S. 252f.

169 Kolping, Auf der Reise, in: RV 10 (1863), S. 468.

170 Kolping, Familienangelegenheiten, in: KS Bd. 3, S. 190.

171 Kolping, Ein eigner Herd ist Goldes wert, in: KS Bd. 4, S. 253.

172 Über die Familie siehe: KS Bd. 3, S. 133f., 136–139, 142f., 266ff., 305–310; Bd. 4, S. 100–103, 212, 250–266; Bd. 5, S. 154–156.

173 Kolping, Familienangelegenheiten, in: KS Bd. 3, S. 151.

174 Vgl. a.a.O., S. 149.

175 A.a.O., S. 161. – Siehe auch: RV 5 (1858), S. 655.

176 Kolping, Von der Hochzeit zu Kana aufgehoben, in: KS Bd. 3, S. 137.

177 Kolping, Unterhaltungen über die Enzyklika vom 8. Dezember 1864, in: RV 12 (1865), S. 151.

178 Kolping, Mitgebrachtes, in: RV 3 (1856), S. 516.

179 Kolping, Gesellenverein-Aufgabe, in: KS Bd. 3, S. 104. – Siehe dazu: Niggemann, Erwachsenenbildung, S. 38.

180 W. Hardtwig, Vormärz. Der monarchische Staat und das Bürgertum, München 1985, S. 224.

181 Siehe dazu: Kolping, Die christliche Ehe und die Zivilehe, in: KS Bd. 5, S. 4–36.

14. Persönliche Lebensgestaltung

Kolpings Bildungsvorstellung von der „Gottebenbildlichkeit“ und seine Lebensform der „Christusnachfolge“ korrespondierten miteinander. Daraus ergab sich wie von selbst für ihn, daß die Person im Vordergrund steht. Person geht vor Sache; die Ethik muß der Technik und der Wirtschaft übergeordnet sein. Grundkraft für alles verantwortliche Handeln ist für ihn die am Evangelium orientierte Liebe. Seine Partner nahmen es ihm ab: „Allen alles werden um der Liebe Gottes willen, ist sicher die höchste Philosophie auf Erden. Und daß sie süß ist, werden Sie zur Zeit auch noch erfahren. Nur geduldiger, beharrlicher Mut unter allen Umständen!“[1].

In seinem Glauben an die persönliche Berufung hat er in seinem Leben nicht nach der Größe des Maßes an Opferbereitschaft gefragt, die ihm abverlangt wurde, sondern er bemühte sich, das ihm auferlegte Maß zu erfüllen. „Wenn's um ein irdisches Geschäft, um zeitlichen Gewinn geht, dann achten die Leute kein Beschwer und keine Anstrengung, unterziehen sich Unbequemlichkeiten und Mühen, wie sie kaum die menschliche Natur auszuhalten imstande ist; und alle Welt findet dies wieder in Ordnung, sogar nichts besonderes dabei. Sobald aber irgend jemand um des Himmelreiches willen auch nur aus dem täglichen Gleise tritt, um Himmelslohn irgendwelche ungewöhnliche Mühe auf sich nimmt, da wird gar leicht viel Aufhebens gemacht oder man hält einen solchen ‚Enthusiasten‘ für halb-, wenn nicht ganz verrückt oder noch eher und vielfältiger für einen Heuchler, weil gewisse Leute gar nicht begreifen können, daß man überhaupt um Lohn ‚in der anderen Welt‘ sich auch nur rühren möge“[2].

Weltbild und Lebenssinn

Kolpings Weltbild und sein Lebenssinn waren geprägt durch die noch ländlich strukturierte und katholisch orientierte Heimat Kerpen, Familienerfahrung in einem zufriedenen Elternhaus, Freundschaften mit Jugendlichen aus gleich- oder ähnlich gesinnten Familien, Selbstbestätigung durch Berufstätigkeit und jedenfalls zeitweise Selbständigkeit, Gymnasialzeit im Zentrum des Rheinlandes sowie durch persönliche Begegnungen mit Lehrern und Professoren. Studieninhalte waren überwiegend theologische Fragestellungen. Dazu beschäftigte er sich mit mittelalterlicher Geschichte und Fragen der Volksbildung. Er skizzierte sein Weltbild, ohne kritisch zu fragen, ob es auch in Teilaspekten immer stimmig war. Für ihn selbst – und das war persönlich wichtig – blieb es ein tragfähiges Konzept, ohne das auch sein Wirken nicht zu verstehen wäre:

„Erst mit dem Erscheinen des Christentums zeigt sich auch die Morgenröte der Zivilisation. Das Christentum lehrte und brachte Gleichheit und Freiheit für alle und wahrte die Rechte des einzelnen gegenüber der Gesamtheit des Staates, löste dem Sklaven seine Bande, gab dem Kinde, der Frau ihre menschliche Würde wieder und heiligte das Band der Ehe, die Basis, auf der alle Erziehung, alle Gesellschaft beruht. An die Stelle des Egoismus und der Rache der Heiden setzte es seine Nächstenliebe, seine Versöhnung und Milde. Die Menschen sollten von nun an als Brüder, als Söhne eines Vaters sich erkennen und lieben. Es befahl den Königen Gerechtigkeit gegen ihre Untertanen und diesen dagegen Treue und Gehorsam, zeigte dem Volke, daß die Regierungsgewalt, die Obrigkeit als ein notwendiger Bestandteil im Organismus des Staates, als eine Bedingung, ohne welche keine Sozietät bestehen kann, von Gott selbst gewollt ist. Den Fürsten mahnte es an seine Pflichten, die er als Stellvertreter desjenigen, von dem allein alle Gewalt kommt, gegenüber seinen Untertanen zu erfüllen hat. Der Herrscher sollte seine Macht nicht mehr als sein Eigentum, mit dem er nach Willkür schalten und walten könnte, betrachten, sondern als ein Amt, das er zu verwalten hat im Namen eines Höheren: Wie alle ihm dienen, so sollte er hinwiederum der Diener aller sein. Es förderte Künste und Wissenschaften, räumte jedoch unter diesen den hervorragendsten Platz der Religion und Moral ein: weil sie es sind, welche den Menschen bekanntmachen mit dem, was er ist seinem Ursprunge und Ziele nach, was er ist in seinen Verhältnissen zu Gott, zu sich selbst und dem Nebenmenschen. Es begünstigte darum aber nicht minder auch die übrigen Zweige des Wissens, da ja alle wahre Wissenschaft das Ihrige beiträgt zur Bildung und Veredelung des Menschen und ihn seiner Bestimmung näherbringt. Es weckte Fleiß und Liebe zur Arbeit, belebte Ackerbau und Industrie und übte so auch auf die zeitliche und materielle Entwicklung der Nationen, in der übrigens auch ein überaus beziehungsreiches Moment für das Geistige und Ewige liegt, den wohltätigsten Einfluß aus. Wo sich christliches Leben ansiedelte, da zeigte sich auch Glück und Wohlfahrt. So zivilisierte das Christentum, im wahren Sinne des Worts, das Individuum, die Familie, die Gesellschaft"[3].

Seine Religiosität und Frömmigkeit war nicht aufgesetzt sondern praxisbezogen. Praktiziertes Christentum war für ihn weniger eine Angelegenheit des Verstandes und des Intellekts sondern mehr des Gefühls und des Herzens aber mit deutlichem Bezug zum eigenen Lebensalltag und damit auch dem anderer. Christus- und Gottesbegegnung war für Kolping in der Geschichte zu erfahren, in der Gemeinschaft menschlicher Erfahrungen. Dabei strebte er nicht ins Mittelalter zurück. Er wollte Beiträge zur Lösung der Probleme seiner Zeit leisten und zwar in den Bereichen, in denen er sich zu Hause fühlte. Der Religionsphilosoph Romano Guardini hat die Verflechtungen, die Kolpings Weltbild mit dem des Mittelalters verband, treffend beschrieben:

„Bei aller Bewunderung der Größe, Einheit und Innigkeit des mittelalterlichen Weltbildes darf nicht vergessen werden, daß es überall den religiösen Kurzschluß enthielt. Das Absolute wurde so stark empfunden, daß das Endliche in seiner Eigenbedeutung nicht entsprechend zur Geltung gelangte... Der mittelalterliche Mensch betete Gott an und gehorchte der Autorität... Damit genügte er der letzten Wahrheit, übersah aber oft die vorletzte; doch auch sie ist Wahrheit und darf nicht durch die Wucht jener anderen erdrückt werden"[4].

Kolpings Einstellung war nicht sozialrevolutionär. Er wollte keine Veränderungen um ihrer selbst willen. Fragen nach Lebenssinn und Lebensziel waren für ihn und seine Arbeit als Priester wichtiger, weil er wirkungsvolle Sozialreformen ohne die Basis reflektierten und praktizierten Christentums – das ist für ihn die beantwortete Sinnfrage – für unmöglich hielt. Darum waren alle Utopien und Theorien, denen er ohnehin skeptisch gegenüberstand, abzulehnen, wenn Gott, Glaube oder Kirche in ihnen entweder nicht vorkamen oder abgelehnt wurden.

Dem Tagebuch August Reichenspergers verdanken wir eine Notiz, die prägnant und exakt Kolpings Sicht seiner Umwelt und seiner Interessen skizziert: „Die Grundfragen der Gegenwart sind 1. die religiöse (nicht die konfessionelle) und 2. die eng damit zusammenhängende s.g. soziale Frage. Kein Unternehmen kann gedeihen, welches nicht gewissermaßen eine unsterbliche Seele in sich trägt; die Organisation des Handwerks muß aus ihm selbst hervorgehen; lernt es verstehen und wird christlich, so wird es sich auch trotz Kapital und Fabrik wieder verjüngen etc"[5].

Dieses Problem, das ihm ernsthaft zu schaffen machte und unter dem er gelegentlich auch persönlich litt, war für ihn, daß die „Herren aus den höheren Schichten" nur schwer zu bewegen waren, „sich etwas mehr mit der *sozialen Frage*" zu beschäftigen[6]. Dabei war diese Klage sicher nicht nur auf sein Kölner Umfeld und schon gar nicht auf den Klerus bezogen.

Grundlagen des Kolping'schen Weltbildes waren die biblische Offenbarung als Erkenntnisquelle, ein theistisches Weltbild, das christliche Menschenbild (Gottebenbildlichkeit) und das Naturrecht. Für ihn kam hinzu die Zuständigkeit des päpstlichen Hirten- und Lehramtes nicht nur für Glaubens- und Sittenlehre, sondern auch für Fragen des gesamtgesellschaftlichen Lebens.

Kritiker Kolpings nehmen seine zeitbedingten Positionen zu gesellschaftspolitischen Fragen gelegentlich zum Anlaß, seine Ideen und sein Werk insgesamt abzulehnen, weil ihnen die „zeitlosen" Aussagen ausgesprochen unangenehm sind. Nach ihm wird von keinem Menschen – auch vom Christen nicht – verlangt: „Morgen früh, wenn die Sonne aufgeht, mußt Du schon ein ganz perfekter, vollkommener Christ sein und ein wirklicher Meister in allen großen und schweren Tugenden, so daß über Nacht Du schon wie ein Engel bist! Nein, man sagt Euch nur: ‚Ihr müßt mit willigem Herzen daran *arbeiten*, die Tugenden, die ihr nicht habt, zu *erwerben*. Ihr müßt aufpassen, Euch anstrengen, die Tugendarbeit üben vom Kleinen zum Großen, vom Leichteren zum Schweren, vom Handwerk zur Kunst'. Glaubt nur ja nicht, daß das, was Gott von Euch verlangt, zu schwer sei. Das ist die leere Einbildung der sittlichen Faulheit, die stets vor der rechten Tugendarbeit dasteht und sie angreint oder verachtet, statt rüstig zuzugreifen. Wozu menschliche Kräfte nicht ausreichen, dazu hilft Gott"[7].

Priesterpersönlichkeit

Kolping war treues Glied der Kirche als Kind, als Schüler, als Geselle, als Student und erst recht als Priester. Immer hat er die Lehre und die Interessen der Kirche vertreten – auch dann, wenn Glieder dieser Kirche ihm das Leben schwer machten, seine Arbeiten behinderten oder ihn persönlich verunglimpften.

Hier wäre also festzuhalten: der Bauernjunge Adolph Kolping, in einer christlichen Familie aufgewachsen, erlernt das Schuhmacherhandwerk und fühlt sich zum Priester berufen. Er nimmt alle Strapazen auf sich und beginnt diesen Weg, sein Bischof akzeptiert ihn und weiht ihn zum Priester. Das Priestertum wird sein Lebensinhalt, und im Leben dieses Priestertums vollbringt Kolping seine großartigste Lebensleistung – man könnte formulieren: von den Menschen genommen, für die Menschen bestellt. Kolping wird ein Priester aus dem Volk für das Volk, und zwei Aspekte seines priesterlichen Dienstes hat er nie aus den Augen verloren: das Volk und den Bischof. Er wußte, daß in der Kirche das Volk nicht vom Bischof und der Bischof nicht vom Volk zu trennen waren. Er wußte aber auch – gerade in seiner Zeit – daß seine persönliche Christusnachfolge ihn zur loyalen Zusammenarbeit mit seinem Bischof und zur glaubwürdigen Zusammenarbeit mit seinen früheren Standesgenossen verpflichtete, wenn die gemeinsame Sorge um das Heil aller auch gemeinsames Ziel war, so unterschiedlich in Einzelsituationen die Interessen auch sein konnten. Zwei „Ausbrüche“ in seinem Lebensweg machen das deutlich. Er wollte Priester werden, gab das eingefahrene Berufsleben auf und nahm damit auch die Chance zum sozialen Aufstieg wahr.

Nachdem er sein Ziel, das Priestertum, erreicht hatte, übernahm er, wie es die Regel war, einen Posten als Kaplan. Dann fand sich für seinen zweiten „Ausbruch“ ein neuer Arbeitsbereich: der Gesellenverein. Und wieder verließ Kolping vorgegebene gewohnte Wege, verdiente für sich und sein Werk das Geld als Journalist und Schriftsteller, um in seiner Seelsorgsarbeit „Außerordentliches“ leisten zu können. Bezeichnend für ihn war, daß er seiner Berufung konsequent folgte, ohne Wenn und Aber.

Kolping fand sich nicht in einer Situation, in der er neue sittliche Grundwerte entdecken oder neu definieren mußte. Kolping er-lebte das Evangelium und seine Botschaft noch in einer heilen Umwelt, die erst später im mächtigen Umbruch begriffen war. Die bewährten christlichen Wertvorstellungen waren und blieben für ihn auch Grundlagen der sich neu formierenden Gemeinschaft der Kirche in seiner Zeit.

Kolping hatte ein großes Ziel: Er wollte das Volk kirchlicher machen. Dazu mußte nach seiner Meinung die Kirche volkstümlicher werden. Er sah realistisch, daß das Erscheinungsbild der Kirche und die Lehre Jesu Christi – das Evangelium – weit davon entfernt waren, deckungsgleich bzw. stimmig zu sein. Nun war er kein Träumer und glaubte nicht, dieses Ziel erreichen zu können. Ihm aber näher zu kommen war ihm ein Anliegen, schon um sachlicher und persönlicher Glaubwürdigkeit willen. An der Aufhebung des empfundenen und erfahrenen Widerspruchs von Idee und Realität, bzw. an einer Verringerung der Diskrepanz wollte er als Priester im Gesellenverein und als Publizist und Pädagoge mitarbeiten. Er stellte sich also konkret die Frage, was kann eine (erneuerte) Kirche anderes sein und leisten, als Dienstbetrieb für Taufe, Kommunion, Hochzeit und Beerdigung? Leere Worthülsen in Predigtform, Streitereien von „Fachtheologen“, Bevormundung durch Pfarrer und Bischöfe waren immer weniger gefragt.

Die Art seiner Verkündigung ist wohl das auffälligste an Kolpings priesterlicher Tätigkeit. Zunächst gewinnt man bei der Lektüre von Reden und Artikeln bzw. Erzählungen den Eindruck, da spricht jemand so vor sich hin, wie man in vertrautem Gespräch miteinander redet. Und wenn man gewonnen und empfänglich geworden ist für die erzählten Alltagsprobleme, ist auf einmal die frohe Botschaft – das Evangelium – da. Das ist Kolpings Verkündergabe und Schreibkunst. In ihnen wird Verständnis und Zuneigung spürbar für Hörer und Leser, seien sie nun kirchlich engagiert oder nicht. Dazu kam, daß ein Großteil von ihnen die persönliche Glaubwürdigkeit des Multiplikators selbst erfahren hatte.

Aus seiner Berufung zum Priestertum, seiner Erwerbstätigkeit als Publizist und seiner sozialpädagogischen Arbeit im Gesellenverein erwuchs ein geistlicher Unternehmer, der im erarbeiteten und gewährten Freiraum Bodenhaftung behielt. Kolping wirkte als fast freier geistlicher Unternehmer in pastoralen (Randgruppen, Kirchenferne), pädagogischen (Berufsbildung und Erwachsenenbildung) und publizistischen (Volksorientierte Kirchenzeitung) Bereichen.

Er wollte nicht nur „kurzfristige Erfolge", sondern „mittel- bzw. langfristige Veränderungen" erzielen. Dafür hat er „Marktlücken" und „Identifikationsmöglichkeiten" gesehen:

1. in der Seelsorge das Bedürfnis nach Erlösung und Heil,
2. im Bildungsbereich eine Euphorie, der ein mangelhaftes Angebot beruflicher Bildung gegenüberstand und
3. in der Presse die Unterrepräsentation des Kirchlichen.

Naturgemäß brachten seine erzielten Erfolge auch Verdächtigungen und Anfeindungen mit sich, die von allen Seiten kamen. Sie reichten vom Vorwurf der Interesselosigkeit an der Arbeiterfrage, über verkappten Jesuitismus bis hin zur Spinnerei. Als Priester, der eigene Interessen der Sache des Evangeliums unterordnen konnte, ließ er sich in die Pflicht nehmen und nahm dafür offenkundige Nachteile und persönliche Verunglimpfungen in Kauf.

Als Generalpräses erfüllte er Funktionen, die seiner Persönlichkeit voll entsprachen – glaubwürdiger Priester mit Gefühl und Gespür für die Ängste und Sorgen der Menschen. Er wurde Bahnbrecher und Wegbereiter einer neuen berufsbezogenen Seelsorgsform und Organisator einer Bewegung, die Glaubens-, Berufs- und Familienbildung wirkungsvoll miteinander verknüpfen konnte. Er schuf für die Handwerker Voraussetzungen und Möglichkeiten der Identifizierung mit ihrer Kirche im Amt des Präses, einer Lebensform des Priesters, die volksnah und volksverbunden erfahren wurde. Seelsorge war für Adolph Kolping Anleitung und Hinführung zu zeitlichem Wohlergehen und ewigem Heilserlebnis. Seine Grundeinstellung blieb trotz eigener oft bitterer Erfahrung immer optimistisch. Garanten für diese positive Erziehungs- und Seelsorgseinstellung waren sein unerschütterliches Gottvertrauen und sein unermüdlicher Arbeitseinsatz. Für seine Umwelt war er nicht nur ein frommer Priester, sondern gleichermaßen ein guter Gesellenvater, ein großer Organisator, ein fleißiger Bettler, ein vorzüglicher Ratgeber, ein wahrer Menschenfreund, ein begabter Redner, ein fesselnder Prediger und ein erfolgreicher Journalist. Er fühlte sich zeitlebens als Jünger und Nachahmer Jesu Christi, den er nicht müde wurde zu verkünden, sei es gelegen oder ungelegen. Er bekannte sich zu Christus, dem Herrn der Kirche, der die Wahrheit des einen Gottes übermittelt hat. Durch Tod und Auferstehung Christi ist die Menschheit erlöst und zu wahrer Freiheit geführt. In der Nachfolge Christi waren Tugenden für ihn nicht moralische Wertvorstellungen, sondern selbstverständliche Handlungsmaximen.

Der Maler Eduard von Steinle faßt seine Eindrücke über Kolping so zusammen: „Kolping ist unersetzlich, denn er war eine Natur; er war dieser und der Gnade Gottes getreu, und darum seine Erfolge. Ich kannte wenige Menschen, bei denen das ganze Leben so aus einem Stück bestand, in denen der Beruf sich so einfach und klar ausgesprochen; er folgte ihm treu und arbeitsam, wie ein rechter Knecht Gottes. ... Köln hat für mich ein gewaltiges Loch bekommen, und ich kann es mir ohne Kolping gar nicht denken"[8].

Priesterbildung

Eine zeitgemäße Priesterbildung war für Kolping bereits ein Anliegen seit seiner Elberfelder Zeit. Wie wir gesehen haben, trug er sich zeitweise mit dem Gedanken, eine Kongregation für die im Gesellenverein tätigen Priester zu gründen. Für den Einfluß, der von Kolping über seine Mitbrüder auf die Entwicklung eines neuen Priesterbildes ausging, gibt es zahlreiche Zeugnisse. Zwei seien besonders hervorgehoben: „In der zweiten Hälfte des 19. Jahrhunderts bildete sich am Vorbild Kolpings und an der Lehrweisheit Kettelers eine Generation von Seelsorgern heran ..., die sich mit glühendem Eifer dem Industrievolke als Berater und Fürsprecher widmeten, von der karitativen Hilfsbereitschaft zur sozial-reformerischen Aktion voranschreitend. ... Keiner verstehe besser mit dem Volk umzugehen, ‚der Kaplan ist oft der einzige, der Herz zum Herzen mit dem Arbeiter redet ... Ihm ist keine Stube zu eng, kein Arbeiter zu arm, kein Stolz hält ihn ab, selbst mit einem herabgekommenen Mann zu reden'"[9].

Besondere Merkmale der im Gesellenverein tätigen Priester waren ein gründliches Studium der Theologie, Liebe zu Kirche und Volk, praktische Lebensnähe und religiöse Herzensbildung, Gottvertrauen und ein Gebetsleben, das den Lebensalltag und die Mitmenschen einschloß[10]. Die Priesterbildung im Sinne Kolpings fand auch über die Gesellenvereine und die Kölner Erzdiözese hinaus Beachtung. So empfahl Heinrich Freiherr von Andlaw Kaplan Liebler aus Mannheim an seinen Freund Baudri: „Ich kann nichts besseres für ihn tun, als Ihre Bekanntschaft und jene Freund Kolpings zu verschaffen, womit ihm eine reiche Quelle geistiger Freude eröffnet ist"[11]. Sehen wir uns einige Priesterfreunde etwas genauer an.

Caspar Anton Heuser

Eine lebenslange Freundschaft verband Kolping mit dem von Pfarrer Anton Binterim (1779–1855) geförderten Düsseldorfer Caspar Anton Heuser. Kolping kannte ihn seit seiner Münchener Studienzeit, besorgte während seiner Bonner Zeit Bücher für ihn und konnte ihn schließlich als Mitarbeiter für seine publizistischen Unternehmungen gewinnen. Er war wie Kolping ein Verehrer des heiligen Aloisius, dessen Werke er in lateinischer und deutscher Sprache edierte. Sein Verhältnis zu Erzbischof Geissel, zunächst durch Unterzeichnung der Adresse von 1848 getrübt, besserte sich wohl bald, denn 1852 erhielt er eine Beihilfe des Erzbischofs zu den Kosten seiner Promotion in Löwen.

Seit 1850 wirkte er am „Rheinischen Kirchenblatt“ mit. Außerdem war er langjähriger Mitarbeiter der „Rheinischen Volksblätter“ und führte auch während Kolpings reisebedingter Abwesenheit oder während seiner Krankheiten die Redaktion. Nach Kolpings letztem Willen erhielt er ein persönliches Andenken und erbte die „Rheinischen Volksblätter“. Er redigierte fast 70 Nummern, schrieb dafür das politische Tagebuch und brachte Übersetzungen des französischen Publizisten Louis Veuillot. 1854 wurde er Nachfolger von Benger als Professor am Priesterseminar und übernahm 1863 zusätzlich das Amt des Subregens. Gemeinsam mit Scheeben veröffentlichte er die Enzyklika Pius IX. vom 8. Dezember 1864 mit einer ausführlichen Einleitung[12]. Kolping konnte sich noch öffentlich bei seinem Mitarbeiter bedanken: „Diese wahrhaft treue Freundesseele hat gezeigt, daß er nicht bloß mit Geschick, sondern auch mit Liebe und Eifer seine Aufgabe zu lösen verstanden“[13]. Die für Heuser und das Kölner Erzbistum ehrenvolle Berufung zum Konsultor des Vatikanums erlebte Kolping nicht mehr.

Christian Hermann Vosen

Christian Hermann Vosen, einer seiner treuesten Priesterfreunde, ist ein besonders gutes Beispiel dafür, wie Kolping persönliche Bekanntschaften und Freundschaften in den Dienst des Gesellenvereins stellte. Vosen, nur wenig jünger als Kolping, in der Kölner Altstadt als Sohn des Küsters von St. Martin geboren, besuchte das Marzellengymnasium, studierte seit 1835 in Bonn katholische Theologie, vor allem bei Heinrich Klee. 1839 zum Priester geweiht, arbeitete er zunächst in der Pfarrseelsorge und wurde 1844 als Nachfolger von Konrad Martin Religionslehrer an dem Gymnasium, das er selbst als Schüler besucht hatte. Er galt als Saileranhänger und Antihermesianer. 1845 promovierte ihn die theologische Fakultät der Universität München auf Grund von Zeitschriftenaufsätzen und einer ungedruckten Dissertation „Über die innere Evidenz der Lehre von der Vorsehung“ zum Doktor der Theologie[14].

Im Jahre 1849 übernahmen Kolping und Vosen gemeinsam die Redaktion des seit 1844 in Düsseldorf erscheinenden „Rheinischen Kirchenblattes“ und änderten die Monatsschrift in ein Wochenblatt. Auch der katholische Volkskalender war zunächst ein Gemeinschaftswerk von Vosen und Kolping.

Nach der von ihm mit vorbereiteten Gründung arbeitete Vosen selbstverständlich auch als Lehrer und Vorstandsmitglied, zeitweise sogar als Vizepräses, im Kölner Gesellenverein mit. Im geselligen Kreis um die Gebrüder Baudri war Vosen aber nur seltener Gast. Mit besonderem Eifer bei der Sache war er mit Kolping längst nicht in allen Fragen einer Meinung. So wird berichtet, immer dann, wenn Kolping das „Gesetz der Freiwilligkeit“ im Vereinsleben zu stark betonte, sei es Vosen gewesen, der Einspruch angemeldet habe[15]. Ganz entschieden wandte er sich im November 1851 gegen Kolpings Bemühungen, auf die Bildung und den Ausbau eines Gesellenbundes hinzuwirken[16]. Die persönliche Freundschaft der beiden hat darunter wohl nicht gelitten, man fand immer wieder tragfähige Kompromisse. Vosens Einfluß auf Kolping – dafür gibt es mehrere Beispiele – ist vor allem bei der Beschäftigung mit der „sozialen Frage“ bedeutend gewesen[17].

Zu wenig beachtet wurde bisher die von Vosen auf dem Frankfurter Katholikentag gehaltene Rede, die deutlich zeigt, wie die beiden Männer über Jahre um ihre Positionen gerungen haben.

„Es darf der Einzelne im Staate, wo viele Interessen nebeneinander gehen und sich gegenseitig achten müssen, seine eigenen Interessen nicht *allein* beachten. Wir dürfen nicht das, was wir vom katholischen Standpunkte allein wünschen, so durchführen wollen, daß wir damit links und rechts alles Andere was berechtigt ist, umstoßen. … Das würde aber eben so ganz einseitig geschehen, wenn diejenigen, die in dieser Art für die Arbeiter-Assoziation agitieren, das allgemeine Stimmrecht in der Hand haben, dann bleiben sie die Meister, dann werden sie der Staat, dann repräsentieren sie die ganze Ordnung. Die Folgen mögen Sie weiter bedenken. … Gegen die Assoziationen, die ich Ihnen nicht genug als etwas überaus Wichtiges und der Zukunft Helfendes darstellen kann, hat man Gründe vorgebracht, national-ökonomische Gründe, und allerlei andere, vor Allem aber sittliche Gründe, und die will ich noch kurz berühren. Man weist darauf hin, daß in die Arbeiter-Assoziationen Englands ein atheistischer und radikaler Geist eingedrungen ist und will uns dadurch dagegen einnehmen. Meine Herren, in die Schule ist auch atheistischer und radikaler Geist eingedrungen, in unsere Stadträte ist auch oft genug atheistischer und radikaler Geist eingedrungen (Heiterkeit), in unsere Ständekammern gleichfalls; Du lieber Gott, wollen wir das alles nun abschaffen!? … Man hat uns Katholiken vorgeworfen, daß wir uns um diese Frage bisher zu wenig gekümmert haben. … Wir haben ein gewisses Mißtrauen gegen das Neue und gegen Experimente. Wir wollen nicht gern Experimente machen; Gottes Fügung hat es uns sehr oft bequem in die Hand gespielt: die Anderen müssen die Experimente machen; wir sehen ihnen eine Weile zu, … um zuletzt aus der ganzen Brühe, die diese zusammengeschafft hatten, das auszuscheiden, was brauchbar war. … Wir dürfen aber nun nicht länger mehr müßig zusehen, wir müssen uns der Sache zu bemächtigen suchen, wenigstens in unseren Kreisen sie in der Hand behalten und wir können das! … Manch einer von Ihnen wohnt in einer Fabrikgegend und könnte vielleicht mit einigem guten Rat, mit einiger Unterstützung den Anfang zu etwas finden, was schon über wenige Jahre reichen Segen brächte. Sie wissen, was der Kolping ausgerichtet hat; ich habe selbst mit dabei gestanden, als der erste Anfang der jetzt so großen Gesellenvereine gemacht worden ist, und ich weiß, wie armselig dieser Anfang war und was ist daraus geworden – weil ein Mensch von Kraft und Gottvertrauen daran stand und sein Leben daran setzte“[18].

Die Rede hatte Wirkung gezeigt. Nicht nur in der Öffentlichkeit wurde sie beachtet. Sie bewirkte auch eine Öffnung der „Rheinischen Volksblätter“ für diese Thematik: „Vosens Vortrag … zeichnete sich aus durch eine erfolgreiche Bemühung um richtige Erkenntnis und gerechtes Urteil, wie sie in den klerikalen Auseinandersetzungen mit den Liberalen sehr selten und am wenigsten bei Ketteler zu finden ist … So kamen auch katholisch-soziale Führer endlich hinaus über das beharrende Einerlei des für sie unentbehrlichen, für die Welt aber nicht ausreichenden Satzes von der Kirche als der alleinigen Helferin in allen sozialen Nöten …“[19].

Unvergessen blieben diese Rede Vosens und die vielbeachtete und später auch gedruckte Totenpredigt, die er seinem Freund Kolping hielt[20]. Auch Vosen gehörte zunächst zu den Theologen, die eine Verkündigung des Dogmas von der Unfehlbarkeit des Papstes in Anbetracht der Zeitlage nicht für opportun hielten. Er fügte sich aber der Weisung seines Bischofs.

Eduard Müller

Eduard Müller, knapp fünf Jahre jünger als Kolping, aber zwei Jahre vor diesem zum Priester geweiht, stellte sich nach Seelsorgstätigkeit als Kaplan und Religionslehrer in Schlesien Anfang des Jahres 1852 der Fürsterzbischöflichen Delegatur in Berlin als Seelsorger zur Verfügung. Ähnlich wie Kolping hatte ihn der frühe Tod seiner Mutter veranlaßt, das Theologiestudium aufzunehmen. Sein soziales Engagement war bereits früh geweckt durch Reisen nach Belgien, England und in die Schweiz. Müller hatte Kolping auf dem Katholikentag in Münster kennengelernt. Mit ihm verband ihn die Vorliebe für das Buch „Nachfolge Christi" und die Verehrung des Hl. Aloisius. Über eine erste Begegnung berichtet Müller selbst: „Der Umgang mit Kolping hatte mir etwas angetan, das ich nicht in Worte kleiden kann. Ich hatte ein Ideal, das ich blindlings jetzt abzukonterfeien suchte. Mittel dazu wurde mir in Berlin der erste Senior Beck, der längere Zeit in Köln gewesen war, Kolping selbst fleißig studiert hatte und nun im Einrichten des Gesellenvereins mein Lehrer wurde. Mit ihm besuchte ich Werkstätten, als Bruder Hamburger gekleidet, ging mit auf Herbergen und sorgte weiter, soviel wie möglich, als ‚Geselle zu denken, zu fühlen und zu leben'"[21].

Als Präses wurde er von Kolping 1852 für den Gesellenverein angeworben und hatte in der preußischen Hauptstadt zur Zeit der Frühindustrialisierung mit dem neu gegründeten Gesellenverein vielfältige Probleme zu lösen: „Was sonst die Gründung eines Ordensstifters für die Kirche bedeutet, bedeutet Eduard Müllers Gesellenverein für das katholische Berlin. Ihm verdankt der Berliner Katholizismus die Erhaltung und Sammlung und Aktivierung der für Kirche und Volk wertvollsten Substanz. ... Der Gesellenverein Eduard Müllers, noch des jungen, unverbrauchten Stiftergeistes Kolpings und Müllers voll, stellt ein einziges Laiendiakonat oder Laienapostolat dar und formierte die Heeressäule für den kommenden Kulturkampf der siebziger Jahre. Gleich vom ersten Jahr seines Bestehens an fällt ihm die Zentralstellung im kirchlich-weltlichen Bereich und Aktionsraum und die Sammlung und Führung der Berliner Katholiken darin zu"[22]. In den folgenden Jahren gründete Müller einen Lehrlingsverein, die schon genannte Akademie zur Weiterbildung, und kaufte ein Haus, das er als Vereinshaus zum Mittelpunkt des Berliner katholischen Vereinslebens machte. An den Generalversammlungen 1853 und 1859 in Köln nahm er persönlich teil.

Seit 1853 führte er jährlich die Fronleichnamsprozession von Berlin nach Spandau mit großer Beteiligung des Gesellenvereins durch. Der schon genannte Lorinser, auch Studienfreund von Müller, setzte ihm in seinen Erinnerungen ein Denkmal: „Von Berlin aus hat Eduard Müller, als wahrer Missionarius apostolicus, in verschiedenen Orten des Delegaturbezirks sehr segensreich gewirkt; ist ... als ein wahrer Apostel für Berlin und die Umgegend anzusehen, und sein Verdienst, das durch seine Uneigennützigkeit um so mehr anerkennenswert ist, kennt nur Gott, der ihn dafür auch gewiß reichlich belohnen wird. Der Titel ‚Geistlicher Rat', der ihm vom Fürstbischof von Breslau verliehen wurde, entspricht der Gediegenheit und dem Umfange seiner

Verdienste keineswegs; einen preußischen Orden wird er auch wohl schwerlich bekommen, da seine kirchlichen Verdienste der preußischen Regierung keineswegs sympathisch sind"[23].

Auch publizistisch wurde Müller aktiv. Die Ähnlichkeit mit Kolping ist nicht zu übersehen. 1855 gab er „zum Besten des Gesellenvereins" einen „Beharrlichkeitskatechismus" heraus. Drei Jahre später gründete er das „Märkische Kirchenblatt". Seit 1863 erschien sein „Berliner Bonifacius Kalender", den er fast dreißig Jahre betreute und dessen Ertrag für ein Kinderheim bestimmt war. In diesem Blatt bezeichnete er sein Vorbild Kolping „als Bonifatius des deutschen Handwerks"[24].

Auf dem Katholikentag in Trier 1865 bildeten Kolping, Gruscha und Müller „das hell früh-soziale Dreigestirn"[25]. Anläßlich seines 70. Geburtstages im Jahre 1888 wurde Müller zum „Generalpräses" aller katholischen Vereine in Berlin ernannt. Drei Jahre später mußte er – psychisch und physisch am Ende – die Stadt, die fast vierzig Jahre sein soziales Wirkungsfeld war, verlassen. Er starb am 6. Januar 1895 in Neiße. Die Berliner Katholiken setzten durch, daß Müllers Leichnam nach Berlin überführt und auf dem Friedhof der St. Hedwigsgemeinde in Berlin beigesetzt wurde. Im Jahre 1920 übertrug man seine Gebeine in die zu Ehren des heiligen Königs Eduard von England errichtete Kirche in Berlin-Neukölln.

Franz Xaver Höll

Franz Xaver Höll, knapp vier Jahre jünger als Kolping, entstammte einer Ettlinger Handwerkerfamilie. Sein Vater war Schuster. Drei Jahre früher als Kolping zum Priester geweiht, machte auch er als Kaplan praktische Seelsorgserfahrung in einer Diasporagemeinde. Sein unerschrockenes Auftreten im Badischen Kirchenstreit brachte ihm außer mannigfachen Schwierigkeiten auch eine Gefängnisstrafe von zwei Monaten ein. Ob er von Kolpings Arbeit durch Andlaw, Buß, Stolz oder auf anderen Wegen (Katholikentage, Publikationen) erfahren hat, ist nicht eindeutig zu klären.

Jedenfalls gründete er am 10. Mai 1857 den Karlsruher Gesellenverein und nahm an der Generalversammlung 1858 in Köln teil. Fünf Jahre setzte er seine ganze Kraft für die Gesellenvereine ein, seit 1859 auch als Diözesanpräses von Freiburg. Kolping äußerte sich lobend über den agilen Präses: „Das sieht aber ja aus, als ob Du das ganze Badener Land voll Gesellenvereine pflanzen wolltest"[26].

Das Lob kam nicht von ungefähr. Schon bald bat Kolping ihn, auch bei Vereinsgründungen in Württemberg, der Schweiz und im Elsaß Hilfestellung zu leisten[27]. Freundschaftlicher Umgangston geht auch aus der Anfrage Kolpings hervor, die sich später erübrigte, Höll möge ihn beim Freiburger Katholikentag vertreten. Zunächst zierte er sich. Da erhielt er einen Brief: „Also, Xaverius Höll, nimm dich zusammen und stehe deinem Posten mit todverachtendem Mute vor, damit du das Feld behauptest. Sammle alle die anderen Häupter unter deinen Kommandostab und fühle dich ganz in deiner Feldherrnwürde, ein Knirps vor unserem Herrgott und ganz Höll vor den Menschen"[28].

Auch nach seinem Ausscheiden als hauptamtlicher Präses blieb Höll dem Karlsruher Gesellenverein besonders verbunden.

Georg Mayr, sieben Jahre jünger als Kolping, aber ein Jahr vor ihm zum Priester geweiht, war nur wenige Jahre in der ordentlichen Pfarrseelsorge tätig, hatte aber bereits erste Erfahrungen in einem Jünglingsverein gesammelt[29]. Wohl wegen seiner schwachen Gesundheit wurde er seit 1850 in der erzbischöflichen Kanzlei in München beschäftigt.

Als Kolping 1852 nach München kam, war der Boden für einen Gesellenverein bestens vorbereitet: „Sein erster Gang war zum Erzbischof Grafen von Reisach. ‚Zwei Dinge sind es‘, sprach er zu dem hohen Herrn, ‚die wir unbedingt nötig haben, nämlich den richtigen *Präses* und – *Geld*‘ Bei dem Worte Geld zuckte der Erzbischof bedenklich die Schulter. Aber einen Präses hatte er; es war der damalige Benefiziat an der Domkirche, *Georg Mayr,* welcher seit fünf Jahren die Jugendbündnisse bei der Pfarrgemeinde Lengdorf mit Eifer und Geschick leitete. Er besaß alle Eigenschaften für das Präsesamt, nur eine nicht, die Gesundheit. Als nun auch Dr. *Windischmann,* der Generalvikar, Kolpings alter Beichtvater denselben Mayr als die geeignete Person nannte, sah Kolping darin den Willen Gottes“[30]. Er ging zu der angesagten Versammlung. Beim Betreten des Lokals fragte er die Gesellen: „‚Kennt Ihr den Mayr? Wird er hierher kommen?‘ Man vermutete das, weil man Mayrs Interesse für das Wohl der Jugend kannte. ... Mayr trat in den Saal. ‚Der ist's‘, sagten die Gesellen. Und mit ausgebreiteten Armen trat er auf ihn zu und sagte ihm: ‚Sie sind Präses des Vereins‘. Man kann sich denken, wie Mayr verblüfft war, er glaubte, es liege eine Verwechslung mit einem anderen Mayr vor. ... ‚Nichts da!‘ sprach Kolping, ‚der Erzbischof und der Generalvikar haben Sie zum Präses bestimmt.‘ Als nun Mayr seine körperliche Schwäche hervorhob und in seiner Bescheidenheit bezweifelte, auch geistig der Arbeit gewachsen zu sein, redete ihm Kolping jedes Bedenken aus, bis Mayr endlich die Waffen streckte“[31]. Ein neuer Präses und ein neuer Freund war gefunden.

Für Kolpings Münchenbesuch im Jahre 1855 hatte Mayr seinem Freund sogar Quartier im Hause von Erzbischof Reisach verschafft[32]. Obwohl seit seiner Studienzeit mit bayrischen Lebensgewohnheiten vertraut, glaubte Kolping seinem Freund Hinweise für die Geselligkeit in bayrischen Vereinen geben zu müssen: „Was das Biertrinken betrifft, so überlasse ich es vorläufig Deiner Klugheit, darin zu verfahren, nur sorge mir dafür, daß der Bursch ohne Geld, Bier etc. grade so *frei* und ungeniert sitzt als mit Bier und Geld“[33].

Im April 1859 bat er den Münchener, ihm möglichst schnell zwei Eimer bayerischen Bockbieres nach Köln zu senden[34].

Als „alter Papa“ bat Kolping ihn, für die Verbreitung der Aufnahmedokumente für neugegründete Vereine in Bayern Sorge zu tragen, die offensichtlich mit größeren Schwierigkeiten verbunden war[35]. Für Mithilfe bei der Gründung des Vereins im schweizerischen St. Gallen konnte er nach Kolpings Überzeugung Unterstützung anbieten[36]. Seine Jahresberichte lassen auf zielstrebige und sorgfältige Amtsführung schließen, die unter den Diözesanpräsides in dieser Form jedenfalls nicht die Regel war[37]. Gelegentlich mußte Kolping seinen jüngeren Freund zur Arbeit antreiben, weil er Briefe nicht beantwortete und mit aufgetragenen Arbeiten in Verzug war[38]. Vor Kolpings Eintreffen bei der Generalversammlung in Würzburg 1864 übernahm er die Tagungsleitung[39]. Im Jahre 1865 waren im Münchener Gesellenverein seit der Gründung 8 113 Mitglieder eingeschrieben[40]. Seinen gesundheitlich zeitlebens schwer angeschlagenen Freund tröstete Kolping, „daß Gott Dich, krachenden Wagen, noch lange erhalten wolle, ist auch eins von den Anliegen, die mich plagen und womit ich unseren lieben Herrgott plage"[41].

Dieser Wunsch ging in Erfüllung. Fast vierzig Jahre übte Mayr in München das Präsesamt aus und übergab es schließlich seinem Neffen als Nachfolger.

Anton Joseph Gruscha

Bei der Suche nach einem geeigneten Präses für einen Gesellenverein in Wien begegnete Kolping dem damaligen Religionslehrer Gruscha und überredete ihn, sich für den Gesellenverein in Österreich zu engagieren[42]. Der sieben Jahre jüngere entstammte wie Kolping bescheidenen Verhältnissen und teilte dessen Überzeugung, eine sittliche Erneuerung des Volkes sei eine wichtige Voraussetzung für die Lösung der sozialen Frage unter den Gesellen. Über die Zusammenarbeit im Gesellenverein hinaus verband die beiden bald eine persönliche Freundschaft. Sie haben sich an ihren jeweiligen Wirkungsstätten mehrfach besucht und ihre Aktivitäten gegenseitig mit kritischem Wohlwollen begleitet. Gruscha schrieb dazu: „Von Jahr zu Jahr, solange es mir meine Berufspflichten und Kräfte gestatteten, kam ich zu Besuche zu ihm nach Köln, wohnte bei ihm und konnte Zeuge sein seiner tiefinneren Religiösität, die sich in seinem priesterlichen Lebenswandel, in seinen geistlichen Funktionen in hocherbaulichem Maße und Grade kundgab. Ich konnte Zeuge sein nicht bloß seines heroischen Glaubens im Bekenntnis durch Wort und Tat, sondern auch insbesondere seines lebendigen, ja heroischen Gottvertrauens, mit dem er an die Gründung des Gesellenvereines ging und auch andere geistliche Mitbrüder, namentlich mich in einer für den Katholischen Gesellenverein in Wien und dessen Zukunft entscheidenden Stunde, ermutigte"[43].

Als Sohn des Schneidermeisters Johann Gruscha und seiner Frau Anna erblickte Anton Joseph Gruscha am 3. November 1820 in Wien das Licht der Welt. Die Eltern ermöglichten dem begabten Sohn den Besuch der höheren Schule und das Universitätsstudium. Am 4. Mai 1843 empfing Gruscha die Priesterweihe und nach einigen Jahren seelsorgerlicher Tätigkeit promovierte er 1849 zum Doktor der Theologie. Zunächst übernahm er die Stelle des Religionsprofessors am Theresianum in Wien. Wie Kolping in Elberfeld, machte auch Gruscha während seiner Kaplanszeit seine Erfahrungen mit dem aufkommenden Deutschkatholizismus. Und wie Kolping fand er auch Zugang zur publizistischen Tätigkeit. Schon vor der Gründung des Wiener Gesellenvereins hatte er einen Aufsatz mit dem Titel „Zur sozialen Frage" veröffentlicht. Er sah deren Hauptproblem in der Auseinandersetzung, die sich „zwischen dem Christentum und Nichtchristentum auf sozialem Gebiet vorbereitet"[44].

Allein die christliche Weltanschauung war für ihn in der Lage, zur Lösung der Probleme wirkungsvoll beizutragen: „Die primären Lebensfragen der Menschheit: Ehe, Eigentum, Kirche und Staat – Fragen, die längst und nur in Christus und seiner Kirche ihre vollgültige Beantwortung gefunden, werden in unserer Zeit neuerdings in

Frage gestellt, und es muß sich der Knotenpunkt der Frage wirren, anstatt lösen, wenn die Lösung ohne und außer der Erlösung in Christus erzwungen werden will"[45]. Nicht gesamtgesellschaftliche Prozesse hatten nach seiner Überzeugung das Elend hervorgerufen. Vielmehr seien die Menschen mit ihrem Verhalten die Hauptverantwortlichen: „*Drei Suchten* sind es, welche die Gegenwart besonders krankhaft gestaltet haben, die *Selbstsucht*, die *Genußsucht* und die *Habsucht*. Diesen Suchten gegenüber stellt sich der katholische Verein mit seinen Bestrebungen." Mit „sittlicher Kraft" und „religiöser Charakterstärke" gehen die Vereinsmitglieder gegen diese Schwächen an[46].

Gruscha brachte zum Abschluß seines Aufsatzes einen Hinweis auf den Kölner Gesellenverein, schilderte das gesellige Leben und die Bildungsarbeit im Vereinslokal und zitierte gar Kolping aus der „Feierstunde": „*Des Volkes Glück beruht auf persönlicher Tüchtigkeit, auf religiöser und bürgerlicher Tugend; seine Zukunft auf einer tüchtigen Jugend*"[47].

Kolping war also für Gruscha kein Unbekannter mehr, als er Wien seinen ersten Besuch abstattete. Über die erste Begegnung berichtete der Wiener Präses später: Er hatte „einen väterlichen Freund und Ratgeber in dem sel. Dr. v. Schmit, Hofrat und ehemaliger Leibarzt der Herzogin von Parma. ...; bei ihm nahm er sein Absteigequartier, mit ihm beriet er seine weiteren Pläne, mit ihm ging er sich müde für die Durchführung derselben. Es handelte sich um einen Priester als Präses des Vereins der Zukunft. Nachdem an zwei Türen vergeblich gepocht war, kam Kolping eines Mittags zu mir. Wir kannten uns beide nicht persönlich. Ich sagte: eines *Mittags*, denn gerade saß ich mit meinem sel. Vater zu Tische. Fast noch ehe sich Kolping mit Namen mir mitteilte, schritt er auf mich zu und sprach kurz und scharf zu mir: ‚Du mußt Präses des Gesellenvereins in Wien werden'; das herzliche Bruderwort ‚Du' gebrauchend, als wären wir alte Bekannte von Jahren der Studien her gewesen. Mir ward selbstverständlich eigentümlich zumute bei solch' kategorischer Begegnung, ja Überrumpelung, wenn ich so sagen darf; hatte ich doch auch nicht von weitem eine Ahnung von Kolpings Gegenwart in Wien, noch viel weniger von dessen Besuch bei mir, und lag auch meinen Intentionen nichts ferner, als ‚im Momente' Gesellenvereinspräses zu werden. Und doch – sollte es so sein nach Gottes Ratschluß –, denn Gottes Rat lag im Rat meines ehrwürdigen Vaters, der, selber ein alter Handwerksmeister, als er mich im innern Seelenkampfe bemerkte, ruhig, aber entschieden zuriet mit den Worten: ‚Gibt dir, mein Sohn, Gott den Beruf, dann gibt er dir auch die Kraft'. So schlug ich in Gottes Namen ein in Kolpings Hand, und unseren Handschlag bekräftigte der Segen des Vaters"[48].

Im gleichen Jahre wurde er Mitgründer und Zentralpräses der österreichischen Gesellenvereine. Aus der ersten Begegnung erwuchs eine Freundschaft, die nicht nur für die persönliche Entfaltung der beiden Priester bedeutsam war, sondern auch die Entwicklung der Katholischen Gesellenvereine im gesamten Donauraum wesentlich beeinflußt hat. Zeugnis der Freundschaft der beiden Männer ist ihr Briefwechsel, der sich über viele Jahre erstreckte. Fragen des Gesellenvereins, der schriftstellerischen Tätigkeit und Nachrichten über den jeweiligen Gesundheitszustand Kolpings sind Themen dieser Briefe. Persönliche Anteilnahme an den Sorgen des anderen wird immer wieder deutlich. Ein Beispiel: „Vor allen Dingen mein herzlichstes Beileid über den Tod Deines trefflichen Vaters, den der liebe Gott sicher in Gnaden zu sich aufgenommen hat. Dort betet er noch immer für uns und die lieben Gesellen, denen er seine Sorge hier auf Erden so herzlich zugewendet hat. Danke Gott, mein Bruder, daß er Dir den Vater so lange gelassen. Außer meinem Bruder sind meine Angehörigen schon längst bei Gott. Der süßeste Trost bleibt uns indessen, daß wir sicher sind, daß sie mit Gott im Schoße seiner heiligen Kirche, von ihr gestärkt und vorbereitet, aus diesem Leben geschieden"[49].

Im Jahre 1855 hatte Gruscha den Wunsch geäußert, Kolping möge „doch ganz und gar bei uns in Wien" sein. Aber der Kölner Präses, dem die Donaumetropole sicher ans Herz gewachsen war, wußte, wo sein Platz war: „Wie sehne ich mich darnach, einmal wieder bei Dir in Wien zu sein und alle die lieben Freunde und Kinder wiederzusehen! Aber bei Dir bleiben, ach nein, das geht nicht an. Gott hat mich hier festgesetzt, und da bleibe ich sitzen, solange Gott will"[50].

Seit dem 1. Dezember 1855 wirkte Gruscha als Domprediger an St. Stephan in Wien. Seinem Auftreten auf dem Kölner Katholikentag und der Generalversammlung der Gesellenvereine von 1858 verdanken wir eine kurze Charakteristik des Wiener Dompredigers in der „Kölnischen Zeitung": „Er ist ein Mann von ziemlich hohem Wuchse, kräftigem Körperbau, ernster, aber edler Gesichtsbildung mit geistigem Ausdruck, sein Auge sprüht Feuer, sein Gebärdenspiel ist rasch wie der Gedankenstrom, der aus seinem Innern kommt, und sein mit gewaltiger Kraft gesprochenes Wort kündet Mut und Entschlossenheit an. Seine Sprache ist schön, ja man kann sagen: durchweg gewählt. Sein Geist schafft schnell eine Fülle von Gedanken, tief und verständig, seine Phantasie liefert ihm einen Reichtum von Bildern und Vergleichen ...; kurz, er ist uns als ein geborener Redner erschienen, und wir würden, wenn Wien ihn entbehren könnte, wünschen, daß er ... durch die Völker wanderte – ein Kreuzfahrer wider alles Schlechte und Ungöttliche"[51].

Von 1862 bis 1871 lehrte er als Professor für Pastoraltheologie an der Wiener Universität. Im Jahre 1878 übernahm er das Amt des apostolischen Feldpropstes für das kaiserliche Heer und erhielt damit die Weihe zum Titularbischof von Karrhä. Am 6. Juli 1890 wurde der beliebte Seelsorger als Fürsterzbischof seiner Heimatstadt Wien feierlich inthronisiert. Am 1. Juli des folgenden Jahres nahm Papst Leo XIII. ihn in das Kardinalskollegium auf. Trotz der hohen kirchlichen Stellung blieb Gruscha Präses des Wiener Gesellenvereins.

Fünf Jahre vor seinem Tod bat Kardinal Gruscha seinen Amtsbruder Kardinal Fischer in Köln, für Adolph Kolping den Seligsprechungsprozeß einzuleiten. Er berief sich dabei besonders auf die von Schäffer verfaßte Biographie und eigenes persönliches Erleben. Die Aussagen Gruschas über seinen Freund sind ausgewogen, weil er seine persönlichen Erfahrungen mit Kolping an den Arbeiten Schäffers und anderer Zeitgenossen abklären konnte[52].

In den letzten Jahren seines Lebens ließ wegen Krankheit und Altersschwäche seine geistige Regsamkeit leider nach. Von den um die Jahrhundertwende bestehenden 150 katholischen Gesellenvereinen in Österreich-Ungarn gab es nur wenige, die ohne die persönliche Mitwirkung des Zentralpräses Gruscha ins Leben getreten sind. Am 5. August 1911 starb er auf Schloß Kranichsberg in Niederösterreich, dem Sommersitz der Wiener Erzbischöfe, und fand im Wiener Stephansdom seine letzte Ruhestätte. Das Grabdenkmal stellt einen betenden Gesellen dar und trägt auf dem Sockel die von Gruscha gewünschte Inschrift „Fidem servavi“[53]. Sein engagierter Einsatz für die Gesellenvereine in Österreich hat ihm sicher nicht zu Unrecht den Ehrennamen „Gesellen-Kardinal“ eingebracht[54].

Sebastian Georg Schäffer

Fünfunddreißig Jahre lang amtierte der gebürtige Koblenzer als Generalpräses und erster Nachfolger Kolpings[55]. Schäffer, fünfzehn Jahre jünger als Kolping, entstammte einer Handwerkerfamilie. Er nahm unverzüglich nach seinem Abitur in Koblenz das Studium der katholischen Theologie in Bonn auf und wurde am 28. August 1852 in Trier zum Priester geweiht. Zunächst Pfarrkaplan an St. Gangolf in Trier, wurde er bald zum Religionslehrer an der Realschule befördert, eine Position, die eine nebenamtliche Tätigkeit für die Gesellenvereine möglich machte.

Schäffer hatte sich durch die Gründung des Trierer Gesellenvereins, als Herausgeber des Trierer Sonntagsblattes „Eucharius“ und als Diözesanpräses für die neue Aufgabe empfohlen. Seit 1854 hatte er an den Generalversammlungen der Gesellenvereine teilgenommen, nachdem er wohl schon als Student in Bonn Kontakt zum Kölner Verein gefunden hatte. 1865 bestanden im Bistum Trier 17 Vereine, von denen, die meisten unter Schäffers Diözesanleitung entstanden waren.

Am 18. Februar 1866 trat der Vorstand des Kölner Gesellenhospizes zusammen, um den neuen Generalpräses zu wählen. Die geheime Wahl „fiel einstimmig auf den gegenwärtigen Religionslehrer der Realschule, Herrn Schäffer in Trier“[56]. Die Wahl zum Präses war an eine Bedingung geknüpft. Mit dem Gesamteinkommen des Präses von ca. 3000 Talern war die Verpflichtung verbunden, die Bezahlung des Vikars mit freier Station zu übernehmen. Das Hospiz stellte dafür die Wohnung. Die Herren Michels und Schellen überbrachten Schäffer im Auftrag des Vorstandes eine Ausfertigung des Wahlprotokolls. Er mußte in seiner Annahmeerklärung die Erfüllung der genannten Verpflichtungen anerkennen.

Am 4. April 1866 ernannte Erzbistumsverweser Baudri den Religionslehrer an der Realschule zu Trier zum Rektor der Minoritenkirche „verbunden mit der Stelle eines Präses des katholischen Gesellenvereins zu Köln“[57]. Fünf Tage später fand die feierliche Amtseinführung in der Minoritenkirche statt: „Es war in der Tat kein leichtes Erbe, welches der bisherige Trierer Lokal- und Diözesanpräses mit seinem neuen Amt als Generalpräses in Köln übernahm. Freilich waren ihm die Ideen Kolpings vertraut wie kaum einem andern, und im praktischen Leben des Gesellenvereins hatte er mitten daringestanden, aber ein Generalpräses hat überdies noch vielerlei andere Dinge zu erledigen und Aufgaben zu erfüllen, zumal im ausgehenden 19. Jahrhundert; denn gerade in diesen Jahrzehnten hatte das Kolpingwerk manche gefährlichen Widerstände und schwere Krisen zu überwinden“[58]. Die zu bewältigenden Krisen kamen aber nicht nur von außen. Aus dem Protokollbuch des Gesellenvereins erfahren wir auch von erheblichen Unstimmigkeiten in der Kölner Führungsriege. Neben auffallend vielen Rücktritten von Vorstandsmitgliedern hat es auch Streit um die Finanzen gegeben: „Herr Dr. Chargé nimmt Veranlassung, sein Verwundern darüber auszusprechen, daß unter Kolping trotz des Baues des Hospitiums jährlich ein bedeutendes

Plus vorhanden gewesen, und daß jetzt, wo alles fertig dastehe, jährlich mit einem Defizit abgeschlossen werden solle, welches vielleicht von Jahr zu Jahr größere Dimensionen annehme. Er weist darauf hin, daß früherhin ein großer Teil des Reinertrages der ‚Rheinischen Volksblätter' in die Kasse des Hospitiums geflossen sei, was jetzt nicht mehr geschehe, während diese Blätter doch sicher noch 3000 Taler jährlich abwürfen. Herr Dr. Schellen erinnert den Präses daran, daß er die Ehrenpflicht habe, den Reinertrag der ‚Rheinischen Volksblätter' dem Hospitium zuzuwenden"[59].

Sieben Generalversammlungen fallen in seine Amtszeit als Generalpräses[60], deren Höhepunkte das silberne Jubiläum des Elberfelder und das goldene Jubiläum des Kölner Gesellenvereins waren. Im letzten Jahre seiner Amtsführung wurde das Kolpingblatt gegründet, das bis heute erscheint.

Nach der Ernennung Schäffers zum Päpstlichen Geheimkämmerer, ernannte Erzbischof Krementz seinen Landsmann zum Ordinariatsrat in Köln[61]. Eine weitere Ehrung ließ nur wenige Jahre auf sich warten. Am 21. April 1891 erhielt Schäffer ein Numerar-Kanonikat an der Hohen Domkirche in Köln, das durch den Tod von Kolpings Freund Heuser frei geworden war[62]. Mit der Übernahme dieser Positionen war freilich die von Kolping so mühsam erworbene „Unabhängigkeit" für das Generalpräsesamt dahin. Schäffer starb am 16. November 1901 in Köln und wurde auf dem Friedhof Melaten bestattet[63].

Als besondere Leistung Schäffers ist die von ihm verfaßte Biographie über seinen Vorgänger zu würdigen. Von diesem Werk war bereits die Rede. Noch zu seinen Lebzeiten erschien eine Übersetzung in die ungarische Sprache[64]. Was der Nachfolger Kolpings „als Generalpräses leistete, sagt besser als alle Lobsprüche die Tatsache, daß er während seines Generalpräsidiums weit über 700 Vereine in den Verband aufgenommen hat"[65]. In einem Nachruf in den „Mitteilungen" ist ein Versuch unternommen, die Persönlichkeit Schäffers kurz zu charakterisieren: „Wie kaum ein anderer war er tief eingedrungen in die Grundsätze und ... Traditionen Kolpings. Aus dieser Quelle floß auch jener *Konservativismus,* dem er treu blieb bis ins Grab. Mancher Vorwärtsstürmende glaubte diesen in den Prinzipien unserer Institutionen begründeten Konservativismus nicht gutheißen zu können und als Übel beklagen zu müssen, und doch war derselbe in gewisser Richtung für den Verband von geradezu providentieller Bedeutung. ... Dadurch, daß er zur rechten Zeit zu zaudern und zu zögern verstand, hat er dem Verbande viel Ungemach erspart und viele und große Gefahren von ihm ferngehalten. Neben seiner konservativen Gesinnung war es seine unantastbare *Loyalität,* welche seinem Wirken als Verbandsleiter zustatten kam"[66].

Die Feststellung, er habe die von Kolping hinterlassene Lücke, „auf das beste und erfolgreichste" ausgefüllt, ist wohl als etwas zu hoch gegriffen einzustufen[67].

In der Auswahl seiner Freunde und priesterlichen Mitbrüder hatte Kolping eine glückliche Hand. Auffallend ist die Tatsache, daß viele von Kolpings Priesterfreunden aus einfachen Verhältnissen und aus Handwerkerfamilien stammten und durch ihr Priestertum auch sozial aufgestiegen waren. Die klare Mehrheit der Präsides entstammte einer gesellschaftlichen Gruppe, der sie sich später in der Seelsorge wieder zuwandten. Gesellen und Handwerker hatten also ihre Priester. Sie verstanden ihre Sorgen, sprachen ihre Sprache und konnten ihre praktisch geübte Solidarität glaubwürdig vermitteln. Die Ehre, später mit Attribut als „Kolping" gefeiert oder ausgezeichnet zu werden, erfuhren nur wenige Mitstreiter: Höll als der badische, Mayr als der bayrische, Gruscha als der österreichische und Müller als der zweite.

Von zwei mit Kolping eng verbündeten Führungskräften der Frühzeit der Gesellenvereine wird berichtet, daß sie mit Kolpings Nachfolgern wegen der geänderten Zielsetzung der Gesellenvereine erhebliche Meinungsverschiedenheiten hatten. Müller hatte seine Schwierigkeiten mit dem direkten Nachfolger Kolpings. Er konnte dessen geänderte Zielsetzung der Vereinsarbeit nicht akzeptieren[68]. Gruscha wies in seiner Stellung als dienstältester Diözesanpräses in ungewöhnlicher Weise Generalpräses Schweitzer auf dessen Amtspflichten hin: „Um 1909 besuchte Generalpräses Schweitzer die katholischen Gesellenvereine Österreichs. Eines Tages, als er bei Kardinal Gruscha zu Besuche war, führte ihn dieser in die Hauskapelle, ließ ihn dort niederknien und feierlich geloben, den katholischen Gesellenverein im Geiste Kolpings zu führen und zu erhalten. Der Kardinal traute nicht einmal mehr dem höchsten Repräsentanten des Vereines“[69]. Selten sind Freundschaften unter erwachsenen Männern unter so eigenartigen Situationen entstanden wie die Kolpings mit den bedeutendsten seiner Präsideskollegen. Die Beispiele Gruscha, Mayr und Müller sprechen dabei für sich. Nach dem Zeugnis der Beteiligten liefen die ersten Begegnungen fast nach einem Ritual ab: Begrüßung, Anrede mit dem brüderlichen Du, Bitte bzw. Auftrag, Gesellenpräses zu werden und der „Vertragsabschluß“ per Handschlag[70].

Lebensumstände

Kolping hat sich keinem Menschen zu irgendeinem Zeitpunkt seines Lebens angebiedert. Auch als Führungskraft im Gesellenverein und als Herausgeber seiner Zeitschriften hat er sich nicht von Höflingen umgeben lassen und lebte damit eine Haltung vor, die in Führungspositionen in Kirche und Staat damals nicht eben häufig war. Seine persönliche Lebensführung war während seines ganzen Lebens einfach und bescheiden. Für die Kindheit, Jugend und Studentenzeit ist das kein besonderes Verdienst, weil ihm die finanziellen Möglichkeiten für ein angenehmeres Leben nicht zur Verfügung standen. Nachdem er zum Priester geweiht war, hätte er einen bequemeren Lebensstil führen können. Es ist jedoch bekannt, daß er bis in die letzten Jahre seines Lebens hinein nicht einmal einen Kleiderschrank besaß, sondern seine Kleider auf einen Haken aufhängte und über Jahre in nur beschränkt zu beheizenden Räumen wohnte[71].

Kolping bewohnte zwei Zimmer im Gesellenhospiz, ein Schlaf- und ein Wohnzimmer, das mit Schreibtisch und Stehpult ausgestattet war und während seiner Romreise 1862 nach fast zehn Jahren auch einmal neu angestrichen wurde[72]. Ein Teil dieses Mobiliars befindet sich im Kolpingmuseum in Kerpen[73]. Bei seinem Tod hinterließ Kolping nach Abzug der Verbindlichkeiten, außer der bereits erwähnten Stiftung, 4–5000 Taler. Das entsprach etwa der Höhe von zwei Jahreseinkommen der letzten Lebensjahre[74]. Auf Grund seines erschriebenen Einkommens gehörte er in Preußen zu den oberen Zehntausend. Zum Vergleich: In Köln verdiente ein Maurer 1855 bei 300 Arbeitstagen von 12–14 Stunden 240 Taler pro Jahr. Die Lebenshaltungskosten für eine 5- bis 6-köpfige Familie betrugen 210 Taler. „Mit 400 Talern Jahreseinkommen galt man in Köln um 1850 durchaus als wohlhabend"[75]. Aus seinem persönlichen Einkommen zahlte Kolping nicht nur selbstverständlich den eigenen Lebensunterhalt, die Bewirtung von Gästen und die Miete für seine Wohnung, sondern auch die Kosten für seinen Vikar.

Dazu fielen insbesondere Reise-, Porto- und Versandkosten, sowie Vorfinanzierungen von Büchern und Drucksachen an. Diese Auslagen sind nicht mehr genau zu ermitteln. Einen Anhaltspunkt bietet die Summe, die sich der „Rheinisch-Westfälische Jünglingsbund" seinen „Reiseagenten" kosten ließ. Dieser verfügte 1857 über 600 bis 800 Taler[76]. Für die katholischen Gesellenvereine übte Kolping dieses Amt zusätzlich zu dem des Generalpräses aus.

Arbeit

In den verschiedenen Stadien seines Lebens wollte Kolping auch Zeugnis geben vom menschlichen Sinn der Arbeit, die, in der Freiheit des Geistes ausgeübt, Mittel zum Lebensunterhalt und zur Dienstleistung in Kirche und Gesellschaft war.

Kolpings Wirkräume waren die Werkstatt, die Schulbank, die Kanzel, das Vereinslokal und seine Presseorgane: „Noch bis in diese Tage hinein hat die Aufregung und nachfolgende Arbeit sich hingezogen. ... Dabei sitze ich fast mißmutig bei dem Blättchen, weiß kaum mehr, was ich schreiben soll, und muß es doch füllen. Man wird des Schreibens endlich doch auch satt und müde, und ich bin es auch oft gründlich. Aber was hilft's! Wer die Herde annimmt, muß sie auf die Weide treiben, lieb oder leid. Hinaus möcht' ich, spazierengehen, Freunde besuchen, mich auf den Rücken ins Gras legen und den Himmel begucken, ein paar Wochen wenigstens nichts mehr vom Geschäft hören und sehen; aber was möchte ich nicht alles und kriege doch – nichts"[77].

Kolping war ständig überbeschäftigt. Er stand dauernd unter Zeitdruck. Freunde und Bekannte waren im wesentlichen auf seine Arbeitsbereiche (Gesellenverein, Presse) beschränkt. Er bewältigte ein enormes Arbeitspensum. Freunde hatten gelegentlich die Befürchtung, er könne sich übernehmen. Auch er selbst litt unter diesem Druck: „Nur zehrt diese Arbeit, da man mich nicht gehörig unterstützt, den größten Teil meiner geistigen Kräfte auf ... Gott will zwar, daß wir *mühsam* an seinem Werke bauen, aber helfen wird er doch zur Zeit. Wenn ich nun noch jährlich den Kalender fertig habe, meine Korrespondenz leidlich im Gang halte, meine notwendigsten Reisen mache und dem täglichen, sich steigernden Verkehr einschließe, dann können Sie denken, warum ich oft an geistiger Ermüdung leide"[78].

Kolpings Problem war weniger die Überbeschäftigung, sondern mehr das ständige Befaßtsein mit Kleinigkeiten und Äußerlichkeiten des Alltags. Dabei wollte er das Wesentliche seines pastoralen Dienstes im Auge behalten. Diese Diskrepanz erlebte er als aufreibend[79]. Kolping verhehlte durchaus nicht, daß er mit vielen Problemen und Schwierigkeiten zu kämpfen hatte und darunter litt; er ließ jedoch nie einen Zweifel daran, daß er festen Willens und frohen Herzens sein Kreuz zu tragen bereit war. „Protestantischer Haß, Neid und Mißgunst aus dem eigenen Lager, das sind Dinge, mit denen ich mich täglich herumschlagen muß"[80]. Diese Lebensweise zehrte verständlicherweise an seiner Gesundheit.

Kolping übte nebeneinander die Ämter des Domvikars, des Präses des Kölner Gesellenvereins sowie das des Diözesan- und des Generalpräses aus. Zusätzlich betätigte er sich als Hausverwalter und Bauherr sowie als Organisator der Restaurierung der Minoritenkirche. Dazu kam die überaus arbeitsintensive Tätigkeit als Schriftsteller. So wundert es nicht, daß in vielen Briefen die Klage über seine große Arbeitslast ausgesprochen wird, die ihn nicht zur Ruhe kommen lasse. Aber – wie er gesteht – der Herrgott trieb ihn immer wieder an, heiter und froh weiter zu arbeiten: „Also nur guten, fröhlichen und frischen Mut, und wenn das Stück Arbeit auch noch so riesig aussehen sollte. Der große Gott, der die hohen Alpen aufgetürmt hat, der das ungeheure Weltmeer ausgegossen, hat auch die Pfade gezeigt, die über die Berge führen und das Holz leicht gemacht, daß es auf dem Wasser schwimmt und Wind dazu, daß man rund um die Erde segeln kann“[81].

Gelegentlich schrieb Kolping auch über die Grenzen seiner eigenen Belastbarkeit und wie er sie überwand.[82] Er gab selbst die Antwort auf die Frage nach seiner Arbeitsleistung, nach seinen Erfolgen und Mißerfolgen, nach seiner Motivation und seinen Wirkungen. Bereits in Elberfeld hatte er – nicht allein für sich – formuliert: „*Beten* und *Lernen* und *Arbeiten*, alles mit Ernst und doch mit Fröhlichkeit“[83]. Und zum Jahresende 1863, nach einer wiederholten Klage über die immense Arbeitsbelastung, schrieb er seinem Freund Steinle: „Alles zur höchsten Ehre Gottes“[84]!

Bündeln wir einmal die unterschiedlichen Arbeitsbereiche Kolpings und fassen sie zu einem Arbeitstag in Köln zusammen[85]. An Wochentagen feierte er morgens um 7 oder 8 Uhr die Messe. Sonntags war um 10 Uhr der Vereinsgottesdienst, am Nachmittag um 4 Uhr die Komplet. Nach dem Frühstück stand die Pflichtlektüre der Tageszeitungen und Zeitschriften an. Dazu kam die Korrespondenz und die schriftstellerische Arbeit, die seit 1854 besonders von Freitag bis Montag zu bewältigen war. Zum Redaktionsschluß der „Rheinischen Volksblätter“ jeweils am Mittwoch, mußten 16 Druckseiten fertig sein. Von Februar bis Anfang Juni kam dazu die auch terminlich gebundene Arbeit für den jeweiligen Kalender des nächsten Jahres im Umfang von 120 bis 150 Druckseiten: „Zwar beschleicht mich zuweilen ein Überdruß an meiner gehetzten Schriftstellerei, namentlich ist mir innerlich die Politik zum Greuel geworden, aber was wills helfen, der Bien, er muß und so geht's denn so gut oder schlecht es kann“[86].

Ganzjährig standen Vorbereitungen auf die regelmäßigen Sonntagspredigten und die Vortragsabende im Gesellenverein an. Da blieb es nicht aus, daß Kolping – trotz seiner Helfer – immer einmal wieder über die Arbeitsbelastung klagte. Nach Mittagessen und kurzer Pause wurden Außentermine in der Stadt wahrgenommen. Besprechungen und Termine für Bauangelegenheiten, Vorbereitung von Gremiensitzungen, Empfang von Besuchern und Gespräche vor allem mit den Gesellen standen auf dem Programm. Dazu kam oft erst am späten Abend das Breviergebet, das etwa 1 1/2 Stunden in Anspruch nahm. Den Abend verbrachte Kolping meist im Gesellenhospiz bzw. in seiner dortigen Wohnung. „Und wenn die Tageslast auch bisweilen sehr schwer drückt, sie soll und muß getragen sein. Das Leben ist Plag' und Arbeit, Mühe und Sorge, und nur im Himmel ist Ruh'“[87].

Wilhelm Servatius Flücken

Wilhelm Flücken, aus Jüchen stammend, wo Kolpings Freund Wollersheim seit 1843 als Pfarrer amtierte, war seit 1859 enger Mitarbeiter Adolph Kolpings als Kaplan und Stellvertreter im Gesellenverein[88]. Auch bei den publizistischen Arbeiten war er ständiger Helfer. Durch die engen persönlichen Kontakte und die zumindest teilweise gemeinsame Lebensführung ist Flücken einer der wichtigsten Zeugen für die ungeheure Arbeitskraft und Selbstdisziplin Kolpings. Nach gut sechsjähriger Zusammenarbeit konnte er sich ein Urteil über seinen Vorgesetzten erlauben. Ihn faszinierte „die immer heitere und frohe Natur ..., sein unermüdliches, kühnes Wirken und Schaffen, das die Schwierigkeiten aufsuchte und im Kampf mit den Mühen seines Berufes ein eigenstes Lebens-Elemente zu finden schien, dabei seine innere feste und heilige Überzeugung von der Wahrheit, Wichtigkeit und Notwendigkeit seiner Sache, sein unerschütterliches Gottvertrauen, endlich sein würdiges und frommes priesterliches Leben, das zur Ehre Gottes und zum Heile der Menschen in Gebet und Arbeit aufging“[89]. Die Zusammenarbeit der beiden war im großen und ganzen problemlos. Kolping förderte seine „treue Haut“[90] auch durch Außenaufträge. So nahm der Kaplan an den Katholikentagen in München und Frankfurt teil[91]. Als Teilnehmer der Generalversammlungen der Gesellenvereine wurde er aber nicht verpflichtet. Nur einmal beklagte Kolping sich: „Mein Vikar könnte fleißiger sein. Es scheint seine erste Liebe ist am Erkalten, denn er hat zu viele Nebendinge“[92]. Aber die persönliche Beziehung hat darunter nicht gelitten. Das beweisen Kolpings Mitsorge um dessen kranke Mutter und eine Schenkung aus dem Nachlaß[93]. Nach Kolpings Tod wurde er zunächst „mit den Funktionen des Präses der Mitglieder des Gesellenvereins gegenüber bis auf weiteres betraut“[94]. Zum Jahresende 1866 schied er aus dem Vorstand aus[95], übernahm eine Rektorstelle in der Nähe von Köln, wechselte aber schon sehr bald als Militärpfarrer nach Kassel.

Mitarbeiter und Freunde

Es gelang Kolping, auf Dauer eine erstaunlich große Zahl von Helfern zu finden, die sich verpflichteten, durch regelmäßige Beiträge das Werk weiterzubringen und auch in Gang zu halten. Die einen spendeten Geldbeträge, andere halfen mit Naturalgaben, Ärzte und Rechtsanwälte gaben Gratisauskünfte. Die guten Beziehungen zu sozial höhergestellten Freunden und Anhängern seines Werkes pflegte er und wußte sie für seine Anliegen gut zu nutzen. Kolping hatte einen riesigen Bekannten-, aber nur einen kleinen Freundeskreis[96]. Durch seine vielseitige Berufstätigkeit hatte er zu vielen Personen offizielle oder halboffizielle Kontakte. In seinem Freundeskreis zeigte sich ganz deutlich seit der Kölner Zeit, daß enge persönliche Beziehungen selten waren. Gruscha und Mittweg hatten für Kolping große Bedeutung. So schrieb er an Frau Mittweg, es gebe „drei unangenehme Dinge im Leben“. Eines sei schlimmer als das andere: „Im Bette liegen und nicht schlafen können, ... einen Freund ... erwarten, der nicht kommt ... und ... eine Freundschaft bereuen“[97]. Die meisten Freunde waren Kollegen bzw. Mitarbeiter bei den Volksblättern und in der Vereinsarbeit. Für diese Beschränkung dürfte der Zeitfaktor besonders ausschlaggebend gewesen sein. Freunde wurden Mitarbeiter (Effenberger im Verein, Heuser und Vosen im Verein und bei den Publikationen) und Mitarbeiter wurden Freunde (Gruscha, Mayr, Müller, Höll und Steinle).

In seiner Kölner Zeit pflegte Kolping persönliche Kontakte zu den Familien Baudri, Michels, Wallraf, Reichensperger. Außerhalb Kölns war er ganz besonders der Familie Mittweg in Neuwied, Familie Ziegler in Soest und der Familie Kaufmann in Bonn verbunden[98]. Vor allem für die Kinder dieser Familien war der „Onkel Kolping" Freund und gelegentlich ausgelassener Spielgefährte. Auch die Zahl seiner Patenkinder läßt auf gute persönliche Beziehungen der betroffenen Familien schließen. Kolping war nicht immer einfacher Partner und Freund. Sein Nachfolger Schäffer sprach von „einer etwas eckige[n] Außenseite". Breuer nannte sein Auftreten derb[99]. Aber Kolping vermochte durch persönliche Ausstrahlung zu gewinnen. Wer ihn näher kannte, mußte das Gefühl haben, einem Menschen begegnet zu sein, der überzeugt von seiner Sache, ruhig und aufmerksam zuhören konnte, der ehrlich und aufrichtig seine Meinung sagte und auf den man sich in jedem Fall verlassen konnte. Anspruchsvoll formulierte er Inhalte und Ziele einer Freundschaft: „Deswegen sind wir erst eigentlich Freunde, daß wir uns gegenseitig nicht nur die Zeit vertreiben und aufheitern, sondern auch in ernsten Stunden dichter aneinanderreihen, einer dem anderen seine Ansichten und Meinungen unverhohlen, treu und gewissenhaft mitteilt, daß man sich aneinander stärkt zu einem Zwecke, den man einzeln nicht erreichen würde"[100].

Um persönliches Glück und innere Zufriedenheit müsse man sich selbst bemühen. Man müsse sie selbst wollen. Sie fielen einem nicht in den Schoß. Dazu gehörten für Kolping vor allem Gespräche und gemeinsame Mahlzeiten mit Freunden und Gästen. Man müsse sich bewußt Zeit für nahestehende Menschen nehmen und diesen Freude bereiten, ohne an sich selbst zuerst zu denken: „Die kleinen Freuden, welche uns recht zugetane Herzen erweisen, die an sich geringfügigen Beweise treuer Freundschaft und aufrichtigen Wohlwollens sind uns wohltätig und kommen darum nie zu oft. Ja, man sollte geflissentlich die Gelegenheiten teilen, soviel es nur anginge, um recht oft dem guten Herzen etwas zu tun zu machen und irgendeine Freude zu bereiten. Das erfrischt und belebt das Leben mehr, als wenn wir alles auf einen Tag und eine einzelne Gelegenheit versparen, uns dann vielleicht gewaltig anstrengen und aufregen, um nun wieder das auf lange Zeit bedürftige Herz müßig liegenzulassen"[101].

Peter Michels

Der treueste Helfer, der Kolping jederzeit mit Rat und Tat zur Seite stand, war der bereits genannte Peter Michels. Seit 1849 verband ihn eine durch Kaplan Chargé vermittelte Freundschaft mit Kolping. Die beiden Männer waren sich von der persönlichen Veranlagung her schon ähnlich. Michels war ein „zufriedener und vergnügter Charakter, der die Leute so nimmt wie sie sind und nicht, wie sie sein sollen"[102]. Gemeinsame soziale Ziele ließen die gegenseitige Bindung dieser Männer noch enger werden. Finanziell war der Unternehmer gut gestellt. Auf zahlreichen Reisen, die wegen seines Tuchhandels erforderlich waren, hatte er persönliche Kontakte im ganzen Land. Der Kölner Großkaufmann diente dem Allgemeinwohl auch als besonnener Kommunalpolitiker. Von 1831 bis 1849 arbeitete er als Mitglied im Rat der Stadt Köln Zum Jahresende 1833 wurde Michels auch zum Mitglied der Kölner Handelskammer erwählt. Daß ein reicher, selbständiger Kaufmann, der sich nicht nur als Arbeitgeber für soziale Maßnahmen einsetzte, an führender Stelle im Kölner Gesellenverein mitarbeitete, war für Kolping die logische Konsequenz seiner Auffassung, man müsse „auch *jedem* Stande das Recht resp[ektive] die Freiheit geben, seine Aufgabe für die Gesamtheit wie für sich selber nach Kräften zu lösen“[103].

Fast täglich besuchte Kolping die Familie Michels, deren Haus in der Nähe der Minoritenkirche lag. Aus der Chronik der Familie erfahren wir: „Das Elternhaus war ein gastliches Dach für die engere Familie und einen kleinen Freundeskreis. Unter letzteren war der Gesellenvater Kolping ein täglicher Gast zum Kaffeetisch; er saß stets im gleichen Sessel die Zeit ab, die sich mein Vater als Unterbrechung seiner Tätigkeit dann gestattete. Die welt- und stadterschütternden Ereignisse wurden dann besprochen, vor allem, die für die Lage der ärmeren Klassen zu erstrebenden Besserungen, wofür unser Vater auch stets eine offene Hand hatte“[104].

Kolping nahm am Familienleben regen Anteil. Gratulationen zur Erstkommunion, zur Verlobung von Tochter Elise und zur Geburt des Enkelsohnes Paul, auch aus der Ferne, sind keine floskelhaften Pflichtübungen: „Wenn Euch Gott all das Gute gibt, was ich Euch wünsche und um das ich für Euch bete, geht's Euch allen sicher immer sehr gut“[105]. Die Familie besaß in Endenich bei Bonn ein Landgut, auf dem man die Sommermonate verbrachte. Zu regelmäßigen Gästen gehörten Kolping und Chargé, „denen Maitrank vorgesetzt wurde, und die sich dann tummelten und schaukelten und sich, natürlich zur Freude der Jugend, einmal gar die Hosen zerrissen“[106].

Michels vermittelte Kolping, abgesehen von eigenen nicht unbeträchtlichen Zuwendungen, den Zugang zu reichen Familien und Firmen Kölns[107]. Alle finanziellen Schwierigkeiten des jungen Gesellenvereins, die das kaufmännische Verständnis Kolpings nicht bewältigen konnte, wurden von Michels bestens gelöst. Für die Verleihung der Korporationsrechte an den Gesellenverein im Jahre 1856 setzte sich der Kölner Kaufmann besonders ein. Kolping und Michels fuhren schließlich gemeinsam nach Berlin, um sich persönlich beim König für dessen Befürwortung zu bedanken. Kolping schenkte ihm in allen finanziellen Fragen uneingeschränktes Vertrauen. Er überließ ihm darum nicht nur die Verhandlungen zur Errichtung und zum Ausbau des Gesellenhospizes, sondern machte ihn auch zu seinem Testamentsvollstrecker. Die Freundschaft basierte auf der für einen Kaufmann ungewöhnlichen Lebensregel: „Ich habe in meinem Leben gefunden, daß der größte Egoismus, das größte Glück, welches man sich selbst zu schaffen im Stande ist, darin besteht, *andere* glücklich zu machen“[108]. Peter Michels ist selbst bei seiner großen Geschäftstüchtigkeit und einem wirklichen Sinn für Verantwortung nicht im Geschäftsleben aufgegangen. Daran hinderten ihn die Liebe zu Frau und Kindern und seine rheinische Heiterkeit.

Kolping spendete seinem Freund auch öffentlich uneingeschränktes Lob: „In dieser Stadt ist ein sehr reicher Mann, ein Handelsmann, der schämt sich nicht, in den Unterricht zu gehen und den Unterricht zu geben und zu sehen, was die Leute gelernt haben. Er läßt alles stehen und liegen an seinem Pulte, er verläßt sein Geschäft,

... wenn es heißt: Da ist ein armer Geselle krank, er muß heimgeschickt werden und hat kein Geld; er gibt Geld und geht selber mit ihm an Ort und Stelle. Das ist auch edel, und die Gesellen möchten den Mann noch reicher machen, als er ist, *und es ist ihnen nie beigefallen, ihm den Reichtum zu nehmen; der ist sicher, wenn Gott ein Unglück schickte,* dieser hätte sich eine lebendige Mauer um das Haus gebaut ... Das tut die Liebe"[109]!

Er bewunderte an seinem Freund den patriarchalischen Führungsstil in Familie und Firma. Die Angestellten in Haus und Geschäft nahmen gemeinsam mit der Familie die Mahlzeiten ein und wohnten bis zur Eheschließung auch im Hause[110]. Auch Kolpings Frauen- und Mutterbild ist weitgehend geprägt von seinen persönlichen Erfahrungen in den Familien Michels und Mittweg, wo die Frau mit Haushaltsführung und Kindererziehung betraut und ausgelastet war. Hier sah er sein persönliches Familienerleben der Kerpener Kindheit und Jugend transferiert und überhöht in die bürgerliche städtische Gesellschaft. Patriarchalische Familienstruktur, autoritätsausgerichtetes Erziehungsdenken, in dem der Knabe zu einem „tüchtigen" Mann, das Mädchen zu einer „braven" Frau erzogen wurden; beide bescheiden, genügsam und zufrieden mit und dankbar für den „Stand" in Gesellschaft und Kirche, zu dem Gott einen jeden beruft. Ein – auch gesellschaftlich geachteter – Austritt aus diesem Ordnungsgefüge war nur über Eintritt in den Ordens- oder Kleriker-Stand möglich.

Entfernt verwandt mit Michels war auch ein weiterer Freund Kolpings, der sich später auch im Gesellenverein und in der Politik betätigte.

Eugen von Kesseler begann 1849 das Jurastudium in Bonn und war nach Tätigkeiten in Berlin und Koblenz ab 1857 Assessor am Kölner Gericht[111]. 1859 trat er in die päpstliche Armee ein. Kolping hatte den Präsidenten des Kölner Vinzenzvereins an Gruscha empfohlen, der ihm auf der Reise in Wien behilflich sein sollte. Ob und wie weit er seinen Förderer mit Informationen aus Italien für die „Rheinischen Volksblätter" versorgte, ließ sich leider nicht ermitteln.

1861 kehrte er als Oberleutnant aus Rom zurück und nahm seine Arbeit am Kölner Gericht wieder auf. Nach Kolpings Tod war er viele Jahre Vorstandsmitglied des Kölner Gesellenhospitiums.

Neben Peter Michels verdankte der Kölner Gesellenverein zwei Brüderpaaren, die als Nichtkölner die Geschichte der Stadt im 19. Jahrhundert stark mitprägten, wohlwollende Förderung: Baudri und Reichensperger.

Johann Baudri

Der knapp zehn Jahre ältere Johann Baudri hatte seine ersten seelsorglichen Erfahrungen als Pfarrer, lange vor Kolping, ebenfalls im Wuppertal gemacht. Dessen Beschwerden nahm er als enger Mitarbeiter des Erzbischofs aber wohl eher gelassen entgegen, wenn sie auch deutlich und bestimmt waren. „Ich habe mich, hochwürdiger Herr, etwas weitläufig und frei ausgesprochen, das erste, weil ich es den Umständen angemessen hielt, das letzte, weil ich dafür halte, daß offener Freimut keiner Sache schade, jetzt aber besonders an der Zeit sei." Kolping bekannte: „Ich will aufrichtig, was die Kirche will. Das aber auch ohne Menschenfurcht, selbst auf die Gefahr hin, bisweilen, wenn das Gewissen stärker ruft als das Herz, anzustoßen“[112].

Der Generalvikar hatte sicher auch von den ersten Erfolgen des Gesellenvereins gehört und förderte Kolping und dessen Anliegen nach Kräften. Er erinnerte sich: „Da ich dem Kölner Gesellenverein von seinem Beginn an nahe gestanden, ist mir wohl noch ein kurzes Wort über seinen Ursprung gestattet. Adolph Kolping, der Gründer des Gesellenvereins, wurde bald nach seiner Priesterweihe wegen seiner großen Begabung, besonders für die sozialen Verhältnisse in den Arbeiterkreisen, im Jahre 1845 in dem volk- und gewerbereichen Wuppertale als Hilfsgeistlicher angestellt. Dort, in der großen Fabrik- und Handelsstadt Elberfeld mit seiner zahlreichen Fabrikbevölkerung, fühlte er alsbald das Bedürfnis, die jugendlichen Arbeiter gegen die Gefahren und Versuchungen der Welt zu schützen und auf gute Bahnen zu führen. Er stiftete einen Jünglingsverein, der jetzt auch als Gesellenverein blüht und segensreich wirkt. Öfter hatte er mir den Wunsch geäußert, in Köln, der Metropole des Rheinlandes, einen solchen Verein gründen zu können, um von da aus das schöne Werk in der Erzdiözese weiter verbreiten zu können. Auf meinen Antrag wurde er vom hochseligen Herrn Erzbischof Kardinal von Geissel im Jahre 1849 zum Domvikar ernannt und begann sofort sein schönes Werk. Bei großen Schwierigkeiten fand er auch freundliches Entgegenkommen und reiche Unterstützung. In den ersten Jahren war er mein Begleiter auf den Firmungsreisen und benutzte jede Gelegenheit, die sich ihm bot, den Samen seines Vereins zu pflanzen, und wo er schon gepflanzt, keimte und grünte, zu fördern“[113].

Am 25. Februar 1850 wurde der sechsundvierzigjährige Baudri von Kardinal Geissel zum Bischof geweiht. Über vierzig Jahre gehörte er zur Führungsspitze des Kölner Erzbistums und engagierte sich besonders bei der Förderung kirchlicher Kunst und im katholischen Vereinsleben. Eine der Hauptaufgaben war die Spendung der Firmung[114].

Im Mai 1853 begleitete Kolping den Weihbischof Baudri auf einer Firmungsreise im Dekanat Jülich. In diese Zeit fiel das Fronleichnamsfest; an der Prozession wollten der Weihbischof und Kolping in Jülich teilnehmen. Die Prozession ging auch durch die dortige Artilleriekaserne, doch in diesem Jahr hatte der neue Artilleriemajor den Durchgang verboten. Unter den Soldaten waren auch einige Mitglieder des Gesellenvereins Köln, die, wie ihre Kameraden, über das Verbot enttäuscht waren. Sie wandten sich an ihren Präses Kolping, dem es gelang, das Verbot rückgängig zu machen, zur Freude der Soldaten und der Bevölkerung[115].

Kolping selbst war regelmäßiger Tischgast im Hause des Weihbischofs[116]. Die Tagebücher des Bruders, die diese privaten Kontakte verbürgen, erfahren eine aussagekräftige Bestätigung durch die Nichte des gastfreundlichen Klerikers. Sie kam 1857 zum „Onkel Weihbischof Dr. Baudri nach Köln zur Hilfe im Haushalt, und (ich) kenne auch seit dieser Zeit den damaligen Präses Adolph Kolping, welcher in der Wohnung des Herrn Weihbischofs als guter Freund ein und ausging, und dort jede Woche seinen Besuch machte. Ich erinnere mich seiner als heiteren und frohen Mann … Kolping sprach sehr viel das ‚gemütliche echte Kölsch‘, kurz, wir waren immer froh, wenn er kam“[117].

Mit den Gebrüdern Baudri hatten aus dem Kölner Klerus engeren Kontakt die Domkapitulare Broix, Strauß, Vill, Schnepper und Dumont. Unter den Laien überwogen die kunstinteressierten Kreuser, von Thimus, Steinle und Statz. Kolping führte auch Gruscha bei dessen Besuchen in Köln in den gastlichen Kreis, in dem u. a. auch Dieringer und Niedermayer verkehrten, ein[118]. Der Weihbischof starb am 29. Juni 1893 und wurde – wie sein früherer Sekretär – in der Minoritenkirche, der er sich besonders verbunden fühlte, bestattet[119].

Friedrich Baudri

Nach einigen Reise- und Studienjahren ließ sich Friedrich Baudri 1848 in Köln als Maler und Glasmaler nieder[120]. Die Empfehlung, in Köln seßhaft zu werden, hatte er von seinem Freund, dem Architekten Statz bekommen; sie war aber wohl auch durch die Tätigkeit seines Bruders in Köln mitbestimmt. Im folgenden Jahr heiratete er die aus Koblenz stammende Gertrud Menn. Im neugegründeten Haushalt der Familie Friedrich Baudri war Kolping ein gern gesehener Gast. Durch seine Mitarbeit im Gesellenverein und seine Teilnahme an den Generalversammlungen 1851 und 1853 ergaben sich engere Kontakte. Er unterzeichnete schließlich auch das Protokoll für die Stiftung des Rektorates an der Minoritenkirche. Baudris Werkstatt für Glasmalerei entwickelte sich bald zu einem der führenden Unternehmen dieser Branche im nördlichen Deutschland. Nebenbei wurde er auch publizistisch tätig. Er gründete 1851 als engagierter Befürworter der Neugotik die Zeitschrift „Organ für christliche Kunst", die er bis 1861 selbst herausgab. Wie Peter Michels begnügte er sich nicht mit einer rein geschäftlichen Tätigkeit. Er strebte nach Einfluß im kulturellen und politischen Bereich und setzte sich besonders für die Verteidigung der Rechte und Ansprüche der katholischen Kirche ein. Diese Tätigkeit bildet auch den Hauptinhalt seiner Tagebücher, nachdem er 1856 in das Kölner Stadtparlament gewählt worden war. Als Stadtverordneter war er bis 1871 rege tätig. In den sechziger Jahren lehnte er eine Parlamentskandidatur in Moers und eine Wahl ins Norddeutsche Parlament ab. 1872 wurde er als Kandidat der Zentrumspartei in Aachen zum Landtags- und Kreistagsabgeordneten gewählt.

Die Tagebücher lassen auch einen Schluß auf das glückliche und gesellige Familienleben zu. Fast täglich hatte er aus vornehmen Kölner Kreisen Gäste zu Hause. Am 19. Juni 1856 starb nach längerer Krankheit seine Frau, die ihm zwei Söhne und eine Tochter geschenkt hatte. Kolping hob ihren Totenzettel in seinem Brevier auf[121]. Friedrich Baudri starb am 6. Oktober 1874 in seinem Hause in Köln in der Mohrenstraße und wurde auf dem Friedhof Melaten bestattet.

August Reichensperger

Enger Freund Kolpings war der konservative Politiker August Reichensperger[122]. In mehreren Interessengebieten hatten die beiden Männer gemeinsame Ansichten, die kurz skizziert werden sollen. Der gebürtige Koblenzer hat als Jurist auf kulturpolitischem und politischem Gebiet Außerordentliches geleistet. Mit aller Kraft setzte Reichensperger sich für die Vollendung des Kölner Dombaues ein: „Meine ganze

Laufbahn, auch meine politische, knüpft sich an unseren Dom"[123]. 1841 wurde er Landgerichtsrat in Köln, drei Jahre später in Trier. 1849 kam er als Kammerpräsident wieder an das Landgericht Köln. Auf eigenen Antrag hin ging Reichensperger 1875 in den Ruhestand. Im öffentlichen Leben spielte der Jurist eine wichtige Rolle. An der Gründung des Borromäusvereins 1844 war er beteiligt. Auf dem Katholikentag in Mainz hielt er eine Rede über die in Frankreich gegründeten Vinzenzvereine und gab damit Anstöße zur Bildung kirchlicher Vereine. 1858 gestaltete er als Präsident den Kölner Katholikentag wesentlich mit. Den Katholikentagen von Trier 1887, und Köln 1894, stand er als Ehrenpräsident vor. Katholische Organisationen, die sich der Kunst und der Publizistik widmeten, wurden durch ihn gefördert.

Seine politische Tätigkeit fand 1848 eine erste Bestätigung bei der Wahl in die Frankfurter Nationalversammlung. Als der König von Preußen zum deutschen Erbkaiser gewählt wurde, enthielt Reichensperger sich der Stimme und legte im Mai 1849 sein Mandat nieder. Von 1851 bis 1885 gehörte er mit einigen Unterbrechungen dem preußischen Landtag an. 63 Abgeordnete bildeten 1852 unter August Reichensperger und seinem Bruder Peter eine ‚katholische Fraktion', seit 1859 ‚Zentrum' genannt. Diese Partei zerfiel jedoch bereits 3 Jahre später, wurde aber 1870 mit einem neuen Programm wieder aktionsfähig.

Schon früh interessierte ihn die Handwerkerfrage und er trat für die Abschaffung der Gewerbefreiheit ein[124]. „Eine besondere Freundschaft"[125] bestand zwischen Reichensperger und Kolping, dessen Wirken für das Volkswohl den Politiker faszinierte. Er war gern gesehener Gast im Hause Reichensperger und suchte gern dessen Rat:

„Da fehlt mir immer die helfende Hand, die ich nun schon seit Monaten vermisse. Sonst kümmert sich niemand um mich, keine Menschenseele. Also muß ich fortwirtschaften, so gut oder schlecht es geht. Bin oft sehr müde und unlustig"[126]. Solche Bekenntnisse lassen auf ein besonderes Vertrauensverhältnis schließen, weil sie in den bekannten Briefen selten sind. Hier wird ebenfalls deutlich, daß für die von Kolping gewählten Arbeitsgebiete seine Kontakte mit priesterlichen Mitbrüdern nicht genügend Anregungen brachten: „Mein ganzes Elend ist eben, daß ich in wichtigen und entscheidenden Dingen gar niemand habe, womit ich Rat pflegen kann … Helfen Sie mir nun nach Kräften"[127]. Im Jahre 1860 fuhren Kolping und Reichensperger gemeinsam zur Kur nach Ostende. Wie aus einem Tagebuch Reichensperger hervorgeht, hat Kolping bei diesem Ferienaufenthalt dem Freund seine Lebensgeschichte erzählt[128].

Auf einer Reise nach Ostende besuchte Kolping im belgischen Brügge die Töchter seiner Freunde Reichensperger und Wallraf im vornehmen Internat der Englischen Fräulein. Und es bereitete ihm ausgesprochen Spaß, daß die herbeigerufene Oberin ihn nicht für einen Geistlichen, sondern für einen Vater der Kinder halten wollte[129]. Ein schmerzlicher Verlust war für den gestandenen Politiker der Tod seiner Tochter Johanna, die im Frühjahr 1864 als noch nicht Zwanzigjährige starb. Kolping als treuer Freund der Familie fühlte mit der Familie und leistete seelsorglichen Beistand und spendete Trost: „Ich habe … Reichensperger versprochen, … Ihnen ein paar Zeiler zu schreiben, da ihm das Schreiben zu schmerzlich ist. Sie können denken, was wir, die wir Zeuge seiner Befürchtungen und Hoffnungen, dann seines schrecklichen Schmerzes waren, mit ihm gelitten haben. Doch hat ja die heilige Religion für alles rost, und so sind dann auch die härtesten Tage – wir dürfen sagen mit Gott – lücklich überstanden. Unser armer Freund richtet sich allmählich wieder auf, und amentlich trägt seine vortreffliche Frau dazu sei, ihn zu trösten und zu ermutigen. Den Starkmut der Frau Reichensperger mitten im herzzerreißenden Schmerz habe ch bewundern müssen. ... Sobald unser Freund wieder ein wenig zurecht ist, wird er hnen weitläufiger schreiben. Ich habe *jetzt* wider alles Schreiben geraten, weil es nur lazu dient, in der frischen Wunde neue Schmerzen zu erzeugen. Beten wir, wie für lie hingeschiedene Johanna, diesen schönen Engel an Gottes Thron, so für die Hinterbliebenen, daß Gott sie auch aus der Karwoche heraus dem Troste eines glückichern Ostern entgegenführe“[130].

August Reichensperger arbeitete an den „Rheinischen Volksblättern“ mit und lieerte eine Artikelfolge „Zeitungs-Schlagwörter“[131]. Zweimal in 12 Jahren schrieb Reichensperger für das wöchentlich erscheinende „Politische Tagebuch“[132]. Besonlers interessierte er sich für die ‚Rheinischen Volksblätter‘. „Durch Anregung und ufklärende Diskussion erwies sich der Kölner Appellrath der Wochenschrift in hoem Grade nützlich. Nicht mancher Tag verging, daß Reichensperger nicht Kolping esucht hätte; da wurden dann manche schwierige politische Fragen geklärt und das Urteil über dieselben berichtigt. Der fast tägliche Umgang mit Reichensperger wirkte nicht allein auf die politischen Anschauungen Kolpings in jeder Hinsicht vorteilhaft ein“[133].

In mehreren Bereichen nutzte Kolping die Kenntnisse und parlamentarischen Erfahrungen August Reichenspergers. Für die Bildungsinhalte in der Erwachsenenbillung der Gesellenvereine spielten vier wichtige Themenkreise eine Rolle. Für das gesamtdeutsche politische Geschehen und dessen Interpretation stützte Kolping sich uf eine von den Gebrüdern Reichensperger verfaßte Schrift „Deutschlands nächste Aufgaben“[134], die er in den „Rheinischen Volksblättern“ empfahl[135] und auch für sein „Politisches Tagebuch“ auswertete[136].

Für die Beurteilung der Innenpolitik der Preußischen Regierung nahm Kolping in den Jahren 1860–1863 dankbar die von Reichensperger gelieferten Beiträge und Informationen an. Die Feststellung, Reichensperger sei „die eigentliche Quelle zum ‚Politischen Tagebuch‘“[137] ist bei zwei nachgewiesenen Beiträgen von fast 600 Artikeln wohl übertrieben. „Winke“, die Reichensperger Kolping gab, nahm dieser jedoch stets bereitwillig an[138]. Seine Mitarbeit an Kolpings „Rheinischen Volksblättern“ bestand mehr in gezielten Informationen und klärenden Anregungen, als in selbstverfaßten Beiträgen[139].

Weiter findet man Gleichklänge bei Kolpings Lob über Reichensperger in den „Rheinischen Volksblättern“. Reichensperger sagte alles „so klar und deutlich, oft derb und handgreiflich“. Er weiß „ganz bestimmt, was er will ..., so daß alles, was er gibt, Hand und Fuß hat, und was er verwirft, auch nichts besseres wert ist. Das ist ein klar bewußtes Bekämpfen dessen, was nicht taugt“[140].

In intensiver Zusammenarbeit, deren Thematik Reichensperger umschreibt, bestärkten sich die beiden gegenseitig: „Grundübel unserer Zeit ist die Zweifelsucht und der Indifferentismus, der Wissensdünkel und die Phrase“[141]. Kolpings entschiedenes Auftreten gegen den Liberalismus wurde durch Arbeiten Reichenspergers gefördert, wenn nicht gar Reichensperger dafür die Grundlagen lieferte. In Gesprächen[142] kam es zu gemeinsamen Auffassungen, die ihren schriftlichen Ausdruck in der bereits erwähnten Artikelreihe der „Rheinischen Volksblätter" fanden. Diese Schlagwörter edierte Reichensperger im Jahre 1862 als eigene Broschüre. Sie fand unter dem Titel „Phrasen und Schlagwörter. Ein unentbehrliches Not- und Hülfsbüchlein für Zeitungsleser" beachtlichen Anklang[143]. Kolping widmete dieser Schrift eine empfehlende Besprechung in den „Rheinischen Volksblättern"[144] und kündigte auch die verbesserte zweite Auflage an, um mit der angezeigten Schrift „die hohle Windbeutelei und die Verlegenheit der modernen Phrasendrechsler dem unbewachten Sinne des Publikums anschaulich zu machen"[145]. Für die „Rheinischen Volksblätter" übernahm er die Artikel „Fortschritt"[146] und „Freiheit"[147]. Die fachlichen Kontakte haben Kolping zu seinen Arbeiten über „Aufklärung"[148], „Freiheit"[149] und „Humanität"[150] angeregt. Diesem Modethema der Zeit, „Phrasen" politisch Andersdenkender zu kritisieren, erlag Kolping ebenso wie Jarke oder Ketteler. Über die Behandlung der Unterrichtsfrage im Abgeordnetenhaus und die Position der Liberalen erbat sich Kolping Unterlagen von seinem Freund[151].

Spürbaren Einfluß auf Kolping hatte Reichensperger auch mit seiner Vorliebe zur bildenden Kunst der Neugotik. Die empfehlenden Besprechungen der Broschüren von Reichensperger[152] in den „Rheinischen Volksblättern"[153] geben Hinweise für seine Bewunderung Reichenspergers als begabten Vermittler von Fachwissen: „Was das Verständnis des Buches betrifft, so hat's damit keine sonderliche Not, denn es ist alles so klar und deutlich, oft derb und handgreiflich. Alles drin gesagt, daß sich keiner den Kopf zu viel zerbrechen braucht, um zu wissen, was er liest"[154].

Grundsatztreue war die Eigenschaft, die Kolping an Reichensperger besonders schätzte. Sie basierte aber auf einem Welt- und Geschichtsbild, das auf Grund der politischen Veränderungen nicht mehr der Realität entsprach: „Heute läßt sich, ohne daß man A. Reichensperger Unrecht tut oder seine Verdienste schmälert, nur sagen, daß er auch auf diesem Gebiete, wie auf dem der Politik und Kirchenpolitik doch nur einen Ausschnitt aus der geschichtlichen Entwicklung sah; die Einseitigkeit, mit der er die Gotik als allein, für alle Zeiten und alle Nationen als maßgebend hinstellte, entspricht genau der Einseitigkeit, mit der man politische Einrichtungen, welche dahingestorben sind, oder spekulative Systeme, welche sich ausgelebt haben, der Gegenwart wieder aufnötigen wollte oder noch will. Dies traumhafte Versinken in eine nicht mehr lebendig zu machende Vergangenheit mag als letztes Ausleben des Romantizismus sein Interesse und seine Anziehungskraft haben: an der geschichtlichen Betrachtung wird es immer zerschellen, denn diese geht auf das Ganze, wie es gewesen ist, aus und begnügt sich nicht damit, Episoden aus dem großen Bilderbuch vergangener Jahrhunderte herauszuschneiden"[155].

Von dieser Beurteilung des Kirchenhistorikers Franz Xaver Kraus (1840–1901) her und vor dem politischen Hintergrund der Kulturkampfzeit ist auch die Würdigung Reichenspergers für seinen Freund Kolping, mit dem er „in der Tiefe zusammengewachsen" war[156], im preußischen Abgeordnetenhaus zu bewerten: „Meine Herren, der katholische Gesellenverein ist mitten in dem Sturm des Jahres 1848 zu Elberfeld gegründet worden von einem katholischen Priester namens Kolping. Er bildete gewissermaßen einen konservativen Kern, mitten in den damals, namentlich im Arbeiterstande, mitunter überflutenden revolutionären Strömungen. Der Gesellenverein hat sich, ... auf eine, ich möchte sagen, fabelhafte Weise ausgebreitet, obgleich – wie gesagt – seitens der Regierung niemals eine Unterstützung ihm zuteil geworden ist. Im Gegenteil: beim Beginn der Ära des Kulturkampfes hat er Anfechtungen und Verdächtigungen zu erleiden gehabt. ... Hunderttausende von Gesellen haben in ihm Pflege, Unterstützung und Unterweisung gefunden. Tausende von Meistern sind aus dem Verein hervorgegangen; zugleich hat er an verschiedenen Orten das Lehrlingswesen in die Hand genommen – ich glaube sagen zu dürfen, daß kein mächtigerer Damm gegen die Sozialdemokratie errichtet ist, als dieser katholische Gesellenverein"[157].

Reichensperger überlebte seinen Priesterfreund fast dreißig Jahre und blieb – wie Kolping – der Domstadt bis zu seinem Tod eng verbunden.

Eduard von Steinle

Im Hause Reichensperger lernte Kolping den Frankfurter Maler Eduard von Steinle kennen und schätzen. Er konnte den Künstler für eine Tätigkeit bei der Restaurierung der Minoritenkirche gewinnen. Über diese fachliche Zusammenarbeit fanden die beiden Männer auch menschlich zueinander guten Kontakt. So wurde Steinle nicht nur für den Kölner Gesellenverein tätig, er portraitierte auf Wunsch Kolpings auch Marie Mittweg[158].

Der Frankfurter Künstler wohnte damals im Hause seines Freundes Vinzenz Statz, „wo ihm durch die Fürsorge der Hausfrau, einer echten, urwüchsigen Kölnerin, möglichst das Heim ersetzt wurde. Daß August Reichensperger damals wieder in Köln wohnte, war natürlich von besonderem Werte. Der Verkehr mit ihm mit, seinem geistvollen Freunde Freiherrn v. Thimus, dem genialen Verfasser der ‚Harmonikalen Symbolik des Alterthums', mit dem Gesellenvater Kolping, und in den Häusern v. Wittgenstein und Stein, machte den Aufenthalt in Köln für Steinle so behaglich, daß er gerne die vorhergegangenen Unannehmlichkeiten vergaß"[159].

Den Umgang mit Kolping pflegte Steinle besonders gern: „Wann immer er konnte, suchte er den Gesellenvater auf und ergötzte sich an der einfachen und tiefen Weise des Mannes, die Dinge zu beobachten und zu beurteilen. Seine „‚Erzählungen' waren ihm eine liebgewordene Lektüre. Für die Minoritenkirche fertigte Steinle die Kartons zu den Fenstern und später diejenigen zu einem großen Flügelaltare der ‚Unbefleckten Empfängnis'. Dieser Altar kam, da Kolping starb, nicht zur Ausführung"[160]. Im Werkverzeichnis von 1863 findet sich dazu der Hinweis, daß es sich bei den Fensterentwürfen um Aquarellkartons mit Darstellungen aus dem Leben des hl. Franziskus handelte[161]. Auf dem Altarbild sollten neben der Immaculata die Chöre der Propheten, Patriarchen und Apostel, Ordensstifter sowie Märtyrer und Jungfrauen dargestellt werden[162]. Näheres über den Entwurf für eine Fahne des Kölner Gesellenvereins mit einer Darstellung des hl. Josef, geht aus einem Brief Reichenspergers an den Maler hervor: „Auf Kolpings Veranlassung beeile ich mich, Deinen Brief zu beantworten... Denke Dir, sein rechter Arm ist durch Gicht gelähmt! Er trug mir auf, seinen herzlichen Dank für den Fahnenentwurf zu vermelden, welchen ich gleich nach seiner Ankunft mit ihm, Statz und Thimus bewundert habe; ja bewundert, wie aus einem Munde: Er ist sehr schön"[163]!

Kolpings Persönlichkeit muß Steinle schon außergewöhnlich beeindruckt haben. Er schrieb an Reichensperger über den gemeinsamen Freund: „Ich kann nicht genug sagen, wie ich die Berufstreue in Kolping ehre; sie beruht bei ihm auf sehr klar und bestimmt ausgeprägter Natur, und ich glaube, er hat das Talent, ein Heiliger zu werden“[164].

Familien Schöningh – Ziegler – Mittweg

Das Geborgensein in einer Familie hatte der Gesellenvater in vollen Zügen genossen. Schon in seiner Jugend hatte er auch ähnliche Erfahrungen in der Familie seines Lehrers Statz gemacht. Es ist nur zu natürlich, daß die Beziehungen zu den in Köln ansässigen Familien mehr durch Besuche als durch Briefe gepflegt wurden. Das war bei Familien, die nicht in Köln wohnten, natürlich anders.

Die Familie Schöningh stammte aus Meppen im Emsland. Nach dem Tode des Ehemannes Jakob Schöningh zog die Mutter Josefine, eine geborene Koppenrath aus Münster, mit den Kindern in die Heimat ihrer Eltern zurück[165]. Möglicherweise gehen Kontakte zu Mitgliedern dieser Familien in Kolpings Dürener Gesellenzeit zurück, denn ein Sohn hatte sich dort als Tuchfabrikant niedergelassen[166]. Sicher ist eine Begegnung zu datieren auf eine Einladung 1848 in Hückeswagen und auf den Katholikentag von 1852 in Münster, wo jeweils Mitglieder dieser Familie anwesend waren. Zu den Kindern der Familie bekam Kolping näheren Kontakt. Später entwickelte sich daraus echte Freundschaft[167].

In Münster hatte Albrecht Ziegler, Verlagsbuchhändler und Besitzer der Nasse'schen Buchhandlung in Soest, Kolping und den Gesellenverein kennengelernt[168]. Nicht nur das Anliegen des Gesellenvereins verband die beiden Männer. Die Firma übernahm Druckarbeiten für Kolping und verlegte auch seine Erzählungen. Zeichen für die persönliche Freundschaft ist ein Bild mit Widmung, das Adolph Kolping anläßlich seines Besuches in Soest am 5. Januar 1853 Albrecht Ziegler schenkte, und der oft persönlich gehaltene Briefwechsel mit ihm. Auf Ziegler geht die Gründung des Gesellenvereins in Soest und – in Zusammenarbeit mit seinem Schwager Ferdinand Schöningh – auch in Paderborn zurück.

Größte Sorge war über Jahre hinweg für alle Geschwister ihr Bruder Eduard Schöningh[169]. Er galt wohl als das „schwarze Schaf“ dieser Familie. Als knapp Mittzwanziger wurde er 1848 Freiwilliger der Deutschen Bundesflotte. Nach deren Auflösung trat er 1853 in österreichische Militärdienste und nahm u. a. an dem Mexikounternehmen von Erzherzog Ferdinand teil. Kolping selbst suchte ihn in Triest ausfindig zu machen. Wie aus den Briefen Kolpings hervorgeht, hielt er die Familie über Jahre in Aufregung. Offensichtlich unbegründet: In einem Dienstzeugnis wurde ihm bescheinigt: „Er ist ein brauchbarer und gebildeter Offizier, der seinem Stande Ehre macht und darf in jeder Hinsicht empfohlen werden“[170]. Drei Jahre nach Kolpings Tod kehrte er in seine Heimat Meppen zurück, inzwischen zum Hauptmann befördert, heiratete als knapp Fünfzigjähriger und brachte es in seiner Heimat bis zum Bürgermeister.

Eine zweite Heimat hatte Kolping in der Familie des Juristen Ernst Mittweg und seiner Frau Antonie geb. Schöningh. Er hatte das Paar in Soest getraut. In dieser

Familie fühlte er sich zu Hause, er konnte ungestört und ohne soziale Zwänge Mensch sein. Er fühlte sich angenommen mit Fehlern und Schwächen als Freund und Onkel[171]. In der Familie fand Kolping immer Gehör für die Probleme und Sorgen, die ihn auch persönlich bewegten: „Ich habe Euch ja schon längst gesagt, daß ich Euch wie die Meinigen ansehe, mich bei Euch so gern daheim finde und deshalb natürlich an allem, was Euch nur betrifft, Freud' und Leid, meinen guten Teil mitbekomme. Das ist einmal so, Gott Dank, und damit wollen wir's gut sein lassen. Du bist mir zum Bruder geworden, deine gute liebe Frau – sie hat Dir ja gesagt, wie unsere Freundschaft zustande gekommen ist – zur Schwester, die ich um so mehr habe ehren und hochschätzen gelernt, je länger und besser ich sie habe kennengelernt. Natürlich, den Kindern bin ich dabei nicht bloß zum Spaß wie der Onkel"[172]. Diese Freundschaft fand ihren Niederschlag in Briefen, die an die Ehefrau, den Mann und Kinder sowie gelegentlich auch an die Schwiegermutter gerichtet waren. Fast hundert Briefe vermitteln nicht nur einen Einblick in die Sorgen einer Großfamilie, sie zeichnen auch ein sehr persönliches Bild von Kolping selbst. Themen der Briefe waren durchgängig die Freundschaft, Alltagssorgen, persönliche Gedenktage, das Gottvertrauen als Glaubens- und Lebenshilfe und die Kraft des Gebetes. In diesem Zusammenhang ist besonders hervorzuheben die Ausgewogenheit zwischen freundschaftlichen Empfindungen und dem ausgeprägten Pflichtbewußtsein Kolpings.

Die an Antonie Mittweg gerichteten Briefe sind Dokument einer geistlich-geistigen Seelenfreundschaft. Leider wurden die Briefe der jungen Freundin auf ihre Anweisung hin vernichtet[173]. Einige Beispiele müssen zur Verdeutlichung genügen: „Daß ich täglich für Sie und was Ihnen angehört von Herzen bete, wissen Sie ja. Als ich Ihnen väterliche Freundschaft versprach, eine Freundschaft, die Ihnen zum Heile, zur Förderung im Guten gereichen sollte, habe ich vergleichsam die Sorge um ein Kind übernommen, dessen Wohl und Weh auch einen Widerklang bei mir finden muß. Da weiß ich nun sehr gut, daß Sie in Ihrem Stande der Hilfe und Gnade Gottes oft und viel bedürfen, und was soll ich denn Besseres tun, als diese mit von Gott erbitten helfen. Daß ich solche Dinge sehr ernst meine, dürften Sie wissen"[174].

„Die wahre Freundschaft soll doch eigentlich eine Gemeinschaft der geistigen Güter sein, denn wahre Freunde bilden eine geistige Familie, sind dadurch den Herzen noch verwandt und eins. Sehen Sie, darum freut man sich so recht von Herzen, wenn man wieder zusammenkommt und miteinander plaudert. So kommt es auch, daß, wenn ich einmal wieder im Schreiben bin, natürlich an Sie, weil ich sonst mit niemandem so sprechen kann und mag, ich weiterschreibe, trotzdem es nur ein paar Zeilen sein sollten ... Es macht mir oft rechte Freude, mich auslassen zu können"[175].

„Wenn ich Sie, Ihr Haus allein ausnehme, ..., die ich als Gottesgabe verehre und hochschätze, die *einzige*, die mir wirklich etwas ist, abziehen dürfte, dann, glauben Sie mir, stehe ich inwendig sehr allein"[176].

„Daß Sie sich am Freunde erfreuen, wie ich aus Ihrem Briefe lese, ist mir hinreichende Genugtuung. Zu danken haben Sie nicht nötig, da im Falle, daß ich Ihrer Freundschaft bedürfte, ich sicher bin, mindestens ebenso große Teilnahme zu finden. Wir wollen uns nur immer getreulich helfen und gegenseitig erfreuen. Das ist das Beste, was wir tun können"[177].

Wie es oft in einem Menschenleben vorkommt, so erging es auch Kolping. Der Verlust eines Menschen, mit dem man sich eng verbunden fühlte, machte ihn nicht nur traurig. Der Tod Antoniens riß eine Lücke in sein Leben: „Ich denke oft, wenn ich wieder so etwas habe, was ich gewohnt war, mit ihr zu besprechen, wobei ich sehr gern auf ihre Meinung und ihr Urteil hörte: Was möchte wohl Antonie dazu sagen, wie war sie gewohnt, die Sache anzusehen? Und ich folge dann noch am liebsten der Fährte, die sie mir so oft gezeigt. Ich habe mich immer am besten dabei befunden. So lebe ich fortwährend gleichsam in einem geistigen Verkehr mit ihr"[178].

Er schrieb sich seine Sorgen von der Seele, zeigte seine menschliche Seite, ließ spüren, daß er sich oft allein und einsam fühlte. Er freute sich auf die Stunden, die ihm im Kreise dieser Familie vergönnt waren. Schließlich führte die jahrelange Freundschaft dazu, daß er Pate über das dritte Kind dieser Ehe, der Tochter Elisabeth, genannt Lilli, wurde. Ihr verdanken wir einen Bericht über ihren „Onkel" und dessen Beziehungen zur Familie: „Als in Soest der Gesellenverein gegründet wurde, verkehrte Kolping im Hause Schöningh. Dort lernte er die Tochter des Hauses, Antonie, kennen, die just in dieser Zeit sich verlobte. Ein feiner junger Mann aus vornehmem Hause, Ernst Mittweg, sollte sie heimführen. Er schenkte damals seiner Braut eine prachtvolle goldene Taschenuhr mit Emaildeckel. Kolping hatte die Freude, den Lebensbund der beiden einzusegnen und wurde der beste Freund unseres Hauses. Als meine Eltern nach Neuwied versetzt wurden, verkehrte Kolping wie ein Glied der Familie in unserem Kreise. Besonders meiner Mutter hat er als Berater und Führer unschätzbare Dienste geleistet. In bittersten Stunden und schwersten Lagen des Lebens holte Mama bei Onkel Kolping, so hieß er bei uns, sich immer wieder Rat und Trost und Hilfe. Wir Kinder waren wie vernarrt in unseren Onkel Kolping. Wie oft haben wir in übermütiger Freude auf ihm gesessen, wenn er auf allen Vieren uns durch die Stuben ritt! Noch manche Briefe, die hin und her geschrieben wurden, haben wir in diesen letzten Wochen gefunden. Sie sollen noch viel Schönes über Onkel Kolping, Kolpings Persönlichkeit erzählen. Als Mama starb, bekam Kolping das oben erwähnte Ührchen, der es dann mir als seinem Patenkinde vermachte"[179].

Kolping bestätigte dieses Wohlgefühl des Eingebundenseins in den Kreis einer Familie und erwähnte immer wieder seine besondere Zuneigung zu den Kindern. Gelegentlich wird auch spürbar, daß ihm der Verzicht auf Ehe und Familie manchmal schwer geworden ist. „Doch, ich geniere mich auch vor Ihnen nicht, nur sage ich's im Vertrauen der Freundschaft. Das einzige Haus in der Welt, wo ich im Grunde recht daheim bin; alles andere habe ich missen gelernt und darangegeben, ..., ebensogern ergreife ich auch jede Gelegenheit, Ihnen oder den Ihrigen einen Dienst zu erweisen oder sonst hülfreich zu sein. ... Ja, die Kinder! Eigentlich sollte Ihnen doch alle Tage das Herz in der Brust lachen – aus Dankbarkeit gegen den lieben Gott –, wenn Sie den harmlosen, unschuldigen Kindern in die frischen Gesichter sehen, diesen Kindern, die uns großen Leuten ordentlich und deutlich zeigen, wie wir sein sollen und nicht sein sollen, deutlicher als man's anderwärts gewahr werden kann"[180]. Die Kinderbilder der Familie Mittweg bewahrte er in seinem Brevier auf[181].

Als die Freundin längere Zeit krank war, besorgte er eine Schwester als Pflegerin, konsultierte Ärzte und vermittelte Untersuchungen durch den berühmten Sanitätsrat Dr. König in Köln. Er schickte Heil- und Stärkungsmittel, gab Ratschläge und machte

Mut. In Klöstern ließ er für die Kranke beten und er selbst gedachte täglich ihrer im Gebet. Wie immer blieb es bei Kolping nicht beim Beten: „Anbei schicke ich Dir in Eile den verlangten Tee, damit wenigstens damit kein Aufenthalt eintritt. Dein Brief diesen Morgen hat mich nicht wenig erschreckt, aber doch wollen wir den Mut nicht verlieren und die feste Hoffnung behalten, daß der liebe Gott unser inständiges Gebet für die Gesundheit Deiner lieben Frau erhört“[182].

An Sorgen und Freuden der Familie nahm er in gleicher Weise Anteil. Er war bemüht, sich einzusetzen, wo immer er nur konnte[183]. Gegenseitige – für Kolping zu seltene – Besuche waren Höhepunkte in dieser Beziehung. Zur Feier des Weihnachtsfestes im Kreise der Familie fuhr Kolping besonders gern nach Neuwied: „Eure frohen Gesichter sind mir dann der schönste und strahlen[d]ste Christbaum, das dürfen Sie mir ehrlich glauben“[184]. Als er im folgenden Jahr erst am zweiten Feiertag anreisen konnte, traf er rechtzeitig detaillierte Festvorbereitungen: „Anbei folgen in einem Kistchen die Sachen für den Christbaum und noch etwas dazu, damit ich es nicht zu tragen brauche, wenn ich komme, was, so Gott will, doch am zweiten Weihnachtstage der Fall sein wird. Mit dem Kistchen, das Sie durchaus *nicht* vor den Kindern öffnen sollen, verhält es sich nun so: ... In der oberen Schachtel sind die Bälle, die Sie weglegen sollen, bis ich komme, ebenso die Bücher darunter, damit ich den Kindern auch etwas mitbringe. Die Kämme stecken an der Seite in gelbem Papier. In der untern Schachtel sind die Zuckersachen für den Weihnachtsbaum“[185].

Erwähnenswerte Geschenke, die Kolping erhalten hat und die den vertrauten Umgang belegen, waren ein Altartuch und ein Fußwärmer[186]. An Zeichen freundschaftlicher Verbindung sind Schenkungen an Familie Mittweg in Kolpings Testament zu nennen. Einen Hinweis bietet auch sein Brevier, das den Totenzettel von Antonie Mittweg enthält.

Dieses erwähnte Büchlein muß später in die Hände von Ernst Mittweg gekommen sein, denn eine Eintragung über Kolpings Tod gibt davon Zeugnis: „Seine unschätzbare echte und wahre Freundschaft für mich und meine Teuren, die er mit in Freude und Leid und ganz besonders in den bittersten Stunden meines Lebens bewiesen, wird mir ... unvergeßlich bleiben ... Er war der gute Engel meines Hauses in den Tagen meines Glückes und meine treue Stütze, als die Hand des Herrn mich traf und mein Liebstes auf dieser Welt von mir nahm“[187]. Auch nach dem Tod seiner Frau hat Ernst Mittweg weiter lebhaften Anteil an der Entwicklung des Gesellenvereins genommen.

Freizeit und Erholung

Bisher haben wir Kolping vornehmlich als zielstrebig und arbeitsam kennengelernt. Sehen wir uns sein Privatleben an, sofern man bei der Kürze der dafür zur Verfügung stehenden Zeit davon überhaupt sprechen kann. Über seine menschliche Seite, über sein Leben in „seinem“ Gesellenhaus, über seine Art zuzuhören, zu reden und auf die Menschen einzugehen, über seinen persönlichen Lebensstil und seinen „Arbeitsalltag“ fanden sich vielfältige Zeugnisse.

War Kolping in Köln, dann pflegte er die Zuneigung zu der ihm ans Herz gewachsenen Stadt und ebenfalls die zahlreichen Kontakte zu Freunden und Bekannten besonders gern. Für seine Liebe zu Köln spielte außer den engen persönlichen Beziehungen das von vielen Kirchen geprägte Stadtbild eine wichtige Rolle: „Wer indes Kölns Kirchen kennt, muß dem alten, heiligen Köln gern den Vorzug einräumen. Vom Dom nicht zu reden, den man erst recht schätzen lernt, wenn man sich sonst in der Welt umgesehen, suche ich ... vergeblich eine Kirche, die sich z. B. mit der Apostelnkirche in Köln messen könnte"[188].

Bei den großen Belastungen, die er in seinen Ämtern zu tragen hatte, war nicht viel Zeit für tägliche Erholung. Noch 1858 hatte er beklagt, „daß er oft tagelang nicht eine wirklich freie Stunde herausschlagen kann, um zu verschnaufen"[189]. Der Wunsch – andern empfahl er es –, einmal alles stehen und liegen zu lassen, abzuschalten und richtig auszuspannen, blieb meist unerfüllt. „Wenn ich *kann*, gehe ich in der Woche einen Tag aus der Stadt, um nur für ein paar Stunden aus dem Getöse zu kommen. Mehr geht in der Regel schon nicht an"[190].

Ein Jahr darauf gönnte er sich schon ein wenig mehr Erholung. Er wurde regelmäßiger Besucher des am 22. Juli 1860 in Köln eröffneten zoologischen Gartens: „Jede Woche gehe ich wenigstens ein paarmal ... und bummele dort ein paar Stunden herum"[191]. Im Spätherbst 1864 freute Kolping sich über den schönen eigenen neuen Garten. Schon früher hatte er Frau Mittweg aus seinem Garten frische Veilchen mitgeschickt[192].

Gastfreundschaft und Lebensfreude

Bei allem Lebensernst, einer am Lebensalltag orientierten Frömmigkeit und einem immensen Arbeitseifer war Kolping auch ein Mann von großer Lebensfreude und kultivierter Geselligkeit. Gelegentlich feierte er auch unvorhergesehene Feste mit seinen Freunden. Ein von seinem Freund Mittweg geschossener Hase, „ein Prachtkerl", wurde zum „Veranlasser eines fröhlichen Abends". Er bedankte sich: „Das Pläsier war nämlich so groß darüber, daß ich ... etliche Freunde zusammengerufen, um ihm, ... den Garaus zu machen"[193]. Humorvoll formulierte er die Einladung zu einem Festessen: „Da das kein geringes Stück Arbeit ist und ohne bedeutenden Kraftaufwand wohl nicht möchte ausgerichtet werden, ist eine ordentliche Batterie stärkender und ermutigender Labung bereits aufgefahren und soll den in etwa sinkenden Mut jählings wieder erfrischen im wichtigen Werke der so heilsamen Zerstörung. Nun wär's ein Gaudium, wenn wir den Jägersmann, der ja den Hasen kennen tut, zur Hülf' bei uns hätten, ... damit wir über den Trümmern des Hasen demselben ein gar herzhaftes Hoch ausbringen mögen und zu ferneren Heldentaten dadurch ermutigen"[194].

Am 25. 1. 1860 waren die beiden Brüder Baudri sowie Domkapitular Strauß und Pfarrer Schnepper bei Kolping zu Gast[195]. Am Silvesterabend 1861 feierte Kolping dann seinen Abschied als Domvikar[196]. Das Protokoll der Stiftung des Präsesamtes wurde unterzeichnet. Am 21. Januar 1862 war er Gastgeber für Peter Michels, Franz Anton Müller, Geissels Geheimsekretär Karl Theodor Dumont und die beiden Baudri-Brüder[197]. Bei der Rückkehr von seiner Romreise wurde Kolping am Kölner Hauptbahnhof empfangen. Gerührt berichtete er über die Zeichen persönlicher Verbundenheit: „Am Bahnhofe stand der Vikar mit sämtlichen Assistenten des Vereins, die mit feuchten Augen ihren Präses bewillkommten. In der Ecke des Bahnhofs stand – von mir ungesehen – Wallrafs kleines Lillichen, das seit drei Tagen nach dem Bahnhofe gelaufen, um ihren Hausfreund kommen zu sehen. Selbst das Bahnhof-Personal kam zum Teil glückwünschend herbei. Zu Hause unendlicher Jubel, selbst vom Spitz, der sich wie närrisch gebärdete"[198]. Am 7. Juli 1862 brachten die Gesellen Kolping anläßlich seiner Rückkehr aus Rom einen Fackelzug dar[199]. Im Hospitium konnte er auch Feste mit größerer Gästeschar ausrichten. Nach der Rückkehr aus Rom fand ein Festmahl aus Anlaß der Ehrung und seines Namenstages statt. „Es ging prächtig vonstatten, gemütlich, ernst, heiter, alles durcheinander. Unser Michels war in seiner rosigsten Laune, und der Herr Oberbürgermeister ganz bewegt und ergriffen. An Lebehochs und ausgetrunkenen Gläsern war auch kein Mangel. Der Teilnehmer waren circa 600, eine hübsche Tischgesellschaft"[200]. Am 17. Dezember 1863 trafen sich bei Kolping Fritz Baudri, Baumeister Statz, Franz Anton Müller, Peter Michels und Johann Wilhelm Meuser zur Besprechung über den endgültigen Plan für den Saalbau des Hospitiums[201]. Am 29. Juni 1864 waren Reichensperger, Weihbischof Baudri, Steinle, Statz und Thimus bei Kolping zum Abendessen geladen[202].

Der soziale Aufstieg Kolpings wird auch in veränderten Lebensgewohnheiten deutlich. Er war vom Pfeifenraucher zum Zigarrenkenner übergegangen. Seine Wiener Freunde Gruscha und Schmit erfreuten ihn zu Weihnachten 1852 mit einer Zigarrenspitze, die in gut zwei Jahren schon „braun-rot" geraucht war[203].

Über eine Geschenksendung, die besonders gute Zigarren enthielt, freute er sich auch aus dem Grunde, weil er sie sich selbst wohl nicht gekauft hätte: „Auch die Zigarren habe ich probiert, darf aber nur alle Festtage davon rauchen, sonst verwöhnt Ihr mich völlig, so daß ich keinen Gefallen an meinem bisherigen Kraut finde ... Endlich will ich nur feine Havanna-Zigarren rauchen und Kuchen essen, mich warm setzen und es nur gut haben. Das taugt aber sicher nicht für mich, der ich mich der Bescheidenheit in allen Dingen befleißigen soll"[204].

Freie Abendgestaltung, wenn es sie denn gab, bestand im Schreiben persönlicher Briefe bei einem Glas Wein und einer Zigarre[205]. Guter Wein war für ihn „Medizin aus dem Keller"[206], „selbst für etliche gesunde Leute"[207]. Er hob ihn für besondere Gäste auf[208]. Kolpings eigener Weinkeller lohnte sicher einen Besuch: „Drinnen liegt jetzt ein Fäßchen 57er von ziemlichem Umfang, ein köstlich Naß, nur muß man's nicht allein trinken. Denke Dir, 360 Flaschen lasse ich lagern, hinten im Eck, damit, wenn *Ihr* kommt, auch nach zehn Jahren noch Vorrat ist"[209]. Noch ein Jahr später schwärmte er von gutem Bordeaux[210].

Eine Vorliebe aus seiner Studentenzeit behielt er aber bei. Auf ein gutes Bier, vor allem bayerisches, freute er sich immer wieder[211].

Erholungsreisen

Der aus rheinisch kleinbürgerlichen Verhältnissen stammende Aufsteiger hatte außer für Köln eine besondere Vorliebe für zwei Großstädte, in denen er sich ausgesprochen wohl – ja man kann sagen zu Hause fühlte. Die Münchener Studienzeit blieb ihm unvergessen. Er habe „gesegnete und fröhliche Tage in München verlebt, wofür er heute noch Gott und trefflichen Freunden dankt, sind ihm also noch gar nicht aus der Erinnerung gewichen. Darum ist ihm die bayerische Hauptstadt mit vielen seiner Insassen recht lieb und wert geblieben. In der Folge traten Verhältnisse und Umstände ein, die mich auf's neue und noch fester an die Stadt banden, wo ich einst von treuer Hand war in die heiligen Wissenschaften eingeführt worden und sich Freundschaftsbande knüpften, die, will's Gott, über das Grab hinüber reichen. Das hängt aber mit meiner besonderen Lebensaufgabe zusammen und soll vorläufig hier unerörtert bleiben, wie neugierig auch Mancher sein mag, von meinen persönlichen Beziehungen mehr zu erfahren als ich zu erzählen Lust habe"[212].

Menschliche Begegnungen bestimmten auch die Einstellung Kolpings zur Hauptstadt Österreichs. „Frisch zu, Dampfroß, jetzt fahren wir nach Wien. Frag mich nicht, warum ich Wien lieb habe. Wenn Du es wissen willst, mußt Du einmal mit mir nach Wien fahren. O, der Österreicher ist in der Regel ein liebenswürdiger Mensch, ist er aber dazu gut katholisch, dann, dann – – – ich sage nicht Alles, ich und Du müßten uns sonst ein wenig schämen. In dem Wien habe ich Dir einen großen Haufen Handwerksburschen sitzen, von denen ich nicht weiß, ob ich sie lieber habe, oder sie mich, dazu eine lange Reihe von guten Freunden, noch länger als die Litanei von allen Heiligen"[213].

Kolping benutzte gern Dampfboot und Eisenbahn für seine Reisen. Die Anfänge dieser technischen Errungenschaften, von ihm selbst oft als „Fortschritt" bezeichnet, hatte er in seiner Gymnasialzeit in Köln schon mitbekommen. „Und doch ist man froh, daß man den eigentlichen ‚Fortschritt' unter den Füßen hat, die nie genug zu lobende Eisenbahn, mit der man so trefflich vom Flecke kommt"[214]. Als Generalpräses der Gesellenvereine war er einer der ersten Priester, der die Eisenbahn in den Dienst überregionaler Seelsorge und Sozialarbeit stellte. Dabei war er sich der Vor- und Nachteile dieses Verkehrsmittels wohl bewußt. Alle möglichen Risiken verkannte er nicht. Aus Niederösterreich berichtete er von der Reise über den Semmering-Paß: „Das Dampfroß keucht zwar, bei der riesigen Fahrt, pustet auch bisweilen aus seinem eisernen Nüster, aber oben auf der Höhe angekommen schwitzt es nicht einmal, sondern setzt zu guter Letzt noch durch einen räsonnabeln Tunnel, man fährt 7 Minuten lang hindurch, und ist dann auf der andern Seite. Die dreihundert Fuß über dem Tunnel schienen dem Erbauer des Riesenwerkes mehr Kopfzerbrechen gemacht zu haben, als diese Höhlenfahrt, obschon auch diese keine Kleinigkeit ist. ... Das ist die grandioseste Eisenbahn, die bisher, meines Wissens, gebaut ist; und schlügen selbst die alten Römer die Hände zusammen, wenn sie das Werk sähen. Auch hier ist wieder ein Beweis, daß die Menschen heut zu Tage vor keiner Schwierigkeit zurückschrecken – in materiellen Dingen. Gut, daß diese auch unmateriellen dienen"[215].

Von Triest aus unternahm Kolping eine Schiffsreise nach Venedig, um sich ein wenig zu erholen und Erinnerungen an seine Studienzeit aufzufrischen. So nutzte er die sich bietende Gelegenheit, „mit dem Dampfboot, das täglich binnen 6 oder 7 Stunden von hieraus nach Venedig fährt, eine kleine Wasserfahrt nach der alten Lagunenstadt zu unternehmen, die mir noch mit dem ganzen Zauber alter Erinnerungen vor der Seele stand. Es sind nun bald fünfzehn Jahre her, daß zu Land mich die wißbegierige Neugierde auch dorthin trieb, und vieles, was ich damals bewundert oder angestaunt, das wollte ich nun mit ruhigerm Gemüte noch einmal besehen. Vielleicht fände sich dann, um wieviel ich kühler und ernster geworden. Auch, das leugne ich nicht, reizte mich das Meer, das wie ein unermeßlicher Spiegel sich vor meinem Fenster ausbreitete, und über das hinzugleiten mir eine wahre, körperliche Wohltat sein mußte. Also nach Venedig! Am 8. Mai war's, Morgens 7 Uhr, als das Dampfschiff im Hafen von Triest die Anker lichtete und in weitem Bogen dem offenen Meer entgegen eilte"[216].

Neben der Arbeit in den Gesellenvereinen, widmete er sich aber auch der alpinen Naturschönheiten, die er stimmungsvoll beschrieb: „Oben auf dem Grat im Angesichte dieses prächtigen, erhabenen Stückes Schöpfung in der Runde gebärdeten sich diese Leute, als ob sie das Alles *bloß mit dem Verstande genössen* und als ob man sich fast schämen müsse, so einmal das Herz seine Rechte geltend macht, oder gar mitten in der Schöpfung man an den Schöpfer gedenkt und es Einem wie Morgenandacht überkommt, wenn die Schneehäupter ringsum sich mit den frischen Strahlen der Sonne wie mit goldenen Diademen schmücken[217].

Auf der Rückreise nach Köln besuchte er noch die badischen Vereine in Freiburg und Karlsruhe.

Ostende

Erholung fand er in seinen letzten Lebensjahren jährlich durch eine ärztlich vorgeschriebene Kur im belgischen Seebad Ostende. Das Seebad Ostende erfreute sich bereits zu Kolpings Zeiten besonderer Beliebtheit. Kolping wohnte über Jahre beim gleichen Wirt[218]. Den Tagesablauf seiner ersten Kur beschrieb er so: „Seit ich auf der Welt bin, habe ich so recht schlaraffenmäßig wie jetzt nicht leben können ... Morgens um 6 Uhr wird aufgestanden, 1/2 7 Uhr die heilige Messe ... ein kleiner Spaziergang nach der See, dann das Bad ... Nach dem Bad das Frühstück, dann eine Zigarre, ein bißchen durchs Haus duseln, mit meiner Wirtin, einer gar guten Frau, klappern, lachen ... und nach der See gehen, stundenlang über den Strand schlendern, in den Dünen liegen, dem Spiel der Wellen zusehen, an gar nichts denken, an rein gar nichts, was Sorg und Kummer macht". Humorvoll fährt er fort: „Bin ich's satt oder, vielmehr hab' ich Hunger, gehe ich nach Hause, esse mit gutem Appetit und ruhe von den Mühseligkeiten des Morgens gehörig aus. ... Nachmittags 4 Uhr geht's wieder auf die Wanderschaft nach der See ... Der Abend wird zu Haus verklappert (sic!). Ich lese nichts, gar nichts, studiere nichts, plage mich mit nichts. Das kann ich hier alles besser, als ich selbst es in Köln geglaubt habe"[219].

Kolping hatte auch seinen Freund Franz Reinhard, den er als „halben Pastor" bezeichnete, diesem Hause als Gast vermittelt und nach dessen Meinung auch Weihbischof Baudri. Reinhard erinnerte sich: „Das Haus war ... ein recht stattliches und sehr sauberes Bürgerhaus, und die anwesende Familie bestand, so viel ich weiß, nur aus dem würdigen Ehepaar und einer sehr anständigen dienstbaren Person, die wohl eine Verwandte war. Kolping war im Hause sehr angesehen und beliebt"[220].

Kolping schilderte das Badeleben für Familie Michels, die mit dem dortigen Leben aus eigener Anschauung vertraut war. „Viele Badegäste sind schon da, täglich kommen neue, so daß das eigentliche Badeleben täglich an bunter Mannigfaltigkeit zunimmt. Mich kümmert's nicht im geringsten. Weit hinten in den Dünen, wo ich allein bin, ist's viel angenehmer als auf dem überaus belebten Damme, wo sich die noble Welt bewegt. .. Beim Baden geht's sehr ungeniert zu und sollte die Polizei strenger sein, indes ländlich sittlich (auch unsittlich); die noble Welt scheint das allerliebst zu finden. Man kann hier, wenn man will, gar mancherlei Bemerkungen machen und vielerlei abschauen aus dem vornehmen Weltleben, was lehrreich, wenn auch nicht nachahmenswert ist"[221].

Als Kurgäste kamen auch einige Bekannte und Freunde in der Sommerzeit in den belgischen Badeort. Aus Köln begleitete Kolping einmal der bei seinem Freund Michels beschäftigte Kaufmann Braun. Aus Österreich reisten George Phillips und der Katholikenführer Graf O'Donnel an. Als weiterer Kleriker muß der Hofkaplan der sächsischen Königin, der gebürtige Koblenzer Seul, genannt werden. Von der Mosel kam auch die Familie Wekbeker, mit Reichensperger verwandt, zu denen Kolping während seiner Kölner Zeit gute Kontakte pflegte"[222]. Kolping vergaß auch nicht zu erwähnen, daß unter den Kurgästen die Würdige Mutter des Ursulinenklosters Ahrweiler war. Die Oberin Mutter Theresia Schäfer (1799–1851) vom Calvarienberg kannte Kolping wohl von der Feier der Ewigen Profeß seiner Jugendfreundin Margarethe Statz, die diese im Jahr zuvor dort abgelegt hatte[223].

Aber selbst die dringend benötigten Urlaubsaufenthalte nutzte Kolping noch zur schriftstellerischen Tätigkeit. Die Volksblätter hielten ihn zum Schreiben an. Er veröffentlichte seine Gedanken und Impressionen zum Badeleben und zur gesellschaftlich-sozialen Situation seines Gastlandes Belgien[224]. In seinem letzten Aufenthalt in Ostende schrieb er sein persönliches Testament[225].

Lektüre

Von der an sich umfangreichen Lektüre, die Kolping auf Grund seiner publizistischen Tätigkeit zu bewältigen hatte, ist leider nur wenig faßbar. Zeitungen und Zeitschriften nahmen die meiste Lesezeit in Anspruch. Einige Werke, die nicht gerade zur anspruchsvollen Literatur zählten, nannte er selbst in seinen Briefen.

Das Buch des englischen Kardinals Nicholas Wiseman (1802–1865), Fabiola, 1854 in London erschienen und in viele Sprachen übersetzt, hat die „Katakombenromantik stark gefördert"[226]. Seiner Freundin Antonie Mittweg empfahl Kolping Werke von Franz Trautmann (1813–1887), der als „vorwiegend volkstümlicher Erzähler, archaisierend, bodenständig-bayrisch" bekannt geworden war[227]. Er war wiederum ein guter Bekannter des süddeutschen Oskar von Redwitz, der sich in seiner Wiener Zeit im dortigen Gesellenverein engagiert hatte und dessen persönlicher Gast Kolping war. Zwei seiner Schauspiele gab er ebenfalls Frau Mittweg als Lektüreempfehlung an. Redwitz hatte 1850 den Ehrendoktor der Universität Würzburg für seine bisherigen Dichtungen, vor allem wohl für seinen „Amaranth", in dem er das christliche Mittelalter pries, erhalten. Seine Beschäftigung mit der in Recht und Ansehen zu erneuernden christlichen Religion wurde damit besonders gewürdigt[228]. „Als höchst ruhige Lektüre ... an Winterabenden" ordnete Kolping den „Nachsommer" des österreichischen Dichters, Malers und Pädagogen Adalbert Stifter (1805–1868) ein[229]. Die in den Jahren 1844 bis 1840 erschienenen „Studien" enthalten seine bekanntesten Novellen. Stifters Gesamtwerk ist „ein einziges Bekenntnis zum christlichen Ordo-Gedanken"[230].

Keine positive Meinung hatte Kolping von dem aus Düsseldorf stammenden Dichter Heinrich Heine (1797–1856), seit 1831 Pariser Korrespondent der Augsburger Allgemeinen Zeitung und einziger deutscher Schriftsteller dieser Zeit mit literarischer Weltgeltung: „Wer den schäbigen ‚Heine' als Gesellschafter auf der Reise herumschleppt ... zeigt nur, daß er auf dem geradesten Wege ist, verheinert zu werden. Und das dürfte doch unter allen Umständen kein großer Ruhm sein"[231].

Briefe

Wie bereits mehrfach deutlich wurde, sind die Briefe Kolpings für die Darstellung seines Lebens und Wirkens eine wichtige Quelle. Nach Schäffer hat Brauer als erster deren Bedeutung dadurch herausgestellt, daß er eine Auswahl von Briefteilen vorlegte[232]. Nun sind in der Vergangenheit eine Menge bisher unbekannter Briefe aufgetaucht und inzwischen in einer Edition publiziert[233]. Bisher waren 352 Briefe ermittelt, von denen Schäffer einen sehr wichtigen Teil – nämlich die an Prof. Döllinger und Familie Mittweg – nicht kannte. Und gerade in diesen Briefen erfahren wir über die Persönlichkeit Kolpings mehr, als aus vielen anderen Quellen[234]. Der größte Teil seiner Briefe aber muß als verloren gelten. Viele Briefe an Familienmitglieder in Kerpen und an Freunde aus der Jugendzeit wurden offenbar von den Empfängern vernichtet. Auch von amtlichen Schreiben in Angelegenheiten des Gesellenvereins und der Korrespondenz mit Präsides und Kollegen unter den Journalisten ist nur ein Bruchteil erhalten. Es läßt sich nicht mit Sicherheit sagen, wie hoch die Verluste anzusetzen sind. Es spricht jedoch vieles dafür, daß nur ein kleiner Teil überliefert bzw. erhalten oder bekannt ist. Ein möglicher Anhaltspunkt für eine freilich grobe Schätzung ergibt sich aus der Mitteilung des evangelischen Pfarrers Dürselen, der als Präses der evangelischen Gesellenvereine nebenamtlich tätig war und für das Jahr 1850 in seinem Briefjournal 300 Nummern nannte[235]. Zieht man diese Angabe zum Vergleich heran, käme man für Kolping in seiner fünfzehnjährigen Tätigkeit als Zentral- bzw. Generalpräses auf ca. 4500 Briefe. Das bedeutete, die bisher publizierten Briefe machten nicht einmal 10 Prozent des gesamten Briefgutes aus. Dafür ist die erhaltene Vielfalt erstaunlich. Briefe an Familienangehörige fehlen ganz, persönliche Freundschaften sind wenigstens beispielhaft dokumentiert. Briefe an Leitung von Kirche und Staat, an Bischöfe und Politiker, an Präsides und Gesellen, an Publizisten und Behörden, sogar Briefe an sein Patenkind sind überliefert. Vom Inhalt her weisen die Schreiben beachtliche Unterschiede auf. Persönliche Briefe überwiegen; amtliche Schriftsätze, Verwaltungskorrespondenz, Gratulationen, Kondulationen finden sich ebenso wie Einladungsschreiben und Bittgesuche.

Kolping korrespondierte mit bedeutenden Persönlichkeiten seiner Zeit, die ihm und seinem Werk als Förderer und Freunde verbunden waren. Besonders zu nennen sind der Politiker August Reichensperger sowie der Maler Eduard von Steinle. In seinen Briefen an Döllinger erwies Kolping sich als „Ultramontaner", der in kompromißloser Entschlossenheit gegen alle vermeintlichen oder tatsächlichen Abweichungen von der rechten Lehre der Kirche, wie er sie etwa im Hermesianismus sah, zu Felde zog. Der größte Teil der erhaltenen Briefe ging an Mitarbeiter im Gesellenverein, wobei Nachrichtenaustausch und die verschiedenen amtlichen Angelegenheiten im Vordergrund stehen. Es finden sich darin aber auch sehr persönliche Aussagen über die eigene Gesundheit, viele persönliche und sachliche Sorgen und die chronische Arbeitsüberlastung. Das trifft besonders auf die Briefe an jene Präsides zu, mit denen er freundschaftliche Beziehungen pflegte, nämlich mit Anton Gruscha in Wien und Georg Mayr in München. Enge persönliche, fast familiäre Beziehungen verbanden Kolping mit Familie Mittweg, an deren Geschicken er regen Anteil nahm. In den Briefen – überwiegend an Antonie Mittweg – sprach er sich offen über alle persönlichen und beruflichen Anliegen aus.

Bildliche Darstellungen

Im Frühjahr 1841 hatte Karl Statz Kolping um ein Porträt gebeten. Dieser vertröstete seinen Freund. Ein von Müller gezeichnetes Porträt sei für seinen Vater bestimmt, „dem ich diese kleine Freude schuldig bin“[236]. Das älteste erhaltene Bild von Adolph Kolping ist eine Arbeit seines Freundes Ferdinand Müller. Es wurde am 16. April 1842 in München fertiggestellt. Das Ölbild in Farbe zeigt einen besinnlichen jungen Mann mit blonden Haaren und stark ausgeprägter Nase[237].

Von einem weiteren Porträt, das von Wilhelm Asselborn stammt, war schon die Rede. Einige Jahre später wurde Kolping vom Mindelheimer Gesellenverein um die Überlassung eines Bildes gebeten. Er antwortete ausweichend: „Dann ersucht ihr mich um mein Bild. Wo unser Herr und Meister hängt, könnte ich wohl füglich wegbleiben ... das brächte mich schließlich noch in Konflikt mit dem, dessen Freundschaft zum Gedeihen unserer und seiner Sache durchaus notwendig ist... Ich habe nichts dergleichen was ich schenken könnte. Man hat mich zwar sehr viel um ein Bildnis geplagt, manche haben schon Spekulation darauf gemacht, aber noch habe ich keine Ruhe noch Zeit gefunden, solange stille zu sitzen, als eben nötig gewesen wäre. Auch hats heimlich immer bei mir gesagt: Tue es nicht, Du bist eitel genug, dabei ists bis heute geblieben“[238].

Zu diesem Zeitpunkt hatte er aber für private Zwecke offenbar schon ein Foto, das er seinem Freund Albrecht Ziegler in Soest schenken konnte. Schäffer veröffentlichte 1880 in seiner Biographie in Buchform eine Fotographie aus dem Jahre 1853 nach einer Vorlage, von der ein Stahlstich in der Kunstanstalt von Carl Mayers in Nürnberg angefertigt worden war. Das Bild zeigt Kolping an einem Sekretär sitzend in Soutanelle, den rechten Arm angewinkelt und die Hand vor der Brust in diesen Priesterrock geschoben, die Linke auf dem Oberbein liegend. Es trägt handschriftlich den Text: „Willst den Frieden Deines Herzens Du behalten, Mein's gut, tu was Du kannst und laß Gott walten. Soest den 5. Januar 1853 Adolph Kolping“[239].

Im Jahre 1855 entschloß Kolping sich dann doch, sein Porträt in Stahl stechen zu lassen und unter den Mitgliedern des Gesellenvereins zu vertreiben. Der Gewinn aus dem Verkauf sollte den Elberfelder Verein für sein Gesellenhaus zufließen. Das dortige Mitglied Aloys Baudri wurde mit dem Verkauf betraut[240]. Kolping schrieb dazu: „Der Zweck wird wohl das Mittel entschuldigen ... Der Elberfelder Verein *verdient* jede Hilfe". Das Porträt ist ein Brustbild Kolpings in ovaler Form mit den Maßen 11,5 × 9 cm, aufgezogen auf ein Blatt der Größe 20,5 x 15,2 cm. Als Vorlage diente eine Fotographie, den Stich fertigte der Düsseldorfer Kupferstecher Franz Keller (1821 bis 1896)[241]. Das Bild ist in Faksimile unterschrieben mit: „Gott segne das ehrbare Handwerk! Adolph Kolping" Im Druck folgte: „Domvikar und Präses des kath. Gesellenvereins. Zum Besten des kath. Gesellenhauses in Elberfeld. Verlag vom kath. Gesellenverein in Elberfeld". Ein Holzstich nach dieser Vorlage wurde der ersten biographischen Skizze über Kolping von Theodor Stumpf in der Leipziger Illustrierten Zeitung im Jahre 1858 beigefügt[242].

Noch einmal ließ Kolping dann mit einem fotographischen Porträt von sich Handel treiben. „Ja, was tut man nicht, wenn man zur Ehre Gottes Geld und viel Geld nötig hat"[243]. Der Erlös sollte für die Restaurierung der Minoritenkirche verwendet werden. Die Originalfotographie stammte aus dem Studio Friedrich August Raps (1822–1876). Abzüge im Visitenkartenformat und in Folioformat wurden von der Kunsthandlung Boisserée in Köln, Hohe Str. 148, vertrieben. Das Foto zeigt den mit Priesterrock und Pileolus bekleideten Kolping als Brustbild in ovaler Form[244].

In seinem letzten Lebensjahr entschloß sich Kolping dann, auch einem Maler Modell zu sitzen, weil die Gesellen ein größeres Porträt im Saal des Gesellenhauses in Köln haben wollten[245]. Er ließ sich im Atelier des genannten Raps in Öl porträtieren[246]. Dieses Haus in der Komödienstraße genoß in Köln einen besonderen Ruf: „Und wer in Köln auf sich hält, der läßt sich dort porträtieren"[247].

Äußere Erscheinung

Im Verhältnis zu den bildlichen Darstellungen sind die Beschreibungen der Gestalt Kolpings ausgesprochen bescheiden. Sein Meister Schwister in Lechenich beschrieb ihn als „mittler Statur" mit blonden Haaren[248]. 1839 berichtete Kolping von seiner „grauen, gefleckten Haut und ... roglichen Nase", die selbst guten Bekannten Scheu einflöße[249]. Aus der Elberfelder Zeit vermerkt ein Bericht „die hohe breitgebaute, etwas nach vorn geneigte Gestalt"[250]. Sein Amtsnachfolger Schäffer beschrieb Kolping als „etwas über mittelgroß, mit klugem energischem Blick und kräftiger, stark dialektisch gefärbter Sprache"[251]. Später ergänzte er die kurze Darstellung: „Sein Äußeres betreffend, war er über Mittelgröße, von etwas gelblicher Gesichtsfarbe und braunem, in den letzten Jahren dünn gewordenem Haar. Er war weder beleibt noch mager zu nennen. In seinem Gesicht nahm man die Spuren der Pockennarben wahr, die er von der Pflege eines kranken Mitgesellen davongetragen"[252].

Persönlichkeit und Selbstverständnis

Für die Darstellung von Kolpings Persönlichkeit und seinem Selbstverständnis sind Briefe an Antonie Mittweg besonders ergiebig: „Neben all der Freude im Leben, die ich ja gar nicht leugne, obschon ich sie nie so tief empfinde als Sie vielleicht meinen, läuft eine Reihe von Leiden, von Verdruß usw. parallel, die schon gehörig Vorsorge trifft, daß dem mutwilligen Burschen der Kamm nicht zu hoch schwillt. Wie ich inwendig oft gekreuzigt werde, davon haben Sie, ... gar keinen Begriff. Glauben Sie aber gar nicht, ich machte darum unserem Herrgott im Himmel Fäuste, wenn auch in der Tasche; oh nein, gerade umgekehrt. Mir sind die Leiden im Leben noch immer mehr wert gewesen als alles bloß äußere Glück, als aller Ruhm usw. Sie haben mich weicher gesotten und mich Mitleid gelehrt. Und darum: Gott sei Dank auch für die Leiden"[253].

In einem Gefühl von Selbstmitleid, Gekränktheit und überzogener Bescheidenheit schrieb er seiner Freundin an seinem Geburtstag: „Nun, wenn man vierzig Jahre alt ist, fängt man an, sich über Dinge zu trösten, die zur Zeit erschrecklich viele Sorgen absetzten und's in der Regel nicht wert waren. Je höher man an dem Lebensringe hinaufklettert, um so weniger gibt man auf den Flitter acht, der den Anfang der mühseligen Lebensbahn ausstaffiert. ... Aber das weiß ich, daß ich *nie* ein großer Held war. Man putzt sich zwar gern heraus bei denen, die man schätzt und achtet, aber vor Ihnen, gute Freundin, meine ich trotzdem, ich müßte die pure Wahrheit sagen. Was mir in etwa auffällt: Kein Mensch in der Welt gratuliert mich [sic!] heute zum vierzigsten Geburtstage. Das mokiert mich doch ein bißchen; ... jedenfalls ist meine liebwerte Persönlichkeit nicht soviel wert, als ich mir einbilde. Unser Herrgott hat mich nie nötig gehabt, das ist ganz gewiß, und zum Gesellenpater hätte er jeden andern machen können, wenn er gewollt. Wer weiß, ob sich die Gesellen nicht noch viel besser dabei gestanden"[254]!

Kolping hatte seine Lebens- und Welt-Erfahrung nicht aus freien Stücken gemacht, aber einen Aufstieg mit Umwegen ohne größere Rückschläge zielstrebig geschafft. So konnte er guten Gewissens behaupten: „Von dem Wahne bin ich, gottlob, längst geheilt, wenn er mich je geplagt hat, es allen Menschen recht machen, es mit niemandem verderben zu wollen; vielmehr bin ich gerade umgekehrt des festen Glaubens, daß man nicht besser daran ist und nicht gründlicher wirkt, als wenn man einen gewissen Teil Menschen zu offenen und erklärten Feinden erworben hat"[255]. Auf eine Anfrage zu seiner Person und seinem Werk konnte Kolping als noch nicht Mittvierziger schon 1857 auf eine einschlägige Publikation verweisen: „Sie haben mich um Auskunft über mich selbst gebeten. Da ist wahrlich nicht viel zu sagen. Alles, was Sie zu wissen begehren, steht in einem Werkchen, was ein gewisser Professor Kehrein in Hadamar vor einem Jahr herausgegeben hat. Es sind zwei Bändchen und ist, glaube ich, eine Art Literaturgeschichte, die sie gewiß im ersten besten Buchladen auftreiben werden"[256]. Ein gutes Jahr später hätte er auf eine Veröffentlichung verweisen können, die schon deutlich mehr über seine Persönlichkeit – und das aus genauerer Kenntnis des Autors – mitteilen konnte. Ein guter Bekannter, Theodor Stumpf, führender Mitarbeiter im Koblenzer Gesellenverein und selbst Autor einiger Publikationen, charakterisierte ihn in der Leipziger Illustrierten Zeitung: „Man wird nicht leugnen können, daß Kolping in der Begründung seines Werkes einen bewunderswürdigen Takt, eine gründliche, umfassende Kenntnis des Volkscharakters an den Tag gelegt hat. Unter seinen Gesellen lebt er denn auch wahrhaftig wie ein Vater. Mit seinem unerschöpflichen Humor, mit seiner kernigen, zum Herzen dringenden Spra-

:he ohne Phrasen und Floskeln, weiß er sie gewaltig an sich zu ziehen, zu führen, zu ›rheben und zu jubelnder Heiterkeit zu entzünden. Überall tritt er offen, ohne Geziertheit und Affektation auf, sich der Lebendigkeit seines Geistes unbeschränkt überassend. Tiefe Herzensgüte und wahre Demut gewinnen ihm alle Herzen, und mag auch die Geradheit, mit der er zuweilen bittere Wahrheiten frank und frei heraussagt, hier und da Anstoß erregen. Niemand wird ihm auf die Dauer gram sein können. Unermüdlich ist er tätig für die Sache der Volkserziehung, der er sein Leben gewidmet hat"[257].

Als 45jähriger war er in Deutschland nach dem Kölner Katholikentag von 1858 – knapp zehn Jahre nach der Kölner Vereinsgründung – ein bekannter Mann. Die Kölnische Volkszeitung feierte den Gesellenpräses: „Er war für diese Aufgabe wie geschaffen: einfach in seinen Sitten, das Herz voll heiliger Menschenliebe, ohne allen Schein der Eigenliebe, tatkräftigen Willens, reich an Verstand, geübt in der Sprache des Volkes, plastisch und drastisch in der Rede, ohne Menschenfurcht, aber voll Gottesfurcht – so war er das geeignete Werkzeug, um die sittliche und soziale Lage der Handwerker wieder zu heben." Darum war er „für die Welt mehr wert als hundert Werke über Nationalökonomie und viele Folianten Predigten"[258].

Er selbst äußerte sich verständlicherweise skeptischer, denn gefeiert werden lag ihm nicht: „Was die Leute sagen? Nun, laß sie sagen, was sie wollen. Der Lobhudelei bin ich satt, daß sie mir hoch im Halse steht; der ewige Trödel mit meiner Person ekelt mich an; und wenn sie mich ausschimpfen, wo ich's nicht verdient habe, frage ich nichts danach"[259]. Ganz so einfach wie er es sah, war es denn doch nicht. Seine Erfahrungen und deren Verarbeitung gingen nicht spurlos an ihm vorüber. „Ich bin nun einmal so ein Menschenkind, der, was er treibt, immer mit einem Stück Herzen bezahlen muß, dem alles eben zu Herzen geht"[260]. Er kam aber nicht in die Versuchung, seine „Erinnerungen" zu schreiben wie etwa Breuer, Lorinser, Martin oder Stolz.

Der erlebte Vertrauensvorschuß im Elternhaus gab Kolping immer wieder Mut und war Lebenskapital für eine stark ausgeprägte Persönlichkeit mit gesundem Selbstbewußtsein. Seine hervorstechendsten Eigenschaften waren Grundsatztreue und ein lebhaftes Temperament, das er zunehmend mehr zu zügeln vermochte. Sein starkes „Ich" machte ihn aber weder zum Egoisten noch zum Egozentriker. So fürchtete er weder öffentlich geäußerte Kritik, noch lehnte er innerkirchliche oder innerverbandliche Transparenz ab; richtig unsicher fühlte er sich wohl zu keinem Zeitpunkt. Kolping wußte, was er wollte. Wanken und Zögern lagen ihm nicht. Durchaus entscheidungsfreudig, konnte er aber warten, wenn eine Angelegenheit noch nicht entscheidungsreif war. Er wußte ziemlich sicher, was er konnte und zu leisten vermochte, sowohl persönlich als sachlich. Er kannte seine persönlichen Grenzen und konnte sie annehmen. Das Einstecken von Niederlagen hatte er von Jugend auf gelernt. Seine Stärke war das Zuhörenkönnen und auf den anderen, das Gegenüber, zugehen, sei er nun Geselle, Mitbruder, Amtsträger oder Privatperson. Zwei Beispiele:

„Du bist also wiederhergestellt. Laß uns Gott danken, der alles wohl macht. Mich hat die Nachricht sehr gefreut, da ich, ich will's Dir nicht verhehlen, über Deine Krankheit meine eignen Bedenken hatte. Benütze nun, lieber Joseph, Deine Dir von Gott wiedergeschenkte Gesundheit zu seiner Ehre und Deinem Heile. Gott straft entweder, wenn er Leiden schickt, oder er prüft. Hat er das erstere getan, dann hat er

Dich strafen wollen zu Deiner Besserung, und es kommt nun auf Dich an, Dir neue Strafen zu ersparen; hat er aber das letztere getan, so wollte er Dich durch das Leiden mehr an sich heranziehen, wollte Dir das Leiden zu einer Vorbereitungsschule zur Seligkeit machen. An das erstere denkt der sündige Mensch und dankt für die väterliche Züchtigung, das letztere ist dem Christen ein Fingerzeig der göttlichen Liebe, ein Beweis von der väterlichen Güte, die eben die Leiden für die geeigneten Mittel hält, dem folgsamen Kinde Gelegenheit zu geben, in demütiger Hingabe an Gott sich zu üben. Überlege, lieber Joseph, was Gott wohl mit Dir vorhat, und bestrebe Dich dann, mit allen Kräften seinem heiligen Willen nachzukommen. Das ist nämlich die nächste und wichtigste Aufgabe in dem Leben des Christen. Damit Du aber das recht innewerden mögest und Dir der Wille Gottes immer recht klar werde, so bete oft und von Herzen, gewöhne Dich an einen häufigern Gebrauch der heiligen Sakramente. Denn darin ist die frische Lebensquelle des Christen. Befleiße Dich dann, fern von dem wüsten Treiben der Welt, treu Deine Berufspflichten zu erfüllen um Gottes willen"[261].

Auf einem Rheindampfer erlebte Kolping, wie in der Gegend von Bonn bei einem Sturm ein Kahn mit zwei Personen kenterte. Drei Matrosen des Dampfers sprangen ins Wasser und retteten unter eigener Lebensgefahr die beiden Ertrinkenden. Vor der Landung in Köln stellte sich Kolping auf einen Stuhl, ließ sich einen Teller geben und forderte die Passagiere zu einer Spende auf für die tapferen Lebensretter. Die Sammlung brachte soviel ein, daß jeder der drei Matrosen 58 Taler erhielt[262]. „In der Tat, keine bessere über Gassen und Straßen wandelnde, stille und doch so beredte Predigt als das persönliche Opfer im Dienste der leidenden Mitmenschen. Je anspruchsloser, um so wirksamer"[263].

Hervorzuheben ist seine überdurchschnittliche Einsatz- und Leistungsbereitschaft.

Als Geselle, als Schüler, als Student, als Kaplan und als Präses wollte Kolping „besser" sein, und das konnte er zeigen. Er war sich aber ebenfalls klar darüber, worin dieses Wollen seine Ursache hatte – nämlich in seinem Glauben und Gottvertrauen. Die Haltung, besser sein zu wollen als andere, könnte verärgern und provozieren und hat das auch getan. Sie hat sich aber bei ihm nicht zur Anmaßung und Überheblichkeit gesteigert. Das hat mehrere Gründe: zum einen war es sein unverbesserlicher Humor, auch war er zur Selbstironie fähig, zum anderen verband er seinen Anspruch zur Leistung mit Verantwortung und Fürsorge für die, denen er sich besonders verpflichtet fühlte. Seine Umwelt mußte immer wieder erfahren, daß er für unerwartete Alleingänge, ungewöhnliche Aktivitäten und wiederholte Behandlung von gängigen Themen in immer wieder neuer Form aufgeschlossen und fast jeder Zeit dazu bereit war.

Seine stabile Persönlichkeitsstruktur war verbunden mit einem Einfühlungsvermögen in die persönliche Lebenssituation seiner Mitmenschen. Er verfügte über die Fähigkeit, mit sich selbst konstruktiv und mit Mitarbeitern und Freunden kooperativ umzugehen. Bei aller Freude über die gelungene Gründung des Kölner Gesellenvereins ließ ihn die Alltagserfahrung nie „abheben". Der Tod seines engsten Freundes und die Seelsorgsarbeit bei den Cholerakranken lösten bei ihm nicht nur Betroffenheit aus. Er packte tatkräftig zu. Sein Umgang mit anderen Menschen ist durch Geradlinigkeit und Offenheit geprägt. Er sagte geradeheraus und deutlich das, was er dachte, und ließ den anderen nicht im Zweifel über das, was er von ihm hielt oder erwartete. „Listige Diplomatie ist nach meinem Dafürhalten die schlechteste Empfehlung auf Erden, gerade, ehrliche Offenheit aber das erste Erfordernis für einen Menschen, mit dem ich in irgendwelchen näheren Verkehr zu treten beabsichtige"[264].

Nicht nur darum galt er in der bei weitem nicht immer harmonischen Kölner Hierarchie als eigenwilliger und merkwürdiger Mann.

Bei allem Organisationstalent und Managertum, die er auch zur Stärkung kirchlicher Strukturen einsetzte, verlor Kolping nicht den Kontakt zur Basis. Vor allem bei seinen verbandsinternen Aktivitäten war er sich darüber klar, daß derjenige, der seine Basis entmündigt, eines Tages ohne sie dasteht. Wohl auch darum war der unternehmungslustige Rheinländer im Kreise der Diözesanpräsides nicht immer unumstritten die Nummer eins.

Kolping kannte die Skepsis des politischen Apparates den Vereinen gegenüber. Er hatte sie am eigenen Leib erfahren. Rangeleien mit der preußischen Regierung und ihren Institutionen, Frustrationen über das Desinteresse kirchlicher Kreise an seinem Anliegen und gesundheitliche Belastungen haben ihm manchmal schwer zu schaffen gemacht, ihn aber nicht mürbe machen können.

Er ersparte seinen Mitarbeitern Prüfungen und Zurechtweisungen nicht; aber er regte mehr an als auf. Er flößte Achtung und Verehrung ein, allen voran seinen Gesellen. Sie erlebten ihn als „väterlichen Freund ..., zu welchem wir ja alle mit Ehrfurcht u[nd] Hochachtung aufblickten. Der geringste Wunsch Vater Kolpings war uns aber auch Befehl. – Es waren Mitglieder welche sagten: Kolping sei grob, das ist nicht wahr. Er war ein sehr liebenswürdiger Priester mit hl. Ernst u[nd] wenn da einer von Ihm etwas unsanft angefaßt wurde, da konnte man sicher sein, daß er sich straffällig gemacht hatte"[265].

Seine Umwelt aus angemessener Distanz beobachtend, urteilte er treffend mit einem ausgewogenen Blick auf das Wichtige. Darum konnte er auch nicht in die Versuchung kommen, seine Umwelt als „heile Welt" zu interpretieren oder gar zu erfahren. Auseinandersetzungen gehörten für ihn zum Leben. Für ihn gab es keine Ehe, keine Familie, keinen Berufsalltag – aber auch keine Kirche ohne Konflikte. Spätestens seit seiner Schulzeit in Köln hatte er eigene Erfahrungen in dieser Beziehung und wußte, daß es ohne sie keine Wandlung, keine Erneuerung, keine Entwicklung und schon gar keine Reformen in Kirche und Gesellschaft geben konnte. Konflikte waren für ihn Zeichen von Leben, Mut, Vertrauen und Hoffnung. Dabei gehörte er nicht zu denen, die Konflikte suchten, schürten oder verherrlichten. „Also nicht Friede um jeden Preis, kein Zugeständnis an *Grundsätze*, die über kurz oder lang uns dann erst recht in unabsehbares Elend stürzen"[266]. Andersdenkenden begegnete er jedoch freundlich, geduldig, verständnisvoll, ja tolerant getreu der Devise: Hasse den Irrtum – Liebe die Irrenden.

Kolping verfügte über große Menschenkenntnis, hatte gute Freunde (Michels, Gruscha, Vosen) und die Fähigkeit, die richtigen Dinge zum richtigen Zeitpunkt an die richtigen Mitarbeiter zu delegieren. Dazu kam seine ausgesprochene Begabung, andere anzuleiten, sich selbst zu helfen.

Kolping war kein spekulativer Kopf, kein Theoretiker irgendeiner Ideologie. Er wollte mit seiner Bildungsarbeit keine Illusionen wecken, sondern Bedürfnisse befriedigen, die kurz- bis mittelfristig zur Verbesserung der Lebenssituation der Gesellen und langfristig zum Aufbau und zur Stärkung einer gesunden Mittelschicht führte. Dazu waren ihm Tüchtigkeit und Selbständigkeit die wichtigsten Erziehungsziele. Aus eigener Erfahrung hatte er gelernt, daß man Menschen und ihr Verhalten nur dadurch ändern kann, wenn man die Ziele dieser Menschen verändern kann – und die Menschen die Änderung ihrer Ziele nicht nur akzeptieren, sondern auch selbst bewirken wollen. Kolping hat auch der Tatsache Rechnung getragen, daß Ängste und Verunsicherungen im menschlichen Alltag eine nicht zu unterschätzende Rolle spielen. Alle Erkenntnisse oder Kenntnisse, die für ihn nicht in Bekenntnisse, d. i. konkretes Handeln, umgesetzt werden können, sind nutzlos.

Kolping ist nicht in dem Sinne schöpferisch, daß er neue Bilder bzw. neue Modelle entwickelt – er nimmt sie vielmehr aus vielen – alten und modernen – Quellen auf, sondern in der Weise, wie er sie in einen Zusammenhang bringt und verwirklicht. Gerade hier zeigt sich der anpassungsfähige Pragmatiker. Auch bei der Lektüre seiner Aufsätze und Erzählungen ist feststellbar, wie er seine aus dem Leben genommenen Themen ständig variiert. Er konnte und wollte bestimmte Dinge nicht (anders) sehen, so etwa wie auch heute Meinungsmacher sich auf ihre „Unabhängigkeit“ berufen. Seine Stärke lag in der Bestandsaufnahme, deren Ergebnisse er mit der notwendigen Zielstrebigkeit in realisierbare pädagogische Konzepte umsetzte. Enttäuschungen oder Frustrationen über sinkende Leser-, Mitglieder- oder Gottesdienstbesucher-Zahlen brauchte Kolping fast nicht zu verarbeiten.

Kolpings Vertrauter Wallraf, von seinen nach den Quellen faßbaren Freunden derjenige, der am längsten seinen Lebensweg begleitete, äußerte sich treffend dazu: „Mit instinktivem, durch eigene Erfahrung geschärftem Blicke für die Schäden des Gesellenwesens, mit gleich instinktivem Blick für die Mittel, sie zu heilen, verband er jene mächtige Begeisterung, die überall, wo sie erschien, die Menschen fast willenlos unterwarf“[267].

Eines der Reformziele Kolpings war eben, für eine breite Volksschicht etwas höhere Lebensqualität zu erreichen, ohne die Freiheit anderer über Gebühr einzuschränken. Im Umgang mit allen Schichten hatte er keine Probleme. Seine Kontakte zu Königshäusern, (Hoch)-Adel, Politikern, Bischöfen (davon zwei, die er sehr gut kannte, lange bevor sie ihren Bischofsstuhl bestiegen, nämlich Ketteler und Martin), Professoren, Publizisten und Beamten zeigen das deutlich. Am meisten fühlte er sich jedoch mit seinen Handwerksgesellen verbunden. Einer von ihnen faßte seine Eindrücke über Kolping zusammen: „Er war die Güte u[nd] Barmherzigkeit selbst, sein Äußeres u[nd] seine grade derbe Sprache war für mich u[nd] jeden, der mit ihm verkehrte, so wohltuend u[nd] einnehmend, daß man sich unwillkürlich zu dem Manne hingezogen fühlte“[268].

Seine souveräne Sprachgewandtheit und Redebegabung ebneten ihm den Zugang zu Menschen verschiedenster Bildungsgrade. „Sein frisches und natürliches Wesen, die überwältigende Macht seiner überzeugungsvollen Sprache, kurz sein ganzes Auftreten imponierte mir. ... Sein rheinländischer Dialekt hatte nichts Störendes, im Gegenteile, er paßte ganz gut zu seiner Individualität“[269].

Kolpings menschlicher Erfolg liegt zu einem Großteil auch an den Eigenschaften seines rheinischen Charakters, für den Toleranz, Ironie, Humor und Verständnis für Andersdenkende einen hohen Stellenwert haben.

Kolping hatte die seltene Fähigkeit, mit seinem rheinischen Humor auch schwierigen Situationen immer wieder eine angenehme Seite abzugewinnen. Er war fröhlich und ließ sich nicht von Schwarzsehern und Nörglern anstecken. „Der echte Kölner kann nicht anders: er muß witzig sein. Denn ihm hat Gott den Humor als einen schöpferischen Urquell geschenkt, der nie versiegt: als ein Mittel, ein urkölnisches Mittel, mit dem Leben fertig zu werden. Erst wem bewußt ist, daß wahre Welteinsicht, auch wenn sie lacht und lachen machen kann, auf tiefem Ernst, ja Religiosität beruht, der weiß, daß der witzige Kölner nicht identisch ist mit dem sprichwörtlichen ‚Bruder Lustig', einem Luftikus und unleidlichen Optimisten"[270].

Seine optimistische Grundeinstellung – auch bei seiner immer wiederkehrenden Kritik an den Zeitumständen – wirkte ansteckend. „Ich habe eine Art von Virtuosität darin erlangt, mich nämlich in Dinge zu finden, die sich nicht ändern lassen"[271]. Kolpings Humor, für ihn selbst fast eine philosophische Veranlagung, die sich spontan äußerte und nicht berechnet oder gekünstelt war, beeindruckte auch seine Mitmenschen. Napoleon III. war für ihn der „große Weltwauwau" und er verdeutschte „L'empereur" nach kölnischer Gewohnheit mit „Lamperöhr". Die Heilige Schrift nannte er das „Amtsblatt Gottes" und „Herrgottsohrfeigen" waren gesundheitliche Beeinträchtigungen, die zum Nachdenken anregten[272].

Freunde können eine solche Lebenshaltung am besten beurteilen. Darum seien zwei Beispiele angeführt. Kolpings Freund und Mitarbeiter an den „Rheinischen Volksblättern" berichtete von einem gemeinsamen Kuraufenthalt in Ostende: „In der Familie … wußte man Kolpings frischen, fröhlichen Humor sehr wohl zu schätzen … ‚Die Kolping', so ungefähr lauteten die Worte des alten Seemannes, ‚is eine lustige Kerl.' An Kolpings Humor hatten die guten Leute Gefallen"[273]. Und ein anderer Freund, der Maler Eduard von Steinle überlieferte unter Hinweis auf den Widerspruch von Aufklärung und volkstümlicher Heiligenverehrung einen von Kolping erzählten Witz: „Der hl. Petrus sieht bei einer Umschau im Himmel eine Menge Leute, die er selber nicht eingelassen, auf seine Erkundigungen erfährt er, das habe der hl. Joseph getan, und zwar durch die Fenster. Er geht hin und macht dem hl. Joseph ernste Vorstellungen, so etwas könne nicht angehen, das sei eine Beeinträchtigung seines Amtes, er habe die Verantwortlichkeit. Das Gespräch wird nach und nach so heiklich, als es unter Heiligen möglich ist, und schließt damit, daß der hl. Joseph sagt: ‚Hl. Petrus, wenn du mich mit derlei Dingen fortan nicht in Ruhe läßt, so nehme ich Frau und Kind und gehe davon'"[274]. Zum rheinischen Humor gehört auch eine gewisse Selbstironie, die die Einsicht zur Verarbeitung persönlicher Schwächen fördert: „Überhaupt komme ich mir oft recht respektabel vor, und besonders wenn meine guten Freunde mir den Kamm streicheln. Nur dauert meist die Herrlichkeit nicht lang"[275]. Sein Humor hat ihm in vielen Lebenslagen geholfen. Aber manchmal war „der Humor nicht mehr aufzutreiben, denn zum Humor muß man Zeit haben und etwas Sorglosigkeit dazu… Dieses innere Glück des Herzens, aus dem der rechte Frohsinn immer wieder frisch ausschlägt, auch wenn äußere Verhältnisse ihn immer wieder … zerstören möchten, bleibt doch unangetastet"[276].

Nach den Berichten seiner Mitstudenten in München, seiner Professoren in München und Bonn bis hin zu Äußerungen seiner Kollegen im Präsesamt und von Gesellen war er ein fleißiger Arbeiter, ein produktiver Journalist, ein munterer, heiterer Freund, ein aufrichtig teilnehmender Mitarbeiter (für Bischof Baudri und Geissel) und ein unermüdlicher Beter. Dazu schildern ihn seine Mitbrüder als Muster von Anspruchslosigkeit und als Vorbild von Selbstlosigkeit. Er war leutselig im wahrsten Sinne des Wortes, unkonventionell fromm und von apostolischem Eifer beseelt. Er arbeitete ständig an der eigenen Persönlichkeit. Eigenschaften, die er von den Gesellen und den Präsides erwartete, war er bereit, ihnen vorzuleben. Vor allem zeichnete er sich durch seine Demut aus. Er nahm sich selbst nicht übermäßig ernst und konnte Aufhebens um seine Person nur unwillig ertragen. Ein geselliger, zugänglicher Charakter, Vertrauen gewinnend und auf Menschen zugehen könnend, erweckte er bald Sympathien. Er galt als gerade, bieder, umkompliziert, verständig und einsichtig. Trotz seines empfindungsreichen Gemütes konnte er derb und direkt sein. Sein Ausbruch aus dem Berufsleben als Schuster kann nicht allein als Karriereplanung eines „Ehrgeizlings“ gesehen werden, wenn auch solche Gedanken eine untergeordnete Rolle gespielt haben mögen. Das wird deutlich bei dem zweiten Ausbruch aus dem Berufsleben als Kaplan, nach dem er zunächst innerkirchlich als „Sonderling“ angesehen wurde. Zwei Phasen lassen sich in Kolpings Leben ermitteln: die Zeit von der Geburt 1813 bis zur Priesterweihe in Köln 1845. Dieser Weg der Einfachheit, Prüfung, Opfer und des Verzichtes beinhaltet die berufliche Ausbildung, den Besuch des Gymnasiums, das Studium, insgesamt gesehen, die Vorbereitung auf sein Lebensziel, das Priestertum. Die zweite Phase von 1845 bis 1865, die bestimmt ist durch die Gesellenvereine und die Tätigkeiten als Domvikar, Präses, Organisator, Journalist in den verschiedenen Arbeitsbereichen, ist durch zwei für Kolping zusammengehörende Bestimmungen geprägt: Er verstand sich als Priester mit Christus und für Christus. Und dieses Verständnis war für ihn nur zu realisieren als Priester mit den Menschen für die Menschen. Formen, Inhalte und Methoden des Kolping'schen Wirkens sind vielfältig. Aber es gibt Gemeinsamkeiten, die sich in allen Arbeitsbereichen nachweisen lassen.

Wirkung erzielte er vor allem durch seine Persönlichkeit. Man nahm ihm ab, daß Lebensinhalte und Bildungsinhalte für ihn identisch waren. Dabei ist aber zu beachten, daß Kolping selbst nie den Versuch gemacht hat, seine grundsätzlichen Positionen systematisch darzustellen. Der Frage nach dem Warum dieses Sachverhaltes wurde aus dem Wege gegangen mit Hinweisen auf Kolpings Originalität, Kreativität und Spontaneität. Der Gedanke, ein Mensch überzeuge durch seine Persönlichkeit, weil er lebt und tut, was er sagt und denkt, setzte sich nur langsam durch. „Noch kommt bei Kolping ein starkes persönliches Moment hinzu. Gerade und bieder, verständig und wohlwollend, eine echte Nathanaelseele ohne Falsch und Arg, übte er eine eigene Macht über die Herzen. Wo er auftrat, nahm er für sich ein, gewann das Vertrauen und weckte Sympathien, die nicht mehr schwanden. Es ist auffallend, diesen Mann, der aus den bescheidensten Kreisen emporgestiegen war und dessen ganzes Wirken den sozial weniger bevorzugten Klassen galt, der so ganz durch und durch Mann des Volkes war, von seiten solcher mit Freundschaft und Vertrauen ausgezeichnet zu sehen, welche den höchsten Rangstufen der Gesellschaft oder der Geistesbildung angehörten“[277].

Kolping versprach nie mehr, als er halten konnte. Im Gegenteil: Er leistete mehr, als er gepredigt und geschrieben hat: „Er hat vielmehr *gehandelt* und Leib und Seele, Kraft und Vermögen durch viele Jahre dem Wohle des Volkes zum Opfer gebracht"[278]. In Klugheit und Selbstbescheidenheit hat er das (kirchen)politisch Machbare gespürt und umgesetzt. Mit seinem Realitätssinn hat „er das selbstgesteckte Ziel in hohem Maße erreicht"[279].

Anmerkungen

1 Kolping an Haal, 20. 10. 1864, in: KS Bd. 2, S. 450.

2 Kolping, Auf der Reise, in: RV 10 (1863), S. 438. – Zum Lebensweg siehe auch: KS Bd. 2, S. 220, 323, 409 u. 433.

3 Kolping, Ein Wort über Zivilisation und Christentum, in: KS Bd. 3, S. 147. – Siehe dazu ferner: KS Bd. 2, S. 7, 11f., 60, 123, 148f.; Bd. 3, S. 146f.; Bd. 4, S. 330f.; Bd. 5, S. 95 u. 152f.

4 R. Guardini, Welt und Person. Versuche zur christlichen Lehre vom Menschen, Würzburg 1950, S. 13f. – Siehe dazu: R. Pernoud, Überflüssiges Mittelalter? Plädoyer für eine verkannte Epoche, Zürich/München [1979], S. 30ff., 53ff., 58ff., 66ff., 72ff., 76f., 84ff., 96ff., 105ff., 119ff. u. 148ff.

5 Reichensperger, Gesellenvater, S. 10. – „Kolping hielt eine treffliche Rede voll Salz". a. a. O.

6 Vgl. Kolping, Katholischer Gesellenverein, in: RV 7 (1860), S. 397.

7 o.V., Übung macht den Meister, in: RV 2 (1855), S. 568.

8 Steinle, Briefwechsel, hier Bd. 2, S. 327.

9 Ritter, Die Katholisch-soziale Bewegung, S. 66f.

10 Siehe dazu: Wothe, Kolping als Seelsorger, S. 22–29. Er nennt eine ganze Reihe namentlich: Vosen, Chargé, Flücken, Liesen, Schäffer, Stolz, Jocham, Lang, Mayr, Pammersberger, Gruscha und Müller.

11 Andlaw an Friedrich Baudri, 16. 6. 1853. Privatbesitz L. Gierse, Köln.
Heinrich Freiherr von Andlaw, * 20. 8. 1802 Freiburg – † 3. 3. 1871 Hugstetten/Freiburg – 1833–1866 Abgeordneter im badischen Parlament – führend im kath. Vereinswesen tätig – Präsident der Katholikentage in Linz 1850, München 1861 und Trier 1865. Kosch, Kath. Deutschland, Sp. 39f. – KS Bd. 2, S. 160f.
Johannes Liebler, * 23. 6. 1823 Ladenburg – † 23. 7. 1855 Ladenburg – 19. 8. 1847 Priesterweihe – Vikar Überlingen – Pfarrverweser Pforzheim – Vikar Mannheim. EBA Freiburg, Priesterkartei.

12 Vgl. Hecker, Chronik, S. 182f. – Schmolke, Kolping als Publizist, S. 164 u. 201f. – Siehe auch: KS Bd. 1, S. 97 u. 106; Bd. 2, S. 81, 228, 281, 285, 378, 382, 393.

13 RV 12 (1865), S. 520.

14 Vgl. Reusch, in: ADB 40 (1896), S. 326f.

15 Vgl. Schäffer, Kolping I, S. 407.

16 Vgl. Protokollbuch Köln, 3. 11. 1851: „Der Präses macht Mitteilung über die Filial-Vereine Bonn und Aachen und stellt die Bildung ähnlicher Vereine in Mainz und Münster in Aussicht. Diese Ausbreitung des Vereins gibt die Veranlassung, die Möglichkeit eines allgemein-deutschen Gesellenbundes zu besprechen, zumal in jüngster Zeit von München und Brünn Nachrichten eingegangen seien des Inhaltes, daß auch dort die Bildung von Gesellen-Vereinen in naher Aussicht stände. Vosen: Er müßte sich gegen die Bemühungen, schon jetzt auf die Bildung eines deutschen Gesellen-Bundes hinzuwirken, erklären, da er es für das Wohl der Sache am besten hielte, wenn der Kölner Gesellen-Verein vorerst in jeder Beziehung sich weiter ausbildete. Die meisten der Anwesenden treten dieser letzteren Ansicht bei."

17 Siehe dazu Vosens Aufsätze in den RV. Nachdrucke: Ein frommes Vorurteil gegenüber der Arbeiterfrage, in: KS Bd. 5, S. 283–287; Und dennoch ist die Religion die Hauptsache dabei, in: a. a. O., S. 298–301 und: Über Assoziationen im Arbeiterwesen, in: a. a. O., S. 302–313.

18 Verhandlungen Frankfurt, S. 244–246.

19 Vigener, Ketteler, S. 437f.

20 Vgl. Vosen, Trauerrede.

21 E. Thrasolt, Eduard Müller. Der Berliner Missionsvikar, Berlin 1953, S. 108.

22 A. a. O., S. 106. – Siehe dazu: Schäffer, Kolping I, S. 580f. u. ders., Kolping II, S. 152f.

23 Lorinser, Leben, Bd. 1, S. 285f.
24 Bonifacius – Kalender, Berlin 1867, S. 128.
25 Thrasolt, Müller, S. 178.
26 Kolping an Höll, 1. 3. 1859, in: KS Bd. 2, S. 255. – Zu Höll siehe: H. L. Zollner, Genannt der „Badisch Kolping" – ein Gedenkblatt für den Priester Franz Xaver Höll, in: Badische Heimat, Heft 2, 1980 S. 181–190. – Nachruf, in: RV (1879), S. 361f.
27 Siehe dazu: KS Bd. 2, S. 255f. u. 268.
28 Kolping an Höll, 29. 8. 1859, in: KS Bd. 2, S. 267.
29 Vgl. Ridder, Männer, S. 33–36.
30 Schäffer, Kolping I, S. 534. – Ders., Kolping II, S. 133f.
31 Ebd.
32 Vgl. KS Bd. 2, S. 177.
33 Kolping an Mayr, 12. 9. 1855, in: KS Bd. 2, S. 181.
34 Vgl. KS Bd. 2, S. 257.
35 Vgl. KS Bd. 2, S. 243 u. 253f.
36 Vgl. KS Bd. 2, S. 199.
37 Sie sind veröffentlicht in: Schematismus München 1854, S. 205–208; 1855, S. 191ff.; 1856, S. 190ff.; 1857 S. 190f.; 1858, S. 192ff.; 1859, S. 205f.; 1860, S. 215ff.; 1861, S. 217ff.; 1862, S. 227ff.; 1863, S. 227ff.; 1864 S. 225ff.; 1865, S. 223ff.; 1866, S. 234ff.
38 Vgl. KS Bd. 2, S. 181f.
39 Vgl. KS Bd. 5, S. 328.
40 Vgl. Schematismus München 1864, S. 226; 1865, S. 223 u. 1866, S. 223.
41 Kolping an Mayr, 9. 10. 1857, in: KS Bd. 2, S. 231.
42 Siehe dazu: Posch, Anton Josef Gruscha und der österreichische Katholizismus – Bischof, Kardina Gruscha und die soziale Frage.
43 Gruscha an Fischer, 8. 8. 1906, in: H. Festing, Was Adolph Kolping für uns bedeutet, Freiburg 1985 S. 215.
44 Gruscha, Soziale Frage, zitiert nach: Bischof, Gruscha, S. 95.
45 A. a. O., S. 95f.
46 Vgl. a. a. O., S. 149.
47 A. a. O., S. 100. – Kolping, Gesellenverein-Aufgabe, in: KS Bd. 3, S. 112.
48 Schäffer, Kolping I, S. 549. – Ders., Kolping II, S. 139.
49 Kolping an Gruscha, 6. 2. 1861, in: KS Bd. 2, S. 312.
50 Gruscha an Kolping, 15. 12. 1855, in: ADK, A 137. – Kolping an Gruscha, 18. 12. 1855, in: KS Bd. 2 S. 192.
51 Kölnische Zeitung 1858, Nr. 253, zitiert nach: May, Generalversammlungen, S. 115.
52 Vgl. Gruscha an Fischer, 8. 8. 1906, in: Festing, Kolping (wie Anm. 43), S. 214–219.
53 2 Tim. 4,7: „Ich habe den Glauben bewahrt." – Siehe dazu: Posch, Gruscha, S. 216f. – Bischof, Gruscha S. 90.
54 Vgl. Posch, Gruscha, S. 3.
55 Vgl. Ridder, Männer, S. 69–82.
56 Protokollbuch Köln, 18. 2. 1866.
57 KA 15 (1866), S. 36.
58 Ridder, Männer, S. 74.
59 Protokollbuch Köln, 9. 12. 1869.
60 Diese sieben Generalversammlungen fanden alle in Köln statt: 1866, 1870, 1878, 1884, 1891, 1895, 1900.
61 Vgl. KA 28 (1888), S. 3.
62 Vgl. KA 31 (1891), S. 65.
63 Vgl. KA 41 (1901), S. 122.
64 Vgl. [I. Könyr], Kolping, Adolf. Élet rajz. Irta Schaeffer, Sebestyén … Fordította Ruschek Antal, Budapest 1887.
65 AEK, Totenzettel (Großformat).
66 Mitteilungen 1901, zitiert nach: Ridder, Männer, S. 79f.
67 Vgl. AEK, Totenzettel (Kleinformat u. Großformat). Die beiden Fassungen weisen geringe Textunterschiede auf.

68 Vgl. E. Thrasolt, Eduard Müller, S. 128.
69 Posch, Gruscha, S. 85. – Über Franz Hubert Maria Schweitzer (1865–1924), seit 1901 Generalpräses des Kolpingwerkes, siehe: Ridder, Männer, S. 83–93.
70 Vgl. Schäffer, Kolping I, S. 534f., 549, 580f. – Ders., Kolping II, S. 133f., 139, 152f.
71 Vgl. Kolping an Domkapitel, 3. 6. 1853, in: AEK, MK A VIII, 10, I.
72 Vgl. Kolping an Mittweg, 9. 7. 1862, in: KS Bd. 2, S. 382.
73 Siehe dazu: F. Hemmersbach, Bemerkungen zur Echtheit einzelner Inventarstücke im Geburtshause Adolph Kolpings unter Berücksichtigung gezielter Angaben zur Familie seines Bruders Wilhelm, in: Kerpener Heimatblätter Heft 2, Okt. 1988, Jg. 26, Bd. 5, S. 194–200.
74 Vgl. Protokollbuch Köln, 28. 1. 1866.
75 V. Eyll, Wirtschaftsgeschichte Köln, S. 247, 249, 253.
Von etwas mehr als 16 Millionen Preußen verfügten:
3,25 % über ein Einkommen von 400 bis 1000 Talern;
0,25 % über ein Einkommen von über 1000 Talern und
72,25 % über weniger als 100 Taler.
Dieterici, Mitteilungen des statistischen Bureaus, Jahr 1851, Bd. IV., S. 226. – Siehe auch Bd. III, S. 243.
76 Siehe dazu: Müller-Späth, CVJM, S. 197f. u. S. 230 Anm. 353.
77 Kolping an Mittweg, 22. 9. 1858, in: KS Bd. 2, S. 240f.
78 Kolping an Schmit, 26. 9. 1855, in: KS Bd. 2, S. 185. – Siehe dazu: KS Bd. 2, S. 26f., 139, 141, 172, 179, 187, 191f., 208, 210, 235, 244, 289, 340.
79 Siehe dazu: KS Bd. 2, S. 179, 185, 187, 191, 208, 235, 244, 340.
80 Kolping an Gruscha, 23. 4. 1863, in: KS Bd. 2, S. 410.
81 Kolping an Gruscha, 3. 12. 1857, in: KS Bd. 2, S. 231.
82 Kolping an Jörg, 1. 10. 1855, in: KS Bd. 2, S. 187. – Für seine höflichen Entschuldigungen ein Beispiel: „Was Ihre freundliche Einladung betrifft, so käme ich gern, aber ich bin in eine solche Menge Arbeiten eingewickelt, daß ich mich nicht herauszufinden weiß. Wie die Sache wächst, so mehren sich meine Arbeiten, die meist so eigentümlicher Art sind, daß ich sie auch auf fremde Schultern nicht laden kann. Natürlich bleibt für Erholung usw. immer weniger Zeit übrig, was gewiß niemand mehr bedauert als ich selbst. Indessen, Gott will es so, und also muß ich mich geduldig schicken." Kolping an eine Gräfin, 22. 1. 1859, in: KS Bd. 2, S. 250.
83 Kolping, Predigt, 27. 8. 1847, in: KS Bd. 3, S. 16. Siehe dazu: KS Bd. 2, S. 22, 136, 284, 286, 302, 304, 460.
84 Kolping an Steinle, 22. 12. 1863, in: KS Bd. 2, S. 433.
85 Zum Tagesablauf siehe: Kolping an ein ungenanntes Kapitelsmitglied, 29. 4. 1864, in: KS Bd. 2, S. 438f. – Schmolke, Kolping an Publizist, S. 190f.
86 Kolping an Steinle, 23. 10. 1863, in: KS Bd. 2, S. 426.
87 Kolping an Reinhard, 15. 11. 1863, in: KS Bd. 2, S. 429.
88 Vgl. Nachruf, in: RV 29 (1882), S. 59.
89 Flücken, in: RV 13 (1866), S. 242f.
90 Vgl. KS Bd. 2, S. 295.
91 KS Bd. 2, S. 353 u. 423.
92 Kolping an Gruscha, 23. 4. 1863, in: KS Bd. 2, S. 411.
93 Vgl. ADK, Testament. – Totenzettel der Mutter Flückens in Kolpings Brevier.
94 Protokollbuch Köln, 9. 12. 1865.
95 Vgl. a. a. O., 13. 1. 1867.
96 Zu Kolpings Verständnis von Freundschaft siehe: KS Bd. 2, S. 1, 6f., 9, 56–59, 152, 172, 218, 221, 287, 298, 302. – Zur geistlichen Freundschaft: KS Bd. 2, S. 150.
97 Kolping an Mittweg, 13. 12. 1860, in: KS Bd. 2, S. 294.
98 Siehe dazu: KS Bd. 2, S. 73, 125, 297, 375.
99 Vgl. dazu: Schäffer, Kolping I, S. 340. – Ders., Kolping II, S. 75 – Breuer, Autobiographie, S. 271, formulierte: „etwas derbe, fast abstoßende Außenseite...".
100 Kolping an Statz, 29. 11. 1837, in: KS Bd. 2, S. 1. – Siehe dazu auch: A. a. O., S. 218.
101 Kolping an Mittweg, 13. 1. 1862, in: KS Bd. 2, S. 367. – Siehe dazu auch: KS Bd. 2, S. 148, 290, 314, 332.
102 R. Michels, Peter Michels und seine Tätigkeit in der rheinischen Industrie, in der rheinischen Politik und im rheinischen Gesellschaftsleben, in JbKGV: 12 (1930), S. 5–98, hier S. 74.
103 Kolping, Gott segne das ehrbare Handwerk, in: KS Bd. 5, S. 156.

[104] Michels, S. 56.
Constance Michels, geb. van Halen, * 5. 9. 1810 Maastricht – † 29. 3. 1881 Köln – Ehefrau von Peter Michels.
Siehe dazu: KS Bd. 2, S. 124, 128, 280, 427.
Anna Michels, * ca. 1850 Köln – ⚭ Georg Schütz zu Leerodt.
Siehe dazu: KS Bd. 2, S. 125 u. 128.
Elise Michels, * 6. 9. 1833 Köln – † 30. 7. 1900 – ⚭ Leopold Kaufmann (1821–1898).
Siehe dazu: KS Bd. 2, S. 125, 128 u. 177.
Ernst Johann Hubert Michels, * 27. 10. 1844 Köln – † 5. 9. 1918 Brühl – Kaufmann – ⚭ Carolina Mülhens (1848–1926).
Siehe dazu: KS Bd. 2, S. 125 u. 128.
Gustav Michels, * 21. 7. 1836 Köln – † 24. 7. 1909 Köln – Kaufmann – ⚭ Emma Hartung (1840–1916).
Sohn: Paul Michels, * 22. 7. 1860 Köln – 8. 7. 1898 Köln.
Siehe dazu: KS Bd. 2, S. 125 u. 128.
Julius Christian Hubert Franz Michels, * 29. 9. 1842 Köln – † 1930 Köln – Kaufmann – ⚭ Anna Schnitzler (* 1854).
Margaretha Michels, * 1852 Köln – † 1872 Köln – ⚭ Freiherr Wilhelm von Hövel.
Pauline Michels, * 1839 Köln – † 1906 – ⚭ Karl von Sandt (* 1827).
Siehe dazu: KS Bd. 2, S. 125 u. 128.
Richard Matthias Hubert Hermann Michels, * 7. 1848 Köln – Offizier – ⚭ Anna Fey.
Siehe dazu: KS Bd. 2, S. 125 u. 128. – ADK. – HAStK.
[105] Kolping an Elise Michels, 24. 5. 1855, in: KS Bd. 2, S. 177.
[106] Michels, Michels, S. 85.
[107] Ein Beispiel: Der Kölner Kaufmann und Kunstfreund Mathieu Neven (1796–1878) war ein Schwager von Peter Michels. HAStK, Sammlung Bayer. – Michels, Michels, S. 23 u. 28.
[108] Michels, Michels, S. 97.
[109] Kolping, Rede, 13. 6. 1858, in: KS Bd. 4, S. 348.
[110] Einer Angestellten der Familie soll Kolping den Ehepartner vermittelt haben. Siehe dazu: Kolpingblatt 1934, S. 72.
[111] Kesseler, Eugen Joseph Ludwig von, * 4. 4. 1832 Düsseldorf – † 4. 2. 1885 Köln – Jurist – Vorstandsmitglied des Kölner Gesellen-Hospitiums – Vorsitzender des Vinzenzvereins Köln und Präsident des Provinzialrates des Vinzenzvereins für die Rheinprovinz – 1871/84 Mtgld. des Reichstages.
HAStK, Sammlung Bayer. – KS Bd. 2, S. 227 u. 259. – Nachruf in: RV 32 (1885), S. 95 f. u. 106 f.
[112] Kolping an Baudri, 9. 1. 1846, in: KS Bd. 2, S. 108 u. 104 f.
[113] Baudri, Rede, 17. 5. 1885, in: B. Ridder, Das Kolpingwerk im Urteil der öffentlichen Meinung, Köln 1956, S. 48 f.
[114] Siehe dazu: Linn, Ultramontanismus, passim.
[115] Vgl. Kolpingblatt 1934, S. 72. – Zur Datierung: KA 2 (1853), S. 54.
[116] Die Tagebücher Friedrich Baudris sind vor allem wegen der mitgeteilten geselligen Veranstaltungen und deren Teilnehmer ergiebig. Mir lagen Auszüge aus den Tagebüchern der Jahre 1854 bis 1865 vor. Der Jahrgang 1856 ist verloren gegangen.
[117] E. Rudolphi, Erinnerungen an Vater Kolping, (undatiert, vor 1932), in: ADK. – Siehe auch: RV 13 (1866), S. 231. –
Elisabeth Rudolphi, geb. Wirtzfeld, * 25. 2. 1841 Erpel – † 28. 10. 1932 Köln – Nichte des Weihbischofs Baudri – ⚭ 16. 11. 1876 Dr. med. Aloysius Rudolphi.
Frdl. Auskunft Herr L. Gierse, Köln vom 27. 7. 1989.
[118] Vgl. Baudri, Tagebücher.
Albert Freiherr von Thimus, * 21. 5. 1806 Aachen – † 6. 11. 1878 Köln – 1849 Landgerichtsrat Koblenz – 1862 Appellationsgerichtsrat Köln – 1852 Mitgl. Preuß. Abgeordnetenhaus – 1871–1878 Mitgl. d. Reichstages – Förderer des Koblenzer GV. W. Bäumker, in: ADB 38 (1894), S. 45. – Reichensperger, Gesellenvater, S. 12.
[119] Siehe dazu: Linn, Ultramontanismus, S. 247.
[120] Siehe dazu: L. Gierse, Friedrich Baudri zum Kölner Dom in seinen Tagebüchern, in: Kölner Domblatt 38/39 (1974), S. 13–42. Linn, Ultramontanismus, S. 176 u. 189 ff. Siehe ferner: Baudri, Tagebuch zum 14. 4. 1862 u. RV 10 (1861), S. 722–725. – Organ für christliche Kunst, hg. v. Fr[iedrich] Baudri, 1 (1851)–9

(1859; ab 10 (1860) mit Untertitel: Organ des christlichen Kunstvereins für Deutschland; ab Jg. 14 (1864) hg. v. [Joseph] van Endert.

121 Baudri, geb. Menn, Anna Maria Gertrud, * 12. 8. 1823 Koblenz – † 19. 6. 1856 Köln – ⚭ 18. 6. 1849 Friedrich Baudri. ADK, Totenzettel (Brevier Kolpings).

122 August Reichensperger, * 22. 3. 1808 Koblenz – † 16. 7. 1895 Köln – Jurist, Politiker – Landgerichtsrat in Köln und Trier – 1849 Appellationsgerichtsrat Köln – 1848 Mitgl. Nationalversammlung – 1851 bis 1863, 1870–73 u. 1879–85 Mitgl. preußischer Landtag – 1871–74 Mtgl. Reichstag.
H. J. Becker, in: RLB 10 (1985) S. 141–158, (Lit.). – KS Bd. 2, S. 251, 271f., 274, 277, 279, 296, 308 310f., 318f., 337, 350, 365, 379, 399, 404f., 408, 411ff., 425f., 431, 433, 436f., 452, 454–458, 468, 475f., 479. – Ausführlich: L. Pastor, August Reichensperger 1808–1895. Sein Leben und sein Wirken auf dem Gebiet der Politik, der Kunst und der Wissenschaft, 2 Bände, Freiburg/Br. 1899. – F. X. Kraus, August Reichensperger, in: F. X. Kraus, Essays, Zweite Sammlung, Berlin 1901, S. 365–426. – L. Schwering, August Reichensperger, Dülmen 1936. – Ein vollständiges Verzeichnis seiner Schriften findet sich in: Pastor, Reichensperger, Bd. 2, S. 449–474.

123 Pastor, Reichensperger, Bd. 1, S. 232.

124 A. a. O., S. 250.

125 A. a. O., Bd. 2, S. 333.

126 Kolping an Reichensperger, 20. 3. 1860, in: KS Bd. 2, S. 277.

127 Kolping an Reichensperger, 4. 1863, in: KS Bd. 2, S.

128 Vgl. dazu: Reichensperger, Reichensperger, S. 9.

129 Vgl. Kolping an Wallraf, 15. 7. 1865, in: KS Bd. 2, S. 476. – Siehe dazu: M.M.V. Hopmann, Marie Le Hanne-Reichensperger. „Die Frau Bergrat". 1848–1921, Mainz o. J. [1939], S. 30f.

130 Kolping an Steinle, 25. 3. 1864, in: KS Bd. 2, S. 436f. – Siehe dazu: Hopmann, Le Hanne-Reichensperger, S. 26.
Johanna Reichensperger, * 27. 3. 1845 Trier – † 20. 3. 1864 Köln.
Clementine Reichensperger, geb. Simon ⚭ 3. 5. 1842 August Reichensperger, * 15. 10. 1822 Simmern – 31. 3. 1902 Köln.
Maria Reichensperger, * 8. 11. 1848 Köln – † 2. 10. 1921 Köln – ⚭ Jakob Le Hanne.

131 RV 6 (1858), S. 423–425, 513–517 und 593–596.

132 RV 9 (1862), S. 57–60 u. 72–75. – Vgl. dazu: Pastor, Reichensperger, Bd. 2, S. 460.

133 Pastor, Reichensperger, Bd. 2, S. 333. – Siehe dazu: Kolping an Steinle, 23. 10. 1863, in: KS Bd. 2, S. 426: „Froh bin ich, daß August Reichensperger kein Mandat zur Kammer annehmen will, sondern zu Hause bleibt. Hab ich doch jemand, mit welchem ich im Vertrauen politisierend räsonieren kann". – Siehe auch: KS Bd. 2, S. 405 u. 412. Siehe dazu: Schäffer, Kolping II, S. 273f.

134 August und Peter Reichensperger, Deutschlands nächste Aufgaben, Paderborn 1860.

135 Vgl. RV 7 (1860), S. 767.

136 Zu den Fehlbeurteilungen, die Kolping von Reichensperger übernahm siehe: Kraus, Reichensperger, in Kraus, Essays, S. 390. (Hier die Beurteilung der Situation in Italien).

137 Schwering, Reichensperger, S. 97.

138 Vgl. dazu: Kolping an Reichensperger, 5. 2. 1861, in: KS Bd. 2, S. 311.

139 Vgl. Pastor, Reichensperger, Bd. 2, S. 333.

140 RV 1 (1854), S. 501.

141 Eintragung Reichenspergers in das Album des Parlaments der Paulskirche. Vgl. Schwering, Reichensperger, S. 129.

142 Vgl. Pastor, Reichensperger, Bd. 1, S. 432, Anm. 1.

143 Vgl. A. Reichensperger, Phrasen und Schlagwörter. Ein unentbehrliches Noth- und Hülfsbüchlein für Zeitungsleser, Paderborn 1862, [2]1863. Die zweite Auflage wurde mit 101 Stichwörtern umfangreicher und stilistisch überarbeitet vorgelegt, während es in den „Rheinischen Volksblättern" nur 26 waren.

144 Siehe dazu: RV 9 (1862), S. 261–264.

145 Siehe dazu: RV 10 (1863), S. 415.

146 Siehe dazu: RV 10 (1863), S. 471f. – Eine Kurzfassung schon früher in: RV 6 (1859), S. 423f.

147 Siehe dazu: RV 10 (1863), S. 487–489.

148 Siehe dazu: RV 6 (1859), S. 226–231 u. 241–247.

149 Siehe dazu: RV 6 (1859), S. 258–261, 273–280 u. 289–293.

150 Siehe dazu: RV 6 (1859), S. 706–711, 737–743, 755–761 u. 769–777.

[151] Vgl. Kolping an Reichensperger, 10. 3. 1863, in: KS Bd. 2, S. 404. – Siehe dazu auch: Die Unterrichtsfrage und der „Fortschritt“ ... in: KS Bd. 5, S. 249–260.
[152] Vgl. A. Reichensperger, Fingerzeige auf dem Gebiete der Kirchlichen Kunst, Leipzig 1854 u. ders., Eine kurze Rede und eine Lange Vorrede über Kunst, Paderborn 1863.
[153] Vgl. RV 1 (1854), S. 501–503. – RV 10 (1863), S. 414f.
[154] RV 1 (1854), S. 501.
[155] Kraus, Reichensperger, in: Kraus, Essays, S. 424.
[156] Vgl. Reichensperger, Gesellenvater, S. 12.
[157] Rede am 1. 2. 1881 im Abgeordnetenhaus Berlin, in: Stenographische Berichte über die Verhandlungen der die allerhöchste Verordnung vom 13. 10. 1880 einberufenen beiden Häuser des Landtages, Haus der Abgeordneten. 2. Bd., Berlin 1881, S. 145f.
[158] Vgl. Kolping an Mittweg, 4. 9. 1861, in: KS Bd. 2, S. 354.
[159] Steinle, Briefwechsel mit seinen Freunden, 2 Bde., hier Bd. 1, S. 97.
[160] A. a. O., S. 108 u. 507.
[161] Vgl. a. a. O., Bd. 2, S. 485. Der Besitzer ist unbekannt.
[162] Vgl. a. a. O., S. 325 u. 486: Lavierte Bleistiftzeichnung: „Entwürfe zu einem Flügelaltar für die Minoritenkirche in Köln. Mittelbild: Die Immaculata. Flügel: Die Apostel und die Ordensstifter: die Chöre der Martyrer und Jungfrauen. Fünf Blatt ... (Herr Arnold Otto Meyer, Hamburg)“. Lavierter Kohlekarton: „Drei Kartons für den Flügelaltar der Minoritenkirche in Köln. ... (Der Altar wurde nicht ausgeführt. Galerie Liechtenstein, Wien.)“
[163] Reichensperger an Steinle, 25. 3. 1865, in: a. a. O., S. 326 u. S. 486: „Der hl. Joseph. Fahnenbild für eine gestickte Fahne des Gesellenvereins in Köln. Kreidezeichnung. (Erben des Herrn Adolph Kolping.)“
[164] Steinle an Reichensperger, 8. 1. 1861, a. a. O., S. 319.
[165] Siehe dazu: L. Schöningh, Die Geschichte der Familie Schöningh und die Gründung von Schöninghsdorf, in: Jahrbuch des Emsländer Heimatvereins 8 (1961), S. 57–72. – Zum Verlag siehe: Kosch, Deutsches Literatur-Lexikon, Bd. 3 (1956) S. 2568.
[166] Bernhard Schöningh, * 8. 6. 1819 Meppen – † 2. 6. 1865 Düren – Tuchfabrikant Düren.
[167] Angelika Schöningh, * 14. 9. 1821 Meppen – † 21. 3. 1887 Münster – ⚭ Albrecht Ziegler * 1818 – † 10. 12. 1886 Münster.
[168] Siehe dazu: Steinke, Kolping, S. 156 u. 168ff.
[169] Eduard Schöningh, * 1825 Meppen – † 1900 Meppen.
Siehe zu ihm auch: KS Bd. 2, S. 172, 186, 189, 205, 337, 434, 473.
[170] Schöningh, Schöningh, S. 67.
[171] Ernst Mittweg, * 17. 12. 1824 Essen – † 18. 12. 1900, Gut Lonne bei Fürstenau/Hann. – Jurist, Referendar und Assessor in Essen – 1854/68 Assessor und Kreisrichter in Neuwied – 1868/80 Kreis- und Landgerichtsrat in Essen.
Antonie Mittweg, geb. Schöningh, * 11. 2. 1829 Meppen – † 27. 11. 1864 Neuwied – Ehefrau von Ernst M. – Schwester von Ferdinand Schöningh.
Marie Mittweg, * 21. 2. 1855 Neuwied – † 23. 12. 1935 Gut Lonne bei Fürstenau/Hann.
Josephine Mittweg, * 21. 2. 1855 Neuwied.
Gatzen-Mittweg, Elisabeth, * 1. 9. 1857 Neuwied – 21. 6. 1947 Gut Lonne/Fürstenau/Hannover – ⚭ mit Justizrat Heinrich Gatzen (* 30. 9. 1843 Aachen – † 21. 2. 1929 Aachen) – Patenkind Kolpings.
KS Bd. 2, S. 223, 234, 241, 274, 288, 293, 298, 347, 379, 373, 376f., 396, 422, 434, 447, 459. – Kolping, Testament, 9. 12. 1865.
Anna Mittweg, * 5. 2. 1860 Neuwied.
Anna Maria Sophie Mittweg, geb. Brockhoff, *16. 10. 1789 Essen – † 2. 2. 1869 Essen – Mutter Ernst Mittwegs.
Franz Joseph Mittweg, * 1807 Essen – † 1. 4. 1871 Köln – Kaufmann – Mitglied der Armen-Verwaltung Köln.
Maria Christina Mittweg, * 19. 5. 1822 Essen – † März 1862 – Schwester Ernst Mittwegs.
ADK, Familienunterlagen Mittweg.
[172] Kolping an Mittweg, 31. 12. 1860, in: KS Bd. 2, S. 299. Siehe dazu auch a. a. O., S. 298.
[173] Siehe dazu: Kolping an Mittweg, 25. 7. 1861, in: KS Bd. 2, S. 347f.
[174] Kolping an Mittweg, 8. 12. 1853, in: a. a. O., S. 152. – Siehe dazu auch: a. a. O., S. 143, 284 u. ö.
[175] Kolping an Mittweg, 18. 12. 1860, in: a. a. O., S. 298.

176 Kolping an Mittweg, 28. 5. 1861, in: a. a. O., S. 341.
177 Kolping an Mittweg, 24. 1. 1861, in: a. a. O., S. 308. – Siehe auch: a. a. O., S. 314.
178 Kolping an Mittweg, 2. 2. 1865, in: a. a. O., S. 465. – Siehe dazu: Tagebuch, 27. 11. 1864, in: KS Bd. 1, S. 211: „Am 27. November 1864 starb abends 20 Minuten vor 5 Uhr infolge eines schweren Wochenbettes (das 5. Kind, ein Knabe) meine liebe, unvergeßliche, treue und schwesterliche Freundin Antonie Mittweg, geborene Schöningh in Neuwied. Ihr Andenken wird auch über das Grab hinaus mir teuer und heilig bleiben. Ihre liebe Seele ruhe im göttlichen Frieden! Adolph Kolping". – Siehe dazu auch: KS Bd. 2, S. 457f., 459, 461, 469.
179 Bericht von Lilli Gatzen-Mittweg, in: Th. Hürth, Kolping im Kreise einer Familie, in: Kolpings Kalender 1937, S. 100f.
180 Kolping an Mittweg, 15. 11. 1860, in: KS Bd. 2, S. 286f. – Siehe dazu auch: a. a. O., S. 459.
181 Vgl. Kolping an Mittweg, 22. 2. 1861, in: a. a. O., S. 318.
182 Kolping an Mittweg, 5. 1. 1861, in: a. a. O., S. 301.
183 Vgl. Kolping an Mittweg, 10. 8. 1861, in: a. a. O., S. 332.
184 Kolping an Mittweg, 18. 12. 1860, in: a. a. O., S. 297.
185 Kolping an Mittweg, 20. 12. 1861, in: a. a. O., S. 362.
186 Vgl. a. a. O., S. 366 u. 376.
187 Tagebucheintragung, undatiert, 1865, in: KS Bd. 1, S. 211.
188 FS 2 (1852), S. 110.
189 Kolping an Mittweg, 7. 12. 1858, in: KS Bd. 2, S. 244.
190 Kolping an Höll, 29. 8. 1859, in: a. a. O., S. 267.
191 Kolping an Mittweg, 1. 10. 1861, in: a. a. O., S. 358. – Siehe auch: a. a. O., S. 374. – Siehe dazu: J.J. Hässlin, Der zoologische Garten zu Köln, Köln 1960.
192 Siehe dazu: KS Bd. 2, S. 140, 325 u. 453.
193 Kolping an Mittweg, 22. 1. 1859, in: a. a. O., S. 249.
194 Kolping an Mittweg, 28. 11. 1859, in: a. a. O., S. 270.
195 Vgl. Baudri, Tagebuch, 25. 1. 1860.
196 Vgl. a. a. O., 31. 12. 1861.
197 Vgl. a. a. O., 21. 1. 1862.
198 Kolping an Mittweg, 9. 7. 1862, in: KS Bd. 2, S. 382.
199 Baudri, Tagebuch, 7. 7. 1862.
200 Kolping an Mittweg, 15. 7. 1862, in: KS Bd. 2, S. 384. – Siehe dazu auch: RV 10 (1863), S. 460f.
201 Vgl. Baudri, Tagebuch, 17. 12. 1863.
202 Vgl. Pastor, Reichensperger, Bd. 1, S. 563.
203 Vgl. dazu: Kolping an Schmit, 7. 3. 1855, in: KS Bd. 2, S. 174.
204 Kolping an Mittweg, undatiert, (Anfang 1862), in: a. a. O., S. 366.
205 Vgl. Kolping an Mittweg, 15. 1. 1861, in: a. a. O., S. 303 u. 305.
206 Kolping an Mittweg, 1. 11. 1864, in: a. a. O., S. 453.
207 Kolping an Mittweg, April 1861, in: a. a. O., S. 332.
208 Vgl. Kolping an Mittweg, 9. 10. 1855, in: a. a. O., S. 189.
209 Kolping an Mittweg, 13. 12. 1860, in: a. a. O., S. 296. – Siehe auch a. a. O., S. 306: „Trinken Sie nur getrost zu, mein Keller wird so bald nicht leer".
210 Vgl. Kolping an Mittweg, 15. 1. 1861, in: KS Bd. 2, S. 304.
211 Vgl. Kolping an Mayr, 20. 4. 1863, in: a. a. O., S. 407. – Siehe auch: KS Bd. 1, 209 u. Bd. 2, S. 443.
212 Kolping, Auf der Reise, in: RV 10 (1863), S. 449.
213 FS 3 (1853), S. 10.
214 Kolping, Auf der Reise, in: RV 10 (1863), S. 404. – Siehe dazu auch: W. Walz, Deutschlands Eisenbahn 1835–1985, Stuttgart 1985. – Zur Eisenbahn und ihrer Nutzung durch Kolping siehe auch: RV 2 (1855), S. 376; RV 3 (1856), S. 418 u. RV 4 (1863), S. 401.
215 Kolping, Mitgebrachtes, in: RV 3 (1856), S. 440.
216 A. a. O., S. 339.
217 RV 10 (1863), S. 517.
218 Vandensteene, Kapitän – Hafenmeister Ostende – Wirt Kolpings. KS Bd. 1, S. 209; Bd. 2, S. 124, 279f., 350, 443.
Kolping, Der alte Captain, in: RV 1 (1854), S. 161–167 u. 177–181.

219 Kolping an Constance Michels, 29. 7. 1851, in: KS Bd. 2, S. 124f.
220 Ehr. Rhd., Aus dem Seebade, in: RV 27 (1880), S. 454. – Bei der genannten Frau könnte es sich handeln um: Mathilde-Anastasie de Vos (1839–1862). ADK, Totenzettel (Brevier Kolpings).
221 Kolping an Constance Michels, 29. 7. 1851, in: KS Bd. 2, S. 124f.
222 Franz Ludwig Braun, * 14. 5. 1814 Köln – † 5. 1. 1900 Köln – Kaufmann – Mitarbeiter der Firma Michels.
HAStK, Sammlung Bayer. – KS Bd. 2, S. 280.
Heinrich Lamoral Graf O'Donell von Tyrconell, * 12. 6. 1802 Wien – † 22. 12. 1872 Wien – 1825 Eintritt in Österr. Staatsdienst – Verwaltungsbeamter St. Pölten, Triest und seit 1847 Mailand – Präsident des Severinus-Vereins, Wien – (Vize)Präsident von Katholikentagen Wien, Linz und Prag.
ÖBL Bd. 7 (1978), S. 205f. – Kosch, Kath. Deutschland, Sp. 3318. – KS Bd. 2, S. 194 u. 351.
Andreas Engelbert Seul, * 4. 1. 1830 Koblenz – † 9. 2. 1897 Trier – 5. 4. 1853 Priesterweihe – 1857–77 Hofkaplan der Königin von Sachsen – 1883 Domherr Trier.
AEK, Totenzettel. – KS Bd. 1, S. 210.
Peter Wekbeker, * 24. 8. 1807 Münstermaifeld – † 29. 11. 1875 Düsseldorf – Landgerichtsrat – 1849 Mitgl. Frankfurter Nationalvers. – Schwager und Freund Reichensperger.
A. Schulte, Vicomte de Tailly und Peter Wekbeker, in: A. Wegener, Die vorparlamentarische Zeit Peter Reichenspergers 1810–1847, Köln 1930, S. 175–180. – KS Bd. 1, S. 209f.
223 Vgl. HAStK, Totenzettel, – Frdl. Mitteilung, 23. 6. 1990, Archiv-Ursulinen, Calvarienberg, Sr. Teresa Freyaldenhoven.
224 Vgl. Kolping, Reisenotizen aus dem Tagebuch eines simplen Christenmenschen, in: RV 1 (1854), S. 352–359 u. 385–391.
Kolping, Aus dem Seebade, in: RV 7 (1860), S. 354–358, 370–375, 386–390 u. 401–405.
Kolping, Noch etwas aus dem Seebade, in: RV 8 (1861), S. 577–581.
Kolping, Bilder aus dem Badeleben, in: RV 12 (1865), S. 529–533, 545–550, 561–566, 577–582.
Kolping, Aus Belgien, in: RV 7 (1860), S. 577–582, 594–599, 609–615, 625–631, 658–664, 673–679, 689–695, 754–759 u. 785–789.
Kolping, Aus Belgien, in: 11 (1864), S. 561–566, 577–582, 609–615, 627–633, 657–663 u. 673–679.
225 Vgl. Testament, in: ADK.
226 Über Wisemann siehe: G. Biemer, in: LThK 10 (^{2}1965), Sp. 1188f. – Eine deutsche Übersetzung fertigte F.H. Reusch an unter dem Titel: Fabiola oder die Kirche der Katakomben, Köln 1855; ^{3}1856. – über Franz Heinrich Reusch (1825–1900) siehe: R. Bäumer, in: LThK 8 (^{2}1963), Sp. 1267.
227 Siehe dazu: KS Bd. 2, S. 234 u. 333. – Über Franz Trautmann siehe: W. Kosch, Deutsches Literaturlexikon Bd. 4 (1958), S. 3039.
Die gute alte Zeit. Münchener Geschichten, Frankfurt 1855.
Chronika des Herrn Petrus Nöckerlein, eines Glücksritters aus alter Zeit, 2 Bde., Frankfurt 1856.
Ludwig Schwanthalers Reliquien, München 1858.
228 Siehe dazu: B. Lips, in: ADB 53 (1907), S. 249–255, hier: S. 251: „In quibus generosum christianae religionis in jus ac dignitatem restituendae studium spirat". – siehe: KS Bd. 2, S. 127, 130, 283, 289. – Historische Dramen, die erfolgreich waren:
Der Zunftmeister von Nürnberg, Mainz 1860.
Philippine Welser, Mainz 1859.
229 Vgl. Kolping an Mittweg, 25. 11. 1860, in: KS Bd. 2, S. 289, 292. – Zu Stifter siehe: Kosch, Deutsches Literaturlexikon, Bd. 4, Bern 1958, S. 2859–2868. – Ferner: KS Bd. 2, S. 286f. u. 333.
Der Nachsommer, 3 Bde., Pest 1857.
Studien, 2 Bde., Pest 1844.
Siehe ferner: K.G. Fischer, Pädagogik des Menschenmöglichen, Linz/Donau 1962.
230 Siehe dazu: K. Vancsa, in: LThK 9 (^{2}1964), Sp. 1074f.
231 Kolping, Auf der Reise, in: RV 10 (1863), S. 420. – Über Heine siehe: Deutsches Literaturlexikon. Biographisch-Bibliographisches Handbuch Bd. 7, (^{3}1979), Sp. 692–699.
232 Vgl. Brauer, Briefe.
233 Vgl. KS Bd. 2.
234 Zu den Briefen siehe: KS Bd. 2, S. 9, 23, 27, 189, 221, 299, 323, 441 u. ö.
235 Vgl. Müller-Späth, CVJM, S. 229, Anm. 343.
236 Kolping an Statz, 25. 3. 1841, in: KS Bd. 2, S. 33. – Dieses Bild ist bisher nicht ermittelt worden.

[237] Das 20 cm hohe und 15 cm breite Bild ist mit Datum vom 16. April 1842 und dem Monogramm des Malers FM versehen. Es trägt die Unterschrift: „Kolping in Schustermeisters Zunftwams". Das Bild befindet sich im Kölnischen Stadtmuseum und ist eine Schenkung von Herrn Josef Kley vom 10. 7. 1992.
Zu Kolpings Portrait siehe auch: KS Bd. 2, S. 33, 136f., 194, 198, 203, 218, 228, 230, 238, 255, 474, 478.

[238] Brief an Stadtgewerberat Mindelheim 12. 2. 1853, in: KS Bd. 2, S. 136f.

[239] Original im Besitz der Kolpingsfamilie Soest. – Carl Meyer (1798–1868) gründete 1828 in Nürnberg eine graph. Kunstanstalt. Siehe dazu: Thieme-Becker, Bd. 24 (1930), S. 464.

[240] Vgl. Kolping an Gruscha, 18. 12. 1855, in: KS Bd. 2, S. 194. – Anzeige in: RV 4 (1857), S. 32.

[241] Vgl. Kolping an Mayr, 5. 2. 1856, in: KS Bd. 2, S. 198. – Über Keller siehe: Thieme-Becker, Bd. 20 (1927), S. 100.

[242] Vgl. Illustrirte Zeitung, Leipzig 1858, Nr. 801, S. 292.

[243] Kolping an Mittweg, 18. 6. 1865, in: KS Bd. 2, S. 474.

[244] Vgl. Mitteilungen, Heft 4, 1865, Sp. 125.

[245] Vgl. Kolping an Mittweg, 18. 6. 1865, in: KS Bd. 2, S. 474.

[246] Vgl. Baudri, Tagebuch, 12. 7. 1865.

[247] W. Neite, Die Fotographie in Köln 1839–1870, in: JbKGV 46 (1975), S. 101–130, hier: S. 116.

[248] Vgl. KS Bd. 1, S. 2.

[249] Vgl. Kolping an Statz, undatiert, (um Ostern 1839), in: KS Bd. 2, S. 15.

[250] Kölnische Volkszeitung, Nr. 581, vom 27. 7. 1919 (Fotokopie im ADK, Nr. C 32).

[251] Schäffer, Kolping I, S. 20.

[252] Schäffer, Kolping II, S. 344.

[253] Kolping an Mittweg, 15. 11. 1853, in: KS Bd. 2, S. 148f.

[254] Kolping an Mittweg, 8. 12. 1853, S. 151.

[255] Kolping, Mit Gott tu fangen an, in: KS Bd. 4, S. 102.
Siehe dazu auch: RV 12 (1865), S. 521: „Es allen Menschen ... recht machen, immer recht machen, ist sicher unmöglich".

[256] Kolping an Heindl, 23. 7. 1857, in: KS Bd. 2, S. 228. – Kehrrein, Handbuch deutscher Prosa, Bd. 2, S. 621f.

[257] Stumpf, Kolping, S. 292f.

[258] Kölnische Zeitung, Nr. 253, 1858, zitiert nach: May, Generalversammlungen, S. 115f. – Siehe dazu auch: Stumpf, Kolping.
Zu seinem 45. Geburtstag schrieb er: „Ich meine, es sei gar nicht möglich. Da geht's also rasch zum Gipfel und dann – Abwärts". Kolping an Mittweg, 7. 12. 1858, in: KS Bd. 2, S. 245.

[259] Kolping an Höll, 29. 8. 1859, in: KS Bd. 2, S. 267. – An anderer Stelle: „Machen Sie aus mir nicht mehr, als was Gott draus gemacht hat, sonst kommen Sie mit dem in Streit". Kolping an Heindl, 23. 7. 1857, in: KS Bd. 2, S. 228.

[260] Kolping an Mittweg, 25. 11. 1860, in: KS Bd. 2, S. 289.

[261] Kolping an Brinkmann, 19. 11. 1842, in: KS Bd. 2, S. 70.

[262] Vgl. Schäffer, Kolping II, S. 208f. – Siehe auch: Kolpingblatt 1937, S. 34. – Zu Kolpings Hilfsbereitschaft siehe auch: KS Bd. 2, S. 74, 81, 92 u. 205.

[263] Kolping, Auf der Reise, in: RV 16 (1863), S. 418.

[264] Kolping, Mit Gott tu fangen an, in: KS Bd. 4, S. 100., – Siehe dazu: Kolping an Gruscha, 19. 7. 1859, in: KS Bd. 2, S. 269.

[265] Mandelartz, Erinnerungen, S. 12f.

[266] Kolping, Politisches Tagebuch, in: RV 6 (1859), S. 137.

[267] Wallraf, in: RV 13 (1866), S. 227f.

[268] Mandelartz, Erinnerungen, S. 13.

[269] Kerschbaumer, Kaleidoskop, S. 59f.

[270] H. Schmitt-Rost, Der Kölnische Humor, Hamburg 1950, zitiert nach: Hässlin, Köln, S. 223.

[271] Kolping an Mittweg, 13. 12. 1860, in: KS Bd. 2, S. 295. – Zu Kolpings Humor siehe ferner: KS Bd. 2, S. 125, 151, 174, 187, 198, 212, 216, 240, 247, 249, 269f., 291, 295, 297, 315, 365, 373, 405, 422, 432, 476.

[272] Vgl. Schmolke, Kolping als Publizist, S. 196f. – Kolping, Politisches Tagebuch, in: RV 7 (1860), S. 138. – J. Mandelartz, Drei Jahre, in: Kolpingkalender 1929, S. 161. – KS Bd. 2, S. 174.

[273] Ehr. Rhd., Aus dem Seebade, in: RV 27 (1880), S. 454. –
Edmund Karl Franz Reinhard, * 2. 5. 1814 Werden/Essen – † 28. 1. 1893 Ehrenbreitstein – Jurist und

Dichter – 1849–1873 Justizrat und Rechtsanwalt in Ehrenbreitstein – Mitarbeiter an „Rheinischen Volksblättern“ und Volkskalendern – Schwager von Ernst Mittweg.
F. R. Reichert, Der „Laientheolog am Rhein“ und das erste vatikanische Konzil, in: Archiv für mittelrheinische Kirchengeschichte 36 (1984) S. 297–328. – Siehe ferner: Deutsches Literatur-Lexikon, Bd. 12 (1990), Sp. 878. KS Bd. 2, S. 152, 223, 245, 329, 384, 387, 428, 448f., 461, 466.

[274] Steinle an Antonie Brentano, 19. 6. 1864, in: Steinle, Briefwechsel mit seinen Freunden, hier Bd. 2, S. 107f.

[275] Kolping an Mittweg, 18. 1. 1855, in: KS Bd. 2, S. 172. – An anderer Stelle: Kolping an Mittweg, 8. 12. 1853, in: KS Bd. 2, S. 151: „Nun sitze ich richtig oben auf der höchsten Höhe meines irdischen Daseins und kann meine Betrachtungen anstellen, wenn ich will. Doch fürchten Sie nicht, daß ich Sie mit Betrachtungen langweile. Die sind in der Regel nur für diejenigen ersprießlich, die sie selber machen, und so überlassen Sie mir meine eigenen Betrachtungen selber. Ich kenne ja auch meinen Zickzack durchs Leben selbst am besten und habe die Kette des Gewebes selber aufgespannt, mag auch eine höhere Hand den Einschlag besorgt haben“.

[276] Kolping an Mittweg, 18. 12. 1860, in: KS Bd. 2, S. 297f. Eine Sammlung von Anekdoten über Kolping, die weitere Beispiele für seinen Humor bringen, findet sich in: Winkler, Volksmann. – Siehe dazu auch: G. Heindl, Unsere Show läuft schon viel länger oder Die Kirche und ihre Diener in Anekdoten, Wien 1984, S. 53f., wo über einen Besuch Kolpings in St. Pölten berichtet wird.

[277] Pfülf, Kolping, S. 671.

[278] Vosen, Kolpings Gesellenverein in seiner sozialen Bedeutung, in: KS Bd. 5, S. 386.

[279] E. Hegel, Geleitwort, in: KS Bd. 1, S. XV.

15. Rom
(1862)

Rom als Kult- und Kulturzentrum des christlichen Abendlandes hat auf Adolph Kolping während seines ganzen Lebens eine besondere Faszination ausgeübt, die wesentlich durch sein Kirchenverständnis mitgeprägt war. Der Religions- und Geschichtsunterricht in Volksschule und Gymnasium gaben erste Anstöße, sich mit der Geschichte der Stadt und ihrer Bedeutung in der Geschichte der Kirche intensiver zu befassen. Das Theologiestudium in München und die kirchenpolitische Entwicklung in Deutschland seit 1848 trugen dazu bei, in Kolping das Interesse am Zentrum der Christenheit nicht nur wachzuhalten, sondern noch zu steigern.

Reise

Im Mai 1862 sollte Kolpings langgehegter Wunsch in Erfüllung gehen, Rom aus eigener Anschauung zu erleben und Papst Pius IX. persönlich zu begegnen[1]. Die Vorfreude und Überschwenglichkeit bei der Vorbereitung dieses Unternehmens finden ihren Niederschlag in dem längst abgeschlossenen, handgeschriebenen Gedichtband Adolph Kolpings, in den er am 8. Mai 1862 notierte: „Auf nach Rom!!"[2].

Kardinal von Geissel hatte den Paderborner Bischof Martin als jüngsten Bischof der Kölner Kirchenprovinz gebeten, ihn bei der Feier der Heiligsprechung der japanischen Märtyrer, zu der der Heilige Vater alle Bischöfe nach Rom eingeladen hatte, zu vertreten[3]. Für das Erzbistum Köln reiste Weihbischof Baudri mit einer Delegation Kölner Priester in die Ewige Stadt; unter ihnen auch Kolping[4].

Er war mit einem Empfehlungsschreiben des in Rom wohl bekannten Kölner Dogmatikprofessors Matthias Joseph Scheeben (1835–1888) für den Rektor des Germanikums ausgestattet. Darin wird Kolping als echter Ultramontaner und „als Publizist erster Klasse" bezeichnet, der „doch auch nicht in dieser Beziehung fruchtlos nach Rom gehen kann"[5].

Die Gruppe reiste am Donnerstag, dem 15. Mai 1862, von Köln ab. Konrad Martin von Paderborn, Kolpings früherer Religionslehrer, einzig teilnehmender regierender Bischof aus der Kölner Kirchenprovinz, beschreibt seine Reisebegleitung: „Ich reiste über Köln, wo sich mir verschiedene liebe Freunde und alte Bekannte als Reisegefährten anschlossen. Es waren der hochwürdigste Weihbischof Baudri, Domkapitular und Dompastor Vill, die Pfarrer Schnepper, Halm und Kaiser, der gute Gesellenvater Kolping"[6]. Die Reiseroute ging von Köln über Paris nach Marseille, mit dem Schiff nach Civitavecchia, von dort weiter auf dem Landweg nach Rom.

Der in Köln gebliebene Geissel schrieb dazu: „Sie mußten aber unterwegs liegen bleiben, weil sie schon in Paris erfuhren, daß das Schiff am 19. schon so besetzt war, daß sie keinen Platz mehr finden konnten. Sie gingen deswegen erst am 22. in Marseille ab, und diese Nacht um 12 Uhr erhielt ich ein Telegramm aus Rom, daß sie am 24. mittags alle glücklich in Rom angekommen sind. Die Feste daselbst werden prachtvoll sein; was sie aber für einen Zweck haben sollen außer der Kanonisation, weiß niemand. Ich bin begierig, das zu erfahren"[7].

Am 26. Mai 1862 sah Kolping zum ersten Mal Papst Pius IX. bei dessen Besuch in der Chiesa nuova. Über dieses Erlebnis berichtete er in einem Brief vom 27. Mai an Frau Mittweg. Gleichzeitig teilte er auch seine römische Anschrift mit: Campo Marzo 19. Er wohnte in diesem Haus im Zentrum Roms im dritten Stockwerk[8]. Am Mittwoch, dem 2. Juli, reiste Kolping wieder aus Rom ab.

„Am 2. Juli 1862 brachte das Dampfroß die Reisenden nach Civitavecchia. Um 11 Uhr mittags bestiegen sie das Dampfboot Capri. Das Schiff lichtete um 1 Uhr die Anker und fuhr um 2 Uhr nach Marseille ab. Außer dem Gesellenvater Kolping, ... und etlichen seegewohnten Passagieren bekamen alle Insassen die Seekrankheit. ... Am 4. Juli um 1 Uhr nachts landete das Schiff in Marseille. Die Reisegesellschaft ruhte bis 5½ Uhr von den Mühen der Fahrt aus, eilte sodann auf die Anhöhe, um der Mutter Gottes, ... den Dank für die glückliche Reise darzubringen"[9].

Weiter ging die Fahrt dann über Dijon, Besançon und am Rhein entlang zurück nach Köln. Am 7. Juli 1862 traf Kolping unerwartet früh wieder in Köln ein. Die Rückreise von Rom machte Kolping ohne die Reisegefährten der Hinfahrt. Sie waren schon am 11. Juni von Rom abgereist[10]. Die Nachricht von Bischof Martin, Kolping sei in Rom schwer erkrankt[11], ist von Kolping selbst nicht überliefert und war wohl nicht der ausschlaggebende Grund für seinen längeren Romaufenthalt.

Motive

Äußerer Anlaß für die Romreise[12] war die Teilnahme an der Kanonisation der japanischen Märtyrer. Der mehrwöchige Aufenthalt in der Ewigen Stadt, auf den er sich publizistisch seit 1859/1860 intensiv vorbereitet hatte, wurde für ihn ein eindrucksvolles Erlebnis, das seine letzten Lebensjahre entscheidend mitprägte. Seine längere Abwesenheit war in den „Rheinischen Volksblättern" angekündigt und den Lesern das Versprechen gegeben, über die Romreise nach seiner Rückkehr ausführlich berichten zu wollen[13].

Diese Ankündigung hat er auch erfüllt. Unter dem Titel „Bilder aus Rom" schilderte Kolping in 28 Folgen ausführlich Erlebnisse und Eindrücke seiner Reise.

Für ihn war die Feier des Pfingstfestes und der Heiligsprechung nicht der einzige Grund, in der Ewige Stadt zu reisen. In einem Brief an Frau Mittweg wird die vielfältige Interessenlage besonders deutlich: „Es gibt doch nur *ein* Rom in der Welt. Die paar Wochen, welche ich hier zuzubringen gedenke, langen kaum hin, um nur das Allerwichtigste zu sehen. Dazu die vielen Bekannten und unaufhörlichen Besuche, welche viele Zeit verderben helfen. Gestern habe ich den Heiligen Vater zuerst bei feierlicher Auffahrt zur Kirche des heiligen Philipp Neri gesehen. Er ist eine wunderbare Erscheinung, wie ich niemals eine Persönlichkeit gesehen. Unendlicher Jubel umbrauste seinen Wagen. Wahrscheinlich erhalten wir in den nächsten Tagen Audienz. Es ist eine solche Menge Geistlicher aus allen Weltenden hier, daß der gute, arme Papst nicht aus noch ein weiß. Heute beginnen unsere politischen Unterhandlungen wegen der bekannten Geschichte. Alles, was ich *wünsche*, will man gewähren. Aber was soll ich denn *wünschen?* Nichts als ein Andenken vom Heiligen Vater. Will sehen, was weiter dabei zu tun ist. ... Wie froh bin ich, doch nun einmal in Rom zu sein und hier von den gewohnten Mühen auszuruhen, obschon von Ruhe auch keine Rede ist. Aber das Leben hier ist eine eigentümliche Erquickung. Das Herz wird weiter mitten in diesem frischen Quell katholischen Lebens. Die Römer sind im ganzen sicher besser als ihr Ruf, und es ist so friedlich hier, als wenn in der ganzen Welt kein Streit wäre"[14].

Kolping beabsichtigte seit seiner Kölner Zeit, dem Katholischen Gesellenverein möglichst weite Verbreitung zu verschaffen. Nach ersten Anfangserfolgen schrieb er am 28. Februar 1857 den Bericht über Aufgaben und Entwicklung der Gesellenvereine, den Kardinal Geissel Papst Pius IX. überbrachte[15]. Der Papst ermutigte Kolping in seinem Antwortschreiben, sich weiter für die selbst gesteckten Ziele beharrlich einzusetzen und erteilte ihm und allen Mitgliedern des Gesellenvereins den apostolischen Segen:

„Nachdem dann dieser Verein im Jahre 1849 auch in der Stadt Köln errichtet, gedieh er mit Gottes Hilfe so, daß nicht nur dort über 3000 Handwerker diesem Verein den Namen gegeben, sondern daß er sich auch unter der Förderung der Bischöfe und weltlichen Behörden bewundernswert über ganz Deutschland verbreitet hat und auch in Ungarn, Polen, Kroatien und Belgien so weit verbreitet ist, daß nun schon über 140 Vereine dieser Art gegenwärtig bestehen, die für mehr als 20000 Gesellen Sorge tragen. ... Es war sehr angenehm für uns, zu erfahren, durch welch wahrhaft versöhnenden Sinn dieser Gesellenverein errichtet wurde und mit welchem glücklichen Fortgang er sich mit Gottes Hilfe weiter ausgebreitet hat. Und mit großer Freude haben wir erkannt, welche reichen Früchte er durch die Förderung der göttlichen Gnade hervorgebracht hat. Deshalb sprechen wir Dir für alles dieses unseren besonderen Glückwunsch aus und ermutigen Dich, geliebter Sohn, mit stets größerer Freudigkeit fortzufahren, Deine ganze Arbeitskraft der Förderung dieses Vereins zu widmen, damit er täglich günstiger und glücklicher vorangehn und das gesteckte Ziel, das wirklich jedes Lob wert ist, zu erreichen vermöge"[16].

Im Bericht über das Erzbistum Köln an den Heiligen Stuhl vom Jahre 1857 wurde bereits über die Gesellenvereine mitgeteilt, daß sie im Erzbistum Köln entstanden und inzwischen fast in ganz Deutschland verbreitet seien[17].

Die Antwort des Papstes nutzte Kolping publizistisch. Sie stärkte seine Position in den Vereinen und half noch vorhandenes Mißtrauen innerhalb der Kirche weiter abzubauen.

Begegnung mit Pius IX.

Ein weiteres Reisemotiv für Kolping war, dem Papst Idee, Zielsetzung und Arbeitsweise der Katholischen Gesellenvereine persönlich zu erläutern und seine Zustimmung zu diesem Werk zu erhalten. Dazu erhielt er tatsächlich eine Audienz, die er guten Kontakten in Rom verdankte, insbesondere zu Kardinal Reisach, der Kolping und den Gesellenverein dem Papst besonders empfohlen hatte[18]. Darüber berichtete Gruscha: „Im Innersten seines Herzens überzeugt, daß das Werk ohne den Segen und die Approbation des Oberhauptes der Kirche nicht gedeihen könne, wie zum Beginne, so zur Vollendung pilgerte er nach Rom in Begleitung einiger seiner geistlichen Mitbrüder, zu denen auch ich zählen durfte; Ich war Zeuge der demutsvollen, glaubensstarken Ehrerbietung, mit welcher er sein Werk dem Heiligen Vater Pius IX. zu Füßen legte, und Pius IX. segnete ihn und sein Werk, schenkte ihm, als Beweis seines väterlichen Wohlwollens, eine herrliche Casula, die er selbst getragen, approbierte den Verein als kirchlichen Verein und begnadigt denselben mit vielen kirchlichen Ablässen"[19].

Am meisten beeindruckte Kolping die persönliche Begegnung mit Pius IX. Er selbst und seine Begleiter berichteten mit bewegten Worten über die gewährten Audienzen[20]. Der Wiener Präses Gruscha teilte später dazu mit: „Mir wird dieser Tag heilig und unvergeßlich bleiben, mit Kolping das Glück und die Gnade gehabt zu haben, dem Statthalter Christi zu Füßen gekniet zu sein, von ihm den Segen für das große Werk mitempfangen zu haben. Kolping, der Mann, dem nie das Wort versagte, kniete sprachlos da, sich wie ein Kind herzlich ausweinend und das Antlitz in den Falten des Gewandes des Heiligen Vaters bergend, vor der höchsten kirchlichen Autorität auf Erden. Ein Segen, der nimmer vergeht, geht in diesem Augenblick auf ihn und den ganzen Verein vom Himmel herab"[21].

Diese ganz persönliche päpstliche Auszeichnung hatte für Kolping in Köln eine ganz besondere Wirkung. „Am anderen Morgen war die Kunde vom Meßgewand schon durch die Stadt, und nun hatte ich gestern genug zu tun, Hände abzuwehren, die es betasten und untersuchen wollten"[22]. Dieses Meßgewand vermachte Kolping später dem Katholischen Gesellenhospitium zum Gebrauch des Präses oder seines Stellvertreters. „*Niemals* und unter *keinen Umständen* darf die päpstliche Casel mit Zubehör außerhalb verliehen und verwandt werden"[23].

Die ungewöhnliche Ehrung durch Pius IX. ist sicher nicht nur auf Kolpings erfolgreiche Arbeit im Katholischen Gesellenverein zurückzuführen. Auch der publizistische Einsatz Kolpings für den Papst und die Interessen des Kirchenstaates sollten hier eine verdiente Anerkennung finden.

Nach Kolpings Rückkehr war das päpstliche Geschenk Tagesgespräch in Köln. Dabei konnte die Ernennung Kolpings zum Päpstlichen Geheimkämmerer gleich mitgefeiert werden. „Am Morgen überreichten mir in der Sakristei die Gesellen auch ein hübsches Meßgewand zum Namenstag, das für die kleinern Feste nun dienen soll. Das päpstliche Meßgewand hat die Kölner ganz frappiert. Am künftigen Sonntage ist die Kirche voll, bloß, um es zu sehen"[24].

Monsignore

Die Aktivitäten des Münchener Gesellenvereins und seines Präses Georg Mayr[25] sowie die besonderen Leistungen des Wiener Präses Joseph Anton Gruscha[26] waren dem Papst schon früher bekanntgemacht und von ihm mit Auszeichnungen bedacht worden. Kolping gratulierte seinem Freund Gruscha anläßlich dessen Ernennung zum Päpstlichen Geheimkämmerer am 26. 7. 1861: „... zunächst aber die herzlichsten Glückwünsche für Dich und Deine Konfratres zu der neuen Würde, zu der der Heilige Vater Dich und die beiden Helfer erhoben hat. Du glaubst nicht, welch Pläsier ich darüber habe, obschon hier nicht alle Leute dies Pläsier mit mir teilen. Man ist nämlich in unserer höheren Geistlichkeit etwas verblüfft, daß nun doch der Jünger über den Meister gekommen ist, wie man sagt. Lächerliches Zeug! Du weißt, wie ich derlei Dinge ansehe und wie wenig ich mir aus den sogenannten ‚Anerkennungen' mache, wenn sie nämlich nicht aus so recht spontaner Quelle kommen wie diesmal, wo die Anerkennung mich um Euretwillen doppelt freut"[27]. Die päpstliche Ehrung für Gruscha und seine Mitbrüder hat in Köln doch wohl einigen Staub aufgewirbelt. Darüber berichtete Kolping in einem weiteren Brief an Gruscha: „Es ist, unter uns gesagt, bei der Verblüfftheit betreffs der letzt beregten Geschichte hier nicht geblieben, ohne daß man weiß, wie sich aus der Verlegenheit ziehen. Draußen wird stark räsoniert, was sicher auch nichts nutzt. Mir ist die Geschichte so unangenehm geworden, daß ich dem Disput darüber aus dem Wege gehe, wo ich kann"[28].

Von diesen innerkirchlichen diplomatischen Schwierigkeiten hatte der Päpstliche Nuntius in München, Gonella, sicher erfahren. In einem Schreiben vom 4. April 1862 an Kardinalstaatssekretär Antonelli wies der Nuntius darauf hin, daß die österreichische Führung des Gesellenvereins diese Ehrung schon im vergangenen Jahr erhalten habe, die nun für den Gründer und Vater dieser Institution beantragt werde[29].

Kardinal Geissel hatte am 26. März 1862 dem Papst die Bitte vorgetragen, Kolping zum Päpstlichen Geheimkämmerer zu ernennen. In der Begründung heißt es: „Dieser Priester ist es, der jenen vielberühmten Verein für junge Handwerker gestiftet hat, welcher jetzt über 60000 Mitglieder zählt und, durch alle Diözesen Deutschlands verbreitet, außerordentlich dazu beiträgt, unter den Handwerkern den katholischen Geist zu pflegen. Durch die Gründung und glückliche Leitung dieses Vereins hat der Priester Kolping, der überdies durch Kenntnis und Wissenschaft ebenso wie durch priesterlichen Wandel sich höchst achtungswert, durch seinen in echt katholischem Geist geschriebenen, weithin verbreiteten jährlichen Kalender um die Erbauung des christlichen Volkes aufs höchste bemüht erweist, um Kirche und Staat sich die größten Verdienste erworben"[30].

Am 22. April 1862 erhielt Kolping die Ernennung zum Päpstlichen Geheimkämmerer[31]. Die Nachricht traf in Köln ein, als Kolping bereits in Rom weilte.

Papst und Kirchenstaat

Kolpings publizistische Bemühungen, die Position des Papstes und des Kirchenstaates zu stärken und seine Leser in ihrer Meinungsbildung zu beeinflussen, setzen eine kurze Skizzierung der politischen Situation Italiens und des Kirchenstaates voraus. Denn in diese Jahre fallen entscheidende politische Entwicklungen, die schließlich zum Verlust des Kirchenstaates führten, das moralische Ansehen des Papsttumes jedoch stärken. Papst Pius IX. hatte 1848 dem brüchig gewordenen Kirchenstaat eine neue Verfassung gegeben. Zunächst schien es sich abzuzeichnen, der Papst könne mit einem liberalen Kurs die Führung in einem zu einigenden Italien übernehmen. Die Revolution von 1848 machte diese Pläne jedoch zunichte. Pius IX. folgte einer Empfehlung seines Kardinalstaatssekretärs zur Flucht nach Gaeta in das Königreich Neapel.

Katholisches Leben konnte sich bald freier entfalten und erfuhr einen ungeheuren Aufschwung. Parallel dazu kam es zu einer immer stärker zunehmenden Konzentration auf Rom und den Papst, die eine Abgrenzung gegen Andersdenkende auch innerhalb der Kirche mit sich brachte.

Die nationale Idee eines einigen Italiens und die von ihr getragene Bewegung – Risorgimento genannt – stellte die Herrschaft des Papstes in Frage und brachte Pius IX. damit in eine schwierige Situation. Die Einigungsbewegung führte aus der Sicht der einen zur Existenzbedrohung des Kirchenstaates; nach Meinung anderer war der Kirchenstaat Hindernis für ein zu einigendes Italien[32]. Diese Bewegung erzielte unter dem König von Sardinien-Piemont, Viktor Emanuel II., beachtliche Erfolge. Nach Einnahme der Stadt Rom durch die Franzosen konnte Pius IX. am 12. April 1850 wieder nach Rom zurückkehren. Förderer und Anhänger der italienischen Einigungsbewegung, wie der liberale Politiker Camillo Cavour (1810–1861) oder der Freischärler Giuseppe Garibaldi (1807–1882), wurden als Gegner der weltlichen Macht des Papstes mit eigenem Kirchenstaat als Häretiker oder Kirchenfeinde diffamiert. Am 18. September 1860 unterlagen die päpstlichen Truppen, damit endete auch die päpstliche Herrschaft im nördlichen Teil des Kirchenstaates. Nach Parlamentswahlen und dem vergeblichen Versuch, den Papst zum Verzicht auf Rom unter Wahrung der Souveränität und Freiheiten der Kirche zu bewegen, wurde am 17. März 1861 das Königreich Italien proklamiert und Viktor Emanuel II. in Turin zum König von Italien ausgerufen. Mit dem Ausbruch des Deutsch-Französischen Krieges 1870/71 war auch der verbliebene Rest des Kirchenstaates für Pius IX. nicht mehr zu halten. Nach Einnahme der Stadt am 20. September 1870 wurde Rom zur Hauptstadt des Königreiches Italien erklärt. Damit war das Ende des noch weitgehend mittelalterlich geprägten Kirchenstaates besiegelt[33].

Die jahrhundertelange enge Verbindung von geistlicher und weltlicher Macht des Papsttums – manifestiert im obersten Hirten- und Lehramt in der Kirche einerseits und andererseits im Kirchenstaat mit den damit verbundenen politischen Implikationen – empfand Kolping als eine von Gott gewollte, gewachsene Einheit, die es zu erhalten galt. Diese Einstellung war schon in seiner Münchener Studentenzeit grundgelegt. So schrieb er am 14. März 1843 an seinen Lehrer Döllinger: „Besondere Neigung habe ich zur Dogmatik und zur Kirchengeschichte, die ich einst mit besonderer Vorliebe betreiben werde. ... Vor allem gefällt mir die Aufgabe, die kirchliche Hierarchie, den Primat an der Spitze, vom ersten Entstehen an aufzufassen und in der Entwicklung der Kirche anzuweisen bis auf unsere Zeit. Grade das Dogmatische an dieser Aufgabe hat mir seit jeher viele Arbeit gemacht und macht es in einzelnen Teilen noch; doch bin ich mir über die Hauptsache klar“[34].

Alle Angriffe auf die weltliche Machtstellung des Papstes und den Kirchenstaat waren für Kolping zugleich Angriffe gegen das Amt des Papstes selbst und gegen Pius IX. persönlich. Schon früh waren ihm Papst und Kirchenstaat publizistisches Anliegen. So fragte er schon 1850 im „Rheinischen Kirchenblatt“: „Wie sieht's in Rom aus?“[35]

In den „Rheinischen Volksblättern" bezog er immer wieder Stellung für das Papsttum und besonders für Pius IX. Für ihn bedeutete geistlicher Gehorsam die unbedingte Treue zum Papst und selbstverständlich die kritiklose und kompromißlose Unterstützung der päpstlichen Politik. Besonders in den Jahren 1859 und 1860 widmete er in den „Rheinischen Volksblättern" der „Römischen Frage" zahlreiche Aufsätze und Kommentare. Sie stammten längst nicht alle aus seiner Feder; aber er wird nicht müde, die Entwicklung in Italien seit 1859 als „revolutionären Krieg" zu bezeichnen. Im gleichen Jahr veröffentlichte Kolping eine Adresse der Katholiken der Erzdiözese Köln an Papst Pius IX., in der sie eindeutig für die Position des Papstes eintraten. Kolping versah diesen Text vom 30. Oktober 1859 mit einem Kommentar und rief alle Katholiken Deutschlands auf, diesen Aufruf ebenfalls zu unterstützen[36]. Das Dankschreiben Pius IX. an Kardinal Geissel publizierte Kolping ebenfalls[37].

Besonders heftig geißelte Kolping in dem regelmäßig erscheinenden „Politischen Tagebuch" die liberalen Prinzipien und die nationalstaatlichen italienischen Einigungsbemühungen[38]. Für die politische Einigung Italiens zeigte er grundsätzlich kein Verständnis. Für ihn gab es auch im Kirchenstaat keine gesellschaftlichen Mißstände. Die kriegerischen Leistungen der päpstlichen Truppen wurden wiederholt besonders herausgestellt. Aus der deutschen Übersetzung eines in Frankreich erschienenen Werkes druckte Kolping eine Reihe von Artikeln unter dem Titel „Die Revolution gegen Rom" ab[39]. Im Jahre vor der Einigung Italiens veröffentlichte Kolping eine Artikelserie, in der er noch beharrlich Position für den bedrängten Papst und den bedrohten Kirchenstaat bezog. So übernahm er aus dem „Wiener Kirchenblatt" einen Artikel über „Die Päpstlichen Finanzen"[40]. Im gleichen Jahr publizierte er eine Folge von Berichten aus Italien und Rom unter dem Titel: „Einige Bruchstücke aus dem Tagebuch eines Laien"[41].

Mehrmals übernahm Kolping Reden des Papstes im Wortlaut. Dabei ist nicht auszuschließen, daß er bei seinen Lesern Mitleidseffekte erzielen wollte, z. B. bei der Ansprache Papst Pius IX. an die versammelten Kardinäle im Geheimen Konsistorium: „Wer wollte nicht mit uns die Verwirrung beklagen, in welcher sich die Staats- und Privat-Angelegenheiten befinden, die furchtbare Aufregung, welche in Europa herrscht, die Revolution, welche wie ein großer Brand in ganz Italien wütet?"[42].

In einer Ansprache des Papstes am 18. März 1861 wurde ein Lieblingsthema Kolpings behandelt und ein Zusammenhang von politischen und religiösen bzw. theologischen Fragen aufgezeigt: „Denn die einen verteidigen das, was sie Zivilisation Roms zu nennen belieben, die andern dagegen kämpfen für die Rechte der Gerechtigkeit und unserer heiligen Religion. Die ersten verlangen, daß der römische Oberhirt sich mit dem ‚Fortschritt' versöhne und vertrage, mit dem Liberalismus, wie sie es nennen und der ‚modernen Zivilisation'. Die letztern wollen mit gutem Recht, daß die unerschütterlichen und unbeweglichen Prinzipien der ewigen Gerechtigkeit unverletzt und in ihrer ganzen Vollständigkeit gewahrt werden und die so heilsame Kraft unserer göttlichen Religion ungeschmälert erhalten bleibe"[43].

In unmittelbarem Anschluß an diese Papstrede beginnt Kolping dann mit seinem „Politischen Tagebuch" und erläuterte seine Bedenken gegen diese politische Entwicklung: „Wenn also Italien *eins* sein solle, könne von einem Anschluß Roms oder gar des Kirchenstaates gar keine Rede sein. ... Man weiß es, Rom (und der Kirchenstaat) ist nicht so sehr ein Besitztum Italiens, Rom und sein rechtmäßiges Gebiet gehört der katholischen Welt. ... Man weiß ferner, daß die Katholiken daheim und draußen auf seiten des Papstes und seines Rechtes stehen; aber man fängt an *zu unterscheiden* und mit prahlenden Worten die bereit gehaltene Pille zu versüßen." Kolpings persönliche Meinung deckt sich völlig mit dem Inhalt der „Adresse der in Rom versammelten Kirchenfürsten an seine Heiligkeit den Papst", in der die Bischöfe erklären, daß „die weltliche Herrschaft des Heiligen Stuhles eine Notwendigkeit durch den klaren Willen der göttlichen Vorsehung eingesetzt worden ist; wir erklären ohne Bedenken, daß bei dem gegenwärtigen Zustande der menschlichen Dinge die weltliche Souveranität für das Heil der Kirche und für die freie Führung der Seelen durchaus erforderlich ist"[44].

Die in den „Rheinischen Volksblättern" für Papsttum und Kirchenstaat bezogenen Positionen blieben aber nicht bei Verunglimpfungen, Empfehlungen und Mahnungen stehen. So setzte sich Kolping ganz entschieden für eine Wiedereinführung des Peterspfennigs ein, einer freiwilligen Spende aller Katholiken, „um so die finanziellen Verlegenheiten beseitigen zu helfen, welche die gottlose Situation unserem Heiligen Vater bereitet hat"[45]. Vom Dezember 1859 an veröffentlichte Kolping in den „Rheinischen Volksblättern" regelmäßig Spendenlisten für den St. Peterspfennig[46].

Auch in späteren Jahrgängen blieb das Thema „Rom und Papst Pius IX." in den „Rheinischen Volksblättern" für Kolping aktuell. So stellte er 1863 eine biographische Skizze über Pius IX. aus der Feder des Franzosen Luis Veuillot vor[47]. Über einen normalen Arbeitstag des Papstes informierte er seine Leser mit dem Bericht: „Aus dem Leben Papst Pius IX"[48].

Die päpstliche Enzyklika „Quanta cura" vom 8. Dezember 1864 stellte Kolping in der ersten Nummer der „Rheinischen Volksblätter" des Jahres 1865, des letzten von ihm selbst redigierten Jahrgangs, an den Anfang. Auch die Zusammenstellung verurteilter Zeitirrtümer im „Syllabus" begrüßte er ausdrücklich und setzte sie für seine Leser um. In dem unmittelbar folgenden, von ihm verfaßten Kommentar – wie so oft unter dem Titel: „Politisches Tagebuch" – legte er ein persönliches Bekenntnis zum Papsttum ab:

„Daß der Heilige Vater zu Rom eine wahre und wirkliche Weltbedeutung hat, größer als irgend ein anderer irdischer Potentat je eine erlangen und behaupten kann, haben alle wahren Katholiken und sonstige ehrliche Christen immer gewußt, auch wenn die übrige sogenannt liberale, aber vom Christentume abgefallene Welt stets sich und andern weis zu machen suchte, mit dem Papste zu Rom sei es eigentlich nichts mehr, er sei eigentlich nur noch eine historische Ruine, die, vom Zahn der Zeit zernagt, immer mehr ineinander bröckeln und nächstens ganz ineinander stürzen müsse. Diese letzteren falschen Propheten haben zwar schon seit langem gerufen ‚Rom soll und muß fallen!' ein ganzer Schwarm am Christentum bankrotter Philister haben darüber schon im voraus jubelnd in die Hände geklatscht; indessen ist Rom stehen geblieben und steht eben so fest, als es damals stand, als der Apostelfürst Petrus daselbst seinen apostolischen Stuhl aufgeschlagen. Auch kommt jener näher bezeichneten liberalen Welt bisweilen selbst das Gefühl von der gewaltigen Bedeutung des Päpstlichen Roms zum Bewußtsein, mag sie auch mit Schreien, Toben und Schimpfen oder mit gemachten vornehmen Naserümpfen sich dieses Bewußtsein wieder aus dem Sinne zu schlagen versuchen. So jetzt wieder, wo die Päpstliche Enzyklika die pflichtmäßige Kunde durch die Welt macht. Zuweilen ist es komisch, immer lehrreich zu beobachten, wie sich die Welt, an welche das gewaltige Hirtenschreiben gerichtet ist, bei der Empfangnahme desselben verhält und gebärdet. Die aufrichtigen Katholiken begrüßen dasselbe mit jener freudigen Ehrfurcht, welche sie überhaupt dem Lehrwort desjenigen schuldig sind, der direkt von Gott gesetzt ist, die *ganze* Herde Gottes zu weiden, schauen dabei mit wahrem Hochgefühl zu dem furchtlosen Pius IX., dem , Mildesten der Menschen' auf, der seiner hohen Pflicht eingedenk, rund und bündig die ewige Wahrheit und das ewige Recht verkündet, indem er die Irrtümer und falschen Lehren der Welt, mögen sie gegen den Glauben, gegen die christliche Sitte oder gegen das christlich-soziale Leben angehen, namhaft macht, sie verurteilt und verwirft"[49].

Der von Kolping so verehrte Pius IX. war in der Kirchengeschichte der Papst mit dem längsten Pontifikat. Die äußere monarchische Form von Papsttum und feudalistischem Kirchenstaat ist mit ihm zu Ende gegangen. Gleichzeitig erreichte während seiner Amtsführung das Papsttum als geistige und geistliche Macht eine unerwartete Aufwertung.

Die römische Frage führte auch im deutschen Katholizismus zu erheblichen Spannungen und trennte die Geister. Die Ultramontanen sahen wie Kolping im Kirchenstaat einen unverzichtbaren Besitz der römischen Kirche, während die akademischen Lehrer Kolpings, Ignaz von Döllinger und Franz Xaver Dieringer, Gegner dieser ultramontanen Richtung waren.

Kunst

Die Kunst stand für Kolping in erster Linie im Dienste der Verkündigung. Folgte sie diesem Ziele nicht, konnte er bisweilen überzogen falsch urteilen. Michelangelo (1475–1564) erwähnte er als Gestalter des berühmten Kapitolplatzes und der Sixtinischen Kapelle und bezeichnete ihn als „trotzigen Pinselführer" an dieser heiligen Stätte[50].

Zu wirklich künstlerischen Betrachtungen kam Kolping auch in Rom nicht. Die Engelsfiguren auf der gleichnamigen Brücke von Lorenzo Bernini (1598–1860) entsprachen nicht seinem Geschmack, und den Namen Bramante (1444–1514) als Baumeister von St. Peter nannte er nicht. Dagegen wies er Giotto (1266–1337) das Navicella-Mosaik an St. Peter zu und kannte das Tempietto[51].

Von Maderna (1556–1629), dem Architekten des Langhauses, der Vorhalle und der Fassade von St. Peter, hielt er die Kirche S. Trinita dei monti noch für erwähnenswert[52].

Für den Baumeister Domenico Fontana (1543–1607), der den großen Obelisken auf dem Petersplatz in einer arbeitstechnisch sehr aufwendigen Aktion aufstellen ließ, bringt er entsprechende Bewunderung auf[53].

Dem Besuch der Vatikanischen Museen sind jedoch drei Folgen in den „Bildern aus Rom" gewidmet[54].

Gesellenverein

Kolping beabsichtigte seit seiner Kölner Zeit, dem Katholischen Gesellenverein möglichst weite Verbreitung zu verschaffen. Er hatte sich auch mit dem Gedanken getragen, in Rom einen Katholischen Gesellenverein zu gründen.

In den „Rheinischen Volksblättern" wurde zwar von einer Vereinsgründung in Turin berichtet, zu der Papst Pius IX. aus seinem Privatvermögen eine Schenkung gemacht habe[55]. Dieser Verein scheint aber nicht lebensfähig geblieben zu sein. Aus der „Wiener Kirchenzeitung" hatte Kolping einen Beitrag übernommen, der über verschiedene Gesellen- und Handwerksvereine in Rom berichtete[56]. Daraus darf man sein Interesse an einer Vereinsgründung in Rom entnehmen. Der Romaufenthalt Kolpings hinterließ jedoch keine erkennbaren Spuren, die auf Gründungsbemühungen für einen römischen Gesellenverein schließen lassen. Die erste Nachricht für die Gründung eines Gesellenvereins in Rom in den „Rheinischen Volksblättern" ist der Nachdruck eines Artikels aus dem „Katholischen Kirchenblatt für die Nordischen Missionen": „In dem deutschen Hospiz Santa Maria dell' Anima wurde ein Lokal zur Verfügung gestellt, und ein junger Geistlicher der Diözese Münster war so gütig, als Präses die Leitung des bislang freilich nur noch aus acht Personen bestehenden Vereins zu übernehmen. In Anbetracht der noch geringen Mitgliederzahl finden die Versammlungen nur dreimal in der Woche statt, wobei jedoch nicht bloß für das Unterhaltende, sondern auch für das Nützliche gesorgt ist, indem am Sonntag in der römischen Geschichte, am Montage und Donnerstag Unterricht in der italienischen Sprache erteilt wird"[57]. Der erste Präses des am 17. Juli 1864 gegründeten römischen Gesellenvereins war der Münsteraner Diözesanpriester Dr. Bernhard Essingholt[58]. Im Katholischen Gesellenverein von Rom haben italienische Mitglieder aber selten richtig Fuß gefaßt.

„Bilder aus Rom"

Kolping hatte schon vor Reiseantritt den Plan, den Aufenthalt in Rom publizistisch auszuwerten. Die „Bilder aus Rom" erschienen in 28 Folgen in den „Rheinischen Volksblättern" von 1862 und 1863[59].

Die Darstellung und Schilderung der Gottesdienste mit dem Heiligen Vater, der alten christlichen Kirchen, der Katakomben und der italienischen Volksfrömmigkeit nehmen gegenüber dem antiken und heidnischen Rom einen besonders breiten Raum ein. Die Erzählungen über Rom und seine Geschichte sowie die Schilderung der Lebensweise der Italiener fanden so weite Anerkennung, daß sie sogar nach Kolpings Tod noch in Buchform in mehreren Auflagen veröffentlicht wurden[60].

Schon in seinem Vorwort distanzierte sich Kolping davon, eine reine Reisebeschreibung zu liefern. Er schrieb für die „Rheinischen Volksblätter" und deren Leserschaft, der er erzählend Rom und seine persönlichen Erlebnisse in der Ewigen Stadt nahebringen wollte. Wenn auch für Gebildete oder für Kleriker eine Romreise im 19. Jahrhundert keine Besonderheit war, kam eine solche Reise für die Mehrzahl seiner Leser sicher nicht in Frage.

Kolping kannte die Romführer seiner Zeit und benutzte sie auch. Autoren wurden von ihm nicht genannt. Hier sei auf die Arbeiten der Franzosen Eugène de la Gournerie, Philippe Olympe Gerbet und Louis Veuillot hingewiesen[61].

Nach Erscheinen des letzten Beitrages im Jahre 1862 schrieb Kolping: „Leider sind die Bilder aus Rom hie und da ungenau, was ich erst später bemerkt habe, auch sind sie für das *Volksblatt-Publikum* geschrieben, was ich doch zu beachten bitte. ... Ja, wenn ich das noch einmal und mit mehr Muße zu schreiben hätte! Oder wäre es mir vergönnt, noch einmal ein paar ruhige Monate in Rom zuzubringen, um mir alles besser zu besehen! Doch auch so dürfen wir zufrieden sein“[62].

Anmerkungen

1 Zur Romreise siehe: Schäffer, Kolping II, S. 303–314. – Lübke, Kolpings Reisen, S. 67–72. – KS Bd. 2, S. 378–383. – Zuletzt KS Bd. 6. – Ein Studium Kolpings in Rom war nach einer Wartezeit nicht mehr in Frage gekommen; ein Besuch im Jahre 1857 scheiterte nach Kolpings eigenen Angaben an gesundheitlichen Gründen. Kolping an Mayr, 27. 8. 1856, in: KS Bd. 2, S. 208. – Kolping an Gruscha, 23. 4. 1863, in: KS Bd. 2, S. 410: „Mein Herz hängt doch sehr an der ewigen Stadt.“ – Siehe ferner: Baudri, Geissel, S. 252.

2 KS Bd. 1, S. 282. – Zur Kulturgeschichte der Italienreisen siehe neuestens: A. Brilli, Reisen in Italien. Die Kulturgeschichte der klassischen Italienreisen vom 16. bis 19. Jahrhundert, Köln 1989.

3 Geissel an Martin, 19. 4. 1862, in: Steinke, Kolping, S. 149.

4 Baudri, Tagebuch 15. 5. 1862.

5 M. J. Scheeben, Briefe nach Rom, hg. v. H. Schauf u. A. Erösz, Freiburg 1939, S. 75. – Über Matthias Joseph Scheeben siehe: Hecker, Chronik, S. 187–196. – J. Höfer, in: LThK 9 (^{2}1964), Sp. 376ff.

6 Ch. Stamm, Dr. Konrad Martin, Paderborn, S. 225. – Siehe dazu auch: Steinke, Kolping, S. 149–153. – Die Reisebegleiter:

Alexander Halm, * 17. 10. 1813 Dillenburg – † 11. 3. 1881 – 17. 12. 1836 Priesterweihe – Kaplan Uckerath – 1840 Militärpfarrer Düsseldorf – 1846 Oberpfarrer Mönchengladbach – 1863 Domkapitular und Dompfarrer; AEK, Totenzettel.

Theodor Kaiser, * 28. 10. 1803 Huckingen – † 2. 10. 1879 – 23. 9. 1826 Priesterweihe – Kaplan Essen – 1833 Pfarrer Richrath; AEK, Priesterkartei.

Theodor Eugen Thissen, * 31. 10. 1813 Aachen – † 27. 9. 1877 Limburg – 25. 9. 1837 Priesterweihe – Kaplan Kornelimünster und Jülich – 1847 Pfarrverwalter, Köln, St. Alban – 1849 Pfarrer Köln, St. Jakob – 1858–1869 Pfarrer Frankfurt – 1869 Domkapitular Limburg – 1852–1877 zeitweise Mitgl. des preuß. Landtages; AEK, Priesterkartei.

Franz Michael Vill, * 8. 12. 1812 Köln – † 13. 8. 1863 – 31. 5. 1839 Priesterweihe – Kaplan, Köln, St. Severin – 4. 1. 1847 Pfarrer, Köln, St. Ursula – 1854 Domkapitular – 28. 3. 1856 Dompfarrer; AEK, Priesterkartei.

7 Geissel an Cronauer, 25. 5. 1862, in: Pfülf, Geissel, Bd. 2, S. 43.

8 KS Bd. 2, S. 382. – KS Bd. 6, S. 45f. – F. Noack, Das Deutschtum in Rom seit dem Ausgang des Mittelalters, Leipzig 1927, Bd. 2, S. 327, gibt den Termin für den Romaufenthalt Kolpings irrtümlich vom 28. Mai bis 30. Juni 1862 an.

9 K. Meindl, Leben und Wirken des Bischofs Franz Joseph Rudigier von Linz, 2 Bde., Linz 1891f., hier Bd. 1, S. 583.

10 KS Bd. 6, S. 45f. und Tagebuch Baudri, 7. 7. 1862.

11 Stamm, Martin, S. 243.

12 Siehe dazu: R. Aubert, Die Auseinandersetzung zwischen Katholizismus und Liberalismus. Die römische Frage, in: Handbuch der Kirchengeschichte, Bd. VI, 1, S. 696–704, bes. S. 702: „Um den religiösen Charakter der Römischen Frage noch feierlicher zu bekunden, berief er im Mai 1862 eine Versammlung von mehr als 300 Bischöfen ein.“ Vgl. dazu: A. Niedermayer, Das Pfingstfest in Rom 1862, Freiburg 1862. – KS Bd. 6, S. 27–45. – Pfülf, Geissel, Bd. 2, S. 436 berichtet, daß die meisten Bischöfe nicht nach Rom konnten oder wollten. – Zu den japanischen Martyrern Pedro Battista Blazquez (1542–1597) und Paulus Miki (1564–1597) siehe: J. Cambell, in: LThK 8 (^{2}1963), Sp. 350.

[13] RV 9 (1862), S. 303. – Die Aufsatzfolge von 1862/63, in: KS Bd. 6. – Siehe dazu auch: Kolping an Gruscha, 24. 12. 1862, in: KS Bd. 2, S. 395.
[14] Kolping an Mittweg, 27. 5. 1862, in: KS Bd. 2, S. 381.
[15] Kolping an Pius IX., 28. 2. 1857, in: ASV Ep[istolae] ad Princ[ipes], Positiones et minutae 30, Nr. 87 und Archivio Segreto, Ep[istolae] ad Princ[ipes] 272, [Registro a. 1857]. Das Original im ASV hat die ungekürzte Unterschrift: Adolphus Kolping, Eccles[iae] Metrop[olitanae] Vicarius. – Siehe dazu: KS Bd. 1, S. 45f. und 320f.
[16] Pius IX. an Kolping, 6. 4. 1857, in: KS Bd. 1, S. 46 u. 322. Ferner: RV 4 (1857), S. 353ff. – Weitere Publikation in: Katholik N. F. 15 (1857) I, S. 478–480.
[17] ASV, S[acra] Congre[gatio] Concilii Relationes dioecesium 242 B: Colonien[sis]: Relatio Status Archiepiscopalis Ecclesie Coloniensis Anno 1857 ff 12r–30r, hier f.17r.
„Anno 1849 a Vicario Ecclesiae Metropolitanae et Notario Apostolico, nomine Adolpho Kolping, erecta est *unio, in qua juniores opifices tam in iis, quae ad opificium, quam in iis, quae ad vitam christianam spectant, gratis instruuntur et qui ad artem suam melius ediscendam ex una in aliam civitatem se conferunt, ii in Hospitiis in hunc finem a provisoribus erectis tamdiu recipiuntur, donec ab honesto opifice in auxilium assumantur.* Hoc Institutum ex hac nostra Civitate per totam fere Germaniam tam felici successum propagatum est, ut jam vinginti millia Sodalium in centum et quinquaginta unionibus numerentur."
[18] KS Bd. 6, S. 50. – Siehe dazu neuestens: E. Garhammer, Die Erhebung von Erzbischof Reisach zum Kardinal. Gründe – Hintergründe – Konsequenzen, in: Römische Quartalsschrift der Görres-Gesellschaft, Bd. 81, Heft 1–2, 1986, S. 80–101. – Kardinal Reisach richtete in einem Schreiben an Baudri, 8. 4. 1865, besondere Grüße an Kolping aus. AEK, CR 2. 18,7.
[19] Gruscha an Fischer, 8. 8. 1906, in: AEK, CR 22.17,2. – Pius IX. (Giovanni Maria Graf Mastai-Ferretti), * 13. 5. 1792 Sinigaglia – † 7. 2. 1878 Rom – Studium in Volterra und Rom – 1819 Priesterweihe – im diplomatischen Dienst in Südamerika – 1827 Erzbischof von Spoleto – 1832 Bischof von Imola – 1840 Kardinal – 16. 6. 1846 Papst.
Eine ausgewogene neuere Kurzbiographie über den in der jüngeren Kirchengeschichtsschreibung sehr unterschiedlich beurteilten Papst bietet mit den wichtigsten Literaturangaben: K. Schatz, Pius IX., in: Das Papsttum II. Vom Großen Abendländischen Schisma bis zur Gegenwart, hrsg. v. M. Greschat (Gestalten der Kirchengeschichte Bd. 12), Stuttgart, Berlin, Köln, Mainz 1985, S. 184–202. – Siehe dazu auch: KS Bde. 1–6 (Register). – Über das von Pius IX. geschenkte Meßgewand siehe: RV 9 (1862), S. 433f.
[20] KS Bd. 6, S. 45–52. – Siehe dazu auch: KS Bd. 1, S. 51f.
[21] Schäffer, Kolping II, S. 312.
[22] Kolping an Mittweg, 9. 7. 1862, in: KS Bd. 2, S. 382f.
[23] ADK, Testament Kolpings, § 10.
[24] Kolping an Mittweg, 15. 7. 1862, in: KS Bd. 2, S. 384. – Mandelartz, Erinnerungen, S. 19f. (Manuskript) berichtet darüber: „Die Romreise war für Vater Kolping eine Glorienfahrt. Die Ehren, welche ihm unterwegs erwiesen wurden, waren großartig. Wir Gesellen und Gönner der Gesellenvereine hatten während seiner Abwesenheit ein Casula machen lassen. Nun ereignete sich bei Rückkehr und Danksagungs-Amt in Minoriten das ewig denkwürdige, daß beide Parteien ein Casula auspackten! Vater Kolping das vom Hl. Vater geschenkte und die Kommission der Gesellen das Casula des Vereins. – Vater Kolping soll wie versteinert dagestanden haben und nach einer Weile gab er sich einen Ruck und sagte: heute trage ich das Casula von meinen Jungen! Als Er in der Predigt den Zwischenfall erzählte, blieb kein Auge trocken."
[25] RV 3 (1856), S. 495f. und ASV, Nuntiaturakten Monaco 109, Nr. 14.
[26] RV 8 (1861), S. 476f.
[27] KS Bd. 2, S. 348f.
[28] Kolping an Gruscha, 31. 7. 1861, in: KS Bd. 2, S. 349.
[29] ASV, Segreteria di Stato, Anno 1862, Rubrica 255, ff. 156r–156v.
„... E' superfluo poi il tessere l'elogio del Sacerdote Kolping fondatore di quella Società di giovani artigiani, che tanto si è propagata, e tanti buoni frutti produce in tutta la Germania. E se Sua Santità degnassi accordare a premura di Mons[i]g[nor]e Nunzio Apostolico di Vienna nello scorso anno una onorifica distinzione al pio Sacerdote che istitutì e dirige nella Capitale dell' Austria una tale associazione, più meritevole ancora delle grazie Pontificie sembra il Kolping, primo fondatore e padre di tali istituzioni."
[30] ASV, Segreteria di Stato, Anno 1862, Rubrica 255, ff. 159r–160v, hier 160r. – Geissel an Pius IX., 26. März 1862; Deutscher Text bei: Pfülf, Geissel, Bd. 2, S. 53.
[31] KS Bd. 1, S. 51 und 324.

[32] Vgl. dazu: KS Bd. 2, S. 252, 259, 264, 275, 294, 319 u. 371. – R. Lill, Geschichte Italiens in der Neuzeit, 3. überarb. u. erw. Aufl., Darmstadt 1985, S. 160–180. – Siehe ferner dazu: J. Petersen, Risorgimento und italienischer Einheitsstaat im Urteil Deutschlands seit 1860, in: HZ 234 (1982), S. 63–99.

[33] Siehe dazu: N. Miko, Das Ende des Kirchenstaates, 4 Bde., Wien 1962–1970. – F. Bartoccini, Roma nell'ottocento. Il tramonto della „città santa" nascita di una capitale (Storia di Roma Bd. XVI), Bologna 1985. – E. Saurer, Rom und der Kirchenstaat im 19. Jahrhundert, in: R. Elze / H. Schmiedinger / H. Schulte Nordholt, (Hg.), Rom in der Neuzeit. Politische, Kirchliche und Kulturelle Aspekte, Wien / Rom 1976, S. 198 bis 208.

[34] KS Bd. 2, S. 84f.

[35] RK 7 (1850), Nr. 9. – Siehe dazu: R. Zinnhobler, Pius IX. in der katholischen Literatur seiner Zeit, in: G. Schwaiger (Hg.), Konzil und Papst. Festgabe J. H. Tüchle, München 1975, S. 387–432.

[36] RV 6 (1859), S. 722–725. – Bis zum Dezember kamen allein im Erzbistum Köln 150000 Unterschriften zusammen. Siehe dazu: KS Bd. 4, S. 245f. – RV 6 (1859), S. 823 und RV 7 (1860), S. 7–70. – Ferner A. Ditges, Pius IX. und die Kölner Kirche, Neuß 1874.

[37] RV 7 (1860), S. 65–67.

[38] RV 6 (1859), S. 792–796 u.ö.: RV 6 (1859) S. 811 u. RV 7 (1860) S. 13, 27, 43, 60, 77 u. RV 10 (1863), S. 59. – Siehe dazu auch: KS Bd. 5, S. 191–196.

[39] RV 7 (1860), S. 210–214, S. 257–263 u. S. 273–279.

[40] RV 7 (1860), S. 456f. u. 469f.

[41] RV 7 (1860), S. 418–421, S. 433–438, S. 466–469, S. 500–504 u. S. 529–533.

[42] RV 8 (1861), S. 5–10, hier: S. 8. – RV 7 (1860) S. 481–483 u. S. 497–500.

[43] RV 8 (1861), S. 209–216, hier: S. 209f. u. das folgende Zitat S. 218.

[44] RV 9 (1862), S. 404–406 u. S. 416–421, hier: S. 406.

[45] RV 6 (1859), S. 761.

[46] RV 6 (1859), S. 784. – Auch zur Päpstlichen Lotterie, die dem Kirchenstaat finanzielle Hilfe bringen sollte, druckte Kolping einen Aufruf ab. RV 9 (1862), S. 441 bis 443. – Siehe dazu: Kolping an Gruscha, 12. 11. 1862, in: KS Bd. 2, S. 391f., 400f., 418. – Weihbischof Baudri konnte Pius IX. bei seinem Besuch als Sammlungsergebnis in der Erzdiözese Köln der letzten vier Monate 120000 Mark überreichen; Baudri, Geissel, S. 147. – Siehe ferner: KS Bd. 2, S. 271, 273, 275, 278 u. 379.

[47] RV 10 (1863), S. 273–278.

[48] RV 11 (1864), S. 504–506.

[49] Der Kommentar Kolpings in: RV 12 (1865), S. 24ff. schließt sich an die deutsche Übersetzung der Enzyklika an. – Die Enzyklika „Quanta cura" ist veröffentlicht in: Acta Pii IX., 7 Vol., Roma 1854–1878, hier Vol. 3, S. 687–700. Der „Syllabus errorum" ed. S. 701–717. – Siehe dazu auch: Kolping, Unterhaltungen über die ‚Encyclika' vom 8. Dezember 1864, in: RV 12 (1865), S. 49–54, 65–71, 81–87, 97–103, 113–119, 129–136, 145–152 u. 160–168. Die Texte der Enzyklika „Quanta cura" und des „Syllabus" sind in lateinischer Sprache und deutscher Übersetzung greifbar in: H. Schnatz, (Hg.), Päpstliche Verlautbarungen zu Staat und Gesellschaft, (Texte zur Forschung Bd. 12), Darmstadt 1973, S. 1–45.

[50] KS Bd. 6, S. 163. – Ferner: a.a.O., S. 6f., 10, 34, 66 u. 108. – Zu Michelangelo siehe: L. Dussler, in: LThK 7 (^{2}1962), Sp. 403f.

[51] KS Bd. 6, S. 4, 31ff., 34. – Zu Giotto siehe: L. Dussler, in: LThK 4 (^{2}1960), Sp. 897f.

[52] KS Bd. 6, S. 32, 34, 91, 143. – Zu Maderna siehe: A. Lipinsky, in: LThK 6 (^{2}1961), Sp. 1176.

[53] KS Bd. 6, S. 32. – Zu Fontana siehe: A. Lipinsky, in: LThK 4 (^{2}1960), Sp. 197. – Zu Bernini siehe: W. Braunfels, in: LThK 2 (^{2}1958), Sp. 257.

[54] KS Bd. 6, S. 148–163.

[55] RV 10 (1863), S. 159.

[56] RV 5 (1858), S. 543. – Siehe auch: FS 1 (1850) S. 187f.; 3 (1853) S. 139f., RV 11 (1864) S. 591; 12 (1865) S. 109.

[57] RV 11 (1864), S. 719. – Siehe dazu: J. Schmidlin, Geschichte der deutschen Nationalkirche in Rom S. Mariae dell' Anima, Freiburg 1906, S. 781. – G. Knopp/W. Hansmann, S. Maria dell' Anima. Die deutsche Nationalkirche in Rom, Mönchengladbach 1979. – A. de Waal, Roma sacra, München o.J., S. 675 u. 695.

[58] Bernhard Essingholt, *11. 11. 1836 Rhede – †10. 8. 1894 – 21. 5. 1863 Priesterweihe – Kaplan Rom Anima – 1866 Kaplan Kleve – 8. 1. 1885 Geistlicher Rat Münster Generalvikariat – 1864 Präses des Vereins in Rom; BA Münster, Priesterkartei.

Das Archiv des Katholischen Gesellenvereins Rom befindet sich im Archiv des Collegio Teutonico S. Maria in Campo Santo, Nr. 18710. – Zur Geschichte des Gesellenvereins Rom siehe: W. Klebanowski, Vom Katholischen Vereinsleben in Rom, in: Kirchliche Mitteilungen, Rom, November 1932, S. 101–107 und ebd. Mai 1933, S. 43–46, hier S. 103. Das von Kolping ausgestellte Aufnahmediplom für den Gesellenverein Rom. – Die ersten Gründungsmitglieder waren: Tischler Anton Fortmann aus Lohne in Oldenburg, Schlosser Ernst Bolte aus Osnabrück, Drechsler Rai mund Jindra aus Senftenberg, Tischler Ernst Schmidt aus Bernshausen/Hannover, Klempner Friedrich Müller aus Deinolsheim/Sachsen, Sattler Karl Brügner aus Torgau, Sattler Gustav Hauhold aus Lengenfeld in Sachsen und Photograph Georg Rottach aus Kempten/Bayern. – Über sie waren bisher keine näheren Angaben zu ermitteln. – Siehe auch: Ridder, Kolping in aller Welt, S. 85–104.

59 Neu ediert in: KS Bd. 6.

60 Ein Beispiel für Teilabdrucke der „Bilder aus Rom" in: Schlesisches Kirchenblatt 28 (1862) S. 539–543: Das Kolosseum und aao. 29 (1863) S. 193–198 u. 205–207: Der Vatikan. Dem Gesamtverzeichnis des deutschsprachigen Schrifttums (GV) 1700–1910, bearb. unter der Leitung von H. Schmuck und W. Gorzny, Bd. 78, München/New York/Paris 1983, S. 240f., ist zu entnehmen, daß die Bilder aus Rom nach Kolpings Tod auch in Buchform erschienen sind und mehrere Auflagen erlebten. A. Kolping, Erzählungen, 3 Bde., Nasse-Verlag, Soest 1867–1868. Die Bilder aus Rom sind abgedruckt in Bd. 3; [2]1868; [2]1870; [3]1881; [4]1889; [5]1902.

61 E. de la Gournerie, Das Christliche Rom oder historische Gemälde christlicher Erinnerungen und Denkmäler Roms. Deutsch von Ph. Müller, 3 Bde., Frankfurt 1843f. – Rezension in: H. P. B. 12 (1843) II, S. 262–264 und Ph. Gerbet, Skizze des christlichen Roms, 2 Bde., Wien 1846–1850. Vorabdruck in: H. P. B. 14 (1844) II, S. 115–122. Diese beiden Autoren wurden auch später noch von Döllinger empfohlen. Siehe dazu: I. v. Döllinger, Briefwechsel (1820–1890), bearb. v. V. Conzemius, Bd. 4, München 1981, S. 556. Eine weitere Arbeit, die Kolping sicher gekannt hat: L. Veuillot, Rom, seine Vergangenheit, seine Gegenwart und seine Zukunft, aus dem Französischen übersetzt von W. Molitor, Speyer 1862.

62 Kolping an Gruscha, 24. 12. 1862, in: KS Bd. 2, S. 395.

16. Krankheiten und Tod (1838–1866)

Kolping verfügte zeitlebens über keine robuste Gesundheit. Schon als Kind wurde er von der Feldarbeit befreit, weil er zu schwach war. In Tagebuch und Briefen an enge Freunde berichtete er gelegentlich über seinen Gesundheitszustand, ohne ständig zu hadern oder zu klagen. Die mit den Krankheiten verbundenen Leiden sah er als gottgegeben an und versuchte auch, sie in diesem Sinne zu bewältigen.

Krankheiten

Im Frühjahr 1836 führten erstmals Überanstrengungen und Schlaflosigkeit zu einer nicht näher bezeichneten Krankheit, die ihn für mehrere Wochen arbeitsunfähig machte[1]. In den Jahren 1838 und 1839 litt er unter gefährlichem Bluthusten, der ihn deshalb besonders belastete, weil „er wiederzukehren droht“[2]. In seinem Tagebuch notierte Kolping: „Auch ich habe empfunden, was es heißt, die Vorahnung des Todes im Busen zu tragen. Ströme Bluts aus der Wunden Brust konnten mir nicht viel ander(e)s prophezeien, es war, als ströme mit ihm mein sorgenvolles Leben dahin, als poche der Tod so von weitem, wie man dem Freunde etwa eine traurige Nachricht mitteilt, an meinem Herzen, das mit stiller, ruhiger Ergebung in den Willen des Herrn die Gefahr und das leicht mögliche Ende begriff“[3].

Um Ostern 1839 hatte Kolping sich bei der Pflege eines kranken Freundes angesteckt, war an den Blattern schwer erkrankt und mußte seine Studien unterbrechen. Die Narben dieser Krankheit zeichneten sein Gesicht für das ganze Leben. Im Juni bezeichnete er sich selbst als „völlig hergestellt“[4].

1840 berichtete er von einer Augenschwäche, die wohl auf Überarbeitung zurückzuführen war[5]. In München machte ihm dann eine Erkältung zu schaffen, die sich aber auf die Studien nicht weiter auswirkte[6].

Während des Studiums im Priesterseminar litt Kolping „häufig an Unterleibsbeschwerden und dadurch an Brust-Affektionen“[7]. Seine erste Stelle in Elberfeld mußte Kolping antreten, bevor er wieder „ganz hergestellt war“[8]. 1853 fühlte sich Kolping „lediglich gesund“, sollte aber nach Ostende zur Kur gehen[9]. Im Oktober 1854 war er einige Wochen „recht krank“. Der Arzt verbot „jede besondere Aufregung“[10]. Hausarzt Kolpings war der in Köln hochgeachtete Dr. Johann Georg König, der ihm mehrfach riet, sich mehr zu schonen, um seine Gesundheit zu erhalten bzw. zu stärken[11]. Diesen Arzt zog Kolping gelegentlich auch für andere zu Rate. Mit seiner Gesundheit ging es „eben noch leidlich“, aber Kolping war überzeugt, „Gott wird da auch seine Hand im Spiele haben“[12].

„Unser Herrgott, sein Name sei immerdar gepriesen, hat mir diesen Winter dermaßen rechts und links Ohrfeigen gegeben, daß mir bis in den dritten Monat hinein die Zähne wackelten und die Ohren klangen, oft der Nacken ganz steif war und ich meinte, die Haare müßten mir aus dem Kopf springen. Jetzt ist's so ziemlich wieder im Gleis, aber der Humor sollt's einem über solcher Plagerei ganz einschrumpfen“[13].

Im Sommer befiel Kolping ein „nichtsnutziges“ Fieber, das ihn zwang, vordringlich für die Wiederherstellung seiner „wackelichen (!) Gesundheit“ zu sorgen[14]. Bei anderen – vornehmlich seinen Freunden – stellte Kolping die Frage, ob sie auch alles täten, was zur Stärkung ihrer Gesundheit diene. Er selbst ging nur auf drängenden Befehl seines Arztes zur Kur[15].

1860 plagte ihn neben der ständigen Erschöpfung wieder ein lästiges Kopfrheuma. Über eine vorherige Erholungsreise berichtete er: „Bei meiner Abreise damals fühlte ich mich bereits nicht ganz wohl, noch in Aachen fing ein böses Rheuma an der linken Kopfseite mich zu plagen an, das hat mich fünf volle Wochen gekreuzigt, und ich bin mit demselben auch wieder nach Hause gekommen. Die Erholung war also nicht groß. Erst seit ich hier bin, mir der Arzt einen faulen Zahn abgerissen und ich eine Portion Chinin gegen das Wechselfieber verschluckt, geht's leidlich besser“[16].

Im Frühjahr 1861 hatte er eine Grippe, die ihn „dumpf und stumpf für alle Arbeit“ machte[17].

Im Sommer des gleichen Jahres beschäftigte Kolping sich erstmals seit seiner schweren Krankheit im Jahre 1838 wieder mit dem eigenen Sterben. „Was das letztere betrifft, so habe ich Ursache gehabt, habe sie vielleicht noch, daran zu denken mehr als sonst. In der vorigen Woche hat sich nachts wieder Bluthusten, den ich vor 20 Jahren gehabt, eingestellt, ist zwar bald gestillt worden, aber das rechte Memento habe ich davon. Der Arzt hat mir auf längere Zeit alles öffentliche Sprechen, Predigen etc. etc. verboten, doktert jetzt noch an mir herum, will mich dann aber ... nach Ostende schicken, Seeluft zu schlürfen ... Sehen wir uns vielleicht auf dieser Welt nicht wieder, dann im Himmel hoffentlich um so sicherer“[18].

„Böser Rheumatismus“ machte Kolping im folgenden Jahr länger zu schaffen[19]. Über eine ernsthafte gesundheitliche Besorgnis wird mitgeteilt: „Ein berühmter Arzt in Köln, den er konsultierte, sagte ihm mit ernster Miene: ‚Lieber Kolping! Wenn Sie sich nicht schonen, geht's bald mit Ihnen bergab.‘ Auf Kolpings Frage, wie viele Lebenszeit er ihm noch verspreche, antwortete derselbe: ‚Wenn Sie sich schonen, noch eine ziemlich lange; wenn Sie sich so weiter abmühen, nur noch höchstens drei Jahre!‘“[20].

Am 9. Dezember 1863 schrieb Kolping seinem Freund Gruscha: „Gestern bin ich 50, sage und schreibe fünfzig Jahre alt geworden. Da ist kein Wunder, wenn der Humor sich allmählich zurückzieht und man anfängt, graue Haare zu kriegen. Wie lange wird's noch währen, bis der Feierabend kommt? Gott weiß es; aber so lange es Tag ist, in Gottes Namen weiter“[21].

Seit dem Winter 1864 dachte Kolping täglich ans Sterben, ohne daß konkrete äußerliche Veranlassung gegeben war. Dann jedoch machte ihn eine Erkältung, die sich über Wochen hinzog, reiseunfähig[22].

Im Frühjahr 1865 bemächtigte sich „ein recht grimmiges rheumatisches Übel ... meines rechten Armes und namentlich der rechten Hand“. Kolping war für Wochen ans Krankenlager gefesselt, der Gebrauch der Hand war für immer gefährdet und sogar sein Leben bedroht. Er badete zweimal täglich seinen Arm in Schwefelwasser und konnte nicht verreisen, weil er „die Ärzte noch zu viel“ brauchte[23]. Am 7. Mai dankte Kolping öffentlich für die Anteilnahme an seiner Genesung, bat aber um Geduld, weil ihm das Schreiben noch sehr schwer falle[24]: „Seit acht Wochen hat meine rechte Hand geruht, oder vielmehr in den ersten drei Wochen mir mit dem Arm zu schaffen gemacht, daß ich eher ans Sterben als ans Schreiben dachte. Eine Gelenkentzündung, die fast plötzlich mir den rechten Arm lahmlegte, wurde bald so gefährlich, daß das Leben in Gefahr schwebte und die Ärzte schon an die Amputation des Arms dachten. Gott hat's gnädig abgewendet. Aber ich laboriere noch an den Folgen, und will die Steifigkeit aus Arm und namentlich aus der Hand nur sehr langsam weichen. Aber wie Du siehst schreibe ich ja wieder etwas, wenn ich auch oft genug pausen muß. Ich muß nächster Tage Bäder brauchen und hoffe günstigen Erfolg“[25].

Zur Mitte des Jahres machten ihm seine Ärzte Hoffnung, daß es nach einer Kur auch mit den Schmerzen im Arm besser werde[26]. Während dieses Aufenthaltes in Ostende verfaßte er sein Testament. Nach der Kur fühlte sich Kolping wieder gut[27].

Todeskrankheit

Am Sonntag, dem 17. September 1865, fand die feierliche Einweihung des Kölner Gesellenhospizes unter Teilnahme zahlreicher auswärtiger Gäste statt. Bei diesem Fest trat Kolping zum letzten Mal in der Öffentlichkeit auf. In den Nächten zuvor stellten sich asthmatische Anfälle ein.

In seinem letzten erhaltenen Brief berichtete Kolping darüber seinem Freund Mittweg: „Von Trier bin ich Mittwochabend, 10 1/2 Uhr, erst nach Hause gekommen, und zwar todmüde und krank, um dann noch die Vorbereitungen zu unserem Feste zu leiten. Am Freitagabend werde ich dann von einem heftigen Asthma befallen, daß ich zu ersticken fürchtete. So habe ich denn eigentlich ein trauriges Fest für meine Person gefeiert, wie prächtig es sonst auch abgelaufen. Hat die unausweichliche Aufregung mitgeholfen, seit gestern fühlte ich mich wieder sehr bedrängt, und richtig – gestern abend ein neuer Anfall, der wohl drei Stunden anhielt, Fieber dabei und völlige Zerschlagenheit. Du kannst denken, wie es mir zumute ist, jetzt, wo ich erst die rechte Tätigkeit beginnen sollte! Doch wie Gott will“[28].

Auch in den Tagen nach der Feier wiederholten diese Anfälle sich, die von Flücken als Folge einer Herzerkrankung beschrieben wurden. „Für die Umgebung war es ein erschütternder Anblick, den sonst so rüstigen und lebenskräftigen Mann plötzlich mit gebrochener Kraft und in Notschweiß gebadet, hilflos und mit stummter Ergebung Nächte lang dasitzen zu sehen“[29].

Anfang Oktober war Kolping zunächst auf dem Wege der Besserung: „Meinen herzlichsten Dank für die vielseitige fromme Theilnahme. Langsam geht's, Gott Lob, wieder bergauf, aber langsam. Deßhalb für mich Ruhe und für viele nicht weniger Geduld!“[30]. Einige Tage später wiederholten sich die Anfälle. Dann bat Kolping um die Spendung der Sterbesakramente, die er bei vollem Bewußtsein aus den Händen seines Vikars empfing. Bis zum 11. November hatte Kolping noch unter Mühen sein tägliches Breviergebet verrichten können. Dann mußte er schließlich die letzten Wochen „in sitzender Stellung, den Kopf vornüber auf einem Tischchen liegend, seine Leiden schlaflos ertragen. In den drei letzten Lebenstagen wurde auch diese Lage unmöglich, und nur mühsam konnte sein erschöpfter Körper mit Kissen und Stützen aufrecht erhalten werden, so daß er fast buchstäblich in einem Meer von Schmerz und Elend untersank. Aber durch alles Elend hindurch blieb er sich bis zum Tode getreu und bewahrte seine ganze Seelengröße und die unerschütterliche Kraft seines Charakters. Er ertrug seine Leiden nicht nur mit einer erschütternden Ruhe und Ergebung, sondern zugleich mit einer tiefen Auffassung ihrer Zweckbeziehung für sich und für andere“[31].

Neben Flücken, sechs Jahre lang Kolpings Kaplan und Vertreter, war Heinrich Liesen – der zweite Vikar – in den letzten Tagen und Stunden bei ihm. Auch Kolpings Freund Mittweg besuchte den Schwerkranken und berichtete, dieser habe „mit der Ergebenheit eines Heiligen“ seine Leiden ertragen[32].

Seit dem 19. November unterrichtete Flücken Kolpings Wiener Freund Gruscha ständig über den sich verschlechternden Zustand Kolpings. Am 27. November telegrafierte er: „Die Ärzte Hoffnung aufgegeben, unsägliche Leiden. Kein Trost, viele Leiden, viele Liebe“[33].

Die Mitglieder des Kölner Gesellenvereins versammelten sich während der Krankheitstage jeden Abend in der Minoritenkirche und hielten eine Betstunde für Kolpings Genesung. Voller Ungeduld warteten sie vor der Kirche auf den Boten aus dem Gesellenhaus, der die neuesten Nachrichten über den Zustand des Schwerkranken überbrachte. Mit Fug und Recht läßt sich sagen, daß die enorme Arbeitsbewältigung in den unterschiedlichsten Tätigkeitsbereichen die an sich schon labile Gesundheit zunehmend mehr belastet hatte.

Tod

Am Montag, dem 4. Dezember 1865, nachmittags um 2 1/4 Uhr, starb der Gründer und Generalpräses der Gesellenvereine, Adolph Kolping, Rektor der Minoritenkirche, Apostolischer Notar und Päpstlicher Geheimkämmerer. Mit diesen Daten meldeten die beiden Vertrauten, Kuratpriester Wilhelm Flücken und Regierungssekretär Franz Müller, den Tod beim Kölner Standesamt an[34]. Todesursache war wohl Herzversagen. Eine exakte medizinische Diagnose ist auf Grund der unterschiedlichen Krankheitsbeschreibungen nicht zu stellen. Flücken teilte dem engen Freund des Verstorbenen, Anton Joseph Gruscha in Wien, den Tod telegrafisch mit und erbat dessen sofortige Reise nach Köln[35]. Der Kolping auch persönlich verbundene Kölner Weihbischof Baudri hatte den Sterbenden noch am Morgen besucht und gesprochen[36]. Flücken berichtete als Augenzeuge: „Am Nachmittag schlug endlich die Stunde der Erlösung. Im Gefühl des herannahenden Todes richtete er sich noch einmal mit eigener Kraft ganz aufrecht, sank dann aber wieder zurück in einen Stuhl, sein Auge brach, die Lippen zuckten noch einmal im Tode und nach wenigen Minuten hatte sein edles väterliches Herz zu schlagen aufgehört“[37].

Für den Abend war eine außerordentliche Sitzung des Vorstandes des Kölner Gesellenvereins zur Vorbereitung der Trauerfeierlichkeiten einberufen worden. Das Protokoll vermerkte dazu: „Herr Kaplan Flücken macht die Mitteilung, daß der Herr Präses Kolping heute nachmittag 2 1/4 Uhr nach längerer Krankheit verstorben sei. Der Vorstand nimmt diese Mitteilung mit dem größten Bedauern entgegen und wird dem teuren Verstorbenen ein gesegnetes Andenken bewahren. Der Verstorbene hat in seinem Testament deponiert, daß sein Begräbnis ganz einfach gehalten werden solle und wünsche er, womöglich in der Minoritenkirche beerdigt zu werden. Über diesen letztern Punkt sind bereits die erforderlichen Einleitungen bei dem Domkapitel getroffen; die polizeiliche Genehmigung solle erbeten werden"[38]. Auf Wunsch der Versammlung erklärte sich Kolpings langjähriger Freund und Weggefährte Vosen bereit, im Trauergottesdienst, der auf Donnerstag, den 7. Dezember festgelegt wurde, die Totenpredigt zu halten[39]. Die Gestaltung des Totenzettels übernahm Prof. Heuser, ebenfalls – seit der Münchener Studienzeit – Freund des Verstorbenen[40]. Zunächst sollten 3000 Stück gedruckt werden[41].

Der Verstorbene wurde im Saal des Gesellenhospizes in der Breite Straße aufgebahrt. „Zu seinen Häupten standen rechts und links die Insignien seiner priesterlichen Würde: Kelch, Missale, Pallen und Barett, zu seinen Füßen lag die weiße, goldgestickte Kasel, das kostbare Geschenk des h[eiligen] Vaters, ... Den schönsten und rührendsten Anblick aber gewährte die Leiche selbst. Die Krankheit mit all ihrem Schmerz und Elend hatte seine Züge entstellt, aber der Tod hatte sie wieder verklärt. Eine auffallende Milde, Ruhe und Frömmigkeit war über das bleiche Gesicht ausgegossen, es war das Antlitz eines frommen Dulders, eines würdigen Priesters, eines in Gott von Sorge und Mühe ausruhenden Vaters. Tausende strömten herzu, um ihn noch einmal zu sehen und ein andächtiges ‚Vater unser' für ihn zu beten, aber den rührendsten und ergreifendsten Anblick gewährte es, wenn an jenen beiden letzten Tagen die Mitglieder des Gesellenvereins nach vollbrachtem Tagewerk in später Abendstunde sich um seine Leiche versammelten, um für ihn gemeinschaftlich zu beten"[42].

Exequien

Am Donnerstag, dem 7. Dezember, fanden die Trauerfeierlichkeiten statt. Um 9.30 Uhr zog der Leichenzug vom Gesellenhospiz über die Breite Straße zur Minoritenkirche. Ein Musikcorps führte den Zug an. Es folgten etwa 300 Mitglieder von 19 auswärtigen Vereinen mit ihren umflorten Fahnen, dann 800 Mitglieder des Kölner Gesellenvereins, die bei dieser Trauerfeier zum ersten Mal ihr neues Banner öffentlich verwendeten. Den Gesellen schlossen sich die Handwerksmeister an, dann folgten der Klerus der Stadt Köln und die Pfarrgeistlichen der Domkirche. „Ihnen folgte die Bahre, von einer weißen Decke mit grünem Kreuze verhüllt, von den Insignien des Priestertums überragt, mit einem ebenso sinnvollen, als prächtigen Kranze von Passionsblumen, mit Mhyrthen und Lorbeeren geschmückt und von 48 Mitgliedern des Gesellenvereins, aus allen Ländern Deutschlands gewählt und von den übrigen Mitgliedern beneidet, getragen. Ein wahrhaft rührender und imposanter Anblick!"[43]. Hinter dem Sarg gingen zunächst der Erzbistumsverweser Baudri mit mehreren Domkapitularen sowie zwei beigeordneten Bürgermeistern der Stadt und Mitgliedern des Stadtrates. Daran schlossen sich der Schutzvorstand des Gesellenvereins, die auswärtigen Präsides und in langer Reihe die Bürger der Stadt Köln an.

„Die Häuser der Straßen, durch welche der Zug sich bewegte, waren mit schwarzen oder umflorten Fahnen und Trauerdrapien geschmückt, um der Allgemeinheit der Trauer einen Ausdruck zu geben, eine Sitte, die bis dahin in Köln noch nicht zur Anwendung gekommen war. Die Straßen selbst waren von einer Menschenmenge gefüllt, von der die weiten Hallen der Minoritenkirche nur einen kleinen Teil fassen konnten, so sehr man sich auch hineindrängte"[44].

Die Exequien zelebrierte Dompfarrer Halm; Prof. Vosen hielt die vielbeachtete und später auch veröffentlichte Trauerrede. Von der Kirche ging der Leichenzug zum Friedhof Melaten. Eine unübersehbare Menschenmenge folgte dem Zug. Friedrich Baudri notierte dazu in sein Tagebuch: „Beerdigung unseres Kolpings unter sehr großer Teilnahme. Morgens halb 10 Uhr zum Hospiz, von da mit dem Sarge von Gesellen getragen in die Minoritenkirche. Dompfarrer Halm las das Amt, Prof. Vosen hielt die Grabrede. 12 Uhr aus der Kirche, am Dom vorbei, durch die Komödienstraße, Berlich, Breite Straße etc. bis zum Kirchhofe. 2 Uhr auf dem Kirchhofe"[45].

Beisetzung

Für den verstorbenen Präses hatte man auf dem Melatenfriedhof die Grabstätte Nr. 185 gekauft. Dort wurde er beigesetzt. Kolpings Wunsch, sein Grab in der Minoritenkirche zu finden, konnte wegen fehlender staatlicher und kirchlicher Genehmigung nicht sofort erfüllt werden[46].

Trauer löste Kolpings Tod nicht nur bei seinen Angehörigen und den Gesellen aus. Auch seine engsten Freunde waren betroffen. Reichensperger schrieb: „Gestern ... ist Kolping gestorben! Er war eben auf seinem Höhepunkt angekommen. Für die gute Sache ein gewaltiger Verlust, für mich und mein Leben und Tun eine schmerzliche Lücke"[47].

Einige Tage darauf erhielt er einen Brief des Malers von Steinle, der dem verstorbenen Freund ein aufrichtiges Gedenken widmete: „Also unser lieber, guter Kolping lebt nicht mehr unter uns! Ich erhielt gestern zugleich mit Deinen lieben Zeilen durch Freund Statz die Nachricht von seinem Hinscheiden. Kolping ist unersetzlich, denn er war eine Natur; er war dieser und der Gnade Gottes getreu, und darum seine Erfolge. Ich kannte wenige Menschen, bei denen das ganze Leben so aus einem Stück bestand, in denen der Beruf sich so einfach und klar ausgesprochen; er folgte ihm treu und arbeitsam, wie ein rechter Knecht Gottes, und dafür, das dürfen wir zuversichtlich hoffen, wird er im Himmel belohnt werden und Gott bitten, daß er ihn für die armen Handwerker ersetze. Köln hat für mich ein gewaltiges Loch bekommen, und ich kann es mir ohne Kolping gar nicht denken. Könnten wir durch die Lücken, die so allmählich entstehen, klar durchsehen, ich glaube, wir würden dann die wunderbaren Wege der Vorsehung bewundern, und unser Schmerz würde gelindert sein"[48].

Nachrufe

Zahlreiche Zeitungen, Zeitschriften und Kalender brachten Nachrufe[49]. Die Mainzer Zeitschrift „Der Katholik", die schon früher über Kolping und den Gesellenverein berichtet hatte, schrieb: „Wer von den Zeitgenossen hat so mächtig auf die Mitwelt, hat so viel Tausende mit in die Strömung hineingezogen. Und diese Meister und Gesellen, alle nannten Kolping ihren Vater und werden ihn so nennen, solange sie leben, und werden es die Kinder und Kindeskinder lehren, ihn ebenfalls Vater zu nennen, und so wird der Name Kolping nicht mehr untergehen im deutschen Volke; sein Andenken wird unter der deutschen Meisterschaft im Segen bleiben und die katholischen Priester werden ihn als leuchtendes Muster stets vor Augen behalten.

Am 7. Dezember, als Kolpings sterbliche Hülle beerdigt wurde, konnte man sehen, was ein echter Volksmann gilt und wie tief das Volk seine wahren Freunde verehrt. Kolpings Leichenfeier zählt zu den schönsten und großartigsten, die Köln je erlebt hat. Hoch und Niedrig, Reich und Arm, die gesamte Bürgerschaft, alle Schichten haben Vater Kolping geehrt und durch ihre Teilnahme gezeigt, daß der schlichte, einfache Mann sich die Herzen aller gewonnen hatte. Es war in der Tat rührend zu schauen, wie sie sich herandrängten, ihm die letzte Ehre zu erweisen. Und wie das Wirken des Dahingeschiedenen allerwärts erkannt wurde, bezeugt und bezeichnet am treffendsten die Äußerung, die man aus jedes Mundes vernahm und vernimmt: ‚Wer wird ihn ersetzen?'"[50].

Weniger pathetisch beurteilte die Augsburger Allgemeine Zeitung die soziale Wirksamkeit Kolpings: „Das Werk der Gesellenvereine, welches er ins Leben rief und zu seiner jetzigen Blüte erhob, sichert seinem Namen eine ehrenvolle Stelle unter den auf dem praktisch sozialen Boden verdienstvollen Geistlichen der Gegenwart"[51].

Umbettung

Es war der Wunsch Adolph Kolpings gewesen, in der Minoritenkirche, in der er die Priesterweihe empfangen und als deren Rektor er gewirkt hatte, begraben zu werden. In seinem Testament hatte er bestimmt: „Mein Begräbnis soll durchaus einfach sein. Wenn es möglich zu machen, wünschte ich vor dem St. Josephs-Altare in der Minoritenkirche begraben zu werden. Auf meinem Grabsteine, der ganz einfach sein soll, darf nur außer dem Datum der Geburt, des Todes und der Beisetzung der volle Name stehen ohne Titel. Nur soll darauf noch einfach und leserlich eingehauen sein: ‚Er bittet Alle um das Almosen des Gebetes'"[52].

Am 11. März 1866 richtete der Vorstand des Kölner Gesellenvereins an den König die Bitte, die Bestattung Kolpings in der Minoritenkirche zu erlauben. Die Vorstandsmitglieder Michels und Schellen reisten dazu eigens nach Berlin. „Auf das wärmste befürwortete bei ihrem königlichen Gemahl besonders Ihre Majestät die Königin [Augusta] diese ausgesprochene Bitte. Der hohen Frau, die den Wert des Kolpingschen Werkes wie nur wenige andere zu würdigen weiß, gelang es alle in der Natur der Sache liegende Schwierigkeiten bestens zu begleichen"[53]. Die Genehmigung wurde am 23. März 1866 erteilt. Der Erzbistumsverweser Baudri hatte den Vorstand wissen lassen, „daß die Leiche an der näher bezeichneten Stelle in dem Chore vor dem Josephs-Altare in der Minoritenkirche beigesetzt werden dürfe“[54].

Über Exhuminierung und Übertragung der Leiche vom Melatenfriedhof in das Grab vor dem Josephs-Altar in der Minoritenkirche berichtete das Protokoll.

„Heute, den 30. April ... morgens 5 1/2 Uhr,
wurde die Leiche des seligen General-Präses der Katholischen Gesellenvereine und Rektor der Minoritenkirche Adolph Kolping auf dem Friedhofen zu Melaten ausgegraben. Seitens des Vorstandes des Gesellenhospitiums waren anwesend: Flücken, Vizepräses; Baudri, Stadtverordneter; Chargé, Schulinspektor; Schellen, Direktor der Realschule, und Müller, Regierungssekretär; ferner die beiden Ärzte ... Nachdem die Leiche aus dem Grabe ausgehoben worden, wurde sie in das Leichenhaus gebracht und dort der Deckel des Sarges, zur Feststellung der Identität, abgenommen. Die Leiche befand sich noch wohlerhalten und erkennbar; die Augen waren ausgelaufen, der ganze Körper war durch das ausgeschwitzte Fett wie mit Schimmel überzogen, das Meßgewand und die übrigen Kleidungsstücke waren ebenfalls gut erhalten und in ihrer ursprünglichen Lage, so daß die Identität der Leiche genau konstatiert werden konnte. Um den sehr zahlreich anwesenden Mitgliedern des Gesellenvereins Gelegenheit zu geben, die Leiche zu sehen, wurde dieselbe vor das Leichenhaus gebracht, demnächst der Sarg wieder geschlossen und die Bleiplatte mit folgender Inschrift: Adolphus Kolping, fundator et Präses Generalis Societatis juvenum opificium, et Rector huius ecclesiae, natus in Kerpen die 8. Decembris 1813, defunctus Coloniae die 4. Decembris 1865 auf den Sarg geschraubt. Dieser wurde sodann in den bereitstehenden, gut ausgepichten zweiten Sarg gebracht und letzterer geschlossen. Auf dem äußern Sarge befindet sich die Aufschrift: Adolph Kolping gestorben 1865. Bei der Translokation der Leiche nach der Minoritenkirche gingen die Mitglieder des Gesellenvereins hinter dem Leichenwagen. Diejenigen Mitglieder aber, welche am Tage der Beerdigung den 8. Dezember 1865 die Leiche getragen, zu beiden Seiten des Leichenwagens, das ganze Gefolge betend“[55].

Der Zug erreichte gegen halb 7 Uhr die Minoritenkirche. Der Sarg wurde in die Gruft gesenkt und eingesegnet. Danach zelebrierte der neue Generalpräses Schäffer unter Assistenz von Vizepräses Flücken und des Kaplans der Pfarrkirche St. Kolumba, Katzfy, der auch als Gesanglehrer des Gesellenvereins wirkte, ein feierliches Requiem.

Nach Beendigung des Gottesdienstes wurde der Eingang zur Gruft zugemauert und mit einer Steinplatte verschlossen[56].

Vier Mitglieder des Kölner Gesellenvereins hatten bei der Vorbereitung der Gruft ihre Namen in den Mörtel eingeritzt. Es waren der Optiker Gottfried Gösser, der Dachdecker Johannes Gilles, der Maurer Peter Beyer und schließlich noch Jakob Kley[57].

1 Curriculum vitae, in: KS Bd. 1, S. 12.
2 Curriculum vitae, in: KS Bd. 1, S. 15; Bd. 2, S. 4. – Siehe auch: Schmolke, Kolping als Publizist, S. 56.
3 Tagebuch, 31. 5. 1838, in: KS Bd. 1, S. 77.
4 Curriculum vitae, in: KS Bd. 1, S. 15; Bd. 2, S. 15f.
5 Kolping an Statz, 3. 2. 1840, in: KS Bd. 2, S. 22.
6 Tagebuch, 25. 5. 1841, in KS Bd. 1, S. 86f.
7 AEK, Gen. 9.5,8.
8 Kolping an Döllinger, 24. 6. 1845, in: KS Bd. 2, S. 99.
9 Kolping an Schmitt, 27. 6. 1853, in: KS Bd. 2, S. 141.
10 Kolping an Krömecke, 24. 10. 1854, in: KS Bd. 2, S. 168.
11 Johann Georg König, *27. 10. 1807 Cloppenburg – † 21. 1. 1884 Köln. Über ihn: o. V., Sanitätsrath Dr. Georg König in Köln. Ein Lebensbild, Köln 1886.
Kolping an Mittweg, 9. 2. 1861, in: KS Bd. 2, S. 314. – Kolping an Mittweg, 16. 3. 1861, in: KS Bd. 2, S. 320f. – Kolping an Mittweg, 25. 7. 1861, in: KS Bd. 2, S. 347.
12 Kolping an Schmitt, 26. 9. 1855, in: KS Bd. 2, S. 184f. – Kolping an Mittweg, 9. 10. 1855, in: KS Bd. 2, S. 189. – Kolping an Gruscha, 18. 12. 1855, in: KS Bd. 2, S. 193.
13 Kolping an Schmitt, 7. 3. 1855, in: KS Bd. 2, S. 174.
14 Kolping an Mayr, 27. 8. 1856, in: KS Bd. 2, S. 208.
15 Kolping an Gruscha, 30. 5. 1857, in: KS Bd. 2, S. 221. – Kolping an Moser, 20. 7. 1857, in: KS Bd. 2, S. 227. – Kolping an Mittweg, 16. 3. 1861, in: KS Bd. 2, S. 320f.
16 Kolping an Gruscha, 28. 8. 1860, in: KS Bd. 2, S. 281.
17 Kolping an Mittweg, 16. 3. 1861, in: KS Bd. 2, S. 320.
18 Kolping an Gruscha, 26. 7. 1861, in: KS Bd. 2, S. 348f.
19 Kolping an Mittweg, 15. 7. 1862, in: KS Bd. 2, S. 384. – Kolping an Krause, 4. 11. 1862, in: KS Bd. 2, S. 390.
20 Schäffer, Kolping II, S. 315f.
21 KS Bd. 2, S. 432.
22 Kolping an Mittweg, 22. 12. 1864, in: KS Bd. 2, S. 460. – KS Bd. 2, S. 462 u. 469.
23 Vorwort zum KV 1866. – Siehe dazu auch Kolpings Brief an Gruscha, 19. 5. 1865, in: KS Bd. 2, S. 471.
24 Zur Nachricht, in: RV 12 (1865), S. 304. – Siehe dazu auch: Schäffer, Kolping II, S. 286.
25 Kolping an Gruscha, 19. 5. 1865, in: KS Bd. 2, S. 471.
26 KS Bd. 2, S. 474.
27 KS Bd. 2, S. 478f.
28 Kolping an Mittweg, 19. 9. 1865, in: KS Bd. 2, S. 480.
29 (Flücken), Erinnerungen an die letzten Lebenstage und das Begräbnis des Gesellenvaters Kolping. RV 12 (1865), S. 813. – Siehe dazu auch: Ph. Aries, Geschichte des Todes, München/Wien [2]1980.
30 Kolping, Zur Nachricht, in: RV 12 (1865), S. 656.
31 RV 12 (1865), S. 814. – Siehe dazu auch: Schäffer, Kolping II, S. 321–329. – (Flücken), in: RV 12 (1865), S. 811–814, 821–824.
32 Tagebuch Mittweg, in: KS Bd. 1, S. 211. – Schon in einem der ersten erhaltenen Briefe hatte Kolping geschrieben: „Die Ruhe im Sterben besteht im Bewußtsein, gut gehandelt zu haben, und (zwar) *so viel* und in *dem Maße,* was man gekonnt hat." Kolping an Statz, 11. 5. 1838, in: KS Bd. 2, S. 6.
AEK, Priesterkartei.
33 KS Bd. 1, S. 56.
34 Sterbeurkunde Adolph Kolpings vom 5. 12. 1865, Standesamt Köln, Nr. 3348, PSA Brühl.
35 Telegramm, 4. 12. 1865, in: KS Bd. 1, S. 57.
36 Baudri, Tagebuch, 4. 12. 1865. – Siehe dazu auch: RV 13 (1866), S. 231.
37 (Flücken), Erinnerungen, in: RV 12 (1865), S. 811–814 u. 821–824, hier: S. 814. – Dieser Lehnstuhl befindet sich im Kolpingmuseum in Kerpen.
38 Protokollbuch, 4. 12. 1865.
39 Vosen, Trauerrede; Druck angekündigt in: RV 12 (1865), S. 799.
40 Protokollbuch, 4. 12. 1865.

41 Protokollbuch, 5. 12. 1865; Angebot des Verlages von Nachlieferungen des Totenzettels, in: RV 12 (1865), S. 799. Nach diesem Protokoll war Vosen der Redakteur des Totenzettels.

42 (Flücken), Erinnerungen, in: RV 12 (1865), S. 822. – Schäffer, Kolping II, S. 330, übernahm den Bericht fast wörtlich, aber ohne das „für ihn".

43 (Flücken), Erinnerungen, in: RV 12 (1865), S. 823.

44 Ebd.

45 Baudri, Tagebuch, zum 7. 12. 1865. – Der Dompfarrer Domkapitular Franz Alexander August Hahn (1813–1881) nahm auch die Beisetzung vor. – Siehe dazu auch: Mandelartz, Erinnerungen, S. 18f. – „Beim Tode Kolpings sandte die Erzherzogin [Sophie von Österreich] einen prachtvollen Kranz, ein Zeichen, daß sie den Gesellenvater nicht vergessen hatte." Aktennotiz (undatiert, vor 1832) im ADK, Erinnerungen an Vater Kolping von Elisabeth Rudolph, geb. Wirtzfeld.

46 Protokoll, 5. 12. 1865. – Zum Melatenfriedhof siehe: H. Vogts, Der Kölner Friedhof Melaten (Rheinische Friedhöfe. Sonderhefte der Mitteilungen der Westdeutschen Gesellschaft für Familienkunde 2. Heft), Köln 1937.

47 Pastor, Reichensperger, Bd. 1, S. 573.

48 Steinle, Briefwechsel, Bd. 2, S. 327. – Siehe auch die Todesnotiz von Ernst Mittweg über Kolping, in: KS Bd. 1, S. 211. – Ferner die Äußerungen von Weihbischof Baudri und Wallraf, in: RV 13 (1866), S. 231 u. 227f.

49 Als Beispiele seien genannt:
o. V., in: RV 12 (1865), S. 769–776 u. 785–793 (mögl. Verfasser: Anton Heuser). o. V., in: Kalender für das katholische Volk, Köln 1865, S. 7–25 (mögl. Verfasser: Christian Hermann Vosen). – E. Müller, in: Berliner Bonifacius-Kalender, Berlin 1867, S. 127–154. – Kölner Pressestimmen, in: Winkler, Volksmann S. 47f. – Sonntagsblatt für katholische Christen, Münster 1865, S. 812–816. – Münchener Sonntagsblatt. Illustrirtes Volksblatt für Unterhaltung und Belehrung, hg. v. L. Lang, München, Wien, Philadelphia 1865, S. 415f. und 420f. – Augsburger Postzeitung, Nr. 288, 6. 12. 1865, S. 1.

50 o. V., in: Der Katholik 45 (1865), S. 757–761, hier: S. 760f.

51 Allgemeine Zeitung, Augsburg, 7. 12. 1865, Nr. 341, S. 5541.

52 Testament Adolph Kolping vom 19. 7. 1865 § 11, Fotokopie im ADK.

53 Schäffer, Kolping 1, S. 409 und Protokollbuch 11. 3. 1866.

54 Protokollbuch, 20. 4. 1866.

55 Schäffer, Kolping I, S. 409f. – Baudri, Tagebuch, Siehe auch ähnlichen Text in: 30. 4. 1866. – Siehe dazu: Ridder, Grabeskirche. – Gerig, Kolpinggruft. – B. Ridder, Kolpings dreimalige Beisetzung, in: Mitteilungen 1960, Heft 2, S. 85–90. – Ders., Kolpings Umbettung im März 1960, in: Mitteilungen 1960, Heft 3, S. 141–149. – Jakob Peter Katzfey, * 16. 3. 1831 Vaals/Aachen – † 5. 2. 1871 Köln-Mülheim – 3. 9. 1855 Priesterweihe – Rektor Euskirchen, Höhere Schule – 1861 Kaplan Köln St. Kolumba – 1868 Pfarrer Mülheim.
AEK, Totenzettel – Protokollbuch Köln, 11. 4. 1866.

56 Protokollbuch, 18. 5. 1866: Die schwarze Grabplatte mit der von Kolping gewünschten Aufschrift sollte aus Granitmarmor in einer Stärke von 3 Zoll gefertigt werden.

57 Gerig, Kolpinggruft, S. 93.

17. Nachwirkungen

Die Erinnerung an Adolph Kolping wird verständlicherweise durch die Verbandszentrale in Köln, aber auch durch die örtlichen Kolpingsfamilien besonders gepflegt. Das gilt für das Josephsschutzfest im Mai und für den Kolpinggedenktag im Dezember eines jeden Jahres.

Hier kann selbstverständlich keine umfassende, geschweige denn vollständige Darstellung einer Wirkungsgeschichte dieses Mannes geboten werden. Einige Hinweise sollen genügen.

Literatur

Auf die Tatsache, daß Kolping als Erzähler in zeitgenössische Literaturgeschichten aufgenommen wurde, ist schon hingewiesen worden. Im „Deutschen Literatur-Lexikon" wird er als erfolgreicher Erzähler aufgeführt[1]. Seine „Ausgewählten Volkserzählungen", in sieben Bänden vor der Jahrhundertwende erstmals erschienen, erreichten 1933 eine zehnte Auflage.

Kolping wurde gar selbst zum Sujet in der deutschen Literatur. Einige Beispiele seien angeführt. Der Benediktinermönch Kaspar Kuhn (1819–1906) schuf 1887 ein Drama über Kolping als Gesellenvater[2]. In der Form von „lebenden Bildern" mit Deklamationen und Gesang stellte die Münsteranerin Katharina Kleebeck (1856 bis 1939) sein Leben und Wirken um die Jahrhundertwende dar[3]. Der bayrische Pfarrer Sebastian Wieser machte ihn zum Thema eines Festspiels[4]. Der Kölner Schriftsteller und Bühnendichter Michel Becker (1895–1948) stellte Kolping gleich in zwei literarischen Formen, der Novelle und dem Roman, vor[5]. Am bekanntesten wurde die Arbeit des niederrheinischen Erzählers Wilhelm Hünermann (1900 bis 1975)[6]. Keines der genannten Werke erreichte jedoch die Popularität, die zwei Lieder erreichten, die noch heute fester Bestandteil des Liedgutes im Kolpingwerk sind.

Liedgut

Das Kolpinglied wurde von Caspar Berens für die Gestaltung der Vereinsabende im Februar 1865 – also noch zu Lebzeiten des Besungenen – verfaßt. Nach 1867 fand es weite Verbreitung und wurde schließlich zur Hymne der katholischen Gesellenvereine. Bei der letzten Strophe besteht der Brauch aufzustehen und sich mit gekreuzten Armen die Hände zu reichen[7].

1. S' war einst ein braver Junggesell, er lebe ewig hoch!
Sein Name klingt so weit, so hell. Vater Kolping lebe hoch!
Vater Kolping lebe hoch!
2. Er machte Schuhe blank und fein, als er die Welt durchzog. Doch blieb sein Herz stets fromm und rein. Doch blieb ...
3. Der Schuster ward ein Priester dann, Gott war es, der ihn wog. Hört, welch ein Werk er da ersann! Hört, welch ...
4. Er wollt Gesellenvater sein, das Handwerk liebt er noch.
Er gründet den Gesellnverein. Er gründet ...
5. Vater Kolping ehre jedermann, der solch ein Werk ersann.
Ihr Brüder reichet euch die Hand! Ihr Brüder ...

Das Kolping-Grablied dichtete 1881 der Präses Otto Lohmann in Wuppertal-Barmen. Auch dieses Lied erreichte bald größere Popularität. Beim Internationalen Gesellentag 1922 in Köln erklang es zum ersten Mal in der Minoritenkirche. Zu den Texten eigens komponierte Melodien haben sich auf Dauer nicht durchsetzen können[8].

1. Ein Gotteshaus steht zu Köln am Rhein.
Die wandernden Burschen, sie treten dort ein,
zu Füßen des Altars am steinernen Grab,
da knien sie nieder mit Bündel und Stab,
da knien sie nieder mit Bündel und Stab.
2. Ihr wandernden Burschen, o saget mir an:
was hat der im Grabe euch Gutes getan:
läg' Vater und Mutter dort unter dem Stein,
ihr könntet nicht stiller und dankbarer sein.
3. Einst war's um uns Burschen gar trostlos bestellt,
wir waren verstoßen und fremd in der Welt.
Da tat er sein Haus auf und rief uns hinein,
wollt mehr noch als Vater und Mutter uns sein.
4. Vordem war er selbst mit dem Stab in der Hand,
gezogen als Schustergeselle durchs Land.
Der Schustergeselle von Köln am Rhein,
ward Priester und schuf den Gesellenverein.
5. Man hat ihn begraben hier unter dem Stein,
doch schließet der Stein seine Liebe nicht ein.
Wir wandern durch Deutschland und weiter hinaus,
und grüßen die Brüder und sind wie zu Haus.
6. Und ob wir auch wandern und kommen und gehn,
die Liebe, die Treue, sie bleiben bestehn;
woher auch des Wegs und wohin wir auch ziehn,
wir danken hier Kolping und beten zu ihm!

Die bekannteste plastische Darstellung Adolph Kolpings ist das Kolping-Denkmal vor der Minoritenkirche in Köln, ein Werk des Bildhauers Johann Baptist Schreiner. Die in eineinhalbfacher Lebensgröße geschaffene Plastik zeigt Kolping mit einem Handwerksgesellen. Der Sockel trägt die Inschrift: „Adolph Kolping der Gesellenvater." Die für die damalige Zeit hohen Kosten von 30000 Mark konnten aus Sammlungen der katholischen Gesellenvereine bestritten werden. An der feierlichen Einweihung am 12. Juli 1903 nahmen viele Tausend Mitglieder aus ganz Europa und sogar aus Nordamerika teil. Fotographien und Nachbildungen der Plastik sind in der ganzen Welt verbreitet[9]. Der Kunsthistoriker Bloch beschrieb das Doppelstandbild: „Hier ist die Gleichrangigkeit der beiden Personen gestört: Statt zweier zu gemeinsamem Tun Vereinter steht ein Wohltäter jenem gegenüber, dem die Wohltat gilt. Die zweite Person wird zum Attribut einer Einzel-Statue, der einzelne, um den es geht, eingebunden in ein narratives Ambiente. Das Denkmal wird zum sozialen Genre. Ein Politikum bleibt dank der Tatsache präsent, daß die Physiognomie des Handwerksgesellen unverkennbar dem jungen Wilhelm II. ähnelt. Der Kulturkampf trägt hier seine späten Früchte"[10].

Eine musivische Darstellung befand sich in der Kölner Kirche St. Aposteln am Neumarkt. Im südlichen Seitenchor zeigte das Mosaik Adolph Kolping zusammen mit Pius IX. als Verehrer des heiligen Joseph. Dieser hält schützend „seine Hand über den St. Petersdom, den ihm Papst Piux IX. entgegenstreckt, während ihm von der anderen Seite der Gesellenvater Kolping einen Gesellen zuführt"[11].

„Von der Pracht und den Themenkreisen der Ausgestaltung vermitteln nur noch einzelne erhaltene Entwürfe und alte Aufnahmen einen Eindruck"[12].

Die im Jahre 1907 fertiggestellte Arbeit wurde im Zweiten Weltkrieg zerstört. Den Entwurf schuf der Kirchenmaler Friedrich Stummel (1850–1919) aus Kevelaer, die Ausführung der Arbeiten besorgten Antonio Gobbo aus Venedig und Peter Beyer, Ehemann von Kolpings Nichte, und deren Söhne aus Köln-Bayenthal.

Zu erwähnen bleibt schließlich noch das Gemälde Kolpings im Kolpinghaus-International in Köln, das Johannes Diekmann schuf und der verdienstvolle Ausstellungs Katalog von Arbeiten moderner Künstler[13].

Rat und Verwaltung der Stadt Köln, die Kolping und seinem Wirken zu dessen Lebzeiten reserviert bzw. hilflos distanziert gegenüberstanden, benannten den Platz vor der Minoritenkirche nach ihm.

Wie es in Köln nicht anders sein kann, hat sich auch der Karneval Adolph Kolpings angenommen und den Wahlkölner zu höheren Ehren aufsteigen lassen. Eine in Stein gehauene Skulptur Kolpings befindet sich seit 1987 im „kölschen Himmel" auf der Nord-West-Seite im obersten Geschoß des Kölner Rathausturmes. Die von dem Bildhauer Dieter Heuft geschaffene Darstellung zeigt Kolping etwas überlebensgroß in Soutane mit Bibel und Schusterleisten. Sie ist „Sinnbild dafür, daß Kirche und Gesellschaft gemeinsam die sozialen Probleme dieser Stadt und darüber hinaus der Welt lösen müssen"[14].

Zeichen und Darstellungen

Auch von den nicht sakralen Zeichen und Darstellungen läßt sich hier nur eine Auswahl vorstellen.

Das K-Symbol, auf Abzeichen und Fahnen des Kolpingswerkes weltweit verbreitet und 1927 als Entwurf für ein Banner geschaffen, zeigt ein schwarzes K auf gold-orangenem Grund. Das Schwarz steht für den schwarzen Priestertalar Kolpings, goldorange für den „goldenen Boden des Volkes" – Religion und Tugend. Der Künstler Anton Wendling (1891–1965) „hat Inhalt und Form ineinandergegossen und damit nach allgemeinem Urteil etwas Hervorragendes geschaffen"[15].

Anläßlich des 100. Todestages Adolph Kolpings gab die Deutsche Bundespost am 26. März 1965 eine Sondermarke im Wert von zwanzig Pfennigen heraus. Die Briefmarke zeigt ein Porträt und die Faksimileunterschrift. Sie erschien in einer Auflage von 20 Millionen Exemplaren.

Im Jahre 1988 ließ das Internationale Kolpingwerk eine silberne Gedenkmünze aus Anlaß des 175. Geburtstages prägen. Die fünfzehn Gramm schwere Medaille hat einen Durchmesser von fünfzehn Millimetern. Sie zeigt auf der Vorderseite ein Porträt, auf der Rückseite das Kerpener Geburtshaus und die Kölner Minoritenkirche.

Würdigungen

Aus der zahllosen Reihe von Würdigungen sollen drei herausgegriffen und näher vorgestellt werden, weil sie exemplarisch aus unterschiedlicher Sicht auch jeweils verschiedene Wirkweisen Kolpings verdeutlichen.

Am 19. August 1913 hielt der Kölner Jurist und Zentrumspolitiker Karl Trimborn, in seiner Eigenschaft als zweiter Vorsitzender des Volksvereins für das katholische Deutschland, auf dem Katholikentag in Metz eine vielbeachtete Rede zum Gedenken an Kolpings 100. Geburtstag.

Kolping war für den Redner kein Unbekannter. Der prominente Abgeordnete war der Sohn von Cornelius Balduin Trimborn, Kolpings Mitschüler auf dem Marzellengymnasium und Hausgenosse während der Bonner Studentenzeit.

Als junger Jurist hielt er im Kölner Gesellenverein zunächst Vorträge an den Bildungsabenden. Später arbeitete er zwanzig Jahre lang als Mitglied im Schutzvorstand des Gesellenvereins mit. Er kannte also die Basisarbeit im Verein und konnte Bildungs- und Sozialarbeit wie gesellschaftliches Engagement der Vereinsmitglieder glaubwürdig darstellen. Er führte unter anderem aus:

„Sein Gesellenverein war Muster und Vorbild für unsere Arbeitervereine, unsere kaufmännischen Vereine, unsere Lehrervereine, und zwar nicht nur in ihrem Statut und in ihren inneren Einrichtungen, sondern auch im äußeren Aufbau, im Zusammenschluß zu großen Diözesan- und Zentralverbänden. Alle diese Vereine sind, wie der Gesellenverein, keine rein kirchlichen Vereine; wohl sind es religiös-katholische Organisationen.

Ein weiterer Schritt auf diesem Boden war die Gründung unseres Volksvereins. Ist doch Kern und Stern seines Wirkens der große Gedanke: das katholische Volk immer wieder anzutreiben, aus dem Geiste und der Kraft seines heiligen Glaubens heraus auf allen Gebieten tüchtig und ehrenhaft für das praktische Leben zu schaffen.

Wie die Gründung des großen Gesellenvereins, so bedeutet auch die damit parallel laufende Errichtung zahlreicher Gesellenhäuser eine Tat, deren Bedeutung über den Rahmen des Handwerks weit hinausreicht. Hierdurch ist die Schöpfung Kolpings bahnbrechend und vorbildlich geworden in der so überaus wichtigen Wanderfürsorge …

In seinen Gesellenpräsides, die Kolping mit seltener Menschenkenntnis auszusuchen verstand, hat Kolping sich einen Stab sozialer Priester herangebildet. Diesen Priestern rief er in seinem sozialen Testament zu: ‚Die Kirche kann und darf sich von der sozialen Frage nicht zurückziehen; sie darf das bürgerliche Leben ihren geborenen oder geschworenen Feinden nicht allein überlassen; sie muß ins Leben hineintreten und den Kampf mit ihren Widersachern nicht scheuen.' …

Heute steht er vor uns als das klassische Beispiel eines Mannes, dessen katholische Glaubensüberzeugung und Gesinnung sich in einer überaus segensreichen und sozialen Tätigkeit von großer allgemeiner Bedeutung auswirkt. Wahrhaftig ein herrliches Vorbild für einen Verein, dessen Hauptaufgabe es ist, den einzelnen Katholiken dahin zu bringen und dahin zu schulen, daß er seine Glaubensüberzeugung im öffentlichen Leben, insbesondere auf sozialem Gebiet, nicht nur in Worten bekennt, sondern auch in Taten umsetzt"[16].

Die Versammlung quittierte diese Gedenkrede mit langanhaltendem Beifall. Im Ideengut des Volksvereins blieb Adolph Kolping aber weit länger lebendig. Der Mitarbeiter der Mönchengladbacher Vereinszentrale Anton Heinen (1869–1934) hatte als Präses im Duisburger Gesellenverein die Bildungsideen Adolph Kolpings näher kennengelernt. Als Erwachsenenbildner war er auch über den kirchlichen Bereich hinaus ein geschätzter Gesprächspartner. Zunehmend profilierten sich auch ehemalige Mitglieder der Gesellenvereine als Arbeiterführer, Mitarbeiter der Gewerkschaftsbewegung und Politiker. Einige Namen seien als Beispiele wenigstens genannt: August Israel (1870–1949), Heinrich Kurtscheid (1872–1961), Adam Stegerwald (1874–1945), Karl Arnold (1901–1958), Anton Storch (1892–1975) und Jakob Kaiser (1889–1961)[17].

Für den Bundespräsidenten der Bundesrepublik Deutschland, Theodor Heuss (1884 bis 1963), der sich wissenschaftlich mit Schultze-Delitzsch befaßt hatte, gewinnt Kolping als „Legendenfigur" besondere Wirkkraft, die konfessionelle Grenzen überwindet und als Volkserzieher Bedeutung erlangte: „Gerade daß er von der Luft einer Legende umgeben ist, schenkt ihm seine menschengestaltende Kraft.

Es ist etwas Rührendes, dieser Schuhmachergeselle aus geringer, doch sauberer Umgebung, der die Berufung zum Priester in sich spürt, der im mühsamen Selbststudium Latein lernt, wenn er den Pfriemen weglegen konnte, der aus Eigenem den Weg zum Gymnasium, zur Universität öffnet, und dann als junger Priester in die Schwierigkeiten einer Diaspora gestellt ist. Dort aber erweist und entfaltet sich, was ein Mensch, der die Macht der Liebe in sich trägt und der den Ruf zur Verantwortung nicht überhören kann, durch seine gemeinschaftsgestaltende Kraft fertigbringt …

Kolping ist der Schöpfer eines neuen Typus im katholischen Klerus in dieser Schaffung der Unmittelbarkeit eines Erziehertums im Menschlichen, das auch der seelsorgerischen Aufgabe neue Färbungen gibt …!

Sein Fromm-Sein besitzt eine heitere Nüchternheit, der heimliche Poet in ihm will die Menschen erziehen, besser zu werden oder noch mehr: gut zu bleiben. Wohl wurzelte er durchaus in dem rheinischen Katholizismus, aber seine Liebeskraft zog nicht die konfessionelle Grenze“[18].

Der Kirchenhistoriker Hubert Jedin (1900–1980) ordnete Kolping und sein Wirken in die Geschichte des 19. Jahrhunderts ein und bezeichnet den von ihm eingeschlagenen Weg als traditionsgebunden, Mittel und Methoden aber als neu: „Er war zuerst und vor allem Seelsorger ... Der eklatante Erfolg lehrt, daß Kolping zur rechten Zeit das Richtige getan hat“[19].

Seligsprechung

Die Seligsprechung ist das Endurteil eines Prozesses, nach dem einem Menschen öffentliche Verehrung in der Kirche an einem bestimmten Ort, in einer bestimmten Region oder in einer bestimmten religiösen Gemeinschaft erwiesen werden darf. Für die Eucharistiefeier und das kirchliche Stundengebet am Gedenktag des Seligen werden eigene Texte genehmigt. Die Seligsprechung geht nach geltendem kanonischen Recht der Heiligsprechung, nach der die Verehrung in der Weltkirche erlaubt ist, voraus[20].

Der erste offizielle Anstoß zur Aufnahme eines Prozesses kam nicht aus dem Erzbistum Köln, sondern aus Österreich. Im Jahre 1906 richtete der Erzbischof von Wien, Anton Kardinal Gruscha, langjähriger Vertrauter und Freund Kolpings sowie über Jahrzehnte führend in den katholischen Gesellenvereinen Österreichs tätig, ein ausführliches Bittgesuch an den Kölner Erzbischof Antonius Kardinal Fischer (1840–1912) um die Einleitung des Kanonisationsverfahrens. Der Kölner Kardinal antwortete seinem Amtsbruder, er teile dessen Überzeugung, daß Kolping die Ehre der Altäre zuteil werden möge. Er halte aber wegen fehlender Wunder die Zeit noch nicht reif für die Einleitung eines Verfahrens. Der dritte Nachfolger Kolpings im Amt des Generalpräses, Theodor Hürth (1877–1944), machte dann den Prozeß zu seinem ganz persönlichen Anliegen. Am 21. März 1934 eröffnete Karl Joseph Kardinal Schulte (1871 bis 1941) formell das Verfahren vor dem Kölner Diözesangericht.

Aus den unterschiedlichsten Gründen (Weltkrieg und Wiederaufbau, Sterbefälle von Prozeßmitarbeitern etc.) konnte das Verfahren lange nicht zum Abschluß gebracht werden[21].

Im Jahre 1972 nahmen Joseph Kardinal Höffner und Generalpräses Heinrich Festing den zum Stillstand gekommenen Prozeß wieder auf.

Der Generalpostulator der Steyler Missionare, Pater Anton Collet SVD, übernahm das Amt des Postulators der Causa, Relator wurde Pater Ambrosius Eszer OP. Am 22. Januar 1991 wurde das Dekret zum Abschluß des Prozesses von Papst Johannes Paul II. verkündet[22].

Am 27. Oktober 1991 nahm Johannes Paul II. vor ca. 80 000 Teilnehmern auf dem Petersplatz die Seligsprechung Adolph Kolpings vor. Zum Abschluß der Feierlichkeiten sagte der Papst über den neuen Seligen: „Unerschütterlicher Glaube, grenzenloses Gottvertrauen und inständiges Beten waren für Kolping unabdingbare Voraussetzungen und tragfähige Grundlagen für sein soziales Handeln.

Sein eigener Werdegang hat ihn davor bewahrt, soziale Utopien oder unrealistische Reformvorstellungen zu verkünden oder zu übernehmen. Er hat Christi Gebot vorgelebt: Wenn Du die Welt verändern willst, fange bei Dir selbst und nicht bei anderen an. Damit motivierte er auch Gesellen und Arbeiter, aus dem Geiste des Evangeliums die sozialen Strukturen zu erneuern und es nicht allein bei christlicher Barmherzigkeit zu belassen. Bei allen von ihm vorbereiteten sozialen Leistungen hatte er die Verwirklichung einer Gerechtigkeit im Auge, die diesen Namen verdient, weil sie glaubwürdiges Zeichen für gelebtes Christentum ist. Das Christentum ist dem Geiste und der Praxis nach in die Welt zu tragen. Damit verändert sich die Welt und wir können „das Angesicht der Erde erneuern“[23].

Anmerkungen

1 I. B(igler), Kolping, in: H. Rupp/C. L. Lang (Hg.), Deutsches Literatur-Lexikon, Bd. 9, Bern/München 1984, S. 202f.

2 Kaspar Kuhn, Kolping, der Gesellenvater (Drama), Leutkirch 1887. – Deutsches Literatur-Lexikon 9 (1984), Sp. 690.

3 Katharina Kleebeck, Adolph Kolping, der Gesellenvater. Lebende Bilder mit Deklamation und Gesang (175. Heft v. J. Radermacher, Lebend Bilder), Honnef o.J. (1902). – Deutsches Literatur-Lexikon 8 (1981), Sp. 1254.

4 Sebastian Wieser, Adolph Kolping (Festspiel), München 1928. – W. Kosch (Hg.), Deutsches Literatur-Lexikon 4 ([2]1958), S. 3369.

5 Michel Becker, Aussaat Gottes. Novellen um den jungen Adolph Kolping, Köln 1934. Ders., Der Trommler Gottes, Ein Kolping-Roman, Paderborn 1934; [6]1965. Deutsches Literatur-Lexikon 2 (1969), Sp. 348f.

6 Wilhelm Hünermann, Der Gesellenvater. Die Erzählung des Lebens von Adolph Kolping, Freiburg 1949; zuletzt unter dem Titel: Vater Kolping, ein Lebensbild, Freiburg 1958. Deutsches Literatur-Lexikon 8 (1981), Sp. 237ff.

7 Siehe dazu: Th. Rempe, Handbuch der deutschen Kolpingsfamilie, Köln [2]1966, S. 192f.
Caspar Berens, *24. 4. 1836 Kruberg/Olpe – † 16. 5. 1912 Rumbeck/Arnsberg – 24. 3. 1860 Priesterweihe – Kaplan Siegen – 1860 Kaplan Arnsberg – 1863 Gründer GV Arnsberg – 1870 Pfarrer Rumbeck.
Ridder, Kolpingbanner, S. 45–50. – Steinke, Kolping, S. 153ff.

8 Otto Lohmann, *4. 4. 1838 Nievenheim – † 26. 6. 1916 Düren – 2. 9. 1862 Priesterweihe – Hauskaplan Kettwig – Kaplan Barmen – Präses GV Barmen – Pfarrer Düren St. Anna; AEK, Totenzettel.

9 Zum Kolping-Denkmal siehe: Kolpingblatt 3. Jg., 1903, S. 1f.; H. Wieger (Hg.), Handbuch von Köln, Köln 1925, S. 234f. – P. P. Trippen, in: Winkler, Volksmann, S. 60. – Schweitzer an Oberpräsident der Rheinprovinz vom 4. 5. 1903 mit Bitte um Genehmigung zur Enthüllung des Kolpingdenkmals (Beilagen) in: LHA KO, Bestand 403, Nr. 7361. – Gruscha an Fischer, 8. 8. 1906, in: H. Festing, Was Adolph Kolping für uns bedeutet, Freiburg 1985, S. 218. Schweitzer an den Zentralpräses der Schweiz, 9. und 17. 8. 1918, betr. die beabsichtigte, aber von Kaiser Wilhelm II. nach massiven Protesten aus der gesamten Bevölkerung verhinderte Einschmelzung des Denkmals zu Kriegszwecken. Kopien im ADK. – Über Schreiner siehe: Thieme-Becker, Bd. 30, S. 184.

10 P. Bloch, Heroen der Kunst, Wissenschaft und Wirtschaft, in: E. Trier/W. Weyres, Kunst des 19. Jahrhunderts im Rheinland, Bd. 4, Plastik, Düsseldorf 1980, S. 299–301.
Wilhelm II. – *27. 1. 1859 Berlin – † 4. 6. 1941 Schloß Doorn – 1888–1918 Deutscher Kaiser und König von Preußen.
H. Lerchenfeld-Köfering, Kaiser Wilhelm II. als Persönlichkeit und Herrscher, Kallmünz 1985.

11 Siehe dazu: J. Könn (Hg.), St. Aposteln in Köln. Eine Perle romanischer Baukunst, Köln 1926, S. 32f.; Kölner Local-Anzeiger vom 1. 1. 1914, S. 4.
Pfarrer war August Savels (1837–1915), der 1895 mit der Mosaikausstattung begann. AEK, Priesterkartei.
Über Stummel siehe: Der Kirchenmaler Friedrich Stummel (1850–1919) und sein Atelier, Ausstellungskatalog, Kevelaer 1979.

[12] A.a.O., S. 62.

[13] Über Diekmann siehe: Thieme-Becker, Bd. 9, (1913), S. 231. – Künstler sehen Kolping, Augsburg o. J., [1991]. – Nahezu unbekannt blieb: A. L. Brink, Msgr. Adolf Kolping in the paintings of Albert Leonhard Brink, New York 1957. Es wurde eingesehen die hektographierte Fassung der Arbeit in der Vatikanischen Bibliothek. Signatur: RG Vite I 57.

[14] H. Festing, Ansprache anläßlich der Übergabe der Adolph-Kolping-Statue für den Turm des Historischen Rathauses am 1. Oktober 1987, in: ADK. – Auf Anregung des Bildhauers Karl-Günther Eich machte das Kölner Dreigestirn von 1987 (Hans-Carl Hagemann, Wilfried Wolters, Hans-Dieter Maciejewski) der Stadt Köln die Plastik zum Geschenk. – Siehe dazu: mB., In den kölschen Himmel gehoben, in: Kölnische Rundschau, 11. 11. 1987 – O. Busch, Handwerker in Köln, Menschen – Helfer – Ratgeber, Köln 1988, S. 21–23, hier S. 23.

[15] N(attermann), Mit der neuen Fahne ins Neue Jahr, in: Kolpingblatt 28. Jg. 1928, S. 1f., hier S. 2. – Über Wendling und sein Werk siehe: L. Schreyer, Anton Wendling, Recklinghausen 1962.

[16] Verhandlungen Generalversammlung, Metz 1913, S. 489–491. Karl Trimborn, Justizrat und Rechtsanwalt – * 2. 12. 1854 Köln – † 25. 7. 1921 Bonn – 1896–1912 Mitglied des Abgeordnetenhauses – 1918 Staatssekretär – Mitglied des Reichstages.
R. Morsey, Karl Trimborn, in: ZGL Bd. 1 (1973), S. 81–93.

[17] Die Arbeiten von und über Anton Heinen sind verzeichnet in: G. Schoelen, Bibliographisch-historisches Handbuch des Volksvereins für das katholische Deutschland. Mit einer Einleitung von H. Heitzer und einer Quellenkunde von W. Löhr. (Veröffentlichungen der Kommission für Zeitgeschichte, Reihe B: Forschungen, Bd. 36), Mainz 1982, S. 239–266. – Biographische Skizzen und Literatur über Israel und Kurtscheid, in: E.-D. Broch, Katholische Arbeitervereine in der Stadt Köln, (Die Arbeiterbewegung in den Rheinlanden, Bd. 7, hg. v. G. Bers u. M. Klöcker), Wentorf/Hamburg (1977), S. 175f.
R. Morsey, Adam Stegerwald, in: ZGL 1 (1973), S. 206–218 u. 307f. – W. Först, Karl Arnold, in: ZGL 2 (1975), S. 125–142 u. 221. – H. G. Hockertz, Anton Storch, in: ZGL 4 (1980), S. 250–266 u. 280. – E. Kosthorst, Jakob Kaiser, in: ZGL 2 (1975), S. 143–158 u. 221f.

[18] Th. Heuss, Würdigungen. Reden. Aufsätze und Briefe aus den Jahren 1949 bis 1955, hg. v. H. Bott, Tübingen 1955, S. 136ff.

[19] H. Jedin, Freiheit und Aufstieg des deutschen Katholizismus zwischen 1848 und 1870, in: ders., Kirche des Glaubens – Kirche der Geschichte. Ausgewählte Aufsätze und Vorträge, Bd. 1, Freiburg, Basel, Wien 1966, S. 479f.

[20] Siehe dazu: W. Schulz, Das neue Selig- u. Heiligsprechungsverfahren, Paderborn 1988.

[21] Siehe dazu: Sacra congregatio pro causis sanctorum Officium historicum, Canonzationis servi dei Adolfi Kolping, sacerdotis dioecesani († 1865) Positio super vita et virtutibus, Romae 1986, S. VII–X. – Ferner: In Obsequim Christi. Gedenkausstellung des Historischen Archivs des Erzbistums Köln zum 50. Todestag von Karl Joseph Kardinal Schulte am 10. März 1991. Katalog, Köln 1991, S. 99f.

[22] Congregazione delle cause dei santi, Promulgazione di decreti, in: L'Osservatore Romano 23. 1. 1991, S. 1.

[23] Johannes Paul II., in: L'Osservatore Romano, 28./29. Ottobre 1991, S. 5. – Siehe dazu auch: Ufficio delle celebrazioni liturgiche del Sommo Pontifice, (Hg.), Seligsprechung des Dieners Gottes Adolph Kolping, Petersplatz, 27. Oktober 1991. – Die dort veröffentlichte Lebensskizze Kolpings in deutscher, italienischer, englischer und spanischer Sprache stammt vom Autor dieser Arbeit. – Inzwischen liegt über die Feierlichkeiten zur Seligsprechung eine Dokumentation vor: M. Hanke, M. Grünewald, In Rom dabei. Adolph Kolping. Die Seligsprechung, Kehl 1991.

Nachwort

Es ist nicht leicht, über Adolph Kolping eine zusammenfassende und gerechte Beurteilung zu geben.

Zunächst war er ein frommer, gläubiger Priester, der seine Kirche liebte, aber gelegentlich auch unter ihrer Kölner Führung litt; gefühlvoll, aber ohne ausgeprägtes Problembewußtsein für Fragen der zeitgenössischen Theologie.

Er war ein erfolgreicher, praktischer Pädagoge und Erwachsenenbildner, ohne Eiferer für Theorien und Systeme zu sein. Er war ein politisch interessierter Publizist, taktisch versiert; aber ohne Intentionen zu politischen Veränderungen.

Er war ein beliebter Volksschriftsteller von außergewöhnlichem Fleiß mit verständlicher, volksnaher Sprache.

Manche der von Kolping vertretenen Ideen und Vorstellungen sind zeitbedingt und gelten heute als überholt. Aber eine ganze Reihe von ihnen sind zeitlos gültig. Andere wiederum waren seiner Zeit voraus und sind heute fast Allgemeingut geworden.

Viele Menschen innerhalb wie außerhalb der Kirche haben Kolping nicht verstanden, vielleicht auch nicht verstehen können, weil seine auf dem Glauben basierenden und aus ihm gelebten wertkonservativen Überzeugungen eben doch zu erstaunlichen „radikalen" Veränderungen und Erneuerungen in Kirche, Volksbildung, Presse und vor allem in Handwerk und Mittelstand führten. Diese Ziele konnte er deshalb erreichen, weil er als Persönlichkeit mit seinen Ideen ansteckend und begeisternd wirkte und eine Gefolgschaft von „Mittätern" fand, die nicht nur Nachahmer sein wollten.

Im Mittelpunkt des Lebens von Adolph Kolping standen nicht die Politik, nicht die Pädagogik, nicht die Kultur, sondern die Kirche und ihr göttlicher Auftrag, allen Menschen das Heil zu verkünden. Diesen Verkündigungsauftrag vollzog die Kirche immer in und mit ihrer Seelsorgsarbeit. Die Seelsorge in den überlieferten Formen der Pfarrei (Sakramentenspendung, Predigt und Katechese) allein erschien Kolping wegen der gewandelten Zeitverhältnisse nicht mehr ausreichend. Er übernahm bzw. entwickelte neue Formen der pastoralen Arbeit, ging dabei auf die veränderten Lebensbedingungen der Menschen ein (Arbeitswelt, Bildungsstand, Wanderungsbewegungen) und nutzte neu entstehende gesellschaftliche Strukturen (Interessengemeinschaften, Vereine, Selbsthilfebewegungen) und die Errungenschaften der Technik (Pressewesen, Eisenbahn). Das Denken, Fühlen und Arbeiten mit der Kirche und für die Kirche – auch wenn er zeitweise unter ihr sehr gelitten hat – ist das Ausschlaggebende im Leben Adolph Kolpings gewesen.

Sein Programm und sein Handeln gipfelte nicht in Sozialismusideen oder Emanzipationstheorien, sie hatten ihre Grundlage vielmehr in den Forderungen der Bergpredigt. Dabei kannte Kolping die ihm vorgegebenen und auch die persönlichen und besonders die politischen Grenzen, die Inhalte der Bergpredigt zu Maximen eigenen politischen Handelns zu machen.

Kolping hatte sich als Schuster und ganz deutlich als Gymnasiast – freilich schon im reiferen Alter – für eine ungeteilte Hingabe am Priestertum der römisch-katholischen Kirche entschieden. Diese Berufung hat er nie in Zweifel gezogen, nachdem er sie nach schweren inneren Kämpfen und unter widrigen äußeren Umständen realisiert hatte.

Bei der Aufnahme seiner Kölner Tätigkeit als Domvikar war er gerade neununddreißig Jahre alt, hatte vier nicht eben leichte Kaplansjahre in Elberfeld hinter sich und acht Jahre Berufserfahrung als Schuhmacher. Dazwischen lagen die zwar geruhsamen, aber doch zeitweise entbehrungsreichen fast acht Jahre Schul-, Universitäts- und Seminarzeit.

Erst die Begegnung mit dem von Johann Gregor Breuer gegründeten Elberfelder Gesellenverein und der folgende Aufbau der katholischen Gesellenvereine haben Kolping zu dem Menschen und Priester reifen lassen, als der er in der Geschichte seinen Platz gefunden hat, nämlich eine beispielhafte herausragende Priesterpersönlichkeit der Weltkirche.

Kolping war kein Theoretiker – das wurde schon gesagt – aber er war ein Mann, der über praktische Intelligenz und zweifellos über Führungsqualitäten verfügte. Bei der Wahl seiner Mitarbeiter bewies er in den meisten Fällen eine glückliche Hand, wobei der Wiener Präses Gruscha wohl die verbandspolitisch glücklichste Entscheidung war. Weil Kolping hören und zuhören konnte und ein Empfinden auch für unausgesprochene Wünsche und Anliegen hatte, konnte er seine Mitarbeiter im großen und ganzen nach seinem Motto „Viel Befehlen schwächt die Autorität und macht das Gehorchen schwer", frei schalten und walten lassen. Wesentliche Entscheidungen traf er nach gründlichen Beratungen mit Mitarbeitern und Freunden selbst und setzte sie zielstrebig durch, um jeder Orientierungslosigkeit schon in den Anfängen zu begegnen.

Ob er mit dem höheren Klerus, gestandenen Politikern, Wissenschaftlern und Künstlern oder mit Meistern und Gesellen umging, Kolping blieb sich selber treu. Daß er mit den Inhalten, die er vertrat, und mit den Methoden und Umgangsformen, die er anwandte, nicht nur Zustimmung und Freunde fand, versteht sich dabei von selbst.

Ernsthaftes und selbstkritisches Fragen und Infragestellen war für ihn tägliche Selbstverständlichkeit, nicht nur in der Begegnung mit Gott, in Gebet und Buße, sondern im Umgang mit Menschen aller Schichten und in der Lösung von Problemen grundsätzlicher wie alltäglicher Art. Dabei wandte er Maßstäbe an, die ihm der Glaube aufzeigte. Modischen Antworten stand er skeptisch gegenüber. Gelegentlich altmodisch erscheinende Ansichten sind auch Zeichen seiner Zeit und Erscheinungsformen seiner wertkonservativen Einstellung, auf der er zeitlebens bestand.

Man wird also nicht sagen können, Kolping habe zentrale Aufgaben und Probleme der Kirche nicht gesehen, erkannt und Abhilfe zu schaffen versucht. Man wird aber auch sagen müssen, daß er etwa bei der Beurteilung der „römischen Frage" für einen sozial-engagierten Priester Bewertungen vornahm, die kurzsichtig und – im Vergleich zu seinen Stellungnahmen bei anderen innerkirchlichen Problemen seiner Zeit – unangemessen einseitig waren.

In entscheidenden Fragen des Gesellenvereins (Ausbreitung, Hospize, Mitbestimmung der Gesellen) wußte Kolping sich geschickt durchzusetzen, ohne sich auf Satzungen oder Sonderrechte als Gründer zu berufen. Freilich mag dabei auch eine Rolle gespielt haben, daß Mitbrüder, Mitarbeiter wie Hausangestellte täglich miterlebten, daß er trotz überdurchschnittlicher finanzieller Einkünfte ein bescheidenes Leben führte und die erwirtschafteten Überschüsse in die Arbeit des Gesellenvereins investierte.

Als Kolping 1865 starb, hatte er fast zwanzig Jahre seines Priesterlebens dem Aufbau und der Verbreitung der Gesellenvereine gewidmet. Das war aber – wie schon gesagt – nicht sein einziges Arbeitsfeld. Vergegenwärtigen wir uns doch einmal seine Tätigkeiten: Schreiben und Redigieren von Kalendern und Volksblättern, anfangs Reisen mit dem Weihbischof durch die Diözese, später allein für den Gesellenverein durch halb Europa, tägliche Eucharistiefeier und Breviergebet waren eine Selbstverständlichkeit. Dazu kam das wöchentliche Beichthören und wenigstens die sonntägliche Predigt sowie der Vortrag im Gesellenverein. An den Sitzungen des Vorstandes des Kölner Gesellenvereins nahm er persönlich teil. Dazu kamen Repräsentationspflichten, kaum im staatlichen, mehr im kirchlichen, vor allem aber im Verbandsbereich. Dabei konnte er sich auf tüchtige Mitarbeiter im Außendienst wie Gruscha, Mayr, Müller, Nicht, Höll und Schäffer sowie andere verlassen. Im lokalen Kölner Bereich hatte er ebenfalls ausgezeichnete Mitarbeiter und Freunde gewonnen: die Priester Heuser, Vosen und der von Wollersheim vermittelte Flücken, den Politiker August Reichensperger sowie den Kaufmann Michels und die Brüder Baudri.

Seinem Haushalt gaben eine heimische Atmosphäre zunächst seine Nichte Katharina Kolping, dann Therese Kemper sowie die Hospizdiener Sandkuhl und Kill. Diese zuverlässigen und einsatzfreudigen Mitarbeiter machten es möglich, daß er in den Jahren 1851 bis 1863 einige mehrwöchige Reisen für den Gesellenverein unternehmen konnte. Dagegen nahmen sich die Kur- und Erholungsaufenthalte in Ostende noch ziemlich bescheiden aus.

Seit 1858 (Generalversammlung in Köln) war Kolping als 45jähriger formell Generalpräses, also Inhaber eines Amtes, dessen Aufgaben er schon vier Jahre lang mit Erfolg ausgeführt hatte. Mit diesem Jahre hörte auch die bis dahin fast idyllisch zu nennende Verbandsführung auf. Größte innerverbandliche Erfolge waren die Generalversammlungen 1858 in Köln und 1864 in Würzburg. Sie gaben dem Gesellenverein innerkirchlich eine gewisse Eigenständigkeit und außerkirchlich die Anerkennung eines kirchlich-sanktionierten berufsständischen Verbandes. Kolping nutzte öffentliche Ereignisse wie 1858 den Katholikentag in Köln, 1860 das Kölner Provinzialkonzil und 1864 den Katholikentag in Würzburg geschickt für die Darstellung seiner Gründung und des Gesamtverbandes mit zahlreichen auch nichtpreußischen Gästen. Die größten persönlichen Befriedigungen brachten ihm die Rom-Reise mit dem Papstbesuch im Jahre 1862 und die Einweihung des eigenen Gesellenhospizes in Köln 1865.

Die größten persönlichen Enttäuschungen und Demütigungen waren im Jahre 1855 die Auseinandersetzungen mit der preußischen Regierung um die Korporationsrechte für das Kölner Gesellenhospizium und im Jahre 1862 die kleinliche Behandlung durch den Erzbischof und das Kölner Domkapitel bezüglich der Stiftung eines Rektorates für die Minoritenkirche.

Trauer und Schmerz blieben Kolping besonders im Familien- und Freundeskreis nicht erspart: Noch während seiner Berufstätigkeit starb 1833 seine Mutter, den Vater verlor er in der Nacht vor seiner Priesterweihe 1845. Eine große Stütze mußte er mit dem Tod seiner Schwester in Elberfeld im Jahre 1847 entbehren. Der Tod zweier Menschen, die ihm besonders nahegestanden haben, nämlich Antonie Mittweg im Jahre 1864 und Johann Theodor Wollersheim im Jahre 1865, haben ihn dann auch bewogen, sich auf das eigene Sterben bereits intensiver vorzubereiten.

Kolping war, trotz aller aufrichtigen Volksverbundenheit, von diplomatischer Zurückhaltung gegenüber dem preußischen Staat, loyaler Haltung und unaufdringlicher Verbindlichkeit zu seinem Erzbischof und von unbeugsamer Härte in Prinzipienfragen.

Die Frage nach dem Willen Gottes in seinem Leben, die Liebe zur Kirche und die Leidenschaft für die Menschen waren Schwerpunkte seines außergewöhnlichen Lebens. Die Freude an der Begegnung mit Menschen ist für Kolping zunächst prägendes, dann tragendes Erleben geworden. Geselligkeit im Elternhaus, in der Schul- und Studentenzeit und auch während seiner Tätigkeit als Kaplan und Präses hatte einen hohen Stellenwert. Bei allen Begegnungen und Reisen war er immer auch Lernender, der es schwer hatte und dem es bei weitem nicht immer gelang, vorhandene Vorurteile abzubauen. Er imponierte durch Zielstrebigkeit und Zügigkeit. Dabei war er gewandt und sicher, bei weitem nicht immer taktvoll im Auftreten. Er konnte heiter und fröhlich sein, das rechte Wort am rechten Platz sagen und Menschen in Trauer, Schmerz, Leid, Not, Armut, Freude, Glück, Liebe, Frohsinn, Wohlstand begleiten und im wahrsten Sinne des Wortes begeistern. Worin bestand nun Kolpings eigentliche Größe? In der Konzentration auf das (von ihm dafür gehaltene) Wesentliche – nämlich Berufs- und Glaubensbildung und praktische Lebenshilfe als Hilfe zur Selbsthilfe sowie in absoluter Glaubwürdigkeit bei Vorgesetzten, Mitarbeitern, Freunden, Feinden – gemäß dem Motto, das er seiner Erstschrift vorausschickte: „Tätige Liebe heilt alle Wunden – bloße Worte nehmen nur den Schmerz.“ Kolping bestach durch einfache, verständliche Sprache in Wort und Schrift.

Seine Leitlinien und Forderungen in Volksbildungsarbeit und Gesellenverein waren: Anerkennung und Durchsetzung der von Gott gegebenen Menschenrechte, Vorbild des Naturrechtes für die Gesetzgebung, Erziehung aus dem Glauben in Familie und Schule, Vorbereitung auf Ehe und Familie und Umgestaltung der Gesellschafts- und Wirtschaftsordnung nach christlich-sozialen Wertvorstellungen. Diese Anliegen wollte er durch Bildungsarbeit vermitteln und durch Selbsthilfe im Gesellenverein durchsetzen. Eine Absicherung dieser ethischen bzw. moralischen Forderungen durch staatliche Gesetzgebung erschien ihm nicht möglich.

Adolph Kolping hat seine selbstgesteckten Ziele voll erreicht und dabei das Lebenskunststück vollbringen können, bedeutend zu werden und natürlich zu bleiben. Anders formuliert: Braver tüchtiger Schuster, beflissener Student, trotziger Kaplan, glaubwürdiger Priester, umtriebiger Gesellenvater, engagierter Pädagoge, lebensfroher Rheinländer, erfolgreicher Publizist – alle diese Rollen hat Kolping zu verschiedenen Zeiten seines Lebens mit wechselnder Priorität übernommen – Mensch war er immer.

Anhang I
Biogramm Kolpings

1.

1806 8. 9. Heirat der Eltern Kolpings in Kerpen:
Peter Kolping, Schäfer, und Anna Maria Zurheiden,
Eltern der Brautleute:
Adolph Kolping, Schäfer, und Maria Sybilla Schmitz †.
Peter Zurheiden, Schneider, und Anna Maria Eller †.
Zeugen: Johann Brand, Steuereinnehmer,
Wilhelm Zurheiden, Schneider,
Johann Meuser, Müller,
Arnold Kolping, Tagelöhner,
Johann Scheben, Bürgermeister.
Q.: Heiratsurkunde Nr. 13/1806, Standesamt Kerpen, PSA.

2.

1806 8. 10. Trauung der Eltern Kolpings in der Pfarrkirche St. Martinus in Kerpen:
Peter Kolping und Maria Zurheiden,
Eltern der Brautleute:
Adolph Kolping und Maria Sybilla Schmitz,
Peter Zurheiden und Anna Maria Ellers,
Trauzeugen: Johann Meuser und Wilhelm Zurheiden,
Traupriester: Johann Franz Heyd.
Q.: AEK, Kirchenbuch Kerpen 2, S. 16.

3.

1813 12. 8. Geburt Adolph Kolpings in Kerpen:
angemeldet in Kerpen am 9. 12. 1813,
Zeugen: Wilhelm Zurheiden und Michael Birrenkott,
Bürgermeister: Hubert Joseph Herresdorff.
Q.: Geburtsurkunde Nr. 74/1813, Standesamt Kerpen, PSA.
Druck: KS Bd. 1, S. 1 u. 305.

4.

1813 12. 9. Taufe Adolph Kolpings in der Pfarrkirche St. Martinus in Kerpen:
Paten: Adolph Kolping und Dorothea Axer,
Taufpriester: Johann Franz Heyd.
Q.: AEK, Kirchenbuch Kerpen 5, S. 271.

5.

ca. 1820	Besuch der Volksschule Kerpen:
	Lehrer: Jakob Wilhelm Statz.
1826	Q.: Curriculum Vitae, KS Bd. 1, S. 9f.

6.

1826–1829	Lehre als Schuhmacher in Kerpen: Lehrherr: Peter Joseph Meuser. Q.: Curriculum Vitae, KS Bd. 1, S. 10.

7.

1829–1836	Berufstätigkeit als Schuhmacher in verschiedenen Werkstätten des Rheinlandes: (Lechenich, Düren, Köln), Arbeitgeber: Johann Michael Schwister, Lechenich; Heinrich Beck, Köln, Glockengasse; Mathias Bürger, Köln, St.-Apern-Str. 39. Q.: Curriculum Vitae, KS Bd. 1, S. 10–12. – Arbeitszeugnis vom 26. 3. 1832, KS Bd. 1, S. 2. – Pfr. St. in H., Eine Mitteilung über Kolping, in: RV 27 (1880) S. 449–453. – Winkler, Volksmann. – Adreßbücher Köln.

8.

1836 9. 4.	Losungs-Schein für Kolping: Durch Los wird Kolping nach der Musterung im Jahre 1833 vom Militärdienst freigestellt. Q.: KS Bd. 1, S. 2f.

9.

1837–1841	Besuch des Marzellengymnasiums in Köln: Lehrer: Eugen Jakob Maria Birnbaum, Karl Josef Grysar, Johann Peter Balthasar Kreuser, Johann Franz Ley, Konrad Martin, Nikolaus Saal. Q.: Tagebuch Kolpings, in: KS Bd. 1, S. 58–78. – Zeugnisse des Marzellengymnasiums, in: KS Bd. 1, S. 3–8. – Curriculum Vitae, in: KS Bd. 1, S. 9–16. – Briefe Kolpings an Karl Statz, in: KS Bd. 2, S. 1–32.

10.

1837 11. 2.–	Tagebuch Kolpings, Köln.
1839 6. 1.	Q.: KS Bd. 1, S. 58–78. – KS Bd. 1, S. 305.

11.

1841 2. 25. Curriculum Vitae.
Q.: KS Bd. 1, S. 9–16.

12.

1841 4. 3. Abitur am Marzellengymnasium in Köln.
Q.: KS Bd. 1, S. 16f.

13.

1841 5. 3.– Studium an der Universität München:
1842 7. 28. Professoren: Ignaz von Döllinger, Joseph von Görres, Daniel von Haneberg, Johann Baptist Herb, Franz Xaver Reithmayer, Max von Stadlbaur.
Freunde und Förderer: Guido Görres, Carl Ernst Jarcke, George Phillips, Friedrich Heinrich Hugo Windischmann.
Wohnung: Veterinärstr. 2, 2 Stiegen hoch.
Q.: KS Bd. 1, S. 18–20, S. 107–109. – KS Bd. 2, S. 33–67.

14.

1841 5. 3.– Tagebuch Kolpings, München:
1842 4. 4. Studienfreunde: Heinrich Franz Brenner, August Buschhausen, Wilhelm Feldhaus, Kaspar Peter Frings, Joseph Gussone, Anton Heuser, Wilhelm Baron von Ketteler, Franz Lorinser, Anton Nesgen, Friedrich Nottebaum, Paul Joseph Peiffer, Johann Mathias Röder, Franz Joseph Schüller, Franz Schweden, Karl Stadlmair, Joseph Stütz.
Q.: KS Bd. 1, S. 78–103. – KS Bd. 2, S. 33–66.

15.

1841 8. 26.– Tirol- und Italienreise
1841 10. 8. Q.: KS Bd. 1, S. 110–207.

16.

1842 11. 3.– Studium an der Universität Bonn:
1844 3. 20. Professoren: Johann Heinrich Achterfeld, Joseph von Aschbach, Friedrich August von Calker, Jakob Clemens, Franz Xaver Dieringer, Friedrich Christian Diez, Joseph Heinrich Friedlieb, Bernhard Joseph Hilgers, Johann Martin Augustin Scholz, Ferdinand Walter.
Wohnung: Sternenstraße Nr. 284, später Nr. 144.
Q.: KS Bd. 1, S. 21–23, 103, 308–315. – KS Bd. 2, S. 67–98.

17.

1844	**3. 26.–**	Studium am Priesterseminar Köln:
1845	**4. 13.**	Regens: Johann Lambert Severin Weitz, Professoren: Andreas Gau, Johann Wilhelm Meckel, Johann Engelbert Reber, Albert Gereon Stein.
1844	**9. 13.**	Tonsur, Minores und Subdiakonatsweihe.
1844	**9. 15.**	Diakonatsweihe. Q.: KS Bd. 1, S. 306f. – AEK, Gen. 25.3,2. – EBA Wroclaw, Nachlaß Lorinser.

18.

1845	**4. 13.**	Priesterweihe in der Minoritenkirche, Köln: Weihender Bischof: Anton Gottfried Claessen.
1845	**4. 15.**	Primiz Kerpen.
1845	**4. 16.**	Begräbnis des in der Nacht zum 13. 4. 1845 verstorbenen Vaters. Q.: KS Bd. 1, S. 24f. u. 318f. – AEK, Kirchenbuch Kerpen 4, S. 215.

19.

1845	**Ostern**	2. Kaplan an St. Laurentius in Wuppertal-Elberfeld: Pfarrer: Hubert Friedrich Friderici, Mitkapläne: Lambert Franz Joseph Engels, Johann Josef Xaver Steenartz, Hermann Joseph Herkenrath.
1845	**6. 28.**	Gleichzeitig Religionslehrer am Gymnasium in Elberfeld Q.: KS Bd. 1, S. 25. – KS Bd. 2, S. 98–120.

20.

1846	**11. 8.**	Gründung des Gesellenvereins Elberfeld: Präses: Johann Josef Xaver Steenartz Q.: KS Bd. 1, S. 26–34 u. 35–37. – Breuer, Denkschrift, in: KS Bd. 3, S. 1–8.

21.

1847	**5.**	Wahl zum 2. Präses des Gesellenvereins Elberfeld. Q.: Breuer, Autobiographie, S. 300. – Vitus, Anfänge, S. 64.

22.

1847	**7. 7. –11.**	Erstes öffentliches Auftreten des Gesellenvereins Elberfeld: Kirchweihe und Firmung. Q.: KS Bd. 3, S. 19. – RK 4 (1847) Sp. 301–307.

23.

1847 8. 27. Predigt über den Katholischen Jünglingsverein.
Q.: KS Bd. 3, S. 12–19.

24.

1848 1. Aufsatz: Ein Wort über Volksvereine und „der katholische Jünglingsverein zu Elberfeld", in: KS Bd. 3, S. 19–31.

25.

1848 Broschüre: Der Gesellenverein. Zur Beherzigung für alle, die es mit dem Wahren Volkswohl gut meinen, Von Adolph Kolping, Kaplan und Religionslehrer in Elberfeld.
Zum Besten der Vereine.
Motto: Tätige Liebe heilt alle Wunden, bloße Worte mehren nur den Schmerz.
Köln und Neuß 1849.
Original ist sehr selten. Meist werden fehlerhafte Nachdrucke zitiert.
Q.: KS Bd. 3, S. 44–68; Bd. 2, S. 115.

26.

1849 Redakteur und Mitherausgeber
Katholischer Volkskalender,
L. Schwann, Köln und Neuß.
Kolping schrieb bzw. redigierte die Jahrgänge 1850 bis 1853.

27.

1849 3. Abschiedsrede von Julius Martin in Elberfeld.
Q.: Christlicher Stadt- und Landbote Nr. 10 vom 18. 4. 1849.

28.

1849 3. 15. Ernennung zum Domvikar in Köln.
1849 4. 2. Abreise von Elberfeld.
1849 4. 6. Wohnung in Köln: Breitestraße – Burgmauer.
Q.: KS Bd. 1, S. 38 u. 319.

29.

1849 5. 6. Gründung des Kölner Gesellenvereins.
Q.: Statuten, in: KS Bd. 3, S. 82–96. – Protokollbuch des Kölner Gesellenvereins. – Personalhauptbuch

30.

1849 8. 20. – Choleraepidemie:
1849 10. 9. Seelsorger am Bürgerhospital in Köln.
Q.: HAStK, Akte Armenverwaltung 424,87. – AEK, GVA Köln, überhaupt 149b – Chronik Cellitinnen, Severinstr.

31.

1850 10. 20. Erste Generalversammlung der Vorstände des Gesellenbundes in Düsseldorf:
Sechs bestehende Vereine:
Elberfeld, Köln, Düsseldorf, (Bonn, Hildesheim, Breslau).
Q.: VO 1850 Nr. 1 vom 27. 10., S. 1–4. – Nachdruck: KS Bd. 3, S. 96–101.

32.

1850 10. 27. Schriftleiter:
Rheinisches Kirchenblatt, Köln und Neuß.
Beilage: Vereins-Organ (27. 10.–12. 1850).
Feierstunde (1. 1851–3. 1854).

33.

1850 12. 30. Ernennung zum Apostolischen Notar.
Q.: KS Bd. 1, S. 41 u. 320.

34.

1851 Ende 7. – 1. Kur in Ostende.
1851 Mitte 8. Q.: Brief an Michels vom 29. 7. 1851, in: KS Bd. 2, S. 124f.
Siehe dazu: Kolping, Der alte Capitan, in: RV 1 (1854), S. 161–167 u. 177–181.

35.

1851 8. 4. Liederbuch, zunächst für den Rheinischen Gesellenbund, Herausgegeben zum Vorteil des Elberfelder Jünglingsvereines von J.G. Breuer, Lehrer in Elberfeld, Elberfeld 1851. Gedruckt bei Sam. Lucas.
Motto: Gesang verschönt das Leben, Gesang erfreut das Herz.
Siehe dazu: KS Bd. 3, S. 208–213.

36.

1851 10. 7. – Teilnahme am Katholikentag in Mainz
1851 10. 10. Q.: Verhandlungen Mainz 1851, S. 23–26, 103–107 u. 131–137.
Nachdruck: KS Bd. 3, S. 256–269.

37.

1851 11. 9. Zweite Generalversammlung des Rheinischen Gesellenbundes in Köln.
14 bestehende Vereine,
2 Fehlgründungen (Kostenblut u. Sereth).
Q.: FS 1 (1851) Nr. 46 vom 16. 11., S. 190–192; Nr. 47 vom 23. 11., S. 193–196. – Nachdruck: KS Bd. 1, S. 42f. (Manuskriptvorlage) u. KS Bd. 3, S. 270–278. (Druckvorlage).

38.

1852 Herausgeber:
Katholischer Volkskalender, L. Schwann, Köln und Neuß. 1852ff.

39.

1852 Ende 4.– Reise nach Bayern, Österreich, Böhmen und Berlin:
1852 7. 17. Stationen: 26. 4.–1. 5. München (Gründerpräses Georg Mayr) – 2. 5. Augsburg – Innsbruck – Salzburg – Linz – Steyer – Mai–20. 6. Wien (Gründerpräses Anton Joseph Gruscha) – Prag – Breslau – 11. 7. Berlin, (Gründerpräses Eduard Müller).
Q.: KS Bd. 2, S. 126–129. – KS Bd. 3, S. 311–320 u. 321–323. – FS 2 (1852) S. 85–87, 94–96, 105–107, 110–112, 133f. – DZA, Merseburg Rep. 77, Tit. 662, Nr. 20, Bd. 1, Bl. 25.

40.

1852 8. 5. Broschüre: Für ein Gesellenhospitium, Köln 1852.
Protokollbuch GV Köln 9. 8. 1852
Kauf des Lenderschen Hauses, Breitestr., 14200 Thlr.
Q.: KS Bd. 4, S. 1–13.

41.

1852 9. 21.– Teilnahme am Katholikentag in Münster
1852 9. 23. Q.: Verhandlungen Münster 1852, S. 112–115, 126–132 u. 227–234. Nachdruck: KS Bd. 4, S. 38–51.

42.

1852 ?. 11. Reise nach Paris.
Q.: FS 2 (1852), S. 205–207, 213–215. – Zweite Fortsetzung war nicht zu ermitteln.

43.

1852 Ende Reise nach Berlin und Wien:
Stationen: Berlin – Dresden – Prag –26. 12. Wien.
Q.: KS Bd. 2, S. 130f. – FS 3 (1853), S. 9–11.

44.

1853 Herausgeber:
Bergamo, Gaetano Petrus Maria da,
Demuth des Herzens, Soest und Olpe 1853.
Hrsg. zum Besten des kathol(ischen) Gesellen-Hospitiums in Köln.
Übersetzer ein katholischer Geistlicher. (Kpl. H. Lohmann).
Siehe dazu: FS 3 (1853), S. 188 u. Pfülf, Geissel, S. 50–54.

45.

1853 Herausgeber:
Kalender für das katholische Volk,
M. Du Mont-Schauberg, Köln 1854–1866.

46.

1853 4. 3.– Reise nach Paris.
1853 5. 7. Réunion de Œuvres de la charité catholique
Q.: Duroselle, catholicisme, S. 607.

47.

1853 9. 20. Teilnahme am Katholikentag in Wien.
Q.: KS Bd. 2, S. 142. – Verhandlungen Wien 1853, S. 90–97. –
Nachdruck: KS Bd. 4, S. 75–80.

48.

1853 10. 9. Generalversammlung der Rheinisch-Westfälischen Gesellenvereine in Köln:
Themenschwerpunkte: Beratung des Generalstatutes – Einführung des Wanderbuches – Eröffnung des Kölner Gesellenhospizes – 81 bestehende Vereine – 23 hatten keinen Bestand
Q.: FS 3 (1853)Nr. 42 vom 16. 10., S. 168 u. Nr. 43 vom 23. 10., S. 169–172. – Nachdruck: KS Bd. 4, S. 81–87.

49.

1854 3. 19. Gründung des ersten Gesellenvereins in der Schweiz:
Rorschach.
Q.: FS 4 (1854) S. 44.

50.

1854 4. 1. Verleger, Herausgeber und Redakteur:
Rheinische Volksblätter für Haus, Familie und Handwerk, Köln 1854–1865.

51.

1854 10. 8. Zweite Generalversammlung des Katholischen Gesellenvereins in Köln:
112 bestehende Vereine – 31 gingen ein.
Q.: RV 1 (1854). S. 459–463. – Nachdruck: KS Bd. 4, S. 151–156. – Baudri, Tagebuch.

52.

1855 3. Reise nach Berlin.
Q.: KS Bd. 4, S. 198–201.

53.

1855 5.–
1855 6. 2. Reise nach Bayern, Österreich, Südtirol und in die Schweiz:
Stationen: Frankfurt – Aschaffenburg – Würzburg – Bamberg – Nürnberg – 6./7. 5. München – Innsbruck – Bozen – Meran – Landeck – Feldkirch – Bregenz – Rorschach – St. Gallen – Appenzell – Freiburg.
Q.: KS Bd. 2, S. 175f. – KS Bd. 4, S. 202–212. – RV 2 (1855) S. 353–360, 370–377, 385–394. Baudri, Tagebuch.

54.

1856 Wanderbüchlein für das Mitglied des Kath(olischen) Gesellenvereins ...
Druck und Verlag der Nasse'schen Buchhandlung in Soest (1856).
Q.: KS Bd. 4, S. 266–276.

55.

1856 5. 17. Gründung des ersten Gesellenvereins in den USA:
St. Louis.
Präses: Jakob Meller.
Q.: RV 3 (1856) S. 159f., 479f. u. 718f.

56.

1856 Mitte 4.– Reise nach Sachsen, Österreich, Ungarn, Kroatien, Böhmen, Vene-
1856 Ende 5. dig, Bayern:
Stationen: 14. 4. Minden – Hannover – Magdeburg – Leipzig – Dresden – Prag – bis 19. 4. Wien – Graz – Krain – Laibach – 11. 5. Triest – Agram – Marburg – Wien – Budapest – Wien – St. Pölten – Linz – Steyr – Ischl – Salzburg – Altötting – Heidingsfeld – Würzburg.
Q.: KS Bd. 2, S. 203–205. – RV 3 (1856), S. 338–344, 417–424, 433–440, 449–457, 465–472, 481–488, 497–505, 513–521, 534–537, 566–570.

57.

1856 2. 26. Reise nach Berlin:
Audienz bei König Friedrich Wilhelm IV.
Q.: RV 4 (1857), S. 158f. – Protokollbuch GV Köln vom 23. 2. 1852. – Mitteilungen 1876, Heft 4, Sp. 547.

58.

1857 2. 28. Bericht über den Gesellenverein.
Kolping an Papst Pius IX.
Q.: KS Bd. 1, S. 45f. u. 320f.

59.

1857 4. 6. Brief Papst Pius IX. an Kolping.
Q.: KS Bd. 1, S. 46 u. 322f.

60.

1857 8. Kur in Ostende.
Q.: KS Bd. 2, S. 227. – RV 4 (1857), S. 496.

61.

1858 2. 23. Reise nach Breslau und Wien.
1858 3. 6. Q.: KS Bd. 2, S. 237. – KS Bd. 4, S. 337–341. – Baudri, Tagebuch zum 6. 3. 1858.

62.

1858 6. 14. Teilnahme an der Versammlung der Bayerischen Gesellenvereine in München.
Q.: RV 5 (1858), S. 413f. – KS Bd. 4, S. 341–358.

		63.
1858	**8. 7.**	Kur in Ostende.
	– ca.	Q.: KS Bd. 2, S. 240. – Baudri, Tagebuch zum 6. 8. 1858.
1858	**8. 22.**	
		64.
1858	**9. 9.**	Teilnahme am Katholikentag in Köln. Q.: Verhandlungen Köln 1858, S. 222–235. – Nachdruck in: KS Bd. 4, S. 361–372.
		65.
1858	**9. 8./9.**	Besprechung der Präsides der katholischen Gesellenvereine in Köln: Beratungsthemen: Organisation der Diözesanverbände, Landes-(Zentral-)Verbände; Kolping Präsident der Gesellenvereine. Q.: RV 5 (1858), S. 606–608. – Nachdruck: KS Bd. 4, S. 358–360.
		66.
1859	**9. 11. –**	Teilnahme am Katholikentag in Freiburg.
1859	**9. 15.**	Q.: Verhandlungen Freiburg 1859, S. 149–150 u. 205–208. – Nachdruck: KS Bd. 5, S. 78–82. – Siehe dazu: RV 6 (1859), S. 609–616, 625–633, 641–643.
		67.
1860	**5. 2.**	Fest im Gesellenverein Köln. Q.: Baudri, Tagebuch zum 2. 5. RV 7 (1860), S. 294–296.
		68.
1860	**ca.**	Kur in Ostende.
1860	**8. 22. –**	Q.: RV 7 (1860) S. 448 u. 544 – KS Bd. 2, S. 279 f. –
	9. 9.	Baudri, Tagebuch zum 9. 9. – Pastor, Reichensperger, Bd. 1, S. 411. – Siehe dazu auch: Kolping, Aus Belgien, in: RV 7 (1860), S. 577–582, 594–599, 609–615, 625–631, 658–664, 673–679, 689–695, 754–759 u. 785–789. – Ehr. Rhd., Aus dem Seebade, in: RV 27 (1880), S. 453–455.
		69.
1861	**8.**	Kur in Ostende. Wohnung: Rue St. Joseph 33. Q.: RV 8 (1861), S. 496. – KS Bd. 2, S. 349–353.

70.

1861 12. 28. Verzichtleistung auf die Domvikarie.
Q.: KS Bd. 1, S. 50 u. 323. – KS Bd. 2, S. 365.

71.

1861 12. 31. Protokoll für die Stiftung des Rektoramtes an der Minoritenkirche.
Q.: Baudri, Tagebuch zum 31. 12. – Protokollbuch GV Köln zum 4. 12. 1861.

72.

1862 4. 2. Ernennung zum Rektor der Minoritenkirche.
Q.: KS Bd. 1, S. 50 u. 323 f.

73.

1862 4. 22. Ernennung zum Päpstlichen Geheimkämmerer durch Papst Pius IX …
Q.: KS Bd. 1, S. 51 u. 324. – RV 9 (1862), S. 337. – ASV, Segreteria di Stato, Anno 1862, Rubrica 255 ff., 156r – 156v.

74.

1862 5. 15. – Reise nach Rom:
1862 7. 7. Teilnehmer: Weibischof Johann Anton Friedrich Baudri von Köln und Bischof Konrad Martin von Paderborn.
Q.: KS Bd. 2, S. 380 – 382. – KS Bd. 6. – Baudri, Tagebuch zum 15. 5. u. 7. 7.

75.

1862 9. 9./10. Teilnahme am Katholikentag in Aachen.
Q.: Verhandlungen Aachen 1862, S. 192 – 195 u. 200 – 203. – Nachdruck in: KS Bd. 5, S. 221 – 226.

76.

1863 5. Reise nach Württemberg, Bayern, in die Schweiz und nach Baden:
Stationen: Frankfurt – Stuttgart – München – Kempten – Rorschach – St. Gallen – Chur – Maria-Einsiedeln – Rigi – Luzern – Basel – Freiburg – Karlsruhe.
Q.: KS Bd. 2, S. 412. – RV 10 (1863), S. 319. – RV 10 (1863), S. 401 – 407, 417 – 423, 433 – 438, 449 – 455, 465 – 471, 481 – 487, 497 – 503, 513 – 519, 529 – 535 u. 545 – 551.

77.

1863 7. 25. – Kur in Ostende.
1863 8. 5. Q.: Tagebuch 25. 7. – 5. 8. 1863, in: KS Bd. 1, S. 209 f. – KS Bd. 2, S. 418. – RV 10 (1863), S. 479.

78.

1863 10. Gott segne das ehrbare Handwerk!
Mitteilungen für die Vorsteher der Katholischen Gesellenvereine.
Köln 1863 – 1865 (Die ersten vier Hefte von Kolping).

79.

1864 1. 21. Stiftung für das Rektorat der Minoritenkirche.
Q.: KS Bd. 1, S. 52 – 55. – AEK, MK 2205.

80.

1864 7. – Kur in Ostende.
1864 8. Q.: KS Bd. 2, S. 443 – 445. – RV 11 (1864), S. 480.

81.

1864 9. 12./13./14. General-Versammlung der Katholischen Gesellenvereine:
Beratungsthema:
Bestätigung der 1858 verabschiedeten Struktur des Verbandes. Promemoria an den Deutschen Episkopat.
Q.: Mitteilungen Heft 3 (1864), Sp. 65 – 73. – Mitteilungen Heft 4 (1865), Sp. 97 – 105 (Promemoria). – Nachdruck in: KS Bd. 5, S. 328 – 335 u. S. 337 – 343.

82.

1864 9. 13./14. Teilnahme am Katholikentag in Würzburg.
Q.: Verhandlungen Würzburg 1864, S. 209 – 214. – Nachdruck: KS Bd. 5, S. 224 – 226.

83.

1865 7. 12. – Kur in Ostende
1865 8. 4. Q.: KS Bd. 2, S. 475 u. 478. – Baudri, Tagebuch zum 17. 8. RV 12 (1865) S. 432. – Siehe dazu: Kolping, Bilder aus dem Badeleben, in: RV 12 (1865), S. 529 – 533, 545 – 550, 561 – 566, 577 – 582.

84.

1865 7. 19. Testament Adolph Kolpings.
Q.: ADK.

85.

1865	9. 10. –	Teilnahme am Katholikentag in Trier.
1865	9. 14.	Q.: Verhandlungen Trier 1865, Teilnehmerverzeichnis. – KS Bd. 2, S. 479f.

86.

1865	9. 17.	Einweihung des Neuen Gesellenhospizes. Q.: RV 12 (1865), S. 601–607 u. 812f. – Baudri, Tagebuch zum 17. 9. – KS Bd. 2, S. 480.

87.

1865	12. 4.,	Tod Adolph Kolpings in Köln:
	14.15 h	Zeugen: Wilhelm Flücken, Kuratpriester, Franz Müller, Regierungs-Sekretär, Urkundsbeamter: Christian Joseph Merlo. Q.: Sterbeurkunde vom 5. 12. 1865, Standesamt Köln Nr. 3348, PSA. – Baudri, Tagebuch zum 4. 12. – Protokollbuch GV Köln zum 4. 12. 1865. – (Flücken), Erinnerungen an die letzten Lebenstage und das Begräbnis des Gesellenvaters Kolping, in: RV 12 (1865), S. 811–814 u. 821–824.

88.

1865	12. 7.	Requiem für Adolph Kolping: Zelebrant: Dompfarrer Alexander Halm, Trauerrede: Dr. Christian Hermann Vosen. Q.: Baudri, Tagebuch. – Vosen, Trauerrede. – (Flücken), Erinnerungen.

89.

1865	12. 7.	Begräbnis Adolph Kolpings: Trauerzug zum Friedhof Melaten: Minoritenkirche – Dom – Komödienstr. – Berlich – Breitestr. Q.: Baudri, Tagebuch. – ADK, Totenzettel (Text von Vosen). – RV 12 (1865), S. 821f.

90.

1866	4. 30.	Umbettung vom Melatenfriedhof in die Minoritenkirche. Q.: RV 13 (1866), S. 273–275. – AE 2176. – Schäffer, Kolping II, S. 338.

Anhang II
Katholische Gesellenvereine (1846–1865)

Quellen: VO – FS – RV – Mitteilungen – Wanderbüchlein – Bistumsarchive – Ridder, Diözesanverbände – Ridder, Kolping in aller Welt – Festschriften.

Die Quellen machen zu den Gründungsdaten z. T. unterschiedliche Angaben. Für die Festsetzung des Datums können mehrere Ereignisse in Betracht kommen: Initiative zur Gründung, Gründungsversammlung, erste Wahl eines Präses oder die offizielle Aufnahme in den Verband durch Kolping selbst.

Bei den mit * bezeichneten Vereinen handelt es sich entweder um einen nicht gelungenen Gründungsversuch oder um einen nicht lebensfähigen Verein. Es kam aber vor, daß ein solcher Verein später mit Erfolg wiederbegründet wurde und auch Bestand hatte.

Katholische Gesellenvereine

Gründungsjahr	Gründungen	Fehlgründungen	Stand	Mitglieder
1846	1		1	ca. 61
1849	2		3	
1850	3		6	
1851	8	2	12	
1852	22	4	30	2000
1853	47	17	60	10000
1854	32	9	83	12000
1855	27	3	107	
1856	27	1	133	
1857	28	5	156	20000
1858	43	11	188	30000
1859	47	7	228	
1860	43	8	263	60000 (nur Österreich)
1861	40	7	296	
1862	37	4	329	100000 (Aktive u. Inaktive)
1863	38	6	361	
1864	36	5	392	100000
1865	32	4	420	60000 (Aktive)
	513	93		

Grundlage für diese Erhebung boten die Vereinszeitschriften (VO, RK, FS, RV, Mitteilungen), die vom Verfasser ausgewertet wurden. Zusätzlich wurden folgende Vereinsstatistiken und das Wanderbuch berücksichtigt: FS 2 (1852), S. 152; 3 (1853), S. 205f. – RV 1 (1854), S. 55–558; 5 (1858), S. 700 bis 704.

Ort		Diözese	Jahr
1.	Aachen	Köln	1. 5. 1851
2.	Abensberg	Regensburg	1862
3.	Achern*	Freiburg	1859
4.	Adenau	Trier	1864
5.	Agram	Agram	1854
6.	Ahaus	Münster	1860
7.	Ahlen	Münster	1856
8.	Ahrweiler	Trier	1862
9.	Aibling*	München	1853
10.	Aichach	Augsburg	3. 9. 1859
11.	Allenstein	Ermland	1863
12.	Altenfelden	Linz	1858
13.	Altofen	Gran	1858
14.	Altona (Hamburg)	Osnabrück	6. 4. 1862
15.	Amberg	Regensburg	1860
16.	Andernach	Trier	1856
17.	Ansbach	Bamberg	1855
18.	Appenzell*	Chur	12. 3. 1854
19.	Arnsberg	Paderborn	1863
20.	Arnstein	Würzburg	1859
21.	Aschaffenburg	Würzburg	11. 4. 1853
22.	Aub	Würzburg	1. 2. 1860
23.	Aufhausen	Regensburg	1. 1. 1856
24.	Augsburg	Augsburg	26. 4. 1852
25.	Baaden*	Freiburg	1858
26.	Bamberg	Bamberg	1855
27.	Barmen (Wuppertal)	Köln	6. 1. 1854
28.	Basel	Solothurn (Basel)	1859
29.	Bauerwitz	Breslau	28. 11. 1857
30.	Beckum	Münster	1853
31.	Beilgries	Eichstätt	1863
32.	Bendorf	Trier	1. 11. 1862
33.	Bensberg	Köln	1. 6. 1859
34.	Bensheim*	Mainz	1864
35.	Berchtesgaden	München	8. 9. 1861
36.	Berlin	Breslau	2. 8. 1852
37.	Bernkastel	Trier	25. 6. 1856
38.	Beuthen*	Breslau	1853
39.	Biberach	Rottenburg	6. 10. 1861
40.	Bingen	Mainz	1862
41.	Bischofstein	Freiburg	1869
42.	Bischofstein	Ermland	1858

Ort	Diözese	Jahr
43. Bludenz	Brixen	1860
44. Bocholt	Münster	15. 3. 1863
45. Bochum	Paderborn	26. 8. 1852
46. Bogen*	Regensburg	1859
47. Bonn	Köln	10. 3. 1850
48. Boppard	Trier	26. 12. 1863
49. Borbeck (Essen)	Köln	11. 11. 1860
50. Bozen	Brixen	1854
51. Brandenburg	Breslau	1858
52. Braunau	Linz	1863
53. Braunsberg	Ermland	1864
54. Bregenz	Brixen (Trient)	1. 12. 1861
55. Bremen	Osnabrück	1. 10. 1860
56. Breslau	Breslau	18. 10. 1850
57. Brieg	Breslau	30. 10. 1862
58. Brixen	Brixen	1857
59. Bruchsal*	Freiburg	1857
60. Bruck a. d. Leitha	Wien	1865
61. Brückenau	Würzburg	6. 1. 1861
62. Brünn*	Brünn	1853
63. Buchen	Freiburg	1864
64. Budweis	Budweis	1855
65. Bühl	Freiburg	1858
66. Büren	Paderborn	1865
67. Buer (Gelsenkirchen)	Münster	1865
68. Bütow*	Ermland	1861
69. Bukarest*	Bukarest	1858
70. Burgau	Augsburg	8. 9. 1858
71. Burghausen	Passau	1863
72. Burglengenfeld	Regensburg	1858
73. Burgsteinfurt	Münster	1864
74. Canth	Breslau	1861
75. Cham	Regensburg	1856
76. Chemnitz	Meißen	15. 1. 1865
77. Chrudim*	Prag (Königsgrätz)	1865
78. Cilli	Lavant	1858
79. Coesfeld	Münster	1861
80. Colmar*	Straßbourg	1854
81. Cottbus	Breslau	31. 10. 1865
82. Dachau	München	1863
83. Danzig	Kulm	1857

Ort		Diözese	Jahr
84.	Darmstadt	Mainz	12. 8. 1857
85.	Deggendorf	Regensburg	1857
86.	Detmold*	Paderborn	1853
87.	Dettelbach	Würzburg	25. 1. 1857
88.	Dillingen	Augsburg	6. 1. 1858
89.	Dingelstädt*	Paderborn	1857
90.	Dingolfing	Regensburg	1855
91.	Donauwörth*	Augsburg	1853
92.	Dorfen*	München	1853
93.	Dornbirn	Brixen	1860
94.	Dorsten	Münster	1861
95.	Dortmund	Paderborn	17. 10. 1852
96.	Dresden	Meißen	5. 3. 1854
97.	Dülken	Münster	1856
98.	Dülmen	Münster	1860
99.	Düren	Köln	20. 3. 1853
100.	Düsseldorf	Köln	9. 9. 1849
101.	Ebnath*	Regensburg	1860
102.	Ehingen	Rottenburg	1. 10. 1864
103.	Eichstätt	Eichstätt	1860
104.	Eisenstadt	Raab	27. 9. 1863
105.	Elberfeld (Wuppertal)	Köln	30. 8. 1846
106.	Elbing*	Ermland	1858
107.	Ellwangen	Rottenburg	1861
108.	Emmerich	Münster	1862
109.	Engen	Freiburg	1864
110.	Erding	München	1853
111.	Erfurt	Paderborn	5. 5. 1853
112.	Erichstadt	Linz	1860
113.	Erlangen	Bamberg	1864
114.	Erlau*	Erlau	1862
115.	Eschenbach*	Regensburg	1860
116.	Eschweiler	Köln	6. 1. 1854
117.	Essen	Köln	23. 1. 1852
118.	Ettlingen	Freiburg	1858
119.	Eupen	Köln	17. 4. 1859
120.	Euskirchen	Köln	22. 1. 1854
121.	Feldkirch	Brixen	2. 2. 1859
122.	Feldkirchen	Gurk	1865
123.	Forchheim	Bamberg	19. 2. 1865
124.	Frankenstein	Breslau	1859
125.	Frankfurt	Limburg	30. 11. 1862

Ort		Diözese	Jahr
126.	Frankfurt / Oder	Breslau	6. 1. 1860
127.	.Frauenburg	Ermland	1863
128.	Fraustadt	Breslau	20. 1. 1860
129.	Frechen	Köln	6. 1. 1862
130.	Freiburg	Freiburg	1852
131.	Freiburg	Breslau	15. 9. 1862
132.	Freising*	München	1853
133.	Freiwaldau	Olmütz	1855
134.	Freudenberg	Freiburg	1862
135.	Fribourg	Fribourg (Lousanne-Genf)	1862
136.	Friedberg	Würzburg	1861
137.	Friedberg*	Augsburg	1860
138.	Frielingsdorf	Köln	1863
139.	Frohnleiten*	Seckau-Leoben	1852
140.	Fünfkirchen*	Pecs (Fünfkirchen)	1865
141.	Fürstenfeldbruck	München	10. 3. 1861
142.	Fürstenwalde	Breslau	10. 6. 1862
143.	Fürth	Bamberg	1865
144.	Fulda	Fulda	18. 11. 1855
145.	Geisenfeld*	Regensburg	1861
146.	Geldern	Münster	1862
147.	Gelsenkirchen	Paderborn	11. 6. 1859
148.	Gengenbach*	Freiburg	1858
149.	Germersheim	Speyer	1860
150.	Gerolzhofen	Würzburg	25. 1. 1857
151.	Glatz	Breslau	9. 1. 1853
152.	Gleiwitz	Breslau	15. 4. 1854
153.	Glonn	München	1854
154.	Gmunden	Linz	1861
155.	Goch	Münster	28. 12. 1862
156.	Görlitz	Breslau	1863
157.	Grafing	München	16. 1. 1859
158.	Gran*	Gran	1853
159.	Graz	Seckau-Leoben	18. 8. 1854
160.	Griesbach*	Passau	1853
161.	Groß-Glogau	Breslau	9. 1. 1853
162.	Groß-Strelitz	Breslau	1. 6. 1862
163.	Grottkau	Breslau	19. 8. 1863
164.	Guben	Breslau	25. 12. 1864
165.	Günzburg	Augsburg	13. 11. 1859
166.	Haag	München	2. 11. 1863
167.	Habelschwerdt	Breslau	15. 9. 1862

Ort		Diözese	Jahr
168.	Hagen	Paderborn	1859
169.	Halberstadt	Paderborn	1856
170.	Hallein	Salzburg	1858
171.	Halle / Saale	Paderborn	11. 2. 1861
172.	Hamburg	Osnabrück	17. 7. 1858
173.	Hamm	Paderborn	27. 2. 1859
174.	Hammelburg	Würzburg	9. 6. 1859
175.	Hanau	Mainz	1865
176.	Hannover	Hildesheim	8. 10. 1865
177.	Hardenberg-Neviges	Köln	16. 10. 1859
178.	Haßfurt	Würzburg	1857
179.	Heidelberg*	Freiburg	1864
180.	Heidingsfeld	Würzburg	14. 6. 1856
181.	Heilbronn*	Rottenburg	1861
182.	Heiligenstadt	Paderborn	1858
183.	Heilsberg	Ermland	1865
184.	Heitersheim	Freiburg	1861
185.	Helfenberg	Seckau-Leoben	1860
186.	Hemau	Regensburg	1864
187.	Hemer*	Paderborn	29. 7. 1855
188.	Heppenheim*	Mainz	1864
189.	Herzogenburg	St. Pölten	1862
190.	Hilden	Köln (Paderborn)	1859
191.	Hildesheim	Hildesheim	22. 5. 1850
192.	Hiltpoltstein	Eichstätt	1864
193.	Hirschau	Regensburg	1860
194.	Hirschberg	Breslau	3. 3. 1863
195.	Höxter	Paderborn	14. 11. 1853
196.	Holzkirchen	München	1858
197.	Hückeswagen	Köln	1853
198.	Hünfeld	Fulda	1863
199.	Hutthurm	Passau	1864
200.	Iglau	Brünn	1855
201.	Ingolstadt	Eichstätt	1853
202.	Innsbruck	Brixen	1852
203.	Ischl	Linz	1865
204.	Isen*	München	1861
205.	Isny	Rottenburg	4. 12. 1864
206.	Jägerndorf	Breslau (Olmütz)	1863
207.	Jauer	Breslau	1862

Ort		Diözese	Jahr
208.	Kalk (Köln)	Köln	1864
209.	Kalocza*	Kalocza	1865
210.	Kappelrodeck	Freiburg	14. 6. 1860
211.	Karlsruhe	Freiburg	10. 5. 1857
212.	Kattowitz	Breslau	31. 8. 1865
213.	Kaufbeuren	Augsburg	10. 7. 1853
214.	Kehl	Freiburg	1860
215.	Kempen	Münster	1856
216.	Kempten	Augsburg	18. 12. 1859
217.	Kitzingen	Würzburg	22. 11. 1857
218.	Klagenfurt	Gurk	1855
219.	Klausen	Brixen	1855
220.	Kleve	Münster	15. 3. 1863
221.	Koblenz	Trier	26. 11. 1851
222.	Köln	Köln	6. 5. 1849
223.	Königsberg	Ermland	1859
224.	Königshofen	Würzburg	1857
225.	Königshütte	Breslau	8. 12. 1864
226.	Köthen*	Paderborn	1864
227.	Konstanz	Freiburg	1859
228.	Kosel	Breslau	15. 8. 1859
229.	Kostenblut*	Breslau	1851
230.	Kraiburg	München	1853
231.	Krappitz	Breslau	12. 1. 1861
232.	Krefeld	Köln	1852
233.	Kreuznach	Trier	12. 11. 1859
234.	Kronach	Bamberg	25. 11. 1861
235.	Kufstein	Brixen	1856
236.	Lahr*	Freiburg	1857
237.	Laibach	Laibach	1855
238.	Landau	Passau	1861
239.	Landeck	Breslau	9. 3. 1862
240.	Landeshut	Breslau	1861
241.	Landsberg	Augsburg	19. 1. 1857
242.	Landshut	München	1854
243.	Langenberg	Köln	16. 1. 1859
244.	Langenbielau	Breslau	1. 5. 1860
245.	Lauban	Breslau	10. 9. 1865
246.	Laufen	München	1854
247.	Laufen	Seckau-Leoben	1854
248.	Lauingen	Augsburg	22. 3. 1859
249.	Leipzig	Meißen	1861

Ort		Diözese	Jahr
250.	Lemberg	Lemberg	1856
251.	Leoben	Seckau-Leoben	1858
252.	Leobschütz	Breslau (Olmütz)	15. 10. 1857
253.	Leschitz	Breslau	18. 3. 1865
254.	Liegnitz	Breslau	11. 11. 1859
255.	Limburg	Limburg	1858
256.	Lingen	Osnabrück	20. 3. 1862
257.	Linz	Trier	1862
258.	Linz	Linz	1852
259.	Lippstadt	Paderborn	27. 9. 1852
260.	Lörrach	Freiburg	1859
261.	Löwensberg	Breslau	3. 12. 1865
262.	Lohr	Würzburg	1857
263.	London	Westminster	8. 12. 1861
264.	Losenstein	Linz	1854
265.	Loslau	Breslau	13. 7. 1862
266.	Lüttich	Lüttich	1853
267.	Luxembourg	Luxembourg	2. 7. 1864
268.	Luzern	Solothurn (Basel)	1861
269.	Maastricht*	Roermond	1853
270.	Magdeburg	Paderborn	1857
271.	Mailand*	Mailand	1854
272.	Mainburg*	Regensburg	1858
273.	Mainz	Mainz	16. 11. 1851
274.	Mannheim	Freiburg	1856
275.	Marburg	Lavant	1855
276.	Mariazell	Seckau-Leoben	1855
277.	Marktheidenfeld	Würzburg	1857
278.	Marktoberdorf*	Augsburg	13. 8. 1854
279.	Mayen	Trier	8. 7. 1860
280.	Meersburg	Freiburg	1860
281.	Mehlsack*	Ermland	1858
282.	Melle	Osnabrück	1865
283.	Mengen*	Rottenburg	1859
284.	Meppen	Osnabrück	1864
285.	Meran	Brixen (Trient)	1854
286.	Mergentheim	Rottenburg	1857
287.	Mering*	Augsburg	1863
288.	Merzig	Trier	1858
289.	Meschede	Paderborn	1864
290.	Mettmann	Köln	1857
291.	Miesbach	München	1853

Ort		Diözese	Jahr
292.	Milwaukee*	Milwaukee	1859
293.	Mindelheim	Augsburg	2. 2. 1853
294.	Minden	Paderborn	1863
295.	Mönchengladbach	Köln	21. 4. 1853
296.	Monschau	Köln	1. 11. 1858
297.	Montabaur	Limburg	1862
298.	Moosburg*	München	1855
299.	Mühldorf*	München	1853
300.	Mülheim / Ruhr	Köln	1856
301.	München	München	15. 8. 1851
302.	Münster	Münster	15. 1. 1852
303.	Münsterberg*	Breslau	1852
304.	Myslowitz	Breslau	3. 12. 1861
305.	Naumburg a. U.	Breslau	23. 4. 1863
306.	Naumburg / Saale*	Paderborn	1861
307.	Neiße	Breslau	15. 1. 1851
308.	Neuburg	Augsburg	8. 10. 1854
309.	Neuburg*	Passau	1858
310.	Neuhaus	Budweis	1856
311.	Neumarkt	Breslau	18. 3. 1862
312.	Neumarkt a. Rott	Eichstätt	1856
313.	Neuötting	Passau	1861
314.	Neurode	Breslau	30. 10. 1859
315.	Neusalz	Breslau	26. 1. 1858
316.	Neuss	Köln	3. 10. 1858
317.	Neustadt	Breslau	14. 4. 1857
318.	Neustadt / Donau	Regensburg	1859
319.	Neuwied	Trier	8. 4. 1860
320.	Neuzelle	Breslau	20. 11. 1864
321.	Nizza*	Nizza	1863
322.	Nürnberg	Bamberg	1860
323.	Oberkirch	Freiburg	1857
324.	Oberlahnstein	Limburg	1865
325.	Oberstaufen	Augsburg	24. 10. 1861
326.	Oberwesel	Trier	4. 12. 1864
327.	Ober-Glogau	Breslau	2. 2. 1858
328.	Ochsenfurt	Würzburg	1858
329.	Oedenburg	Raab	1860
330.	Oettingen	Augsburg	1862
331.	Offenburg	Freiburg	1856
332.	Olmütz	Olmütz	1851

Ort		Diözese	Jahr
333.	Oppeln	Breslau	2. 2. 1853
334.	Oppenau	Freiburg	1863
335.	Osnabrück	Osnabrück	1859
336.	Paderborn	Paderborn	1854
337.	Passau	Passau	1853
338.	Patschkau	Breslau	14. 2. 1861
339.	Pest (Budapest)	Gran	8. 9. 1856
340.	Pfaffenberg*	Regensburg	1856
341.	Pfaffenhofen	Augsburg	22. 4. 1858
342.	Pfarrkirchen	Passau	1853
343.	Pfeffenhausen*	Regensburg	1859
344.	Pfullendorf	Freiburg	1858
345.	Pillach	Gurk	1865
346.	Plattling	Regensburg	1859
347.	Plauen*	Meißen	1862
348.	Pleß	Breslau	15. 9. 1862
349.	Pleystein	Regensburg	1854
350.	Polkwitz	Breslau	10. 5. 1865
351.	Posen	Posen-Gnesen	1861
352.	Potsdam	Breslau	17. 3. 1863
353.	Prag	Prag	1852
354.	Prausnitz	Breslau	11. 8. 1861
355.	Preiskretscham	Breslau	1863
356.	Preßburg	Gran	1856
357.	Proskau	Breslau	2. 11. 1865
358.	Prüm	Trier	1. 7. 1860
359.	Pyra	St. Pölten	1865
360.	Quincy	Springfield	5. 9. 1858
361.	Raab	Raab	11. 10. 1863
362.	Racine*	Milwaukee	16. 8. 1858
363.	Radkersburg	Seckau-Leoben	1860
364.	Ratibor	Breslau	8. 5. 1855
365.	Ratingen*	Köln	1861
366.	Ravensburg*	Rottenburg	1854
367.	Recklinghausen	Münster	1855
368.	Regen	Passau	1861
369.	Regensburg	Regensburg	1853
370.	Reichenhall	München	9. 10. 1864
371.	Reichertshofen*	Augsburg	1860
372.	Reichertshofen*	Regensburg	1861

Ort	Diözese	Jahr
373. Reinerz	Breslau	27. 1. 1858
374. Renchen	Freiburg	1858
375. Ried	Linz	1855
376. Riedenburg	Regensburg	1860
377. Riedlingen*	Rottenburg	7. 6. 1865
378. Riva*	Trient	1853
379. Rötz*	Regensburg	1862
380. Rom	Rom	17. 7. 1864
381. Rorschach	St. Gallen	19. 3. 1853
382. Rosenheim	München	1855
383. Rottenburg	Rottenburg	23. 1. 1859
384. Rottweil	Rottenburg	1860
385. Rovereto*	Trient	1853
386. Ruhrort (Duisburg)	Münster	1855
387. Rybnik	Breslau	25. 8. 1861
388. Saarburg	Trier	8. 12. 1859
389. Saarlouis*	Trier	1854
390. Säckingen	Freiburg	1859
391. Sagan	Breslau	30. 10. 1864
392. Salzburg	Salzburg	1852
393. Saulgau	Rottenburg	26. 12. 1862
394. Sayn	Trier	8. 12. 1860
395. Schaffhausen*	St. Gallen	1863
396. Scherding	Linz	1858
397. Schluckenau*	Leitmeritz	1852
398. Schömberg	Breslau	1859
399. Schöneberg	Breslau	1856
400. Schongau*	Augsburg	1853
401. Schrobenhausen	Augsburg	8. 9. 1856
402. Schroda*	Posen-Gnesen	1860
403. Schwäbisch-Gemünd	Rottenburg	4. 10. 1857
404. Schwedt*	Breslau	1853
405. Schweidnitz	Breslau	2. 9. 1853
406. Schwelm	Paderborn	1862
407. Schwickershausen*	Limburg	1858
408. Schwiebus	Breslau	1865
409. Sereth*	Sereth	1851
410. Siegburg	Köln	8. 10. 1854
411. Siegen	Paderborn	1863
412. Siegenburg*	Regensburg	1862
413. Siering	Linz	1854
414. Sigmaringen*	Freiburg	1853

Ort		Diözese	Jahr
415.	Simbach*	Passau	1855
416.	Soest	Paderborn	14. 11. 1852
417.	Solothurn	Solothurn	1. 1. 1863
418.	Sommerfeld	Breslau	15. 9. 1864
419.	Speyer	Speyer	17. 6. 1860
420.	Staufen	Freiburg	1859
421.	Steele (Essen)	Köln	8. 12. 1854
422.	Stein a. d. Donau	St. Pölten	1854
423.	Steinbach-Grünburg	Linz	1853
424.	Sternberg	Olmütz	1856
425.	Sterzing	Brixen	1865
426.	Stettin	Breslau	21. 2. 1864
427.	Steyr	Linz	1852
428.	Stockach*	Freiburg	1860
429.	Stolberg	Köln	2. 8. 1863
430.	Straßbourg	Straßbourg	1860
431.	Straubing	Regensburg	1853
432.	Strehlen*	Breslau	1852
433.	Striegau	Breslau	18. 5. 1861
434.	Stühlingen	Freiburg	2. 2. 1859
435.	Stuttgart	Rottenburg	6. 1. 1861
436.	St. Florian	Linz	1861
437.	St. Gallen*	St. Gallen	1854
438.	St. Louis	St. Louis	17. 5. 1856
439.	St. Pölten	St. Pölten	1855
440.	St. Wendel	Trier	1856
441.	Süchteln	Köln	1856
442.	Tarnowitz	Breslau	1. 3. 1860
443.	Tauberbischofsheim	Freiburg	16. 1. 1859
444.	Tegernsee	München	1862
445.	Telgte	Münster	1863
446.	Temesvat*	Temesvar	1859
447.	Thann	Passau	1860
448.	Tiengen	Freiburg	1859
449.	Tirnau*	Tirnowo	1860
450.	Tittmoning	München	8. 1. 1858
451.	Todtnau*	Freiburg	1857
452.	Tölz*	München	1858
453.	Traunstein	München	1853
454.	Trebnitz*	Breslau	1853
455.	Triberg*	Freiburg	1863
456.	Trier	Trier	10. 8. 1853

Ort		Diözese	Jahr
457.	Triest*	Triest	1854
458.	Troppau	Olmütz	1855
459.	Trostberg	München	1865
460.	Trübau	Olmütz	1858
461.	Turin*	Turin	1863
462.	Überlingen	Freiburg	6. 5. 1860
463.	Uerdingen (Krefeld)	Köln	8. 8. 1864
464.	Ujest	Breslau	2. 2. 1862
465.	Ulm	Rottenburg	1852
466.	Unterdürrbach*	Würzburg	1858
467.	Unterkochen*	Rottenburg	1864
468.	Vallendar	Trier	1. 11. 1864
469.	Vechta	Münster	1860
470.	Velbert	Köln	2. 2. 1864
471.	Veszprem*	Veszprem	20. 10. 1863
472.	Viechtach	Regensburg	1860
473.	Viersen	Köln	1855
474.	Villingen*	Freiburg	1860
475.	Vilshofen	Passau	1853
476.	Vöklabruck	Linz	1859
477.	Volkach	Würzburg	1860
478.	Waging	München	1. 9. 1865
479.	Waidhofen a. d. Ybbs	St. Pölten	1865
480.	Waldeburg	Breslau	23. 10. 1864
481.	Waldkirch*	Freiburg	1857
482.	Waldsee	Rottenburg	1863
483.	Waldshut	Freiburg	1859
484.	Walldürn	Freiburg	1863
485.	Wangen	Rottenburg	11. 6. 1865
486.	Wansen	Breslau	20. 10. 1862
487.	Warendorf	Münster	1852
488.	Wartha	Breslau	1864
489.	Wasserburg	München	1853
490.	Weeze*	Münster	1. 12. 1854
491.	Weilheim	Augsburg	29. 6. 1857
492.	Weißenhorn	Augsburg	22. 10. 1854
493.	Weitra	St. Pölten	1858
494.	Wels	Linz	1858
495.	Werden (Essen)	Köln	1856
496.	Werl	Paderborn	1861

Ort		Diözese	Jahr
497.	Wesel	Münster	1859
498.	Wien	Wien	1852
499.	Wiener Neustadt	Wien	1855
500.	Wien-Leopoldstadt	Wien	1856
501.	Wiesentheid	Würzburg	1855
502.	Wipperfürth	Köln	24. 9. 1853
503.	Witten	Paderborn	1. 7. 1863
504.	Wittlich	Trier	19. 3. 1855
505.	Wolfratshausen	München	1853
506.	Wormditt	Ermland	1861
507.	Würzburg	Würzburg	8. 12. 1853
508.	Zähringen	Freiburg	1857
509.	Zellingen	Würzburg	1864
510.	Ziegenhals	Breslau	9. 3. 1862
511.	Zürich	Chur	1863
512.	Zwettl	St. Pölten	1855
513.	Zwiesel	Passau	1864

Anhang III

Zeittafel

Jahr	Weltgeschichte	Leben Kolpings	Geistes- u. Kulturgeschichte
1813	Befreiungskriege gegen Napoleon I. (1769 – 1821) – Völkerschlacht bei Leipzig	* Adolph Kolping in Kerpen	J. W. v. Goethe (1749 – 1832): „Dichtung und Wahrheit“
1814	Wiener Kongreß: Polit. Neuordnung Europas		
1815	Wiederherstellung des Kirchenstaates – * O. v. Bismarck († 1898)		Erste Ausgabe der Werke von F. v. Schiller (1759 – 1805)
1816			* W. v. Siemens († 1892), Ingenieur u. Unternehmer (Elektrotechnik) – Nazarener: W. v. Schadow (1788 – 1862); P. v. Cornelius (1783 – 1867); F. Overbeck (1789 – 1869) in Rom – B. Overberg (1754 – 1826), Schulrat Münster (Lehrerbildung)
1817	Wartburgfest der deutschen Burschenschaften		* Th. Storm († 1888), Dichter.

Jahr	Weltgeschichte	Leben Kolpings	Geistes- u. Kulturgeschichte
1818			* K. Marx († 1883), Sozialist, Begründer d. „Historischen Materialismus“ – * F. W. Raiffeisen († 1888)
1819	S. Bolivar (1783–1830) – Befreiung Südamerikas		E. M. Arndt (1769–1860): „Fragmente über Menschenbildung“
1820			* F. Engels († 1895), Sozialist – A. M. Ampère (1775–1836), Physiker
1821	† Napoleon Bonaparte (* 1769), seit 1815 Frz. Kaiser – Bulle: „De salute animarum“	* J. G. Breuer († 1897), Gründer d. Elberfelder Gesellenvereins	* R. Virchow (1902), Mediziner u. liberaler Politiker
1822	Provinziallandstände in Preußen		† A. Canova (* 1757), ital. Bildhauer – F. Schubert (1797–1828): „Die Unvollendete“
1823			C.H. de Saint-Simon (1760–1825): „Katechismus für Industrielle“ – L. v. Beethoven (1770–1827): „9. Symphonie“ – 1. Rosenmontagszug in Köln

1824	† König Ludwig XVIII. (* 1755) – Karl X. (1757–1836), König in Frankreich		
1825	Erste Gewerkschaften in England – Ludwig I. (1786–1868), König von Bayern		F. Lassalle († 1864), Sozialist – A. Manzoni (1785–1873): „Die Verlobten“ (ital. Roman)
1826		Kolping beginnt Schusterlehre	* W. Liebknecht († 1900), Sozialdemokrat, Gründer der Hüttenwerke, Essen
1827			† J. H. Pestalozzi (* 1746), Pädagoge – G. S. Ohm (1787–1854), Gesetz f. elektr. Ströme
1828			Briefwechsel Goethe – Schiller erschienen
1829	Papst Pius VIII. (1761–1830)	Kolping Geselle in Lechenich, Düren u. Köln	Goethe: „Wilhelm Meisters Wanderjahre“ – J. M. Sailer (1751–1832), Bischof v. Regensburg – F. J. Stahl (1802–1861): „Die Philosophie des Rechts“

Jahr	Weltgeschichte	Leben Kolpings	Geistes- u. Kulturgeschichte
1830	Juli-Revolution in Paris – Louis Philipp (1773–1850), König von Frankreich – * Franz Joseph I. († 1916), Kaiser v. Österreich (1848–1916)		
1831	† K. F. v. Stein (* 1757), preuß. Staatsmann – Papst Gregor XVI. (1765–1846)		† G. W. F. Hegel (* 1770), Philosoph
1832		Kolping Geselle in Köln	† J. W. v. Goethe (* 1749) – A. Diesterweg (1790–1866), Pädagoge, Direktor Berlin.
1833	Preußen gründet deutschen Zollverein – Fabrikgesetze in England	† Anna Maria Kolping (* 1773), Mutter A. Kolpings	J. H. Wichern (1808–1881) gründet Rauhes Haus in Hamburg
1834	Bund der Geächteten in Paris: Aus Deutschland emigrierte Handwerker		L. v. Ranke (1795–1886): „Die römischen Päpste“

1835			Erste deutsche Eisenbahn: Nürnberg – Fürth – † W. v. Humboldt (* 1767), Staatsmann u. Gelehrter – D. F. Strauß (1808 – 1874): „Das Leben Jesu“ (Bibelkritik) V. A. Huber (1800 – 1869): Problematik: Arbeiterwohnungen
1836	„Bund der Gerechten“		Th. Fliedner (1800 – 1864), Gründer der Kaiserswerther Anstalten
1837	„Göttinger Sieben“ – Protest gegen Verfassung im Königreich Hannover – „Kölner Kirchenstreit“ (Mischehenfrage)	Kolping Schüler des Kölner Marzellengymnasiums (1837 – 1841)	F. J. v. Buss (1803 – 1878), Sozialpolit. Forderungen – S. Morse (1791 – 1872), Telegraphie
1838	Verbot der Sklaverei im Britischen Commonwealth	J. G. Breuer, Hilfslehrer Elberfeld	J. v. Görres (1776 – 1848): „Athanasius“ – E. v. Steinle (1810 – 1886): Fresken im Kölner Domchor – W. Weitling (1808 – 1871), rel. Kommunist: „Die Menschheit wie sie ist und wie sie sein sollte.“ – † J. A. Möhler (* 1796), bed. kath. Theologe

Jahr	Weltgeschichte	Leben Kolpings	Geistes- u. Kulturgeschichte
1839	Unabhängigkeit und Neutralität Belgiens		
1840	† Friedrich Wilhelm III. (* 1770) – Friedrich Wilhelm IV. (* 1795), König von Preußen bis 1858		† A. Bebel († 1913), Mitbegründer der Sozialdemokratischen Partei Deutschlands – F. Fröbel (1782–1852), Pädagoge (Kindergarten)
1841		Kolping Student in München (1841–1842) – Italienwanderung	† F. v. Baader (* 1765), Philosoph – J. v. Geissel (1796–1864), Koadjutor Erzbistum Köln – N. F. S. Grundtvig (1783–1872)
1842		Kolping Student in Bonn	Kölner Dombaufest, 1880 Vollendung – † C. Brentano (* 1778), romant. Dichter
1843			V. A. Huber, Prof. Berlin – A. Stifter (1805–1868): „Studien“
1844	Weberaufstand in Schlesien – K. Marx u. F. Engels in Paris.	Kolping im Kölner Priesterseminar	Grundtvig gründet in Dänemark erste Volkshochschule

1845	Katholisch-konservativer Sonderbund in der Schweiz	Kolpings Priesterweihe in der Kölner Minoritenkirche – † Peter Kolping, * 1773, Vater A. Kolpings – Kolping wird Kaplan in Elberfeld	F. Engels: „Die Lage der arbeitenden Klasse in England“ – F. J. Stahl: „Das monarchische Prinzip“
1846	† Papst Gregor XVI. (* 1765) – Papst Pius IX. (1792–1878)	Gründung des Elberfelder Gesellenvereins: Breuer, Thiel, Steenaertz	J. v. Geissel, Erzbischof von Köln
1847	Wirtschaftskrise in Europa – C. Cavour (1810–1861), Zeitschrift: „Il Risorgimento“ – Vereinigter Landtag in Preußen	Kolping wird 2. Präses des Elberfelder Gesellenvereins	Gründung der Elektrofirma Siemens u. Halske – † F. Gärtner (* 1792), Baumeister i. München: Ludwigskirche, Universität
1848	Deutsche Nationalversammlung – Frankfurt Paulskirche – Revolution in Deutschland und Österreich – Pius IX., Flucht nach Gaeta	Kolping: „Der Gesellenverein“	K. Marx: „Kommunistisches Manifest“ – 1. Deutsche Bischofskonferenz – 1. Deutscher Katholikentag – † J. v. Görres – W. E. v. Ketteler (1811–1877): „Predigten“ – J. A. Wichern (1808–1891): „Innere Mission“ – S. Born (1824–1898): „Arbeiterverbrüderung“

Jahr	Weltgeschichte	Leben Kolpings	Geistes- u. Kulturgeschichte
1849	Friedrich Wilhelm IV. lehnt deutsche Kaiserkrone ab – Frankreich stellt gegen G. Garibaldi (1807–1882) päpstl. Herrschaft in Rom wieder her – Verbot der Arbeitervereine in Preußen	Kolping wird Domvikar in Köln, Gründung des Kölner Gesellenvereins	Wichern beruft 1. evangelischen Kirchentag nach Wittenberg ein
1850	Preußen erhält oktroyierte Verfassung: Herren-, Abgeordnetenhaus nach Dreiklassenwahlrecht – Preußen und Österreich ringen um die Vorherrschaft im Erfurter Parlament und im Frankfurter Bundestag	Kolping Mitherausgeber „Katholischer Volkskalender", „Vereinsorgan", „Rheinisches Kirchenblatt"	J.K. Rodbertus (1805–1875), „Soziale Briefe": fordert gesetzl. Lösung der Sozialen Frage – Erste Briefmarken in Preußen
1851	1. Weltausstellung in London – Staatsstreich in Frankreich	Kolping reist zum Mainzer Katholikentag – „Feierstunde"	Preußen verbietet Gründung von Kindergärten – I.M. Singer (1811–1875), Nähmaschinen
1852	Napoleon III. (1808–1873), Kaiser von Frankreich – Im Preuß. Abgeordnetenhaus „Katholische Fraktion"	Kolpings Reise nach Süddeutschland und Österreich – „Für ein Gesellenhospitium"	A. v. Droste-Hülshoff (1797–1848): „Das Geistliche Jahr"

1853	Krimkrieg – Preuß. Gesetz über Gewerbeaufsicht	Kolping eröffnet das Kölner Gesellenhospiz	† H. F. R. Lamenais (* 1782), Theologe u. Schriftsteller – A. Stifter: „Bunte Steine“
1854	Gründung der republikanischen Partei in den Vereinigten Staaten – Dogma von der „Unbefleckten Empfängnis“	Kolping Verleger, Herausgeber „Rheinische Volksblätter“. bis 1865 „Kalender für das kath. Volk“ – 1. Gesellenverein in der Schweiz (Rorschach)	† S. Boisserée (* 1783), Kunstförderer
1855	† Nikolaus I. (* 1796), Zar von Rußland seit 1825 – Alexander II., Zar von Rußland (1818 – 1881), Aufhebung der Leibeigenschaft u. liberales Reformprogramm		J. Burckhardt (1818 – 1897) „Cicerone“ (Kunstführer Italien). – Erste Litfaßsäule in Berlin
1856	Ende des Krimkrieges: Balkan als Spannungsfeld zwischen Rußland und Österreich	Kolpings Reise durch Sachsen, Österreich-Ungarn, Kroatien 1. Gesellenverein in den Vereinigten Staaten (St. Louis)	† J. Meyer (* 1796), „Großes Conversationslexikon“
1857	Erste Weltwirtschaftskrise		Norddeutscher Lloyd, Bremen (Deutsche Auswanderung nach Amerika) – A. Stifter: „Nachsommer“

Jahr	Weltgeschichte	Leben Kolpings	Geistes- u. Kulturgeschichte
1858	Friedrich Wilhelm IV. dankt ab – Wilhelm von Preußen (1797–1888) übernimmt Regentschaft, „Neue Ära“ mit liberalem Ministerium	Kolping wird formell Generalpräses der kath. Gesellenvereine	Marien-Erscheinung der B. Soubirous (1844–1879) in Lourdes – * R. Diesel († 1913), Ingenieur
1859	Italienischer Krieg: Frankreich / Piemont / Österreich – Bau des Suezkanals – Katholisches Zentrum in Preußen – * Wilhelm II. († 1941), deutscher Kaiser (1888–1918)		
1860	Nationale Einigung Italiens: Große Teile des Kirchenstaates von Piemont erobert – A. Lincoln (1809–1865), Präsident der Vereinigten Staaten		† E. M. Arndt (* 1769), Dichter – Gründung christl.-sozialer Arbeitervereine – Schulturnen in Preußen für Jungen

1861	Amerikanischer Bürgerkrieg bis 1865 – † Friedrich Wilhelm IV. – Wilhelm I. König von Preußen – † C. Cavour (* 1810), Minister d. Königreich Sardiniens – Viktor Emanuel II. (1820–1878), König d. vereinten Italien (außer Rom u. Venedig)		R. Virchow (1821–1902) gründet „Deutsche Fortschrittspartei“ – † F. K. v. Savigny (* 1779), Jurist u. Staatsmann
1862	O. v. Bismarck (1815–1898), Preuß. Ministerpräsident. Gegen Mehrheit des preuß. Abgeordnetenhauses Heeresreform – G. Garibaldi versucht vergeblich, Rom von den Franzosen zu befreien	Kolping wird Rektor der Kölner Minoritenkirche und päpstlicher Geheimkämmerer – Romreise	G. Verdi (1813–1901): „Die Macht des Schicksals“ – A. Opel (1837–1895) gründet Nähmaschinenfabrik
1863	England, Frankreich und Spanien setzen Erzherzog Maximilian (1832–1867) von Österreich zum Kaiser von Mexiko ein – F. Lasalle (1825–1864) gründet „Allgemeinen deutschen Arbeiterverein“, „Ehernes Lohngesetz“	Kolpings Reise nach Süddeutschland und in die Schweiz „Mitteilungen für die Vorsteher Kath. Gesellenvereine“	Gründung des „Roten Kreuz“

Jahr	Weltgeschichte	Leben Kolpings	Geistes- u. Kulturgeschichte
1864	Gründung der „Ersten Internationale“ durch K. Marx in London – Krieg: Preußen/Österreich gegen Dänemark um Schleswig-Holstein	Gründung des Gesellenvereins Rom	Päpstl. Enzyklika „Quanta Cura“ mit Syllabus gegen Zeitirrtümer – F. W. Raiffeisen (1818–1888), Gründer ländl. Darlehnskassen – W. E. v. Ketteler: „Die Arbeiterfrage und das Christentum“
1865	Ende des Bürgerkrieges in den Vereinigten Staaten – Abschaffung der Sklaverei	† Kolping in Köln	Gründung der Badischen Anilin- u. Sodafabrik

Anhang IV
Broschüre: Der Gesellen-Verein

1.

Broschüre[1]
Wuppertal-Elberfeld (Oktober 1848)
Der Gesellen-Verein. Zur Beherzigung für Alle, die es mit dem wahren Volkswohl gut meinen.
Motto: Tätige Liebe heilt alle Wunden, bloße Worte mehren nur den Schmerz.
Von Adolph Kolping, Kaplan und Religionslehrer in Elberfeld.
Zum Besten der Vereine. Köln und Neuß, L. Schwann'sche Verlagshandlung 1849.
Nachdruck: Köln 1929. Köln 1952; KS III, S. 44–68 (Alle Nachdrucke gehen von der fehlerhaften Fassung von 1929 aus).

Wenn es gälte, irgendeine Schichte (!) unserer bürgerlichen Gesellschaft in der Absicht zu beleuchten, ihre moralischen Krankheiten und Schäden ans Tageslicht zu ziehen, um beispielsweise unser allseitig empfundenes Elend mit Tatsachen zu belegen, man könnte mit der Wahl gar sehr in Verlegenheit kommen. Noch übeler würde man dran sein, wenn es sich darum handelte, für die aufgedeckten Mängel in der Gegenwart sichere Heilmittel anzugeben, und vielleicht, wüßte man sie auch, würde sich die Hauptschwierigkeit erst zeigen, wenn man die gefundenen anzuwenden gedächte. Sollen die nun einmal vorhandenen Schäden deshalb unbeachtet bleiben, man das Sinnen auf Heilmittel aufgeben und gefundene unangewendet lassen, wenn man mit einigem Grunde glaubt, daß sie wirken können? Und wenn man in allen Schichten der Gesellschaft nicht hülfreich (!) eingreifen kann, soll man es wenigstens nicht mit derjenigen versuchen, der man am nächsten steht, oder die uns am zugänglichsten ist? Eine habe ich mir denn herausgenommen, deren Sache ich mit allen Kräften führen möchte, die mir in meiner Stellung zu Gebote stehen. Wie unscheinbar auch diese Klasse der menschlichen Gesellschaft sein mag, wie wenig man sie bisher beachtet hat, wie unwissend man, möchte ich sagen, an ihrem Guten und Bösen vorübergegangen: mir ist sie wichtig genug vorgekommen, mich mit ihren Leiden und Freuden, nachdem ich sie früher selbst verkostet,[2] aufs Neue zu befassen, in sie einzudringen, ans Tageslicht zu ziehen und zur tätigen Hülfe (!), sie tut not, nicht blos (!) selbst bereit zu sein, sondern auch, im Bewußtsein daß es nicht umsonst geschieht, andere zur Mithülfe (!) aufzufordern. Wenn ich ihre Leiden und Mißstände aus Erfahrung kenne und nun glaube, ein wirksames Mittel zur Heilung angeben zu können, dürfte ich das zurückhalten, besonders noch, wenn es sich herausstellen dürfte, daß diese Klasse wichtiger ist, als sie auf den ersten Blick scheinen möchte? Und welche Menschenklasse liegt mir denn so nahe am Herzen, daß ich ihr eine besondere Aufmerksamkeit zuwenden und tätige Mithülfe (!) für sie bei andern in Anspruch nehmen möchte?

I.

Mein lieber Leser, du bist wohl zuweilen deines Weges gegangen und hast aus den Werkstätten der Handwerker her einen lustigen oder melancholischen, vielleicht noch öfter einen frivolen Gesang gehört, und wenn dich das eine erfreute, hat dir das andere vielleicht doppelt wehe getan. Aber es sind das ja Handwerksburschen, denen man so etwas zugute halten muß. Oder beim Abend gerietst du wie zufällig in die Gegenden der Herbergen, gingst an Wirtshäusern mittlern oder niedern Schlags vorüber, aus denen lärmendes Geschrei dir entgegenscholl; oder du sahest junge Leute aus demselben hervorbrechen, beschmutzt und zerrissen, an Leib und Seele in Unordnung, die den Weg zu andern Häusern oder endlich nach Hause suchten, mit Lärm und Spektakel die Straßen füllend. Das sind wieder die Handwerksburschen, hast du gedacht und es höchstens übel gefunden, daß sie ihre Jugend und ihr Geld, das sauer erworbene, so liederlich durchschlagen und endlich noch andere ehrbare Leute mit ihrem wüsten Jubel belästigen. Auch begegnete dir wohl zuweilen so ein Bursch mit dem Ranzen auf dem Rücken, den Knotenstock in der Hand, staubbedeckt, abgerissen, müd, oder seines Weges in träger Gemächlichkeit schlendernd, der an dich herantrat, demütig um einen Reisepfennig bittend. Du blickst forschend in die blühenden oder noch öfter abgegriffenen, verwetterten Züge, um aus ihnen, wenn möglich, herauszulesen, ob du es mit einem ordentlichen Menschen oder einem Herumläufer zu tun hast, bevor du deinem tätigen Mitleid auch nur den geringsten Raum gestattest. Zumeist bist du abgeneigt, *Dem* die Reise zu fördern. Aber das sind ja wieder die Handwerksburschen, das lose, plagende Völkchen, das nach Vogelart durchs Land flattert und sein Futter sich auf allen, immer aber fremden Äckern sammelt. Der Bursch ist weitergegangen – deine Gedanken sind an andern Gegenständen hängen geblieben. Seltener jedoch gerätst du in die staubbedeckten, meist unreinlichen, übelriechenden Werkstätten, worin der Handwerksbursch die meiste Zeit seines Lebens zubringen muß, unter Genossen, wie sie der Zufall ihm zuführt, Leute aus aller Herren Länder, die selten mehr als das bloße Felleisen hier haben zusammengebracht; hast noch nie mit ihm zu Tische gesessen, und das meist so genau berechnete Mahl geteilt, und schläfst auch gewiß besser und bist auch am Sonntagmorgen ganz anders da, als der Handwerksbursch, der Arbeiter von der Woche her, dessen Treiben am Abende dir so schlecht gefallen will. Und wenn er nun krank ist, was dann? Wer sollte aber da nicht oft krank werden? Beim Meister ist wenig Raum, schlechte Pflege. Geht's an, wird er ins Krankenhaus gebracht und, Gott sei gedankt, wenn *barmherzige Schwesterhände* ihm zuerst das Lager ordentlich herrichten, ihm eine Sorge und Pflege angedeihen lassen, die er, seit er von der Mutter weggewesen, nicht mehr erfahren. Und geht's nicht an, wird er in seiner Einsamkeit und öfteren Verlassenheit Zeit genug finden, sein Herz tief in Gram und Kummer zu tauchen und, besser geworden, die Menschen um nichts lieber gewonnen haben. Dazu kommt noch, daß die meisten Krankheiten in der Regel nicht von seinen Tugenden herkommen, die Vorsätze der Besserung aber einen bessern Boden verlangen, um zu gedeihen, als der Genesene ihn gewöhnlich um sich findet. Doch später davon, noch haben wir es blos (!) mit der

Außenseite zu tun. Wie gesagt, das Vorstehende geschieht, ohne daß du, mein lieber Leser, es weißt, noch so recht hast wissen können; denn wer bekümmert sich sonderlich um den Handwerksgesellen? Wer wendet dem Prozesse seiner einstigen Meisterschaft vom ersten Lehrjahre an, bis er unter die Zahl der Bürger – welch ein ernstes, gewichtiges Wort – aufgenommen wird und die Kraft der Gemeinde stärkt oder niederdrückt, besondere Sorgfalt zu? Mich bedünkt, ein kaum erkennbares Insekt, zwar auch ein Geschöpf Gottes, aber doch ein Insekt, würde vom Ei an, bis es sich in Staub auflöst, oft sorgfältiger beobachtet, seine Art und Natur zu kennen, gehöre, oft mehr in den Kreis sogenannten Wissens, als der Nebenmensch, der zwar ein Handwerksbursch ist, aber einst *Bürger* wird, *Stamm und Vater einer Familie.* Wenn ich mich nun um den jungen Arbeiter, den wandernden Handwerksburschen bekümmere und dich auffordere, auch einmal mit aufmerksamern Augen dich nach ihm umzusehen, wenn ich mir diese Menschenklasse herausgenommen, um ihre Leiden und Freuden nochmal zu prüfen, wenigstens mit redlichem Willen bereit bin, Heilmittel für tiefe, herbe Wunden unter ihnen aufzusuchen und anzugeben, werde ich schon nicht mehr nötig haben, um Verzeihung zu bitten. Aber ich habe nur den kleinsten Teil von dem angegeben, was die Sache so wichtig macht und noch gar nicht gesagt, warum ich mich denn eigentlich gar so gerne mit diesen jungen Leuten beschäftige. Wo könnte ich aber auch von all den Leiden reden, die der Lehrling bereits verkostet? Sie stehen zwar nicht im Lehrbrief, gehen aber so regelrecht mit in den Kauf, daß man es nicht für nötig hält, darüber auch nur ein Wort zu verlieren. Wo könnte ich alle die großen und kleinen Quälereien beschreiben, die der entlassene Lehrling, endlich Geselle geworden, noch auszustehen hat, bis er es so weit gebracht, daß seine Arbeit Meister und Nebengesellen den Mund schließt? Und selbst dann ist sein Los selten beneidenswert. Selbst das Reisen und Arbeitsuchen, wie poetisch das oft von außen sich ansieht, hat seine Bitterkeiten. Wie viele Dornen auf dem Wege des Wandernden sich finden, wie mancher stille Seufzer sich aus seinem Herzen entwindet, wie mancher Fluch über die Lippen fährt, wie eigene Unerfahrenheit und fremde Listen und Ränke oft sein Leben bitter machen: weitläufig beschreiben kann ich das nicht, müßte ein Buch schreiben, was ich nicht will, nein nur aufmerksam machen und anregen und dazu genügen diese Hindeutungen schon.

Aber sittenlos ist diese Menschenklasse doch vor Allen. Wenn man ihr nun auch äußerlich helfen könnte, was wäre gewonnen? Wird das äußere Elend nicht immer wieder von neuem aus einem Boden wachsen, der innerlich von allen Leidenschaften der Jugend durchwühlt ist? Die Handwerksburschen arbeiten zumeist, (es gilt das doch nur von gewissen Gewerben) bis tief in den Sonntag hinein, kümmern sich wenig um Gott noch Kirche, wandern mit ihren erworbenen Groschen die lustige Straße; entweder liegen sie zechend und spielend auf den Herbergen herum, oder sind doch nur an öffentlichen Vergnügungsorten, und nicht immer den anständigern, oder im Wirtshaus zu treffen. Ist vom Sonntage her noch Geld übrig geblieben, bietet der Montag, der blaue, schöne Gelegenheit, das unter die Leute zu bringen. Gar oft besitzen sie nicht mal ein ordentliches Kleid, um mit Anstand auf der Straße sich zeigen zu können, gehen erst beim Abend aus, um sich für manche Entbehrung der Woche in roh sinnlicher Lust schadlos zu halten. Ihre Unterhaltung widert ordentliche Leute an; gewöhnlich sind sie im Besitz der schlechtesten Bücher, sind mit den gefährlichsten Lehren angesteckt, wirken jetzt schon tatsächlich mit am Umsturz aller Ordnung, wie sie bis dahin die roheste Unsittlichkeit verbreitet haben in allen Kreisen, worin sie sich nur bewegten. Abhold jeder Zucht, der Ungebundenheit ergeben, beuten sie ihre Lage, ihr Alter und ihre Kräfte nur aus, um in ihrer Weise das Leben zu genießen. Deswegen geht man stillschweigend, wenn nicht scheu ihnen aus dem Wege, fürchtet fast, mit diesen Proletariern in zu nahe Berührung zu kommen. Nur solche Leute verkehren mit ihnen, die um ihre Groschen buhlen, um sie kalt abzuweisen, wenn von ihnen nichts mehr zu verdienen ist. – Sage selbst, lieber Leser, ob das nicht die gewöhnliche Beurteilung des Handwerkburschenlebens ist? Weiß Gott! Es ist Vieles von dem eben Gesagten wahr, und ich kann und will es in manchen, um nicht zu sagen, sehr vielen Fällen nicht in Abrede stellen. Habe ja selbst tief in den Abgrund gesehen, dem ein guter Teil dieser jungen Leute in unverzeihlicher Torheit zustürzt, habe mehr gesehen und erfahren, als ich dir erzählen mag. Auch ich verabscheue das Böse, was da geschieht, wende mich mit Schmerz und Ekel weg von den Szenen, die da oft aufgeführt werden; deswegen aber mich von den Menschen wegzuwenden, an denen solches haftet und sie Preis zu geben, die doppelt unser Mitleid verdienen, wird nicht wohl angehen dürfen. Zudem gilt die Nachrede auch nur einem Teile, je nach den Umständen dem kleinern Teile. Und selbst über diesen dürften wir noch ein wenigstens begütigendes Wort reden, das viellicht (!) geeignet wäre, das herbe Urteil zu mildern, wenn nicht gar das Herz diesen Unglücklichen wieder zuzuwenden, das eben im Begriffe war, sich vollends von ihnen abzukehren.

Wir Alle wissen doch sehr gut, aus welchen Familien die Kinder in der Regel hervorgehen, welche, kaum aus der Schule entlassen, also nur mit den nötigsten, oft sehr dürftigen Kenntnissen ausgestattet, dem Handwerksstande zugewendet werden. Jedenfalls gehören sie der niedern oder mittleren Volksklasse an. Die Eltern sind meist froh, sie gewissermaßen versorgt zu haben und ihrem Schicksale überlassen zu können, wenn sie nicht gar schon unter der Erde sind, und die Waisen von der kalten Hand eines Vormundes oder selbst armen Verwandten, ungefragt um Neigung und Beruf, einem Meister zugewiesen werden, der sich gerade ihrem Bedürfnisse darbietet. Weich und unerfahren kommt der Lehrling in Verhältnisse, die ihm völlig unbekannt sind, denen er sich um so mehr anschmiegen muß, als er sich sein Los nur durch Hingebung erträglich machen kann. Glücklich, wenn es gerät, daß er gewissermaßen zur Familie des Meisters gerechnet wird, daß dieser selbst in der Werkstätte tätig ist und Ordnung und Zucht aufrecht hält im Hause. In großen Städten und großen Werkstätten ist das übrigens selten der Fall. Meist ist der Lehrling der Diener des Meisters mit seiner Frau und der Gesellen. Die Letzteren sind eigentlich und endlich in jeder Beziehung die Lehrmeister des armen Burschen. Von ihnen wird er im Handwerk zurechtgewiesen, sie unterrichten ihn, und wäre es unabsichtlich und geschieht es blos (!) durchs Beispiel, in all dem, was sie selbst treiben. Kann und darf der Lehrbursche sie auch jetzt noch nicht nachahmen; ins weiche, unerfahrene Herz senken sich Vorstellungen und Wünsche, die mit der Zeit schon Früchte tragen werden, besonders noch deshalb, weil der Lehrling zu den erfahrenen Gesellen wie zu seinen Mustern emporschaut. Ihm erscheint der lustigste und tollste, versteht er nur das Handwerk, als der größte Held. In unausgesprochenen Wünschen und Planen (!) vergeht die Lehrzeit, in der der Lehrling sehr viel, leider das Rechte sehr mangelhaft erlernt, Geist und Gemüt des Knaben wenig oder keine Nahrung empfangen hat, der Einfluß der Religion, wenn nicht untergraben, doch sehr geschwächt, kaum das Herz im Zaum halten kann, das von anderer Seite bis in seine Tiefen aufgerührt worden. Lehrjahre sind immer schwere Jahre. Wie glücklich, wenn der Bursch die Last von sich gewälzt fühlt, frei aus- und eingehen kann und selbstverdiente Groschen in der Tasche hat. Nun will er den Schauplatz jener Taten sehen, von denen die andern so oft erzählt, jetzt will er sich mit in den Kreis der Gesellen setzen und auch zeigen, was er ist. Da er im Handwerk noch lernen, viel lernen muß, das aber von seiten des Meisters nicht wohl angeht, er bei dem neuen Meister auch vielleicht mehr von sich ausgesagt, als er leisten kann: muß er sich an die erfahrenern Gesellen halten, damit diese ihm forthelfen, versteht sich, dann auch der Lobredner ihrer Taten machen, dann mit in ihr Horn stoßen und draußen beim Wirt sein nachträgliches Lehrgeld bezahlen. Nun entfernt er sich gar von der Heimat, ist jeder Aufsicht von seiten der Familie entzogen, jeder Gelegenheit zum Bösen ausgesetzt, jetzt können jene Wünsche zur Tat kommen, die lange schon das ehemals scheue Herz umgekehrt haben. Dazu eine Umgebung, an die er gewissermaßen angeschmiedet, selten geeignet ist, ihn zu vernünftigem Nachdenken zu bringen, nein, meist eben so tief, wenn nicht tiefer gesunken, als er selber. So wandert er dann von Stadt zu Stadt, sieht Vielerlei, erfährt Manches, lernt arbeiten, aber auch noch mehr, was seinem künftigen Lebensglück gewiß keinen Vorschub leistet. Und in welche Hände unter den *heutigen* Umständen der Handwerksbursche gerät, was man aus ihm gemacht hat und weiter gern machen möchte, ist viel zu bekannt, als daß ich mich darüber auszusprechen brauche.

Und wer hat sich dann, das Leben des Handwerksburschen von der Lehre an bis auf den Tag, wo er wie ein verkommenes oder gar gefährliches Subjekt vor uns steht, seiner irgendwie angenommen, wer hat sich wahrhaft teilnehmend auch nur nach ihm umgesehen? In den meisten Fällen ist er geworden, was er ist, weil die Umstände hauptsächlich ihn dazu gemacht haben. Dem Lehrling spricht Niemand Mut und Trost ein, wenn die eigene Familie ihn nicht zu Zeiten unter ihre wärmenden Flügel nimmt, geringer oft fehlender Schutz findet er gegen die Quälereien und Verführungen seiner Umgebung, freundliche Liebe bleibt ihm fern, da kältet das Herz. Gehetzt von Meister und Gesellen kann er sich der Ausübung seiner Religion nicht mehr mit Andacht hingeben, *er wird ihrer nicht mehr froh, und deshalb wird sie ihm gleichgültig.* Der Geselle ist in den Feierstunden geradezu auf die Straße gewiesen oder ins Wirtshaus, denn zu Hause, beim Meister, ist kein rechter Verbleib. Er ist ein freier Mensch, aber auch so frei, daß die Freiheit zu Zeiten eine Last wird. Doch kümmert sich Niemand mit wahrer Liebe um ihn. Ich frage nochmals, kann unter den obwaltenden Umständen dem natürlichen Laufe der Dinge gemäß etwas Anders aus dem Handwerksburschen werden, als was wir vor uns sehen und so tief zu beklagen Ursache haben? Ich weiß wohl, daß der eigentliche Fehler, das tiefste Gebrechen hier wie anderwärts in einem völlig zerrütteten Familienleben liegt; daß vordem Lehrlinge und Gesellen zur Familie des Meisters gehörten, *meisterhaftes Ansehen* Zucht und Ordnung hielt, weiß auch, daß nur in einem wahrhaft kräftigen und christlichen Familienleben der einzig nachhaltige Schutz gegen vielen Jammer und alles Verkommen zu finden ist. Aber was gebrochen ist, ist gebrochen und diesen tiefen Bruch können wir, da er das edelste und kräftigste Organ des allgemeinen Menschenlebens getroffen hat, nur sehr langsam heilen. Allerdings sollen und müssen alle bessern Kräfte zusammenwirken, daß das Familienleben wieder geheilt wird, sonst sind alle Bestrebungen eitel.

Aber in der Wirklichkeit ist das Verderben unter den Leuten, deren Sache ich eben führe, weder so allgemein, noch so tief, als man gewöhnlich dafür hält, als es selbst äußerlich erscheint. Grade unter den Gesellen und Arbeitern gibt es eine gute Zahl tüchtiger, ordentlicher, fleißiger Menschen, die zwar des äußern Schliffs entbehren mögen, selbst in ihrer Art das Leben etwas derb anfassen, im Innern aber, tief im Boden des Herzens kerngesund sind. Ihnen hat die Schule der Leiden, durchmachen müssen sie Alle (!), insoweit wohlgetan, daß dadurch ihr Charakter sich gefestigt, ihr Wille sich abgehärtet und gestärkt hat und ihr Verstand an den Dingen und Zuständen um sie herum, nach Maßgabe weiter ausgebildet worden, als das selbst in vielen anderen Ständen der Fall sein mag. Jedenfalls ist bei ihnen noch gesunde, lebensfrische Kraft vorhanden, die leider zu oft nicht zur rechten Anwendung kommt, ins Unbestimmte, unter sich kreuzenden Interessen der Umgebung verläuft, oder sich später an Hindernissen ab- und aufreibt, die man weder zur Zeit erkannt, noch je in dem Maße erwartet hat. Überall, wo wirkliche Kraft in der Jugend vorhanden ist, wird die Zukunft zu leicht genommen, werden zukünftige Hindernisse entweder leichtsinnig übersehen oder gar verachtet. Selbst das praktische Leben, die Erfahrung, von der Vorsehung dem Menschen täglich so weise wie eindringlich vor Augen gestellt, wird nicht in dem Grade geachtet, wie sie sollte. Das Nachdenken fehlt nicht grade, aber ihm fehlt die konsequente Leitung, der rechte Ernst, die Kombination, welche nur besonnene Umsicht verleiht. Jeder denkt, es soll dir nicht gehen, wie Diesem oder Jenem, während er es gegenwärtig gerade so macht, wie Jene es zu Zeiten gemacht haben. Das gilt selbst den Bessern, wenn nicht den Besten. Und woran liegt die Schuld? Gewiß mit an dem Umstande, *daß Niemand da war, der zur rechten Zeit ihnen Leiter und Führer war, Niemand ihre Erfahrung und Einsicht durch fremde bereicherte, Niemand zur Zeit ihnen die Wahrheit schlicht und ungeschminkt in die Seele redete.* Zwischen den Bessern und Besten und jenen verlorenen Söhnen der Menschheit, die ihr natürliches Erbteil und hätten sie ein anderes, auch das noch, in beklagenswertem Leichtsinn vergeuden, schwankt die große Mehrzahl unserer jungen Arbeiter, gering und mittelmäßig in Allem, zwischen Verstand und Torheit, zwischen Gutem und Bösem, Genuß und Entbehrung, ohne rechtes Ziel vor Augen, ohne jedweden Halt im Leben, auf den bewegten Wellen ihres Lebens auf und nieder, bis der Zufall oder irgendwelche Not sie ans Land wirft, sie in irgendeinem Winkel sitzen bleiben und, Dank der Gewerbefreiheit, mit Weib und Kindern bald in Kummer, Sorge, Entbehrung und Not jeder Art ihr elendes Dasein daherschleppen, fortzeugend den Samen des Jammers, der üppig wuchernd bereits die Niederungen im Volke bedeckt. Meister sind das, Bürger, Familienväter, – aber der müßte jedes Mitgefühl eingebüßt haben, dem ihr Anblick nicht das Herz erschütterte. Und sind geworden, was sie sind, zum großen Teil dadurch, weil man den jungen, wild daher wachsenden Schoß der Menschheit nicht in Pflege nahm, sie ihm nicht wenigstens anbot.

Um deswillen bietet der Handwerksstand im Allgemeinen so wenig Trostreiches dar, um deswillen frißt das Elened in einem so beträchtlichen Teile unserer Bevölkerung mit unersättlicher Gier um sich, daß man wohl Ursache hat, mit Besorgnis in die Gegenwart, mit Schrecken in die Zukunft zu schauen.

Soll ich nun noch von der Wichtigkeit des Standes reden, an dessen Leiden und Jammer ich nur mit dem Finger gerührt? Nicht von der Wichtigkeit rede ich, welche unsere Demagogen ihm beilegen, die man diesen Leuten einredet, um sie nur zu ehrgeizigen Plänen zu benutzen, damit sie nur die kräftigen Schultern herhalten sollen, auf denen jene Zeitgötter in den Olymp ihres Ruhmes zu steigen gedenken. Nein, der Handwerksstand hat eine andere, bessere Wichtigkeit, eine Bestimmung edlerer Natur. Oder bildet er nicht, allerdings hauptsächlich in den Städten, die große, breite Unterlage des Volkes, liegt deshalb auf ihm nicht der Wohlstand der Bürgerschaft? Je nach seiner Kraft oder Schwäche wird das Gebäude gesellschaftlicher Ordnung halten oder weichen. Die Erfahrungen unserer Zeit belegen meine, vielleicht etwas zu stark klingende Behauptung. Noch mehr. Wie die physische Kraft an der Arbeit sich hebt und stärkt, wenn sie in vernünftigem Maße geübt wird, so bewahrt der physisch kräftige, gesunde Mensch, zumeist den kräftigen, gesunden Menschenverstand, jene gesunde, moralische Kraft der Seele, die unumgänglich nöthig ist, das Gute nicht blos (!) einzusehen, sondern auch mit Entschiedenheit und nachhaltiger Kraft zu wollen. Ist dagegen die physische Kraft gebeugt oder gebrochen, ist es mit dem tatkräftigen Wollen des Guten in der Regel auch zu Ende. Deshalb liegt in der arbeitenden Klasse, da, wo sie noch gesund ist, eine so unerschöpfliche Quelle moralischer Kraft, wie sie schwerlich eine andere Klasse aufweisen kann; deshalb gilt bei ihr mehr wie anderwärts grade, offene Gemütlichkeit, Ehre und Treue, wohnt in ihr vorzüglich noch die Kraft des Glaubens, übt sie mit selten gewordener Treue die Pflichten der Religion, und was das Herz dieser Menschen einmal erfaßt hat, also für wahrhaft gut hält, dem dient es mit sonst kaum gekannter Hingebung. Das haben jene Feinde göttlichen und menschlichen Rechts wohl gewußt und sich deshalb, da sie ihre Plane (!) reif glaubten, mit allen Künsten der Verführung an die arbeitende Klasse gewendet. Leider, längst durch Gottlosigkeit, List und Trug, Verachtung und Gewalttat von den obern Schichten der Gesellschaft aus den Fugen getreten, längst schon von Oben herab mit irreligiösen, falschen Lehren dieser Welt angesteckt und in ihrem Glauben irre gemacht, halten die armen Leute bereits vielfach die schönen Worte und glänzenden Verheißungen ihrer Verführer für ächte (!) Münze und folgen ihren Fahnen. Alle werden essen müssen, was sie sich eingebrockt haben. Aber gar fehlt es der arbeitenden Klasse in unsern Städten an physischer und moralischer Kraft. Das Laster haben die Leute gelernt, das Laster hat sie entnervt an Leib und Seele, daß sie unfähig geworden, dem Druck der Leiden Widerstand zu leisten. Das ist der eigentliche Quell unseres Elends. Wenn es unter diesen jetzt gärt, ist die Sache zwar so schlimm nicht, und wetterleuchtet es von daher mehr, als es einschlägt. Tiefer gesehen, ist aber dieser physische und moralische Mangel grade der allergrößte Jammer, die traurigste Wahrnehmung bei der Betrachtung des Volkes. Ist das Fundament morsch und faul, weicht das, unfähig Widerstand zu leisten, aus den Fugen, dann denkt, ihr Bewohner des Hauses, daran, Leben und Gut, wenn ihr könnt, in Sicherheit zu bringen. –

Und doch kann ich noch nicht glauben, daß es auch bei uns und mit uns so weit soll gediehen sein, daß wir nur mit Schrecken und Angst auf unsere Zustände blicken dürfen, kann und will nicht glauben, daß auch wir hier am Rhein, an der arbeitenden Klasse bereits verzweifeln sollen, mag auch ein Teil uns wirklich Furcht und Schrekken einflößen. Liegt doch in diesen Leuten in der Regel ein tiefer, guter Grund, der, wenn auch bis auf einen gewissen Grad verkommen und verwildert, bei guter, sorgsamer und unermüdlicher Pflege bald wieder reichliche Früchte des Segens trägt, wenn auch hie und da versumpft, das nicht von Natur hat, nein das hat man ihm mit Gewalt angetan und läßt sich bessern. Die eigentlichen Sümpfe liegen tiefer und höher; doch die wird Gott selbst schon austrocknen. Selbst jene, welche der Sturmfahne der Zeit folgen, werden, wenn der ärgste Rausch verflogen, durch das Blendwerk schauen und ihre Verführer als solche behandeln. Nochmals sage ich, der Handwerksstand, endlich der Arbeiterstand überhaupt, ist im Grunde besser, als man gewöhnlich glaubt, und der Zugang zu seinem Herzen leichter als anderwärts. Ich weiß das aus jahrelanger Erfahrung, und das ist hauptsächlich der Grund, lieber Leser, warum ich es so entschieden mit diesen Leuten halte, und dich so gerne für sie und für einen besondern Teil ganz absonderlich interessieren möchte.

Hat nämlich der Handwerksstand, besonders in den Städten, eine solche Bedeutung, trotz seiner traurigen Lehrzeit und seiner scheinbar untergeordneten Stellung und glaube ich, mich mit Vertrauen noch auf die gesunden Kräfte in demselben stützen zu können, um Gutes und Großes mit ihm zu erzielen: dann muß uns die *Jugend dieses Standes*, müssen uns Gesellen und Arbeiter sehr nahe angehen, und werden wir ihnen ein nicht zu verachtendes Interesse zuzuwenden haben. Oder sollen wir warten, bis das um sich greifende Verderben, die herrschende Sittenlosigkeit, jene maßlose Frivolität mit dem Heiligen und die Umkehr alles Rechts, wie die Verwirrung aller und jeder Begriffe auch bei uns diesen Stand durchgefressen und vollends ruiniert hat? Sollen wir hier am Rhein uns auch solche Zustände über den Kopf wachsen lassen, wie sie z.B. in der Hauptstadt in Schauder erregender Weise da sind, Zustände, die Menschenweisheit und Menschenkraft schwerlich werden heilen können? Nein, unser Volk ist noch nicht so weit. Gott sei Dank! aber auf dem Wege dazu, was mir schwerlich wird bestritten werden. Nun, dann dämmen wir bei Zeiten, damit die wühlenden Fluten uns endlich nicht auch verschlingen. Helft Hand ans Werk legen, damit wenigstens diese eure Mitmenschen, die ihr bis dahin zu wenig geachtet und nun fürchtet, Euch wieder achten und dann lieben lernen; helft wirken, damit bei ihnen des Elendes und der Verkommenheit weniger werde, Euer eigenes Herz wird sich dabei erleichtern. Vorab nehmen wir uns der jungen Arbeiter, der Gesellen einmal kräftig an, üben wir an ihnen, die da einst, viele bald Meister, Bürger und Familienväter werden, wahre Christenpflicht und *helft eine bessere Zukunft schaffen, indem ihr sie erziehen helft.* Wer dann glaubt, in anderen Kreisen wirken zu können, der tue, wie das Herz ihm gebietet. Wie aber wird man sich der jungen Arbeiter, der Gesellen füglich annehmen können, wie bildend und fördernd auf sie einwirken? Ich sage, in *anregender, erziehender Weise*, welche der eigenen Kraft freien Spielraum läßt, sie nur auf würdige Gegenstände zu lenken strebt, sie vernünftig zusammen hält, damit desto energischer sie dem Guten diene. Vorderhand aber muß für das nötigste Bedürfnis gesorgt werden. Interessiert dich die Sache, lieber Leser, lies weiter.

Was dem jungen Handwerker *zunächst fehlt*, ist ein *kräftiger moralischer Halt* im Leben, eine freundlich zurechtweisende Hand, eine, wenn auch von Weitem um ihn wandelnde liebende Sorge, die sein Vertrauen verdient. Jeder fühlt sich aber recht eigentlich behaglich unter Seinesgleichen. Den genannten moralischen Halt müßte man ihm eben bei und mit seinen Genossen geben können. Wer ihn weisen und leiten soll, zu dem muß er von Natur aus eine gewisse Neigung haben und seiner tätigen, uneigennützigen Sorge bei vorkommenden Fällen versichert sein. Weiter *fehlt ihm* zumeist die *Gelegenheit,* sich außer der Werkstätte und dem Wirtshause irgendwo behaglich niederzusetzen und wenigstens eine Weile sich mit ernsten ihn bildenden Dingen zu befassen. Das Bedürfnis dazu liegt in der Natur des Menschen und wird nur dann verdrängt, wenn unbefriedigt er sich ohne Aufhören dem schalen Genusse der Sinne hingeben muß. Ganz besonders wird dies Bedürfnis fühlbar an den langen Winterabenden, die an gewissen Tagen wirklich zur Tortur werden können und gewöhnlich deswegen zu allerlei Fahrten und Exzessen verleiten, an die man am Morgen noch nicht gedacht hatte. *Es fehlt* dem jungen Arbeiter ein *Zufluchtsort* außer der Herberge und dem Wirtshause, wo er recht eigentlich eine Weile rasten und Nahrung für seinen Geist erhalten könnte, die auf ihn berechnet, ihm zusagen müßte. *Es fehlt* ihm ferner die *Gelegenheit,* sich für seinen *Beruf, für seine Zukunft gewissermaßen auszubilden,* abgesehen von der technischen Fertigkeit, welche ihm die Werkstätte des Meisters mitgeben soll. Noch mehr *fehlt ihm:* eine *passende, Geist und Gemüt wahrhaft aufrichtende und stärkende Unterhaltung und Erheiterung,* wie er sie weder zu Hause, noch im Wirtshause, noch an öffentlichen Vergnügungsorten erhält. Auch muß die *Religion* wieder wach gerufen und aufgefrischt werden in seinem Herzen, indem ihm wieder ein *lebhafteres Interesse dafür eingeflößt wird.* Deshalb müssen seine Kenntnisse in dieser Beziehung erweitert und ihm Gelegenheit geboten werden, *seines Glaubens wieder froh zu werden. Dann mangelt ihm zuletzt noch die Gelegenheit, von Herzen tätig zu sein mit und für Andere. Auch sein Herz will Gegenstände haben, an denen seine Liebe sich übt.* Ob man diesen *Bedürfnissen* füglich abhelfen könne? Ich sage ja, man soll es sogar, wenn man es mit diesem so wichtigen Teile des Volkes noch gut meint. Wie wäre das denn anzufangen?

Man richte nur in allen Städten, wenn nicht in allen größern Gemeinden, einen freundlichen, geräumigen Saal ein, sorge am Sonn- und Feiertage wie am Montag Abend für Beleuchtung und im Winter für behagliche Wärme dazu und öffne dann dies Lokal allen jungen Arbeitern, denen es mit ihrem Leben und ihrem Stande nur immer Ernst ist. Da die jungen Leute, die der Einladung folgen, Gemeinsames mit ziemlich gleichen Kräften wollen, bilden sie dadurch einen *Verein,* für dessen Bestehen und Gedeihen ein Vorstand von achtbaren Bürgern, die dem guten Zwecke zu dienen entschlossen sind, zu sorgen hätte, und an dessen Spitze ein *Geistlicher* stehen soll, der dieser Stelle mit all der persönlichen Hingebung und Aufopferung vorzustehen hat, welches sein heiliges, grade dem Volke gewidmetes Amt und die gute Sache erheischen. Je nützlicher und angenehmer, je freier und würdiger der Aufenthalt in dem Vereinslokale für die jungen Leute gemacht wird, um so größer wird die Teilnahme sein, um so fester werden sie bei der guten Sache halten. Da dürfte es nicht an guten Büchern, Schriften und Zeitungen fehlen, nicht blos (!), die das religiöse Interesse vertreten, sondern die auch, was ja nicht zu übersehen wäre, dem bürgerlichen Leben gelten, die gewerbliche Gegenstände behandeln und so viel möglich, jedem Handwerker von Nutzen sein können. Dazu muß das *lebendige Wort* treten. Da wäre die Gelegenheit günstig, die Religion, als die Grundlage des Volks- und Menschenglückes, wieder anzubauen und den Herzen nahe zu bringen, wie überhaupt auf alle Lebensverhältnisse einzugehen, die den Gesellen berühren und deren Besprechung ihm von überaus großem Interesse sein müßte. Wenn man einesteils dahin zu wirken hätte, die jungen Leute mit nützlichen und angenehmen Kenntnissen aus allen ihnen zugänglichen und passenden Gebieten des Wissens zu bereichern: würde man von der andern Seite sie warnen, führen und leiten können auf den Wegen, die sie gegenwärtig wandeln. Erfahrung und Beispiel würde eindringlicher durch das lebendige Wort wirken. Klar und unablässig könnte man ihnen ihren wahren Beruf, ihr echtes Lebensziel vor Augen halten, wie die Mittel besprechen, dies Ziel auf die sicherste Weise zu erreichen. *Tüchtige Bürger sollen sie werden, zu tüchtigen Bürgern muß man sie erziehen.* Ein tüchtiger Bürger muß ein *tüchtiger Christ* und ein *tüchtiger Geschäftsmann* sein, nun, dann muß man der betreffenden Jugend wenigstens in so weit zur Hand gehen, daß sie beides werden können. Tüchtige Bürger gedeihen aber nur in einem tüchtigen Familienleben. Wenn das für unsere Jugend anderwärts fehlt, und daß es fehlt, wissen wir Alle sehr gut, dann suchen wir unsern jungen Leuten durch einen solchen Verein wenigstens annähernd die Vorteile zu gewähren und darauf mit allen Kräften hinzuwirken, daß diejenigen, welche sich um uns scharen, einst eine bessere, an Leib und Seele gesündere Generation in besserm Familienleben erziehen. Unendlich reich und mannichfaltig (!) ist das gewöhnliche bürgerliche Leben, und tausend Seiten bietet es dar, die der belehrenden, zurechtweisenden, züchtigenden und freundlich weisenden, gar heitern Betrachtung Stoff bieten. Nichts dürfte da verschmäht werden, keine Freude, kein Leid, in Allem liegt ein Keim, oft sogar ein reicher Fonds des Guten, den man nicht zertreten, nicht wegwerfen dürfte, weil vielleicht der Mißbrauch sich desselben entstellend bemächtigt hat. Das *Volksleben* hat, seit man die Kirche ihm immer mehr zu entfremden gesucht, gar keine erziehende Pflege gefunden, und wenn es vielfach verwilderte oder abstarb, ist das unter gegebenen Umständen wohl nicht anders möglich gewesen. An die Stelle der Kirche hat sich zwar die Polizei zu setzen gewußt, indes ist und bleibt diese doch die schlechteste Volkserzieherinn (!), die es nur geben kann. Die Zeitungen liefern uns gegenwärtig dazu die nötigen Beläge (!). Jetzt ist die Zeit gekommen, wo dies Volksleben, nachdem es die unnatürlichen Bande gesprengt, welche kurzsichtige Weisheit mit Gewalt ihm angelegt, wieder frisch und fröhlich emporblühen soll und will. Hoch und wild bäumt es sich zwar auf, böse Kräfte und Säfte haben sich unter langjährigem Drucke gesammelt, die nun in leidenschaftlichem Streit sich zu entzünden drohen. Aber nichts destoweniger liegt noch gesunde Kraft im Volke, nur muß sie bewahrt, gepflegt, gemehrt werden, indem das Wilde und Schlechte mit sorgsamer, freundlicher, aber fester Hand ab- und ausgeschieden wird. Das könnte füglich durch einen solchen Verein geschehen. Je klarer und einfacher nämlich diesen Leuten mit ihrem meist guten Willen und gesunden Verstande die Wahrheit gesagt wird, je schonender man das Leben in allem Zulässigen behandelt, ihre Freuden wie ihr Leid auf den wahren Wert zurückführt, je fester man hinwieder bei dem einmal erkannten Guten verharrt, um so lieber nehmen sie das Gute an, um so williger lassen sie sich lenken und leiten, um so schonungsloser darf man dem wahrhaft Schlechten zu Leibe gehen. Ist dann erst das Bewußtsein des Bessern geweckt, werden sich die Herzen dem Guten wieder mit doppelter Freude öffnen. An des Volkes, speziell der jungen Arbeiter Freud und Leid habe ich erinnert; Beides müßte gleichmäßig Gegenstand der ernstesten Betrachtung werden. Ich füge hinzu, Beides müßte, so zu sagen, mitgelebt werden, um Beidem die rechte Seite abzugewinnen, von der aus es nützen könnte. Da dürfte kein Übelstand sein, dem man nicht seine Aufmerksamkeit zuwendete, keine Bedrängnis, unsere Sorge müßte ihr abzuhelfen suchen. Den unverschuldeten Armen werde Unterstützung, den Kranken Pflege, den Toten der Beweis christlicher Liebe. Von der andern Seite könnte es gar nichts schaden, wenn mancher Abend zu heitern Spielen, zu anständigem Scherz ganz verwandt würde. Zur Sommerszeit bei schönem Wetter könnten an freien Nachmittagen Alle miteinander einen Ausgang in Gottes Natur unternehmen, um in gemeinsamer Lust sich herzlich und anständig zu freuen. Ein solcher Verein böte eine gar schöne Gelegenheit dar, den *Volksgesang* zu heben und auszubilden nicht blos (!) für die Kirche, sondern auch fürs bürgerliche Leben. Welche Jugend singt nämlich nicht gern? Diejenige, vor der mir allein bang ist. Soll ich noch ausführen, welchen Einfluß der Volksgesang auf das religiöse und bürgerliche Volksleben übt? Wenn die jungen Leute einmal zu ordentlichem Singen angeleitet und im Besitz eines Vorrats guter Lieder sind, wird das wilde Lärmen und unausstehliche Geschrei in der Werkstätte, im Wirtshaus und auf der Straße von selbst aufhören. Und es würde mehr gesungen werden wie bisher. Es ist wahrhaft betrübend, daß der anständige, fröhliche Gesang immer mehr aus dem Volke verschwindet, man oft durch die belebtesten Gegenden wandert, ohne auch nur einen fröhlichen Laut zu hören, es sei denn die Vögel des Himmels üben noch ihr fröhliches Amt. Es kommt mir da vor, als seien die Vögel besser dran wie die Menschen. Und dies Verschwinden des Gesanges, der Fröhlichkeit, des frisch sich äußernden Lebensmutes ist ein böses, ein sehr böses Zeichen. Entweder sind die Menschen elender oder schlechter geworden, da der behagliche wie der gute und reine Mensch nicht lange traurig drein sehen und den Kopf hängenlassen kann. Indem man nun die jungen Leute wieder zu einem vernünftigern Lebenswandel anleitete und zum Gesange dazu, würde man eine gesunde, anständige Fröhlichkeit wieder wecken, eine der edelsten Blüten des Lebens wieder hervortreiben. Viel, sehr viel wäre dabei gewonnen. Noch mehr, noch viel mehr könnte durch einen solchen Verein eine wahre Volksakademie angeregt, gepflegt und gefördert werden, was gut, was löblich, was anständig wäre für das Menschen- und deshalb für das Volksleben, was Haus und Familie schmückte, der Menschheit zum Nutzen, zur Freude und zur Ehre gereichte. Doch das würde sich mit der Zeit finden, würde naturgemäß aus der Sache herauswachsen und sich schon geltend machen. Vorerst bleibe allerdings die Hauptsache, das nächste und dringendste oben angegebene Bedürfnis Hauptgegenstand der Sorge. Doch kann ich noch eines nicht gut verschweigen, sind erst die jungen Leute in Ernst und Scherz aneinander gewöhnt, haben sie eine Zeitlang zusammen in der Kirche gesungen und draußen sich gefreut, ist das Bewußtsein, ein Gutes gemeinsam zu wollen, einmal recht lebendig geworden; dann sollt ihr, die Ihr Euch tätig um sie bekümmert, sehen, wie sie zusammenhalten, wie sie Freud und Leid auch außer dem Vereine teilen, wie die Herzen für einander tätig werden. Ich bescheide mich, Viel zu sagen. Gewisse Dinge wollen erfahren sein, um gefaßt zu werden.

Das wäre also das versprochene Heilmittel für viele Wunden und Schäden im Volke, eine Volksakademie im Volkston. Nennen mag man das Heilmittel, wie man will, wenn es sich nur hülfreich (!) erweist, und hülfreich (!) wird es sein, wenn es von den rechten Ärzten appliziert wird, und zwar in der rechten Weise. Und wer soll dann der Sache sich besonders annehmen? Kein Anderer als, wie schon gesagt, der Klerus, der aus dem Volke stammt, und nun einmal von Gottes und Rechts wegen den Beruf hat, wie das Christentum auszubreiten in der Welt, mit demselben auch das Volk erziehend ganz zu durchdringen. Auch kennt der Klerus das Volk am besten, soll es wenigstens kennen, er ist persönlich unabhängiger als irgendein anderer Stand und kann sich deshalb seinem Amte auch mit einer persönlichen Hingebung und Aufopferung widmen, wie kein Anderer. *Ja, der Geistliche ist der geborne Volkserzieher*[4], er kann und soll auf dies wichtigste aller möglichen Ämter nicht verzichten. Ihm kommt deshalb auch das Volk da, wo er sich ihm nur nähert, mit seltenem Vertrauen entgegen, und übt er mit sorgender Liebe sein Amt, stehen ihm Aller Herzen offen. Wenn das Volk sich aber vernachlässigt, ungeliebt sieht, nun, dann wendet es auch sein Herz ab, nicht ohne einen gewissen Groll dem nachzutragen, von dem es so gern geliebt wäre. Wenn in neuester Zeit da und dort das Volk dem Geistlichen abgeneigt sich erwiesen, ich meine das eigene Volk, (das andere wird gehetzt), und gar Befürchtungen laut wurden, die Ärgeres in Aussicht stellten; mag das allerdings zum großen Teil einem Geiste zugeschrieben werden, der in ihm seinen angebornen Feind erkennt und der gar so gern herrschen möchte: doch ist andererseits nicht zu läugnen (!), daß auch manche Geistliche sich dem Volke zu sehr entzogen, wenn nicht entfremdet haben. Wir sind bei einem Zeitpunkt indes angekommen, wo wir alle allenfallsige Schuld beim Volke austilgen müssen, alte Scharten auswetzen, altes, uns zugehöriges Terrain wieder erobern, soll nicht bald Gericht über uns gehalten werden. Lautere, hingebende, alle Verhältnisse umfassende und durchdringende Liebe muß wieder zu Felde ziehen, sie wird die Welt erobern. In unserm Falle kann und muß ich deshalb an den Klerus weisen. Er wird dem Unternehmen Halt und Würde geben, er wird für ihre Dauer wie für ihr Gedeihen bürgen, wie anderseits er am leichtesten die Idee rein bewahren und vor schädlichen Auswüchsen verhindern kann. Ich wage nicht von der größern Arbeit zu reden, aus Furcht zu beleidigen, noch die Schwierigkeiten schon jetzt in den Weg zu werfen, die sich wahrscheinlich darbieten werden, besorgt, einen Mut in Zweifel zu ziehen, der den Stand auszeichnen soll und von jeher ausgezeichnet hat. Nein, ich glaube nur nach Oben weisen und an die Aufgabe des herrlichsten Berufs unter Gottes Sonne appellieren zu dürfen, um das Nötige gesagt zu haben. Was nun noch die *Leitung* des Vereines betrifft, die Art und Weise mit den Leuten umzugehen, die angegebenen Gegenstände zu behandeln, den Aufenthalt im Vereinslokal angenehm, anziehend und dadurch wirksam zu machen, wird Jeder leicht begreifen, daß eben davon sehr viel abhängt. Um deswillen müßte das aber nicht blos(!) Gegenstand gelegentlicher Beobachtung, sondern gradezu des ernstesten, aufmerksamsten Studiums sein. Nun ja, Mancher hat seine Freude an großen und kleinen Tieren, Mancher verwendet bedeutende Sorgfalt auf die Kenntnis von Kräutern und Blumen, Andere pflegen Umgang mit den Sternen, noch Andere spekulieren auf andere Dinge, die vielleicht noch weniger wert sind. Darin mag nun an sich nichts Böses liegen, aber sich mit dem Nebenmenschen da, mit seinem Wohl und Wehe befassen und in seiner Behandlung eine gewisse Virtuosität erwerben, gilt doch unendlich mehr; und Etwas unter den edelsten Geschöpfen Gottes, die endlich grade soviel wert sind wie wir, weiß Gott oft noch mehr, bessern, ist doch ohne Vergleich größer, als alles Wissen der Erde blos(!) besitzen. Ein Mehreres über die Art und Weise, mit den Leuten zu verkehren, behalte ich mir in dem Falle vor, daß diese *Anregung*, und mehr soll es nicht sein, wirklich Anklang findet und man dann meine Meinung wünscht. Wer Besseres weiß, dem höre ich mit Freuden zu.

III.

Ist aber die Idee eines solchen Vereins wirklich so ausführbar, als ich ihr den Anschein gegeben habe? Oder ist das ein mehr in den Wolken schwebender Plan, in den ich mich mit absonderlicher Vorliebe hineingedacht, für den ich gewissermaßen schwärme? Von Hindernissen habe ich auch keine Erwähnung getan, wie absichtlich die Schwierigkeiten übergangen, die bei der Ausführung eines solchen Planes sich notwendig ergeben müssen. Wie wäre es, lieber Leser, wenn ich, statt auf jene Fragen zu antworten, dich schon jetzt in einen solchen Verein einführte und dir in der Wirklichkeit die Ausführbarkeit eines solchen Planes zeigte? Wenn ich dich dann belehren könnte, daß wir bereits binnen mehr als zwei Jahren die Güte und Wirksamkeit eines solchen Vereines erprobt haben und alle Tage noch mehr erfahren? Dann wäre ich ja für die Tatsache eingenommen und schwärmte für die Wirklichkeit. Könnte in dem Falle irgendwelchen Vorwurf schon hinnehmen, ohne mich sonderlich beirren zu lassen. Und so ist es, ich wollte eine *tatsächliche Antwort* geben und damit alle Einwürfe abschneiden. Schon vor zwei Jahren nämlich traten hier in Elberfeld ein paar Geistliche, ein Lehrer mit einigen Arbeitern und Gesellen zusammen, berieten den in diesen Blättern angegebenen Plan, und die Ausführung ließ nicht lange auf sich warten. Da kein anderes Lokal zu haben war, besondere Mittel haben uns nie zu Gebote gestanden, wurde um Benutzung eines Schulsaales gebeten, den man uns bereitwillig einräumte. Feuer und Licht wurde durch monatliche Beiträge bestritten, Bücher und Zeitungen auf anderem Wege beschafft, die nötigen Lehrkräfte besaßen wir selber. Lust und Lieb zu einem Ding, macht alle Müh' und Arbeit gring (!), praktisch und wahr. Die Geistlichen befaßten sich zumeist mit den Vorträgen, den religiösen Stoff Sonntags, den bürgerlichen Montags behandelnd, wie ihn die Umstände nahe legten, wie er den Mitgliedern anzupassen schien. Der beteiligte Lehrer übernahm die Leitung des Gesanges, wobei ihm sonst noch Vieles zu tun übrigblieb; ein anderes Mitglied übernahm als Mitvorstand die Obsorge über die Beiträge, Bücher u. s. w. Fünf Mitglieder gingen als Assistenten dem Vorstand in kleinern Dienstleistungen zur Hand. Der Verein unter dem Namen „Katholischer Jünglingsverein zu Elberfeld“[5] (welche Bezeichnung durch die waltenden Umstände an Ort und Stelle zu erklären ist), gedieh von Tag zu Tag, und die Lust an der Sache wuchs mit der größern Teilnahme. Bei der ersten Einzeichnung der Mitglieder fanden sich 46 ein, in wenigen Monden(!) nahmen schon über 100 Teil, so daß zu gewissen Stunden der Saal sie kaum zu fassen im Stande war. Der Mangel an Raum hat uns bedeutend geschadet, da es an Behaglichkeit fehlte. Unter 18 Jahren wurde, seltene Fälle ausgenommen, kein Mitglied aufgenommen, keine Lehrlinge zugelassen, überhaupt noch darauf gesehen, daß der Verein Elemente von sich fern halte, die seinem Geiste und seiner Würde geradezu zur Unehre gereichen müßten. Als Werber für die Sache haben sich die Mitglieder selbst praktisch bewiesen. Und hat dann bis jetzt der Eifer nicht nachgelassen? Nein, die Zahl der bis zum Oktober dieses Jahrs eingezeichneten Mitglieder beträgt 251, von denen sehr selten einer ausgeschieden, es sei denn, er habe seinen Wanderstab weitergesetzt und sei Meister geworden. Gegenwärtig beläuft sich die Zahl der teilnehmenden Mitglieder noch über 130 trotz der arbeitslosen Zeit und dem Umstande, daß verhältnismäßig wenige kath. Gesellen sich hier aufhalten. Jedenfalls würde die Zahl sich noch dazu ansehnlich vermehren, wenn nur passende Räume vorhanden wären. Und die Haltung der jungen Leute im Vereine, es sind meist fremde, eingewanderte Handwerksgesellen aus aller Herren Länder, war bis dahin musterhaft zu nennen. Seit dem Bestehen des Vereins ist kaum eine ernste Rüge nötig gewesen, haben wir kaum ein Leid gehabt, aber viele und herzliche Freude. Tatsächlich hat es sich bewährt, daß noch herrlicher Boden in dem Volke ist, viel guter Wille, gesundes Urteil und nachhaltige Kraft zur Ausübung des Guten. Allerdings der Boden will mit Liebe gepflegt werden. Im Vereine wird geplaudert, gesungen, gelesen, werden Vorträge gehalten, aber nicht gebetet und nicht gepredigt, wird das Leben in seinen mannichfachen(!) Beziehungen besprochen, an den Ernst und Wert der Jugend gemahnt, und die Heiterkeit zu erhalten nicht vergessen. Da sind Alle bis dahin Ein Herz und Eine Seele gewesen. Zank und Streit haben wir nicht gekannt, allenfallsige Anstände wurden gütlich ausgeglichen. *In kirchlicher Beziehung fordern wir nichts Besonderes*, wenn die Mitglieder freundlicher Einladung folgen, macht uns das doppelte Freude, und die ist uns noch immer zu Teil(!) geworden, wenn wir zu irgend etwas Kirchlichem auch nur angeregt haben. So wohnen die Mitglieder zusammen Sonntags Einer h. Messe bei und singen in derselben ihre eingeübten, geistlichen Gesänge, singen zu Zeiten die Vesper oder Komplet und machen bereits ihrem Lehrer wie dem Vereine alle Ehre. Vierteljährlich wird zu gemeinsamer heil. Kommunion eingeladen, und wenn dann die ganze Schar junger Männer in wahrhaft erbauender Haltung sich dem heil. Tische des Herrn naht, klopft jedes anwesenden Christen Herz in seltener Freude. Ob das wohl einst gute, tüchtige Bürger und Familienväter werden? Die Hoffnung sagt ein fröhliches Ja! Aber wenn im Sommer bei guter Witterung der ganze Verein, und wer sollte da ausbleiben? – einen Sonntag Nachmittag benutzt, um einen Spaziergang ins Freie zu machen, und in einem passenden Lokal, einem Garten oder Walde dabei, sich gemeinsamer, anständiger Freude hingibt, – da solltest du, lieber Leser, die Heiterkeit, das fröhliche Leben sehen, was zwar möglichst wenig kostet, aber dadurch nichts von seinem wahren Gehalt einbüßt. Und welcher vernünftige Mensch wird zu einer solchen Freude scheel sehen? Und am andern Morgen, sei es nun, daß man im Verein Neues gelernt oder erfahren, oder dort wie draußen man sich mit Gleichgesinnten anständig gefreut, glaub es mir, geht die Arbeit wieder viel besser von Statten, als nach durchschwärmten Nächten und tollen Fahrten. Oder ist noch mehr gewonnen? Man glaubt es den Leuten bereits anzusehen, daß die neue Lebensordnung ihnen an Leib und Seele wohltut, daß das gute Wort einen guten Boden gefunden und die auf sie verwendete Liebe ihre Frucht trägt. Der Verein ist den jungen Leuten bereits zur Erholung, zur Erquickung geworden, auf den man sich die ganze Woche freut; kein Wunder, wenn die Fortwandernden es meist am schmerzlichsten beklagen, an andern Orten nicht wieder einen solchen Verein zu finden, um für das Gepflanzte Pflege zu erhalten. Nicht selten ist der Fall vorgekommen, daß Gesellen bei mangelnder Arbeit noch wochenlang auf neue gewartet haben, um nur von dem Verein und ihren Vereinsfreunden nicht zu scheiden. Und freundliche, herzliche Grüße an den Verein werden uns allerwegen zugesandt, kommen selbst von jenseits des Ozeans, bittend, wir möchten ihnen Statuten, Anleitung u. s. w. senden, den liebgewordenen Verein auch in der Ferne anzupflanzen. Ob ich wohl unter solchen Erfahrungen hätte schweigen dürfen? Und wenn solche Stimmen von solchen Leuten uns in dieser vielfach aufgeregten Zeit zukommen, wenn unbeirrt von dem verführenden Geschrei sogenannter Volkslehrer, diese jungen Männer klar und männlich gemut das erkannte und erfahrene Gute festhalten und pflegen wollen, dann ist das doch, wenn irgendeiner, der schlagendste Beweis, daß das Volk in seinen mittleren und untern Schichten besser und deshalb dem Guten zugänglicher sich erweist, als man es gehalten hat. Seit einiger Zeit haben bekannte Stürme alle Lebensverhältnisse des Vaterlandes erschüttert, fast kein Mensch ist davon unberührt geblieben, – unsern Verein haben sie in seinem gedeihlichen Wirken keinen Augenblick beirrt, haben ihn auch um keinen Fingerbreit aus seiner einmal als gut befundenen Bahn verrückt. Wenn das Volk Gottes fürchten lernt, seine Religion mit Freuden übt, wird es von selbst Ordnung und Recht heilig halten und selbst im Streben nach zuständiger Freiheit Maß zu halten wissen, wie anderwärts mit mutiger Kraft Gewalt von sich fern halten, sie werde ihm von Rechts oder Links angetan.

Was wir aber hier durch unsern Verein gekonnt und wozu uns noch alle Tage die Lust gewachsen, soll man das nicht auch anderwärts können? Oder haben wir es hier mit aparten Menschen zu tun? Oder ist anderwärts das Bedürfnis gringer (!), als bei uns? Man wird es können, wenn man nur herzhaft will und die Menschen haben so ziemlich das gleiche Bedürfnis in ziemlich gleichen Verhältnissen.

Ich sage dir, lieber Leser, zu einer Zeit, die durch göttliche Fügung glücklich hinter mir liegt, die ich oft beklagt habe, obschon ich jetzt erst recht anfange, den Finger Gottes zu erkennen, hätte ich, und Hunderte mit mir eine solche Einrichtung mit wahrer Begeisterung begrüßt, wäre durch sie vor vielen trüben Stunden bewahrt geblieben, hätte manche Torheit nicht zu beklagen, sähe sehr wahrscheinlich jetzt mit größerer Freude auf die schönsten Jahre meines Lebens hin, als das nun möglich ist. Jetzt aber, nachdem der Plan die Probe bestanden, möchte ich durch Gründung von ähnlichen oder gleichen Vereinen mithelfen, Steine aus dem Wege zu rücken für Andere, noch in doppelter Beziehung meine Brüder, Steine, an denen ich mich gestoßen, damit Andere unverletzter ihre ohnehin beschwerliche Straße wandern mögen. Ich rufe deshalb zur Gründung von ähnlichen Vereinen auf, (mehrere sind bereits in Angriff genommen) und zwar mit all der Dringlichkeit, welche die gute Sache erheischt. Ich weiß nun nicht, ob unser Verein für Andere gradezu Muster sein kann; wer Besseres weiß, bringe es nur zu Tage! – ein Beispiel wird er immer sein und bleiben können. Wir haben uns bei der Gründung vollständig selber geholfen, ohne dann freundliche Mithülfe(!) zu verschmähen. Im schlimmsten Falle wird man das auch anderwärts können. Wenn hingegen Leute, denen Mittel zu Gebote stehen, und die sich um das Wohl des Mitmenschen gern tätig bekümmern, dem Unternehmen besonders im Anfange, tätig nachhelfen, z.B. für die erste Einrichtung mitsorgen, wird das ein löbliches Werk sein.

Mehre (!) Städte in Rheinland und Westfalen haben bereits mit dem hiesigen Vereine Verbindungen angeknüpft, da und dorthin haben die Gesellen die Idee verbreitet, mündliche Rücksprache hat das Übrige getan. Möchte diese Aufforderung die andern Städte auch so bereitwillig finden, damit der wandernde Bursche in unserm sonst doch so menschenfreundlichen Vaterlande allerwegen Stütze, Halt und Pflege finde.

Die Vereine müßten dann bald in nähere Verbindung treten, könnten sich über gemeinsame Anordnungen benehmen, ihre Erfahrungen austauschen, sich gegenseitig Material mitteilen, reges Leben, was dem Einzelnen so schwer wird, erhalten und fördern. Das gibt zugleich *eine Schule für eine gründlichere, kenntnisreichere Volksliteratur, die uns doch so sehr Not tut.* Wohlauf, ihr Brüder, Mitarbeiter im Weinberge des Herrn, rüstig ans Werk! die Zeit fordert Großes von uns, da ist eine würdige Aufgabe, laßt uns gemeinsam an die Lösung gehen, gemeinsame tätige Liebe verrichtet Wunder. Die jungen, frischen Herzen werden Euch schon entgegenkommen, werden Euch eine Freude bereiten, die Ihr von daher nicht erwartet habt. Und mancher verloren geglaubte Sohn wird sich einfinden, und zu einem neuen Menschen erstarken, manch Talent Aufmunterung finden, was jetzt ungekannt verkümmert, späte Enkel noch segnen, was wir an den Vätern getan. Mitten in der Bewegung der Zeit bauen wir ein Haus des Friedens, pflanzen das Kreuz auf den Giebel und Gottes Segen wird drin weilen.

Zum Schlusse füge ich die Statuten unseres Vereins bei, wie sie gedruckt in den Händen der Mitglieder sind und woran sich alle verpflichtet haben. Aus dem oben Mitgeteilten müssen sie gedeutet werden. Kann sein, daß da und dort nicht Alles gefällt, dem Bessern sei Raum gegeben, das Beste erhalte den Preis. Überhaupt, lieber Leser, magst du über diese Blätter urteilen wie du willst, ich weiß, daß ich nicht Allen gefallen kann, aber über die Sache falle ja nicht wegwerfend her, die erwäge recht, Andern und dir zum Heile, Vielen und mir zur Freude, Gott zum Preise.

Elberfeld, im Oktober 1848.
A. Kolping,
Kaplan und Religionslehrer.

Statuten des kath. Jünglings-Vereins zu Elberfeld[6].

Zweck des Vereins.

Fortbildung und Unterhaltung der erwachsenen katholischen Jünglinge zur Anregung und Pflege eines kräftigen religiösen und bürgerlichen Sinnes.

Mittel zum Zweck.

Öffentliche Vorträge, Unterricht und Übung im Gesange, Lesen passender Bücher und gegenseitige Besprechung, Erheiterung u. s. w.

Zeit der Versammlungen.

Das Lokal der Versammlungen ist geöffnet an jedem Sonn- und Feiertage, im Winter von 5 bis 10 Uhr, im Sommer von 6 bis 10 Uhr Abends und an jedem Montage Abends von 6 resp. 8 bis 10 Uhr.

Organisation des Vereins.

§ 1.

Der Verein besteht aus dem Vorstande und den Mitgliedern.

§ 2.

Vom Vorstande. Der Vorstand, dem die Leitung des Vereins zukommt, besteht aus dem *Präses*, welcher immer ein *Geistlicher* ist, *zwei Vorstehern, vier Assistenten* und dem *Senior.* Außerdem kann der Vorstand sich um geeignete, das Interesse des Vereins fördernde Mitglieder vermehren.

§ 3.

Wahl des Präses. Der Präses wird von sämtlichen Mitgliedern des Vereins nach einfacher Stimmenmehrheit auf *drei Jahre* gewählt, doch kann der Abtretende wieder gewählt werden.

§ 4.

Rechte und Pflichten des Präses. Der Präses leitet die Wahl der beiden Vorsteher, hat den Vorsitz in den Versammlungen des Vereins und den Sitzungen des Vorstandes, er hat die Bücher und Schriften, welche im Verein aufgelegt werden, mit dem Vorstande zu beraten, wie von den Vorträgen, welche im Verein gehalten werden, Kenntnis zu nehmen. Er hält ein Verzeichnis sämtlicher Mitglieder, denen er bei ihrem Austritte auf Verlangen ein Zeugnis über ihr Verhalten im Vereine auszustellen hat. Ohne sein Wissen darf nichts, den ganzen Verein Betreffendes, in so weit es in den Statuten nicht vorgesehen ist, angeordnet und ausgeführt werden. Dagegen hat der Präses die Pflicht, in Allem das Interesse des Vereines zu wahren, denselben zu überwachen, wie für sein Gedeihen mögliche Sorgfalt zu tragen. Er soll ferner den einzelnen Mitgliedern mit Rat und Tat nach Kräften beistehen, wann sie seiner Hülfe(!) nur immer bedürfen.

Anmerkung I. Bei Abwesenheit des Präses tritt ein von ihm bestimmtes Vorstandsmitglied in seine Funktionen ein.

§ 5.

Wahl der beiden Vorsteher. Die beiden Vorsteher werden von sämtlichen Mitgliedern des Vereins nach einfacher Stimmenmehrheit auf zwei Jahre gewählt, können aber nach deren Ablauf wieder gewählt werden.

§ 6.

Rechte und Pflichten der Vorsteher. Die Vorsteher haben das Recht, Mitglieder nach § 10 der Statuten in den Verein aufzunehmen, haben als Beirat des Präses Sitz und Stimme in den Sitzungen des Vorstandes und üben mit dem Präses die Zensur über aufzulegende Schriften und Bücher. Sie beraten mit dem Präses alle für besondere Fälle nötigen Anordnungen, wenn solche nicht auf der Stelle zu erledigen sind, doch ist dann dem Präses sofort davon Anzeige zu machen. In dem Vereine haben sie Ruhe und Ordnung zu handhaben, Ruhestörer entweder dem Präses anzuzeigen oder nötigenfalls auf der Stelle zu entfernen. Einer von ihnen hat als Sekretär die nötigen Skripturen zu besorgen, der Andere versieht das Amt des Kassierers und Bibliothekars. Halbjährig(!) (im Frühjahr und Herbst) wird Rechnung abgelegt in gemeinsamer Sitzung des Vorstandes und das Resultat dem Vereine bekannt gemacht.

Anmerkung I. Der Gesanglehrer des Vereins hat alle in Bezug auf den Gesang zu treffenden Anordnungen nach bestem Ermessen zu treffen.

§ 7.

Wahl der Assistenten. Die vier Assistenten werden vom ganzen Vereine durch einfache Stimmenmehrheit gewählt. Sie verwalten ihr Amt auf sechs Monate. Die Abtretenden sind wieder wählbar. Der Senior des Vereins, welcher die Beiträge der Mitglieder einsammelt, um sie dem Kassierer zu übergeben, wird aus den zwölf ältesten Mitgliedern des Vereins nach einfacher Stimmenmehrheit gewählt. Er verwaltet sein Amt auf unbestimmte Zeit.

§ 8.

Rechte und Pflichten der Assistenten. Die Assistenten haben Sitz und Stimme in den Sitzungen des Vorstandes, haben als Repräsentanten des Vereins die Wünsche oder Klagen der Mitglieder beim Vorstand zur Anzeige zu bringen.
Ihre Pflichten sind:

a) Sie haben das Lokal zu öffnen und zu schließen, die Lichter anzuzünden und Feuer und Licht zu unterhalten;
b) die verlangten Bücher und Schriften auszuteilen, die ausgeteilten zu notieren, beim Schlusse der Versammlung wieder einzusammeln und an Ort und Stelle zu bringen, wie möglichst darüber zu wachen, daß keine Schrift beschädigt wird, oder gar verloren geht;
c) auf Anstand, Ruhe und Ordnung zu sehen, Ruhestörer in Güte zu ermahnen oder nötigenfalls einem der Vorsteher anzuzeigen, und
d) Acht zu haben, daß der Saal, die Geräteschaften u. s. w. nicht unnötig beschmutzt oder beschädigt werden.

Die Verteilung dieser Verrichtungen bleibt den Assistenten selbst überlassen, und muß stets mindestens Einer unfehlbar in den Versammlungen zugegen sein. Ihre gegenseitige Übereinkunft muß schriftlich dem Vorstande mitgeteilt werden.

§ 9.

Von den Mitgliedern. Mitglied des Vereins kann jeder katholische Junggeselle werden, der wenigstens achtzehn Jahre zählt, nicht Lehrling ist und einen unbescholtenen Lebenswandel führt oder zu führen entschlossen ist. Dem Präses steht über eine Ausnahme der Entscheid zu.

§ 10.

Von der Aufnahme. Man meldet sich zur Aufnahme entweder beim Präses oder bei einem der Vorsteher, welcher den Namen des Aufzunehmenden an die Vorschlagtafel schreibt und ihm, wenn binnen acht Tagen kein gegründeter Einspruch geschieht, die Aufnahme durch einen der Assistenten mündlich ansagen läßt. Die förmliche Aufnahme geschieht durch den Präses am ersten Montage im folgenden Monate gegen Entrichtung von 4 Sgr. Einschreibegebühren. Name, Stand, Alter, Heimat und Wohnort wird nach der laufenden Nummer in die Vereinsliste eingetragen. Der Wohnungswechsel muß daher angezeigt werden.

NB. Fremde dürfen den Versammlungen nur dann beiwohnen, wenn sie von einem Mitgliede des Vereins eingeführt und von diesem einem der anwesenden Vorstandsmitglieder vorgestellt worden sind.

§ 11.

Beitrag. Jedes Mitglied zahlt für Licht, Feuer, Reinigung des Lokals und sonstige notwendigen Bedürfnisse an jedem ersten Sonntage im Monate, und zwar im Vereinslokale von 7 bis 8 Uhr Abends, an den zur Einsammlung der Beiträge bestimmten Senior zwei Silbergroschen, welchen Beitrag der Vorstand mit Zustimmung der Mitglieder erhöhen oder verringern kann.

Anmerkung I. Wer an dem bestimmten Tage nicht zahlt, wird nach Ablauf des Monats gemahnt. Wer den Beitrag von drei Monaten schuldet, hört damit auf, Mitglied zu sein. Auf Armut, Krankheit oder sonstiges Unvermögen wird billige Rücksicht genommen, doch muß der Betreffende dem Präses zeitig Anzeige machen.

Anmerkung II. Wer aus dem Vereine scheidet, ohne seinen Beitrag berichtigt zu haben, oder wer sich fern hält, ohne den Ort zu wechseln, kann nicht wieder aufgenommen werden, bis er seine Rückstände berichtigt hat.

Anmerkung III. Die Assistenten und der Senior sind für die Dauer ihrer Amtsführung von der Zahlung des Beitrages frei.

§ 12.

Von den Versammlungen. Unterricht. Unterricht wird erteilt a) in der Religion, b) in allen notwendigen und nützlichen Dingen des bürgerlichen Lebens, soweit die Lehrkräfte reichen und sie auf die Gesamtheit Anwendung finden, c) in geistlichem und weltlichem Gesange, woran sich d) Übungen in mündlichem Vortrage, Erzählungen und Deklamationen ernsten und heitern Inhalts anschließen.

§ 13.

Ordnung des Unterrichts. Sonntags von 5 1/2 Uhr Gesang, 6 3/4 bis 7 1/2 Uhr Vortrag oder Besprechung über religiöse oder kirchliche Gegenstände, von 8 1/2 bis 9 1/2 Uhr Übungen im Erzählen oder Deklamieren. – Montags von 8 1/2 Uhr Gesang, 9 Uhr bis 9 3/4 Vortrag oder Besprechung weltlicher (geschäftlicher und bürgerlicher) Dinge.

Anmerkung I. Außer den genannten Unterrichtsgegenständen wird für die Benötigenden noch ein besonderer Unterricht im Schreiben und Rechnen, und zwar Sonntag Nachmittags von 1 bis 2 1/2 Uhr erteilt. Die Teilnehmenden müssen sich bei dem dafür bestimmten Lehrer melden und sich besonders eines regelmäßigen Besuches befleißen. Die notwendigen Schreibmaterialien muß Jeder selbst mitbringen.

Anmerkung II. Während dem Unterrichte soll möglichst alles Aus- und Eingehen vermieden werden. Wer am Gesange keinen Teil nimmt, kann sich während dem Gesangunterrichte mit andern Dingen beschäftigen, muß aber durchaus Ruhe und Stille beobachten.

Anmerkung III. Der ununterbrochene Besuch des Unterrichts wird den Mitgliedern besonders dringlich empfohlen.

§ 14.

Kein Mitglied darf ohne Erlaubnis des Präses oder der Vorsteher einen Vortrag halten. Die Mitglieder sind aber aufgefordert, nach gehaltenen Vorträgen ihre eigenen Ansichten und Meinungen zu äußern, sollen sich über nicht Verstandenes Aufklärung erbitten, ihre eigenen Erfahrungen und merkwürdigen Erlebnisse, insoweit sie für das Ganze von Nutzen sein können, nicht zurückhalten. Doch soll Alles mit Anstand und Bescheidenheit geschehen. Bloßes Räsonieren muß vermieden werden.

§ 15.

Außer den Unterrichtsstunden ist die Beschäftigung, Lesen und Unterhaltung frei; doch soll Alles mit Anstand und billiger Rücksicht auf Andere geschehen. Alles überlaute Sprechen, Disputieren, wie alles Lärmen und Zanken, muß im Vereine vermieden werden.

§ 16.

Jedes Mitglied ist verpflichtet, Sorge zu tragen, daß der Saal und die Gerätschaften nicht unnötig beschmutzt oder beschädigt werden. Besonderer Sorgfalt werden die Schriften und Bücher des Vereins empfohlen. Wer mutwillig Eigentum des Vereins beschädigt oder verdirbt, muß den Schaden ersetzen.

Anmerkung I. Die Schriften und Bücher des Vereins dürfen nicht mit nach Hause genommen werden. Dies ist nur den Assistenten gestattet.

§ 17.

Jedes Mitglied ist dem Präses, den Vorstehern und Assistenten nicht blos(!) die ihrem Amte gebührende Achtung, sondern auch in Handhabung der Statuten unbedingte Folgsamkeit schuldig. Es soll der leichtfertige Tadel über ihr Benehmen, wie über ihr Verfahren vermieden werden. Anständige Einsprache wird dagegen stets billiges Gehör finden.

§ 18.

Wer sich eine bemerkenswerte Übertretung der Statuten zu Schulden kommen läßt, wird zuerst von den Assistenten in Güte gemahnt; wer darauf nicht hört, dem Vorstande zur Anzeige gebracht, der durch den Präses denselben für immer aus dem Vereine entfernen kann. Bei dringlichen Fällen kann jeder Vorsteher aus der Versammlung für den betreffenden Abend auf der Stelle entlassen. Ausgestoßen darf ein Mitglied nur werden durch den Präses, nach vorhergegangener Untersuchung seines Vergehens und zwar, wenn die Natur der Sache es erleidet, vor dem ganzen Vereine.

§ 19.

Jedes öffentliche, den guten Ruf befleckende Vergehen schließt als solches von dem Vereine aus. Ebenso ist ausgeschlossen, wer seine österliche Christenpflicht verabsäumt.

§ 20.

Die Wiederaufnahme der Ausgeschiedenen oder Ausgestoßenen hängt von Erfüllung des § 10, oder auch vom Ermessen des Vorstandes und der Zustimmung der Mitglieder ab.

§ 21.

Der Vorstand versammelt sich regelmäßig alle drei Monate zu einer Sitzung, die durch den Präses anberaumt wird und wozu die Mitglieder schriftlich eingeladen werden. Einfache Stimmenmehrheit entscheidet hier, wie auch in den Generalversammlungen.

§ 22.

Abänderungen und Verbesserungen der Statuten können nur durch den gesamten Vorstand nach allgemeiner Beratung mit den Mitgliedern des Vereins vorgenommen werden. Über Annahme oder Ablehnung neuer Propositionen entscheidet einfache Stimmenmehrheit. Bei gleicher Stimmenzahl entscheidet hier wie überall die Stimme des Präses.

Wenn auch der Verein zum Unterschiede von einer Bruderschaft zu keinen weitern kirchlichen Pflichten als den allgemeinen verbindlich macht, ist es doch gewiß sehr löblich, wenn die Mitglieder, um ihre Eintracht und Liebe auch auf dem religiösen Gebiete zu betätigen, an jedem Sonn- und Feiertage Einer heil. Messe zusammen beiwohnen, dieselbe durch gemeinsamen Gesang verherrlichen und dadurch sich gegenseitig in der Ausübung der Religion erbauen und stärken. Zu gleichem Zwecke werden die Mitglieder freundlichst eingeladen, viermal im Jahre gemeinschaftlich zur heil. Kommunion zu gehen, und zwar am *ersten Sonntage im Advent, Palmsonntage,* am Sonntage *in der Fronleichnamsoktav* und am Feste der heil. Schutzengel, welcher letztere Tag zugleich *Stiftungsfest* ist und mit sonstigen entsprechenden Feierlichkeiten begangen wird.

Gottes Segen sei und bleibe über dem Vereine!

Revidiert und vom ganzen Vereine angenommen

Elberfeld, am 9. Oktober 1848.

Der Vorstand.

Den Mitgliedern des kath. Jünglingsvereins.

„Der Mensch ist seines Glückes eigener Schmied", sagt das Sprüchwort(!), und, heißt es anderwärts, „was man in der Jugend säet, wird man im Alter ärndten(!)". Wohlan denn, schmieden wir mit ernster, besonnener und fröhlicher Kraft an unserem Glücke, säen wir beizeiten mit rüstiger Hand guten Samen auf ein gutes Erdreich, daß die Saat gedeihlich wachse aus der Jugend in das reifere Mannesalter hinüber und ihre Früchte uns erfreuen, selbst über das Grab hinaus. Glücklich aber wird der Mensch, wenn er, zufrieden mit der Stellung, die ihm Gott gegeben, grade mit Ehren und Treuen den Platz ausfüllt, den die Vorsehung ihm zugewiesen; wenn er sich eifrig bestrebt, tüchtig das zu sein und zu werden, was er sein und werden soll. Ihr seid, meine Freunde, junge Männer, die sich auf ihren künftigen Beruf vorbereiten sollen, die einst als tüchtige Bürger, als Haus- und Familienväter nicht blos(!) den Ihrigen vorzustehen haben, sondern deren Wohlergehen auch auf der Achtung und dem Zutrauen beruht, welches andere Leute in Euch setzen. Wollt Ihr der Achtung Eurer Mitbürger dann wert sein, soll ihr Zutrauen Euch entgegen kommen, müßt Ihr jetzt Euch bereits desselben wert machen, müßt Ihr jetzt bereits Achtung und Zutrauen Euch erwerben. Wollt Ihr einst tüchtige Meister, tüchtige Hausväter werden, müßt Ihr jetzt tüchtige Gesellen, tüchtige Arbeiter sein in dem Fache, wozu die Neigung oder göttliche Fügung Euch berufen. Euch dazu anzuleiten, den Zweck Eures Leben klar und deutlich vorzuhalten, nach unsern Kräften Euch diesem Ziele zuzuführen, bewahrend und fördernd Eurem kostbaren Alter den Wert mitzuteilen, den es hat, haben wir den Verein gegründet, als dessen Mitglieder ich Euch mit Freuden begrüße. Was dem einzelnen zu schwer wird, oder woran er oft verzagt, das gedeiht ohne Mühe, wenn gemeinsame Kräfte, sich gegenseitig Stütze und Halt, dem Ziele zustreben. Mit dem Vorsatze also, jetzt *tüchtig zu sein*, was Ihr seid, um das *tüchtig zu werden*, was *Ihr werden sollt*, Euch auszubilden nach Kräften für Euren künftigen Beruf, seid Ihr unserem Vereine beigetreten. Haltet denn den wahren Zweck Eures Lebens, der zugleich anzustrebender Zweck unseres schönen Vereins ist, stets lebhaft vor Augen und sucht ihn zu erreichen mit rüstiger Kraft. Zur wahren Tüchtigkeit des Menschen gehört aber, daß er an Leib und Seele tüchtig sei, und ich verstehe darunter, daß der Mann *sein Geschäft*, welches es auch sei, tüchtig und gründlich verstehe, es ordentlich zu führen und zu halten wisse, und daß er ein *tüchtiger, ehrenwerter Christ* sei im Innern und nach Außen. Tüchtige Christen also wollt Ihr sein, und Ihr habt Recht. Ohne ein kräftiges, lebendiges Christentum ist es mit dem Menschen nichts und wird auch nichts. Ohne ein tüchtiges Christentum kein kräftiger Halt im Leben, keine wahre Zufriedenheit, keine rechte Tugend, keine dauernde Rechtschaffenheit, ohne lebendiges Christentum kein Glück. Das Christentum ist die eigentlich gesunde Kraft im Leben, wo es mangelt ist das Leben krank. Deshalb wollt Ihr Euch in Eurem Glauben mehr und mehr unterrichten lassen, und in der Tat, je mehr man ihn kennen lernt, um so lieber übt man ihn. – Und tüchtige Geschäftsleute wollt Ihr werden, – natürlich, dann müßt Ihr Euch jetzt schon an männlichen Ernst, an Ordnung, Tätigkeit, Umsicht, Sparsamkeit gewöhnen, müßt Ihr jetzt Euren Stand lieb gewinnen und alle Kräfte aufbieten, Euer Geschäft tüchtig und gründlich kennen zu lernen, daß Ihr das wollt und deswegen Euch unserm Vereine angeschlossen habt, ist ein gutes Zeugnis für Eure Zukunft. Bleibt dann der Sache, Eurem guten Vorsatze getreu, der Lohn wird für Euch selbst nicht ausbleiben!

Nun noch ein freundliches Wort! Im Vereine habt Ihr Euch als Brüder zusammengefunden, die, wie sie in Eines Glaubens Weise Gott verehren, auch zu Einem irdischen Ziele vereint hinarbeiten. Gleiches zu wollen führt von selbst die Herzen nah, und Eure Brüderschaft hat sich bis dahin auch tatkräftig gezeigt. Die Liebe aber, das Band der Einigkeit ist das Freieste, und deshalb das Edelste im Menschen. Deshalb haben wir sie nicht mit irgend einem Statut binden wollen, weder da, wo sie sich mit Gott zu befassen hat, noch wo sie hülfreich(!) unter Euch selbst wirksam sein soll. Das, dünkt uns, soll ihre allein gesegnete Wirksamkeit nicht hemmen, nein, soll sie sogar fördern. Brüderlich wohnt Sonntags zusammen dem Gottesdienste bei, brüderlich tretet mitsammen an den heiligen Tisch des Herrn, brüderlich bewahrt Euch gegenseitig vor dem Bösen, brüderlich fördert Euch gegenseitig im Guten. Und ist Einer krank unter Euch, Eure Liebe komme ihm in Allem zu Hülfe(!), worin Ihr sie nur leisten könnt; stirbt Einer, geleitet ihn brüderlich zum Grabe, und auch nachher gedenkt Seiner im Gebete, Eure Freuden seien, wenn tunlich, gemeinschaftliche, Euer Schmerz werde von Allen mitempfunden; dabei ziere offene, herzliche Heiterkeit Euer ganzes Leben, Eure Religion, wie Eure Arbeit, sie ist ein Zeichen der Gesundheit nicht blos(!) der des Leibes, sondern besonders der Ruhe und des Friedens der Seele. Und eine fromme, frische, fröhliche, wackere Jugend, die das Herz rein, den Kopf klar bewahrt, die reuelos hinter dem Manne liegt, ist die sicherste, wenn nicht die einzige Bürgschaft für das ganze künftige Lebensglück, die edelste Blüte, die das Leben treibt. Und an Eurem Lebensglücke mitzuarbeiten, Euch zu dienen, die ihr mir doppelt und dreifach nahe steht, wird mit der Gnade Gottes mir ein wichtiges, teures Amt bleiben mein Lebenlang.

Euer Präses
Adolph Kolping,
Kaplan,
Elberfeld, im Oktober 1848.

Anmerkungen

1 Im RK 5 (1848) Nr. 37 vom 19. 11. 1848 und in der Rheinischen Volkshalle Nr. 41 vom 15. 11. 1848 ist die Broschüre als „eben erschienen" angezeigt.
Am 29. 11. 1848 schrieb Kolping an Döllinger:
„Das Schriftchen selbst ist mir leider etwas zu rasch aus den Händen gegangen und deshalb in vieler Beziehung mangelhaft geblieben, so daß ich mich fast scheue, es Ihrer Beurteilung anheimzugeben. In mancher Beziehung hätte ich sorgfältiger zu Werke gehen müssen. Aber man drängte mich von außen, und grade damals war ich mit andern Arbeiten überhäuft. Für die Fassung muß ich Gnade erbitten, nur die Sache, mein' ich doch, sei der Beachtung wert. Ein anderes Mal verspreche ich in jeder Beziehung Besserung."
KS Bd. 2, S. 115. Rezensionen erschienen in: Der Katholik NF 2, (1850), 2 Bd., S. 339–353 und HPB Bd. 30 (1852) II, S. 36–46.
Zur Entstehung und publizistischen Analyse der Schrift siehe: Schmolke, Kolping als Publizist, S. 116–119.

2 Kolping war selbst zehn Jahre Schuhmacher-Lehrling und Geselle gewesen. Er lernte von 1826 bis 1829 bei Peter Joseph Meuser in Kerpen. Danach arbeitete er in verschiedenen Werkstätten in der näheren Umgebung (Sindorf, Düren, Lechenich und Köln). Siehe dazu:
KS Bd. 1, S. 2 und 10–13 und KS Bd. 2, S. 115.

3 Siehe dazu: Fenske, Vormärz und Revolution.

4 Siehe dazu: KS Bd. 1, S. 72 f.

5 Vgl.: Vitus, Anfänge, S. 48–78.

6 Die der Broschüre angeführten Statuten sind bei Julius Schellhoff (o. Z.) auch als Separatdruck erschienen. Ein Exemplar befindet sich in ADK Nr. D 13.

Benutzte Archive

Bad-Neuenahr-Ahrweiler: Archiv der Ursulinen, Kalvarienberg.
Brühl: Nordrhein-Westfälisches Personenstandsarchiv.
Düsseldorf: Nordrhein-Westfälisches Hauptstaatsarchiv.
Koblenz: Landeshauptarchiv Koblenz.
Köln: Archiv des Kolpingwerkes. Historisches Archiv des Erzbistums Köln. Archiv des Metropolitankapitels. Historisches Archiv der Stadt Köln.
Merseburg: Zentrales Staatsarchiv.
München: Archiv des Erzbistums München-Freising.
Rom: Archivio Segreto Vaticano. Archiv des Collegio Teutonico.
Wien: Archiv des Erzbistums Wien.
Wroław: Archiv des Erzbistums Wroław.
Wuppertal-Elberfeld: Pfarrarchiv St. Laurentius. Sammlung Theodor Wilmes.

Abkürzungen

a. a. O.	am angegebenen Ort (zuletzt genannte Quelle)
Anm.	Anmerkung
Bd(e).	Band, Bände
bes.	besonders
bzw.	beziehungsweise
ders.	derselbe
ebd.	ebenda (gleiche Quelle, gleiche Seite)
f.	folgende
ff.	folgenden
fol.	folio
GV	Gesellenverein
Hg.	herausgegeben, Herausgeber
kath.	katholisch
Lit.	Literatur
Mitgl.	Mitglied
N.F.	Neue Folge
PfA	Pfarrarchiv
o. J.	ohne Jahresangabe
o. O.	ohne Ortsangabe
Q.	Quelle(n)
S.	Seite
Sp.	Spalte
SS	Sommersemester
u.	und
u. a.	und andere
v.	von
vgl.	vergleiche
vol.	volumen
WS	Wintersemester
z. B.	zum Beispiel
z. Z.	zur Zeit

Siglen der Quellen und Literatur

1. Archive

ADK	Archiv des Kolpingwerkes, Köln.
AEK	Historisches Archiv des Erzbistums Köln.
ASV	Archivio Segreto Vaticano.
BA	Bistumsarchiv – Name der Diözese.
DZAM	Zentrales Staatsarchiv Merseburg.
EBA	Erzbistumsarchiv – Name der Erzdiözese.
HAStK	Hist. Archiv der Stadt Köln.
HStAD	Nordrhein-Westfälisches Hauptstaatsarchiv Düsseldorf.
LHAKO	Landeshauptarchiv Koblenz.
PSA	Nordrhein-Westfälisches Personenstandsarchiv Rheinland, Brühl.

ADB	Allgemeine Deutsche Biographie.
AHVN	Annalen des Historischen Vereins für den Niederrhein.
FS	Feierstunde.
HJ	Historisches Jahrbuch der Görresgesellschaft.
HPB	Historisch-Politische Blätter.
HZ	Historische Zeitschrift
JbKGV	Jahrbuch des Kölnischen Geschichtsvereins.
KA	Kirchlicher Anzeiger für die Erzdiözese Köln.
KS	Kolping-Schriften.
LThK	Lexikon für Theologie und Kirche.
Mitteilungen	Kolping, Mittheilungen.
NDB	Neue Deutsche Biographie.
ÖBL	Österreichisches Biographisches Lexikon.
RGG	Die Religion in Geschichte und Gegenwart.
RK	Rheinisches Kirchenblatt.
RLB	Rheinische Lebensbilder.
RV	Rheinische Volksblätter.
STL	Staatslexikon der Görresgesellschaft.
VK	Volkskalender.
VO	Vereinsorgan.
ZGL	Zeitgeschichte in Lebensbildern.

Ungedruckte Quellen

Baudri, Friedrich, Tagebücher. (Privatbesitz: Ludwig Gierse, Köln).

Breuer, Johann Gregor, Autobiographie, zusammengestellt und verfaßt, Höchst 1889f. (Kopie im ADK), (Privatbesitz: August Schmitz-Teske, Wuppertal).

Grus, Heinrich, Kurzgefaßte Geschichte der Ordnung und Ausbreitung des katholischen Gesellenvereins 1896/97. (Kopie im ADK).

Grus, Heinrich, Erinnerungen und Betrachtungen über die Gründung des Kath. Gesellenvereins zum 50jährigen Jubelfeste 1896. (Kopie im ADK).

Kolping, Adolph, Predigten. (Originale im ADK).

Mandelartz, Franz, Mein Lebenslauf und Erinnerungen, Niederlahnstein 1928. (Kopie und Abschrift im ADK).

Personalhauptbuch des Kölner Gesellenvereins. (Original im ADK).

Protokollbuch des katholischen Gesellenvereins Köln-Zentral. (Abschrift im ADK).

Gedruckte Quellen

Acta et Decreta Concilii Provinciae Coloniensis, in civitate Coloniensi anno Domini MDCCCLX pontificatus P(a)p(ae) Pii IX decimoquarto celebrati, Coloniae 1862.

Benning, Alfons (Hg.), Quellentexte katholischer Erwachsenenbildung, Paderborn 1971.

Breuer, Johann Gregor, Denkschrift über den katholischen Gesellenverein, Elberfeld 1846, in: KS Bd. 3, S. 1–8.

Breuer, Johann Gregor, Das große Fest der katholischen Gemeinde in Elberfeld im Juli 1847. Allen Festgenossen gewidmet, Elberfeld, o. J. (1847).

[Breuer, Johann Gregor (Hg.)], Liederbuch, zunächst für den Rheinischen Gesellenbund. Herausgegeben zum Vortheil des Elberfelder Jünglingsvereines von J. G. Breuer, Lehrer in Elberfeld, Elberfeld 1851.

B[reuer], J[ohann] G[regor], Die Jubelfeier des Hochwürdigen Herrn Friedrich Friderici, Pfarrer der kathol. Gemeinde zu Elberfeld, am 26. Mai 1859. Der lieben katholischen Gemeinde zur Erinnerung freundlichst gewidmet, Elberfeld o. J. (1859).

[Breuer, Johann Gregor], Ein Todtenkranz auf's Grab des allverehrten hochwürdigen Herrn Pfarrers und Definitors Hubert Friedrich Friderici gestorben zu Elberfeld am 15. März 1883 (Elberfeld 1883).

Göbels, Hubert (Hg.), Adolph Kolping. Ausgewählte pädagogische Schriften (Schöninghs Sammlung pädagogischer Schriften), Paderborn 1964.

Hamm, Theodor, Streiflichter aus den Tagen Adolph Kolpings!, in: Die Kolpingsfamilie. Mitteilungen des Kölner Gesellenvereins. Festausgabe anläßlich des 75. Jahrestages der Einweihung des ersten Kölner Gesellenhauses 3. Jg. (1928) Nr. 3, S. 9–11.

Kirchlicher Anzeiger für die Erzdiöcese Köln, hg. vom Erzbischöflichen General-Vicariate zu Köln, 1 (1852)–25 (1876), 26(1886)–33 (1893).

[Kolping, Adolph], Adolph-Kolping-Schriften, Kölner Ausgabe.
Bd. 1: Dokumente – Tagebücher – Gedichte, Hg. *Hans Joachim Kracht,* Köln ^{2}1981.
Bd. 2: Briefe, Hg. *Michael Hanke,* Köln 1976.
Bd. 3: Soziale Frage und Gesellenverein I: 1846–1852, Hg. *Rosa Copelovici, Michael Hanke, Franz Lüttgen, Josef Anton Stüttler,* Köln 1985.
Bd. 4: II: 1852–1858, Köln 1986.
Bd. 5: III: 1859–1865, Köln 1987.
Bd. 6: Bilder aus Rom, Hg. *Hans Joachim Kracht,* Köln 1986.

Kolping, Adolph, Der Gesellen-Verein, Köln und Neuß 1849, in: KS Bd. 3, S. 44–68.

Kolping, Adolph, Für ein Gesellen-Hospitium, Köln 1852, in: KS Bd. 4, S. 1–13.

Kolping, Adolph (Hg.), Feierstunde. Beilage zum Rheinischen Kirchenblatt, 1–4 (1851–1854).

Kolping, Adolph (Hg.), Kalender für das katholische Volk, Köln 1854–1866.

Kolping, Adolph (Hg.), Katholischer Volkskalender für das Jahr des alten und neuen Heils 18., Köln / Neuß 1850–1853.

Kolping, Adolph (Hg.), Mittheilungen für die Vorsteher katholischer Gesellenvereine, Köln 1863 ff.

Kolping, Adolph (Hg.), Rheinisches Kirchenblatt, Köln 1850–1854.

Kolping, Adolph (Hg.), Rheinische Volksblätter für Haus, Familie und Handwerk, 1–13 (1854–1865).

Kolping, Adolph (Hg.), Vereins-Organ. Beilage zum Rheinischen Kirchenblatt, Köln 1 (1850).

Kolping, Adolph, Ein katholisches Volksbuch für die Großen und die Kleinen. Sammlung von Erzählungen und Aufsätzen, 2 Bde., Soest und Olpe 1853/55.

Kolping, Adolph, Kalendergeschichten aus dem Jahre 1854, Soest 1854.

Kolping, Adolph, Lebensbilder. Ernste und heitere Geschichten, Köln 1860.

Kolping, Adolph, Erzählungen, 5 Bde., Soest 1862.

Statuten des Gesellen-Vereins zu Köln (gegründet am 6. Mai 1849), Köln 1850, in: KS Bd. 3, S. 82–96.

Verhandlungen
der ersten Versammlung des katholischen Vereines Deutschlands am 3., 4., 5. und 6. October in Mainz. Mainz 1848.
– zweite Versammlung „am 9., 10., 11. und 12. Mai 1849 zu Breslau", Breslau 1849.
– dritte „General-Versammlung" „am 2., 3., 4. und 5. October 1849 zu Regensburg", Regensburg 1849.
– vierte Generalversammlung „am 24., 25., 26. und 27. September 1850 zu Linz", Linz und Regensburg 1850.

– fünfte Generalversammlung „am 7., 8., 9. und 10. October 1851 zu Mainz“, Mainz 1852.
– sechste Generalversammlung „am 21., 22. und 23. September 1852 zu Münster“, Münster 1853.
– siebente Generalversammlung „am 20., 21. und 22. September 1853 zu Wien“, Wien 1854.
– achte Generalversammlung „am 23., 24. und 25. September 1856 zu Linz“, Linz (Donau) 1857.
– neunte Generalversammlung „am 21., 22., 23. und 24. September (1857) zu Salzburg“, Salzburg 1858.
– zehnte Generalversammlung der katholischen Vereine Deutschlands am 6., 7., 8. und 9. September 1858 zu Köln. Köln 1859.
– elfte Generalversammlung „am 12., 13., 14. und 15. September 1859 zu Freiburg im Breisgau“, Freiburg/Br. 1860.
– zwölfte Generalversammlung „am 24., 25., 26. und 27. September 1860 zu Prag in Böhmen“, Prag 1861.
– 13. Generalversammlung „in München am 9., 10., 11. und 12. September 1861“, München 1862.
– 14. Generalversammlung „in Aachen am 8., 9., 10. und 11. September 1862“, Aachen 1863.
– 15. Generalversammlung „zu Frankfurt am Main am 21., 22., 23. und 24. September 1863“, Frankfurt/M. 1863.
– 16. Generalversammlung „in Würzburg am 12., 13., 14. und 15. September 1864“, Würzburg 1864.
– 17. Generalversammlung „in Trier am 10., 11., 12., 13. und 14. September 1865“, Trier 1865
– der 50. Generalversammlung der Katholiken Deutschlands in Köln vom 23. bis 27. August 1903. Köln 1903 (Verhandlungen, Generalversammlungen).

Wanderbüchlein für das Mitglied des Kath[olischen] Gesellenvereins..., Soest (1856), in: KS Bd. 4, S. 266–276.

Literatur

Die größte Auswahl von Festschriften der katholischen Gesellenvereine befindet sich im ADK.

Abel, Wilhelm, Der Pauperismus in Deutschland, in: Wirtschaft, Geschichte und Wirtschaftsgeschichte. Festschrift zum 65. Geburtstag von Friedrich Lütge, *Abel, Wilhelm / Borchardt, Knut / Kellenbenz, Hermann / Zorn, Wolfgang* (Hg.), Stuttgart 1966, S. 284–298.

Abel, Wilhelm, Massenarmut und Hungerkrisen im vorindustriellen Deutschland, Göttingen ^{2}1977.

Abraham, Karl, Der Strukturwandel im Handwerk in der ersten Hälfte des 19. Jahrhunderts und seine Bedeutung für die Berufsausbildung, Köln 1955.

Achenbach, Hermann, Die konfessionelle Arbeitervereins-Bewegung unter besonderer Berücksichtigung ihrer sozialen und sozialpolitischen Problematik, Gießen 1935 (phil. Diss.).

Adelmann, Gerhard, Führende Unternehmer im Rheinland und in Westfalen 1850 bis 1914, in: Rheinische Vierteljahresblätter 35 (1971), S. 335–352.

Allgemeine Deutsche Biographie, hg. durch die *Historische Kommission bei der Königlichen Akademie der Wissenschaften,* Bd. 1–56, Leipzig 1875–1912, Nachdruck: Berlin 1967–1971.

Annalen des historischen Vereins für den Niederrhein, insbesondere die alte Erzdiözese (ab 114/1929: das alte Erzbistum) Köln, 1 (1855)ff.

Aubert, Roger / Lill, Rudolf, Die Auseinandersetzung zwischen Katholizismus und Liberalismus, in: *Jedin, Hubert* (Hg.), Handbuch der Kirchengeschichte , Bd. VI, I. Halbband: Die Kirche in der Gegenwart: Zwischen Revolution und Restauration (Freiburg – Basel – Wien 1971), S. 696–791.

Aubin, Hermann / Zorn, Wolfgang (Hg.), Handbuch der deutschen Wirtschafts- und Sozialgeschichte, Bd. 2: Das 19. und 20. Jahrhundert, Stuttgart 1976.

Bachem, Karl, Josef Bachem und die Entwicklung der katholischen Presse in Deutschland, 3 Bde., Köln 1912, 1913, 1938; Bde. 1 u. 2. unter dem Titel: Josef Bachem, seine Familie und die Firma J. P. Bachem in Köln. Die Rheinische und die Deutsche Volkshalle. Die Kölnischen Blätter und die Kölnische Volkszeitung. Zugleich ein Versuch der Geschichte der katholischen Presse und ein Beitrag zur Entwicklung der katholischen Bewegung in Deutschland.
Bd. 3 (1938) unter dem Titel: Josef Bachem. Ein Altmeister der Presse. Die Kölnischen Blätter und die Kölnische Volkszeitung. Ein Beitrag zur Geschichte des deutschen Zeitungswesens im 19. Jahrhundert.

Bachem, Karl, Vorgeschichte, Geschichte und Politik der deutschen Zentrumspartei. Zugleich ein Beitrag zur Geschichte der katholischen Bewegung, 9 Bde., Köln 1927–1932.

Ballauf, Theodor / Schaller, Klaus, Pädagogik. Eine Geschichte der Bildung und Erziehung Bd. 3 (Orbis Academicus Bd. I/13), Freiburg-München 1973.

Balser, Frolinde, Die Anfänge der Erwachsenenbildung in Deutschland in der ersten Hälfte des 19. Jahrhunderts. Eine kultursoziologische Deutung, Stuttgart 1959.

Balser, Frolinde, Sozial-Demokratie 1848/49–1863. Die erste deutsche Arbeiterorganisation „Allgemeine deutsche Arbeiterverbrüderung" nach der Revolution (Industrielle Welt. Schriftenreihe des Arbeitskreises für moderne Sozialgeschichte 2), 2 Bde., Stuttgart 1962.

Baudri, Johann, Die Minoriten-Kirche zu Köln, Köln-Neuß 1871. Auch in: *Franz Bock* (Hg.), Rheinlands Baudenkmale des Mittelalters, Köln-Neuß 1871, Bd. II, 3.

Baudri, [Johann Anton Friedrich], Der Erzbischof von Köln, Johannes Cardinal von Geissel und seine Zeit (2. u. 3. Vereinsschrift der Görresgesellschaft 1881), Köln 1881.

Bauer, Clemens, Wandlungen der sozialpolitischen Ideenwelt im deutschen Katholizismus des 19. Jahrhunderts, in: Die soziale Frage und der Katholizismus. Festschrift zum 40jährigen Jubiläum der Enzyklika „Rerum Novarum", Sektion für Sozial- und Wirtschaftswissenschaft der Görresgesellschaft (Hg.), Paderborn 1931, S. 11–46.

Beiträge zur Geschichte des ehemaligen Kollegiatstiftes und der heutigen Pfarrkirche Sankt Martinus in Kerpen, hg. aus Anlaß der feierlichen Kirchweihe am 19. April 1953.

Benning, Alfons, Der Bildungsbegriff der deutschen katholischen Erwachsenenbildung, Paderborn 1970.

Bergsträsser, Ludwig, Geschichte der politischen Parteien, 11. Aufl., völlig überarbeitet und hg. von *Mommsen, Wolfgang* (Deutsches Handbuch der Politik 2), München 1965.

Bernards, Matthäus, Zur Geschichte des theologischen Konvikts in Bonn 1827–1875, in: AHVN, 153/154 (1953), S. 201–235.
Bernards, Matthäus, Zum Anteil der Provinzialkonzile am Ausbau der Ekklesiologie im 19. Jahrhundert. Die Kölner Partikularsynode von 1860, in: Die Kirche im Wandel der Zeit. Festschrift ... Josef Kardinal Höffner, hg. v. *Franz Groner,* Köln 1971, S. 149–167.
Birke, Adolf M., Bischof Ketteler und der deutsche Liberalismus (Veröffentlichungen der Kommission für Zeitgeschichte, Reihe B: Forschungen 9), Mainz 1971.
Birker, Karl, Die deutschen Arbeiterbildungsvereine 1840–1870 (Einzelveröffentlichungen der Historischen Kommission zu Berlin 10), Berlin 1973.
Bischof, Ferdinand, Kardinal Gruscha und die soziale Frage, Wien 1959 (rechts- u. staatswiss. Diss. masch. schrftl.).
Blankertz, Herwig, Bildung im Zeitalter der großen Industrie. Pädagogik, Schule und Berufsbildung im 19. Jahrhundert, Hannover 1969.
Bockisch, Paul, Die Wirtschaftsgesinnung der Katholisch-Sozialen in Deutschland im 19. Jahrhundert, Breslau 1927 (rer. pol. Diss.).
Bolzau, Hermann (Hg.), Vinzenzgeist und Vinzenzverein (1. Vereinsschrift der Görresgesellschaft 1933), Köln 1933.
Bongartz, Arnold, Das katholisch-sociale Vereinswesen in Deutschland. Geschichte, Bedeutung und Statistik desselben, Würzburg 1879.
Bopp, Hartwig, Adolf Kolping und die Gesellenbewegung, in: Die soziale Frage und der Katholizismus. Festschrift zum 40jährigen Jubiläum der Enzyklika „Rerum Novarum", Sektion für Sozial- und Wirtschaftswissenschaft der Görresgesellschaft (Hg.), Paderborn 1931, S. 99–114.
Bopp, Hartwig, Die Entwicklung des deutschen Handwerksgesellentums im 19. Jahrhundert unter dem Einfluß der Zeitströmungen, Paderborn 1932.
Born, Karl-Erich (Hg.), Moderne deutsche Wirtschaftsgeschichte (Neue Wissenschaftliche Bibliothek Bd. 12), Köln-Berlin 1966.
Brakelmann, Günter, Kirche und Sozialismus im 19. Jahrhundert. Die Analyse des Sozialismus und Kommunismus bei Johann Hinrich Wichern und Rudolf Todt, Witten [4]1971.
Brauer, Theodor (Hg.), Aus Kolpings Briefen, Köln o.J. (1934?).
Brauer, Theodor, Adolph Kolping (Klassiker katholischer Sozialphilosophie Bd. 2), Freiburg 1923.
Brauer, Theodor, Adolph Kolping (Deutsche Priestergestalten Bd. 1), Kevelaer 1935, [2]1936.
Brauer, Theodor, Adolph Kolping, der Gesellenvater, in: Kommende deutsche Heilige. Heiligmäßige Deutsche aus jüngerer Zeit, Dülmen 1937, S. 119–140.
Bredendiek, Walter, Christliche Sozialreformer des 19. Jahrhunderts, Leipzig 1953.
Breuer, Johann Gregor, Festschrift zur Feier des fünfzigjährigen Bestehens der Gesellschaft „Parlament" in Elberfeld, Elberfeld o.J. (1895).
Breuer, Johann Gregor, Festschrift zum goldenen Jubiläum des katholischen Mädchen-Vereins in Elberfeld, Höchst a.M. 1895.
Brühl, J.A. Moritz, Geschichte der Katholischen Literatur Deutschlands vom 17. Jahrhundert bis zur Gegenwart. In Kritisch-biographischen Umrissen, Leipzig 1854.
Brüls, Karl-Heinz, Geschichte der katholisch-sozialen Bewegung in Deutschland, Münster 1958.
Buchheim, Karl, Geschichte der christlichen Parteien in Deutschland, München 1953.
Buchheim, Karl, Ultramontanismus und Demokratie. Der Weg der deutschen Katholiken im 19. Jahrhundert, München 1963.
Buchheim, Karl, Deutsche Kultur zwischen 1830 und 1870 (Handbuch der Kulturgeschichte 1. Abt. Bd. 9), Frankfurt 1966.
Bußmann, Walter, Zwischen Preußen und Deutschland: Friedrich Wilhelm IV. Eine Biographie, Berlin 1990.

Cardauns, Hermann, Aus dem alten Köln vor 60 und 120 Jahren, Köln 1920.
Christ, Hans, Christlich-religiöse Lösungsversuche der sozialen Frage im mittleren 19. Jahrhundert, Erlangen 1951 (masch. schrftl. phil. Diss.).
Conze, Werner, Vom „Pöbel" zum „Proletariat". Sozialgeschichtliche Voraussetzungen für den Sozialismus in Deutschland, in: Vierteljahresschrift für Sozial- und Wirtschaftsgeschichte 41 (1954), S. 333–364 Nachdruck in: Wehler, H.-U. (Hg.), Moderne deutsche Sozialgeschichte, Königstein [5]1980, S. 111–136.

Conze, Werner/Engelhardt, Ulrich (Hg.), Arbeiter im Industrialisierungsprozeß. Herkunft, Lage und Verhalten, Stuttgart 1979.

Conze, Werner/Engelhardt, Ulrich (Hg.), Arbeiterexistenz im 19. Jahrhundert. Lebensstandard und Lebensgestaltung deutscher Arbeiter und Handwerker, Stuttgart 1981.

Conze, Werner/Engelhardt, Ulrich (Hg.), Handwerker in der Industrialisierung. Lage, Kultur und Politik vom späten 18. bis ins frühe 20. Jahrhundert, Stuttgart 1983.

Conzemius, Viktor, Adolph Kolping und Ignaz v. Döllinger, in: AHVN 164 (1962), S. 118–191.

Conzemius, Viktor, Adolph Kolping (1813–1865), in: RLB Bd. 3 (Düsseldorf 1968), S. 221–233.

Conzemius, Viktor, Adolph Kolping – Ein neues Bild des Gesellenvaters, in: Ders., Propheten und Vorläufer. Wegbereiter des neuzeitlichen Katholizismus, Zürich-Einsiedeln-Köln 1972, S. 103, 123.

Conzemius, Viktor, Adolph Kolping. Der Gesellenvater aktuell: Damals und heute, Fribourg/Hamburg 1982.

Conzemius, Viktor, Kolping, in: Theologische Realenzyklopädie, Bd. 19, Berlin/New York 1990, S. 376 bis 378.

Deite, Hermann, Die katholisch-soziale Bewegung in Deutschland nach ihrer Literatur geschildert, Berlin 1908 (phil. Diss.).

Deutsches Literatur-Lexikon. Biographisch-Bibliographisches Handbuch. Begründet von Wilhelm Kosch, 3. völlig neu bearbeitete Auflage; Bde. 1–5: *Berger, Bruno/Rupp, Heinz* (Hg.), Bde. 6–12: *Rupp, Heinz/Lang, Carl Ludwig* (Hg.), München 1968 ff.

Dockhorn, Wilhelm, Die christlich-soziale Bewegung in Deutschland. Kritischer Beitrag zur Frage ihres religiösen und kulturell-gesellschaftlichen Untergrunds, ihrer Idee und Geschichte, ihrer Verdichtung in die Gestalt der christlichen Arbeiterbewegung und ihre Stellung im modernen Werteprozeß, Halle 1928.

Dorsch, Volker, Die Handelskammern der Rheinprovinz in der zweiten Hälfte des 19. Jahrhunderts. Eine Studie zu Funktion und Entwicklung wirtschaftlicher Interessenvertretungen (Frankfurter Historische Abhandlungen, Bd. 24), 1981.

Dowe, Dieter [August], Aktion und Organisation. Arbeiterbewegung, sozialistische und kommunistische Bewegung in der preußischen Rheinprovinz 1820–1852 (Schriftenreihe des Forschungsinstituts der Friedrich-Ebert-Stiftung Bd. 78), Hannover 1970.

Driesch, Theodor von den, Adolph Kolping als Typus des Volksbildners, Münster 1930.

Duroselle, Jean-Baptiste, Les députs du catholicisme social en France (1822–1870), Paris 1951.

Düwell, Kurt/Köllmann, Wolfgang (Hg.), Rheinland-Westfalen im Industriezeitalter. Beiträge zur Landesgeschichte des 19. und 20. Jahrhunderts in vier Bänden, Bd. I, Wuppertal 1983; Bd. II, Wuppertal 1984.

Eberl, Friedrich, Die Kirche und die Association der Arbeiter, Passau 1866.

Elvers, Rudolf, Viktor Aimé Huber. Sein Werden und Wirken, 2 Bde., Berlin 1872 und 1874.

Engelsing, Rolf, Zur politischen Bildung der deutschen Unterschichten (1789–1863), in: Historische Zeitschrift 206 (1968), S. 337–369.

Engelsing, Rolf, Zur Sozialgeschichte deutscher Mittel- und Unterschichten (Kritische Studien zur Geschichtswissenschaft Bd. 4), Göttingen 1973.

Eschweiler, Karl, Die zwei Wege der neueren Theologie – Georg Hermes und Matth. Jos. Scheeben. Eine kritische Untersuchung des Problems der theologischen Erkenntnis, Augsburg 1926.

Eyll, Klara van, Wirtschaftsgeschichte Kölns vom Beginn der französischen Zeit bis zur Reichsgründung, in: *Kellenbenz, Hermann* (Hg.), Zwei Jahrtausende Kölner Wirtschaft, Bd. 2, Köln 1975, S. 163–266.

Faust, Helmut, Schulze-Delitzsch und sein genossenschaftliches Werk, Marburg 1949.

Feidel-Mertz, Hildegard, Zur Ideologie der Arbeiterbildung, Frankfurt ^{2}1972.

Fenske, Hans (Hg.), Vormärz und Revolution 1840–1849 (= Quellen zum politischen Denken der Deutschen im 19. und 20. Jahrhundert Bd. 4), Darmstadt 1976.

Fenske, Hans (Hg.), Der Weg zur Reichsgründung 1850–1870 (= Quellen zum politischen Denken der Deutschen im 19. und 20. Jahrhundert Bd. 5), Darmstadt 1977.

Festing, Heinrich, Adolph Kolping und sein Werk, Freiburg/Basel/Wien 1981; ^{8}1989.

Filthaut, Ephrem, Deutsche Katholikentage 1848–1958 und die soziale Frage, Essen 1960.

Fischer, H[einrich], Kolping: in: New Catholic Encyclopedia, Bd. 8, San Francisco/Toronto/London/Sydney 1967, S. 247 f.

Fogarty, Michael P., Christliche Demokratie in Westeuropa 1820–1953, Freiburg 1959.
Franz, Albert, Adolph Kolping, der Gesellenvater, Mönchengladbach 1913.
Franz, Albert, Der soziale Katholizismus in Deutschland bis zum Tode Kettelers, Mönchengladbach 1914.
Friedberger, Walter, Geschichte der Sozialismuskritik im katholischen Deutschland zwischen 1830 und 1914 (Regensburger Studien zur Theologie 14), Bern 1978.
Fries, Heinrich / Schwaiger, Georg, (Hg.), Katholische Theologen Deutschlands im 19. Jahrhundert, 3 Bde., München 1975.
Fuchs, Friedrich, Die deutschen Katholiken und die deutsche Kultur im 19. Jahrhundert, in: Wiederbegegnung von Kirche und Kultur in Deutschland. Eine Gabe für Karl Muth, München 1927, S. 9–58.

Gall, Lothar (Hg.), Liberalismus, Königstein ²1980.
Gall, Lothar, Europa auf dem Weg in die Moderne 1850–1890, München 1984.
Gatz, Erwin (Hg.), Die Bischöfe der deutschsprachigen Länder 1785/1803 bis 1945. Ein biographisches Lexikon, Berlin 1983.
Gerhardt, Martin, Johann Hinrich Wichern. Ein Lebensbild. 3 Bde., Hamburg 1927–31.
Gerhartz, Joseph / Wedekind, Peter (Hg.), Die Abiturienten und Lehrer des Marzellengymnasiums 1815–1911, Köln 1911.
Gerig, Hans, Kolpinggruft, Sacellum Conresheim und Marienaltar in der Minoritenkirche zu Köln, in: Im Schatten von St. Gereon. Festschrift Erich Kuphal (Veröffentlichungen des Kölnischen Geschichtsvereins 25), Köln 1960, S. 79–96.
Geschichte der drei ersten Jahre des Rheinisch-Westphäl(ischen) Jünglingsbundes, Elberfeld ²1851.
Goebel, Klaus, Geschichte der Stadt Wuppertal, Wuppertal 1977.
Göbels, Hubert, Kolping, in: NDB Bd. 12 (1980), S. 475–477.
Götte, Franz Josef, Die deutschen Katholikentage im neunzehnten Jahrhundert und ihre Verhandlungen über den Problemkreis Handwerk und Erziehung, Frankfurt 1966 (wirtschaftl. und sozialwiss. Diss.).
Goyau, Georges, L'Allemagne religieuse. Le Catholizisme 1780–1870, Bd. 4, Paris 1909.
Granvogl, Heinz, Adolph Kolping und die christlich-soziale Bewegung (Materialien zur Geschichte des bayrischen Schwaben, Heft 9), Augsburg 1987.
Grebe, Paul, Die Arbeiterfrage bei Lange, Ketteler, Jörg, Schäffle. Aufgezeigt an ihrer Auseinandersetzung mit Lasalle (Historische Studien 283), Berlin 1935.
Grebing, Helga, Geschichte der deutschen Arbeiterbewegung, München ¹¹1991.
Grenner, Karl-Heinz, Wirtschaftsliberalismus und katholisches Denken. Ihre Begegnung und Auseinandersetzung im Deutschland des 19. Jahrhunderts, Köln 1967.
Greschat, Martin, Das Zeitalter der industriellen Revolution. Das Christentum vor der Moderne, Stuttgart / Berlin / Köln / Mainz 1980.
Grubner, Josef, Bildung unter dem Prinzip der Gottebenbildlichkeit nach Adolph Kolping (1813–1865). Reflexionen zu einer „christlichen" Pädagogik, Wien 1976.

Hässlin, Johann Jakob (Hg.), Köln. Die Stadt und ihre Bürger, München 1964.
Handbuch der Erzdiözese Köln [1846]⁵; 1850⁶; 1854⁷; 1857⁸, hg. v. *J[ohann] Podesta*; 1860⁹, hg. v. *A[ugust] Rauchholz*; 1863¹⁰, hg. v. *A[ugust] Rauchholz*; 1866¹¹, hg. v. *H[ermann] J[oseph] B[enedikt] Asthöwer*; 1869¹², hg. v. *D[agobert] Sommer*; 1872¹³, hg. v. *J[osef] Müller*, 1878¹⁴ (o. Hg.); 1888¹⁵, hg. v. *Joh[ann] P[eter] Ferdinand*; 1892¹⁶, hg. v. *Johann Peter Ferdinand*; 1895¹⁷, hg. v. v. *Johann Peter Ferdinand*; 1901¹⁸; 1905¹⁹; 1908²⁰; 1911²¹; 1933²³ (ab hier geänderter Titel: ... Erzbistums Köln); 1954²⁴; 1958²⁵; 1966²⁶ (2 Bde.).
Hanke, Michael, Sozialer Wandel durch Veränderung des Menschen. Leben, Wirken und Werk des Sozialpädagogen Adolph Kolping, (Die große Tat 2), Mülheim 1974.
Harke-Schmidt, Susanne / Hemmersbach, Fritz, (Hg.), Kerpener Köpfe. Geschichte in Lebensbildern, (Beiträge zur Kerpener Geschichte und Heimatkunde, Bd. 4), Kerpen 1988.
Hecker, Hermann Joseph, Chronik der Regenten, Dozenten und Ökonomen im Prie sterseminar des Erzbistums Köln 1615–1950 (Studien zur Kölner Kirchengeschichte Bd. 1), Düsseldorf 1952.
Hegel, Eduard, Das Erzbistum Köln zwischen der Restauration des 19. Jahrhunderts und der Restauration des 20. Jahrhunderts 1815–1962 (Geschichte des Erzbistums Köln Bd. 5), Köln 1987.
Heinen, Ernst, Der Kölner Piusverein 1848/49 – ein Beitrag zu den Anfängen des politischen Katholizismus in Köln, in: JbKGV 57 (1986), S. 147–242.

Heinen, Ernst, Staatliche Macht und Katholizismus in Deutschland; Bd. I: Dokumente des politischen Katholizismus von seinen Anfängen bis 1867; Bd. II: Dokumente des politischen Katholizismus von 1867 bis 1914, Paderborn 1969–1979.

Herberts, Hermann, Alles ist Kirche und Wandel ... Wirtschaft und Gesellschaft des Wuppertals im Vormärz und in der Revolution 1848/49 (=Bergische Forschungen. Quellen und Forschungen zur bergischen Geschichte, Kunst und Literatur 12), Neustadt an der Aisch 1980.

Hermans, Baldur ...

Heuss, Theodor, Adolph Kolping, in: Ders., Würdigungen, Reden, Aufsätze und Briefe aus den Jahren 1949–1955. Hg. von *Hans Bott,* Tübingen 1955, S. 135–139, 429.

Heuss, Theodor, Schulze-Delitzsch. Leistung und Vermächtnis, Tübingen 1956.

Heyde, L[udwig], Kolping, in: RGG Bd. 3 (1959), Sp. 1729.

Historisch-Politische Blätter für das katholische Deutschland, München 1848ff.

Höffner, Joseph, Adolph Kolping, in: *Heimpel, Hermann/Heuß, Theodor/Reifenberg, Benno* (Hg.), Die großen Deutschen Bd. 3, Berlin 1958, S. 356–363. Nachdruck: Frankfurt 1983; textgleich mit: Adolph Kolping 1813–1865, Münster 1963. (Sonderdruck).

Höffner, Joseph, Wilhelm Emmanuel von Ketteler und die katholische Sozialbewegung im 19. Jahrhundert, Wiesbaden 1962.

Höffner, Joseph, Die deutschen Katholiken und die soziale Frage im 19. Jahrhundert, Paderborn o.J. (1954).

Höveler, Peter, Adolph Kolping als katholischer Schriftsteller, Düsseldorf 1899.

Hofmann, Werner, Ideengeschichte der sozialen Bewegungen des 19. und 20. Jahrhunderts, Berlin/New York [6]1978.

Hoth, Wolfgang, Die Industrialisierung einer rheinischen Gewerbestadt, dargestellt am Beispiel Wuppertal (Schriften zur Rheinisch-Westfälischen Wirtschaftsgeschichte Bd. 28), Köln 1975.

Honecker, Martin, Die Wesenszüge der deutschen Romantik in philosophischer Sicht, in: *Prang, Helmut* (Hg.), Begriffsbestimmung der Romantik (= Wege der Forschung 150), Darmstadt 1972[2], S. 297–323; Erstdruck: Philosophisches Jahrbuch der Görres-Gesellschaft, 49/1936, S. 199–222.

Huber, Ernst Rudolf/Huber, Wolfgang, Staat und Kirche im 19. und 20. Jahrhundert. Dokumente zur Geschichte des deutschen Staatskirchenrechts, Berlin; Bd. I: Staat und Kirche vom Ausgang des alten Reichs bis zum Vorabend der bürgerlichen Revolution, 1973; Bd. II: Staat und Kirche im Zeitalter des Hochkonstitutionalismus und des Kulturkampfs 1848–1890, 1976.

Huber, Viktor Aimé, Ausgewählte Schriften über Socialreform und Genossenschaftswesen, hg. von *Karl Munding,* Berlin 1894.

Huck, Gerhard/Reulecke, Jürgen (Hg.), ... und reges Leben ist überall sichtbar! Reisen im Bergischen Land um 1800 (Bergische Forschungen. Quellen und Forschungen zur bergischen Geschichte, Kunst und Literatur Bd. 15), Neustadt 1978.

Illner, Eberhard, Bürgerliche Organisierung in Elberfeld 1775–1850. Bergische Forschungen. Quellen und Forschungen zur bergischen Geschichte, Kunst und Literatur, Bd. 18), Neustadt/Aisch 1982.

Iserloh, Erwin, Die soziale Aktivität der Katholiken im Übergang von caritativer Fürsorge zu Sozialreform und Sozialpolitik, dargestellt an den Schriften Wilhelm Emmanuel v. Kettelers (Abhandlung der Geistes- und sozialwissenschaftlichen Klasse der Akademie der Wissenschaften und der Literatur 1975, 3), Wiesbaden 1975.

Iserloh, Erwin, Bischof Ketteler in seinen Schriften, Mainz 1977.

Janssens, Laurent, Adolphe Kolping, l'apôtre des artisans, Lille 1891.

Jantke, Carl, Der 4. Stand. Die gestaltenden Kräfte der deutschen Arbeiterbewegung im 19. Jahrhundert, Freiburg 1955.

Jarcke, Carl Ernst, Prinzipienfragen (Gemischte Schriften Bd. 4), Paderborn 1854.

Jedin, Hubert, Freiheit und Aufstieg des deutschen Katholizismus zwischen 1848 und 1870, in: Ders., Kirche des Glaubens – Kirche der Geschichte. Ausgewählte Aufsätze und Vorträge Bd. 1: Kirchengeschichtsschreibung. Italien und das Papsttum. Deutschland, Abendland und Weltkirche, Freiburg-Basel-Wien 1966, S. 469–484.

Jedin, Hubert (Hg.), Handbuch der Kirchengeschichte; Bd. VI/1: Die Kirche in der Gegenwart. Erster Halbband: Die Kirche zwischen Revolution und Restauration, Freiburg/Basel/Wien, [2]1978.

Jorde, Fritz, Der katholische Gesellen-Verein zu Elberfeld. Seine Gründung und seine weitere Geschichte. Festschrift zur goldenen Jubelfeier des Vereins am 23. und 24. August 1896, Elberfeld 1896.

Jorde, Fritz, Johann Gregor Breuer. Ein Lebensbild, Elberfeld 1897.

Jorde, Fritz, Geschichte der Schulen von Elberfeld mit besonderer Berücksichtigung des ältesten Schulwesens, Elberfeld 1903.

Jorde, Fritz, Die katholischen Kirchengemeinden in Wuppertal-Elberfeld mit besonderer Berücksichtigung ihrer älteren Geschichte, Elberfeld o. J. (nach 1935). (unvollständiges Typoskript im Pfarrarchiv St. Laurentius, Wuppertal-Elberfeld).

Jostock, Paul, Die katholisch-soziale Bewegung der letzten hundert Jahre in Deutschland, Köln o. J. (1959?).

Karrenberg, Friedrich, Christentum, Kapitalismus und Sozialismus. Darstellung und Kritik der Soziallehren des Protestantismus und Katholizismus Deutschlands seit der Mitte des 19. Jahrhunderts, Berlin 1932.

Der Katholik. Eine religiöse Zeitschrift zur Belehrung und Warnung, Jg. 1 (1821) – Jg. 73 (1893); ab Jg. 39 (1859) Untertitel: Zeitschrift für katholische Wissenschaft und kirchliches Leben.

Kehrein, Joseph, Handbuch deutscher Prosa für Schule und Haus. Mit erläuternden Anmerkungen und einem Anhange: Kurze Lebensbeschreibungen der Verfasser der Stücke und der in denselben vorkommenden Personen, 2 Bde., Leipzig 1855.

Kehrein, Joseph, Biographisch-literarisches Lexikon der katholischen deutschen Dichter, Volks- und Jugendschriftsteller im 19. Jahrhundert, 2 Bde. in 9 Heften, Würzburg 1868 – 1871 (²1872).

Keinemann, Friedrich, Das Kölner Ereignis, sein Widerhall in der Rheinprovinz und in Westfalen, 2 Bde., Münster 1974; Bd. I: Darstellung (= Veröffentlichung der Historischen Kommission Westfalen XXII: Geschichtliche Arbeiten zur westfälischen Landesforschung 14); Bd. II: Quellen (= Publikationen der Gesellschaft für Rheinische Geschichtskunde LIX).

Kellenbenz, Hermann, Deutsche Wirtschaftsgeschichte, 2 Bde., München 1977 – 1981.

Kerschbaumer, Anton, Adolph Kolping, in: Ders., Kaleidoskop. Biographische Erinnerungen eines Achtzigjährigen, Wien 1906, S. 59 – 63.

Ketteler, Wilhelm Emmanuel von, Die großen socialen Fragen der Gegenwart. Sechs Predigten, Mainz 1849.

Ketteler, Wilhelm Emmanuel von, Freiheit, Autorität und Kirche, Mainz 1862.

Ketteler, Wilhelm Emmanuel von, Die Arbeiterfrage und das Christentum, Mainz 1864.

Ketteler, Wilhelm Emmanuel von, Predigten. Hg. von Johann Michael Raich, 2 Bde., Mainz 1878.

Ketteler, Wilhelm Emmanuel von, Briefe. Hg. von Johann Michael Raich, Mainz 1879.

Ketteler, Wilhelm Emmanuel von, Hirtenbriefe. Hg. von Johann Michael Raich, Mainz 1904.

Ketteler, Wilhelm Emmanuel von, Ausgewählte Schriften. Hg. von Johannes Mumbauer, 3 Bde., München 1911, ²1924.

Ketteler, Wilhelm Emmanuel von, Sämtliche Werke und Briefe. Im Auftrag der Akademie der Wissenschaften und Literatur Mainz hg. von *Erwin Iserloh*, Abt. I, Bd. 1, Schriften, Aufsätze und Reden 1848 – 1866, bearbeitet von *Erwin Iserloh, Christoph Stoll, Emil Valsek und Norbert Jäger;* Abt. II, Bd. 1, Briefwechsel und öffentliche Erklärungen, Mainz 1977 ff.

Kissling, Johannes B[aptist], Geschichte der deutschen Katholikentage, 2 Bde., Münster 1920 – 1923.

Klein, August, Die Personalpolitik der Hohenzollernmonarchie bei der Kölner Regierung. Ein Beitrag zur preußischen Personalpolitik am Rhein (= Veröffentlichungen des Historischen Vereins für den Niederrhein, insbesondere das alte Erzbistum Köln 10), Düsseldorf 1967.

Klersch, Josef, Adolph Kolping, in: Rheinisch-Westfälische Wirtschaftsbiographien Bd. 1, Münster 1932, S. 73 – 92, Nachdruck: 1974.

Klinkenberg, Jos[eph] (Hg.), Das Marzellen-Gymnasium in Köln 1450 – 1911, Köln 1911.

Klinkenberg, Norbert, Sozialer Katholizismus in Mönchengladbach. Katholische Kirche und soziale Frage im 19. Jahrhundert (Veröffentlichungen des Bischöflichen Diözesanarchivs Aachen 38), Mönchengladbach 1981.

Klönne, Arno, Die deutsche Arbeiterbewegung. Geschichte – Ziele – Wirkungen, Düsseldorf / Köln 1980.

Köllmann, Wolfgang, Wirtschaft, Weltanschauung und Gesellschaft in der Geschichte des Wuppertals (Beiträge zur Geschichte und Heimatkunde des Wuppertals Bd. 1), Wuppertal 1955.

Köln und seine Bauten. Festschrift zur VIII. Wanderversammlung des Verbandes deutscher Architekten- und Ingenieur-Vereine in Köln vom 12. bis 16. August 1888, hg. vom Architekten- und Ingenieur-Verein für Niederrhein und Westfalen, Köln 1888.

Kölner Adreß-Buch, hg. v. *J. G. Heyn*, Köln 1844; 1846; 1849.

(Kölner Adreßbuch 1848): *Wilhelm Greven*, Allgemeiner Wohnungsanzeiger (Adreß-Buch) für Cöln, Köln 1848.

(Kölner Adreßbuch 1850): Allgemeines Adreß-Buch (Wohnungs-Anzeiger) für Cöln, hg. v. *J. B. Greven*, Köln 1850).

(Kölner Adreßbuch 1852; 1854): Allgemeines Adreß-Buch (Wohnungs-Anzeiger) für Coeln, hg. v. *Wilhelm Greven*, Köln 1852; 1854.

Kosch, Wilhelm, Das katholische Deutschland. Biographisch-bibliographisches Lexikon, 3 Bde. (nur bis „Schlüter"), Augsburg o. J. (1933–1938).

Kosch, Wilhelm / Kuri, Eugen, Biographisches Staatshandbuch. Lexikon der Politik, Presse und Publizistik, 2 Bde., Bern / München 1963.

Kracht, Hans-Joachim, Adolph Kolping und die Gründung der ersten Gesellenvereine in Westfalen, in: *Max Bierbaum* (Hg.), Studie Westfalica. Festschrift für Alois Schröer, Münster 1973, S. 195–213.

Kracht, Hans-Joachim, Organisation und Bildungsarbeit der katholischen Gesellenvereine (1846–1864), in: Bers, Günther / Klöcker, Michael (Hg.), Die Arbeiterbewegung in den Rheinlanden, Bd. 3. Eine Schriftenreihe, Wentorf bei Hamburg 1975.

Kracht, Hans-Joachim, Erwachsenenbildung und Sozialarbeit im Kölner Gesellenverein (1849–1865), in: AHVN 177 (1975), (Festschrift für Eduard Hegel), S. 194–216.

Kracht, Hans-Joachim, Adolph Kolping. Sozialpädagoge und Erwachsenenbildner (Kölner Biographien Bd. 9, hg. vom Presseamt der Stadt Köln), Köln 1977.

Kracht, Hans-Joachim, Kolping, in: Bibliotheca Sanctorum. Prima Appendice, Roma 1987, S. 714 f.

Kraus, Franz Xaver, August Reichensperger, in: *Kraus, Franz Xaver,* Essays. Zweite Sammlung, Berlin 1901, S. 365–426.

Kuczynski, Jürgen, Darstellung der Lage der Arbeiter in Deutschland von 1849–1870 (Geschichte der Lage der Arbeiter unter dem Kapitalismus Bd. 2), (Ost)-Berlin 1962.

Lange, Karl J., Die Elementarschulen und ihre Lehrkräfte im Amtsbereich Kerpen zu Beginn des 19. Jahrhunderts, in: Kerpener Heimatblätter 7. Jg. (1969), Heft 1, S. 366–374.

Langner, Albrecht (Hg.), Theologie und Sozialethik im Spannungsfeld der Gesellschaft. Untersuchungen zur Ideengeschichte des deutschen Katholizismus im 19. Jahrhundert, (Beiträge zur Katholizismusforschung. Reihe B: Abhandlungen), München / Paderborn / Wien 1974.

Langner, Albrecht (Hg.), Säkularisation und Säkularisierung im 19. Jahrhundert (Beiträge zur Katholizismusforschung, Reihe B: Abhandlungen), München-Paderborn-Wien 1978.

Lautenbacher, Josef, Adolph Kolping als Schriftsteller (Frankfurter zeitgemäße Broschüren Bd. 17), Frankfurt 1896.

Lenhart, Ludwig, Ketteler und Kolping und ihre gemeinsame Sendung in der sozialen Lebensnot gestern und heute, Mainz 1947.

Lenhart, Ludwig, Die erste Mainzer Theologenschule des 19. Jahrhunderts (1805–1830). Die elsässische Theologenkolonie in Mainz. Ein kirchen- und geistesgeschichtlicher Durchblick, in: Jahrbuch für das Bistum Mainz Bd. 6 (1954), S. 93–188 und Bd. 7 (1957), S. 9–130.

Lenhart, Ludwig, Bischof Ketteler. Staatspolitiker-Sozialpolitiker, Kirchenpolitiker. 3 Bde., Mainz 1966.

Lexikon für Theologie und Kirche. 2., neubearbeitete Auflage des Kirchlichen Handlexikons, hg. v. *Michael Buchberger*, 10 Bde., Freiburg 1930–1938.

Lexikon für Theologie und Kirche, begründet von *Michael Buchberger*, 2., völlig neu bearbeitete Auflage, hg. v. *Josef Höfer / Karl Rahner*, 10 Bde., Registerband, 3 Ergänzungsbände (Das Zweite Vatikanische Konzil), Freiburg 1957–1968.

Lill, Rudolf, Die Beilegung der Kölner Wirren 1840–1842. Vorwiegend nach den Akten des Vatikanischen Geheimarchivs (Studien zur Kölner Kirchengeschichte Bd. 6), Düsseldorf 1962.

Lill, Rudolf, Die ersten deutschen Bischofskonferenzen, Freiburg / Basel / Wien 1964.

Limper, Wilhelm, Das Dreikönigsgymnasium in der preußischen Zeit, in: Tricoronatum. Festschrift zur 400-Jahrfeier des Dreikönigsgymnasiums, Köln 1952, S. 49–78.

Linke, Karl (Hg.), Adolph Kolping spricht zum Volk, Limburg 1948.

Linn, Heinrich, Ultramontanismus in Köln. Domkapitular Baudri an der Seite Erzbischof Geissels während des Vormärz (Studien zu Kölner Kirchengeschichte, hg. vom Historischen Archiv des Erzbistums Köln Bd. 22), Köln 1987.

Lorinser, Franz, Aus meinem Leben. Wahrheit und keine Dichtung, 2 Bde. Regensburg 1891.

Lübke, Anton, Großes Herz auf Wanderschaft, Bonn 1949.
Lütge, Friedrich, Deutsche Sozial- und Wirtschaftsgeschichte. Ein Überblick, Berlin/Heidelberg / New York ³1966.

Maier, Hans, Revolution und Kirche. Studien zur Frühgeschichte der christlichen Demokratie (1789 – 1850), Freiburg ³1973.
Mann, Golo, Deutsche Geschichte des 19. und 20. Jahrhunderts, Frankfurt 1959.
Martin, Konrad, Zeitbilder oder Erinnerungen an meine verewigten Wohlthäter, Mainz ²1879.
Michel, Ernst, Adolph Kolping, der Diakon des Volkes und unserer Zeit, Graz 1934.
Michel, Ernst, Adolph Kolping (Bildung und Wissen Bd. 14), Limburg 1938.
Michel, Ernst, Sozialgeschichte der industriellen Arbeitswelt, Frankfurt 1948., ⁴1960.
Monzel, Nikolaus, Die katholische Kirche in der Sozialgeschichte. Von den Anfängen bis zur Gegenwart, München / Wien 1980.
Müller, Eduard, Adolph Kolping, Gründer der Gesellenvereine, in: *Eduard Müller* (Hg.), Berliner Bonifacius-Kalender, 5. Jg. für 1867, Berlin 1867, S. 127 – 154.
Müller-Späth, Jürgen, Die Anfänge des CVJM im Rheinland und Westfalen. Ein Beitrag zur Sozial- und Kirchengeschichte im 19. Jahrhundert, (Schriftenreihe des Vereins für Rheinische Kirchengeschichte Bd. 90), Köln / Bonn 1988.

Nattermann, Johannes, Der Gesellenverein als Volkshochschule, Köln 1921.
Nattermann, Johannes, Adolph Kolping heute, Buer und Gladbeck 1954.
Nattermann, Johannes, Adolph Kolping als Sozialpädagoge und seine Bedeutung für die Gegenwart, Köln 1925; ⁸1960.
Neitzel, Sarah C., Priests and Journeymen: The German Catholic Gesellenverein and the Christian Social Movement in the Nineteenth Century (Schriften zur Rheinischen Geschichte Heft 7), Bonn 1987.
Neue Deutsche Biographie, hg. von der Historischen Kommission bei der Bayerischen Akademie der Wissenschaften, Berlin 1953 ff.
Niggemann, Wilhelm, Das Selbstverständnis katholischer Erwachsenenbildung bis 1933, Osnabrück 1967.
Nipperdey, Thomas, Deutsche Geschichte 1800 – 1866. Bürgerwelt und starker Staat, München 1983.

Oldenberg, Friedrich, Johann Hinrich Wichern. Sein Leben und Wirken, Hamburg 1884.
Oncken, Hermann, Lassalle. Zwischen Marx und Bismarck. Eine Biographie. Mit einem Vorwort von *Max Hirsch,* Stuttgart / Berlin / Köln / Mainz 1975.
Österreichisches Biographisches Lexikon 1815 – 1950, hg. von der Österreichischen Akademie der Wissenschaften unter Leitung von Leo Santifaller, bearb. von Eva Obermayer-Marnach, Graz/Köln 1954 ff.

Pastor, Ludwig, August Reichensperger 1808 – 1895. Sein Leben und sein Wirken auf dem Gebiet der Politik der Kunst und der Wissenschaft, 2 Bde., Freiburg 1899.
Paulsen, Ingwer, Viktor Aimé Huber als Sozialpolitiker, Berlin 1956.
Perger, Franz, Adolph Kolping und der „Blaue Tod“, Köln 1940.
Pesch, Rudolf, Die kirchlich-politische Presse der Katholiken in der Rheinprovinz vor 1848 (Veröffentlichungen der Kommission für Zeitgeschichte, Reihe B, Bd. 2), Mainz 1966.
Petri, Franz / Droege, Georg (Hg.), Rheinische Geschichte, Bd. 2: Neuzeit, Düsseldorf 1976, Bd. 3: Wirtschaft und Kultur, Düsseldorf 1979.
Pfülf, Otto, Cardinal von Geissel. Aus seinem handschriftlichen Nachlaß geschildert, 2 Bde., Freiburg 1895 f
Pfülf, Otto, Bischof von Ketteler (1811 – 1877), 3 Bde., Mainz 1899.
Pfülf, Otto, Hermann v. Mallinckrodt, Freiburg ²1901.
Pfülf, Otto, Adolph Kolping nach der Selbstzeichnung, in: Stimmen aus Maria Laach 85 (1913), S. 117 – 135 242 – 262, 364 – 392. – Nachdruck, in: *Pfülf, Otto,* Von den Herrlichkeiten der Kirchengeschichte, Bd. 2 Siegburg 1984, S. 670 – 738.
Pöggeler, Franz (Hg.), Handbuch der Erwachsenenbildung, Bd. 4: Geschichte der Erwachsenenbildung Stuttgart 1975.
Posch, Otto, Anton Joseph Gruscha und der Österreichische Katholizismus 1820 – 1911, Wien 1947 (masch schrftl. phil. Diss.).

Quack, H. P. G., Adolph Kolping, in: Ders., Uit den Kring der gemeenschap, Amsterdam 1899, S. 79–108.

Raab, Heribert (Hg.), Joseph Görres. Ein Leben für Freiheit und Recht. Auswahl aus seinem Werk, Paderborn 1978.
Rahtgens, Hugo, Minoritenkirche, in: *Paul Clemen,* (Hg.), Die Kunstdenkmäler der Stadt Köln, Bd. II, 2, Düsseldorf 1929, S. 1–24.
Rauscher, Anton (Hg.), Der soziale und politische Katholizismus. Entwicklungslinien in Deutschland 1803–1963 (= Geschichte und Staat 247/249 u. 250/252), 2 Bde., München/Wien 1981–1982.
Reichensperger, Peter, Der Gesellenvater und der Koblenzer August Reichensperger, in: 100 Jahre Kolpingsfamilie Koblenz, Koblenz 1951, S. 9–12.
Die Religion in Geschichte und Gegenwart. Handwörterbuch für Theologie und Religionswissenschaft, 3. Auflage, hg. v. *Kurt Galling,* 6 Bde. u. Registerband, Tübingen 1957–1965.
Rempe, Theo, Handbuch der deutschen Kolpingsfamilie, Köln [2]1966.
Rempe, Theo, Kolpings Grundsätze zur Pädagogik und Organisation seines Werkes, Köln 1975.
Repgen, Konrad, Klerus und Politik 1848. Die Kölner Geistlichen im politischen Leben des Revolutionsjahres – als Beitrag zu einer „Parteigeschichte von unten", in: Aus Geschichte und Landeskunde. Festschrift Franz Steinbach, Bonn 1960, S. 133–165.
Reulecke, Jürgen (Hg.), Arbeiterbewegung an Rhein und Ruhr. Beiträge zur Geschichte der Arbeiterbewegung in Rheinland-Westfalen, Wuppertal 1974.
Rheinische Lebensbilder. Im Auftrag der Gesellschaft für rheinische Geschichtskunde; I: hg. v. *Edmund Strutz;* II–VIII: hg. v. *Bernhard Poll;* IX–X: hg. v. *Wilhelm Janssen.* I–IV: Düsseldorf 1961, 1966, 1971[2], 1970; V: Bonn 1973; VI–X: Köln/Bonn 1975, 1977, 1980, 1982, 1985.
Richli, Anna, Adolf Kolping, der Gesellenvater, Fribourg [6]1933.
Ridder, Bernhard, Männer des Kolpingwerkes, Köln 1955.
Ridder, Bernhard, Unter dem Kolpingbanner. Kolpingsöhne und Präsides, wie sie lebten und wirkten, Köln o. J. (1956).
Ridder, Bernhard, Das Kolpingwerk im Urteil der öffentlichen Meinung, Köln 1956.
Ridder, Bernhard, Treu Kolping. Lebensbilder von Kolpingsöhnen und Präsides aus der mehr als hundertjährigen Geschichte des Kolpingwerkes, Köln 1958.
Ridder, Bernhard, Kolpings Grabeskirche, Köln 1958.
Ridder, Bernhard, Die Kolpingsfamilie in ihren Diözesanverbänden, Köln 1960.
Ridder, Bernhard, Kolping: in: LThK, Bd. 6, Freiburg [2]1961, Sp. 401.
Ritter, Emil, Die katholisch-soziale Bewegung Deutschlands im neunzehnten Jahrhundert und der Volksverein, Köln 1954.
Ritter, Gerhard, A., Staat, Arbeiterschaft und Arbeiterbewegung in Deutschland. Vom Vormärz bis zum Ende der Weimarer Republik, Berlin/Bonn 1980.
Ritter, Gerhard, A. Die deutschen Parteien 1830–1914. Parteien und Gesellschaft im konstitutionellen Regierungssystem, Göttingen 1985.
Ritzerfeld, Gerd, Kolping, in: Lexikon der Pädagogik, Bd. 2, Freiburg [2]1970, Sp. 460.
Rölli, Alois, Adolph Kolping. Eine Wegweisung, Stuttgart 1952.
Roos, Lothar, Kapitalismus, Sozialreform, Sozialpolitik, in: *Rauscher, A.* (Hg.): Der soziale und politische Katholizismus. Entwicklungslinien in Deutschland 1803–1963, Bd. 2, München/Wien 1982, S. 52 bis 158.
Rooy, Nic de, Adolph Kolping, zijn persoon en zijn tijd, Voohout 1939.
Rosenthal, David August, Convertitenbilder aus dem neunzehnten Jahrhundert. Erster Band. Deutschland, Schaffhausen 1866.
Rüegg, Rose Berthe, Der Gesellenvater Adolph Kolping, Solothurn o. J. (1962?).
Ruggiero, Guido de, Geschichte des Liberalismus in Europa, München 1930 (Neudruck Aalen 1964).
Rustige, Franz Josef, Adolph Kolping, Leben und Werk des Gesellenvaters, Mönchengladbach 1958.

Schäffer, Sebastian Georg (Hg.), Kalender für das katholische Volk. Jahrgang 1867, Köln 1866.
Schäffer, Sebastian Georg, Der Gesellenverein und sein Hospitium in Köln, (Mitteilungen für die Vorsteher der katholischen Gesellenvereine Heft 11), Köln 1869.
Schäffer, Sebastian Georg, Der Gesellenverein an seinem Jubelfeste. Predigt über Psalm 117, 23–25, gehalten in der katholischen Pfarrkirche zu Elberfeld, Köln 1871.

Schäffer, Sebastian Georg, Adolph Kolping, in: Rheinische Volksblätter für Haus, Familie und Handwerk 26 (1879) und 27 (1880).
Schäffer, Sebastian Georg, Adolph Kolping der Gesellenvater, Paderborn 1880.
Schäffer, Sebastian Georg, Adolph Kolping. Sein Leben und Werk. Umgearbeitet und ergänzt von *Johannes Dahl.* Ergänzt und neu bearbeitet von *Bernhard Ridder,* Köln [8]1971.
Schatz, Klaus, Zwischen Säkularisation und Zweitem Vatikanum. Der Weg des deutschen Katholizismus im 19. und 20. Jahrhundert, Frankfurt 1986.
Scheidt, Jakob, Robert Blum, Karl Schurz, Adolph Kolping, drei Schüler des Kölner Marzellengymnasiums in ihrer geistigen Entwicklung. Ein Beitrag zum Problem des Aufstiegs der Begabten, Köln 1924 (masch. schrftl. phil. Diss.).
Schieder, Wolfgang, Anfänge der deutschen Arbeiterbewegung. Die Auslandsvereine im Jahrzehnt nach der Julirevolution von 1830, Stuttgart 1963.
Schindlmayr-Reyle, Jutta, Die Arbeiterbewegung in der Rheinprovinz 1850–1862, Köln 1969 (phil. Diss.).
Schmitz-Teske, August, Johann Gregor Breuer 1820–1897, in: *Baum, Marie-Luise,* Wuppertaler Biographien VI, (Beiträge zur Geschichte und Heimatkunde Wuppertal XIV), Wuppertal 1966, S. 29–52.
Schmolke, Michael, Adolph Kolping als Publizist. Ein Beitrag zur Publizistik und zur Verbandsgeschichte des deutschen Katholizismus im 19. Jahrhundert, Münster 1966.
Schmolke, Michael, Adolph Kolping (1813–1865), in: ZGL, Bd. 3, Aretz, Jürgen / Morsey, Rudolf / Rauscher, Anton (Hg.), Mainz 1979, S. 36–49 und 283.
Schmolke, Michael, Kolping, in: Staatslexikon der Görresgesellschaft Bd. 7 (1987), Sp. 576 f.
Schnabel, Franz, Deutsche Geschichte im neunzehnten Jahrhundert, 4 Bde., Freiburg 1929–1937 (I: [1]1929 = [5]1959; II: [1]1933 = [2]1949; III: [1]1934 = [1]1954; IV: [1]1937 = [1]1955).
Schraepler, Ernst, Handwerkerbünde und Arbeitervereine 1830–1853. Die politische Tätigkeit deutscher Sozialisten von Wilhelm Weitling bis Karl Marx, (Veröffentlichungen der Historischen Kommission zu Berlin Bd. 34), Berlin / New York 1972.
Schrörs, Heinrich, Hermesianische Pfarrer, in: AHVN 103 (1919), S. 76–183.
Schrörs, Heinrich, Kirchliche Bewegungen unter dem kölnischen Klerus im Jahre 1848, in: AHVN 105 (1921), S. 1–74 und 106 (1922), S. 57–95.
Schulz, Ursula (Hg.), Die deutsche Arbeiterbewegung 1848–1919 in Augenzeugenberichten, München 1976.
Schulze-Delitzsch, Hermann, Assotiationsbuch für deutsche Handwerker und Arbeiter, Leipzig 1853.
Schulze-Delitzsch, Hermann, Vorschuß- und Kredit-Vereine als Volksbanken. Praktische Anweisungen zu deren Einrichtung und Gründung, Berlin / Leipzig 1855.
Schulze-Delitzsch's, Hermann, Schriften und Reden, hg. im Auftrag des allgemeinen Verbandes der auf Selbsthilfe beruhenden Erwerbs- und Wirtschaftsgenossenschaften e. V., von Friedrich Thorwart, Berlin 1909–1911.
Schwalbach, Helmut, Der Mainzer „Katholik" als Spiegel des neu erwachenden kirchlich-religiösen Lebens in der ersten Hälfte des 19. Jahrhunderts (1821 bis 1850), Mainz 1966 (kath. theol. Diss.).
Schwarz, Albert, Die Handwerkerfrage in den katholischen Zeitschriften Deutschlands 1848–1870, München 1937 (phil. Diss.).
Schweitzer, Franz Hubert, Der katholische Gesellenverein, Köln 1905.
Schweitzer, Franz Hubert, Die katholischen Gesellen-Hospitien zu Cöln, 1853–1913. Festschrift zur Einweihung des Kolpinghauses am 20. 7. 1913, Köln 1913.
Schweitzer, Franz [Hubert], Adolph Kolping und sein Lebenswerk, Klagenfurt 1914.
Schwer, Wilhelm, Kolping und Wichern, in: Kölner Pastoralblatt 51 (1917), Sp. 1–11.
Schwer, Wilhelm, Der soziale Gedanke in der katholischen Seelsorge. Ein Beitrag zur Geschichte der Seelsorge und der sozialen Ideen im 19. Jahrhundert, Köln 1921.
Schwer, Wilhelm, Kolping und seine Zeit, Düsseldorf [2]1926.
Schwer, Wilhelm, Kolping der Gesellenvater, Paderborn 1913.
Schwer, Wilhelm / Müller, Franz, Der deutsche Katholizismus im Zeitalter des Kapitalismus, Augsburg 1932.
Schwering, Max-Leo, Das Werk Kolpings von Köln aus gesehen, zugleich ein Beitrag zur Geschichte der katholischen Erneuerung im Rheinland, Köln 1950 (masch. schrftl. phil. Diss.).
Sontag, Elisabeth, N. F. S. Grundtvig. Erzieher seines Volkes, Bern 1946.
Spael, Wilhelm, Das Buch im Geisteskampf. 100 Jahre Borromäusverein, Bonn 1950.
Staatslexikon. Recht Wirtschaft Gesellschaft, hg. von der Görres-Gesellschaft, 6. Auflage, 11 Bde., Freiburg 1957–1970.

Stadelmann, Rudolf, Soziale und politische Geschichte der Revolution von 1848, Darmstadt 1962, München ²1970.

Stadt Kerpen (Hg.), Kerpen in Geschichte und Gegenwart, Kerpen 1971.

Stegmann, Franz Josef, Von der ständischen Sozialreform zur staatlichen Sozialpolitik. Der Beitrag der Historisch-Politischen Blätter zur Lösung der sozialen Frage (Beiheft 4 der Zweimonatszeitschrift: Politische Studien), München / Wien 1965.

Stegmann, Franz Josef, Geschichte der sozialen Ideen im deutschen Katholizismus, in: *Grebing, Helga* (Hg.), Geschichte der sozialen Ideen in Deutschland (Deutsches Handbuch der Politik Bd. II), Köln / Wien 1969, S. 325–560.

Stegmann, Franz Josef, Der soziale Katholizismus und die Mitbestimmung in Deutschland. Vom Beginn der Industrialisierung bis zum Jahre 1933 (Beiträge zur Katholizismusforschung, Reihe B: Abhandlungen), München / Paderborn/Wien 1974.

Steimel, Robert, Kölner Köpfe, Köln-Zollstock (1958).

Steimel, Robert, Mit Köln versippt, 2 Bde. (Rheinische Geschlechter I/II), Köln-Zollstock 1955/(1956).

Steinbüchel, Theodor (Hg.), Romantik. Ein Zyklus Tübinger Vorlesungen, Tübingen / Stuttgart 1948.

Steinke, Paul, Mit Kolping unterwegs. Berichte, Dokumente, Studien. Kolpingwerk Diözesanverband Paderborn 1858–1983, Paderborn 1984.

Steinle, Alfons Maria, Eduard von Steinles Briefwechsel mit seinen Freunden, 2 Bde., Freiburg 1898.

Stempfl, Edith, Die Entwicklung der katholischen Gesellenvereine in Österreich, Wien 1949 (masch. schrftl. phil. Diss.).

Stollenwerk, Alexander, Der Deutschkatholizismus in den Preußischen Rheinlanden (Quellen und Abhandlungen zur Mittelrheinischen Kirchengeschichte 15), Mainz 1971.

Stumpf, Theodor, Adolph Kolping, in: Illustrierte Zeitung, Leipzig 6. 11. 1858, Nr. 301, S. 291–294.

Testore, Celestino, Kolping, in: Enciclopedia Cattolica, Bd. 7, Citta del Vaticano 1967, Sp. 730.

Thieme, Ulrich / Becker, Felix u. a. (Hg.), Allgemeines Lexikon der bildenden Künstler von der Antike bis zur Gegenwart, 37 Bde., Leipzig 1907–1950.

Tormin, Walter, Geschichte der politischen Parteien seit 1848, Stuttgart ³1968.

Treue, Wilhelm, Gesellschaft, Wirtschaft und Technik Deutschlands im 19. Jahrhundert, München ⁶1982.

Trier, Eduard / Willy Weyres (Hg.), Kunst des 19. Jahrhunderts im Rheinland, 5 Bde., Düsseldorf 1979–1981.

Trippen, Norbert, Das Domkapitel und die Erzbischofswahlen in Köln 1821–1929 (Bonner Beiträge zur Kirchengeschichte 1), Köln / Wien 1972.

Trippen, Norbert (Hg.), Das Kölner Priesterseminar im 19. und 20. Jahrhundert (Studien zur Kölner Kirchengeschichte Bd. 23), Köln 1988.

Valentin, Veit, Geschichte der deutschen Revolution von 1848–1849, 2 Bde., Berlin 1930/31 (Nachdruck 1970).

Verbeek, Albert, Kölner Kirchen. Die kirchliche Baukunst in Köln von den Anfängen bis zur Gegenwart. Neu hg. G. Binding u. S. Stolz, Köln ³1987.

Vitus, Rudolf, Die Anfänge des katholischen Gesellenvereins zu Elberfeld. Ein Beitrag zur Geschichte der kirchlich-sozialen Bewegung im 19. Jahrhundert, Wuppertal 1934 (theol. Diss. Bonn).

Vogt, Karl-Heinz, Katholische Arbeiterbildung und Kirchlichkeit der katholischen Arbeiterschaft Deutschlands im 19. Jahrhundert. Ein Beitrag zur Genese der kirchlichen Erwachsenenbildung, Bonn 1978 (phil. Diss.).

Volkmann, Heinrich, Die Arbeiterfrage im preußischen Abgeordnetenhaus 1848–1869 (Schriften zur Wirtschafts- und Sozialgeschichte, Bd. 13), Berlin 1968.

Vosen, Christian Hermann, Trauerrede beim Begräbnis des Gesellenvaters Adolph Kolping, Köln 1865.

Vosen, Christian Hermann, Kolpings Gesellenverein in seiner socialen Bedeutung, Frankfurt 1866.

Weber, Christoph, Aufklärung und Orthodoxie am Mittelrhein (1820–1850) (Beiträge zur Katholizismusforschung), Reihe B: Abhandlungen, München / Paderborn / Wien 1973.

Wehler, Hans Ulrich, Moderne deutsche Sozialgeschichte, Königstein ⁵1981.

Wendling, Willi, Die Volksbildungsbestrebungen des deutschen Katholizismus im 19. Jahrhundert, Würzburg 1937 (phil. Diss. Heidelberg).

Wenzel, Johannes, Adolph Kolping, der Gesellenvater, Berlin 1896.
Wenzel, Johannes, Adolph Kolping's sociale Thätigkeit, Berlin 1896.
Wichern, Johann Hinrich, Sämtliche Werke, 8 Bde., hg. von *Peter Meinhold,* Berlin 1958 ff.
Winkler, August, Der Volksmann von Köln. Erinnerungsblätter vom Kolpinggrab, Köln 1936.
Witetschek, Helmut, Die Bedeutung der theologischen Fakultät der Universität München für die kirchliche Erneuerung in der ersten Hälfte des 19. Jahrhunderts, in: HJ 86 (1966), S. 107–137.
Wothe, Franz Josef, Adolph Kolping ein deutscher Student, Köln 1935.
Wothe, Franz Josef, Ketteler und Kolping, in: Mitteilungen für die Präsides des Kolpingwerkes 1937, Heft 4, S. 98–102.
Wothe, Franz Josef, Adolph Kolping als Seelsorger, Köln 1948.
Wothe, Franz Josef Adolph Kolping. Leben und Lehre eines großen Erziehers, Recklinghausen ^{3}1952.
Wothe, Franz Josef, Vater Kolping, Köln 1953.
Wothe, Franz Josef, (Hg.), Wortweisheit und Weltwahrheit. Zum 100. Todestag Adolph Kolpings, Köln 1965.

Zeitgeschichte in Lebensbildern. Aus dem deutschen Katholizismus des (19. und) 20. Jahrhunderts, hg. von *Rudolf Morsey,* 7 Bde. (Mainz 1973–1984) (ab Bd. 3 hg. von *Jürgen Aretz, Rudolf Morsey* und *Anton Rauscher*).
Zimmermann, Wilhelm, Die Anfänge und der Aufbau des Lehrerbildungs- und Volksschulwesens am Rhein, Bd. 3: Der Aufbau des Lehrerbildungs- und Volksschulwesens unter der preußischen Verwaltung 1814–1840 (1846), Köln 1963.
Zunkel, Friedrich, Der Rheinisch-Westfälische Unternehmer 1834–1879. Ein Beitrag zur Geschichte des deutschen Bürgertums im 19. Jahrhundert (Dortmunder Schriften zur Sozialforschung Bd. 16), Köln 1962.

Personenregister

Dieses Register enthält die Namen der Personen oder Persönlichkeiten, die Kolpings Wirken beeinflußten. *Kursive* Ziffern verweisen auf biographische Abrisse im Text oder auf Biogramme in den Anmerkungen. Die in den Anmerkungen genannten Korrespondenzpartner sind nicht aufgenommen worden; ebenso das Stichwort „Kolping, Adolph". Die Zeittafel (S. 551–552) wurde nicht berücksichtigt.

Gesellenvereine

Dieses Register enthält Verweise zu den im Text und in den Anmerkungen genannten einzelnen Gesellenvereinen. *Kursiv* gesetzte Ziffern verweisen auf Passagen mit Inhaltswert für die jeweiligen Vereine, etwa durch Literaturangaben oder Darstellungen. Nicht berücksichtigt wurden die Liste „Katholische Gesellenvereine (1846–1865)" (Anhang II, S. 527–540) und die Zeittafel (S. 551–552).